Robert Walser Handbuch

Leben – Werk – Wirkung

Lucas Marco Gisi (Hrsg.)

Verlag J. B. Metzler

Gedruckt auf chlorfrei gebleichtem, säurefreiem und alterungsbeständigem Papier

Bibliografische Information der Deutschen Nationalbibliothek
Die Deutsche Nationalbibliothek verzeichnet diese Publikation in der
Deutschen Nationalbibliografie; detaillierte bibliografische Daten
sind im Internet über http://dnb.d-nb.de abrufbar.

ISBN 978-3-476-02418-3

© 2015 J. B. Metzler'sche Verlagsbuchhandlung
und Carl Ernst Poeschel Verlag GmbH in Stuttgart
www.metzlerverlag.de
info@metzlerverlag.de

Einbandgestaltung: Finken & Bumiller, Stuttgart (Foto: picture-alliance)
Satz: Claudia Wild, Konstanz, in Kooperation mit primustype Hurler GmbH
Druck und Bindung: Kösel, Krugzell · www.koeselbuch.de

Verlag J. B. Metzler, Stuttgart

Inhalt

Vorwort

»Wer mich liest, und wie man mich liest, kümmert mich nicht« (SW 18, 192), stellt Robert Walser in einem seiner letzten Texte fest. Heute, da Walser als Klassiker der Literatur der Moderne anerkannt ist und international geschätzt wird, gesteht man ihm diese Unbekümmertheit fraglos zu. Erstaunlich erscheint rückblickend eher die doppelt verzögerte Rezeption seines Werks: Zum einen hatte Walser bei seinem Tod 1956 das Schreiben seit mehr als zwanzig Jahren aufgegeben und musste als Autor ›wiederentdeckt‹ werden; zum andern konnte er durch die Erschließung und Veröffentlichung eines enorm umfangreichen nachgelassenen Werks, insbesondere der enigmatischen Mikrogrammtexte, seit den 1970er Jahren ›neu entdeckt‹ werden.

Dass sich nun erstmals ein Handbuch Robert Walser, einem der eigenwilligsten Autoren der Moderne, widmet, ist Ausdruck und selbst Teil der genannten Kanonisierung. Aber obwohl Walser längst zum bekanntesten Geheimtipp der deutschsprachigen Literatur geworden ist, pflegt und verteidigt jeder Lesende und jede Lesende ›seinen‹ bzw. ›ihren‹ Walser. Dennoch entziehen sich seine Texte jeder Vereinnahmung: »Robert Walser schlägt einem von Mal zu Mal die Instrumente kaputt, mit denen man ihn erklären will« (Martin Walser). Es geht von diesen Texten gerade deshalb eine ungebrochene Faszination aus, weil sie einen unmittelbar ansprechen und zugleich die unterschiedlichsten Lesarten zulassen. Diesem ›Erwartungshorizont‹ versucht das Walser-Handbuch durch Vielstimmigkeit und eine internationale Zusammensetzung der Autorinnen und Autoren Rechnung zu tragen. Außerdem haben die Forschungen der letzten Jahrzehnte gezeigt, dass Walser als solitäre Figur nicht einfach ›außerhalb‹ seiner Zeit steht und daher eine genaue Kenntnis der Kontexte des Werks einen ›unvoreingenommenen‹ Zugang eröffnet.

Das vorliegende Handbuch vermittelt Grundlageninformationen zu Leben, Werk und Wirkung Walsers gemäß dem aktuellen Wissensstand und im Dialog mit den Erkenntnissen der Forschung. Es soll Walser-Leserinnen und Walser-Lesern einen Überblick über die wesentlichen Aspekte der einzelnen Themen bzw. Texte bieten, aber auch weiterführende Perspektiven für künftige Forschungen eröffnen.

So wechselhaft die Rezeption Walsers war und so sehr sich der Blick auf seine Texte gewandelt hat, ist doch eine gewisse Konstanz des Autorbilds (bei zunehmender Reichweite) festzustellen. Ohne per se ein neues Walser-Bild vorschlagen zu wollen, sucht das Handbuch, die Voraussetzungen für eine Neubewertung zu liefern, indem es die Grundlagen dieses Autorbilds gebündelt zugänglich macht.

Das Handbuch ist in sechs Kapitel gegliedert. *Kapitel 1 (Leben)* versammelt die für die Auseinandersetzung mit Walsers Werk relevanten biographischen Informationen. Nach einer problemorientierten Exposition zu Facetten der sogenannten ›Einheit von Leben und Werk‹ und des ›Biographischen‹ bei Walser wird versucht, die biographischen Grunddaten gleichsam von drei Seiten möglichst leicht zugänglich zu machen: zeitlich (Zeittafel), räumlich (Wohnadressen) und genealogisch (Familie).

Kapitel 2 (Kontexte) fokussiert die für die Genese, Distribution und Rezeption von Walsers Werk wichtigsten Agenten des Literaturbetriebs der Zeit (Personen, Orte, Institutionen, Medien etc.) und verortet dieses innerhalb der literaturgeschichtlichen Traditionen.

In *Kapitel 3 (Werke)* werden die einzelnen Werke vorgestellt. Die jeweiligen Artikel beinhalten Angaben zur Entstehung, Überlieferung und Rezeption, eine knappe Werkanalyse, in der die zentralen Themen und die wichtigsten Darstellungsverfahren umrissen werden, sowie einen Überblick über Aspekte der Deutung und Tendenzen der Forschung. Das Werk wird zunächst chronologisch nach Walsers Aufenthaltsorten in Werkphasen eingeteilt und innerhalb dieser Phasen nach Überlieferungstypen (Buchpublikation; unselbständige Publikation; Nachlass) und Gattungen angeordnet.

In *Kapitel 4 (Themen)* werden ausgewählte übergeordnete Aspekte von Walsers Werk und dessen Erforschung behandelt. Die einzelnen Artikel widmen sich Formen der Darstellung, Aspekten der Medialität und inhaltlichen Schwerpunkten vor dem Hintergrund der aktuellen textphilologischen, literatur- und kulturwissenschaftlichen Ansätze.

Kapitel 5 (Wirkung) zeichnet die wichtigsten Tendenzen der Wirkungsgeschichte nach. Das Hauptgewicht liegt dabei auf der materialen Überlieferung, der Walser-Rezeption in den verschiedenen Künsten, der internationalen Wirkung in ausgewählten Sprachräumen sowie den literatur- und forschungsgeschichtlichen Entwicklungen.

Kapitel 6 (Anhang) dient der leichteren Benutzung des Handbuchs und umfasst Hinweise zu Siglen, Ausgaben und Hilfsmitteln, ein Personen- und ein Werkregister sowie ein Verzeichnis der Autorinnen und Autoren.

Ein Projekt mit den genannten Zielsetzungen kann nur als Gemeinschaftswerk realisiert werden. Allen Personen und Institutionen, die dazu beigetragen haben, sei hiermit sehr herzlich gedankt. Das Handbuch wurde im Auftrag der Robert Walser-Stiftung Bern erarbeitet. Oliver Schütze vom Verlag J. B. Metzler hat das Projekt angeregt und kompetent betreut. Die Konzeption haben Wolfram Groddeck, Barbara von Reibnitz, Kerstin Gräfin von Schwerin, Reto Sorg, Peter Utz, Karl Wagner und Christine Weder begleitet. Zu großem Dank bin ich den Autorinnen und Autoren verpflichtet, die keinen Aufwand gescheut haben, um das Walser-Wissen zu sammeln, aufzubereiten und in konzentrierter Form zu vermitteln. Ganz besonders danke ich Lukas Gloor, Julia Maas und Franziska Zihlmann für die Unterstützung bei der redaktionellen Bearbeitung der Artikel und bei der Erstellung der Register.

Die Durchführung des Projekts im Robert Walser-Zentrum Bern wurde durch die großzügige Unterstützung der Stiftung Pro Scientia et Arte, der Ruth & Arthur Scherbarth Stiftung und der Susann Häusler-Stiftung ermöglicht.

Bern, im Juli 2015
Lucas Marco Gisi

Hinweise zur Benutzung

Aufbau der Artikel

Die Artikel des Handbuchs behandeln Einzelwerke oder Aspekte der Biographie, des Werks, des Kontexts oder der Wirkungsgeschichte. Dabei wurde darauf geachtet, dass die einzelnen Artikel für sich gelesen werden können (weshalb auch gelegentlich Überschneidungen in Kauf genommen wurden). Für Bezüge zwischen den Artikeln, die sich nicht über das Inhaltsverzeichnis und die Register ergeben, wurden sparsam Querverweise gesetzt (s. Kap. x.y).

Im Aufbau folgen die Artikel einem Grundschema, das jedoch den Eigenheiten des jeweiligen Gegenstands angepasst wird. Die *Artikel zu einzelnen Werken* Walsers bieten erstens Grundinformationen zur Entstehung, Überlieferung und zeitgenössischen Wirkung, zweitens eine analytische Durchdringung des Inhalts, drittens ausgewählte Deutungsaspekte und Positionen der Forschung. Dieses Grundschema wird je nach überlieferungs- und forschungsgeschichtlicher Ausgangslage für das jeweilige Werk modifiziert. Die *Artikel zu allgemeineren Aspekten* (Kontexte; Themen; Wirkung) orientieren sich an folgendem Grundschema: Exposition des Themas, Darstellung der Hauptaspekte in systematischer oder chronologischer Ordnung, Diskussion von Forschungspositionen.

Zitierweise, Literaturnachweise

Robert Walsers Werke werden nach den neusten abgeschlossen vorliegenden Werkausgaben SW und AdB zitiert (s. Kap. 6.1). Im Fall erwähnter, aber nicht zitierter Einzeltexte finden sich die Nachweise nach den wichtigsten Ausgaben (SW; AdB; Feuer; KWA) im Werkregister. Zitate folgen dem originalen Wortlaut, Hervorhebungen im Original sind durch Kursivierung, Eingriffe der Verfasserin bzw. des Verfassers durch eckige Klammern gekennzeichnet.

Der Nachweis von Primär- und Sekundärliteratur, die zitiert oder auf die verwiesen (vgl.) wird, erfolgt im Lauftext durch Kurzverweise in Klammer: (Name Jahr, ggf. Seitenzahl) bzw. (Sigle, ggf. Seitenzahl). Die vollständigen bibliographischen Angaben finden sich im Literaturverzeichnis am Schluss der einzelnen Artikel. Im Fall der Werkausgaben und der häufig zitierten Sekundärliteratur erfolgt der Nachweis anhand von Siglen, die über das Verzeichnis im Anhang (s. Kap. 6.1) aufgelöst werden. In runden Klammern wird die Erstausgabe in Originalsprache bzw. bei Übersetzungen die deutschsprachige Originalausgabe angegeben.

Die Literaturverzeichnisse der Artikel enthalten die verwendete Literatur sowie gegebenenfalls ausgewählte weiterführende Literatur. Bei den Artikeln zu den einzelnen Werken (Kap. 3) sind am Ende zudem die wichtigsten Ausgaben aufgeführt. Auf eine Gesamtbibliographie wurde verzichtet; die wichtigsten Werkausgaben, bio- und bibliographischen Hilfsmittel und Forschungsarbeiten sind in der Auswahlbibliographie zur Forschungsgeschichte (s. Kap. 5.11) und im Siglenverzeichnis (s. Kap. 6.1) zusammengestellt.

1 Leben

1.1 ›Leben und Werk‹

Das Ineinandergreifen von Leben und Werk

Robert Walser ist in seinem Werk in geradezu paradoxer Weise gleichzeitig äußerst präsent und vollkommen verborgen. Dass Leben und Werk in seinem Fall derart ineinander zu greifen scheinen, ist nicht bloß die Folge einer Rezeptionshaltung, die Texte und Biographie kurzschließt, sondern selbst Effekt eines spezifischen Darstellungsverfahrens. Dies äußert sich vor allem darin, dass dieser Bezug – mal affirmativ, mal abwehrend – in Walsers Texten selbst ständig thematisch wird.

Auf der einen Seite scheint Walser in seinen Romanen ebenso wie in den unveröffentlichten Mikrogrammen viel Selbsterlebtes und -beobachtetes zu verarbeiten und gerade aus seinen Feuilleton-Texten relativ unmittelbar zu ›sprechen‹. Der Literaturkritiker Eduard Korrodi stellte bereits 1925 fest: »der Dichter Robert Walser schreibt am liebsten über sich. Die Ab- und Reinschrift seines bessern Selbst.« (Korrodi 1925) Auf der anderen Seite tritt ›Walser‹ gerade durch seine Auftritte als ich-bewusste Figuren hinter solchen Rollen und Masken zurück. Anstelle von Walsers Ich zieht ein »unaufhörlich sich fortsetzende[r] Maskenzug[] zum Zweck der autobiographischen Mystifikation« an einen vorbei (Sebald 1998, 148). Walsers Texte oszillieren somit beständig »zwischen einem Sich-Verbergen und einem Sich-Offenbaren«, zwischen »Fiktion und Autobiographie« (Echte 1994, 36), wofür sich in den letzten Jahren der Begriff der ›Autofiktion‹ eingebürgert hat (s. Kap. 4.1). Wenn Walser bei der entsprechenden Letter in seinem *Alphabet* von 1921 vermerkt: »I. überspringe ich, denn das bin ich selbst« (SW 17, 192), dann bringt er diese paradoxe Ausgangslage, dass seine Biographie zugleich Zentrum und Leerstelle seines Werks ist, auf den Punkt.

Dieses autofiktionale Darstellungsverfahren eröffnet dem Lesenden grundsätzlich zwei Herangehensweisen: Im ersten Fall geht man davon aus, dass Walsers Biographie sich in seinem Werk spiegelt und daher ein Vergleich mit dokumentarischen Quellen ein Verständnis für die Texte eröffnet und befördert, sich deren Literarizität also am Spiel von Identität und Abweichung bemisst (vgl. Echte 1994). Im zweiten Fall geht man davon aus, dass dieses Spiel die Trennung von Biographie und Text mit den Mitteln der Ironie aufhebt, das Behauptete somit zugleich zutrifft und nicht zutrifft. Die Literarizität besteht in dieser Sicht gerade darin, dass es keine (Beobachter-)Position außerhalb des Spiegelkabinetts gibt. Wir hätten es also mit »Ich-Inszenierungen im strengen Sinn des Worts« zu tun, die »gerade nicht Repräsentationen eines Selbst« sind (Kammer 2001, 230). ›Walser‹ wäre somit eine »fast fiktive, aus mehreren Geschichten zusammengesetzte Person« (Sauvat 1989/1993, 7). Wendet man diese an den Texten gemachte Feststellung wiederum auf den Autor selbst an, so kann man ihn – mit den Worten des Namensvetters Martin Walser – zu den Dichtern rechnen, »bei denen es schwerfällt, sich vorzustellen, daß sie wirklich gelebt haben« (M. Walser 1963/1965, 153).

Die beiden Herangehensweisen kommen darin überein, dass der von Walser behauptete »Lebensparallelismus« (SW 20, 426) zwischen Erleben und Schreiben nicht ein mimetisches Verhältnis meint, sondern in einer spielerischen Unentscheidbarkeit, einer Gleichzeitigkeit von Präsenz und Absenz, besteht. Diese Ambivalenz von Verbergen und Enthüllen ›hebt‹ Walser auf, ohne sie aufzulösen, wenn er an anderer Stelle schreibt: »Ich bin immer bestrebt, etwas zu scheinen, was ich nicht bin, und man sieht mir das an.« (AdB 2, 471 f.) In diesem Sinn ist es auch zu verstehen, wenn Walser ebenfalls in der Berner Zeit schreibt, dass er sich in »eine mit zahlreichen Geöffnetheiten versehene Verschlossenheit« einhülle (AdB 5, 253).

Walser reflektiert aber durchaus auch Abhängigkeitsverhältnisse in die entgegengesetzte Richtung, d. h. dass die Literatur ins Leben hineinreicht und dieses bestimmt, etwa wenn in *Diener und Dame* Ersterer gegenüber Letzterer behauptet: »Im übrigen benehme ich mich gern anders, als wie es Bücher erwarten lassen« (AdB 1, 62), oder wenn im *Theodor*-Fragment ein Schriftsteller ein Verhältnis mit einer Frau einzugehen wünscht, um einen Roman schreiben zu können (vgl. SW 17, 351 f.).

Allen quellenkritischen und dekonstruktivistischen Versuchen zum Trotz wird die Walser-Rezeption bis heute maßgeblich von Momenten in Walsers Biographie bestimmt, die geradezu eine Verdichtung zu Walser-Mythen erfahren haben – Randständigkeit, Singularität, Verkanntheit, Verschwinden, um nur die wichtigsten zu nennen. Jede Annäherung an Walsers Biographie hat folglich ebenso wie die autofiktionalen Darstellungsverfahren in produktionsästhetischer Hinsicht auch die autobiographischen Lesarten in rezeptionsästhetischer Hinsicht zu berücksichtigen.

Quellen, Autorbilder

W. G. Sebald sprach im Bezug auf Walser von einer »chronischen Erfahrungsarmut« auf der einen und einer Überlieferung, die weniger »Biografie« als »Legende« sei, auf der anderen Seite (Sebald 1998, 131 f.). Tatsächlich sieht sich jede biographische Annäherung an Walser mit einem doppelten Problem konfrontiert: Über sein Leben ist vieles unbekannt, und etliches ist nur aus den literarischen Texten zu erschließen, kurz: die Quellenbasis ist schmal. Da Walser, abgesehen von der Zusammenarbeit mit Verlagen und Redakteuren auf dem Korrespondenzweg, weitgehend für sich alleine arbeitete und relativ wenige nachweisbare persönliche Kontakte außerhalb der Familie pflegte, liegen vergleichsweise wenige Zeugnisse zu seinem Leben vor.

Zunächst stellt sich die Frage, welche biographischen Quellen vorliegen bzw. zu berücksichtigen sind. Walser hat keine eigentliche Autobiographie verfasst und nicht systematisch Tagebuch geführt. Überliefert sind vier *Lebensläufe*, die jeweils in unterschiedlichen Funktionszusammenhängen zwischen 1920 und 1946 entstanden sind: zweimal stellt er sich seiner Leserschaft vor, zweimal verfasst er für seine Krankenakte eine Kurzbiographie (vgl. SW 20, 433–436). Wichtige biographische Informationen lassen sich über Walsers private und berufliche Korrespondenz erschließen (s. Kap. 3.6); allerdings sollte man sich hüten, die irreduzible Komplexität von Walsers Ich-Inszenierungen in den Briefen zu unterschätzen und darin bloß eine »Literarisierung faktischer Gehalte«, die sich dementsprechend entschlüsseln ließe, zu sehen (Kammer 2001, 231 f.; vgl. Matt 1987).

Walser selbst hat die Zeugnisse seiner schriftstellerischen Arbeit nur z. T. systematisch gesammelt und aufbewahrt und beispielsweise keine persönliche Bibliothek angelegt und hinterlassen. Sein Nachlass ist nur indirekt über seine Schwester Lisa und

Carl Seelig überliefert worden (s. Kap. 5.1). Lebensdokumente sind zum Teil im Nachlass erhalten geblieben, zum Teil später in den Archiven der entsprechenden Institutionen eruiert und von der Forschung ausgewertet worden. Nebst amtlichen Dokumenten, die über Zivilstand, Wohnortwechsel etc. Auskunft geben, sind insbesondere die psychiatrischen Akten aus den Heil- und Pflegeanstalten Waldau und Herisau zu nennen. Während für die Zeit bis zum Eintritt in die Klinik vergleichsweise wenige Zeugnisse Dritter vorliegen, bestimmen in der Zeit danach solche Zeugnisse, namentlich die *Wanderungen mit Robert Walser* und die Photographien von Seelig, das Bild von Walser. Nach dessen Tod haben Seelig, Robert Mächler und schließlich das Robert Walser-Archiv systematisch biographische Informationen gesammelt.

Nebst einem dokumentarischen Zugang zu Walsers Biographie eröffnen die genannten Quellen auch Einblicke in die Hervorbringung und Zirkulation von Bildern des Autors Walser. Die Frage, welche Autorbilder in welchen Medien vom Autor selbst oder von weiteren Agenten des Literaturbetriebs entworfen und verbreitet werden, hat vermehrt Beachtung gefunden. Walsers gezielter Einsatz seiner Porträts dient nicht nur der Vermarktung eines bestimmten Autorbilds, sondern ist auch Teil des skizzierten autofiktionalen Versteckspiels (vgl. Sorg 2013; s. Kap. 5.3). In Seeligs Walser-Photos und seinen *Wanderungen* wiederum zeigt sich, wie für den literarisch verstummten Walser Selbst- und Fremddarstellung zu *einem* Medium der Autorschaft verschmelzen (s. Kap. 2.5).

Biographien

Mit Otto Zinnikers *Robert Walser der Poet* erschien die erste monographische Darstellung zu Leben und (dem damals zugänglichen) Werk 1947 zu Lebzeiten des Autors (vgl. Zinniker 1947). Zinniker hatte zwar Auskünfte von Lisa Walser und Bekannten Walsers eingeholt; Seelig nahm jedoch die Deutung des Werks als »romantisch im eigentlichen Wortsinn« (ebd., 6) und die vereinzelten sachlichen Fehler sehr kritisch auf (vgl. Seelig 1947). Schließlich hatte zu diesem Zeitpunkt auch er mit der systematischen Sammlung von Dokumenten und Informationen für eine dokumentarische Biographie zu *Leben und Werk von Robert Walser* begonnen. Diese lag bei seinem Unfalltod 1962 bis zum Ende der Berliner Zeit weitgehend ausformuliert als Typoskript vor (s. Kap.

2.5). Als Quellen dienten Seelig die Gespräche mit dem Autor selbst, die literarischen Werke sowie die Angaben, die er mündlich und schriftlich bei den Geschwistern und Bekannten Walsers einholte. Systematisch zitiert er aus literarischen Texten, um Walsers frühe Jahre zu ›dokumentieren‹. Auf der Grundlage von Seeligs Typoskript und Rechercheergebnissen hat Robert Mächler die angefangene (umfangsmäßig: halbe) »dokumentarische Biographie« dieses »abseitigen Lebens« fertig geschrieben (MÄCHLER, 9) und dafür selbst umfangreiche Recherchen, gerade auch bei noch lebenden Zeugen, unternommen. Mächler bezieht sich auf Briefe und Zeugnisse Dritter, legt aber seiner 1966 erschienenen Darstellung ebenfalls literarische Texte als Dokumente zugrunde, da diese – wie im Vorwort begründet wird – wenn nicht »das genaue Was, so doch das einzigartige Wie des Erlebten« wiedergeben würden (MÄCHLER, 10). Mächlers Arbeit wurde von Jochen Greven kritisch begutachtet, v. a. auch was das Dokumentarische bzw. Autobiographische der literarischen Texte angeht (Greven 2003, 98–101).

Die Bildbiographie von Elio Fröhlich und Peter Hamm stellt einen ersten Versuch dar, Walsers geheimnisvolles Leben im ›Verborgenen‹ zu bebildern und zum Sprechen zu bringen (vgl. Fröhlich, Hamm 1980). Deren Verfahren, nämlich eine chronologische Sammlung von Dokumenten zu Walsers Leben zu reproduzieren und in den Legenden kurz zu kommentieren sowie mit Zitaten aus Werken und Briefen zu verbinden, hat auch Bernhard Echte für die bis heute umfassendste Bildbiographie gewählt (vgl. ECHTE). Echte gelingt es, den durch einen »augenfälligen Mangel an bildlichen Zeugnissen« – der die Folge der Gewohnheit ›einfacherer Leute‹ sei, »sich nur spärlich historisch zu dokumentieren« – bedingten Mythos von Walsers Leben als Einzelgänger im gesellschaftlichen Abseits zu revidieren, indem er dessen Lebenswelt anhand historischer und bildlicher Dokumente rekonstruiert und zugänglich macht (ECHTE, 5–7). Eine frühe Ausstellung in Zürich 1978 und eine Monographie rücken die Konstellation der beiden Künstlerbrüder Karl und Robert Walser ins Zentrum (vgl. Robert und Karl Walser 1978; Echte, Meier 1990). Anhand vier parallel laufender ›Spuren‹: einer Chronologie, von Zitaten und Bildern sowie seiner eigenen einfühlenden Annäherung an einen »verlorenen Sohn« versucht sich der Schriftsteller Jürg Amann in seiner literarischen Biographie Walsers Leben zu nähern (vgl. Amann 1995). Die wichtigste neuere Biographie hat die Germanistin Catherine Sauvat 1989 auf Französisch vorgelegt.

Die mittlerweile in verschiedene Sprachen übersetzte Darstellung setzt gleichsam am entgegengesetzten Ende an, nämlich, dass Walser zunächst aus Legenden und Fiktionen bestehe und sich seine Existenz nur aus seinem Schreiben deuten lasse, um dann die »verwirrende[n] Übereinstimmungen« zwischen Mensch und Schriftsteller, Wirklichkeit und Phantasie zum Anlass zu nehmen, um Walser anhand einer »Reihe von Selbstdarstellungen« (Das Kind, Der Commis, Der Schauspieler, Der Diener, Der Dichter, Der Spaziergänger, Der Wahnsinnige) zu erfassen (Sauvat 1989/1993, 7–17). Die rororo-Monographie von Diana Schilling erzählt die Biographie relativ flott nach und widmet den wichtigsten Werken knappe Abrisse, um den Autor in seiner Zeit und sein Werk grob in der Literaturgeschichte zu situieren (vgl. Schilling 2007). Verschiedene Monographien bzw. Sammelwerke erkunden Walsers Leben und Schreiben bezogen auf seinen jeweiligen Aufenthaltsort: Stuttgart (vgl. Greven 1996), Wädenswil (Scherrer u. a. 2003), Berlin (vgl. Ortmanns 2010), Bern (vgl. Morlang 2009) oder Herisau (vgl. Witschi 2001).

Writer's writer

Walser war und ist ein *writer's writer*. Er hat zu Lebzeiten hoch angesehene Fürsprecher gefunden, was ihn als ›bekannten Geheimtipp‹ vor dem Vergessen bewahrte und seine Wiederentdeckung beförderte wie im Fall von Walter Benjamin, Robert Musil oder Franz Kafka und Max Brod (vgl. KERR 1, 76–86, 89–91, 126–129). Auch für die internationale Rezeption war die prominente Unterstützung u. a. von Susan Sontag, Elfriede Jelinek, W. G. Sebald oder Enrique Vila-Matas äußerst wirkungsvoll. Im deutschen Sprachraum beruht Walsers Standing als Autor nicht unwesentlich auf der Tatsache, dass sich Schreibende seit den 1960er Jahren bis heute auf ihn berufen und sich produktiv mit seinem Werk auseinandergesetzt haben (s. Kap. 5.4). Dabei spielte die Beschäftigung mit Walsers rätselhaftem Leben gerade als Möglichkeit für die Reflexion des eigenen Schreibens eine entscheidende Rolle, etwa wenn Urs Widmer Walsers Aufgabe des Schreibens als Heilung deutet (vgl. Widmer 1973) oder Paul Nizon eine wachsende Diskrepanz zwischen der literarischen Kunstfigur des Jünglings und dem alternden Schriftsteller konstatiert (vgl. Nizon 1976). Die auffallend häufigen Deutungen von Walsers Lebensweg in Aufsätzen und Essays von Schriftstellerinnen und Schriftstellern – nebst den genannten wäre u. a. auf die Essays von J. M. Coetzee (vgl. Coetzee 2000/2006), Benjamin Kunkel (Kunkel 2007) und Ben Lerner (2013) zu verweisen – sind oft auch ein Akt des Einschreibens in literarische Traditionslinien, wobei Sebald die genealogischen Beziehungen besonders eng fasst, wenn er beschreibt, wie ihm Walser, der ihn auf Seeligs Photos an seinen eigenen Großvater erinnert, zuwinkt (vgl. Sebald 1998, 135–139).

Walsers außerordentlichem Schicksal, dessen Deutung als Sinnbild bzw. Mahnmal für den vergessenen Künstler man sich kaum entziehen kann, und seinem Status als *writer's writer* dürfte es auch zu verdanken sein, dass seine Biographie so oft zum Ausgangspunkt literarischer Spurensuchen und ›Erfindungen‹ wurde (s. Kap. 5.4). In E. Y. Meyers Erzählung *Eine entfernte Ähnlichkeit* glaubt der Erzähler, Walser in einem alten Mann und Anstaltsinsassen zu erkennen (vgl. Meyer 1975), Jürg Amann umkreist Walsers *Verirren* mit einer fiktionalen Befragung der Bezugspersonen des verstummten Schriftstellers (vgl. Amann 1978), Elfriede Jelinek versucht in einem langen Monolog in einen Dialog mit Walser zu treten (vgl. Jelinek 1998), Enrique Vila-Matas lässt seine Romanfigur Doktor Pasavento in dem gleichnamigen Roman Walsers Spuren bis nach Herisau folgen mit dem Ziel, von diesem und anderen Schriftstellern das Verschwinden zu lernen (vgl. Vila-Matas 2005/2007), und Gonçalo M. Tavares' Mister Walser schließlich beginnt in seinem eben fertig gebauten Haus ein neues Leben (vgl. Tavares 2006).

Un-/Politischer Autor

Walser galt lange als unpolitischer, »geradezu antipolitisch[er]« Autor (vgl. etwa Greven 2003, 167; MÄCHLER, 131–133). Sieht man ab von seiner frühen sozialistischen Begeisterung, gewissen Äußerungen zu Militär, Streik und sozialer Frage während des Ersten Weltkriegs und seinen Kommentaren zur ›Europa-Debatte‹ in den 1920er Jahren sowie von den gegenüber Seelig gemachten Bemerkungen zum politischen Tagesgeschehen der 1930er und 1940er Jahre (vgl. Rippmann 2002; Keckeis 2014; Perrig 2006), so finden sich bei ihm tatsächlich auffallend wenige explizite politische Urteile. Sein Charakteristikum ist vielmehr, dass er sich solcher Parteinahmen verweigert. Seine diesbezügliche Skepsis hat Walser in einem Aphorismus für die Frauenbeilage der *Frankfurter Zeitung* festgehalten, den er aber sin-

nigerweise für die Druckfassung dann doch zurückgehalten hat: »Politisch scheine ich dann zu sein, wenn ich mir angewöhnt habe, statt irgend etwas zu wissen, bloß für möglich zu halten, ich wisse etwas.« (AdB 4, 409; vgl. SW 19, 231) Dies bedeutet aber keineswegs, dass das Politische in Walsers Texten einfach ausgespart oder lediglich *ex negativo* präsent wäre. Er greift die politischen Fragen seiner Zeit durchaus auf und entwickelt, insbesondere in der Prosa der Berner Jahre, in seinen Texten Verfahren einer metareflexiven Analyse der politischen Diskurse seiner Zeit. Politisch ist Walser also performativ und mit Mitteln der Ironie, während er selbst sich aufgrund dieses selbstreflexiven Zugangs ideologisch ›freischwebend‹ bewegt.

Die Tatsache, dass sich Walser nur schwer politisch vereinnahmen lässt, hat auch seine Rezeption geprägt – allerdings auch insofern, als sich im Zuge seiner Wiederentdeckung Befürworter höchst unterschiedlicher Standpunkte auf ihn beziehen konnten. In den 1970er und 1980er Jahren wurde Walser im deutschen Sprachraum, aber etwa auch in Italien, verschiedentlich als Ausweg für eine Orientierung jenseits der Ideologien des Kalten Krieges (und insofern politisch) rezipiert. Während die DDR-Literaturgeschichtsschreibung offensichtlich Mühe mit dem ›Unpolitischen‹ bekundete (s. Kap. 5.10), wurden auch dezidiert politische Lesarten von Walsers Werk propagiert wie die Stilisierung zum Klassenkämpfer und »großen proletarischen Schriftsteller« durch Hans G Helms im Vorwort zur Anthologie *Basta. Prosastücke aus dem Stehkragenproletariat* von 1970 (Helms 1970/1991, 137) oder die sozialkritische Interpretation von Thomas Koerfer in seiner Verfilmung des *Gehülfen* von 1975 (s. Kap. 5.6). Die jüngst vertretene These, dass Walser gerade aufgrund seiner Distanz zu den politischen Bewegungen das Politische in einem allgemeineren und umfassenderen Sinn literarisch behandelt hat (vgl. Karpenstein-Eßbach 2013, 98–117), dürfte einen geeigneten Ausgangspunkt für weitere Forschungen zu einem bislang etwas vernachlässigten Thema (vgl. Rippmann 2002, 7 f.) darstellen.

Biographische Annäherungen

Die Rekonstruktion von Walsers Biographie sieht sich somit mit einer dreifachen Herausforderung konfrontiert: dem ›undokumentierten‹ Leben, den literarischen Quellen und der unsystematischen Überlieferung.

Versucht man, die Eckdaten von Walsers Biographie zusammenzustellen, so lassen sich diese – wie in den folgenden Unterkapiteln – nach (mindestens) drei Kriterien anordnen: unter dem Kriterium der Zeit im Sinn einer Abfolge der wichtigsten ›Ereignisse‹ (s. Kap. 1.2), unter demjenigen des Raums in Form einer Rekonstruktion der Aufenthalts- und Wohnorte (s. Kap. 1.3) und schließlich unter einem genealogischen Kriterium des familiären Kontexts (s. Kap. 1.4). An Letzteres anschließen würde dann eine Berücksichtigung weiterer biographischer Konstellationen: von zusätzlichen beruflichen oder privaten Bezugspersonen und den Korrespondenzpartnern (s. Kap. 3.6.1) über die Vernetzung innerhalb des Literaturbetriebs (s. Kap. 2.6) bis hin zu literaturgeschichtlichen Verortungen (s. Kap. 2.8 bis 2.10).

Zeittafel: Schaut man, welche Fakten in Walsers Leben sich (präzise) datieren lassen, so sind dies auf der einen Seite die behördlich erfassten Daten, andererseits Daten zur Publikationsgeschichte. Aufgrund der solitären Arbeits- und Lebensweise – wobei Walsers ›mönchische‹ Lebensweise nicht überbewertet werden sollte, da dieser Eindruck oft eher eine Folge fehlender Zeugnisse ist – und einer dementsprechend eher schmalen Quellenbasis lassen sich verschiedene Ereignisse und Erlebnisse, zumal solche, die mutmaßlich im literarischen Werk verarbeitet worden sind, nur ungenau datieren. Insgesamt ist festzustellen, dass viele Daten nur indirekt überliefert sind und sich in Walsers Biographie immer wieder auch längere Zeiträume finden, die kaum dokumentiert sind. Auch über Beziehungen außerhalb des familiären und beruflichen Umfelds ist wenig bekannt.

Wohnorte: Insbesondere in den frühen Jahren bis zur Rückkehr aus Berlin 1913 sowie in der Berner Zeit (1921–1929) ist Walser oft umgezogen und hat als ›möblierter Herr‹ eher ›spurlos‹ gewohnt. Gewisse Wohnadressen und Aufenthaltsorte lassen sich auch anhand der überlieferten amtlichen Dokumente nicht mehr präzise rekonstruieren. Da Walser in seinen Texten immer wieder konkrete Anregungen aus seiner jeweiligen Umgebung – gesammelt auf Spaziergängen und Großstadterkundungen, während Besuchen von Theateraufführungen, Konzerten und Ausstellungen oder durch Lektüre der lokalen Zeitungen – verarbeitete, kommt der Erforschung dieser ›lokalen‹ Kontexte eine große Bedeutung zu. Diese erwiesen sich im Fall der nachgelassenen Mikrogramme als relevant nicht nur hinsichtlich der inhaltlichen Erläuterung, sondern auch editionsphilologisch für die Datierung der Texte (vgl. die Stellenkommentare in AdB).

Familie: Robert Walsers Familiengeschichte eignen sehr individuelle Momente ebenso wie eine exemplarische Dimension. So steht die Elterngeneration für Möglichkeiten eines sozialen Aufstiegs des Kaufmannsstands ins kleinstädtische Bürgertum aber auch für den drohenden sozialen Abstieg und die Proletarisierung durch die wirtschaftliche ›Depression‹ im Laufe der 1880er Jahre. In Bezug auf Walsers Werk sind in der Forschung insbesondere die traumatische Erfahrung einer verwehrten Mutterliebe (vgl. Amann 1985; Echte 1987a; Greven 1987) und aus psychoanalytischer Sicht die Folgen einer schwachen Vaterfigur für den Sohn thematisiert worden (vgl. Matt 1991). Die Biographien der acht Geschwister Walser, die alle kinderlos geblieben sind, spiegeln beinahe idealtypisch verdichtet die Möglichkeiten und Grenzen, mit denen sich junge Menschen mit außerordentlichen Begabungen und einem kleinbürgerlichen Hintergrund in der Wissenschaft, Wirtschaft, Kunst und Kultur Anfangs des 20. Jh.s konfrontiert sahen. Bei Walsers Schwestern kommt noch die Herausforderung hinzu, als Frau ein eigenständiges Leben zu führen. Das »einzige längere, authentische Zeugnis über die Familie Walser zur Zeit der Jahrhundertwende« bildet ein 1918/1919 verfasster, 26-seitiger Brief von Flora Ackeret – die in ihrer Bieler Wohnung eine Art ›Kunstsalon‹ führte, in dem auch die Walsers verkehrten – an Hermann Hesse (vgl. Echte 1987b, 331). Die Geschichte der Geschwister Walser muss noch geschrieben werden.

Literatur

Amann, Jürg: Verirren oder Das plötzliche Schweigen des Robert Walser. Roman. Aarau, Frankfurt a. M., Salzburg 1978.

Amann, Jürg: Robert Walser. Auf der Suche nach einem verlorenen Sohn. Mit 13 Abbildungen. München, Zürich 1985.

Amann, Jürg: Robert Walser. Eine literarische Biographie in Texten und Bildern. Zürich, Hamburg 1995.

Coetzee, J. M.: Robert Walser, Geschichtenerzähler (2000). In: ders.: Was ist ein Klassiker? Essays. Frankfurt a. M. 2006, 141–154.

Echte, Bernhard: Die Datierung des Mundartstücks *Der Teich*. Zu Robert Walsers schriftstellerischen Anfängen. In: CHIARINI/ZIMMERMANN 1987a, 297–320.

Echte, Bernhard: Warum *verbarg* sich Walser in Thun? Ein Dokument von Flora Ackeret. In: CHIARINI/ZIMMERMANN 1987b, 331–347.

Echte, Bernhard, Meier, Andreas (Hg.): Die Brüder Karl und Robert Walser. Maler und Dichter. Stäfa 1990.

Echte, Bernhard: »Etwas wie Personenauftritte auf einer Art von Theater«. Bemerkungen zum Verhältnis von Biographie und Text bei Robert Walser. In: Runa. Revista portuguesa de estudos germanísticos Nº 21 (1994), 31–59.

Echte, Bernhard: Robert Walsers Kindheit und Jugend in Biel. Ein biographischer Essay. Wädenswil 2002.

ECHTE.

Fröhlich, Elio, Hamm, Peter (Hg.): Robert Walser. Leben und Werk in Daten und Bildern. Frankfurt a. M. 1980.

Greven, Jochen: »Si Chopf isch es ganzes Buech voll Gschichte«. Wann schrieb Robert Walser *Der Teich*? In: CHIARINI/ZIMMERMANN, 321–325.

Greven, Jochen: »Er fährt nach dem Schwabenland«. Karl und Robert Walser in Stuttgart. Marbach 1996.

Greven, Jochen: Robert Walser – ein Außenseiter wird zum Klassiker. Abenteuer einer Wiederentdeckung. Konstanz 2003.

Helms, Hans G: Zur Prosa Robert Walsers [1970]. In: HINZ/ HORST, 134–151.

Jelinek, Elfriede: er nicht als er (zu, mit Robert Walser). Ein Stück. Frankfurt a. M. 1998.

Kammer, Stephan: Gestörte Kommunikation. Robert Walsers Briefschreibspiele. In: Werner M. Bauer, Johannes John, Wolfgang Wiesmüller (Hg.): »Ich an Dich«. Edition, Rezeption und Kommentierung von Briefen. Innsbruck 2001, 229–245.

Karpenstein-Eßbach, Christa: Deutsche Literaturgeschichte des 20. Jahrhunderts. München 2013.

Keckeis, Paul: Füsilier und Schriftsteller. Zu Robert Walsers literarischer Militärsoziologie. In: Karl Wagner, Stephan Baumgartner, Michael Gamper (Hg.): Der Held im Schützengraben. Führer, Massen und Medientechnik im Ersten Weltkrieg. Zürich 2014, 99–113.

Korrodi, Eduard: Walser über Walser. In: Neue Zürcher Zeitung, 28. 1. 1925.

Kunkel, Benjamin: Still Small Voice. The fiction of Robert Walser. In: The New Yorker, 6. 8. 2007.

Lerner, Ben: Robert Walser's Disappearing Acts. In: The New Yorker, 3. 9. 2013.

MÄCHLER.

Matt, Peter von: Wer hat Robert Walsers Briefe geschrieben? In: CHIARINI/ZIMMERMANN, 98–105.

Matt, Peter von: Die Schwäche des Vaters und das Vergnügen des Sohnes. Über die Voraussetzungen der Fröhlichkeit bei Robert Walser. In: HINZ/HORST, 180–198.

Meyer, E. Y.: Eine entfernte Ähnlichkeit. Erzählungen. Frankfurt a. M. 1975.

Morlang, Werner: Robert Walser in Bern. Auf den Spuren eines Stadtnomaden. Mit einem Nachwort v. Reto Sorg. Bern ²2009.

Nizon, Paul: Robert Walsers Poetenleben. Dichtung und Wahrheit. Innenwelt und Außenwelt. In: Elio Fröhlich, Robert Mächler (Hg.): Robert Walser zum Gedenken. Aus Anlaß seines 20. Todestages am 25. Dezember 1976. Zürich, Frankfurt a. M. 1976, 67–89.

Ortmanns, Gudrun: Das Berlin des Robert Walser. Berlin 2010.

Perrig, Severin: Gestürm und Gelächel. Der politische Walser im Gespräch mit Carl Seelig. In: Appenzellische Jahrbücher 133 (2006), 42–55.

Rippmann, Peter: Robert Walsers politisches Schreiben. Bielefeld 2002.

Robert und Karl Walser. [Katalog zur] Ausstellung im Helmhaus Zürich 16. April bis 4. Juni 1978. Zürich 1978.

Robert Walser. Dossier Literatur 3. Zürich, Bern 1984.

Sauvat, Catherine: Vergessene Weiten. Biographie zu Robert Walser (Robert Walser). Aus dem Französischen v. Helmut Kossodo. Köln, Saignelégier 1993 (franz. 1989).

Scherrer, Adrian u. a.: Wädenswil um 1900. Bärenswil zu Robert Walsers Zeit. Wädenswil 2003.

Schilling, Diana: Robert Walser. Reinbek bei Hamburg 2007.

Sebald, W. G.: Le promeneur solitaire. Zur Erinnerung an Robert Walser. In: ders.: Logis in einem Landhaus. Über Gottfried Keller, Johann Peter Hebel, Robert Walser und andere. München, Wien 1998, 127–168.

Seelig, Carl: Robert Walser. [Rez.] Otto Zinniker: »Robert Walser, der Poet«. In: Bücherblatt, Dezember 1947.

SEELIG.

Sontag, Susan: Walser's Voice. In: Robert Walser: Selected Stories. New York 1982, vii–ix.

Sorg, Reto: Pose und Phantom. Robert Walser und seine Autorenporträts. In: Lucas Marco Gisi, Urs Meyer, Reto Sorg (Hg.): Medien der Autorschaft. Formen literarischer (Selbst-)Inszenierung von Brief und Tagebuch bis Fotografie und Interview. München 2013, 107–130.

Tavares, Gonçalo M.: O Senhor Walser. Desenhos de Rachel Caiano. Lisboa 2006.

Vila-Matas, Enrique: Doktor Pasavento. Roman. München 2007 (spanisch 2005).

Walser, Martin: Alleinstehender Dichter. Über Robert Walser [1963]. In: ders.: Erfahrungen und Leseerfahrungen. Frankfurt a. M. 1965, 148–154.

Widmer, Urs: Über Robert Walser. In: Robert Walser: Der Spaziergang. Ausgewählte Geschichten. Hg. v. Daniel Keel. Zürich 1973, 145–166.

Witschi, Peter (Hg.): Robert Walser. Herisauer Jahre 1933–1956. Herisau 2001.

Zinniker, Otto: Robert Walser der Poet. Zürich 1947.

Lucas Marco Gisi

1.2 Zeittafel

1878
Robert Otto Walser wird am 15.4. in Biel geboren.

1884
Tod des Bruders Adolf.

1884–1892
Besuch der Grundschule und des Progymnasiums in Biel. Allmählicher Niedergang des väterlichen Geschäfts.

1892–1895
Trotz sehr guter schulischer Leistungen wird Walser vom Progymnasium genommen, damit er seinen Lebensunterhalt selbst verdienen kann. Beginn der Lehre als Commis bei der Berner Kantonalbank in Biel.

1894
Inszenierung von Schillers *Die Räuber* am Bieler Stadttheater weckt Walsers Interesse am Schauspiel. Tod der Mutter.

1895
Walser beendet seine Lehre und lebt von April bis August in Basel. Anstellung bei Speyer & Co., heimlicher Besuch von Schauspielunterricht. Ab September bei seinem Bruder Karl in Stuttgart. Anstellung als Schreiber auf der Inserateabteilung der Union Deutsche Verlagsanstalt.

1896
In Stuttgart missglückte Versuche, eine Karriere als Schauspieler zu beginnen. Anfang Oktober Fußwanderung zurück in die Schweiz. Bis 1905 mehrheitlich Aufenthalt in Zürich. Anstellung als Hilfsbuchhalter bei der Transport-Versicherungs-Gesellschaft Schweiz.

1897
Das früheste erhaltene Gedicht *Zukunft!* entsteht. Erste Reise nach Berlin, Niederschrift vieler Gedichte.

1898
Erste Veröffentlichung durch Vermittlung von Josef Viktor Widmann: Abdruck einiger Gedichte (*Helle, Trüber Nachbar, Vor Schlafengehen, Ein Landschäftchen, Kein Ausweg, Immer am Fenster*), die lediglich mit seinen Initialen versehen sind, im *Sonntagsblatt des Bund*. Kontakt zu Franz Blei. Internierung seines Bruders Ernst in der Heil- und Pflegeanstalt Waldau bei Bern.

1899
Mehrmonatiger Aufenthalt in Thun. Möglicherweise kurzer Aufenthalt in München und erster Kontakt mit den Redakteuren der Zeitschrift *Die Insel* (Otto Julius Bierbaum, Alfred Heymel und Rudolf Alexander Schröder). Publikation des Prosastücks *Der Greifensee* im *Sonntagsblatt des Bund* und der Gedichte *Wiegen, Träume, Beruhigung, »Es kommt mich Lachen und Lächeln an«* im ersten Heft der Zeitschrift *Die Insel*. Ab Herbst bis Frühjahr 1900 in Solothurn wohnhaft. In den folgenden Jahren Publikationen in diversen Zeitschriften und Zeitungen. Beginn der Niederschrift der Dramolette *Die Knaben, Dichter, Aschenbrödel* und *Schneewittchen*.

1900
Abdruck des Dramoletts *Dichter* und verschiedener Gedichte (*Glück, Die Stille, Die Zeit ist lang, Schnee, Nacht, Die Stunde*) in der Zeitschrift *Die Insel*. Ab Ende November in München wohnhaft.

Abb. 1: Robert Walser als Konfirmand, ca. 1893. Photograph: unbekannt. RWA.

Abb. 2: Robert Walser als junger Commis, 1899.
Photograph: Paul Renfer. RWA.

Abb. 3: Robert Walser in Berlin, 1905.
Photograph: Atelier Globus. RWA.

1901

Halbjähriger Aufenthalt in der Schweiz, ab Juli wiederum in München wohnhaft. Bekanntschaft mit Schriftstellern und Künstlern wie Frank Wedekind, Alfred Kubin, Marcus Behmer und Blei. Nach kurzem Aufenthalt bei Max Dauthendey in Würzburg und in Berlin erneut in München wohnhaft. Publikation der Dramolette *Aschenbrödel* und *Schneewittchen* in der Zeitschrift *Die Insel*. Mitte Oktober Rückkehr nach Zürich und Niederschrift von *Fritz Kocher's Aufsätze*. Anschließend Übersiedlung nach Berlin.

1902

Veröffentlichungspläne in Berlin scheitern. Vorübergehend bei seiner Schwester Lisa in Täuffelen wohnhaft. Publikation von *Fritz Kocher's Aufsätze* im *Sonntagsblatt des Bund* und von *Die Knaben* in der Zeitschrift *Die Insel*. Im Mai Rückkehr nach Zürich und Tätigkeit in der Schreibstube für Stellenlose.

1903

Einige Monate Fabrikangestellter in Winterthur. Absolvierung der Rekrutenschule in Bern. Anstellung als ›Gehülfe‹ beim Erfinder Carl Dubler in Wädenswil am Zürichsee.

1904

Anstellung als Commis bei der Zürcher Kantonalbank in Zürich und diverse Treffen mit Alfred Kutschera, einem jungen Literaten. Im November erster Militär-Wiederholungskurs in Bern. Publikation des ersten Buches, *Fritz Kocher's Aufsätze*, im Insel Verlag, Leipzig.

1905

Für kurze Zeit in Biel wohnhaft. Übersiedlung nach Berlin, wo Walser bei seinem Bruder Karl lebt. Nach einem kurzen Aufenthalt in Zürich Besuch einer Dienerschule in Berlin, bis Ende Jahr Diener auf Schloss Dambrau in Oberschlesien.

1906

Dank seinem Bruder Karl Bekanntschaft mit den Verlegern Samuel Fischer und Bruno Cassirer. Niederschrift des Romans *Geschwister Tanner* in knapp sechs Wochen. Christian Morgenstern, der Lektor des Verlags Bruno Cassirer, setzt sich für die Veröffentlichung des Romans ein. Niederschrift eines weiteren Romans, der in Asien spielt (verschollen).

1907

Veröffentlichung des ersten Romans, *Geschwister Tanner*, im Verlag Bruno Cassirer, Berlin, und diverser Prosastücke in den Zeitschriften *Die Schaubühne*, *Die Neue Rundschau*, *Simplicissimus*, *Kunst und Künstler*, *Berliner Tageblatt* und *Frankfurter Zeitung*. Dank engem Kontakt zu seinem Bruder Karl Bekanntschaft mit bedeutenden Berliner Künstlern, Literaten und Theaterleuten. Im Frühjahr für einige Wochen Sekretär der Berliner Secession.

1908

Publikation des zweiten Romans, *Der Gehülfe*, im Verlag Bruno Cassirer, Berlin.

1909

Veröffentlichung eines bibliophilen Bandes *Gedichte* mit Originalradierungen von seinem Bruder Karl (angekündigt bereits für Weihnachten 1908) und des dritten Romans, *Jakob von Gunten*, im Verlag Bruno Cassirer, Berlin.

1910–1912

Zunehmender Rückzug aus der Gesellschaft und Abnahme der Publikationstätigkeit in Zeitschriften. Für Kost und Logis arbeitet Walser als Sekretär seiner Vermieterin.

1913

Rückkehr in die Schweiz. Zunächst bei seiner Schwester Lisa in Bellelay, später bis 1920 in einer Mansarde im Hotel Blaues Kreuz in Biel wohnhaft. Beginn der Freundschaft und der Korrespondenz mit Frieda Mermet. Publikation des Bandes *Aufsätze* im Kurt Wolff Verlag, Leipzig, und diverser Prosastücke in Zeitungen und Zeitschriften.

1914

Tod des Vaters. Nach Ausbruch des Ersten Weltkriegs Einberufung zu mehrwöchigem Militärdienst in Erlach und St. Maurice (Füsilier im Landwehrbataillon 134/III). Veröffentlichung des Bandes *Geschichten* im Kurt Wolff Verlag, Leipzig. Auszeich-

Abb. 4: Robert Walser in Berlin, 1907. Photograph: unbekannt. RWA.

nung der Prosasammlung *Kleine Dichtungen* (auf Empfehlung von Wilhelm Schäfer und Hermann Hesse) mit dem Preis des *Frauenbundes zur Ehrung rheinländischer Dichter*. Erstausgabe von *Kleine Dichtungen* für den Frauenbund

1915

Kurze Reise nach Leipzig, um die Erstausgabe von *Kleine Dichtungen* zu signieren, und nach Berlin zu seinem Bruder Karl. Zweite Auflage von *Kleine Dichtungen* im Kurt Wolff Verlag, Leipzig (Impressum 1914). Am 25.1. Gebrüder-Walser-Abend des Lesezirkels Hottingen in Zürich. Militärdienst in Cudrefin und Wisen.

1916

Tod des Bruders Ernst. Zahlreiche Publikationen vor allem in Schweizer Zeitungen und Zeitschriften.

1917

Veröffentlichung der Sammlung *Prosastücke* im Rascher Verlag, Zürich. Publikation der Erzählung *Der Spaziergang* im Huber Verlag, Frauenfeld, Verhandlungen mit Walther Lohmeyer über das Buchprojekt *Studien und Novellen*, das vom Verlag abgelehnt wird. Publikation der Sammlung *Poetenleben* im Huber Verlag (Impressum 1918), sowie der Sammlung *Kleine Prosa* im Francke Verlag, Bern. Ab Juli Einberufung zu zweimonatigem Militärdienst im Tessin. Laut eigener Aussage Entwicklung eines zweistufigen Schreibverfahrens (Bleistiftentwurf, Tintenreinschrift).

1918

Militärdienst in Courroux. Arbeit an der Prosasammlung *Seeland*. Der Versuch, den Prosaband *Kammermusik* zu veröffentlichen, scheitert. Niederschrift des Romans *Tobold* (verschollen).

1919

Suizid des Bruders Hermann. Publikation der Sammlung *Komödie* und zweite Auflage der *Gedichte* im Verlag Bruno Cassirer, Berlin.

1920

8. 11. Walser-Leseabend des Lesezirkels Hottingen in Zürich (anstelle des angekündigten Autors, der im Publikum sitzt, liest Hans Trog). Publikation des Prosabands *Seeland* als bibliophile Ausgabe im Rascher Verlag, Zürich (Impressum 1919).

1921

Umzug nach Bern. Stelle als »Aushülfsangestellter« im Staatsarchiv Bern (vier Monate). Niederschrift des Romans *Theodor* (verschollen).

1922

8. 3. Lesung aus dem Roman *Theodor* im Lesezirkel Hottingen in Zürich. Erster Briefkontakt mit dem Zürcher Publizisten, Schriftsteller und Mäzen Carl Seelig.

1923

Im Juni Spitalaufenthalt wegen Ischias.

1924–1933

Niederschrift der überlieferten 526 sogenannten Mikrogramme, Entwürfe in stark verkleinerter Bleistiftschrift, die Walser teilweise für die Publikation mit Tinte ins Reine schrieb. Aufschwung seiner Produktion und Publikationen in wichtigen Zeitungen (*Neue Zürcher Zeitung*, *Berliner Tageblatt*, *Prager Tageblatt*, *Prager Presse*, *Frankfurter Zeitung*).

1925

Publikation der letzten von Walser selbst zusammengestellten Prosasammlung, *Die Rose*, im Rowohlt Verlag, Berlin. Niederschrift der »Felix-Szenen« in den Monaten April bis Mai und des »Räuber«-Romans in den Monaten Juli bis August. Beginn der Korrespondenz mit Therese Breitbach (bis 1932).

1926

Entstehung des sogenannten *Tagebuch*-Fragments. Diverse Publikationen in Zeitungen.

1928

Walsers 50. Geburtstag wird kaum gewürdigt.

1929

Nach psychischer Krise Eintritt in die Heil- und Pflegeanstalt Waldau bei Bern (24.1.). Diagnose: Schizophrenie. Im Juni Wiederaufnahme der schriftstellerischen Tätigkeit.

1933

Unterzeichnung des Vertrags für eine Neuauflage der *Geschwister Tanner* beim Rascher Verlag, Zürich. 19.6. gegen seinen Willen Überführung in die Heil- und Pflegeanstalt Herisau. Aufgabe der schriftstellerischen Tätigkeit. Aufnahme eines Bevormundungsverfahrens.

Abb. 5: Robert Walser in seinem Zimmer, Luisenstr. 14, Bern, 3.4.1928. Photograph: Walter Kern. SLA.

1934
Wird durch das Urteil des Richteramts Bern unter Vormundschaft gestellt. Erster Vormund Jakob Walser.

1935
Briefliche Kontaktaufnahme von Seelig.

1936
Erster Besuch Seeligs. Beginn gemeinsamer Wanderungen und Gespräche. Seelig wird in der Folge zum Herausgeber verschiedener Auswahlbände und Neuausgaben.

1941
Zweiter Vormund Alfred Hungerbühler.

1943
Tod des Bruders Karl.

1944
Tod der Schwester Lisa. Übernahme der Vormundschaft durch Seelig.

Abb. 6: Robert Walser, Wanderung Urnäsch – Appenzell – Gais – St. Gallen, 20.7.1941.
Photograph: Carl Seelig. RWA.

1947
Publikation der ersten Walser-Biographie, *Robert Walser der Poet*, von Otto Zinniker im Werner Classen Verlag, Zürich.

1953–1961
Erste, von Seelig veranstaltete Werkausgabe *Dichtungen in Prosa* erscheint in fünf Bänden im Holle und Helmut Kossodo Verlag, Genf, Darmstadt, Frankfurt a. M.

1956
Walser stirbt am 25.12. auf einem Spaziergang im Schnee. Betreuung des Nachlasses durch Carl Seelig.

1957
Erste Übersetzung ins Englische durch Christopher Middleton.

1959
Tod des Bruders Oscar.

1962
Unfalltod von Seelig.

1966
Gründung der Carl Seelig-Stiftung durch den Rechtsanwalt Elio Fröhlich.

1966–1975
Edition des *Gesamtwerks* (13 Bde.) durch Jochen Greven im Helmut Kossodo Verlag, Genf, Hamburg.

1967
Erste Theaterinszenierung: Uraufführung von *Aschenbrödel* durch die Zürcher Werkbühne. Übergabe der Rechte an Walsers Nachlass von Schwester Fanny an die Carl Seelig-Stiftung mit der Auflage, die Materialien in einem zu gründenden Robert Walser-Archiv zu verwahren.

1971
Erste Verfilmung: *Jakob von Gunten* durch Peter Lilienthal.

1972
Tod der Schwester Fanny.

1973
Gründung des Robert Walser-Archivs in Zürich durch die Carl Seelig-Stiftung.

1977

Übergang der Rechte an den Suhrkamp Verlag, Zürich.

1978

Feier zum 100. Geburtstag und Vergabe des Robert Walser-Centenarpreises an Ludwig Hohl in Zürich.

1985–1986

Edition der *Sämtlichen Werke in Einzelausgaben* (20 Bde.) durch Jochen Greven im Suhrkamp Verlag, Zürich und Frankfurt a. M.

1985–2000

Edition der entzifferten Mikrogramme durch Werner Morlang und Bernhard Echte im Suhrkamp Verlag, Zürich und Frankfurt a. M.

2004

Umbenennung der Carl Seelig-Stiftung in Robert Walser-Stiftung Zürich.

seit 2008

Publikation der *Kritischen Robert Walser-Ausgabe* in den Verlagen Stroemfeld und Schwabe, Basel und Frankfurt a. M.

2009

Umzug des Robert Walser-Archivs nach Bern und Umbenennung der Stiftung in Robert Walser-Stiftung Bern. Eröffnung des Robert Walser-Zentrums am 18.9.

Quellen

Schäfer, Jörg: Zeittafel. In: Robert Mächler: Robert und Karl Walser. [Katalog zur] Ausstellung im Helmhaus Zürich 16. April bis 4. Juni 1978. Zürich 1978, 4–6.
Schäfer, Jörg: Zeittafel. In: Kerr 3, 232–235.
Zeittafel. In: Elio Fröhlich, Peter Hamm (Hg.): Robert Walser. Leben und Werk in Daten und Bildern. Frankfurt a. M. 1980, 311–316.
Zeittafel. In: Jürg Ammann: Robert Walser. Auf der Suche nach einem verlorenen Sohn. München 1985, 73–78.
Greven, Jochen: Zeittafel zur Biographie Robert Walsers. In: SW 1–20 (jeweils am Ende des Bandes).
Chronologie. In: Catherine Sauvat: Robert Walser. Paris 1989, 183–185.
Zeittafel. In: Bernhard Echte, Andreas Meier: Die Brüder Karl und Robert Walser. Maler und Dichter. Stäfa 1990, 207–209.
Echte, Bernhard: Zeittafel. In: Mächler, 268–274.
Echte, Bernhard: Chronik von Leben und Werk. In: Du 730 (Oktober 2002), 80–85.
Echte, Bernhard: Robert Walser, sa vie, son œuvre. Chronologie. In: Robert Walser: L'écriture miniature. Übers. v. Marion Graf. Carouge-Genève 2004, 69–89.
Vita Robert Walsers. In: Text + Kritik 4, 207–213.
Chronik. In: Echte, 487–493.
Zeittafel. In: Reto Sorg, Lucas Marco Gisi (Hg.): »Jedes Buch, das gedruckt wurde, ist doch für den Dichter ein Grab oder etwa nicht?« Robert Walsers Bücher zu Lebzeiten. Bern 2009, 46–47.

Franziska Zihlmann

1.3 Wohnadressen

Biel: 1878 bis 1895
Dufourstraße 3, Biel (Geburtshaus)
15. 4. 1878

Nidaugasse 36, Biel
Herbst 1879 bis Ende 1884/Anfang 1885

Brühlstraße 69 c, Biel
1889

Zentralstraße 40, Biel
Anfang der 1890er Jahre

Zentralstraße 52, Biel
1893 bis März 1895

Basel: 1895
Bäumleingasse 10, Basel (bei Haller-Walser)
1. 4. 1895

Theaterstraße 22, Basel (bei Wagner)
8. 6. 1895 bis 26. 8. 1895 (Abmeldung nach Stuttgart)

Stuttgart: 1895 bis 1896
Gerbergasse 2 a/2 b, Stuttgart (bei Karl Walser)
August 1895 bis September 1896

Zürich: 1896 bis 1897
Zeughausstraße 3, Zürich 3 (bei Senn)
30. 9. 1896 bis 5. 4. 1897

Zeltweg 64, Hottingen, Zürich
März 1897

Zurlindenstraße 49, Zürich 3 (bei Held)
5. 4. 1897 bis Mitte Oktober 1897

Neumarkt 3, Zürich 1 (bei Gut)
14. 10. 1897 bis 23. 11. 1897

Berlin: 1897
Wohnadresse unbekannt
23. 11. 1897 (Abmeldung nach Berlin)

Zürich: 1897 bis 1898
Ämtlerstraße 106, Zürich 3 (bei Schilling)
13. 12. 1897

Lindenbachstraße 9, Zürich 4 (bei Kundert)
1. 3. 1898

Hinterbergstraße 31, Zürich 5 (bei Grimmelmann)
19. 3. 1898 bis Anfang Juni 1898

Großmünsterplatz 6, Zürich 1 (bei Kunkeler)
1. 6. 1898 bis Juli 1898

Schrägweg 93, Zürich 3 (bei Freimüller)
25. 7. 1898

Rothstraße 22, Zürich 4 (bei Etzensperger)
17. 8. 1898

Vogelsangweg 1, Zürich 4 (bei Keilholz)
14. 9. 1898

Vogelsangweg 1, Zürich 4 (bei Nieweger)
25. 10. 1898 bis 28. 1. 1899

Thun: 1899
Obere Hauptgasse 39, Thun (bei Utzinger)
28. 1. 1899 bis Herbst 1899

Solothurn: 1899 bis 1900
Gurzelngasse 17, Solothurn
13. 10. 1899 bis 14. 5. 1900

Aufenthaltsort unbekannt: 1900
14. 5. 1900 bis Ende November 1900

München: 1900
Unteranger 18/II, München
28. 11. 1900 bis Anfang Dezember 1900

Amalienstraße 48/2, München
Anfang Dezember 1900

Aufenthaltsort unbekannt: 1900 bis 1901
Dezember 1900 bis Anfang Juli 1901

München: 1901
Oberanger 38/IV, München
3. 7. 1901 bis 6. 8. 1901

Schellingstraße 43, München
14. 9. bis 14. 10. 1901

Würzburg: 1901
Wohnadresse unbekannt
August 1901

Berlin: 1901
Wohnadresse unbekannt

Zürich: 1901
Trittligasse 6, Zürich
November 1901

Berlin: 1901 bis 1902
Pestalozzistraße 92 a, Charlottenburg, Berlin
Jahreswechsel 1901/1902 bis Ende Januar 1902

Täuffelen: 1902
Schulhaus Täuffelen (bei Lisa Walser)
Februar 1902 bis April 1902

Zürich: 1902 bis 1903
Spiegelgasse 23, Zürich (bei Schusterleuten, dann bei
Ida Weiß)
Mai 1902 bis Februar 1903

Winterthur: 1903
Obergasse 17, Winterthur
März 1903

Bern: 1903
Rekrutenschule in der Kaserne Bern
15. 5. 1903 bis 30. 6. 1903

Zürich: 1903
Froschaugasse 18, Zürich (bei Haupt)
Juli 1903

Wädenswil: 1903 bis 1904
Villa Abendstern, Wädenswil (bei Dubler)
28. 7. 1903 bis 5. 1. 1904

Zürich: 1904 bis 1905
Froschaugasse 18, Zürich (bei Haupt)
Januar 1904

Trittligasse 6, Zürich
Januar 1904 bis Mai 1904

Frankengasse 24, Zürich
Juni 1904

Schipfe 43, Zürich (bei Trüb)
Juli 1904 bis März 1905

Bern: 1904
Kaserne Bern
November 1904

Biel: 1905
Quellgasse 17, Biel (bei Adolf Walser)
März 1905

Berlin: 1905
Kaiser-Friedrich-Straße 70, Charlottenburg, Berlin
(bei Karl Walser)
März 1905 bis Mai 1905

Zürich: 1905
Neumarkt 3, Zürich
Juni 1905 bis vermutlich Juli/August 1905

Berlin: 1905 bis 1913
Kaiser-Friedrich-Straße 70, Charlottenburg, Berlin
(bei Karl Walser)
vermutlich Juli/August 1905

Dienerschule, Berlin
vermutlich September 1905

Schloss Dambrau, bei Oppeln, Oberschlesien
Oktober 1905 bis Ende Dezember 1905

Kaiser-Friedrich-Straße 70, Charlottenburg, Berlin
(bei Karl Walser)
Ende Dezember 1905 bis Sommer 1907

Wilmersdorfer Straße 141, Charlottenburg, Berlin
Ende 1907

Schöneberger Ufer 40, Berlin (bei Karl Walser)
April 1908 bis Anfang September 1908

Kaiserdamm 96, Berlin
September 1908

Kurfürstendamm 29, Berlin (bei Karl Walser)
Frühjahr 1910

Spandauerberg 1, Westend, Berlin (bei Jenny Wilke,
später bei Anna Scheer)
Sommer 1910 bis Anfang 1913

Hohenzollernstraße 14, Berlin (bei Karl Walser)
Mitte Januar 1913/Mitte Februar 1913

Bellelay: 1913
Schulhaus der Psychiatrischen Anstalt Bellelay (bei
Lisa Walser)
Februar 1913 bis April 1913

Biel: 1913 bis 1920
Hotel Blaues Kreuz, Unterer Quai, Biel
April 1913 bis 30. 12. 1920

Militärdienst in Erlach
5. 8. 1914 bis 4. 9. 1914

Militärdienst in St. Maurice
21. 9. 1914 bis 13. 10. 1914

Militärdienst in Cudrefin und Montet
6. 4. 1915 bis 13. 5. 1915

Militärdienst in Wisen
6. 10. 1915 bis 3. 12. 1915

Militärdienst im Tessin
16. 7. 1917 bis 8. 9. 1917

Militärdienst in Courroux
18. 2. 1918 bis 16. 3. 1918

Bern: 1921 bis 1929
Murifeldweg 14, Bern (bei Anna und Franziska Stättler-Walker)
4. 1. 1921

Manuelstraße 72, Bern (bei Anna und Franziska
Stättler-Walker)
8. 11. 1921

Murifeldweg 3, Bern (bei Karl Schaffner)
1. 2. 1922

Kramgasse 19, Bern (bei Emma Lenz-Gräub)
1. 4. 1922

Fellenbergstraße 10, Bern (bei Bertha Winter)
3. 5. 1924

Gerechtigkeitsgasse 51, Bern (bei Vogt)
3. 11. 1924

Junkerngasse 29, Bern (bei Arnold Brügger)
2. 12. 1924

Thunstraße 21, Bern (bei Adolf Hummel)
2. 2. 1925

Gerechtigkeitsgasse 29, Bern (bei Rudolf Lehner)
1. 4. 1925

Thunstraße 20, Bern (bei Elisabeth Vollenweider)
1. 9. 1925

Elfenauweg 41, Bern (bei Kilchmann)
2. 12. 1925

Junkerngasse 26, Bern (bei Wilhelm Albiez)
1. 5. 1926

Gerechtigkeitsgasse 50, Bern (bei Paul Lehmann)
1. 6. 1926

Kramgasse 32, Bern (bei Wilhelmina Hermina Tschan)
2. 8. 1926

Luisenstraße 14, Bern (bei Ida Mathilde Häberlin)
17. 8. 1926

Bernische kantonale Irrenanstalt Waldau (ab 1930:
Bernische kantonale Heil- und Pflegeanstalt Waldau)
24. 1. 1929 bis 19. 6. 1933

Herisau: 1933 bis 1956
Heil- und Pflegeanstalt Herisau (Appenzell Außerrhoden)
19. 6. 1933 bis 25. 12. 1956

Quellen

Angegeben werden soweit bekannt das Anmeldeda-
tum bei der Einwohnerkontrolle sowie – in den Fällen, in denen auch dieses bekannt ist – das Abmelde-
datum bei der Einwohnerkontrolle. Fehlen entsprechende amtliche Einträge, dann wird auf Angaben in
Briefen, insbesondere in Adresszeilen, sowie in weiteren biographischen Dokumenten zurückgegriffen.
Die Militärdienstleistungen während des Ersten
Weltkriegs sind gemäß den Auszügen aus dem Trup-
pentagebuch Füs. Bat. 134 (Schweizerisches Bundesarchiv, Bern) aufgeführt.

Die Angaben zu den Wohnorten basieren zudem
auf den biographischen Recherchen von Carl Seelig,
Jörg Schäfer, Jochen Greven und Bernhard Echte, die
sich im RWA finden.

Echte, Bernhard: Robert Walsers Kindheit und Jugend in
    Biel. Ein biographischer Essay. Wädenswil 2002.
ECHTE.
[Greven, Jochen:] Walsers Adressen in Zürich, mitgeteilt
    von der dortigen Einwohnerkontrolle (2. Juni 1965).
    Bern. RWA.
MÄCHLER.
Morlang, Werner: Robert Walser in Bern. Auf den Spuren
    eines Stadtnomaden. Mit einem Nachwort v. Reto Sorg.
    Bern ²2009.
Ortmanns, Gudrun: Das Berlin des Robert Walser. Berlin
    2010.
[Seelig, Carl:] Zeittafel. RWA.

Bernhard Echte, Lucas Marco Gisi, Franziska Zihlmann

1.4 Familie Walser

Adolf (sen.) Walser
* 28.1.1833, † 28.1.1914, Buchbinder und Kaufmann

Sohn des ›radikalen‹ Theologen und Publizisten Johann Ulrich Walser, heimatberechtigt in Teufen,
Kanton Appenzell Außerrhoden. Lernt u. a. in Paris
das Buchbinderhandwerk. Lässt sich 1864 in Biel
nieder und gründet eine Werkstatt für Papeteriewa-
ren und Bilderrahmen. Zunehmend Verlagerung
aufs Detailhandelsgeschäft, das 1885 verkleinert werden muss. Nach dem Scheitern des Geschäfts Tätigkeit als Handelsvertreter. Aus der 1868 geschlossenen Ehe mit Elisabeth »Elisa« Marti gehen acht Kinder hervor. Mit dem Niedergang des Handelsge-
schäfts einhergehender sozialer Abstieg der Familie,
1889 Umzug ins Bieler Industriequartier. Zieht nach
dem Tod der Ehefrau 1897 als Untermieter in das
Haus Flora Ackerets.
    Literarische Spuren u. a. in *Der Teich* (verfasst
1902); *Geschwister Tanner* (1907); *Brief eines Vaters
an seinen Sohn* (1914); *Der Vater* (1914); *Marie*
(1916); *Der Handelsmann* (1916); *Das Bild des Vaters*
(1916); *Nach dem heimatlichen Dorf(e)* (1924); *»Felix«-Szenen* (verfasst 1925).

Elisabeth (»Elisa« bzw. »Elise«) Walser, geborene Marti
* 7.3.1839, † 22.10.1894

Wächst als Halbwaise im Bernischen Emmental auf,
heimatberechtigt ebenda in Schangnau, ab 1861/
1862 als Haushaltshilfe bei ihrer Schwester in Biel tätig. Lernt dort Adolf Walser kennen; aus der 1868 geschlossenen Ehe gehen acht Kinder hervor. Arbeitet
in dem Geschäft des Mannes mit und leidet unter
den wirtschaftlichen Sorgen und dem gesellschaftlichen Abstieg der Familie. Nachdem sie psychisch er-
krankt, muss die älteste Tochter Lisa die Pflege der
Mutter und den Haushalt übernehmen. Stirbt 1894
nach längerer Krankheit.
    Literarische Spuren u. a. in *Der Teich* (verfasst
1902); *Geschwister Tanner* (1907); *Das Grab der Mutter* (1914); *Der Handelsmann* (1916); *Das Bild des Vaters* (1916); *Nach dem heimatlichen Dorf(e)* (1924);
»Felix«-Szenen (verfasst 1925); *Zeitweise betrieb
meine teure Mutter eine Epicerie* (verfasst 1928); *Die
Kindheit* (1933).

Adolf (jun.) Emil Walser
* 31.7.1869, † 16. oder 17.10.1884

Erstes Kind der Familie, verstirbt im Alter von 15
Jahren nach dreimonatiger Krankheit.
    Literarische Spuren u. a. in *Wenn du kannst, Her-
rin meines Herzens, so verzeih mir, daß ich gestern
abend Rehpfeffer aß* (verfasst 1924); *»Felix«-Szenen*
(verfasst 1925).

Hermann Alfred Walser
* 11.12.1870, † 1.5.1919, Geographieprofessor

Zunächst tätig als Sekundar- und Gymnasiallehrer,
1896 Promotion, 1901 Privatdozent und 1911 or-
dentlicher Professor für Anthropogeographie an der
Universität Bern. Er publizierte in der Zeit, in der
Robert Walsers erste literarische Texte dort erschienen, im *Sonntagsblatt des Bund* Fachbeiträge und
Reiseberichte. An ein breiteres Publikum richteten
sich seine *Landeskunde der Schweiz* (1908, ³1926) sowie das für den Schulunterricht konzipierte Buch *Die
Schweiz. Ein Begleitwort zur eidgenössischen Schul-
wandkarte* (1902, ⁴1914). Der zweitälteste Bruder,
genannt »Hermi«, trägt früh die finanzielle Verantwortung für die Familie; über die Beziehung zu Robert Walser ist wenig bekannt. Er stirbt durch Suizid.
    Literarische Spuren u. a. in *Geschwister Tanner*
(Klaus Tanner) (1907); *»Felix«-Szenen* (Arnold)
(verfasst 1925).

Oscar Emil Walser
* 7.7.1872, † 11.4.1959, Bankangestellter

Steigt als Bankangestellter in Basel bis zum Prokuristen auf. Heiratet 1915 Fridolina Schmid; die Ehe
bleibt kinderlos, lebt zeitweise in Lugano. Unterstützt
die Familie finanziell, zeigt sich jedoch nicht bereit,
für Robert Walsers Unterhalt in der Heil- und Pflegeanstalt Herisau aufzukommen und beantragt nach
dem Tod von Lisa Walser 1944 die Auflösung der
Vormundschaft.
    Literarische Spuren u. a. in *Geschwister Tanner*
(»Spezialist im Börsenfach«) (1907).

Ernst Julius Walser
* 10.6.1873, † 17.11.1916, Lehrer

Ausbildung zum Sekundarlehrer. Sechs Jahre als Erzieher und Lehrer in Neapel. Eine schwere Kopfver-
letzung zwingt ihn zur Rückkehr in die Schweiz. Danach wechselnde Lehrtätigkeit im Kanton Glarus

und bei Biel. Begabter Klavierspieler mit intellektuellen Neigungen (Nietzsche-Lektüre, Promotionsvorhaben, Einsendungen für das Feuilleton). Nach disziplinarischen Problemen im Militär (Degradierung, Arrest) erfolgt 1898 wegen psychischer Probleme die Internierung in die Heil- und Pflegeanstalt Waldau bei Bern, Diagnose: »Dementia Praecox« (Schizophrenie), wo er 18 Jahre bis zu seinem Tod lebt.

Literarische Spuren u. a. in *Geschwister Tanner* (Emil Tanner) (1907); *Wanda* (1912); *»Felix«-Szenen* (»Student aus Bern«) (verfasst 1925).

Elisa (»Lisa«) Mathilde Walser
* 4. 5. 1875, † 7. 1. 1944, Lehrerin

Ausbildung zur Primarlehrerin (1897–1900), unterrichtet danach in Täuffelen am Bielersee (1900–1903), Biel (1903/1904), Livorno (1905–1909), Bern (1910/1911) und schließlich bis zur Pensionierung in der Anstaltsschule Bellelay im Berner Jura (1912–1940). Dort macht sie Robert Walser mit der Wäscherin Frieda Mermet bekannt. Übernimmt als älteste Tochter nach der Erkrankung der Mutter deren Pflege sowie die Verantwortung für den Haushalt und die jüngeren Geschwister. Pflegt eine vertraute Beziehung zu Robert Walser, der mehrfach vorübergehend bei ihr lebt (Frühjahr 1902 und Frühjahr 1913). Veranlasst 1929 dessen Einweisung in die Heil- und Pflegeanstalt Waldau und korrespondiert in der Folge mit den Angehörigen, Ärzten und Bekannten (Carl Seelig, Hermann Hesse u. a.), um die Unterbringung, den Unterhalt und die Vormundschaft von Robert Walser zu regeln. Lebt nach der Pensionierung im Frühling 1940 zuerst in Bern, dann in Leubringen bei Biel.

Literarische Spuren u. a. in *Geschwister Tanner* (Hedwig Tanner) (1907); *Jakob von Gunten* (Lisa Benjamenta) (1909); *»Felix«-Szenen* (verfasst 1925).

Carl (»Karl«) Edmund Walser
* 8. 4. 1877, † 28. 9. 1943, Maler, Bühnenbildner, Buchillustrator

Ausbildung zum Dekorationsmaler 1894–1896 in Stuttgart, danach Besuch der Straßburger Kunstgewerbeschule (1896/1897) und Arbeit beim Münchner Dekorationsmaler Adolf Lentner (Frühjahr 1898). Ende Mai 1899 definitive Übersiedlung nach Berlin, ab 1901 erste Erfolge mit buchgestalterischen Arbeiten (u. a. für die Verlage Bruno Cassirer, S. Fischer, Georg Müller, Insel) und Ausstellungen (1902

Mitgliedschaft, später Vorstand der Berliner Sezession). Als Bühnen- und Kostümbildner tätig für Berliner Theater- und Operninszenierungen (v. a. von Max Reinhardt und Hans Gregor), übernimmt daneben zunehmend private Aufträge für Wandbilder. Im Januar 1910 Heirat mit Hedwig »Trude« Czarnetzki, die Ehe bleibt kinderlos. Zwischen 1917 und 1921 sowie ab 1925 Niederlassung in Zürich, wo er sich u. a. erfolgreich als Fresken- und Wandmaler betätigt.

Anfänglich sehr enge persönliche und künstlerische Beziehung zu Robert Walser, mit dem er mehrmals zusammenlebt (1895/1896 in Stuttgart; Oktober 1897 bis Januar 1898 in Zürich; April 1905 bis Sommer 1907 in Berlin) und dem er Zugang zu den Berliner Künstlerkreisen vermittelt. Fertigt die Einbandzeichnungen für elf Bücher des Bruders an, von denen er fünf zudem mit Zeichnungen bzw. Vignetten illustriert. Ab den 1910er Jahren persönliche Distanzierung zwischen den Brüdern und Auseinandersetzungen wegen der Illustration der Bücher. Weigert sich nach Robert Walsers Überführung nach Herisau anteilsmäßig die Unterhaltskosten für den internierten Bruder zu übernehmen.

Literarische Spuren u. a. in *Der Teich* (verfasst 1902); *Leben eines Dichters* (1905); *Geschwister Tanner* (Kaspar Tanner) (1907); *Die Buben Weibel* (1908); *Jakob von Gunten* (Johann von Gunten) (1909); *An den Bruder* (1914); *»Geschwister Tanner«* (1914); *»Karls Ritterschlacht«* (1915); *Brief eines Malers an einen Dichter* (1915); *Leben eines Malers* (1916); *Kleines Landstraßenerlebnis* (Februar 1916); *Die Brüder* (1916); *Maler, Poet und Dame* (1917); *»Felix«-Szenen* (Adelbert) (verfasst 1925); *Kronleuchter bildeten* (verfasst 1925); *Die Geschichte von den beiden Reisenden* (1926); *Brief an einen Entwickelten* (verfasst um 1926/1927).

Robert Otto Walser
* 15. 4. 1878, † 25. 12. 1956

Fanny Marie Hegi-Walser, geborene Walser
* 15. 11. 1882, † 26. 2. 1972, Zahntechnikerin

Um 1900 Ausbildung zur Zahntechnikerin in Bern, lebt teilweise bei Hermann Walser, danach berufsbedingt wechselnde Wohnorte in der Schweiz. 1926 Heirat mit Arnold Hegi, mit dem sie nach Lettland emigriert. Kehrt 1940 in die Schweiz zurück und lebt in Tromwil im Kanton Bern. Ab den 1950er Jahren wohnhaft in Wabern bei Bern.

Literarische Spuren u. a. in *Der Teich* (Klara) (ver-

fasst 1902); *Fanny* (1912); »*Felix*«-*Szenen* (Flori)
(verfasst 1925); *Der Saubub* (1932).

Quellen

Die Lebensdaten beruhen auf einer systematischen
Auswertung der Einwohnerregister der Stadt Biel,
der Familienregister des Zivilstandsamts Teufen, der
Familienscheine und Todesanzeigen sowie weiterer
Dokumente, die im RWA gesammelt wurden (vgl.
abweichende Lebensdaten u. a. in ECHTE, 23; MÄCH-
LER, 19, 25). Für den Nachweis der literarischen Spu-
ren wurden die biographischen Arbeiten sowie die
Kommentare der Werkausgaben (SW; AdB) ausge-
wertet.

Katja Zellweger

2 Kontexte

2.1 Josef Viktor Widmann: Entdecker, Förderer, Rezensent

Entdecker und Förderer

Josef Viktor Widmann (1842–1911), Feuilletonredakteur der Berner Tageszeitung *Der Bund* von 1880 bis zu seinem Tod, gilt als Entdecker Robert Walsers. Widmann publizierte im Mai 1898 im *Sonntagsblatt* seiner Zeitung sechs Gedichte Walsers. Er begleitet diese Auswahl mit einer *Vorbemerkung der Redaktion*, in der er seinen Leserinnen und Lesern den »zwanzigjährige[n] Handelsbeflissene[n] in Zürich, R. W.« vorstellt – als eines jener »eigenartige[n] Talente«, die »in allen Landen und erfreulicherweise besonders oft in unserm Lande immer wieder […] erblühen« (zit. n. KERR 1, 11). Widmann weist darauf hin, dass der »junge Poet« (ebd., 12) »schon mit vierzehn Jahren aus der Schule ins Comptoir gekommen war und also durchaus keinen regelmäßigen, höhern Bildungsgang durchmachen durfte« (ebd., 11). Ob diese defizitäre Schulbildung den Autodidakten Walser aber nicht geradezu befähigte, »das wahre und ungewöhnliche Wort zu finden« (ebd., 12), lässt Widmann offen.

Ermutigt durch die Publikation, unternimmt Walser im März 1899 von Thun aus eine Fußwanderung nach Bern, wo er Widmann an einem regnerischen Sonntagmorgen besucht. »Ah, das ist ja der junge Poet« (SW 6, 17), soll er den so keck wie durchnässt auftretenden Wanderer empfangen haben. Walser schildert seinen Besuch 17 Jahre später im Prosastück *Widmann*, und legt darin Zeugnis ab von dem Vertrauen, der »Ermunterung und Ermutigung«, die der bedeutende Mentor, »zu bezaubern imstande« (ebd.), ihm vermittelte. Offenbar haben Mentor und Poet auch über Arbeitspläne gesprochen und es scheint Widmann gewesen zu sein, der Walser riet, statt der geplanten Dramatisierung der Schlacht bei Sempach doch »lieber etwas aus dem Inwendigen zu dichten« (SW 16, 263; vgl. Echte 1990, 170). Damit dürfte Widmann auch als Geburtshelfer der Dramolette Walsers anzusprechen sein. Widmann gibt dem jungen Besucher Bücher mit, die dieser mit

Brief vom 2. 5. 1899 zurückschickt, leider ohne anzugeben, worum es sich dabei handelt (vgl. Br 3). Im Juli 1899 erscheint im *Sonntagblatt* dann Walsers Prosastück *Der Greifensee*.

Trotz Veröffentlichungen in der renommierten Literaturzeitschrift *Die Insel* ohne durchschlagenden Erfolg, kehrt Walser nach ersten Aufenthalten in München und Berlin im Jahr 1902 in die Schweiz zurück. In dieser misslichen Situation wendet er sich im Brief vom 8. 2. 1902 erneut an Widmann. Er spielt auf Widmanns Feststellung fehlender Bildung an und bittet ihn um die Vermittlung von Abschreibarbeiten (vgl. Br 8). Widmann beantwortet Walsers Schreiben nicht im Sinne des Buchstabens, sondern durch eine mutige Tat. Im März und April 1902 erscheinen im *Sonntagsblatt des Bund* in drei Folgen *Fritz Kocher's Aufsätze*, im Juni desselben Jahres Prosastücke unter dem Titel *Der Commis*, im Juli und August unter dem Titel *Der Maler* eine Folge von Blättern aus dem fingierten Notizbuch eines Malers und im August 1903 das naturhymnische Prosastück *Der Wald*.

Als Walsers ›Prosastückligeschäft‹ später international zu florieren beginnt, publiziert Widmann keine weiteren Texte Walsers mehr, bespricht aber sämtliche seiner Bücher, zitiert daraus lange Passagen, beurteilt sie differenziert und bezieht sich dabei auch zitierend und kommentierend auf die Debatte von Befürwortern (z. B. Hermann Hesse) und Gegnern (z. B. Martin Finder) des Walserschen Schaffens (vgl. Rezensionen abgedruckt in KERR 1, 11–38).

Rezensent

Wie kommt es zu dieser engen und andauernden Beziehung zwischen Robert Walser und Josef Viktor Widmann? Es gibt dafür äußere, literatursoziologische Gründe. Werner Morlang hat das erstaunlich dichte Netzwerk zwischen den Familien Widmann und Walser rekonstruiert (vgl. Morlang 2009, 160 f.). Entscheidender als diese Beziehungen dürfte allerdings die ästhetische – und, wie Widmann annahm, auch weltanschauliche – Affinität zwischen ihm und Walser gewesen sein: Hier treffen zwei mitfühlende und kulturkritische Menschenbeobachter aufeinander.

Widmann hat in seinen Walser-Besprechungen Themen gesetzt, die sich wie ein Rondo mit Variationen durch alle seine Feuilletons hindurchziehen und zum Teil bis heute in der Walser-Rezeption nachklingen. In seiner Vorbemerkung zu Walsers *Lyrischen Erstlingen* verwendet er zweimal das Wort »Naturbegabung« (zit. n. Kerr 1, 12). Angesichts der raffinierten Rollenprosa in *Fritz Kocher's Aufsätzen* wiederum bedarf das Konzept vom Naturgenie schon der Modulation. Widmann macht auf die »studierte[] Schlichtheit der Diktion« (ebd., 13) aufmerksam und stellt Walser in den Zusammenhang »absichtlich primitiver Kunst« (ebd., 13), die in der zeitgenössischen Malerei etwa durch Henri Rousseau repräsentiert wurde. Dessen Werk wird Walser zwei Jahrzehnte später in seinem »*Räuber*«-Roman aufgreifen (vgl. AdB 3, 17–20). Walsers Stil, so Widmann 1904, sei doppelt motiviert: Die »echte, nicht gekünstelte Naivetät« sei einerseits Ausdruck einer »große[n] Lebensfreude an allem, was da ist« (zit. n. Kerr 1, 14); andererseits sei die schlichte Diktion motiviert von der »Abneigung Walsers vor der Phrase« und dem »Schrecken vor dem rhetorischen Pathos« (ebd., 15). In seiner Besprechung des *Gehülfen* bezieht Widmann diese »Scham und Scheu vor allem Großsprecherischen« (ebd., 25) auf die schweizerische Mentalität und auf das literarische Vorbild Gottfried Keller. Sowohl das Verhältnis von Absicht und Absichtslosigkeit wie das Thema der Sprachscham werden von Walter Benjamin im Walser-Essay von 1929 wieder aufgenommen (vgl. Benjamin 1929/1991).

Stets interpretiert Widmann den Stil des Autors als authentischen Ausdruck seiner Person. In Bezug auf den Roman *Geschwister Tanner* ist er z. B. überzeugt, »mit der Erinnerungskraft selbsterlebter Zustände und Schicksale« würden die »vom Dichter erkannten wahren Lebenswerte verkündet« (zit. n. Kerr 1, 17, vgl. ferner 14, 34). Argumentationslogisch braucht Widmann diese Authentizitätszurechnung; denn er setzt voraus, dass man in Walsers Werk »überall die sozialethische Fundamentierung als festen Grund unter sich« fühle (ebd., 18). Erst mit dieser Rückversicherung im Ethischen gibt sich Widmann dem poetischen Zauber der Walserschen Prosa und ihrer »Wirkungsfähigkeit« (ebd., 17) hin: Emphatisch erklärt zur »Fanfare unbezwinglichen Lebensmutes« (ebd.), lasse sie das Dasein mit »Poetenaugen« erkennen und verwandle »die eben noch grauen Alltagsdinge mit unerwartetem Goldglanz« (ebd., 26).

Mit diesen Metaphern des Poetischen positioniert Widmann Walsers Kunst in einem literaturkritischen Koordinatennetz, das auf unsystematische, aber doch recht konsequente Weise alle seine Feuilletons durchzieht. Walser wird damit einerseits in Differenz gesetzt zum Naturalismus von Émile Zola, Henrik Ibsen und Gerhart Hauptmann, die Widmann zwar aufgrund ihrer Wahrheitsverpflichtung schätzt, in deren Werk er aber die belebende Poesie vermisst (vgl. Käser 1992, 286 f.); andererseits wird Walser durch die Betonung einer ethischen Fundierung und des Mitgefühls in Opposition zu Friedrich Nietzsche gestellt. Widmann bewundert Nietzsches Stil und seine unerschrockene Redlichkeit, setzt dessen Verherrlichung der Macht jedoch mit großer Beharrlichkeit eine Ethik des Mitleids entgegen. Aus ihr begründet Widmann nicht nur sein eigenes literarisches Werk, sondern auch sein journalistisches Eintreten für die arme und geschlagene, sowohl tierische wie menschliche Kreatur (vgl. Käser 1994).

Dass Walsers Werk in der Entgegensetzung von Poesie und Mitgefühl gegen Naturalismus und Machtverherrlichung auch für Widmann nicht ganz aufgeht, macht sich in seinen Besprechungen in einem erstaunlich querstehenden Motiv bemerkbar, nämlich im wiederkehrenden Vergleich mit neuesten bildgebenden Verfahren (vgl. Pulver 1992, 263 f.). Die Erlebnisse der geschilderten Figuren lasse Walser, so Widmann in der *Gehülfe*-Rezension, in der »empfindsamen […] Seele« des Protagonisten »wie auf einer fotografischen Platte bildhaft hervortreten« (zit. n. Kerr 1, 27). Durch dieses Medium würden »überall die verborgenen Zusammenhänge mehr interessieren als was äußerlich an die Oberfläche tritt« (ebd., 28). In der Besprechung zu *Jakob von Gunten* expliziert Widmann seine Vermutung, dass »in den Jahrzehnten, in denen Bazillen, Röntgenstrahlen, Radiumentdeckung eine so große Rolle spielen, auch in den Dichtern ein seelisches Reagieren auf minimste Reize sich unendlich gesteigert hat« (ebd., 34). Bei Walser sei diese Sensibilität »unbeschreiblich stark entwickelt, er ist der eigentliche Imponderabiliendichter, seine Phantasieaugen sehen mikroskopisch« (ebd.). Die durch Photographie, Mikroskopie und Röntgentechnik visualisierte unsichtbare Tiefe ist so faszinierend wie bedrohlich, ja die Anwendung dieser Verfahren selbst ist potentiell gefährlich für den, der sie nutzt. Mit diesen technischen Metaphern verknüpft Widmann Walsers Werk mit einer modernen Poetologie jenseits aller Weltvergoldung.

Widmanns Beschreibung und Beurteilung Walsers hat sich im Laufe der Zeit gewandelt: von der Entdeckung einer »Naturbegabung« in der frühen Lyrik zur Bewunderung für die Romantik und Rea-

lismus verbindenden ersten beiden Romane bis zu
der eine gewisse Ratlosigkeit nicht verbergenden Anerkennung für den dritten Berliner Roman. Widmann hatte nicht den Ruf, als Literaturpapst *ex cathe-
dra* heiligzusprechen oder zu verdammen. Vielmehr
bemühte er sich, argumentativ zu vermitteln zwischen seinen geradezu körperlich empfundenen Le-
seeindrücken und den vor seinen Leserinnen und
Lesern vertretbaren Urteilen. Werner Morlang, der
auf Widmanns mitunter autoritatives Verhalten hinweist, betont doch zu Recht, Widmann lasse in seinen Buchbesprechungen die Leser teilhaben an der
allmählichen Verfertigung des literaturästhetischen
Urteils (vgl. Morlang 2009, 164). Elsbeth Pulver hat
dieses dialogische Verfahren kongenial erkannt und
angeregt, von den »immanenten Leserfiguren« auszugehen (Pulver 1992, 271). Diese Anregung bleibt
eine verlockende Aufgabe im Rahmen einer noch zu
schreibenden Geschichte des literaturkritischen
Feuilletons, in der Widmann – unter anderem als
Entdecker, Förderer und Rezensent Robert Walsers –
eine bedeutsame Stelle beanspruchen darf.

Literatur

Benjamin, Walter: Robert Walser [1929]. In: ders.: Gesammelte Schriften. Bd. II,1. Hg. v. Rolf Tiedemann u. Her-
mann Schweppenhäuser. Frankfurt a. M. 1991, 324–328.
Echte, Bernhard: Karl und Robert Walser. Eine biographi-
sche Reportage. In: ders., Andreas Meier (Hg.): Die Brü-
der Karl und Robert Walser. Maler und Dichter. Stäfa
1990, 150–203.
Käser, Rudolf: Eine Stimme im kulturkritischen Diskurs der
Jahrhundertwende. Josef Viktor Widmann, Redaktor des
Berner »Bund« 1880–1911. In: Elsbeth Pulver, ders.
(Hg.): »Ein Journalist aus Temperament«. Josef Viktor
Widmann. Ausgewählte Feuilletons. Bern 1992, 275–298.
Käser, Rudolf: »Ein rechter Sancho Pansa müsste nun kom-
men...«. Josef Viktor Widmanns Nietzsche-Kritik im
Feuilleton des Berner »Bund«. In: Nicolas Baerlocher,
Martin Bircher (Hg.): Nietzsche und die Schweiz. Zürich
1994, 122–131.
Morlang, Werner: Robert Walser und sein Berner Entde-
cker. In: ders.: Robert Walser in Bern. Auf den Spuren ei-
nes Stadtnomaden. Mit einem Nachwort von Reto Sorg.
Bern ²2009, 159–171.
Pulver, Elsbeth: Die Lust am Plötzlichen. Ein Literaturkriti-
ker und Journalist. In: dies., Rudolf Käser (Hg.): »Ein
Journalist aus Temperament«. Josef Viktor Widmann.
Ausgewählte Feuilletons. Bern 1992, 255–273.
Pulver, Elsbeth, Käser, Rudolf (Hg.): »Ein Journalist aus
Temperament«. Josef Viktor Widmann: Ausgewählte
Feuilletons. Hg. v. Bern 1992.
Widmann, Joseph Viktor: [Rez. zu Robert Walser]. In:
Kerr 1, 11–38.

Rudolf Käser

2.2 Der Kreis um *Die Insel*

Als Otto Julius Bierbaum im Sommer 1898 mit den
Vorarbeiten für eine Zeitschrift beginnt, scheint er
der richtige Mann zu sein: ein erfolgreicher, international gut vernetzter Autor, der zudem Erfahrungen
bei der Herausgabe von ästhetisch-belletristischen
Zeitschriften ersten Ranges gesammelt hatte. Für den
Embryo, so der Projekttitel, sollte auch ein damals so
gut wie Unbekannter gewonnen werden: der junge
Robert Walser. Auf ihn dürfte Bierbaum durch Franz
Blei aufmerksam geworden sein. Jedenfalls sandte
ihm Blei unter anderem Gedichte von Walser. Doch
dieses Zeitschriftenprojekt scheitert.

Bierbaums Pause im literarischen Leben sollte jedoch nur von kurzer Dauer sein: Ende November
1898 übersiedelt der zwanzigjährige Millionär Alfred
(Walter) Heymel nach München. Er folgt damit seinem (Stief-)Vetter Rudolf Alexander Schröder. Beide
haben ambitionierte Pläne, nämlich die Errichtung
einer ästhetischen »Kultur von Inseln oder Oasen«
(Schröder an Bierbaum, 9.3.1899, zit. n. Ifkovits
1996, 227). *Insel* lautet auch der Name der Zeitschrift,
die sie herausgeben werden – an die kontinuierliche
Edition von Büchern ist vorerst nicht gedacht. Für
dieses Projekt benötigen sie einen in der Herausgabe
von Zeitschriften Versierten, den sie in Bierbaum
finden. Als dieser im März 1899 um geeignete Mitarbeiter wirbt, erinnert er sich auch an Walser. Von Peter Behrens erhält er die Mitteilung, dass Walser in
Thun, der nach Amerika übersiedelte Blei zum Be-
gräbnis seines Vaters in Wien sei. Blei folgt der Einladung Bierbaums umgehend und erwähnt Gedichte
Walsers, die er aus den USA schicken wolle.

In dieser Zeit scheint auch Walser den persönlichen Kontakt zur *Insel* gesucht zu haben. Jedenfalls
teilte er am 2.5.1899 Josef Viktor Widmann mit,
nach München aufbrechen zu wollen, »um dort etwas zu lernen und zu sehen, wie lange ich es aushal-
ten kann« (Br 3). Ein Aufenthalt Walsers in München
lässt sich für diese Zeit jedoch nicht nachweisen. Sicher ist, dass er am 28.11.1900 in München eintraf,
in der Amalienstraße ein Zimmer bezog, um sich am
1.1.1901 nach Zürich abzumelden. Danach hielt er
sich vom 3.7. bis 6.8.1901 in München auf. Ein letzter Aufenthalt ist für die Zeit vom 14.9. bis 14.10.
1901 belegt. Diesmal wohnte er in unmittelbarer
Nähe zur Redaktion der *Insel* wie der Wohnung Bleis.

Der letzte Aufenthalt Walsers fällt in jene Zeit, in
der *Die Insel* entscheidenden Veränderungen unterworfen wird. Da der Absatz des ambitionierten Pro-

jekts in keiner Relation zu dem aufgewendeten Kapital stand und es unter den Herausgebern zu Differenzen gekommen war, trennen sich Heymel und Schröder im Oktober 1901 von der Zeitschrift. Bierbaums notorische Geldnöte zwingen ihn, zusätzliche Projekte anzunehmen. Bedingt durch die damit verbundene Abwesenheit vom Redaktionsort und dem offensichtlichen Desinteresse kümmert sich Blei zunehmend um die Redaktion. Besonders forciert er dabei die Förderung Walsers, dem er ein eigenes Heft widmen möchte. Doch wegen Geldmangels und angesichts einer Vielzahl bereits angenommener Manuskripte lässt sich dies nicht verwirklichen. Auch von Walser blieben 1902 mehrere Manuskripte bei der Redaktion liegen, die in der *Insel* nicht mehr zum Abdruck kamen, nämlich *Simon*, *Brentano* sowie *Der Schuß. Eine Pantomime*.

München und *Die Insel* waren für Walser von enormer Bedeutung. Hier wagte er den Schritt zum Schriftstellerberuf. Während er bei seiner ersten Ankunft in München die Berufsbezeichnung ›Commis‹ in den Meldebogen eintragen ließ, wird dies bei seinem dritten Aufenthalt selbstbewusst durch ›Schriftsteller‹ ersetzt. Bestärkt wurde er hierin wohl durch die Möglichkeit, seine Texte kontinuierlich zu publizieren – Walser war bereits im ersten Heft vertreten –, sowie durch die Anerkennung, die ihm besonders von Seiten seiner Förderer Schröder und Blei zukam. Letzterer muss ihn als Sensation angekündigt haben. Jedenfalls waren Heymel und Schröder bereits Ende April 1899 »gespannt auf Walser« (Heymel an Bierbaum, 27.4.1899, zit. n. Ifkovits 1996, 91). Für Schröder war Walser ein urwüchsig-naives Genie, das etwas hatte, »was Dante und Shakespeare groß macht, etwas Dunkles, zum [Schreien] [schön], so Raubtiermäßiges, wenn der Mann seine Worte wie Krallen in die Dinge schlägt, die er verkünden will und man an der Schrift noch das [lebendige] Fleisch zu fühlen glaubt« (Schröder an Bierbaum, 17.7.1900, zit. n. Ifkovits 1996, 283).

Walsers Texte hatten innerhalb der Redaktion ein derartiges Renommee, dass sie geeignet erschienen, um die Zeitschrift bereits im Juli 1900 im *Börsenblatt* zu bewerben. Das ist nicht wenig für einen jungen Autor, der gerade erst an die breite Öffentlichkeit getreten war. Dennoch: So viel Naivität weckte auch Kritik oder führte zu Irritationen – in der Öffentlichkeit ebenso wie innerhalb der Redaktion. Ein von den Herausgebern verfasster, anonym gezeichneter Leserbrief, der im Faschingsheft publiziert wurde, greift die an Walser geäußerte Kritik ironisch auf: »[K]indisches Gelalle« eines »Herrn […]«, dessen

Windeln zweifellos noch nicht trocken sind« (B. H. S. 1900, 247). Auch Walser selbst scheint auf die Kritik mit deren Literarisierung geantwortet zu haben. Zumindest lässt sich das im ersten Jahrgang 1900 publizierte Dramolett *Dichter* auch als direkte Auseinandersetzung mit den öffentlichen Reaktionen auf seine Texte lesen: »Die Welt […] scherzt mit halben Talenten, wie ich eines bin. Sie nimmt hin, was sie entrüstet von sich weisen sollte. Sie nennt mich allerdings das, was ich leider zu wenig bin, einen Narren.« (Walser 1900, 359 f.) Der erfolgreiche Autor, »Liebling der Kritik, wie sie sagen, angebetet von den Frauen, umschwärmt von Lobpreisungen« (ebd., 360), erdrosselt sich, weil man ihm zwar Ruhm, nicht aber Liebe entgegenbrachte, »welche der nach Liebe lechzende so gern ergriffen hätte« (ebd., 362). Diese Übereinstimmungen mit der Kritik verdeutlichen, wie hochgradig reflexiv Walsers Texte in der *Insel* verfahren.

München und *Die Insel* als Modell traumatischen Scheiterns

Obwohl Walser in der *Insel* kontinuierlich publizieren konnte, dort neben den ›Großen‹ seiner Zeit stand und mit ihnen auch persönlich verkehrte, fühlte er sich in den Kreisen um die Zeitschrift nicht wohl. Allen diesbezüglichen Zeugnissen ist ein Unbehagen, eine Irritation eingeschrieben. Sie zeigen einen jungen Autor, der in der Schwabinger Boheme nicht heimisch werden konnte, der inmitten des Kulturbetriebs ein Fremder bleibt; und der mitunter mit einem Verhalten reagiert, das man als deviant bezeichnen könnte. Der Grund hierfür liegt jedoch nicht primär in persönlichen Animositäten oder der herablassenden Anerkennung seiner Texte. Vielmehr wird das Unbehagen durch Walsers Verständnis von Kunst provoziert.

Den legendären *Insel*-Kreis kennzeichnet Hermetik und Exklusivität. Außenstehenden war es de facto unmöglich, Zugang zur *Insel* zu erhalten. In der Folge entwickelte dieser Kreis eigene ästhetische Identifikationsmuster, Verhaltensweisen, Rituale, Embleme etc., die in der Zeitschrift zum Ausdruck kamen. Damit grenzte man sich nach außen von anderen Zirkeln ab und erhöhte nach innen hin die Gruppenzusammengehörigkeit. Der verkündeten Exklusivität zum Trotz entstanden aber durch persönliche Animositäten, finanzielle Streitereien oder die Publikation in konkurrierenden Organen, vor allem aber durch unterschiedliche ästhetische Positionen alsbald Spannungen, die zu Subgruppenbildungen führten. Die unterschiedlichen Ansichten wurzelten einerseits in der sozialen Herkunft der Protagonisten, sind aber auch das Abbild eines Generationenkonfliktes. Während für Bierbaum die Literatur ständigen Veränderungen unterworfen war, möchte der rund 13 Jahre jüngere Patriziersohn Schröder »so ne Sorte Classiker« werden: »Denken Sie sich so ein Triumvirat: Sie [Hofmannsthal], George und ich und dann noch einen Parnaß von Borchardts und Walsers als Verzierung um uns herum.« (Schröder an Hofmannsthal, o. Dat., zit. n. Ifkovits 1996, 249)

Ein derartiger, sich groß machender Gestus war Walser ebenso verdächtig wie der feudale Lebensstil, den die Protagonisten der *Insel* pflegten. Das Prosastück *München* beschreibt 1921 erstmals den Kreis um das Blatt. Obgleich der Text mit den Worten schließt: »Wie das alles hübsch war! Ich anerkenn' es fröhlich« (SW 16, 270), zeugt er von Distanz und Verunsicherung. Nach dem Vortrag kurzer Texte habe Bierbaum ›beifällig‹ genickt, während andere fanden, dass der Erzähler sich »die Sache etwas leicht mache« (ebd., 269). Diese Reaktion auf die Lesung mündet im Text in eine Fluchtbewegung: »Ich lief aufs Land und erinnere mich, Dörfer gesehen zu haben, die mich in ihrer spielzeughaften Kleinheit, mit dem Kirchturm in der Mitte und Hecke rund herum, wie die tausendjährige Unverändertheit anmuteten.« (ebd., 270) Diese Flucht, die mit einem zentralen Topos der Zeit spielt, der Dichotomie von Kunst und Leben, von Artifiziellem und Natürlichem, greift der Text *Würzburg* auf, der als direkte Fortsetzung von *München* gelesen werden kann. Darin ›fegt‹ es einen Dreiundzwanzigjährigen weg aus der verhassten Stadt: »Ein flinker, dummer, unerfahrener junger Mensch flog da nur so dahin, nämlich ich selber.« (SW 6, 35) Der eigentliche Grund für die »seltsame[n], drückende[n] Empfindungen«, die sich in München bildeten, wird verschwiegen und dennoch angegeben: »Das Nähere und Genauere weiß ich nicht mehr genau; nur so viel weiß ich: mich trieb es aus allen Salons, wo Feinheiten und Exküsen herrschen, fort in die offene Welt, wo Wind, Wetter, grobe Worte, unsanfte barsche Manieren und alle Rücksichtslosigkeiten und Rauheiten regieren.« (SW 6, 36) Die Kritik, die Max Dauthendey an dem Anzug des eben in Würzburg Angekommenen äußert (ebd., 41 f.), kann als Zeichen der Unterordnung unter die Regeln des Literaturbetriebes gedeutet werden. Denn die Übereinstimmungen mit der Kostümierung seines Mentors Blei sind evident. Diesen hatte

Walser einst als »sehr elegant gekleidet«, »einen zierlichen Spazierstock überaus gravitätisch« tragend, beschrieben (SW 5, 215, 217). Wie sehr literarischer Erfolg mit der Aneignung von Bleis Habitus gleichgesetzt wird, verdeutlicht die Entgegnung auf dessen Überredungsversuch, München zu besuchen: »Was soll und kann ich in München anderes tun als im Kaffeehaus sitzen und Glacéhandschuhe mich erdreisten zu tragen, im Regen und im Sonnenschein umherlaufen, vielleicht von Zeit zu Zeit Münchens Sehenswürdigkeiten besichtigen, meinetwegen auch hübsche Frauen kennenlernen.« (ebd. 218) Als genau diesen Anpassungsvorgang beschreibt Walser retrospektiv seinen Besuch in *München*: Er kleidet sich mit Stöckchen, kariertem Anzug und Glacéhandschuhen, und selbst Frauen kennenzulernen, bemüht er sich. Doch den Gestus des ›Dr. Franz Blei‹ und damit des *Insel*-Kreises zu übernehmen, war ihm unmöglich. Der Versuch des hoffnungsvollen Talentes, sich den Lebensformen und Ritualen der Boheme anzupassen, scheitert. Walsers Ablehnung des *Insel*-Kreises gründet letztlich in seiner Vorstellung des Verhältnisses von Kunst und Gesellschaft. Für ihn war der Schritt vom ›Commis‹ zum Schriftsteller, »kühn, wenn nicht tollkühn«, eine »abenteuerliche, verwegene, [...] lebensgefährliche Handlung« (SW 16, 197). Lebensgefährlich insofern, als der Künstler alle bürgerlichen Sicherheiten aufgibt. In München fand sich Walser mit feudal-opulentem Luxus konfrontiert. Während er sich in ›Lebensgefahr‹ begeben hatte, kokettierte der *Insel*-Kreis nonchalant mit dem Antibürgerlichen und setzte dagegen, so Schröder, auf eine »zielbewußte Bourgeoisie« (zit. n. Ifkovits 1996, 116). Diese altkluge Stilisierung muß Walser ebenso abgestoßen haben wie die Allüren der Rentiers Heymel und Schröder. Sie galten ihm als kunstschädlich. Denn was für ihn ständiges Wagnis und Triebkraft aller Kunst war, empfand er im *Insel*-Kreis zur modischen Geste degeneriert. Die Integration in diesen Kreis wäre für ihn gleichbedeutend mit dem Versiegen der künstlerischen Kraft gewesen. Und so weist sich Walser selbst die Rolle des Außenseiters zu, reagiert mit sozial abweichendem Verhalten, das retrospektiv nur allzu schnell als Beleg »einer pathologischen Bedingtheit« oder eines »Krankheits-Bildes« (zit. n. Ifkovits 1996, 314; Marcus Behmer an Carl Seelig, 5. 11. 1955, RWA) aufgefaßt wurde.

Walsers Münchner Erlebnisse werden zu einem Modell des Scheiterns, das er Zeit seines Lebens variieren wird. Insofern sind seine Texte über das dort Erlebte nicht bloße Schilderung biographischer Er lebnisse, sondern beschreiben einen Lebenszustand, in dem sich Erfahrungen konzentrieren. Wiederholt findet sich in Walsers Werk das Motiv des hoffnungsvollen Talents, das in die Großstadt aufbricht und scheitert.

Der Rat eines Herren »zwecks weiterer Ausbildung« nach München zu gehen, »um eine glänzende Existenz zu erobern«, wird in *Poetenleben* folgendermaßen diskutiert: »[…] ehe ich nach München schwämme und ginge, ich wahrscheinlich viel lieber oder wenigstens fast noch ebenso schnell und gern in den Kaukasus ruderte und spazierte, wo ich Abenteuer antreffen zu können hoffen wollte wie doch wohl sonst nirgends« (SW 6, 124). Und auch der Räuber fährt »direkt nach München […], um sich dort womöglich als Genie zu etablieren. […]. Es handelt sich bei dieser Münchenreise […] um Früherlebtes. In München kaufte er sich mindestens doch Glacéhandschuhe. Er trug seither nie mehr wieder solche« (AdB 3, 16).

Literatur

B. H. S. [Bierbaum, Otto Julius, Heymel, Alfred Walter, Schröder, Rudolf Alexander]: o. T.. In: Die Insel 1, 2, 4 (1900), 240–249.

Die Insel. Monatsschrift mit Buchschmuck und Illustrationen. Hg. Otto Julius Bierbaum u. a. Berlin [u. Leipzig] 1899–1901.

Die Insel. Ästhetisch-belletristische Monatsschrift mit Bilderbeigaben. Hg. Otto Julius Bierbaum. Leipzig 1901–1902.

Ifkovits, Kurt: Die Insel. Eine Zeitschrift der Jahrhundertwende. Diss. Universität Wien 1996.

Ifkovits, Kurt: Vom Commis zum Schriftsteller. Robert Walser, »Die Insel« und ihr Kreis. Vortrag an der Jahrestagung der Robert Walser-Gesellschaft in München, 26. Juni 2004. In: http://www.robertwalser.ch (9. 1. 2015).

Pender, Malcom: Gesellschaft und künstlerische Imagination am Beispiel Robert Walsers. In: In: HINZ/HORST, 15–29.

Walser, Robert: Dichter: In: Die Insel 1, 3, 9 (1900), 359–374.

Kurt Ifkovits

2.3 In Berlin

Ich bilde mir ein, daß Berlin die Stadt sei, die mich entweder stürzen und verderben oder wachsen und gedeihen sehen soll. […] In Berlin werde ich in kürzerer oder längerer Zeit zu meinem wahrhaftigen Vergnügen erfahren, was die Welt von mir will und was meinerseits ich selber von ihr zu wollen habe. (SW 6, 49)

Berlin als die entscheidende Bewährungsprobe – dies ist ein biographischer Topos seit Robert Walsers Entdeckung in den 1960er Jahren. Dass er diese Probe nicht bestanden habe, sondern daran gescheitert sei, schienen Walsers eigene Aussagen gegenüber Carl Seelig zu bestätigen: Zuletzt habe er sich dort »ziemlich unmöglich« gemacht, und es sei ein »Glücksfall« gewesen, dass er zu seiner »Schwester Lisa nach Biel zurückfand« (SEELIG, 43); »[z]u triumphieren gab es wirklich nichts« (ebd., 23). In Berlin hatte sich dieses Schriftstellerleben offenbar entschieden: Hier war Walser der Erfolg versagt geblieben, sodass er fortan eine Existenz am Rande führen musste: literarisch verkannt und materiell prekär.

Unterdessen hat sich jedoch eine differenziertere Sichtweise zu Walsers Berliner Zeit durchgesetzt. Die eingangs zitierten Zeilen sind aus der Rückschau (*Würzburg*, 1915) geschrieben und belegen durch ihre bloße Existenz, dass es einen dritten Weg jenseits der Alternative von Sieg oder Niederlage, Triumph oder Versagen gegeben hat. Außerdem zeigt gerade Walsers Werk, dass die Frage des Erfolgs nicht als entscheidender Gradmesser für das Gelingen einer schriftstellerischen Existenz angesehen werden kann. Dies um so weniger, als Walsers Beziehungen nach Berlin auch nach seiner Rückkehr in die Schweiz intakt blieben und er den Produktionsschub ab Mitte der 1920er Jahre sehr wesentlich seinen Berliner Verbindungen verdankte.

Berlin um 1900

Seit Mitte des 19. Jh.s hatte Berlin einen rasanten Aufstieg erlebt: Von 450000 Einwohnern um 1850 war ihre Zahl bis zur Jahrhundertwende auf über zwei Millionen gestiegen – ein Prozess, der sich bis 1914 unvermindert fortsetzen sollte. Zu einem politisch einheitlichen Gebilde wurde Berlin allerdings erst 1920, als sich acht bis dahin selbständige Städte, 59 Gemeinden und 27 Gutsbezirke zusammenschlossen. Schon zur Jahrhundertwende war dieses Konglomerat jedoch eine Weltstadt, die täglich weiter ins Land hinauswuchs und ihre geschichtlichen Wurzeln immer rascher hinter sich ließ. Auch wenn der Kaiser in der Stadt residierte und der preußische Adel noch immer an den Schalthebeln der Macht saß, so waren die gesellschaftlich bewegenden Kräfte inzwischen andere: Bürgertum und Proletariat. Der Historismus des 1905 vollendeten Berliner Doms sah sich plötzlich mit der neuen Formensprache des Wertheim-Warenhauses oder der Industriehallen von Borsig und der AEG konfrontiert. Während der Kaiser noch in der Kalesche über die Linden fuhr, bauten Siemens & Halske Hoch- und U-Bahnen quer durch die Stadt. Terraingesellschaften erwarben Areale ganzer Viertel und zogen binnen kurzem hunderte Häuser hoch: im Norden dichtgedrängte Mietskasernen mit zahllosen Hinterhöfen für die herbeiströmenden Massen billiger Arbeitskräfte, im Westen Bürgerwohnungen mit hohen, lichten Räumen. An keinem Ort in Deutschland wurde so schnell so viel Geld verdient wie in Berlin. Bankiers und Kraftwerksbetreiber, Industriekapitäne und Handelsmagnaten, Bauunternehmer und Zeitungsbarone erwarben sich in wenigen Jahren eine Finanzmacht, die das preußische Junkertum spielend in die zweite Reihe drängte. Tradition? Das war gestern. Das neue Jahrhundert – es würde eine neue Zeit sein.

Katalysator dieser Entwicklung war, was man später als Unterhaltungs- bzw. Bewusstseinsindustrie bezeichnete. In Großberlin erschienen über 100 Tageszeitungen – von der 1721 gegründeten *Vossischen* (mit einer Morgen-, Mittags- und Abendausgabe) bis zu August Scherls *Moderner illustrierter Zeitung*, dem *Tag*, der ab 1901 herauskam. Rudolf Mosses linksliberales *Berliner Tageblatt* hatte eine Auflage von über 200000 Exemplaren, Leopold Ullsteins *Morgenpost* über 350000, seine *Berliner Illustrierte Zeitung* gar über 500000. Daneben gab es mehrere Börsen-Zeitungen mit Nachrichten und Kulturteilen, politisch gebundene Parteipresse jeder Couleur (von den nationalen Blättern wie der *Deutschen Tageszeitung* bis zum sozialdemokratischen *Vorwärts*), Anzeiger für jeden der heutigen Stadtbezirke, dazu thematisch breit angelegte Rundschau-Zeitschriften, Witzblätter usw.

Ähnlich breit war das Spektrum bei den Bühnen; allein im klassischen Genre gab es über ein Dutzend Theater; war man am Königlichen Schauspielhaus noch dem traditionellen Rollenfach verpflichtet, so konnte man bei Otto Brahm und Paul Lindau bereits Ansätze des Regietheaters sehen – das ab 1905 in Max Reinhardts Deutschem Theater vollends seinen

Durchbruch erzielte. Zur Jahrhundertwende hatte Reinhardt noch zur jungen Szene literarischer Cabaretbühnen gehört, der sogenannten ›Brettl‹-Bewegung, die jeden Abend den Konflikt mit der Zensur suchte. Daneben gab es eine Vielzahl von Boulevard- und Volkstheater-Bühnen, die ihr Publikum mit Schwänken und Komödien unterhielten sowie Varietés unterschiedlichen Anspruchs – vom weltstädtischen *Wintergarten* bis zu den namenlosen Bier-Cabarets, wo ein Prof. Unrat vom Pfad der Tugend abkommen konnte. *Bühne und Brettl, Bühne und Welt, Das Theater* hießen die Zeitschriften, in denen sich all dies spiegelte. Seit 1890 schon existierte Samuel Fischers Monatsschrift *Freie Bühne für modernes Leben*, die Gerhart Hauptmanns und Henrik Ibsens skandalträchtige Anfänge unterstützt und ihrem sozialkritischen Naturalismus zum Durchbruch verholfen hatte. 1905 gründete Siegfried Jacobsohn seine *Schaubühne* und begleitete seinerseits Frank Wedekinds zähen Kampf mit der Zensur.

Wie sehr die offizielle Kultur des Kaisers und des Adels in Berlin auf dem Rückzug war, zeigte sich vor allem in der bildenden Kunst. Obwohl sich Wilhelm II. hier persönlich exponierte und im Herbst 1901 alles zur »*Rinnstein*«-Kunst (Johann 1966, 102 f.) erklärte, was seiner Vorliebe für pathetische Historienmalerei nicht entsprach, erlitt er eine vollständige Niederlage. Nachdem Paul und Bruno Cassirer 1898 ihren Kunstsalon und Max Liebermann mit Walter Leistikow 1899 die Berliner Secession gegründet hatten, war der Siegeszug der Moderne in Berlin nicht mehr aufzuhalten. Hans Rosenhagen, der Kritiker des *Tag*, fasste es 1901 in einem pointierten Artikel zusammen: Die alte Kunsthauptstadt Deutschlands – München – sei im Niedergang, die neue sei *Berlin*. Cassirers Kunstsalon und die Secession wurden zum Sammelpunkt dieser neuen bürgerlichen Elite: reich geworden in den Gründerjahren, demokratisch und freiheitlich gesinnt, intellektuell neugierig und frankophil. *Künstlerische Kultur* hieß die Devise; es ging um eine moderne Lebensform jenseits von Pickelhaube und Exerzierplatz.

Der erste Aufenthalt (1897): Auf Kleists Spuren

Seine erste Reise nach Berlin unternahm Walser als Neunzehnjähriger: vom 23.11. bis 13.12.1897 – offenbar auf Anregung eines Bieler Freundes (vgl. SW 17, 212). Unter seinen Geschwistern war Walser damit der erste, der die weite Reise wagte; seine älteren

Brüder Hermann und Karl taten es ihm erst ein Jahr
später nach.

Welche Absichten Walser mit dieser Berlin-Fahrt
verfolgte, ist unklar. Publiziert hatte er bis dahin
noch nichts, und was er schrieb, huldigte einem hohen pathetischen Ton – so das Gedicht *Zukunft!*, das
er ein halbes Jahr zuvor der sozialistischen *Arbeiterstimme* in Zürich angeboten hatte. Pathetisch war
auch der Stoff, mit dem er sich damals abgab: Er
wollte die Schlacht von Sempach dramatisieren. Das
Thema scheint direkt von einem Vorbild eingegeben
zu sein: von Heinrich von Kleist, dem Autor der *Her-
mannsschlacht*.

Vielleicht war es denn auch Kleist, dem diese erste
Berlin-Reise galt. Als Walsers Brüder Hermann und
Karl sich 1898 in Berlin trafen, machten sie sofort einen Pilgerausflug zum Wannsee, um dort Kleists
Grab aufzuspüren. Womöglich war es also das Berlin
um 1800, das Walser suchte – nicht die neue pulsierende Metropole, die ihn eher verschreckt zu haben
scheint. Nach dieser Reise ist der Ton seiner Texte jedenfalls ein anderer: Das Pathos und die große Geste
sind verschwunden. Das lyrische Ich ist einsam – wie
es Walser in der riesigen fremden Stadt gewesen war.
Unmittelbar nach der Rückkehr schrieb er seine ersten gültigen Verse.

Der zweite Besuch (1901/1902):
Neue Zeit und Secession

Walsers zweite Berlin-Reise, die in den Zeitraum zwischen dem 6. 8. und 13. 9. 1901 fiel, stand unter neuen
Vorzeichen. Mittlerweile waren mehrere lyrische und
dramatische Texte von ihm erschienen, einiges davon
in der Münchner Zeitschrift *Insel*. Walser durfte sich
als kommendes Talent fühlen und die Probe aufs Exempel wagen, von der die eingangs zitierten Sätze
sprechen. Außerdem besaß er inzwischen einen
Stützpunkt in Berlin: Sein Bruder Karl lebte seit 1899
dort, hatte sich bis nach Charlottenburg, dem bürgerlichen ›neuen‹ Westen, emporgearbeitet und versuchte mit einem Kollegen ein kunstgewerbliches
Atelier aufzubauen. Zugleich streckte er Fühler nach
der Sesession aus, deren Ausstellung die Brüder offenbar besuchten. Das Hauptstück war dabei ein großes Gemälde von Pierre-Auguste Renoir: *Lise*, eine
weißgekleidete junge Dame mit Sonnenschirm vor
grünen Waldschatten. Der Eindruck dieses Werks ist
Walser geblieben – nicht nur weil seine Schwester
Lisa die Szene bald darauf auf einem Photo nach-
stellte. Noch 1927 animierte ihn die Erinnerung an

dieses Bild zu einem impressionistischen Gedicht:
Renoir. Daneben blieb Walser ein weiteres Erlebnis
aus den Secessions-Räumen haften: Er scheint dort
Alfred Kerr, dem Redakteur des *Tag*, begegnet zu
sein, der Gedichte von Else Lasker-Schüler und Hermann Hesse in die Spalten des neuen Blattes einge-
rückt hatte. Walser bot ihm offenbar *sur place* Texte
an, verbunden mit der Bitte um Vorschuss (vgl. SW
19, 26). Dergleichen war jedoch nicht nach Kerrs Geschmack, und Walser wurde vor Augen geführt, dass
Berlin nicht so leicht zu erobern war wie München.

Dennoch versuchte er es kurz darauf ein weiteres
Mal. Zum Jahreswechsel 1901/1902 fuhr Walser erneut nach Berlin – mit den *Fritz Kocher*-Texten in
der Tasche. Zur gleichen Zeit waren auch sein Entdecker Franz Blei und sein Münchner Mentor Otto
Julius Bierbaum dort, um die Leitung einer literarischen Kleinkunstbühne, zu übernehmen. Das Projekt zerschlug sich jedoch binnen kurzem; Walser
fand keine Anknüpfungspunkte, sodass ihm nur der
Rückzug blieb. Von Täuffelen aus, wo er bei seiner
Schwester Lisa Unterschlupf fand, schrieb er an Josef
Viktor Widmann: Die Schriftstellerei könne sein Beruf nicht sein, denn es fehle ihm dazu die nötige Bildung (Br 8). Berlin als Bewährungsprobe – einstweilen verzweifelte Walser daran.

1905–1913: »Erfahren, was die Welt
von mir will...«

Im April 1905 wagte Walser erneut einen Versuch;
seit Ende 1904 lag sein erstes Buch vor: *Fritz Kocher's
Aufsätze*, erschienen im Insel Verlag. Damit hatte
Walser etwas vorzuweisen. Die Bewährungsprobe
dieser Reise lag denn auch weniger bei ihm als bei
seinem Bruder Karl. Nach Anfangserfolgen in der
Secession war dieser von Paul Cassirer erstmals zu
einer Ausstellung in dessen Kunstsalon eingeladen
worden. Das Gros der Kritik reagierte verhalten
wohlwollend – mit Ausnahme von Rosenhagen, der
im *Tag* zu einem vernichtenden Verriss ausholte (vgl.
Echte, Feilchenfeldt 2013, Bd. 2, 650–653). Unter
diesem Eindruck fuhr Walser nach Zürich zurück.
Das Klima war rauh in Berlin, mochte man auch vor-
nehm tun und »einen eleganten, langen, schwarzen,
enganliegenden Gehrock, eine Weste silberblau« tragen, dazu einen »hohen Hut und ein paar Handschuhe zusammengeballt in Händen« (Br 44). Das
Berliner Gesellschaftswesen – auch Karl widerstrebte
es, dennoch ging er darauf ein und passte sich an.
»Karl ist zum vollständigen Erfolgsmenschen heran-

gewachsen« (ebd.), schrieb Walser mit hörbarer Ambivalenz an seine Schwester Fanny.

Ungeachtet dessen wagte Walser im Herbst 1905 den endgültigen Sprung, sagte sich von seinem bisherigen Commisberuf los und zog nach Berlin, um dort als freier Schriftsteller zu leben. Allerdings schaltete er zunächst ein Kontrastprogramm vor, besuchte eine Berliner Dienerschule und ging anschließend bis Jahresende als gräflicher Diener nach Schloß Dambrau in Oberschlesien. Als seine ›Don Quijote‹-Idee sollte er dieses Exerzitium später bezeichnen (vgl. SW 5, 227), doch schien ihm offenbar erkenntnisfördernd, die bürgerliche Gesellschaft auch aus dem Blickwinkel von unten zu kennen. Nach bestandener Bewährungsprobe als Lakai kehrte Walser Anfang 1906 nach Berlin zurück; Karl hatte soeben mit seinen Bühnenbildern zu *Hoffmanns Erzählungen* einen glanzenden Erfolg erzielt, er wurde zu großen Gesellschaften eingeladen und nahm dazu seinen Bruder mit; so lernte Walser die Verleger S. Fischer und Bruno Cassirer kennen – beide erklärte Anhänger der Kunst von Karl. Cassirer soll Walser aufgefordert haben, doch einmal einen Roman zu schreiben, was dieser prompt ausführte: Ende Februar 1906, nach weniger als sechs Wochen, lag das Manuskript zu *Geschwister Tanner* vor. Cassirer, obwohl zunächst skeptisch, nahm das Werk auf Drängen seines Lektors Christian Morgenstern schließlich an.

Der Roman war noch im Satz, da begann Walser bereits mit einem zweiten, der den Titel *Der Gehülfe* trug und den er wiederum binnen weniger Wochen abschloss. Cassirer trat jedoch auf die Bremse – bevor die Resonanz auf *Geschwister Tanner* nicht absehbar war, wollte er sich nicht auf einen weiteren Titel festlegen. Morgenstern versuchte zu vermitteln, doch offenbar reagierte Walser emotional, zog das Manuskript zurück und scheint es vernichtet zu haben (vgl. Greven 1978, 261–267).

Das Erscheinen von *Geschwister Tanner* begleitete Walser dann auf andere Weise. »Ich fabriziere kleine Sachen für Zeitungen und Zeitschriften« (Br 52), schrieb er im Februar 1907 an Alfred Walter Heymel. Zwar schränkte er ein, er mache dies nur »um Luft zu gewinnen, die nötig ist, größeres anzufangen« (ebd.), doch entwickelte diese Art des Schreibens bald eine eigene Dynamik. Am 31. 1. 1907 war in Jacobsohns junger Theaterzeitschrift *Die Schaubühne* Walsers Prosastück *Was ist Bühnentalent?* erschienen, ein Text, dessen selbstironischer Übermut augenscheinlich von Büchners *Leonce und Lena* inspiriert war. Jacobsohn fand so sehr Gefallen daran, dass er Walser

zu weiteren Einsendungen einlud und im Lauf des Jahres 1907 insgesamt 20 Stücke von ihm druckte. Nur Jacobsohn selbst und Julius Bab traten in diesem Jahr häufiger in der Zeitschrift in Erscheinung. Alle 14 Tage an derart herausgehobener Stelle sichtbar zu sein, trug Walser bald eine gewisse Bekanntheit ein. Denn die *Schaubühne* war weit über Berlin hinaus verbreitet, nicht zuletzt bis nach Prag, wo Franz Kafka auf diesem Weg zu einem begeisterten Walser-Leser wurde (vgl. Echte 1994). Auch die übrigen literarischen Zeitschriften Berlins und Münchens wurden so auf Walser aufmerksam und öffneten ihm ihre Spalten; bald war er überall mit Beiträgen willkommen: in S. Fischers *Neuer Rundschau* (ehemals *Freie Bühne für modernes Leben*), in Bruno Cassirers *Kunst und Künstler*, in Hugo von Hofmannsthals *Morgen*, in Maximilian Hardens *Zukunft*, in Heinrich Ilgensteins *Blaubuch*, im *Simplicissimus* etc. Auch das *Berliner Tageblatt* trat an Walser mit der Anfrage nach Texten heran, die *Frankfurter Zeitung* und die Wiener *Neue Freie Presse* brachten Kostproben (vgl. FEUER, 17–44). In weniger als einem Jahr war sein Name an den wesentlichen Orten der literarischen Moderne etabliert.

Auch gesellschaftlich fasste Walser Fuß – wenn auch auf ungewöhnliche Weise. Von April bis September 1907 diente er Paul Cassirer als Sekretär der Berliner Secession. Die wenigsten Besucher werden in ihm zwar den jungen Autor erkannt haben, von dem die Zeitungen sprachen, doch bewegte sich Walser dadurch um so ungezwungener in den Sälen, wo sich inzwischen *tout Berlin* traf. Er lernte Liebermann, Max Slevogt, Leopold von Kalckreuth und andere Maler der Secession kennen, verkehrte mit Walther Rathenau, dem kunstsinnigen Junior-Chef der AEG und Verwaltungsrat zahlloser Firmen; er korrespondierte mit Harry Graf Kessler oder Johanna van Gogh und wurde von Paul Cassirer zu Theaterabenden mit Tilla Durieux oder zu Ballonfahrten an die Ostsee eingeladen. Er nahm sporadisch an Moritz Heimanns ›Donnerstagstisch‹ teil, wo der Cheflektor des S. Fischer Verlags literarische Talente wie Oskar Loerke, Efraim Frisch, Arthur Holitscher u. a. um sich scharte. »Geistvolle Klubabende«, so Walser in einem rückblickenden Text, »zeigten mich scheinbar regelmäßig auf der Höhe. Mit Delikateßplatten verstand ich meisterlich umzugehen. […] In solcher und ähnlicher Hinsicht bewährte ich mich glänzend.« (SW 16, 274) »Einmal setzte ich den Fuß in eine Gesellschaft von mindestens vierzig vollblütigen Berühmtheiten. Man suche sich den Glanz vorzustellen!« (SW 16, 272)

Kein Zweifel: Walser war dort, wo man verstand, von sich reden zu machen, er war dort, wo die Erfolgreichen, Schönen und Reichen des neuen Berlin verkehrten. Kurz: Er war dort, wo – in den Worten des *Jakob von Gunten* – »Macht und Einfluß gebieten« (SW 11, 145).

Mit seinen Texten aber nahm er – erst leise, dann nach und nach vernehmlicher – eine Gegenposition ein. Zum Stoff wurde ihm all diese glänzenden Kreise nicht. Wenn er in seinen *Schaubühne*-Texten über Theater schrieb, so nicht über Inszenierungen, Regisseure und herausragenden Schauspieler, sondern imaginativ aus den Stücken heraus (deren Aufführungen er bisweilen nicht einmal besucht hatte). Und wenn er über Berlin schrieb, so nicht über die Gesellschaft, sondern über den *Straßenrausch* (Köhn 1989), den das vitale Durcheinander der drängenden Verkehrs- und Menschenmassen ihn erleben ließ, über die Imbiss-Stuben von *Aschinger* oder die kuriosen Kitschvergnügungen im *Gebirgshallen*-Varieté unter den Linden.

In den beiden Romanen, die in Jahresabständen folgten, entwarf er schließlich eine Welt, die dem Identifikationsbedürfnis des aufsteigenden Bürgertums wenig bis gar keine Anhaltspunkte bot. Der zweite Roman, der – wie der zuvor zurückgezogene – wiederum *Der Gehülfe* (1908) hieß, stellt einen Menschen mit dienender Funktion in den Mittelpunkt, einen abhängigen Angestellten, der sich unterzuordnen hat. Der Held des dritten Romans *Jakob von Gunten* (1909) sagt von sich sogar, dass er danach strebe, »eine reizende, kugelrunde Null im späteren Leben« (SW 11, 8) zu werden. Dies schien den Idealen von Leistung und Erfolg Hohn zu sprechen, zumal der Text gespickt war mit Invektiven gegen die gutbürgerliche Gesellschaft. »Er ist«, so stellt sich Jakob seinen Bruder Johann vor,

vielleicht umgeben von lauter feinen, gebildeten Menschen und von weiß Gott was für Formalitäten, und ich respektiere Formalitäten, deshalb suche ich nicht einen Bruder auf, der mir möglicherweise ein soignierter Herr unter gezwungenem Lächeln entgegentritt. […] Um meinen Bruder herum gibt es sicher das beste gewählteste Salon-Benehmen. Merci. O, ich danke. Da werden Frauen sein, die den Kopf zur Türe herausstrecken und schnippisch fragen: »Wer ist denn jetzt wieder da? Wie? Ist es vielleicht ein Bettler?« – Verbindlichsten Dank für solch einen Empfang. Ich bin zu gut, um bemitleidet zu werden. Duftende Blumen im Zimmer! O ich mag gar keine Blumen. Und gelassenes Weltwesen? – Scheußlich. (SW 11, 53–55)

Die Kritik, die hier anklingt, erfuhr am Ende des gleichen Jahres eine scharfe Akzentuierung in Walsers

Essay *Bedenkliches*, den er offenbar bewusst nicht einer Berliner Zeitschrift anbot, sondern den *Rheinlanden*, einem kulturkonservativen Blatt aus Düsseldorf, zu dem er damit erstmals in Kontakt trat. Der Text schildert das Leben der Vermögenden als bloße Jagd nach hedonistischer Abwechslung, als endloses, leeres Räsonieren und nörgelndes Geringschätzen der Welt. Der Text gipfelt in den Sätzen:

Es ist nachgerade genug all der Leerheiten, Widerlichkeiten, Seelen- und Herzlosigkeiten auf seiten dieser schwatzhaften Moderne. […] Zerklüftung, Zerflatterung und Zerfaserung. Da hoch oben, da ist nichts mehr. Den oberen Regionen ist sonderbarerweise die Entfaltung untersagt. Man kommt nicht weiter, und daher heißt es zurückgehen […]. (SW 15, 119–121)

Zurückgehen – war dies ein Scheitern, ein Versagen Walsers vor der Bewährungsprobe Berlin? Wohl kaum. Es war eine Einsicht – und es folgte eine Entscheidung. Nur wenige Monate nach dem Erscheinen von *Bedenkliches* zog sich Walser zurück. Dabei ist unverkennbar, dass er sich in einem Dilemma befand: Für ihn stand fest, dass die Position des Schriftstellers »immer daneben« war, dass er nur »ganz im Verborgenen eine Rolle« spielte (FEUER, 26). In Berlin aber schien der Imperativ zu gelten, dass ein Autor nach gesellschaftlicher Geltung streben müsse, sei es als Protegé einflussreicher Leute, sei es als findiger Stratege, der es verstand, mit Kritikern und Kollegen schlagkräftige Allianzen zu bilden. Der Autor als gesellschaftlicher Karrierist und die Literatur als Tummelfeld sozialer Ambitionen – für Walser kam dies einem Verrat an Poesie und Leben gleich. Hier konnte es nicht weitergehen. Der neue Roman, den man von ihm erwartete – wie sollte er unter diesen Umständen gedeihen. Zu viel stand in Frage – eigentlich alles. Monatelang war an Arbeiten nicht zu denken. In *Berlin und der Künstler*, einem Prosastück, das zeitgleich mit *Bedenkliches* erschien, hatte es Walser schon kommen sehen: »Es gibt in der Weltstadt Einsamkeiten schauervoller Art, und wer Lust hat, von diesem erlesenen Gericht zu essen, der kann sich hier sattessen.« (SW 15, 50)

Die Hilfe kam von unerwarteter Seite. Mitte 1910 hatte Walser ein Zimmer in einem alten Haus am Stadtbahnhof Westend bezogen (Spandauerberg 1). Die Vermieterin, selbst eine einsame Frau, bemerkte anscheinend seine krisenhaft depressive Verfassung. Es ergab sich ein Kontakt, wobei sich herausstellte, dass sich Frau Scheer mit dem beschäftigte, was die beispiellose Dynamik der Stadt Berlin gerade am sichtbarsten kennzeichnete: mit dem Bau und Handel von Häusern. Ihre Geschäfte waren umfangreich, sie konnte Hilfe brauchen. Walser ließ sich darauf ein – abermals war er Gehülfe, Sekretär, Mann für alles.

Frau Scheer starb jedoch im September 1912. Von einem Tag auf den anderen stand Walser mittellos da. Bruno Cassirer hatte schon länger seine Unterstützung eingestellt, Paul Cassirer wollte Walser gar nicht erst empfangen. Neue Verbindungen zu anderen Verlagen ließen sich nicht über Nacht aufbauen – obwohl sich Georg Müller und Ernst Rowohlt bzw. Kurt Wolff interessiert zeigten. So kehrte Walser nach einer kurzen Zeit bei seinem unterdessen verheirateten Bruder Karl Mitte Februar 1913 in die Schweiz zurück.

Coda

Diese Rückkehr scheint nur als Lösung auf Zeit gedacht gewesen zu sein. Auch wenn Walser in seiner Heimatstadt Biel sichtlich auflebte, handelte es sich um ein Provisorium. Noch auf der Todesanzeige seines Vaters von Ende Januar 1914 gab Walser als Wohnort Berlin an (vgl. ECHTE, 289).

Ob seine Rückkehr dorthin nur durch den Ausbruch des Krieges verhindert wurde, muss dahingestellt bleiben. Walsers Beziehungen nach Berlin überdauerten jedenfalls den Krieg. Fischer zeigte sich weiterhin interessiert, Bücher von ihm zu verlegen. Bruno Cassirer brachte 1918/1919 zwei Walser-Bände heraus. Rowohlt nahm nach Gründung seines zweiten Verlags in den 1920er Jahren wieder Kontakt mit Walser auf; die Einladung seines Lektors Franz Hessel (dem Walser in Berlin einst begegnet war), bei der neugegründeten Zeitschrift *Vers und Prosa* mitzuwirken, löste Mitte der 1920er Jahre eine neue Phase der Produktivität bei ihm aus und führte zu seinem letzten Prosabuch *Die Rose* (1925). Und schließlich war es das *Berliner Tageblatt*, das ab 1925 zu Walsers bestem Abnehmer avancierte. Die deutsche Hauptstadt hat Walser jedoch – mit Ausnahme eines kurzen Besuch bei seinem kranken Bruder Karl im Januar 1915 – nicht wiedergesehen.

Ausgaben

FEUER.

Walser, Robert: Berlin gibt immer den Ton an. Kleine Prosa aus und über Berlin. Hg. und mit einem Nachwort versehen v. Jochen Greven. Frankfurt a. M. 2006.

Literatur: Berlin um 1900

Berlin um 1900. Ausstellung der Berlinischen Galerie in Verbindung mit der Akademie der Künste zu den Berliner Festwochen 1984. Akademie der Künste, 9. September bis 28. Oktober 1984. Redaktion und Gestaltung: Gesine Asmus. Berlin 1984.

Echte, Bernhard, Feilchenfeldt, Walter (Hg.): Kunstsalon Cassirer. Die Ausstellungen. Bde. 1–4. Wädenswil 2011–2013.

Glatzer, Dieter und Ruth (Hg.): Berliner Leben 1900–1914. Eine historische Reportage aus Erinnerungen und Berichten. Berlin 1986.

Glatzer, Ruth (Hg.): Das Wilhelminische Berlin. Panorama einer Metropole 1890–1918. Einl. v. Ernst Engelberg. Berlin 1997.

Huret, Jules: Berlin um Neunzehnhundert. Einf. v. Richard Schneider. Berlin 1979 [Nachdruck d. Ausg. München 1909].

Johann, Ernst (Hg.): Reden des Kaisers. Ansprachen, Predigten und Trinksprüche Wilhelms II. München 1966.

Kiaulehn, Walther: Berlin. Schicksal einer Weltstadt. München 1958.

Matt, Beatrice von, Wirth, Michael (Hg.): »Abends um Acht«. Schweizer Autorinnen und Autoren in Berlin. Ein Lesebuch. Zürich, Hamburg 1998.

Oberhauser, Fred, Henneberg Nicole (Hg.): Literarischer Führer Berlin. Frankfurt a. M., Leipzig 1998.

Paret, Peter: Die Berliner Secession. Moderne Kunst und ihre Feinde im Kaiserlichen Deutschland. Berlin 1981.

Rosenhagen, Hans: Münchens Niedergang als Kunststadt. In: Der Tag [Berlin], Nr. 143/145 (13./14. 4. 1901).

Scheffler, Karl: Berlin. Ein Stadtschicksal. Berlin 1910.

Schutte, Jürgen, Sprengel, Peter (Hg.): Die Berliner Moderne 1885–1914. Stuttgart 1987.

Wruck, Peter (Hg.): Literarisches Leben in Berlin 1871–1933. Studien. 2 Bde. Berlin 1987.

Literatur: Walser in Berlin

Beretta, Stefano: Zur Textualisierung der Großstadt in Robert Walsers Prosa der Berliner Zeit. In: FATTORI/GIGERL, 169–176.

Echte, Bernhard: Monsieur Antipyrine in Prag. In: du. Die Zeitschrift der Kultur 641 (1994), 11.

Echte, Bernhard: »Bedenkliches«. Überlegungen zur Kulturkritik bei Robert Walser. In: GRODDECK u. a., 203–213.

Echte, Bernhard: Berlin – Japan retour. Karl Walsers künstlerische Entwicklung. In: Philippe Lüscher (Hg.): Karl Walser in Japan. Eine Reise im Jahr 1908. Wädenswil 2008, 81–110.

ECHTE, 118–121, 126–129, 170–181, 186–271.

Eickenrodt, Sabine: Die humoristische Signatur des Takts. Kulturphilosophische Aspekte eines poetischen Verfahrens: Robert Walsers Berliner Sittengemälde. In: Dagmar Košťálová, Erhard Schütz (Hg.): Großstadt werden! Metropole sein! Bratislava, Wien, Berlin. Urbanitätsfantasien der Zwischenkriegszeit 1918–1938. Frankfurt a. M. u. a. 2012, 175–194.

Evans, Tamara S.: »Ein Künstler ist hier gezwungen aufzuhorchen«. Zu Robert Walsers Kunstrezeption in der Berliner Zeit. In: FATTORI/GIGERL, 107–116.

Gabrisch, Anne: Robert Walser in Berlin. In: HINZ/HORST,
30–55.

Greven, Jochen: Robert Walser und Christian Morgenstern:
Zur Entstehungsgeschichte von Robert Walsers Romanen. In: KERR 2, 255–268.

Köhn, Eckhardt: Straßenrausch. Flanerie und kleine Form.
Versuch zur Literaturgeschichte des Flaneurs bis
1933. Berlin 1989.

MÄCHLER, 80–113.

Neumeyer, Harald: Der Flaneur. Konzeptionen der Moderne. Würzburg 1999 [Robert Walsers Stippvisite in
Berlin. Oder: Von der ›Aufgabe‹ des Flaneurs, 192–210].

Ortmanns, Gudrun: Das Berlin des Robert Walser. Berlin
2010.

Scharnowski, Susanne: »Berlin ist schön, Berlin ist groß«.
Feuilletonistische Blicke auf Berlin: Alfred Kerr, Robert
Walser, Joseph Roth und Bernard von Brentano. In: Mat-
thias Harder, Almut Hille (Hg.): »Weltfabrik Berlin«.
Eine Metropole als Sujet der Literatur. Studien zu Litera-
tur und Landeskunde 2006, 67–82.

Sprengel, Peter (Hg.): Berlin-Flaneure. Stadt-Lektüren in
Roman und Feuilleton 1910–1930. Berlin 1998.

Treichel, Hans-Ulrich: Wo der rauhe, böse Lebenskampf regiert. Robert Walser in Berlin. In: ders.: Über die Schrift
hinaus. Essays zur Literatur. Frankfurt a. M. 2000, 50–54.

Bernhard Echte

2.4 Zusammenarbeit mit Karl Walser

Als Robert Walser im Frühjahr 1905 nach Berlin fuhr
mit der Absicht, die Literatur zu seinem Brotberuf zu
machen, wurde er von seinem Bruder Karl, der in der
Metropole bereits ein angesehener Künstler war, in
seine Atelierwohnung in Charlottenburg aufgenommen. Im Prosatext »Geschwister Tanner«, der 1915
im Sammelband *Kleine Dichtungen* erschien, aber
vermutlich wesentlich früher entstand, beschreibt
Robert auf melancholisch-sehnsuchtsvolle Art seinen Berliner Aufenthalt bei dem Bruder:

> Es war mir immer, als sei ein Himmel in dieser Woh-
> nung mit Sternen, Mond und Wolken. […] Der Bruder
> bis in alle Nacht im Theater, wo er die Dekorationen
> machte. […] Der dunkelfarbige Schreibtisch so alter-
> tümlich, als sei er ein alter Zauberer. Wenn ich seine
> feingearbeiteten, kleinen Schubladen aufzog, sprangen,
> so bildete ich mir ein, Sätze, Worte und Sprüche daraus
> hervor. […] Ich erinnere mich, daß ich die Niederschrift
> des Buches mit einem hoffnungslosen Wortgetändel,
> mit allerlei gedankenlosem Zeichnen und Kritzeln be-
> gann. – Ich hoffte nie, daß ich je etwas Ernstes, Schönes
> und Gutes fertigstellen könnte. (SW 4, 127–129).

Bei dem Buch, das Robert hier erwähnt, handelt es
sich um seinen ersten Roman, *Geschwister Tanner*,
dessen Entstehungsgeschichte in dieser kurzen Prosa
auf schwärmerische Weise nachgezeichnet wird. In
der stimmungsvollen Wohnung seines Maler-Bruders gelang es Robert, nicht bloß »etwas Ernstes«,
sondern seinen trotz der episodenhaften Struktur
vielleicht einzigen ›episch‹ angelegten Text zu schreiben, der ihm – trotz einiger Vorbehalte seines Verlegers und der zwiespältigen Aufnahme seitens der
Kritiker – zum Ruhm verhalf (s. Kap. 3.3.1). Dass ihn
die kunstdurchtränkte Atmosphäre der Wohnung
zum Dichten anspornte, kann man den Zeilen entnehmen, in denen er sich vorstellt, dass aus den
Schubladen des Schreibtisches Sätze und Worte her-
vorsprängen, die er zu einem literarischen Text verarbeiten würde: Die stilvolle Ausstattung inspiriert
ihn zu einem Sprachkunstwerk. Auf die Nähe zwischen Kalligraphie, Zeichnen und literarischer Kreativität – eine Nähe, die in den Mikrogrammtexten
zur Grundbedingung für die dichterische Inspiration
wird – deutet in der oben zitierten Stelle auch die Bemerkung hin, dass er »die Niederschrift des Buches
mit einem […] Wortgetändel, mit allerlei gedankenlosem Zeichnen und Kritzeln« begann. Bemerkungen zur Übergänglichkeit von bildender Kunst und
Literatur lassen sich mühelos in Walsers Texten fin-

den und liefern den Beweis für den vielfältigen Einfluss, den die Kunst seines Maler-Bruders auf ihn ausübte (s. Kap. 4.9). Letzterer wäre als Buch-Illustrator wahrscheinlich kaum so berühmt geworden, hätte er nicht die Möglichkeit gehabt, sich durch die Zeichnungen und Illustrationen, die er für die Texte des ihm in vieler Hinsicht wesensverwandten Bruders schuf, an der Buchgestaltung zu versuchen. Durch Karl wurde Robert in die Berliner Kreise von Literaten, Verlegern und Künstlern eingeführt. Dem mehrere Jahre währenden engen Kontakt zu Karl und dessen Kollegen hat Robert seine Sensibilität und sein Interesse für die Malerei zu verdanken. Seinen Blick für Kunst schärfte er derart, dass seine Beschreibungen von Gemälden – nicht nur denen seines Bruders – bis in die Spätzeit hinein in seiner Prosa und Lyrik (man denke z. B. an die Bildgedichte *Sonett auf eine Venus von Tizian, Apollo und Diana von Lukas Cranach, Schimmernde Inselchen im Meer*) eine wichtige Rolle spielen sollten (vgl. Bleckmann 1994; Echte 2006).

Karl Walser hat für seinen Bruder fünf Bücher mit Zeichnungen oder Vignetten illustriert und elf Einbandzeichnungen angefertigt. *Fritz Kocher's Aufsätze* (1904) war das gemeinsame Erstlingswerk des Illustrators Karl und des Schriftstellers Robert, und ebenso war Karls letzte Arbeit für seinen Bruder, nämlich die Umschlagszeichnung für den Sammelband *Die Rose* (1925), das letzte Buch, das Robert publizierte (vgl. Meier 1990). Die schöne Symmetrie, die man aus solchen biographisch-professionellen Umständen ableiten mag, könnte den Eindruck erwecken, die Gebrüder Walser seien zeitlebens gemeinsame Wege in enger gegenseitiger Zusammenarbeit gegangen – eine Schlussfolgerung, die jedoch nicht der Wahrheit entspricht.

Obwohl sich die beiden jungen, kunstgesinnten Brüder äußerlich nicht ähnelten, wurden sie »in Ansichten und Gebärden« als Zwillinge wahrgenommen, wie Flora Ackeret, die Vermieterin der Wohnung, in der die Familie Walser ab 1898 für einige Jahre logierte, in einem unveröffentlichten Brief schrieb (Ackeret zit. n. Echte 1990, 167). Sie berichtet, wie die beiden »in bubenhafter Art sich über andere lustig machten und [sie] mit Spitznamen versahen« (ebd.). Der »wortlose[n] Übereinkunft« (ebd.) auf gesellschaftskritischem Gebiet entsprach in den frühen Jahren der Zusammenarbeit eine Art stillschweigenden Einvernehmens, das sich ästhetisch auf eine beeindruckende Weise auf die Beziehung zwischen Wort und Bild auswirkte und das manche Rezensenten dazu führte, die beiden auch als »Brüder im

Geiste« (Bethge 1910/1978, 43) zu bezeichnen. Adjektive wie »graziös«, »leicht« und »gefällig« (Scheffler 1914, 369), die Karl Scheffler, welcher Karl sehr schätzte und großzügig förderte, zur Charakterisierung der Zeichnungen und der Aquarelle des Maler-Bruders verwendet, eignen sich vorzüglich zur Kennzeichnung der sanften, scheinbaren Naivität, die vielen Texten von Walser anhaftet. Karl illustrierte *Fritz Kocher's Aufsätze* mit solch liebevoller Hingabe, dass der Rezensent Hans Bethge bemerkte, die Federzeichnungen wirkten »wie eine direkte Übertragung des die Aufsätze beseelenden Gefühls ins Lineare« (Bethge 1910/1978, 45); hier stand Karls Arbeit im engen Zusammenhang nicht nur mit den Texten des Bruders, sondern auch mit dessen schwungvoller, kalligraphisch und schulmäßig wirkender Handschrift, von der sich die Buchstabenverzierungen des Umschlags eindeutig inspirieren ließen: ein Beweis für die wechselseitige Nähe und Vertrautheit der beiden Künstler-Brüder. Zu dem von Karl mit größtem Einfühlungsvermögen geschmückten Band *Gedichte* (1909) stellt Eduard Korrodi fest, dass hier »Gedicht und Zeichnung ein inniges Monogramm« bilden (Korrodi 1919/1978, 114). Und welcher Leser des *Gehülfen* (1908), der die kolorierte Einbandzeichnung von Karl in den Händen gehabt hat, würde sich das Anfangsbild bzw. den Protagonisten Joseph vor der Tobler-Villa nicht vorstellen als jenen fragil-unsicher wirkenden jungen Mann mit Koffer und aufgespanntem Regenschirm, der vor der leicht britisch anmutenden rötlichen Gartenmauer mit fein gestochener Umzäunung steht (s. Abb. 7)?

In Berlin konnte Robert erleben, wie Karl »zum vollständigen Erfolgsmenschen« (Br 4) heranwuchs, was gemischte Gefühle in ihm hervorrief. Angesichts der schwierigen finanziellen Verhältnisse der Familie Walser und des Lebensweges, den die beiden Brüder als angehende Künstler gemeinsam eingeschlagen hatten, freute sich Robert zweifellos über die zahlreichen Arbeitsaufträge für Karl, wie auch über den Beifall, den ihm die Berliner Elite zollte. Das Renommee des Bruders betrachtete er als das wohlverdiente Ergebnis von dessen Ringen um Anerkennung, die auch er für sich noch erstrebte. Bilder von Karl stehen im Zentrum etlicher Texte des Frühwerkes, und zwar bereits ab 1904, als sich Robert anfänglich nur bei Gelegenheit bei dem Bruder in Berlin aufhielt. Am eindruckvollsten ist vielleicht *Leben eines Dichters. Wandverzierungen von Karl Walser* (1905), in dem Robert ausführlich die Fresken schildert, die Karl im Landhaus des Verlegers Samuel Fischer angefertigt hatte. Die fein stilisierten, oft in der Form ei-

Abb. 7: Karl Walser: Einbandzeichnung zu Robert Walsers Roman Der Gehülfe (1908). 14 × 19 cm.

nes Schattenrisses gemalten Szenen aus einem Dichterleben werden im dichterischen Text zu Sprachbildern, die die Robert sehr gemäße märchenhafte Eigenschaft der Sequenz des Originals auf eine poetisch-fabulierende Weise widerspiegeln (SW 5, 261–265; vgl. Bleckmann 1994, 30–35).

Im Laufe der Zeit nimmt die Affinität zwischen Wort und Bild jedoch in dem Maße ab, als die innere Distanz zwischen den beiden Brüdern wächst. Karls Heirat 1910 markierte auch für Robert insofern eine Wende, als dieser darin eine Art Verrat an der absoluten Kunstauffassung sah, die die ›Flegeljahre‹ der beiden – Robert betrachtete rückblickend die gemeinsame Jugendzeit mit Karl unter dem Aspekt des Jean Paulschen Romans – gekennzeichnet hatte (vgl.

Echte 1990, 186). Bemühte sich Karl, seinen Hang nach Innerlichkeit aus beruflichen Gründen zu überwinden und sich auch durch die Heirat gesellschafts- und salonfähig zu machen, so wusste Robert zwar seine Introvertiertheit dichterisch auf eine feinsinnige Art fruchtbar zu machen, diese führte ihn zugleich existenziell und künstlerisch zum Einzelgängertum. Saß Robert »oft stundenlang über ein Wort gebeugt, das den langen Weg vom Hirn auf das Papier machen muß« (SW 14, 21), so war Karl oft auf Tournee – er bereiste sogar Japan – und bemühte sich, seine Werke auf dem internationalen Kunstmarkt durchzusetzen.

Die Gegensätzlichkeit zwischen der künstlerischen Verwandlungsfähigkeit und der Weltzugewandtheit seines Maler-Bruders auf der einen Seite und der eigenen kompromisslosen Kunstanschauung auf der anderen wurde Robert immer deutlicher. War die frühe Berliner Zeit für den Dichter die einzige Lebensphase, in der er in der ›feinen Welt‹ lebte und sich akzeptiert, z. T. sogar geschätzt fühlte, so bedeutete für Karl dieser Abschnitt lediglich den Auftakt zu einer auf Integration bedachten, großzügigen Lebensweise und einer glänzenden Karriere. Im Laufe weniger Jahre gelangte der Maler dank seiner pausenlosen Produktivität und seiner Zielstrebigkeit zu internationalem Ruhm, wohingegen Robert, der sich im Milieu des großstädtischen Kulturlebens nicht zu Hause fühlte – erst recht nicht nach

Abb. 8: Karl Walser: Illustration zu Leben eines Malers in Robert Walsers Seeland (1920). 11,5 × 13,5 cm.

dem Misserfolg von *Jakob von Gunten* –, seinen Kunstbegriff radikalisierte und sich durch Zornesausbrüche und beleidigende Bemerkungen über die literarische Elite unbeliebt und sogar unmöglich machte, bis er 1913 Berlin endgültig verließ.

Die Gegensätzlichkeit der beiden Brüder trat immer deutlicher zutage, obwohl sie auch in den folgenden Jahren noch zusammenarbeiteten: Robert kommentierte Werke von Karl, der weiterhin Texte von seinem Bruder bildlich gestaltete, jedoch auf völlig andere Weise als früher. Die Beziehung zwischen Wort und Bild wurde immer lockerer und die Arbeiten des Malers für den Dichter bloße Routinearbeit, wobei Karls Illustrationen der Texte anderer Autoren, denen er sich intensiv widmete, von der Kritik lobend aufgenommen wurden. Jene »strenge Genauigkeit« und jene »eigentümliche Seelenschrift« (Scheffler 1914, 368 f.), die die Rezensenten von *Fritz Kocher's Aufsätzen* und von den *Gedichten* fasziniert hatte, ist in den Zeichnungen des letzten von ihm illustrierten Bandes, *Seeland* (1920), nicht mehr zu finden, und dies sicher auch deswegen – wenngleich nicht ausschließlich –, weil sich die Illustrationskunst inzwischen verändert hatte. Karls Strich ist nun unscharf und expressionistisch schwer geworden und das Narrative seinen Zeichnungen fremd (s. Abb. 8). Seine für *Seeland* geschaffenen Arbeiten sind Stimmungsbilder, die in äußerst lockerer Beziehung zu den Texten stehen, wobei Robert für einen der längeren Texte dieser Sammlung, *Leben eines Malers*, ausgedehnte, im Detail verweilende Beschreibungen verfasste von einigen um die Jahrhundertwende entstandenen Bildern seines Bruders – in einer Zeit also, in der die beiden noch herzlich miteinander verbunden waren. Eine Hommage an den Bruder? Bildet *Leben eines Malers* zweifellos eine »nostalgisch getönte Erinnerung an Zeiten künstlerischer Nähe« (Müller 2009, 336), so kann dies jedoch nicht darüber hinwegtäuschen, dass der Dichter durch seine ausführlichen Beschreibungen nicht nur mit den Bildern *in absentia* des weltberühmten Bruders, sondern mit dessen Illustrationskunst schlechthin wetteifern möchte (vgl. Fattori 2008; s. Kap. 3.4.6).

Für den Buchumschlag der *Rose* fertigte Karl eine Zeichnung an, die eine ins Realistische stilisierte, ironisch-naiv wirkende Mädchenfigur zeigt, während Roberts Prosastücke in diesem Band eine ausgeprägte sprachlich-begriffliche, avantgardistische Tendenz aufweisen.

Als Karl 1925 in die Heimat zurückkehrte, war er »zu der Autorität für Freskomalerei in der Schweiz« avanciert (Echte 1990, 194). D. h. er wurde zu einem Meister des großformatigen, monumentalistischen Stils, während sein Bruder, dem die epische Dimension völlig fern lag, heute als Meister der mikrographischen Schreibweise, der kleinen Prosa und des Fragments gilt. Obwohl sie nun beide wieder in der Schweiz wohnten, hatten sie nur selten Kontakt miteinander. Laut Carl Seelig reagierte der Dichter »nur mit einem trockenen ›So!‹« auf die Nachricht von Karls Tod (Seelig, 60) – was jedoch im Hinblick auf Roberts Introvertiertheit nichts über sein inneres Leid verrät.

Es ist eine jener Ironien des Schicksals, dass der zu seiner Zeit weltberühmte und dann in Vergessenheit geratene Maler dank der seit vier Jahrzehnten wieder- und neuentdeckten literarischen Leistungen des damals eher erfolglosen Dichter-Bruders heute wieder einer breiteren Öffentlichkeit bekannt ist.

Literatur

Bethge, Hans: Robert Walser [1910]. In: Kerr 1, 43–46.

Bleckmann, Ulf: Thematisierung und Realisierung der bildenden Kunst im Werk Robert Walsers. In: Thomas Eicher, ders. (Hg.): Intermedialität. Vom Bild zum Text. Bielefeld 1994, 29–58.

Echte, Bernhard: Karl und Robert Walser. Eine biographische Reportage. In: ders., Andreas Meier (Hg.): Die Brüder Karl und Robert Walser. Maler und Dichter. Stäfa 1990, 150–203.

Echte, Bernhard: Nachwort. In: Robert Walser: Vor Bildern. Geschichten und Gedichte. Hg. u. mit einem Nachwort versehen v. Bernhard Echte. Frankfurt a. M. 2006, 103–113.

Fattori, Anna: Karl und Robert Walser. Bild(er) und Text in *Leben eines Malers*. In: Fattori/Gigerl, 89–105.

Korrodi, Eduard: Robert Walsers Gedichte [1919]. In: Kerr 1, 114 f.

Meier, Andreas: »Man fühlte deutlich, daß sie aus derselben Familie kamen«. Illustrationen zu den Texten. In: Bernhard Echte, ders. (Hg.): Die Brüder Karl und Robert Walser. Maler und Dichter. Stäfa 1990, 134–149.

Müller, Dominik: Künstlerbrüder – Schwesterkünste. Robert und Karl Walser. In: Ulrich Stadler (Hg.): Zwiesprache. Beiträge zur Theorie und Geschichte des Übersetzens. Stuttgart, Weimar 1996, 382–395.

Müller, Dominik: Vom Malen erzählen. Von Wilhelm Heinses »Ardinghello« bis Carl Hauptmanns »Einhart der Lächler«. Göttingen 2009.

Scheffler, Karl: Karl Walser. In: Kunst und Künstler 12, 7 (1914), 355–372.

Anna Fattori

2.5 Carl Seelig: Herausgeber, Vormund, ›Sprachrohr‹

Der Journalist, Schriftsteller, Verleger und Mäzen Carl Seelig (1894–1962) hat Robert Walsers Werk »vor dem ziemlich sicheren Untergang gerettet« (Greven 2003, 33 f.). Im Sommer 1935 nahm er Kontakt mit dem in Herisau internierten ›Kollegen‹ auf, besuchte diesen ab dem folgenden Sommer regelmäßig und übernahm laufend weitere Aufgaben und Funktionen für Walser als Mensch und Autor: Aus dem Wandergefährten wurde der Vormund, der Herausgeber und das ›Sprachrohr‹ des literarisch verstummten Schriftstellers. Während Seeligs Bedeutung als Retter von Walsers Werk allgemein anerkannt wird, so sind die Art, wie er sich als einzigen Zugang zu Walser installierte, und seine Übernahme gewisser (Rechts-)Handlungen, die eigentlich nur dem Autor selbst zustehen, mitunter auch kritisch beurteilt worden (vgl. Greven 2003, 23–35; Gisi 2013).

Carl Seelig selbst tritt während des Ersten Weltkriegs mit ersten Gedichten und publizistischen Arbeiten hervor, aus denen seine Unterstützung für die pazifistische Bewegung spricht. Deren Ziele versucht er in der Folge auch als Verleger zu befördern. Seit den 1920er Jahren schreibt Seelig regelmäßig in verschiedenen Zeitungen über Literatur, Film und Tanz – der Schriftsteller Rudolf Jakob Humm wird ihn deshalb spöttisch einen »Rezensionenfabrikant[en]« nennen (zit. n. Staehli 2002, 329). Während der Nazizeit setzt er sich unermüdlich für exilierte Autoren ein (vgl. Mittenzwei 1978, 115–132), wovon auch seine umfangreiche Korrespondenz zeugt (Nachlass, RWA u. Zentralbibliothek Zürich). Heute sind Seeligs in zahlreiche Sprachen übersetzte Albert Einstein-Biographie (1952, ²1954) und insbesondere sein Einsatz für Walser und dessen Werk bekannt (vgl. Weinzierl 1982; Gigerl 2010).

Freund, Vormund, Nachlassverwalter

Dass Seelig Walsers Vertrauen gewinnen konnte, dürfte der Koinzidenz geschuldet sein, dass ein Repräsentant des Literaturbetriebs und ein aus diesem Herausgeworfener zu einer ›Begegnung auf Augenhöhe‹ bereit waren. Aus dem »Bedürfnis, für die Publikation seiner Werke und für ihn selbst etwas zu tun« (SEELIG, 7), trat Seelig (nach einem folgenlosen kurzen Briefwechsel 1922) im Sommer 1935 brieflich in Kontakt mit Walser (vgl. Br 381, 222). Der Anlass

war eine geplante Neuausgabe des Romans *Der Gehülfe*. Seelig blieb während der Herisauer Zeit Walsers einziger dauerhafter ›beruflicher‹ Kontakt und nebst Frieda Mermet und den Schwestern Lisa und Fanny einer seiner wenigen Korrespondenzpartner. Hatte Walser zunächst eher ablehnend auf Seeligs Anfrage reagiert (vgl. ECHTE, 436 f.), so bahnte sie schließlich doch den Weg für eine zwanzig Jahre währende persönliche Beziehung, die ihren Anfang mit Seeligs erstem Besuch in Herisau am 26.7.1936 nahm (vgl. SEELIG, 7).

Nachdem Oscar Walsers Bestreben, die Bevormundung seines Bruders aufzuheben, erfolglos geblieben war, wurde Seelig am 26.5.1944 zu Walsers Vormund ernannt. Zunächst versuchte er dies gegenüber Walser geheim zu halten (vgl. Seelig an Direktor Künzler, 24.6.1944, RWA), wurde aber von dem Mündel offenbar akzeptiert. Aus der Korrespondenz mit den Herisauer Ärzten und Walsers Geschwistern (zunächst v. a. mit Lisa, später mit Fanny Walser) geht hervor, wie Seelig sich darum bemühte, die Interessen von Patient, Familie und Institution unter einen Hut zu bringen (Nachlass, RWA). Bereits 1937 setzte er sich für Walsers Entlassung ein und organisierte parallel dazu eine Spendensammelaktion im Hinblick auf dessen 60. Geburtstag. Er animierte den Autor verschiedentlich vorsichtig zum Schreiben, schickte ihm regelmäßig Bücher und Zeitungsartikel und vermittelte ihm 1943 eine einmalige Ehrengabe der Schweizerischen Schillerstiftung. Später vertrat er Walser als Rechtsperson, kümmerte sich um dessen finanzielle Angelegenheiten, unterzeichnete dessen Verlagsverträge (mit) und wehrte sich 1953 gegen eine Begutachtung durch den Psychiater Theodor Spoerri (vgl. Wernli 2014, 324–326).

Hatte Seelig von Lisa Walser für den Band *Große kleine Welt* bereits unveröffentlichte Manuskripte erhalten, so übernahm er nach Walsers Tod dessen literarischen Nachlass. Um diesen zu sichern, ging er so weit, dass er testamentarisch für den Fall seines Ablebens – angeblich im Namen des Autors – die Vernichtung von Walsers Manuskripten sowie seiner eigenen Arbeiten zu Walser verfügte (s. Kap. 5.1).

Editorische und publizistische Bemühungen

Die Rettung von Walsers literarischem Werk vor dem Vergessen erwies sich für Seelig als eine doppelte Herausforderung: Auf der einen Seite musste er dafür sorgen, dass Walser auf dem Buchmarkt präsent blieb – darauf zielten seine editorischen Bemühungen –, auf der anderen Seite musste das Verstummen eines noch lebenden Autors der Öffentlichkeit ›erklärt‹ werden – dies wiederum versuchte er als Publizist zu erreichen.

Als Herausgeber sorgte er zunächst dafür, Walsers ›Hauptwerke‹ durch Neuauflagen verfügbar zu machen (*Der Gehülfe*, 1936; *Der Spaziergang*, 1944; *Gedichte*, 1944; *Jakob von Gunten*, 1950). Mit der Veröffentlichung von Nachgelassenem sollten das Werk und damit auch das Autorbild sodann ergänzt und ›abgerundet‹ (*Große kleine Welt*, 1937; *Unbekannte Gedichte*, 1958), mit thematischen Anthologien die weltanschauliche Essenz von Walsers literarischem Schaffen gleichsam als Vermächtnis zum Vorschein gebracht werden (*Stille Freuden*, 1944; *Vom Glück des Unglücks und der Armut*, 1944). Das publizierte und das ungedruckte Werk wurden schließlich in der Werkausgabe (DiP), die ab 1953 im Holle-Verlag bzw. im Verlag Helmut Kossodo erschien, zu einem abgeschlossenen Ganzen zusammengefügt. Seeligs Editionsplan sah vor, an die Ausgabe der Werke Walsers nebst einer Auswahl der Mermet-Briefe zwei eigene Bände anzuschließen, die Biographie und seinen Bericht über die gemeinsamen Wanderungen (Seelig an den Verlag Holle, 28. 1. 1957, RWA). Seine Legitimation als Editor bezog Seelig, der bereits verschiedenste Auswahlausgaben sowie Werkausgaben von Georg Büchner, Novalis und Georg Heym herausgegeben hatte, aus dem ›Willen des Autors‹ – »in dessen Geist ich handle«, wie er 1960 gegenüber Hermann Hesse beteuerte (zit. n. Gisi 2013, 144, vgl. 142 ff.). Dadurch sah er sich berechtigt, Texte anders anzuordnen oder neu zu betiteln und konkurrierende Editionsvorhaben zu verhindern.

Als Publizist hielt Seelig ab Ende der 1930er Jahre das Interesse an dem nicht mehr durch neue Veröffentlichungen hervortretenden Walser mit rund vierzig Artikeln in den wichtigsten Schweizer Zeitungen wach. Dabei dienten ihm insbesondere der 60. und der 75. Geburtstag als Anlässe, um an den zurückgezogen lebenden Autor zu erinnern, den nur noch ein »kleiner, erlesener Kreis« verehre (vgl. Seelig 1938). In Absetzung von einer oberflächlichen Gegenwartsliteratur lobte Seelig Walser als singuläre Erscheinung einer ›Moderne mit Tiefgang‹ und hob die Kongruenz von Leben und Werk hervor. Mit der Unzeitgemäßheit des Autors und der Zeitlosigkeit seines Werks nahm er eine doppelte Zuschreibung vor, die noch die Walser-Renaissance der 1960er und 1970er Jahre bestimmen würde (vgl. Gisi 2013, 146–150).

Durch ein geschicktes ›Doppelspiel‹ konnte Seelig somit gleichzeitig als Publizist Walsers Vergessenheit beklagen und ihn mit einer Werkausgabe zu Lebzeiten verewigen. In diesem Sinn erwies sich die paradoxe Formel vom ›völlig vergessenen‹ Autor als Schlüssel für Walsers Wiederentdeckung (vgl. Matt 2012, 158 f.).

Wanderungen mit Robert Walser

Nebst den psychiatrischen Akten und der überschaubaren Korrespondenz bilden Seeligs Berichte über seine Besuche die einzigen Quellen zu Walsers Herisauer Zeit. Der ›Vormund‹ wird damit zum ›Sprachrohr‹ des verstummten Autors. In den 1957 in Buchform veröffentlichten *Wanderungen mit Robert Walser* (kürzere Auszüge waren schon früher erschienen) lassen sich mehrere parallel laufende Erzählebenen unterscheiden; es handelt sich um ›Wanderungen‹ in dreifacher Hinsicht: Die Berichte über Seeligs 45 Besuche in Herisau sind – jeweils mit Datumseintrag versehen – chronologisch angeordnet, am Schluss ergänzt um den Bericht über Walsers Tod. Die Bewegung im Raum strukturiert die Protokolle der Gespräche. In diesen eröffnet sich als zweite Ebene eine zeitliche Dimension, indem Walsers Schriftstellerbiographie konzentrisch rekapituliert wird: Zum einen gibt Walser Einblick in seine Laufbahn als Schriftsteller, beginnend bei den Entstehungskontexten seiner Werke über sein Scheitern bis zur Aufgabe des Schreibens, zum anderen positioniert er sein Werk literaturgeschichtlich, indem er literarische Vorbilder nennt, ältere sowie zeitgenössische Autoren kritisiert und selbstkritisch seine Poetologie reflektiert. In diesen zeitlichen Verortungen finden die beiden Wanderer einen gemeinsamen Weg vor allem deshalb, weil sie ihre Kritik an der fortschrittsgläubigen Gegenwart mit ihren »lümmelhaften Automobilisten« und an der modernen Literatur, die »unzart, überheblich und aufgeblasen« sei, eint (SEELIG, 146, 49 f.). Auf einer dritten Ebene wird in einem übertragenen Sinn ein Lebensweg begangen, wobei Seelig dessen Ende als ›Vollendung‹ dramaturgisch und erzählerisch sehr wirkungsvoll zu inszenieren weiß. Während sich im Verlauf der Erzählung das Bild des Autors nach und nach vervollständigt, werden dessen Wortmeldungen knapper und es mehren sich im Text die Hinweise auf Walsers Rückzug aus der Welt. Seeligs *Wanderungen* vermögen so den Bruch in Walsers Biographie, den dessen Verstummen als Autor und seine Internierung hinterlassen hatten, zu ›übergehen‹ und Autor und Mensch, Leben und Werk abschließend zu einem Ganzen zusammenzufügen. Statt abrupt zu verschwinden, zieht Walser Bilanz, bevor er endgültig abtritt. Indem er in der ersten Ausgabe Walsers eigenhändige Signatur unter die Beschreibung von dessen letztem Spaziergang, zu dem er ihn gerade nicht begleiten konnte, setzt, wird Seelig selbst zum Autor und verschwindet gleichzeitig hinter diesem (vgl. Keutel 1989, 106–109; Gisi 2013, 150 f.).

Als Gattungsvorbilder für die *Wanderungen* lassen sich Johann Peter Eckermanns *Gespräche mit Goethe*, Gustav Janouchs *Gespräche mit Kafka* oder *Mussolinis Gespräche mit Emil Ludwig* sowie Seeligs eigene Autorengespräche fürs Feuilleton nennen.

Walsers »eigenwilliges Wesen und seine Anschauungen wahrheitsgetreu zu überliefern«, nennt Seelig das »oberste Gesetz« seiner »Aufzeichnungen« (SEELIG, 167). Dass seine Notate im eigentlichen Sinn gerade nicht überliefert sind (sondern lediglich vereinzelte Berichte über die Wanderungen in Briefen an Lisa Walser), ist von besonderer Relevanz, da Walser oft und ausführlich in direkter Rede zu Wort kommt (vgl. Gisi 2011). Aus diesem Grund gehört für den späteren Herausgeber Elio Fröhlich das Seelig Anvertraute zu Walsers »Œuvre« (Fröhlich 1977, 179). Ganz im Gegensatz dazu formuliert Karl Wagner folgende »Faustregel für die *Wanderungen*«: »je direkter die Rede, desto weniger ist sie von Walser« (Wagner 2007, 99). Bereits die Herisauer Ärzte äußerten sich skeptisch darüber, ob Walser überhaupt noch in der Lage gewesen sei, solche Unterhaltungen zu führen (vgl. u. a. Greven 2003, 128). In der Tat liest sich Seeligs Bericht, der die Reflexionen eines Geistesmenschen protokolliert, wie das Gegenstück zur Krankengeschichte, die die Symptome eines ›Geisteskranken‹ verzeichnet.

Die *Wanderungen* wurden von der Kritik durchwegs positiv aufgenommen und haben in der Folge das Walser-Bild maßgeblich mitgeprägt. Die Frage nach Seeligs Gestaltungsabsichten und nach der Authentizität seiner Wiedergabe der Gespräche wurde nicht gestellt. Otto Zinniker befürchtete vielmehr, dass der »Nimbus« um Walser beschädigt werde, da Seelig diesen »als handfesten Esser und Trinker und halben Zigeuner« geschildert habe (vgl. Zinniker 1958). Seeligs Freund Max Picard sah Walser in und durch die Gespräche temporär von seiner Schizophrenie geheilt (vgl. Picard 1958). Max Brod und Jo Mihaly zeigten sich beeindruckt davon, wie es Seelig mit »Eckermannscher Akribie und Einfühlungsgabe« verstand, als ›Auslöser‹ für Walsers Betrach-tungen und Aphorismen zu wirken (vgl. Mihaly 1958; Brod 1958).

Die Frage, wie Seelig zum ›Sprachrohr‹ bzw. Medium Walsers werden konnte, taucht auch in der späteren Auseinandersetzung mit dem Buch immer wieder auf. Seeligs Biograph Weinzierl vermutet, er sei »in diesem Werk als Schriftsteller über sich selbst hinausgewachsen, indem er sich fast völlig zurücknahm und so zum Medium eines Größeren, eines Großen wurde« (Weinzierl 1982, 123). Auch für Greven war Seelig »genau der hingebungsvolle Mittelsmann, den er [sc. Walser] zur Welt draußen brauchen konnte und sich vielleicht insgeheim gewünscht hatte« (Greven 2003, 33). Walser habe, so Catherine Sauvat, das »Beziehungsspiel« mit Seelig geradezu »mühelos beherrscht« (Sauvat 1989/1993, 156). Aber auch Seelig dürfte sich seiner Möglichkeiten zur Steuerung der Kommunikation bewusst gewesen sein, wenn er – indem er seine Aufzeichnungen nicht aufbewahrte – die Spuren des ›Mediums‹ verwischte (vgl. Gisi 2011). Dass der Autor aus der Distanz umso wirkmächtiger durch seinen Ghostwriter ›sprechen‹ kann, hat Avital Ronell für Eckermanns Abschluss von Goethes Werk »under dictation« gezeigt (Ronell 1986, xvf.). Auch im Fall der *Wanderungen* erhöhen die Inkonsistenzen in Walsers Aussagen deren Authentizität; seine Funktion als ›Sprachrohr‹ des Autors Walser kann Seelig als Autor der Aufzeichnungen gerade dadurch wahrnehmen, dass er nicht ordnend eingreift.

Biographie und Photographie

Seeligs plötzlicher Unfalltod 1962 verhinderte, dass er auch Walsers erster Biograph wurde. Seine dokumentarische Biographie *Leben und Werk von Robert Walser* sollte die Werkausgabe abschließen und lag bei seinem Tod in verschiedenen Typoskriptfassungen, die den Zeitraum bis zum Ende der Berliner Zeit abdecken, ausformuliert vor (vgl. Seelig o. J., RWA). Robert Mächler erarbeitete seine Walser-Biographie dann auf der Basis von Seeligs Fragment sowie dessen bibliographischen und biographischen Recherchen, v. a. der Korrespondenz mit Verwandten und persönlichen Bekannten Walsers (vgl. MÄCHLER, 9–11; s. Kap. 2.5). So geht denn auch die vererbungstheoretische Perspektive, die Mächlers Biographie prägt, auf Seelig selbst zurück, der das Künstlertum der Geschwister Walser mit dem Narrativ vom Niedergang einer bürgerlichen Familie engführt und so in bekannter Manier Genialität und ›Geisteskrankheit‹ als Degenerationsphänomen koppelt (wobei ›Walser selbst‹ bezüglich der Kinderlosigkeit der acht Geschwister von einer »typische[n] Überfeinerungserscheinung« spricht; Seelig, 72, 161).

Ebenfalls von Seelig stammen quantitativ mit Abstand die meisten Photographien von Walser (s. Kap. 5.3); es sind nebst den Photos auf der Krankenakte und den Polizeiphotos des toten Walser zudem die einzigen Bilddokumente aus den Herisauer Jahren. Sie eröffnen den Zugang zu dem ›schweigenden‹ und durch die Internierung und Aufgabe seiner Publikationstätigkeit von der Öffentlichkeit abgetrennten Walser und schließen diesen ›Lebensraum‹ zugleich ab, indem sie als Projektionsflächen für Autorbilder funktionieren wie etwa im Fall W. G. Sebalds, den diese Photos an den eigenen Großvater erinnerten (vgl. Sebald 1998, 135–138).

Die 26 überlieferten Aufnahmen – offenbar ließ er sich »ohne Widerstand« photographieren (Seelig, 22) – zeigen Walser, meist mit in die Ferne gerichtetem Blick in eine natürliche Umgebung gesetzt und oft mit den Accessoires Hut, Regenschirm und Zigarette ausgestattet, als Wanderer und Denker. Seeligs Photos setzen ein Bild vom Autor *nach* seiner Zeit als

Abb. 9: Robert Walser, Wanderung von Herisau nach Wil, 23. 4. 1939. Photograph: Carl Seelig. RWA.

Schriftsteller in Szene und bilden ein Pendant zu den *Wanderungen* – Bild und Text beglaubigen sich gegenseitig. Besonders deutlich wird dies an dem häufig reproduzierten Photo, das am 23. 4. 1939 auf einer Wanderung von Herisau nach Wil entstand (s. Abb. 9). Am Rand einer Landstraße steht ein wie aus einer anderen Zeit kommender älterer Mann etwas verloren in der automobilisierten Welt, den Blick über den Betrachter hinaus in die Ferne gerichtet, während sein (menschlicher) Schatten sich hinter seinem Rücken davonzuschleichen scheint. Durch das Hineinreichen einer anderen Zeit in die Gegenwart wird letztere auf eine Zeitlosigkeit hin transzendiert – der Schriftsteller verschwindet, während der Autor seinen Weg in die ›Ewigkeit‹ geht.

Forschung

Eine Biographie Seeligs, die dessen vielfältiges Wirken auf der Basis des Nachlasses in seiner ganzen Breite darstellt und kritisch würdigt, hat Ulrich Weinzierl vorgelegt (vgl. Weinzierl 1982). Daran schließen Arbeiten zu Seeligs Stellung innerhalb eines Netzwerks von Exilautoren an (vgl. Staehli 2002; Zeller 2013/2014). Die Bedeutung der *Wanderungen* für die Rezeption von Walsers Werk hat erstmals Walter Keutel systematisch herausgearbeitet (vgl. Keutel 1989, 75–109). Seeligs werkpolitische und publizistische Strategien zur Sicherung von Walsers literaturgeschichtlichem ›Überleben‹ hat der Verfasser jüngst untersucht (vgl. Gisi 2013).

Während Seeligs *Wanderungen* extensiv als biographische Quelle genutzt wurden, ist der Text als solcher von der Forschung erstaunlich stiefmütterlich behandelt worden. Künftige Studien müssten dessen dokumentarischen Charakter genauer fassen und kritisch auf andere literarische und biographische Quellen beziehen, wie dies Severin Perrig für Walsers politische Ideen getan hat (vgl. Perrig 2006). Aufschlussreich dürften auch eingehendere Lektüren der *Wanderungen* hinsichtlich der Darstellungsverfahren, d. h. ihrer sprachlichen Verfasstheit und Rhetorizität, aber auch in Bezug auf übergeordnete literatur-, kommunikations- und medientheoretische Fragestellungen sein. Seeligs *Wanderungen* sind ihrerseits bereits künstlerisch bearbeitet worden: Eine freie filmische Adaption legte 1978 Percy Adlon mit *Der Vormund und sein Dichter* vor und Gerold Späth wählte sie 1995 als Ausgangspunkt für ein Hörspiel (vgl. Späth 1995/1998).

Seelig hat Walser als Autor vor dem Vergessen ge-

rettet, indem er partiell dessen Autorschaft übernommen hat: Er gab Walsers Werke im Namen des
Autors heraus, er agierte als Medium, um den verstummten Schriftsteller wieder zum Sprechen zu
bringen, er vernichtete seine Briefe an Walser und
seine Aufzeichnungen, kurz: er stellte sich ganz hinter den Freund. Diese Mimikry von Walsers Autorschaft im Dienst des Autors sicherte Walsers ›Nach-
leben‹, sie ist zugleich bescheiden und anmaßend –
und in diesem Sinn ganz dem Walserschen Ideal des
souveränen Dienens verpflichtet.

Literatur

Brod, Max: Dichter-Wahnsinn. In: Die Zeit, 23. 1. 1958.

Fröhlich, Elio: Nachwort [1977]. In: SEELIG, 175–180.

Gigerl, Margit: Seelig, Carl. In: Historische Kommission bei
der Bayerischen Akademie der Wissenschaften (Hg.):
Neue Deutsche Biographie. Bd. 24. Berlin 2010, 148 f.

Gisi, Lucas Marco: Carl Seeligs ›Wunderblock‹? In: MIT-
TEILUNGEN 18, 28 f.

Gisi, Lucas Marco: Im Namen des Autors. Carl Seelig als
Herausgeber und Biograf von Robert Walser. In: ders.,
Urs Meyer, Reto Sorg (Hg.): Medien der Autorschaft.
Formen literarischer (Selbst-)Inszenierung von Brief
und Tagebuch bis Fotografie und Interview. München
2013, 139–151.

Greven, Jochen: Robert Walser – ein Außenseiter wird zum
Klassiker. Abenteuer einer Wiederentdeckung. Konstanz
2003.

Keutel, Walter: Röbu, Robertchen, das Walser. Zweiter Tod
und literarische Wiedergeburt von Robert Walser. Tübingen 1989.

Matt, Peter von: Vom literarischen Gedächtnis der Schweiz.
Eine Festrede. In: ders.: Das Kalb vor der Gotthardpost.
Zur Literatur und Politik der Schweiz. München 2012,
157–166.

Mihaly, Jo: [Rez. zu] Wanderungen mit Robert Walser. In:
Schweizerisches Kaufmännisches Zentralblatt, 17. 1.
1958.

Mittenzwei, Werner: Exil in der Schweiz. Leipzig 1978.

Perrig, Severin: Gestürm und Gelächel. Der politische Walser im Gespräch mit Carl Seelig. In: Appenzellische Jahrbücher 133 (2006), 42–55.

Picard, Max: In memoriam Robert Walser. In: Vaterland,
7. 1. 1958.

Ronell, Avital: Dictations. On Haunted Writing. Blooming-
ton 1986.

Sauvat, Catherine: Vergessene Weiten. Biographie zu Robert Walser (Robert Walser). Aus dem Französischen v.
Helmut Kossodo. Köln, Saignelégier 1993 (franz. 1989).

Sebald, W. G.: Le promeneur solitaire. Zur Erinnerung an
Robert Walser. In: ders.: Logis in einem Landhaus. Über
Gottfried Keller, Johann Peter Hebel, Robert Walser und
andere. München, Wien 1998, 127–168.

Seelig, Carl: Leben und Werk von Robert Walser. Unveröffentlichtes Typoskript. O. J. [RWA]

Seelig, Carl: Robert Walser 60jährig. In: Berner Tagblatt,
13. 4. 1938.

Späth, Gerold: Walser Seelig Koch. »Ein Mädchen wird er-
mordet« [1995]. In: Reinhardt Stumm (Hg.): Ach & Och.
Das Schweizer Hörspielbuch. Zürich 1998, 217–264.

Staehli, Marlis: Die Helfer der Emigranten: Rudolf Jakob
Humm und Carl Seelig. In: Deutschsprachige Schriftsteller im Schweizer Exil 1933–1950. Eine Ausstellung des
Deutschen Exilarchivs 1933–1945 der Deutschen Bibliothek. Wiesbaden 2002, 314–336.

Wagner, Karl: »Österreicheleien«. In: GRODDECK u. a., 97–
105.

Wernli, Martina: Schreiben am Rand. Die »Bernische kantonale Irrenanstalt Waldau« und ihre Narrative (1895–
1936). Bielefeld 2014.

Weinzierl, Ulrich: Carl Seelig, Schriftsteller. Wien, München 1982.

Zeller, Rosmarie: »Musil [...] ist hierzulande so gut wie unbekannt.« Musil und die Schweizer Literaturszene der
1930er Jahre. In: Musil-Forum 33 (2013/2014), 218–243.

Zeller, Rosmarie: Die Robert-Walser-Rezeption in den
fünfziger Jahren des 20. Jahrhunderts. In: Treibhaus.
Jahrbuch zur Literatur der fünfziger Jahre 7 (2011), 259–
270.

Zinniker, Otto. Der Wanderer Robert Walser. In: Der Bund,
17. 1. 1958.

Lucas Marco Gisi

2.6 Literaturbetrieb, Verlage, Zeitschriften und Zeitungen

Literaturbetrieb

Robert Walsers literarische Laufbahn – von der ersten beachteten Feuilletonpublikation im Jahr 1898 bis ins Jahr 1933, als er in die Heil- und Pflegeanstalt Herisau verlegt wurde und zu schreiben aufhörte – fiel in eine Zeit großer politischer und ökonomischer Veränderungen. Auf das bewegte Fin de siècle folgten die Katastrophe des Ersten Weltkriegs und die unsicheren Nachkriegsjahre. Die wirtschaftlichen Folgen und die politische Instabilität der Weimarer Republik beeinflussten die Entwicklung von Verlagswesen und Literaturbetrieb: steigende Inflation seit 1917, Hyperinflation 1923, Banken- und Weltwirtschaftskrise 1929 und wachsende Arbeitslosigkeit. Die Autoren wie auch alle anderen Akteure standen unter einem ständigen Anpassungsdruck.

Dank der allgemeinen Wohlstandssteigerung, einer nahezu vollständigen Alphabetisierung, dem höheren Bildungsniveau und der gesellschaftlichen Urbanisierung gab es ein großes, aber auch heterogenes Lesepublikum. Die Buchpreise stiegen gegenüber dem allgemeinen Preisniveau weniger stark (Geschichte, Bd. 2.1, 105). Als in der Hyperinflation ein vollständiges Preischaos drohte, sorgte der Börsenverein des deutschen Buchhandels durch die Einführung eines offiziellen Buchpreisumrechnungsschlüssels dafür, dass die Endverkaufspreise wenigstens auf kontrollierte Weise der Teuerung angepasst werden konnten (ebd., 267–269).

Die lang anhaltende Hochkonjunktur der Buchbranche, die seit der Gründung des Kaiserreichs und bis zur Jahrhundertwende (1871–1900) mehr als eine Verdoppelung der Titelproduktion mit sich gebracht hatte, setzte sich auch nach der Jahrhundertwende fort und gipfelte in einer Hausse (1901–1913). Dann fiel die Produktion in nur vier Jahren (1914–1918) annähernd auf den Stand von 1871 zurück. In den Jahren nach Ende des Ersten Weltkriegs war sie starken Schwankungen unterworfen, zunächst bei leicht steigender Grundtendenz (1919–1925), dann bei fallender Grundtendenz (1926–1932). Sie blieb während diesen beiden Perioden deutlich unter dem Vorkriegsniveau (vgl. Geschichte, Bd. 1.2, 300 f., Bd. 2.1, 341–343).

Für *belletristische* Verlage ist diese Darstellung zu nuancieren (vgl. Geschichte, Bd. 1.2, 315 f., Bd. 2.1,

343 f.). Die Belletristik hielt sich besser als die übrigen Verlagszweige. Sie hatte seit der Jahrhundertwende ihren Anteil an der Gesamtproduktion erhöht, der kriegsbedingte Rückgang fiel weniger drastisch aus. Besonders auffallend ist, dass sie – im Gegensatz zu vielen andern Verlagszweigen – in der Periode 1920–1925 deutlich mehr Titel produzieren konnte als in der darauf folgenden Periode 1926–1932. Die ›schöne Literatur‹ wurde von der Krise also in verzögerter und abgeschwächter Form tangiert.

Es fehlte nicht an Verlagen, die etablierte Gegenwartsautoren vertraten, jüngere Autoren aufbauten und auf literarische Entwicklungen zu reagieren vermochten, wie dies seit dem Naturalismus in prototypischer Weise S. Fischer getan hatte. Neben diesen traten weitere von Verlegerpersönlichkeiten individuell geprägte ›Kulturverlage‹ wie die Verlage Insel, Eugen Diederichs, Gustav Kiepenheuer, Kurt Wolff, Die Schmiede, Georg Müller und Albert Langen (1932 fusioniert), R. Piper, Paul Steegemann und der Malik-Verlag. Am deutlichsten zeigt das Beispiel Ernst Rowohlts, dass es selbst in schwierigsten Zeiten möglich war, Verlage dieser Art zu gründen und erfolgreich zu führen. Gestützt wurde der belletristische Buchmarkt auch durch Verlage wie Knaur, Goldmann, Ullstein und Reclam, die konsequent auf preiswerte Bücher setzten und damit großen Erfolg hatten.

Gemessen an den schwierigen wirtschaftlichen Rahmenbedingungen blieb das Klima in der Buchbranche lange Zeit relativ optimistisch. Das Bewusstsein, in einer eigentlichen ›Bücherkrise‹ zu stecken, entwickelte sich erst spät (vgl. Wittmann 2011, 336, 356 f.). Samuel Fischer vermutete 1926 – sein Verlag stagnierte zu dieser Zeit – in seinen *Bemerkungen zur Bücherkrise* neben wirtschaftlichen Gründen auch einen Zusammenhang zum Mentalitätswandel (vgl. Fischer 1926). Dieser Krisendiskurs lag auf der Linie des zeitgenössischen Kulturpessimismus und kolportierte viele Vorurteile über ›Schundliteratur‹, ›Novitätensucht‹, ›Amerikanismus‹ und ›geistige Verarmung‹.

Die Schriftsteller fühlten sich als schwächstes Glied in der Produktionskette. Viele hatten Mühe, ihren Lebensunterhalt, der sich laufend verteuerte, aus Honoraren, die sich stetig verringerten, zu bestreiten. Nur Bestseller-Autoren wie beispielsweise Thomas Mann, Stefan Zweig, Jakob Wassermann und Erich Maria Remarque mit Verkaufsauflagen über 100000 Exemplaren (vgl. Vogt-Praclik 1987) und Autoren, die wie Bertolt Brecht oder Gerhart Hauptmann für das lukrative Theater und den Film schrieben, konnten letztlich ein höheres Erwerbseinkommen aus ihrer schriftstellerischen Tätigkeit erreichen. Arbeiten für das Feuilleton blieben attraktiv, weil hier in hoher Frequenz große Textmengen absorbiert wurden und die Honorare in der Regel schneller abgerechnet wurden und folglich etwas inflationssicherer waren als im Buchgeschäft. Allerdings scheint es auf dem Feuilletonmarkt zu einem Überangebot an Texten gekommen zu sein, sodass ein existenzsicherndes Schreibsoll für die meisten Schriftsteller unerreichbar hoch lag.

Walsers Schriftstellerbiographie ist repräsentativ für die Buchhandelsepoche; sie folgt den Entwicklungen des Umfelds mit einer augenfälligen Zwangsläufigkeit: Walsers müheloser Beginn fällt in die Phase des Wachstums, in der neue Autoren überall willkommen waren. Auf das Ende der Hochkonjunktur reagierte Walser, indem er von Berlin in die Schweiz zurückkehrte. Die Schweizer Verlage profitierten von etwas besseren allgemeinen wirtschaftlichen Rahmenbedingungen als die deutschen Konkurrenzunternehmen; Walser gelang es also vorerst, die Reihe seiner Publikationen fortzusetzen. Erst in den 1920er Jahren hatte Walser Schwierigkeiten, einen Verlag zu finden.

Siegfried Unseld hat dagegen in *Robert Walser und seine Verleger* die Geschichte eines empörenden und im Grunde vermeidbaren Schicksals entworfen (Unseld 1978; vgl. dagegen Echte 1998). Nach Unseld fehlte es Walsers Verlegern an der nötigen Entschlossenheit, Walser als Hausautor an sich zu binden und kontinuierlich aufzubauen, so wie Unseld dies mit vielen Autoren seiner Zeit gelang. Unselds Sicht hat erheblich zur Rezeption Robert Walsers als eines Außenseiters des Literaturbetriebs und eines Vergessenen der Literaturgeschichte beigetragen (vgl. Stocker 2015).

Der Literaturbetrieb der Epoche war durch verschiedene Ausdifferenzierungsphänomene gekennzeichnet. Auch dafür kann Walsers Schriftstellerbiographie als repräsentativ gelten. So fällt auf, dass wiederholt Literaturvermittler wie Franz Blei, Christian Morgenstern und Max Brod Verlagskontakte vermittelten, als ›Entdecker‹, Türöffner oder als Verbindungsperson figurierten. Literaturagenten und Verlags-Scouts waren neben den Lektoren zu einer neuen Berufsgruppe geworden. Keineswegs an Bedeutung verloren literarische Salons und informelle Kontakte. Walser hatte Zugang zu den urbanen literarischen Szenen in Berlin und Zürich. Er kam in Berührung mit Verlagskonzernen wie Rudolf Mosse oder Ullstein, welche konsequent die ganzen Produktions- und Verwertungsketten beherrschten, er kannte also nicht nur die Liebhaberischen des Büchergeschäfts. Es entstanden Standesorganisationen, welche als ›Schutzverbände‹ die politischen Interessen ihrer Mitglieder vertraten und diesen Beratung und andere Dienstleistungen anboten. Frühformen der Autorförderung entwickelten sich. So wurde Walser beispielsweise von der Schweizerischen Schillerstiftung unterstützt; er beanspruchte den Allgemeinen Schriftstellerverein und war einige Jahre auch Mitglied des Schweizerischen Schriftstellervereins. Wenig erforscht ist die Rolle von Feuilletonagenturen, über die ein Teil von Walsers Zeitungsbeiträgen verbreitet wurde.

Walser konnte sich im Literaturbetrieb geschickt positionieren. Er trat auf im wechselnden Habitus einer einerseits radikalen Künstlernatur, die eine etwas anachronistische Autonomie der Kunst durch einen singulären Personalstil verteidigte, und andererseits eines Commis-Schriftstellers, der seine Schreibpflichten mit der Gewissenhaftigkeit eines Angestellten erfüllte. Wie schon Zeitgenossen bemerkten, war er ein idealer Feuilletonist (vgl. Benjamin 1929/1991), und als Dickens-Verehrer hatte er keine Berührungsängste gegenüber der Unterhaltungsliteratur. Sich als Feuilletonisten zu sehen, bedeutete nicht, keine Bücher zu schreiben. Dennoch sah Walser Zeitungen und Zeitschriften zu Beginn vor allem als ein ›Sprungbrett‹, wie eine Bemerkung Ende 1906/Anfang 1907 gegenüber Morgenstern über die unerfreuliche Aussicht, »Zeitschriftenlieferant« [sic!] zu werden, vermuten lässt (Br 51).

In Walsers Werken wird die Frage, wie Schriftsteller mit dem ausdifferenzierten Rollenangebot, das ihnen der Literaturbetrieb zu bieten hatte, umgehen können, mehrfach reflektiert (vgl. Utz 1998, 296–302; Sorg 2013, 170–173). Das Problem bestand nicht nur darin, dass mit feuilletonistischen Gebrauchstexten das literarische Schaffen unter dem Aspekt von Nachruhm und Kanonisierung schwer zu legitimieren schien. Vielmehr erwies es sich umgekehrt – wie aus den beiden späten Nachlasstexten *Für die Katz* und *Tagebuch-Fragment* hervorgeht – als mindestens ebenso fragwürdig, wie ein ›Romantiker‹ für die Ewigkeit schreiben zu wollen.

Im Folgenden werden zunächst die für Robert Walser relevanten Verlage, Zeitungen und Zeitschriften nach systematischen Gesichtspunkten dargestellt; in einem weiteren Schritt wird dann die Publikationsbiographie chronologisch skizziert.

Verlage

1904	Insel	*Fritz Kocher's Aufsätze*
1907	Bruno Cassirer	*Geschwister Tanner*
1908	Bruno Cassirer	*Der Gehülfe*
1909	Bruno Cassirer	*Gedichte*
1909	Bruno Cassirer	*Jakob von Gunten*
1913	Kurt Wolff	*Aufsätze*
1914	Kurt Wolff	*Geschichten*
1915	Kurt Wolff	*Kleine Dichtungen*, Impressum 1914
1917	Rascher	*Prosastücke*
1917	Francke	*Kleine Prosa*
1917	Huber	*Der Spaziergang*
1917	Huber	*Poetenleben*, Impressum 1918
1919	Bruno Cassirer	*Komödie*
1920	Rascher	*Seeland*, Impressum 1919
1925	Rowohlt	*Die Rose*

Unter Walsers Verlagen finden sich drei der bedeutendsten deutschen Kulturverleger: der Insel-Verlag (1899 in München gegründet, 1901 nach Leipzig verlegt), der Kurt Wolff Verlag (1910 von Ernst Rowohlt und Kurt Wolff in Leipzig gegründet, ab 1912 alleine von Letzterem geleitet, 1919 nach München verlegt) und der Rowohlt Verlag (Berlin, gegründet 1919).

Der Insel-Verlag sah seine Mission darin, künstlerischer Modernität im Literarischen, aber ebenso in der Buchgestaltung eine Plattform zu bieten. Er stellte an die Herstellung höchste Qualitätsansprüche und scheute keine Kosten. Damit trat er an gegen die industrielle Massenproduktion und den alten, historistisch geprägten Geschmack der Gründerzeit. Er stand mitten in einer Erneuerungsbewegung, die von den philosophischen Lebensentwürfen über Kunst und Architektur bis zum Möbel- und Produktedesign im ›Neuen Stil‹ alle Lebens- und Kulturbereiche erfasste (vgl. Brinks/Seuss 1999). Zu den großen Projekten der ersten Jahre zählten die Zeitschrift *Die Insel* (1899–1902), in der Autoren wie Arno Holz, Hugo von Hofmannsthal, Heinrich Mann, Rainer Maria Rilke, Jakob Wassermann oder Frank Wedekind sowie Künstler wie Heinrich Vogeler, Felix Vallotton und Marcus Behmer vertreten waren,

sowie die von Harry Graf Kessler konzipierte und anfänglich geleitete, besonders edel ausgestattete *Großherzog Wilhelm Ernst Ausgabe deutscher Klassiker* (1904–1919). Mit der Reihe der *Insel-Bücherei* (ab 1912) erfand der Verlag ein danach vielfach kopiertes neues Format, das sich durch gute Qualität, geringen Umfang, niedrigen Preis und die Kombination einer einheitlichen Reihengestaltung mit einer individualisierten Gestaltung des einzelnen Bandes auszeichnete. Die bestimmenden Figuren im Verlag neben dem Hauptgründer Alfred Walther Heymel (1878–1914) waren zunächst Rudolf von Poellnitz als Geschäftsführer, ferner, zum Teil in Mehrfachfunktion als Autor, Berater, Lektor und/oder Redakteur: Rudolf Alexander Schröder, Franz Blei und Otto Julius Bierbaum. 1905 in den Verlag eingetreten, übernahm dann Anton Kippenberg (1874–1950) das Regime und entwickelte den Verlag zu einem betrieblich, finanziell und verlegerisch gut funktionierenden und stetig wachsenden Unternehmen (vgl. Sarkowski 1999).

Der Kurt Wolff Verlag profilierte sich besonders mit der expressionistischen Reihe *Der jüngste Tag* (1913–1921), in der u. a. Werke von Franz Werfel, Walter Hasenclever, Ferdinand Hardekopf, Emmy Hennings, Carl Ehrenstein, Georg Trakl, Carl Sternheim, Kasimir Edschmid, René Schickele und Iwan Goll erschienen (vgl. Göbel 1977/2007). Zu den ersten Autoren gehörten auch Max Brod und Franz Kafka. Mit Gustav Meyrink (*Der Golem*, 1915) und dem Nobelpreisträger Rabindranath Tagore (Gesamtausgabe 1921) hatte der Verlag zwei Bestsellerautoren im Programm. Typisch für Kurt Wolff ist, dass er seine Backlist durch die Übernahme von Titeln aus anderen Verlagen verstärkte (z. B. aus dem Insel-Verlag oder von Paul Cassirer), Kooperationen suchte (z. B. mit Karl Kraus, der seine Schriften in einem Imprint-Verlag von Kurt Wolff verlegte) und durch Verlagsübernahmen expandierte (z. B. im Falle des Verlags der Weißen Bücher). Außerdem investierte er in aufwendige Werbekampagnen, für die der verlagserfahrene Georg Heinrich Meyer verantwortlich war. Der Niedergang des Verlags in den Jahren nach 1925 war trotz Diversifizierungsbemühungen in Richtung Kunstbuch und Bibliophilie nicht aufzuhalten; Kurt Wolff verkaufte ihn 1930.

Dass der Rowohlt Verlag trotz der widrigen Umstände unmittelbar nach dem Ersten Weltkrieg zu einem erfolgreichen Unternehmen werden konnte, hat vermutlich damit zu tun, dass Ernst Rowohlt, im Gegensatz zu Kurt Wolff und den als Amateuren beginnenden Insel-Gründern, nicht ohne Verlagserfahrungen startete. Als Volontär hatte er Anton Kippenberg kennengelernt; dann hatte er für Kurt Wolff wichtige Aufbauarbeit geleistet und sich schließlich auch bei S. Fischer bewährt. Er war mit Produktion und Vertrieb sowie mit der literarischen Szene bestens vertraut. In seinem Verlag fanden sich schnell etliche bereits etablierte Autoren wie Walter Hasenclever (früher bei Wolff), Rudolf Borchardt (bei Insel), Albert Ehrenstein (bei Wolff, Insel und Fischer) oder Franz Hessel (Fischer u. a.). Der ehemalige Kurt Wolff-Lektor Kurt Pinthus gab nun für Rowohlt die bedeutende Expressionismus-Anthologie *Menschheitsdämmerung* (1920) heraus. Ein wichtiger ›Newcomer‹, der zum treuen Verlagsautor wurde, war Hans Fallada. Später kamen u. a. Robert Musil, Kurt Tucholsky und Walter Benjamin dazu. Als Programmschwerpunkt pflegte Rowohlt die amerikanische Literatur (Ernest Hemingway, Sinclair Lewis, Thomas Wolfe). Für eine ungewöhnliche Prosperität sorgten neben Einzeltiteln wie der Autobiographie des Mediziners Carl Ludwig Schleich (*Besonnte Vergangenheit*, 1922) oder dem Longseller *Meine sämtlichen Werke* von Leo Slezak (1922) vor allem die vierundvierzigbändigen *Gesammelten Werke* Honoré de Balzacs (1923–1926).

Der Bruno Cassirer-Verlag unterscheidet sich von den vorangehenden Verlagen schon durch seine Gründungsgeschichte (vgl. Sarkowski 1972). Er ging 1901 hervor aus der Verlagsbuchhandlung, mit der Bruno und Paul Cassirer die Gründung ihrer Kunsthandlung flankieren wollten. So wie der Verlag dem Kunstgeschäft in den Jahren der gemeinsamen Geschäftstätigkeit untergeordnet war, stand später in dem von Bruno Cassirer alleine geführten Verlag das belletristische Buch etwas im Hintergrund. Dieser Bereich wurde weitgehend an Christian Morgenstern delegiert, der von 1903 an als Bruno Cassirers Lektor arbeitete, seit 1905 seine Funktion aber wegen eines chronischen Lungenleidens nur noch aus der Ferne wahrnehmen konnte. Nach Morgensterns Tod (1914) wurde seine Stelle bis 1928 nicht wiederbesetzt. Wichtiger als belletristische Bücher war für den Verlag die großformatige, vorzüglich gestaltete Zeitschrift *Kunst und Künstler* (gegründet 1902, seit 1906 von Karl Scheffler geleitet), die als Flaggschiff des Verlags galt und eine meinungs- und geschmacksbildende Wirkung, insbesondere im Zusammenhang mit der Rezeption des französischen Impressionismus, ausübte.

Von den drei Schweizer Verlagen, bei denen Walser Bücher publizieren konnte, kommt nur der Max Rascher-Verlag (1908 in Zürich gegründet) dem Modell eines deutschen Kulturverlags nahe. Der Verlag schuf sich durch die Schweizer Lizenz an den Werken Gottfried Kellers eine solide Basis für eine gleichwohl relativ beschränkte Programmtätigkeit. Dem Verlag gelang es, sich mit Schriftenreihen an brisanten gesellschaftlichen Debatten zu beteiligen. Er setzte mit der Gründung eines dem europäischen Gedanken gewidmeten Zweitverlags mitten im Ersten Weltkrieg einen deutlichen Akzent und übernahm für kurze Zeit auch den Verlag der Zeitschrift *Die weißen Blätter*, die wegen ihrer pazifistischen Gesinnung Deutschland vorübergehend hatte verlassen müssen.

Der Frauenfelder Huber-Verlag und der Berner Francke-Verlag waren Universalverlage von eher regionaler Bedeutung. Der Huber-Verlag (1809 gegründet) entsprach ganz dem alten Typus einer großen Druckerei mit eigener Zeitung, Akzidenz- und Landkartendruckerei sowie einem eigenen Buchverlag, in dem 1900–1930 über 1000 Titel in den verschiedensten Programmbereichen produziert wurden, mit einem hohen Anteil an Schulbüchern, Regionalgeschichte und agronomischer Fachliteratur. Josef Viktor Widmanns literarische Werke erschienen bei Huber. Und aus Walsers Generation fanden sich dort so viele Schweizer Autorinnen und Autoren wie kaum in einem andern Verlag: Ernst Zahn, J. C. Heer, Hans Bloesch, Ida Bindschedler, Lisa Wenger, Paul Ilg, Dominik Müller, Felix Moeschlin, Max Pulver, Jakob Schaffner, Jakob Bosshart u. a. (vgl. SALATHÉ, 29–45). Der Verlag Alexander Franckes (Teilhaber seit 1885) profitierte von einer Dialektwelle, die um 1900 einsetzte und bis in die Jahre der ›Geistigen Landesverteidigung‹ vor und während des Zweiten Weltkriegs andauerte, mit Propagatoren und Autoren wie Otto von Greyerz und Rudolf von Tavel (vgl. Ris 1993).

Welchen Platz hatte Walser in der Strategie seiner Verlage? Und welche Interessen verfolgte er? Hatte er eine klare ›Verlagspolitik‹? – In der Phase 1904–1914 erschienen Walsers Bücher in Verlagen, die alle in der Aufbauphase standen. Für Insel, Kurt Wolff und Bruno Cassirer ging es darum, wie allgemein üblich durch ›trial and error‹ herauszufinden, ob Walser ins Verlagsprogramm passte. Bei Insel und Bruno Cassirer spielte mit, dass man vor allem auch Karl Walser als Buchgestalter an sich binden wollte.

Spezifischer motiviert war das Interesse der Schweizer Verlage, die sich als dezidierte ›Schweizerverleger‹ sahen, in einem kleinräumigen Markt agierten und untereinander in starker Konkurrenz standen. Als ein aus Berlin in die ›Heimat‹ zurückgekehrter Autor, dem es gelungen war, dort in renommierten Verlagen zu publizieren, musste Walser attraktiv sein (Phase 1915–1920). Dass er in einem Umfeld, das sich zwischen Heimatliteratur und sogenannter ›Asphaltliteratur‹ polarisierte, eine sehr eigenständige Position vertrat, trug zusätzlich zur Faszination bei, die er ausübte.

Für alle Bücher Walsers, vielleicht mit Ausnahme der Erzählung *Der Spaziergang*, dessen Auflage ein-, wenn nicht gar zweimal erhöht werden konnte (vgl. Salathé, 19f.) und eventuell des *Gehülfen*, der sich von Walsers Romanen am besten verkaufte (vgl. Thut, Walt, Nachwort in KWA I 3, 286), gilt, dass sie durch andere Titel oder andere Geschäftszweige quersubventioniert werden mussten. Dieser Finanzierungsmodus wurde natürlich nach dem Umschwung der Konjunktur (Phase nach 1920), als finanzielle Ressourcen knapper wurden und die Verlage vorsichtiger kalkulieren mussten (kostendeckende Einzeltitel), zunehmend heikel. Negativ wirkte sich auch aus, dass von Walser bereits viele Titel lieferbar waren und neue Titel von ähnlichem Charakter deshalb schwer zu vermarkten gewesen wären.

Die überlieferte Korrespondenz vermittelt ein differenziertes Bild von Walser Zusammenarbeit mit ›seinen‹ Verlagen (vgl. BA IV). Seine geschäftlichen Interessen vertrat er gelegentlich sehr hartnäckig. Vor allem drängte er auf eine schnelle Produktion. In Bezug auf die Höhe seiner Honorare war er kompromissbereit. Gestaltungsfragen, beispielsweise im Zusammenhang mit Buchformat, Papierqualität oder Schrifttype und Schriftfamilie (Fraktur) waren ihm wichtiger als etwa die Orthographie oder das Gut zum Druck; beides überließ er in der Regel dem Verlag. Walsers Wechsel zu Schweizer Verlagen dürfte – entgegen gelegentlicher patriotischer Beteuerungen in seiner Verlagskorrespondenz – wohl ausschließlich durch die Entwertung deutscher Honorare durch Inflation und Wechselkurs bedingt gewesen sein. Es ist anzunehmen, dass er nach der Stabilisierung der deutschen Währung durch die Einführung der Rentenmark (1923/1924) Angebote deutscher Verlage angenommen hätte. Spätestens seit *Seeland* (1920) distanzierte er sich vom Marketingkonzept ›Robert und Karl Walser‹ – allerdings war dieses durch das schwindende Interesse an illustrierten Ausgaben damals ohnehin bereits obsolet geworden. Eine Publikationsstrategie, die auf den kohärenten Aufbau eines Œuvres ausgerichtet gewesen wäre, hat Walser nicht verfolgt.

Zeitungen und Zeitschriften

1898–1903, 1915–1925	*Der Bund*, Bern	> 50 Texte
1899–1902	*Die Insel*, München	> 10 Texte
1905–1921	*Kunst und Künstler*, Berlin: Bruno Cassirer	> 10 Texte
1907–1908, 1925–1933	*Berliner Tageblatt*	> 50 Texte
1907, 1917, 1919, 1925–1931	*Frankfurter Zeitung*	> 10 Texte
1907–1927	*Die neue Rundschau*, Berlin: S. Fischer	> 10 Texte
1907–1917	*Die Schaubühne*, Berlin	> 50 Texte
1907–1911, 1925–1928	*Simplicissimus*, München: Albert Langen	> 10 Texte
1910–1919	*Die Rheinlande*, Düsseldorf	> 10 Texte
1912–1919	*Vossische Zeitung*, Berlin	> 10 Texte
1913–1914	*März*, München	> 10 Texte
1914–1925	*Der neue Merkur*, München und Berlin	> 10 Texte
1914–1933, 1937, 1943, 1948	*Neue Zürcher Zeitung*	> 50 Texte
1914–1919	*Die weißen Blätter*, Leipzig: Verlag der weißen Bücher, ab 1916 Zürich: Rascher, 1918 Verlag der Weißen Blätter: Bern, ab 1919 Berlin: Paul Cassirer	> 10 Texte
1915–1920	*Schweizerland*, Chur	> 10 Texte
1919–1922	*Pro Helvetia*, Zürich	> 10 Texte
1919–1927	*Wissen und Leben*, ab 1922 *Neue Schweizer Rundschau*, Zürich	> 10 Texte
1920–1925	*Das Tage-Buch*, Berlin: Rowohlt	> 10 Texte
1924	*Vers und Prosa*, Berlin: Rowohlt	> 10 Texte
1924–1931	*Prager Tagblatt*	> 10 Texte
1925–1930	*Die Literarische Welt*, Berlin: Rowohlt	> 10 Texte
1925–1926	*Berliner Börsen-Courier*	> 10 Texte

1925–1937	*Prager Presse* (hoher Anteil an Gedichten)	> 200 Texte
1926–1929	*Individualität*, Zürich, Wien, Leipzig	< 10 Texte
1927–1932	*Sport im Bild*, Berlin	> 10 Texte

Bei einer quantitativen Betrachtung von Walsers zu Lebzeiten gedrucktem Œuvre nach der Verteilung auf die verschiedenen Publikationsformen (vgl. Greven 2004) zeigt sich, dass die verstreut gedruckten Texte gegenüber den Büchern überwiegen (etwa 55 gegen 45 Prozent, nach Seitenzahlen). Etwa 75 Prozent der Texte in Büchern (ohne Romane) waren davor auch in Zeitungen und Zeitschriften publiziert worden. Die Zahl der benutzten Zeitungen und Zeitschriften beträgt über 50.

Die Insel und Bruno Cassirers *Kunst und Künstler*, die beide als Verlagsflaggschiffe funktionierten, wurden im Vorangehenden bereits erwähnt. In die Kategorie der Literaturzeitschriften, die ein Verlagsprogramm begleiten und diesem als Schaufenster und Reservoir dienen, gehört Samuel Fischers *Neue Rundschau* als die wohl repräsentativste Literaturzeitschrift der ›klassischen Moderne‹. Sie bestand seit 1890 (zuerst unter dem Titel *Freie Bühne für modernes Leben*) und wurde seit 1894 von Oskar Bie redigiert. Nach der Jahrhundertwende modernisierte sie sich schrittweise, in der Erscheinungsform inspiriert durch die *Insel*. Inhaltlich entwickelte sie sich, nachdem Samuel Saeger, ein Staatswissenschaftler und politischer Publizist, sich 1908 an der Redaktionsleitung zu beteiligen begann, in Richtung einer politischen Kulturzeitschrift mit einem weiteren Themenhorizont. Sie genoss in den Jahren 1904–1914, vor allem in liberalen Kreisen, hohes Ansehen (vgl. de Mendelssohn 1970, 444–477; Butzer, Günter 2000, 121 f.).

Die dem politischen ›Aktionismus‹ nahestehenden *Weißen Blätter* können als inoffizielle Verlagszeitschrift des Kurt Wolff Verlags betrachtet werden. Die ersten Nummern redigierte Franz Blei, dann übernahm René Schickele die Leitung. Die *Weißen Blätter* übernahmen von der *Neuen Rundschau* den Revuecharakter, vertraten aber eine jüngere Generation von Autoren; die Zeitschrift erschien 1913–1921, während des Kriegs mit Unterbrechungen und während kurzer Zeit im Rascher-Verlag (vgl. Haefs 2000, 444 f.).

Ernst Rowohlt verlegte wechselnde Zeitschriften, zunächst das wöchentlich erscheinende *Tage-Buch* (1920–1923), redigiert von Stefan Großmann, dann die Monatszeitschrift *Vers und Prosa* (1924), redigiert von Rowohlts Lektor Franz Hessel und schließlich die im Zeitungsformat erscheinende *Literarische Welt* (1925–1927), redigiert von Willy Haas (vgl. Ott 1987, 109–117).

Unabhängig von einem Buchverlag erschien Siegfried Jacobsohns *Schaubühne*, die sich schon ab 1913 von einer Theaterzeitschrift zu einer allgemeinen Kulturzeitschrift wandelte, aber erst 1918 in *Die Weltbühne* umbenannt wurde.

Den Weg vom Feuilleton zur Prosasammlung in Buchform beschritt Walser mehrfach. Diese Transfer-Form hatte sich spätestens in der 2. Hälfte des 19. Jh.s eingebürgert. Auflagenstarke Literatur- oder Unterhaltungszeitschriften konnten etablierten Autoren höhere Honorare bezahlen als viele Buchverleger. Zu den neueren Erscheinungen im Literaturbetrieb gehörte dagegen, dass Konzerne, allen voran der kapitalstarke Ullstein-Verlag, aus der Fusion von Feuilleton und Buchbetrieb und unter Nutzung der entsprechenden Synergien Gewinn schlugen. Spuren dieses Systems zeigen sich auch bei Robert Walser: Kaum war die *Vossische Zeitung*, für die Walser schon einige Beiträge verfasst hatte, in den Besitz von Ullstein übergegangen, wurde Walser offenbar von der »Roman-Abteilung der Firma Ullstein u Co« freundlich »ermuntert«, an »Großes, Rundes« zu gehen (Walser an *Vossische Zeitung*, vor April 1914, in BA IV). Bekanntermaßen kam es dazu nicht. Doch schon alleine die Aufforderung bedeutet, dass Walser jedenfalls die Möglichkeit gehabt hätte, seine Roman-Ambitionen mit der Existenzform des Berufsfeuilletonisten zu verbinden.

Walsers Publikationsbiographie

1897 bewarb sich Walser bei der sozialistischen Parteizeitung *Die Arbeiterstimme* »als Schreiber oder so was«. Diese Formulierung ließ offen, ob er sich als Commis oder als Schriftsteller empfahl. Ein Gedicht, das er in einem zweiten Brief lieferte, blieb jedenfalls unpubliziert (Walser an *Die Arbeiterstimme*, 3. 3. 1897, in BA IV).

1898 wurde Walser durch Josef Viktor Widmann im *Sonntagsblatt des Bund* als Nachwuchsautor präsentiert. Widmann veröffentlichte eine Auswahl von sechs Gedichten aus einer Dichtermappe, die ihm ein »zwanzigjähriger Handelsbeflissener in Zürich, R. W.,« zur Prüfung vorgelegt habe, wie in der redaktionellen Vorbemerkung zu lesen war (zit. n. Kerr I, 11 f.).

1899–1904 publizierte Walser in der Zeitschrift *Die Insel* weitere Gedichte, dann auch Kurzprosa und Dramolette. Im *Sonntagsblatt des Bund* erschienen *Fritz Kocher's Aufsätze*, in mehreren Folgen und nun unter Walsers vollem Namen. Es handelt sich um den einzigen Fall, in dem eine Textsammlung Walsers vor ihrer Publikation in Buchform integral in einer Zeitung zu lesen war. Die Absicht zur Buchpublikation entstand erst danach; und zwar entwickelte sie sich ursprünglich aus einem Konzept zu einer gattungsübergreifenden Textsammlung, die Walser dem Insel-Verlag am 4. 11. 1903 vorlegte (vgl. Br 21). Walsers Bemühungen, nach von Poellnitz' Tod in dieser Richtung weiterzuarbeiten und *Fritz Kocher's Aufsätze* um weitere Bücher im Insel-Verlag zu ergänzen, wurden zwar von Alfred Walter Heymel begrüßt, wurden aber von Anton Kippenberg verhindert.

1907–1914 war eine sehr intensive Publikationsphase, in der drei Romane und drei weitere Bücher in zwei verschiedenen Verlagen erschienen. Anfangs 1915 folgte mit der Jahresangabe »1914« im Impressum ein viertes. *Geschichten* hätten offenbar zunächst im Münchener Georg Müller-Verlag erscheinen sollen, der dafür bereits einen Vorschuss bezahlt hatte. Als Müller nicht bereit war, einen weiteren Vorschuss zu bezahlen, entschloss sich Walser, mit seinem neuen Buch (*Aufsätze*) zu Kurt Wolff zu gehen. Schließlich trat Müller auch die *Geschichten* an Kurt Wolff ab. In dieser Periode verbreitete sich auch Walsers davor nur schmale Feuilletonbasis kontinuierlich um über 20 Zeitungen und Zeitschriften. In *Kunst und Künstler* war er nun (nach einem ersten Vorläufer im Jahr 1905) fast in allen Jahrgängen präsent. Ebenso in der *Neuen Rundschau* und in Maximilian Hardens Zeitschrift *Die Zukunft*. Im Jahrgang 1907 der *Schaubühne* erschien als markanter Auftakt eine ganze Reihe von Beiträgen Walsers. Etwas später begann die über den Zeitraum 1907–1915 hinausreichende Zusammenarbeit mit den *Rheinlanden*, die Zusammenarbeit mit der *Vossischen Zeitung* und schließlich, nach der Rückkehr in die Schweiz, mit der *Neuen Zürcher Zeitung*, aber ebenso mit Efraim Frischs Zeitschrift *Der neue Merkur*. Walser hatte sich in diesen Jahren also eine hervorragende Stellung im Literaturbetrieb aufgebaut. Diese Position erlaubte ihm, die drei vergleichsweise ›mageren‹ Jahre von 1910 bis 1912 zu überbrücken, ohne dass sein ›nom d'auteur‹ im Sinne Michel Foucaults (vgl. Foucault 1969/2003) Schaden nahm.

1915–1917 wurde Walser publizistisch zum ›Schweizerautor‹. Die publikationsgeschichtliche Zäsur war gegenüber der biographischen Rückkehr (1913) um zwei Jahre versetzt. Noch liefen ja die Buchescheinungen im deutschen Kurt Wolff Verlag. Die Fortsetzung der Laufbahn in der Schweiz gelang nicht zuletzt dank des Ansehens, das in einem Kleinstaat mit einer Karriere im Ausland verbunden ist, unabhängig davon, wie fragwürdig diese ›Karriere‹ dem Rückkehrer selbst vielleicht erscheinen mag (vgl. SEELIG, 23 f., 99 f.). Walser wurde von der wichtigsten literarischen Gesellschaft der Schweiz, dem Lesezirkel Hottingen, gefeiert. Er sah sich in drei verschiedenen Schweizer Verlagen willkommen und publizierte in diesen gesamthaft vier Bücher. Er deckte das Feuilleton des Berner *Bund* und der *Neuen Zürcher Zeitung* mit Beiträgen ein und testete die Zeitschriftenszene, insbesondere die illustrierten Zeitschriften *Die Schweiz* und *Schweizerland*.

1917 entwarf Walser in einem Brief an den Huber-Verlag (18. 2. 1917, vgl. SALATHÉ, 96–100) das Konzept zu einer Publikation, die seine umfangreichste geworden wäre. Unter dem Titel *Studien und Novellen* beabsichtigte er, über hundert Einzeltexte in einer Art Werkausgabe zusammenzufassen. Dieses Vorhaben ließ sich nicht realisieren, und Walser musste sich damit begnügen, die Reihe kleinerer Sammlungen fortzusetzen. Auf diese Weise kamen *Poetenleben* und *Seeland* zustande.

1919/1920 erschienen noch einmal zwei Bücher: Zum einen der Band *Komödie*, der hinsichtlich der Erstdruckdaten der darin enthaltenen Texte in Walsers Anfangszeit zurückreichte und verlegerisch – zusammen mit der im gleichen Jahr erscheinenden zweiten Auflage der *Gedichte* – das Kapitel Bruno Cassirer abschloss. Zum andern die Sammlung *Seeland*, die inhaltlich und planerisch in die vorangehende Phase (1915–1917) gehörte. Die Reihe der Kurzprosasammlungen fortzuführen, wie Walser es mit verschiedenen Konzepten (*Kammermusik*, *Liebe kleine Schwalbe*, *Mäuschen*, *Blumenstrauß*) versuchte, erwies sich aber als nicht realisierbar. Als sich auch für Walsers Romanprojekt *Tobold* weder der Huber- noch der Rascher-Verlag erwärmen konnten, prüfte Walser anscheinend erstmals die Möglichkeit, einen (Fortsetzungs-)Roman im Feuilleton unterzubringen oder unter Umständen sogar unter einem Verlagsdach doppelt zu publizieren. Außer an den Hermann Meister-Verlag, bei dem die Zeitschrift *Saturn* erschien, wandte er sich am 5. 1. 1919 auch an Efraim Frisch, der zu dieser Zeit plante, neben dem *Neuen Merkur* ein Buchprogramm zu starten, und bot diesem den Roman an (Br 175), zog aber das Angebot am 25. 3. 1920 wieder zurück (vgl. Br 194). In

Walsers Journal-Portefeuille fand 1919/1920 eine Umschichtung statt. Es verschwanden daraus definitiv *Die Rheinlande*, die *Vossische Zeitung* und *Die weißen Blätter* (die Letzteren lösten sich auf); der letzte Beitrag in Cassirers *Kunst und Künstler* stand kurz bevor; die Publikationsintervalle in S. Fischers *Neuer Rundschau* waren schon in den Vorjahren größer geworden; die eben erst aufgenommene Zusammenarbeit mit den beiden schweizerischen Illustrierten fand keine Fortsetzung. Umgekehrt ergaben sich in den gleichen Jahren 1919/1920 einige neue, teilweise aber nur vorübergehende Publikationsmöglichkeiten. Als am dauerhaftesten erwies sich die Zusammenarbeit mit *Pro Helvetia* (vier Jahrgänge in Folge) und mit *Wissen und Leben* (später *Wissen und Leben. Neue Schweizer Rundschau*; Beiträge Walsers in vier Jahrgängen in sieben Jahren).

1922 und 1923 stellten die publikationsärmsten Jahre dar, die Walser seit 1907 erlebt hatte. Außer einiger Beiträge in der *Neuen Zürcher Zeitung* erschienen praktisch keine Feuilletontexte. Überdies scheiterten trotz der Unterstützung seitens des Schweizerischen Schriftstellervereins alle Versuche, den heute verlorenen *Theodor*-Roman in einem Verlag unterzubringen. Der Rascher- sowie der Rheinverlag, schließlich wohl auch der Rowohlt Verlag reagierten ablehnend. Der Absicht des Grethlein-Verlags, die früheren Romane Walsers, deren Rechte Bruno Cassirer hätte abtreten sollen, neu und zusammen mit *Theodor* zu lancieren, stand wiederum Walser eher skeptisch gegenüber.

Absagen und negative Rückmeldungen hatte Walser schon in den Jahren davor erhalten. Beispielsweise hatte ihm Georg Heinrich Meyer, Verlagsleiter bei Kurt Wolff, signalisiert, dass der Verlag keine weiteren Bücher mit der »»kleinen Münze‹« der Kurzprosa zu machen gewillt sei (Verlag Kurt Wolff an Walser, 16. 5. 1918, in BA IV; vgl. Wagner 2007, 81). Und Efraim Frisch hatte moniert, Walsers Beiträge seien auf die Dauer »doch zu sehr von der gleichen Art« (Efraim Frisch an Walser, 6. 6. 1921, in BA IV). Walser war in eine Publikations- und Schreibkrise geraten (vgl. Selig 1957/2013, 24), schloss nicht aus, den Schriftstellerberuf ganz aufzugeben, wie er gegenüber dem Rascher-Verlag am 8. 5. 1919 andeutete (vgl. Br 184), und flüchtete in Bern vorübergehend in einen Erwerbsberuf.

1924–1929 erschlossen sich Walser noch einmal neue Publikationsmöglichkeiten, unter denen, abgesehen von der auflagenstarken Zeitschrift *Sport im Bild*, die sich an ein gebildetes, mode- und trendbewusstes Publikum richtete, ausschließlich Zeitungen

wirklich zählten: das *Prager Tagblatt*, das *Berliner Tageblatt*, in dem er seit vielen Jahren nicht mehr publiziert hatte, und die *Frankfurter Zeitung*. Die ambitionierte, experimentierfreudige, aber kurzlebige Zeitschrift *Individualität* (vgl. Lienhard 2003, 25–27) nahm insofern eine besondere Stellung ein, als Walser sich gegenüber ihren Machern Willy Storrer, Hans Wilhelm Keller und Walter Kern sehr offen und diskussionsfreudig zeigte und sich in Briefen mit deren anthroposophischer Ausrichtung und dem redaktionellen Konzept der Zeitschrift auseinandersetzte. Am wichtigsten war die zwölfjährige Zusammenarbeit mit der *Prager Presse*, die nicht nur am meisten Beiträge publizierte, sondern auch bereit war, unkonventionellere Prosatexte und eine große Anzahl Gedichte zu veröffentlichen. Alles in allem wurde es nun möglich, durchschnittlich zwischen 80 und 100 Texte pro Jahr zu publizieren und dieses bisher unerreichte Niveau vier Jahre lang zu halten. Außerdem erschien in dieser Zeit Walsers letztes Buch *Die Rose*. Aus einer Zusammenarbeit mit dem Wiener Zsolnay-Verlag, die Max Brod 1928 zu vermitteln versuchte, wurde dagegen nichts. Walser war in dieser Zeit äußerst produktiv, sodass viel mehr Texte entstanden, als seine Abnehmer verwenden konnten; insbesondere auf der Redaktion der *Prager Presse* entstand ein Vorrat, dessen Abarbeitung sich bis 1937 hinzog. Der »Räuber«-Roman und viele Prosatexte, Gedichte und Dialoge, die in den letzten Jahren von Walsers Schriftstellerleben entstanden, sind ausschließlich in Form von Mikrogrammen überliefert. Ob sie nur aus äußeren Gründen nicht (mehr) publikationsbereit gemacht wurden oder ob sich letztlich das ›Schreiben an sich‹ gegenüber dem Publikationswunsch durchsetzte, ist nicht zu entscheiden.

Literatur

Brinks, John Dieter, Seuss, Juergen (Hg.): Vom Ornament zur Linie. Der frühe Insel-Verlag 1899 bis 1924. Ein Beitrag zur Buchästhetik im frühen 20. Jahrhundert. Assenheim 1999.

Benjamin, Walter: Robert Walser [1929]. In: ders.: Gesammelte Schriften. Bd. II,1. Hg. v. Rolf Tiedemann u. Hermann Schweppenhäuser. Frankfurt a. M. 1991, 324–328.

Butzer, Günter, Günter, Manuela: Literaturzeitschriften der Jahrhundertwende. In: York-Gothart Mix (Hg.): Naturalismus. Fin de siècle. Expressionismus. 1890–1918. München, Wien 2000 (Hansers Sozialgeschichte der deutschen Literatur; 7), 116–136.

Echte, Bernhard: »Wer mehrere Verleger hat, hat überhaupt keinen.« Untersuchungen zu Robert Walsers Verlagsbeziehungen. In: Rätus Luck (Hg.): Geehrter Herr – lieber

Freund. Schweizer Autoren und ihre deutschen Verleger. Basel, Frankfurt a. M. 1998, 201–244.

Fischer, Samuel: Bemerkungen zur Bücherkrise. In: Das vierzigste Jahr. 1886–1926. [Almanach.] Berlin 1926, 80–85.

Foucault, Michel: Was ist ein Autor? (Qu'est-ce qu'un auteur? [1969]) In: ders.: Schriften zur Literatur. Hg. v. Daniel Defert u. François Ewald. Frankfurt a. M. 2003. 234–270.

Geschichte des deutschen Buchhandels im 19. und 20. Jahrhundert. Bd. 1.1–1.3: Das Kaiserreich 1871–1918. Hg. v. Georg Jäger. Frankfurt a. M., Berlin, New York 2001–2010. Bd. 2.1–2.2: Die Weimarer Republik 1918–1933. Hg. v. Ernst Fischer u. Stephan Füssel. München, Berlin, Boston 2007–2012.

Göbel, Wolfram: Der Kurt Wolff Verlag 1913–1930. Expressionismus als verlegerische Aufgabe. Mit einer Bibliographie des Kurt Wolff Verlages und der ihm angeschlossenen Unternehmen 1910–1930 [1977]. München 2007.

Greven, Jochen: Robert Walsers Schaffen in seiner quantitativen zeitlichen Entwicklung und in der Materialität seiner Überlieferung. In: Text. Kritische Beiträge 9 (2004), 129–140.

Haefs, Wilhelm: Zentren und Zeitschriften des Expressionismus. In: York-Gothart Mix (Hg.): Naturalismus. Fin de siècle. Expressionismus. 1890–1918. München, Wien 2000 (Hansers Sozialgeschichte der deutschen Literatur; 7), 437–453.

Lienhard, Ralf: Einleitung. In: ders. (Hg.): Der Kreis der »Individualität«. Willy Storrer im Briefwechsel mit Oskar Schlemmer, Hermann Hesse, Robert Walser und anderen. Bern, Stuttgart, Wien 2003, 9–45.

Mendelssohn, Peter de: S. Fischer und sein Verlag. Frankfurt a. M. 1970.

Ott, Ulrich (Hg.): Kurt Wolff. Ernst Rowohlt. Marbach 1987.

Ris, Roland: Literatursoziologische Überlegungen zur Produktion von schweizerdeutscher Mundartliteratur. In: Rainer Diederichs, Rätus Luck, Willi Treichler (Hg.): Bern und sein Beitrag zum Buch- und Bibliothekswesen. Aufsätze zu Ehren v. Franz Georg Maier. Bern, Stuttgart, Wien 1993, 75–89.

Salathé.

Sarkowski, Heinz: Bruno Cassirer. Ein deutscher Verlag 1898–1938. In: Imprimatur N. F. 7 (1972), 107–138.

Sarkowski, Heinz: Der Insel Verlag 1899–1999. Die Geschichte des Verlags. Frankfurt a. M., Leipzig 1999.

Sorg, Reto: »Wir leben in plakätischen Zeiten.« Robert Walser und der Literaturbetrieb seiner Zeit. In: Philipp Theisohn, Christine Weder (Hg.): Literaturbetrieb. Zur Poetik einer Produktionsgemeinschaft. München 2013, 167–185.

Stocker, Peter: Robert Walser, Siegfried Unseld und die Verlage Insel und Suhrkamp. In: Irmgard M. Wirtz, Ulrich Weber, Magnus Wieland (Hg.): Literatur – Verlag – Archiv. Göttingen, Zürich 2015, 75–94.

Thut, Angela, Walt, Christian: Editorisches Nachwort. In: KWA I 3, 269–304.

Unseld, Siegfried: Robert Walser und seine Verleger. In: ders.: Der Autor und sein Verleger. Vorlesungen in Mainz und Austin. Frankfurt a. M. 1978, 241–341.

Utz, Peter: Tanz auf den Rändern. Robert Walsers »Jetztzeitstil«. Frankfurt a. M. 1998.

Utz, Peter: Helvetische Heroik im Huber-Verlag: Robert Faesi, Paul Ilg, Robert Walser. In: Karl Wagner, Stephan Baumgartner, Michael Gamper (Hg.): Der Held im Schützengraben. Führer, Massen und Medientechnik im Ersten Weltkrieg. Zürich 2014, 81–97.

Vogt-Praclik, Kornelia: Bestseller in der Weimarer Republik 1925–1930. Eine Untersuchung. Herzberg 1987.

Wagner, Karl: Robert und Karl Walser im Kurt Wolff Verlag. In: Barbara Weidle (Hg.): Kurt Wolff. Ein Literat und Gentleman. Bonn 2007, 76–82.

Wittmann, Reinhard: Geschichte des deutschen Buchhandels. München ³2011.

Peter Stocker

2.7 Feuilleton

Einleitung

Als Feuilletonist hat sich Robert Walser in seiner Zeit einen Namen gemacht, doch als Feuilletonisten konnte man ihn auch schnell vergessen. Denn das Feuilleton ist die kurzlebigste Gattung der Literatur. Mit der Zeitung, in der das Feuilleton erscheint, droht es schon am nächsten Tag zu verschwinden. Genau deshalb konnte es jedoch auch zu einer prototypischen Gattung der literarischen Moderne werden, insofern sich diese mit Charles Baudelaires Essay *Le peintre de la vie moderne* (1863) durch ihre Übergänglichkeit, Flüchtigkeit und Zufälligkeit definiert, gegenüber dem Ewigen und Unveränderlichen hergebrachter Kunst (Baudelaire 1863/1976, 695). Symptomatisch für diese Modernität ist die Konjunktur des deutschsprachigen Feuilletons in den ersten Jahrzehnten des 20. Jh.s: Im Aufschwung des Zeitungsmarkts wird es zum eigentlichen Massenmedium, das eine ganze Generation von Schriftstellern ernährt. Victor Auburtin, Joseph Roth, Kurt Tucholsky, Alfred Polgar, Walter Benjamin, Robert Musil, Franz Hessel oder Siegfried Kracauer sind ebenso Feuilletonisten wie Walser, und dieser wird in dieser Perspektive von einer marginalen Dachkammerfigur zum Repräsentanten eines zeittypischen Schreibschicksals, das er mit besonderer Ausdauer und Kreativität meistert. Auch wenn er sich als Feuilletonist der Zeit und der Zeitung ausliefern muss, stellt er zu beidem eine produktiv-ironische Distanz her. Aus ihr ruft er sich gelegentlich – wie der Erzähler im »*Räuber*«-*Roman* – zu: »Doch sprechen wir lieber im Jetztzeitstil.« (AdB 3, 73) So lässt sich Walser als Feuilletonist von der ›Jetztzeit‹ die Feder führen, ohne ihr aber nach dem Mund zu reden. Ihn als Feuilletonisten zu verstehen, heißt auch, das Verhältnis seines Schreibens zu seiner Zeit näher zu bestimmen.

Forschungsgeschichte

Diese doppelte Fragestellung ist relativ neu. Nur vereinzelt berührte die erste Walser-Forschung, fixiert auf das Bild vom zeitfernen ›Außenseiter‹, seine Bezüge zur Zeit und seine Existenz als Feuilletonist (vgl. Greven 1971; Hackert 1971). Seine Zugehörigkeit zur literarischen ›Moderne‹ ist erst in letzter Zeit nicht mehr umstritten (vgl. Evans 1989). Um seinen spezifischen Beitrag als Feuilletonisten überhaupt

wahrzunehmen, musste eine Re-Kontextualisierung seines Werks einsetzen, die einherging mit einer Aufwertung des Feuilletons und der Etablierung einer eigentlichen Feuilletonforschung (als Standortbestimmung vgl. Kauffmann, Schütz 2000). Sie nahm die lange verfemte Rubrik ›unter dem Strich‹ einerseits von ihrem medialen Kontext, andererseits als literarische Form der dort publizierten, vielfältigen Prosa in den Blick. Zwischen älteren, überholten Versuchen einer immanenten Gattungsbestimmung (vgl. Haacke 1951–1953) und einer reinen Funktionsgeschichte des Feuilletons (vgl. Frank, Scherer 2012) kann gerade am Werk Walsers die Verschränkung von äußerem Formzwang und innerer Selbstbestimmung des feuilletonistischen Schreibens exemplarisch gezeigt werden. Das versuchte der Verfasser in einer ersten Studie zu Walsers ›Jetztzeitstil‹ (vgl. Utz 1998). Seither hat sich die Feuilletonforschung weiter ausdifferenziert (vgl. Oesterle 2000; Utz 2000; Kernmayer 2008; Kernmayer, Reibnitz, Schütz 2012). Parallel dazu wurde auch Walsers Werk stärker auf diesen medialen Kontext zurückbezogen (vgl. Utz 2001; Greven 2004; Schönborn 2007; Ifkovits 2007; Todorow 2011; Eickenrodt 2012; Reibnitz 2012; Stiemer 2012; Müller 2013). Erst die *Kritische Robert Walser-Ausgabe* zieht aus dieser Blickwendung die editorische Konsequenz, indem sie Walsers Texte nach ihrem Publikationsmedium neu ediert (s. Kap. 5.2).

In diesem Zusammenhang wird auch die qualitative und quantitative Verbreitung von Walsers feuilletonistischem Werk überhaupt bewusst: Einerseits publiziert Walser seit der Berliner Zeit in den bedeutendsten kulturellen Zeitschriften wie *Die Insel, Die Schaubühne, Die neue Rundschau, März, Kunst und Künstler, Der Neue Merkur, Die Zukunft, Die Rheinlande, Das Tage-Buch, Simplicissimus, Die literarische Welt* etc. (s. Kap. 2.6); diese meist längeren Essays kann man dem feuilletonistischen Werk zurechnen, auch wenn sie von den kürzeren Textformen in den Zeitungen abzuheben wären. Diese erschienen vor allem im Berner *Bund*, in der *Neuen Zürcher Zeitung*, dem *Berliner Tageblatt*, der *Frankfurter Zeitung*, der *Prager Presse* und dem *Prager Tagblatt*. Fast unabsehbar ist die Verbreitung von Zweitdrucken, die über entsprechende Agenturen verbreitet wurden (vgl. Reibnitz 2014). So kann man nun von insgesamt gegen tausend zu Lebzeiten publizierten Feuilleton-Texten ausgehen und von einer starken Präsenz Walsers in der mitteleuropäischen Zeitungslandschaft vor 1933. Wenn Benjamin 1929 in seinem Essay über Walser schreibt, man könne von Walser viel lesen, über ihn aber nichts (Benjamin 1929/1991, 324), bezeichnet dies genau die gleichzeitige Präsenz und Anonymität des Feuilletonisten, dessen Name zwar überall auftaucht, der aber nicht über die stabile Identität und Wertschätzung des Buchautors verfügt.

Walsers Selbstwahrnehmung als Feuilletonist

Walser musste sich in diese Rolle langsam hineinfinden. 1907 schreibt er noch an Christian Morgenstern: »Wenn ich aber Zeitschriftenlieferant werden sollte, lieber ginge ich ›unter die Soldaten‹« (Br 49). Und doch sichern ihm schon in Berlin vor allem die Zeitschriften die materielle und literarische Existenz. 1912 zieht er im Text *Was aus mir wurde* die Bilanz: »[…] und so schleuderte mich das barsche Leben in die Bahnen eines exekutierenden Feuilletonisten. O hätte ich nie ein Feuilleton geschrieben. Aber das Schicksal, das stets unbegreiflich ist, hat es so gewollt, es hat aus mir, wie es scheint, einen hüpfenden und parfümierten Vielschreiber und Vielwisser gemacht« (SW 15, 73 f.). Auch in der Bieler Zeit sind es die kurzen Prosatexte, die ihn über Wasser halten, doch komponiert er aus bereits publizierter Kurzprosa noch wichtige Buchpublikationen wie *Poetenleben* oder *Seeland*. Erst in der Berner Zeit macht er aus der Not, vorwiegend in Zeitungen publizieren zu müssen, das positive Selbstbild eines »Journalisten«:

> […] im allgemeinen aber bin ich fleißig, indem ich insowohl wie ausländische Blätter, d. h. Zeitungen mit klein(er)en oder größeren, bescheidenen oder bedeutenden Artikeln bediene. Wenn Sie wollen, dürfen Sie mich also für einen Journalisten halten, in gewisser Hinsicht aber ebensogut für einen Dichter, denn der Journalismus, den ich treibe, enthält eine vorwiegend dichterische Note. (AdB 4, 63)

Mit der »dichterischen Note« insistiert Walser auf dem literarischen Mehrwert seines Schreibens ›unter dem Strich‹; als »Journal« erhält es zudem – im anderen Sinn des Begriffs – auch eine persönliche Färbung. In einem Text mit dem bezeichnenden Titel *Tagebuchblatt* liest man am 28. 10. 1925 im *Berliner Tageblatt*: »Zum Frühstück lasse ich mir gern irgendein Blatt schmecken, wie z. B. das ›Journal de Genève‹, und hier baue ich ja selber so eine Art Journal auf.« (SW 17, 148) Sein Feuilleton stellt sich so als eine persönliche, aber ästhetisch verfremdete Replik auf die Zeitungen und die Zeit dar, für die er willkürlich eine »Journalistentonart« (AdB 5, 321) anschlägt. So kann Walser die fremdbestimmte Form des Feuilletons zum Experimentierfeld des eigenen Schreibens machen.

Die Kontextualität des Feuilletons

Dies ist umso leichter möglich, als das Feuilleton als Gattung und Zeitungsrubrik kaum durch innere Gesetze geprägt wird, sondern nur durch die äußere, mediale Form. Sie wird zunächst durch jenen ›Strich‹ bestimmt, der in der Zeitung die Kultur, entsprechend ihrer gesellschaftlichen Funktion, vom Bereich der Politik oder der Wirtschaft abgrenzt. Diesen Freiraum für die »*Narren der modernen Cultur*«, wie Nietzsche die Feuilletonisten nennt (Nietzsche 1878/1886/1980, 165) nutzt Walser – wie viele seiner Feuilletonistenkollegen – um Zeit- und Zeitungsdiskurse in ein ästhetisches Spiel zu bringen; insofern lässt sich das Feuilleton als ›Interdiskurs‹ beschreiben (vgl. Kernmayer 2008). In subversiver Mimikry unterlaufen Walsers Feuilletons jedoch die Grenzen, die ihnen gesetzt sind, so wenn im oben zitierten *Tagebuchblatt* von 1925 indirekt aktuelle politische Debatten über Rüstungskredite und die Zukunft des europäischen Zusammenlebens verhandelt werden (vgl. Utz 1998, 473–488). Um dies zu erkennen, müssen Walsers Texte jedoch auf ihren Zeit- und Zeitungskontext zurückbezogen werden. Solche kontextualisierenden Lektüren sind ein Desiderat der Feuilletonforschung (vgl. Kauffmann 2000). Denn nur sie lassen erkennen, wie Walser den Zeitungen, denen er sein sprachliches Spielmaterial entnimmt, dieses in ästhetischer Form zurückspeist. So spießt er beispielsweise unter dem Titel *Fabelhaft* 1907 in der *Neuen Rundschau* ein Berliner Modewort auf. Mit dieser Sprach-Glosse, der geistreich kommentierenden Randnotiz (vgl. Fuchs 1993), stellt er sich in eine bereits etablierte feuilletonistische Tradition. Oder er dreht 1917 in *Na also* die Odol-Werbung satirisch so weiter, dass er sich selbst als möglicherweise »närrisch« gewordenen »Herr Verfasser« zur Ordnung rufen muss (SW 5, 172; vgl. Utz 2002). So macht Walser den ›Strich‹, der das Feuilleton begrenzt, zur permeablen Membran, zum Ort einer literarischen Osmose, die für den Stoffwechsel seines Schreibens lebenswichtig wird.

Abgrenzung zur Literatur

Neben dem sichtbaren ›Strich‹ wird das Feuilleton auch durch einen zweiten, unsichtbaren Strich bestimmt: seine Abgrenzung von der ›hohen‹ Literatur, die sich nicht dem ephemeren Tagesgeschäft verschreiben muss. In Walsers Zeit werden deshalb in einer scharfen Abgrenzungspolemik die Feuilletons als ›Eintagsfliegen‹ verhöhnt, dies auch von Literaten, die zeitweilig selbst ihr Brot unter dem Strich verdienen (vgl. Todorow 1988). Walsers Antwort darauf ist eine doppelte: Wie viele seiner Feuilletonistenkollegen versucht er zunächst, seine Feuilletons in Buchform herauszugeben. Dies bedeutet nicht nur eine materiell einträgliche Zweitverwertung, sondern vor allem eine literarische Aufwertung der Texte. Die Buchform wird zur medialen Hoffnungsperspektive der Feuilletonisten. Zwischen zwei Buchdeckeln aspirieren die Feuilletons auf die ›Unsterblichkeit des Tages‹ (Ludwig Speidel). Die Mehrzahl von Walsers zu Lebzeiten publizierten Büchern sind solche Feuilletonsammlungen, bei denen er viel Ehrgeiz und Anstrengung darauf verwendet, ihnen eine haltbare, ästhetische Buchgestalt zu geben. In den 1920er Jahren gelingt ihm dies nur noch mit der Sammlung *Die Rose*, während gleichzeitig sein »Prosastückligeschäft« (Br 322) nochmals einen gewaltigen Aufschwung erfährt. Sogar aus dieser Frustration des Feuilletonisten schöpft Walser neue Kreativität. Am bekanntesten ist das emblematische, unpublizierte Prosastück *Für die Katz* (1928/1929). Es verwandelt die Antinomie von »Tagesgebrauch« und Unsterblichkeitsanspruch des Feuilletons im medialen Zusammenhang der »Zivilisationsmaschinerie« in ein dialektisches, poetisches Bild, das sich als solches selbst den feuilletonistischen Zwängen entwindet (SW 20, 430–432; vgl. Utz 1998, 358–368).

Lokalisierung und Bewegung

Nicht nur in medialer Hinsicht bewegt sich Walser mit seinen Feuilletons in einem Zwischenraum. Auch ganz konkret sind seine Feuilletons auf mehrere Räume bezogen: In der Berliner Zeit tragen bekannte Texte wie *Aschinger, Gebirgshallen, Friedrichstraße, Berlin W.* oder *Tiergarten* zur Konstruktion des modernen Metropolenbildes bei, in dem sich die Großstadt erkennen will (vgl. Bienert 1992; Jäger, Schütz 1994). In *Guten Tag, Riesin!* (1907) verknüpft Walser dieses Selbstbild der Großstadt direkt mit der Flüchtigkeit der feuilletonistischen Wahrnehmung:

»Das ist das Wunder der Stadt, daß eines jeden Haltung und Benehmen untertaucht in all diesen tausend Arten, daß das Betrachten ein flüchtiges, das Urteil ein schnelles und das Vergessen ein selbstverständliches ist.« (SW 3, 65) Diese urbane Wahrnehmungsform ist die des Flaneurs. Als ›Spaziergänger‹ durchquerte dieser schon im 19. Jh. die Feuilletons, etwa in den *Wiener Spaziergängen* von Daniel Spitzer. Bei Benjamin oder Hessel wird der Flaneur zum Alter Ego des Feuilletonisten, der die Warenwelt der Großstadt vom Rande her in seinen Blick nimmt, obwohl er ihr doch angehört. Seine raumzeitliche Bewegung wird zum entscheidenden Movens der modernen feuilletonistischen Flanerie unter dem Strich (vgl. Kernmayer 2012).

Aus diesem großstädtischen Zusammenhang entfernt sich Walsers feuilletonistisches Schreiben jedoch mit dem Rückzug in die Mansarden von Biel und Bern. Umso mehr übersetzt er die Bewegungsform des Flaneurs in seine realen und feuilletonistischen ›Spaziergänge‹. Er macht sie, wie prototypisch den *Spaziergang* (1917), zu einer Schreibform, die höchste Aufmerksamkeit für das Einzelne mit einer ständigen Verschiebung des Blicks verbindet. Dabei kommt alles darauf an, sich die »Bewegungsfreiheit« (SW 6, 65) zu erhalten und so auch jede ideologische Fixierung zu vermeiden. Deshalb rücken sogar die auf die Schweiz bezogenen, insofern ›lokalen‹ Feuilletons der Weltkriegszeit diese häufig in eine leicht verfremdende Ferne. Walser will kein Heimatschriftsteller werden.

Darum setzt er in den 1920er Jahren auch alles daran, von Bern aus in den Zeitungen und Zeitschriften der Metropolen wieder Fuß zu fassen. Seine Feuilletons leben nun von der Spannung zwischen Lokalität und Internationalität, die das Feuilleton generell für sich in Anspruch nimmt (vgl. Oesterle 2000, 246 ff.). Im Falle von Walsers Schreiben für die Leser in Berlin, Frankfurt oder Prag überlagert sie sich mit dem ›doppelten Ort‹, auf den die Literatur aus der Schweiz generell orientiert ist, wenn sie sich sowohl auf ihren Entstehungskontext in der Schweiz wie auf den gesamten Referenzraum der deutschsprachigen Kultur bezieht. Der *Brief eines Europäers* etwa, den Walser 1926 im *Berliner Tageblatt* publiziert, richtet sich von dem »heimelig[en]« Schreibzimmer mit seinen offenen Fenstern an eine Leserschaft, der er nichts abfordert als ein Bekenntnis zu einem »Europäertum«, dem er sich auch selbst zuzählt (SW 17, 232 f.). Dies ist eine indirekte Absage an alle Nationalismen, die Walser in dieser Zeit schon wieder heraufkommen hört. Sein viel diskutierter *Minotauros*-Text etwa antwortet ihnen mit einer eigenen, labyrinthischen Bewegungsform (vgl. Utz 1998, 379–397), die sich den Fängen ideologischer Fixierungen tänzerisch entwindet. Der ohnehin randständige Raum des Feuilletons wird so von Walser aus seiner kulturtopographischen Randlage in Bern heraus ästhetisch ins Universelle geweitet.

»Ich schreibe hier dekorativ«

Die lineare, assoziative Bewegungsform, die dem Feuilleton eigen ist, ist eine ›Textur‹ der Moderne (Baßler 1994). Walser macht sie sich virtuos zu eigen. Den nichtigsten Anlass verwandelt er in einen Impuls, aus dem sich eine tänzerische Bewegung entwickeln kann, die erst ihr Ende findet, wenn der begrenzte Raum unter dem Strich gefüllt ist. Dann verabschiedet sich der Schreibtischtänzer möglichst noch mit der vom Feuilleton erwarteten Volte oder Schlusspointe. Darum konnte bereits Benjamin Walsers Schreiben mit dem Arabesken der »Girlande« assoziieren (Benjamin 1929/1991, 326). Diese Ornamentalität hat man dem Feuilleton jedoch auch polemisch entgegengehalten, als Symptom seiner kulturellen Dekorationsfunktion, als seine Oberflächlichkeit, als seine zweifelhafte Existenz »zwischen Zweckform und Ornament« (Oesterle 2000, 232). Das Feuilleton sei die Kunst, auf einer Glatze Locken zu drehen, höhnt Karl Kraus (Kraus 1911, 10), ein Schreiben über Alles und Nichts. Der nichtigste Anlass sei ihm die Gelegenheit zu gewaltigen Stilgebärden.

Genau solche Disqualifizierungen des Feuilletons wendet Walser zunehmend zum eigenen Schreibrezept. In *Eine Ohrfeige und Sonstiges* ruft er sich 1925 zu: »Man müsse vom geringsten Gegenstand schön reden lernen, was besser wäre, als über einen reichlichen Vorwand sich ärmlich ausdrücken.« (SW 8, 54) Damit ist nicht einer Ästhetisierung der Welt das Wort geredet, sondern einer Aufmerksamkeit, die ebenso dem ›geringen‹ Gegenstand wie der Sprache selbst gilt, die ihn zu etwas ›Schönem‹ verwandelt. Darum reagiert Walser höchst gereizt auf die Apostrophierung als »Schnörkel« durch Eduard Korrodi in der *Literarischen Welt* 1928 (AdB 5, 373–375, u. Kommentar zur Stelle). Denn die abschätzige Bemerkung trifft den Feuilletonisten Walser als Schön-Schreiber, der mit seinen kalligraphischen ›Schnörkeln‹ Tag für Tag seinen nichtigen Schreibanlässen einen ästhetischen Mehrwert verschafft. Provokativ betitelt Walser daraufhin ein – allerdings

nicht publiziertes – Manuskript von 1928/1929 mit: *Ich schreibe hier dekorativ*.

Auch solche Selbstreflexivität gehört zur Gattung des literarischen Feuilletons. Denn dieses sieht sich schon seit seinen Anfängen im 19. Jh. in einem dauernden Legitimierungszwang (vgl. Kernmayer, Reibnitz, Schütz 2012). Der prekäre Ort zwischen Journalismus und Literatur fordert das Feuilleton zur permanenten Selbstreflexion heraus. Diese prägt auch Walsers Werk durchgängig: Inszenierungen des Schreibens, poetologische Exkurse, die Beobachtung der eigenen Sprache und der literarischen Kommunikation sind bei ihm allgegenwärtig, sodass man in dieser Selbstreflexivität zu Recht ein zentrales Argument für seine Modernität erkannt hat. Man könnte sie insofern auch auf die feuilletonistische Grundierung von Walsers Schreiben zurückführen; Walsers ›Jetztzeitstil‹ schließt diese häufig ironisch gefärbte, bewusste Selbstbezüglichkeit ein.

Subjektivität und Autorschaft

Ein weiterer Zug von Walsers Modernität und Aktualität hat ebenfalls Wurzeln im Feuilleton: der instabile Status des Aussage- und Schreibsubjekts. Obwohl die Mehrzahl von Walsers Texten ›Ich‹-Texte sind, deren biographisches Unterfutter häufig durchscheint, lassen sie sich doch nicht zu einem stabilen autobiographischen Großtext verfugen. Dies liegt wesentlich an der grundsätzlichen Flüchtigkeit des ›Ich‹-Sagens im Feuilleton. Denn dieses soll in der Zeitung zwar die Anonymität der Nachrichtenflut durch eine persönliche Note kompensieren. Darum sind die Feuilletons der Zeit meist mit vollem Namen signiert. Doch häufig handelt es sich hier um ein Pseudonym. Es indiziert, dass das ›Ich‹ des Feuilletonisten mehr eine funktionsbestimmte Aussagemaske bezeichnet denn eine biographische Identität. Am Feuilleton zeigt sich so, früher als in den etablierten literarischen Gattungen, eine sich selbst problematisch werdende Autorinstanz.

Walser spielt schon von Anfang an mit dieser Pronominalfunktion des ›Ich‹ und gleichzeitig mit der Entäußerung des Schriftstellers an sein Schreiben. Eines seiner ersten Feuilletons überhaupt, das unter dem Titel *Der Schriftsteller* 1907 im *Berliner Tageblatt* erscheint, schließt mit dem Satz: »Er ist mit sich jedesmal fertig, wenn er das erste Wort schreibt, und wenn er den ersten Satz geformt hat, kennt er sich nicht mehr.« (FEUER, 27) Schreiben bedeutet die Aufgabe einer stabilen Identität. Nicht nur im biographischen Sinn wird Walser, der durch die Berner Mansarden »nomadisiert« (SW 17, 80), zum ›nomadischen Subjekt‹ (vgl. Mohr 1994). Denn sein Feuilletonisten-›Ich‹ erfindet und setzt sich in jedem Text neu, es wird zu Walsers unendlich sich vervielfachendem Pseudonym. So kann es hoch paradox die biographische Aussage verweigern, wie im Feuilleton *Das Alphabet* (1921): »I. überspringe ich, denn das bin ich selbst.« (SW 17, 192) Oder es kann sich im Gegenteil selbst als Spielfigur setzen, wie in *Die leichte Hochachtung* (1927): »Ich schreibe hier ein Prosastück, worin ich jeden Satz mit einem selbstbewussten Ich anfangen will.« (SW 19, 112) Walser gewinnt so aus der paradoxen Spielregel des Feuilletons, das eine unverwechselbare Subjektivität verlangt, diese jedoch gleichzeitig ins Unendliche multipliziert, eine eigene, in seinem Sinne ›selbstbewusste‹ Souveränität.

Leserbezug und Mündlichkeit

Das Feuilleton tritt historisch die Nachfolge des gesellschaftlichen Gesprächs an, das die bürgerliche Kunstöffentlichkeit begründete (vgl. Kernmayer 2008). Im modernen Medium der Zeitung trägt es zur Leserbindung bei, indem es sich an einen ›impliziten‹ Leser richtet, der jedoch, anders als in rein fiktionalen Gattungen, auch ein vom Zeitungsmarkt bestimmtes, reales Profil hat (vgl. Todorow 1996, 53 ff.). Es soll zum Leser eine wärmende Nähe herstellen, welche der kalten Nachrichtenwelt sonst fehlt. Dazu muss es ihn in jedem Sinne ›unterhalten‹, indem es eine ›Mündlichkeit‹ praktiziert, die im Medium der Zeitung allerdings nur eine simulierte sein kann. Im modernen Massenmedium etabliert das Feuilleton also eine eigentlich archaische Form der literarischen Kommunikation. Einerseits wird es damit wegweisend für jene literarische Moderne, die im 20. Jh. eine verlorene Mündlichkeit literarisch wiederzugewinnen versucht. Andererseits verfällt es dabei rasch dem Verdikt, es sei bloß eine unverbindliche ›Plauderei‹.

Auch in dieser Hinsicht macht sich Walser mit seiner ›mündlichen‹ Schreibweise (Roser 1994) einen Grundzug des Feuilletons zu eigen, und die permanenten Adressierungen des Lesers machen diesen zu einem eigentlichen Fluchtpunkt von Walsers Schreiben: »So sanft und zart wie ich hat ja sehr wahrscheinlich noch nie ein Autor beständig an den Leser gedacht.« (SW 7, 136) Walser imaginiert ihn häufig als Zuhörer, oder, noch lieber, als weiblich codierte

Zuhörerin, der er scheinbar alle möglichen Geheimnisse verrät, in großer Nähe zum Brief, der seinerseits wieder gattungsgeschichtlich dem Feuilleton Pate steht (vgl. Utz 2015). So wird Walsers Schreiben stimmhaft; zunehmend setzt er in den Feuilletons der 1920er Jahre auf alle Register ›mündlichen‹ Schreibens, und er entbindet in Sprach- und Klangspielen, in Mundarteinschüben und fremdsprachlichen Einsprengseln die Eigendynamik der Sprache. Dabei bleibt er sich selbstreflexiv der kompensatorischen Rolle des Feuilletons bewusst, das in den Bleiwüsten der Zeitungen kleine Oasen des kreativen Sprachspiels aufblühen lässt. *Das letzte Prosastück* macht sich unversehens auf die Supplementfunktion des Feuilletons einen Prosareim: »Ich füllte anderer Leute Lücken mit Prosastücken« (SW 16, 323).

Heteronomie und Autonomie

Dass Walser die fremdbestimmte Form des Feuilletons so lange und so vielfältig kreativ zu füllen vermochte, verdankt sich nicht zuletzt seinem zweistufigen Schreibsystem, das er in den 1920er Jahren entwickelt. Indem er all seine Texte in extrem reduzierter Schriftgröße mit dem Bleistift entwirft, schafft er sich mit diesem ›Bleistiftgebiet‹ einen höchst privaten Schreibraum, der dem höchst öffentlichen Schreibraum des Feuilletons komplementär gegenübersteht. Hier kann sich Walser gehen lassen, hier kann er literarisch plaudern, singen und fluchen. Hier können sich auch seine Aggressionen gegen die Feuilletonredakteure austoben, denen er sich trotzdem ausliefern muss. Dabei antizipiert aber das Schreiben im ›Bleistiftgebiet‹ schon virtuell seinen Bestimmungsort in der Zeitung (vgl. Morlang 1994), nicht nur in der graphischen Gestaltung einzelner Mikrogrammblätter, sondern auch in der permanenten Leseradressierung. Als Redakteur in eigener Sache sichtet Walser dann das, was er von den Entwürfen für publikationsfähig hält, und schreibt sie als sein eigener Kopist mit der Feder ins Lesbare und Reine. Auch die Überschriften, die eigentlich schon ins ›Zeitungsgebiet‹ gehören, werden meist erst hier gesetzt (vgl. Utz 2007). Insofern ist Walsers geheimnisvolle Mikrographie eine höchst rationale Antwort auf die »Tretmühle« des Feuilletonbetriebes (AdB 4, 36). Dank ihr kann er sich in der Heteronomie der ›Jetztzeit‹ seine Autonomie und Kreativität erhalten, den eigenen, unverwechselbaren ›Stil‹ – das Wort vom ›Jetztzeitstil‹ stammt selbst aus dem ›Bleistiftgebiet‹. Erst als Walser im Jahr 1933 gegen seinen Willen nach Herisau versetzt wird und gleichzeitig die Machtergreifung der Nazis in Deutschland seine wichtigsten feuilletonistischen Publikationskanäle erstickt, legt er Entwurfsbleistift und Feuilletonistenfeder endgültig ab – unter äußeren Zwangsumständen eine letzte Geste der schriftstellerischen Autonomie.

Literatur

Baßler, Moritz: Die Entdeckung der Textur. Unverständlichkeit in der Kurzprosa der emphatischen Moderne 1910–1916. Tübingen 1994.

Baudelaire, Charles: Le peintre de la vie moderne [1863]. In: ders.: Œuvres complètes. Hg. v. Claude Pichois. Bd. 2. Paris 1976, 683–724.

Benjamin, Walter: Robert Walser [1929]. In: ders.: Gesammelte Schriften. Bd. II,1. Hg. v. Rolf Tiedemann u. Hermann Schweppenhäuser. Frankfurt a. M. 1991, 324–328.

Bienert, Michael: Die eingebildete Metropole. Berlin im Feuilleton der Weimarer Republik. Stuttgart 1992.

Eickenrodt, Sabine: Maßloses Stilgefühl. Zur Ethik des Essays in Robert Walsers Prosaskizzen der Berner Zeit. In: Zeitschrift für Germanistik N. F. 22, 3 (2012), 558–580.

Evans, Tamara S.: Robert Walsers Moderne. Bern, Stuttgart 1989.

Frank, Gustav, Scherer, Stefan: Zeit-Texte. Zur Funktionsgeschichte und zum generischen Ort des Feuilletons. In: Zeitschrift für Germanistik N. F. 22, 3 (2012), 524–539.

Fuchs, Annette: Dramaturgie des Narrentums. Das Komische in der Prosa Robert Walsers. München 1993.

Greven, Jochen: Figuren des Widerspruchs. Zeit- und Kulturkritik im Werk Robert Walsers. In: Provokation und Idylle. Über Robert Walsers Prosa. Beiträge von Jochen Greven u. a. Stuttgart 1971, 93–113.

Greven, Jochen: Robert Walser, Siegfried Jacobsohn und »Die Schaubühne«. Referat an der Jahrestagung der Robert Walser-Gesellschaft in München, 26. Juni 2004. In: http://www.robertwalser.ch/ (9. 1. 2015).

Haacke, Wilmont: Handbuch des Feuilletons. 3 Bde. Emsdetten 1951–1953.

Hackert, Fritz: Robert Walser, Feuilletonist. In: Provokation und Idylle. Über Robert Walsers Prosa. Beiträge von Jochen Greven u. a. Stuttgart 1971, 7–27.

Ifkovits, Kurt: Robert Walsers Prager Spuren. In: GRODDECK u. a., 107–124.

Jäger, Christian, Schütz, Erhard (Hg.): Glänzender Asphalt. Berlin im Feuilleton der Weimarer Republik. Berlin 1994.

Kauffmann, Kai, Schütz, Erhard (Hg.): Die lange Geschichte der kleinen Form. Beiträge zur Feuilletonforschung. Berlin 2000.

Kauffmann, Kai: Zur derzeitigen Situation der Feuilleton-Forschung. In: Kai Kauffmann, Erhard Schütz (Hg.): Die lange Geschichte der kleinen Form. Beiträge zur Feuilletonforschung. Berlin 2000, 10–24.

Kernmayer, Hildegard: »Unsterblichkeit eines Tages« oder »interdiskursives Sprachspiel«? Gattungshistorisches und Gattungstheoretisches zur Frage: Was ist ein Feuille-

ton? In: Sigurd Paul Scheichl (Hg.): Feuilleton – Essay – Aphorismus. Nicht-fiktionale Prosa in Österreich. Innsbruck 2008, 45–66.

Kernmayer, Hildegard: Sprachspiel nach besonderen Regeln. Zur Gattungspoetik des Feuilletons. In: Zeitschrift für Germanistik N. F. 22, 3 (2012), 509–523.

Kernmayer, Hildegard, Reibnitz, Barbara von, Schütz, Erhard: Perspektiven der Feuilletonforschung. Vorwort. In: Zeitschrift für Germanistik N. F. 22, 3 (2012), 494–508.

Kraus, Karl: Heine und die Folgen. In: Die Fackel 13, Nr. 329/330 (31. August 1911), 1–33.

Müller, Dominik: »In Prag gab es doch Aufregenderes zu lesen als Walsereien«. Zur Publikation von Robert Walsers Feuilletontext Hodlers Buchenwald in der Prager Presse. In: Musil-Forum 32 (2011/2012), 162–179.

Mohr, Daniela: Das nomadische Subjekt. Ich-Entgrenzung in der Prosa Robert Walsers. Frankfurt a. M. u. a. 1994.

Morlang, Werner: Melusines Hinterlassenschaft. Zur Demystifikation und Remystifikation von Robert Walsers Mikrographie. In: Runa. Revista portuguesa de estudos germanísticos Nº 21 (1994), 81–100.

Nietzsche, Friedrich: Menschliches, Allzumenschliches. Ein Buch für freie Geister. Erster Band [1878/1886]. In: ders.: Sämtliche Werke. Kritische Studienausgabe in 15 Bänden (KSA). Hg. v. Giorgio Colli u. Mazzino Montinari. Bd. 2. München 1980, 9–363.

Oesterle, Günter: »Unter dem Strich«. Skizze einer Kulturpoetik des Feuilletons im neunzehnten Jahrhundert. In: Jürgen Barkhoff, Gilbert Carr, Roger Paulin (Hg.): Das schwierige neunzehnte Jahrhundert. Germanistische Tagung zum 65. Geburtstag von Eda Sagarra im August 1998. Tübingen 2000, 229–250.

Reibnitz, Barbara von: Feuilletons für Zürich, Berlin, Frankfurt und Prag. Zum druckortbezogenen Editionskonzept der Kritischen Robert Walser-Ausgabe. In: Zeitschrift für Germanistik N. F. 22, 3 (2012), 581–598.

Reibnitz, Barbara von: Erstdrucke in Zeitungen. Zur editorischen Kontextdokumentation am Beispiel von Robert Walsers Feuilletons. In: Wolfgang Lukas, Rüdiger Nutt-Kofoth, Madleen Podewski (Hg.): Text – Material – Medium. Zur Relevanz editorischer Dokumentationen für die literaturwissenschaftliche Interpretation. Berlin, Boston 2014, 219–235.

Roser, Dieter: Fingierte Mündlichkeit und reine Schrift. Zur Sprachproblematik in Robert Walsers späten Texten. Würzburg 1994.

Schönborn, Sybille: »…wie ein Tropfen ins Meer«. Von medialen Raumzeiten und Archiven des Vergessens: das Feuilleton als ›kleine Form‹. In: Thomas Althaus, Wolfgang Bunzel, Dirk Göttsche (Hg.): Kleine Prosa. Theorie und Geschichte eines Textfeldes im Literatursystem der Moderne. Tübingen 2007, 197–211.

Stiemer, Hendrik: Das Feuilleton als Publikations- und Interpretationskontext. Studien zu Robert Walser. In: Zeitschrift für Germanistik N. F. 22, 3 (2012), 645–648.

Todorow, Almut: »Wollten die Eintagsfliegen in den Rang höherer Insekten aufsteigen?« Die Feuilletonkonzeption der Frankfurter Zeitung während der Weimarer Republik im redaktionellen Selbstverständnis. In: Deutsche Vierteljahrsschrift für Literaturwissenschaft und Geistesgeschichte 62 (1988), 697–740.

Todorow, Almut: Das Feuilleton der »Frankfurter Zeitung« in der Weimarer Republik. Zur Grundlegung einer rhetorischen Medienforschung. Tübingen 1996.

Todorow, Almut: Intermediale Grenzgänge. Die Essayistik Robert Walsers. In: FATTORI/SCHWERIN, 67–85.

Utz, Peter: Tanz auf den Rändern. Robert Walsers »Jetztzeitstil«. Frankfurt a. M. 1998.

Utz, Peter: »Sichgehenlassen« unter dem Strich. Beobachtungen am Freigehege des Feuilletons. In: Kai Kauffmann, Erhard Schütz (Hg.): Die lange Geschichte der Kleinen Form. Beiträge zur Feuilletonforschung. Berlin 2000, 142–162.

Utz, Peter: Zu kurz gekommene Kleinigkeiten. Robert Walser und der Beitrag des Feuilletons zur literarischen Moderne. In: Elmar Locher (Hg.): Die kleinen Formen in der Moderne. Innsbruck u. a. 2001, 133–165.

Utz, Peter: »Odol« und andere literarische Quellen – am Beispiel von Robert Walsers Prosastück *Na also.* In: Stéphanie Cudré-Mauroux, Annetta Ganzoni, Corinna Jäger-Trees (Hg.): Vom Umgang mit literarischen Quellen. Internationales Kolloquium vom 17.–19. Oktober 2001 in Bern/Schweiz. Genève, Berne 2002, 159–181.

Utz, Peter: Robert Walser: Stück ohne Titel. In: GRODDECK u. a., 49–60.

Utz, Peter: Ausgeplauderte Geheimnisse. Die Verwandtschaft von Brief und Feuilleton am Beispiel Robert Walsers. In: Isolde Schiffermüller, Chiara Conterno (Hg.): Briefkultur. Transformationen epistolaren Schreibens in der deutschen Literatur. Würzburg 2015, 181–199.

Peter Utz

2.8 Lektüren – literarischer Horizont

Initiation (Frühzeit)

Walser hatte nicht jene literarische Bildung, die zu seiner Zeit ein Gymnasium vermittelte. Er hat das Bieler Progymnasium trotz guter Leistungen schon im Alter von vierzehn Jahren aus finanziellen Gründen verlassen und eine Banklehre beginnen müssen. Dennoch hat er sich im Lauf der Jahre durch vielfältige, oft exzessive Lektüre einen literarischen Horizont erworben, der wichtigste Zeugen des frühneuzeitlichen und modernen Europas umfasst, nationale und sprachliche Grenzen sowie Grenzen literarischer Gattungen sprengt. Der Prozess seiner Lektüren zeigt aber nicht nur Ambivalenzen, Bruchstellen und Veränderungen der Schwerpunkte der eigenen Interessen, sondern auch der gesellschaftlichen Trends der Rezeption. Die Rekonstruktion der Entwicklungen seines literarisch-historischen Horizonts und deren Wirkung auf Walsers eigene Produktion wäre ein wesentliches Desiderat der Forschung, doch bleibt dies problematisch durch die beschränkte Aussagekraft der vorhandenen Quellen. Am zuverlässigsten sind die Angaben in den Briefen an seine Schwestern Lisa und Fanny und an seine Freundin Frieda Mermet, die er um Zusendung von Büchern bittet und denen er von seiner Lektüre berichtet. Er selbst gibt in seinen oft autobiographische Stoffe gestaltenden Texten Hinweise, die aber nicht immer zuverlässig sind (vgl. Greven 1992, 7). In der Biographie Robert Mächlers fehlt häufig die präzise Datierung. Auch unterscheidet dieser nicht zwischen eindeutig biographischen Kontexten und in fiktionalen Texten enthaltenen autobiographischen Stoffen (vgl. MÄCHLER). Er verstößt damit gegen ein Gebot, das Walser selbst als notwendige Voraussetzung des Verstehens formuliert hat, dass man den Autor nicht mit seinen Figuren verwechsle. Walser formuliert metaphorisch, »daß der Klarinettist nicht das Klarinett selbst ist, daß er vielmehr nur darauf spielt«, und meint damit, dass der Autor der *Geschwister Tanner* nicht mit dem Protagonisten dieses Buches identisch sei, sondern dieses Buch »nur irgendeinmal gedichtet« habe (Br 341). Eine weitere Textgrundlage sind die von Carl Seelig berichteten Erinnerungen Walsers, die allerdings nicht immer mit früher geäußerten Wertungen übereinstimmen (vgl. SEELIG).

Weder die Schule noch das Elternhaus begründeten seine Leselust. Walser erinnert sich später nur vage der Zeit, als er ins Progymnasium ging, um sich »Klassikerinhaltlichkeiten« (SW 20, 65) einzuprägen. Die Initialzündung seiner Lesesucht erfährt er beim Besuch einer Inszenierung von Friedrich Schillers *Räubern*. Er will daraufhin, wie er im autobiographisch geprägten Text *Wenzel* schreibt, Schauspieler werden, und »so schleppt er denn Schiller, Goethe und den großen Engländer [Shakespeare] unter dem Arm in seine Dachkammer [...] und beginnt mit dem Rollenstudium.« (SW 2, 82) Nicht Zeitgenossen, sondern Schillers Jugenddrama und seine alle Sinne erfassende Inszenierung stehen zu Beginn seiner Aneignung der Tradition. Nach dem Scheitern seines Schauspielertraums wünscht er sich, ein großer Dichter zu werden. Die *Räuber* aber haben sein Schreiben immer wieder an- und aufgeregt. Er gestaltet den Stoff in verschiedensten Metamorphosen, bis zu dem vermutlich letzten von ihm geschriebenen Text *Die Landschaft (II)*, (vgl. Greven 1992, 64–84).

In Stuttgart lasen die Brüder, wie Robert Walser später erzählt, »noch nicht Verlaine, aber wir lasen dafür doch Heinrich Heine und Uhland« (SW 5, 104). Sie besuchten häufig das Hoftheater und sahen dort z. B. Othello mit der Eysoldt als Desdemona (SW 5, 105; vgl. ECHTE, 53–55). In Zürich hat ihn Franz Blei auf Jakob Michael Reinhold Lenz, Georg Büchner, Clemens Brentano und Novalis aufmerksam gemacht und in seinen Garten zu begeisternden Rezitationen und Tänzen nach Texten jener Autoren eingeladen (SW 5, 212–223). Blei hat ihn auch in München dem Kreis um die Zeitschrift *Die Insel* empfohlen, wo er so unterschiedliche zeitgenössische Repräsentanten des Literaturbetriebs trifft wie Otto Julius Bierbaum, Rudolf Alexander Schröder, Richard Dehmel, Max Dauthendey und Frank Wedekind. In dieser Zeitschrift konnte er Gedichte, Prosastücke und die vier Dramolette veröffentlichen. Sie zeigen die Ambivalenz und Eigenart Walsers, der sich mit verschiedenen Schreibweisen befasste, das Bohemeleben der Autoren der *Insel* zeitweise genoss und sich diesen dann doch wieder entzog (vgl. Ifkovits 1996). Das 1902 für die *Insel* geschriebene Dichterporträt *Brentano. Eine Phantasie* betont mit der Anrede an den Leser das Fiktionale des Textes, die Distanz des Autors (vgl. SW 15, 78). Es ist weder ein historisches Bild Brentanos noch eine Identifikationsfigur Walsers, sondern eine romantisierende Dichterrolle, die Walsers später in drei weiteren Brentano-Texten spielerisch variiert hat. In *Eine Phantasie* erscheinen romantische Requisiten ironisch gebrochen, *Brentano (I)* (1910) ist sein melancholisch-depressives Gegenstück. In *Brentano (II)* (1920) wendet er sich kritisch gegen Brentanos Romantik, die nur dem Herzen, aber nicht der Berechnung und dem Verstand folge. Der Text endet als finstere Romanze mit Todesvision. *Brentano (III)* (1926) schließlich wird als fiktiver Brief Brentanos präsentiert, der schon mit dem aussichtslosen Schicksal des Dichters beginnt: »Ich und einige andere meines Schlages sind die Zeit, worin wir uns umhertreiben, wie Vögel im Käfig, die Flügel nervös an die Stäbe schlagend, vorausgeeilt.« (SW 17, 163; vgl. Greven 1992, 40–48) Die Variationen der Rollen zeigen nicht nur verschiedene Ansichten ihres Gegenstands, sondern auch die Wandlungen von Walsers Verhältnis zur Romantik, welches nach 1920 zunehmend negativ wird. Walser verändert die Stoffe seiner Lektüre durch produktive Rezeption. Er schreibt mit verschiedenen Autorrollen, entsprechend den sich wandelnden eigenen Positionen und denjenigen seiner Zeit. Heinrich von Kleist schätzt er nur als Erzähler, aber nicht als Dramatiker und verfolgt die Wandlungen von Kleists Rezeption. Das Porträt *Kleist in Thun* (1907) versucht, stilistisch Büchners *Lenz* folgend, Kleist aus verschiedenen Perspektiven zu beschreiben und mit eigner Erfahrung der Landschaft und des Ortes zu verbinden. Er gibt in späteren Texten differenzierende Urteile über Kleists Werke ab und kommt in *Weiteres zu Kleist* (1927) zur Würdigung Kleists als großem Beherrscher von Inhalt und Form der Novelle. Er betrachtet seine Dramen aber eher als Lesedramen und kommt zum Schluss: »Er wurde lange unter- und plötzlich überschätzt.« (SW 19, 259; vgl. Utz 1998, 192–242)

Deutsche Klassik, Dickens und Dostojewski (Berlin 1905–1913)

In Berlin beschreibt er 1906, während der Arbeit am Roman *Geschwister Tanner* im Prosastück gleichen Namens, sein Leben in der Wohnung des Bruders in romantischem Stil: »Es war mir immer, als sei ein Himmel in dieser Wohnung mit Sternen, Mond und Wolken. Wunderbare Romantik, süßes Ahnen!« (SW 4, 127) Dort hat er auch Wedekind wieder getroffen, den er als Autor bewundert und dessen Engagement für eine freie Jugend er teilt. Er empfindet Wedekind wie z. B. auch Paul Cassirer als epochaltypische Berliner Intellektuelle, steht ihnen aber dennoch ambivalent gegenüber. Er besuchte am 20. 11. 1906 die von Max Reinhardt inszenierte Premiere von *Frühlings Erwachen* mit den Bühnenbildern und

Kostümen seines Bruders. Verschiedene Prosastücke wurden nicht nur durch Lektüre, sondern auch durch seine häufigen Theaterbesuche angeregt. So sieht er auch Reinhardts Inszenierungen von Schillers Dramen *Kabale und Liebe*, *Wilhelm Tell* und *Die Räuber*, wie Monika Lemmel aufgrund vergleichender Analysen von Walsers Texten *»Guten Abend, Jungfer«*, *Tell in Prosa*, *Die Tragödie* und der Rezensionen der Aufführungen begründet (vgl. Lemmel 2008). Wie selbständig Walser seine Lektüre in seine Sicht und die seiner Zeit umsetzt, zeigt ein Zeugnis Albert Steffens, der Walser am 30. 10. 1907 in Berlin besucht hat. Er fand ihn *Wilhelm Meisters Wanderjahre* lesend, über Goethes Stil sprechend: »Sie waren ihm ein Lehrbuch, das er immer wieder vornahm.« (MÄCHLER, 95) Die tiefgreifenden Unterschiede zwischen der pädagogischen Provinz in den *Wanderjahre*n und dem Institut Benjamenta in Walsers *Jakob von Gunten* sind so klar, dass man Goethes Bildungsideal geradezu einem Anti-Bildungsideal Walsers entgegensetzen, die Integration in die Gesellschaft bei Goethe dem Auszug in die Wüste bei Walser gegenüberstellen könnte. Doch sind auch die Analogien unübersehbar (vgl. Schäffner 1992, 135–142). Die vielfach bezeugte Wertschätzung Goethes durch Walser belegt, dass die genannte Differenz keine Negation des Goethe'schen Ideals sein muss, sondern Ausdruck des Leidens sein könnte, dass dieses Ideal zu Walsers Zeit noch viel unmöglicher zu realisieren gewesen wäre. Schon in Berlin hatte er – wie er 1906 Christian Morgenstern berichtet – Fjodor Michailowitsch Dostojewski gelesen, »dumm ergriffen, wie ein Dienstmädchen im Theater [...].« (Br 48) Nach einem Vierteljahr Dickenslektüre schreibt er 1911, er fühle sich von Charles Dickens völlig vernichtet, bewundert ihn dennoch, lobt aber Dostojewski, der ihn im Gegensatz zu Dickens zu eigenem Schreiben ermuntert hätte (vgl. SW 5, 265 f., 186).

Romania, Jean Paul (Bieler Zeit 1913–1921)

In Biel erweitert Walser seine Kenntnis der Romania. 1917 schreibt er Hermann Hesse, der für Deutschland Kriegsdienst leisten muss, er lese jeden Tag ein wenig Französisch, weil das eine so hübsche Sprache sei (Br 139). 1918 berichtet er Frieda Mermet, er hätte die letzten Wochen *Don Quijote* gelesen, das sei »wohl der beste und größte Roman der Weltliteratur«, Miguel de Cervantes hätte daran zwanzig Jahre gearbeitet, was aber die meisten heutigen Schriftsteller schrieben, sei »fast allenthalben zu rasch hervorgebracht und auf den Markt geworfen« (Br 155). Im folgenden Jahr habe er »den Sommer über bis in den Herbst schöne französische Bücher gelesen, so den *Gil Blas* von Lesage« (Br 188). Im *Brief an ein Mädchen (I)* (1918) bezeichnet er Jean Paul als einen der seelenvollsten und witzigsten Dichter, in dem ein Pariser Weltmann so gut wie ein Bauer stecke (vgl. SW 16, 308 f.). Im späteren Aufsatz *Jean Paul* nennt er die *Flegeljahre* das schönste deutsche Belletristikbuch, »wenn man etwa von Goethe rasch absieht« (SW 17, 159). Er nimmt die innere Verwandtschaft der durch das Spiel von Digressionen, Paradoxien und Ambivalenzen feste Bedeutungen immer wieder auflösenden Schreibart wahr, die beiden auf je besondere Art eigen ist (vgl. Bernardi 1987, 187–198).

In der Zeit des Übergangs von Biel nach Bern entsteht *Etwas über Goethe*, eine eher traditionellen Klischees entsprechende, historisch-philologischen Fakten widersprechende Darstellung von Goethes Aufbruch nach Italien, der, wie Walser selbst vor dem Beginn eines neuen Lebensabschnitts steht. Ist das lediglich ein Spiel der Parallelisierung, wie Jochen Greven meint (vgl. Greven 1992, 54–56), oder doch eine Würdigung Goethes, weil er sah, »wie Gutes und Schlechtes gleich triebkräftig seien, eins aus dem andern wuchs, sich wechselseitig bedingte« (SW 17, 155), eine Dialektik also, die für Walsers Denken und Schreiben zunehmend wichtig wurde?

Modelle der Transformation der Lektüre in Literatur (Berner Zeit, Waldau 1921–1932)

In Bern zeigt er Carl Seelig 1922 eine Zäsur seiner literarischen Modellierungen an: »Die Romantiker und zarten Schriftsteller sind von mir etwas bei Seite gelegt.« (Br 222) Das heißt nicht, dass romantische Motive, etwa das Motiv der Nacht (vgl. Kammer 2003, 141–183) oder des Traums (vgl. Rusterholz 2010, 100–106) verschwinden, sondern dass sie sich wandeln, vom romantischen Raum der Imagination, der zur Einsicht in die Wahrheit des allumfassenden Ewigen führt, zum Reflexions- und Experimentierraum der Moderne, in dem der Schreibende sich und sein Schreiben reflektiert. Joseph von Eichendorffs *Taugenichts* hat Walser zeitlebens geschätzt (Unglaub 2009). Er studiert 1922 mehrere Wochen Dostojewskis *Die Brüder Karamasow* (Br 221, 225). 1924 äußert er sich begeistert über die Produktivität Guy de Maupassants und den zugleich europäischen und französischen Geist von Marcel Proust (Br 260). Vor allem aber erweitert und vertieft er seine schon seit 1904 bezeugte Zuneigung zu Stendhal. Sie gilt besonders dem Roman *Le rouge et le noir*, den er schon zu Hause in Biel, in Solothurn und in Berlin immer wieder gelesen hatte. *Über eine Art von Duell* (1925) bezieht sich auf eine Szene in diesem Roman, auf die Szene zwischen Mathilde, der Tochter des Marquis de la Mole, und dem Sekretär ihres Vaters, Julien Sorel. Sie liebt diesen, wenn er sich als stolzer Held gibt und verachtet ihn, wenn er sich anbetend demütig benimmt. Seine Demut aber ist nur vorgetäuscht, in Wahrheit folgt er dem Rat eines russischen Freundes, scheinbar ungerührt zu bleiben, darauf unterwirft sie sich, den Geliebten verachtend, wenn er sie anbetet, ihn abgöttisch liebend, wenn er sie unterwirft (vgl. Cadot 1987, 199–209). Walser nennt diese Liebesszene »die [vielleicht] bedeutendste, die ich je las« (SW 17, 171). Er reflektiert seine Lektüre und sein Schreiben zunehmend und macht sich offensichtlich Gedanken über die Art und Weise der Triebstrukturen seiner Figuren, wenn nicht sogar seiner selbst. Am 16. 4. 1926 schreibt er in einem Brief an Otto Pick als Ergebnis seiner Überlegungen über Sexualität, dass man sogenannte Masochisten in ganz kurzer Zeit masochisieren und in Masochisten die erforderliche Summe Sadismus wecken könne und dass alle Herrschenden eine Neigung hätten nachzugeben und umgekehrt im Dienenden sich natürliche Triebe des Herrschens entwickelten. Um diese beiden Pole drehten sich die Hauptrichtungen des sexuellen Lebens (Br 291). Die strukturelle Analogie zum Modell der Interaktionsformen der Liebe in Texten, die Walser schätzt und mit Variationen auch schreibt, ist deutlich. Den Trieb zur Unterwerfung, zur Selbsterniedrigung in Verbindung mit einem Bewusstsein und Genuss des eigenen Mehrwerts findet er nicht nur in der Lektüre von Stendhal, sondern auch bei Figuren von Dostojewski (vgl. Cadot 1987, 222–236). Das höfische Konzept des Pagen, des Dieners prägt schon die Liebesgeschichte von *Simon* (1904) und von Simon in *Geschwister Tanner* (1907). Walser sieht philologisch-historisch nicht immer unproblematische, höchst eigenwillige, aber psychologisch nachvollziehbare Verbindungen zwischen den Figuren der Romane von Stendhal, Dostojewski und Cervantes (vgl. Cadot 1987, 230–237) und skizziert so in *Über eine Art von Duell* sein Bild des europäischen Romans. Im Oktober 1925 erklärt er, er hätte sich »an guten Büchern etwas satt gelesen« und sich am Kiosk »ein kleines dummes Büchlein« gekauft (Br 269). Er liest aber nicht nur Texte aus der *Gartenlaube* und

mit erzähltechnischem Interesse die *Marlitt*, sondern auch weiterhin besonders französische und russische Literatur, vor allem Stendhal. Er nennt sich 1925 selbst einen guten Kenner französischer Literatur (vgl. AdB 1, 105) und erklärt Stendhal zu seinem Lieblingsschriftsteller (vgl. AdB 4, 235 f.). In Bern sind die überwältigende Mehrheit seiner literarischen Prosastücke, Aufsätze und Dichterporträts entstanden. So sehr ihn der Misserfolg seiner weiteren Romanprojekte kränkte, so deutlich war die Steigerung seiner Produktivität als Feuilletonist, als »Zeitungsschreiber«, wie er sich nun als Autor seiner virtuosen Prosastücke selbst nannte (SW 20, 429). Entsprechend verändern sich die Modi des Lesens und Schreibens. Im *Tagebuch-Fragment* (1926) erwähnt er sein Verfahren, Trivialromane (›Kioskisches‹) zu studieren und »aus dem Gelesenen eine eigene Erzählung, d. h. irgendwelches Possierliches, Witziges, Selbstisches, Vergnügtes, Tändelndes herauszuholen« (SW 18, 75 f.; vgl. AdB 3, 222 f.). Doch gilt dies nicht nur für triviale Stoffe. In einem Mikrogramm, dessen Stoff er der Lektüre einer Novelle Stendhals verdankt, nennt er Motive seiner Transformation: »Weil die Geschichte eine angelesene ist, muß ich sie mit Witz zu würzen, mit Lachhaftigkeit zu verschönern suchen.« (AdB 1, 283) Dennoch gelinge es ihm, »trotz der Zerlesenheit [s]eines literarisierenden Charakters« seine Eigenart zu bewahren (ebd. 284). Dies gelingt ihm wirklich auch bei Texten mit verschiedensten Funktionen der Ironie, der Parodie, kühner intertextueller Bezüge oder geistreicher Rekonstitutionen eines neuen Sinns, wie z. B. im *Hamlet-Essay* (1926): scheinbar assoziativ daherplaudernd kommt er, ohne präzis weder die genaue Stelle noch das richtige Schauspiel zu nennen, zum berühmten Shakespeare-Zitat: »›Reif sein ist alles.‹« (SW 18, 185) Es gehört in Wirklichkeit nicht zu *Hamlet*, sondern zu einer ebenfalls dem Typus des Melancholikers entsprechenden Figur Shakespeares, zu Gloster aus *King Lear* (V, 2). Walser stellt dem Lob der Reife, dem Zustand vor dem Tod, das Lob des Lebens, das Lob der Unreife, dem Ende den Anfang, die Liebes- und Daseinslust entgegen. Entsprechend wünscht er sich eine elastische Moral, die sich den Spielen des Lebens anpasst. Schon vor der Berner Zeit hat er viel gelesen, aber als Thema und Motiv kam *Lesen* selten vor und jedenfalls sollten *Lesen* und *Leben* getrennt und nicht verwechselt werden (vgl. Greven 1999, 37–65). Nun aber erscheinen *Lesen*, *Schreiben* und *Leben* in Prozessen der Wechselwirkung verbunden, Lektüre und Schreibspiel als Medien geistiger Verjüngung, literarische Tradition in produktive Rezeption verwandelnd. In der zweiten Hälfte der 1920er Jahre und in der Waldau schreibt er zahlreiche Prosastücke, Reflexionen über das Lesen und Literaturkritiken, die die Vielfalt seiner Motive und Kriterien der Wertung seines Lesens und Schreibens bestimmen. In *Ich las drei Bücher* (1926) nennt er das erste das interessanteste, welches er in einem Atemzug gelesen, fügt aber bei, das Interessanteste könnte auch ein ›Schmarren‹ sein, das zweite hält er für ein Meisterwerk, das dem Wandel der Mode, der Zeit standhalte, ein Werk, das schon Leute begeistert habe, die anders dächten als wir, und auch uns moderne Leute interessiere. Ein drittes, nicht sehr interessantes Buch habe er nur mit Mühe, seiner Exaktheit, seines Zeitgeists wegen gelesen, es hätte aber doch die nachhaltigste Wirkung gehabt. Nicht immer gilt seine liberale Haltung auch den Zeitgenossen. Zu Hesse hatte er ein ambivalentes Verhältnis, obwohl Hesse sich immer für Walser eingesetzt hat (vgl. Greven 2003). Doch dieser war eifersüchtig auf Hesses Erfolg und war sich seines eigenen Mehrwerts dem Rivalen gegenüber bewusst. Er bemüht sich, den wenig geliebten Rainer Maria Rilke nach seinem Tod mit einem Gedicht zu würdigen (SW 13, 181 f.). Von Thomas Manns *Buddenbrooks* »hervorragender Kunstfertigkeit« sichtlich beeindruckt macht ihm das Buch aber »als Ganzes nicht einen durchaus erfreulichen Eindruck« (SW 19, 243). Den schon 1883 verstorbenen, aber auf viele spätere Generationen nachwirkenden Vorläufer des deutschen Impressionismus und Symbolismus, Jens Peter Jacobsen, beurteilt Walser in verschiedenen Lebensphasen unterschiedlich. Obwohl er in Jacobsens Romanen Vorbildliches und Verwandtes erkennt, spricht er 1929 von seinen »einfältigen und zugleich anmutigen und merkwürdigen Schriften« und fragt sich, ob dieser nicht »in der ausgesprochensten, durchdachtesten Dummkopfsprache« dichte und gerade dies seinen phänomenalen Einfluss ausmache (SW 20, 414). Unverkennbar ist der Einfluss Jacobsens auf Walsers und Hesses Problematik der Auflösung des Entwicklungsromans (vgl. Wagner 2002). Walser kennt Alfred Kubin, aber er schätzt ihn nicht, Vorkriegshofdamen hätten Jakob Christoph Heer gelesen, seien aber der Mode unterworfen und läsen deshalb jetzt »kubistische Romane« (Br 264). Hugo von Hofmannsthals Kunst hat er schon zur Berliner Zeit geschätzt. In Bern gibt Walser ein Kabinettstück seiner Prosakunst in seinen Impressionen einer Theaternacht, einer Aufführung von Hofmannsthals *Das große Welttheater* auf dem Münsterplatz im August 1927 (AdB 4, 209–211). Der Schreibende nähert sich

vor der Aufführung ohne Geld und Eintrittskarte, schaut sich das Spiel durch einen Spalt in der Absperrung an und vermag Hofmannsthals Sicht des barocken Spiels in seine eigene Moderne zu übersetzen, indem er sich mit der Rolle des zum Mitspielen gezwungenen Bettlers identifizierend fragt, ob die Religion, »der Glaube an Liebe und Güte, nicht von Anfang [an] an der Unmöglichkeit«, das Wunder der Gleichheit zu realisieren, scheitere. Er sieht das Münster als »großartiges Überbleibsel« einer Zeit, »die sich ihrer bewußter gewesen« sein müsse als die jetzige, die mit allen erdenklichen Geistesrichtungen kokettiere und keines Entschlusses fähig sei, nicht mitzuspielen (ebd., 211) – ein Bild, wie er sich selbst sieht. Er lobte auch Hofmannsthal als Anthologisten, dessen Auswahl bemerkenswerter Prosastücke er gelesen hat (vgl. SW 19, 245). Die Klassiker Schiller und Goethe hat er immer zu den Großen gezählt, aber vorerst in seiner Jugend nur die bekanntesten Dramen gelesen und die biographischen Fakten gekannt, in Berlin dann den *Wilhelm Meister* studiert und, durch Theaterbesuche angeregt, die Interpretation der Dramen reflektiert. Zu Beginn der Berner Zeit liest er die Jugendschriften Goethes und Texte des Sturm und Drang (SW 8, 67). 1927 gibt er unverhohlen seiner Verachtung der reichsdeutschen Spießerpresse Ausdruck, die die Klassiker nicht kennt, für die »Schiller ein dummer Cheib und Goethe ein vornehmer Fötzel« sei (Br 320). 1928 lässt er sich aus der Bibliothek der Schwester Lisa die *Wahlverwandtschaften* zustellen (Br 340) mit dem Vermerk, dass es ihm trotz gelegentlichem Ankauf eines Bahnhofhallenbändchens an Lektürestoff momentan mangle. Während Walser im frühen Dichterporträt *Lenz* (1912) Goethe distanzierter als Antipode des ebenfalls distanziert betrachteten Lenz darstellt, bewundert er Goethe schon in Biel, seine Sätze über Natur seien »von einer Anmut und Hoheit, die man nur in der Musik von Mozart« wiederfinde (SW 16, 309), und erkennt später bei Goethe, was er selbst erstrebt, seine innere Jugend (vgl. Kießling-Sonntag 1999, 135). 1931/32 erscheint das Gedicht *Goethe*. Es lobt seine Jugenddramen, »worin er ungewöhnlich frei und mutig für Freiheit glühte« und seine Muße, die ihm trotz seiner Pflichten ermöglicht hätte, »den denkbar zartesten, wie eine Blume duftenden und in seiner Ruhe einzig-angenehmen Roman zu schreiben« (SW 13, 195 f.). Während die Wertschätzung Goethes trotz des Bewusstseins sozialer Distanz in der Berner Zeit und noch in Herisau zunimmt, ist der Bezug zu Schiller immer positiv und differenziert sich in vielen, ganz auf diesen bezogenen Texten. In den Prosastücken der Berner Zeit (inklusive Waldau), in den Kapiteln *Lektüre* und *Vom Schriftstellern* (SW 20, 302–432), befassen sich nicht weniger als fünf Prosastücke mit Schillers Texten, drei mit den *Räubern*, eins mit *Kabale und Liebe* und eines vergleichend mit verschiedenen Schillerfiguren.

Wandlungen der Lektüreerfahrung zwischen Kontinuität und Korrektur (Herisau 1933–1956)

Während der Wanderungen mit Carl Seelig berichtet Walser über sein Schreiben, über seine Erinnerungen an Gelesenes, über seine Beurteilung anderer Autoren und über seine aktuelle Lektüre (Seelig). Im Rückblick meint er, wenn er noch einmal dreißig Jahre alt sein könnte, so würde er nicht mehr »wie ein romantischer Luftibus ins Blaue hineinschreiben« (ebd., 12). Man dürfe die Gesellschaft nicht negieren, sondern müsse für oder gegen sie kämpfen. Er glaubt zu wissen, weshalb er als Schriftsteller erfolglos geblieben sei, weil er zu wenig »gesellschaftlichen Instinkt« (ebd., 42) gehabt habe, zu subjektiv gewesen sei. »Etwas vom Großartigsten« bleibe doch »Goethes gesellschaftlicher Instinkt und sein Genie, für alle Lebensperioden die passenden Arbeitsräume herzuzaubern« (ebd., 34 f.). Seine Bewunderung Schillers bestätigt er mit dem Verweis auf dessen »Prophetie und seine volkstümliche Ausdruckskraft. In ihm stecke beides: Franz Moor und Karl Moor, Tell und Geßler. Kompliziertes leicht und klar ausdrücken zu können, gehöre zweifellos zum Zeichen des Genies.« (ebd., 79) Begeistert lobt er Friedrich Hölderlins Nachdichtung von Sophokles' *Ödipus* und den *Titan* von Jean Paul (ebd., 146, 51). Allzu kurze Modernisierungen von Klassikern aber verachtet er und spottet anlässlich einer Bearbeitung von Shakespeares *Sturm* im Zürcher Schauspielhaus: »wer keine Zeit hat, Shakespeare ungekürzt zu sehen, soll eben zu Hause bleiben und Vicki Baum lesen« (ebd., 134). Ebenso unerträglich findet er gekürzte Ausgaben von Jean Paul und Jeremias Gotthelf. Von Gotthelf schätzt er die beiden Romane *Uli der Knecht* und *Uli der Pächter* (ebd., 10), *Geld und Geist* hatte er in einem Brief an Mermet 1924 hoch gelobt (Br 237). In Gesprächen mit Seelig beklagt er aber, dass Gotthelf »sich erkühnte, über alles seine pastorale Sauce zu gießen« (Seelig, 63). Er klagt generell über »ein Grundübel der neueren Schweizer Literatur‹: die unverdiente Geborgenheit, in der sich seine Generation seit der Jahrhundertwende befinde, hätte eine »au-

torliche Oberlehrerhaftigkeit« (ebd., 97) hervorgerufen, die auf ihn geradezu abstoßend wirke. Mehrmals aber setzt er Gottfried Kellers *Der grüne Heinrich* und Conrad Ferdinand Meyers *Jürg Jenatsch* dagegen, zwei Demokraten und Erzähler, wie es hierzulande vor- und nachher keine mehr gegeben habe (ebd., 64, 94). Sein Keller ist aber kein braver Bürger, denn er ist überzeugt, »daß auch ein Schuft in ihm lebte« (ebd., 97). Er meint damit, er lebe auch in seinen bösen Figuren, ohne Abgründe bliebe der Künstler ein »Treibhausgewächs« (ebd., 98). Er hält aber auch nichts von »Großstadtschreier[n]«, die meinten, an ihnen sei es, »die Welt mores zu lehren« (ebd., 63). Thomas Manns Frühwerk beurteilt er positiver als früher, meint aber, die *Josefsromane* wirkten »trocken und erschwitzt«, wie von einem fleißigen Prokuristen (ebd., 108). Auch von Gerhart Hauptmann, den er in Berlin persönlich kennengelernt hatte, ist er enttäuscht, »er habe später den Eindruck bekommen, daß sein Gehirn und sein Herz auf den ›Kissen der Wollüstigkeit‹ eingeschlafen seien« (ebd., 103). Ganz ungeniert negativ spricht er über Rilke, seine Lyrik »gehöre auf den Nachttisch der alten Jungfern« (ebd., 10). Peter Altenberg nennt er »ein liebes Wiener Würstl. Aber die Auszeichnung ›Dichter‹ könnte ich ihm nicht geben« (ebd., 20 f.). Er ist sich des Erfolgs und der gesellschaftlichen Stellung des Nobelpreisträgers Carl Spitteler bewusst, verdächtigt ihn aber der Arroganz und des Hochmuts und urteilt vernichtend: »Übrigens denke ich nie an Spitteler, wenn ich an einen Dichter denke.« (ebd., 94) Dagegen bestätigt er auch in Herisau seine Hochachtung französischer Literatur, z. B. mit der Antwort auf Seeligs Frage, warum er nach der Zeit in Berlin nicht nach Paris gefahren sei: »Nach Paris? Jamais! Wo Balzac, Flaubert, Maupassant und Stendhal so unnachahmlich gewirkt haben, hätte ich mich nie hingetraut.« (ebd., 99) Besonders häufig nennt, liest oder erinnert er in Herisau russische Literatur. Eine für ihn charakteristische Motivation besteht in der Tendenz der zaristischen Literatur, dass die angeblich Starken, die regierten, in Wahrheit die Schwachen wären, wie z. B. in Leo Tolstois *Anna Karenina* oder in *Der Gatte* von Dostojewski (ebd., 80). Unter dem Eindruck der Bombennächte von 1944 beeindruckt ihn die Prophezeiung von Fürst Stawrogin in Dostojewskis *Dämonen*, dass die Menschen allmählich zu Engeln oder Teufeln würden (ebd., 124), Tolstois *Auferstehung* zählen Seelig wie Walser, wohl wegen deren tiefenpsychologischer Analytik, zu den »heiligen Büchern der Menschheit« (ebd., 164).

Spielarten des Ich und der Tradition

Noch in Bern schrieb Walser Therese Breitbach, ob sie die Werke Spittelers kenne, gegenwärtig würde viel von diesem Großen, Vorbildlichen gesprochen, der für die Schweiz sei, was Hauptmann für Deutschland (Br 375). Diese Rangierung galt für das gesellschaftliche Ansehen, aber sicher nicht für die persönliche Wertung Walsers. Er hat bis zum Wechsel nach Herisau alle literarischen Strömungen seiner Zeit wahrgenommen, ohne sich mit einer der vielen, gleichzeitig vertretenen Richtungen zu identifizieren. In einem Mikrogramm von 1928 allerdings kommt er dem dynamischen, poetologischen Konzept seines Schreibens nahe: »Eben sprang aus einem Verlagshaus ein Buch heraus, das den Fehler zu haben scheint, nicht Menuett zu sein. Unter Menuett verstehe ich etwas Plauderndes, das nichts ausplaudert, etwas nicht allzu viel Erzählendes, das zierlich ist und das genau weiß, daß seine Zierlichkeit nicht nur zufällig sein kann.« (AdB 5, 319) Das Ich des Texts versteht *Menuett* als eine Form paradoxer Identität von Plaudern – Nicht plaudern, von Erzählen – Nicht Erzählen, von Zufall und Regel. Es erzählt einen Dialog zwischen dem schreibenden Ich, dem Anwalt menuettlichen Schreibens, und seinem Widerpart, den gescheiten und gebildeten Autoren, denen es gefalle, ungekämmt aufzutreten, ohne den Anzug zu bürsten. Es fragt, ob sie Verworrenes für Tiefe und Struppigkeit für eine Befreiung hielten. Sie seien keine Indianer und liebäugelten doch mit der Möglichkeit, Indianerbüchleinerfolge einzuheimsen. Ihnen, die sagen, sie wären die Wahrheit, hält er entgegen, eine Anspielung sei wahrer als eine Menge von ›Zeitabbildung‹, die jedes Mal ein Ausplaudern sei. Bei etwas ›Menuettartigem‹ sei ihm immer, als wäre (gemäß dem klassizistischen Ideal) die Zeit immer Zeit, die Bildung immer die Bildung, das Schöne immer das Schöne gewesen, als hätte dieses »irgendwelchen Ewigkeitswert« (ebd., 320). Dann aber wird ihm der Scheincharakter dieses Konzepts bewusst: »Menuett gibt mit vergnügtem Lächeln zu, es sei gewillt, bei gutem Angezogensein bisweilen Indianerlis zu spielen […], zu tun, als wenn und ob, z. B. als plaudere man etwas aus.« (ebd.) Gerade das aber wollten die radikalen Vertreter der Abbildung der Wahrheit nicht, »[s]eit zirka vierzig Jahren versichern uns diejenigen Schriftsteller, die ernst genommen werden wollen, sie seien keine Plauderer« (ebd.). Der Anwalt des Menuetts aber gibt zu bedenken, zwar plaudere ernste Literatur nicht, aber vielleicht liefe »ihre Totalität« auf eine »Aus[p]lapperei en gros« hinaus (ebd.).

Menuett bedeutet für ihn nicht einfach die feste Ordnung einer traditionellen Form, sondern das Spiel mit der Form, so, dass sie nie erstarrt, immer lebendig bleibt, sich verbindet mit dem freien Plaudern und der kleinen Freiheit des Tuns-als-ob im Indianerspiel. *Menuettliches* kennt alle zeitgeistigen Strömungen – Naturalismus, Klassizismus, Neoromantik, Symbolismus und erstarrende Ornamentik des Jugendstils –, spielt mit allen, hält Leben und feste Bedeutungen im Fluss und wirft den roten Faden am Ende den Lesenden zu. Das Menuett bleibt diskret und nimmt stillschweigend an, dass seine indirekte Weise der Wahrheit näher sein könnte als der Anspruch seiner Gegner.

Walsers literarischer Horizont spannte sich, so lässt sich diese Nachzeichnung von Lektürespuren resümieren, zwischen den folgenden Eckpunkten auf: einer lebenslangen Auseinandersetzung mit den deutschen Klassikern, einer europäischen Ausrichtung seiner Lektüre, die insbesondere auch die französische und die russische Literatur umfasste, einer Rezeption zeitgenössischer Literatur aus Unabhängigkeit gewährleistender Distanz und den Verfahren einer spielerischen Transformation von Lektüre in Literatur. Der Versuch der Rekonstruktion der Genese eines literarischen Horizonts, der Wirkung auf Walsers eigene Produktion, die Veränderungen seines Selbstverständnisses als Person und als Autor im Kontext des sich verändernden Literaturbetriebs und seiner Wertungen konnte hier nur sehr knapp skizziert, nicht differenziert und umfassend dargestellt werden. Walter Keutel hat im Anhang seines Buches *Walser und seine Schriftsteller – Ein tabellarischer Überblick* 39 Autoren genannt, die zu berücksichtigen wären (Keutel 1989, 205–208), Wolfgang Schäffners *Autoren und Personenregister zum Gesamtwerk Robert Walsers* umfasst 27 Seiten (Schäffner 1993, 174–201). Eine textgenetische Untersuchung würde erst durch den Abschluss der in Arbeit befindlichen *Kritischen Robert Walser-Ausgabe* möglich. Dennoch möchte dieser knappe Überblick anregen, Aspekte dieser Problematik mit erweiterten Grundlagen und erweitertem Horizont zu bearbeiten.

Literatur

Bernardi, Eugenio: Robert Walser und Jean Paul. In: Chiarini/Zimmermann, 187–198.

Cadot, Michel: Robert Walser liest Stendhal. In: Chiarini/Zimmermann, 199–209.

Cadot, Michel: Robert Walsers Lektüre von Dostojewskij. In: Chiarini/Zimmermann, 222–236.

Greven, Jochen: Robert Walser. Figur am Rande, in wechselndem Licht. Frankfurt a. M. 1992.

Greven, Jochen: »Einer, der immer etwas las«. Thematisierte Lektüre im Werk Robert Walsers. In: BORCHMEYER, 37–65.

Greven, Jochen: Der »liebe Chaib« und der »Hirtenknabe« – Hermann Hesse und Robert Walser. In: allmende 72 (2003), 81–105.

Horst, Thomas: Probleme der Intertextualität im Werk Robert Walsers. In: BORCHMEYER, 66–82.

Kammer, Stephan: Figurationen und Gesten des Schreibens. Zur Ästhetik der Produktion in Robert Walsers Prosa der Berner Zeit. Tübingen 2003.

Keutel, Walter: Röbu, Robertchen, das Walser. Zweiter Tod und literarische Wiedergeburt von Robert Walser. Tübingen 1989.

Kießling-Sonntag, Jochen: »Mannigfaltige Meinungen durchkreuzten ihn wohltuhend«. Goethe-Ansichten Robert Walsers. In: BORCHMEYER, 116–139.

Lemmel, Monika: Angelesen? – Robert Walsers Schiller-Texte. In: FATTORI/GIGERL, 193–200.

Rusterholz, Peter: Der Tagtraum als Imaginationsmodell des Schreibens bei Franz Kafka und Robert Walser. In: KONDRIČ HORVAT, 83–109.

Schäffner, Wolfgang: Robert Walser. Kulturkritik als Mimesis. Diss. Universität Salzburg 1993.

Unglaub, Erich: Eichendorff-Reminiszenzen in Robert Walsers ›Prosastückli‹. In: Wojciech Kunicki (Hg.): Josef von Eichendorff in unseren Tagen. Leipzig 2009, 138–164.

Unseld, Siegfried: Einführung in das Robert Walser-Symposion. In: BORCHMEYER, 11–20.

Utz, Peter: Die Kalligrafie des »Idioten«. In: TEXT + KRITIK 4, 106–119.

Wagner, Karl: Desillusionierte ›Edelromantik‹. Hermann Hesse und Robert Walser. In: NOBLE, 85–98.

Walser, Robert: Dichteten diese Dichter richtig? Eine poetische Literaturgeschichte. Hg. v. Bernhard Echte. Frankfurt a. M. und Leipzig 2002.

Willer, Stefan: Unter Blättern. Robert Walsers Lektüren. In: Jürgen Gunia, Iris Hermann (Hg.): Literatur als Blätterwerk. Perspektiven nichtlinearer Lektüre. St. Ingbert 2002, 281–300.

Peter Rusterholz

2.9 ›Schweizer Literatur‹

Robert Walsers Stellung innerhalb der Schweizer Literatur seiner Zeit lässt sich nachzeichnen, indem drei Gesichtspunkte fokussiert werden: Erstens der literaturgeschichtliche Kontext, d. h. die Schweizer Literatur des späten 19. Jh.s und des frühen 20. Jh.s, zweitens Walsers Position innerhalb der Schweizer Literatur im Blick der Rezensenten und schließlich drittens seine eigenen Äußerungen über die Schweizer Literatur bzw. Schweizer Autoren.

Die Schweizer Literatur von 1900–1930

Walsers Werke wurden bisher nur in Ansätzen (vgl. Utz 1998; Komorowski 2010) auf ihren Bezug zum literarischen Kontext ihrer Entstehung untersucht. In den neueren Literaturgeschichten (vgl. Pezold 2007; Rusterholz, Solbach 2007) wird ihm jeweils ein eigener Abschnitt gewidmet, was eine Sonderstellung fortschreibt, die bereits zu Lebzeiten Walsers begonnen hat. Während Dariusz Komorowski vor allem den sozialpolitischen Kontext heranzieht und die Rückwärtsgewandtheit der Literatur des beginnenden 20. Jh.s betont, soll im Folgenden der Diskurs von Literaturwissenschaftlern, Literaturkritikern und Autoren über die Eigenheiten der Schweizer Literatur rekonstruiert werden. Dass Walser sich selbst sehr klar war über seine Position im literarischen Feld, zeigt nicht nur die Auseinandersetzung mit den Diskursen seiner Zeit in den Texten, sondern auch die Art, wie er mit Carl Seelig über die Literatur gesprochen hat.

Zu Beginn des 20. Jh.s gibt es in der Wahrnehmung nicht nur schweizerischer, sondern auch deutscher Literaturkritiker und Literaturwissenschaftler eine eigenständige Schweizer Literatur, deren Eigenheiten man zu beschreiben versucht. Diese Bestrebungen lassen sich einerseits in den Literaturgeschichten nachweisen (s. Kap. 5.10), andererseits auch in Publikationen in deutschen Zeitschriften. 1892 ist die *Geschichte der deutschen Literatur in der Schweiz* von Jakob Bächtold erschienen, 1910 die *Geschichte der schweizerischen Literatur* von Ernst Jenny und Virgile Rossel. 1907 kann man in der Zeitschrift *Die Rheinlande* einen Artikel mit dem Titel *Vorzüge und Gefahren des Schweizerischen Schrifttums* von Reinhold Treu lesen. In den *Süddeutschen Heften* wird von 1905 an immer im August-Heft ein mehrseitiger Artikel über Literatur von Schweizer

Schriftstellern von Josef Hofmiller publiziert, wobei jeweils versucht wird, das typisch Schweizerische hervorzuheben, welches er als Gegensatz zum Großstädtischen (Hofmiller 1908, 213), aber auch im Pädagogischen (Hofmiller 1909, 250) sieht.

Bezugspunkt schweizerischer Literatur sind die drei Dichter des 19. Jh.s, Jeremias Gotthelf, Conrad Ferdinand Meyer und Gottfried Keller, wobei letzterem eine Sonderstellung zukommt, indem er immer mehr zum Vorbild schlechthin wird. Sein Name taucht in den Literaturkritiken über Werke schweizerischer Autoren und Autorinnen so häufig auf wie kein anderer, was Jakob Schaffner dazu veranlasst, 1923 einen Artikel *Gottfried Keller und wir* zu publizieren, in dem er schreibt:»Es gibt keinen jungen, jetzt lebenden Schweizer Dichter, der nicht mit Keller beunruhigt und angefochten worden ist und noch wird« (Schaffner 1923, 405). Dadurch sieht er sich herausgefordert, einmal auf die Fehler und Unzulänglichkeiten in dessen Texten hinzuweisen. Allerdings hat Eduard Korrodi, der seit 1914 Feuilletonredakteur der *Neuen Zürcher Zeitung* ist, bereits 1918 in seinem Aufsatz *Seldwylergeist und Schweizergeist* eine Lanze für die moderne Schweizer Literatur gebrochen. Er beklagt, dass in »unserer erzählenden Literatur [...] fast zwei Jahrzehnte das Pendel *zwischen Bauern- und Alpenroman*« schwang, und plädiert dafür, dass man ihm jetzt eine andere Richtung geben solle, was »den Schweizergeist« keineswegs beleidige (Korrodi 1918, 15). Er plädiert dafür, dass die Schweizer Literatur die moderne Welt darstelle, wie er dies schon 1911 in seinem Artikel *Berlin und die Schweizerdichtung* getan hat, indem er fragt:»Aber gibt es denn keine Welt als die der Bauern in der Schweiz? Gibt es nicht auch Städte und Industrien, Fabrikschlöte?« (Korrodi 1995, 90) Er betont denn auch, dass es Autoren gebe, die ihre Helden über die Schweizergrenzen hinaus, in die Großstadt, nach Berlin ziehen lassen. Als Beispiele nennt er die Helden in den Romanen Paul Ilgs (*Der Landstörtzer*), Felix Moeschlins (*Hermann Hitz*) und Schaffners (*Hans Himmelhoch, Konrad Pilater*) – Helden, die auch im Ausland ihr »Schweizertum« nicht verleugnen. Am Ende des Aufsatzes stellt Korrodi befriedigt fest, dass »diese Jungen aus der Fremde in die Schweiz zurück« kehren »mit einem neuen Stoffzuwachs« (ebd.). Im Aufsatz von 1918 werden dieselben Autoren, denen er noch Carl Spittelers *Imago* hinzufügt, als »Rebellen gegen den Seldwylergeist« bezeichnet (Korrodi 1918, 18). Korrodi plädiert für eine moderne Schweizer Literatur, die sich gegen die Heimatliteratur, wie sie von Autoren wie Ernst Zahn,

Jakob Christoph Heer, Alfred Huggenberger und anderen gepflegt wird und wie sie um die Jahrhundertwende fast allein die literarische Szene beherrscht (vgl. Pezold 2007, 31 ff.; Rusterholz, Solbach 2007, 175 ff.), wendet und statt der Bauern und der Alpenwelt die Realität der Städte und des arbeitenden Volkes darstellt. Diesen Einsatz für die moderne oder junge Literatur konkretisiert Korrodi auch in einem Bändchen mit 15 Autorporträts, das er unter dem Titel *Die junge Schweiz* herausgibt (vgl. Korrodi 1919). Im ersten Porträt, das Schaffner gilt, stellt Robert Faesi, die zweite einflussreiche Persönlichkeit des schweizerischen Literaturbetriebs nach dem Tod von Josef Viktor Widmann, ebenfalls die Erneuerung der Dichtung durch Schaffner, Ilg, Albert Steffen, Moeschlin, Hermann Kurz und Walser fest, die einen Fuß »im Heimatlichen und im Herkommen« haben, den andern aber »entschlossen in Nachbar- und Neuland« setzen (Faesi 1922, 7).

Schon 1909 stellt Hermann Hesse in einem Artikel über *Robert Walser* fest, dass es neue Schweizer Dichter gebe, die modern seien, »eine besondere Liebe zur sichtbaren Welt« haben und »Städter« seien, deren »Schweizertum« sich in »Denkart, [...] Wortwahl und Satzbau« äußere (Hesse 2002, 362).

Es gibt nach übereinstimmender Meinung der literarischen Öffentlichkeit ab ungefähr 1905 eine moderne Schweizer Literatur, die sich nicht mehr über die Darstellung der engeren Heimat definiert, die aber trotzdem als schweizerische wahrgenommen wird, weil sie sich von der Literatur aus Deutschland durch ihre Wahrnehmungsweise und ihren Stil, z. B. das fehlende Pathos unterscheidet. Gemessen wird diese Literatur aber nach wie vor an Keller, der das unerreichte Vorbild bleibt. Wie Korrodi scheinen auch andere darauf zu warten, dass ein Keller des 20. Jh.s den gültigen Schweizerroman in der Nachfolge des *Martin Salander* schreibt (vgl. Korrodi 1995, 95).

Walser und die Schweizer Literatur im Blick der Rezensenten

Robert Walser taucht mindestens bis ungefähr 1920 in der Gruppe der Modernen auf. Bereits in den Kritiken zu *Geschwister Tanner* wird hervorgehoben, dass Simon Tanner zwar eine Art Taugenichts sei, aber einer, der in der gegenwärtigen Gesellschaft lebt. Widmann betont, dass man im Roman die Landschaft der deutschen Schweiz und Zürich erkenne (vgl. Widmann 1907/1978, 19).

Den *Gehülfen* nennt er einen »Schweizerroman«,

ja, er geht so weit, den Roman als »stofflich auf ein engeres Gesichtsfeld abgegrenztes Seitenstück zu G. Kellers *Martin Salander*« zu bezeichnen (Widmann 1908/1978, 27). Die Episode mit dem zum Militärarrest verurteilten Sennen findet er ganz Kellerisch, und er meint, Keller hätte an Herrn Tobler seine Freude gehabt. Fast könnte man meinen, Walser habe den von Korrodi geforderten neuen *Martin Salander* geschrieben. Widmann geht es offensichtlich so sehr darum, Walser für die Schweizer Literatur zu reklamieren, dass er die Tatsache, »dass z. B. bei Geldsachen immer von Mark statt von Franken die Rede ist und Frau Tobler zuweilen Gnädige Frau tituliert wird«, als »unnötige[] Konzessionen« bezeichnet (ebd.). Er hat offensichtlich nicht bemerkt, dass auch andere Ausdrücke mit Herkunft im deutschen Raum wie ›Residenzstadt‹ vorkommen oder dass es bald schweizerisch Bärenswil, bald aber deutsch Bärensweil heißt. Dass Herr Tobler nicht ein harmloser ›Kapitalisten-Angler‹ ist, wie er meint, sondern ganz einfach ein Hochstapler, der unnütze Erfindungen gemacht hat, seine Geldgeber hinters Licht führt und schließlich bankrott geht, scheint Widmann entgangen zu sein. Den Vergleich mit Gottfried Keller ziehen auch andere Kritiker, die einen, wie Wilhelm Schäfer, sehen die Nähe zu ihm in der Sprache (vgl. Schäfer 1908/1978, 48), die andern, wie etwa Joachim Benn, in »seinem liebe- und oft humorvoll ausgemalten schweizerischen Natur- und Seelenmilieu« (Benn 1914/1978, 101), Auguste Hauschner wiederum in der Optik, der Art des Schauens (vgl. Hauschner 1908, Sp. 1581).

Konnte man in *Geschwister Tanner* und im *Gehülfen* noch die Darstellung schweizerischer Realität erkennen, so wird es ab dem Roman *Jakob von Gunten* für die schweizerischen Literaturkritiker offensichtlich zunehmend schwieriger, in Walser noch Schweizerisches zu erkennen, ihn noch in irgendeiner Beziehung der Schweizer Literatur zuordnen zu können. So spricht Korrodi in seinem Aufsatz über *Berlin und die Schweizer Dichtung* Walser schon 1911 »den schweizerischen Zusammenhang« ab. Er wende sich an eine ausgewählte Leserschaft, die für einen Salon typisch sei, aber die Schweiz habe weder Salons noch Literaten (vgl. Korrodi 1911, 90).

Im Zusammenhang mit dem Ausbruch des Ersten Weltkriegs entfalten Schweizer Verlage eine gewisse Aktivität mit der Gründung von Reihen, welche Schweizer Literatur publizieren, wobei Walser sowohl von Rascher, der die Reihe *Schriften zu Schweizer Art und Kunst* herausgibt, wie vom Huber Verlag, der die Reihe *Schweizerische Erzähler* be-

treut, zur Mitarbeit aufgefordert wird. In der ersten kommen 1917 seine *Prosastücke* heraus, in der zweiten 1917 *Der Spaziergang* (vgl. Echte 1998, 228 ff.). Walser veröffentlicht 1917 noch *Kleine Prosa* beim Francke-Verlag, danach wird es für ihn zunehmend schwierig, in der Schweiz zu publizieren (vgl. ebd., 231–235). Dies dürfte einerseits wirtschaftliche Gründe haben, andererseits aber wohl auch damit zusammenhängen, dass Walser immer weniger für die Schweizer Literatur, wie man sie in den 1910er und 1920er Jahre versteht, zu reklamieren ist. Dies zeigt auch das Porträt von Walther Meier im Bändchen *Die junge Schweiz*. Meier versucht Walser gerecht zu werden, indem er sein Schreiben mit der Musik vergleicht und von »Moments musicals [sic!]« spricht (Meier 1919, 27). Er betont die Handlungslosigkeit von Walsers Romanen, die er nicht negativ sieht wie die meisten andern Kritiker, und zieht schließlich eine Parallele zu Jean Paul; einen Versuch ihn noch irgendwie mit Keller in Verbindung zu bringen, unterlässt er. Wenn noch versucht wird, einen Bezug Walsers zur Schweizer Literatur herzustellen, so meist durch Negation, wie in der Feststellung von Emil Wiedmer, Walser sei »eine einsame Erscheinung; er steht ziemlich isoliert, und nicht nur in der Auslese der Schweizer. Das umfangreiche, breit wuchtende belletristische Schweizertum ist in Walsers kleinen Sachen ausgekocht« (Wiedmer 1917/1978, 106). 1936 hebt Hesse das Schweizerische an Walsers Sprache hervor (Hesse 2005, 242) und im gleichen Jahr sieht Albin Zollinger das »Verschlagene, spitzzüngig Humorige seiner Liebenswürdigkeit«, seine »eidgenössische Boshaftigkeit« als »schweizerische Rache für Lebensbehinderung« (Zollinger 1984, 172). Er sieht in ihm aber auch den »Maler schweizerischer Landschaft, schweizerischer Kauzigkeit und Innerlichkeit« (ebd., 177). Ob diese erneute Betonung des Schweizerischen bei Walser, nachdem er zwanzig Jahre lang als nicht sehr schweizerisch wahrgenommen wurde, bereits im Zeichen der geistigen Landesverteidigung geschieht, müsste weiter abgeklärt werden. Interessant ist jedenfalls, dass in der Zeitschrift *Die Zeit* (*Schweizerische Blätter für Kunst, Schrifttum und Leben*) im Juni 1936 auf der ersten Seite ein Artikel von Zollinger mit dem Titel *Geistige Landesverteidigung* erscheint, gefolgt von Walsers *Schlacht bei Sempach*.

Die Aufsätze der beiden Autoren können nicht darüber hinwegtäuschen, dass Walser nicht mehr zum literarischen Bewusstsein einer breiteren Öffentlichkeit gehört, dass er tatsächlich nur noch ein Autor für Literaten bzw. einen kleinen Kreis von

Kennern ist. Bei jedem Versuch Seeligs, Walsers Werk bekannt zu machen, stellt die Literaturkritik fest, dass das Bestreben einem Autor gelte, der kaum Leser habe (vgl. Zeller 2011). Als 1950 *Jakob von Gunten* neu aufgelegt wird, lobt der spätere Feuilletonredakteur der *Neuen Zürcher Zeitung*, Werner Weber, das Werk als eines, an dem man sehen könne, »mit welcher Entschlossenheit, ja Kühnheit eine junge Schriftstellergeneration in den Jahren kurz vor dem ersten Weltkrieg aus dem Garten der Formen und Inhalte ausbrach, den besonders Gottfried Keller und Gotthelf so schweizerisch geprägt hinterlassen hatten« (Weber 1950).

Walser über die Schweizer Literatur

Walser selbst hat sich immer wieder in Bezug auf die Schweizer Literatur, insbesondere in Bezug auf Keller und die Heimatliteratur, positioniert. Die Hauptquelle für seine expliziten Äußerungen zur Schweizer Literatur sind die von Seelig veröffentlichten *Wanderungen mit Robert Walser*. Walser spricht immer wieder über den Literaturbetrieb und gibt Urteile ab zur Literatur, die er gerade liest oder früher gelesen hat, und die, obwohl scheinbar nachlässig, im Plauderton formuliert, oft erstaunlich präzis sind. Walser weiß, dass er nicht Mode gewesen ist (SEE-LIG, 94), dass er nicht für das Volk geschrieben habe (ebd., 76). Dass Walser die Heimatliteratur ablehnt, erstaunt nicht. Er meint, die Schweizer Literatur müsse »[w]eltmännisch und weltoffen« werden (ebd., 13). Zahns Bücher etwa seien »zu heimatlich-konfektioniert« (ebd., 116). Auffällig ist, dass von den als modern geltenden Schriftstellern seiner Zeit, Ilg, Otto Wirz, Schaffner und Moeschlin, keiner vorkommt. Walser scheint sie nicht zur Kenntnis nehmen zu wollen: »Von Zeitgenossen möchte ich lieber nichts lesen, so lange ich in der Situation eines Kranken bin.« (ebd., 21) Dass er aber die Zeitgenossen sehr wohl kennt, geht nicht zuletzt aus seinen Briefen an Willy Storrer, den Herausgeber der Zeitschrift *Individualität* hervor (vgl. Lienhard 2003). Auch hat er die dezidierte Meinung, dass die meisten die Schweizer als zu lieb und gütig darstellen, was zu einer »autorliche[n] Oberlehrerhaftigkeit« führe (SEELIG, 97). Mehrmals nimmt er in den Gesprächen mit Seelig auf Hesse Bezug, mit dem er in den Kritiken auch öfters verglichen wird, was ihn offensichtlich ärgert, denn er bemerkt: »All die herzigen Leute, die glauben, mich herumkommandieren und kritisieren zu dürfen, sind fanatische Anhänger von

Hermann Hesse.« (ebd., 15) Er sieht den Unterschied zwischen sich und Hesse sehr klar: Er selbst hätte etwas mehr Edelromantik in die Bücher mischen sollen wie Hesse, meint er zum Beispiel (ebd., 43). Keller nimmt auch bei Walser eine besondere Stellung ein, so erzählt er, der in den Gesprächen immer wieder über seine Erfolglosigkeit reflektiert, dass Cassirer ihm geraten habe, wie jener zu schreiben (ebd., 29, 64). Er selbst schätzt Keller durchaus, so erwähnt er bewundernd seine »männlichkühne Lyrik« (ebd., 9 f.) und seine Novelle *Romeo und Julia auf dem Dorfe* und vor allem immer wieder den *Grünen Heinrich* (ebd., 14, 44, 64). Wenn er an Dichter denkt, fallen ihm dieser Roman und *Jürg Jenatsch* von Meyer ein, aber nicht Spitteler (ebd., 94). Gotthelf hingegen ist ihm »zu derbpolternd und moralisierend« (ebd., 10), einmal nennt er ihn einen »Schtürmicheib« (ebd., 34), trotzdem meint er, Gotthelf werde viele »Nobelpreis-Bekränzte« überleben (ebd., 15).

Neben solchen direkten Äußerungen zur Schweizer Literatur wären auch Walsers kurze Prosatexte zu berücksichtigen, in denen er auf eine ironisch-spielerische Weise Bezug nimmt auf Vorgänger und Zeitgenossen, manchmal so versteckt, dass es die Zeitgenossen nicht merkten, wie bei seinen auf Albert Steffen zielenden Texten *Eine Art Novelle* und *An einen Poeten* (vgl. Lienhard 2003, 29). An einigen Stellen nimmt Walser explizit Bezug auf Schweizer Autoren, wobei es sich ausschließlich um die kanonischen Autoren des 19. Jh.s handelt. So schreibt er in dem späten, zu seinen Lebzeiten nicht gedruckten Text *Die literarische Schweiz* eine Art Literaturgeschichte, deren Auswahl an Autoren wiederum seine Vorliebe zeigt. Dass er bei den Römern beginnt, um dann als ersten Autor Jean-Jacques Rousseau zu nennen, der »eine Menge zarter, sentimentaler Einflüsse« verbreitet habe, macht die ironische Note des Textes deutlich. Auf Rousseau folgt die »wundervolle Dichterblume Gottfried Keller«, der einen glauben lässt, »die Schriftstellerei sei kinderleicht. Meyer schrieb landhausmäßig-vornehm, Gotthelf bäurisch-reformatorisch«. Mit diesen drei Autoren sei die Schweizer Literatur auf ihrem Höhepunkt angelangt, es folge »eine Art von Abstieg«, da Land und Volk nicht »in einem fort geschildert, dargestellt oder abgebildet« werden wollten, was man als Absage Walsers lesen kann, die Schweiz anders als ironisch abzubilden (SW 20, 422 f.). In *Die Kellersche Novelle* beschreibt er seine Lektüre von *Romeo und Julia auf dem Dorfe*, welche ausgerechnet in einer Zeitung abgedruckt ist und seine Aufmerksamkeit im Kaffeehaus von einer schönen Dame abzieht. Wenn der Leser stolz darauf ist, dass er »trotz viel inzwischen Erlebtem [...] dem Lauf und den Windungen des Geschichtsstromes«, der »sicher zum reichsten Nationalgut gehört«, nachzugehen vermochte, so vermischt sich eine gewisse Bewunderung bzw. ein gewisser Respekt gegenüber Keller mit dem Bewusstsein des zeitlichen Abstandes, wodurch dem Leser zugleich bedeutet wird, dass man so nicht mehr schreiben kann (SW 8, 25). Dies wird wiederum durch den Text selbst nochmals unterstrichen, der nur über die Kellersche Novelle handelt, nur von den Umständen der Lektüre erzählt und nicht von ihrem Inhalt.

Eine andere Kategorie von Texten nimmt spielerisch Bezug auf Kellersche Figuren. In *Eine Gottfried-Keller-Gestalt* lässt er Pankraz in Walserschem Ton seine Geschichte auf zwei Seiten erzählen (SW 17, 408–410), was man als eine ironische Replik auf die Empfehlung interpretieren kann, er solle schreiben wie Keller. Ein ganz raffiniertes Spiel treibt er in *Kurt vom Walde*, dem Helden aus Kellers *Missbrauchten Liebesbriefen*, der in dem Text mit diesem Titel erst in der zweiten Hälfte vorkommt und ein »Federheld[]« genannt wird, ein »Aktualitätsaufschnapper«, der einfach alles notiert, was ihm vorkommt (SW 19, 247 f.). Walser, der in seinen eigenen Texten oft vorgibt, schlicht aufzuschreiben, was gerade vorfällt, setzt sich damit in einen ironischen Bezug zum Trivialautor Kurt vom Walde, der alles, was er sieht, aufbauscht, während Walser gerade das Gegenteil tut. Wenn er am Schluss erklärt, nur die Texte seien etwas wert, die »von gesunder Konstruiertheit« (ebd., 248) sind, fühlt man sich an die Kritiken erinnert, die seinen Romanen fehlende »Konstruiertheit« bzw. fehlenden Zusammenhang vorwerfen. Man kann alle diese Texte über Keller als implizite Auseinandersetzung mit dem Ansinnen der Kritiker lesen, Walser müsse, um Erfolg zu haben, wie Keller schreiben. Zum Thema Walser und die Schweizer Literatur seiner Zeit würden auch die intertextuellen Bezüge gehören, wie sie Peter Utz vor allem für den Alpendiskurs dargestellt hat (vgl. Utz 1998, 90–129). Dazu gibt es kaum Untersuchungen. Zu nennen wären in diesem Zusammenhang auch die bereits von den zeitgenössischen Kritikern festgestellten dialektalen Eigentümlichkeiten oder sein Gebrauch des Diminutivs, die ja oft als typisch schweizerisch empfunden werden. Interessant wäre es auch zu fragen, ob Walsers Texte, die er für schweizerische Zeitungen schreibt, ›schweizerischer‹ sind im Hinblick auf Themen, Sprache, intertextuelle Anspielungen als jene für die ausländischen Blätter; eine Fragestellung, die sich dank der

nach Zeitungen geordneten Publikation der *Kritischen Robert Walser-Ausgabe* beantworten lassen müsste. Auf diesem Gebiet ist noch viel Forschungsarbeit zu leisten.

Ein Moderner

Wenn Walsers Werk als einziges von denen aus der Schweiz, die von der Literaturkritik des frühen 20. Jh.s als modern empfunden wurden, überlebt hat, so weil es das einzig wirklich moderne Werk ist. Schaffner, Steffen, Ilg, Moeschlin und Wirz, die von den Zeitgenossen als modern eingestuft wurden, wurden dies vor allem aufgrund der Tatsache, dass ihre Romane nicht mehr ausschließlich in der Schweiz spielen, dass sie auch Welten darstellen, die von der Literatur des Realismus nicht dargestellt wurden wie etwa Großstädte, Fabriken oder das Proletariat. Aus heutiger Sicht ist aber festzuhalten, dass die Erzählweise dieser Romane noch immer stark an jener des 19. Jh.s orientiert ist. Ilg, der in seinem *Landstörtzer* eine Gattungsmischung aus Erzähltext, Tagebuchaufzeichnungen, rückblickenden Erinnerungen und gar einer Novelle vorlegt, reduziert diese formalen Experimente auf Anraten Korrodis in der zweiten Auflage stark, was durchaus typisch ist für die Anpassung an die Leseerwartungen, die nach wie vor ausschließlich von der realistischen Literatur bestimmt werden. Schaffner, der in seinem *Hans Himmelhoch* eine vor allem auch sprachlich durchaus innovative Erzählweise wählt, hat sie durch die Briefform realistisch motiviert, während Walsers *Jakob von Gunten* als Tagebuch bezeichnet wird, diese Form aber überhaupt nicht einhält – wir finden weder Daten noch sonstige Eigentümlichkeiten von Tagebüchern. Die Art der Figuren und ihre Gestaltung in diesen ›modernen‹ Romanen sind ebenfalls von Vorstellungen geprägt, wie sie für den Realismus typisch sind; die meist innerlich zerrissenen Helden scheitern letztlich oder verfehlen ihr Lebensglück. Typisch ist, dass die meisten Autoren moralische Positionen beziehen, besonders deutlich Ilg in seinem Offiziersroman *Der starke Mann*. Walsers Texte hingegen lassen »sittlichen Ernst vermissen«, wie Robert Musil bereits 1914 sehr treffend feststellt. Walser habe kein Bedürfnis zu begründen, warum er einen Theaterbrand schön statt wie zu erwarten schrecklich finde. Es lockern sich »unsere festesten Überzeugungen in eine angenehme Gleichgültigkeit«. Zudem halte Walser immer bewusst, dass er schreibe, die Geschichte werde oft über eine

Wortassoziation weitergeführt (Musil 1914/1998, 1468). Und wenn Musil in derselben Rezension Franz Kafka als eine Variante von Walser bezeichnet, so ist dies kein Zufall, sondern beruht auf einer Verwandtschaft, die weiter geht als die bekannte Walser-Lektüre des Prager Schriftstellers. Beiden Autoren ist eigen, dass ihren Figuren alle Eigenschaften genommen werden, dass sie keinen Charakter im landläufigen Sinne haben. Walsers Figuren wollen keine Karriere machen, von Gunten, der eine Null werden will, drückt dies am ausgeprägtesten aus. Es gibt keine scharfen Gegensätze zwischen den Figuren, die gesellschaftlichen Hierarchien werden verwischt: Der Gehilfe Joseph Marti benimmt sich öfters wie der Patron Herr Tobler; er nimmt sich Frechheiten gegenüber Frau Tobler heraus und ist auf seinem Gebiet auch eine Art Hochstapler, wenn er nicht mit englischen Pfund rechnen kann.

Gemeinsam ist den beiden Autoren auch die Unzuverlässigkeit des Erzählers und damit der dargestellten Welt, wofür *Jakob von Gunten* ein deutliches Beispiel ist (vgl. Zeller 1999). Wenn Musil schreibt, Walser versündige sich »fortwährend noch gegen den unveräußerlichen Anspruch der Welt- und Innendinge: von uns als real genommen zu werden«, so meint er genau das (Musil 1914/1998, 1467). Das Reale ist bald real, bald existiert es nur auf dem Papier bzw. in der Phantasie der Figuren. Dies sind alles Züge der Moderne, die weit über das Stoffliche hinausgehen, das die Texte der andern ›modernen‹ Schweizer Autoren kennzeichnet, die letztlich sehr zeitgebunden, realistisch sind und in denen keine unzuverlässigen Erzähler alles Behauptete unsicher werden lassen.

Walsers Modernität zeigt sich schließlich auch daran, dass er seit den 1970er Jahren als eine Art Referenzautor für eine neue Generation von Schweizer Autoren und Autorinnen gilt (vgl. Zeller 2014; s. Kap. 5.4) – und nicht nur für Schweizer, wenn man an die Walser-Rezeption von Elfriede Jelinek u. a. denkt (vgl. Jelinek 2002). Walser als zu seiner Zeit erfolgloser Autor, als Außenseiter des Literaturbetriebs, wird zunehmend zu einer Bezugsperson für eine avantgardistische Literatur, die sich bewusst ist, dass sie ihre gesellschaftliche Bedeutung zunehmend verliert. Walser nimmt damit ironischerweise gerade jene Position ein, welche zu seiner Zeit Keller eingenommen hat, nämlich die eines Schriftstellers, an dem man nicht vorbeikommt und in Bezug auf den man sich irgendwie positionieren muss.

Literatur

Bächtold, Jakob: Geschichte der Deutschen Literatur in der Schweiz. Frauenfeld [1892], ²1919.

Benn, Joachim: Robert Walser [1914]. In: KERR 1, 92–102.

Echte, Bernhard: »Wer mehrere Verleger hat, hat überhaupt keinen.« Untersuchungen zu Robert Walsers Verlagsbeziehungen. In: Rätus Luck (Hg.): Geehrter Herr – lieber Freund. Schweizer Autoren und ihre deutschen Verleger. Mit einer Umkehrung und drei Exkursionen. Basel, Frankfurt a. M. 1998, 201–244.

Faesi, Robert: Gestalten und Wandlungen schweizerischer Dichtung. Zehn Essays. Zürich u. a. 1922.

Hauschner, Auguste: Der Gehülfe. In: Das literarische Echo 10 (1908), Sp. 1580–1582.

Hesse, Hermann: Robert Walser. In: ders.: Die Welt im Buch I. Rezensionen und Aufsätze aus den Jahren 1900–1910. Frankfurt a. M. 2002, 362–367.

Hesse, Hermann: Robert Walser. »Große kleine Welt«. In: ders.: Die Welt im Buch V. Rezensionen und Aufsätze aus den Jahren 1935–1962. Frankfurt a. M. 2005, 242–244.

Hofmiller, Josef: Schweizer. In: Süddeutsche Monatshefte 5, 2 (1908), 208–214.

Hofmiller, Josef: Schweizer. In: Süddeutsche Monatshefte 6, 2 (1909), 249–255.

Jelinek, Elfriede: Er hat alles zu verschenken. Ich setze mich mit jemand auseinander. Bitte setzen Sie sich doch dazu! In: Du 730 (Oktober 2002), 50 f.

Jenny, Ernst, Rossel, Virgile: Geschichte der schweizerischen Literatur. 2 Bde. Bern 1910.

Komorowski, Dariusz: Robert Walser im intellektuellen Kräftefeld der Schweiz der 20er Jahre. In: KONDRIČ HORVAT, 435–448.

Korrodi, Eduard: Schweizerische Literaturbriefe. Frauenfeld, Leipzig 1918.

Korrodi, Eduard (Hg.): Die junge Schweiz. Mit Beiträgen von Konrad Bänninger u. a. Zürich 1919.

Korrodi, Eduard: Ausgewählte Feuilletons. Hg. v. Helen Münch-Küng. Bern u. a. 1995.

Korrodi, Eduard: Berlin und die Schweizerdichtung. In: ders.: Ausgewählte Feuilletons. Hg. v. Helen Münch-Küng. Bern u. a. 1995, 87–90.

Lienhard, Ralf (Hg.): Der Kreis der »Individualität«. Willy Storrer im Briefwechsel mit Oskar Schlemmer, Hermann Hesse, Robert Walser und anderen. Bern u. a. 2003.

Meier, Walther: Robert Walser. In: Eduard Korrodi (Hg.): Die junge Schweiz. Mit Beiträgen von Konrad Bänninger u. a. Zürich 1919, 25–30.

Musil, Robert: Die »Geschichten« von Robert Walser [1914]. In: ders.: Gesammelte Werke. Bd. 2. Hg. von Adolf Frisé. Reinbek bei Hamburg 1998, 1467–1468.

Pestalozzi, Karl: Robert Walsers Verhältnis zu Gottfried Keller. In: CHIARINI/ZIMMERMANN, 175–186.

Pezold, Klaus: Schweizer Literaturgeschichte. Die deutschsprachige Literatur im 20. Jahrhundert. Leipzig 2007.

Rusterholz, Peter, Solbach, Andreas (Hg.): Schweizer Literaturgeschichte. Stuttgart, Weimar 2007.

Schäfer, Wilhelm: Der Gehülfe [1908]. In: KERR 1, 48 f.

Schaffner, Jakob: Gottfried Keller und wir. In: Wissen und Leben 16, 9 (1922/1923), 405–420.

Utz, Peter: Tanz auf den Rändern. Robert Walsers »Jetztzeitstil«. Frankfurt a. M. 1998.

Utz, Peter: Ausklang und Anklang – Robert Walsers literarische Annäherungen an Gottfried Keller. In: Rede zum Herbstbott 2001. Siebzigster Jahresbericht. Zürich 2002, 3–29.

Weber, Werner: *Der Gehülfe*. In: Neue Zürcher Zeitung, 2. 9. 1950.

Widmann, Joseph Viktor: Geschwister Tanner. Roman von Robert Walser [1907]. In: KERR 1, 17–23.

Widmann, Joseph Viktor: Robert Walsers Schweizerroman. Der Gehülfe [1908]. In: KERR 1, 25–29.

Wiedmer, Emil: Kleine Sachen. Zur Kurzprosa [1917]. In: KERR 1, 105 f.

Zeller, Rosmarie: Die Lüge wird zur Weltordnung gemacht. Information und Desinformation in Robert Walsers und Franz Kafkas Werken. In: Annette Daigger u. a. (Hg.): West-östlicher Divan zum utopischen Kakanien. Hommage à Marie-Louise Roth. Bern u. a. 1999, 289–314.

Zeller, Rosmarie: Die Robert-Walser-Rezeption in den fünfziger Jahren des 20. Jahrhunderts. In: Treibhaus. Jahrbuch für die Literatur der fünfziger Jahre 7 (2011), 259–270.

Zeller, Rosmarie: Robert Walser und die Schweizer Literatur. In: Germanistik in der Schweiz 11 (2014), 71–80.

Zollinger, Albin: Robert Walsers Roman »Der Gehülfe«. In: ders.: Politische und kulturkritische Schriften. Kleine Prosa. Hg. von Gustav Huonker. Zürich 1984, 171–177.

Rosmarie Zeller

2.10 Robert Walsers Moderne

Modernität/Unmodernität

Robert Walsers umfangreiches Werk fällt in Entstehung und Publikation ins erste Drittel des 20. Jh.s und ist damit schon rein chronologisch der literarischen Moderne zuzurechnen, wobei hier damit eine Epoche bezeichnet wird, die im späten 19. Jh. mit Symbolismus und Naturalismus einsetzt und dezidiert nicht bereits um 1800. Zugleich zögert man, ihm in derselben Weise Modernität zuzusprechen wie beispielsweise den Zeitgenossen Gottfried Benn, Alfred Döblin oder Franz Kafka. Auch wenn autorzentrierte Forschung generisch dazu tendiert, die Modernität ihres Gegenstandes zu behaupten bzw. zu vergrößern (das tut sie regelmäßig auch bei dezidiert vormodernen Autoren wie Adalbert Stifter oder Wilhelm Raabe), und die Walser-Forschung da keine Ausnahme macht, lassen sich eine Reihe von Gründen für dieses Zögern benennen: (1) Der Autor hat selbst sein Werk nicht mit einer modernistischen Programmatik begleitet und sich keiner modernen Strömung explizit angeschlossen. Im Gegenteil: bezüglich der Ausstattung eines seiner Prosabücher wünscht er 1917 in einem Brief an den Huber-Verlag Fraktur mit der Begründung: »Das Buch soll womöglich aussehen, als wenn es im Jahre 1850 gedruckt worden sei. Mit andern Worten: Mein sehr lebhafter, inniger Wunsch in dieser Hinsicht ist: Unmodernität!« (Br 125) (2) Walsers Texte finden im bürgerlichen Feuilleton ebenso ihren Ort und ihre Leser wie in avantgardistischen Publikationsorganen. (3) Viele der rekurrenten Motive und Wertungen in Walsers Texten sind eher untypisch für die literarische Moderne (Lob des Schönen, des Kleinen, des Dienens, des Gütigen, des Ländlichen, des guten Essens, eine dominante Haltung von Naivität und Schüchternheit, dabei aber fast durchgehender Weltbejahung etc.). (4) Viele typische Haltungen und Motive der literarischen Moderne spielen bei Walser keine oder eine untergeordnete Rolle (z. B. Soziales, Politisches, Technik, Revolution, Sex, jede Art von Konflikt oder umstürzlerischer Haltung, ja: das Neue selbst). (5) Auch modernistische Textverfahren sind bei Walser zwar nicht abwesend, aber sie werden doch, auf noch näher zu bestimmende Weise, anders eingesetzt als bei den Leitautoren der Moderne. Seine Texte tendieren nicht zur Hermetik, sondern sind auf einer Ebene durch und durch verständlich. Es fehlt ihnen durchweg ein modernistischer Gestus.

Auf der anderen Seite versteht Walser selbst sich keineswegs als vor- oder antimoderner Dichter und wurde auch nicht als solcher rezipiert. Weder archaisieren seine Werke ihre Welt wie die Literatur der Heimatkunstbewegung, noch stehen sie irgendwie der konservativen Revolution nahe. Moderner Kunst und Dichtung steht er interessiert und keineswegs ablehnend gegenüber; im Prosastück *Ich schreibe hier einen Aufsatz* heißt es dazu: »Schrieb mir da nicht vor kurzem ein um Gegenwartskultur äußerst Besorgter, er denke jetzt nur noch strenger Schädlingserscheinungen in Leben und Kunst zu verurteilen als bisher?«, woraufhin das Schriftsteller-Ich »in aufrichtig empfundener Nachdenklichkeit zur Decke meines Jetztzeitzimmers empor« blickt (SW 19, 116 f.). Peter Utz weist darauf hin, dass Walser ganz ausdrücklich einen »Jetztzeitstil« propagiert und sich damit ein »Zeit- und Modewort, das von der konservativen Sprach- und Kulturkritik negativ besetzt ist«, positiv aneignet, jedoch so, »daß man die zitierenden und distanzierenden Anführungszeichen mithören kann« (Utz 1998, 16 f.). Walsers Thesaurus bevorzugt schlichte Wörter (wie »Wald«, »Schnee«, »grün«, »schön«), kann aber ohne Schwierigkeiten auch Spezifika (wie »Kieler Sprotten«, »Persil«, »Negermusik«), Umgangssprache und Neologismen (»Löffeliliebkosung«, »Schaffenshöhle«) integrieren, bis hin zur Einmontage von Werbetexten (vgl. Evans 1989, 122). Walsers Gestus der Selbstmarginalisierung und »Unmodernität« wäre demnach eine »ästhetische Verwandlungsform, welche die Nähe zu allen Nervenzentren seiner Gesellschaft und seiner Zeit voraussetzt« (Utz 1998, 10). Eine Stelle aus dem Rollenprosastück *Brief eines Mädchens an ein Mädchen* bestätigt dies, wenn man sie poetologisch liest: Auch hier schreibt sich die Schreiberin »mit genügender Unzweideutigkeit etwas Unmodernes« zu, um fortzufahren: »[V]ielleicht ist gerade dieser Umstand die Ursache, weshalb die Modernen sozusagen aufmerksam auf mich blicken, als mache sie meine Unwissenheit bezüglich dessen, was Mode ist, staunen, als hielten sie diesen Mangel für irgendwelchen Vorzug, als überzeuge sie meine Unbehilflichkeit vom Vorhandensein einer Kraft in mir.« (SW 18, 131) Walser ist demnach kein naiver Autor, er besetzt mit seiner vermeintlichen Unmodernität sehr bewusst eine Systemstelle innerhalb der literarischen Moderne.

Realistische Entsagung, moderne Textur

Unter den intertextuellen Bezügen Walsers überwiegen die zur Literatur des 19. Jh.s, insbesondere zur Romantik und zum Realismus. Vor allem in den publizierten Romanen wird dieses Erbe auch in der Textur angetreten. Der Beginn von *Der Gehülfe* etwa – »Eines Morgens um acht Uhr stand ein junger Mann vor der Türe eines alleinstehenden, anscheinend schmucken Hauses. Es regnete.« (SW 10, 7) – zeigt in den Zeit-, Orts- und Wetterangaben sowie der personalen Erzählsituation die typischen Züge realistischer Erzählliteratur (nach dem Muster: »Die Marquise ging um fünf Uhr aus«), wie sie den emphatisch Modernen »ein Greuel« ist (Breton 1924/1986, 13, mit Bezug auf Paul Valéry). Auch strukturell und inhaltlich beerbt der Roman den Poetischen Realismus: Im Zentrum steht, wie topisch z. B. bei Raabe (vgl. Gisi 2014), eine Sonderlingsfigur, hier der Gehilfe Joseph Marti, die der Moderne beim Misslingen zusieht, hier in Gestalt des erfolglosen Erfinders C. Tobler, der u. a. eine »Reklameuhr« und einen »Schützenautomaten« zu vermarkten versucht. Der Protagonist behält poetisch Recht, indem er einen humanistischen Code hochhält (Sorge um Silvi und Wirsich), bleibt dabei jedoch – im Gegensatz zum Bildungsroman, aber typisch für den Poetischen Realismus – ökonomisch, sexuell und künstlerisch unfruchtbar. Der Punkt, an dem sich die Modernität entscheidet, ist dabei jedoch die Verklärbarkeit dieser Position der Entsagung (vgl. Baßler 2010); und wie oft in realistischen Texten ist dabei auch hier das bürgerliche Weihnachtsfest die Stunde der Wahrheit. Joseph sehnt sich danach, muss jedoch enttäuscht feststellen: »Nach und nach verwirtshäuselte die Luft im weihnachtlichen Wohnzimmer gänzlich« (SW 10, 274) – man spielt Karten wie jeden Abend, die Verklärung bleibt aus. Im Verweis auf Angestelltenstatus, Arbeitslosigkeit und Alkoholismus (Wirsich) werden auch naturalistische Diskurse aufgegriffen, jedoch gilt der Sozialismus bereits als Jugendsünde (Joseph und Klara). »Auf große Entwürfe als Antidot dieser Moderne verzichtete Robert Walser« (Karpenstein-Eßbach 2013, 100); am Ende geht der Gehilfe dank seiner Kleinheit und Güte unbeschadet, aber auch unbereichert und ohne geholfen zu haben aus dem Geschehen hervor.

Moderner als die Romane, Gedichte und Szenen wirken die Prosastücke und Mikrogramme Walsers, die sein Hauptwerk ausmachen. Die Kleine Prosa erlaubt tendenziell eine Befreiung aus den Zwängen diegetischer, also realistischer Textkonstitution, und

zwar – für Walser wichtig – ohne große programmatische Verpflichtung, im Kleinen. Sie ermutigt sowohl eine für narrative Prosa ungewöhnliche, qua-
si-lyrische poetische Dichte (*poème en prose*, Prosa-
gedicht) als auch concettistische Verfahrensexperi-
mente, wie sie u. a. im Feuilleton ihren Ort haben.
Die Fruchtbarkeit und damit Zukunftsoffenheit, die
sich auf der inhaltlichen Ebene nicht einstellen will,
realisiert sich hier tendenziell im Poetischen selbst,
im Verfahren. Dies geschieht bei Robert Walser von
Anfang an – typisch für die Frühmoderne – in Gestalt von ›Routines‹, also begrenzten Schreibpro-
grammen. Mit *Fritz Kocher's Aufsätze* hat Walser an
der Entstehung der modernen Literatur aus dem
Geiste des Besinnungsaufsatzes teil (»Freie Deutsch-
aufsätze üben die Kopplung der zwei unmöglichen
Sätze *ich schreibe* und *ich deliriere* ein.« [Kittler
1985/2003, 401]) Poetologisch ist bereits hier die
Dialektik von »Bändigung und Unbändigkeit« (Utz
1998, 19), von unendlicher Textur und notwendig
begrenzender Zwangsregel formuliert (vgl. *Freithema*). Letztere kann, wie im Schulaufsatz, thematisch, sie kann aber auch formal begründet sein; ihre
Minimalform ist die Textlänge der Kalender- und
Aktenblätter, die Walser vollschreibt. Stil sei »immer
eine Gebändigtheit und ein Behagen, das aus dieser
Beherrschtheit hervorkommt und -strömt«, definiert
er später. »Wer sich einem gewissen Zwang unterwirft, darf sich irgendwie gehenlassen.« (AdB 4, 176)
   Schon Walsers erstes Prosastück, *Der Greifensee*
(1899), zeigt das Primat des Verfahrens, indem er das
Paradox des Erzählens ausstellt: Der erzählte Spaziergang und seine Erzählung fallen ineinander, woraus laufend Pointen geschlagen werden. Modern ist
diese Selbstreflexivität zunächst einmal nur im Sinne
von ›nicht realistisch‹, Laurence Sterne oder Jean
Paul haben Ähnliches bereits um 1800 praktiziert.
Dennoch ist es kein Zufall, dass die Frühmoderne
(neben Walser z. B. Paul Scheerbart, Christian Morgenstern, Mynona) hier wieder ansetzt. Die anti-rea-
listische Tendenz verbindet sich in der literarischen
Moderne mit einer entsprechenden Poetik, bei Walser etwa in *Von einem Dichter* (1901), das die Opposition von »Dichter« (tief, referentiell, melancholisch
– vormodern) und »Verfasser« (oberflächlich, ver-
fahrensorientiert, heiter – modern) aufmacht und
dabei im Verfahren des rhetorischen Katalogs zugleich mit moderner Textur arbeitet (vgl. Baßler u. a.
1996, 142–149). Der »Verfasser«, und nicht sein Alter Ego, der »Dichter«, stellt hier bezeichnenderweise
das Text-Ich. Vor allem aufgrund seiner Katalogtexte
kann man Walser als eine Art Bindeglied zwischen

den Décadence-Verfahren der frühen Moderne (z. B.
den historistischen Katalogen bei Joris-Karl Huysmans) und den hermetischen Texturen der emphatischen Moderne sehen (vgl. Baßler 1994, insbes. 110–
122, 136–148; Baßler u. a. 1996, 130–133). Bereits
1915 listet Kurt Pinthus ihn gemeinsam mit Hugo
von Hofmannsthal, Peter Altenberg, Else Lasker-Schüler, Theodor Däubler, Oskar Loerke, Walter
Calé und Georg Trakl unter jene Autoren, die »die
moderne Wirklichkeit« durchaus wahrnähmen, jedoch auf etwas Wesentlicheres hin transzendierten,
Walser im Besonderen verwandle sie »in anmutiges
Idyll voll zarter Genüsse« (Pinthus 1915, 1505).
   Die Naivität zeigt sich jedoch grundsätzlich als
künstlich hergestellte Eigenschaft der über das Gesamtwerk relativ stabilen Ich-Persona. Walsers Kurzprosa ist nicht nur durchgängig selbstreflexiv, anspie-
lungsreich und poetologisch übercodiert, sondern
trägt neben schwach narrativen oft auch reflexiv-es-
sayistische Züge. Dabei unterläuft sie vielfach die bildungsbürgerlichen Erwartungen an Kunstprosa und
Hochkultur (Evans 1989, 134–138, spricht von »Blö-
deln« und »Dummheit als Provokation«), prototypisch in *Ibsens Nora oder die Rösti*: »Von Bratkartof-
feln zu reden, wo Werte umgewertet werden sollten,
war arg.« (SW 8, 27) Walser ist überdies ein Meister
der Texturpointe, der willkürlichen Verbindung inhaltlicher, rhetorischer und lautlicher Verknüpfungen – nach dem Muster: »Gestern aß ich Speck mit
Bohnen und dachte dabei an die Zukunft der Natio-
nen« (SW 19, 191). Viele seiner Texte sind in diesem
Sinne modern in ihren Verfahren, die zwischen Text-
und Darstellungsebene angesiedelt sind und das Verhältnis beider tendenziell entautomatisieren. Sie produzieren dabei immer wieder ›Avantgardismen‹ (vgl.
Evans 1989, 116–144), ohne jedoch einer avantgardistischen Programmatik verpflichtet zu sein. Tamara S. Evans nennt vor allem Montage und kühne
Metapher (ebd.); doch fällt das Montageverfahren
bei Walser kaum ins Gewicht, und auch die Metaphorik ist in der Regel auflösbar. Es ginge zu weit, die
»Wirkungsintention« seiner gelegentlich kühnen Fü-
gungen »mit der Bildtheorie der Dadaisten und Surrealisten« (ebd., 123) eng zu führen, wie Evans und
andere das tun. Christian Benne behauptet gar, Walser sei in der deutschen Literatur »der Autor mit den
ausgeprägtesten Affinitäten und Parallelen zu den
poetischen Verfahren des Surrealismus« (Benne
2009, 50). Walsers Texte zielen nicht auf Provokation, schon gar nicht auf schockhafte Zerstörung des
Vorhandenen, und sind auch keiner überrealen Pri-
märwirklichkeit verpflichtet. Wenn Walser im Thea-

ter erzeugte Traumbilder »überwirklich« nennt, dann meint das keine Surrealität im Bretonschen Sinne (vgl. Benne 2009, 53), sondern ihre Qualität, »zugleich wahr und unnatürlich« zu sein, verweist also auf ihre Eigenschaft künstlicher Gemachtheit, die trotzdem auch im Bezug auf das wirkliche Leben einen »Zauber des Hinreißenden und Unvergeßlichen« ausübt (SW 15, 7). Genau darauf zielen auch die poetologische Doppelcodierung Walserscher Prosa –»Eine Wiese ist bei ihm bald ein wirklicher Gegenstand, bald jedoch nur etwas auf dem Papier« (Musil 1914/1978, 1467) – und ihre häufig gepflegte Haltung künstlicher Naivität. Auch die kühneren seiner Prosastücke verlieren so nie ganz die Referenz; sie bleiben an eine Ich-Origo gebunden, sind auf der Darstellungsebene verständlich und lassen sich daher immer noch auch als originelle Feuilletontexte verkaufen und goutieren. Walser schreibt keine absolute Prosa, auch wenn Kasimir Edschmid ihn in seiner programmatischen Rede *Expressionismus in der Dichtung* im Dezember 1917 zu dieser »ganze[n] Generation« der Expressionisten und später mit Däubler, Kafka, Benn und Paul Adler zur »Schule der Abstrakten« zählt (Edschmid 1918/1982, 52; Edschmid 1919/1957, 98–105).

Partizipation und Distanz

Walser entwickelt seine charakteristischen Textverfahren im Kontext der Frühen Moderne (z. B. im Umfeld der *Insel*, im *Simplicissimus*), publiziert aber auch im Expressionismus (z. B. im Kurt Wolff Verlag und den *Weißen Blättern*) und der Neuen Sachlichkeit der 1920er Jahre (z. B. *Die Literarische Welt*, *Weltbühne* und sogar *Sport im Bild*) weiter, und daneben immer auch im bürgerlichen Feuilleton. Dabei passt er seine Schreibweisen und Inhalte diesen wechselnden literarischen Feldern kaum an, vielmehr weist sein Werk von den allerersten Versuchen bis zum ›Bleistiftgebiet‹ eine hohe formale und inhaltliche Konstanz auf. Offenbar zeigt Walsers Prosa verschiedene Qualitäten, die von den Strömungen der literarischen Moderne in jeweils unterschiedlichem Maße vergrößert bzw. narkotisiert werden. Wie genau das jeweils geschieht, wäre noch zu erforschen. Im Expressionismus etwa wird ihnen eine Ethik des Kleinen, der ›Armut‹, abgelesen, im Angesicht des Weltkrieges kommt etwas wie Friedfertigkeit hinzu. All dies wird zeitgenössisch als authentischer Ausdruck des Dichters verstanden und geht mit bestimmten programmatischen Vorstellungen

zusammen, die expressionistische Schriftsteller vom Neuen Menschen entwickeln, ohne dass Walser sich an diesem Diskurs aktiv beteiligt hätte.

Auch die Schreibtechnik der Bleistift-Mikrogramme, mit der Walser sich ab den 1920er Jahren seines Flows versichert, hat man im Sinne eines gesteigerten Modernismus lesen wollen, und zwar zum einen als Hinwendung zur Materialität der Schrift, zum anderen als eine Art *écriture automatique*. Allerdings unterscheiden sich die Texte aus dem ›Bleistiftgebiet‹ inhaltlich und stilistisch nicht wesentlich von ihren Vorgängern, und der ›Tanz mit Worten‹ ist auch diesmal nicht mit einer mediumistischen Ästhetik verbunden, wie die emphatische Moderne sie zu großen Teilen vertritt. Es bleibt bis zu seinem Verstummen 1933 dabei, »daß die kleine Walser-Welt quer zur großen Welt der emphatischen Moderne liegt« (Geulen 1999, 818). Sein »Bezug zur Modernität ist Distanz« (Roussel 2009, 366), jedoch realisiert er sich als Position innerhalb der literarischen Moderne. Bereits Pinthus, Edschmid und Robert Musil haben seiner Kleinen Prosa in deren Spektrum einen bedeutenden Ort eingeräumt, den die Forschung bis heute nachhaltig bestätigt.

Literatur

Baßler, Moritz: Die Entdeckung der Textur. Unverständlichkeit in der Kurzprosa der emphatischen Moderne 1910–1916. Tübingen 1994.

Baßler, Moritz, Brecht, Christoph, Niefanger, Dirk, Wunberg, Gotthart: Historismus und literarische Moderne. Tübingen 1996.

Baßler, Moritz: Figurationen der Entsagung. Zur Verfahrenslogik des Spätrealismus bei Wilhelm Raabe. In: Jahrbuch der Raabe-Gesellschaft 51 (2010), 63–80.

Benne, Christian: »Schrieb je ein Schriftsteller so aufs Geratewohl?«. Der surrealistische Robert Walser. In: Friederike Reents (Hg.): Surrealismus in der deutschsprachigen Literatur. Berlin, New York 2009, 49–70.

Breton, André: Erstes Manifest des Surrealismus [1924]. In: ders.: Die Manifeste des Surrealismus. Dt. v. Ruth Henry. Reinbek bei Hamburg 1986, 9–43.

Edschmid, Kasimir: Expressionismus in der Dichtung [1918]. In: Thomas Anz, Michael Stark (Hg.): Expressionismus. Manifeste und Dokumente zur deutschen Literatur 1910–1920. Stuttgart 1982, 42–55.

Edschmid, Kasimir: Theodor Däubler und die Schule der Abstrakten [1919]. In: ders.: Frühe Manifeste. Epochen des Expressionismus. Hamburg 1957, 98–105.

Evans, Tamara S.: Robert Walsers Moderne. Bern, Stuttgart 1989.

Geulen, Eva: Autorität und Kontingenz der Tradition bei Robert Walser. In: Jürgen Fohrmann u. a. (Hg.): Autorität der/in Sprache, Literatur, Neuen Medien. Bielefeld 1999, 805–818.

Gisi, Lucas Marco: Barbaren, Kinder und Idioten. Von Wilhelm Raabes »Abu Telfan« und »Altershausen« zu Robert Walsers »Jakob von Gunten«. In: Jahrbuch der Raabe-Gesellschaft 55 (2014), 103–125.

Karpenstein-Eßbach, Christa: Deutsche Literaturgeschichte des 20. Jahrhunderts. München 2013.

Kittler, Friedrich A.: Aufschreibesysteme 1800/1900 [1985]. München [4]2003.

Musil, Robert: Literarische Chronik. August 1914. In: ders.: Gesammelte Werke. Bd. 2. Hg. v. Adolf Frisé. Reinbek bei Hamburg 1978, 1465–1471.

Pinthus, Kurt: Zur jüngsten Dichtung. In: Die weißen Blätter 2, 12 (Dezember 1915), 1502–1510.

Roussel, Martin: Der Riese Tomzack. Robert Walsers monströse Moderne. In: Achim Geisenhanslüke, Georg Mein (Hg.): Monströse Ordnungen. Zur Typologie und Ästhetik des Anormalen. Bielefeld 2009, 363–400.

Utz, Peter: Tanz auf den Rändern. Robert Walsers »Jetztzeitstil«. Frankfurt a. M. 1998.

Moritz Baßler

3 Werke

3.1 Werkphasen

Ordnungen des Werks

Robert Walsers Werk ist ein zerstreutes, dessen Grenzen sich in mindestens zweifacher Hinsicht nur schwer festlegen lassen: Erstens ist der Status des einzelnen Textes, der von einer autorisierten Publikation bis zum nachgelassenen Entwurf reicht, oft nicht eindeutig gegeben, zweitens ›wächst‹ das Werk durch Editionen nachgelassener Texte sowie durch Funde bisher unbekannter Publikationen in Zeitungen und Zeitschriften bis heute weiter (vgl. Groddeck 2008). Walser selbst hat die – seiner Vorliebe für die ›kleine Form‹ wie der Vielzahl der Publikationsorte geschuldete – Zerstreuung, aber damit indirekt auch die ›Einheit‹ seines Werks auf die viel zitierte Formel vom »mannigfaltig zerschnittene[n] oder zertrennte[n] Ich-Buch« (SW 20, 322) gebracht. Mit dem ›Kleinen‹ als gemeinsamem Nenner liegt auch eine werkphasenübergreifende Charakterisierung vor, die sich u. a. auf die Form des Prosastücks (vgl. Greven 1987), die behandelten Themen (vgl. Kreienbrock 2010) oder die Schreibverfahren und die Poetik (vgl. Schuller 2007; Scheffler 2010) beziehen lässt.

Walsers Werk setzt sich zusammen aus Buchpublikationen (drei Romane, eine Erzählung, elf Sammlungen von Prosa, Gedichten, dramatischen Texten), verstreuten unselbständigen Publikationen (Prosastücke, Gedichte, dramatische Texte), nachgelassenen Texten (ein Roman, Prosastücke, Gedichte, dramatische Szenen und Dialoge) sowie rund 750 überlieferten Briefen.

Nimmt man den Textumfang als Kriterium, so wurden fast 60 Prozent dieses Werks zu Lebzeiten Walsers publiziert, während gut 40 Prozent als Reinschrift oder Mikrogramm-Entwurf überliefert sind (vgl. Greven 2004, 134). In der zeitlichen Entwicklung zeigen sich »enorme[] Auf- und Abschwünge seiner Produktivität«, wobei sich drei Phasen besonders hoher Produktivität ausmachen lassen: eine erste mit den drei Berliner Romanen zwischen 1906 und 1909, eine zweite mit zahlreichen Veröffentlichungen in Zeitschriften/Zeitungen und/oder Büchern zwischen 1913 und 1920 sowie eine Phase höchster Produktivität zwischen 1925 und 1928 mit vielen Veröffentlichungen in Zeitungen und Zeitschriften sowie einer großen Anzahl unveröffentlichter Texte (vgl. ebd., 129, 135–140).

Nimmt man die Anzahl Texte als Kriterium, zeigt sich folgendes Bild: Walser hat selbst 15 Bücher zur Publikation gebracht. Er hat über 1000 Texte (Prosa, Gedichte, dramatische Szenen) in mehr als sechzig Zeitschriften, Anthologien oder Jahrbüchern und mehr als vierzig Tageszeitungen veröffentlicht. Ungefähr ein Drittel dieser Texte erschienen auch in von Walser selbst veranstalteten Autorsammlungen. Überliefert sind zudem rund 300 Reinschrift-Manuskripte (Prosa, Gedichte, dramatische Szenen), von denen keine Veröffentlichung bekannt ist. Auf den 526 nachgelassenen Mikrogrammen finden sich unter den von Walser nicht für die Publikation weiterbearbeiteten Texten (die gut die Hälfte der Mikrogrammtexte ausmachen) der »Räuber«-Roman, die »Felix«-Szenen und rund 700 kürzere Texte (Prosastücke, Gedichte, dramatische Szenen).

Versucht man, Walsers Werk in eine ›Ordnung‹ zu bringen, so sind zwei Eigenheiten zu bedenken: Erstens hat Walser seine Texte häufig, z. T. in unterschiedlichen Fassungen, mehrfach publiziert: als unselbständige Publikationen, nach Möglichkeit in mehreren Publikationsorganen, und gesammelt in Buchpublikationen. Zweitens sind die Texte unterschiedlich überliefert, d. h. während einzelne Texte als Bleistiftentwurf, Reinschrift in Tinte und Zeitschriftenpublikation vorliegen, hat sich von vielen Texten nur eine der genannten Textstufen erhalten. Dies lässt in Bezug auf das gesamte Werk sowohl eine textgenetische Anordnung zu, die bei den überlieferten Manuskripten ansetzt, als auch eine publikationsgeschichtliche Anordnung, die bei den von Walser autorisierten Veröffentlichungen ansetzt (s. Kap. 2.6). In Bezug auf das publizierte Werk wäre dann entweder die unselbständige Publikation in Zeitungen, Zeitschriften etc. oder aber die (zeitlich meist nachträgliche) Buchpublikation prioritär zu behandeln. Die literarische Gattung hingegen bleibt als Ordnungskriterium dem Werk eher äußerlich, da Walser für die verschiedenen Schriftmedien Texte aller Gattungen verfasste und sich außerdem gerade bei den Mikrogrammen Prosa, Lyrik und dramatische Texte zuweilen auf demselben Schriftträger finden. Je nachdem, nach welchem Kriterium Walsers Werk angeordnet wird, ergibt sich also ein anderes Bild. Insofern bleiben produktionsästhetische Auffassungen einer ›Werkentwicklung‹ – von der Blitzkarriere als Romanautor zum Meister der kleinen Form und Virtuosen der Mikrographie – ebenso wie rezeptionsgeschichtliche Fokussierungen – insbesondere die Verschiebung vom Früh- zum Spätwerk – tendenziell einseitig.

Der Darstellung von Walsers Werk innerhalb des Handbuchs wurde indes aus pragmatischen Gründen ein äußeres Kriterium zur Unterscheidung von Werkphasen zugrunde gelegt, nach dem meist auch die biographischen Darstellungen organisiert sind (vgl. u. a. MÄCHLER; ECHTE), nämlich die Aufenthaltsorte des Autors. Diese Periodisierung hat sich in der Walser-Forschung eingebürgert und wird oft nicht nur als biographisches Raster verstanden, sondern auch inhaltlich profiliert, um – nicht unumstrittene – Werk- und Stilentwicklungen zu bezeichnen. Die Unterscheidung »schroff voneinander« abgehobener Einheiten innerhalb des Werks, wie sie etwa Jochen Greven in existenzphilosophischer Perspektive anhand von zwei komplementären, sich abwechselnden »Haltungen« zur Welt vorgenommen hat (vgl. Greven 1960/2009, 165–169), ist allerdings – vor allem durch das erst seit den 1960er Jahren in seinem ganzen Umfang zutage getretene Berner Werk – einer differenzierteren Sicht gewichen. Tatsächlich gehen aber die Ortswechsel in Walsers Biographie auch mit einer (partiellen) künstlerischen Neuausrichtung und -positionierung innerhalb des Literaturbetriebs einher. Daneben ließen sich aber selbstverständlich eine ganze Reihe weiterer Kriterien zur Unterscheidung von Werkphasen in Anschlag bringen, etwa: die thematische Ausrichtung der Texte (zwischen Großstadt- und Naturwahrnehmung etc.; s. Kap. 4.15 u. 4.14), die Traditionsbezüge und Lektüren (s. Kap. 2.8), die Gattungen und Gattungstraditionen (vom Dramolett, dem Aufsatz über die Novelle und dem Roman hin zu den verschiedenen Formen des Feuilletons; s. Kap. 4.4), das Verhältnis von ›realistischem‹ Weltbezug und autopoetischem Sprachexperiment, die Positionsnahmen bzw. -verweigerungen gegenüber der ›Jetztzeit‹, die Ausbildung unterschiedlicher Schreibverfahren oder die verschiedenen Publikationsmedien und Publikationsräume.

Die Anordnung innerhalb des Handbuchs soll in der Feingliederung sodann einerseits die komplexe Entstehung und Überlieferung von Walsers Werk berücksichtigen und dieses andererseits trotzdem auch für Leser/-innen ohne entsprechende Vorkenntnisse zugänglich machen. Es bot sich daher an, verschiedene der genannten Kriterien mit- und nebeneinander anzuwenden. Walsers ›Prosastückligeschäft‹ angemessen wäre sicherlich eine Betrachtung der einzelnen Texte nach der Erstveröffentlichung meist in Zeitungen und Zeitschriften; dennoch wurde die Buchpublikation als Ordnungseinheit priorisiert, zum einen aus Gründen der Übersichtlichkeit, zum anderen, weil Walser die Komposition seiner Sammlungen nach Möglichkeit wesentlich mitbestimmte. Mit der Priorisierung der Buchpublikationen eröffnet das Handbuch zudem einen Blick auf Einheiten innerhalb von Walsers Werk, die in der Forschung bisher noch zu wenig berücksichtigt wurden.

Periodisierung

Frühe Werke (1898–1905)

Walsers veröffentlichtes Werk hat zwei Ausgangspunkte: Im *Sonntagsblatt des Bund* erscheinen ab 1898 erste Gedichte sowie *Fritz Kocher's Aufsätze*, 1904 zu Walsers erster Buchpublikation versammelt und von der Kritik relativ breit wahrgenommen werden. In der Zeitschrift *Die Insel* erscheinen seit 1899 Gedichte, Prosa und dramatische Texte (meist als ›Dramolette‹ bezeichnet und erst 1919 unter dem Titel *Komödie* in Buchform veröffentlicht). Insbesondere die Märchendramolette *Aschenbrödel* und *Schneewittchen* haben aufgrund ihrer Komplexität und kunstvollen Gestaltung bis heute große Beachtung gefunden. Eine Auswahl von meist zuvor verstreut erschienener Lyrik veröffentlicht Walser 1909 unter dem Titel *Gedichte* in Buchform. Aus der Zeit um 1900 stammen zwei längere Manuskripte, die erst in den 1970er Jahren veröffentlicht worden sind: die Gedichte aus dem Manuskript *Saite und Sehnsucht* sowie die Dialekt-Szenenfolge *Der Teich*.

Berliner Zeit (1905–1913)

Walsers Umzug nach Berlin geht mit einer thematischen Neuausrichtung und einer Gewichtsverlagerung hinsichtlich der Gattungen einher. Mit der Großstadterfahrung und dem Theaterbetrieb durchziehen zwei Themen seine Produktion kürzerer Texte, in denen sich Walsers produktive Auseinandersetzung mit der Moderne inhaltlich und formal artikuliert. Walser veröffentlicht Feuilletons in einer großen Zahl von Zeitungen und Zeitschriften; diese werden später z. T. in die Sammlungen *Aufsätze* (1913) und *Geschichten* (1914) aufgenommen, die aber auch frühere Texte enthalten.

In Berlin schreibt Walser seine drei zu Lebzeiten veröffentlichten Romane *Geschwister Tanner* (1907), *Der Gehülfe* (1908) und *Jakob von Gunten* (1909), mit denen er sich im zeitgenössischen Literaturbetrieb etablieren kann und die bis heute die meisten Leser gefunden haben.

Bieler Zeit (1913–1921)

Walsers Rückkehr in die Schweiz geht publikationsgeschichtlich mit einer Neuausrichtung auf Schweizer Verlage und Zeitschriften einher. Auch inhaltlich und stilistisch wurde verschiedentlich ein Bruch gegenüber den Texten der Berliner Zeit festgestellt: Ein gewisser Hang zum Idyllischen und zur Naturschwärmerei erscheint gleichermaßen als Ergebnis einer bewussten Hinwendung zur alten-neuen Umgebung wie als spezifische Reaktion auf die weltgeschichtliche Krisenzeit.

Als einziger längerer Erzähltext erscheint *Der Spaziergang* (1917) in Buchform. Diese Werkphase ist von Walsers Bearbeitung kürzerer Texte im Hinblick auf Buchpublikationen geprägt, von denen etliche, aber nicht alle realisiert werden konnten. Die Bearbeitung reicht von der (Neu-)Komposition bereits verstreut publizierter Prosastücke wie im Fall von *Kleine Dichtungen* (1915; Impressum 1914) oder *Poetenleben* (1917; Impressum 1918) über die unterschiedlich weit reichende Umarbeitung früherer Veröffentlichungen wie im Fall von *Kleine Prosa* (1917), *Poetenleben* und *Seeland* (1920; Impressum 1919) bis hin zur Zusammenstellung noch unveröffentlichter Texte im schmalen Band *Prosastücke* (1917).

Berner Zeit (1921–1933)

Die Berner Jahre sind von einer Konzentration aufs Feuilleton geprägt: Kann Walser in den ersten Jahren – abgesehen von der zum größten Teil aus Originalbeiträgen bestehenden Sammlung *Die Rose* (1925) – keine Buchpublikationen mehr realisieren und fallen einige Abnehmer von Prosastücken weg, so ist seit Mitte der 1920er Jahre eine enorme Produktionssteigerung feststellbar und es erschließen sich ihm insbesondere mit der *Prager Presse*, dem *Berliner Tageblatt* und der Zeitschrift *Individualität* neue Veröffentlichungsmöglichkeiten im ganzen deutschen Sprachgebiet. Gegenüber den in Biel entstandenen

Texten tritt sowohl in Walsers Prosa wie in seiner Lyrik, der er sich wieder verstärkt zuwendet, der experimentelle Charakter im oft metareflexiven (Jetzt-) Zeitbezug und selbstreflexiven Sprachspiel wieder deutlicher hervor.

Neben den zu Lebzeiten Walsers publizierten Texten ist ein Nachlass von enormem Umfang überliefert, der zum Großteil erst lange nach Walsers Tod ediert worden ist und heute einen bedeutenden Teil des Werks dieser Phase ausmacht. Es sind dies nebst Reinschriftmanuskripten insbesondere die ›Entwürfe‹ in mikrographischer Bleistiftschrift, die sogenannten Mikrogramme. Diese enthalten eine Vielzahl kürzerer Prosatexte, Gedichte sowie dramatische Szenen und Dialoge, aber mit dem »Räuber«-Roman, den »Felix«-Szenen und dem *Tagebuch-Fragment* auch drei heute viel beachtete längere Texte.

Korrespondenz, Herisauer Zeit, verlorene Werke

Wenngleich es sich biographisch um die längste Lebensphase handelt (1933–1956), fällt die Zeit, die Walser in der Heil- und Pflegeanstalt Herisau verbracht hat, aus den Periodisierungen des Werks heraus, da keine literarischen Texte überliefert sind.

Eine Ausnahme bildet hierbei Walsers Korrespondenz, die – soweit sie überliefert ist – erst 1949 abbricht. Das aus rund 750 erhaltenen Briefen bestehende Korpus umfasst zwar neben der ›geschäftlichen‹ Korrespondenz v. a. ›private‹ Briefe an Familienmitglieder sowie an Walsers Vertraute Frieda Mermet und an seine junge Brieffreundin Therese Breitbach. Dennoch lässt sich Walsers Epistolographie aufgrund von ›Fiktionalisierungsphänomenen‹ und der formalen, poetologischen und stilistischen Parallelen zum Feuilleton durchaus als Teil seines literarischen Werks verstehen (vgl. Stocker 2012).

Aufgrund v. a. brieflicher Zeugnisse gibt es Spuren von verschiedenen verlorenen Werken Walsers (vgl. Kommentar in SW 20, 478–480). Nebst mutmaßlich drei frühen Romanen und verschiedenen kürzeren Texten sind namentlich die beiden Romane *Tobold* und *Theodor*, die Walser 1918–1920 bzw. 1921–1925 erfolglos verschiedenen Verlagen zur Publikation angeboten hatte, in der Folge verloren gegangen.

Literatur

Echte, Bernhard: »Wer mehrere Verleger hat, hat überhaupt keinen.« Untersuchungen zu Robert Walsers Verlagsbeziehungen. In: Rätus Luck (Hg.): Geehrter Herr – lieber Freund. Schweizer Autoren und ihre deutschen Verleger. Mit einer Umkehrung und drei Exkursionen. Basel, Frankfurt a. M. 1998, 201–244.

Greven, Jochen: Existenz, Welt und reines Sein im Werk Robert Walsers. Versuch zur Bestimmung von Grundstrukturen. Reprint der Originalausgabe von 1960. Mit einem Nachwort u. dem Publikationsverzeichnis des Verfassers. Hg. u. mit einer Einl. v. Reto Sorg. München 2009.

Greven, Jochen: Die Geburt des Prosastücks aus dem Geist des Theaters. In: CHIARINI/ZIMMERMANN, 83–94.

Greven, Jochen: Robert Walsers Schaffen in seiner quantitativen zeitlichen Entwicklung und in der Materialität seiner Überlieferung. In: Text. Kritische Beiträge 9 (2004), 129–140.

Groddeck, Wolfram: Jenseits des Buchs. Zur Dynamik des Werkbegriffs bei Robert Walser. In: Text. Kritische Beiträge 12 (2008), 57–70.

Kreienbrock, Jörg: Kleiner. Feiner. Leichter. Nuancierungen zum Werk Robert Walsers. Zürich 2010.

Schäfer, Jörg: Beschreibung der von Robert Walser herausgegebenen Bücher. In: Robert und Karl Walser. [Katalog zur] Ausstellung im Helmhaus Zürich 16. April bis 4. Juni 1978. Zürich 1978, 20–25.

Scheffler, Kirsten: Mikropoetik. Robert Walsers Bieler Prosa. Spuren in ein »Bleistiftgebiet« avant la lettre. Bielefeld 2010.

Schuller, Marianne: Robert Walsers Poetik des Winzigen. Ein Versuch. In: GRODDECK u. a., 75–81.

Sorg, Reto, Gisi, Lucas Marco (Hg.): »Jedes Buch, das gedruckt wurde, ist doch für den Dichter ein Grab oder etwa nicht?« Robert Walsers Bücher zu Lebzeiten. Bern 2009.

Stocker, Peter: Adressaten und Adressierungen in Robert Walsers Briefen und ihre editorische Behandlung in der Kommentierten Berner Ausgabe (KBA). In: Germanistik in der Schweiz 9 (2012), 57–78

Lucas Marco Gisi

3.2 Frühe Werke (1889–1905)

3.2.1 *Der Teich* (verfasst 1902)

Ausnahmewerk

Die kurze Szenenfolge *Der Teich* ist Robert Walsers einziger überlieferter Dialekt-Text. Das erstaunt nicht, denn Carl Seelig hat mitgeteilt, dass der Autor für »Versuche, in der Mundart zu schreiben«, wenig übrig hatte: »›Ich habe absichtlich nie im Dialekt geschrieben. Ich fand das immer eine unziemliche Anbiederung an die Masse.‹« (SEELIG, 26) Walser schätzt die Mundart jedoch nicht grundsätzlich gering. Wie vor ihm Jeremias Gotthelf oder nach ihm Friedrich Dürrenmatt entwickelt er eine Schreibweise, welche die Umgangssprache nicht versteckt, sondern die mediale Diglossie (vgl. Utz, Sorg 2014) Leuenberger, Aeberhard, Battegay 2014) von gesprochener Mundart und geschriebener Standardsprache ironisch kultiviert: »Wäre Hochdeutsch seine Muttersprache gewesen, es hätte nie ein solcher Robert Walser entstehen können.« (Bichsel 1983, 358; vgl. Evans 1994; Widmer 1973, 156; Stocker 2014)

Dass *Der Teich* überhaupt existiert, erfuhr die Öffentlichkeit erst 1966. Robert Mächler situierte »die in deutscher Schrift auf fünfzehn Blätter eines unlinierten Schulheftes geschriebene, biographisch wichtige Szenenfolge« als Frühwerk, das »im Keim schon manches vom späteren Robert Walser zu erkennen« (MÄCHLER, 34 f.) gebe. Aufgetaucht war das bis dahin unbekannte Manuskript bei Walsers jüngerer Schwester Fanny Hegi-Walser (1882–1972), die es Interessierten – so etwa bereits 1954 Seelig (vgl. Fanny Walser an Carl Seelig, 15. 6. 1954 u. 7. 7. 1954, RWA) – zur Verfügung stellte, bevor es schließlich ins Robert Walser-Archiv gelangte (vgl. Fröhlich 1979, 112 f.).

Erstmals publiziert wurde *Der Teich* 1972, im zwölften Band der Ausgabe von Walsers *Gesamtwerk*, der *Entwürfe* und *Verschiedene Schriften* aus dem Nachlass enthält. Der Herausgeber Jochen Greven beschrieb die 15-seitige Handschrift ursprünglich als »eine kaum individuelle Züge zeigende schülerhafte Schönschrift, fast ohne Verschreibungen und Verbesserungen und mit kalligraphisch ausgemaltem Titel, also wohl eine Abschrift, jedenfalls von Walsers Hand« (Greven 1972, 309). Für ihn stand fest, dass *Der Teich* Walsers »zweifellos früheste erhaltene literarische Arbeit« (ebd., 310) sei, obwohl er den exakten Entstehungszeitpunkt nicht anzugeben vermochte (vgl. ebd., 309).

Der Status des frühsten bekannten Walser-Werks wurde dem Stück mit der einzigartigen Sprachform (vgl. Weber 1973/1978, 198) indes bald wieder aberkannt. Gestützt auf einen Papier- und Handschriftenvergleich, verbunden mit biographischen Anhaltspunkten, psychologischen Schlüssen und werkimmanenten Analogien, zeigte Bernhard Echte auf, dass der Text unmöglich so früh entstanden sein konnte, wie von Greven angenommen. Echte kommt schließlich »mit an Sicherheit grenzender Wahrscheinlichkeit« zum Schluss, dass »*Der Teich* im Jahre 1902 niedergeschrieben wurde. Das aber heißt: Walser hat das Mundartstück nicht als Vierzehn- bis Siebzehnjähriger, sondern als Vierundzwanzigjähriger verfaßt« (Echte 1987, 312) – ein Ergebnis, das Greven anerkannte (vgl. Greven 1987).

Kleine Dramen

Als kurzer Einakter wird *Der Teich* von Greven zusammen mit Walsers »Dramolets« (Greven 1960/2009, 30) behandelt. Solche »Kurzformen des Dramas« (Herget, Schultze 1996) brechen die theatralischen Großformen auf und exponieren einzelne Momente, Motive, Bilder, Konflikte und Konstellationen (vgl. Schnetz 1967; Winkler 1974). Hinsichtlich des Anspruchs und der Ausformung ist *Der Teich* mit anderen frühen Kurzstücken Walsers wie *Dichter* (1900) und *Die Knaben* (1902) vergleichbar, die sich ebenfalls um die Figuren der Mutter und des jugendlichen Dichters drehen und zugleich als »Metatheater« (Borchmeyer 1987, 129) funktionieren. Motivische Bezüge reichen bis ins spätere Werk, insbesondere zu den »*Felix*«-Szenen.

Weshalb Walser die von ihm literarisch sonst nie benutzte berndeutsche Mundart wählte, weiß man nicht. Die unglückliche Rückkehr aus Berlin und die vorübergehende Wohngemeinschaft mit der Schwester Lisa in Täuffelen (vgl. MÄCHLER, 69–73; ECHTE, 130–133) schufen eine Atmosphäre, in der die familiäre Thematik und die vertraute Mundart omnipräsent waren. Ein autobiographischer Bezug ist jedoch nur vage bestimmbar, ob die Handlung auf einem realen Ereignis basiert, bleibt offen. Da das Stück zu Walsers Lebzeiten niemals je erwähnt wurde, liegt ein privater Verwendungszweck nahe.

Vom Stoff her ist *Der Teich* ein Familienstück, vom Genre her ein Beziehungsdrama. Im Glauben, seine Mutter liebe ihn nicht, wirft Fritz seinen Hut in den nahegelegenen Teich, um so seinen Selbstmord vorzutäuschen. Die Vorstellung des Schocks, den diese List provozieren würde, tröstet ihn. Als er

dann – gleich einem ›verlorenen Sohn‹ (vgl. Herzog 1974, 33–35; Camenzind-Herzog 1981, 23–37) – ebenso unvermittelt wie unversehrt wieder auftaucht, mündet die Gefühlsverwirrung in einer Versöhnung, die inzestuöse Züge trägt. Fritz ist seiner Mutter erstmals wirklich nahe, sitzt »*halb auf ihrem Schoß*« (SW 14, 127). Sie weinen zusammen, drücken und küssen sich. Die jugendliche Unschuld des Protagonisten und der Charme des Dialekts, das moderate Pathos und die ironische Peripetie eskamotieren die Katastrophe.

Die Mutter bildet den Beweggrund der dramatischen Handlung. Als existierte eine Scham, sie eindeutig zu benennen, trägt sie als einzige Figur keinen Vornamen. Ihre Bezeichnung schwankt zwischen den Varianten »Mutter«, »Mueter« und »Muetter«. Dabei verkörpert sie den unmittelbarsten autobiographischen Bezug, denn Walsers Mutter galt als schwermütig und unzugänglich. Zudem heißt sie im Stück mit Nachnamen Marti und trägt damit den Mädchennamen von Walsers Mutter. Noch direkter ist die Entsprechung beim Vater, der nur marginal vorkommt. Er heißt im Stück wie auch in Wirklichkeit Adolf.

Produktive Konstellation

Der Teich geht über den Fall eines unglücklichen Knaben, der um die Liebe seiner Mutter ringt, hinaus. Nach der Versöhnung zwischen Mutter und Sohn spielen die Kinder im Schein einer Lampe, die »wie ne Zauberlampe« (SW 14, 131) ein magisches Licht verbreitet. Die Eltern schauen zu. Plötzlich erscheint ihnen alles, was die Kinder sagen, »so neu, so anders« (SW 14, 131). Die Geschichte, die Fritz und seine Geschwister Klara und Paul spielen, reflektiert die Ereignisse des Tages. Durch die suggestive Wirkung, die das Spiel im Spiel entfaltet, wird ein Tintenfleck auf dem Papier zum Teich. Die Kinder halten Besteck in Händen und spielen damit sich selber. Paul ist die Gabel, das Löffelchen spielt Klara. Fritz spielt sich selber als Messer, das wie eine Schreibfeder durch den Fleck bzw. in den Teich fährt und dadurch Bedeutung generiert. Das Spiel, mit dem die Kinder die aufwühlenden Erlebnisse des Tages rekapitulieren, wird zu einer Initiation in die Logik der Dichtung. Es sind nicht die Eltern, die ihren Kindern Märchen erzählen, sondern die Kinder erspielen sich ihre Autonomie durch Geschichten, die ihr Leben reflektieren und die Erwachsenen in Bann schlagen und besänftigen. Auf die Frage der Mutter, wo Fritz die Geschichten denn alle hernehme, antwortet

Klara: »He, usem Chopf. Si Chopf isch es ganzes
Buech voll Gschichte.« (SW 14, 132) [»Na, aus dem
Kopf. Sein Kopf ist ein ganzes Buch voller Geschich-
ten.« (Walser 2014, 31)]

Das Stück endet mit einer *mise en abyme*, indem
das Kinderspiel und das Leben der Familie in eins
fällt. Wenn das Spiel die Wirklichkeit einholt, ist die
Familie geläutert und vereint. Durch die geschlossene Form und die ödipal getriebene Handlung hat
das Stück einen Zug ins Mythologische, der noch
verstärkt wird, wenn das Schicksal des Einzelnen in
einer die Ereignisse deutenden Binnengeschichte
aufgehoben wird. Es scheint, als habe die Maske des
harmlos scheinenden Dialekts den poetologischen
Gehalt des Stücks bislang verdeckt. Dabei ist *Der
Teich* für Walsers Schaffen ein initialer Schlüsseltext.
Erstmals gestaltet er jene produktive Konstellation,
die einen Mangel imaginiert, um ihn qua Fiktion zu
beheben (vgl. Echte 1999, 26 f.).

Stärker als in der Forschung wurde das Stück auf
dem Theater und in anderen Sprachen rezipiert. Seit
der Uraufführung 1979 wurde es mehrfach gespielt
(vgl. Sorg 2014, 70 f.) und ins Französische (Walser
1999), Englische (Walser 2013) und Hochdeutsche
(Walser 2014) übersetzt.

Ausgaben

GW 12 1, 294–307. – SW 14, 117–132. – Der Teich. Szenen.
Zweisprachige Ausgabe. Aus dem Schweizerd. v. Händl
Klaus u. Raphael Urweider. Mit 7 Holzschnitten v. Chris-
tian Thanhäuser. Hg. u. mit einem Nachwort versehen v.
Reto Sorg. Berlin: Insel 2014. – L'Étang. Trad. du suisse
allemand par Gilbert Musy. Postface de Bernhard Echte.
Carouge-Genève: Editions Zoé 1999. – The Pond. Trans.
from German by Daniele Pantano and James Reidel. In:
Conjunctions 60 (Spring 2013), 349–360.

Literatur

Bichsel, Peter: Nachwort. In: Robert Walser: Geschwister
Tanner. Roman. Zürich 1983, 331–361.

Borchmeyer, Dieter: Robert Walsers Metatheater. Über die
Dramolette und szenischen Prosastücke. In: CHIARINI/
ZIMMERMANN, 129–143.

Camenzind-Herzog, Elisabeth: Robert Walser – »eine Art
verlorener Sohn«. Bonn 1981.

Echte, Bernhard: Die Datierung des Mundartstücks *Der
Teich*. Zu Robert Walsers schriftstellerischen Anfängen.
In: CHIARINI/ZIMMERMANN, 297–320.

Echte, Bernhard: Postface. In: Robert Walser: L'Etang.
Genève 1999, 23–27.

Evans, Tamara S.: Von der Doppelbödigkeit des Bodenständigen. Überlegungen zu Robert Walsers Umgang mit der
Mundart. In: Peter Utz (Hg.): Wärmende Fremde. Ro-

bert Walser und seine Übersetzer im Gespräch. Akten
des Kolloquiums an der Universität Lausanne, Februar
1994. Bern u. a. 1994, 47–60.

Fröhlich, Elio: Nachwort. In: Robert Walser: Saite und
Sehnsucht. Faksimile-Ausgabe. Im Auftrag der Carl-Seelig-Stiftung hg. u. mit einem Nachwort vers. v. Elio Fröhlich. Zürich 1979, 111–116.

Greven, Jochen: Existenz, Welt und reines Sein im Werk
Robert Walsers. Versuch zur Bestimmung von Grund-
strukturen [1960]. Reprint der Originalausgabe. Hg. v.
Reto Sorg. München 2009.

Greven, Jochen: »Si Chopf isch es ganzes Buech voll
Gschichte«. Wann schrieb Robert Walser *Der Teich*? In:
CHIARINI/ZIMMERMANN, 321–325.

Herget, Winfried, Schultze, Brigitte (Hg.): Kurzformen des
Dramas. Gattungspoetische, epochenspezifische und
funktionale Horizonte. Tübingen, Basel 1996.

Herzog, Urs: Robert Walsers Poetik. Literatur und soziale
Entfremdung. Tübingen 1974.

Jones, Brian Douglas: *Der Teich* and *Fritz Kochers Aufsätze*.
Scenes of Writing in the Early Work of Robert Walser.
Masterarbeit University of California, Santa Barbara
2004.

Leuenberger, Stefanie, Aeberhard, Simon, Battegay, Caspar:
Zum Spannungsverhältnis zwischen Mundart(en) und
Hochsprache(n) in der Deutschschweizer Literatur. Einleitung. In: dies. (Hg.): dialÄktik. Deutschschweizer Literatur zwischen Mundart und Hochsprache. Zürich 2014,
7–21.

Neher, Ulrich: Die Auseinandersetzung mit der Macht in
Familie, Literaturbetrieb und Gesellschaft. Zu Robert
Walser: »Der Teich«, »Der Schulaufsatz«, »Das letzte
Prosastück« und Späte Prosa. Magisterarbeit Universität
Freiburg i. Br. 1984.

Schnetz, Diemut: Der moderne Einakter. Eine poetologische Untersuchung. Bern, München 1967.

Sorg, Reto: Nachwort. »Sein Kopf ist ein ganzes Buch voller
Geschichten.« In: Robert Walser: Der Teich. Szenen.
Zweisprachige Ausgabe. Berlin 2014, 63–73.

Stocker, Peter: Provinzialwörter als Stilmittel bei Robert
Walser. In: Simon Aeberhard, Caspar Battegay, Stefanie
Leuenberger (Hg.): dialÄktik. Deutschschweizer Literatur zwischen Mundart und Hochsprache. Zürich 2014,
123–134.

Utz, Peter, Sorg, Reto: »Aber ich bin ein Schweizer, die deutsche Sprache ist mir fremd«. Perspektivierungen der helvetischen ›dialÄktik‹. In: Simon Aeberhard, Caspar Battegay, Stefanie Leuenberger (Hg.): dialÄktik. Deutschschweizer Literatur zwischen Mundart und Hochsprache. Zürich 2014, 235–242.

Weber, Werner: Walsers früheste Dichtung. *Der Teich*
[1973]. In: KERR 2, 198–203.

Widmer, Urs: Nachwort. In: Robert Walser: Der Spaziergang. Ausgewählte Geschichten und Aufsätze. Zeichnungen von Karl Walser. Nachwort von Urs Widmer. Zürich 1973, 145–166.

Winkler, Michael (Hg.): Einakter und kleine Dramen des
Jugendstils. Stuttgart 1974.

                                    Bernhard Echte/Reto Sorg

3.2.2 *Gedichte* (1909)

Entstehung und Veröffentlichung

Walsers Sammlung *Gedichte* erschien – nachdem sie bereits für Weihnachten 1908 angekündigt worden war (vgl. Kunst und Künstler 7, 3 [Dezember 1908]) – Anfang 1909 ohne Jahresangabe beim Verlag Bruno Cassirer in Berlin (vgl. Schäfer 1978, 21 f.). Das Buch wurde in einer Auflage von 300 nummerierten und signierten Exemplaren (Walsers Unterschrift war gefälscht) als blauer Quartband auf echtem Bütten herausgegeben, enthält 40 Gedichte und ist mit 16 Radierungen Karl Walsers illustriert (vgl. Echte 243; Echte, Meier 1990, 96–103 2008, 243). Die bibliophile Ausstattung der *Gedichte*, erhältlich zu einem Subskriptionspreis von 30 Mark, wurde in zeitgenössischen Besprechungen mehrfach hervorgehoben.

Mit wenigen Ausnahmen waren die in der Sammlung enthaltenen Gedichte schon zuvor in verschiedenen Zeitschriften publiziert worden. Josef Viktor Widmann hatte als Feuilleton-Redakteur der Berner Tageszeitung *Der Bund* mit dem Abdruck von sechs Gedichten im *Sonntagsblatt des Bund* vom 8. 5. 1898 überhaupt die erste Publikation Walsers besorgt, fünf der ›Erstlinge‹ wurden in die *Gedichte* aufgenommen: *Helle*, *Wie immer*, *Ein Landschäftchen*, *Am Fenster* und *Vor Schlafengehen*. Sieben weitere Gedichte der Sammlung waren schon im August 1899 in der *Wiener Rundschau* veröffentlicht worden, weitere acht Gedichte sind zwischen Oktober 1899 und Juni 1900 in der Münchner Literatur- und Kunstzeitschrift *Die Insel* erschienen. 1904 war eines der Gedichte in der Münchner Wochenschrift *Freistatt* abgedruckt, 1907 sechs weitere Gedichte in der Zeitschrift *Opale*. Vereinzelt wurden die bereits veröffentlichten Gedichte mit neuen Titeln versehen und für die Sammlung teilweise geringfügig überarbeitet.

Die Mehrzahl der Gedichte ist im Zeitraum zwischen 1898 und 1900 entstanden. Walser lebte während dieser außerordentlich ertragreichen Phase lyrischer Produktion in Zürich, wo er zeitweilig als Commis in verschiedenen Anstellungen arbeitete. Insgesamt sind über 80 Gedichte aus diesen Jahren erhalten: Widmann erhielt von Walser im Vorfeld des Abdrucks der ›Erstlinge‹ ein Heft mit rund 40 Gedichten, Franz Blei bekam von Walser im Sommer 1898 eine unbekannte Zahl von Gedichthandschriften, im Frühjahr 1899 weitere 20 Gedichte; das später aufgefundene Heft *Saite und Sehnsucht* enthält 50 Gedichte (vgl. Greven, Nachwort in SW 13, 270). Die Sammlung von 1909 stellt also in großen Teilen eine Auswahl von Walsers frühester literarischer Produktion dar. Entsprechend reichen Walsers Bemühungen um einen Gedichtband weit zurück, diesbezügliche Verhandlungen mit dem Insel-Verlag sind in zahlreichen Briefen seit der Publikation von *Fritz Kochers Aufsätze* (1904) dokumentiert. Aber erst nach Veröffentlichung der Romane *Geschwister Tanner* (1907) und *Der Gehülfe* (1908) wurden die *Gedichte* bei Bruno Cassirer ins Programm genommen.

Die ersten Rezensenten reagierten zustimmend auf Walsers *Gedichte*. Widmann bespricht die Sammlung im *Bund* ausführlich, erinnert an den Druck der ›Erstlinge‹, lobt den »innige[n] Zusammenhang Walsers mit der Landschaft« und gelangt mit der Beobachtung, ›Erlebnisse‹ der Natur wären der erste Gegenstand von Walsers Gedichten, zur Einschätzung: »darum sind diese andächtigen Gedichte etwas Schönes, Reines und Gutes« (Widmann 1909/1978, 31 f.). Als einzigen Kritikpunkt erwähnt Widmann die exklusive Ausstattung und moniert den hohen Anschaffungspreis des Bändchens (ohne Subskription 45 Mark). Otto Julius Bierbaum rezensiert die *Gedichte* in der Wiener *Zeit* und kommt dabei zum Schluss, Walsers Eigenart sei »völlig echt« (Bierbaum 1909). Hans Bethge bemerkt in einer allgemeinen Würdigung Walsers die Verwandtschaft der Gedichte und Radierungen (Bethge 1910/1978, 43). Josef Hofmiller will Walsers Gedichten im Zusammenhang seiner unerbittlichen Besprechung des *Jakob von Gunten* allerdings immerhin zugestehen, etwas für »Liebhaber von Kuriositäten« zu sein (Hofmiller 1909/1978, 51).

Eine zweite, wohlfeilere und geringfügig veränderte Auflage der *Gedichte* bei Bruno Cassirer von 1919 fand kaum Resonanz. Otto von Greyerz diskreditiert die Sammlung (»So abgeklappt und schachmatt hat noch selten einer gedichtet.«; Greyerz 1919) als »schlappmachende Dekadenzdichtung« (Greven, Nachwort in SW 13, 272), Bethge rehabilitiert Walsers Lyrik in einem Aufsatz über *Die Brüder Walser* im *Kleinen Bund* und präzisiert seine Beobachtungen zur Korrespondenz zwischen Text und Bild (Bethge 1920). Carl Seelig, Verwalter von Walsers literarischem Vorlass, besorgte 1944 bei Schwabe in Basel eine Neuauflage der *Gedichte*, wieder mit den Radierungen des Bruders, aber ergänzt durch zwei spätere Gedichte Walsers (*Handharfe* und *Wanderer*). Der Abdruck der Sammlung in den *Sämtlichen Werken* folgt der zweiten Auflage (SW 13, 7–29).

Textbeschreibung

»Es waren wirkliche und richtige Gedichte von Innen her. Nirgends dirigierte der Reim den Sinn. Keines der Gedichte war über eine Melodie moduliert, der das Ohr nachgibt. Es wurde nicht Poesie der Musik, Sprache dem Rhythmus, Wort dem Melos geopfert« (Blei 1937). Bleis Beobachtungen zu Walsers früher Lyrik sind in einem entscheidenden Punkt sehr genau: Zwar kennzeichnen sich Walsers Gedichte durch eine gewisse Freiheit der Form, sie sind aber nicht formlos. Walser macht intensiven Gebrauch von den Möglichkeiten des Reims, des Metrums und des Rhythmus, allerdings ohne einem Formzwang zu unterliegen, der den Sinn normiert. So attestierte die zeitgenössische Kritik Walser auch in den Gedichten eine originale Haltung, war aber weitgehend darin einig, dass sich Walsers Originalität wenigstens teilweise durch dessen mangelnde literarische Bildung erkläre. Man konnte sich auf Landschaft und Natur als erstes Thema der *Gedichte* verständigen, der in manchen Gedichten höchst elaborierte Modus der Darstellung blieb aber zumeist unbemerkt.

Dem ersten Gedicht der Sammlung ist eine Radierung Karl Walsers vorangestellt. Das Bild zeigt einen jungen Mann von hinten, an einem Schreibpult sitzend, die linke Hand am Hals, mit der rechten auf das Pult gestützt über ein aufgeschlagenes Buch gebeugt, das Gesicht zum Fenster gerichtet, durch welches Sterne und Mond zu sehen sind. Diese nächtliche Schreibszene wird durch den Titel des Gedichts *Im Bureau* kontrastiert; bei genauerem Hinsehen zeigt sich, dass das Buch nicht das Schreibheft eines Dichters, sondern eher ein Geschäftsbuch ist, dessen Seiten tabellarisch beschrieben sind. Das zweistrophige Gedicht skizziert zunächst die im Bild vorgestellte Situation, wobei der Mond das grammatikalische Subjekt bildet: »Der Mond blickt zu uns hinein, / er sieht mich als armen Kommis / schmachten unter dem strengen Blick / meines Prinzipals.« (SW 13, 7) Der Mond legitimiert die Büroszene als Sujet des Gedichts, das im folgenden Vers auf seine Gattungszugehörigkeit insistiert: »Ich kratze verlegen am Hals.« (ebd.) Die Vokalquantitäten im Reim ›Hals‹ und ›Prinzipals‹, der am Ende der Strophe in Vers neun und zehn chiastisch wiederholt wird, stimmen nicht überein. Der formale Anspruch des Gedichts, der sich so artikuliert, lenkt aber die Aufmerksamkeit darauf, dass sich alle einander entsprechenden Verszeilen der beiden Hälften der Strophe entgegen dem ersten Eindruck reimen: »Dauernden Lebenssonnnenschein / kannte ich noch nie. / Mangel ist mein Geschick; / kratzen zu müssen am Hals / unter dem Blick des Prinzipals.« (ebd.) Die lyrische Anverwandlung der Büroszene verlangt nach einer Reihe rhetorischer Einsätze: der Verlegung der Szene in die Nacht, der Subjektivierung des Monds und dem intensiven Gebrauch des Reims. Die zweite Strophe bildet, von manchen autoreflexiven Irritationen der ersten Strophe bereinigt, in konzentrierter Form die poetische Substanz des Gedichts: »Der Mond ist die Wunde der Nacht, / Blutstropfen sind alle Sterne. / Ob ich dem blühenden Glück auch ferne, / ich bin dafür bescheiden gemacht. / Der Mond ist die Wunde der Nacht.« (ebd.) Die gleichmäßige Verslänge, das regelmäßige Metrum und der umschließende Reim erfüllen ganz den formalen Anspruch, der in der ersten Strophe formuliert wird, im letzten Vers firmiert noch einmal der Mond als Metapher der Poesie. Das Gedicht endet auf einem hohen Ton der Lyrik; die soziale Codierung der Schreibszene tritt damit aber nur umso deutlicher hervor. Während die Lyrik (als Präferenz des Symbolismus) um 1900 an der Spitze der Gattungshierarchie angesiedelt ist, bleibt dem Ich des Gedichts seine kleinbürgerliche Existenz (»bescheiden gemacht«) unhintergehbar eingeschrieben. Auch die herausragende Stellung des Gedichts als Auftakt der Sammlung gehört zu Walsers Selbstklassifikation, unmittelbar zuvor hat er das Thema der Angestellten im *Gehülfen* für den deutschsprachigen Roman erschlossen (s. Kap. 4.19).

Eines der bekanntesten Gedichte Walsers trägt den Titel *Ein Landschäftchen*. Diesem Text hat Walser im Prosastück *Das erste Gedicht* (1919) selbst einen besonderen Stellenwert beigemessen. Gleich zu Beginn installiert das Gedicht die entscheidende Distanz zwischen dem Aussagesubjekt und der geschilderten Szene. Nicht hier, sondern: »Dort steht ein Bäumlein im Wiesengrund / und noch viele artige Bäumlein dazu.« (SW 13, 20) In diesem Schema folgt eine Aufzählung, ein »Blättlein«, ein »Häuflein Schnee«, ein »Spitzlein Berg«. »Und in dem allem der Teufel steht / und noch viele arme Teufel dazu. / Ein Englein kehrt ab sein weinend Gesicht / und alle Engel des Himmels dazu.« (ebd.) Werner Weber kommentiert das ästhetische Kalkül des Gedichts:

> In alledem ist ein natürliches Anschauen vorgetäuscht. In Wahrheit ist es ein gegennatürliches Schauen, von Gelächter begleitet, und zwar darum: es ist pathetisch, ein Fragment aus dem Ganzen hochzuheben (ein Baum, ein Blatt und so weiter), und es ist mickerig, das Fragment nur in der Verkleinerungsform anzusprechen (ein Bäumlein, ein Blättlein) – insgesamt Kritik der Erschei

nung; Erziehung zum zerlegenden Blick […]. (Weber 1959, 197)

Die unschuldige Natur versagt sich menschlichem Zugriff, die »Englein« kehren sich ab vom Anblick der sprachlich vermittelten Natur. Martin Jürgens hat in seiner Monographie zur ›Krise der Darstellbarkeit‹ zuerst darauf hingewiesen, dass Walsers subtile Auseinandersetzung mit realistischen Darstellungstechniken in vielen Gedichten dokumentiert und darüber hinaus ein zentraler Aspekt seines gesamten Werks ist (vgl. Jürgens 1973); dass Walser sich dazu selten programmatisch äußert, hat ihm oft Missverständnisse eingetragen.

Dem einstrophigen Gedicht *Warum auch?* ist wieder eine Radierung vorangestellt: sie zeigt einen Volksredner auf einem Podest, der zu einem aufgewühlten Publikum spricht. Das Gedicht handelt vom Entschluss zur Aktion, davon, endlich zur Tat zu schreiten, in den Kampf zu ziehen, das Volk zu befreien. Am Ende weicht dieser Entschluss in einer rasanten Antiklimax tiefer Resignation: »Will nie mehr müde mich niederlegen; / es soll etwas / geschehen; da überkam ihn ein Erwägen, / ein Schlummer: ach, laß doch das.« (SW 13, 9) Das Enjambement im vorletzten Vers markiert den abrupten Übergang zur Passivität, das Gedicht endet im fehlenden Willen zum gesellschaftlichen Engagement. Eine poetologische Lesart zeigt allerdings, wie das Gedicht dieses Bekenntnis zur Selbstgenügsamkeit durchkreuzt. Im (auch grammatikalisch inszenierten) Übergang zur Passivität wechselt das Gedicht nämlich in die Anfangsperspektive zurück, das Ich ist nicht länger Urheber, sondern wird wieder zum Gegenstand der Rede. Damit gehört das Gedicht in eine Gruppe, die sich durch eine Einsicht in den prekären Status des Aussagesubjekts als einem Produkt der Texte selbst kennzeichnet. Das Gedicht *Beiseit* formuliert dieses Dilemma in seiner letzten Konsequenz: »Ich mache meinen Gang; / der führt ein Stückchen weit / und heim; dann ohne Klang / und Wort bin ich beiseit.« (SW 13, 22) Der schreibende Rückzug in die Verinnerung führt das Ich bis an die Grenze seiner gesellschaftlichen Existenz. Dieses Leitthema von Walsers Werk ist schon in den frühesten Gedichten präsent.

Die formale Gestaltung der Gedichte zeigt, dass sich Walser schon früh ein umfangreiches Repertoire lyrischer Formen angeeignet hat: er verwendet Volksliedstrophe, Paar- und Kreuzreim, teilweise aber auch komplexere Formen (vgl. z. B. das Shakespeare-Sonett *Brausen*); und ohne kanonisierten lyrischen Formen nachgebildet zu sein, kennzeichnen sich manche Gedichte durch diffizile Reimstrukturen und Metren. Oft auf Motive von Landschaft und Natur bezogen (z. B. ›Mond‹ und ›Schnee‹) machen die Gedichte der Sammlung zumeist die Wahrnehmung ihrer Gegenstände zum Objekt der Darstellung. Walser kennt das ästhetische Programm der frühen Moderne, auch das teilt er uns in seinen Gedichten mit (vgl. z. B. *Zu philosophisch*).

Walser erreicht nicht in allen Gedichten dieselbe Qualität der Komposition, aber die Lektüre der Sammlung steht immer wieder vor ähnlichen Herausforderungen: Es gibt produktive Korrespondenzen zwischen Text und Bild; die Freiheit der Form erlaubt einen genauen Einsatz von Metrum, Rhythmus und Reim; und die Selbstreferentialität der *Gedichte* besteht nicht zuletzt darin, dass Walser die gesellschaftlichen Bedingungen seiner lyrischen Produktion in den Gedichten reflektiert.

Forschung

Walsers *Gedichte* haben in der jüngeren Forschung kaum Beachtung gefunden. Im Zuge der allgemeinen Wiederentdeckung seit den späten 1950er Jahren gab es zunächst vereinzelte Hinweise auf Walsers damals bekanntes lyrisches Œuvre. Weber nennt Walser mit seinen Gedichten im Essayband *Zeit ohne Zeit* (1959) den »bedeutendste[n] schweizerische[n] Beitrag« zum Jugendstil (Weber 1959, 198). Luise F. Pusch hat in einer Interpretation des Gedichts *Weiter* insbesondere auf dessen komplexe phonetische und rhythmische Struktur sowie auf Walsers subtilen Einsatz syntaktischer und semantischer Variationen hingewiesen. Eine erhellende Auseinandersetzung mit Walsers Gedichten hat Lothar Baier vorgelegt. Entgegen der Auffassung einer harmonischen Aneignung von Natur und Landschaft konstatiert Baier gerade deren Auflösung als umfassende Topoi:

> Im Ganzen geht aber von diesen frühen Gedichten der Eindruck von Disharmonie und Loslösung aus. Man hat Walser allzulang, weil man Bildung und Mythologie in seinen Versen vermisste, zum poeta minor und Naiven mystifiziert, zum Liebhaber der Idylle und des Wanderns. Das deutsche Gemüt ist nur zu schnell geneigt, bei Wandern gleich Turnvater Jahn und Eichendorff zu assoziieren; das Bild von Walsers Wanderer ist dem Trakls aber weit mehr verwandt. (Baier 1966/2004, 13)

Ähnlich argumentiert Martin Jürgens, schon Walsers frühe Lyrik verweise auf ein »problematisches Verhältnis von künstlerischer Subjektivität und umgebender Realität« (Jürgens 1973, 18).

In der bislang umfangreichsten Untersuchung zu Walsers frühen Gedichten versucht Thomas Binder in einer ›Konstellation von Einzelanalysen‹ einen anthropologischen Deutungszusammenhang zu etablieren. Binder exponiert in fünf Kapiteln jeweils am Beispiel einiger weniger Gedichte fünf zentrale Themen von Walsers Lyrik: Zweite Natur, Kommunikation, Individuum, Zeit und Natur. Nach Binder sind im »besondere[n] Ton« von Walsers Gedichten jene »Widerstände verzeichnet [Industrialisierung, Verdinglichung gesellschaftlicher Beziehungen], die sich historisch der Produktion von Lyrik entgegenstellen« (Binder 1976, 133).

Irma Kellenberger elaboriert Webers These in einer Arbeit zum Jugendstil in den Gedichten Walsers und untersucht am Beispiel seiner lyrischen Beiträge für die *Insel* ›Wechselbeziehungen von Kunstgewerbe und Literatur‹ (vgl. Kellenberger 1981). Kellenbergers Gedichtanalysen sind stark am Epochenbegriff orientiert und bleiben daher eher schematisch. In kleineren Studien zu verschiedenen Aspekten von Walsers früher Lyrik sind Beobachtungen zu einzelnen Gedichten der Sammlung formuliert (vgl. v. a. Böschenstein 1996). Jochen Grevens Nachwort in den *Sämtlichen Werken* bleibt angesichts des geringen Forschungsinteresses bis heute allerdings die aktuellste Besprechung von Walsers Gedichtsammlung im Kontext des Gesamtwerks (vgl. Greven, Nachwort in SW 13).

Ausgaben

Gedichte. Berlin: Bruno Cassirer o. J. [1909]. – 2. Aufl. Berlin: Bruno Cassirer o. J. [1919]. – Gedichte. Mit Radierungen v. Karl Walser. Basel: Schwabe 1944. – GW 11, 5–29. – GWS 7, 5–29. – Die Gedichte. Zürich: Suhrkamp 1984, 29–52. – Gedichte. Frankfurt a. M.: Insel 1984. – SW 13, 5–29. – Der Schnee fällt nicht hinauf. Dreiunddreißig Gedichte. Ausgewählt u. kommentiert v. Urs Allemann. Frankfurt a. M., Leipzig: Insel 2009.

Literatur

Baier, Lothar: Robert Walsers Landschäftchen. Zur Lyrik Robert Walsers [1966]. In: TEXT + KRITIK 4, 9–16.
Bethge, Hans: Robert Walser [1910]. In: KERR 1, 43–46.
Bethge, Hans: Die Brüder Walser. In: Der kleine Bund, 28. 11. 1920.
Bierbaum, Otto Julius: Gedichte von Robert Walser. In: Die Zeit [Wien], 11. 4. 1909.
Binder, Thomas: Zu Robert Walsers frühen Gedichten. Eine Konstellation von Einzelanalysen. Bonn 1976.
Blei, Franz: Zeitgenossen (VIII.). Robert Walser. In: Der kleine Bund, 10. 10. 1937.
Böschenstein, Bernhard: »Ich bin vergessne Weiten zu wandern auserlesen.« Anmerkungen zu Robert Walsers Ge-

dichten in Heinz Holligers Zyklus *Beiseit*. In: Annette Landau (Hg.): Heinz Holliger. Komponist, Oboist, Dirigent. Bern 1996, 131–139.
Echte, Bernhard, Meier, Andreas (Hg.): Die Brüder Karl und Robert Walser. Maler und Dichter. Stäfa 1990.
Fischer, Uve: Armut und Schnee in den frühen Gedichten Robert Walsers. In: CHIARINI/ZIMMERMANN, 68–79.
Fringeli, Dieter: Dichter im Abseits. Schweizer Autoren von Glauser bis Hohl. Zürich, München 1974, 110–118.
Greven, Jochen: Nachwort. In: SW 13, 268–279.
Greyerz, Otto von: Lyrische Bescherung III. In: Der Bund, 12. 9. 1919.
Hofmiller, Josef: Jakob von Gunten. Gedichte [1909]. In: KERR 1, 51.
Jürgens, Martin: Robert Walser. Die Krise der Darstellbarkeit. Untersuchungen zur Prosa. Kronberg Taunus 1973.
Kellenberger, Irma: Der Jugendstil und Robert Walser. Studien zur Wechselbeziehung von Kunstgewerbe und Literatur. Bern 1981.
Pusch, Luise F.: »Weiter« von Robert Walser. In: Neue Deutsche Hefte 99 (1964), 73–77.
Rothe, Wolfgang: »Gedichtemacheleien«. Zur Lyrik Robert Walsers. In: Armin Arnold u. a. (Hg.): Analecta Helvetica et Germanica. Eine Fs. zu Ehren v. Hermann Boeschenstein. Bonn 1979, 369–386.
Schäfer, Jörg: Beschreibung der von Robert Walser herausgegebenen Bücher. In: Robert und Karl Walser. [Katalog zur] Ausstellung im Helmhaus Zürich 16. April bis 4. Juni 1978. Zürich 1978, 20–25.
Weber, Werner: Zeit ohne Zeit. Aufsätze zur Literatur. Zürich 1959, 194–198.
Widmann, Joseph Viktor: Lyrische Erstlinge [1898]. In: In: KERR 1, 11 f.
Widmann, Joseph Viktor: Gedichte von Robert Walser [1909]. In: KERR 1, 29–33.

Paul Keckeis

3.2.3 *Komödie* (1919)

Entstehung und Veröffentlichung

Robert Walsers Buch *Komödie* erschien 1919 im Verlag Bruno Cassirer in Berlin im Kleinoktavformat und enthält die vier Kurz-Dramen *Die Knaben, Dichter, Aschenbrödel* und *Schneewittchen*. Die Einbandzeichnung stammt von Emil Rudolf Weiß und zeigt eine Figur mit einer stilisierten Maske, die von einem ornamentalen Band umgeben ist.

Diesen vier Dramoletten, entstanden in der Zeit um 1900, stellt Walser folgende Zeilen voran: »Als blutjunger Mensch, d. h. 1899, hatte ich im Sinn, die Schlacht bei Sempach zu dramatisieren. Ein Literat, dem ich die Absicht mitteilte, riet mir ab davon, indem er mir vorschlug, lieber etwas aus dem Inwendigen zu dichten. Daraufhin schrieb ich die »Knaben« und bald hernach auch die übrigen Stücke.« (Walser 1919, 6) Dieses Geleitwort zitiert das 1918 in der

Neuen Zürcher Zeitung publizierte Prosastück *Die Knaben*, in dem Walser eine Zusammenfassung des gleichnamigen Dramoletts gibt. Zuerst wurden diese Kurz-Dramen in der Zeitschrift *Die Insel* publiziert, als erstes *Dichter* in der Ausgabe Mai/Juni 1900. Darauf folgten *Aschenbrödel* und *Schneewittchen*, die beiden sogenannten Märchen-Dramolette, die im zweiten Jahrgang 1901 erschienen. Schließlich wurde 1902 im dritten Jahrgang der Zeitschrift das laut Walser zuerst geschriebene Dramolett *Die Knaben* gedruckt. Damit hatte er gleich zu Beginn seiner schriftstellerischen Karriere einen prominenten Publikationsort für seine dramatischen Werke gefunden, die auch entsprechend rezipiert wurden. So hat der *Insel*-Redakteur Rudolf Alexander Schröder nach der Publikation von *Aschenbrödel* an Otto Julius Bierbaum geschrieben, Walsers Dramolett sei »das Bedeutendste, von Weitem das Bedeutendste«, das bis dahin in der *Insel* gedruckt wurde (zit. n. Gabrisch 1991, 30).

Im November 1903 bot Walser seine Dramolette je mit einigen Prosastücken und Gedichten als drei separate Buchausgaben dem Insel-Verlag zur Veröffentlichung an. Sie wurden jedoch nicht zum Druck ausgewählt, stattdessen entstand aus den von Walser vorgebrachten Texten dessen erste Buchpublikation *Fritz Kocher's Aufsätze* (vgl. Br 22, Br 36). Im Januar 1905 fragte er wiederum beim Insel-Verlag an, ob eine Veröffentlichung seiner Dramen möglich wäre (vgl. Br 41), allerdings fehlte in dieser Auswahl das Dramolett *Schneewittchen*. In einem weiteren Vorschlag Walsers 1907 waren schließlich just jene vier Dramolette enthalten, die dann zwölf Jahre später im Band *Komödie* beim Verlag Bruno Cassirer gedruckt wurden (vgl. Stocker 2012, 23). Bis dahin unternahm Walser immer wieder Versuche, seine Dramolette in Buchform zu publizieren, stieß damit aber 1912 beim Rowohlt Verlag (vgl. Br 63), dem er *Aschenbrödel* und *Schneewittchen* anbot, ebenso auf Ablehnung wie 1915 bei dessen Nachfolger, dem Kurt Wolff Verlag (vgl. Br 103). Im Juni 1918 bot Walser seine Dramolette zeitgleich den beiden Schweizer Verlagen Rascher und Huber an (vgl. Br 153 f.) sowie erneut dem Insel-Verlag (vgl. Br 152). Seine Anfragen wurden jedoch ebenfalls abschlägig beschieden. Erst im Zuge der Zweitauflage von Walsers Buch *Gedichte* beim Berliner Cassirer-Verlag gelang Walser die Publikation seiner Dramolette in dem Band *Komödie* – fast zwanzig Jahre nach ihrer Entstehung. Dort sind die Stücke schließlich in folgender Reihenfolge angeordnet: *Die Knaben, Dichter, Aschenbrödel, Schneewittchen*.

In den Auswahl- und Gesamtausgaben von Walsers Werk wurden diese Dramolette von Anfang an berücksichtigt und mit anderen Texten gruppiert. In den *Sämtlichen Werken* enthält der 14. Band, der ebenfalls den Titel *Komödie* trägt, zusätzlich das frühe, zu Lebzeiten unveröffentlichte Mundart-Drama *Der Teich* und die »*Felix*«-Szenen sowie Dramolette, die Walser nach der erfolgten Veröffentlichung von *Komödie* in den Jahren 1920–1922 in verschiedenen Zeitschriften publizierte. Insbesondere das Dramolett *Dornröschen*, das über zwanzig Jahre nach den beiden anderen Märchen-Dramoletten entstanden ist und ebenfalls eine Märchenerzählung umschreibt, steht in engem Zusammenhang mit diesen.

Inhalt und Analyse

Die beiden frühen Märchen-Dramolette sind Versdramen, weitgehend in vierhebigen Jamben, wohingegen *Die Knaben* und *Dichter* in Prosa geschrieben sind. Gemeinsam ist allen vier Dramoletten, dass sie sich in ähnlichem Sprachstil mit einem ähnlichen Repertoire an Themen und Motiven beschäftigen. Eine zentrale Bedeutung kommt in den Dramoletten der Liebe und insbesondere der Mutterliebe zu. Charakteristisch für alle Stücke ist, dass in ihnen nicht Handlungen dramatisiert werden, sondern dass die Figuren ihre möglichen Handlungen reflektieren und kommentieren. Dieter Borchmeyer hat dieses Verfahren als »dramaturgischen Pleonasmus« bezeichnet und Walsers Dramolette als »Metatheater« erfasst (Borchmeyer 1987, 135).

Die Thematisierung der Sprache und die Frage nach ihrer Funktion und Leistungsfähigkeit spielt insofern eine herausragende Rolle, als die Figuren ihre sprachreflexiven Äußerungen mit selbstreflexiven Fragen nach ihrer eigenen Identität koppeln. Die Auswirkungen solcher Komplexitätssteigerung auf die Bühnentauglichkeit seiner Dramen kannte Walser. Im Dezember 1912 schrieb er an den Ernst Rowohlt Verlag, dass seine Stücke *Aschenbrödel* und *Schneewittchen* »ganz Poesie« und »durchaus nur für künstlerisch genießende Erwachsene« zu empfehlen seien. Dabei betont er explizit ihre literarisch-ästhetische Dimension: »Sie sind auf den Stil und auf die Schönheit angelegt, und der Genuß des *Buches* ist daran die Hauptsache. Ob sie je aufgeführt werden könnten, etwa mit Musik, ist ganz und gar fraglich und erscheint vorläufig völlig nebensächlich. Sie sind auf Rede und Sprache gestimmt, auf Takt und rythmischen [sic!] Genuß.« (Br 65)

Als Lesedramen funktionieren die beiden Märchendramen hauptsächlich vor ihrer intertextuellen Folie. Die Grimmschen Prätexte spielen insofern eine eminente Rolle, als die Figuren Aschenbrödel und Schneewittchen mit ihrer ›märchenhaften‹ Vorgeschichte konfrontiert werden. Walsers Figuren weigern sich, in das vom Märchen bestimmte Schicksal einzuwilligen. Aschenbrödel versucht, ihre vermeintliche Identität gegen das vorgeschriebene Happy End der Geschichte zu bewahren, wohingegen Schneewittchen die sprachliche Dimension (und Manipulation) von Vergangenheit und Gegenwart reflektiert. Beide Figuren bestimmt eine generelle Sprachskepsis und sie scheitern daran, in und mit der Sprache zur Wahrheit zu gelangen. Die beiden anderen Dramolette sind durch die virulente Künstlerthematik geprägt, denn die aufstrebenden, jungen Künstler-Figuren scheitern sowohl an ihren eigenen Fähigkeiten als auch an ihrer sozialen Exterritorialität. Alle vier Dramolette setzen sich mit dem dualistischen Verhältnis von Wirklichkeit und Schein, Verstand und Gefühl, Objektivität und Subjektivität sowie Tod und Leben auseinander.

Die Knaben und Dichter

Die Knaben

Walser veröffentlichte im Mai 1918 das Prosastück *Die Knaben*, in dem er retrospektiv auf die Entstehung seiner Dramolette eingeht und die titelgebende Szene zusammenfasst: »Die Handlung ist denkbar einfach. In dem winzigen Stück treten sechs Personen, nämlich vier Knaben, eine Dame und eine Geistergestalt auf.« (SW 16, 264) Sie unterhalten »sich eifrig über alles Große und Schöne im Leben« (ebd.). Franz will Schauspieler werden, Hermann Geiger und Heinrich, der »so verliebt ins Dienen« ist (SW 14, 14), möchte Page bei einer Dame sein. Einzig Peter, der sich abseits der Gruppe auf einer Bergwiese aufhält, träumt nicht von etwas Großem. Er ist eine melancholische Figur, die allein im »Weinen begabt« ist, was eben »keine Kunst« sei (ebd., 10 f.).

Während die Knaben anfangs noch vom Großen träumen und sich einbilden, im Kunstbetrieb bestehen zu können, kehren sie bald desillusioniert von ihren Kunstversuchen zurück und akzeptieren ihr fehlendes künstlerisches Talent. Sie beobachten heimlich Heinrichs Dialog mit der ›noblen Dame‹, der in vierhebigen Jamben gehalten ist und somit Heinrich als literarisch ambitionierte Figur ausweist (vgl. ebd., 14 f.). Walser kommentiert das Scheitern auch in seiner literarischen Rückschau: »Kunst und

Liebe kommen den drei jungen Leuten närrisch und töricht vor. Sie beschließen, Männer zu sein und in den Krieg zu ziehen.« (SW 16, 265) Peter kommt jedoch nicht mit, sondern geht in den Wald um zu sterben. Als Außenseiter stellt er sich den anderen Knaben entgegen, imaginiert eine Wiedervereinigung mit der Mutter im Tod und genießt seine Todessehnsucht. Rückblickend schreibt Walser, dass der »Verfasser seinen kleinen Helden an Jugendmüdigkeit habe enden lassen« (ebd.).

Dichter

In dem Dramolett *Dichter* werden von den Figuren, bei denen es sich erneut um vier junge Männer (Oskar, Hermann, Sebastian, Gabriel) handelt, ähnliche Probleme thematisiert wie in *Die Knaben*. Im Eröffnungsmonolog reflektiert Sebastian seine Initiation ins Schreiben und kommt zu der Erkenntnis, dass der ›Dichterberuf‹ für seine melancholische Stimmung mitverantwortlich sei: Er bestehe darin, »Gefühle in dürftige Silbenreihen« zu drängen, und ihn treibe »vielleicht bloße Langeweile, über Dinge zu schreiben, die, wenn sie mich aus den Worten ansehen, mich Trauer, wenn nicht etwas noch viel Schlimmeres empfinden lassen« (SW 14, 18). Literaturproduktion und -rezeption werden als minderwertig und unbefriedigend beurteilt, weil die Gefühle weder in die Dichtung übertragen werden können noch beim Leser welche auszulösen vermögen. So wird die Literatur für Sebastian zu dem Medium, das jede Unmittelbarkeit zerstört statt sie zu evozieren. Weil ihm zudem die gesellschaftliche Anerkennung verwehrt bleibt, wünscht er sich einen Beruf, der ihn sein »Brot ehrlicher verdienen ließe als dieser halbe« (ebd., 19). Im Gegensatz zu Sebastians Leiden an der Erfolglosigkeit hat sich sein Dichterfreund Kaspar umgebracht, weil er »den Ruhm nicht ertragen« konnte (ebd.). Kaspars literarische Tätigkeit wird als Akt der Sublimierung beschrieben: Seine »Sehnsucht nach all den verbotenen Dingen ließ ihn so süß darüber dichten« (ebd.).

Wie in den *Knaben* gibt es auch hier eine Figur, die getrennt von den anderen auftritt. Oskars Monolog ist von einer pathetisch-romantischen Melancholie getragen. Auch er schreibt »seit einigen Tagen Verse […], ohne zu wissen, warum« (ebd., 21). Er versucht, seine empfindsame Naturerfahrung zu verschriftlichen, aber die Materialität der Schrift erweist sich als widerständig: »[I]ch sitze oft stundenlang über ein Wort gebeugt, das den langen Weg vom Hirn auf das Papier machen muß. Ich […] vergesse mich.« (ebd.) Oskar erfährt eine schmerzliche Trennung von der

Natur, die er durch das Schreiben zu bewältigen versucht. Seine Rede schließt, analog zu Sebastians Bilanz, mit der resignativen Feststellung, dass sich die Gefühle nicht ohne Verlust in Literatur übertragen lassen: »Ich will den Mond in ein Gedicht pressen und die Sterne in eins und mich darunter mischen. Was soll ich mit Gefühlen anfangen, als sie wie Fische im Sande der Sprache zappeln und sterben zu lassen. Ich werde mit mir zu Ende sein, sobald ich mit Dichten fertig bin, und das freut mich.« (ebd.) Die Literatur bildet hier den Ort der Subjektivität und der Selbstaussprache, aber gleichzeitig scheitert sie gerade an ihrer eigenen Medialität. Die Übertragung der Gefühle in die Schrift läuft in die Leere.

Die folgende Szene enthält Gabriels Grabrede für Kaspar, deren Lakonik und Formelhaftigkeit das öffentliche Gedenken ironisch bloßstellt. Die Szene kippt durch die Kommentare der anderen Dichter ins Komische; so spricht Hermann immerzu von Gabriels »Organ« und Sebastian hält die Rede für »[g]ut gemacht, gut gesagt, äußerst vorteilhaft abgekürzt« (ebd., 22). Nach der gescheiterten Kontaktaufnahme der Dichter mit einer »Poetin« verwandelt sich die Szenerie zurück zum Anfangsbild: Sebastian thematisiert seine Identität als Dichter und Narr (vgl. ebd., 25–27) und Oskars Schlussmonolog endet in einem durch die Naturbetrachtung ausgelösten ›ozeanischen Gefühl‹: »Die Welt will mich in ihren Raum haben, und ich bin nahe daran, in ihrer Umarmung zu zerfließen.« (ebd., 27)

Deutung/Forschung: Die beiden Prosa-Dramolette wurden bisher kaum beachtet, obwohl Jochen Greven bereits 1960 in seiner Dissertation auf beide Texte eingeht. Er betont insbesondere die »exzentrisch[e]« Position Peters in *Die Knaben*, der nach Naturvereinigung strebe, und die tragische Situation von Oskar in *Dichter*, dem eine Vermittlung zwischen subjektivem Ausdruck im künstlerischen Schaffen und einer unzugänglichen Welt misslinge (vgl. Greven 1960/2009, 30–34). Der Natur kommt in beiden Dramoletten eine ambivalente Bedeutung zu. Einerseits fühlen sich die Figuren von der Natur ausgefüllt und bereichert, andererseits macht sie ihnen ihre Subjektivität und ihr Getrenntsein bewusst. Diese Erfahrung soll im Dichten kompensiert werden, aber da die Figuren daran scheitern, entsteht eine sprachreflexive Thematisierung des Verhältnisses von Gefühl und Sprache, die den Kern von Walsers späterer poetologischen Überlegungen enthält. Der Verfasser hat dies in seiner Arbeit herausgestellt und insbesondere die Diskrepanz zwischen Gefühl

und sprachlicher Äußerung als virulentes Problem in beiden Dramoletten beschrieben (vgl. Hobus 2011, 211–217). Darüber hinaus manifestiert sich in dem Dramolett *Dichter* eine Künstler-Konzeption, gemäß der der Künstler eine prekäre Existenz zwischen Verachtung und Anerkennung führt. An dieser Auffassung scheint Walser bis zum Ende seiner literarischen Produktion festzuhalten.

Aschenbrödel

Das Dramolett *Aschenbrödel* stellt eine Bearbeitung des Grimmschen Märchenstoffs dar, dem allerdings die »dramatischen ›Pointen‹ des Märchens« fehlen (Greven 1960/2009, 34). Der Prätext ist den Figuren als irreversible Vergangenheit, die sie nun erneut durchspielen, mitgegeben. Walser variiert aber den Handlungsverlauf und setzt neue Akzente, indem er u. a. den für das Märchen konstitutiven Dualismus von Gut und Böse aushebelt. Die umfassendste Veränderung besteht darin, dass Aschenbrödel seine niedrige soziale Stellung und seine Lebensumstände so akzeptiert, statt sie zu bedauern (vgl. Utz 1998, 26). In der Exposition des Dramoletts wird dies sofort deutlich, wenn es seinen Kummer ›weglacht‹ und die Misshandlung durch die Schwestern ignoriert (vgl. SW 14, 30). Noch bevor Aschenbrödel und der Prinz zusammentreffen, werden sie als zwei diametral entgegengesetzte Figuren konturiert. Während Aschenbrödel sich innerlich gegen seine deprivierenden Lebensumstände wappnet, indem es seine Situation subjektiv umwertet, verhält es sich beim Prinzen genau umkehrt. Obwohl er äußerlich ein sorgenfreies Leben hat, belastet ihn ein »Gram«, dessen Ursache er nicht kennt (vgl. ebd., 31 f.). Zur Bekämpfung seiner melancholischen Stimmung geht er auf die Jagd und gelangt dabei in einen Raum, in dem sich Wirklichkeit und Traum vermischen. In diesem irrealen ›Traumraum‹ trifft er auf Aschenbrödel.

In ihrem Dialog verweisen beide mit unterschiedlichen Allusionen auf ihre gemeinsame Vorgeschichte. Der Prinz weiß, dass Aschenbrödel ihm zur Braut bestimmt ist; da er über dieses prätextuelle Wissen verfügt, kann die zentrale Wiedererkennungsszene mit dem Schuh wegfallen. Vielmehr fordert der Prinz Aschenbrödel auf, sich »in das strenge Los« (ebd., 42) zu fügen. Daraufhin verfällt Aschenbrödel in einen Schlaf; der Prinz offenbart unterdessen dem König seine bevorstehende Hochzeit. Als Aschenbrödel wieder erwacht, wird es von seinen Schwestern mit Aufgaben schikaniert. Paradoxerweise sind es die Schwestern, die den Prinzen verkennen und ihn als »Grobian« und »Knecht« bezeichnen (ebd., 48). Dies ist eine ironische Umkehrung des Prätextes, in dem der Prinz Aschenbrödel suchen muss und die Schwestern um ihn werben.

Als Figur auftretend gibt das personifizierte Märchen Aschenbrödel nach einem erneuten Szenenwechsel sein Kleid und die Schuhe (vgl. ebd., 51). Der Raum für das Hochzeitsfest wird bereits geschmückt, aber der Prinz lehnt diese Vorkehrungen ab, weil die Hochzeit ein innerlicher Akt sein soll. Alles bekommt für ihn den Zauber des Wunderbaren, sodass er meint, er »handle jetzt so sehr im Traum« und sei »fremder Macht« unterworfen (ebd., 56). Während der König den ›Traumraum‹ verlassen möchte, um zum Hof zurückzukehren, wartet der Prinz in diesem unfasslichen Raum auf Aschenbrödel und findet schließlich den Schuh, den er »als Vorspiel nah'nder Herrlichkeit / und Liebe« deutet (ebd., 61). Dennoch erfüllt der Schuh hier, anders als im Prätext, keine Erkennungsfunktion. Und obwohl beiden ihre Zusammengehörigkeit klar ist, zweifelt Aschenbrödel an seiner Liebe zum Prinzen: »Ob ich Euch liebe, weiß ich nicht.« (ebd., 64) Es vermag über seine Liebe nichts zu sagen, denn »[a]llzu roh / ist unsrer Sprache Laut dafür« (ebd.). Stattdessen ist es die Musik, die die Liebe hervorzurufen vermag, denn sie »weist auf unsere Einbildung / uns lebhaft hin« (ebd., 66). Das Paar tanzt deshalb auch nicht zur Musik, weil der adäquate Wahrnehmungsmodus von Musik nur im Horchen und Träumen bestehe. Nach dem musikalischen Intermezzo willigt Aschenbrödel in die Heirat ein, revidiert jedoch diese Einwilligung sofort, als der Prinz ihm ein »Königreich« verspricht, denn durch diesen Aufstieg entfremdete es sich von sich selbst, »dürft nicht mehr Aschenbrödel sein – – « (ebd., 69). Aschenbrödel beharrt auf seiner Identität und bringt dies auf die Formel: »Ich bin nicht dir, / ich bin mir selber noch verlobt.« (ebd., 70) Die Abkehr vom Prinzen und den Verzicht auf Wunscherfüllung begründet Aschenbrödel damit, dass es »das Liebe nicht zu End' geträumt« habe (ebd.). Weder den Traum vom Glück noch seine Identität will Aschenbrödel aufgeben, weil es seiner Lebenssituation positive Momente abgewinnt. Somit wird das märchentypische Happy End unterlaufen, denn der Prinz rettet Aschenbrödel nicht mehr aus einer unglücklichen Lebenssituation. Aschenbrödel begründet seine Ablehnung des Prinzen damit, dass es den Traum vom Glück höher schätzt als dessen Einlösung: »Bei dir könnt' ich nicht träumen!« (ebd., 71) Denn durch die Hochzeit und dem damit verbundenen sozialen Aufstieg ginge Aschenbrödels Identität verloren. Kri-

tisch bemerkt der Prinz, dass Aschenbrödel das Glück nur in der Distanz schätze: »Es soll dir Mühe kosten, es / zu jagen, nur dann träumtest du, / wenn du den Traum erhaschen müßt'st?« (ebd., 72) Doch seine liebgewonnene Identität kann Aschenbrödel nicht gegenüber den prätextuellen Vorgaben durchsetzen, denn das »Märchen ist's / gerad', das uns verlobt will sehn« (ebd., 71). Schließlich entkommt Aschenbrödel »der Fessel nicht« (ebd., 72) und fügt sich formal in das vorgeschriebene Happy End – aber unterläuft es auch gleichzeitig, indem es an seiner Rolle des Dienens festhält, wenn es zum Prinzen sagt: »Zu dienen, Herr« (ebd., 73). So willigt Aschenbrödel zwar ein, verweigert aber im gleichen Moment dadurch die ihm zugedachte neue Rolle und bleibt sich treu.

Deutung/Forschung: Das Dramolett *Aschenbrödel* wurde bisher selten analysiert, sodass Peter Utz vom »Aschenbrödeldasein« (Utz 1998, 23) des Dramoletts innerhalb der Walser-Forschung spricht. Seine Lesart des Stücks richtet sich zunächst auf die Thematisierung der akustischen Dimension und die Frage nach der Funktion der Musik. Neben dieser textimmanenten Deutung situiert er Walsers Dramolett in seinem zeitgenössischen Kontext: Zum einen zeigt er dessen Aktualität auf, indem er auf dessen Nähe zum lyrischen Drama der Jahrhundertwende hinweist. Demnach schreibe sich Walser mit seinen Stücken »in die zeitgenössische Diskussion um neue Formen der dramatischen Gattung« ein (vgl. ebd., 37–46). Zum anderen verweist Utz darauf, dass der Aschenbrödel-Stoff um 1900 Konjunktur hat; er dient der parodistischen Auseinandersetzung mit den sozialen Aufstiegsträumen des kleinbürgerlichen Milieus (vgl. ebd., 46–52). Bereits Borchmeyer hatte auf die Reflexions- und Metaebenen in Walsers Dramoletten hingewiesen (vgl. Borchmeyer 1987). Auch Katalin Horn konstatiert, dass Walser »die märchenübliche Dynamik« zurücknehme und dadurch Raum für Reflexionen schaffe. Die Dramolette rückten geistige Inhalte ins Blickfeld, »die in der Vorlage ausgeblendet, latent oder überhaupt nicht vorhanden sind« (Horn 1989, 46). So verbinde sich in dem Dramolett eine »Märchenkritik mit einer ars poetica« (ebd.). Andrea Hübner versucht, die Ähnlichkeit von Walsers *Aschenbrödel* mit Hugo von Hofmannsthals *Märchen der 672. Nacht* aufzuzeigen. Auch sie stellt Aschenbrödels Traumzustand in den Vordergrund und weist nach, wie sich Aschenbrödel der Identitätstransformation, die für das klassische Märchen konstitutiv sei, verweigert (vgl. Hübner

1995, 53–59). Laut Hübner erkenne Aschenbrödel, »daß der absolute Bezug zu einer authentischen Existenz nur in der Negation der Wirklichkeit, in den Träumen, realisierbar ist und daß in der Welt des Prinzen die Bewahrung der Innerlichkeit nicht möglich sein wird« (ebd., 58). Martina Schaak sieht in Aschenbrödels Verweigerung ebenfalls den Wunsch, sich »der Logik des Märchens« zu entziehen (vgl. Schaak 1999, 177). Karen Andresen stellt hingegen Aspekte des Tragischen in Walsers *Aschenbrödel* heraus. Aschenbrödels Hybris bestehe demnach in der Weigerung, sich in die vorbestimmte Ordnung einzufügen und stattdessen an seiner Traumwelt festzuhalten (vgl. Andresen 2000, 14). Der Konflikt des Dramoletts entwickle sich aus dem Gegensatz von bürgerlichem Zweckrationalismus (Prinz) und dem sich dagegen wehrenden Wunsch einer humanen Lebensführung (Aschenbrödel). So fungiert für Andresen das Märchen in Walsers *Aschenbrödel* als »Realitätsprinzip«, weil das glückliche Ende des Märchens ein Zwang sei, der Aschenbrödel aus seiner Traumwelt drängt (ebd., 10). Im Anschluss an die bereits genannten Forschungsergebnisse stellt der Verfasser die Sprachkritik im *Aschenbrödel*-Dramolett heraus und verknüpft diese mit der Liebessemantik (vgl. Hobus 2011, 232–248). Deutlich wird in dieser Perspektive, wie der Liebeszustand bei Walser mit dem Warten und Ausharren verbunden wird und ebenso wie die Musik die Einbildungskraft animiert. Liebe, Traum und Musik operieren somit auf einer Ebene.

Schneewittchen

Das Dramolett setzt nach der Aufklärung von Schneewittchens Scheintod ein, aber noch vor der Heirat mit dem Prinzen, und entwickelt in der Exposition den Mutter-Tochter-Konflikt. Auf die Frage der Mutter, ob es krank sei, rekapituliert Schneewittchen seine durch das Grimmsche Märchen festgeschriebene Lebensgeschichte und macht die Mutter für den Tötungsversuch verantwortlich. Es spricht ihr jegliche Mutterliebe ab. Die Mutter hingegen – bei Walser ist es nicht die Stiefmutter – versucht, diesen Vorwurf zu entkräften und ihre »Sünde« (SW 14, 75) vergessen zu machen. Doch Schneewittchen will das Vergessen nicht zulassen und ruft den Jäger als Zeugen an, der von der Mutter durch Küsse zum Mord angetrieben wurde (vgl. ebd., 77). Diese Vorgeschichte wird von der Mutter relativiert, indem sie behauptet, der Jäger »zückte nur zum Spaß den Dolch« (ebd., 76). Auch ihren Neid und ihre Bosheit tut sie als »Märchen« ab (ebd., 78). Wie im *Aschen-*

brödel-Dramolett findet auch hier ein Sprachspiel mit dem Prätext statt, in dem die Figuren ihren Status als Märchenfiguren reflektieren. Handlungs- und Märchenebene verschieben sich immer wieder ineinander und bringen dadurch jene Dynamik hervor, die von den Figuren nicht zu kontrollieren ist. So distanziert sich die Mutter von der Tat »wie Märchen sie zugrunde legt / hier dieser Handlung, diesem Spiel«, während Schneewittchen sie beschuldigt, mit »Verräterzung'« zu sprechen (ebd., 78 f.). Damit ist der Grundkonflikt zwischen beiden konturiert, der die Frage nach der Verbindlichkeit der tradierten Geschichte für ihr Handeln und Urteilen stellt und der im Folgenden mit wechselnden Positionen mehrmals durchgespielt wird.

In der folgenden Szene finden sich zentrale Elemente von Walsers Sprachkonzeption und Liebessemantik. Schneewittchen und der Prinz sind allein; von Schneewittchens Sprache »entzückt« ist der Prinz »Gefangener der Liebe« (ebd., 81). Er schwört ihm seine Liebe und fordert paradoxerweise sprechend das Schweigen als Zeichen der Liebe ein, denn »Untreu ist schnell / mit Worten da« (ebd.). Schneewittchen konfrontiert ihn mit seiner eigenen Liebeskonzeption: »Du redest immer und versprachst / ja Schweigen doch. Was redest du / so hastig stets in einem fort?« (ebd., 82) Die anschließende Teichoskopie, bei der der Prinz die Königin mit dem Jäger beim Liebesspiel entdeckt, weckt sein Begehren nach ihr: »Nun bin ich hin. / Sturm wütet über alles weg, / was Liebe hieß, noch heißen möchte', / doch nicht mehr heißt« (ebd., 85). Das Liebesgefühl lässt sich sprachlich nicht einholen. Während der Prinz nun bereut, dass er Schneewittchen aus dem Sarg holte, wünscht Schneewittchen sich aufgrund des Liebesverlusts wieder tot und kritisiert des Prinzen Liebe zur Königin mit einem mehrdeutigen Sprachspiel: »Ei, welcher Unsinn ist im Sinn.« (ebd., 87)

In Anbetracht der veränderten Liebesverhältnisse will Schneewittchen die Mutter um Verzeihung für seine Anschuldigungen bitten, die es dem Märchen entnahm: »Sünd' ist so fein erfunden nur / von der Gedanken Vielerlei. / Das Denken ist die einz'ge Sünd', / die es hier gibt. O sprecht mich frei / vom Argwohn, der Euch so verletzt« (ebd., 90). Dieser Sinneswandel Schneewittchens geht einher mit der Hervorhebung des Gefühls. Denn das Gefühl »urteilt viel schärfer, schlichter auch. / So mag ich von dem Denken nichts« (ebd., 91). Aber genau in dem Moment, als Schneewittchen zur Versöhnung bereit ist und die Vorgeschichte vergessen will, verweist wiederum die Mutter auf die ›märchenhafte Geschichte‹ und ihre darin vorkommenden Taten. Sie wirft Schneewittchen vor, es lüge sich »selbst / ein Märchen vor. Das Märchen ja / sagt, daß ich schlimme Kön'gin sei« (ebd., 92). Schneewittchen räumt jedoch ein, dass alles »schon zu lange her« sei (ebd., 93). Statt der vergangenen Taten will es lieber »etwas recht Lust'ges« (ebd.) von der Mutter erzählt bekommen, die nun ihrerseits an der ›Märchenvergangenheit‹ festhält. Damit haben sich die anfänglichen Konfliktpositionen vertauscht.

Als die Mutter sich dann doch versöhnen will, offenbart ihr der Prinz seine Liebe und beschimpft den Jäger als »Schurke[n]«. Daraufhin fordert sie den Jäger auf, »die Szene mit Schneewittchens Not« (ebd., 97) vorzuspielen. Dieses Spiel im Spiel, bei dem getan wird, »als ob es wirklich sei« (ebd.), verwischt weiterhin die Grenzen zwischen Gegenwart und Vergangenheit, Wirklichkeit und Fiktion, Ernst und Spiel. Als Schneewittchen sich beim *Reenactment* der vermeintlichen Tötungsszene für das Mitleid des Jägers bedankt und ebensolches sich von seiner Mutter wünscht, fühlt diese sich dadurch erneut angegriffen. Sie verkennt die Differenz zwischen Spielvergangenheit und Gegenwart und fordert nun vom Jäger: »[F]alle aus / der Roll' [...]. / Renn auf die böse Dirne ein« (ebd., 98). Ihr vermeintliches Heraustreten aus dem Spiel wird von ihr anschließend wiederum als Spiel gedeutet. Das permanente Überschreiten der verschiedenen Spielwirklichkeiten führt auf Seiten Schneewittchens wie auch der Leser zur Unsicherheit über die Ehrlichkeit der Mutter. Weder kann durch die Sprache Gewissheit über das Geschehen erlangt werden noch erhält man Einsicht in die wahren Absichten der Handelnden. So kann Schneewittchen den Argwohn gegenüber der Mutter, die es womöglich doch »haßt und verfolgt« (ebd., 100), nicht abschütteln. Schneewittchen wünscht sich die ungetrübte »Heiterkeit« der Zwergenwelt zurück – erkennt jedoch auch, dass sie erst durch den Hass der Mutter die dortige Liebe erkannt habe. Demnach wäre Liebe ein Differenzphänomen: »Haß macht die Liebe spürbar erst. / Dort wußt' ich nicht, was Liebe war. / Hier weiß ich's, da nur Hassen hier.« (ebd., 102)

Schließlich fordert die Mutter den Jäger auf, Schneewittchen eine glaubhafte Geschichte zu erzählen, damit es sein Misstrauen aufgebe. Auch Schneewittchen sucht nicht mehr die Wahrheit der ›märchenhaften‹ Vergangenheit, sondern will vom Jäger eine Geschichte hören, die zur Versöhnung mit der Mutter führt und die es »immer glauben muß« (ebd., 105). Mit diesem willkürlichen Akt des Glaubens setzt es jede Möglichkeit der sprachlichen

Überprüfung des Vergangenen außer Kraft: »Sprich Lügen, mein Vertrauen macht / zur silberreinen Wahrheit sie. / Zu allem sag' ich ja voraus.« (ebd., 106 f.) Im Wunsch, sich von der eigenen literarisch fixierten Vergangenheit zu befreien und damit über eine indeterminierte Zukunft zu verfügen, negiert Schneewittchen die Taten der Mutter und restituiert seinen Wunsch nach Mutterliebe. Somit scheint der Streit zwischen Schneewittchen und der Mutter beigelegt, allein der Prinz weigert sich, die begangenen Taten zu vergessen und spricht als »einziger die Unmöglichkeit einer glücklichen Lösung explizit« aus (Hübner 1995, 67). Schneewittchen verlangt vom Prinzen ein vollständiges Vergessen des Prätextes und erreicht somit seine souveräne Selbstbestimmung gegenüber dem Grimmschen Märchen, wenn es mit den Worten schließt: »Das Märchen nur / sagt so, nicht Ihr und niemals ich. / Ich sagte einmal, einmal so – / das ist vorüber.« (SW 14, 115)

Deutung/Forschung: Walter Benjamin bezeichnete das *Schneewittchen*-Dramolett als »eines der tiefsinnigsten Gebilde der neueren Dichtung« (Benjamin 1929/1991, 327) und sicherte dem Dramolett damit einen prominenten Platz in der Walser-Rezeption. So beurteilt es Urs Herzog als einen »hervorragenden Schlüsseltext« zur Dichtung Walsers, in dem sich dessen »Poetik in paradigmatischer Form« manifestiere (Herzog 1974, V). Im Mittelpunkt des Forschungsinteresses standen die Verhandelbarkeit von Wahrheit und Erinnerung, die Walser v. a. mit dem Mutter-Tochter-Konflikt in Szene setzt, sowie die Liebeskonzeption unter besonderer Beachtung der Teichoskopie des Prinzen. Herzog zeigt die einzelnen Stufen des Mutter-Tochter-Konflikts auf, der zunächst unter der Prämisse steht, dass sich beide gegenseitig »zu heilen« wünschen (Herzog 1978, 240), jedoch daran scheitern, dass sie ihre Positionen permanent nur vertauschen, statt sich der Einigung auf eine gemeinsame Vorgeschichte anzunähern. Auch Andrea Hübner hält die Figuren für unfähig, sich zu versöhnen, weil es für sie keine verbindliche Wirklichkeit mehr gibt und der Erkenntniswert der Sprache in Zweifel gezogen wird. Deshalb kreise das Dramolett immer wieder um die sprachliche Repräsentation der Wirklichkeit und zerstöre dadurch die Teleologie des Märchens (vgl. Hübner 1995, 68–86). Die Figuren hätten keine Möglichkeit mehr, zwischen Schein und Wirklichkeit zu unterscheiden. Sabine Eickenrodt konstatiert in diesem Dramolett einen Einfluss Stéphane Mallarmés auf Walsers Schreibweise (vgl. Eickenrodt 1997, 205 f.). Sie betont insbesondere die Komplexität der Teichoskopie und liest diese Szene als eine rhetorische Reflexion der Bildrede (vgl. ebd., 209). In der Schaulust des Prinzen erkennt sie ein »Pathos der Distanz«, weil »nur das ferne Objekt zu einem Objekt des Begehrens« werden kann (ebd., 210). Auch sieht sie in dem Dramolett die Darstellung »eines infiniten Prozesses der sprechenden Selbstvergewisserung« (ebd., 215). Der Verfasser analysiert die Liebessprache im Dramolett und zeigt anhand der Liebesszene, wie dabei gleichzeitig über die Leistung der verschiedenen Sinne (Auge, Ohr) reflektiert wird. Er beleuchtet aufgrund der Dialektik von Liebe und Hass die von den Figuren reflektierten Signifikationsprozesse. Auch Jan Plug betont die Sprachproblematik der Teichoskopie und analysiert diese Szene in Hinblick auf die Bedeutungsproblematik des Liebesbegriffs, die durch den Liebeswechsel des Prinzen von Schneewittchen zur Königin aufbreche (vgl. Plug 2005, 664). Zudem erkennt er in Schneewittchens Affirmation zu allem Gesagten eine radikal politische Dimension, weil es damit die Unterscheidung zwischen Wahrheit und Lüge aushebelt und auf Gerechtigkeit verzichtet (vgl. Plug 2005). Diese Mehrdeutigkeit der Sprache lässt sich nach Mandana Covindassamy auf das Konzept einer politisch subversiven ›littérature mineure‹ von Gilles Deleuze und Félix Guattari beziehen (vgl. Covindassamy 2013). Walsers *Schneewittchen* stellt Wahrheit, Erkenntnis, Liebe und Sprache grundlegend in Frage, indem es intertextuell höchst raffiniert die Eindeutigkeit des Prätextes verunsichert und die Teleologie des Märchens in ein repetitives, selbstreflexiv-literarisches Spiel umschreibt.

Ausgaben

Dichter (In einem Akt). In: Die Insel, Jg. 1, Nr. 9 (1900), 359–374. – Aschenbrödel. In: Die Insel, Jg. 2, Nr. 10 (1901), 3–50. – Schneewittchen, Komoedie in Versen. In: Die Insel, Jg. 2, Nr. 12 (1901), 265–307. – Die Knaben (Ein Akt). In: Die Insel, Jg. 3, Nr. 9 (1902), 254–262. – Die Knaben. In: Die Rheinlande, Jg. 18, Heft 9/10 (September/Oktober 1918), 192–195. – Komödie. Berlin: Bruno Cassirer 1919. – DiP 5, 5–118. – GW 11, 35–145. – GWS 7, 35–145. – SW 14, 5–115.

Literatur

Andresen, Karen: Tragische Aspekte im Märchen *Aschenbrödel* von Robert Walser. In: Carmen Morenilla, Bernhard Zimmermann (Hg.): Das Tragische. Stuttgart, Weimar 2000, 1–18.

Andres, Susanne: Robert Walsers arabeskes Schreiben. Göttingen 1997.

Auraix-Jonchière, Pascale: Les jeux de la reconfiguration dans *Schneewittchen* de Robert Walser. In: Féeries 9 (2012), 113–138.

Benjamin, Walter: Robert Walser [1929]. In: ders.: Gesammelte Schriften. Bd. II,1. Hg. v. Rolf Tiedemann u. Hermann Schweppenhäuser. Frankfurt a. M. 1991, 324–328.

Bleckmann, Ulf: »Das Märchen will's«. Robert Walsers produktive Märchenrezeption. In: Thomas Eicher (Hg.): Märchen und Moderne. Fallbeispiele einer intertextuellen Relation. Münster 1996, 21–47.

Böschenstein, Bernhard: Theatralische Miniaturen. Zur frühen Prosa Robert Walsers. In: Benjamin Bennett, Anton Kaes, William J. Lillyman (Hg.): Probleme der Moderne. Studien zur deutschen Literatur von Nietzsche bis Brecht. Fs. für Walter Sokel. Tübingen 1983, 67–81.

Borchmeyer, Dieter: Dienst und Herrschaft. Ein Versuch über Robert Walser. Tübingen 1980.

Borchmeyer, Dieter: Robert Walsers Metatheater. Über die Dramolette und szenischen Prosastücke. In: Chiarini/ Zimmermann, 129–143.

Cassagnau, Laurent: »Plaudern auf dem bekiesten Weg / sei des Gezankes frohes End«. Dépassement du tragique par le dialogue? Schneewittchen. Ein Dramolett de R. Walser. In: Cahiers d'Études Germaniques 47 (2004), 67–82.

Covindassamy, Mandana: Das kleine Schneewittchen. Robert Walser und die ›littérature mineure‹. In: Germanistik in der Schweiz 10 (2013), 387–395.

Eickenrodt, Sabine: »Ja und doch nein« – Vergessen und Dementieren in Robert Walsers *Schneewittchen*-Dramolett. In: Irmela von der Lühe, Anita Runge (Hg.): Wechsel der Orte. Studien zum Wandel des literarischen Geschichtsbewußtseins. Göttingen 1997, 205–217.

Fattori, Anna: Robert Walsers *Schneewittchen*-Dramolett und die Grimmsche Vorlage. Zum Prozeß der inneren Aneignung eines Märchens. In: Noble, 189–205.

Gabrisch, Anne: Robert Walser in Berlin. In: Hinz/Horst, 30–55.

Greven, Jochen: Existenz, Welt und reines Sein im Werk Robert Walsers. Versuch zur Bestimmung von Grundstrukturen [1960]. Reprint der Originalausgabe. Hg. v. Reto Sorg. München 2009.

Herzog, Urs: »goldene, ideale Lügen«. Zum *Schneewittchen*-Dramolett. In: Kerr 2, 239–254.

Herzog, Urs: Robert Walsers Poetik. Literatur und soziale Entfremdung. Tübingen 1974.

Hobus, Jens: »Nur horchen will ich und im Sinn / erwidern deinen Liebeslaut.« Zur phonographischen Dimension der Liebessprache in Robert Walsers Texten. In: Marcel Krings (Hg.): Phono-Graphien. Akustische Wahrnehmung in der deutschsprachigen Literatur von 1800 bis zur Gegenwart. Würzburg 2011, 317–331.

Hobus, Jens: Poetik der Umschreibung. Figurationen der Liebe im Werk Robert Walsers. Würzburg 2011.

Horn, Katalin: Der Prinz kommt ungelegen…: Robert Walsers Märchendramolette. In: Sprachkunst 20 (1989), 45–50.

Hübner, Andrea: »Ei, welcher Unsinn liegt im Sinn?« Robert Walsers Umgang mit Märchen und Trivialliteratur. Tübingen 1995.

Huber, Ruth: Zur Ambivalenz in Robert Walsers Dramolett »Schneewittchen«. In: Runa. Revista portuguesa de estudos germanísticos N° 9/10 (1988), 109–127.

Pizer, John: The Disenchantment of Snow White: Robert Walser, Donald Barthelme and the Modern/Postmodern Anti-Fairy Tale. In: Canadian Review of Comparative Literature 17 (1990), 330–347.

Plug, Jan: Shame. On the Language of Robert Walser. In: MLN 120, 3 (2005), German Issue, 654–684.

Schaak, Martina: »Das Theater, ein Traum«. Robert Walsers Welt als gestaltete Bühne. Berlin 1999.

Utz, Peter: Tanz auf den Rändern. Robert Walsers »Jetztzeitstil«. Frankfurt a. M. 1998.

Stocker, Peter: In zwölf Jahren vom Konzept zur »Komödie«. In: MITTEILUNGEN 19, 23–24.

Torri, Stefania: Sui drammi fiabeschi di Robert Walser. In: Rivista di letteratura moderne e comparate 53, 2 (2000), 177–201.

Jens Hobus

3.2.4 *Fritz Kocher's Aufsätze* (1904)

Entstehung und Veröffentlichung

Walsers erste eigenständige Buchveröffentlichung erschien im November 1904 im Insel Verlag. Sie trug den Titel *Fritz Kocher's Aufsätze. Mitgeteilt von Robert Walser* und enthielt vier voneinander unabhängige Prosazyklen, die zuvor in verstreuter Form im feuilletonistischen *Sonntagsblatt* der Berner Tageszeitung *Der Bund* erschienen waren: *Fritz Kocher's Aufsätze. Mitgeteilt von Robert Walser; Der Commis. Eine Art Illustration; Ein Maler; Der Wald.*

Handschriftliche Textzeugen sind nicht überliefert, und die Entstehung der einzelnen Zyklen lässt sich nur in Ansätzen rekonstruieren. Gemäß einer Mitteilung Carl Seeligs erfolgte die Niederschrift der Textgruppe *Ein Maler* im Mai oder Juni 1902, als Walser in der Zürcher Spiegelgasse wohnte (vgl. SEELIG, 42; Echte 1994, 51). Zwar heißt es bei Seelig, ein weiterer Teil von *Fritz Kocher's Aufsätzen* sei in der Trittligasse entstanden, wo Walser nachweislich im November 1901 logierte. Von welchem Teil der Sammlung hier die Rede ist, geht aus den überlieferten Äußerungen allerdings nicht hervor (vgl. Heerde, Reibnitz, Sprünglin, Nachwort in KWA I 1, 110).

Die Aufnahme der Textgruppen in das *Sonntagsblatt des Bund* scheint durch einen Brief angestoßen worden zu sein, den der Autor am 8. 2. 1902 an den Feuilletonredakteur Josef Viktor Widmann sandte. Darin fragte Walser, ob Widmann ihm bezahlte Abschreibe-Arbeiten vermitteln könne, da es ihm nicht gelinge, sich als freier Autor finanziell zu behaupten (vgl. Br 8). Offenbar zog es Widmann vor, Walser auf anderem Wege zu unterstützen, indem er den Zyklus *Fritz Kocher's Aufsätze* wenige Wochen später in das

von ihm redigierte *Sonntagsblatt* aufnahm. Bis August 1903 erfolgte dort auch der Abdruck der drei übrigen Textgruppen.

Bereits am 6. 1. 1902 hatte Walser beim Insel Verlag angefragt, ob man ihm gegen Aushändigung seiner »sämmtlichen, bisherigen schriftstellerischen Arbeiten (Dramen, Prosa, Gedichte) eine kleinere Summe Geld (M 200.–) geben könnte« (Br 7). Diese Anfrage trug zunächst keine Früchte. Erst im November 1903 kam das Projekt eines Walser-Buchs ins Rollen, nachdem sich Franz Blei für das Zustandekommen eines solchen Bandes stark gemacht hatte. In einem mehrmonatigen Briefwechsel wurden nun die verschiedensten Buchprojekte bis hin zu einer mehrbändigen Werkausgabe ins Auge gefasst, in Angriff genommen und wieder verworfen, bis man sich im Juni 1904 darauf einigte, drei schmale Bände zu produzieren (vgl. Heerde, Reibnitz, Sprünglin, Nachwort u. Dokumente in KWA I 1, 111–118, 146–164). Der erste Band sollte Prosa enthalten. Er wurde noch im selben Jahr unter dem oben genannten Titel realisiert und mit elf Illustrationen versehen, die Walsers Bruder Karl gezeichnet hatte. Die übrigen Bände sollten Dramolett- und Gedichtsammlungen enthalten. Bei Insel wurden sie aus verlegerischen Gründen jedoch nie realisiert (vgl. ebd., 118–133, 165–190).

Inhalt

Fritz Kocher's Aufsätze

Der erste Zyklus wird von einem fingierten editorischen Vorwort eröffnet, das in der *Sonntagsblatt*-Fassung mit den Initialen »R. W.« unterschrieben ist (KWA I 1, 9). Darin wird der Aufsatzschreiber Fritz Kocher als ein Knabe vorgestellt, der die Gabe besaß, in seiner ›kleinen Welt‹ hell zu sehen, was ihm in der ›großen Welt‹ nicht möglich gewesen sei, weil er schon kurz nach seinem Austritt aus der Schule gestorben sei. Der (fiktive) Herausgeber beteuert, dass er die Aufsätze ohne die geringste Überarbeitung so darbiete, wie er sie von Kochers Mutter erhalten habe. Es folgt der Abdruck von 20 Schulaufsätzen, die in der Erstausgabe jeweils zweieinhalb Seiten beanspruchen. Größtenteils behandeln sie Themen wie *Der Herbst*, *Mein Berg* oder *Höflichkeit*, die an Schweizer Schulen um 1900 tatsächlich im Deutschunterricht gestellt werden konnten. Dass es sich bei Kocher um einen Schweizer Schüler handelt, geht aus dem Aufsatz *Das Vaterland* hervor.

Bei näherer Betrachtung ist die Manier, in der die vorgegebenen Themen bearbeitet werden, jedoch alles andere als wirklichkeitsnah. Erstens sind die Texte in einer stilistisch anspruchsvollen Sprache verfasst, die hochliterarischen Ansprüchen genügt und nur stellenweise von kuriosen Stilblüten unterlaufen wird. Zweitens gefällt sich Kocher darin, die eigene Schreibtätigkeit zum Gegenstand seiner Aufsätze zu machen. Drittens enthalten die Texte zahlreiche sanktionswürdige Äußerungen. Angesichts der autoritären Strukturen, die zu Zeiten der Jahrhundertwende an europäischen Schulen vorherrschten, hätte sich ein tatsächlicher Aufsatzschüler gehütet, solche Passagen in seine Arbeiten aufzunehmen.

Der Commis

Der zweite Zyklus ist von einer Vor- und Nachrede gerahmt, deren Erzähler sich zur Gruppe der lustigen Schriftsteller zählt. Der Erstdruck im *Sonntagsblatt des Bund* enthielt zudem eine Anmerkung der Redaktion, die darauf aufmerksam machte, dass die vorliegenden »Variationen« zwischen »Scherz und Ernst« changieren (ebd., 47). Tatsächlich wird die Figur des Commis, des einfachen Büroangestellten, innerhalb der ersten Skizzen humoristisch behandelt. Die erzählerische Ironie, die einen durchaus wohlwollenden Tenor aufweist, zielt v. a. auf das biedere Betragen und die trockene Mittelmäßigkeit, die dem Typus des Commis zugeschrieben werden. Weiteres humoristisches Kapital schlug Walser aus dem Gegensatz von Selbstbestimmungsbedürfnissen und autoritären Zwängen, von denen der damalige Büroalltag geprägt war. Im zweiten Teil des Zyklus verliert sich der humorvolle Ton allerdings zugunsten von stilleren Betrachtungen, in denen mögliche Schattenseiten des Commis-Berufs zur Schau gestellt werden.

Ein Maler

Zu Beginn der dritten Textgruppe machte Walser erneut vom Kunstgriff der Herausgeberfiktion Gebrauch. Es wird erklärt, dass die folgenden Skizzen dem Notizbuch eines Malers entstammen, das dem Herausgeber zufällig in die Hände geraten sei. Wie man in den Aufzeichnungen erfährt, befindet sich der schreibende Maler in der Villa einer Gräfin, die ihm gegenüber als kunstliebende Gönnerin auftritt. Die erste Hälfte des Zyklus wird von ästhetischen Reflexionen dominiert, in denen sich der Maler zu Fragen der Kunstproduktion und -rezeption, zu seinen künstlerischen Idealen und zum Verhältnis von Malerei und Dichtung äußert. Die erzählerische Handlung kommt dagegen erst in Gang, als der Künstler den Auftrag erhält, seine Gönnerin zu porträtieren. Zunächst wird das Porträt vollendet. Dann erhält die kleine Gesellschaft Besuch von einem jungen, verwahrlosten Dichter, der ebenfalls porträtiert wird. Schließlich kommt es zwischen dem Maler und der Gräfin zu einem Liebesverhältnis, worüber der Maler kurzzeitig die Begeisterung für seinen Künstlerberuf verliert. In der letzten Skizze beschließt er jedoch, die Villa zu verlassen, um dem allzu behaglichen Liebesglück zu entfliehen und wieder das Leben des schaffenden, strebenden Künstlers zu ergreifen.

Der Wald

Auch der letzte Zyklus beginnt mit einer Vorrede. Aus der Retrospektive wird berichtet, wie die Äußerung eines Schullehrers zum wuchernden Eigenleben des Waldes den Erzähler und seine Mitschüler zu allerlei phantastischen Vorstellungen veranlasste. Damit ist das Thema der darauffolgenden Essays vorgegeben. Der Wald wird darin fast ausnahmslos als *locus amoenus* betrachtet. Er entspricht einem Ort der Ruhe, in dem der Mensch durch den Genuss wohltuender sinnlicher Eindrücke körperliche und seelische Erholung erfahren kann. Der siebte Abschnitt demonstriert dagegen, dass Walderlebnisse auch mit Angstzuständen und seelischem Leid einhergehen können. Er enthält den Monolog eines Knaben, der den Wald zwar wie einen Menschen liebt, sich von ihm aber auch wie von einem Menschen verstoßen fühlt. Beschlossen wird die Textgruppe von einem Nachwort, in dem der Erzähler auf das Geschriebene zurückblickt und noch einmal zu verstehen gibt, dass er den Wald von ganzer Seele liebe.

Illustrationen und Buchgestaltung von Karl Walser

Karl Walser war um 1900 im Begriff, sich als Buchgestalter und Bühnenbildner einen Namen zu machen. Dieses Renommee versuchte sich Robert zunutze zu machen, als er dem Insel Verlag Anfang 1904 mitteilte, Karl sei gewillt, für das geplante Walser-Buch Illustrationen anzufertigen. Der Verlag reagierte zwar zunächst zögerlich. Schließlich wurde Karl jedoch nicht nur als Illustrator, sondern auch als Buchgestalter und einflussreicher Berater in die Projektarbeit miteinbezogen (vgl. Heerde, Reibnitz, Sprünglin, Nachwort u. Dokumente in KWA I 1, 113–128, 152–185). Wie die handgezeichneten Bildunterschriften zeigen, beziehen sich fünf der elf Illustrationen thematisch auf *Fritz Kocher's Aufsätze*, vier auf *Ein Maler* und je eine auf *Der Commis* und *Der Wald*. Daneben sind die verschiedenen Zwischentitel und einige Initialbuchstaben als Handzeichnungen wiedergegeben. Nach diesem Muster wurden auch der Deckeltitel und das Inhaltsverzeichnis angefertigt. Schließlich entwarf Karl für die broschierte Ausgabe eine zweifarbige Umschlagszeichnung (vgl. ebd., 192).

Zeitgenössische Rezeption

Bisher konnten 17 zeitgenössische Besprechungen von Walsers Erstling nachgewiesen werden (vgl. ebd., 129–145; Echte 2012; Heerde 2012, 18). Sie stammen aus den Jahren 1904–1915 und fielen größtenteils wohlwollend aus. Gelobt wurde einerseits der literarische Stil der Aufsätze, der durch Schlichtheit und Originalität besteche. Andererseits verwies man auf das harmonische Zusammenspiel der Text- und Bildbeiträge. Allerdings gingen auffallend viele Rezensenten davon aus, dass Kocher als Erzähler sämtlicher Textzyklen anzusehen sei. Aus den Vorreden der einzelnen Zyklen geht jedoch eindeutig hervor, dass diese Annahme nicht haltbar ist. Dass es dennoch so häufig zu dieser Fehldeutung kam, lag nicht zuletzt an den Arbeiten Karl Walsers, dem Robert in Fragen der Buchgestaltung blind vertraute (vgl. Br 32, 36). Karl räumte den handgezeichneten Titeln des zweiten, dritten und vierten Zyklus keine eigene Seite ein, sondern gestaltete sie analog zu den Überschriften der einzelnen Kocher'schen Schulaufsätze. Auch geht aus der doppelseitigen Zeichnung des Inhaltsverzeichnisses, des Innentitels und der Verlagsangabe nicht klar hervor, ob der Innentitel dem gesamten Buch oder lediglich dem ersten Zyklus zuzuordnen ist. Offenbar wusste schon Karl Walser die Grenzen der Kocher'schen Erzählerfiktion nicht richtig zu beurteilen.

Rudolf von Poellnitz, der das Buchprojekt als Geschäftsleiter des Insel Verlags betreute, dürfte es ähnlich ergangen sein. Dieser erbat sich im November 1904 vom Autor einige Stichworte für die Anzeige, mit der das Werk im *Börsenblatt für den deutschen Buchhandel* angekündigt werden sollte. Walser konnte der Bitte nicht entsprechen, denn er befand sich gerade für einen zweiwöchigen Militärdienst in Bern. Also ließ von Poellnitz in der Ankündigung die Einleitung des ersten Zyklus abdrucken, die er für das Vorwort des gesamten Buchs hielt (vgl. Dokumente in KWA I 1, 178–180, 193). Karl Walser oder von Poellnitz dürften auch veranlasst haben, dass die Illustration *Fritz Kocher's Grab* ans Ende des Bandes gestellt wurde (vgl. Br 36). Auch dieses Gestaltungsdetail suggeriert, bei Kocher handle es sich um den Erzähler aller Aufsatztexte.

Darüber hinaus fragten sich einzelne Rezensenten, wer als der eigentliche Urheber des Werks zu betrachten sei: Fritz Kocher, Robert Walser oder gar Karl Walser? Andere Kritiker erkannten, dass es sich bei Kocher um einen fingierten Erzähler handeln müsse (vgl. Echte, 29; Dokumente in KWA I 1, 190 f.). Sie nahmen an, dass dieser als Sprachrohr des Verfassers fungiere. In diesem Zusammenhang verwies man immer wieder auf die stilistische und psychologische Naivität, die den Aufsätzen, der Erzählerfigur oder dem Autor eigen sei. Ein perspektivischer Mehrwert wurde dem Kunstgriff der Erzählerfiktion nicht zugesprochen.

Am 13. 4. 1905 bat Walser den Insel Verlag, ihm das Zusatzhonorar zukommen zu lassen, das laut Vertrag bei Deckung der Herstellungskosten fällig wurde. Es ist anzunehmen, dass er bis dahin die Rezensionen Widmanns, Fritz Martis und Bleis zur Kenntnis genommen hatte, die sehr wohlwollend ausgefallen waren (vgl. Heerde, Reibnitz, Sprünglin, Nachwort in KWA I 1, 134–137). Die Antwort war jedoch ernüchternd. Erstens war der Verlagsvertreter, der nun anstelle des überraschend verstorbenen von Poellnitz die Briefkorrespondenz erledigte, so wenig mit dem Buchprojekt vertraut, dass er annehmen konnte, Robert Walser habe das Zusatzhonorar für seine »Zeichnungen zu ›Fritz Kochers‹ Aufsätze« erbeten (Dokumente in KWA I 1, 187). Zweitens hatten sich zu diesem Zeitpunkt erst 47 der 1300 aufgelegten Exemplare verkauft (vgl. Br 43). Die Erstausgabe wurde schon wenige Jahre nach ihrem Erscheinen im Preis herabgesetzt und schließlich verramscht.

Forschung und Deutung

In der Forschung zur Schulliteratur um 1900 wurden Kochers Aufsätze allenfalls am Rande erwähnt, während der Zöglingsroman *Jakob von Gunten* kurioserweise mehr Beachtung fand (vgl. z. B. Luserke 1999, 10, 91–99). Allerdings wurden Teile des Erstlingswerks regelmäßig in breiter angelegten Walser-Studien besprochen. So legte Jochen Greven schon früh eine existenzialistische Deutung der Zyklen *Ein Maler* und *Der Wald* vor (vgl. Greven 1960/2009, 41–50). Wenige Jahre später erschien Robert Mächlers dokumentarische Walser-Biographie, in der ausgewählte Kocher-Zitate als biographische Zeugnisse angeführt wurden (vgl. Mächler, 31–37). Für die ersten drei Zyklen ist diese Vorgehensweise sicherlich nicht angemessen. Bernhard Echte sah in seiner jüngst vorgelegten Biographie jedenfalls davon ab,

Fritz Kocher's Aufsätze biographisch zu lesen (vgl. ECHTE, 29).

Ein reges Forschungsinteresse begann sich erst in den 1980er Jahren auszubilden, wobei der erste Zyklus bis heute weit häufiger besprochen wurde als die übrigen Textgruppen (vgl. Meier 1990, 134–139; Kießling-Sonntag 1997, 54–71; Kammer 2003, 84–89). Die erste intensive Einzeltextanalyse nahm Karl Pestalozzi am Aufsatz *Der Mensch* vor. Der Interpret nahm an, Kocher versuche zwar, den schulischen und gesellschaftlichen Normen zu entsprechen, weiche jedoch andauernd davon ab, weil sich beim Schreiben verdrängte Triebe und Wünsche in Form von Freudschen Fehlleistung bemerkbar machten (vgl. Pestalozzi 1986). Laut Pestalozzi stellte Walser mit diesen fingierten Fehlleistungen das Wechselspiel von Autorität und Sinnlichkeit zur Schau, das den damaligen Schulalltag prägte.

Dieser Deutungsansatz wurde später in fruchtbarer Weise auf den gesamten ersten Zyklus ausgeweitet und durch historische Kontextstudien ergänzt. So konnte Verena Ehrich-Haefeli zeigen, dass der damalige Aufsatzunterricht in erster Linie darauf abzielte, die Schüler auf die sprachlichen und gedanklichen Normen der bürgerlichen Gesellschaft einzuschwören (vgl. Ehrich-Haefeli 1995). Die zahlreichen Normverstöße, die sich aus Kochers Aufsätzen herausarbeiten lassen, führte Ehrich-Haefeli auf eine ironische Erzählhaltung zurück. So habe Walser über den Kopf der naiven Erzählerfigur hinweg eine fundamentale Gesellschaftskritik formuliert.

Es lässt sich allerdings fragen, ob Kocher tatsächlich so naiv agiert. Handelt es sich bei den erwähnten Verstößen nicht vielmehr um Provokationsgesten, mit denen sich der Aufsatzschüler ganz bewusst gegen die Autorität des Lehrers auflehnt? Für diese Annahme sprechen einige Äußerungen im fingierten editorischen Vorwort und in Walsers *Tagebuch eines Schülers* (vgl. SW 2, 110 f.). Den deutlichsten Hinweis auf Kochers intellektuelle Souveränität gibt jedoch ein Brief seines Bruders, in dem der Aufsatzschreiber als »ein Schurke im Stil« (SW 1, 38) bezeichnet wird. So gesehen entpuppen sich die vermeintlichen naiven Fehlleistungen als raffinierte ironische Wortspiele, mit denen Kocher die Unangemessenheit schulischer Bildungspraktiken und bürgerlicher Moralvorstellungen transparent werden lässt. Mithilfe dieses schurkischen Stils werden in Aufsätzen wie *Armut*, *Der Beruf* und *Das Vaterland* auch andere Themen, die um 1900 in der Öffentlichkeit breit diskutiert wurden, einer kritischen und humoristischen Betrachtungsweise ausgesetzt (vgl. Stiemer 2013).

Ein weiterer Deutungsansatz beruht auf der Annahme, die Kocher'sche Erzählerfiktion entspreche einem erzählerischen Rollenspiel, das es dem Autor erlaubte, mit literarischen Mitteln eine fremde Identität zu erproben, eine eigene Identitätskrise zu bewältigen oder Gesten der Identitätsverweigerung zur Schau zu stellen (vgl. SW 1, 119 f.; Angerer 1995, 92–99, 193; Pornschlegel 2003). Teilweise wurde dieser Ansatz auch auf die anderen Zyklen des Erstlingswerks angewendet, denen aber jahrzehntelang wenig Beachtung geschenkt wurde. Ausnahmen bildeten die Studien von Bernhard Böschenstein, der die Theatralität des *Commis*-Texts *Lebendes Bild* in den Blick nahm (vgl. Böschenstein 1983, 68–73), und Dominik Müller, der den dritten Zyklus in Bezug auf die Äußerungen des Erzählers zum Verhältnis von Malerei und Dichtung untersuchte. Er wies nach, dass der schreibende Maler die Grenzen zwischen den beiden Künsten zwar vordergründig affirmiert, unter der Hand jedoch systematisch auflöst bzw. verwischt (vgl. Müller 1996, 383–389).

Vor wenigen Jahren erschien schließlich die erste Monographie, die das Buchprojekt *Fritz Kocher's Aufsätze* einer eingehenden Analyse unterzog (vgl. Müller 2007). Andreas Georg Müller verstand die Texte und Zeichnungen des Bandes als Teile eines Gesamtkunstwerks und widmete den Illustrations- und Gestaltungsarbeiten Karl Walsers ausführliche Kommentare. Ferner legte Müller zu allen Textzyklen ausführliche Interpretationen vor, die sich allerdings im Rahmen der Ergebnisse der vorangehenden Arbeiten bewegen. Impulse für weitere Forschungen dürften aus der Diskurs- und Körpergeschichte von Bildungsinstitutionen sowie aus Ansätzen der Intermedialität und Autofiktion erwachsen.

Ausgaben

Fritz Kocher's Aufsätze. Mitgeteilt v. Robert Walser. In: Sonntagsblatt des Bund, 23.3., 30.3., 6.4. 1902. – Der Commis. Eine Art Illustration. In: Sonntagsblatt des Bund, 22.6. 1902. – Ein Maler. In: Sonntagsblatt des Bund, 27.6., 3.8., 10.8. 1902. – Der Wald. In: Sonntagsblatt des Bund, 23.8. 1903. – Fritz Kochers Aufsätze. Mitgeteilt von Robert Walser. Leipzig: Insel Verlag 1904. – DiP 4, 5–119. – GW 1, 5–107. – Fritz Kochers Aufsätze. Frankfurt a. M.: Insel 1974. – GWS 1, 5–107. – Fritz Kochers Aufsätze. Mitgeteilt von Robert Walser. Leipzig: Insel 1983. – SW 1. – Fritz Kochers Aufsätze. Frankfurt a. M., Leipzig: Insel 1995. – Fritz Kochers Aufsätze.

Frankfurt a. M.: Insel 2001. – KWA I 1 (mit Supplement-band: Reprint der Erstausgabe).

Literatur

Angerer, Christian: Rollenspiele. Soziales Rollenverhalten und Identitätsverweigerung in Robert Walsers Texten der frühen und der Berliner Zeit. Stuttgart 1995.

Böschenstein, Bernhard: Theatralische Miniaturen. Zur frühen Prosa Robert Walsers. In: Benjamin Bennett, Anton Kaes, William J. Lillyman (Hg.): Probleme der Moderne. Studien zur deutschen Literatur von Nietzsche bis Brecht. Fs. für Walter Sokel. Tübingen 1983, 67–81.

Echte, Bernhard: »Etwas wie Personenauftritte auf einer Art von Theater«. Bemerkungen zum Verhältnis von Biographie und Text bei Robert Walser. In: Runa. Revista portuguesa de estudos germanísticos Nᵒ 21 (1994), 31–59.

Echte, Bernhard: Zwei frühe Besprechungen zu »Fritz Kochers Aufsätze«. In: MITTEILUNGEN 19, 19–22.

Ehrich-Haefeli, Verena: »Gaukler sein wäre schön.« Fritz Kochers Aufsätze – ein Modell subversiver Anpassung bei Robert Walser. In: Wolfram Malte Fues, Wolfram Mauser (Hg.): »Verbergendes Enthüllen«. Zur Theorie und Kunst dichterischen Verkleidens. Fs. für Martin Stern. Würzburg 1995, 329–344.

Greven, Jochen: Existenz, Welt und reines Sein im Werk Robert Walsers. Versuch zur Bestimmung von Grundstrukturen [1960]. Reprint der Originalausgabe. Hg. v. Reto Sorg. München 2009.

Heerde, Hans-Joachim, Reibnitz, Barbara von, Sprünglin, Matthias: Editorisches Nachwort. In: KWA I 1, 101–146.

Heerde, Hans-Joachim: Wiederentdeckte Walser-Drucke, zwei frühe Übersetzungen und ein Nachtrag. In: MITTEILUNGEN 19, 16–19.

Kammer, Stephan. Figurationen und Gesten des Schreibens. Zur Ästhetik der Produktion in Robert Walsers Prosa der Berner Zeit. Tübingen 2003.

Kießling-Sonntag, Jochem: Gestalten der Stille. Untersuchungen zur Prosa Robert Walsers. Bielefeld 1997.

Luserke, Matthias: Schule erzählt: literarische Spiegelbilder im 19. und 20. Jahrhundert. Göttingen 1999.

Meier, Andreas: »Man fühlte deutlich, daß sie aus derselben Familie kamen.« Illustrationen zu den Texten. In: Bernhard Echte, Andreas Meier: Die Brüder Karl und Robert Walser. Maler und Dichter. Zürich 1990, 134–149.

Müller, Andreas Georg: Mit Fritz Kocher in der Schule der Moderne. Studien zu Robert Walsers Frühwerk. Tübingen, Basel 2007.

Müller, Dominik: Künstlerbrüder – Schwesternkünste. Robert und Karl Walser. In: Ulrich Stadler (Hg.): Zwiesprache. Beiträge zur Theorie und Geschichte des Übersetzens. Stuttgart, Weimar 1996, 382–395.

Pestalozzi, Karl: Selbstgefühl dank Repression beim frühen Robert Walser. In: Karol Sauerland (Hg.): Autorität und Sinnlichkeit. Studien zur Literatur- und Geistesgeschichte zwischen Nietzsche und Freud. Frankfurt a. M., Bern, New York 1986, 107–127.

Pornschlegel, Clemens: Der Autor und sein Double. Zur literarischen Maskerade in Fritz Kochers Aufsätzen von Robert Walser. In: Ethel Matala de Mazza, Clemens Pornschlegel (Hg.): Inszenierte Welt. Theatralität als Argument literarischer Texte. Freiburg i. Br. 2003, 253–270.

Stiemer, Hendrik: Über scheinbar naive und dilettantische Dichtung. Text- und Kontextstudien zu Robert Walser. Würzburg 2013.

Hendrik Stiemer

3.2.5 Lyrik (frühe Gedichte, *Saite und Sehnsucht*)

Im Frühjahr 1897 bewarb sich Walser beim Chefredakteur der sozialistischen Wochenzeitung *Arbeiterstimme* (Zürich), dem deutschen Sozialpädagogen Robert Seidel, erfolglos um eine Stelle als »Schreiber oder so was« (Br Nachtrag 1). Auch das brieflich eingesandte politisch engagierte Gedicht *Zukunft!*, der früheste bekannte literarische Text Walsers, wurde von Seidel als Beitrag für das offizielle Organ der Sozialdemokratischen Partei der Schweiz abgelehnt. Noch aus demselben Jahr ist ein gleichfalls wenig origineller zweistrophiger lyrischer Albumeintrag *Meiner lieben Fanny!* erhalten. Schon in den nachfolgenden Gedichten verwendet Walser seine Aufmerksamkeit allerdings zunehmend auf die poetologischen Möglichkeiten der Lyrik.

Das sorgfältig angefertigte Manuskript *Drittes Buch. Saite und Sehnsucht*, das 1972 im Nachlass der Schwester Fanny Hegi-Walser gefunden wurde, ist um 1900 entstanden und enthält 50 Gedichte Walsers (vgl. Fröhlich 1979). Der Titel des Hefts gibt einen Hinweis auf weitere vergleichbare Sammlungen (möglicherweise jene, die Walser Josef Viktor Widmann und Franz Blei übergab; vgl. Greven, Nachwort in SW 13, 270), die allerdings nicht erhalten sind. Dennoch vermittelt *Saite und Sehnsucht* einen wesentlichen Einblick in Walsers früheste literarische Produktion. Während die überwiegende Zahl der darin enthaltenen Gedichte zwar unveröffentlicht blieb, enthält das Manuskript sämtliche Gedichte, die Walser zwischen Oktober 1899 und Juni 1900 in der *Insel* veröffentlichte, wobei die Chronologie der Textzeugen aufgrund der vagen Datierung des Manuskripts nicht bestimmt werden kann. Diese *Insel*-Gedichte zählen neben den *Lyrischen Erstlingen* im *Sonntagsblatt des Bund* (8. 5. 1898) und den Veröffentlichungen in der *Wiener Rundschau* (im August 1899) zu Walsers ersten Publikationen. Auf Anfrage von Otto Julius Bierbaum (zusammen mit Alfred Walter Heymel und Rudolf Alexander Schröder Herausgeber der Münchner Literatur- und Kunstzeitschrift) hatte letztlich Blei den Kontakt zu Walser hergestellt (vgl. Ifkovits 1996, 62) und ihm so den wichtigen Anschluss an den Literaturbetrieb in

Deutschland verschafft. Acht der zehn *Insel*-Gedichte sowie fünf weitere Gedichte aus *Saite und Sehnsucht* hat Walser nach kleineren Überarbeitungen und teilweise mit neuen Titeln versehen schließlich in die Sammlung *Gedichte* (1909) aufgenommen.

Das erste Gedicht aus *Saite und Sehnsucht*, das im Manuskript keinen Titel trägt (in der *Insel* mit der Überschrift *Lachen und Lächeln* abgedruckt), ist über den Zusammenhang von Walsers früher Lyrik hinaus interessant. Wieder ohne Titel figuriert das Gedicht (geringfügig überarbeitet) mehr als ein Jahrzehnt später als Motto der Prosasammlung *Aufsätze* (1913): »Es kommt mich Lachen / und Lächeln an. / Was liegt daran! / Das sind so Sachen…« (SW 13, 51) Die Wiederholung der poetologischen Formel aus *Saite und Sehnsucht* markiert eine Kontinuität in Walsers Werk und dürfte als Hinweis auf die (oft unterschätzte) Bedeutung des Frühwerks genügen.

Walsers frühe Lyrik, die überwiegend um die Jahrhundertwende in Zürich entstanden ist, wurde von der Forschung selten kontextualisiert; mit Ausnahme von Thomas Binders Dissertation zu Walsers frühen Gedichten wurden zumeist nur einzelne Beispiele in kleineren Arbeiten besprochen. Die Sammlung *Gedichte* (1909) stellt eine repräsentative Auswahl der frühen Lyrik Walsers dar; wobei Walser die Kanonisierung bestimmter Gedichte selbst betrieben hat, indem er fast ausschließlich jene Gedichte in die Sammlung aufnahm, die schon zuvor publiziert und damit in gewisser Weise ›beglaubigt‹ waren (vgl. Greven, Nachwort in SW 13, 271). Mit der Sammlung kam Walsers erste Phase lyrischer Produktion zum Abschluss, rund zwei Drittel der frühen Gedichte waren nun publiziert. Während des folgenden Jahrzehnts veröffentlichte Walser lediglich zwei bis dahin ungedruckte Gedichte und erst im zeitlichen Umfeld der Neuauflage der *Gedichte* (1919) begann eine zweite, kurze lyrische Periode.

Ausgaben

GW 11, 30–34. – GWS 7, 30–34. – Saite und Sehnsucht. Faksimile-Ausgabe. Im Auftrag der Carl-Seelig-Stiftung hg. u. m. einem Nachwort versehen v. Elio Fröhlich. Zürich 1979. – Die Gedichte. Zürich: Suhrkamp 1984, 5–28, 53–58. – SW 13, 30–47, 48–54.

Literatur

Binder, Thomas: Zu Robert Walsers frühen Gedichten. Eine Konstellation von Einzelanalysen. Bonn 1976.

Fröhlich, Elio: Nachwort. In: Robert Walser: Saite und Sehnsucht. Faksimile-Ausgabe. Im Auftrag der Carl-Seelig-Stiftung hg. u. m. einem Nachwort versehen v. Elio Fröhlich. Zürich 1979, 111–116.

Greven, Jochen: Nachwort. In: SW 13, 268–279.

Ifkovits, Kurt: Die Insel. Eine Zeitschrift der Jahrhundertwende. Diss. Universität Wien 1996.

Paul Keckeis

3.3 Berliner Zeit (1905–1913)

3.3.1 *Geschwister Tanner* (1907)

Entstehung und Veröffentlichung

Robert Walser hat seinen ersten Roman, *Geschwister Tanner*, zu Beginn des Jahres 1906 »innerhalb von drei oder vier Wochen« und »sozusagen ohne Korrekturen« verfasst, wie er sich im Gespräch mit Carl Seelig erinnert (SEELIG, 49). Nach dem Dienst als Lakai auf Schloss Dambrau in Oberschlesien von Oktober bis Dezember 1905 bedeutete die Rückkehr nach Berlin für den Siebenundzwanzigjährigen den definitiven Aufbruch in die Existenz als freier Schriftsteller. Für diesen wichtigen Schritt war Robert Walser in mehrfacher Hinsicht auf seinen Bruder Karl angewiesen, der damals in Berlin als erfolgreicher Maler, Bühnenbildner und Buchillustrator tätig war: Robert konnte wie bereits vor dem Aufenthalt in Dambrau wieder in Karls geräumiger Atelier-Wohnung an der Kaiser-Friedrich-Straße 70 in Charlottenburg unterkommen. Der ältere Bruder hatte ihn bereits in die Kreise der Künstler, Kunstvermittler und Schriftsteller eingeführt und den Kontakt zum Verleger Bruno Cassirer hergestellt. Gemäß Walsers Erinnerungen in den Gesprächen mit Seelig soll ihn Cassirer angeregt haben, es mit einem Roman zu versuchen (ebd., 19).

Gegen ein eigentliches Auftragsverhältnis zwischen Cassirer und Walser spricht die Tatsache, dass Walser bereits am 21. 2. 1906 beim Insel-Verlag, der *Fritz Kocher's Aufsätze* publiziert hatte, anfragte, ob sie »geneigt [seien], einen Roman von mir, circa 400 Druckseiten, zur Prüfung anzunehmen« (Br 47). Trotz grundsätzlich positiver Antwort hat Walser dann das Manuskript nicht abgeschickt, es vielmehr Cassirer übergeben, der es zur Prüfung an seinen Lektor und literarischen Berater Christian Morgenstern weitergab. Der erste Beweis für die abgeschlossene Niederschrift ist der Brief Morgensterns an Cassirer vom 8. 4. 1906, in dem er begeistert seine Eindrücke von der Lektüre mitteilt (Morgenstern 2011, 165 f.).

Die Figur des jungen, freiheitsliebenden Taugenichts Simon Tanner wie auch sein Umfeld und seine Erlebnisse schöpfte Walser zu großen Teilen aus der eigenen Biographie, zugleich griff er aber auch auf die Figuren der vor Februar 1903 geschriebenen »flüchtige[n] Phantasie« (AdB 4, 237) *Simon, eine Liebesgeschichte* zurück.

Walser hat im 1914 publizierten Prosastück »*Geschwister Tanner*« den Entstehungsprozess in poetischen Bildern beschrieben: Es sei ihm während der Niederschrift gewesen,

als bedürfe ich keines Schlafes mehr, als sei das Denken, Dichten und Wachen mein holder, kräftigender Schlaf, als sei das stundenlange Schreiben am Schreibtisch meine Welt, mein Genuß, Erholung und Ruhe. [...] Ich erinnere mich, daß ich die Niederschrift des Buches mit einem hoffnungslosen Wortgetändel, mit allerlei gedankenlosem Zeichnen und Kritzeln begann. – Ich hoffte nie, daß ich je etwas Ernstes, Schönes und Gutes fertigstellen könnte. – Der bessere Gedanke und damit verbunden der Schaffensmut tauchte nur langsam, dafür aber eben nur um so geheimnisreicher, aus den Abgründen der Selbstnichtachtung und des leichtsinnigen Unglaubens hervor. [...] Ein Bild löste das andere ab, und die Einfälle spielten miteinander wie glückliche, anmutige, artige Kinder. Voller Entzücken hing ich am fröhlichen Grundgedanken, und indem ich nur fleißig immer weiter schrieb, fand sich der Zusammenhang. (SW 4, 127–129)

Ganz ohne Korrekturen und Schreibstockungen ging die Niederschrift nicht von statten, wie das erhaltene Manuskript zeigt: Es sieht zwar über weite Strecken wie eine Reinschrift aus, doch gibt es bei näherer Betrachtung »Streichungs-Zäsuren der Niederschrift«, wobei es sich »um Passagen handelt, in denen die Phantasie aus dem Lot gerät, – um Stellen des poetischen Distanzverlustes könnte man auch sagen –, und zwar jeweils aus der Unmittelbarkeit der Rede heraus« (Reibnitz 2009, 137). Verblüffend trotzdem die Souveränität, mit welcher da ein junger Autor ohne jede Erfahrung mit Textzusammenhängen dieser Größenordnung seinen Schreibfluss in Gang hält und einen Roman entstehen lässt. – Die in verschiedenen Versionen vertretene These, wonach sich Walser bei der Niederschrift der *Geschwister Tanner* von äußerlichen Umfangs- und Symmetrie-Kriterien leiten ließ und gewissermaßen in einen Rahmen »hinein [...] arbeitete wie ein Maler in ein bestimmtes Format« (Greven, Nachwort in SW 9, 337), hat eine gewisse Plausibilität, lässt sich aber nicht definitiv erhärten: Fest steht, dass das Manuskript zunächst – noch ohne Titel – in zwei Teile mit separater Paginierung von 96 und 105 Seiten gegliedert war, genau genommen 200 mit schöner Regelmäßigkeit vollgeschriebene Manuskriptblätter und 7 Schlusszeilen. Erst nach der Lektüre durch Morgenstern wurde das Manuskript von Walser in 20 Kapitel von meist ca. 10 Seiten eingeteilt. Durchpaginiert wurde es erst nach größeren Kürzungen, als Druckvorlage von 178 Blättern und noch 18 Kapiteln, deren letztes fast die doppelte Länge der anderen hat. Damit sind die letzten

Spuren einer allenfalls intendierten formalen Symmetrie und Gleichförmigkeit verschwunden.

Im erhaltenen Manuskript, das mit seinen verschiedenen Textschichten zugleich erste Niederschrift, Korrekturexemplar und Satzvorlage ist, finden sich mehrere umfangreiche, erst nach Abschluss der Niederschrift vorgenommene Streichungen, teilweise verbunden mit komplexen Korrekturen. Zwar gehen sie teilweise zweifellos auf den Wunsch nach Kürzungen zurück, den der Verleger Cassirer und sein Lektor Morgenstern äußerten (vgl. SEELIG, 49; Morgenstern 2011, 165 f.; Greven 1975, 43). Den Kürzungen zum Opfer fallen insbesondere Teile, die eigenständige Binnentexte bildeten – so u. a. das von Simon aufgefundene Manuskript eines schreibenden Commis (von Morgenstern als »Helbigs Geschichte« bezeichnet und wohl identisch mit *Helblings Geschichte*; vgl. Kommentar in SW 9, 369). Doch entgegen Jochen Grevens apodiktischer Behauptung, wonach »entweder Morgenstern oder der Verleger selbst« den »Rotstift« (es ist in Wahrheit Blaustift) führte (Greven 1975, 46), sind die Striche zumindest teilweise ohne jeden Zweifel vom Autor selbst vorgenommen worden und können nicht alle dem Wunsch nach Kürzungen zugeschrieben werden (vgl. Groddeck, Reibnitz, Nachwort in KWA IV 1, 375–377; Weber 2010).

Im August 1906 wurde der Roman gesetzt, die Druckfahnen wurden von Walser und anschließend von Morgenstern korrigiert. Sie sind nicht erhalten, aber aus der Differenz zwischen Druckmanuskript und Druck sowie aus den ausführlichen brieflichen Kommentaren Morgensterns an Walser (Br 47) können die Korrekturen erschlossen werden (vgl. Groddeck, Reibnitz, Nachwort in KWA IV 1, 380–382).

Morgenstern ist im Jahre 1906 ohne Zweifel der enthusiastischste Leser Walsers: Er beglückwünscht Cassirer nach Lektüre des Manuskripts am 8. 4. 1906 zu »dieser wahrhaften ›trouvaille‹ [...]. Sie haben mit Ihrem Einsatz ein großes Los gewonnen« (zit. n. KWA I 2, 316). Selten habe er etwas in seiner Art so Schönes gelesen. Er stellt die *Geschwister Tanner* über Hermann Hesses kurz zuvor erschienenen *Peter Camenzind* und bestätigt auch nach Korrektur der Druckfahnen Cassirer gegenüber noch einmal den Eindruck: es sei ein »bares Wunder«. Walser ist für ihn ein »*Genie*, d. h. der stets von neuem unglaubliche Ausnahmefall eines Menschen, durch den die Lebensflut wie durch einen murmelnden Krug selbst hindurchzugehen scheint« (Morgenstern an Cassirer, 8. 10. 1906, in Morgenstern 2011, 221; vgl. Greven 1975, 46). Walser gegenüber ist Morgenstern –

gewiss aus pädagogischen Gründen – zurückhaltender: Er vermeinte, den Jungautor in einem Brief von Mitte September 1906 auf gewisse Anfängerfehler, grammatikalische Unsicherheiten und »Untugenden seines Stils« wie »das ohne Not Weitschweifige, das Saloppe des Satzbaus« hinweisen zu müssen (Br 47), um ihn so auch vor kurzschlüssigen Urteilen der Kritiker zu schützen (vgl. Groddeck 2004, 57).

Allerdings ist das beratende, kritische Lektorat bei Walser eine Gratwanderung, die die Frage nach der ›ästhetischen Erziehbarkeit‹ von Walsers Schreiben überhaupt aufwirft, wo konventionelle Schwächen des Stils Quell individueller Stärken sind und der Regelverstoß zum poetischen Prinzip gehört (vgl. Greven 1975, 45).

Die Verlagswerbung kündigt die *Geschwister Tanner* Anfang Dezember 1906 im *Börsenblatt für den Buchhandel* »[n]och rechtzeitig zum Fest« an, weist aber darauf hin, dass »deren allgemeine Ausgabe erst Anfang 1907 erfolgen wird« (zit. n. KWA I 2, 334). Das Buch erscheint mit einer Umschlagzeichnung von Karl Walser. Der ersten Druckauflage von 1000 Exemplaren, die sich gut verkauft, folgt schon im November 1907 die zweite, vermutlich gleich hohe Auflage. Dann stagniert allerdings der Absatz: Von der zweiten Auflage waren noch im Jahre 1933 Restexemplare vorhanden, als der Verlag in die Emigration gezwungen wurde. Der Verlag Rascher erwarb die Rechte an den *Geschwistern Tanner* und ließ 1935 eine Neuauflage folgen, einen fotomechanischen Nachdruck der Erstauflage, der wiederum über 30 Jahre hinweg lieferbar blieb, sodass Greven bilanzieren kann: »Walsers erster Roman, mit dem für ihn jedenfalls große Hoffnungen verknüpft waren, teilte das Schicksal aller seiner Bücher: sehr kleine, sehr langsame Verbreitung.« (Greven, Nachwort in SW 9, 342)

Zeitgenössische Rezeption

Doch im Jahr 1907 konnte Walser mit der Wirkung seines ersten Romans durchaus zufrieden sein: Das Presseecho war lebhaft und breit gestreut – 18 Kritiken wurden im Jahr nach Erscheinen des Buches publiziert.

Die Meinungen der Kritiker schieden sich am eigenwilligen Romanerstling, wobei die positiven Stimmen überwogen. Gleich als erste und ausführlichste Kritik erschien am 20. 1. 1907 das enthusiastische Lob des Walser-Entdeckers Josef Viktor Widmann im *Sonntagsblatt* des Berner *Bund*: Widmann bezeichnet das Buch als »eine Offenbarung«, insbesondere durch die jugendliche Lebensfrische und Herzensreinheit des schriftstellerischen Naturtalents Walser, die das Buch mit Wärme und Liebe durchströme. Widmann weist aufgrund der erzählerisch dominierenden Hauptfigur Simon Tanner und des lockeren Romangefüges auf den Traditionsbezug zur romantischen Schule hin. Der Einschränkung auf einen »Taugenichts redivivus« setzt er jedoch den Hinweis auf die konkrete Verwurzelung der Geschichte in der aktuellen Gesellschaft mit ihren sozialen und ethischen Problemen entgegen. Er konzediert zwar als mögliche Kritikpunkte die »Redseligkeit« des Helden Simon Tanner und einen gewissen Mangel an Differenzierung der Redeformen der verschiedenen Figuren, ohne jedoch diesen Grenzen bei der Romangestaltung gegenüber dem »Gold« des Walserschen Redeflusses viel Gewicht beizumessen (Widmann 1907).

Damit sind bereits die wesentlichen Topoi der Kritik angeführt, Abweichungen ergaben sich vor allem bei der Gewichtung der Charakteristika, die Besprechungen bewegen sich zwischen dem uneingeschränkten Lob der »goldene[n] Frucht« der Walserschen Sprache bei Franz Blei und dem Verriss Martin Finders (alias Felix Salten), der in seiner Besprechung in der *Zeit* vom 24. 3. 1907 die »Schmarotzergesinnung« des Protagonisten wie seine »maßlose, selbstgefällige, protzige Geschwätzigkeit«, »den unaufhörlich rieselnden Fluß eines dünnen Klugeredens« kritisierte und als Schlussdiagnose eine »begabte Ohnmacht« feststellte (vgl. die Auszüge aus den Kritiken in KWA I 2, 320–332).

Simon Tanners Redefluss

Im Zentrum der Handlung steht Simon Tanner, ein junger Mann mit Bankausbildung, der in den Tag hinein lebt. Im Verlauf des Romans lässt er sich auf immer wieder wechselnde Anstellungen als Hilfskraft ein – in einer Buchhandlung, bei einem Anwalt, in einer Bank, in einer Maschinenfabrik, in einer Schreibstube oder als Hausdiener –, wobei er jeweils selbst nach kurzer Zeit kündigt oder seine Entlassung provoziert. In ähnlichem Rhythmus wie die Stellen wechselt Simon seine Zimmer in Untermiete. Dem Fokus auf den Protagonisten Simon entspricht über weite Strecken eine subjektive Erzählsituation, die zum einen oft fließend von auktorialer Erzählung zu erlebter Rede übergeht, zum andern sehr viele monologische Textpassagen mit sich bringt. In der Tat dominiert die Rede den Roman, es wird »nur gerade so viel eigentliche Handlung erzählt […], als nö-

tig ist, um den Protagonisten Gelegenheit zum Reden, Phantasieren oder Briefeschreiben zu schaffen« (Reibnitz 2009, 131). Und im Redefluss Simons liegt auch die »überraschende rhetorische Wirkungskraft« (Utz 1998, 251) des Romans. Die Leser wie die Figuren des Romans unterliegen diesem Bann: »[man] bekommt […] eine Sehnsucht danach, Sie reden zu hören, und stellt sich vor, daß es etwas sein müßte, was da aus Ihnen heraussprüche«, umschreibt die Wirtin des Kurhauses den Zauber von Simons Rede, der ein »Begehren« erwecke, »etwas über Sie zu wissen, nur etwas, nur einen Ton oder einen Laut« (SW 9, 318). In dieser fingierten Mündlichkeit entfaltet sich die Melodie, die verführerische Stimme, die sich als selbstreflexive »Ohralität« (Utz 1998, 243 ff.) an ihrem eigenen Zusammenspiel von Bedeutung und Klang entzündet und fortspinnt.

Angestellten-Welt und Natur, Fortschritt und Zyklus

Der Roman spielt mehrheitlich in einer »großen Stadt« (SW 9, 182) an einem See, Wanderungen führen Simon einmal zu seinem Bruder Kaspar, der in einem »kleinen Landstädtchen« (ebd., 105) einen Tanzsaal dekoriert, und für einen dreimonatigen Aufenthalt zur Schwester Hedwig, die in einem »kleinen Dorfe« (ebd., 135) als Lehrerin amtet. All die mittelländischen Orte und Landschaften bleiben namenlos mit Ausnahme der mythisch-phantastischen Stadt Paris in einem Traum Simons. Innerhalb dieser konstanten, wenn auch konturlosen Topographie findet jedoch ein permanenter Wandel statt: Wenn Simon zu Beginn des zweiten Kapitels an einer Haustür klingelt und erklärt »Ich suche ein Zimmer« (ebd., 26), so weitet sich dies – verbunden mit der Aussage »Ich suche eine Stelle« (ebd., 18) – implizit zur Suche nach einem neuen sozialen Rahmen und Dispositiv für die Fortsetzung der Romanhandlung (und seines Lebens), nachdem der Ansatz zu einem Handlungsgefüge im ersten Kapitel mit dem Eintritt in die Buchhandlung durch den baldigen Wiederaustritt wie ein unstabiles Kartenhaus implodiert war. Stellen- und Wohnungswechsel Simon Tanners, aber auch Wechsel im Frauenumgang, geben dem Roman seine episodische, repetitive Struktur. Der Gestus des wiederholten Neuanfangs zieht sich bis zu den Schlussseiten hin: »Sie erblicken nichts an mir, das auf eine bestimmte Wahl im Leben hindeutete. Ich stehe noch immer vor der Türe des Lebens, klopfe und klopfe […] und horche nur gespannt, ob jemand komme, der mir den Riegel zurückschieben möchte.«

(ebd., 329) Doch versteht Simon dieses Anklopfen und Warten nicht als Mangel, sondern als Potential. Die Flucht der Binnenräume, durch die sich Simon bewegt, entspricht seiner Weigerung, eine ›Laufbahn‹ und eine feste Anstellung ins Auge zu fassen.

In Simons Abgrenzung von der Angestellten-Welt wird die Handlung in eine konkrete soziohistorische Situation um die Jahrhundertwende eingebettet – in eine industrialisierte, arbeitsteilige Umwelt, in der das Geld ein zentraler Motor ist und Bewegung ins soziale Gefüge bringt, wie sie vor allem auch in den Erinnerungen Simons an die rasch wachsende Industriestadt seiner Kindheit zum Ausdruck kommt. Es sind nicht unmenschliche Arbeitsbedingungen, gegen die Simon anredet und mit seinen Kündigungen rebelliert, sondern die Deformation in der entfremdeten, heteronomen Existenz und Arbeit, die sich auch gerade in sozialen Errungenschaften wie bezahlten Ferien manifestiert: »Ich will mit Ferien nichts zu tun haben. […] ich hasse die Freiheit, wenn ich sie so hingeworfen bekomme, wie man einem Hund einen Knochen hinwirft.« (ebd., 20) Die Angestellten mit ihren kleinen Bürotätigkeiten vergleicht Simon in ihrer Uniformität und Oberflächlichkeit des Umgangs unter Kollegen mit einer »Herde von Lämmern« (ebd., 37). Im zweiten Teil kommt – parallel zu Simons weiterem sozialem Abstieg – auch zunehmend städtisches Elend ins Blickfeld.

Einen Gegenpol und eine Gegenwelt zu den geschlossenen Sozialräumen der Stadt mit ihren sinnentleerten Prozeduren bildet die Natur. Verbunden werden diese gegensätzlichen Räume durch Simons Wanderungen und Spaziergänge. Frühlingsbegeisterung packt schon den Bankangestellten im Anfangsteil des Romans mit allen Fasern (vgl. ebd., 33 f.). In der Wiederholung dieser Euphorie im darauffolgenden Jahr während des Aufenthalts bei der Schwester auf dem Dorfe wird die Frühlingsnatur animiert, personifiziert. Die sprachliche Feier, die sich rhythmisch steigert, mündet im Eins-Werden der preisenden Stimme mit den Frühlingsklängen. Das Schreiben selbst wird frühlingshaft, wird vom Rausch der Klänge und Bilder und von der Trägheit des ekstatischen Verweilens erfasst (vgl. ebd., 158 ff.). In dieser zentralen Stelle, einem sprachlichen Höhepunkt des Romans, »verschmelzen« Simon bei der Wahrnehmung der Landschaft »Bilder und Töne zu sonntäglichen Synästhesien« (Utz 1998, 249). Die Handlung erstreckt sich – abgesehen von den Erinnerungseinschüben aus der Kindheit der Geschwister Tanner – über etwa zwei Jahre, von Winter bis Weihnacht (vgl. Schwerin 2010, 108). Diese aktuelle Zeitspanne korrespondiert jedoch nicht mit einer Entwicklung des Protagonisten oder der Geschichte, sodass man von der »stillstehenden Zeit« (Pelletier 1991, 280) gesprochen hat. Angemessener ist es, von einer repetitiven oder zyklischen Zeitstruktur zu sprechen (vgl. Grenz 1974, 19 f.). Simon will »keine Zukunft« sondern »eine Gegenwart haben« (SW 9, 44). Statt einer biographischen oder historischen linearen Zeit des Fortschritts orientiert er sich an der Zeit des »Fortschrittes der ewigen, erwärmenden Natur« (ebd., 306). Das von Simon geliebte »Rauschen der Jahreszeiten« (ebd.) gibt auch den Rhythmus seiner geistigen und beruflichen Aktivitäten vor: »Im Winter bin ich übrigens immer klüger und unternehmender als im Sommer. Bei der Wärme, bei all dem Blühen und Duften ist nichts anzufangen, während die Kälte und der Frost schon von selber vorwärtstreiben.« (ebd., 101) Das angestrebte Leben im Augenblick, in der Gegenwart – in und mit den Jahreszeiten – prägt auch die Erzählform, die kaum Spannungsbögen über den ganzen Text entwickelt, sondern mit Wiederholungsstrukturen Zyklen bildet und stets auf die aktuelle Szene konzentriert ist.

Die Figuren, die Geschwister

Die Konstellation der Figuren ist, vom Titel her gesehen, primär durch die Verwandtschaftsbeziehung bestimmt: Simons ältere Geschwister Klaus, Kaspar und Hedwig treten auf, Simons Begegnungen mit ihnen nehmen im Roman viel Raum ein, daneben werden die verstorbene, psychisch erkrankte Mutter, der Vater und der im Irrenhaus verwahrte Bruder Emil in erzählten Erinnerungen evoziert. Die Erinnerung an die Mutter bildet den Schmerzpunkt, nach dem sich die Geschwister ausrichten und der wie ein Verhängnis über deren nicht gelingen wollenden Lebens- und Liebesversuchen hängt.

Doch begegnet Simon neben seinen Geschwistern einer ganzen Reihe von Frauen, Freundinnen und Vermieterinnen. Obwohl fast immer ein erotischer Subtext die Beziehungen mitbestimmt und sich Simon als Liebender verschenken will (vgl. SW 9, 85), scheint ihnen gemeinsam zu sein, dass ein erfülltes Liebesverhältnis außerhalb der Perspektiven des Protagonisten, ja außerhalb des ihm Erträglichen, steht. Es gibt auffallend viele Parallelen und Überlagerungen zwischen den Frauenfiguren: Rosa und Klara sind beide Freundinnen von Simon, die er leise umwirbt, die aber einen Dritten, Simons Bruder Kaspar, lieben. Klara wiederum und die namenlose Vor-steherin des Volkskurhauses erscheinen als Variationen des Typus »Königin der Armen« (ebd., 295). Aber auch Klara, die Simon liebt »wie einen Bruder« (ebd., 58), und die Schwester Hedwig erscheinen als Figurationen *eines* Typus, die Schwester wiederum überlagert sich für Simon mit dem Erinnerungsbild der Mutter, deren Rolle sie schon vor ihrem Tod übernommen hatte. Diese Effekte der Analogie und Überlagerung sind zunächst Ausdruck des prekären Realitätsstatus des Romans. Er oszilliert zwischen einer psychischen Logik mit den Mechanismen der Projektion und Übertragung einerseits und auf der anderen Seite realistischer Darstellung der evozierten sozialen Welt (vgl. Grenz 1974, 41 ff.). Doch kann die Figurenüberblendung auch als ein poetisches Kompositionsprinzip der Variation verstanden werden: Variation möglicher Freundschafts- oder (un-)möglicher) Liebesbeziehungen zwischen Simon und den Frauen; sie werden durch unterschiedliche Mechanismen in einer prekären Balance auf Distanz gehalten – auch in dieser Hinsicht bleibt es bei einer Serie von Anfängen, bleibt es beim ›Anklopfen‹. Das Geschehen hat z. T. den Charakter der Wuncherfüllung, etwa wenn Simon Tanner unentgeltlich zu Zimmer und Essen kommt, obwohl er sich explizit als zahlungsunfähigen und flatterhaften Taugenichts präsentiert. Der erzählerischen Logik der Wuncherfüllung steht als Kontrapunkt eine Logik der Wunschverweigerung gegenüber, die sich in (hinweg geredeten) Enttäuschungen Simons und im Abbruch der Beziehungen zeigt: So bleibt die Handlung immer in einem Spannungsfeld von Annäherung und Distanzierung, von Verehrung und Provokation, das eine eindeutige Verwandlung der Beziehungen und damit Entwicklung der Handlung verunmöglicht, sodass die Herkunftsfamilie als vorgegebenes Bindungsgefüge prägend und dominierend bleibt. Ein Tabu steht über der sexuell erfüllten Liebe – auch dafür steht der Titel-Terminus ›Geschwister‹. Wo diese erotische Grenze andeutungsweise in der Liebschaft von Klara und Kaspar überschritten wird, reagiert der Text heftig mit dem grotesken Schießen des gehörnten Ehemanns Agappaia im nächtlichen Wald und Simons Regression in die horchende Angst des Kindes in der lautlosen Dunkelheit der Nacht (vgl. SW 9, 55 f.). Auf der andern Seite verdichtet sich Simons Eros in halb verhüllter und halb erfüllter Weise in seiner Sprache und ihrer Metaphorik: Sexuelle Symbolik findet sich im ganzen Text, am deutlichsten im Paris-Traum (vgl. Caduff 2009). Die Frauenbeziehungen sind von einem zarten Hauch von Sa-domasochismus und Fetischismus geprägt, auch homoerotische Elemente kommen als spielerische Grenzerprobungen in der Erinnerung an eine Kinderfreundschaft, im Verhältnis zum Bruder Kaspar und in der Begegnung mit dem homosexuellen Pfleger ins Spiel.

Die Varianten-Logik der Frauenbeziehungen lässt auch einen zweiten, die biologische Verwandtschaft transzendierenden Blick auf die Geschwister zu: Die ›Geschwister‹-Beziehung betont die Simultaneität einer Generation: In den verschiedenen Schicksalen vor allem der männlichen Figuren rund um Simon entsteht ein ganzes Spektrum von parallelen Lebensentwürfen zwischen Künstlertum und Bürgertum, aber auch zwischen unverbrüchlicher Singularität und absolutem Konformismus, flatterhaftem Glück und gesetztem Unglück, wobei Gelingen und Scheitern dialektisch doppeldeutig beurteilt werden können (vgl. Fellner 2003, 37): Das eine Ende der Skala bilden der Bruder Emil und Kaspars Jugendfreund Erwin als gescheiterte, dem Wahn verfallene Künstlerfiguren, nahe dabei der feingeistige, aber künstlerisch kraftlose Sebastian, dann der lebensfrohe und rücksichtslose Künstler Kaspar und Simon, der künstlerisch veranlagte, ungebundene und unbändige Taugenichts, weiter die sensible, im Lehrerinnenleben unerfüllte Schwester, und am bürgerlichen Ende des Spektrums schließlich der älteste Bruder Klaus, der die Pflicht- und Karrierevorstellungen unglücklich verinnerlicht hat und sie seinen Geschwistern aufzuerlegen versucht.

»Sind wir nicht alle zusammen, wir Menschen auf diesem einsamen, verlorenen Planeten, Geschwister?« (SW 9, 312), fragt die Wirtin im Volkskurhaus und eröffnet damit eine weitere Bedeutungsdimension des Titel-Terminus. Ihre utopische Vision verbindet ideales Menschentum mit an der Natur orientierter Architektur: »der Baumeister […] geht in den Wald und merkt sich da, wie hoch und edel die Tannen aus dem Boden herauswachsen, um sie als Muster für künftige Bauten zu nehmen«, die utopische Zukunft ist ihr ein »Wald voller Bäume« (ebd., 314 f.). Der Familienname ›Tanner‹ verweist damit auf eine Wahlverwandtschaft in der aufrechten Haltung und Naturverbundenheit: Der – oft nächtliche – Wald ist jedoch auch ein Raum, in dem die Ratio schläft und die Individualität entgrenzt wird, in dem »das Unendliche […] plötzlich das Nächste« scheint (ebd., 103). Klara gehört mit ihrer Naturreligiosität ebenso zu dieser ideellen Familie der ›zum Walde Gehörigen‹ wie der Dichter Sebastian, dessen toten Leib Simon im Wald findet und mit Tannenzweigen be-

deckt (vgl. ebd., 131), und die Kurhaus-Leiterin, die
Simon am Ende in den Wald hinausführt.

Traum, Märchen und Wirklichkeit

Die Handlungsentwicklung ist vordergründig und
nach Kriterien des realistischen Romans wenig konsequent und konsistent. Aus dem losen Geflecht der
Beziehungen, dem permanenten Wechsel der Anstellungen und Handlungsräume und der gegen-
wartsbezogenen Zeitwahrnehmung des Protagonisten ergibt sich der vieldiskutierte episodische Charakter des Romans (vgl. zuletzt Hong 2002, 16). Auch
die eingeschobenen Briefe und Betrachtungen, inneren und äußeren Monologe, Träume, Erinnerungen
und schriftlichen Erörterungen (»Auf dem Lande«)
tragen zu diesem losen Gefüge von Text- und Hand-
lungseinheiten bei. Die Übergänge zwischen den
Episoden wirken sprunghaft, ihre Logik scheint oft
rein temporal, ohne dass sie durch Intentionen der
Beteiligten motiviert würde. Man hat das scheinbar
›flüchtig Gestrickte‹ des Romans als Mangel an ro-
manhafter Gestaltungskraft interpretiert: auch beim
Romanschreiben sei der ›Prosastückli‹-Schreiber am
Werke. Der Roman ist in der Tat entstehungsge-
schichtlich oder im Hinblick auf die Motive und Figuren mit einer ganzen Reihe von Prosastücken verbunden (vgl. Greven, Nachwort in SW 9, 348 f.). –
Doch entgegen einem oberflächlichen Eindruck ist
Geschwister Tanner weit mehr als eine Reihung von
unzusammenhängenden Episoden mit dem gleich-
bleibenden Helden Simon. Die Episoden zeigen die
Struktur eines wiederholten Anfangs, eines permanentes Aufbrechens, Tändelns des Protagonisten,
der »seinetwegen fünfzig Mal« (SW 9, 309) wieder
von vorne anfängt. Ist schon die seriell-repetitive
Struktur als kohärente Komposition von Variationen
zu verstehen, so bestehen darüber hinaus durchaus
symbolische und psychologische Zusammenhänge,
die allerdings nicht durch einen integrierenden auktorialen Erzähler gestützt werden.

Das ›Zufällige‹ in den Verknüpfungen der Episoden und in den Begegnungen ist, was dem Schreibenden oder Redenden zufällt, sei es vom Klang der
Sprache her oder von semantischen und figurenpsy-
chologischen Assoziationen. Simon als Reflektor-
figur »veräußerlicht sein Bewußtsein in den umgebenden Raum; traumähnlich zerfließt die Grenze
zwischen Innen und Außen« (Gößling 1991, 206).
Der Text scheint gelegentlich zu zögern, welchen Status er einnehmen will, ob Traum, Phantasie oder
wirkliches Geschehen, auktoriale Reflexion oder Fi-

gurenrede. Damit zeigt der Text als Resultat eines
»somnambulen« Schreibprozesses im Zeichen einer
»Ästhetik des Transitorischen« (Gigerl, Caduff 2009,
371) eine auffallende Nähe zu Sigmund Freuds Beschreibung des Tagträumens (vgl. Groddeck 2004,
62 ff.). Der Paris-Traum in Kapitel 13 erscheint wie
eine Verdichtung und Konzentration der Motive des
Romans: Im ersten Teil wird ein leicht ironisches,
surreales Phantasie-Klischeebild von Paris als Stadt
der Liebe, als Inbegriff von Erotik und Eleganz mit
Elementen der pastoralen Naturidylle verbunden;
der zweite Teil zeigt eine Zimmerflucht, durch die
Klara mit Zauberstab Simon führt; in jedem Zimmer
findet er eines seiner Geschwister: Klaus bei seiner
Arbeit als Geograf, in seiner Sorge um Simon, Hedwig in ihrem stillen wehmütigen Verwelken, Kaspar
in seiner Hingabe an die Kunst, die keinen Raum für
die Liebe lässt. Damit fügt sich der Traum zugleich in
das repetitive Variationsverfahren des Romans ein:
Nicht weniger als dreimal wird etwa das Schicksal
und die Tragik Hedwigs an verschiedenen Stellen des
Romans in unterschiedlicher Form thematisiert.

Der Schluss

Wie beendet man einen Roman ohne Entwicklung,
einen Text, der beliebig lang weiter tanzen könnte?
»Die weitgehend suspendierte Finalität benötigt besonders starke Inszenierungen des Romanendes, die
letzten Endes einer Deklarierung der Arbitrarität des
Endens und Endenmüssens gleichkommen.« (Wagner 2011, 141) Walser orchestriert den winterlichen
Schlussteil sorgfältig: Er beginnt wie eine Erwe-
ckungsgeschichte. Simons Anti-Karriere hat ihren
Tiefpunkt erreicht und mit dem Verlust aller Bindungen ist er vollkommen offen für den Advent: »Er
mußte nur gespannten Blicks und gespannten Sinnes
bleiben, dann würde es schon kommen, was er haben
mußte.« (SW 9, 309) Eingeleitet durch das abgrün-
dig-traumartige Märchen vom schwarzen Mann und
vom Mädchen im Schnee geht die märchenhafte
Überhöhung nahtlos in die Adventsfeier im Volkskurhaus über. Die Begegnung mit der persönlichen
Wohltäterin, die wie eine personifizierte Gnade Simons erscheint, ihn nicht nur *gratis* bewirtet, sondern ihn auch aus der Menge auserwählt und zur idealen Zuhörerin wird, löst die Logik des ›Tretens an
Ort‹ auf: Der Roman endet mit einer weihnächtli-
chen Hoch-Zeit – eine Wiederholung und Steigerung der Szene im Volkshaus mit Klara im 4. Kapitel.
Die Leiterin des Volkskursaals entwirft »eine schwin-
delnde, gebogene, leichte Brücke in die noch uner-

klärliche Zukunft« (ebd., 313 f.), doch wird ihr die utopische Zukunftsvision unter der Hand zur epiphanischen Aktualität: »Nein ich glaube, die Gegenwart ist die Zukunft. Finden Sie nicht, daß hier herum alles nur Gegenwart atmet?« (ebd., 315) Es ist zwar eine künstliche Inszenierung, der Saal »mit Tannengrün geziert und ausgefüttert, gleichsam tapeziert« (ebd., 309). Doch ist diese Versöhnung (entgegen Gößling 1991, 186 f., 199 ff.) kein bloßer Trug: Alle Aspekte des Romans steuern auf den Schlusspunkt zu, der eine Zuspitzung der Motive und eine unerwartete Wendung bietet: Die Wirtin vereint (als Synthese von Klara und Hedwig) »mütterliche Sorge, schwesterliches Verständnis und erotische Verführungskraft in einer Figur« (Fellner 2003, 59). Auch der Sprach- und Klangzauber der »Ohralität« findet hier einen Höhepunkt. »Diese weihnächtliche Epiphanie des allerfeinsten Hörens ist die Utopie, auf die der Roman inhaltlich zusteuert. Sie begründet aber auch seine ästhetische Struktur.« (Utz 1998, 251) Die Wirtin lädt Simon ein, mit ihr den Saal zu verlassen und hinaus in Wald und Schnee zu gehen. Auf dem Ton märchenhafter Wunscherfüllung kann der Roman nur enden, weil die feenhafte Wirtin Simon gebietet: »Kein Wort mehr, kein Wort mehr. Kommen Sie nur.« (SW 9, 332) Es sind in der Tat die letzten Worte des Romans. Indem die Wirtin Simon zum Schweigen bringt, verhindert sie den Rückschlag des Pendels in das Wechselspiel von Wunscherfüllung und Desillusionierung. Darin liegt eine paradoxe Logik: Das märchenhafte Ende der gefundenen *communio* mit der Kurhaus-Leiterin führt aus der Sprache und – analog zum Schluss des *Jakob von Gunten* – aus dem sozialen Raum, »hinaus in die Winternacht. In den brausenden Wald« (ebd.). Im Roman, in Simons Sprachwelt, gibt es, obwohl Walsers ganze Schreibstrategie auf das Glück der reinen Gegenwart aus ist (vgl. Matt 2007, 41 f.), keinen Ruhepunkt unwidersprochenen Glücks; der Schluss ist als Erlösung aus der psychologisch-sprachlichen Dialektik des Romans nur möglich als Textabbruch.

Forschungsperspektiven: Autobiographie und Autofiktion

Autobiographische Züge in *Geschwister Tanner* wurden von der literaturwissenschaftlichen Forschung immer wieder herausgearbeitet (zuletzt Schwerin 2010), und auch die Biographen stützen sich auf diesen Roman (zuletzt ECHTE): So kommt die Forschung nicht darum herum, angesichts der »unentwirrbare[n] Engführung von Leben und Werk Wal-

sers, die für Rezeption und Interpretation seines Œuvres so exemplarisch« ist (Schwerin 2010, 117 Anm.), Differenz und Verbindung von Lebensgeschichte und Werk zu bestimmen. Die Geschwister lassen sich in die biographische Realität übertragen, angefangen mit den Eltern Simon Tanners, die viele Züge mit Adolf (1833–1914) und Elisa Walser-Marti (1839–1894) und deren Schicksal teilen: Kaspar widerspiegelt den Künstler-Bruder Karl Walser (1877–1943), mit dem Robert Walser am engsten befreundet (und verfeindet) war. Hedwig ist der Schwester Lisa Walser (1875–1944) nachgezeichnet, zu der Walser »ein besonders enges Verhältnis« (ebd., 111) hatte. Der unglückliche, die Vaterrolle übernehmende Bruder Klaus Tanner ist nach dem Modell Hermann Walsers (1870–1919), Gymnasiallehrer und Geographie-Professor in Bern, gestaltet, der Bruder Emil, der zunächst als Lichtschein auftretend, auf Abwege gerät und geisteskrank wird, entspricht Robert Walsers Bruder Ernst (1873–1916) und seinem Schicksal (er wurde 1898 in die psychiatrische Klinik Waldau interniert). Dies die »vier Geschwister« (SW 9, 320), die Simon im Gespräch mit der Kurhaus-Wirtin charakterisiert. Der »Spezialist im Börsenfach« (ebd., 28), der im Widerspruch dazu einmal erwähnt wird, verweist wohl auf den Bruder Oscar (1872–1959). Nur der älteste, schon während Robert Walsers Kindheit gestorbene Bruder Adolf (1869–1884) und die jüngste Schwester Fanny (1882–1972) finden keine Entsprechung in der Fiktion. Auch für andere Figuren des Romans konnte Bernhard Echte reale Vorbilder eruieren (vgl. ECHTE sowie die Textanmerkungen von Gigerl, Caduff in Walser 2009).

Die Romanhandlung reflektiert, angefangen mit der Erinnerung an die Kindheit in der rasch wachsenden Industriestadt Biel, Walsers Lebensphasen und Anstellungen in Zürich (1896–1905), bis hin zu den von Walser bewohnten Zimmern und den frequentierten Speiseanstalten – wobei die Chronologie der *Geschwister Tanner* stark gerafft ist und verschiedene in diese Zeitspanne fallende Aufenthalte in anderen Städten wie Thun, Solothurn, Stuttgart und Berlin ausgespart sind. Der Ausflug zum Bruder Kaspar korrespondiert mit Karl Walsers Aufenthalt in Sursee zum Ausmalen des Theatersaals (1898), der Aufenthalt bei der Schwester Hedwig mit jenem Walsers bei Lisa Walser in Täuffelen (1902). – Doch darf diese Nähe nicht darüber hinwegtäuschen, dass es Walser nicht um ein autobiographisches Porträt seiner Familie ging, sondern dass die Figuren stilisiert und typisiert sind. Walser hat in *Geschwister Tanner*

– im Gegensatz zu anderen Texten – auf jede Referentialität topographischer oder biographischer Art verzichtet. Einzige indirekte Referenz ist der Name Tanner, der durch Assonanz, Semantik und Etymologie (Wald) eine Verbindung mit Walser eingeht. Man kann die ›autofiktionale‹ Lektüre der *Geschwister Tanner* (vgl. Gigerl, Caduff 2009, Schwerin 2010) als rezeptionsgeschichtlichen Effekt verstehen: Für die Initialrezeption des Romans und die textimmanente Lektüre sind die Bezüge auf Walsers Biographie irrelevant. Problematisch ist die Engführung dort, wo sie zur unreflektierten Gleichsetzung wird (denn »die Stadt« *ist* nicht Zürich, Hedwig *ist* nicht Lisa).

Intertextualität zwischen Zeitgenossenschaft und Traditionsbezügen

Wenn sich stofflich vieles mit Walsers ›Selbsterlebtem‹ in Verbindung bringen lässt, so ist der Text in der Tat zugleich hochgradig von intertextuellen Bezügen durchsetzt. Geprägt ist *Geschwister Tanner* vom Bildungsroman wie von der Romantik, und der Roman zeigt Affinitäten zu zeitgenössischen Strömungen wie Décadence, Neoromantik und Jugendstil, aber auch zur Jugendbewegung mit ihrem Natur- und Lebenskult.

Trotz gewisser Parallelen, die gelegentlich – vor allem aus literaturwissenschaftlicher Fernperspektive – zur direkten Zuordnung Walsers zu diesen Bewegungen geführt hat, zeigt sich Walser jedoch ausgesprochen »widerständig gegen die Woge des Zeitgeistes« (Gronau 2006, 82): Walsers intertextuelle Referenzen sind stets ironisch grundiert. Insbesondere das teleologische Modell subjektiver Entwicklung, das im 19. Jh. als Romanstruktur kanonisiert wurde, wird bei Walser durch die Inszenierung von klischierten Elementarbeständen von Erzähltechniken reflexiv destruiert (vgl. Horst 1999, 75 f.). Bereits der Anfangssatz des Romans mit seinem traditionellen Erzählgestus ist mehr ironisches Zitat als wirklicher Auftakt, wie der baldige Abbruch der Versuchsanlage zeigt. Das zur Konvention des Bildungsromans gehörende Verhältnis von Adept und Mentor wird anarchisch aufgemischt, indem Simon dem ehrwürdigen Buchhändler das Wort aus dem Mund nimmt und die Mentorrede selbst hält – womit gleich zum Einstieg ein Bruch mit der vormodernen Erzähltradition vollzogen wird (vgl. Matt 2007, 39). Das wichtigste der »homogenisierten Abziehbilder« bürgerlichen Literaturverständnisses (vgl. Horst 1999, 82) ist in *Geschwister Tanner* angesichts von Simons verweigerter Entwicklung konsequenterweise

das Modell des Bildungsromans: »[...] Walsers unabänderlich juvenile, träumerisch-schwärmerische ›Helden‹(,) sind gleichsam Wiedergänger der jugendlichen Erziehungs- und Bildungsromanhelden [...].« (Gößling 1991, 13) *Geschwister Tanner* wird insbesondere vor dem Hintergrund des Modells des *Grünen Heinrichs* von Gottfried Keller gelesen, aber auch als »Kontrafaktur zu Freytags *Soll und Haben*« (Matt 2007, 39). Man kann Walsers Text als »Gegen-Bildungsroman« verstehen (Hong 2002, 12 f.), der sich vom zeitorientierten, teleologischen Paradigma der ›allseitigen Vervollkommnungsfähigkeit des Individuums in der Zeit‹ (Wilhelm Voßkamp) abwendet. Der episodische Charakter wird konsequenterweise von Kil-Pyo Hong, Andreas Gößling und anderen als Negation des linear-finalen Modells Entwicklungsroman gedeutet, während ihn Greven (Nachwort in SW 9, 346) mit dem Abenteuerroman in Zusammenhang gebracht und als Ausdruck der Freiheitssuche des Helden und seiner Suche nach einer Fülle der Erfahrung gelesen hatte.

Mit seinem Anti-Bildungsroman ist Walser zur Zeit der Jahrhundertwende kein Einzelfall: »Sowohl Hesses *Peter Camenzind* als auch Robert Walsers *Geschwister Tanner* sind Varianten jener Auflösung des Entwicklungsromans, die in Jacobsens Desillusionierungsroman *Niels Lyhne* ihr einbekanntes Vorbild haben und auch daran gemessen wurden.« (Wagner 2002, 92 f.) Charakteristika von Hesses und Walsers Helden sind in dieser Abhängigkeit von Jacobsen die besondere ästhetische Sensibilität, die sie zum dichterähnlichen Erleben und Lebensgestalten befähigt, auch die Hinwendung zur Natur. Doch im Gegensatz zu Hesse verzichtet Walser darauf, das von jenem »konstatierte Erlösungsbedürfnis der Welt zu bedienen« (ebd., 98). Walser grenzt sich auch deutlich von der ›Décadence‹ und vom preziösen Stil der Jahrhundertwende ab in der Begegnung Simons mit der Leiche des jungen Schriftstellers Sebastian, wo die Bewegung des Wanderers der tödlichen Erstarrung eines gescheiterten, werklosen Fin-de-siècle-Narzissten gegenübersteht (vgl. Böschenstein 1996, 152).

Die literarische Referenz auf einen Roman von Stendhal, die Michel Cadot plausibel auf den Roman *Rot und Schwarz* bezieht (vgl. Cadot 1987, 206), evoziert implizit eine Gegenfigur zu Simon Tanner (vgl. Stiemer 2013, 128 f.): Während Stendhals Protagonist Julien Liebschaften skrupellos für seine Karriere-Zwecke einsetzt und von seinem Ehrgeiz zu sozialem Aufstieg getrieben wird, ist Simon Tanner ein bekennender Anti-Karrierist und seine Liebespraxis bleibt im Idealbereich höfischer Verehrung.

Seit Widmann unterlässt kaum eine Besprechung des Romans den Hinweis auf das Modell von Eichendorffs *Taugenichts*. Doch neben den offensichtlichen Analogien sind auch die Differenzen etwa im Reflexionsgrad von Eichendorffs und Walsers Held und deren Konsequenzen für die Erzählkonstruktion zu beachten (vgl. ebd., 123–132). Nähe zur Romantik ist im Motiv des Wanderns und in der Naturzuwendung gegeben. In Klaras Versinken in Wahn- und Traumphantasien, das man geradezu als »typisches Jugendstilporträt« (Brändle 2002, 131) interpretiert hat, klingt zugleich das im 19. Jh. wie zur Jahrhundertwende populäre Modell Ophelia als Bild weiblicher Entgrenzung und Auflösung im Element des Wassers an (vgl. Gees 1991, 194–197, 208; Caduff 2009, 2 f.). Doch schon Franz Blei hat Walsers *Geschwister Tanner* von der zeitgenössischen Neo-Romantik abgehoben: All diese Affinitäten zur romantischen Epoche und ihrer Ästhetik machen den Text nicht zu einem Stück neoromantischen Eskapismus.

Der romantischen Tradition des Künstlerromans gibt Kaspar in seiner sarkastischen Replik auf Klaus' bildungsbürgerlichen Vorschlag einer Studienreise nach Italien eine deutliche Absage: Für Kaspar ist es absurd, das Schöne in Italien suchen zu gehen, wenn es doch im Blick selbst liegt. Zugleich machen die Auseinandersetzungen um Tanz, Malerei und Schriftstellerei, aber auch die Qualitäten der Sinneswahrnehmungen *Geschwister Tanner* zu einem der ersten Künstlerromane der Moderne: Dass das Schöne nicht im Objekt, sondern im Blick oder in der Art der Wahrnehmung liegt, ist dabei eine Konstante der Reflexionen. Simon sieht – je nach Stimmung – in der langweiligen Berufsarbeit, in einem bescheidenen Zimmer, einer bescheidenen Mahlzeit oder gar im Unglück des Bruders Emil eine zu entdeckende Schönheit: Diese radikal subjektive Haltung zum Schönen wurde mit Charles Baudelaires für die Moderne wegweisendem Verständnis des Schönen als Frage des Blicks in Verbindung gebracht (vgl. Tournoud 1990, 73 ff.). Doch am ausgeprägtesten zeigt sich diese Modernität in der Selbstreferenz des Mediums.

Autoreferentieller Schreibprozess und Wirklichkeitsbegriff

Walter Benjamin hat als erster dezidiert auf den Stellenwert der Prozessualität des Schreibens hingewiesen: »Walsern ist das Wie der Arbeit so wenig Nebensache, daß ihm alles, was er zu sagen hat, gegen die Bedeutung des Schreibens völlig zurücktritt. Man möchte sagen, daß es beim Schreiben draufgeht.« (Benjamin 1929/1991, 325) Der autoreferentielle Schreibprozess ist ein Movens und zentrales Gestaltungsmoment des Romans, das sich in Figuren und Motiven manifestiert: »Der Gedanke aber, der in ihnen [sc. Walsers Sätzen] daherstolpert, ist ein Tagedieb, Strolch und Genie wie die Helden in Walsers Prosa.« (ebd., 326) Form und Thematik zeigen sich immer wieder durchlässig für die Wiederspiegelung der Selbstkonstruktion – angefangen mit dem Eintritt des Helden in eine »Buchhandlung« und der Forderung nach einer Anstellung: »Diese selbstreflexive Konstellation bringt ein poetologisches Problem zur Darstellung: Wie beginnt ein Roman? Antwort: Indem jemand in die Handlung eines Buches eintritt; denn ein Roman braucht ja eine ›Handlung‹, um zum ›Buch‹ zu werden. […] Auch der Prinzipal wird nun lesbar als Allegorie des Anfangs […].« (Groddeck 2007, 145) Aufs Ganze betrachtet besteht *Geschwister Tanner* »aus einer Flucht von Episoden und Stationen, deren Zweck es ist, von Simon, dem Helden, erlebt zu werden – damit er an ihnen seine Reaktionen demonstrieren, seine Selbstbeobachtung in diesen Situationen vorführen kann, voller Emphase« (Greven 1994, 19 f.). Die Wirklichkeit erzeugt sich also nach Maßgabe des Bedürfnisses des Romanhelden, und sie widerspiegelt sich – bezieht man das Romanmanuskript in die Beobachtung mit ein – in der Korrespondenz von Ziellosigkeit des Helden und »absichtslose[m] Kritzeln« der Schrift: »Die Absichtslosigkeit der Schreibbewegung scheint dabei das grundlegende Element zu sein, sie bildet gewissermaßen die Brücke zum poetischen Schreiben […]« (Reibnitz 2009, 142).

Die selbstreflexive Eigendynamik des Schreibflusses zeigt sich in Passagen (vor allem der Naturbegeisterung), wo man den Eindruck hat, dass das Tändeln und Zögern der Handlung dem sich an sich selbst berauschenden Schreibprozess geschuldet ist und in eine lustvolle Lähmung des auf die Handlung gerichteten Willens mündet, ein lustvolles Säumen, »Harren und Hangen« – bis sich das schreibende Subjekt entschließt, der Handlung wie dem Schreibprozess einen neuen Impuls zu verleihen (vgl. SW 9, 160 f.). Handlungs- und Schreibzusammenhang bilden eine unauflösbare Einheit. So entsteht ein Text, in dem die Inhalte stets auch auf ihre Sprachlichkeit, ihr Bedeutungs- und Klangzusammenspiel verweisen, konzentriert in Motiven wie dem des Tanzes oder des Wanderns. Die Sinneswahrnehmung ist stets zugleich Sprachselbstwahrnehmung. – Doch mündet diese Selbstreferenz des Mediums keineswegs in Selbstfeier: Die Negativität ist dem Schreiben grundlegend eingeschrieben. Zunächst ist *Geschwister Tanner* ein Roman, der mündliches Erzählen in der Schrift fingiert und Mündlichkeit gegenüber der Schrift privilegiert (auch so lässt sich die Streichung der Selbstthematisierung Simons als angehender Roman-Schriftsteller in der Manuskriptüberarbeitung begründen). Es zeichnen sich schon in diesem ersten Roman jene »selbstnegatorischen Impulse« ab, die den modernen Schriftsteller als Schreibenden und Walser im Besonderen charakterisieren: »Das Schreiben wird ihm so immer auch zu einer Arbeit gegen das Schreiben und zu einem Schreiben gegen die Schrift.« (Treichel 1991, 295) So zerreißt Simon beispielsweise seinen längeren, eigenhändig geschriebenen autobiographischen Text, obwohl dieser natürlich seinerseits in Walsers Text erhalten bleibt, während er umgekehrt Gedichte des toten Dichters Sebastian rettet, die wir nicht zu lesen bekommen. Nicht zufällig bezieht sich die Negation insbesondere auf das Autobiographische: Wie sich die Formnegation prospektiv als Verweigerung eines Bildungsromans manifestiert, verweigert sie sich auch retrospektiv in Bezug auf die Autobiographie, die in gleichem Maße eine Formung des Ichs zur Konsequenz hat (vgl. Hong 2001, 60). Der Schlussmonolog des Protagonisten bildet eine Engführung von Selbstvorstellung Simons und Reflexion des Romans auf seine offene Form:

> Es ist mir keineswegs bange, daß aus mir nicht auch noch eine Form wird, aber mich endgültig formen möchte ich so spät als nur möglich. Und dann sollte das besser von selber, ohne daß man es gerade beabsichtigte, kommen. [...] Dass ich augenblicklich arm bin, was heißt das? Das will gar nichts heißen, das ist nur eine kleine Verzeichnung in der äußeren Komposition, der mit ein paar energischen Strichen abgeholfen werden kann. (SW 9, 330 f.)

Die paar energischen Striche hat Walser in den bald darauf folgenden Schlusszeilen gezogen, indem er die Wirtin Simon aus dem Raum und damit das Subjekt aus dem Text entführen ließ und so die Formgebung ein letztes Mal als Negation der Form vollzog.

Ausgaben

Geschwister Tanner. Roman von Robert Walser. Berlin: Bruno Cassirer 1907. – 2. Aufl. Berlin: Bruno Cassirer o. J. [1907]. – Geschwister Tanner. Roman. Zürich, Leipzig, Stuttgart: Rascher Verlag 1933. – GW 4, 5–332. – GWS 4. – Geschwister Tanner. o. O.: Suhrkamp 1979. – Geschwister Tanner. Zürich: Buchclub Ex Libris 1983. – RE 1. – SW 9. – Geschwister Tanner. Hg. u. kommentiert v. Jochen Greven. Zürich: Suhrkamp 1990. – Geschwister Tanner. Mit einem Nachwort v. Peter Bichsel. Zürich: Suhrkamp 1990. – Geschwister Tanner. Frankfurt a. M.: Suhrkamp 1997. – Geschwister Tanner. Frankfurt a. M.: Suhrkamp 2003. – Geschwister Tanner. Roman. Mit einem Kommentar v. Margit Gigerl u. Marc Caduff. Frankfurt a. M.: Suhrkamp 2009. – KWA IV 1 (Manuskript). – KWA I 2 (Erstdruck).

Literatur

Benjamin, Walter: Robert Walser [1929]. In: ders.: Gesammelte Schriften. Bd. II,1. Hg. v. Rolf Tiedemann u. Hermann Schweppenhäuser. Frankfurt a. M. 1991, 324–328.

Böschenstein, Bernhard: En compagnie des promeneurs et de leurs doubles: Robert Walser et Simon Tanner – Büchner et Lenz – Celan et Lenz. In: Alain Montandon (Hg.): Promenades et écriture. Clermont-Ferrand 1996, 149–158.

Cadot, Michel: Robert Walser liest Stendhal. In: CHIARINI/ ZIMMERMANN, 199–209.

Caduff, Marc: Die Lust des Lesers. Frauenfiguren in Robert Walsers »Geschwister Tanner«. Vortrag an der Jahrestagung der Robert Walser-Gesellschaft in Solothurn, 10. Oktober 2009. In: http://www.robertwalser.ch (9. 1. 2015)

Fellner, Karin: Begehren und Aufbegehren. Das Geschlechterverhältnis bei Robert Walser. Marburg 2003.

Gees, Marion: »Um Ophelia wob etwas?« Weibliche Theatralität und Szenarien poetischer Entgrenzung. In: BORCHMEYER, 187–208.

Gigerl, Margit, Caduff, Marc: Kommentar. In: Robert Walser: Geschwister Tanner. Roman. Mit einem Kommentar v. Margit Gigerl u. Marc Caduff. Frankfurt a. M. 2009, 343–408.

Gößling, Andreas: Ein lächelndes Spiel. Kommentar zu Robert Walsers Geschwister Tanner. Mit einem Anhang unveröffentlichter Manuskriptvarianten des Romans. Würzburg 1991.

Grenz, Dagmar: Die Romane Robert Walsers. Weltbezug und Wirklichkeitsdarstellung. München 1974.

Greven, Jochen: Robert Walser und Christian Morgenstern. Zur Entstehungsgeschichte von Walsers frühen Romanen. In: TEXT + KRITIK 2, 42–52.

Greven, Jochen: Nachwort des Herausgebers. In: SW 9, 335–354.

Greven, Jochen: »...den Blick anzublicken, ins Anschauen zu schauen«. Beobachtung und Selbstreferenz bei Robert Walser. In: Runa. Revista portuguesa de estudos germanísticos Nº 21 (1994), 7–29.

Groddeck, Wolfram: Robert Walser und das Fantasieren. Zur Niederschrift der Geschwister Tanner. In: TEXT + KRITIK 4, 55–68.

Groddeck, Wolfram: »und in der Tat, er schrieb so etwas wie einen Roman«. Zur Edition des Druckmanuskripts von Robert Walsers Romandebüt Geschwister Tanner. In: GRODDECK u. a., 141–157.

Groddeck, Wolfram, Reibnitz, Barbara von: Editorisches Nachwort. In: KWA IV 1, 369–382.

Gronau, Peter: »Ich schreibe hier dekorativ«. Essays zu Robert Walser. Würzburg 2006.

Hong, Kil-Pyo: Selbstreflexion von Modernität in Robert Walsers Romanen *Geschwister Tanner*, *Der Gehülfe* und *Jakob von Gunten*. Würzburg 2002.

Horst, Thomas: Probleme der Intertextualität im Werk Robert Walsers. In: Borchmeyer, 66–82.

Matt, Peter von: Wie weise ist Walsers Weisheit? In: Groddeck u. a., 35–47.

Morgenstern, Christian: Werke und Briefe. Kommentierte Ausgabe. Bd. 8: Briefwechsel 1904–1908. Hg. v. Katharina Breitner. Stuttgart 2011.

Pelletier, Nicole: »Walsereien« in Prag. Zu einigen Gemeinsamkeiten zwischen Robert Walser und Franz Kafka. In: Hinz/Horst, 276–291.

Reibnitz, Barbara von: Komma überschreibt Punkt. Anfangen und Nicht-Aufhören(können) in Robert Walsers Romanerstling *Geschwister Tanner*. In: Hubert Thüring, Corinna Jäger-Trees, Michael Schläfli (Hg.): Anfangen zu schreiben. Ein kardinales Moment von Textgenese und Schreibprozeß im literarischen Archiv des 20. Jahrhunderts. München 2009, 129–146.

Schwerin, Kerstin Gräfin von: Ein »innig verbundenes und zusammengewobenes Bild«. Robert Walsers Roman *Geschwister Tanner*. In: Beatrice Sandberg (Hg.): Familienbilder als Zeitbilder. Erzählte Zeitgeschichte(n) bei Schweizer Autoren vom 18. Jahrhundert bis zur Gegenwart. Berlin 2010, 105–120.

Stiemer, Hendrik: Über scheinbar naive und dilettantische Dichtung: Text- und Kontextstudien zu Robert Walser. Würzburg 2013.

Tournoud, Micheline: *Geschwister Tanner*. Robert Walser et la modernité. In: Germanica. Numéro hors-série 1 (1990): Robert Walsers literarische Gratwanderung, 63–80.

Treichel, Hans-Ulrich: Über die Schrift hinaus. Franz Kafka, Robert Walser und die Grenzen der Literatur. In: Hinz/Horst, 292–309.

Utz, Peter: Tanz auf den Rändern. Robert Walsers »Jetztzeitstil«. Frankfurt a. M. 1998.

Wagner, Karl: Desillusionierte ›Edelromantik‹: Hermann Hesse und Robert Walser. In: Noble, 85–98.

Wagner, Karl: »[D]ank meiner Schwäche und belehrt durch mein Epigonentum«. Robert Walser und der Roman. In: Fattori/Schwerin, 131–142.

Weber, Ulrich: Lektor oder Autor? Zur Interpretation der Korrekturvorgänge in Robert Walsers Romanmanuskript *Geschwister Tanner*. In: Anne Bohnenkamp u. a. (Hg.): Konjektur und Krux. Zur Methodenpolitik der Philologie. Göttingen 2010, 294–307.

Widmann, Josef Viktor: Geschwister Tanner. In: Sonntagsblatt des Bund, 20. 1. 1907.

Ulrich Weber

3.3.2 *Der Gehülfe* (1908)

Entstehung und Veröffentlichung

Mit dem Erscheinen des *Gehülfen* im Rahmen der *Kritischen Robert Walser-Ausgabe* 2012 ist der derzeit avancierteste Wissensstand punkto Text- und Entstehungsgeschichte dieses 1908 erstmals veröffentlichten Romans erreicht. Auch im Hinblick auf die allerdings unübersichtlichere Wirkungsgeschichte hat die Arbeit an dieser Edition neue, bislang unbekannte bzw. nicht hinlänglich bekannt gewordene Dokumente und Briefe zu Tage gefördert. Wichtige (bibliographische) Hinweise und Vorabpublikationen solcher Dokumente finden sich in den *Mitteilungen der Robert Walser-Gesellschaft* seit dem Jahr 1997 (vgl. Mitteilungen). Eine ausführliche, kontextsensible Darstellung der Rezeptionsgeschichte Walsers und damit auch des *Gehülfen* bleibt nach wie vor ein Desiderat.

Bestätigt hat sich, dass Walsers zweiter Roman, entgegen heutiger akademischer Konjunkturen, nicht nur zu Lebzeiten des Autors sein erfolgreichstes Werk war; er ist es auch geblieben. Nach einer lapidaren Berechnung Jochen Grevens ist *Der Gehülfe*, vom Jahr der Erstausgabe bis zum Todesjahr Walsers, großzügig gerechnet in 10000 Exemplaren gedruckt worden (vgl. Greven 1992, 121 f.). In diesem Zeitraum waren drei Verlage an der Verbreitung dieses Romans beteiligt, der einerseits seinen Erstling *Geschwister Tanner* in den Schatten stellte, weil er als »reifer« galt (vgl. Christian Morgenstern, Anzeige des Verlags Bruno Cassirer, abgedruckt in KWA I.3, 325; vgl. Echte, 232), diese Reife aber andererseits oft mit dem Tadel der Konventionalität und der Langweiligkeit zu bezahlen hatte (vgl. z. B. Hofmiller 1908/1978, 50). Diese drei Verlage – Bruno Cassirer in Berlin, der Verlag der Schweizer Bücherfreunde in St. Gallen und der Genfer Holle-Verlag – signalisieren auf den ersten Blick eine zunehmend eingeschränkte literarische Öffentlichkeit: Während der Berliner Erstverlag immerhin in zwei Jahren drei Auflagen zu je 1000 Exemplaren schaffte, wobei jedoch die dritte Auflage eine Titelauflage war, waren die Neuausgaben (nach Walsers psychiatrischer Internierung und Entmündigung) dezidiert auf die Schweiz hin orientiert. Walser hat als Patient in Herisau gegen die zu geringe Honorierung der 1936 von Walter Muschg maßgeblich mitverantworteten Neuausgabe des Romans durch die Schweizer Bücherfreunde in St. Gallen energisch und selbstbewusst protestiert (vgl. Br 387). Carl Seeligs Ausgabe des *Ge-*

hülfen von 1955, ein Jahr vor Walsers Tod als dritter Band der *Dichtungen in Prosa* (DiP) im Genfer Holle-Verlag erschienen, sollte ein Baustein für die von Greven veranstaltete erste Gesamtausgabe von Walsers Werk im Genfer Kossodo-Verlag (1966–1975) werden. *Der Gehülfe* folgte den Kurzprosa-Bänden VI bis X dieser Ausgabe erst 1972 als Band V, weil der Verleger noch die »Bestände einer Zweitauflage von Carl Seeligs Ausgabe des ›Gehülfen‹ [hatte] ausverkaufen wollen« (Greven 2003, 113). Neu durchgesehen und mit einem aktualisierten Nachwort von Greven erschien *Der Gehülfe* 1985 schließlich als Band 10 im Rahmen der 20 Bände umfassenden Edition *Sämtliche Werke in Einzelausgaben* bei Suhrkamp (vgl. ebd., 215–221). Alle von 1985 bis 2012 erschienenen Einzelausgaben des *Gehülfen* nehmen diese Edition als Textgrundlage.

Die Herausgeber der *Kritischen Walser-Ausgabe* haben nachgewiesen, dass alle späteren Ausgaben des *Gehülfen* nicht der Erstausgabe von 1908, sondern der noch im gleichen Jahr erschienenen zweiten Auflage des Cassirer-Verlags folgen. Dies gilt auch für die erste Taschenbuch-Ausgabe 1962 im S. Fischer Verlag, die fast wörtlich das kurze Nachwort Seeligs übernimmt. Greven schätzt die Auflage dieses Fischer-Taschenbuchs auf 30000 Exemplare; sie wurde aber bald wieder eingestampft (vgl. Greven 1992, 133 f.). Auf dem Titelcover prangt der Satz: »Kafka liebte dieses Buch«; der Vorspann und die Rückseite des Taschenbuchs doppeln nach: »Es ist bekannt, daß Franz Kafka in Walser einen ihm verwandten Geist fühlte und eine Zeitlang täglich dessen Werke las.« Diese Hyperbolik ist neben Seelig, der sich auf Max Brod beruft (vgl. Seelig 1955/1978, 197), zumindest partiell auf Walter Benjamin zurückzuführen, der 1929 in der neu begründeten Rubrik *Bücher, die lebendig geblieben sind* in der von Willy Haas geleiteten Zeitschrift *Die literarische Welt* listig eine Empfehlung Brods verstärkte, der in der ersten Folge über Walser geschrieben hatte: »Ganz zu Unrecht verdunkelt sind die Romane von Robert Walser, obwohl dieser große Dichter mit kleinen Beiträgen in so vielen Zeitungen zu lesen ist. Man sollte sich erinnern, daß seine Romane ›Der Gehilfe‹ und ›Geschwister Tanner‹ zu den zartesten und konsequentesten Schöpfungen deutscher Erzählkunst gehören.« (Brod 1929, 6) Drei Monate später schreibt Benjamin am gleichen Ort, es »[…] wäre vielleicht der eine oder andere Name, der hier erschien, mit Nachdruck zu wiederholen. Gerne tue ich das mit Walsers ›Gehilfe‹, den Max Brod erwähnt hat, ohne zu verraten, daß dieses wundervolle Jugendwerk ein

Lieblingsbuch von Franz Kafka gewesen ist.« (Benjamin 2011 a, 183 f.) Im Kommentar der Kritischen Benjamin-Ausgabe wird damit gleich eine neue Legende begründet, wenn es ohne Nachweis heißt: »Walsers Roman ›Der Gehülfe‹ (1908) war auch eines von Benjamins Lieblingsbüchern.« (Benjamin 2011 b, 193) Wirkliche Leser haben ohnehin keine Lieblingsbücher und so tritt das Faktum umso klarer hervor, dass Walser um 1930 zu den Vergessenen gehörte (vgl. Muschg 1930). Er selbst hatte noch Mitte der 1920er Jahre Anstrengungen unternommen, die unverkäuflichen Romane seiner Berliner Jahre von Cassirer loszukaufen und in anderen Verlagen (zusammen mit seinen neuesten Werken) neu bzw. erneut zu verlegen (vgl. Br 238): Anwärter waren der Schweizer Grethlein-Verlag (vgl. Br 228 f.) und der Verlag von Kurt Wolff (vgl. Br 262). Alle diese Versuche scheiterten.

Nach diesem kurzen Überblick über die Verlagsgeschichte des *Gehülfen* bis heute ist zu seiner Entstehung zurückzukehren, die ebenfalls mit einigen Rätseln aufwarten kann, auch wenn diese im Vergleich zu anderen Werkkomplexen unbedeutend erscheinen mögen. Aber selbst die Herausgeber der KWA konnten im Einzelnen nicht klären, welche Bewandtnis es genau mit jenem *Gehülfe*-Roman hat, den Walser im Herbst 1906 noch vor Erscheinen seines ersten Romans *Geschwister Tanner* gegenüber seinem Lektor Christian Morgenstern mit deutlich abweichender Handlungsführung angekündigt und von dessen nicht greifbarer Existenz Greven erstmals berichtet hat (vgl. Greven 1975): »Im zweiten Roman geht der Held wirklich nach Asien, indem er sich einem tollen Gelehrten ›dem Teufel im Sommermantel‹ als Gehilfen anschliesst. Eine wissenschaftliche Expedition! Sie sagen, Sie könnten mich eventuell dem Minister Dernburg rekomandieren. Das wäre vielleicht sehr gut […].« (Br, 49) Anne Gabrisch will darin das Schlussmotiv des *Jakob von Gunten* wiedererkennen (vgl. Gabrisch 1984, 329). Inwieweit Morgenstern, der für Walser die Kontakte zur Schwester des Direktors der deutschen Kolonialabteilung, Bernhard Dernburg, nutzbar machen wollte, hier nicht nur Lektor, sondern auch Akteur war, muss offen bleiben (vgl. Echte, 195). Dernburg unternahm zusammen mit Walther Rathenau, den Walser über seinen Bruder Karl und später als Sekretär der Berliner Secession kannte (vgl. ebd., 215 ff.), 1907 und 1908 zwei Kolonialreisen nach Afrika (vgl. Pogge von Strandmann 1993, 41).

Nicht minder enigmatisch ist Walsers gescheiterter Versuch, den *Gehülfen* für ein (bislang nicht nach-

weisbares) Preisausschreiben des Berliner Medi-
en-Parvenüs August Scherl zu lancieren. Diese von
Seelig mit Abweichungen überlieferte Entstehungs-
variante (vgl. SEELIG, 64 bzw. 97) beweist allenfalls
Walsers auch anderweit beobachtbare Indifferenz gegenüber den künstlichen Trennungen und Hierarchien der kulturellen Produktion. Das schließt im
Einzelfall auch Selbstdarstellungen Walsers nicht
aus, die die Dramaturgie von Sensationsmeldungen
adaptieren, wie die Erzählung von dem misslunge-
nen Engagement beim Berliner Verlag August Scherl.
Sie auf Anhieb zu glauben, wäre jedoch Leichtsinn.
Das gilt auch für das rasante Schreibtempo: »Ich muß
Ihnen doch noch erzählen, wie rasch ich den ›Gehülfen‹ geschrieben habe. Wie Sie wissen, lud mich der
Scherl-Verlag ein, mich an einem Romanwettbewerb
zu beteiligen. [...] Es fiel mir aber nichts anderes ein
als mein Angestelltenverhältnis in Wädenswil. Das
schrieb ich also auf, und zwar gleich ins Reine. In
sechs Wochen war ich damit fertig.« (SEELIG, 96 f.)
Die mit der Textgeschichte versierten Editoren halten (mit Greven) den schnellen Schreibprozess in
dieser Werkphase Walsers für möglich (vgl. KWA I 3,
282 f., KWA IV 2, 405; SW 10, 298); die komplizierte
Vorgeschichte des Projekts mit zwei daran beteiligten Verlagen und zwei Romanen mit grundverschie-
denen Plots bleibt in Walsers Aussage jedoch unberücksichtigt.

Sieht man von der nicht verifizierbaren
Scherl-Episode und der gleichwohl besser dokumentierten Version des ersten *Gehülfen*-Romans
ab, so bleibt als Fazit der Entstehungsgeschichte:
Walsers zweiter Roman wurde unmittelbar nach
Fertigstellung von *Geschwister Tanner* zunächst in
einer nur mehr brieflich erschließbaren Version geschrieben und nach Korrekturen des Lektors Morgenstern und Einwänden des Verlags Cassirer aufgegeben. Er schrieb eine weitere, neue Fassung, die,
unabhängig von der Glaubwürdigkeit des gescheiterten Scherl-Engagements, in rascher Folge im
Herbst 1907 in Berlin entstand und denselben Titel
trug. Diese Reinschrift, »allem Anschein nach [...]
eine Erstniederschrift« (KWA I 3, 279) ist als Druckvorlage erhalten und in der KWA reproduziert
(KWA IV 2).

Bemerkenswert ist an dieser Entstehungsgeschichte auch die zeitliche und inhaltliche Nähe des
neuen Romans zum Erstling *Geschwister Tanner*, den
Morgenstern zu einem Zeitpunkt (Herbst 1906) lektoriert hat, als Walser mit dem (nicht erhaltenen)
Manuskript des ersten *Gehülfe*-Romans anrückte.
Die Handschrift der *Geschwister Tanner* hat schon

Greven belehrt, dass darin eine längere Passage ge-
strichen wurde, die in Form eines Briefes (nur Anfang und Schluss desselben sind erhalten) an einen
Unternehmer adressiert ist, wie Tobler einer sein
wird (vgl. KWA I 3, 281; SW 10, 301; SW 9, Anhang).
Auch die Schreibstube für Stellenlose kommt in beiden Romanen vor.

Die text- und entstehungsgeschichtlichen Befunde erlauben den Schluss, dass Walser seine Berliner Romane als im zeitlichen Abstand fortschrei-
tende Aufarbeitung seiner Lebensgeschichte verstanden hat, als ein freizügiges autobiographisches Projekt, dessen Pointe nicht in der Verifizierbarkeit der
empirischen Details liegt (die indes verblüffend gut
gelingt), sondern in deren Verarbeitungsform: Von
Ende Juli 1903 bis Anfang Januar 1904 war Walser als
Gehilfe des Ingenieurs Carl Dubler in Wädenswil am
Zürichsee beschäftigt. Von der Villa Abendstern
über die Figuren bis hin zu den Erfindungen Toblers
ist die erzählte Welt des Romans hier präfiguriert
(vgl. ECHTE, 148–157; Greven, Nachwort in SW 10,
299 f.; Br 201). Walsers vorsichtige bis abenteuerliche
Arbeit an der Transformation des realistischen Ro-
manparadigmas ist in den Berliner Romanen mit
großer Raffinesse vorangetrieben. Für den *Gehülfen*
hat er später sogar die Gattungszugehörigkeit in
Zweifel gezogen.

Die unübersehbare Nähe zu den empirisch über-
prüfbaren Realien, den topographischen Details
und biographischen Einzelheiten hat allerdings naive Vorstellungen von einem realistischen Roman
begünstigt, dessen Spitzenwerke (und nicht nur
diese) der eminent belesene Walser kannte (von
Charles Dickens bis Fjodor Dostojewskij, von
Stendhal bis Gustave Flaubert, von Miguel de Cervantes bis Jens Peter Jacobsen). Nur auf den ersten
Blick scheinen auch Aussagen Walsers einem naiven Realismus-Verständnis zu entsprechen. Ist *Der
Gehülfe* wirklich dieser »einfache Roman«, wie
Walser schreibt, oder ist er »eigentlich gar kein
Roman«, »sondern nur ein Auszug aus dem schweizerischen täglichen Leben« (Br 201)? Die Mehrdeutigkeit des Wortes ›Auszug‹ ist evident und hätte
stutzig machen können: Ist damit ein Extrakt des
Wesentlichen gemeint, oder aber die abkürzende
Wiedergabe dessen, was empirisch dem Durch-
schnitt dieses täglichen Lebens entspricht, seiner
Alltäglichkeit also? Das Wort ›Auszug‹ hat überdies
eine Schrift-Konnotation, im Sinne von Exzerpt,
womit abermals das Problem der Selektivität ins
Spiel kommt. Die häufigen Erzählabbrüche im Roman durch »usw.« akzentuieren das ›Auszugshafte‹

und zugleich den (Schreib-)Akt dessen, der den Auszug herstellt.

Nicht zuletzt kann die Wendung »ein Auszug aus dem schweizerischen täglichen Leben« metaphorisch auch noch den Exodus, die Flucht aus diesem Alltag bedeuten – und an kleinen Fluchten lässt es dieser Roman nicht mangeln. Anders als das literarische Geschäft mit den Evasionsbedürfnissen zur Jahrhundertwende – Heimatkunst und Edelromantik – hat Walser nicht vergessen, dafür auch die ›Preisangabe‹ (Robert Musil) zu liefern. Umgekehrt wird vom Roman die Normalität des Alltäglichen nicht zur Norm erhoben, wohl aber eine Bewusstseinslage beschrieben, die ein Begehren nach Normalität auslösen kann. Die Feststellung der Realien, so aufschlussreich sie ist, besagt also noch nichts über die Art und Weise, in welchem Licht sie erst die Darstellungsweise des Romans erscheinen lässt.

Zeitgenössische Rezeption

Es sind wohl diese Ambivalenzen gewesen, die den *Gehülfen* zu Walsers erfolgreichstem Roman gemacht haben. Die zeitgenössischen Rezeptionsdokumente sprechen dies auch an und sind darüber durchaus geteilter Ansicht; das war der Wirkung keineswegs abträglich, und an Stimmenvielfalt hat es nicht gefehlt. Auch nicht an prominenten Stimmen, wenngleich zu bemerken ist, dass die immer wieder beschworenen Größen Kafka, Musil, Benjamin damals Außenseiter des Betriebs waren, die allesamt erst nach 1945 ihr Gewicht bekamen, noch vor Walser. Allerdings waren auch die damaligen Publikumslieblinge für Walser am Werk und jedenfalls bei Hermann Hesse durchaus zu Walsers Verdruss.

Die Rezeptionsdokumente sind regional und national breit gestreut, und es gibt durchaus Anzeichen für eine internationale Wirkungsgeschichte von London (Anonym 1908) bis Wien (Anonym 1909; Stoessl 1909) und Prag (Hauschner 1908; Brod 1912), die sich allerdings nach dem Ersten Weltkrieg bald verlieren. Wichtig sind dabei auch die Affiliationen und Konstellationen, in die Walser eingeordnet wurde. Der immer wieder aufgebotene Gottfried Keller ist, wie Walser wusste, aller Ehren wert, aber er war für ihn, nicht zuletzt unter den Vorzeichen einer zunehmend national verengten Keller-Rezeption, auch eine Bürde der Vergangenheit, der er sich wiederholt elegant, listig oder auch zerquält zu entledigen trachtete (vgl. Pestalozzi 1966/1987; Utz 2001). Wie schon angedeutet, ist immer wieder auch Kafka im Spiel, dessen Begeisterung für Walser nicht in

Frage steht; für den *Gehülfen* fehlen allerdings die schriftlichen Beweise, wenngleich Kafka in einem Brief aus dem Schweizer Sanatorium Erlenbach vom 17. 9. 1911 an Brod schreibt: »Um es vorläufig kurz zu sagen, würde ich mich bei der Beurteilung der Schweiz lieber als an Keller oder Walser, an Meyer halten.« (Brod, Kafka 1989, 95) Kafka bezieht sich hier auf das Tagebuch, das er und Brod auf einer gemeinsam unternommenen Reise von Prag nach Paris geführt haben, aus dem der bald abgebrochene Versuch eines gemeinsamen Reisetagebuchs *Richard und Samuel* hervorgehen sollte. Beim Anblick der Villen und Häuser auf der Zugfahrt nach Zürich notiert Brod (alias Samuel): »Jedes Haus mit seinen dunkelgrünen Fensterläden und viel grüner Farbe in Fachwerk und Geländer hat einen villenähnlichen Charakter. Trägt trotzdem eine Firma, nur *eine*, Familie und Geschäft scheinen nicht unterschieden. Diese Einrichtung, Geschäftsunternehmungen in Villen zu betreiben, erinnert mich stark an R. Walsers Roman ›Der Gehilfe.‹« (Brod, Kafka 1987, 202)

In jener frühen Rezeptionsphase vor dem Ersten Weltkrieg hatte Brod das prononcierteste Interesse an Walser, nicht zuletzt auch im Hinblick auf die Platzierung der Prager deutschen Literatur auf dem deutschen Markt. Er war tatsächlich ein Bewunderer des *Gehülfen*, den er noch in seiner Autobiographie »ein Meisterwerk« (Brod 1969, 249) nannte. Im Juni 1912 diagnostizierte Brod, dass

in der deutschen Literatur aus verschiedenen Quellen, einander unbewußt, eine neue Bewegung entstehen will, die ich am besten vielleicht negativ, als Abkehr von der Dekadenz bezeichnen möchte. Ihr Positives ist schwerer zu fassen: einige Dichter, die einander vielleicht nicht einmal kennen, haben entdeckt, daß das phosphoreszierend Lasterhafte und Faulende nicht das einzige interessante Thema der Kunst ist, wie man in den letzten Jahren etwa geglaubt hat. Den Optimismus nämlich hat man in den letzten Jahren fast ausschließlich schlechten Stilisten und ›Heimatkünstlern‹ [...] überlassen [...]. Nun aber hat Robert Walser den Roman ›Der Gehülfe‹ veröffentlicht, in dem die ganze scharfsichtige Beobachtungsart der Moderne wie ihre verfeinerte Sprachkunst wieder einfachen, naiven, heroischen Menschen in Freude sich zuwendet. (Brod 1912/1967, 209 f.)

Ferner nennt Brod Max Mell, Otto Stoessl, Franz Werfels Gedicht *Der Weltfreund*, Otto Picks *Freundliches Erleben* sowie seine eigenen letzten Bücher. In diesen Werken zeige sich »eine Freude am idyllischen, langsamen Erzählen, an werten und hochachtbaren Menschen, an freundlichen Kräften der Natur, am Lebenspendenden, am Arkadischen«, ein wiedererlangter Optimismus. Dabei werde auf »kein

Mittel einer ausgebildeten psychologischen und sprachlichen Technik« verzichtet, vielmehr werde diese »endlich einmal auch auf Almwiesen [...] statt immer nur auf Lasterhöhlen« angewendet (ebd., 210). Der durch diese und andere Namen repräsentierten »neuen Bewegung« wollte Brod mit dem Jahrbuch *Arkadia* ein öffentliches Forum schaffen, was ihm dank Kurt Wolff auch gelang. Auch darin ist Walser prominent vertreten. Als programmatisches Unternehmen ist es jedoch gescheitert und wurde, kriegsbedingt, nach nur einem Jahr eingestellt.

Brods Versuch, u. a. im Namen Walsers ein Programm zu verkünden, zeigt, dass Walser damals ein Versprechen für viele (und vieles) war und entsprechend beansprucht wurde. Mit dem *Gehülfen*, der selbst eine raffinierte Auseinandersetzung mit der Idylle und dem Idyllischen darstellt (vgl. u. a. Tismar 1973), eine Abkehr von der Dekadenz zu unternehmen, war, im Horizont der zeitgenössischen Rezeptionsdokumente betrachtet, alles andere als abwegig. Die Rezensenten, deren Urteile obendrein präformiert waren durch die Rezeption der *Geschwister Tanner*, waren zu einem beträchtlichen Teil von der Taugenichts- und Abenteurerfigur eingenommen (oder eben auch verstört), die man schon in Simon Tanner verkörpert sah und dementsprechend in den Himmel hob oder verdammte. In der zeitgenössischen literarischen Produktion ließen sich unschwer ähnliche Schreibinteressen und konkurrierende Werke auffinden. Insbesondere Hesses Bucherfolge standen Walser hinderlich im Wege; Hesses »Edelromantik« (SEELIG, 43) unterbot auch bei weitem das Niveau jener Desillusionsromantik, die Georg Lukács und viele andere Zeitgenossen mit Jacobsens *Niels Lyhne* verbanden.

Ein anderes Rezeptionsinteresse verfolgte Josef Viktor Widmann, Walsers Entdecker und einer seiner frühen Förderer. Er unternahm alles, um Walser in die Keller-Nachfolge zu stellen und mit dem *Gehülfen* den »Schweizerroman« fortzusetzen, dessen Tradition er seinerzeit in seiner Rezension des *Martin Salander* einzuläuten und zu begründen versucht hatte (vgl. Widmann 1886/1922; Widmann 1908/1978; Wagner 2012). Mit ausländischen, insbesondere österreichischen Rezensenten, namentlich mit Felix Salten oder Auguste Hauschner, die den Prager Autoren nahestand, war da nichts auszurichten und entsprechend wurde deren Kompetenz in Frage gestellt, was aufgrund ihrer konventionell begründeten Verrisse der *Geschwister Tanner* nicht schwer fiel (vgl. Widmann 1907/1978).

So gut Walser seinen Keller gelesen und bewun-

dert hatte, so allergisch war er gegen den zur ästhetischen Norm erhobenen Landsmann und die patriotischen An- und Zumutungen, die insbesondere die spätere Instanz der Schweizer Literaturkritik, Eduard Korrodi, gegen ihn als in Berlin verloren geglaubten Schweizer Dichter vorgebracht hat. In seinem Essay *Berlin und die Schweizerdichtung* von 1911 erhofft Korrodi zwar immer noch einen neuen *Martin Salander*, aber nicht (mehr) von Walser. Dieser ist für ihn nämlich »derjenige Dichter, der überhaupt den schweizerischen Zusammenhang verloren hat« (Korrodi 1995, 90). Dies beweist er auf drastische Weise und im Einklang mit bis heute nicht verschwundenen Argumenten, die – sieht man vom Nationalen ab – mit dem Verstoß gegen das Erzählen ohne Plot zu tun haben und damit auch gegen eine strukturelle Vorgabe des realistischen Romans: »Alle Schweizer strotzen von epischen Geberden. Walser hat offenbar noch nie eine Handlung ›machen‹ wollen. Für ihn gibt es Seelenzustände, die er mit delikaten Worten beschreibt. Weiter nichts.« (ebd.) Walser bleibt ausgerechnet die vornehme, ästhetizistische Ecke vorbehalten:

> Walser ist eine Enklise. Er muss sich stützen können. Er verlangt fünfmal gesiebte Leserschaft. Eigentlich Literaten und Dichter. Aber die Schweiz hat keinen Salon und keine Literaten. Diesen Luxus erlaubt sie sich nicht. Es ist schade für Walser, denn jede Zeile von ihm ist ein schmackhafter Vers, eine anmutige Niedlichkeit, ein reizend dekolletiertes Gefühlchen. (ebd.)

Selten ist mit sanfterer symbolischer Gewalt expatriiert worden; entsprechend kompliziert gestalteten sich die Beziehungen Walsers zum künftigen Feuilletonchef der *Neuen Zürcher Zeitung* (vgl. Morlang 2002).

Widmanns Vergleich des *Gehülfen* mit Kellers nie sonderlich populärem *Martin Salander* ist heute dann noch anregend, wenn man damit nicht mehr den patriotischen Versuch einer im Namen Kellers zu begründenden Tradition von Schweizer Heimatliteratur sieht, sondern ein Problem der Transformation realistischen Erzählens um 1900. Nicht nur hat sich Walser patriotischen Indienstnahmen stets entzogen; sie waren und sind ästhetisch wie ideologisch ein Irrweg und Walser wie Keller vollkommen unangemessen.

Wie die Rezeptionsgeschichte zeigt, haben solche Versuche vor allem zum Vergessen beigetragen. Muschg stellte schon 1930 die Diagnose, Robert Walser sei »den Zwanzigjährigen kaum als Name bekannt, obschon seine drei Romane noch heute die bezauberndsten des neueren schweizerischen Schrifttums zu nennen sind« (Muschg 1930, 176). Hesses Besprechung der Neuausgabe des *Gehülfen* (»dieses unvergeßliche Buch«) lässt keinen Zweifel an seinen guten Absichten: »Unsre Zeit steht diesem großen Zauber ohne Zweifel noch unempfänglicher gegenüber als jene Zeit um 1900, in der das Buch geschrieben wurde.« (Hesse 1936/2005, 201) Und bei Gelegenheit von Seeligs Walser-Auswahl *Grosse kleine Welt* bemerkt er zu Lasten der Heimattümler: »Alles in allem ist die Heimat diesem Dichter bis heute nicht gerecht geworden.« (Hesse 1937/2005, 243)

Zu den großen Ausnahmen gehört zweifellos der Schweizer Schriftsteller Albin Zollinger, der eine Augen öffnende Besprechung zur *Gehülfe*-Ausgabe von 1936 geschrieben hat. Er weiß, dass die Liebe zur Heimat(-literatur) vor allem blind für die Literatur macht: »Die Schweiz weiß bis auf den Tag nicht, was sie an ihm [Walser] hat.« (Zollinger 1936/1978, 138) Nur über das Literarische würde man auch entdecken können, was womöglich nur den Schweizer betrifft. Mit dieser widerstrebigen Fügung sind die starren Entgegensetzungen neu und anders in Beziehung zu bringen: Das ist nicht nur produktiver als das Ausspielen gegeneinander, es entspricht auch der Wirkungsgeschichte, die sich, Walsers Rang entsprechend, weder in (deutsch-)schweizerischen, noch auch nur in deutschsprachigen Zusammenhängen erschöpft. Im renommierten *Times Literary Supplement* wurde Walsers *Gehülfe* bereits 1908 zusammen mit Arthur Schnitzlers Roman *Der Weg ins Freie* positiv besprochen. Walser wird als »a young writer who has already made his mark« mit Schnitzler verglichen, »a tried and proved craftsman, a cultivated observer and man of the world, a writer, it may almost be said, of genius«. Auch wenn für den Rezensenten der *Gehülfe*, »though excellent«, nicht vom gleichen literarischen Rang sei wie *Der Weg ins Freie*, erscheint ihm sein »ethical content« »sounder and of more hopeful augury«. An der Figur des Gehilfen Joseph Marti wird dessen »desire to ›serve‹« hervorgehoben; in einer ebenso kühnen wie interessanten Bemerkung wird er als Altruist gekennzeichnet, der vielleicht sogar einmal der Christ sein werde, »who is slowly replacing in the estimation of novelists the atrocious egoist of Nietzsche« (Anonym 1908). Immerhin antizipiert diese Beobachtung Dieter Borchmeyers 1980 erschienenen Versuch über Walsers Aristokratismus des Dienens, der als Umwertung von Nietzsches Umwertung der Werte zu begreifen sei (vgl. Borchmeyer 1980). Da Walsers *Gehülfe* seit 2007 nunmehr endlich in englischer Übersetzung von Susan Bernofsky vorliegt, werden

sich mit neuen literarischen Verknüpfungsmöglichkeiten auch neue Perspektiven der Lektüre eröffnen, was sich seinerzeit schon durch Christopher Middletons *Jakob von Gunten*-Übertragung (1969) erwiesen hat. In Walsers Rezeptionsgeschichte sind Überraschungen dieser Art auch künftig nicht auszuschließen.

Trotz der berühmten Namen Kafka, Benjamin, Brod u. a., die sich speziell auch für den *Gehülfen* eingesetzt haben, wird man feststellen dürfen, dass sich die literarischen Zeugnisse nach Walsers Tod vor allem auf die Biographie, auf die kurze Prosa und die Mikrogramme beziehen, unter den Romanen hat sich das Interesse generell auf den »*Räuber*«-Roman verschoben. Es gibt indes nach wie vor singuläre Beispiele für die Wirkungsmächtigkeit des *Gehülfen* bei Schriftstellern, wie etwa das Nachwort von Wilhelm Genazino zu einer Einzelausgabe des Romans (vgl. Genazino 2004).

Ein starkes wirkungsgeschichtliches Signal, das auch die intensivste Phase der literaturwissenschaftlichen Beschäftigung mit diesem Text anzeigen könnte, ist die Verfilmung des *Gehülfen* durch Thomas Koerfer 1976 (vgl. Schwarz 1976; s. Kap. 5.6). Koerfer distanziert alle heimatlichen Vertrautheitseffekte und akzentuiert einen Aspekt der Modernität dieses Romans, der bis heute anhält und in den Debatten über eine substantielle Bestimmung und Differenzierung von Moderne und Modernisierung eine Rolle spielt. Sein Film perspektiviert den Roman als Angestellten-Roman vor dem Hintergrund der soziologischen wie ideologischen Zukunft dieser numerisch wie politisch immer bedeutsamer werdenden Klasse. Koerfer orientiert sich an Siegfried Kracauers Analyse *Die Angestellten*, unternommen gegen Ende der Weimarer Republik in der Absicht, diese von Proletarisierungsängsten geplagte soziale Schicht nicht den rechten Demagogen zu überlassen. Koerfers Film überzeugt weniger durch den suggestiven Schluss einer Solidarisierung der ›Stehkragenproletarier‹ als durch das Psychogramm eines Zurückgebliebenen, Verschüchterten, der sich an jeden Strohhalm zu klammern versucht, um seiner Deklassierung zu entkommen. Der Film ist insofern anachronistisch, als er dem Autor Walser Einsichten unterschiebt, die ihn nur in jungen Jahren als Sehnsucht nach politischem Aktivismus berührten, wie auch der Roman in seinem Abrücken vom Sozialismus auf sehr differenzierte Weise zeigt. Das klassenkämpferische Bewusstsein zu propagieren, das Hans G Helms im Vorwort zu seiner damals durchaus berechtigten Prosa-Auswahl schrill verkündete, ist weder Sache des Romans noch seiner Verfilmung (vgl. Helms 1970/1991).

Interpretation

Der arbeitslose, vierundzwanzigjährige Commis Joseph Marti wird für nicht einmal ein Jahr als Gehilfe des durch eine Erbschaft zum Erfinder und Unternehmer aufgestiegenen Ingenieurs Carl Tobler angestellt. Tobler bewohnt mit seiner Frau und den skandalös ungleich behandelten Töchtern die Villa Abendstern in Bärenswil, nahe der namentlich nie genannten Kantonshauptstadt Zürich. Mit Erfindungen wie der Reklame-Uhr oder dem Schützenautomaten hofft er geschäftlich zu reüssieren und sucht dafür Investoren. Der Misserfolg wird von allen verdrängt, insbesondere von Joseph Marti, der seine soziale Deklassierung mit einer Vorliebe für die entzauberte bürgerliche Idylle zu kompensieren sucht. Sein Abschied vom Hause Tobler wird mit unvergleichlichem erzählerischem Takt in Szene gesetzt. Die Vieldeutigkeit des Endes ist aufregender als jedes ›reading for the plot‹, das seinerzeit schon zahlreiche prominente Zeitgenossen enttäuscht hatte.

Diese handlungsarme Geschichte, deren Rahmen in der autobiographischen Vorgabe bezeichnet ist, wäre in *Geschwister Tanner* eine Episode unter vielen gewesen. *Der Gehülfe* greift aus einer solchen Episodenfolge des Protagonisten, der in diesem Roman nach dem Familiennamen von Walsers Mutter Joseph Marti heißt, eine zeitlich und räumlich konfinierte Einzelepisode heraus. Die Art und Weise, wie das gemacht ist, bestätigt den Roman eindrücklich als »Schwellentext der Jahrhundertwende« (vgl. Utz 1994, 202).

Mit diesem Kunstgriff sorgt Walser für eine strukturelle Geschlossenheit, die allerdings in sich überlagernden und widersprüchlichen Konstellationen und Konnotationen soziale und psychische Widersprüche sichtbar macht, welche die Glückserwartungen des Romanpersonals samt und sonders durchkreuzen. Dieser Desillusionierungseffekt ist deshalb so radikal, weil er sich hinter dem Rücken von Figuren vollzieht, die das allerstärkste Bedürfnis nach Illusion haben, das der Roman in der literarischen Form der Idylle räumlich und in den Tagträumen und der vielfältigen Phantasietätigkeit der Hauptfigur figural exponiert. Der Wille zur Illusion kennzeichnet sowohl den durch eine Erbschaft nach ›oben‹ gelangten Erfinder Tobler wie auch dessen Ehefrau, deren romantische Sehnsüchte in scharfem Kontrast zu ihrer Grausamkeit gegenüber ihrem

Kind Silvi stehen. Die Obsession des 19. Jh.s, die Familie als Utopie zu verkünden, wird hier im Umschlag in Gewalt und Unterdrückung kenntlich gemacht. Der besondere erzählerische Takt Walsers besteht darin, dass er, erzähltechnisch gesehen, die Perspektive des neuen Angestellten privilegiert, der nichts sehnlicher wünscht, als ein Mitglied der Familie Tobler zu sein. Nicht nur negiert er die Zeichen des geschäftlichen Niedergangs, er wird auch als Augenzeuge gezeigt, der bei der Misshandlung Silvis durch die Dienstmagd Pauline einem Voyeurismus verfällt und nicht handelnd eingreift. Mehr noch: er weiß, dass er eingreifen müsste, und unterlässt es. Ein anderes Mal huldigt er der bevorzugten Dora, wissend um das Unrecht. Bezeichnenderweise hat der Lektor Morgenstern bei diesen Kinder-Stellen Dostojewskij assoziiert (vgl. Morgenstern, Tagebuch, abgedruckt in KWA I 3, 314).

Die dominante Perspektive des Gehilfen kann jederzeit von einem auktorialen Erzähler auf solche Weise perspektiviert und bisweilen sogar kommentiert werden, dass sich der Leser nie in die bequeme Position der Nichtbelangbarkeit versetzt glauben kann. Während Ingenieur Carl Tobler der Illusion des Aufstiegs frönt, hofft der arbeitslose Commis, trotz widersprüchlicher Anzeichen, auf familiäre Zugehörigkeit.

Die in allen Schattierungen eingesetzten Desillusionierungseffekte sind keineswegs nur Effekte des Erzählerkommentars. Die Ironie des Romans, häufig Thema der frühen Arbeiten zum Gehülfen (vgl. Keller 1975; Strebel 1971) wird nicht nur mit semantischen Kontrasten, sondern auch durch Effekte der Handlungsführung erzeugt, die man als Enttäuschung syntagmatischer Erwartungshorizonte bezeichnen könnte. Gerade das literarisch Naheliegende in einer Szene oder Sequenz unterbleibt. Welche Bewandtnis es mit dieser Kompositionskunst hat, ist von Zollinger präzise beschrieben worden als »wohlbewußte Technik des Parallelismus, der Reprise, des Umgangs im Kreise oder, richtiger gesagt, in der Spirale«: »Das Bangen des Lesers erfindet immer voraus, aber immer führt der Dichter seine Entwicklungen anders, und immer findet man: der Wahrscheinlichkeit gemäßer.« (Zollinger 1936/1978, 137)

Die Literaturwissenschaft hat einige Zeit gebraucht, um diese hier aufs Äußerste verknappte Grundkonstellation auszuarbeiten. Die Forschung zum *Gehülfen* hat fast alle methodischen Paradigmen nach Walsers Tod durchlaufen – zu Walsers Lebzeiten erschien keine einzige akademische Schrift über ihn –, um diesen Grundkonsens etablieren zu

können. Es wäre durchaus denkbar, die Auslegungs-
geschichte dieses Romans seit ihrem Beginn
1959/1960 (vgl. Avery 1959/1968; Greven 1960/2009)
als Geschichte der theoretischen Paradigmen zu beschreiben, die in der Literaturwissenschaft (in dieser
oder jener lokalen Spielart) Konjunktur hatten. Die
Dominanz des poststrukturalistisch-dekonstrukti-
vistischen Paradigmas seit den 1980er Jahren hatte
zur Folge, dass die Aufmerksamkeit vom *Gehülfen*
abgezogen wurde und verstärkt anderen Werkseg-
menten, allen voran dem ›Bleistiftgebiet‹, zugute
kam.

Solcherart ist es zu einem fast gänzlichen Verschwinden gattungsgeschichtlicher und -theoreti-
scher Fragen gekommen, die indes nicht nur die Romane, sondern auch die kleine Form Walsers betreffen. Es gibt Anzeichen, dass diese Debatte nochmals
neu eröffnet werden könnte. Die Beharrlichkeit
diskursanalytischer Untersuchungen und der Aufschwung kulturwissenschaftlicher Fragestellungen
haben den *Gehülfen* von der Walser-Forschung zum
Teil entkoppelt und mit übergreifenden Fragen der
Stadtdarstellung, der Angestelltenkultur oder der
Traumwelten um 1900, mit anderen Texten und Debatten der Moderne verknüpft. Ein wichtiger Ertrag
dieses Paradigmenwechsels und der anderen
Werkakzente war das im Falle Walsers besonders er-
giebige und schwierig zu untersuchende Terrain der
Intertextualität und Intermedialität (vgl. u. a. Utz
1998; Fattori/Gigerl; Borchmeyer). Dieses Interesse ging auch an den Romanen nicht vorüber
(vgl. etwa die frühen Aufsätze von Cadot 1980; ferner
speziell auch zum *Gehülfen* Gößling 1992) und
scheint immer noch ungesättigt.

Die Raumstruktur des *Gehülfen*, die mit ihren semantischen Oppositionen von oben und unten,
Stadt und Provinz, den Räumen von Herr und
Knecht die um 1900 angelagerten ideologischen Be-
setzungen durchkreuzt, ist vor allem von der Ordnung des Hauses bestimmt, deren Besonderheit darin besteht, dass die privaten und geschäftlichen
Dinge (wie in der Tradition des ›ganzen Hauses‹)
nicht getrennt sind (vgl. Wagner 1980). Diese Durch-
lässigkeit des Hauses Tobler bedeutet, dass der jeweilige Angestellte, Gehülfe, Commis oder Beamte – so
die diffuse soziale Semantik der Berufsbezeichnun-
gen im Roman – zugleich Mitglied der Familie und
somit im Haus für alles zuständig ist (vgl. SW 10, 27).
Dieses im 19. Jh. von Wilhelm Heinrich Riehl u. a.
ausgebaute Modell des Hauses/der Familie taugt bei
Walser längst nicht mehr zur sozialen Integration; es
wird vielmehr als Ort der Segregation wahrgenom-

men, ohne auf diese Weise den ökonomischen und
sozialen Prozessen entkommen zu können. Die Ar-
beitslosen in der Hauptstadt und andere Erfahrungen und Zeichen der Entfremdung verdunkeln selbst
das »Bild städtischen Sonntaglebens« (SW 10, 129),
das in der Wiederbegegnung Josephs mit seiner
Freundin Klara, nunmehr Photographin und Mutter,
eine schillernde biographische und historische Tie-
fendimension bekommt. Walsers Wahrnehmung der
Stadt ist von einem unbestechlichen soziologischen
Impressionismus geprägt, der sich mit den gesellschaftlichen Mikroanalysen seiner Kurzprosa aus
dem Angestellten- und Großstadtleben verknüpft;
zugleich auch mit den essayistischen Versuchen Georg Simmels und anderer zu den Effekten der Geld-
und Stadtkultur sowie der Ausprägung neuer Sozial-
charaktere. In den fast zeitgleich fertiggestellten Arbeiten der späten 1970er Jahre (vgl. Rüsch 1983;
Wagner 1980 bzw. 2010) kommen solche Implikationen erstmals in den Blick. Es ist diese Seite des *Gehülfen*, die im Werkzusammenhang Walsers, in kompa-
ratistischer Hinsicht und nicht zuletzt für den sozial-
wissenschaftlichen Kontext der Jahrhundertwende
(Entstehung der Stadt- und Kultursoziologie; Soziologie der Angestellten) noch immer aktuelle Verknüpfungen anzubieten hat (vgl. Pleister 1990), die
auch das einseitige Bild vom gesellschaftsfernen und
unpolitischen Autor Walser korrigieren könnte.

Welche Rückwirkungen diese Erfahrungen der
modernen Lebenswelt für die Figur des Gehilfen haben, wird im Roman auf eine vielschichtige Weise
und mittels einer schwer zu beschreibenden Erzähl-
perspektivik exploriert, die deshalb fast jede Studie
zu diesem Roman beschäftigt hat. Obwohl der *Gehülfe* auf den ersten Blick nicht auf der Höhe der
heute als kanonisch geltenden Formen zur Darstellung komplexer Innenwelten von Figuren ist, muss
seinem kombinierten Erzählstandpunkt und der
schweifenden Perspektivik wider Erwarten eine größere Raffinesse zugestanden werden. Im *Gehülfen*
finden sich fast unbeholfen anmutende Gedankenmonologe und deren schriftliche Entsprechungen
wie Tagebuchaufzeichnungen, (nicht abgeschickte)
Briefe etc. neben avancierten Formen der erlebten
Rede, der Subkonversation und allen Finessen des
Erzählerberichts. Walsers Roman ist nicht zuletzt
dank der Belesenheit seines Autors, die jedoch im
Text nirgendwo ausgestellt wird, ein tastender Versuch mit den aufregendsten Einsichten, die im 20. Jh.
unter dem Eindruck der nicht mehr erzählbaren
Welt zum Roman hervorgebracht worden sind. *Der
Gehülfe* ist ein Roman, der seine Vielstimmigkeit im

Sinne Michail Bachtins auf mehreren Ebenen zu erkennen gibt. Allein auf der sprachlichen Ebene ist dieser durch ein deutsches Lektorat gegangene und in Berlin verlegte Roman ein »Schweizerroman«; nicht etwa in dem Sinn, dass er sich dem zeitgenössisch angesagten Kult des Heimatlich-Regionalen anzubiedern suchte. Hesse hat Walser einmal zu den Dichtern gerechnet, »welche der deutschen Dichtung Farben und Nüancen aus der Schweizer Syntax zugebracht haben, viele seiner Sätze und Wendungen sind unverkennbar schweizerisch, manche unverkennbar bernerisch« (Hesse 1937/2005, 242). Walser gelang es, so sein Schriftstellerkollege und Landsmann Peter Bichsel, »aus dem vertrackten Verhältnis Schweizerdeutsch/Hochdeutsch so etwas wie eine schlaumeierliche Kunstsprache zu entwickeln« (Bichsel 1998, 72) – ein Urteil, das klug Distanz hält zu den Echtheitsansprüchen der lokal wie national Zuständigen. Walsers Roman ist in besonderer Weise offen für das Französische, nicht nur aufgrund des Spezialvokabulars der Kaufmannssprache und der Sozialisation des Autors in der zweisprachigen Stadt Biel. Es kommen auch sozial- und genderspezifisch modulierte Figurenreden hinzu, die etwa Frau Tobler in die Nähe einer *Madame Bovary* rücken, ohne sie damit zu typisieren (vgl. Matt 2012).

Zu dieser Mehrsprachigkeit kommen natürlich andere Spielarten der künstlerischen Rede hinzu; v. a. das von Bachtin so genannte ›zweistimmige Wort‹, das von der Stilisierung über Formen der parodistischen Wiedergabe bis zu den verschiedenen reflektiert-aktiven Formen der Wechselbeziehung zum fremden Wort reicht. Walsers Erzählerberichte sind durchsetzt von Einsprengseln (Zitaten) direkter Figurenrede. Abgesehen von der komplexen Kombinatorik eines personalen und auktorialen Erzählstandpunkts zeigt sich so schon zu Beginn des Romans, dass Joseph unmittelbar auf Geschehnisse, auch auf Geschehnisse rein sprachlicher Art, reagiert. Keine andere Figur wird mit derart reichhaltigen Mitteln der Introspektion ausgestattet und damit auch zugänglich gemacht. Das Profil der Figuren und die Identifikation des Lesers werden so entscheidend geprägt. Diese enorme Phantasietätigkeit, die vom kleinsten (Sprach-)Ereignis erregt werden kann, ist dem Gehilfen auch Anlass, sich schriftlich über seine, wie er es nennt, »[s]chlechte Gewohnheit« (SW 10, 186) klarer zu werden und sich zur Rechenschaft zu ziehen. Selbst diese Schreibversuche (Memoiren, Tagebuch, Briefe) sind nur Anläufe, die immer wieder suspendiert werden. Die entfaltete Innenwelt des Angestellten ist (selbst-)peinigend und

ein Zeichen von sozialer Gehemmtheit, Schüchternheit, ›Kopflosigkeit‹ (SW 10, 12 u. passim) und der Unfähigkeit, einer Situation in dialogischer Wechselrede zu begegnen, von eingreifendem Handeln gar nicht erst zu reden. Diese Scheu, die wesentlich zur Attraktivität und Rätselhaftigkeit dieser Figur beiträgt, ist aufs Engste mit ihrer Vorliebe für lange Reden verbunden. Im Hinblick auf *den* Verständigungstext der Jahrhundertwende, den Roman *Niels Lyhne* von Jacobsen, hat Walser einmal von »Bravourarien« (SW 20, 418) gesprochen. Genau in solchen Formen entfaltet sich das soziale Manko von Walsers Protagonisten zu maximalem rhetorischem Glanz des Sprechens, das freilich an jedem Punkt – durch die agonale Redesituation – zum Absturz gebracht werden kann; womit ein neuer Zirkel der Selbstbeobachtung und -kritik in Gang gesetzt werden könnte.

Der Differenziertheit in der Introspektion korrespondiert eine geradezu leitmotivische Schwäche im Dialog und in der geistesgegenwärtigen Auseinandersetzung mit dem jeweiligen Gegenüber. Josephs soziale Gehemmtheit setzt umgekehrt fortwährend eine »sonderbare Denklust« (SW 10, 186) frei, die ebenso wenig zu Ergebnissen führt wie der technische Erfindungsgeist seines Herrn. Joseph Martis Gedankenmonologe und Selbstgespräche antizipieren jenes dichterische Phantasieren mit all seinen Entsprechungen, die Freud zur selben Zeit unterschieden hat, ohne dabei eine kategoriale Trennung vorzunehmen: kindliches Spiel, Tagträume, Träume.

Der Roman ist ein realistischer Desillusionsroman auch darin, dass er die Tagträume des Helden zwar ausstellt, aber nicht bestätigt. Bezeichnenderweise wird dem Gehilfen das dichterische Phantasieren nicht zugestanden, seine Schreibversuche im (Auto-)Biographischen werden vom Schreiber selbst zunichte gemacht. Im Falle des Traums ist Walsers Roman geradezu maßlos; solcherart schließt er bei Kellers *Grünem Heinrich* an, der wie kein anderer Roman der als Realismus bezeichneten Epoche ›anti-realistisch‹ vorgegangen ist. Insbesondere der Traum des Melkers vom »›Vaterländli‹« (SW 10, 211) im *Gehülfen* offenbart geheime Verbindungen zu Kellers großem Roman, der auch deswegen groß genannt werden darf, weil er dem Amimetischen solche Zugeständnisse erlaubte. Umgekehrt spricht es für Walsers Roman, dass er durch seine Machart an den Romanen seines Vorgängers Züge erkennbar werden lässt, die auch die Lektüre eines realistischen Romans erneuern können.

Ausgaben

Der Gehülfe. Roman von Robert Walser. Berlin: Bruno Cassirer o. J. [1908]. – 2. Aufl. Berlin: Bruno Cassirer o. J. [1908] – 3. Aufl. Berlin: Bruno Cassirer o. J. [1909]. – Der Gehülfe. Roman. St. Gallen: Schweizer Bücherfreunde 1936. – DiP 3. – Der Gehülfe. Frankfurt a. M., Hamburg: Fischer Bücherei 1962. – Der Gehülfe. Zürich: Buchclub Ex Libris o. J. – Der Gehülfe. Gütersloh: Im Bertelsmann Lesering o. J. – Der Gehülfe. Mit einer Einführung v. Heinz Piontek. Genf: Edito-Service 1971. – GW 5. – GWS 5. – Der Gehülfe. Roman. o. O.: Suhrkamp 1978. – Der Gehülfe. Roman. Leipzig: Philipp Reclam jun. 1980. – Der Gehülfe. Roman. Zürich: Suhrkamp 1982. – Der Gehülfe. Roman. Mit 36 Zeichnungen v. Gunter Böhmer u. einer Einführung v. Albin Zollinger. Frankfurt a. M.: Büchergilde Gutenberg 1983. –RO 1. – RE 2. –SW 10. – Der Gehülfe. Zürich: Suhrkamp 1988. – Der Gehülfe. Zürich: Suhrkamp 1992. – Der Gehülfe. Frankfurt a. M.: Suhrkamp 2003. – Der Gehülfe. Gehülfe. Roman. Nachwort v. Wilhelm Genazino. Zürich: Manesse Verlag 2004. – Der Gehülfe. Zürich. Tamedia o. J. – Der Gehülfe. Roman. Mit einem Kommentar v. Karl Wagner. Berlin: Suhrkamp 2010. – KWA I 3 (Erstdruck). – KWA IV 2 (Manuskript).

Literatur

Anonym [= Fanny Johnson]: Two German Novels. In: The Times Literary Supplement Jg. 7, Nr. 344 (13. 8. 1908), 262 f.

Anonym: [Sammelrez. zu Walsers Berliner Romanen]. In: Arbeiterzeitung (Wien), 12. 12. 1909.

Avery, George C.: Inquiry and Testament. A Study of the Novels and Short Prose of Robert Walser [1959]. Philadelphia 1968.

Benjamin, Walter: Bücher, die lebendig geblieben sind. In: ders.: Werke und Nachlaß. Kritische Gesamtausgabe. Bd. 13.1: Kritiken und Rezensionen. Hg. v. Heinrich Kaulen. Berlin 2011 a, 183–185.

Benjamin, Walter: Werke und Nachlaß. Kritische Gesamtausgabe. Bd. 13.2: Kritiken und Rezensionen. Kommentar. Hg. v. Heinrich Kaulen. Berlin 2011 b, 191–194.

Bichsel, Peter: Bemerkungen zu einer Literatur, die Schweizer Literatur genannt wird. In: ders.: Die Totaldemokraten. Aufsätze über die Schweiz. Frankfurt a. M. 1998, 54–74.

Borchmeyer, Dieter: Dienst und Herrschaft. Ein Versuch über Robert Walser. Tübingen 1980.

Borchmeyer.

Brod, Max: Smetana [1912]. In: ders.: Über die Schönheit hässlicher Bilder [1913]. Erweiterte Neuausgabe. Wien, Hamburg 1967, 204.

Brod, Max: Bücher, die lebendig geblieben sind. In: Die literarische Welt Jg. 5, Nr. 8 (22. 2. 1929), 6.

Brod, Max: Streitbares Leben. 1884–1968. Vom Autor überarbeitete und erweiterte Neuausgabe. München, Berlin, Wien 1969.

Brod, Max, Kafka, Franz: Eine Freundschaft. Reiseaufzeichnungen. Hg. unter Mitarbeit v. Hannelore Rodlauer v. Malcolm Pasley. Frankfurt a. M. 1987.

Brod, Max, Kafka, Franz: Eine Freundschaft. Briefwechsel. Hg. v. Malcolm Pasley. Frankfurt a. M. 1989.

Cadot, Michel: Robert Walser liest Stendhal. In: Chiarini/Zimmermann, 199–210.

Cadot, Michel: Robert Walsers Lektüre von Dostojewskij [1981]. In: Chiarini/Zimmermann, 222–236.

Coetzee, J. M.: Robert Walser, Geschichtenerzähler [2000]. In: ders.: Was ist ein Klassiker? Essays. Übers. v. Reinhild Böhnke. Frankfurt a. M. 2006, 141–154.

Deich, Werner: Der Angestellte im Roman. Zur Sozialgeschichte des Handlungsgehilfen um 1900. Köln 1974.

Dück, Hans Udo: Strukturuntersuchung von Robert Walsers Roman ›Der Gehülfe‹. München 1968.

Schwarz, Emil (Red.): Film. Kritisches Filmmagazin Nr. 3, H. 4–6: Der Gehülfe. Ein Auszug aus dem schweizerischen täglichen Leben in 60 farbigen Bildern nach dem gleichnamigen Roman von Robert Walser. Spielfilm von Thomas Koerfer. Zürich 1976.

Gabrisch, Anne: Zu Robert Walsers Romanen. In: RO, Bd. 2, 329–349.

Fattori/Gigerl.

Genazino, Wilhelm: Nachwort. In: Walser, Robert: Der Gehülfe. Roman. Zürich 2004, 369–380.

Gößling, Andreas: Abendstern und Zauberstab. Studien und Interpretationen zu Robert Walsers ›Der Gehülfe‹ und ›Jakob von Gunten‹. Würzburg 1992.

Grenz, Dagmar: Die Romane Robert Walsers. Weltbezug und Wirklichkeitsdarstellung. München 1974.

Greven, Jochen: Existenz, Welt und reines Sein im Werk Robert Walsers. Versuch zur Bestimmung von Grundstrukturen [1960]. Reprint der Originalausgabe. Hg. v. Reto Sorg. München 2009.

Greven, Jochen: Robert Walser und Christian Morgenstern. Zur Entstehungsgeschichte von Walsers frühen Romanen. In: Text + Kritik 2, 42–52.

Greven, Jochen: Nachwort des Herausgebers. In: SW 10, 297–307.

Greven, Jochen: Robert Walser. Figur am Rande, in wechselndem Licht. Frankfurt a. M. 1992.

Greven, Jochen: Robert Walser – ein Außenseiter wird zum Klassiker. Abenteuer einer Wiederentdeckung. Konstanz 2003.

Hauschner, Auguste: ›Der Gehülfe‹. Roman [Rezension]. In: Das literarische Echo Jg. 10, H. 21/22 (1. 8. 1908), Sp. 1580–1582.

Helms, Hans G: Zur Prosa Robert Walsers [1970]. In: Hinz/Horst, 134–151.

Hesse, Hermann: Robert Walser [1909]. In: ders.: Die Welt im Buch I. Rezensionen und Aufsätze aus den Jahren 1900–1910. Frankfurt a. M. 2002, 362–367.

Hesse, Hermann: Robert Walsers ›Gehülfe‹ in neuer Ausgabe [1936]. In: ders.: Die Welt im Buch V. Rezensionen und Aufsätze aus den Jahren 1935–1962. Frankfurt a. M. 2005, 199–201.

Hesse, Hermann: Robert Walser ›Große Kleine Welt‹ [1937]. In: ders.: Die Welt im Buch V. Rezensionen und Aufsätze aus den Jahren 1935–1962. Frankfurt a. M. 2005, 242–244.

Hofmiller, Josef: Der Gehülfe [1908]. In: Kerr 1, 50.

Horst, Thomas: Robert Walser. Ein Forschungsbericht. In: Hinz/Horst, 376–452.

Keller, Martin: Robert Walsers Roman ›Der Gehülfe‹. Eine Interpretation. Diss. Universität Zürich 1975.

Korrodi, Eduard: Ausgewählte Feuilletons. Hg. v. Helen Münch-Küng. Bern, Stuttgart, Wien 1995.

MÄCHLER.

Matt, Beatrice von: Die Frauen scheiternder Männer bei Gottfried Keller und Robert Walser. In: AMREIN/GRODDECK/WAGNER, 95–108.

Matt, Peter von: Die tintenblauen Eidgenossen. Über die literarische und politische Schweiz. München, Wien 2001.

Morlang, Werner: Krokodilowkj und Wasserglas. Eduard Korrodi im Spiegel von Walsers Mikrographie. In: NOBLE, 49–57.

Muschg, Walter: Zur Lage des Schrifttums in der deutschen Schweiz. In: Die Schweiz. Ein nationales Jahrbuch 1 (1930), 172–187.

Pestalozzi, Karl: Robert Walsers Verhältnis zu Gottfried Keller. In: CHIARINI/ZIMMERMANN, 175–186.

Pestalozzi, Karl: Nachprüfung einer Vorliebe. Franz Kafkas Beziehung zum Werk Robert Walsers [1966]. In: KERR 2, 94–114.

Pleister, Michael: Das Bild der Großstadt in den Dichtungen Robert Walsers, Rainer Maria Rilkes, Stefan Georges und Hugo von Hofmannsthals. 2., überarbeitete u. ergänzte Aufl. Hamburg 1990.

Pogge von Strandmann, Hartmut: Hochmeister des Kapitalismus. Walther Rathenau als Industrieorganisator, Politiker und Schriftsteller. In: Hans Wilderotter (Hg.): Die Extreme berühren sich. Walther Rathenau 1867–1922. Berlin 1993, 33–44.

Poppenberg, Felix: Robert Walsers Wanderer. In: Neue Rundschau 19, 4 (1908), 1548 f.

Rietra, Madeleine: Rezeption und Interpretation von Robert Walsers Roman ›Der Gehülfe‹. In: Amsterdamer Beiträge zur neueren Germanistik 9 (1979), 131–160.

Rodewald, Dierk: Robert Walsers Prosa. Versuch einer Strukturanalyse. Bad Homburg, Berlin, Zürich 1970.

Rüsch, Lukas: Ironie und Herrschaft. Untersuchungen zum Verhältnis von Herr und Knecht in Robert Walsers Roman ›Der Gehülfe‹. Königstein/Ts. 1983.

Seelig, Carl: Robert Walsers Zürichsee-Roman [1955]. In: KERR 1, 197 f.

Stoessl, Otto: Erzählende Literatur. In: Österreichische Rundschau 18, 1 (1909), 78–84.

Strebel, Felix Karl: Das Ironische in Robert Walsers Prosa. Diss. Universität Zürich 1971.

Tismar, Jens: Gestörte Idyllen. Eine Studie zur Problematik der idyllischen Wunschvorstellungen am Beispiel von Jean Paul, Adalbert Stifter, Robert Walser und Thomas Bernhard. München 1973.

Utz, Peter: Robert Walser. In: Hartmut Steinecke (Hg.). Deutsche Dichter des 20. Jahrhunderts. Berlin 1994, 197–211.

Utz, Peter: Tanz auf den Rändern. Robert Walsers »Jetztzeitstil«. Frankfurt 1998.

Utz, Peter: Ausklang und Anklang – Robert Walsers literarische Annäherungen an Gottfried Keller. In: Jahresbericht der Gottfried Keller-Gesellschaft 70 (2001), 3–29.

Wagner, Karl: Herr und Knecht. Robert Walsers Roman ›Der Gehülfe‹. Wien 1980.

Wagner, Karl: Kommentar. In: Robert Walser: Der Gehülfe. Text und Kommentar. Berlin 2010, 276–312.

Wagner, Karl: Von Schweizerromanen. ›Martin Salander‹ und ›Der Gehülfe‹. In: AMREIN/GRODDECK/WAGNER, 35–46.

Walt, Christian: Improvisation und Interpretation. Robert Walsers Mikrogramme lesen. Frankfurt a. M., Basel 2015.

Widmann, Joseph Viktor: Der Schweizer Roman ›Martin Salander‹ [1886]. In: Gottfried Keller und J. V. Widmann: Briefwechsel. Hg. und erläutert v. Max Widmann. Basel, Leipzig 1922, 162–173.

Widmann, Joseph Viktor: Schweizerische Dichter und österreichische Rezensenten. ›Geschwister Tanner‹ [1907]. In: KERR 1, 23–25.

Widmann, Joseph Viktor: Robert Walser Schweizerroman [1908]. In: KERR 1, 25–29.

Zollinger, Albin: Robert Walsers Roman ›Der Gehülfe‹ [1936]. In: KERR 1, 132–138.

Karl Wagner

3.3.3 *Jakob von Gunten* (1909)

Vila Matas' *Bartleby & Co.*
und Walsers Roman

Institut Pierre Menard, der Roman eines gewissen Roberto Moretti, spiele in einem Gymnasium, an dem die Schüler darin unterrichtet würden, kategorisch nein zu sagen. Der Roman sei, liest man weiter, eine höchst raffinierte Parodie von Robert Walsers *Jakob von Gunten*, ja Walser selbst, nebst dem Schreibgehilfen Bartleby aus Herman Melvilles Erzählung von der Wall Street, befände sich unter den Schülern: »Im Roman geschieht fast nichts, außer dass alle Schüler das Pierre Menard am Ende der Schulzeit zufrieden als perfekte Kopisten verlassen.« Nachzulesen ist dies in Enrique Vila-Matas' Roman *Bartleby & Co.* (Vila-Matas 2001, 14). Will man die Textreferenz aufspüren, kommt man nicht weit. Weder konventionelle Nachschlagewerke noch Nachfragen bei Spezialisten zeitgenössischer italienischer Literatur können weiterhelfen. Der geschulte Leser ist vorgewarnt durch den verdächtigen Namen der Schule. *Pierre Menard, autor del Quijote* lautet der Titel einer Kurzgeschichte von Jorge Luis Borges – eine parodienhafte Rezension des fiktiven französischen Autors Pierre Menard, dessen Lebensprojekt, so wird dem Leser suggeriert, darin bestehe, Cervantes' *Don Quijote* nicht nur zu übersetzen, sondern zu übertreffen. Vila-Matas schreibt also den Schüler Robert Walser ein in eine komplexe fiktive Überlieferungsgeschichte der literarischen Moderne.

In einem Brief an Frieda Mermet vom 30. 6. 1918 bezeichnet Walser Cervantes' Epos-Parodie als den »größte[n] Roman der Weltliteratur« (Br 155). Kein Wunder also, dass sein wichtigster Roman, *Jakob von Gunten*, mit einer Anspielung auf diese Parodie endet und damit seinen eigenen parodistischen Charakter unterstreicht: »Ich war immer der Knappe, und der Vorsteher war der Ritter. ›Schon gut‹, dachte ich mit einmal. Und wie ich das dachte, erwachte ich und schaute mich im Wohnzimmer um.« (SW 11, 163 f.) Kurz darauf legt der Ich-Erzähler Jakob die Feder aus der Hand und gibt das »Tagebuch«, so der Untertitel dieses eigentümlichen Romans, auf. Dies ist auch die Ironie der Walser-Referenz bei Vila-Matas: histrionischer Verweigerungsgestus und Schreibakt lassen sich nicht genau unterscheiden. Von seinen verschiedenen bürgerlichen Pöstchen habe sich Walser immer wieder zurückgezogen in die »Schreibschule für Stellenlose«, denn er »wollte eine völlige Null sein und wünschte sich nichts sehnlicher, als dass man ihn vergaß. Ihm war bewusst, dass jeder Schriftsteller vergessen werden muss, sobald er aufgehört hat zu schreiben, da er diese Seite seiner Person eingebüßt hat, sie buchstäblich verflogen ist.« (Vila-Matas 2001, 30) Die »völlige Null« ist hier eine direkte Anspielung auf Jakob von Guntens letzte Aufzeichnung: »Ich einzelner Mensch bin nur eine Null.« (SW 11, 164) Vila-Matas' Walser hat also mehr mit Jakob gemein als mit dem reellen Autor, und das eingangs erwähnte Institut Pierre Menard ist natürlich eine kaum getarnte Anspielung auf die Dienerschule Institut Benjamenta, in der Jakob seine ›Ausbildung‹ erhält: »Man lernt hier sehr wenig, es fehlt an Lehrkräften, und wir Knaben vom Institut Benjamenta werden es zu nichts bringen, das heißt, wir werden alle etwas sehr Kleines und Untergeordnetes im späteren Leben sein.« (ebd., 7)

Dies ist nun bereits die Inhaltsangabe des gesamten Tagebuchs. Die Leser erfahren in unterschiedlich langen, nicht datierten und miteinander nur lose verbundenen, teilweise anachronistischen Einträgen von den immer gleichen Unterrichtsabläufen in diesem heruntergekommenen Institut Benjamenta, von den »Eleven« genannten Schülern und ihren Eigenheiten und vom riesenhaften Institutsleiter Benjamenta sowie von der einzig aktiven Lehrkraft am Institut, dessen engelsgleicher Schwester Fräulein Lisa Benjamenta: »Unser Unterricht besteht aus zwei Teilen, einem theoretischen und einem praktischen Teil. Aber beide Abteilungen muten mich auch noch heute wie ein Traum, wie ein sinnloses und zugleich

sehr sinnreiches Märchen an.« (ebd., 62) Die erste Hälfte enthält etliche Charaktervignetten von Mitschülern (es gibt sieben Eleven, von denen Kraus eine Sonderstellung hat; es gibt sieben schlafende Lehrer, identisch mit Jakobs Gymnasiallehrern, von denen nur Lisa unterrichtet). Die einzige Entwicklung, die sich durch dieses Mosaik an Aufzeichnungen zieht, ist der Verfall des Instituts, das Jakob von Anfang an als »Schwindel« bezeichnet (ebd., 11) und die Entthronung Benjamentas (ebd., 107), der zunehmend eine »Vorliebe« für Jakob entwickelt (ebd., 94). Am Ende ist Fräulein Benjamenta tot und Herr Benjamenta zieht, nachdem er den anderen Schülern Stellungen verschafft hat, mit Jakob hinaus in die Wüste (dem paradoxen Inbegriff der Kulturentsagung und Kulturstiftung). Zu Beginn schreibt Jakob: »Ich werde eine […] Null im späteren Leben sein.« (ebd., 8) Zum Schluss: »Ich einzelner Mensch bin nur eine Null.« (ebd., 164) Diese Identifikation mit dem Bildungsprogramm des Instituts ist sowohl die resignierte Akzeptanz des Unterdrückten als auch Vila-Matas' Widerstand des Ironikers.

Entstehung und Veröffentlichung

Über die Genese des Romans ist sehr wenig bekannt, so dass Jochen Greven die Entstehungsgeschichte lakonisch wie folgt kommentiert hat: »Der Roman entstand in einer der dokumentarisch kaum belegten Phasen in Robert Walsers Leben, über deren nähere Umstände daher wenig Sicheres bekannt ist. Das Originalmanuskript ist ebensowenig überliefert wie irgendwelche Korrespondenz dazu.« (Greven, Nachwort in SW 11, 167) Überliefert sind weder das Manuskript noch Korrespondenz, die Einblick in den Schreibprozess und die Vorbereitung der Veröffentlichung durch den Verlag geben könnte. Die Niederschrift wird für das Jahr 1908 veranschlagt. Verschiedene Indizien sprechen dafür, dass Christian Morgenstern auch diesen Roman Walsers lektoriert hat (vgl. Heerde, Nachwort in KWA I 4, 144–146). Das Buch erschien im April 1909 mit einer zweifarbigen ornamentalen Einbandzeichnung von Karl Walser broschiert und als Pappband; auf eine Luxusausgabe wurde offenbar verzichtet (vgl. ebd., 141 f., 146; Schäfer 1978, 22). Bereits sechs Wochen später, am 1. Juni 1909, wurde eine zweite Auflage angekündigt, die aber – da sie sich einzig durch die Kennzeichnung als solche auf dem Titelblatt von der ersten unterscheidet – als Titelauflage zu betrachten ist (vgl. Heerde, Nachwort in KWA I 4, 146 f.; Echte 1998, 220). Das Buch wurde noch 1926 als lieferbar angezeigt und erst 1950 im Steinberg-Verlag Zürich in einer von Carl Seelig (der als Walsers Vormund auch den Verlagsvertrag unterschrieb) herausgegebenen Ausgabe neu aufgelegt (vgl. Heerde, Nachwort in KWA I 4, 146 f.).

Jakob von Gunten und die literarische Moderne

Als *Jakob von Gunten* 1909 in Berlin bei Bruno Cassirer erscheint, ist sein Autor kein unbeschriebenes Blatt; seine beiden Romane *Geschwister Tanner* (1907) und *Der Gehülfe* (1908) sind gut rezensiert worden und erfreuen sich nicht nur bei Schriftstellerkollegen einer gewissen Beachtung. Der neue Roman stößt allerdings auf ein geteiltes Echo. Der Kritiker Efraim Frisch verleiht seiner Euphorie lyrische Flügel:

> Es liegt über den Wegen dieses Buches – und es führt seltsame Wege: verwachsene, die nirgendwo enden, und solche, die weit hinausführen, mit kühngeschwungenen Brücken über Abgründe und Regenbogentraumbrücken, die das Tiefe mit dem Höchsten verbinden – es liegt über allen diesen Wegen ein Zwielicht: das kalte Licht der Welt und ein andres Licht, das dem Einsamen und Wandernden voranleuchtet in der Vorhölle, die er sich selbst geschaffen. (Frisch 1911/1978, 71)

Zwar sind auch Franz Kafka und Hermann Hesse begeistert, aber der Roman findet keine einhellige Zustimmung; im Allgemeinen dominiert eher der Tenor einer gewissen Ratlosigkeit (vgl. Kerr 1, 33–38, 51, 52–57, 70–75, 76 f.). Heute zählt das Werk zweifellos zu den meistbeachteten Texten Walsers.

Thematisch weist der Roman auf den nächsten, nicht erhaltenen Roman Walsers voraus (*Tobold*). Die beiden erhaltenen kurzen *Tobold*-Texte reflektieren – autobiographisch betrachtet – Walsers Erfahrungen in Commisstellungen in Zürich (1896–1905) und als Diener auf Schloss Dambrau in Oberschlesien (1905). Das Dramolett *Tobold (I)* (1913) thematisiert beispielsweise die Dialektik von Sich-Verlieren und Sich-Finden, die auch im Gunten-Roman strukturgebend ist: »Kann / ich mich denn finden, wenn's an mir / nichts aufzufinden gibt? Wer nie / verloren gehen will, kann sich auch / nie finden.« (SW 4, 49) Die Erzählung *Tobold (II)* (1917) bindet die Dieneridee an Don Quijote zurück: »Wenn der Ritter von der traurigen Gestalt seine verrückte Ritteridee wahrmachte, so mache ich meinerseits meine Dieneridee wahr, die ohne Zweifel mindestens ebenso verrückt, wenn nicht gar noch um einige Grade verrückter ist als jene.« (SW 5, 227) Struktu-

rell weist *Jakob von Gunten* noch weiter in die Zukunft: Er changiert zwischen den radikal unterschiedlichen Schreib-Subjektivitäten, die Walser während der 1920er Jahre durchdekliniert, so etwa im *Theodor*-Fragment (1923), das Realität als Fiktion inszeniert, oder im *Tagebuch-Fragment* (1926), das der Fiktion nur eine höchst prekäre Realität zuspricht. In diesem Spannungsfeld, das der Roman offenhält, überschneiden sich verschiedene Bezugssysteme und Genremasken zu einer Bildungsgeschichte ohne Telos und einem Bekenntnis ohne Credo.

Die Grundstruktur liest sich wie ein Vorgriff auf die Freudsche Auslegung des Begriffs ›unheimlich‹ (vgl. Freud 1919/1986). Die Leser haben keinen sicheren Zugriff darauf, was latent und was manifest ist an Jakobs geschwätzig mäandernden Gedankengängen durch servile Selbstermächtigungsphantasien – und wo er zuhause ist zwischen »Selbstbesessenheit« und »Selbstpreisgabe« (Naguib 1970, 195). Jakobs Tagebuch ist ein Text, der nicht nur das Subjekt aushebelt und die subtilen Mechanismen des Willens zur Macht durchdringt, es ist auch ein Dokument der Unmöglichkeit dieser Utopie, sich aus den Mikrostrukturen der Macht herauszuschreiben durch eine Ritualisierung des Dienens. Letztendlich bleibt sich Jakob unheimlich heimlich und insgeheim unheimlich.

Jakob von Gunten ist ein Hybrid, der seine vielfältigen und absonderlichen Pfropfungen unter einem scheinbar einheitlichen, von Lyrismen und Idiosynkrasien durchwobenen Ton zu verbergen versteht. Diesem Ton lassen sich vielfältige Obertonreihen ablauschen: Anleihen bei unterschiedlichen Genres wie dem Bekenntnis, Tagebuch, Briefroman, Bildungsroman, Künstlerroman, Pikaroroman, Angestelltenroman und Internatsroman; Rollenspiele und Kleinkunst-Bühnentheater mit dem Vagabunden, Diener, Taugenichts, Pikaro, Zögling, Künstler, Bildungsbürger; eine Vielfalt an intertextuellen Eigen- und Fremdbezügen; und eine durchgängige ironische Brechung sprachlicher Referenzialität. Das Zusammenspiel all dieser Elemente dramatisiert das Grundparadox des Textes: Die Überwindung einer existenziellen Problematik, die womöglich überhaupt nicht existiert oder problematisch ist, stellt sowohl eine progressive Utopie wie auch eine regressive Phantasie dar.

Dass dieses Paradox auf der performativen Ebene umgesetzt wird als Wechselspiel zwischen scheiterndem ästhetischen Akt (das Tagebuch wird aufgegeben) und emphatischer Inszenierung dieses Scheiterns als einer ästhetischen Epiphanie (die

Wüste als Verheißenes Land), schreibt *Jakob von Gunten* wie keinen anderen längeren Text Walsers ein in den europäischen Modernismus. Weitere wichtige modernistische Elemente sind die starke intertextuelle Verflechtung, das nicht-teleologische Erzählen, der feuilletonistische Stil, die Reflexion der eigenen Textualität und die teilweise ironische Verortung in einem klar erkennbaren geistigen Resonanzraum: Popularisierung der Psychoanalyse, Vitalismus und Nietzsche-Kritik, Ästhetizismus und experimentelle Sprachbehandlung. In der häufigen Reduktion des Unaussprechlichen auf Körpersprachliches artikuliert sich auch eine Affinität zum Expressionismus und zu anderen ästhetischen Strömungen der Jahrhundertwende. J. A. Schmoll hat das »Janusköpfige des Fin-de-siècle-Phänomens« anhand der folgenden Kontrastpaare veranschaulicht: Morbidität versus Vitalismus, Dekadenz versus ›Jeunessisme‹, Positivismus versus Mystizismus, Naturalismus versus Symbolismus, Rationalismus versus Antirationalismus, Materialismus versus Antimaterialismus, etc. (Schmoll 1977, Xf.) *Jakob von Gunten* liest sich wie eine Veranschaulichung dieser Janusköpfigkeit. Dies und die Parallelen zu einem Bestseller der Jahrhundertwende, Joris-Karl Huysmans' *À rebours*, haben bislang nur wenig Beachtung gefunden (vgl. Žmegač 1999).

Überhaupt weist *Jakob von Gunten* ebenso voraus auf den sich immer stärker radikalisierenden Sprachskeptizismus des späten Walser, wie er sich auch einordnen lässt in eine charakteristische Sensibilität der Jahrhundertwende, die sich etwa in Fritz Mauthners Studie *Beiträge zu einer Kritik der Sprache. Zur Sprache und zur Psychologie* (1906) und in Hugo von Hofmannsthals *Chandos-Brief* (1902) manifestiert. Martin Walser verweist darüber hinaus in diesem Zusammenhang darauf, dass Jakobs Schwatzhaftigkeit (»Ich schwatze. Wie hasse ich all die treffenden Worte.« SW 11, 50) auch und vor allem ein romantisch-selbstreflexiver Zug innewohnt, den Novalis folgendermaßen beschreibt: »Der lächerliche Irrthum ist nur zu bewundern, daß die Leute meinen – sie sprächen um der Dinge willen. Gerade das Eigenthümliche der Sprache, daß sie sich blos um sich selbst bekümmert, weiß keiner.« (Novalis 1960, 672) Auch Walter Benjamin betont das radikal nicht-konzeptionelle Denken Walsers: Seine Figuren hätten »den Wahnsinn hinter sich« und blieben deswegen bei einer »zerreißenden, so ganz unmenschlichen, unbeirrbaren Oberflächlichkeit« (Benjamin 1929/1991, 327). Es ist dies der oberflächliche Tiefsinn des »Märchen[s]« (SW 11,

62) – neben der paratextuellen Angabe »Tagebuch« die einzige Genrebezeichnung, die der Text selbst anbietet.

Zusammenfassend lässt sich sagen, dass *Jakob von Gunten* bestimmte Moderne-Erfahrungen artikuliert, sich ihnen widersetzt und diese in Paradoxien umwandelt. Ein wichtiges Ziel dieser Verfahrensform ist die spielerische Umgestaltung eines Subjektbegriffs, der sich über das Herrschen und Selbstbeherrschen definiert. Das Scheitern der Tagebuchform ist die formale Entsprechung dieser Umgestaltung. Es ist auch eine indirekte Kritik an der Ästhetik des Modernismus, die zwar die Dezentralisierung des Subjekts feiert, aber in der Betonung formaler Geschlossenheit und dem wieder auflebenden Geniekult des Künstlers eine extreme Subjektzentrierung (und patriarchale Neigung) aufrechterhält.

Zygmunt Bauman weist darauf hin, dass einer der Mythen der Moderne der unauflösbare Zusammenhang zwischen Kreativität und Abfall sei: Der Akt des Schöpfens sei gekoppelt an die Vorstellung der Elimination des Nutzlosen. Abfall werde dadurch zur »Hebamme allen Schaffens – und zugleich sein größtes Hindernis« (Bauman 2005, 35). Der Gunten-Roman bricht diesen Zusammenhang auf durch die permanente Produktion von syntagmatischen und paradigmatischen Ersetzungen, welche die Trennung von Sprachkunst und Sprachabfall überführen in eine *reductio ad absurdum*: Walser lässt die Sprache ins (Un-)Kraut schießen. In dieser Sprachhandhabung verbinden sich aber auch das nietzscheanische Moment der »Desinstruktion« und das der »Konstruktion«, des Verlernens und des Schaffens – wiederum ein konstituierendes Element der Moderne (Evans 1989, 47). Die ambivalente Haltung des Erzählers und Autors zur Moderne spiegelt sich auch in der Betonung des Akustischen. »[D]u horchst so schön«, attestiert Fräulein Benjamenta Jakob, und Peter Utz weist nach, wie stark der akustische Sinn von Walser aufgewertet wird. Jakobs Hörseligkeit halte den Raum der Phantasie offen: Der Schüler Schaft etwa spielt »vermittels seiner Einbildungskraft wundervoll Geige«, und der Eleven liebster Zeitvertreib ist das Erzählen frei erfundener Geschichten, »[...] deren Tatsachen aus der Luft gegriffen sind. Dann scheint es um uns her, Wände hinauf und hinunter, leise zu tönen.« (SW 11, 13 f.) Diese ›Ohralität‹ ordnet sich somit ein in eine typisch modernistische Modernekritik, die der Überbewertung des Sehsinns misstraut (vgl. Utz 1998, 255 f.).

Forschungsgeschichte

Am Beginn der wissenschaftlichen Auseinandersetzung mit *Jakob von Gunten* stehen die Dissertationen von Jochen Greven und George C. Avery. Beide lassen sich im weitesten Sinne einer textimmanenten Werkinterpretation zuordnen. Grevens Studie geht allerdings, wie schon der Titel *Existenz, Welt und reines Sein im Werk Robert Walsers* verrät, darüber hinaus und sensibilisiert die Leser für neue Dimensionen in der ästhetischen Praxis. Damit macht er Walser anschlussfähig für wichtige intellektuelle Strömungen der Nachkriegszeit, etwa Formalismus, Konstruktivismus und Existenzialismus (vgl. Sorg 2009, XVI). Gleichzeitig rekrutiert Greven Walser als Gewährsmann für eine Ästhetik des Paradoxons, die einer *littérature engagée* Impulse zu geben vermag, ohne selbst als solche wahrgenommen zu werden. Die »›provisorische[]‹ Existenz« Jakobs sei beispielsweise bestimmt von der Dialektik zwischen Befreiung und Abhängigkeit, »hochstaplerische[m] Rollenspiel« und »selbstgewählte[r] Armut und Demut« (Greven 1960/2009, 73 f.). In der Masse der Großstadt und dem Exerzitium der Entselbstung sei eine »simultane[] Erlebniseinheit« (ebd., 76) hergestellt, die das Universale und Individuelle nicht als Gegensatz, sondern als Einheit erscheinen lasse. Gerade im Bruch mit der Tradition seiner adligen Herkunft möchte er Tradition bewahren: »In dieser Paradoxie des reinen Dienstes – daß in einer wertentleerten Zeit und Welt die absolute Selbstentäußerung noch das Gesetz als solches bewahrt und aktualisiert – findet die ›formalistische‹ Moral des Instituts ihren tieferen Sinn.« (ebd., 85) Die Radikalität dieser Denkfigur eines ›neuen Lebens‹ wurzele in den kulturellen Suchbewegungen der Zeit: Lebensphilosophie, Vitalismus, Existenzialismus, Phänomenologie, Sprachphilosophie und andere mehr pflegten den Gestus des Traditionsbruches und der gleichzeitigen Traditionsstiftung. Der Minimalismus des Lehrplans am Institut erscheine ambivalent: Kulturkritik am deutschen Bildungsbürgertum versus Lebensbewältigung in einer Hypostase des Dienens jenseits des Unbehagens an der Kultur.

Diesen Gedanken weiterführend, kann man das Erziehungsprogramm Benjamentas geradezu als eine Prophylaxe gegen die Blasiertheit des Großstädters (Simmel) lesen – oder gegen die von Baudelaire und Benjamin betonte Schockerfahrung des Großstadterlebnisses: »Bin ich der geborene Großstädter? Sehr leicht möglich. Ich lasse mich fast nie betäuben oder überraschen. Etwas unsagbar Kühles ist trotz

der Aufregungen, die mich überfallen können, an mir.« (SW 11, 40) Dies ist nicht nur ein ironischer Bruch mit der bürgerlich-protestantischen Kultur der Selbstverbesserung und mit dem literarischen Genre des Bildungsromans, sondern auch die in Gestus und Form radikalisierte Fortsetzung ebenderselben Traditionen als pikareske Form des Widerstands gegen die Entzauberung und Bürokratisierung in der Moderne. Jakobs Kultivierung des »reinen Dienstes« ist nicht, wie Greven schließt, Ausdruck eines »radikalen Wertnihilismus« (Greven 1960/2009, 85, 89), sondern eher verwandt mit dem nietzscheanischen Projekt der Selbstüberwindung. Auch wenn Nietzsche erst in Walsers Berner Zeit zum wichtigen Bezugs- und Kritikpunkt wurde, hat der im Berliner Blätterwald der Jahrhundertwende allgegenwärtige Denker auch in Walsers Berliner Romanen seine Spuren hinterlassen. So liest Tamara S. Evans *Jakob von Gunten* als Auseinandersetzung mit Nietzsches Geschichtskategorien aus der zweiten der *Unzeitgemäßen Betrachtungen*. Jakob, der ja zu Gymnasialzeiten bereits mit seinem Geschichtslehrer »unpassende[] Auftritte« hatte (SW 11, 59), betreibe einen ›Ausstieg‹ aus der Geschichte und setze sich dezidiert ab von den durch Nietzsche kritisierten Kategorien der ›monumentalischen Historie‹ und der ›antiquarischen Historie‹ (vgl. Evans 1989, 55 f.). Wichtiger ist allerdings die Tatsache, dass Jakob mit einer nietzscheanischen Sensibilität ausgestattet scheint gegenüber der Genealogie von Werten im Allgemeinen. Daher die permanenten Kippmomente zwischen Lebensbejahung und Resignation: Im Neinsagen steckt bei Jakob immer ein Jasagen; im Jasagen immer ein Neinsagen. Hans Trog rückt den Gunten-Roman bereits 1915 in die Nähe Nietzsches und bezieht sich dabei insbesondere auf die wechselseitige Abhängigkeit von Zwang und Gesetzeswidrigkeit (vgl. SW 11, 103–105), die sich auch im zweiten Buch von *Menschliches, Allzumenschliches* findet (vgl. Trog 1915). Walser pflegt einen zwanglosen, tänzerischen Umgang mit Nietzsche (und erweist sich gerade darin als Nietzsche-affin). Jakobs Tanz mit Autoritäten löst Zarathustras Forderung nach einer anti-ideologischen Beweglichkeit ein (vgl. Utz 1998, 189).

Zwischen Weltflucht und Weltsucht: zur religiösen Dimension des Romans

George C. Averys Studie legt komplex gebrochene Motivationsstrukturen hinter den Genremasken und der Rhetorik des Romans frei. Er lokalisiert in der Komplexität und ironischen Disposition des »narrator-hero [...] Jakob's only intellectual expression of hope« (Erzähler-Helden [...] Jakobs einzigen Ausdruck von Hoffnung) im Roman (Avery 1968, 90). Sein Ausgangspunkt ist denkbar einfach: Jakob komme nicht zurecht mit der Pädagogik des Instituts, die zwischen totaler Werteauflösung und gleichzeitigem Beharren auf Tradition oszilliere. Dieser Konflikt sei diegetisch in erster Linie durch den Konflikt mit dem bürgerlichen Künstlerbruder zu erklären. Seine Erfahrungen mit dem weltläufigen Bruder führen zu keiner Lösung seines Dilemmas zwischen Weltflucht (Askese) und Weltsucht (Erfahrung). Avery konzentriert sich stark auf die Figur des Mitschülers Kraus, um seine These von der narrativen Doppelperspektive in *Jakob von Gunten* zu untermauern: Im Portrait von Kraus durchkreuzten und überlagerten sich die diegetischen Rollen von Tagebuchschreiber (unmittelbare Erfahrung) und Erzähler (nachträgliche Organisation): »the form of the novel meshes inextricably with the content« (die Form des Romans verwebt sich unauflöslich mit seinem Inhalt; ebd., 101).

Dieses narratologische Problem rückt Walsers Roman in die Nähe fiktional-autobiographischer Genres wie den Bildungsroman und den pikaresken Roman. Das Verhältnis zum Bildungsroman wurde bislang nur in Bezug auf *Wilhelm Meisters Lehrjahre* eingehender untersucht, obgleich es zur Standardrhetorik über *Jakob von Gunten* gehört. Andreas Gößling geht sogar von einer »überaus engen *materialen*, damit möglicherweise auch *intentionalen* Beziehung beider Texte« aus; der Gunten-Roman bestehe beinahe nur aus Bruchstücken des Archivs, aus dem der auktoriale Erzähler Goethes seinen Bildungsroman zusammensetzt (Gößling 1992, 141–143). So kenntnisreich Gößlings detektivisches Aufspüren von Analogien zwischen den beiden Texten ist, seine Resultate werfen eher ein neues Licht auf die Modernität Goethes, als dass sie Walsers Erzählkunst zu erhellen vermöchten. Die Manipulation der Genremaske ist insofern wichtig, als die Gleichzeitigkeit von Jakobs Weltflucht und Weltsucht – eines der thematisch konstitutiven Elemente des klassischen Pikaroromans (siehe unten) – bei Walser zu einer bewussten Ironie führt, die sich an der Übergängigkeit von Form und Inhalt im deutschen Bildungsbegriff abarbeitet.

Viele Lesarten übersehen den biblischen Subtext des Romans, der vermeintlich eindeutige Zuschreibungen von Weltsucht und Weltflucht gezielt veruneindeutigt. In der biblischen Geschichte (Gen 25:24–34, 27:1–40) erschleicht sich Jakob das Recht des Erstgeborenen von seinem (älteren) Zwillingsbruder Esau, muss aber aus Angst vor dessen Zorn Zuflucht suchen beim Bruder seiner Mutter Rebekka. Auf der Flucht hat er den Traum der Himmelsleiter, der ihm die Gewissheit gibt, dass er unter dem Schutz Gottes steht. Nach Jahren des Dienstes als Knecht kehrt er zurück nach Kanaan. In der Nacht vor der Begegnung mit Esau, die ihm immer noch Furcht einflößt, begegnet er einem Mann oder Engel, der ihn in einen Kampf verwickelt. Mit den Worten »Ich lasse dich nicht, es sei denn, du segnest mich« (Gen 32, 27), scheidet Jakob von seinem Kontrahenten, erhält den Namen ›Israel‹ und söhnt sich am nächsten Tag mit Esau aus. Diese Motive werden im Roman vielfach abgewandelt, verdichtet und verschoben: Verheißungs- und Wunschträume strukturieren das Tagebuch (z. B. Beischlaf/*unio mystica* mit Lisa, SW 11, 98–103; Reichtumsträume, ebd., 75–77 und 87–89), Jakob wird in einen Kampf mit Benjamenta verstrickt (ebd., 142 f.) und die ›heilige‹ Kleinfamilie des Instituts (Herr und Fräulein Benjamenta plus ein Kind: Jakob oder Kraus) wird überdeterminiert durch die biblischen Figurenbezüge. Der jüngste Sohn des biblischen Jakob ist Benjamin – und diese Grundinversion hält die figurale *différance* am Laufen, im Sinne von Derridas Konvergenz von Differenz und Aufschub. Auch der biblische Joseph, mit dem Kraus verglichen wird (ebd., 77–79), ist ein Sohn Jakobs – und zwar sein Lieblingssohn. Er kommt in Knechtschaft, weil seine Brüder Angst haben, er könne als König über sie herrschen; und tatsächlich fungiert Kraus auch als Ersatzvater (ebd., 143) und als Über-Ich – als »Vertreter aller hier im Institut Benjamenta bestehenden Vorschriften« (ebd., 28). Keine familiäre oder libidinöse Beziehung ist stabil. Jakobs Tagebuch verflüssigt alles in seinem Halbschlafbild der bürgerlichen Kleinfamilie, dessen Dynamik maßgeblich dadurch aufrecht erhalten wird, dass Jakob seine ›Pflegeeltern‹ nie gleichzeitig zu Gesicht bekommt. Diese Verwendung des biblischen Subtextes macht auch die Triangulierung zwischen Erzählerfigur, Autorrolle und Protagonist im Textgefüge spürbar.

Die figurale Polymorphie (z. B. Kraus als Asket und Krösus) und permanente Inversion von Beziehungsmustern (v. a. Vater-Sohn) verunsichert die utopische Dimension, die Avery der narrativen Situation der Doppelrolle Erzähler-Protagonist zuschreibt. Jakobs Sehnsucht nach den »innern Gemächern« (ebd., 131), dem vermeintlichen Zentrum des Instituts, und nach dem Abenteuer der Freiheit in der Wüste bleibt widersprüchlich und polymorph

– und entbehrt einer handlungsgebenden Richtung. So lässt sich Kraus, Meisterschüler des Instituts, keineswegs einsinnig mit Abraham, dem Großvater des biblischen Jakob, oder Petrus, dem Gründer der Kirche, vergleichen, wie dies religiöse Lesarten suggerieren (vgl. Sethe 1976, 36–41), zu hintersinnig sind die biblischen Kontrafakturen. Auch die religiöse Dichotomie von Weltflucht und Weltsucht ist ständigen Kippmomenten unterworfen. Sie wird besonders durch die Brüder Jakob und Johann verkörpert und im Verlauf des Romans auf vielfältige Weise hin- und hergewendet und dabei psychologisch, gesellschaftlich und ökonomisch durchdekliniert. Das Bruderpaar ist keinesfalls eine schlichte Dichotomie. Jakob ist sowohl weltsüchtig als auch weltflüchtig; Johann macht Aussagen über das Leben in der Gesellschaft der Arrivierten und über die Natur des Geldes, die sich logisch ausschließen und gleichermaßen beiden Weltentwürfen zugeordnet werden können (SW 11, 66–69).

Eine Lektüre, die der religiösen Dimension des Romans gerecht wird, steht noch aus. Insbesondere der Komplex Schuld/Sühne, der sich in der Begegnung zwischen Jakob und Fräulein Benjamenta so verwirrend widersprüchlich artikuliert (ebd., 98–103; 145–147), hat noch keine Deutung gefunden, die religiöse und psychologische Erzählmuster gleichzeitig zu integrieren versteht. Die neuere Forschung hat die religiöse Dimension vernachlässigt, obgleich Walsers Hauptwerk markante Züge einer negativen Theologie aufweist, nicht nur am Ende: »Jetzt will ich an gar nichts mehr denken. Auch an Gott nicht? Nein! Gott wird mit mir sein. Was brauche ich da an ihn zu denken? Gott geht mit den Gedankenlosen.« (ebd., 165) An anderer Stelle schreibt Jakob: »Man muß mich nackt auf die kalte Straße werfen, dann stelle ich mir vielleicht vor, ich sei der allesumfassende Herrgott.« (ebd., 110) Hans Dieter Zimmermann verweist darauf, dass diese *coincidentia oppositorum*, die sich auch in der Beschreibung von Kraus findet (z. B. ebd., 81), Parallelen aufweist zum Unnennbarkeitstopos in der Rede von Gott, etwa bei Nikolaus Cusanus. Auch die Ästhetik der Jahrhundertwende sei voller mystischer Residuen, die stark mit Paradoxien operierten (z. B. Kandinsky, Maeterlinck, Musil), außerdem seien auch Einflüsse der Theosophie Rudolf Steiners nicht auszuschließen (vgl. Zimmermann 1985, 166–171).

Samuel Frederick nähert sich diesem Themenkomplex aus philosophischer Perspektive (vgl. Frederick 2013). Er interessiert sich für die Analogien zwischen Kleists *Über das Marionettentheater* und

Walsers Roman. Beide Texte zeugten von einem Interesse am Paradox des absoluten Wissens, das nur durch ein Sich-Befreien vom Wissen als solchem erreicht werden könne. Frederick sieht darin eine analog verlaufende Reflexion über das menschliche Selbstbewusstsein; ebenso wie Kleists Marionette Grazie durch die Absenz von Bewusstsein erlangt, operiere auch das Institut: Das Ideal der gottgleichen Unmittelbarkeit des Wissens werde durch das Verlernen von Wissen gelehrt. Beide Texte verbinde die Struktur der negativen Theologie: Das, was man nicht denken kann, denkt man, indem man Aussagen darüber macht, was das Undenkbare nicht sei. Ziel der Erziehung am Institut sei es also nicht so sehr, ein gestelltes Rätsel zu lösen, sondern vielmehr, sich selbst »zum Rätsel zu werden« (SW 11, 7) – ein Ideal, das von Kraus verkörpert wird (ebd., 81). In der Zentralmetapher der »kugelrunde[n] Null« (ebd., 8) verbinden sich Selbstannullierung und Schwangerschaft im Bild einer Meditationshaltung. Formal lässt sich die »Null« auch in Verbindung bringen mit Kleists eschatologischer Vorstellung, durch eine Weltumkreisung von hinten wieder ins Paradies zu gelangen (Kleist 1990, 804). Auch die Verbindung von Bewusstseinsmangel und tänzerischer Grazie findet sich vielfach im Gunten-Roman, vor allem in der einzigen, sich immer wiederholenden Unterrichtsstunde, die einer Choreographie des Bewusstseinsverlustes gleichkommt, und in den Mitschülern Heinrich (SW 11, 10), Kraus (ebd., 81) und Peter (ebd., 104).

Bei aller Begeisterung für das Mystisch-Paradoxale darf nicht vergessen werden, dass der Grundmodus des Dienens bei Walser getragen ist von der ethisch-ästhetischen Überblendung der Christus-Figur in der Literatur und politischen Rhetorik der Zeit (vgl. Borchmeyer 1980; Scheuer 1977). Die soziale Botschaft der Bergpredigt wurde Ende des 19. Jh.s im Rahmen der sogenannten sozialen Frage auf breiter Front politisch diskutiert, auch und gerade von antiklerikalen Intellektuellen. Wir dürfen davon ausgehen, dass auch bei Walser diese Verbindung von positivem Christusbild und negativem Kirchenbild eine Konstante darstellte (vgl. Mächler 1999, 89–104). Herr Benjamenta ist nicht zuletzt auch Adam, der durch Jakob lernt, sich als König zu entthronen und wieder Kind zu werden (SW 11, 158–161; Lk 18, 16–17). Dieser »Urversöhnung« haftet jedoch, so Peter von Matt, stets etwas Asoziales an (Matt 1991, 197).

Ironie, Bildungsparodie und pikareske Selbstbehauptung

»Alle Romane handeln vom Selbstbewusstsein. [...] Entwicklungsroman ist das Fachwort für die Gattung. Aber jeder Roman ist ein Entwicklungsroman.« (M. Walser 2004, 155) Natürlich setzt Martin Walser diese Zeilen so apodiktisch hin, um dann den Beweis zu führen, dass die Entwicklung in *Jakob von Gunten* exemplarisch »mißglückt«, da sie jeden Idealismus der Entwicklung unterminiere (ebd., 155 f.). Jakob selbst schreibt auch unmissverständlich: »Ich entwickle mich nicht.« (SW 11, 144) In der Tat greifen alle Versuche, hier die Genremasken des Entwicklungs-, Erziehungs- oder Bildungsromans zu bemühen, zu kurz. Der beschrittene Weg ist kein »Vervollkommnungsmodell«, die erzieherische »Normenvorgabe« wird mehrfachen ironischen Brechungen unterworfen und Bildung stellt nur *ex negativo* den »zentrale[n] Diskurs« dar (vgl. Selbmann 1994, 30–32). Ironie und Selbstbewusstsein sind denn auch untrennbar miteinander verbunden in Walsers Mischung aus zweien der vier Kategorien, die Georg Lukács seiner Romantypologie zugrunde legt: zum einen der Roman der »Versöhnung des problematischen, vom erlebten Ideal geführten Individuums mit der konkreten gesellschaftlichen Wirklichkeit« (Lukács 1984, 117), zum anderen der »Desillusionsroman« (ebd., 106). Selbst der kreative Akt des Tagebuchschreibens (impliziter Erzähler) und des Romaneschreibens (impliziter Autor) sind womöglich nur Selbstzüchtigungen des modernen Subjekts, sind also der Genealogie der Bildungsmoral verhaftet. Die Ironie, die sich zwischen den verschiedenen Rollen des erzählten Subjekts, des erzählenden Subjekts und der Autorrolle auftut, hält den Raum frei, in dem Walser diese Genealogie implodieren lässt. Die Genremaske von *Jakob von Gunten* lässt sich entweder rein formal oder narratologisch bestimmen. In erstem Falle bieten sich die recht schwachen Kategorien ›Tagebuchroman‹ (vgl. Martens 1985) oder ›Internatsroman‹ (vgl. Johann 2003) an; in letzterem Falle bietet sich die Formel eines pikaresken Antibildungsromans an.

Christopher Middleton wies schon im Vorwort zu seiner englischen Übersetzung auf die ironischen Qualitäten dieses »fictional soliloquy« (fiktionalen Selbstgesprächs) hin, das ihm wie »a capriccio for harp, flute, trombone, and drums« (ein Capriccio für Harfe, Flöte, Posaune und Schlagzeug) erscheint (Middleton 1969, 5). Walser gelinge es, die Anmaßungen des Bildungsbürgertums ironisch zu entlarven ohne einem Anti-Intellektualismus zu verfallen. Martin Walser widmet eine seiner Frankfurter Poetikvorlesungen ganz der Ironie seines Namensvetters. Anders als bei Thomas Mann etwa, dessen Ironie eine »Benehmensironie« sei, finde man im *Jakob von Gunten* einen »wirklich ironischen Erzählstil« (M. Walser 1981, 117). Als Beispiel führt er den bereits erwähnten Satz an: »Seit ich hier im Institut Benjamenta bin, habe ich es bereits fertiggebracht, mir zum Rätsel zu werden.« (SW 11, 7) In der Inversion der unausgesprochenen Prämisse einer Aussage liege Ironie: Etwas wird als Errungenschaft ausgegeben, was das Gegenteil einer Errungenschaft ist, nämlich das Sich-selbst-zum Rätsel-Werden. Der ironische Satz bei Walser sei »ein Satz, der ernst zu nehmen ist und der doch etwas enthält, was gegen den spricht, der ihn schreibt« (M. Walser 1981, 123). Er sei unmittelbarer Ausdruck eines Selbstbewusstseins, das sich nicht auf sozialen Status berufen kann, sondern sich stets seiner selbst vergewissern muss und dies nie ganz zu tun vermag. Die »Benehmensironie« eines Thomas Mann trete in Gestalt des Bruders Johann auf, der seine gehobenen Lebensansprüche ironisiere, aber dadurch nur affirmiere. Durch das scheinbar ungebrochene Ja, das Jakob seinem Bruder entgegenbringt, kippe dessen »Benehmensironie« unfreiwillig um in Selbstsatire. Martin Walser macht augenfällig, wie sich Form und Inhalt in *Jakob von Gunten* gegenseitig bestärken und zwar als Manifestation eines konkreten sozialen und psychologischen Sitzes im Leben – dem des Kleinbürgers. Jakobs Tagebuch sei radikal ironischer *Stil*, er selbst sei aber keine ironische *Figur*. Ironie ist also eine literarische Existenzform, die sich gegen Jakob selbst richtet, da er sich gezwungen sieht, die Verhältnisse zu affirmieren, die ihn ignorieren. Doch diese ironische Affirmation mache die Unerträglichkeit des Affirmierten erst spürbar und wecke dadurch die Sehnsucht nach Veränderung. Ironie im Gunten-Roman sei deswegen Arbeit am Mythos der Herrschaft, denn »noch keine Herrschaftsform [hat] die Ironie, die sie provozierte, überlebt« (ebd., 196). So ist denn auch das Ende des Romans eine hochironische Aufhebung. Die scheinbare Identität, die Jakob durch Benjamenta erhält, wird aufgehoben im ironisch umgekehrten Ritter-Knappe-Verhältnis.

Kil-Pyo Hong betont dagegen das Element der Parodie und sieht dies in der Interpretationsgeschichte unterbewertet (vgl. Hong 2002, 174–194). Die parodistische Anlage des Romans gehe weit über die vielfach zitierte Beschreibung als Anti-Bildungsroman hinaus. Er sieht in der selbstreflexiven Verwendung der Parodie bei Walser eine Vorwegnahme postmodernen und intermedialen Schreibens (ebd., 176 f.), das sich an Mythen der Moderne (Bildung, Geschichte, Autorschaft) abarbeite. Um seine These der Inversion des klassischen Bildungskonzepts aufrecht zu erhalten, muss Hong die Idee des Dienertums, für das Martin Walsers Analyse der Ironie eine so bestechende Erklärung bereitstellt, einseitig dem Konzept einer parodistische »Auslöschung des Selbst« unterordnen (ebd., 187). Damit grenzt er das subversive, kreative und psychologisch-spirituelle Potential des Dienens aus, das für pikareske Lesarten besonders interessant ist.

Der pikareske Charakter des Gunten-Romans wurde lange ignoriert, obgleich Middleton schon früh das Wichtigste auf den Punkt gebracht hatte: »The picaresque form is interiorized in *Jakob van Gunten.* […] Ghostly presence here of one of the oldest forms of European fiction.« (Die pikareske Form ist im *Jakob von Gunten* verinnerlicht. […] Gespenstische Gegenwart einer der ältesten europäischen Erzählformen; Middleton 1969, 17) Auch Klaus-Michael Hinz betonte die Fähigkeit zur »sanfte[n] Subversion herrschender Verhältnisse«, die sich pikareske Helden wie Jakob durch ihre »undurchsichtige soziale Stellung« eroberten (Hinz 1985, 460). Oder Hermann Burger: »[…] der Autor und seine Helden verfügen über keine konturierte Identität, aber sie tun andauernd so, als hätten sie eine solche aufs Spiel zu setzen.« (Burger 1983, 52) Das ist der Pikaroroman *in nuce.* Bernhard Malkmus widmet Walsers Roman ein Kapitel in seiner Studie zum modernen deutschsprachigen Pikaroroman und rückt ihn in die Nachbarschaft von Kafkas *Der Verschollene* (vgl. Malkmus 2011, 65–88). Beide Romane repräsentieren sowohl Prototypen als auch Grenzfälle dessen, was die pikareske Form in der Moderne zu leisten vermag. Während Kafkas Karl Roßmann die Zirkularität der Schuld als eine Sackgasse des pikaresken Entwurfs in der Moderne markiert, stellt Walsers Jakob von Gunten die narzisstische Einsamkeit des *creator ex nihilo* aus: »Schade, ich sollte nicht Eltern haben, die mich lieben. Ich mag überhaupt nicht geliebt und begehrt sein. Sie sollen sich daran gewöhnen, keinen Sohn mehr zu haben.« (SW 11, 22) Eine wichtige Anleihe beim klassischen Pikaroroman ist die Mehrdeutigkeit des Adressaten: An vielen Stellen fällt der Erzähler/Autor aus dem Tagebuchformat und erscheint als Arrangeur einer Selbstreflexion, die nicht nur der Logik täglicher persönlicher Tagebucheinträge folgt. Der klassische Pikaroroman ist eine Rechtferti-

gungsschrift gegenüber einem unbekannten Dritten, und auch beim Gunten-Roman finden sich häufig ironisch gebrochene Rechtfertigungstopoi, am deutlichsten im *mise-en-abîme* des Lebenslauf-Schreibens (z. B. ebd., 43 f., 50–53). Eine Kluft zwischen der Intimität des Tagebuchs und dem Charakter der Rechtfertigungsschrift gegenüber einem Dritten wird durch den gesamten Text hindurch aufrechterhalten. An wen richtet sich beispielsweise folgender Sprechakt? »Übrigens habe ich den Lebenslauf jetzt geschrieben.« (ebd., 50) Das Tagebuch als solches ist eine Form des ›Lebenslaufes‹, dessen Adressat nur passim der Schreiber selbst ist.

Konstitutiv für das pikareske Genre ist auch das permanente Kippmoment zwischen Hoch- und Tiefstapelei: Indem sich Jakob durch die Dienerrolle zur Null macht, erfindet er sich neu jenseits der typischsten aller Dichotomien der Moderne, der zwischen Autonomie und Heteronomie. Der Eintritt in die Dienerschule ist eine Flucht vor dem Vater – einem Großrat, von dessen »Vortrefflichkeit« Jakob »erstickt zu werden« fürchtet (ebd., 12, vgl. auch 51). Es ist eine gewollte Verwaisung – im Gegensatz zur schicksalshaften des klassischen Pikaros. Dadurch radiert er seine Familie aus und imaginiert sich in der Rolle des Selbstschöpfers, dessen Identität in der unaufhörlichen *différance* der Familienbeziehungen ein frei flottierender Vektor bleibt. Sein ›Familientagebuch‹, wie es deswegen auch genannt werden kann, ermöglicht ihm eine polymorphe soziale Mimikry, und seine »Selbsterziehungspläne« (ebd., 69) sind ein pikareskes Rollenspiel der extremen Art: Er unterwirft sich dem institutionellen Blick, den er gleichzeitig als von ihm erträumt ausgibt.

Sein Tagebuch wird somit zu einer »Null«-Stelle der modernen Literatur im doppelten Sinne – in einem umfassenderen Sinne gar als dies Utz in seinem wichtigen Beitrag (vgl. Utz 2000) darstellte: sowohl als pikareske Negation wie auch als pikareske *creatio ex nihilo.* Durch die Dekonstruktion des Instituts (Herr Benjamenta wird entthront, Fräulein Benjamenta stirbt infolge von Liebesentzug) schafft er sich selbst. Der Diener ist frei darin, wie er sich welchen Meister aussucht: Damit projiziert Jakob die sozio-politische Herr-Knecht-Dialektik auf eine ästhetische Dimension. Dieser Übergang macht *Jakob von Gunten* (und den modernen Pikaroroman allgemein) auch interessant für eine psychosoziale Genealogie des Kapitalismus (z. B. nach Gilles Deleuze und Félix Guattari): Jakob inszeniert sich als jemand, der den ›territorialisierenden‹ Effekten einer totalen Meritokratie entkommt, indem er sich ihnen komplett unterwirft und sie in der Ästhetisierung als ästhetisch konzipiert offenlegt (vgl. SW 11, 115 f.).

Subjektivität und Souveränität

»Jakob teilt nicht mit, sondern er probiert schreibend etwas aus«, urteilt Dierk Rodewald (Rodewald 1970, 95). Die Aktstruktur, um Eberhard Lämmerts Terminologie zu bemühen, dominiert also die Aussagestruktur. Walsers Tagebuchform sei die »dichterische[] Darstellung eines Selbstvergewisserungsprozesses« (ebd., 94), was auch die Analogien zwischen Jakobs Tagebuch und dem Institutslehrplan begründe, denn beide folgten dem gleichen »Strukturmodell von Vorläufigkeit und Wiederholung« und der Logik des Traums (ebd., 98 f.). Die fein schattierten Übergänge von indikativischen zu konjunktivischen Äußerungen schafften eine innere Spannung innerhalb des Projekts der Selbstvergewisserung und führten zwangsläufig zur Selbstaufhebung des Tagebuchprojekts. Evans hat in diesem Zusammenhang einen Robert Musil verwandten Möglichkeitssinn als konstitutives Merkmal festgehalten: »[...] indem Walser [...] das Mögliche nicht im Konjunktiv sondern im Indikativ [...] vorstellt, wird die Zwischenwelt der Konjunktivität durch die sprachlichen Mittel als Wirklichkeit gesetzt: das Mögliche *ist*.« (Evans 1989, 40) Auch Georges Bataille ist es in seiner Moderne-Kritik um das Konjunktivische zu tun: »›Ich bin nichts‹, oder ›Ich bin lächerlich‹ [...] ist das letzte Wort der souveränen Subjektivität, die frei geworden ist von der Herrschaft, die sie über die Dinge ausüben wollte oder sollte.« (Bataille 1997, 83) Er setzt den »nützlichen Menschen« gegen den »souveränen« – denjenigen, der durch sozialen Aufstieg meint, souverän zu sein, gegen denjenigen, der durch die Verweigerung des bürgerlichen Utilitarismus paradoxerweise ebendiese Souveränität erlangt. Hinz bezieht sich auf Batailles Analyse, vor allem auf die Überzeugung, dass der Glaube an eine von Dingen sich herleitende Überlegenheit zum Scheitern verurteilt sei. Walser siedle Jakob an einem archimedischen Punkt an, von welchem sich Souveränität als ein Rollenspiel verstehen ließe: Sie gestatte es keinem, sich »dem Anderen überlegen [zu] glauben, es sei denn dieser Andere glaubte sich ihm überlegen« (ebd., 84; vgl. Hinz 1985, 467 f.). Das Institut Benjamenta sei dementsprechend eine »Schule der Souveränität«, in welcher der Dandy Jakob sich in der Einübung ästhetischer Formalisierung vom bürgerlichen Erwerbsleben distanziere. Das »beobachtende[] Objekt[]« emanzipiert sich vom »kategori-

sierenden Subjekt« (Evans 1989, 33). Die Entkoppelung von Besitz und Subjektivität feiert die unproduktive Verausgabung, wie sie sich etwa in der Orgienphantasie äußert, als mystisches Moment, als Ermächtigung (im Sinne von Marcel Mauss' Theorie der Gabe) und als souveränes Bewusstsein, das nichts mehr zum Gegenstand habe, auch sich selbst nicht: »Und eines Tages würde ich betteln, und da schiene die Sonne, und ich wäre so froh, über was, das würde ich gar nicht zu wissen begehren.« (SW 11, 77)

Hans Dieter Zimmermanns Wechsellektüre von Walser und Kafka, *Der babylonische Dolmetscher*, nähert sich dem Komplex Subjekt und Souveränität vermittels der Analyse von strukturellen Analogien innerhalb und zwischen den beiden Œuvres. Er weist nach, dass es bei beiden Autoren zu Verschiebungen auf der syntagmatischen und paradigmatischen Ebene komme: Entweder werde gegen die konventionelle Sequenzierung von Erzählmodellen verstoßen oder bestimmte Segmente würden von mehreren, oft widersprüchlichen Deutungen gleichzeitig überfrachtet (vgl. Zimmermann 1985, 48–50). Ersteres fände sich vor allem bei Kafka, letzteres bei Walser. Die paradoxale Grundsituation Konformismus versus Asketismus in *Jakob von Gunten* werde von einer Unzahl an Ersetzungen überdeterminiert, aber auch auf der syntagmatischen Ebene fänden Vertauschungen statt (ebd., 48). So falle Herr Benjamentas Wandel von einer autoritativen zu einer brüderlichen Figur zusammen mit dem Übergang von Erziehungsanstalt zu klosterähnlicher Institution. Herr Benjamentas »verkohlte[s] Gemüt« (SW 11, 160) ist auch immer »wie ein ausgehungerter, eingesperrter Tiger« (ebd., 147). Die Subjektautonomie ist immer radikal in Frage gestellt: »Wir erfassen eines ums andere, und haben wir etwas erfaßt, so besitzt es uns quasi. Nicht wir besitzen es, sondern im Gegenteil, was wir scheinbar zu unserem Besitz gemacht haben, herrscht dann über uns.« (ebd., 63 f.)

Die mehrfach zitierte ›Null‹ ist von thematischer wie formaler Bedeutung. Sie bricht nicht nur die mimikryhafte Natur der modernen Subjektautonomie auf, sondern markiert den gesamten Text als Leerstelle, über die der pikareske Akrobat tanzt. Das Tagebuch Jakobs, so Utz,

> [...] mit seiner ›Null‹-Gestalt reizend-einladend, aber auch kugelrund-abstoßend, ist als Text nur noch eine Hülle, die das sprachlich nicht Erreichbare offen umschließt. Es nimmt keine rhetorischen Rücksichten auf den Leser, sondern dreht sich vor seinen Augen um sich selbst. Es setzt nicht darauf, vollkommen verstanden zu werden. (Utz 2000, 511)

Von da ist es nicht mehr weit zu Hans H. Hiebels poststrukturalistisch inspirierter »Zerstörung der Signifikanz im modernen Roman«, die er im Gunten-Roman paradigmatisch vollzogen sieht (vgl. Hiebel 1991). Allerdings habe diese ironische Entwertung der modernen Kardinaltugend Subjektivität nichts Dogmatisches, sie gleiche vielmehr – so Ferrucio Masini – Kierkegaards ›Existenz des Punktes Null‹, eine »durch sich selbst befriedigte Bedeutungslosigkeit« (Masini 1987, 146 f.).

Forschung

Besonders interessante Fragestellungen sind innerhalb der nächsten Jahre in den Bereichen Moderneforschung, literarische Anthropologie und Theorien der Macht zu erwarten. In Bezug auf Ersteres könnten sich eingehendere Untersuchungen zu Geldtheorien der Jahrhundertwende, ausgehend etwa von Georg Simmels *Philosophie des Geldes*, als fruchtbar für ein Verständnis der zirkulären Strukturen und Leitmetaphern des Gunten-Romans erweisen. Die beiden anderen Bereiche seien hier kurz skizziert.

1. *Jakob von Gunten* stellt anthropologische Fragen über den Zusammenhang zwischen menschlicher Freiheit und deren Verwurzelung in Institutionen. Man kann sich hier des Institutionenbegriffs der philosophischen Anthropologie (Scheler, Gehlen) bedienen. Dieser geht von einer utopischen Grundkonstitution des Menschen aus, die ihm ein hohes Maß an Entscheidungsfreiheit verleiht, was aber mit dem Verlust der Instinktsicherheit verbunden ist. Um sich von dieser zusätzlichen Belastung zu entlasten, benötigt der Mensch Institutionen. Diese Entlastung ist lebenswichtig, da nur dadurch die Freisetzung geistiger Energien und damit die Freiheit des Menschen garantiert werden kann. Sibylle Vaut bezeichnet deswegen Walsers Dienerschule als »Allegorie der Institution schlechthin« (Vaut 2005, 94). Jakob flieht also vor einer erodierenden (Familie) in eine andere erodierende (Ersatzfamilie) Institution, versucht den »Abkömmling« (stratifikatorische Institutionen) vor den »Emporkömmling[en]« (meritokratische Institutionen) zu bewahren (SW 11, 117). *Jakob von Gunten* scheint vor diesem Hintergrund ein doppeltes Dilemma zu verhandeln: die Legitimation der Institutionen in der Moderne sowie das systemische Paradox einer Institution, die immer einer autopoietischen Logik folgt und deswegen – obgleich anthropologisch notwendig – auch stets potentiell lebensfeindlich ist. Letzteres findet sich im Institut Benjamenta in der

extremen Formalisierung von Bildungsinhalten: »Im Ernst: Gehorchende sehen meist genau aus wie Befehlende. Ein Diener kann gar nicht anders als die Masken und Allüren seines Herrn annehmen, um sie gleichsam treuherzig fortzupflanzen.« (ebd., 56) Rüdiger Campe geht mit Pierre Daniel Huet davon aus, dass Institutionen immer auch »Gründungsmythen kontingenten Inhalts hervorbringen« (Campe 2005, 238). *Jakob von Gunten* sei demgemäß eine der ›origines imaginaires‹ der Moderne und deren konstitutiver Episteme. Dies würde sichtbar in der ihr innewohnenden Eigendynamik: »Im primordialen Lehrkräftemangel, der Selbstdestruktion aller semantischen Gelehrsamkeiten in der Pädagogik dieser pädagogischen Institution, ist auch ihre Selbstrealisierung angelegt: ihre Selbstrealisierung als streng sinnlose Zurichtung, als Praktik der Gelehrigkeit.« (ebd., 242) Das ›Familientagebuch‹ ist also auch ein Institutionenroman: Die Institution verschleiert in der Fiktionalisierung ihren Ursprung, um sich in autopoietischen Formen der Selbstbeglaubigung stets neu legitimieren zu können. Auch Giorgio Agambens neuester Beitrag zu seinen *Homo-Sacer*-Studien, *Höchste Armut. Ordensregeln und Lebensform*, könnte in diesem Kontext Impulse setzen. Er untersucht die christlich-monastische Verknüpfung von Form (institutionalisierte Regel) und Leben nicht als Gegensatz, sondern als Ursprung für ein Drittes: die Fähigkeit, Leben als etwas zu denken, was einem nicht als Besitz, sondern zum Gebrauch gegeben ist (vgl. Agamben 2012). Hier ließe sich auch die Brücke schlagen zu Peter Sloterdijks Anthropologie des Übens. *Jakob von Gunten* könnte sich als fruchtbarer Bezugspunkt für eine breitenwirksame Diskussion dieser neueren anthropologischen Fragestellungen erweisen.

2. Während *Der Gehülfe* und das Spätwerk etliche einschlägige Arbeiten zur Anatomie der Macht bei Walser angeregt haben, bleibt die Forschungslage bei *Jakob von Gunten* diesbezüglich unterbelichtet, obwohl die Dramaturgie der Autorität in diesem Roman die drei Idealtypen Max Webers in interessanter Weise miteinander in Beziehung setzt. Valerie Heffernan erprobt die Belastbarkeit der postkolonialen Theorien Homi Bhabhas und feministischer Ansätze an Walser, allerdings wieder vorzugsweise an frühen und späten Texten (vgl. Heffernan 2007). Sie betont zwar selbst die Probleme, die Bhabhas Ansätzen anhaften, thematisiert aber nicht ausreichend, in welcher Weise Bhabhas koloniales Konzept der Mimikry, demzufolge der Kolonisierte immer unbewusst zugleich eine Nachahmung des Ko-

lonisten und dessen Parodie ist, auf einen Schweizer Schriftsteller in Berlin, Biel oder Bern zutreffen könnte. Immerhin inszeniert Walser seine Mimikry als literarisches Rollenspiel und bei vollem Bewusstsein. In eine andere Richtung führt Agambens Genealogie des Ausnahmezustands. Hinz wähnte bereits 1985 Walsers Romanhelden in einem »permanenten Ausnahmezustand« und brachte sie mit Musils rechtsphilosophischer Analyse »›der Herrschaft der Ausnahmen über die Regel‹« in Verbindung, die auch Carl Schmitt beeinflusst haben dürfte (Hinz 1985, 460). Er argumentiert, dass der Begriff der Souveränität bei Schmitt erst ein ästhetischer gewesen sei, bevor er zu einem rein rechtsphilosophischen wurde (ebd., 476). Natürlich bleibt dieses Spiel mit der Doppeldeutigkeit des Begriffs ›Souveränität‹ assoziativ, aber die jüngere Theoriedebatte um das Werk Agambens, der sich stark auf Schmitt und Benjamin beruft, könnte dabei helfen, diesen interessanten Faden aufzugreifen und für die Walser-Forschung fortzuspinnen. Agambens Ausnahmezustand dient der Legitimation politischer Souveränität; in der Aufhebung des Gesetzes etabliere sich dieses als Gesetz neu. Im Ausnahmezustand herrsche die souveräne Macht über das Leben, indem es kreatürliches (ungeschütztes) von zivilem (geschütztem) Leben trenne. Gegenüber politischer Souveränität empfindet sich das politische Subjekt dadurch als Doppelnatur: Citoyen (*bios*) und Kreatur (*zoe*). Nach Agamben legitimiere sich der Souverän im Ausnahmezustand durch die Aussonderung des biopolitischen Körpers (vgl. Agamben 2004). Walsers Institutionenroman wäre somit auch ein Roman über die politischen Gründungsmythen des modernen Staates. Das Ausgeliefertsein gegenüber dieser rechtsfreien Logik im Zentrum des Rechts – dem »Ungemach« in den ›inneren Gemächern‹, um mit Walsers Topographie zu sprechen (SW 11, 102) – schafft die »affenähnliche[]« (ebd., 11) Wesenheit der ›Bürger‹ des Instituts, die Kraus attestiert wird. Jakobs Situation bleibt nun nicht in dieser Dichotomie Souveränität/Kreatur verhaftet, er befindet sich in einem limbischen Stadium, das sich im Sichselbst-zum-Rätsel-Werden in der absoluten Formalisierung der Autopoiesis der Institution eben dieser Logik der Souveränität entzieht (Loyen 2004, 205; Santner, 2006, 102 f.; Ruprecht 2009, 318). Deswegen kann Benjamin auch schreiben, Walsers Figuren seien »alle geheilt« (Benjamin 1929/1991, 327). Dem widerspricht Reto Sorg, der *Jakob von Gunten* als eine politische Intervention in die kulturkritischen Debatten der Zeit liest (vgl. Sorg 2010). Walser verweise die Dialektik von Utopie und Apokalyptik nicht in die Zukunft, sondern verwurzele beide Aspekte im Hier und Jetzt des Instituts, dessen Hoffnungen nicht den »glühend-zündend-klaffenden Riß« zu heilen vermögen, an dem »die Welt« leide (SW 11, 155). Diesen intertextuellen Verweis auf Büchners *Lenz* nimmt Sorg zum Anlass, im phantastischen Ausbruch Jakobs und der Aufgabe des Schreibens Gesten zu sehen, die grundiert seien vom Ende der Novelle: »So lebte er hin.« (Büchner 2001, 158; vgl. Sorg 2010, 174) Hier sieht er denn auch den eigentlichen Grund für Jakobs Anti-Heldentum: In einem Europa, das die Apokalypse schon hinter sich hat, ist die Selbstvergewisserung im Fremden Teil der entdramatisierenden Verfremdung des Eigenen. Trotz der hier skizzierten Ansätze steht eine Analyse von *Jakob von Gunten*, die in umfassender Weise dem Theoriewerk zur Anatomie der Macht seit Michel Foucault Rechnung trägt, noch aus und stellt eines der großen Desiderata der Walser-Forschung dar.

»Der Roman, woran ich weiter und weiter schreibe«, betont Walser im Prosastück *Eine Art Erzählung*, bleibe immer derselbe und könne als »ein mannigfaltig zerschnittenes und zertrenntes Ich-Buch« bezeichnet werden (SW 10, 322). Innerhalb dieses Ich-Buchs stellt *Jakob von Gunten* ein besonderes Kapitel dar: Bildungsparodie und pikareske Selbstbehauptung in einem, ist dieser geistreiche Kurzroman in seiner unheimlichen »Sprachverwilderung« (Benjamin 1929/1991, 325) das vielseitigste Werk Robert Walsers. Wie auch immer man sich als Leser oder Kritiker zu *Jakob von Gunten* stellt, dieses Nullstellen-Ich-Buch bleibt ein »Gerücht« und »verwildertes literarisches Grab«, wie es Martin Walser formulierte (M. Walser 1965, 148 f.) – daran ändert auch der Unkraut jätende Handbuchartikelschreiber nichts.

Ausgaben

Jakob von Gunten. Ein Tagebuch von Robert Walser. Berlin: Bruno Cassirer 1909. – Jakob von Gunten. Ein Tagebuch. Zürich: Steinberg-Verlag 1950. – Jakob von Gunten. Ein Tagebuch. München: Kindler 1964. – GW 4, 333–492. – Jakob von Gunten. Ein Tagebuch. Stuttgart, München: Deutscher Bücherbund o. J. – Jakob von Gunten. Ein Tagebuch. o. O.: Suhrkamp 1976. – GWS 6, 5–164. – RO 2, 5–149. – RE 3. – SW 11. – Jakob von Gunten. Zürich: Suhrkamp 1988. – Jakob von Gunten. Ein Tagebuch. Zürich, Frankfurt a. M.: Suhrkamp 2003. – Jakob von Gunten. Ein Tagebuch. München: Süddeutsche Zeitung Bibliothek 2008. – KWA I 4.

Literatur

Agamben, Giorgio: Ausnahmezustand (Stato di Eccezione). Frankfurt a. M. 2004 (ital. 2003).

Agamben, Giorgio: Höchste Armut. Ordensregeln und Lebensform (Altissima povertà. Regole monastiche e forma di vita). Frankfurt a. M. 2012 (ital. 2011).

Avery, George C: Inquiry and Testament. A Study of the Novels and Short Prose of Robert Walser. Philadelphia 1968.

Bataille, Georges: Die psychologische Struktur des Faschismus. Die Souveränität (La structure psychologique du Fascisme. La Souveraineté). München 1997 (frz. 1933/1934, 1956).

Bauman, Zygmunt: Verworfenes Leben. Die Ausgegrenzten der Moderne (Wasted Lives. Modernity and its Outcasts). Hamburg 2005 (engl. 2004).

Benjamin, Walter: Robert Walser [1929]. In: ders.: Gesammelte Schriften. Bd. II,1. Hg. v. Rolf Tiedemann u. Hermann Schweppenhäuser. Frankfurt a. M. 1991, 324–328.

Borchmeyer, Dieter: Dienst und Herrschaft. Ein Versuch über Robert Walser. Tübingen 1980.

Büchner, Georg: Werke und Briefe. Münchner Ausgabe. Hg. v. Karl Pörnbacher u. a. München [8]2001.

Burger, Hermann: Ein Lakai der inneren Gemächer. Über Robert Walsers Roman *Jakob von Gunten*. In: ders.: Ein Mann aus Wörtern. Frankfurt a. M. 1983, 48–55.

Campe, Rüdiger: Robert Walsers Institutionenroman *Jakob von Gunten*. In: Rudolf Behrens, Jörn Steigerwald (Hg.): Die Macht und das Imaginäre. Eine kulturelle Verwandtschaft in der Literatur zwischen Früher Neuzeit und Moderne. Würzburg 2005, 235–250.

Echte, Bernhard: »Wer mehrere Verleger hat, hat überhaupt keinen.« Untersuchungen zu Robert Walsers Verlagsbeziehungen. In: Rätus Luck (Hg.): Geehrter Herr – lieber Freund. Schweizer Autoren und ihre deutschen Verleger. Mit einer Umkehrung und drei Exkursionen. Basel, Frankfurt a. M. 1998, 201–244.

Engel, Manfred: Außenwelt und Innenwelt. Subjektivitätsentwurf und moderne Romanpoetik in Robert Walsers *Jakob von Gunten* und Franz Kafkas *Der Verschollene*. In: Jahrbuch der deutschen Schillergesellschaft 30 (1986), 533–570.

Evans, Tamara S.: Robert Walsers Moderne. Bern 1989.

Frederick, Samuel: A Bursting Zero of Unknowing: Overcoming the Paradox of Infinite Knowledge in Heinrich von Kleist's »Über das Marionettentheater« and Robert Walser's *Jakob von Gunten*. In: Germanic Review 88 (2013), 375–390.

Freud, Sigmund: Das Unheimliche [1919]. In: ders.: Gesammelte Werke. Bd. 12: Werke aus den Jahren 1917–1920. Frankfurt a. M. [6]1986, 227–268.

Frisch, Efraim: Ein Jüngling. *Jakob von Gunten* [1911]. In: KERR 1, 70–75.

Fuchs, Annette: Dramaturgie des Narrentums. Das Komische in der Prosa Robert Walsers. München 1993.

Gößling, Andreas: Abendstern und Zauberstab. Studien und Interpretationen zu Robert Walsers Romanen *Der Gehülfe* und *Jakob von Gunten*. Würzburg 1992.

Grenz, Dagmar: Die Romane Robert Walsers. Weltbezug und Wirklichkeitsdarstellung. München 1970.

Greven, Jochen: Existenz, Welt und reines Sein im Werk Robert Walsers. Versuch zur Bestimmung von Grundstrukturen. Reprint der Originalausg. von 1960. Mit e. Nachw. u. dem Publikationsverzeichnis des Verfassers hg. u. m. einer Einl. versehen v. Reto Sorg. München 2009.

Greven, Jochen: Nachwort des Herausgebers. In: SW 11, 167–178.

Harrer, Konrad: Souveraineté et impuissance dans l'œuvre de Robert Walser. Bern u. a. 2008.

Heerde, Hans-Joachim: Editorisches Nachwort. In: KWA I 4, 141–163.

Heffernan, Valerie: Provocation from the Periphery. Robert Walser Re-examined. Würzburg 2007.

Hiebel, Hans. H.: Robert Walsers *Jakob von Gunten*. Die Zerstörung der Signifikanz im modernen Roman. In: HINZ/HORST, 240–275.

Hinz, Klaus-Michael: Robert Walsers Souveränität. In: Akzente 32, 5 (1985), 460–479.

Hong, Kil-Pyo: Selbstreflexion von Modernität in Robert Walsers Romanen *Geschwister Tanner*, *Der Gehülfe* und *Jakob von Gunten*. Würzburg 2002.

Johann, Klaus: Grenze und Halt: Der Einzelne im »Haus der Regeln«. Zur deutschsprachigen Internatsliteratur. Heidelberg 2003.

Jürgens, Martin: Robert Walser. Die Krise der Darstellbarkeit. Untersuchungen zur Prosa. Kronberg Taunus 1973.

Liebrand, Claudia: Jakob von Guntens Maskeraden. Spielkonfigurationen in Robert Walsers Tagebuchroman. In: Colloquia Germanica 32, 4 (1999), 345–362.

Loyen, Ulrich van: »Alles Vergnügen beruht auf dem Ausfindigmachen von etwas in einem fort Verlorengegangenem.« Robert Walser und die okzidentale Erlösung. In TEXT + KRITIK 4, 192–206.

Lukács, Georg: Die Theorie des Romans. Ein geschichtsphilosophischer Versuch über die Formen der großen Epik. Darmstadt, Neuwied [9]1984.

Kleist, Heinrich von: Erzählungen, Anekdoten, Gedichte, Schriften. Hg. v. Klaus Müller-Salget. Frankfurt a. M. 1990.

Mächler, Robert: Robert Walser, der Unenträtselte. Aufsätze aus vier Jahrzehnten. Hg. v. Werner Morlang. Zürich, München 1999.

Malkmus, Bernhard F.: The German Pícaro and Modernity. Between Underdog and Shape-Shifter. New York 2011.

Martens, Lorna: The Diary Novel. Cambridge 1985.

Masini, Ferruccio: Robert Walsers Ironie. In: CHIARINI/ZIMMERMANN, 144–152.

Matt, Peter von: Die Schwäche des Vaters und das Vergnügen des Sohnes. Über die Voraussetzungen der Fröhlichkeit bei Robert Walser. In: HINZ/HORST, 180–198.

Mayer, Gerhart: Der deutsche Bildungsroman. Von der Aufklärung bis zur Gegenwart. Stuttgart 1992.

Middleton, Christopher: Introduction. In: Robert Walser: Jakob von Gunten. Übers. v. Christopher Middleton. London 1969, 5–17.

Naguib, Nagi: Robert Walser. Entwurf einer Bewußtseinsstruktur. München 1970.

Novalis: Schriften. Bd. 2: Das philosophische Werk I. Hg. v. Richard Samuel. Stuttgart 1960.

Peeters, Wim: »Wenn kein Gebot, kein Soll herrschte in der Welt, ich würde sterben«. Jakob von Gunten als Glossator. In: Rüdiger Campe, Michael Neuhaus (Hg.): Gesetz.

Ironie. Fs. für Manfred Schneider. Heidelberg 2004, 179–196.

Philippi, Klaus-Peter: Robert Walsers ›Jakob von Gunten‹. In: Deutschunterricht 23 (1971), Beiheft 1, 51–70.

Piniel, Gerhard: Robert Walsers Roman »Jakob von Gunten«. In: Schweizer Monatshefte 43, 11 (1963), 1175–1186.

Rabelhofer, Bettina: Zeigelust und Blickaskese. Zur Phänomenologie des Blicks in Franz Kafkas Romanfragment *Das Schloß* und Robert Walsers Tagebuchroman *Jakob von Gunten*. In: KONDRIč HORVAT, 111–133.

Rodewald, Dierk: Robert Walsers Prosa. Versuch einer Strukturanalyse. Bad Homburg, Berlin, Zürich 1970.

Ruprecht, Lucia: Pleasure and Affinity in W. G. Sebald and Robert Walser. In: German Life and Letters 62, 3 (2009), 311–326.

Santner, Eric L.: On Creaturely Life. Rilke, Benjamin, Sebald. Chicago 2006.

Schäfer, Jörg: Beschreibung der von Robert Walser herausgegebenen Bücher. In: Robert und Karl Walser. [Katalog zur] Ausstellung im Helmhaus Zürich 16. April bis 4. Juni 1978. Zürich 1978, 20–25.

Scheuer, Helmut: Zur Christus-Figur in der Literatur um 1900. In: Roger Bauer, Eckard Heftrich (Hg.): Fin de siècle. Zu Literatur und Kunst um die Jahrhundertwende. Frankfurt a. M. 1977, 378–402.

Schmoll gen. Eisenwerth, J. Adolf: Vorwort. In: Roger Bauer u. a. (Hg.): Fin de Siècle. Zu Literatur und Kunst der Jahrhundertwende. Frankfurt a. M. 1977, IX-XIII.

Selbmann, Rolf: Der deutsche Bildungsroman. 2., überarbeitete u. erw. Aufl. Stuttgart, Weimar 1994.

Sethe, Susanne: Robert Walsers *Jakob von Gunten* als religiöse Dichtung. Diss. Universität Köln 1976.

Sorg, Reto: Die Existenz versprachlichen. Zur Einführung. In: Jochen Greven: Existenz, Welt und reines Sein im Werk Robert Walsers. Versuch zur Bestimmung von Grundstrukturen. Reprint der Originalausg. von 1960. Mit e. Nachw. u. dem Publikationsverzeichnis des Verfassers hg. u. m. einer Einl. versehen v. Reto Sorg. München 2009, VII-XVI.

Sorg, Reto: Abschied von Europa? ›Kulturentrückung‹ bei Robert Walser. In: Reto Sorg, Stefan B. Würfel (Hg.): Utopie und Apokalypse in der Moderne. München 2010, 161–178.

Tobias, Rochelle: The Double Fiction in Robert Walser's *Jakob von Gunten*. In: The German Quarterly 79, 3 (2006), 293–307.

Trog, Hans: Die Brüder Walser. In: Schweizerland 1, 11/12 (1915), 645–652.

Utz, Peter: Tanz auf den Rändern. Robert Walsers »Jetztzeitstil«. Frankfurt a. M. 1998.

Utz, Peter: Robert Walsers *Jakob von Gunten*. Eine »Null«-Stelle der deutschen Literatur. In: Deutsche Vierteljahrsschrift für Literaturwissenschaft und Geistesgeschichte 74, 3 (2000), 488–512.

Vaut, Sibylle: Ironie und Parodie in Robert Walsers ›Jakob von Gunten‹. Magisterarbeit Universität Bochum 2005.

Vila-Matas, Enrique: Bartleby & Co. Übers. v. Petra Strien. Zürich 2001.

Walser, Martin: Erfahrungen und Leseerfahrungen. Frankfurt a. M. 1965.

Walser, Martin: Selbstbewußtsein und Ironie. Frankfurter Vorlesungen. Frankfurt a. M. 1981.

Walser, Martin: Die Verwaltung des Nichts. Aufsätze. Reinbek bei Hamburg 2004.

Zimmermann, Hans Dieter: Der babylonische Dolmetscher. Zu Franz Kafka und Robert Walser. Frankfurt a. M. 1985.

Žmegač, Viktor: Robert Walsers Poetik in der literarischen Konstellation der Jahrhundertwende. In BORCHMEYER, 21–36.

Bernhard Malkmus

3.3.4 *Aufsätze* (1913)

Entstehung und Veröffentlichung

Robert Walsers Buchpublikation *Aufsätze* erscheint 1913 im Kurt Wolff Verlag und versammelt insgesamt 49 Prosastücke, die zwischen 1904 und 1913 in verschiedenen Zeitschriften veröffentlicht wurden; v. a. in *Die Schaubühne* (27), *Die neue Rundschau* (10), *Die Rheinlande* (5) (*Paganini* findet sich sowohl in *Die Rheinlande* – im Juli 1912 – als auch in *Die Schaubühne* – im April 1913 – abgedruckt.) Nach den drei Berliner Romanen, dem Gedichtband sowie neun Jahre nach *Fritz Kocher's Aufsätze* bietet dieser Band einen ersten Einblick in Walsers betriebsames ›Prosastückligeschäft‹.

Seltsamerweise listet Max Brod bereits 1911 unter Walsers ›bisheutigen‹ Büchern einen Band namens *Aufsätze* auf, was darauf schließen lässt, dass ihn dieses Projekt wohl seit Längerem umtrieb. Schließlich nimmt sich der Rowohlt/Wolff Verlag auf Empfehlung von Brod, der sowohl Robert Walser als auch Franz Kafka mit Ernst Rowohlt und Kurt Wolff in Verbindung brachte und der über Franz Blei mit Walsers Werk bekannt geworden war, der Publikation von Walsers Prosastücken an. *Aufsätze* ist der erste von insgesamt drei Bänden, die im Kurt Wolff Verlag in kurzer Zeit erschienen und Walsers dichterisches Schaffen der Berliner Zeit vor Augen führen.

Den Verlagsvertrag mit der Firma ›Ernst Rowohlt Verlag zu Leipzig‹ unterzeichnet Walser am 18. 10. 1912. Die Korrespondenz fällt demnach just in diejenigen Tage, in denen die Spannungen im Verlagshaus eskalieren, bis Rowohlt Anfang November 1912 den Verlag schlussendlich verlässt. Die Fahnenkorrekturen dokumentieren diese Umbruchzeit anhand der wechselnden Verlagsangaben: So ist neben Walsers Anmerkung zur Zeichnung seines Bruders Karl Walser auf einer erhalten gebliebenen Druckfahne des Titelblattes noch der Rowohlt Verlag angegeben (vgl.

Wagner 2007, 82). Wolff entschließt sich erst am
15. 2. 1913, »die neue Entwicklung des Verlages auch
äußerlich durch die Umbenennung in *Kurt Wolff
Verlag* zu kennzeichnen« (Göbel 1977/2007, 565).
Walsers Buch erscheint somit als eines der ersten
überhaupt unter dieser neuen Verlagsbezeichnung.

Die Verlagskorrespondenz lässt sich aus heutiger
Sicht nicht vollständig rekonstruieren. Der Anfang
November 1912 einsetzende Briefverkehr ist zudem
von einem Missverständnis gezeichnet, das Walser
veranlasst, einen »entschiedenen Ton« (Br 59) anzu-
schlagen. Auf Geheiß des Verlags wurde Walser gebeten, den Empfang von 300 Mark zu bestätigen, die
bei ihm allerdings noch nicht eingetroffen sind.
Seine Reaktion fällt harsch aus: »Ich bin verpflichtet,
Ihnen zu bemerken, daß ich das vertraglich ver-
schriebene, und außerdem brieflich versprochene
Geld nun umgehend erhalten muß, sonst gehe ich zu
einem anderen Verleger.« (Br 59) Mit der Empfangs-
bestätigung des Honorars am folgenden Tag sendet
Walser dann prompt das »Aufsätze-Material« (Br
60), laut Verzeichnis 44 Aufsätze.

Bereits zwei Wochen später treffen die ersten Satz-
proben ein. Inzwischen erklärt sich Karl Walser wiederum bereit, wie bei den schon publizierten Büchern, den Buchschmuck beizusteuern. Sein Bruder
wolle, teilt Robert Walser dem Verleger mit, »für die
Belebung der leeren Stellen zirka 8 kleine Sachen mit
der Feder [...] zeichnen, die man, in Wiederholungen, auf die leeren Plätze setzen könnte. Ebenso will
er einen Buchdeckel zeichnen, womit ich Sie gerne
einverstanden hoffe. Der Titel des Buches soll heißen: ›Aufsätze‹, deutsch und schlicht.« (Br 62) Karl
Walsers Einbandgestaltung stellt ein Stillleben mit
Buch dar, die Zeichnung des Titelblattes ist als Stillleben mit Korb nur unwesentlich verändert. Die 14
Vignetten – Illustrationen verschiedener Früchte –
unterstreichen nach Brod den Stil der Texte: »Das
Buch ist mit einem süßen verschwenderischen Ge-
lage von Obstvignetten geschmückt. Karl Walser [...]
tischt sie mit der gleichgestimmten Nuance kühner
Zierlichkeit auf.« (Brod 1913, 1044) Um eine Nuance
nüchterner fällt dagegen Kurt Tucholskys Urteil zu
den Vignetten aus: »Karl Walser hat in das Buch viel
Kompott hineingezeichnet; aber das schadet nichts.«
(Panter/Tucholsky 1913, 479)

Am 30. 11. 1912 lässt Walser dem Verlag drei weitere Texte (*Birch-Pfeiffer*, *Büchners Flucht* und *Der
Wald*) mit Anweisungen zukommen, wo diese zu
platzieren seien (Walser an Verlag Kurt Wolff, 30. 11.
1912, Kopie RWA). Als er schließlich die Korrektur-
bogen am 16. 12. 1912 retourniert, fügt er das kleine

Gedicht *Lachen* für die erste Seite hinzu, das den
Auftakt zum Band bilden soll.

In den Tagen um Weihnachten 1912 werden die
letzten Aufsätze verschickt, auch solche, die wie *Die
Einsiedelei* erst noch im Erscheinen sind:

> Entschuldigen nocheinmal. Hier bekomme ich aus
> ›Rheinlande‹-Druckerei noch einen Aufsatz, der mir
> sehr hübsch zu sein scheint und den ich herbeispringe
> Ihnen noch für das Aufsatzbuch zu geben. [...] Und dies
> ist jetzt wirklich die letzte Sendung. Auf das Erscheinen
> des Buches mit den lieblichen Stempeln meines Bruders
> freue ich mich. Ich bekomme also die Anfang- und die
> Schlußkorrekturen noch zugesandt. (Br 69)

Die Korrespondenz mit dem Verlag veranschaulicht
Walsers intensive Auseinandersetzung mit dem Pub-
likationsvorhaben und ebenso seine Insistenz, mit
der er auf sämtliche Produktionsprozesse Einfluss zu
nehmen versuchte. Im Januar 1913 sendet er dem
Kurt Wolff Verlag schließlich die »restierenden Korrekturen« (Br 71). Der Band *Aufsätze* erscheint im
Frühjahr 1913, also genau in der Zeit, in der Walser
nach Biel zurückgekehrt war.

Rezensionen

Das Erscheinen von Walsers *Aufsätze* stößt im
deutschsprachigen Feuilleton auf reges Interesse,
doch nach ersten, mehrheitlich affirmativen Rezensionen, verstummt die Literaturkritik zu diesem Band
bis heute. Am 24. 4. 1913 ist unter dem Pseudonym
Peter Panter eine emphatische Besprechung Tucholskys in der *Schaubühne* zu lesen:

> Nun ist von Robert Walser eine Sammlung der ›Auf-
> sätze‹ erschienen – bei Kurt Wolff in Leipzig – jener Auf-
> sätze, die fast alle in der ›Schaubühne‹ gestanden haben.
> Und wenn man sie jetzt noch einmal so alle zusammen
> sieht, die ›Birch-Pfeiffer‹ und ›Kotzebue‹ und ›Kino‹ und
> ›Büchners Flucht‹ und ›Lenz‹ – dann freut man sich, daß
> in dem Buch auch andre stehen, die man noch nicht
> kennt. (Panter/Tucholsky 478)

Brod rezensiert den Band am 7. 7. 1913 in der Zeitschrift *Die neue Rundschau*, worin er Walsers Aufsätze als »mit Kraft und Kühnheit hingeschriebene[]
Prosakunstwerke« bezeichnet (Brod 1913, 1043). In
den Vordergrund stellt er eine produktionsästhetische Absichtslosigkeit, die an vorhergegangene
Kritikerstimmen gemahnt: »Darin sehe ich das Wesentliche dieses Buches, daß es so unbeschwert, so
Wort-aus-Wort-folgend, so gleichsam von sich selbst
verleitet und immer einer berückenden Wunder-
stimme, die aus seinem Innern tönt, wie willenlos
gehorchend ist. [...] Noch niemals hat man sich so

kunstreich gehen lassen.« (ebd., 1044) Walsers Originalität bestehe darin, »mehrere [...] neue Gattungen« sowie »eine neue Art literarischer Gemälde« geschaffen zu haben, »in denen Walser über Brentano, Büchner, Lenz und andere Unvergeßliches sagt und auch hier vom Stoffe Losgelöstes, mehr Geahntes als Gewußtes, ja oft gerade mit der ihm eigentümlichen Freiheit Ungewußtes« (ebd., 1044).

Diese Rezensionen stammen allesamt aus Zeitschriften, zu deren Autoren Walser selbst zählte. Deutlich kritischer urteilt im Februar 1914 dagegen der Berliner Literaturprofessor Richard Moritz Meyer im *Literarischen Echo*:

> Für die künstliche Leerheit der Aufsätze von Robert Walser fehlt mir das Organ, zumal wenn gesuchte Wendungen wie die von dem ›hübsch frisierten Schwert‹ den mühsamen Kinderstil unterbrechen. Nur wo ein greifbarer Inhalt den ›Porträtskizzen‹ über die Seifenblasenherrlichkeit hinaus zu einigem spezifischen Gewicht verhilft, oder wo etwas wie in dem Capriccio von der Königin Elisabeth wenigstens wirkliche Phantasievorstellungen nachgebildet werden, kann ich das Gefühl überwinden, daß hier wie nach der bekannten Definition bei der Philosophie ›böswilliger Mißbrauch einer eigens zu diesem Zweck erfundenen Sprache‹ vorliegt. (Meyer 1914, 684 f.)

Mit Auszügen aus Rezensionen der *Breslauer Morgenzeitung* und des *Berliner Börsen-Couriers* wird Walsers *Aufsätze* schließlich in *Das bunte Buch* von 1914, dem Verlagskatalog, vorgestellt.

Themen

Der Titel des Bandes *Aufsätze* rekurriert auf den Erstling *Fritz Kochers Aufsätze*, der erste darin enthaltene Aufsatz – *Brief von Simon Tanner* – spinnt einen Faden zu *Geschwister Tanner*, Walsers erstem Roman. Ersichtlich wird dadurch, wie auch in der kleinen Form und trotz ihrer ›Verstreuung‹ in verschiedensten Zeitschriften ein werkinternes intertextuelles Netzwerk geknüpft wird. Zudem ist der Band *Aufsätze* in thematische Schwerpunkte gegliedert, die intratextuell weitere Zusammenhänge stiften. Die philologische Pedanterie, die Walser für die Gestaltung seiner Sammlungen an den Tag legt, scheint mitunter auch solchen Überlegungen geschuldet. Die Themenschwerpunkte der vorliegenden Sammlung sind die Großstadt Berlin, das Theater, das Kino und die Dichterporträts. Eine Analyse dieser Aspekte macht einmal mehr Walsers Sensibilität für poetologische, mediale und soziale Fragestellungen evident, die sich in einem ironischen Spiel mit dem ästhetischen Diskurs der Moderne Bahn bricht.

Großstadt Berlin

Berlin als aufkommende moderne Metropole wird um die Jahrhundertwende zum Topos literarischer Betrachtungen. Auch Walser stellt in seinen Texten das pulsierende Leben der Großstadt dar. Viele Prosastücke sind von den zeitgenössischen Diskursen der Reizüberflutung, Nervosität etc. geprägt und setzen sich zugleich mit sozialen Aspekten, gesellschaftlichen Umbrüchen, technischen und medialen Neuerungen auseinander. Der Berlin-Komplex dieses Bandes versammelt Prosastücke wie *Guten Tag, Riesin!*, *Aschinger*, *Gebirgshallen*, *Friedrichstraße*, *Berlin W*, *Die kleine Berlinerin* und *Tiergarten*, die v. a. in der Zeitschrift *Die neue Rundschau* erschienen sind und mittlerweile zu den »Klassikern der Berliner Moderne« (Utz 1998, 313) gerechnet werden. Gerade hier lässt sich entgegen Brods und Widmanns Vorstellung von Walser als einem unbewussten Naturtalent zeigen, wie stark seine Texte von einer Auseinandersetzung mit eminenten Vorbildern geprägt sind. So ist die ästhetische Wahrnehmung der Großstadt in *Guten Tag, Riesin!* offensichtlich von Baudelaires Typus des *flaneurs*, der ›modernité‹ sowie vom Impressionismus gezeichnet:

> [I]mmer gehst du und hast flüchtige Blicke für alles, für Bewegliches und Feststehendes, für Droschken [...], für die Elektrische, [...] von der herab Menschenaugen dich ansehen, [...] für einen Menschen mit zerrissenen Schuhen und Hosen, für einen zweifellos ehemals Gutsituierten, der im Pelzmantel und Zylinder die Straße fegt, für alles, wie du selber für alles ein flüchtiges Augenmerk bist. (SW 3, 65)

In *Der Schriftsteller* sind im flüchtigen Augenblick das Begehren und die Aporie des Dichters zugleich ausgedrückt: »Der Wunsch und die Leidenschaft, das Leben in Worten zu zeichnen, entstammen schließlich nur einer gewissen Genauigkeit und schönen Pedanterie der Seele, der es Schmerz bereitet, beobachten zu müssen, wie so viel Schönes, Lebendiges, Eilendes und Flüchtiges in der Welt davonfliegt, ohne daß man es hat ins Notizbuch bannen können.« (ebd., 131) *Gebirgshallen*, als der vielleicht bekannteste Text dieses Bandes, erschien in der *Schaubühne* unter dem Titel *Reklame*. In der Manier eines Restaurantkritikers wendet sich der Ich-Erzähler an den Lesenden und setzt sich ironisch-kritisch mit Bühne, Natur und Kunstgenuss auseinander. Nach Brod soll gerade dieser Text Kafka besonders fasziniert haben: »Ich erinnere mich, wie er [Kafka] Walsers Skizze *Gebirgshallen* [...] mit ungeheurer Lustigkeit, entzückt, ja geradezu saftig vortrug.« (Brod 1978, 85 f.)

Theater

Die Prosatexte zum Theater aus der Berliner Zeit spielen häufig nur indirekt auf bestimmte Aufführungen an. Vor allem die in der *Schaubühne* veröffentlichten Texte beziehen sich auf Theaterstücke als Vorlagen – oftmals sind es Dramen Friedrich Schillers –, um diese dann in unterschiedlichen Formen zu variieren und zu inszenieren. Das Prosastück *Eine Theatervorstellung (II)* bespricht die Aufführung von *Maria Stuart* in einem Provinztheater und fokussiert dabei die Spannung zwischen Spiel und Wirkung der Schauspielerinnen. Maria, die sich »wie eine Kneipenkellnerin niederster Stufe benahm«, rührt den Erzähler gerade durch ihre schauspielerischen Defizite. Indem er »in Gedanken an ihren Gesichtszügen, Tönen und Bewegungen« korrigiert, erhält er jedoch den »lebendigeren und ergreifenderen Eindruck von ihrem fehlerhaften Spiel, als ich ihn vor dem tadellosen hätte haben können« (SW 3, 14 f.). So bewirkt ironischerweise das mangelhafte Spiel eine Idealisierung in der Vorstellung des Ich-Erzählers.

Tell in Prosa (am 31. 10. 1907 unter dem Pseudonym ›Kutsch‹ in der *Schaubühne* erschienen) ist, als erstes von weiteren Tell-Stücken, eine Adaption im inneren Monolog, die Wilhelm Tells Gedanken während seines Schusses auf den Landvogt Gessner offenlegt. Im Kontrast zu Friedrich Schillers Vorbild zögert und zaudert hier der moderne Befreier jedoch: »Durch diese hohle Gasse, glaube ich, muß er kommen. Wenn ich es recht überlege, führt kein anderer Weg nach Küßnacht.« (ebd., 36) Walsers Stück führt damit die Destabilisierung literarischer Vorlagen und Vorbilder als sprachliche Inszenierung performativ vor.

Kino

Walsers Auseinandersetzung mit dem Aufkommen neuer Medien und deren Wirkung auf das Publikum haben vielfältigen Eingang in sein Werk gefunden. *Kino* (1912 in die *Schaubühne* und gleichen Jahres auch im *Prager Tagblatt* erschienen) schildert den Besuch einer Filmvorstellung, dessen Plot – eine Kriminalgeschichte – fragmentarisch mitgeteilt und pointiert als nicht sehr ›wahrscheinlich‹ herausgestellt wird. Thematisch und poetologisch rekurriert der Text auf die zeitgenössische ›Kino-Debatte‹, in der Fragen von Repräsentation und Mimesis verhandelt werden (vgl. Kaes 1978). Der Filmgenuss selbst wird mehrfach von außen durch die Rufe von Kellnern in den Zwischenpausen empfindlich gestört: »›Bier, wurstbelegte Brötchen, Schokolade, Salzstangen, Apfelsinen gefällig, meine Herrschaften!‹« (SW 3, 54) Damit wird die vom unwahrscheinlichen Plot bereits beeinträchtigte Illusionsbildung noch einmal suspendiert und durch die den Film unterbrechende Werbung im Text performativ inszeniert. Walsers Prosastück verweist mit dieser medialen Übertragung nicht nur auf die Errungenschaften des Films, sondern auch auf dessen Wirkungsweisen. Die Erfahrungen des Kinogängers werden intermedial transformiert und dadurch gleichzeitig ironisiert.

Dichterporträts

Die Dichterporträts aus dem Band *Aufsätze* standen bisher weniger im Fokus der Forschung als andere, bekanntere wie *Kleist in Thun*. *Brentano* erschien 1910 als frühestes in *Die neue Rundschau*; in den folgenden Jahren schrieb Walser *Aus Stendhal* für *Die Rheinlande* sowie *Kotzebue*, *Büchners Flucht* und *Lenz* für *Die Schaubühne*. *Aus Stendhal* reflektiert eine scheinbar länger zurückliegende Lektüre von Stendhals »schöne[m] Buch von der Liebe« (*De l'amour*) und fasst die Geschichte der Liebesbeziehung zwischen einer verheirateten Gräfin und ihrem jungen Pagen zusammen, die aufgrund der Gefahr des Entdecktwerdens durch den Ehemann erst richtig Feuer fängt (ebd., 102) – einer Dreier-Konstellation also, die sich in verschiedenen Walser-Texten, etwa *Simon. Eine Liebesgeschichte* oder *Geschwister Tanner*, findet. *Lenz* hingegen ist ein kurzes Drama, das auf die Vorgeschichte von Büchners gleichnamiger Erzählung und die belegte Rede Goethes von ›Lenzens Eseley‹ nach der Begegnung der beiden Autoren anspielt. Während Goethe von oben in die Ferne schweift, auf die »traumhaft befangenen Menschen« blickt und die Ordnung als das Schöne begreift, ist Lenz von der literarischen Revolution überzeugt: »In unsere deutsche Literatur muß der Sturm fahren, daß das alte, morsche Haus in seinen Gebalken, Wänden und Gliedern zittert.« (ebd., 110 f.) Goethe hingegen lächelt nur. Das Stück endet damit, dass Lenz sich bei der Gräfin zu sehr ins Zeug legt, und bevor der Herzog ihn wegschickt, urteilt Goethe lakonisch: »Er ist ein Esel.« (ebd., 114)

Ausgaben

Aufsätze. Leipzig: Kurt Wolff 1913. – DiP 1, 5–196. – GW 1, 227–373. – An die Heimat. Aufsätze. Zürich: Suhrkamp 1980. – GWS 1, 227–373. – SW 3.

Literatur

Beretta, Stefano: Zur Textualisierung der Großstadt in Robert Walsers Prosa der Berliner Zeit. In: FATTORI/GIGERL, 169–176.

Brod, Max: Kleine Prosa. In: Die neue Rundschau 24, 7 (Juli 1913), 1043–1046.

Brod, Max: Kafka liest Walser. In: KERR 1, 85–86.

Gabrisch, Anne: Robert Walser in Berlin. In: HINZ/HORST, 30–55.

Göbel, Wolfram: Der Kurt Wolff Verlag 1913–1930. Expressionismus als verlegerische Aufgabe. Mit einer Bibliographie des Kurt Wolff Verlages und der ihm angeschlossenen Unternehmen 1910–1930 [1977]. München 2007.

Kaes, Anton (Hg.): Kino-Debatte. Texte zum Verhältnis von Literatur und Film 1909–1929. München/Tübingen 1978.

Keckeis, Paul: »… nur denke ich mir gern das Druckbild duftiger, leiser!«. Möglichkeiten der kleinen Form zwischen Feuilleton und Buch um 1910. Vortrag an der Jahrestagung der Robert Walser-Gesellschaft in Berlin, 19. Oktober 2013. In: http://www.robertwalser.ch/ (9. 1. 2015).

Meyer, Richard Moritz: Neue Essayliteratur. In: Das literarische Echo 16, 10 (15. 2. 1914), Sp. 679–686.

Neumeyer, Harald: Der Flaneur. Konzeptionen der Moderne. Würzburg 1999.

Panter, Peter [Tucholsky, Kurt]: Der Dreischichtedichter. In: Die Schaubühne 9, 17 (24. 4. 1913), 478–479.

Schaak, Martina: »Das Theater, ein Traum«. Robert Walsers Welt als gestaltete Bühne. Berlin 1999.

Utz, Peter: Tanz auf den Rändern. Robert Walsers »Jetztzeitstil«. Frankfurt a. M. 1998.

Wagner, Karl: Robert und Karl Walser im Kurt Wolff Verlag. In: Barbara Weidle (Hg.): Kurt Wolff: Ein Literat und Gentleman. Bonn 2007, 76–82.

Wagner, Karl: »Direktoriell«. Robert Walser liest Max Brod. In: FATTORI/GIGERL, 155–167.

Wolff, Kurt (Hg.): Das bunte Buch. Leipzig 1914.

Marc Caduff

3.3.5 *Geschichten* (1914)

Entstehung und Veröffentlichung

Bei dem Band *Geschichten* handelt es sich um Robert Walsers dritte Buchveröffentlichung kurzer Prosa. Er erschien 1914 im Leipziger Kurt Wolff Verlag in dreifacher Ausfertigung: als Broschur, als Pappband und in einer bibliophilen Ausgabe (Wagner 2007). *Geschichten* darf mit Fug und Recht, was Papierqualität, Gesamtgestaltung, Satz und Illustration angeht, als sehr ästhetische Textsammlung Walsers bezeichnet werden. Auf 231 Seiten werden 27 Prosastücke präsentiert, von denen *Von einem Dichter, Laute, Klavier*, zwei Prosastücke ohne Titel und *Der schöne Platz* unter dem Titel *Sechs kleine Geschichten* sowie *Das Genie* und *Welt* unter dem Titel *Zwei Geschichten* subsumiert sind. Von den im Band *Geschichten* abgedruckten Prosastücken wurden einige sehr bekannt und in verschiedenen Sammlungen wieder abgedruckt, so z. B. *Der Waldbrand, Theaterbrand, Die Talentprobe, Kleist in Thun* oder *Die Schlacht bei Sempach*. Die Einbandzeichnung – ein sinnierender Dichter am Schreibtisch – und die Zeichnungen zu den Texten besorgte Walsers Bruder: Das Titelbild eingeschlossen, fertigte Karl Walser 31 Illustrationen für den Band an, für jeden Text eine, für die in mehrere Unterbereiche eingeteilten Geschichten mehrere, die jeweils selbst bereits einen Moment der Handlung fokussieren, aber leider in den späteren Neuausgaben fortgelassen wurden. Welche Bedeutung jedoch diesem Zusammenspiel von Text und Bild für die Konzeption der Sammlung zukommt, unterstreicht eine Passage aus einem Brief Robert Walsers an den Verlag vom 12. 12. 1912: »Was den übrigen Inhalt Ihres Schreibens anbelangt, so teile ich Ihnen mit, daß *Karl Walser* für das Geschichtenbuch Federzeichnungen machen wird. Die Geschichten (alles gedruckte) sind vom Künstler sorgfältig, als für die Illustration am besten geeignet, ausgewählt worden.« (Br 65) Obwohl *Geschichten* erst 1914 erschien, handelt es sich ausnahmslos um Prosa, die bereits in den Jahren 1907 oder 1908/1909 entstand und um noch frühere Texte. *Der Greifensee*, der älteste Text des Bandes, ist wahrscheinlich Walsers erstes Prosastück überhaupt; er erschien am 2. Juli 1899 in der Sonntagsbeilage der in Bern erscheinenden Zeitung *Der Bund*. Nach gegenwärtigem Kenntnisstand wurde kein anderes Prosastück früher publiziert. Alle Texte des Bandes wurden wahrscheinlich kurz nach dem Zeitpunkt ihrer Entstehung in verschiedenen Organen abgedruckt. Ohne Ausnahme wurden sie in einer der folgenden Zeitschriften erstveröffentlicht: *Die Insel, Die Freistatt, Sonntagsblatt des Bund, Das Blaubuch, Neue Rundschau, Die Schaubühne, Die Rheinlande, Die Zukunft, Simplicissimus*. Es gilt als sicher, dass Walser schon vor 1914 an eine gesammelte Publikation seiner Arbeiten gedacht hat, aus dem erhaltenen Briefwechsel ist jedoch zu rekonstruieren, dass eine früher angestrebte Verlagssuche nicht erfolgreich war. Obwohl *Geschichten* Walsers dritte veröffentlichte Sammlung kurzer Prosa ist, bildet sie – nicht die Sammlung *Aufsätze* von 1913 – wegen ihrer mutmaßlich früheren Fertigstellung in den *Sämtlichen Werken* den zweiten Band.

Aufbau

Die Einteilung des Bandes und die Abfolge der Prosastücke sind durchdacht und wohlkomponiert. Folgende Sinneinheiten lassen sich in *Geschichten* finden: Neben Texten, die Reflexionen und Alltagsbeobachtungen (zu Musikinstrumenten wie Laute oder Klavier) umkreisen, finden sich Texte über Individuen (*Simon. Eine Liebesgeschichte* oder *Zwei Geschichten*). Das darauf folgende Prosastück *Mehlmann. Ein Märchen* scheint gewissermaßen an diese anthropologische Problematisierung anzuschließen, obwohl eine Art Hanswurstgestalt des Theaters geschildert wird, die Gestalt des dümmlichen Pierrot (Leucht 2007, 223). Daraus wird jedoch ersichtlich, dass der Theater-Mehlmann wie eine Metapher für die Bühne des Lebens zu lesen ist. Was folgt, ist ein Block aus Natur- oder Landschaftsbetrachtungen, bestehend aus *Seltsame Stadt, Der Greifensee, Der Waldbrand, Der Park* und *Illusion*. Eine weitere Sinneinheit an Texten, die sich gesammelt betrachten lassen, bilden Texte über das Theater, zum Theaterleben oder Texte, die Theatersituationen imaginieren: *Theaterbrand, Kerkerszene, Lustspielabend, Katzentheater, Die Schauspielerin (I), Die Talentprobe*. Die übrigen Prosastücke *Kleist in Thun, Wenzel, Paganini. Variation, Die Schlacht bei Sempach, Tagebuch eines Schülers* und *Ein Vormittag* sind keiner Kategorie zuzuordnen.

Einige der bekannteren und wichtigeren Prosastücke aus Walsers *Geschichten* seien im Folgenden einer etwas eingehenderen Analyse unterzogen, wobei auf ihre Themen besonders geachtet werden soll.

Mehlmann. Ein Märchen

Dieses Prosastück Walsers scheint sich auf den ersten Blick in die Texte einzureihen, die wir seiner Begeisterung für das Medium Theater zu verdanken haben, bzw. die sich Sujets der Bühne wählen und von ihr erzählen. Aber bereits die Bildsprache des ersten Absatzes verdeutlicht, dass Walser eine existenzielle, allgemeingültige Szenerie schildert: »Es war einmal eine kleine, schwarzverhangene Bühne« (SW 2, 27), so hebt der Text an und schildert das Geworfensein eines beliebigen Menschen auf die Bühne des Lebens. Die märchentypischen Eröffnungsworte »Es war einmal« sind überhaupt das einzige Element, das den Untertitel des Prosastücks, die Gattungsbezeichnung *Ein Märchen*, zu rechtfertigen scheint, sieht man von einigen phantastischen Wendungen gegen Schluss ab. Vielmehr möchte dieser Eingang die

Wiederholbarkeit des Geschehens unterstreichen, die Beliebigkeit eines menschlich-tragischen Bühnendaseins: zur Vorführung platziert im schwarzen Bühnenraum vor einem unbarmherzigen Publikum. Dass der Mehlmann, eine Art Theaterclown oder Hanswurst, ab dem zweiten Absatz des Textes insofern konkretisiert wird, als er aus einer Lehrerfamilie stamme und als Gescheiterter auf dem Feld der Komik dilettiere, unterstreicht diese Lesart (»Er erscheint in seiner Komik eingezwängt wie der Irrsinnige in der Zwangsjacke.« ebd.). Ganz antithetisch dazu wird nach dem ungeschickten Abgang des Mehlmanns von der Bühne (»Armer, armer Mehlmann!« ebd., 28) ein graziöser Knabe (vgl. Leucht 2007, 225) vor das Publikum geschickt, dessen Vorführung von diesem in hohem Maße bestaunt wird, der als Sieger, als Triumphator auf der (Lebens-) Bühne gezeigt wird (er sei »wie ein Engel«, »[e]in junger Gott ist er, der Sohn einer Göttin, so sagte man wieder«; SW 2, 28). Der surreale Abgang des Knaben auf einer roten Kugel »dem Hintergrund zu, der, so schien es, in einen Abgrund verlief« (ebd., 28), zeigt jedoch, dass das Abgründige auch dieser positiv gezeichneten Gestalt droht. Nach dem Auftritt einer Sängerin »ging man nach Hause« (ebd., 29), ohne dass nach den Passagen zu Beginn des Textes überhaupt noch einmal von dem Mehlmann die Rede gewesen wäre. Als würde er die hastige Abfahrt einer Theaterbesucherin durch den Kutscher missbilligen, ohne noch einmal auf den titelgebenden Mehlmann zu sprechen gekommen zu sein, fällt der Text sich ins Wort: »So ein Flegel von Kutscher!« (ebd., 29)

Der Greifensee

Da es sich bei diesem Text, soweit wir wissen, um das erste Prosastück handelt, das Walser veröffentlicht hat, lässt sich seine Komposition als Einstieg in das Programm von Walsers folgendem Dichtungswerk betrachten. Paradigmatisch beginnt *Der Greifensee* auch mit einem Spaziergang, währenddessen ein Ich-Erzähler seine Beobachtungen aneinanderreiht: »Es ist ein frischer Morgen und ich fange an, von der großen Stadt und dem großen bekannten See aus nach dem kleinen, fast unbekannten See zu marschieren« (SW 2, 32). Obgleich geographisch zu verorten als Wanderung vom Zürich- zum Greifensee (vgl. Greven, Anmerkungen in SW 2, 129), zielt die Schilderung nicht auf regionale Bestimmung, sondern darauf, sich in der Beschreibungskunst zu üben und in der Überhöhung der bloßen landschaftlichen Eindrücke. Narrativ betont das Prosastück die Beiläufigkeit und Gewöhnlichkeit seiner Beobachtungen: »Auf dem Weg begegnet mir nichts als alles das, was einem gewöhnlichen Menschen auf gewöhnlichem Wege begegnen kann.« (ebd., 32) Das Ich sieht Menschen auf seinem Spaziergang, Blumen, ein Dorf mit Häusern, Gärten, Brunnen, Bäumen, Höfen und Gastwirtschaften. Repräsentativ für die Beobachtungen, die das unterwegs Gesehene eher in unbestimmte und allgemeingültige Typologien einordnen, ist die Beteuerung: »Ich achte auf keine landschaftliche Besonderheit, denn ich gehe und denke, daß es hier nichts Besonderes mehr für mich gibt.« (ebd., 32) Innerhalb des Prosastücks stoppt die aufzählende Beschreibung mit der Schilderung der Schönheit des Sees, die dem Leser in ihrer Ausführlichkeit als extraordinär vor Augen gestellt wird: »die unerwartete, nur heimlich geahnte Schönheit desselben« (ebd., 33). In der Bemerkung, dass »alles lieblich in der schärfsten Nähe, in der unbestimmtesten Ferne« (ebd., 33) sei, hat die Walser-Forschung eine Spezifik von Walsers »hochbewegliche[r] Aufmerksamkeitsoptik« (Groddeck u. a. 2007, 11) und ein Beispiel für Walsers erzählerische Kameraoptik erkannt (Deuber 2007, 255). Die einzige Handlungsentscheidung, die das Erzähler-Ich für sich trifft, besteht am Schluss des Textes im Schwimmen im See, das – präsentisch erzählt – als große Wonne empfunden wird und in welches die Vorstellung eingeflochten wird, wie die Nacht am See sich wohl präsentieren werde. Der Ich-Erzähler lässt dem Leser die noch nicht eingetretene Nacht gewahr werden und holt ihn und sein Erzählen selbst durch einen Einschub zum Schluss seines Textes in die Gegenwart zurück: »wie es sein wird hier, wenn unzählige Sterne oben schweben – und ich schwimm wieder hinaus –« (SW 2, 34).

Der Waldbrand

In der Komposition von Walsers Geschichtenband mag es so wirken, als ob nach dem zunächst gelesenen *Der Greifensee* die Geschichte *Der Waldbrand*, in der »der ganze Berg in roten Flammen« steht, eine Fortsetzung bilde, da sich »im See, am Fuße des Berges gelegen, […] der schreckliche Brand in wundervollen Farben wider[spiegelt]« (SW 2, 35). Tatsächlich könnte diesem wiederum in großer Unbestimmtheit angesiedelten Prosastück »eine Erinnerung Walsers an einen Waldbrand bei Biel am 7. Juli 1893 zugrunde liegen« (vgl. Greven, Anmerkungen in SW 2, 129). In detailreicher Ausformung wird in dem Text ein plötzlich entstandener Waldbrand geschildert, ein »Naturbrand[ ]« (SW 2, 35), wobei der Schwerpunkt des Textes auf einer Beobachtung der Einwohner des Ortes, ihrer Reaktionen und Verhaltensweisen liegt, also ganz auf der Welt des gesellschaftlichen und kulturellen Lebens. Jeder möchte den Waldbrand auf seine Art und Weise beobachten, und noch am folgenden Tag geht der Diskurs in Zeitungen und familiären Gesprächen weiter. Unter den Beobachtern werden »junge Dichter und Maler« genannt, genau jene Kulturmenschen, denen im Text das Naturspektakel des Waldbrandes entgegengesetzt wird; »sogar ein Musiker war dabei, der die brennende Welt auf sein tönendes Innenleben wirken ließ« (ebd., 35). Ein später angefertigtes Gemälde – so endet der Text – soll zum Andenken an das Unglück des Waldbrandes im Rathaussaal zu besichtigen sein, womit die Naturhaftigkeit des Waldes in Malerei bzw. wie im vorliegenden Prosastück in Text und Literatur überführt wird.

Theaterbrand

Schildert *Der Waldbrand* den kulturellen Umgang mit einem Naturereignis, so bildet der Text *Theaterbrand*, als Gegenstück dazu, die Zerstörung des Kulturraumes ab (zu Walsers Reaktion auf die Katastrophendiskurse seiner Zeit vgl. Utz 1994, 232 ff.; Utz 2013). Angesiedelt in einer längst vergangenen Zeit, in einer »schreckliche[n] Epoche« (SW 2, 43) mit großen sozialen Unterschieden, schildert das Prosastück den verschwenderischen Prunk und das heterogene Publikum im Zuschauerraum eines Theaters, das durch eine Brandkatastrophe vernichtet wird. Figuren kommen zu Tode. Das Feuer lässt sich hierbei als gewaltsamer Einbruch in eine ständisch ungerechte Gesellschaftsordnung deuten. Paradigmatisch dafür steht der Satz: »Jetzt, Mensch, verzweifle an den Künsten deiner Kultur.« (ebd., 46) Mithilfe der Figur des Ritters Josef Wirsich, der sich als – selbst furchtbarer – »schicksalwendender Gott« (ebd.) dem Furchtbaren entgegenstellt, bricht Walser die Tragik seiner Schilderung in bitterböser, ironischer Weise. Dem Feuer entronnen, bittet der Ritter bei einem Gastmahl einer Freundin lapidar darum, seinen Durst löschen zu dürfen.

Die Talentprobe

Die Talentprobe steht hier für die Textsorte der Dramolette und Kurzdramen, die Walser mit diesem Text und dem Maria-Stuart-Monolog *Kerkerszene* ebenfalls in seinen *Geschichten*-Band integriert hat.

Angesiedelt ist das Stück, wie der kursivierte Regie-
hinweis besagt, im »Zimmer der königlichen Hof-
schauspielerin Benzinger« (ebd., 67). Dem Text liegt
ein autobiographisches Erlebnis Walsers zugrunde.
Da Walser als junger Mann dem Dramatischen Verein in Biel beitrat und seine Leidenschaft für das The-
aterspielen entdeckt hatte, reiste er – wie man annimmt – 1895 nach Stuttgart, um sich in einem Vorsprechen beim Theater zu bewerben, eine Aktion, die
kläglich scheiterte (vgl. ebd., 131). In Reminiszenz an
dieses biographische Substrat entwirft Walser eine
dramatische Szene, die aus drei Monologteilen der
Schauspielerin Benzinger besteht. Im ersten spricht
sie darüber, dass der junge Mann wohl vorhabe,
Schauspieler zu werden, und beginnen solle, etwas
vorzutragen. Dem Leser wird allerdings weder mitgeteilt, was der junge Mann zu Gehör brachte, noch
wie seine Worte lauteten. Der knappe Hinweis der
Szene besagt lediglich: »Der junge, schüchterne
Mann hat etwas vorgetragen.« (ebd., 67) Der zweite
Monologteil besteht in dem Bemühen der Schauspielerin, dem jungen Mann nach seiner ungenügenden
Leistung die Schauspielpläne auszureden. Die Reaktion des jungen Mannes beschränkt sich darauf, ihr
(wie gefordert) die Hände zu küssen. Abschließend
entlässt ihn die Schauspielerin Frau Benzinger, wie
sie im Text genannt wird, und empfiehlt ihm noch,
sich den männlichen Pflichten des Lebens zuzuwen-
den. Gut vorstellbar, dass sich Teile dieser Szene so
oder ähnlich im Zusammenhang mit Walsers Schau-
spielträumen ereignet haben mögen, sodass der
Schlusssatz gerade auf die nicht vergehende Erinnerung gemünzt zu sein scheint: »Behalten Sie das. Es
ist mein Bild. Vergessen Sie nie, was ich Ihnen gesagt
habe.« (ebd., 69) Karl Walsers Illustration erweckt
eben dieses Bild zum Leben.

Kleist in Thun

Kleist in Thun ist Robert Walsers wohl bekanntestes,
etwas über elf Seiten langes Prosastück, das den Aufenthalt des Schriftstellers Heinrich von Kleist auf der
Aareinsel bei Thun zum Gegenstand hat; eine biographische Episode Kleists, der hier mit seinem vorheri-
gen Leben brechen und sich als Landwirt in der
Schweiz selbstständig machen wollte. Walser verwendet wiederum einen Ich-Erzähler, der sich gelegentlich kommentierend in den ansonsten personal
wiedergegebenen Erzählerbericht einschaltet. Als
Recherchematerial vor der Niederschrift diente ihm
nachweislich eine Kleist-Briefausgabe, da einige Passagen aus Walsers Prosastück eine wörtliche oder

nur geringfügig modifizierte Wiedergabe aus den
Kleist-Briefen darstellen (vgl. Jürgens 1991, 94).
Trotzdem muss gerade dieser Kleist als eine zum großen Teil fiktionale Dichterfigur gelten, insofern sich
Walser vielmehr der realen Biographie Kleists nur
bedient, um ihr fiktive Gedanken Kleists, Besichti-
gungen und innere Monologe hinzuzufügen (vgl.
Utz 1998, 192–198). Weitere Versuche Walsers,
Kleist produktiv in seinen Prosastücken zu verarbeiten, bilden u. a. *Was braucht es zu einem Kleistdarstel-
ler?*, *Kleist-Essay* oder *Weiteres zu Kleist*. Der Text
Kleist in Thun schildert Kleists Leben auf der Insel,
sein Schreiben und seine Probleme (»Er verflucht
sein Handwerk.« SW 2, 70). Programmatisch an diesem Text ist die Dialektik von Kleists traurigem und
zurückgezogenem Dichterleben in der Schreibstube
einerseits, seinem Glücklichsein auf Spaziergängen
und bei der Beobachtung des alltäglichen Menschen-
treibens in den Gassen andererseits, mithin der Gegensatz von Schriftstellerei und Leben (vgl. Kinder
2004, 98). Indem Walser den Ich-Erzähler davon berichten lässt, dass Kleist »die Sempacherschlacht«
(SW 2, 78) zu schreiben anfange, was dieser tatsächlich beabsichtigt hat, spannt er einen autoreflexiven
Bogen zu seinem eigenen Leben und Werk, folgt innerhalb des *Geschichten*-Bandes doch nur drei Texte
weiter sein eigenes Prosastück mit dem Titel *Die
Schlacht bei Sempach* (vgl. Huber 1999, 144). Gegen
Ende von *Kleist in Thun* entlässt der Ich-Erzähler den
historischen Kleist aus seinem Text, um darauf hinzuweisen, »daß an der Front des Landhauses, das
Kleist bewohnt hat, eine marmorne Tafel hängt, die
darauf hindeutet, wer da gelebt und gedichtet hat«
(SW 2, 80) und dass er selbst in Thun als Aktienbrau-
ereiangestellter beschäftigt gewesen sei, was sich wiederum mit Walsers Leben in Deckung bringen lässt
und somit als dichterische Selbstfiktionalisierung bezeichnet werden kann (vgl. Huber 1999, 143).

W. G. Sebald schrieb im Zusammenhang mit der
ihm liebsten Textsammlung Walsers, den *Geschichten*: »Das erste Prosastück, das ich von Robert Walser
gelesen habe, war das über Kleist in Thun, in dem die
Rede ist von den Qualen eines an sich und seinem
Handwerk verzweifelnden Menschen und von der
rauschhaft schönen Landschaft ringsum.« (Sebald
2003, 162) So idyllisch Walsers Natur- und Land-
schaftsbeschreibung oft gelesen wurden, sollte man
in der Tat wohl nicht vergessen, was Walser in *Die
Schauspielerin*, einem weiteren Text aus den *Geschichten*, schreibt: »Sie haben wohl kaum einen Begriff, wie die Kunst ketten, ja würgen kann, einengen,
ach, und einem alle lebendig-warmen Aussichten

vor den Augen weg, wie Vögel aus der stillen Luft hinab, niederschießt« (SW 2, 64).

Ausgaben

Geschichten. Leipzig: Kurt Wolff 1914. – DiP 5, 119–257. – GW 1, 109–225. – Geschichten. Bern, Stuttgart, Wien: Huber 1974 [Auswahl]. – GWS 1, 109–225. – SW 2. – Geschichten. Zürich: Suhrkamp 1985.

Literatur

Deuber, Walo: ›Hoffnung auf eine unbekannte Lebendigkeit der Sprache‹. Die Handkamera des Robert Walser. In: GRODDECK u. a., 253–264.
Groddeck, Wolfram u. a.: Robert Walsers ›Ferne Nähe‹. Zur Einleitung. In: GRODDECK u. a., 9–13.
Huber, Peter: »Dem Dichterunstern gänzlich verfallen« – Robert Walsers Kleist. In: BORCHMEYER, 140–166.
Jürgens, Martin: Fern jeder Gattung, nah bei Thun. Über das mimetische Vermögen der Sprache Robert Walsers am Beispiel von »Kleist in Thun«. In: HINZ/HORST, 87–100.
Kinder, Hermann: Flucht in die Landschaft. Zu Robert Walsers »Kleist in Thun«. In: TEXT + KRITIK 4, 95–105.
Kröger, Ute: Blosse Schönheit Greifensee. Robert Walser: Der Greifensee. In: dies.: »Nirgends Sünde, nirgends Laster«. Zürich inspiriert Literaten. Zürich 2012, 206 f.
Leucht, Robert: »Die Komik ist ein begrenztes Gebiet«. Robert Walsers früher Theatertext Mehlmann. Ein Märchen. In: GRODDECK u. a., 223–228.
Musil, Robert: Die Geschichten von Robert Walser [1914]. In: KERR 1, 89–91.
Sebald, W. G.: Le promeneur solitaire. Zur Erinnerung an Robert Walser. In: ders.: Logis in einem Landhaus. Über Gottfried Keller, Johann Peter Hebel, Robert Walser und andere. Frankfurt a. M. 2003, 127–168.
Tismar, Jens: »Kleist in Thun«. In: ders.: Gestörte Idyllen. Eine Studie zur Problematik der idyllischen Wunschvorstellungen am Beispiel von Jean Paul, Adalbert Stifter, Robert Walser und Thomas Bernhard. München 1973, 83–89.
Utz, Peter: Kultivierung der Katastrophe. Literarisches Untergangsszenarien aus der Schweiz. München 2013.
Utz, Peter: Tanz auf den Rändern. Robert Walsers »Jetztzeitstil«. Frankfurt a. M. 1998.
Utz, Peter: Walsers Weltuntergänge. In: Jahrbuch der Deutschen Schillergesellschaft 38 (1994), 229–252.
Wagner, Karl: Robert und Karl Walser im Kurt Wolff Verlag. In: Barbara Weidle (Hg.): Kurt Wolff. Ein Literat und Gentleman. Bonn 2007, 76–82.

Kay Wolfinger

3.3.6 Prosa der Berliner Zeit

Kontext

Robert Walsers Berliner Jahre beginnen verheißungsvoll und äußerst produktiv. In den ersten Jahren schreibt er mit *Geschwister Tanner*, *Der Gehülfe* und *Jakob von Gunten* drei Romane, die im bekannten Bruno Cassirer Verlag erscheinen und vielfach besprochen werden. Auch sein publizistisches ›Prosastückligeschäft‹ blüht; unzählige Beiträge erscheinen zwischen Zürich, Berlin und Prag in den führenden Zeitschriften und Tageszeitungen wie *Die Schaubühne, Kunst und Künstler, Der Samstag, Die neue Rundschau, Leipziger Tagblatt, Berliner Tageblatt, Die Rheinlande, Simplicissimus* u. a.

Insgesamt vermittelt Walsers Prosa der Berliner Zeit das Bild eines unermüdlichen Dichters, der aus der Literatur ebenso wie aus dem kulturellen Leben der Metropole schöpft (s. Kap. 2.3). Auch dank der Beziehungen seines Bruders Karl Walser erhält er Zugang zum kulturellen Milieu Berlins, wo er sich etabliert und literarische Anerkennung erfährt. In den folgenden Jahren manövriert er sich jedoch aus unterschiedlichen Gründen allmählich ins Abseits. Wenige Förderer bleiben ihm treu, seine Romane finden keinen Absatz, die Prosastücke werden als ›leichte Ware‹ abgetan. In den Jahren zwischen 1909 und 1911 gelangen denn auch nur sehr wenige Texte an die Öffentlichkeit.

Vor seinem endgültigen Abschied aus Berlin gelingt es Walser jedoch, einen beträchtlichen Teil der Prosastücke im Kurt Wolff Verlag in Form von Sammelbänden zu publizieren. In kurzer Folge erscheinen *Aufsätze* (1913), *Geschichten* (1914) sowie *Kleine Dichtungen* (1914/1915), die somit das literarische Schaffen von Walsers Berliner Zeit dokumentieren. Posthum wurden zusätzlich 43 Prosastücke in den von Jochen Greven herausgegebenen Band *Bedenkliche Geschichten* (SW 15) aufgenommen. Die Anthologie *Feuer*, herausgegeben von Bernhard Echte, versammelt weitere Texte aus Walsers Berliner Zeit, die 1907 bzw. 1908 im *Berliner Tageblatt* (*Der Schriftsteller, Weihnachten, Feuer, Auf der Elektrischen*), in der *Frankfurter Zeitung* (*Etwas über die Eisenbahn*) und in der Wiener *Neuen Freien Presse* (*Vom Zeitungslesen*) veröffentlicht worden sind (FEUER).

Themen

Walsers Prosa der Berliner Zeit entzieht sich herkömmlichen Epochen-, Gattungs- und Stilzuschreibungen. Auf der Spielwiese der ›kleinen Form‹ nehmen sich seine literarischen Versuche als unerhörte Sprachexperimente aus. Die scheinbar mühe- und absichtslos hingeworfenen Skizzen und Improvisationen geben ihre subtile poetische Konstruktion, ihren Zitatcharakter, ihre durchaus kontroverse Auseinandersetzung mit ästhetischen Diskursen erst auf den zweiten Blick zu erkennen. Walsers »Geschwätzigkeit« (Benjamin 1929/1991, 327) ist rhetorisch im doppelten Sinne, oder, wie es im Prosastück *Das Theater, ein Traum* der Berliner Zeit über den Traum heißt, seine »Sprache ist beredsam und zugleich besonnen« (SW 15, 7).

Trotz ihrer Heterogenität kristallisieren sich gleichwohl Grundfiguren, Bilder, Motive und poetologische Reflexionen in seiner Prosa heraus, die sich durch ihre intertextuellen und werkinternen Bezüge und in der Auseinandersetzung mit zeitgenössischen Diskursen zu einer Poetik der Moderne fügen. Berlin, als Metropole der Moderne, wird dabei zu einem Topos der literarischen Landschaft Walsers (s. Kap. 3.3.4 u. 4.15). Nervosität, Reizüberflutung, Flüchtigkeit, gesellschaftliche Umbrüche und technische Veränderungen zeitigen dabei immer wieder auch poetologische Figurationen. So bildet das Flanieren durch Berlin den Ausgangspunkt zahlreicher Feuilleton-Artikel (vgl. Neumeyer 1999; Beretta 2008; Scharnowski 2006). Die Großstadt wirkt, wie in *Berlin und der Künstler* (*Kunst und Künstler* 1. 10. 1910) festgehalten wird, vor allem durch die permanente Störung als Antrieb und Herausforderung für den Künstler:»Künstlerseelen müssen immer wieder ein wenig aus dem Zauberbann, in dem sie gefesselt liegen, aufgeweckt werden.« (SW 15, 49) Widerstände generieren Schöpfungsphantasien, wobei sich die Ironie in den Prosastücken mitunter auch an der Subvertierung solcher Phrasen entzündet.

Die in Walsers Werk von allem Anfang an immer wieder thematisierten gesellschaftskritischen Narrative, die sich in der Fokussierung von Angestelltenfiguren, Bettlern, scheiternden Künstlern usw. bemerkbar machen, kennzeichnen seine frühe Prosa im Allgemeinen und die Berliner Prosa im Besonderen. Der sozialkritische Unterbau wird dabei oftmals mit einer ästhetisch präfigurierten Wahrnehmung kombiniert, die durch die unaufgelösten Gegensätze zwischen Theater und Wirklichkeit, Kunst und Leben, Phantasie und Realität bestimmt ist. Dass hier-

bei insbesondere das Theater für Walser zum Projektionsraum seines Schreibens wird und als thematischer Schwerpunkt seiner Berliner Prosa bezeichnet werden kann, ist bekannt (vgl. Greven 1987). Besprochen werden darin jedoch erstaunlicherweise selten konkrete Aufführungen; stattdessen steht nebst dem Publikum, dessen Erwartungen und Reaktionen, vielmehr Nebensächliches im Zentrum (vgl. Zanetti 2008). Die Stilisierung selbst von Pausen, Dekoration und Bühnenbild zu den eigentlichen Handlungsträgern reflektiert wohl nicht zuletzt die Erfolge seines Bruders Karl, der für seine Bühnenbilder zu ebenjener Zeit großen Zuspruch erhält, etwa nach der Eröffnung der Komischen Oper in Berlin im November 1905 wie Anne Gabrisch schreibt: »›Hoffmanns Erzählungen – ein Walser Traum‹, so wird Alfred Kerr seine Premierenkritik überschreiben und damit den Bühnenbildner zum eigentlichen Star des Abends machen.« (Gabrisch 1991, 32) Doch auch der Dichter bringt einen Walser-Traum auf die (Papier-)Bühne; im Prosastück *Das Theater, ein Traum* (*Kunst und Künstler*, 14. 3. 1907) wird das Spiel auf der Bühne mit der Abfolge von Bildern während des Träumens verglichen: »Es ist alles verkleinert, aber auch verschrecklicht im Traum […].« (SW 15, 7) Traum und Dichtung bilden demnach mit Anklängen an Freuds Mechanismen der Traumarbeit die Grundlage jeglicher künstlerischer Phantasie: »Im Traum haben wir die ideale dramatische Verkürzung.« (ebd.)

Walser und die Literaturkritik

Während Walsers Berliner Jahren werden heftige Kunstdebatten geführt, in denen sich die politischen Verwerfungen der Zeit spiegeln. Auch die Berliner Secession, in der die beiden Walser-Brüder wirkten, wird immer wieder zur »Zielscheibe vehement reaktionärer Angriffe« (Evans 2008, 108). Mitte Februar 1911 führt in diesem Spannungsfeld Carl Sternheims ›bürgerliches Lustspiel‹ *Die Hose* in Berlin zu einem regelrechten Theaterskandal. »Aus Gründen der Sittlichkeit« wird es vier Tage vor der Erstaufführung in Berlin verboten (so der Polizeipräsident Traugott von Jagow, zit. n. Meyer 1975, 191). Durch raffinierte Ablenkungsmanöver gelangt es unter dem neuen Titel *Der Riese* schließlich doch noch auf die Bühne. Wohl als Reaktion auf diese Posse erscheint am 4. 4. 1911 in *Die Neue Rundschau* Walsers Prosastück *Hose*. Beim ›Berichtabstatter‹ breitet sich »ein lüsternes Schmunzeln« aus: »Was nun die Hosenmode betrifft, die geneigt ist, alle Herzen und

Gemüter zu erregen und höher schlagen zu machen, so leitet sie den ernsthaft denkenden Mann in allererster Linie auf das, was sie hervorhebt und mit Wichtigkeit umkleidet: auf das Bein.« (SW 15, 107) Die Hose also, die doch das Bein unter Stoff bedecken soll, hebt es dadurch nur umso stärker hervor. Walsers Prosastück erweist sich damit als ironischer Kommentar zur chauvinistischen Zensur, die die Verwendung des Wortes ›Hose‹ in Bezug auf Frauen verbietet und damit das Gegenteil erreicht. In der Folge parodiert der Ich-Erzähler mögliche Konsequenzen; denn neben der Kleidung als poetologischer Metapher steckt in der Hose auch eine politische Brisanz:

> Außerdem streift die Höselei sehr nahe an das Problem der politischen Frauenmobilmachung. In Hosen steht es den Armen bedeutend besser an, zur Wahlurne zu schreiten. Die Betrogenen, ach, die Armen, wenn sie nur wüßten, wie herzzerreißend langweilig es ist, stimmberechtigt zu sein. Sie wollen die Mörderinnen ihrer selbst sein. Sei es! (ebd., 110)

Eine vergleichbare Literarisierung politisch-ästhetischer Kontroversen führt das Prosastück *Was ist Bühnentalent?* (*Die Schaubühne*, 31. 1. 1907) vor, indem der Disput mittels Aufteilung in Rede und Gegenrede auch formal ausgefochten wird. Im ersten Teil werden Fragen »wie eine Handvoll Strandsand« (SW 15, 19) in die Luft geworfen. Wie hat ein Schauspieler außerhalb des Theaters zu sein, wie hat er zu spielen? Was ist Talent? Auf die gewichtigen Fragen folgen lapidare Antworten: »Bin ich ein Esel, daß ich das alles frage? Ja, du bist ein Esel.« (ebd., 20) Im späteren Prosastück *Lenz* wird Goethe dasselbe Urteil über Lenz fällen (vgl. SW 3, 114). Die Gegenrede erfolgt in Form einer ironischen politischen Standpauke, denn es brauche »rechtschaffene, gütige Menschen, nicht Talente« (SW 15, 20). Schauspieler seien »Bürger, Menschen und einfach, schlichte Angehörige des Staats; sie sind Soldaten in der Armee und interessieren sich, so lebhaft als ihnen geziemt, für Kolonialpolitik« (ebd.).
Walsers grundsätzliche Ambivalenz hinsichtlich seiner Tätigkeit als »Zeitschriftenlieferant« (Br 51), wie sie sich aus mehreren seiner Briefe erschließt, gründet nicht zuletzt im Vorwurf, als Schriftsteller zu versagen. So publiziert er, vor allem in *Die Schaubühne*, während seiner Berliner Zeit gelegentlich unter dem Pseudonym ›Kutsch‹ Prosastücke, die sich mit den Beziehungen zwischen Schriftsteller und Kritiker auseinandersetzen, und lässt in anderen Texten eine Schriftsteller-Figur mit diesem Namen auftreten (SW 2, 38–41; SW 3, 36–40; SW 15, 38–44,

56–60). Dass sich Walsers posthumer Ruhm zu einem beträchtlichen Teil ausgerechnet seinen Prosastücken verdankt, ist so gesehen eine weitere ironische Pointe.
Das Prosastück *Fabelhaft* zeichnet die Valenz von Modewörtern nach. Für Kitsch und Kutsch sei alles »fabelhaft«: Das Wetter, das Licht, »ein dickes Weib«, die Elektrische, der Regen. Und obwohl beide beim Eintritt in den Kunstsalon fühlten, »daß man denn doch nicht immer wieder dasselbe sagen darf«, lautet eine halbe Minute später ihr Urteil über ein Bild von Renoir: »einfach fabelhaft« (SW 15, 59). Doch bald schon wird »fabelhaft« von »enorm« abgelöst (ebd., 60). Dieses neue Urteil bezieht sich auf ein Diktum von Rudolf Alexander Schröder, einen Herausgeber der *Insel*, der in einem Brief an den Redakteur dieser Zeitschrift, Otto Julius Bierbaum, schreibt: »A propos Walser: die Sache ist doch enorm!« (Schröder an Bierbaum, 17. 7. 1901, zit. n. Gabrisch 1991, 30). Nach Gabrisch habe Bierbaum mit Walser über diesen Brief zumindest gesprochen.
In *Kutsch* ist der Erzähler ein Kritiker, der eine »Studie« über Kutsch, den Verfasser von Theaterstücken schreibt, der »drei unfertige Dramen im Kleiderschrank« aufbewahre, während ihm Maupassant »den Stoff« zum vierten liefere (SW 15, 58, 56). Im weiteren Verlauf wird wie schon in *Lenzens Soldaten* die von Wilhelm Dilthey aufgeworfene Frage des Erlebnisses von Dichtern verhandelt:

> Bei Maupassant, diesem normännischen Bauernlümmel, liegt das ›Leben‹ eben nur so aufgespeichert, das wird jeder empfunden haben, der ihn einmal gelesen hat. Kutsch studiert die Stoffe, nicht das Leben; das Leben, das er zu erleben bekommt, ist bis jetzt noch nicht weit her. Er ist Zeitungsreferent und Bücherbesprecher, das hat er erlebt und das ist nach seiner eigenen Meinung kein apartes Erlebnis. (ebd., 57)

Kutsch sei eigentlich Schriftsteller, aber da er nichts anderes erlebe als die Bücherlektüre, kann er auch nur darüber berichten. Im Erzähler und fiktiven Verfasser des Prosastücks verdoppelt sich die Tragik, da er ja wiederum nur ein Kritiker des Kritikers ist. Die Strategie, mit der er seine Autorität zu sichern versucht, besteht nun darin, sich von seinem Protagonisten zu distanzieren: »Weshalb sollte ich Kutsch beneiden? Im Gegenteil, ich bedaure ihn. Ich schreibe ja über ihn, ich muß ihn also unter mir fühlen, denn sonst schriebe ich ja nicht ›über‹ ihn. Diese Gemeinheit – hinzugehen und über lebende Menschen zu schreiben, als ob sie tot wären. Und dann ist dieser Kutsch ja nicht einmal interessant, höre ich den Leser.« (ebd., 58)

Im Mai 1907 erscheint in *Die Schaubühne* unter dem Pseudonym ›Kutsch‹ der Beitrag *Kennen Sie Meier?* Diesem Text liegt ein Aufsatz Richard M. Meyers zugrunde, der später eine kritische Besprechung der *Aufsätze* schreiben wird. In der *Zeitschrift für Ästhetik und allgemeine Kunstwissenschaft*, ebenfalls von 1907, veröffentlicht Meyer unter dem Titel *Bemperlein und Gemperlein* eine »lautsymbolische Studie«, in der er vor allem »die Wechselbeziehungen zwischen Laut und Bedeutung an der deutschen Lautgruppe –*mp*– festzustellen« (Meyer 1907, 371) versucht. Vielleicht deshalb tritt er in Walsers Text »im Café Bümplitz« (SW 15, 38 f.) auf. Neben weiteren Aspekten spielt Walser wohl auch mit der klanglich nicht hörbaren Differenz zwischen Meyer und »Meier mit ei geschrieben« (ebd., 38) auf diese Studie an. Der Erzähler des Prosastücks gerät durch diesen Meier selbst aus dem Konzept:

> Dieser Mann, dieser Meier, dieser Kerl ist ein Genie. Nicht nur, daß er einen lachen machen kann, wie zwanzige in ihrem zusammenaddierten Leben nicht lachen können, zum Zerplatzen, was sage ich, zum Zusammenkugeln, was da, zum Sterben, o Tölpel, keinen bessern Vergleich aus deinem Schriftstellerkopf heraussteinklopfen zu können, nicht nur, daß sondern daß, bin ich konfus, ja, ganz recht, sondern daß ihm auch die ganz natürliche Aufreizung des tragischen Schauders nichts Unmögliches, sondern eine nur allzu leichte Sache ist. Bin ich eigentlich mit meinem Satz fertig oder nicht? (ebd., 39)

Auffallend oft reflektieren Walsers Prosastücke gerade während seiner produktivsten Phase in Berlin die Frage, woher die Dichter den Stoff für ihre Erzählungen beziehen. Der Ich-Erzähler in *Lenzens Soldaten* (*Die Schaubühne*, 19. 9. 1907) beispielsweise lotet für die Beantwortung dieser Frage – die auch Sigmund Freud in seinem Vortrag *Der Dichter und das Phantasieren* nur zwei Monate später an den Anfang seiner Überlegungen stellen wird – zwei Möglichkeiten aus: »Entweder ein Dichter erlebt am eigenen Leib und Gemüt etwas, oder er stiehlt die Sujets aus den neusten Nachrichten, welcher Diebstahl ja bis zum heutigen Tag meines Wissens noch nie bestraft worden ist.« (SW 15, 26) Negativ konnotiert ist dieses zweite Verfahren deshalb, weil es seit jeher in Konflikt mit dem Anspruch auf Originalität steht und eben nicht auf Erlebtem beruht. Gegenüber dieser Vorstellung postuliert der Erzähler jedoch eine produktive Umwertung: »Lenzens ›Soldaten‹ sind wie aus einem Zeitungsblatt abgeschrieben, freilich unter Hinzufügen von Kunstgriffen, deren Vorhandensein in den Spalten eines Tageblatts oder Kuriers oder täglichen Anzeigers allerdings wenig zu bemer-

ken ist.« (ebd., 26 f.) Eine solche Poetik der Revision bezeichnet auch Walsers eigenes Schreibverfahren, nicht zuletzt deshalb, weil das Prosastück selbst exakt diesen Titel trägt.

Ausgaben

GW 6, 5–108. – GWS 8, 5–108. – PS 1, 53–248. – SW 15. – Feuer. – Walser, Robert: Berlin gibt immer den Ton an. Kleine Prosa aus und über Berlin. Hg. v. Jochen Greven. Frankfurt a. M.: Suhrkamp 2012.

Literatur

Benjamin, Walter: Robert Walser [1929]. In: ders.: Gesammelte Schriften. Bd. II,1. Hg. v. Rolf Tiedemann u. Hermann Schweppenhäuser. Frankfurt a. M. 1991, 324–328.
Beretta, Stefano: Zur Textualisierung der Großstadt in Robert Walsers Prosa der Berliner Zeit. In: Fattori/Gigerl, 169–176.
Evans, Tamara S.: »Ein Künstler ist hier gezwungen aufzuhorchen«: Zu Robert Walsers Kunstrezeption in der Berliner Zeit. In: Fattori/Gigerl, 107–116.
Gabrisch, Anne: Robert Walser in Berlin. In: Hinz/Horst, 30–55.
Greven, Jochen: Die Geburt des Prosastücks aus dem Geist des Theaters. In: Chiarini/Zimmermann, 83–94.
Meyer, Michael: Zur Rezeptionsgeschichte von Sternheims Komödie »Die Hose« (1911–1926). In: Jörg Schönert (Hg.): Carl Sternheims Dramen. Zur Textanalyse, Ideologiekritik und Rezeptionsgeschichte. Heidelberg 1975, 191–206.
Meyer, Richard M.: Bemperlein und Gemperlein. Eine lautsymbolische Studie. In: Zeitschrift für Ästhetik und allgemeine Kunstwissenschaft 2 (1907), 368–380.
Neumeyer, Harald: Der Flaneur. Konzeptionen der Moderne. Würzburg 1999.
Ortmanns, Gudrun: Das Berlin des Robert Walser. Berlin 2010.
Schaak, Martina: »Das Theater, ein Traum«. Robert Walsers Welt als gestaltete Bühne. Berlin 1999.
Scharnowski, Susanne: »Berlin ist schön, Berlin ist groß.« Feuilletonistische Blicke auf Berlin: Alfred Kerr, Robert Walser, Joseph Roth und Bernhard von Brentano. In: Matthias Harder, Almut Hille (Hg.): »Weltfabrik Berlin«. Eine Metropole als Sujet der Literatur. Studien zu Literatur und Landeskunde. Würzburg 2006. 67–82.
Zanetti, Sandro: Robert Walser. Prosa aus der Berliner Zeit (1905–1913). In: Stephan Porombka, Erhard Schütz (Hg.): Klassiker des Kulturjournalismus. Berlin 2008, 104–107.

Marc Caduff

3.4 Bieler Zeit (1913–1921)

3.4.1 *Kleine Dichtungen* (1915; Impressum 1914)

Entstehung und Veröffentlichung

Kleine Dichtungen ist die erste Buchpublikation, die vorwiegend in Biel entstandene Texte versammelt und diese Umgebung, in die der Autor aus Berlin und nach drei Monaten in Bellelay im April 1913 zurückgekehrt war, und Walsers Neuanfang als Schriftsteller inhaltlich spiegelt (vgl. Greven, Nachwort in SW 4, 175).

Wie kurz nach *Aufsätze* und *Geschichten* ein weiteres Buch im Kurt Wolff Verlag, der sich vor dem Ersten Weltkrieg um die Formung eines »frühexpressionistischen Verlagsprofils« bemüht hatte (vgl. Göbel 1977/2007, 566), zustande kam, lässt sich aufgrund der nur lückenhaft überlieferten Verlagskorrespondenz nicht mehr rekonstruieren. Offensichtlich standen im März 1914 sowohl die Veröffentlichung der Sammlung als auch deren Vorschlag für die Ehrung durch den *Frauenbund zur Ehrung rheinländischer Dichter* fest; beides galt es zeitlich aufeinander abzustimmen (Walser an *Die Rheinlande*, 21. 3. 1914, in BA IV). Weitere Texte, die Walser noch der Zeitschrift *Die Rheinlande* und der *Vossischen Zeitung* anbietet, sollten später gleich anhand der »Korrektur-Abzüge« in die Sammlung aufgenommen werden (Br 87; Walser an *Vossische Zeitung*, um März 1914, in BA IV). Jochen Greven geht wohl aufgrund dieser Angaben davon aus, dass die Druckvorlage im Fall von *Kleine Dichtungen* »vermutlich ganz überwiegend aus Erstdruckbelegen zusammengestellt« worden war (Greven 2004, 137); tatsächlich sind die Textveränderungen gering.

Der Verlagsvertrag sah eine Abgabe des druckfertigen Manuskript bis 1. 7. 1914 und einen Vorschuss von 300 Mark vor (vgl. ECHTE, 294). Im Juli erfährt Walser von der Auszeichnung des Buches, aber die Drucklegung verzögert sich wegen des Kriegsausbruchs (Br 91 f., 95, 100). Eine erste Auflage für den Frauenbund mit einer Einbandzeichnung von Karl Walser – ein tagträumender Jüngling mit hinter dem Kopf verschränkten Armen auf einer Bank – und Mitgliederverzeichnis am Schluss wurde 1914 gedruckt, aber von Walser erst um den Jahreswechsel in Leipzig signiert (vgl. Br 98, 99; SEELIG, 134 f.). Eine zweite Auflage mit typographischer Einbandzeichnung von Karl Walser erschien 1915 (vgl. Schäfer

1978, 23). Die Sammlung umfasst 87 Texte (bzw. 88 Texte, da sich *Zwei Bilder meines Bruders* aus zwei kürzeren Texten zusammensetzt), denen ein sechszeiliges Gedicht vorangestellt ist und von denen in 16 Fällen (noch) kein Erstdruck in einer Zeitung, Zeitschrift oder Anthologie (*Die Rheinlande*, *März* u. a.) nachgewiesen ist.

Die Ehrung durch den Frauenbund erfolgte durch Vermittlung von Wilhelm Schäfer, dem volkstümlich, anti-großstädtisch und patriotisch gesinnten Redakteur der *Rheinlande*, und auf Vorschlag von Hermann Hesse (vgl. Kortländer 2004). Der Krieg beschädigte aber auch Walsers einzige literarische Auszeichnung: Der Jahresgabe wurde ein ›vaterländisches Stückchen‹ des heute vergessenen Schriftstellers Herbert Eulenberg beigegeben, und die Preissumme machte die Inflation zunichte (vgl. Wagner 2007, 80 f.).

Zeitgenössische Rezeption

Stufte der Herausgeber Greven das Echo des Bandes bei der Kritik noch als »mager« ein (Greven, Nachwort in SW 4, 176), so belegen die überlieferten Besprechungen, dass das Buch sehr wohl ein gewisses, wenngleich nicht durchweg positives Echo fand. In *Die Rheinlande*, wo verschiedene später in *Kleine Dichtungen* aufgenommene Texte zuerst erschienen, war Walser von Joachim Benn als »einer der wenigen Neuschöpfer der Zeit« angekündigt worden (Benn 1914/1978, 93 f.). Kurt Pinthus, der Beförderer des Expressionismus im Kurt Wolff Verlag, zeigte sich begeistert darüber, wie Walser eine zweite »Wirklichkeit über der erdschweren Realität« geschaffen habe, deren utopisches Moment gerade im Kontrast zum Krieg hervortrete (Pinthus 1915). Für Walter Reitz, Redaktor beim *Bund*, ist das Buch einzigartig, weil es so »altmodisch und unmodern« anmute und »so fern allem Tagesgetriebe des zwanzigsten Jahrhunderts« stehe (Reitz 1915, 635). Fast alle Rezensionen heben die kunstvolle Verschränkung von Gegensätzlichem hervor. In das Lob mischen sich aber auch kritische Bemerkungen über Walsers ›neuen Ton‹: Hans Bethge etwa warnte Walser davor, »den ihm eigenen liebenswürdigen Plauderton zu übertreiben«, um nicht an »der Klippe des Manierismus« zu scheitern (Bethge 1916).

Inhalt, Deutung

In *Kleine Dichtungen* sei ein »deutlich neuer Ton« zu vernehmen, den Walser selbst – wie Bernhard Echte argumentiert – in einem Mikrogrammtext von 1927 rückblickend als Reaktion gegen avantgardistische Traditionsbrüche verstanden habe (Echte 1998, 226; vgl. AdB 5, 253). Die Frage, wie weit mit der inhaltlichen und stilistischen Neuausrichtung tatsächlich auch eine ideologische Wende – vom modernen Großstadtfeuilletonisten zum konservativen Provinzidylliker (vgl. etwa Greven 2003, 121) – verbunden war, ist unterschiedlich beurteilt worden, führt aber ins Zentrum der Deutungsschwierigkeiten angesichts der Texte dieser Sammlung. Zwar werden rund ein Drittel der Texte zwischen 1912 und 1914 in der national-konservativen Zeitschrift *Die Rheinlande* erstveröffentlicht (vgl. Kortländer 2004), aber gerade die Sammlung *Kleine Dichtungen* macht deutlich, wie die idyllisierende Tendenz der einzelnen Texte (vgl. Rodewald 1970, 151–163) durch eine kontrapunktische und serielle Kompositionstechnik gebrochen und damit eine eindeutige Positionierung unterlaufen wird.

Der Sammlung ist ein sechszeiliges Gedicht vorangestellt, in dem ein Ich seine zwischen »Heiterkeit« und »Leid« aufgespannte Wanderschaft exponiert. Das Gedicht bricht (mit einem Gedankenstrich) ab, und die Spannung wird nicht aufgelöst (SW 4, 6). Fast identisch, aber um drei Zeilen länger ist das Gedicht als Widmung Walsers an Richard und Ida Dehmel in einem Exemplar von *Fritz Kochers Aufsätze* von 1904 überliefert (vgl. ECHTE, 137). In dieser Fassung werden die Gegensätze vereint; am Schluss steht das Oxymoron »[d]es Schmerzes Ausgelassenheit« gleichsam als Chiffre für das Los des Wandernden (zit. n. ebd.). Dass Walser hier auf einen rund zehn Jahre alten Text zurückgreift und diesen umfunktioniert, damit romantische Topoi aufgreift, diese aber durch das Setzen von Leerstellen bewusst bricht, ist ein Darstellungsverfahren, das die ganze Sammlung prägt.

Dem Titel der Sammlung entsprechend – zu dem Walser in typisch bescheiden-selbstbewusster Weise die Spannung zwischen beiläufiger kleiner Form und höchstem literarischem Anspruch ›verdichtet‹ hat (vgl. AdB 4, 22) – setzt sich das Buch fast durchwegs aus sehr kurzen Texten von zwei bis drei Seiten zusammen. Die Titel der einzelnen Texte sind kurz und bestehen meist aus der Angabe des Themas des Textes, in der Regel mit bestimmtem Artikel, und erinnern in dieser Hinsicht an die Titel von Bildern. Es handelt sich um kleine Reiseskizzen, Landschafts- und Bildbeschreibungen, Erinnerungen, kurze Geschichten, leichtfüßige Betrachtungen zu zeitlosen Themen, Porträts von Personen, Traumberichte, (z. T. signierte) Rollenprosa und fingierte Briefe. Die Erzählinstanz wechselt zwischen erster und dritter Person, verschiedentlich wird der Leser direkt adressiert.

Am Anfang der Sammlung steht ein fingierter Brief, der mit einer radikalen Absage an das ›Establishment‹ eher abweist als einlädt und zugleich mit dem Lob des »Sonderling[s]« die souveräne Stellung des Randständigen markiert: Indem das Schreiber-Ich seine Identität gegenüber Unterwerfung, Verstellung, Veränderung und Gemeinschaft behauptet, entwirft es ein Ideal absoluter Subjektivität anstelle jeglicher Konvention (SW 4, 7–10). Die »sonderbare[n] Sonderlinge« tauchen in der Folge leitmotivisch immer wieder auf: als melancholischer *Pierot*, »Vagabund«, Faulenzer, Dichter, der »so hübsch, so schön beiseit« ist, Träumer oder glücklicher Hanswurst, der ein Kind ist und bleibt (SW 4, 123, 13–15, 22, 85, 118 f.).

Im ersten Drittel der Sammlung wird – nicht als Schreckbild, sondern als ein »Traum mitten im Traum« – ein geschlechtsloses, nicht-humanes, asoziales Dasein entworfen, das sich ganz aus seiner Potentialität einer limbischen Existenz (vgl. Agamben 1990/2003, u. a. 11–13) bestimmt und dem ein utopisches Moment inne wohnt (»[...] nur, was man noch nie gewesen, ist man.« SW 4, 38 f.). Den idealisierenden Traum im ersten Drittel des Bandes kontrastiert ein Alptraum im zweiten Drittel: Das Ich findet sich wieder in einer »Art von Anstalt und Institut«, in einer »unnatürliche[n] Absonderung«, und bewegt sich »wie ein Verlorener« in dieser ent-menschlichten, d. h. toten und tötenden Umgebung (SW 4, 106 f.). In *Oskar*, der das »Wagnis, absonderlich zu sein«, eingeht, werden die beiden Extreme gegen Schluss der Sammlung zum Ausgleich gebracht: Die Selbsttechnik des Alleinseins befähigt diesen Sonderling, die Langeweile und das »Einerlei« zu seinem »Genuß« zu machen (SW 4, 163–165).

Die Variation und Weiterentwicklung der Motive gehorcht einer im Text selbst formulierten Ästhetik der abwechslungsreichen Wiederholung (»Es wechselte alles ab. Alles war Gleichheit, Ähnlichkeit und doch auch Abwechslung.« [SW 4, 157]). Diese Kompositionsprinzipien werden auf zwei Ebenen realisiert:

Die zentralen Motive – Kuss, Traum, Einsamkeit, Wanderung, Eisenbahnfahrt, Vater, Kind, Tiere,

Heimkehr – werden auf einer paradigmatischen Ebene, oft kontrapunktisch, variiert. Besonders deutlich wird dies beim Motiv der Heimkehr, die am Ende der Sammlung gleich mehrfach ›durchgespielt‹ und durch die Perpetuierung performativ als unmöglich ausgestellt wird. Eine solche Variation ähnlicher Konstellationen ist auch im Bereich des Sozialen feststellbar, bei den Beziehungen zu Frauen und auffallend häufig beim Verhältnis zwischen Mensch und Tier.

Auf einer syntagmatischen Ebene werden eine eher leitmotivische und eine dialektische Form der Verknüpfung kombiniert. Geradezu als Sinnbild solcher Motivverbindungen kann der Kuss aufgefasst werden, durch dessen auffallende Präsenz die Sammlung somit nicht nur inhaltlich, sondern ebenso formal zusammengehalten wird (zum Kuss als Leitmotiv vgl. Rippmann 1983).

Es lassen sich zwei miteinander verflochtene Motivstränge ausmachen, die immer wieder durch kurze Geschichten oder Betrachtungen unterbrochen werden: erstens eine Folge von Berichten über Spaziergänge, in denen Erleben, Beobachtung und Reflexion ineinander übergehen, die sich lose um eine Gegenwart und ein vielstimmiges Erzähler-Ich gruppieren lassen und sich räumlich auf die nähere Umgebung konzentrieren (»Das Nahe kam ihm bedeutender vor als das bedeutende und wichtige Ferne.« [SW 4, 76]).

Zweitens tritt, konstituiert aus Erinnerungen, ›Briefdokumenten‹ und Dichterporträts (insbesondere Lenau [I]; vgl. Stern 1985), eine vielgestaltige Schriftsteller-Figur aus der Vergangenheit hervor: einsetzend mit dem unbedingten Anspruch des »junge[n] Dichter[s]« über den Gedichte schreibenden Commis, den einsamen und den »umherziehende[n]« Dichter bis zum Romanautor, der unter dem Schutz der Katze Geschwister Tanner schreibt (SW 4, 7–10, 41 f., 84 f., 140 f., 125–129).

Die Texte zu einzelnen Motiven bilden auch eine dialektische Ordnung: Beinahe zu jedem Text gibt es einen ›Gegentext‹: Einheit mit der Natur und Weltflucht, Einsamkeit und Gemeinschaft, Heimat und Fremde, Spazieren und Eisenbahnfahren etc. spiegeln sich gleichsam gegenseitig. ›Realistische‹ Naturschilderungen erscheinen – im Ensemble gelesen – geradezu surreal verzerrt, indem die aufeinanderfolgenden Prosastücke oft in gegensätzlichen Jahreszeiten spielen (vgl. etwa SW 4, 142–148). Darüber hinaus werden die in Gegensatzpaaren exponierten Themen vielfach in kurzen Geschichten oder Reflexionen vertieft.

Im letzten Text werden schließlich die beiden Stränge, Naturerleben und Dichterbiographie zusammengeführt in einem fingierten Brief An den Bruder, worin das »ewige[] Großes-Verrichten-Wollen« in der »Hauptstadt« verabschiedet und durch den Traum von der individuellen Entfaltung ersetzt wird (SW 4, 172). Zwar lässt sich dieser Schluss als Ausdruck einer regressiven Weltflucht und Zäsur innerhalb des Werks interpretieren, er markiert jedoch zugleich eine Fortführung der ›modernen‹ Berliner Werke unter veränderten Vorzeichen: Denn indem das Ich beteuert, oft »ganz, ganz gedankenlos« zu sein (ebd.), wird die ›Gedankenlosigkeit‹ zitiert, mit der Jakob von Gunten in die Wüste aufbricht – die Utopie eines ›neuen Lebens‹ wird aus der Ferne in die Nähe geholt (SW 11, 164).

Aufschluss über Walsers Kompositionsprinzipien gibt auch der Vergleich mit den Erstdrucken in Zeitschriften und Zeitungen: Die bei der Erstveröffentlichung oft zu Gruppen verbundenen (heterogenen) Texte bleiben meist zusammen, auf die Obertitel wird in der Sammlung jedoch verzichtet, diese Binnenordnung also unsichtbar gemacht. Eine Dekomposition der Zeitschriftenordnung findet sich im Fall der sechs im Mai 1914 in Der neue Merkur veröffentlichten Prosastücke: Hier werden zwei Texte herausgelöst und innerhalb der Kleinen Dichtungen weiter vorne eingesetzt, wodurch sich neue, deutungsrelevante intratextuelle Bezüge ergeben (vgl. Stiemer 2013, 189 f.).

Vom kleinen Textumfang weichen lediglich Tobold und Helblings Geschichte ab, denen dadurch innerhalb der Sammlung eine Sonderstellung zukommt. Sein »Versfragment« Tobold hatte Walser der Zeitschrift Pan angeboten, aber offensichtlich Ende 1912 zurückgefordert (Walser an Pan, vermutlich vor 16. 12. 1912, in BA IV; Br 66); es erschien 1913 im Jahrbuch Arkadia. In der Szene wird die Identitätsproblematik in einer Weise verhandelt, die inhaltlich und formal stark an die frühen Versdramolette erinnert. Identität wird umschrieben als Selbstbestimmung anstelle von Fremdzuschreibung, Selbstfindung durch Selbstverlust, Potential der Unterdeterminiertheit, Auflösung des Ich im »Es« (vgl. u. a. SW 4, 45, 47, 49, 53, 55 f.) – sämtlich Aspekte, die in den ›kleinen Dichtungen‹ der Sammlung ausagiert und vertieft werden. Durch die Diener-Thematik (»Ich / bin einer, den's entzückt, zu Dienst / zu stehn«; SW 4, 52) ist ein Bezug zu den späteren Tobold-Texten (Tobold [II]; Aus Tobolds Leben) angelegt, die sich auf Walsers Aufenthalt auf Schloss Dambrau im Herbst/Winter 1905 beziehen lassen (vgl. Vollmer

1999; De Vos 2009; s. Kap. 3.4.4). Bei *Helblings Geschichte* scheint es sich um das »Manuskript eines Commis« (Seelig, 49) zu handeln, das Simon Tanner am Ende des 13. Kapitels von *Geschwister Tanner* anstelle eines Romans von Stendhal gelesen hätte. Vermutlich auf Druck von Christian Morgenstern oder Bruno Cassirer wurden diese 8 Seiten aus dem Romanmanuskript entfernt und erschienen sieben Jahre später als *Helblings Geschichte* in der Zeitschrift *März* (vgl. Kommentar in SW 9, 369; Groddeck 2007, 149). Das »Hervorstechende« am Bankangestellten Helbling ist seine Gewöhnlichkeit, seine eigentliche Beschäftigung die Langeweile, sodass er zum Schluss kommt, ihm »mangelt eigentlich alles« (SW 4, 56 f., 61, 72). Um diese Leere zu überwinden und sich seiner existenziellen Fragen und Ängste zu entledigen, sehnt er sich (scheinbar) paradoxerweise nach ›Erfüllung‹ im vollständigen Alleinsein ohne Gemeinschaft, »Kultur« und Leben (SW 4, 72). Mit *Tobold* und *Helblings Geschichte* platziert Walser an prominenter Stelle zwei Figurationen einer un- bzw. vor-bestimmten Existenz *jenseits* von Identität und Kultur. Damit reicht die Berliner Zeit nicht nur aufgrund der Entstehungszeit der beiden Texte in die Bieler Zeit hinein; auch inhaltlich wird sein bisheriges Werk von *Schneewittchen* und *Aschenbrödel* über *Geschwister Tanner* bis *Jakob von Gunten* für die weitere Bearbeitung dieser Themen in die neue ›Umgebung‹ transponiert.

Forschung, Desiderate

Die Sammlung *Kleine Dichtungen* ist bisher als Einheit nicht monographisch behandelt worden. Dabei bildet sie gleichsam einen Prüfstein für die Beurteilung von Walsers Bieler Zeit (s. Kap. 3.4.8): Finden sich für Dierk Rodewald in dem Band die meisten »hirtenbübeligen Texte« dieser Zeit (Rodewald 1970, 155), so haben andere Studien zum Bieler Werk eher die Kontinuitäten einer modernistischen Poetik betont, etwa im experimentellen Umgang mit Idylle und Kitsch (vgl. Evans 1989, 16), in der Tendenz zum Seriellen der Motive (vgl. Gees 2007) oder in einer die Berner »Schreibpraxis« vorwegnehmenden »Mikropoetik« (vgl. Scheffler 2010, 11–22). Eine Zwischenposition formuliert Jochen Greven, indem er in *Kleine Dichtungen* eine »Haltung der Restitution« erkennt, als einer »bewußt ausgestaltete[n] Rolle«, die es Walser ermöglichte, das Thema der Identitätssuche neu zu formulieren und seine Sprachkunst weiterzuentwickeln (Greven, Nachwort in SW 4, 177).

Verschiedene Studien widmen sich einzelnen Motiven und Texten. Für Peter Utz bilden die Heimkehrertexte in *Kleine Dichtungen* ein »Kaleidoskop des literarischen Heimkehrens«, in dem die »Duplizität« dieser Erfahrung von Vertrautheit und Fremde zum Ausdruck kommt (Utz 2012, 139–144; Utz 1997, 27–29). Gegenstand verschiedener Forschungsarbeiten war *Tobold (I)*, wobei darin ebenso die Aufhebung einer Ich-Spaltung (vgl. Baur 1974, 67–70) erkannt wurde wie die Unbestimmtheit des Walserschen Subjekts als Voraussetzung für sein ›Rollenspiel‹ (vgl. Angerer 1995, 9–16). Im Sinn einer Absage ans Rollenspiel markiere der Text einen »Paradigmenwechsel« zwischen Berliner und Bieler Zeit (ebd., 195–197). Tobolds Suche wurde als »Figuration der Sehnsucht« gedeutet (Vollmer 1999, 587–591) und im modernen labyrinthischen Diskurs verortet (Utz 1998, 376 f.). Die unbestimmte Identität des Protagonisten in *Helblings Geschichte* war früh Thema einer wissenschaftlichen Arbeit (vgl. Hamor 1966), wurde aber auch von Wilhelm Genazino als Motto des zweiten Teils seiner *Abschaffel*-Trilogie aufgegriffen: »Ich bin einer der Vielen, und das gerade finde ich so seltsam.« (SW 4, 57; vgl. Genazino 1978, [5])

Ausgaben

Kleine Dichtungen. Leipzig: Kurt Wolff 1914. – 2. Aufl. Leipzig: Kurt Wolff 1915. – DiP 1, 197–346 [Auswahl]. – DiP 4, 233–298 [Auswahl]. – GW 2, 5–172. – GWS 2, 5–172. – Kleine Dichtungen. Zürich: Suhrkamp 1980. – SW 4.

Literatur

Agamben, Giorgio: Die kommende Gemeinschaft (La comunità che viene). Aus dem Italienischen v. Andreas Hiepko. Berlin 2003 (ital. 1990).

Angerer, Christian: Rollenspiele. Soziales Rollenverhalten und Identitätsverweigerung in Robert Walsers Texten der frühen und der Berliner Zeit. Stuttgart 1995.

Baur, Wolfgang: Sprache und Existenz. Studien zum Spätwerk Robert Walsers. Göppingen 1974.

Benn, Joachim: Robert Walser [1914]. In: Kerr 1, 92–102.

Bethge, Hans: Kleine Dichtungen von *Robert Walser*. Verlag von *Kurt Wolff* in *Leipzig*. In: Zeitschrift für Bücherfreunde N. F. 8,5/6 (August/September 1916), Beiblatt, Sp. 293–294.

De Vos, Jaak: Autorität und Servilität. Die Dialektik der Macht – ideologisch und textstrategisch – in Robert Walsers Erzählung *Tobold (II)*. In: Norbert Otto Eke, Gerhard P. Knapp (Hg.): Neulektüren – New Readings. Fs. für Gerd Labroisse zum 80. Geburtstag. Amsterdam, New York 2009, 127–147.

Echte, Bernhard: »Wer mehrere Verleger hat, hat überhaupt keinen.« Untersuchungen zu Robert Walsers Verlagsbeziehungen. In: Rätus Luck (Hg.): Geehrter Herr – lieber

Freund. Schweizer Autoren und ihre deutschen Verleger. Mit einer Umkehrung und drei Exkursionen. Basel, Frankfurt a. M. 1998, 201–244.

Echte, Bernhard: Die Spur auf dem Vorsatz. Robert Walsers Biografie im Spiegel seiner Widmungsexemplare. In: Librarium. Zeitschrift der Schweizerischen Bibliophilen-Gesellschaft 51,2 (2008), 135–147.

Evans, Tamara S.: Robert Walsers Moderne. Bern, Stuttgart 1989.

Gees, Marion: »So, so? Verloren?« Zur Poetik des Verschwindens in Robert Walsers Bieler Prosa. In: GRODDECK u. a., 83–95.

Genazino, Wilhelm: Die Vernichtung der Sorgen. Roman. Reinbek bei Hamburg 1978.

Göbel, Wolfram: Der Kurt Wolff Verlag 1913–1930. Expressionismus als verlegerische Aufgabe. Mit einer Bibliographie des Kurt Wolff Verlages und der ihm angeschlossenen Unternehmen 1910–1930 [1977]. München 2007.

Greven, Jochen: Nachwort des Herausgebers. In: SW 4, 175–177.

Greven, Jochen: Robert Walser – ein Außenseiter wird zum Klassiker. Abenteuer einer Wiederentdeckung. Konstanz 2003.

Greven, Jochen: Robert Walsers Schaffen in seiner quantitativen zeitlichen Entwicklung und in der Materialität seiner Überlieferung. In: Text. Kritische Beiträge 9 (2004), 129–140.

Groddeck, Wolfram: »und in der Tat, er schrieb so etwas wie einen Roman«. Zur Edition des Druckmanuskripts von Robert Walsers Romandebüt Geschwister Tanner. In: GRODDECK u. a., 141–157.

Hamor, Magdalena M.: Robert Walser: Ein Beitrag zum Thema der Identität (Interpretation von »Helblings Geschichte«). MA Thesis Portland State College 1966.

Kortländer, Bernd: Robert Walser, die Zeitschrift »Die Rheinlande« und ihr Herausgeber Wilhelm Schäfer. Vortrag an der Jahrestagung der Robert Walser-Gesellschaft in München, 26. Juni 2004. In: http://www.robertwalser. ch (9. 1. 2015).

Pinthus, Kurt: Robert Walser, Kleine Dichtungen. Kurt Wolff Verlag, Leipzig, 1914. In: Zeitschrift für Bücherfreunde N. F. 7,4 (Juli 1915), Beiblatt, Sp. 196 f.

Reitz, Walter: Robert Walsers »Kleine Dichtungen«. In: Sonntagsblatt des Bund, 10. 10. 1915, 634–636.

Rippmann, Peter: Der Kuss – Leitmotiv bei Robert Walser. In: Schweizer Monatshefte 63,1 (Januar 1983), 62–68.

Rodewald, Dierk: Robert Walsers Prosa. Versuch einer Strukturanalyse. Bad Homburg, Berlin, Zürich 1970.

Schäfer, Jörg: Beschreibung der von Robert Walser herausgegebenen Bücher. In: Robert und Karl Walser. [Katalog zur] Ausstellung im Helmhaus Zürich 16. April bis 4. Juni 1978. Zürich 1978, 20–25.

Scheffler, Kirsten: Mikropoetik. Robert Walsers Bieler Prosa. Spuren in ein »Bleistiftgebiet« avant la lettre. Bielefeld 2010.

Stern, Martin: Die Lenau-Phantasien Robert Walsers. In: Lenau-Forum 13 (1985), 71–80.

Stiemer, Hendrik: Über scheinbar naive und dilettantische Dichtung. Text- und Kontextstudien zu Robert Walser. Würzburg 2013.

Utz, Peter: »Eigentümlich, zwiefach, übertragen«: Figuren des Fremden bei Robert Walser. In: Corina Caduff (Hg.): Figuren des Fremden in der Schweizer Literatur. Zürich 1997, 18–35.

Utz, Peter: Tanz auf den Rändern. Robert Walsers »Jetztzeitstil«. Frankfurt a. M. 1998.

Utz, Peter: »Der schauende und denkende Fremdling«. Traditionslinien der literarischen Heimkehr bei Keller und Walser. In: AMREIN/GRODDECK/WAGNER, 131–146.

Vollmer, Hartmut: »Durch den Tod hindurch ging ich hinein ins Leben«. Robert Walsers Tobold-Texte. In: Études germaniques 54,4 (1999), 585–606.

Wagner, Karl: Robert und Karl Walser im Kurt Wolff Verlag. In: Barbara Weidle (Hg.): Kurt Wolff. Ein Literat und Gentleman. Bonn 2007, 76–82.

Lucas Marco Gisi

3.4.2 Prosastücke (1917)

Entstehung und Veröffentlichung

Das schmale Büchlein *Prosastücke*, erschienen 1917 im Zürcher Verlag Rascher & Cie, ist das erste in der Schweiz verlegte Buch von Robert Walser. Ende August 1916 hatte der Verlag ihn um einen Beitrag für die Reihe *Schriften von Schweizer Art und Kunst* gebeten und dabei zunächst an »eine Novelle im Umfange von ca. 2–4 Bogen« gedacht, die auch bereits hätte veröffentlicht sein dürfen (Rascher-Verlag an Walser, 29. 8. 1916, in BA IV). Walser versprach jedoch einen unveröffentlichten Beitrag und forderte pro Bogen 50.– Fr. Honorar. Damit erklärte der Verlag sich einverstanden und erhielt am 5. 10. 1916 das fertige Manuskript mit einem Begleitbrief:

> Von vorliegender Arbeit, die ich Ihnen anvertraue, kann ich mit *festem Bewusstsein* sagen, daß ich sie für *gut* halte, weßhalb ich sie Ihnen mit guter Zuversicht anbiete. Jedes einzelne Stück ist mit starkem Fleiß und mit der sorgfältigsten Behutsamkeit geschrieben, […]. Die Stücke sind teils ernster teils heiterer Natur, auf einer ganz bestimmten *qualitativen* Höhe stehen sie, wie ich überzeugt bin, *alle*. (Br 115)

Für die Gestaltung hatte Walser klare Vorstellungen: Ein Inhaltsverzeichnis werde dem »kleinen Buch *zur Zierde* und zur Annehmlichkeit gereichen«, und jedes Prosastück solle mit einer »*frischen Druckseite*« beginnen. Das »Büchelchen« werde so einen »*guten Eindruck*« machen und, so ist Walser überzeugt, »sein Inhalt wird nicht ohne Wirkung bleiben« (ebd.).

Zwar blieben diese Vorschläge unberücksichtigt, doch der Band wurde rasch und sorgfältig realisiert. Walser las noch im gleichen Monat Korrektur und der Bruder Karl illustrierte den Einband. *Prosastücke* erschien, vom gleichen Satz gedruckt, in vier

Ausgaben, die sich nur in Einband und Titelei unterschieden. Die Einzelausgabe, ausgeliefert zu Weihnachten 1916, gab es in broschierter und gebundener Form, wobei für letztere auf den Reihentitel *Schriften für Schweizer Art und Kunst* verzichtet wurde. Außerdem wurde die Sammlung in die von Konrad Falke herausgegebene, 1917 ebenfalls bei Rascher & Cie erschienene Anthologie *Schweizerisches Novellen- und Skizzenbuch* aufgenommen. Diese wurde im gleichen Jahr auch als *Raschers Jahrbuch für Schweizer Art und Kunst* (Band IV, Zürich 1917) herausgebracht.

Prosastücke ist eine Folge von 18 Texten, die Walser erstmals ohne Rückgriff auf frühere Fassungen zusammengestellt hat. Ein Text (*Die Brüder*) allerdings ist sehr zeitnah zur Abgabe des Manuskripts, jedoch mit signifikanten Abweichungen im Wortlaut und im Aufbau, am 16. 10. 1916 in der *Vossischen Zeitung* gedruckt worden. Dem Rascher-Verlag versicherte Walser am 21. 10. 1916: »Dieses Stück habe ich für Sie ganz neu aus dem Kopf *frisch abgefaßt*, und ich darf sagen, daß die Fassung, die Sie bekommen haben, die *bessere* ist.« (Br 117)

Inhalt. Hinweise zur Lektüre und Analyse

Walser eröffnete in diesem Büchlein die Auseinandersetzung mit der ihm eigenen Form des Erzählens, die seine Bieler Prosasammlungen insgesamt durchzieht und strukturiert. Auch *Der Spaziergang* (s. Kap. 3.4.3) ist als eigenständiges Stück und Exempel Teil dieser dichten Folge von Buchpublikationen, an deren Anfang er ursprünglich hätte stehen sollen. In *Prosastücke* variiert Walser die poetologischen Mittel und die Möglichkeiten der Kleinen Form. Dabei gewinnen die Texte eine eigene Spannung aus der expliziten oder impliziten Infragestellung der literarischen Konventionen und Klassifikationen. Leitmotivisch steht die Beschäftigung mit Form und Tradition der Novelle im Hintergrund, durch die sich die Literatur seit der Jahrhundertwende neu herausgefordert sah, nicht zuletzt deshalb, weil sie im Rahmen des aufblühenden literarischen Feuilletons als »marktmächtige[] Gattungsnorm[]« wirkte (vgl. Utz 2008, 33).

Der Eröffnungstext der Sammlung, *Das Seestück*, beginnt mit einer *captatio benevolentiae* des auf feuilletonistische Unterhaltung ausgerichteten Lesers: »Dieses Stück ist sehr einfach, es handelt von einem schönen Sommerabend und von vielen Leuten, die am Seeufer hin- und herpromenierten«. (SW 5, 81) Die nun folgende Erzählung allerdings ist alles

andere als einfach, bietet sie doch eine höchst subtile Studie über das Verhältnis von Kunst und Naivität und über das Zusammenspiel von Poesie und Musik in der ästhetischen Einbildungskraft. Als synästhetische Evokation einer »venezianischen Nacht« entfaltet sie sich in einem hybriden metaphorischen Kunstraum, zugleich »Zirkus« und »Konzertsaal« (ebd., 81 f.). Der Gesang eines jungen Mädchens, dem der Erzähler zusammen mit anderen nächtlichen Spaziergängern zuhört, lässt »durch eine wunderbare Seelen-Anspannung und durch die Begeisterung eines lieben edlen Herzens« in der Wahrnehmung der Zuhörer imaginäre Welten und Figuren entstehen und verwandelt alles »in tönendes Leben und in eine tönende Schönheit« (ebd., 82 f.). Diese Verwandlung wird für den Leser durch die poetische Rede inszeniert, mittels Wortwahl, Rhythmik und sprachlicher Gebärde. Der ästhetischen Theorie gilt die Musik als eine »Kunst des Übergangs«, die durch ihren im Unterschied zur bildenden Kunst transitorischen Charakter der Poesie verwandt sei (Borchmeyer 2004, 155). In der »Ortlosigkeit der Töne, ihrer räumlichen Undefinierbarkeit, ihrer Abgelöstheit von der Gegenstandswelt« sieht Dieter Borchmeyer den Grund für die »metaphysische Faszination«, die in Walsers Prosastücken seit *Fritz Kocher's Aufsätze* mit der Musik verbunden ist: »Seine Prosastücke *sind* in übertragenem Sinne Musik, [...] konzentrieren sich nicht auf einen ›bleibenden Eindruck‹, sondern lassen sich von ›transitorischen Eindrücken‹ forttragen, spielen mit der Sprache selbst, abgelöst von ihren Gegenständen.« (ebd., 158, 155 f.) Mit der beiden Kunstformen zugeschriebenen »Melancholie der Vergänglichkeit« (ebd., 155) endet denn auch der Text: »[...] alle bedauerten, daß das Lied nun nach und nach in der Ferne sich verlor.« (SW 5, 83)

Kennzeichnend für seine Bieler Prosa-Bücher ist Walsers erneute Beschäftigung mit älteren eigenen Texten, als Relektüre, Umarbeitung oder Fortschreibung. So etwa, wenn er, ebenfalls in *Das Seestück*, einen Vers aus seinem 1907 in der Zeitschrift *Die Opale* erstgedruckten Gedicht *Im Bureau* zitiert und erläutert, das auch die erste, 1909 bei Bruno Cassirer erschienene Sammlung *Gedichte* eröffnet hatte. Die erste Zeile der zweiten Strophe »Der Mond ist die Wunde der Nacht« (SW 13, 7) wird hier nun in Prosa umgeschrieben und kommentiert: »Der Halbmond in der Höhe glich, wie soll ich sagen, einer Wunde, woraus ich folgere, daß der schöne Körper der Nacht verwundet war, ähnlich wie eine schöne edle Seele verletzt und verwundet sein kann, und darum ihre

Hoheit und Schönheit noch deutlicher offenbart.«
(SW 5, 81 f.) Erkenntnismedium dieser ›Offenbarung‹ ist die Poesie, denn ihr sind Wahrnehmungen
zugänglich, die sich der Alltagskonvention, im »Leben, das roh und unedel ist«, verschließen: der Text
entfaltet dies anschließend in der Erzählung von der
schönen Sängerin (ebd., 82).

In ironisch-spielerischem Bescheidenheitsgestus
grenzt Walser sein *Seestück*, und mit ihm gleichsam
im Auftakt das ganze Buch, gegen die ernsthaft-er-
habene Diktion und die ihr verbundenen literarischen Gattungen ab: »Wenn ich sage, daß der weite,
nächtliche See einem schlummernden Helden glich,
dessen Brust auch im Schlafe noch von den Angelegenheiten der Kühnheit und der hohen Denkart bewegt sei, so drücke ich mich vielleicht etwas gewagt
aus.« (ebd., 81) Die »Angelegenheiten der Kühnheit
und der hohen Denkart« (ebd.) sind traditionell Gegenstand der epischen Dichtung, besonders aber der
italienischen Novelle, die im zweiten Text der
Sammlung titelgebend wird. Es ist die Tradition der
Liebesnovelle von Boccaccio bis zu Stendhals *Chro-
niques italiennes*, die hier das Stichwort gibt (vgl.
Unglaub 1983, Utz 2008, Hobus 2011, 319–352). In
ihr situiert Walser seine Erzählung und wendet sich
zugleich von ihr ab, indem er die Anforderungen des
mit ihr in besonderer Weise verbundenen »mimetischen Literaturkonzepts« unterläuft (Hobus 2011,
325), das auch in der Erzählweise geforderte Ideal
des hohen Stils sprachlich übersteigert und ein gro-
teskes Liebesdrama mit allerdings glücklichem Ausgang inszeniert.

Die Abgrenzung gegen Forderungen, Angebote
und Normativitäten des Literaturbetriebs wird auch
in den anschließenden Texten thematisch: *Koffer-
mann und Zimmermann* als Absage an die Reisebe-
schreibung als Auftragsliteratur und *Der Flinke und
der Faule* als Konterkarierung und dialektische Ver-
kehrung der entsprechenden Normen, denen sich
gerade auch der feuilletonistische Schriftsteller ausgesetzt sah.

In der Erzählung *Der Maskenball* wird das Motiv
der venezianischen Nacht wieder aufgenommen. Zugleich knüpft Walser an eine andere italienische Tradition an: an die Commedia dell'arte und ihre Figuren, allen voran die des Harlekins. In der von ihm entwickelten vergleichenden Typologie der Narrenfiguren ist es der glückliche Harlekin, der »alle, die ihn
sahen, durch seine unschuldige antilopenhafte Fröhlichkeit und Lustigkeit in helles Entzücken setzte«
(SW 5, 93), in dem Walsers eigenes Stilideal Gestalt
findet: »[...] indem er lustig war, belustigte und er-

götzte er die andern. [...] wenn er in die Luft empor-
flog und tanzte, war er groß und bedeutend. Sein
Glück machte alle andern glücklich. Sein Anblick war
zugleich unterhaltend und wohltuend.« (ebd., 94)
Kann der Maskenball als solcher als poetologische
Metapher verstanden werden, so verkörpern die drei
Narrenfiguren die Tonarten der in *Prosastücke* ver-
sammelten Texte, die von der Groteske, der lehr-
haft-ernsten Betrachtung und der Parabel zur spiele-
risch-spöttischen Humoreske wechseln, und dabei
häufig Märchenmotive abwandeln. In den Reigen
eingeflochten ist die autobiographische Reminiszenz
Die Brüder, die an das 1895/1896 mit dem Bruder
Karl in Stuttgart verbrachte Jahr anknüpft. Die im
Sprachgestus expressionistisch eingefärbte Erzählung
Die Verlassene nimmt eine Figur aus dem 1913 in der
Zeitschrift *Arkadia* veröffentlichten Dramolett *Tobold* wieder auf und präsentiert eine Variation der
von Walser immer wieder zum Gegenstand gemachten Beziehung des Schriftstellers zu seiner Muse. Für
die Gesamtinterpretation des Buches bedeutsam ist
die Folge der beiden letzten Texte. *Schwendimann*, die
märchenhaft-parabelhafte Erzählung von einem der
auszog, »das Rechte« zu suchen, um es im Totenhaus
zu finden (ebd., 120–123), gab in der Forschung Anlass, nach der literarischen Beziehung Kafkas zu Walser zu fragen (Pestalozzi 1966; Rall 2002) und wurde
als Schlüsseltext einer von Walser in der Bieler Prosa
entwickelten »Poetik des Verschwindens« gelesen
(Gees 2008, 83). Das Prosastück *Ich habe nichts* beschließt die Sammlung mit einer Abwandlung der
Harlekinsfigur. Ein »guter Bursche mit einer dummen Nase« verfällt auf einer »[s]orglos und heiter«
begonnenen Wanderung der Sprachtrauer, da er sich
mit den ihm begegnenden Tieren nicht verständigen
und ihnen (deshalb) auch nichts geben kann – eine
Trauer, die sich in ein »alle seine Freunde, Menschen
und Tiere« umfassendes Gefühl der Hilflosigkeit aus-
weitet und ihn dazu bringt, seinen Spaziergang abzu-
brechen (SW 5, 123–125).

Forschung, Desiderate

Im Nachwort zu seiner Ausgabe der *Prosastücke* hat
Jochen Greven »eine gründliche Analyse der Erzähl-
strukturen« der einzelnen Prosastücke gefordert
(Greven: Nachwort in SW 5, 270). Sie ist noch immer
ein dringliches Desiderat, nicht zuletzt im Blick auf
das Qualitätsbewusstsein, dem Walser selbst im
Blick auf *Prosastücke* Ausdruck gab. Giorgio Agamben hat im Vorwort zur italienischen Ausgabe eine
Gesamtinterpretation dieser »più difficile e com-

plessa« (dieser schwierigsten und komplexesten) der Walserschen Prosasammlungen skizziert (Agamben 1994, 9). Er liest sie als Folge von ›Pantomimen‹, situiert auf der Bühne des Walserschen ›Manierismus‹, dem er eine Verwandtschaft mit dem nietzscheanischen Nihilismus in *Also sprach Zarathustra* zuschreibt (ebd.).

Ausgaben

[Vier Ausgaben vom gleichen Satz:] Prosastücke. Zürich: Rascher 1917 (Schriften für Schweizer Art und Kunst; 55) [auf dem Umschlag: 1916; Reihendruck]; Prosastücke. Zürich: Rascher 1917 [auf dem Umschlag: 1916; Separatdruck ohne Reihenaufdruck]; Prosastücke. In: Schweizerisches Novellen- und Skizzenbuch. Mit einem Geleitwort v. Konrad Falke. Zürich, Leipzig: Rascher 1917, 72–117; Prosastücke. In: Raschers Jahrbuch für Schweizer Art und Kunst IV. Schweizerisches Novellen- und Skizzenbuch. Mit einem Geleitwort v. Konrad Falke. Zürich, Leipzig 1917, 72–117. – GW 2, 173–219. – GWS 2, 173–219. – SW 5, 81–125.

Literatur

Agamben, Giorgio: Maniere del nulla [Vorwort]. In: Robert Walser: Pezzi in prosa. Übers. ins Italienische von Gino Giometti. Macerata 1994, 9–11.
Borchmeyer, Dieter: »Ich bin ganz Ohr«. Musik in Robert Walsers Prosa. In: Text + Kritik 4, 155–160.
Gees, Marion: »So, so? Verloren?« Zur Poetik des Verschwindens in Robert Walsers Bieler Prosa. In: Grodeck u. a., 83–95.
Greven, Jochen: »Er fährt nach dem Schwabenland«. Karl und Robert Walser in Stuttgart. Marbach 1996.
Hobus, Jens: Poetik der Umschreibung. Figurationen der Liebe im Werk Robert Walsers. Würzburg 2011.
Pestalozzi, Karl: Nachprüfung einer Vorliebe. Franz Kafkas Beziehungen zum Werk Robert Walsers. In: Akzente 13 (1966), 322–344.
Rall, Marlene: Deutschsprachige Texte und fremdkulturelle Rezeption. In: Germanistentreffen Deutschland-Argentinien, Brasilien, Chile, Kolumbien, Kuba, Mexiko, Venezuela. 8.–12. 10. 2001. Dokumentation der Tagungsbeiträge. Bonn 2002, 283–297.
Unglaub, Erich: Robert Walser und die Tradition der italienischen Novelle. In: Oxford German Studies 14 (1983), 54–72.
Utz, Peter: Italianismen vom Kollegen Kartoffelstock. Robert Walsers Auseinandersetzung mit der Novellentradition. In: Fattori/Gigerl, 33–48.

Barbara von Reibnitz

3.4.3 *Der Spaziergang* (1917)

Entstehung und Veröffentlichung

Der Spaziergang erschien 1917 im Frauenfelder Huber Verlag, und zwar als 9. Titel der Reihe *Schweizerische Erzähler*, die der Verlag 1916 – mitten im Krieg – als patriotisch fundierte ›Volksbibliothek‹ lanciert hatte (vgl. Utz 2014). Das 85 Druckseiten umfassende Oktavbändchen gelangte zum Preis von 80 Rappen in den Handel und war Robert Walsers erste Veröffentlichung in dem Verlag. Nebst den drei frühen Berliner Romanen ist *Der Spaziergang* der einzige längere Erzähltext, der zu Lebzeiten des Autors publiziert wurde. Heute zählt er zu Walsers wichtigsten Werken.

Im August 1916 entstanden und im September desselben Jahres als Auftragsarbeit für die neue Reihe eingereicht, lag der Text im Mai 1917 gedruckt vor. Den Einband gestaltete nicht, wie in der 1. Auflage vermerkt, der damals bekannte, in Berlin lebende Bruder Robert Walsers, Karl Walser, sondern der junge Zürcher Maler, Graphiker und Bühnenbildner Otto Baumberger (1889–1961) (vgl. Erni 1992; Richter 2008). Die falsche Angabe ging auf eine plötzliche Unerreichbarkeit des vielbeschäftigten Karl Walser zurück (Salathé, 101 ff.), der bis dahin – mit der Ausnahme von *Kleine Prosa* (1917) – bei den Büchern seines Bruders jeweils den Buchdeckel und gegebenenfalls auch die Vignetten und Illustrationen gestaltet hatte. Der Fehler wurde in der 1. Auflage mit einem auf dem vorderen Vorsatzblatt eingeklebten Zettel richtiggestellt; in den Nachdrucken steht auf der Rückseite der Titelseite die korrekte Angabe.

André Salathé hat aufgrund von Verlagsunterlagen rekonstruiert, dass von dem Bändchen nicht nur die bekannten 3600 Exemplare im April/Mai 1917 gedruckt wurden, sondern zusätzlich noch 3000 im September 1917 und weitere 5000 im April/Mai 1918. Damit dürfte tatsächlich *Der Spaziergang* und nicht *Der Gehülfe* das Buch sein, das zu Walsers Lebzeiten die größte Auflage erzielt hat (vgl. Salathé, 19 f.). Da die Neuauflagen im Buch nicht vermerkt sind, ist es indes fraglich, ob man von unterschiedlichen Auflagen sprechen kann und nicht vielmehr von Nachdrucken auszugehen hat. Für Walser war die Frage insofern irrelevant, als der Verlagsvertrag – unabhängig von der Auflagenzahl – ein einmaliges Honorar vorsah (ebd., 87, 95). Das Manuskript, das der Verlag nach der Drucklegung an den Autor retourniert hatte (ebd., 137), ist nicht überliefert.

Dem Text wurde schon bei seinem Erscheinen ein

besonderer Stellenwert beigemessen. Eduard Korrodi, der spätere Feuilletonleiter der *Neuen Zürcher Zeitung*, schrieb in einer Besprechung vom 4. 7. 1917, dass *Der Spaziergang* »vielleicht das beste der kleinen Werke ist, die Robert Walser in guten, der Feder holden Stunden schrieb« (zit. n. KERR 1, 114). Auch in der internationalen Rezeption wurde *Der Spaziergang* früh als »high point in Walser's art« (Avery 1959, 206) gelobt und als »einer der vollkommensten Texte Robert Walsers« (Calasso 1976/2006, 71) neben seine Romane gestellt. Walser selber hat den Text bald nach der Publikation »einer Satz für Satz neufassenden Bearbeitung unterworfen, um ihn in den Sammelband ›Seeland‹« (Greven, Nachwort in SW 5, 268) aufzunehmen, der 1920 (mit Jahresangabe 1919) im Zürcher Rascher Verlag erschien.

Seeland hätte ursprünglich ebenfalls bei Huber erscheinen sollen, doch der Plan zerschlug sich. Da dem 1917 (mit Jahresangabe 1918) im selben Haus verlegten Band *Poetenleben* kein Erfolg beschieden war, musste der Verlag befürchten, dass ein dritter Walser-Titel in so kurzer Folge kaum Marktchancen haben würde, zumal er keine Erstveröffentlichungen enthielt (vgl. SALATHÉ, 164 f.).

Wie die Umarbeitung des Textes zu bewerten sei, war bislang in der Forschung kein spezielles Thema; ein systematischer Fassungsvergleich steht noch aus. Walser selber hatte gegenüber dem Verlag angekündigt, die für *Seeland* vorgesehenen Texte »sprachlicher und baulicher Verfeinerung, Veredelung [zu] unterziehen« (Br 123). Nachdem er sie »eifrig bearbeitet« hatte, um ihnen »die mögli gefälligste Form zu geben«, gab er sich überzeugt, auch *Der Spaziergang* habe »ohne Zweifel Manches gewonnen« (Br 142). Dazu muss man wissen, dass Walser damals auf Honorare dringend angewiesen war.

Jochen Grevens Sicht deckt sich weitgehend mit derjenigen Walsers, wenn er in den *Gesammelten Werken in Einzelausgaben* kommentiert, die überarbeitete Fassung sei, »als Ergebnis eigentlich nur sprachlich-stilistischer Straffung, etwas kürzer« (Greven, Nachwort in SW 5, 268). Wie bei den anderen in *Seeland* aufgenommenen Texten habe Walser den Text »grundsätzlich im Sinne eines strengeren, rhythmisch ausgeglicheneren, eher klassizierenden Stils« redigiert (ebd.).

Jüngst hat Susan Bernofsky in ihrer englischen Neuübersetzung für die 2. Fassung eine Lanze gebrochen. Die Unterschiede zwischen den beiden Fassungen seien »at once massive and slight« (Bernofsky 2013, 6). Zwar ändere sich weder an der Story noch am Plot etwas, doch die Modifikationen beträfen ne-

ben dem Anfang und dem Schluss fast jeden einzelnen Satz. Da die revidierte Fassung die selbstbezüglich digressiven Momente mindere, habe sich vor allem die Kluft zwischen dem schreibenden und dem spazierenden Protagonisten verkleinert (vgl. ebd., 6–9).

Die Relevanz von Walsers *Der Spaziergang* ermisst sich auch daran, dass er regelmäßig neu herausgegeben wird und als erster Walser-Text überhaupt eine Übersetzung erfuhr. Die 1. Fassung findet 1939 Aufnahme in das von Walter Muschg herausgegebene *Schweizer Novellenbuch* (Walser 1939). 1944 erscheint in Herrliberg-Zürich eine von Eugen Früh illustrierte Ausgabe der 1. Fassung (Walser 1944), 1957 in London die von Christopher Middleton besorgte Übersetzung der 1. Fassung ins Englische (Walser 1957). Carl Seelig übernimmt die 1. Fassung in den 5. Band *Komödie, Geschichten und Der Spaziergang* seiner fünfbändigen Werkausgabe *Dichtungen in Prosa* (DiP 5, 259–343). Der Diogenes Verlag publiziert 1967 die 1. Fassung zusammen mit Prosastücken unter dem Titel *Der Spaziergang. Ausgewählte Geschichten und Aufsätze*, ein Band, der seit 1973 als Taschenbuch lieferbar ist (Walser 1967 u. 1973). Greven druckt im 3. Band *Poetenleben, Seeland, Die Rose* seiner dreizehnbändigen Ausgabe *Das Gesamtwerk* erstmals die 2. Fassung nach, und zwar unter Verzicht der 1. Fassung (GW 3, 209–277). Auch die von Greven 1978 zu Walsers 100. Geburtstag vorgelegte zwölfbändige Jubiläumsausgabe *Das Gesamtwerk* in der *edition suhrkamp* enthält nur die 2. Fassung (GWS 3, 209–277). Es ist auch die 2. Fassung, die 1978 als Band 593 in die *Bibliothek Suhrkamp* aufgenommen wird (Walser 1978). In der ebenfalls 1978 von Anne Gabrisch in der DDR herausgegebenen zweibändigen Walser-Ausgabe *Prosastücke* (PS) fehlt der Text; er findet sich auch nicht in der 1984 ebenda erschienenen zweibändigen Ausgabe der *Romane*. Im Band 6 *Erzählungen (1917–1932)* der 1984 von Greven und Volker Michels zusammengestellten sechsbändigen Geschenkausgabe *Romane und Erzählungen* figuriert allein die 2. Fassung (RE 6, 40–108, mit falscher Datierung 1917). Erstmals beide Fassungen bringt 1985/1986 Grevens zwanzigbändige Taschenbuchausgabe *Sämtliche Werke in Einzelausgaben*; die 1. Fassung findet sich im Band 5 *Der Spaziergang, Prosastücke und Kleine Prosa* (SW 5, 5–77), die 2. im Band 7 *Seeland* (SW 7, 83–151). Nachdem Bernard Lortholary sich 1987 für die in Paris verlegte französische Übersetzung auf die Fassung letzter Hand stützte (Walser 1987), ist die 2. Fassung auch international verbreitet.

Als Walser 1913 aus Berlin, wo er zur Kulturszene durchaus Beziehungen unterhalten hatte, in die kleinbürgerlich geprägte Heimatstadt Biel zurückkehrt, wird er zum Einzelgänger (vgl. MÄCHLER, 133), lebt in finanziell prekären Verhältnissen und verbringt viel Zeit mit Spazieren und Wandern. Wenn er die Verbindung von Spazieren und Schreiben poetologisch wendet und aus dem Spaziergang ein »Erzählmodell« (vgl. Albes 1999) macht, so ist das auch Ausdruck veränderter Lebensumstände, wobei es zu berücksichtigen gilt, dass das Motiv des Gehens schon frühere Texte prägt wie das Prosastück *Der Greifensee* (1899) oder den Roman *Geschwister Tanner* (1907), dessen Held als moderner Abkömmling der romantischen Taugenichts-Figur stets »weiter wander[t]« und schwärmt, »wie köstlich das Laufen auf Landstraßen ist« (SW 9, 20).

Nach 1913 tragen allein zehn Texte das Wort ›spazieren‹ im Titel: *Spazieren* (1914), *Spaziergang (I)* (1914), *Abendspaziergang* (1915), *Der Spaziergang* (1917, 1. Fassung), *Der Spaziergang* (1920, 2. Fassung), *Sonntagsspaziergang (I)* (1925), *Sonntagsspaziergang (II)* (1926), *Eines Tages ging spazieren* (1927), *Spaziergang im Park* (1929) und *Spaziergang (II)* (1931/32). Die kleineren Texte, die hier nicht diskutiert werden können, vertiefen und variieren Aspekte aus dem Haupttext *Der Spaziergang* (vgl. Albes 1999, 271–292).

Schwellentext zur Moderne

Der Spaziergang kann als ›Schwellentext‹ zur Moderne des 20. Jh.s gelten (vgl. Sorg 1998, 255–266). Während die ironisch selbstbezügliche Erzählhaltung, das Fehlen einer klassischen Handlung und die digressiv episodische Struktur als Merkmale modernen Erzählens gelten, bilden die intakte Einheit von Person, Ort und Zeit, der vollendet dramatische Aufbau und die formale Geschlossenheit einen konventionellen Gegenpol.

Der Text schildert, wie ein Schriftsteller »eines schönen Vormittags« sein Zimmer verlässt, um »in einer romantisch-abenteuerlichen Gemütsverfassung« (SW 5, 7) einen Spaziergang durch seine Stadt und die nähere Umgebung zu unternehmen. Als episodisch gegliederter Parcours verbindet er die dem alltäglichen Leben des Ich-Erzählers entspringenden Erlebnisse, Einfälle und Beobachtungen mit poetologischen, den Spaziergang und die Erzählung betreffenden Meta-Reflexionen. Nach einem epiphanisch geprägten »Höhepunkt«, der den Handlungsverlauf dramatisch zuspitzt und den Blick ironisch pathe-

tisch »auf das Kleinste und Bescheidenste« lenkt, führt der Weg am Abend schließlich wieder zurück nach Hause, wo der Protagonist anlangt, als es schon dunkel ist (ebd., 55, 57).

Die damals nach wie vor hoch im Kurs stehende ›Novelle‹ sowie die anhaltende Diskussion um sie (vgl. Rath 2000, 271–78; Kiefer 2010, 61–78), an der sich Autoren wie Gottfried Benn, Hermann Broch, Alfred Döblin oder Robert Musil beteiligten, konnten Robert Walser nicht unberührt lassen, zumal er sich mit Verlegern und Kritikern konfrontiert sah, die von ihm plastische, handlungsorientierte Texte einforderten und in seinen Augen als »Besteller von Novellen« (SW 20, 424) auftraten. Als Autor, den »weitläufige epische Zusammenhänge sozusagen zu irritieren begonnen hatten« (SW 20, 429), hatte sich Walser nach dem Misserfolg seines dritten Romans *Jakob von Gunten* (1909) von der Großform abgewendet und auf stoffarme, reflexionsreiche Kurzprosa verlegt.

Peter Utz hat dargestellt, dass Walser die klassische, an einer fassbaren Handlung orientierte Novelle zwar ironisiert und verabschiedet, da »ihre literarischen, medialen und gesellschaftlichen Voraussetzungen abhanden gekommen sind«, dass man in seinen fürs Feuilleton verfassten Prosastücken jedoch eine »Weiterentwicklung« der Novelle erkennen könne, da sie oft anlassorientiert und auf fingierte Mündlichkeit hin angelegt seien (Utz 2008, 46 f.).

Auch *Der Spaziergang* ist alles andere als eine klassische Novelle, obwohl deren spezifischen Merkmale auf ihn besser anwendbar wären als auf jeden anderen Walser-Text: Er ist von mittlerer Länge und geschlossener Form, schildert in Umgangston eine zentrale ›unerhörte Begebenheit‹, die in alltägliche Erfahrungen eingebettet, leitmotivisch flankiert und dramatisch strukturiert ist und zielt auf etwas überzeitlich Interessantes, Allgemeines (vgl. Sorg 2008, 391; Aust 2012, 10–24). Diese Entsprechung ist vor dem Hintergrund zu sehen, dass *Der Spaziergang* auf Bestellung für die Reihe *Schweizerische Erzähler* entstand, die als »Die zeitgenössische Novellendichtung der Schweiz in Einzelausgaben« (Walser 1917, 87) angezeigt wurde. So hatte Walser also die ihm wenig entsprechende mittlere Länge des Textes nicht freiwillig gewählt (SALATHÉ, 81).

Wenn die Ich-Figur in Walsers spätem Prosastück *Meine Bemühungen* (1928) bilanziert, ihr sei »vielleicht bis heute noch überhaupt keine einzige Novelle geglückt« (SW 20, 427), so markiert exakt dieses ›Missglücken‹ das Spezifische von Walsers Modernität. Anstatt eine handfeste Handlung zu entfalten, wie eine Novelle dies zielstrebig tun würde, entwickelt sich *Der Spaziergang* aus Abschweifungen heraus (vgl. Frederick 2012). Aus der Sicht einer Schriftsteller-Figur, die »ebensogern spaziert als schreibt« (SW 5, 22), wird ein bald realistisch, bald satirisch, punktuell auch phantastisch anmutender Spaziergang geschildert. Das Spazieren erfüllt sich nicht in Zerstreuung und Erbauung, sondern begründet eine im Selbsterleben des Ich fußende Poetik, die nicht darauf abzielt, Geschichten zu erfinden, sondern das eigene Leben unter dem Gesichtspunkt einer erzählbaren Geschichte zu betrachten.

Dabei ist das vor den Augen des Lesers sich aufbauende »Landstraßentheater« (SW 5, 19) latent unheimlich, indem Automobile »kalt und bös in das Kinderspiel […] hineinfahren« oder das »Phantom« eines Riesen als dämonisches Alter Ego des Erzählers erscheint (ebd., 19 f., 30). Mit fortschreitendem Verlauf – das Ich trifft Bekannte, besucht eine Buchhandlung oder geht auf die Bank – verdichtet sich die Erzählung zu einer poetologischen Allegorisierung des Spaziergangs. Auf die rhetorische Frage, was er auf seinem »schönsten aller Wege« denn immer »Neues, Unerhörtes und Schönes« zu sehen bekomme, antwortet der Ich-Erzähler mit einer *mise en abyme*: »›Das alles […] schreibe ich bestimmt demnächst in ein Stück oder in eine Art Phantasie hinein, die ich ›Der Spaziergang‹ betiteln werde.‹« (ebd., 25)

Nach weiteren »tapfer bestandenen Abenteuer[n]«, zu denen Ereignisse wie der Eintritt ins Waldesinnere, ein Essen bei Frau Aebi, ein Besuch beim Schneider oder das Vorsprechen auf dem Steueramt zählen, hält der Erzähler eine große Lobrede auf das Spazieren (ebd., 50–54). Danach steht er vor einer geschlossenen Schranke, wo ein Zug voller Soldaten vorbeifährt. Das retardierende Moment blendet den historischen Hintergrund des Krieges ein und initiiert den »Höhepunkt« (ebd., 55). Mitten auf der Straße ereignet sich eine Epiphanie, die den Helden erst dissoziiert und dann mit sich und der Welt versöhnt: »Die Zukunft verblaßte, und die Vergangenheit zerrann. Ich glühte und blühte selber im glühenden blühenden Augenblick. […] und ich phantasierte mitten in der schönen Gegend von nichts anderem als nur eben von ihr. […] Ich war nicht mehr ich selber, war ein anderer und doch gerade darum erst recht wieder ich selbst.« (ebd., 56 f.)

Die bewegende Erfahrung markiert die Peripetie. Auf dem Heimweg vertieft sich das Nachdenken und der Referenzhorizont wird angedeutet, vor dem sich der Text bewegt. So fragt der Erzähler nach der Bedeutung der Landschaftsmalerei im Verhältnis zur »wirklichen Landschaft«, beschwert sich über die impertinenten Automobile, die seine »gelehrten und romantischen Betrachtungen« bedrohen, erwähnt den »genialen aber unglücklichen Dichter Lenz« und den »große[n] wilde[n] stürmische[n] dunkle[n] Roman ›Godwi‹ von Brentano« (ebd., 59, 64, 68).

War die Atmosphäre im ersten Teil ironisch und heiter, wird sie auf »das stille Ende« (ebd., 69) hin besinnlich. Walser selber hatte bemerkt, dass, »namentlich am Schluß, tieferer Ernst keinesfalls« (zit. n. SALATHÉ, 82) fehle. Wenn dem Spazieren »etwas Melancholisches« (Bichsel 1983, 354; vgl. Stefani 1984; Niccolini 2000, 135–139) eignet, so kommt es jetzt zum Tragen: »Wozu dann die Blumen? ›Sammelte ich Blumen, um sie auf mein Unglück zu legen?‹ fragte ich mich, und der Strauß fiel mir aus der Hand. Ich hatte mich erhoben, um nach Hause zu gehen; denn es war schon spät, und alles war dunkel.« (SW 5, 77) Am Ende steht wieder das düstere »Schreib- und Geisterzimmer« (ebd., 7) des Anfangs, dem der Schriftsteller am Morgen entflohen war.

Trotz aller ›Erlebnis-Intensität‹ ist Walsers Spaziergänger eine Kunstfigur, der Spaziergang eine »Metapher des Schreibens« (Pestalozzi 2010, 31). Das Geschilderte repräsentiert keine authentische Erfahrung, sondern erscheint als Parabel auf die Suche nach dem geglückten Leben und Schreiben. Dem entsprechen Baumbergers Schattenriss eines tändelnden Spaziergängers auf dem Buchdeckel, der »als eine Kunstfigur und eine Figuration der Kunst gleichzeitig« lesbar ist (Utz 2014, 92), aber auch die Erzählsituation, die das Präsens der Erzählgegenwart und das Imperfekt des erinnerten Spaziergangs amalgamiert.

Die konstruktivistische Sprach- und Erzählhaltung, die ›Augenblicks-Ästhetik‹ (Bohrer 1981) und die digressive Erzählstruktur (Niccolini 2000, 163–167; Frederick 2012, 25–61) machen Walsers Erzählung zu einem prototypisch modernen Text, der in seiner Fülle von Einfällen, Reflexionen und Motiven und der Art ihrer poetologischen Engführung innovativ und originell ist. Obwohl der romantische Hintergrund durchscheint, ist der Text keine Parodie des novellistischen Erzählens, sondern eine Textsorte *sui generis*, die Walser schafft, um seinem ›zerstreuten‹ Erzählen eine übergeordnete Form zu geben, die mehr repräsentiert als die Summe ihrer einzelnen Teile und erzählerisches Neuland eröffnet (Avanessian, Hennig 2012, 56–60; Gloor 2013).

Dass diese Form unmittelbar aus dem Leben gegriffen ist, entspricht Walsers autofiktional geprägter

Schreibweise (vgl. Gisi 2012), in der sich der reale Autor und die Ich-Figuren gegenseitig so sehr annähern, dass die Fiktion entsteht, sie könnten einander entsprechen. Die Erzählsituation ironisiert die prinzipielle Nicht-Identität der beiden Instanzen, indem das erzählte Spaziergänger-Ich und das den Spaziergang im Rückblick erzählende Ich durch »in die Erzählstruktur eingebaute Kunstgriffe« (Niccolini 2000, 151) zugleich aufeinander bezogen als auch voneinander unterschieden sind.

Indem Walser das Besondere im Zufälligen und Alltäglichen des eigenen Erlebens ansiedelt, wird jeder Tag, jede Erfahrung, jeder Gedanken zu etwas potentiell ›Unerhörtem‹. Darin unterscheidet sich *Der Spaziergang* diametral von zeitgenössischen Erfolgsbüchern wie Bernhard Kellermanns *Ein Spaziergang in Japan*, das die »sonderbaren und unglaublichen Dinge« (Kellermann 1910, 5) im Exotischen findet. Unternommen hatte Kellermann die Reise zusammen mit Robert Walsers Bruder Karl, der zum Bericht die Deckelzeichnung beisteuerte.

Die Figur des Spaziergängers und der Spaziergang als Erzählmodell

Die Rezeption konzentrierte sich bislang hauptsächlich auf den ›Spaziergänger‹ als Ausdruck einer »Seinsweise« (Bänziger 1958, 92) und auf den ›Spaziergang‹ als »Erzählmodell« (Albes 1999), zwei Topoi, die vielfältig miteinander interagieren.

Hatte der zeitgenössische Rezensent Korrodi die »Apologie des geschäftigen Müßiggängers« noch auf den Erzähler bezogen (zit. n. Kerr 1, 113), so münzte Seelig die Zuschreibung 1944 auf Walser selber, den er als »König der Spaziergänger« und »Bummelgenie« apostrophiert (zit. n. ebd., 193). Fortan galt Walser als »der geborene Spaziergänger« (Zinniker 1947, 48). Eine Vorstellung, die durch Seeligs Erinnerungsbuch *Wanderungen mit Robert Walser* von 1957 weit verbreitet wurde, so dass Walser inzwischen die »perfekte Streunerpsychologie« (Gass 1997, 7) verkörpert.

Schon die erste Dissertation zu Walser von George C. Avery von 1959 hatte im »Artist Wanderer« (Avery 1959, 204) die zentrale Künstlerfigur von Walsers Werk erkannt. In Grevens Pionierarbeit von 1960 steht der Spaziergänger für eine radikale, vom Sozialen abgekoppelte Subjektivität, die den Erlebnisgegenstand ›Landschaft‹ ästhetisch verklärt und die Natur »zum idealen Kunstwerk stilisiert« (Greven 1960/2009, 122). Neben aller Ironie sei darin auch

eine Tendenz zum Schematischen, Manieristischen und Idyllischen erkennbar (ebd., 119–128).

Danach wurde die existenzielle Lesart typologisch überformt. Für Raymond Lauener ist der Spaziergänger eine der Walserschen ›Spielfiguren‹ (Lauener 1970, 173–200), Urs Widmer begreift ihn als eine jener »Rollen«, die es Walser erlaubten, »überhaupt etwas zu sagen« (Widmer 1973, 153), Paul Nizon erkennt in ihm 1976 die Figuration einer Kunst- und Lebensform, die »immer im Aufbruch« (zit. n. Kerr 2, 26) ist, und für Peter Bichsel ist »der Spaziergänger, der sich selbst Reden hält« (Bichsel 1983, 354) eine prototypische Walser-Figur. Guido Stefanis Monographie verortet die Figur in der literarischen Tradition seit der Romantik und in einer Reihe von Alter Ego-Figuren des Autors: »Commis, Künstler, Page, Knabe, Räuber etc.« (Stefani 1985, 4; vgl. Piniel 1968, 67–80; Koebner 1988; Wellmann 1991).

Catherine Sauvats französisch verfasste Gesamtdarstellung von Leben und Werk Walsers verfestigt dieses Paradigma zu einer eigentlichen Typologie, in welcher der Spaziergänger eine »Ästhetik des Alltäglichen« und »Glorifizierung des Banalen« (Sauvat 1989/1993, 250 f.) verkörpert und als Ausdruck des nomadischen Prinzips der modernen Literatur erscheint (vgl. Mohr 1994). Parallel zur Darstellung der Motivgeschichte des Spazierens (Wellmann 1991), der Sammlung relevanter Beispieltexte (Wellmann 1992) und der Rekonstruktion einer ›Kulturgeschichte des Spaziergangs‹ als einer spezifisch modernen »kulturelle[n] Praxis« (Gellhaus, Moser, Schneider 2007, 8) etablierte sich in der Walser-Forschung die Auffassung, der Spaziergänger sei »die eigentliche Figuration des Schreibaktes« (Niccolini 2000, 151).

Wenn man die Ansicht, bei Walser seien »Wandern, Schreiben und Leben [...] unmittelbar miteinander verknüpft« (Noble 2002, 11), vom Biographischen löst, resultiert die Vorstellung, das Spazieren stelle ein ›Erzählmodell‹ dar, das a-mimetisch, schriftgetrieben, digressiv, autoreflexiv, intertextuell und rhetorisch ausgerichtet ist (Albes 1999, 266–270). Es war Christoph Siegrist, der 1967 die Einsicht, der Spaziergänger bilde »die Grundfigur von Walsers Dichtung«, mit der These ihrer »arabesken Struktur« (zit. n. Kerr 2, 136) verknüpfte (vgl. Andres 1997, 61–64). Seither sind unterschiedliche Facetten des ›poetischen Codes‹ (Wellmann 1991) des Spazierens behandelt worden: die Verwandtschaft von »Spaziergang und Schrift« (Rothemann 2000, 104), der ›narrative Performanz des Gehens‹ (Hummel 2007), der Aspekt des fortwährenden ›In die Irre-Gehens‹ (Kreienbrock 2010), die Dimension der absoluten Ironie jeder Darstellung (Lacadée 2010) oder das Prinzip der ›narrativen Proliferation‹ (Frederick 2012, 36). Walsers Bedeutung für die Geschichte des modernen Erzählens wird auch von Armen Avanessians und Anke Hennigs Studie zum Präsens als Erzähltempus unterstrichen, die zeigt, dass *Der Spaziergang* zu den ersten Texten zählt, die ein »Erzählpräsens« verwenden und eine narratologische »Fiktionalisierung des Präsens« betreiben (Avanessian, Hennig 2012, 56, 60).

Nach der Literaturwissenschaft hat auch die transdisziplinär orientierte ›Spaziergangswissenschaft‹ den Spaziergang als Wahrnehmungsmodell von Landschaft bzw. Stadtlandschaft entdeckt. Die von Lucius Burckhardt (1925–2003) begründete ›Promenadologie‹ oder ›Strollology‹ findet im Bereich der Raumplanung, des Urbanismus und der zeitgenössischen Kunst Beachtung (Burckhardt 2006; Burckhardt 2012; Weisshaar 2013). Erste Versuche des Schriftstellers David Wagner (vgl. Wagner u. a. 2015) oder der »Agentur für Gehkultur« von Marie-Anne Lerjen in diese Richtung deuten darauf hin, dass sie Walser als einen Anreger und Vorläufer oder gar ein Vorbild entdecken wird.

Ausgaben

Der Spaziergang. Frauenfeld, Leipzig: Huber 1917 [1. Fassung; Nachdrucke 1917, 1918]. – Der Spaziergang. In: Robert Walser: Seeland. Zürich: Max Rascher 1919, 99–180 [2. Fassung]. – Der Spaziergang. In: Walter Muschg (Hg.): Schweizer Novellenbuch. Zürich: Schweizer Bücherfreunde 1939, 119–180. – Der Spaziergang. Zeichnungen v. Eugen Früh. Herrliberg-Zürich: Bühl-Verlag 1944. – The Walk and Other Stories (Der Spaziergang u. Prosaauswahl). Übers. v. Christopher Middleton. London: John Calder 1957, 36–104. – DiP 5, 259–343. – Der Spaziergang. Ausgewählte Geschichten und Aufsätze. Zeichnungen von Karl Walser. Zürich: Diogenes 1967, 7–142. – GW 3, 209–277. – Der Spaziergang. Ausgewählte Geschichten und Aufsätze. Zeichnungen von Karl Walser. Nachwort von Urs Widmer. Zürich: Diogenes 1973, 7–71. – GWS 3, 209–277. – Der Spaziergang. Zürich: Suhrkamp 1978. – RE 6, 40–108. – SW 5, 5–77 [1. Fassung]. – SW 7, 83–151 [2. Fassung]. – La Promenade (Der Spaziergang). Übers. v. Bernard Lortholary. Paris: Gallimard 1987.

Literatur

Albes, Claudia: Der Spaziergang als Erzählmodell. Studien zu Jean-Jacques Rousseau, Adalbert Stifter, Robert Walser und Thomas Bernhard. Tübingen, Basel 1999.

Andres, Susanne: Robert Walsers arabeskes Schreiben. Göttingen 1997.

Aust, Hugo: Novelle. 5., aktual. u. erw. Aufl. Stuttgart, Weimar 2012.

Avanessian, Armen, Hennig, Anke: Präsens. Poetik eines Tempus. Zürich 2012.

Avery, George C.: Focus on Reality in the Novels of Robert Walser. Diss. University of Pennsylvania 1959.

Bänziger, Hans: Heimat und Fremde. Ein Kapitel »Tragische Literaturgeschichte« in der Schweiz: Jakob Schaffner, Robert Walser, Albin Zollinger. Bern 1958.

Bernofsky, Susan: Introdution. In: Robert Walser. The Walk. Übers. v. Christopher Middleton u. Susan Bernofsky. New York 2012, 3–11.

Bichsel, Peter: Nachwort. In: Robert Walser: Geschwister Tanner. Zürich 1983, 331–361.

Bohrer, Karl Heinz: Plötzlichkeit. Zum Augenblick des ästhetischen Scheins. Frankfurt a. M. 1981.

Burckhardt, Lucius: Writings. Rethinking man-made environments. Politics, Landscape & Design. Hg. v. Jesko Fezer, Martin Schmitz. Wien, New York 2012.

Burckhardt, Lucius: Warum ist Landschaft schön? Die Spaziergangswissenschaft. Hg. v. Markus Ritter, Martin Schmitz. Berlin 2006.

Calasso, Roberto: Der Spaziergang [1976]. In: ders.: Hundert Briefe an einen unbekannten Leser. Aus dem Italienischen v. Roland H. Wiegenstein. München 2006, 71 f.

Erni, Arnold: Otto Baumberger als Buchkünstler. Eine Bibliographie entsteht. In: Librarium 35, 1 (1992), Heft 1, 19–44.

Frederick, Samuel: Narratives Unsettled. Digression in Robert Walser, Thomas Bernhard, and Adalbert Stifter. Evanston 2012.

Gass, William H.: Robert Walser. In: ders., Jürg Laederach: Über Robert Walser. Zwei Essays. Salzburg, Wien 1997, 5–18.

Gellhaus, Axel, Moser, Christian, Schneider, Helmut J. (Hg.): Kopflandschaften – Landschaftsgänge. Kulturgeschichte und Poetik des Spaziergangs. Köln u. a. 2007.

Gisi, Lucas Marco: Der autofiktionale Pakt. Zur (Re-)Konstruktion von Robert Walsers »Felix«-Szenen. In: Elio Pellin, Ulrich Weber (Hg.): »…all diese fingierten, notierten, in meinem Kopf ungefähr wieder zusammengesetzten Ichs.« Autobiographie und Autofiktion. Göttingen, Zürich 2012, 55–70.

Gloor, Lukas: Schreiben im Treppenhaus. Inszenierungen des Erzählens in Robert Walsers Der Spaziergang als Grenzfall der Narratologie. Masterarbeit Universität Basel 2013.

Greven, Jochen: Existenz, Welt und reines Sein im Werk Robert Walsers. Versuch zur Bestimmung von Grundstrukturen [1960]. Reprint der Originalausgabe. Hg. v. Reto Sorg. München 2009.

Greven, Jochen: Nachwort des Herausgebers. In: SW 5, 267–272.

Hummel, Volker Georg: Die narrative Performanz des Gehens. Peter Handkes »Mein Jahr in der Niemandsbucht« und »Der Bildverlust« als Spaziergängertexte. Bielefeld 2007.

Kellermann, Bernhard: Ein Spaziergang in Japan. Berlin 1910.

Kiefer, Sascha: Die deutsche Novelle im 20. Jahrhundert. Eine Gattungsgeschichte. Köln u. a. 2010.

Koebner, Thomas: Versuch über den literarischen Spaziergang. In: Wolfgang Adam (Hg.): Das achtzehnte Jahrhundert. Facetten einer Epoche. Fs. für Rainer Gruenter. Heidelberg 1988, 39–76.

Kreienbrock, Jörg: Kleiner. Feiner. Leichter. Nuancierungen zum Werk Robert Walsers. Zürich 2010.

König, Gudrun M.: Eine Kulturgeschichte des Spaziergangs. Spuren einer bürgerlichen Praktik 1780–1850. Wien u. a. 1996.

Lauener, Raymond: Robert Walser ou la Primauté du Jeu. Bern 1970.

Lacadée, Philippe: Robert Walser, le promeneur ironique. Enseignements psychanalytiques de l'écriture d'un »Roman du réel«. Nantes 2010.

Mohr, Daniela: Das nomadische Subjekt. Ich-Entgrenzung in der Prosa Robert Walsers. Frankfurt a. M. 1994.

Niccolini, Elisabetta: Der Spaziergang des Schriftstellers. *Lenz* von Georg Büchner, *Der Spaziergang* von Robert Walser, *Gehen* von Thomas Bernhard. Stuttgart, Weimar 2000. NOBLE.

Pestalozzi, Karl: Spazieren und Schreiben – Franz Kafka »Der plötzliche Spaziergang« und Robert Walser *Der Spaziergang*. In: KONDRIČ HORVAT, 23–39.

Piniel, Gerhard: Robert Walsers »Geschwister Tanner«. Diss. Universität Zürich 1968.

Rath, Wolfgang: Die Novelle. Konzept und Geschichte. Göttingen 2000.

Richter, Bettina (Hg.): Otto Baumberger. Essay v. Martin Heller. Baden 2008.

Rothemann, Sabine: Spazierengehen – Verschollengehen. Zum Problem der Wahrnehmung und der Auslegung bei Robert Walser und Franz Kafka. Marburg 2000. SALATHÉ.

Sauvat, Catherine: Vergessene Welten. Biographie zu Robert Walser (Robert Walser). Aus dem Französischen v. Helmut Kossodo. Köln, Saignelégier 1993 (franz. 1989).

Sorg, Reto: Aus den »Gärten der Zeichen«. Zu Carl Einsteins »Bebuquin«. München 1998.

Sorg, Reto: Kurze Prosa. In: Sabine Haupt, Stefan Bodo Würffel (Hg.): Handbuch Fin de Siècle. Stuttgart 2008, 369–414.

Sorg, Reto, Gisi, Lucas Marco (Hg.): »Jedes Buch, das gedruckt wurde, ist doch für den Dichter ein Grab oder etwa nicht?« Robert Walsers Bücher zu Lebzeiten. Bern 2009.

Stefani, Guido: Spaziergang und Resignation. In: Robert Walser. Dossier Literatur 3. Zürich, Bern 1984, 89–94.

Stefani, Guido: Der Spaziergänger. Untersuchungen zu Robert Walser. Zürich, München 1985.

Utz, Peter: Italianismen vom Kollegen Kartoffelstock. Robert Walsers Auseinandersetzung mit der Novellentradition. In: FATTORI/GIGERL, 33–48.

Utz, Peter: Helvetische Heroik im Huber-Verlag: Robert Faesi, Paul Ilg, Robert Walser. In: Karl Wagner, Stephan Baumgartner, Michael Gamper (Hg.): Der Held im Schützengraben. Führer, Massen und Medientechnik im Ersten Weltkrieg. Zürich 2014, 81–97.

Wagner, David u. a. (Hg.): Bernbuch. Berlin 2015.

Wellmann, Angelika: Der Spaziergang. Stationen eines poetischen Codes. Würzburg 1991.

Wellmann, Angelika (Hg.): Der Spaziergang. Ein literarisches Lesebuch. Hildesheim u. a. 1992.

Weisshaar, Bertram (Hg.): Spaziergangswissenschaft in Praxis. Formate in Fortbewegung. Berlin 2013.

Widmer, Urs: Über Robert Walser. In: Robert Walser: Der Spaziergang. Ausgewählte Geschichten und Aufsätze. Zeichnungen von Karl Walser. Nachwort von Urs Widmer. Zürich 1973, 145–166.

Zinniker, Otto: Robert Walser der Poet. Zürich 1947.

Reto Sorg

3.4.4 *Kleine Prosa* (1917)

Entstehung und Veröffentlichung

Robert Walsers *Kleine Prosa* ist im April 1917 im Verlag Alexander Francke in Bern erschienen. Die Sammlung umfasst 21 Prosastücke, darunter fünf Texte, die in abweichender Fassung bereits an anderen Orten erschienen waren, teils in großem zeitlichem Abstand, teils zeitnah zur Vorbereitung des Buchs. Die beiden vor Ausbruch des Ersten Weltkriegs in Berlin entstandenen Texte *Leben eines Dichters* (Erstdruck November 1905 in der Zeitschrift *Kunst und Künstler*, SW 5, 261–265) und *Dickens* (Erstdruck März 1911 in *Pan*, SW 5, 265–266) wurden von Walser für die Buchfassung so tiefgreifend überarbeitet, dass man von eigenständigen Texten sprechen kann. Noch während der Vorbereitung des Buchs *Kleine Prosa* veröffentlichte Walser die drei Texte *Plauderei* (Erstdruck Januar 1917 in der *Vossischen Zeitung*, unter dem Titel *Dichter*, SW 16, 354–357), *Doktor Franz Blei* (Erstdruck Januar 1917 in der *Schaubühne*, nicht separat in SW) und *Tobold* (Erstdruck Februar 1917 in *Die Neue Rundschau*, nicht separat in SW). Sie wurden für die Buchfassung zwar weniger radikal, doch ebenfalls eingreifend bearbeitet.

Sämtliche Texte waren in gleicher Reihenfolge wie im Buch auch in dem am 18. 2. 1917 von Walser an den Huber-Verlag gesandten Inhaltsverzeichnis zu einer geplanten Ausgabe mit dem Titel *Studien und Novellen* aufgeführt (in SALATHÉ, 96–100). Diese Ausgabe wurde nicht realisiert, ihre Planung war jedoch mitursächlich für die Eile, mit der Walser die Teilsammlung *Kleine Prosa* veröffentlichen sehen wollte.

Wie Walsers Kontakt zum Verlag und seinem Verleger Francke (vgl. Echte 1998, 229–231) zustande kam, ist nicht bekannt. Die Verlagskorrespondenz zu *Kleine Prosa* ist nur lückenhaft überliefert. Ein Verlagsvertrag ist nicht erhalten, und wir wissen nicht, ob und wie Walser dem Verlag gegenüber sein Buch nach Anlage und Intention charakterisiert hat. Ende Februar/Anfang März 1917 dankte Walser bereits für die Zusendung des 2. Satzmusters (Walser an Francke-Verlag, vor dem 5. 3. 1917, in BA IV). Am 9. März sandte er die letzten Korrekturen und drängte auf Beschleunigung des Drucks, da das Buch vor Ostern erscheinen sollte (vgl. Echte 1998, 230 f.). Die verlangten Korrekturen waren zahlreich und besonders für den Satz der Überschriften gab Walser genaue Anweisungen mittels eines beigefügten Inhaltsverzeichnisses, das Haupt- und Nebentitel unterscheiden helfen sollte: »Beiderlei Titel sollten in der Tat sorgfältig voneinander unterschieden sein, damit der Leser gleich weiß, daß es sich um eine Reihe kleiner, voneinander unabhängiger Prosastücke handelt, und damit das Buch klar nach Ordnung und Übersicht duftet.« (Walser an Francke-Verlag, 9. 3. 1917, in BA IV) Am 12. 3. 1917 bat er den Verleger, besorgt um das rechtzeitige Erscheinen, für den Bucheinband auf eine Illustration von Karl Walser zu verzichten und sich stattdessen an einen »bernischen oder sonstigen schweizer Künstler« zu wenden, »um eine nette Zeichnung herstellen zu lassen« (Walser an Francke-Verlag, 12. 3. 1917, in BA IV). Am Tag darauf insistierte er nochmals: »Besondere persönliche Wünsche in Bezug auf einen Buchumschlag habe ich weiter nicht, als daß ich dächte, etwas Harmlos-Einfaches, Schlichtes, Nettes, Zartes, weiter gar nicht sonderlich Auffallendes sei das Beste.« (Walser an Francke-Verlag 13. 3. 1917, in BA IV) Gleichzeitig bedankte er sich für das korrigierte Druckmuster mit den neugesetzten Titeln: »[I]ch habe das Vergnügen, Ihnen sagen zu können, daß ich mit der Art, wie der Drucker die Titel und Untertitel gesetzt hat, durchaus einverstanden bin. Die mir eingesandte Vorlage macht einen sehr guten Eindruck.« (ebd.) Walser schlug nur noch eine letzte Korrektur vor: »Sie werden sicher mit mir einverstanden sein, wenn ich meine, man habe Grund, die überblickverwirrenden Zahlen beim kleinen Inhaltsverzeichnis wegzulassen. Es scheint mir nachträglich, daß sie überflüssig sind, weil sie keinen rechten Sinn haben, und daher möchte ich freundlich bitten, sie entfernen lassen zu wollen.« (ebd.) Der Verlag kam dieser Bitte nach, die Rezensenten des Buches allerdings reagierten unterschiedlich auf diese Entscheidung: Hans Trog schloss seine sonst sehr positive, den sorgfältigen Druck eigens lobende Besprechung in der *Neuen Zürcher Zeitung* mit einem entsprechenden Tadel (»Eine Inhaltsangabe eines Buches ohne Paginatur

ist eine unerfreuliche Sache«; Trog 1917), während Walter Reitz im *Sonntagsblatt des Bund* die Entscheidung ausdrücklich lobte (Reitz 1917).

Kleine Prosa wurde in einer Auflage von 1500 Exemplaren gedruckt und kurz vor Ostern 1917 ausgeliefert. Dies ist durch den Brief vom 5. 4. 1917 belegt, mit dem Walser das »als einen geringfügigen Artigkeitsbeweis« an Hermann Hesse gesandte Exemplar begleitete (Walser an Hermann Hesse, 5. 4. 1917, in BA IV). Etwa die Hälfte der Auflage wurde verkauft, der Rest ging wohl bei einem Lagerbrand 1923 verloren (Schäfer 1978, 23 f.).

Zeitgenössische Rezeption

Kleine Prosa wurde innerhalb wie außerhalb der Schweiz angezeigt und besprochen. Dabei wurde die inhaltliche Varietät betont, die durch Sprachkunst, Ironie und den Walser eigenen spielerischen Humor zusammengehalten werde; man zog Verbindungen und Vergleiche zu Peter Altenberg (Feigl 1918, 192), zu Albert Ehrensteins *Tubutsch* oder Carl Sternheims *Napoleon* (Sebrecht 1918, 91), ja, sah Parallelen zu den »fabelhaft in sich ruhenden« Tieraquarellen Franz Marcs (Edschmid 1917, 2). Paul Leppin hob die Vielfalt der Tonlagen und Haltungen hervor, die Walser in *Kleine Prosa* versammle. Zwar mache sie auch vor »Fexereien« nicht Halt, doch seien diese »weder vordringlich noch unangenehm, [...] im Gegenteil äußerst vergnüglich, [...] bis zum Platzen mit einer listigen Torheit gefüllt, die zuguterletzt in einen besonders feinen, besonders niedlichen Humor ausartet« (Leppin 1917, 1344 f.)

Inhalt. Hinweise zur Lektüre und Analyse

Kompositorisch präziser, als es der von Walser bewusst vage gehaltene Titel vermuten lässt, ist *Kleine Prosa* als schriftstellerische Selbstverständigung lesbar. Dies betrifft sowohl die Reflexion der eigenen Entwicklung wie auch die Auseinandersetzung mit Gattung, Form und Sprache des Erzählens und die Abgrenzung gegenüber den Forderungen und Konventionen des literarischen Betriebs. Dabei stehen die poetologisch-autobiographisch reflektierenden Texte am Anfang und Ende der Sammlung und bilden so den Rahmen für eine Reihe kürzerer Stücke, die gleichsam ein Experimentierfeld bilden und mit verschiedenen Formen feuilletonistischer Prosa spielen.

An den Anfang hat Walser die Neufassung desjenigen Textes gestellt, mit dem er im November 1905 sein Debüt in der literarischen Szene Berlins gegeben und die Verbindung zum Berliner Verleger Bruno Cassirer geknüpft hatte. In der verlagseigenen Zeitschrift *Kunst und Künstler* hatte er, unter dem Titel *Leben eines Dichters*, die Wandbilder, die sein Bruder Karl für das Landhaus des Verlegers S. Fischer geschaffen hatte und die hier als Bilderzyklus abgebildet waren, mit Texten gerahmt und zu einer Erzählung zusammengeschlossen. In der Buchfassung fehlen diese Abbildungen und werden nun deskriptiv vergegenwärtigt. In der Bearbeitung des Textes tritt die Poesie unbestritten in den ersten Rang vor der Schwesterkunst der Malerei, deren Verhältnisbestimmung Walsers Schreiben anhaltend beschäftigt hat (vgl. Echte, Meier 1990).

Es folgt der Text *Plauderei*, der das vorhergehende ›romantische‹ Dichterbild durch die ironisch-realistische Facettierung des Phänotyps ›Schriftsteller‹ ergänzt, in der Form eines Frage- und Antwortspiels, das den in Zeitschriften populären ›Fragebogen‹ imitiert: der Dichter/Schriftsteller, wie er wirklich lebt und arbeitet – nämlich, so Walsers Spiel mit den Klischees, »in hocherhobenen aussichtsreichen Dachstuben«, die sie nur selten heizen, bisweilen auch »in der Badestube einer Dame von Welt« (SW 5, 140 f.). »Sind Schriftsteller […] im Entfernen von Spinngeweben einigermaßen eingeübt?« lautet die letzte, »etwas absonderliche und merkwürdige Frage«, die »fröhlich lachend« bejaht wird (ebd., 142).

Die in diesen Texten exponierte Reflexion über das schriftstellerische Subjekt und sein handwerkliches Tun, seine Entwicklung, sein Verhältnis zur Gesellschaft und seine Geltung wird in den die Sammlung abschließenden Texten wiederaufgenommen. *Fritz* erinnert nicht nur im Titel an Walsers erstes, 1904 im *Insel*-Verlag erschienenes Buch *Fritz Kocher's Aufsätze* und liest sich wie ein fragmentarisierter Miniaturbildungsroman. *Lesen* thematisiert das Verhältnis von Literatur und Leben und eröffnet mit dem Text-im-Text, betitelt *Die Gottfried-Keller-Leserin*, die Auseinandersetzung mit der Tradition. In der Hommage an *Dickens*, den zum Übervater erhöhten »König unter Königen«, den »Generalstabschef der Schriftstellerkunst« und *Hauff*, dessen »fabelhaft schön[e]« Märchen und »schmetterlingflügelhaften Geschichten« ihn von Jugend auf begeisterten (SW 5, 187, 190 f.), setzt Walser die Auseinandersetzung mit den beiden ›epischen‹ Gattungen Roman und Novelle fort, die ihn in *Prosastücke* so zentral beschäftigt hatte. In *Luise* schildert er die Wendung eines jungen Commis zum Schriftsteller und die Rolle, die zwei junge Frauen namens Luise und Rosa als ganz ver-

schiedenartige Musen dabei spielen. Das Prosastück *Der Student* vergegenwärtigt die innere Suchbewegung eines jungen Mannes zwischen Philosophie, Kunst und Leben, die durch den Ausbruch des Ersten Weltkriegs und die Erfahrung des Militärdienstes im Schützengraben radikal umgewendet wird. Daran schließt mit *Doktor Franz Blei* ein Porträt von Walsers frühem Förderer und Anreger und eine Schilderung seines Einflusses an. Blei habe ihm nicht nur literarische Hinweise gegeben (er machte »mich […] auf einige Dichter, auf Lenz, Büchner, Brentano und Novalis aufmerksam«, SW 5, 214), ihn in die Gesellschaft einzuführen versucht und ihn zu einem Aufenthalt in München (im Kreis der *Insel*-Begründer) animiert. Er sei ihm auch in seinem selbstgewählten Rückzug in eine asketisch-selbstbezogene, dem schriftstellerischen »Abseitsgedanken« (ebd., 221) verpflichtete Arbeitsweise wichtig geblieben; wenn er ihm auch erst sehr viel später wiederbegegnete, in Berlin, wo Blei sich für den in eine existenzielle Krise geratenen Autor Walser unterstützend eingesetzt hat (Gabrisch 1999, 4 f.).

An die frühe Berliner Zeit knüpft inhaltlich auch der lange Schlusstext der Sammlung, *Tobold*, an, der seine Motive aus Walsers Erfahrungen als Diener auf dem schlesischen Schloss Dambrau gewonnen haben dürfte. Zugleich weist er voraus auf das literarische Vorhaben, das Walser im Anschluss an seine Bieler Prosasammlungen vom Herbst 1918 an bis weit ins Jahr 1919 hinein beschäftigte, den verschollenen Roman *Tobold*. Die Diener-Figur »Tobold« war bereits Ende 1912 in einem kürzeren, in der Zeitschrift *Die Rheinlande* veröffentlichten Text *Der fremde Geselle* auf Walsers literarischer Bühne erschienen (SW 3, 144–146). 1913 hatte er die Figur zum Gegenstand eines in Max Brods Jahrbuch *Arkadia* veröffentlichten Dramoletts gemacht (SW 4, 45–56). Im April 1915 war in der *Neuen Zürcher Zeitung* die erste längere Prosa-Studie *Aus Tobolds Leben* erschienen (KWA III 3, 33–39), ein Text, der wiederum eingreifend überarbeitet Eingang in die 1917 zusammengestellte Textsammlung *Poetenleben* (SW 6, 83–91) fand. Hartmut Vollmer hat in seiner alle erhaltenen *Tobold*-Texte interpretierenden Studie, die auch die Informationen über den verlorenen Roman einbezieht, gezeigt, dass Tobold in »paradigmatischer Form die unaufhörliche Auseinandersetzung Walsers mit seinem Ich« figuriert (Vollmer 1999, 606). Die in *Kleine Prosa* zu lesende *Tobold*-Erzählung greift motivisch hinter die Berliner Zeit zurück und verarbeitet auch ›Selbstfigurationen‹ (vgl. Greven, Kommentar in SW 5, 277) aus den ersten Anfängen von Walsers schriftstellerischer Existenz. Denn in ihr spielen auch die Gestalten des 1902 in der *Insel* veröffentlichten Dramoletts *Die Knaben* – Franz, Hermann und Heinrich – eine Rolle, ebenso wie der ekstatische Dichter Oskar aus dem Dramolett *Dichter* und das Autor-Alter-Ego Wenzel aus der 1914 bei Kurt Wolff erschienenen Sammlung *Geschichten*.

In diese Rahmung von schriftstellerischen Selbstreflexionen hat Walser, beginnend mit *Kienast* und endend mit *Na also*, elf kleine Texte eingestreut, die mit den Genres und den Formen des Erzählens, von der Hebelschen Kalendergeschichte (*Kienast, Gar nichts*), über die Märchenerzählung (*Das Ende der Welt*) bis zu assoziativ gefügten (*Lampe, Papier und Handschuhe*) oder auch schroff montierten Collagen (*Na also*) experimentieren und dabei immer auch Autorschaft und literarisches Verfahren mitthematisieren. Dabei kann Walser seine Sprachartistik komisch zuspitzen, wie dies Kaspar Spinner für *So! Dich hab ich* gezeigt hat, oder dem Thema mimetisch anpassen, wie es Andrea Dortmann in einem *close reading* des Prosastücks *Schneien* nachvollzogen hat (Spinner 1999; Dortmann 2007, 112–120). Peter Utz hat in einer Analyse von *Na also* herausgearbeitet, wie Walser textlogische Normen, ja die »Verfasserschaft selbst, als Angel- und Drehpunkt des literarischen Aussagesystems« parodistisch destabilisiert und in ironischer *mimikry* auch den Zeitdiskurs der Werbesprache und ihre Wertmuster entlarvt (Utz 2002, 161). Dieses Verfahren wird in *Basta* als Persiflage auf den apolitischen Spießbürger auch kulturkritisch durchgespielt (vgl. Jensen 2007). Hans G. Helms hat, ausgehend von der gesellschaftskritischen Dimension des Textes, seine Anthologie, die eine politische Lesart Walsers verfolgt, nach diesem Text benannt (Helms 1970; vgl. kritisch dazu Siegrist 1971; Kaufman 1971).

Forschung, Desiderate

Kleine Prosa bildet zusammen mit *Prosastücke* und *Der Spaziergang* einen engeren Zusammenhang, in dem Walser nach der Rückkehr aus Berlin seine Rolle als Schriftsteller, sein literarisches Selbstverständnis und sein poetisches Werkzeug zur Darstellung bringt. Die Konstellation der drei Bücher findet mit *Poetenleben* einerseits und *Seeland* andrerseits ihren Abschluss. Dieser Zusammenhang ist bislang in der Walser-Forschung nicht untersucht worden. Ebenso fehlen, mit Ausnahme von *Poetenleben*, Untersuchungen zur Komposition der einzelnen Bände wie auch eingehende Interpretationen einzelner

Texte, die auf den Zusammenhang der Sammlung Bezug nehmen und die poetologischen Mittel analysieren, durch die Walser diesen Zusammenhang herstellt. Einen Ansatz dazu, der für jeden Text nach den inhaltlichen und semantischen Verbindungen zu seinen Nachbartexten wie auch nach den konstellativ programmatischen Texten jeder Sammlung fragt, hat bereits 1978 Otto Peier vorgeschlagen und in einer Analyse von *Na also* veranschaulicht (Peier 1978). Maria Jørgensen hat die in *Kleine Prosa* eingesetzten Textstrategien Walsers, insbesondere die Parekbase und die Wiederholung, untersucht und als »immanenzpoetische Ornamentik« gegen das in der romantischen Literaturtheorie, vor allem von Friedrich Schlegel, entwickelte Konzept der Arabeske abgegrenzt (Jørgensen 2007). Insgesamt jedoch sind Untersuchungen, die sich der in der Bieler Prosa radikalisierten Sprachartistik Walsers widmen, im Rückstand.

Ausgaben

Kleine Prosa. Bern: A. Francke 1917. – GW 2, 221–352. – GWS 2, 221–359. – Kleine Prosa. Zürich: Suhrkamp 1981. – SW 5, 127–258. – KWA I 8.

Literatur

Dortmann, Andrea: Winter Facets. Traces and Tropes of the Cold. Oxford u. a. 2007.

Echte, Bernhard: »Wer mehrere Verleger hat, hat überhaupt keinen.« Untersuchungen zu Robert Walsers Verlagsbeziehungen. In: Rätus Luck (Hg.): Geehrter Herr – lieber Freund. Schweizer Autoren und ihre deutschen Verleger. Mit einer Umkehrung und drei Exkursionen. Basel, Frankfurt a. M. 1998, 201–244.

Echte, Bernhard; Meier, Andreas (Hg.): Die Brüder Karl und Robert Walser. Maler und Dichter. Stäfa 1990.

Edschmid, Kasimir: Deutsche Erzählungsliteratur. In: Frankfurter Zeitung, 18. 11. 1917 [1. Morgenblatt].

Feigl, Hans: Jahresrundschau empfehlenswerter Bücher. In: Jahrbuch deutscher Bibliophilen 6 (1918), 86–103.

Gabrisch, Anne: Robert Walser und Franz Blei – Oder: vom Elend des literarischen Betriebs. Vortrag an der Jahrestagung der Robert Walser-Gesellschaft in Berlin, 23. Oktober 1999. In: http://www.robertwalser.ch (9. 1. 2015).

Greven, Jochen: Nachwort des Herausgebers. In: SW 5, 267–272.

Helms, Hans G.: Zur Prosa Robert Walsers (1878–1956). In: Robert Walser: Basta. Prosastücke aus dem Stehkragenproletariat. Ausgewähl u. mit einem einl. Essay hg. v. Hans G. Helms. Köln, Berlin 1970, 5–33.

Jensen, Erik Granly: Politisch? Robert Walsers *Kleine Prosa* (1917). In: Christian Benne, Thomas Gürber (Hg.): »… anderteils sich in fremden Gegenden umschauend« – Schweizerische und dänische Annäherungen an Robert Walser. Kopenhagen, München 2007, 54–78.

Jørgensen, Maria: Immanenzpoetische Ornamentik – am Beispiel von Robert Walsers *Kleine Prosa*. In: Christian Benne, Thomas Gürber (Hg.): »...andersteils sich in fremden Gegenden umschauend« – Schweizerische und dänische Annäherungen an Robert Walser. Kopenhagen, München, 2007, 79–106.

Kaufman, Herbert L.: [Rez. zu] Robert Walser, Basta (Pocket 12), Helms, Hans G. (ed.). Köln-Berlin: Kiepenheuer & Witsch (1970). In: The German Quarterly 44, 1 (1971), 256–259.

Leppin, Paul: *Kleine Prosa. Von Robert Walser*. In: *Das literarische Echo*. Halbmonatsschrift für Literaturfreunde 19, 21 (1917), Sp. 1344 f.

Peier, Otto: Untersuchungen zu Robert Walsers Kurzprosa. Lizentiatsarbeit Universität Zürich 1978.

Reitz, Walter: Kleine Prosa: Von Robert Walser. In: Sonntagsblatt des Bund, 10. 6. 1917. Salathé.

Schäfer, Jörg: Beschreibung der von Robert Walser herausgegebenen Bücher. In: Robert und Karl Walser. [Katalog zur] Ausstellung im Helmhaus Zürich 16. April bis 4. Juni 1978. Zürich 1978, 20–25.

Sebrecht, Friedrich: Robert Walser, Kleine Prosa. In: Zeitschrift für Bücherfreunde 10, 1 – 2 (April-Mai 1918), Sp. 90 f.

Siegrist, Christoph: [Rez. zu] Walser, Robert: Basta. Prosastücke aus dem Stehkragenproletariat. Ausgew. und mit e. einl. Essay hg. von Hans G. Helms. – (Köln:), Kiepenheuer & Witsch (1970). In: Germanistik 12, 1 (1971), 175.

Spinner, Kaspar H.: Robert Walser: »Kleine Prosa«. In: Hans Vilmar Geppert (Hg.): Grosse Werke der Literatur VI. Eine Ringvorlesung an der Universität Augsburg 1998/1999. Tübingen, Basel 1999, 135–147.

Trog, Hans: Neue Bücher [Rez. zu *Kleine Prosa*]. In: Neue Zürcher Zeitung, 16. 4. 1917 [3. Mittagblatt].

Utz, Peter: »Odol« und andere literarische Quellen – am Beispiel von Robert Walsers Prosastück *Na also*. In: Stéphanie Cudré-Mauroux, Annetta Ganzoni, Corinna Jäger-Trees (Hg.): Vom Umgang mit literarischen Quellen. Internationales Kolloquium vom 17.–19. Oktober 2001 in Bern/Schweiz. Genève, Berne 2002, 159–181.

Vollmer, Hartmut: »Durch den Tod hindurch ging ich hinein ins Leben«. Robert Walsers *Tobold*-Texte. In: Études Germaniques 54, 4 (1999), 585–606.

Barbara von Reibnitz

3.4.5 *Poetenleben* (1917; Impressum 1918)

Entstehung und Veröffentlichung

Poetenleben ist 1917 als elfte selbständige Buchpublikation Robert Walsers mit eingedrucktem Datum 1918 beim Verlag Huber & Co., Frauenfeld und Leipzig, erschienen. Walser stand mit dem Verlag seit August 1916 im Zusammenhang mit dem *Spaziergang* in brieflichem Kontakt. In dieser Korrespondenz beton-

ten beide Seiten ihr Interesse, miteinander in eine längere Verlagsbeziehung zu treten. Im Februar 1917 wandte sich Walser mit dem Konzept zu einem neuen Sammelband mit dem Titel *Studien und Novellen* an den Verlag, aus dem sich in der Folge die Buchpläne *Seeland* und *Poetenleben* entwickelten (vgl. die einschlägige Verlagskorrespondenz bei Salathé).

Das erhaltene Inhaltsverzeichnis zu *Studien und Novellen* enthält die Titel von 130 Texten, die Walser allesamt seit 1914 schon in Zeitungen und Zeitschriften veröffentlich hatte. Der Band sollte eine Sammlung all der Texte enthalten, die er »seit Ausbruch des Krieges« geschrieben hatte (Walser an Huber-Verlag, 31. 1. 1917, in Salathé, 89). In der Tat umfasst das Inhaltsverzeichnis auch fast alle Texte aus diesem Zeitraum, systematisch aufgeführt und geordnet nach den Zeitungen und Zeitschriften, in denen sie zuerst erschienen waren.

Die Verhandlungen über den Sammelband gestalteten sich schwierig. Dem Verlag war der Band zu umfangreich, es gelang allerdings nicht, sich auf einen Kürzungsmodus zu einigen. Schließlich sandte der Verlag das Manuskript an Walser zurück und erklärte, auf eine Publikation verzichten zu wollen. Walser reagierte auf das Scheitern des Projekts mit zwei Briefen, die er beide am 12. 4. 1917 dem Huber-Verlag schickte. In den Briefen entwirft er zunächst ein Buch *Novellen*, dann ein Buch *Studien*, die vom Inhalt her beide ungefähr *Seeland* entsprechen. Der Verlag erklärte sich grundsätzlich einverstanden mit der »Auswahl längerer und episch bewegterer Stücke«, allerdings nicht mit den vorgeschlagenen Buchtiteln (Huber-Verlag an Walser, 14. 4. 1917, in Salathé, 119 f.).

Bevor die sich neu verlängernden Verhandlungen zum Ziel kamen, hatte Walser dem restlichen Konvolut eine andere Textauswahl entnommen und schickte dem Verlag am 28. 5. 1917, dem Pfingstmontag, das Manuskript zu *Poetenleben*, das er soeben »fest zusammengefügt und zu Ende geschrieben« habe. Alle darin enthaltenen Stücke, die »auf erzählende Art von Poeten handeln« seien »[s]orgfältig [...] ausgewählt« und »neu geschrieben«. Dabei sei seiner »Ansicht nach das beste hellste poesiereichste meiner bisherigen Bücher« entstanden. *Studien* sollte ebenfalls im gleichen Sinne überarbeitet werden. *Poetenleben* sollte jedoch noch vor den *Studien*, »noch dieses Jahr« auf den Markt kommen (in Salathé, 129 f.).

Walther Lohmeyer, dem Verlagsleiter, gefiel das Buch auf Anhieb. Am 9. 6. 1917 schrieb er an Walser, er habe das Buch »mit viel Genuß und verlegerischer Herzensfreude durchgelesen« und sandte gleich einen Verlagsvertrag mit (in SALATHÉ, 132). Der Verlag bemühte sich, trotz der Kriegszeit ein schön ausgestattetes Buch herzustellen. Robert Walser äußerte sich ausführlich zu Gestaltung und Druckbild. Er sprach sich z. B. gegen die vom Verlag vorgeschlagene Schrift, offenbar eine Antiqua, aus, und wünschte eine »einfache, ehrliche, un-reformierte Fraktur [...] ganz dem Traditionellen entsprechend, warm und vor allen Dingen: rund«. Die Schrift sollte an »Schul-Lesebücher« mahnen; das Buch aussehen, als sei es »im Jahre 1850 gedruckt«: »*Mein sehr lebhafter, inniger Wunsch in dieser Hinsicht ist: Unmodernität!*« (Walser an Huber-Verlag, 19. 6. 1917, in SALATHÉ, 138) Robert Walsers Bruder Karl zeichnete eine Titelzeichnung für *Poetenleben*. Das Buch erschien im November 1917.

Zeitgenössische Rezeption

Obwohl das Buch bei der zeitgenössischen Kritik einige Beachtung fand und von namhaften Rezensenten wie Hermann Hesse, Auguste Hauschner, Oskar Loerke, Felix Moeschlin oder Hans Müller-Bertelmann besprochen wurde, blieb ihm der Erfolg auf dem Markt verwehrt. Die Kritiken waren kontrovers, die meisten sehr positiv, einige dagegen geradezu vernichtend. Anlass für die unterschiedlichen Beurteilungen war vor allem der sprachliche Stil, der für die einen den besonderen Reiz des Buches ausmachte, während andere ihn maniert oder gar unreif fanden (die Rezensionen sind zusammengestellt in Sprünglin, Nachwort in KWA I 9, 145–158). Ungünstig für die Aufnahme des Buches bei Kritik und Publikum war auch die Tatsache, dass *Poetenleben* sehr kurz nach *Prosastücke* und *Kleine Prosa* erschienen war, was einige Rezensenten ausdrücklich bemerkten. Auch die Kriegszeit war der Verbreitung des Buches abträglich. Mit Lohmeyers Abgang als Verlagsleiter von Huber & Co. Anfang September 1919 hatte Walser außerdem seinen Fürsprecher im Verlag verloren (vgl. SALATHÉ, 42 ff., 165). Der Huber-Verlag wollte schließlich Walsers nächstes Buch, *Seeland*, nicht mehr verlegen.

Inhalt und Analyse

Die 25 Prosastücke von *Poetenleben* waren alle in den Jahren 1915 und 1916 bereits in Zeitungen und Zeitschriften erschienen, sind somit wohl in Biel entstanden. Walser hat die Texte für die Buchausgabe eingehend überarbeitet. Dabei hat er die durch die Konstellation entstandenen semantischen Wechselwir-

kungen subtil verstärkt und verfeinert. So liest sich das Buch nun fast »wie eine romantische Geschichte« (Walser an Huber-Verlag, 28. 5. 1917, in SALATHÉ, 129), obwohl sich die Einzeltexte keine übergreifende Erzählinstanz oder durchgängige Hauptfigur teilen. Die Überarbeitung griff auch stilistisch in die Texte ein, die dadurch zwar etwas länger, zugleich aber sprachlich einheitlicher, konsequenter und reflektierter wurden.

Der Titel *Poetenleben* trägt wesentlich zur Geschlossenheit des Buches bei, indem er das Thema des Poeten herausstellt. Die Figuren und Ich-Erzähler werden dadurch auch da als Dichter wahrgenommen, wo sie nicht explizit dichten. Die ersten beiden Texte, *Wanderung* und *Kleines Landstraßenerlebnis*, handeln z. B. nicht »auf erzählende Art von Poeten« (ebd.), sondern vom Wandern. Dabei zeigen sie auffällige thematische und strukturelle Parallelen: Der Ich-Erzähler erinnert sich an eine Wanderung, es wird die Jahreszeit genannt, etwas über die Kleidung des Wanderers gesagt, die Straße wird beschrieben. Erst im dritten Text wird das ›Dichtertum‹ als Thema eingeführt: In *Brief eines Malers an einen Dichter* wird der Wanderer vom Maler als Dichter angesprochen. Der Maler setzt voraus, dass es mit dem Dichten ähnlich gehe wie mit dem Malen. Er beschreibt, wie er eher »hinter [...] der Natur« male als »vor der Natur«, indem er aus der Natur einen »tiefen Eindruck, ein vorgenommenes Bild oder Gewebe« nachhause trage, »um den Gedanken in der Stube auszufertigen« (SW 6, 14). Auch das Thema der Kunst als Gewerbe, mit dem Geld verdient werden muss, wird vom Maler eingeführt.

Im nächsten Text, *Widmann*, hält der Wanderer nun unterwegs an, um »auf das Theater der Natur horchend einige gute oder schlechte, glückliche und gelungene oder verunglückte und verfehlte Verse« (SW 6, 16) zu schreiben, nach der Natur, sozusagen. Auch hat der Wanderer nun ein Ziel: Er geht zu Josef Victor Widmann, der seine »poetischen Erstlinge [...] in seinem wohlbekannten Sonntagsblatt abzudrucken die große und hohe Güte hatte« (SW 6, 17).

Das Motiv des Wanderns begleitet den Leser weiter durch die erste Hälfte des Buches. *Poetenleben* schließt damit motivisch und von der Erzähltechnik her an den kurz zuvor im gleichen Verlag erschienenen Band *Der Spaziergang* an. Zwischen die Wandertexte sind zwei Texte eingeschoben, die die Perspektive des wandernden Ich-Erzählers verlassen: *Dornröschen* und *Die Künstler* handeln in einer märchenhaften Vergangenheit und tragen zum romantisch-märchenhaften Grundton des Bandes wesentlich bei. In *Dornröschen* liest Walser das Grimmsche Märchen als Parabel für die lebensstiftende Kraft der Kunst; der Text *Die Künstler* beschreibt, wie eine Gruppe von Künstlern, ähnlich wie die Schauspieler in Goethes *Wilhelm Meister*, bei einem Herzog ein von materiellen Sorgen befreites Unterkommen findet. Bei diesem »Schlemmer- und Schlenderleben« werden die Künstler unproduktiv und entschließen sich deshalb, wieder abzureisen (SW 6, 32). Das hier eingeführte Thema des literarischen Förderers, der lähmend wirken kann, wird später in *Das Talent* wieder aufgegriffen.

Ein weiteres Motiv, das schon in den ersten Texten auftaucht, wird im Text *Die Tante* zentral ausgestaltet: Eine Tante, die der Wanderer auf einer seiner Wanderungen besucht, will ihm einen neuen Anzug schenken. Die Zurückweisung dieses Geschenks gehört zu den aufschlussreichen Stellen, in denen der Text als autoreflexiv gelesen werden kann. Die unkonventionelle Kleidung gehört zu den immer wiederkehrenden Motiven, die sich als Metaphern für die eigenwillige sprachliche Gestalt des Buches lesen lassen. Das wunderliche Äußere wird hier als bewusst gewählte, dem eigenen Wesen entsprechende Form herausgestellt (SW 6, 25 f.). Erst dem Dichter Max Dauthendey in *Würzburg* gelingt, was der Tante noch verwehrt war: Er schenkt dem Wanderer einen gesellschaftskonformen Anzug mit steifgebügeltem Kragen (SW 6, 43 f.). Der Erzähler verbringt acht Sommertage bei Dauthendey in Würzburg, bevor er sich mit der Absicht, sich dem »Lebenskampf« zu stellen, nach Berlin aufmacht (SW 6, 48 f.).

Es folgt nun eine Reihe von Texten, die verschiedene Begegnungen und Beziehungen des jeweiligen Protagonisten mit Frauen zeigen: In *Die Indianerin* begegnet der Ich-Erzähler einer geheimnisvollen Amerikanerin, in *Der Wanderbursche* bleibt ein Jüngling bei einem edlen Fräulein vorübergehend wohnen, um sie am Ende wieder zu verlassen, in *Der Brief* wird ein Liebesantrag von einer Dame schriftlich zurückgewiesen, in *Sommerleben* wird eine nächtliche Begegnung zwischen einem leichtfertigen »Lebebaron« und einer »fabelhafte[n] Nachtgestalt, Unholdin, berückend schön« (SW 6, 58) geschildert. In *Das Pfarrhaus* wird schließlich vom Versuch eines solchen Lebemanns, eine schöne Pfarrerstochter kennenzulernen, erzählt. Das Motiv der Frau als Anlass, Inspiration, Adressatin und Rezipientin von Dichtung ist im Kern schon im *Dornröschen*-Text angelegt. Nun wird es in seinen verschiedenen Facetten durchgespielt.

Klimax des Frauenthemas und in jeder Hinsicht zentrales Stück ist der Text *Marie*. Er nimmt die Position des ›Schlusssteins‹ der Sammlung (vgl. Utz 2011, 36) nicht nur ein, weil er in der Mitte des Buches steht, sondern bildet auch inhaltlich das Zentrum. *Marie* ist der einzige Text aus *Poetenleben*, der in das ursprünglich zuerst geplante *Novellen*-Buch hätte eingehen sollen. In der Erstfassung trug der Text in der Tat noch den Untertitel *Eine Novelle*. Er ist das längste Stück des Buches und beschreibt, wie der Ich-Erzähler im Wald einer geheimnisvollen Frau, Marie, begegnet. Während er sich mit Marie regelmäßig im Wald trifft, wohnt er im gleichen Haus wie eine zweite Frauenfigur, Frau Bandi. Der schon etwas älteren, gebildeten Dame, die polnische Novellen übersetzt, schreibt der Ich-Erzähler kokette Briefchen. »Als schön konnte Frau Bandi nicht mehr gut gelten; aber sie zeigte noch deutliche Spuren von ehemaliger Lieblichkeit und war geistreich.« (SW 6, 63) Marie dagegen ist reine Natur, ist die »Frau in Person, die für die Liebe und für das Glück eines Menschen geschaffen zu sein schien« (ebd., 81). Der Protagonist pflegt zu den beiden so unterschiedlichen Musen Beziehungen, ohne dass die beiden voneinander wissen. Als Marie eines Tages verschwunden ist, verabschiedet sich der Erzähler auch von Frau Bandi.

Marie beendet die Reihe der Texte, in denen das Wandern und die Natur den szenischen Hintergrund bilden. Vor einer zunehmend städtischeren und graueren Kulisse tritt die Schwierigkeit des Poeten, geeignete Stoffe zu finden, in den Vordergrund. Während die Stoffe dem Wanderer noch am Wegrand begegnet sind, wird die Schriftstellerexistenz für den Poeten nun zunehmend problematisch.

Zunächst versucht sich der Dichter als Diener in einem gräflichen Schloss (*Aus Tobolds Leben*) oder verfasst Konzertberichte (*Erinnerung an »Hoffmanns Erzählungen«*, vgl. dazu Lamping 2011, 16). *Der Neue Roman* und *Das Talent* handeln dann bereits von unproduktiv gewordenen Dichtern: der erste verstummt unter dem Erwartungsdruck, den die unvorsichtige Ankündigung eines neuen Romans erzeugt hat, der zweite wird als Talent gelobt und von einem Verleger gefördert, wird darob aber bequem, weshalb ihm die Unterstützung zuletzt versagt wird. Der Ich-Erzähler in *Frau Wilke* (SW 6, 98–104) versteckt sich in einem Zimmer, das einer Höhle ähnelt, vor der Gesellschaft, in der er als Erfolgloser nichts gilt.

Die drei folgenden Stücke, *Das Zimmerstück*, *Rede an einen Ofen* und *Rede an einen Knopf* zeigen den Poeten, der auf der Suche nach Stoffen unter sein Bett kriecht und mit Gegenständen spricht. Der Radius seines Lebens und Scheibens ist auf das Zimmer geschrumpft, in dem er wohnt.

Die Figuren kommen aber immer wieder auf die Beine. Das Talent »raffte […] sich endlich doch« noch aus »eigenen Gewissensbissen […] aus dem talentreichen Schlendrian auf«. Es »wanderte auf und davon, und fern von allen Unterstützungen wurde es wieder es selber« (SW 6, 97). In das Zimmer bei *Frau Wilke* lacht das Grün eines Gartens, und aus einem nahen Wäldchen sprechen freundliche Stimmen zum Zimmerherrn. Beim Anblick von Frau Wilkes Kleider, die, nachdem diese gestorben ist, verlassen auf ihrem Bett liegen, fasst den Ich-Erzähler das Leben wieder »bei der Schulter« und schaut ihm »mit wunderbarem Blick in die Augen« (SW 6, 104) – wie einst Marie.

Mit den drei letzten Texten werden die Lebensbeschreibungen von drei Dichtern, die mit den Anforderungen der bürgerlichen Gesellschaft konfrontiert sind, neben- und gegeneinander gestellt. *Der Arbeiter* berichtet von einem in sich gekehrten Menschen, der seine »eigentümliche Bildung« nach außen nicht zeigt. Sein Geist ist sein Geheimnis und als solches seine »fort- und fortdauernde Lust« (SW 6, 110 f.). *Hölderlin* erzählt von Friedrich Hölderlins aus »leidige[r] Armut« angenommener Anstellung als Hauslehrer in einem bürgerlichen Haus (SW 6, 116). An der Unfreiheit und der bürgerlichen Enge zerbricht er. Das titelgebende Stück *Poetenleben* berichtet abschließend und zusammenfassend im Ton eines amtlichen Protokolls über einen Poeten, der es – im Unterschied zum »gescheiterten Titanen Hölderlin« – »geschickt und anschmiegsam« schafft, ›sich zu verkaufen‹ ohne daran zu zerbrechen, »indem er eine große Zahl subalterner Bürostellen bekleidete und sie immer wieder um des Dichtens willen preisgab« (Echte 2003, 90). So kann er am Ende mit einem an Georg Büchners *Lenz* gemahnenden Satz ins Leben entlassen werden.

Deutungsaspekte, Forschung

Die Frage, wie sich *Poetenleben* zu Robert Walsers Biographie verhält, ob es sich sogar um eine autobiographische Textsammlung handle, wird schon von den zeitgenössischen Rezensenten aufgeworfen. Auch in der Sekundärliteratur wird die Frage immer wieder verhandelt. Viele der einzelnen Texte lassen sich tatsächlich mehr oder weniger direkt auf Ereignisse in Robert Walsers Leben beziehen. Diese Texte sind im Buch grob nach der Chronologie dieser Wirklichkeitsbezüge angeordnet. Allerdings wird,

wie Peter Utz feststellt, die frühe Berliner Zeit, die Zeit von Walsers literarischen Erfolgen, in *Poetenleben* auffällig ausgespart (Utz 2007, 16). Die Sammlung sei eher darauf angelegt, »von Walsers biographischer Realität wegzuführen, um den Poeten schließlich nur in seinem Verschwinden zu zeigen«. Walser tauche im Bild, das sich aus den ausgelegten Spuren des Poeten ergibt, wieder auf, »doch als Kunstfigur, deren Umrisse er selbst vorgezeichnet hat«. Sie müsse »ästhetisch, nicht biographisch verstanden werden« (ebd., 18). *Poetenleben* wolle Lebensumrisse literarisch entwerfen, in die Walser dann eintrete (ebd., 13). Utz operiert dabei mit dem Begriff der ›Autofiktion‹ (ebd.; vgl. relativierend Benne 2007; schließlich Utz 2011), den er im Sinne Phillipe Gasparinis als »Suchbegriff« versteht, »der es erlaubt, im Feld des autobiografischen Schreibens alte Fragen neu zu stellen« (Utz 2011, 29). Von den beiden paradigmatischen Referenzwerken, auf die sich *Poetenleben* beziehe, vom *Grünen Heinrich* Gottfried Kellers und von Goethes *Dichtung und Wahrheit*, schreibe sich Walser weg auf ein anderes ›Leben‹ zu, ein erschriebenes Leben im Wortsinne der Autofiktion (ebd., 42). *Poetenleben* zeige den Anspruch, an die Tradition von »Goethes Maßstäbe setzende[r], große[r] Autobiografie […] zwar anzuknüpfen, sie aber mit der offenen Sequenzform seiner Sammlung kleiner Prosa auch abzulösen« (ebd., 37). Es zeigt sich, dass weniger das Verhältnis des Buches zu Walsers Biographie als die Auseinandersetzung Walsers mit den Gattungen Autobiographie und autobiographischer Roman zu fruchtbaren Interpretationsansätzen führen kann.

Christian Benne setzt gegen diese Lesart die These, Walser gehe es »um das Leben der Poeten als Spezies«: »Seine individuellen Lebensmomente spielen eine Rolle nur insoweit sie dem *Typus* von Lenz bis Hölderlin entsprechen.« (Benne 2007, 44) Benne operiert mit der Unterscheidung von Rolle und Maske und kommt zum Schluss, dass Walser »*überhaupt nicht* über sich geschrieben hat«. Vielmehr handle es sich bei ›Robert Walser‹ um eine »beliebig verwendbare Maske« (ebd., 47). Indem er so tue, als schriebe er über sich selbst, tue Walser gerade dies nicht (ebd., 47 f.).

Nicht nur in Verbindung mit der Frage des Autobiographischen werden rund um *Poetenleben* immer wieder Gattungsfragen diskutiert. Der Anspruch des Kulturbetriebs, der einem Schriftsteller Romane abfordert, wird im Text *Der Neue Roman* selbst thematisch. Die Beziehung von *Poetenleben* zu Novellenzyklus und Roman verhandelt Utz an verschiedener Stelle. Mit *Poetenleben* entwerfe Walser eine neue Großform, die alternativ zum Novellenzyklus gedacht ist und eine Art neuen Roman darstellt (Utz 2008, 40–42). Walser schreibt dem Verlag allerdings schon in der Zeit, in der das *Studien und Novellen*-Projekt verhandelt wird, er wolle nach dem Buch wieder an einen »grössere[n] erzählende[n] Zusammenhang« gehen (Walser an Huber-Verlag, 1. 2. 1918, in SALATHÉ, 162). In der Tat bot er Ende 1918 erstmals einem Verlag den Roman *Tobold* an, ohne diesen dann aber veröffentlichen zu können.

Walsers Überarbeitung der Zeitungsfassungen für die Buchpublikation sind in der Forschung noch nicht systematisch für die Interpretation fruchtbar gemacht worden (vgl. erste aufschlussreiche Ansätze bei Utz 2007 u. 2011). Die Grundlage dafür liefert die Edition aller Textfassungen im Rahmen der *Kritischen Robert Walser-Ausgabe* (KWA I 9). Die Frage, ob in dieser Zeit, in der Walser offenbar anfängt, eigene Texte noch einmal abzuschreiben, auch die Wurzeln des zweistufigen Verfahrens der Mikrographie zu suchen sind, stellt sich an dieser Stelle ebenfalls (vgl. Utz 2007, 27 f.).

Schon die zeitgenössischen Rezensenten, ja auch Walser selbst rückt *Poetenleben* in die Nähe der Romantik. Die Walser-Forschung diagnostiziert immer wieder eine Veränderung von Walsers Bieler Prosa gegenüber der Berliner Zeit; die Bieler Prosa steht, so Utz, »im Geruch, sie sei eher in die Neoromantik zurückgefallen« (ebd., 14). Liest man die zeitgenössischen Kritiker, gilt dies aber auch schon für die Berliner Jahre. Schon 1907 schreibt Fritz Marti in der *Neuen Zürcher Zeitung*, Simon Tanner sei ein »direkte[r] Abkömmling der Romantik«, ein »jüngere[r] Bruder des Eichendorffschen Taugenichts« (KWA III 3, 330), und der Vergleich mit dem *Taugenichts* gehört fortan zu den wiederkehrenden Bestandteilen der Rezensionen von Walsers Büchern. Die bekannte Besprechung von *Poetenleben* durch Hesse in der *Neuen Zürcher Zeitung* ist weder das erste noch das letzte Beispiel dafür (KWA III 3, 361). Gerade mit seiner Stilisierung wendet sich das Buch aber auch gegen die grausame Kriegswirklichkeit. Dass es sich bei *Poetenleben* nicht um eine neoromantische Wirklichkeitsflucht handelt, betont schon Jochen Greven in seinem Nachwort: *Poetenleben* sei »mit einer nachdrücklichen Konsequenz gegen Zeit und Wirklichkeit stilisiert« (Greven, Nachwort in SW 6, 135). Es ist, so Utz, »dem realen Leben abgetrotzt« (Utz 2007, 26).

Ob *Poetenleben* als »literarische Lebensbilanz«

Walsers gelesen werden kann (ebd., 13) oder ob eher die Figur des Poeten und dessen Stellung im Leben idealtypisch reflektiert werden, bleibt weiter zu untersuchen. Auf jeden Fall bildet *Poetenleben* zusammen mit *Seeland* Höhepunkt und wohl auch dichterische Bilanz von Walsers Bieler Schaffensphase.

Ausgaben

Poetenleben. Frauenfeld, Leipzig: Huber 1918. – GW 3, 5–130. – GWS 3, 5–130. – Poetenleben. Zürich: Suhrkamp 1978. – SW 6. – Poetenleben. Zürich: Suhrkamp 1988. – KWA I 9.

Literatur

Benne, Christian: Autofiktion und Maskerade. Robert Walsers Ästhetik des Biographieverzichts. In: ders., Thomas Gürber (Hg.): »…anderseils sich in fremden Gegenden umschauend« – Schweizerische und dänische Annäherungen an Robert Walser. Kopenhagen, München 2007, 32–53.

Echte, Bernhard: »Hölderlin'sche Schicksalsfortsetzungen«. In: Recht & Psychiatrie 21, 2 (2003), 85–97.

Greven, Jochen: Nachwort des Herausgebers. In: SW 6, 133–136.

Lamping, Dieter: Das Rätsel der kleinen Form. Gattungsmischung in Robert Walsers Poetenleben. In: FATTORI/ SCHWERIN, 11–26.

SALATHÉ.

Sprünglin, Matthias: Eigenwerbung für »Poetenleben«. In: MITTEILUNGEN 21, 22 f.

Sprünglin, Matthias: Editorisches Nachwort. In: KWA I 9, 129–158.

Utz, Peter: Robert Walsers »Poetenleben«. In: Christian Benne, Thomas Gürber (Hg.): »…anderseils sich in fremden Gegenden umschauend« – Schweizerische und dänische Annäherungen an Robert Walser. Kopenhagen, München 2007, 11–31.

Utz, Peter: Italianismen vom Kollegen Kartoffelstock. Robert Walsers Auseinandersetzung mit der Novellentradition. In: FATTORI/GIGERL, 33–48.

Utz, Peter: Erschriebenes Leben: Ist Robert Walsers *Poetenleben* eine »Autofiktion«? In: FATTORI/SCHWERIN, 27–42.

Matthias Sprünglin

3.4.6 *Seeland* (1920; Impressum 1919)

Entstehung und Veröffentlichung

Seeland, eine Sammlung von sechs, teilweise schon zuvor veröffentlichten Texten, erschien 1920 (mit Impressum 1919) im Rascher Verlag, Zürich, als letztes von Walsers Bieler Büchern. Die einzelnen Erzählungen waren teilweise bereits in den Jahren zuvor entweder in Zeitschriften wie der *Neuen Rundschau*, den *Deutschen Monatsheften* oder – wie im Fall von *Der Spaziergang* – als Einzelausgabe im Huber Verlag publiziert worden. Alle Texte wurden von Walser selbst für die Neuveröffentlichung teilweise stark überarbeitet und redigiert. Dies war eine für Walsers Bieler Zeit übliche Vorgehensweise, die bereits auf die später entstehende sogenannte ›Bleistiftmethode‹ hindeutet. Peter Utz macht besonders auf die Bedeutung der Re-Lektüre für den sich in Seeland abzeichnenden Schreibprozess Walsers und die Nähe zu avantgardistischen Schreibweisen aufmerksam: »So findet der Text in der Überarbeitung den Anschluß an Schreibverfahren der literarischen Avantgarde. Gleichzeitig schafft er die Voraussetzung für Walsers eigene Interpretation der labyrinthischen Diskursform, wie er sie später, in der Berner Zeit, weiterentwickeln und radikalisieren wird.« (Utz, 373) Trotz der mehrfachen Publikation und der schriftstellerischen Modernität bleibt eine Rezeption von *Seeland* weitgehend aus. Jochen Greven spricht in seinem Nachwort zum siebten Band der von ihm herausgegebenen *Sämtlichen Werke in Einzelausgaben*, welcher Walsers *Seeland* enthält, davon, dass »diese Sammlung das unbekannteste aller seiner Bücher geblieben« sei (Greven, Nachwort in SW 7, 215). Es handelt sich also – in merkwürdiger Steigerung – um das »unbekannteste« Werk eines – so die bis vor kurzem gängige Lesart – vergessenen Autors. Dieser Status eines gesteigerten Vergessens, von dem man die Einzelveröffentlichung *Der Spaziergang* auszunehmen hat, lässt sich zunächst durch die geringe Zahl gedruckter Exemplare erklären. Die erste und einzige Ausgabe aus dem Jahr 1920 war ein auf 600 nummerierte Exemplare limitierter Luxusdruck mit fünf Radierungen von Walsers Bruder Karl, von dem zusätzlich zahlreiche Bände durch ein Feuer im Leipziger Lager des Rascher Verlags vernichtet wurden. Des Weiteren fehlte auch die journalistische Wahrnehmung des Bandes. Zur fehlenden kritischen Rezeption stellt Greven lakonisch fest: »Wichtigere Rezensionen sind nicht bekannt.« (ebd., 212) Die Nicht-Wahrnehmung bzw. das Vergessen von *See-*

land ist insofern überraschend, als Walser in diesem Band, laut Bernhard Echte, »die Summe seines Bieler Schaffens sah, ein Werk, das wie kaum ein zweites die Poesie verinnerlichenden Erlebens auszudrücken vermag« (Echte 1990, 194).

Text und Bild

Der Verleger Max Rascher, offenbar mit einem möglichen finanziellen Misserfolg von *Seeland* rechnend, verpflichtete Robert Walsers Bruder Karl – ein als Buchillustrator bekannter Künstler – illustrierende Zeichnungen für den Band zu liefern. Dieser Vorschlag wurde zunächst von Robert abgelehnt. In einem Brief vom 17. 4. 1918 an den Rascher Verlag schreibt er: »Aufrichtig gesprochen bin ich immerhin überzeugt, daß gerade ›Seeland‹ sich entweder keineswegs oder nur in geringem, d. h. in *allzu* gerin gem Grad zum Illustrieren eignet, und zwar deshalb nicht, weil der Autor hier zu wenig Lücken offen läßt, mit andern Worten, weil hier der Dichter *schon selber* mit der Schreibfeder, mit den sprachlichen Worten – *malt und illustriert.*« (Br 149) Seinem Schreiben, so Walser, eigne eine Nähe zum Malen, zur Illustration. In der ersten Erzählung *Leben eines Malers*, einer »durchaus ambivalente[n] Auseinandersetzung mit dem Erfolg des Maler-Bruders« (Fattori 2008, 94), verwischt sich die brüderliche Arbeitsteilung zwischen Schreiben und Malen. »Der Dichter besetzt die Stelle des Malers selbst«, so Elke Siegel, »allerdings nicht als Maler, sondern als Dichter, der mit der Schreibfeder und mit den Worten malt und illustriert« (Siegel 2001, 112). An einer Stelle unterbricht der Ich-Erzähler den Fortgang der Erzählung: »Laß mich ein wenig Atem holen und im Schildern, Malen und Schreiben eine kleine Erholungspause machen.« (SW 7, 34) Was Literatur und Malerei verbindet, ja geradezu ununterscheidbar werden lässt, ist das Element der Schilderung. Es geht Walser nicht ums Erzählen, sondern ums Beschreiben, also um genau das, was in traditionellen Realismustheorien als zweitrangig diskreditiert wird, wie z. B. bei Georg Lukács, welcher die dienende, sekundäre Rolle der Beschreibung betont. Bei Walser fehlt eine solche Hierarchisierung von Erzählen und Beschreiben, vielmehr stellen Schildern, Malen, Schreiben eine kontinuierliche Reihe von Darstellungsmöglichkeiten dar. Insofern ist ein Schriftsteller jemand, der – wie sein Bruder – »*schon selber* […] *malt und illustriert*«. Der Titel der Erzählung *Naturstudie* enthält bereits dieses Verwischen der Grenzen zwischen Literatur und Malerei *in nuce*, insofern der kunsthistorische Begriff

Studie auf den Prozess des Zeichnens und Skizzierens verweist. Das Erlebte wird mit »sprachlichen Worten« geschildert. Mit diesem Pleonasmus deutet Walser auf eine Form der Darstellung, die sich der seit Gotthold Ephraim Lessing gängigen Trennung von bildlicher Synchronie und sprachlicher Diachronie entzieht. Das Sehen in *Seeland*, so wie es zur Sprache kommt, oszilliert zwischen einer Serie von Assoziationen – oftmals dem ziellosen Schlendern eines Spaziergangs folgend – und dem zeitweiligen Feststellen und Bildwerden einzelner Momente. Greven spricht von einer »Ent-zeitlichung«, welche »eine rein räumliche Welt, ein Nebeneinander umkehrbarer Beziehungen« schafft (Greven, Nachwort in SW 7, 215). *Seeland* ist gemäß Kirsten Scheffler »die Abbreviatur einer weitläufigen *Seelenland*schaft: im Nebeneinander, in der Kontiguität des Bildnerischen, der Simultaneität der Landschaft, des Koexistierenden – und im Nacheinander, dem Konsekutiven der Literatur, der Kontinuierung des Textes und der Aufeinanderfolge von Drucktypen in der Schrift« (Scheffler 2010, 290). Die Diachronie des Erzählens nähert sich der Synchronie eines Bildes. Die Feder – das Instrument des Schreibens als auch des Zeichnens – wird zu einem Werkzeug, welches, indem es ›sprachliche Worte‹ schreibt, ebenso malt und illustriert. Die Sprachlichkeit des Wortes lenkt somit paradoxerweise die Aufmerksamkeit auf die Bildlichkeit des Wortes und seinen Klang. Zum einen wird der Text – in seiner materiellen Verfasstheit – zum Schriftbild, zum anderen wird das einzelne Wort zu einem Bild, springt es aus dem Rahmen, fixiert es den Blick. Das Wort ist Träger von Bedeutung, also etwas, das sich unsichtbar macht, indem es als bloßes Medium auf etwas anderes verweist, als auch etwas Dinghaftes, welches ›erscheint‹, als Gestalt wahrgenommen werden will.

Natur- und Kunstschönheit

Die Form der Naturstudie, die sich der Erzähler des *Spaziergangs* vornimmt, ist immer schon vom Akt des Schreibens affiziert. In der Erzählung heißt es: »›Dies alles‹, so nahm ich mir fest vor, ›zeichne und schreibe ich demnächst in ein Stück oder in eine Art Phantasie hinein, die ich ›Der Spaziergang‹ betiteln werde.‹« (SW 7, 100) Der Aufbruch aus dem »Schreib- oder Geisterzimmer« (ebd., 83), mit der *Spaziergang* beginnt, ist also kein Vorgang, welcher sich ohne Bezug zur schriftstellerischen Praxis denken lässt. Im Gegenteil: alle Wahrnehmungen und seien sie noch so zart und flüchtig finden in Hin-

sicht auf ihre schriftliche Fixierung statt. Der Schriftsteller Hans, Protagonist der gleichnamigen Erzählung, welche als ein literarisches Selbstportraits Walsers gelesen werden kann, nimmt die auf seinen Spaziergängen wahrgenommene Natur nur unter der Perspektive ihrer künstlerischen Darstellung wahr: »Vor gewissen landschaftlichen, baulichen oder irgendwelchen sonstigen natürlichen Schönheiten pflegte er, ähnlich wie ein Maler, stillzustehen, der die Töne, Umrisse bereits beim Anschauen in seiner Phantasie entwirft.« (SW 7, 190) An dieser Stelle fallen Wahrnehmung und Darstellung scheinbar in eins. Hans geht als spazierender Dichter voran und bleibt als Maler stehen. Seine Anschauung hat den Charakter eines Entwurfs, sie ist Produkt seiner Phantasie und widerspricht somit der Vorstellung einer bloßen Widerspiegelung der Wirklichkeit. Wahrnehmung für Walser ist mehr als das oft beschworene romantische Verschwimmen der Grenzen zwischen Subjekt und Objekt. Vielmehr umreißt und konturiert der Spaziergänger und Dichter Hans das Gesehene im Augenblick des Stillstehens, der Unterbrechung seines Fortschreitens. Diese Form der Gestaltung von Wahrnehmung, immer auf dem Sprung zur Entstaltung, zur Verflüchtigung des Vorübergehenden, verhält sich indifferent gegenüber dem Unterschied von Natur und Kultur. Walser spricht von »landschaftlichen, baulichen oder irgendwelchen sonstigen natürlichen Schönheiten« (ebd.). Naturschönheit ist eine von verschiedenen, »irgendwelchen sonstigen«, unterscheidet sich aber nicht kategorial von Kunstschönheit. Einige Zeilen später, nachdem der Protagonist seine Umgebung mit Bildern von Paul Cézanne, Auguste Renoir und Vincent van Gogh verglichen hat, heißt es: »Derart mahnte ihn Natur öfters an Kunst, was ganz natürlich war, da ja schließlich alle Kunst von gütiger, mütterlicher Natur herrührt.« (ebd., 191) Walsers Indifferenz gegenüber der geläufigen Unterscheidung zwischen Natur und kulturellen Artefakten wird auch in *Der Spaziergang* deutlich, wo eine Liste von »Gegenständlichkeiten«, die der Erzähler aufmerksam wahrnimmt, fast unmerklich von Natur zu Kultur übergeht: »Höchst aufmerksam und liebevoll muß der, der spaziert, jedes kleinste lebendige Ding, sei es ein Kind, ein Hund, eine Mücke, ein Schmetterling, [...] ein Blatt oder auch nur ein ärmliches, weggeworfenes Fetzchen Schreibpapier [...] studieren und betrachten.« (SW 7, 125) Erneut geht es um das Studieren und Betrachten, in welchem die Differenz zwischen Schreiben und dem Gegenstand des Schreibens brüchig wird. Das Blatt des Baumes wird fast unmerklich zum papiernen Blatt des Schriftstellers. Neben der schönen Natur wird auch bereits Geschriebenes, Vorgeformtes vom Spaziergänger wahrgenommen. Die Welt in *Seeland* wird nicht nur gesehen, sondern auch gelesen und weiter geschrieben. »Jeder Spaziergang«, so der Erzähler, »ist voll von sehenswerten, fühlenswerten Erscheinungen. Von Gebilden, lebendigen Gedichten, anziehenden Dingen« (ebd., 125 f.). Das Schreiben entsteht nicht in der Nachträglichkeit, der Rückkehr ins Schreibzimmer, um das zuvor Gesehene festzuhalten, vielmehr entwirft und konturiert der Dichter im Moment des Sehens sein Schreiben. Beide Vorgänge sind im Vorgang des Studierens koexistent und nehmen die Natur als ein ›lebendiges Gedicht‹ wahr. Derart studierte Natur wird vom schreibenden Spaziergänger nicht realistisch wiedergegeben, sondern imaginativ entworfen, im Augenblick ihrer Wahrnehmung erschaffen.

Literarische Form

In allen Texten der Sammlung werden implizit und explizit Fragen nach der Möglichkeit literarischer Mimesis gestellt. In diesem Sinne muss der titelgebende See als Spiegel, Reflexionsfläche verstanden werden, auf dem das Land erscheint. Ein Berg, so heißt es beispielsweise an einer Stelle der Erzählung *Hans*, »sank […] milde und unter wundervoller Gebärde in die Tiefe, wo er sich im blanken Wasser anmutig widerspiegelte« (ebd., 174). Im Flüssigen, Flüchtigen der Wasseroberfläche spiegelt sich das Feste, Starre. Walsers Poetik der Oberfläche lässt das Dargestellte und das Medium dieser Darstellung, Land und See, ineinander übergehen. Im Widerspiegeln wird die Welt und ihre Darstellung beweglich. Sank der oben zitierte Berg »in die Tiefe«, so steigen an anderer Stelle der Erzählung »aus weichem, dunklem Wasser herzgewinnende, verwandtschaftliche Gestalten […] an die Luft empor« (ebd., 173 f.).

Walser schreibt in einem Brief vom 1. 4. 1918 an den Rascher Verlag: »Der Titel ›Seeland‹ erscheint mir deßhalb denkbar richtig, weil er knapp und straff dasjenige bezeichnet, um das es sich hier handelt, um eine Gegend und um die Erscheinungen derselben.« (Br 148) ›Seeland‹ bezeichnet also nicht nur die spezifische Topographie des Seelands, einem Gebiet im westlichen Kanton Bern zwischen dem Bieler-, dem Neuenburger- und dem Murtensee – also der engeren Heimat Walsers –, sondern auch die Form der artistischen Repräsentation selbst. »Das Faszinosum des Wortes *Seeland*«, so Scheffler, »verdankt sich weniger einer Erinnerung an die eher tonlos vorgebrachte ›Gegend‹ um den Bieler See als vielmehr der Präzision einer räumlichen Abbildung im Wort selbst.« (Scheffler 2010, 290) In einem früheren Brief an den Verleger Huber hatte Walser, ähnliche Formulierungen verwendend, bereits auf den Doppelcharakter des Titels aufmerksam gemacht. Dieser sei passend, so Walser, weil er »ebenso einfach und unanspruchsvoll wie sinnlich und erdhaft-lebendig tönt. Er scheint mir ebenso sachlich wie farbig und anmutig. […] Außerdem klingt irgendwelches Magische im Wort.« (Br 142) Für Walser ist das Wort *Seeland* sowohl sinnhaft als auch sinnlich, es hat eine geistige als auch eine materielle Form. Es bleibt unklar, was in diesem Gebiet der Wortmagie Wirklichkeit und was Widerspiegelung, was angelesenes Bildungsgut oder Reminiszenz an künstlerische Vorbilder und was ›genuines‹ Erlebnis der Natur ist. So wie die Natur gelesen, so werden Worte gesehen, d. h. nicht auf bloße Träger von Bedeutung reduziert, sondern in ihrer Materialität wahrgenommen: sie erscheinen »sinnlich und erdhaft-lebendig«.

Das *mimetische Vermögen* Walsers, um mit Walter Benjamin zu sprechen, entfaltet die Magie der Wörter, welche den spazierenden Schriftsteller still stehen lassen. Diese Unterbrechung des kontinuierlichen Vorgehens erlaubt es, auf Wörter als auch auf die Laute der Natur zu horchen. »Stillstehen heißt«, so Utz, »im Wortsinn, schweigen, um sich zu öffnen für die Geräusche der Außenwelt. Stillstehen heißt aber auch, den Fluß des Textes unterbrechen, wodurch seine Zeitlichkeit an die Oberfläche tritt – Stillstehen als Stillstellen, Horchen als Warten.« (Utz 1998, 260)

Die Metaphorik des Verschwimmens und Ineinanderübergehens darf jedoch nicht als Feier eines ozeanischen Aufgehens des Subjekts in der Natur gedeutet werden. Trotz aller impressionistischen Anklänge und der teilweise mythisierend-schwärmerischen Betonung der auflösenden Tendenzen im Moment der Betrachtung bleibt die Spannung zwischen Form und Formlosigkeit, Festem und Flüssigem, Land und See gewahrt. Walsers Texte ebenso wie das von ihnen geschilderte Seeland sind, wie es eine Lieblingsmetapher von Walser ausdrückt, »leicht durchzittert[]« (SW 7, 39). Dieses Durchzittern der Formen hält das Schreiben – wie ein Spaziergang – auf der Schwelle zwischen gerichteter Erzählung und uferloser Abschweifung. Noch ist Walser nicht völlig ins ›Bleistiftgebiet‹ der Mikrogramme eingetaucht, sondern er entwirft ein literarisches Seeland. Es lassen sich Formen und Gestalten erkennen, die jedoch im Moment ihrer Darstellung erzittern, und die Grenze zwischen innen und außen porös werden lassen. So entsteht eine Literatur, deren Form nicht vage verschwimmt, sondern präzise die Porosität bzw. die Vibration literarischer Mimesis nachzeichnet.

Ausgaben

Seeland. Zürich: Max Rascher 1919. – GW 3, 131–332. – GWS 3, 131–332. – Seeland. Frankfurt a. M.: Suhrkamp 1984. – SW 7.

Literatur

Echte, Bernhard: Karl und Robert Walser. Eine biographische Reportage. In: ders., Andreas Meier (Hg.): Die Brüder Karl und Robert Walser. Maler und Dichter. Stäfa 1990, 150–203.
Fattori, Anna: Karl und Robert Walser: Bild(er) und Text in *Leben eines Malers*. In: Fattori/Gigerl, 89–106.
Greven, Jochen: Nachwort des Herausgebers. In: SW 7, 209–215.
Schafroth, Heinz: Seeland kann überall sein. Oder: Warum es anderswo noch türkischer zugehen kann als in der Türkei. Über Robert Walsers zweite Bieler Zeit (1913–1920) und die (so genannte) Bieler Prosa. In: Text + Kritik 4, 83–94.
Scheffler, Kirsten: Mikropoetik. Robert Walsers Bieler Prosa. Spuren in ein »Bleistiftgebiet« avant la lettre. Bielefeld 2010.
Siegel, Elke: Aufträge aus dem Bleistiftgebiet. Zur Dichtung Robert Walsers. Würzburg 2001.
Utz, Peter: Tanz auf den Rändern. Robert Walsers »Jetztzeitstil«. Frankfurt a. M. 1998.

Jörg Kreienbrock

3.4.7 *Tobold*-Roman (verfasst 1918)

›Tobold‹ ist der Name einer Figur, die in verschiedenen Texten Robert Walsers aus der Berliner und Bieler Zeit auftaucht und schließlich zum Titel(-helden) eines Romans werden sollte, der jedoch unveröffentlicht blieb und nicht überliefert ist.

Die Figur wird in verschiedenen literarischen Gattungen erprobt, vom Prosastück über die dramatische Szene bis zum Roman. Wenngleich der Erzähler in *Der fremde Geselle* behauptet, ihm sei »dieser Name zwischen Schlafen und Wachen eingefallen« (SW 3, 145), stellt dieser für Jochen Greven »keine Erfindung Walsers« dar, sondern sei in Berlin als Familienname nachweisbar (vgl. Kommentar in SW 4, 179). Hingegen sieht Hartmut Vollmer Tobolds Geburt aus dem Tod auch im Namen, in der Verbindung von ›Tod‹ und ›Kobold‹, realisiert (vgl. Vollmer 1999, 594 f.) und Kirsten Scheffler erkennt darin eine »Kontamination« von ›Tobler‹ (aus *Der Gehülfe*) und ›Kobold‹ (vgl. Scheffler 2010, 210–213).

Als »sonderbarer wildfremder Geselle« tritt Tobold erstmals (öffentlich) im Prosastück *Der fremde Geselle* auf (SW 3, 144), das im Dezember 1912 in *Die Rheinlande* erschien und später in den Band *Aufsätze* aufgenommen wurde. Das »Versfragment ›Tobold‹« (Br 66) bot Walser 1912 der Zeitschrift *Pan* an; es wurde 1913 ins Jahrbuch *Arkadia* und schließlich in den Band *Kleine Dichtungen* aufgenommen, wo sich im Prosastück *Spazieren* ein weiterer Auftritt Tobolds findet (s. Kap. 3.4.1). Die in *Aus Tobolds Leben* (1915 in der *Neuen Zürcher Zeitung*, dann in *Poetenleben* publiziert) und in *Tobold (II)* (1917 in *Die Neue Rundschau*, dann in *Kleine Prosa* publiziert) ins Zentrum gerückte Diener-Thematik lässt sich biographisch mit Walsers Aufenthalt auf Schloss Dambrau im Herbst/Winter 1905 in Bezug setzen (vgl. De Vos 2009; s. Kap. 3.4.4).

In der die Publikation des *Spaziergangs* begleitenden Korrespondenz stellte Walser am 8. 2. 1917 und am 3. 4. 1917 gegenüber dem Huber-Verlag Frauenfeld in Aussicht, dass er sich künftig mit »größere[n] dichterische[n] Absichten«, mit »etwas Neuem und romanartig-zusammenhängendem«, beschäftigen werde (Salathé, 92, 111). Das geplante Vorhaben, aus dem mutmaßlich der *Tobold*-Roman hervorgegangen ist, verstand Walser als einen Neuanfang innerhalb seines Schreibens und erwähnte es in der Folgezeit verschiedentlich gegenüber dem Huber-Verlag und Frieda Mermet (vgl. Salathé, 134; Br 142, 155, 160, 163, 167). Am 12. 12. 1918 kündigte er dem Rascher-Verlag den Abschluss des ersten »größere[n] poetische[n], erzählende[n] Zusammenhang[s]« seit den Berliner Romanen an und offerierte dem Verlag diesen Roman für ein Honorar von 1000 Franken:

> Ich habe einen Roman entworfen, der, wie ich voraussetze, Ende Januar 1919 niedergeschrieben sein wird und eine starke Arbeit zu sein verspricht. Das Buch wird straffe Form haben und nicht so sehr groß sein. Es handelt von meinem frühen Erleben. Der Schauplatz ist Zürich. Der Held ist ein junger Mensch, Commis und Dichter. Dazwischen klingt viel Zeitgemäßes, Jetziges hinein. (Br 169)

Wenige Tage später stimmte der Verlag bereits Walsers Vorschlag zu (vgl. Rascher-Verlag an Walser, 17. 12. 1918, in BA IV). Parallel dazu bot der Autor am 5. 1. 1919 den Roman, dessen Niederschrift er bis Ende Februar abzuschließen hoffe, Efraim Frisch zum Vorabdruck in dessen Zeitschrift *Der Neue Merkur* an, und skizzierte auch hier kurz den Inhalt:

Der Roman ist eher knapp als lang, und so weit ich zu überblicken vermag, sauber gegliedert, er könnte vielleicht für den »Neuen Merkur« sehr gut passen. Der Schauplatz ist eine moderne Stadt (Zürich). Der Held ist ein junger Mensch, Commis und Dichter, der sich mit einem andern jungen Menschen auseinandersetzt. Zeitliches, Zeitgemäßes spielt deutlich mit. Der Roman hat unabhängiges und künstlerisches, doch dabei starkes Gegenwarts-Gepräge. An Umfang wird er ungefähr sein wie der »Jakob von Gunten«. (Br 175)

Frisch lehnte einen integralen Vorabdruck ab, zeigte sich jedoch interessiert, das Buch zu verlegen, und riet, ebenso wie der Rascher-Verlag, lediglich Auszüge vorabzudrucken (Br 174; Rascher-Verlag an Walser, 11. 1. 1919, in BA IV; *Der Neue Merkur* [Efraim Frisch] an Walser, 19. 1. 1919, in BA IV). Nach anfänglichem Zögern schickte ihm Walser im Sommer 1919 einen Auszug *Aus Tobold's Roman*, den er aber im März 1920 wieder zurückforderte (Br 177, 194).

Am 10. 3. 1919 teilte Walser dem Rascher-Verlag mit, der Roman werde »[i]m Lauf dieser Woche« fertig. Er erwähnt Frischs Angebot, bekennt aber, einen Schweizer Verlag zu bevorzugen, auch da »der Roman, trotzdem er stark ins Universelle klingt, eine schweizerische Arbeit, d. h. ein Werk schweizerischer Art« sei (Br 177). Vom Abschluss eines Romans, der nun »marschbereit in meiner Schublade« liege, wird auch im Prosastück *Schneeglöckchen* berichtet (SW 16, 392), das am 12. 3. 1919 in der *Neuen Zürcher Zeitung* erschien.

Am 31. 3. 1919 schickte Walser schließlich dem Rascher-Verlag den »fertigen Roman betitelt ›Tobold‹[,] 129 Manuscriptseiten, eingeteilt in 35 Kapitel, die jedes für sich ein festes, präzises Gemälde darbieten«. Er zeigt sich mit der Arbeit zufrieden, zumal sie sich von den früheren Romanen »durch Knappheit« unterscheide (Br 180). Während Walser eine Veröffentlichung im Herbst desselben Jahres wünschte, schickte ihm der Verlag das Manuskript am 16. 4. 1919 mit der Begründung zurück, das Buch könne »bei dem gegenwärtigen sinken der deutschen Valuta« nicht gedruckt werden, er solle es später – nach Möglichkeit maschinengeschrieben – nochmals einsenden (Rascher-Verlag an Walser, 16. 4. 1919, in BA IV).

Wenig später, am 28. 4. 1919, bot Walser den Roman dem Huber-Verlag an (vgl. Br 182), der sich zwar interessiert am Manuskript zeigte und um dessen Einsendung bat, aber auch zu bedenken gab, dass es »unvorteilhaft« sei, wenn mehrere Bücher desselben Autors gleichzeitig bei verschiedenen Verlegern erscheinen würden; eine Einsendung des Manu-

skripts ist nicht belegt (SALATHÉ, 168). Schließlich sandte Walser dem Hermann Meister Verlag in Heidelberg am 8. 5. 1919 »*ein Bruchstück aus einem Roman*« – womit der *Tobold*-Roman gemeint sein dürfte – für die Veröffentlichung in der Zeitschrift *Saturn* (vgl. Br 183).

Dieser Brief enthält eine aufschlussreiche Angabe zu Walsers Schreibprozess: Nachdem dieser bereits im Dezember 1918 gegenüber dem Rascher-Verlag bekannt gegeben hatte, sogleich mit der »Reinschrift« zu beginnen (Br 169), erwähnte er nun, dass dieser »Reinschrift« ein »Bleistiftentwurf« zugrunde lag (Br 183). Es handelt sich hierbei um die erste explizite Erwähnung des zweistufigen, in Bleistiftentwurf und Tintenreinschrift unterteilten Schreibverfahrens, und der *Tobold*-Roman wäre demnach der erste vollständig mit Bleistift entworfene Roman Walsers (vgl. ECHTE, 325; Walt 2015, 17; s. Kap. 4.8). Aus dessen Entstehungsgeschichte lassen sich somit zwei für die Mikrographie relevante Einsichten ableiten: Zum einen findet die im berühmten Brief an Max Rychner vom 20. 6. 1927 gemachte Angabe zu den Anfängen des »Bleistiftsystem[s]« (»vor ungefähr zehn Jahren«; Br 322) durch die erste Erwähnung eines Romanvorhabens gegenüber dem Huber-Verlag 1917 (sofern man diese auf den *Tobold*-Roman bezieht) eine Bestätigung, zum anderen wird deutlich, dass die in diesem Brief verkündete ›Befreiung‹ durch das zweistufige Schreibverfahren wesentlich darin bestand, dass sich Walser wieder imstande sah, einen *Roman* zu schreiben.

Die Verlagssuche blieb, auch nachdem Hans Bodmer Walser im Sommer 1920 seine Hilfe angeboten hatte (Schillerstiftung [Hans Bodmer] an Walser, 16. 8. 1920, in BA IV), erfolglos. Weder der vollständige Roman noch Teile davon wurden veröffentlicht. Das Manuskript ist nicht überliefert; eine spätere Bemerkung Walsers in dem Prosastück *Fragment* – »Einmal zerriß ich auf eine spöttische Bemerkung hin ein zweihundertseitiges Manuskript« (SW 20, 104) – ist auf den *Tobold*-Roman bezogen worden (vgl. Vollmer 1999, 605).

Die Entwicklung der Tobold-Figur in Walsers Werk hat Vollmer systematisch untersucht und dabei auch versucht, die Gestalt des Romans anhand der in der Korrespondenz überlieferten Angaben zu rekonstruieren: Indem er seine Zeit als junger »Commis und Dichter« zum Gegenstand seines Romans mache, knüpfe Walser inhaltlich an seine Berliner Romane an. Bezüglich der Erzählform suche er hingegen neue Wege zu gehen, indem er auf eine »straffe Form« und »Knappheit« setze statt auf Weitläufigkeit und Digression, wie sie ihm die Kritik z. T. vorgeworfen hatte (vgl. Vollmer 1999, 605 f.). Dabei darf allerdings nicht vergessen werden, dass eine strenge Einteilung in Kapitel Walsers Schreiben längerer Texte seit *Fritz Kocher's Aufsätze* prägte (vgl. Walt 2015, 72, Anm. 6).

Literatur

De Vos, Jaak: Autorität und Servilität. Die Dialektik der Macht – ideologisch und textstrategisch – in Robert Walsers Erzählung *Tobold (II)*. In: Norbert Otto Eke, Gerhard P. Knapp (Hg.): Neulektüren – New Readings. Fs. für Gerd Labroisse zum 80. Geburtstag. Amsterdam, New York 2009, 127–147.
Scheffler, Kirsten: Mikropoetik. Robert Walsers Bieler Prosa. Spuren in ein »Bleistiftgebiet« avant la lettre. Bielefeld 2010.
Vollmer, Hartmut: »Durch den Tod hindurch ging ich hinein ins Leben«. Robert Walsers *Tobold*-Texte. In: Études germaniques 54,4 (1999), 585–606.
Walt, Christian: Improvisation und Interpretation. Robert Walsers Mikrogramme lesen. Frankfurt a. M., Basel 2015.

Lucas Marco Gisi

3.4.8 Prosa der Bieler Zeit

In den Bieler Jahren (1913–1920) veröffentlichte Walser, neben den in Buchform erschienenen Prosasammlungen *Kleine Dichtungen, Prosastücke, Kleine Prosa, Poetenleben, Seeland* und *Der Spaziergang*, eine erstaunliche Anzahl weiterer Texte in immerhin über zwanzig verschiedenen Zeitschriften und Zeitungen (so z. B. regelmäßig in *Neue Zürcher Zeitung, Der Neue Merkur, Der Bund, Vossische Zeitung, Die Weltbühne, Die Weißen Blätter, Deutsche Monatshefte, Die Rheinlande*). Da sich Verhandlungen über weitere Sammelbände zerschlagen hatten sowie alte Verlagskontakte mit seinem Weggang aus Berlin und dem Beginn des Ersten Weltkrieges abgebrochen waren, verblieb der überwiegende Teil dieser mehr als 130 Prosastücke, die in ihrer Ausrichtung teilweise durchaus Parallelen zu den in Buchform erschienenen Bieler Texten aufweisen, »in der ephemeren Erscheinungsform der Einzelabdrucke« und wurde erst posthum von Jochen Greven in dem Band *Träumen* der *Sämtlichen Werke* zusammengestellt. Die darin vorgenommene Anordnung und eine Aufteilung in thematisch orientierte Gruppen enthält nach Auskunft des Herausgebers ein »gewisses Maß von subjektiver Willkür, der gegenüber der Leser kritisch bleiben sollte« (Greven, Nachwort in

SW 16, 419, 423). So zeigt die Sammlung trotz ihrer für die Bieler Periode spezifischen Entwicklung von Stoffen, Formen und Stil doch insgesamt eine gewisse Heterogenität, die eine solche Zuordnung nicht ganz unproblematisch erscheinen läßt. Eine lineare Entstehungsgeschichte ist wiederum anhand der Veröffentlichungsdaten nicht immer rekonstruierbar, da Walser mitunter Texte erst lange nach Fertigstellung bei Zeitungen unterbringen konnte. Allerdings wurden andere wiederum bewußt, und häufig deren Diskurse unterlaufend, zeitnah in diverse mediale Kontexte eingebettet (vgl. Stiemer 2007).

Themen: Idylle und Krieg

Im Vergleich zu den in Berlin entstandenen Texten finden sich in der Bieler Prosa variierende Themen- und Motivkreise, die zwischen Natur und Landschaft, Krieg und Frieden, Resignation, Isolation und Verschwinden sowie parodistisch gefärbten Verbrecher- und Kinostoffen wechseln. In den ersten zwei Jahren streifen die Prosastücke vor allem romantische Natur- und Kleinstadt-Szenerien. Sie handeln von Spaziergängen am Bieler See, auf Berghöhen, in Tannenwäldern, skizzieren in Abendlicht getauchte Gassen, Brunnengeplätscher und Landhäuser, »mondbeschienene Dachstubeneinsamkeit« (SW 16, 92), das Leben der Dorfbewohner des schweizerischen Seelands, einer Heimat, die zurückgekehrte Erzähler, als Vertraute und Fremde zugleich, durchstreifen. Walser selbst wohnte in diesen ganzen Jahren in seiner alten Heimatstadt recht isoliert in einer einfachen Dachstube des Hotels Blaues Kreuz, für ihn eine Art Basislager, von wo aus er seine Wanderungen und Erkundungen unternahm. Wie auch in *Der Spaziergang* oder in *Seeland* wenden sich zahlreiche dieser Prosastücke der Landschaft und dem Spaziergang als Suche nach einem stillen Refugium zu, um eine »spirituelle Nähe zur Natur« zurückzugewinnen. Doch immer wieder verweigert die Natur dem Spaziergänger »die ersehnte Linderung« (vgl. Kießling 1997, 173 ff.) durch Erinnerungen und hadernde, selbstkritische Rückblicke auf eine durch Enttäuschungen getrübte Schriftsteller-Existenz in der Großstadt, den als ernüchternd erfahrenen hektischen Kulturbetrieb sowie durch die sich zunehmend abzeichnende kritische Weltlage – auf den Aufenthalt, der für Walser selbst im Februar 1913 noch dazu mit einer Entfremdung von seinem Bruder Karl, der ihn sieben Jahre zuvor in die Berliner Kulturszene eingeführt hatte, endete.

So wird die Bieler Landschaft anfangs noch als poetischer Kindheits- und Erinnerungsraum, die friedliche Natur als harmonisierende Gegenwelt zum Berliner Großstadtleben zurückgewonnen und in vielen Variationen mal emphatisch, mal kindlich-zart oder auch wieder leise ironisch ausgestaltet. »Alles um mich herum war so schön, so süß, so freundlich« (SW 16, 9), heißt es etwa in *Frühling*, oder in *Abendspaziergang* (beide 1915): »Alles so froh, so leicht, so zart, so zärtlich« (SW 16, 19). Immer wieder neu holen die nomadisierenden, spazieren gehenden Erzähler zu einer seriellen Jahres- und Tageszeiten-Prosa aus mit empfindsamen, mitunter rührseligen, Betrachtungen, die zuweilen in ihrer Passion für unentwegte Modulationen neben der Lust an vorwiegend friedvoll-harmonischen Inhalten auch eine Lust am Schreiben und an der Form zu spiegeln scheinen.

Besonders die frühen in Biel entstandenen Texte wirken auf den ersten Blick wie Glück und Harmonie verheißende Wahrnehmungen, durchdrungen von Sehnsuchts- und Erlösungsmotiven, die nach »landläufigen Maßstäben«, so Greven, »abseitig erscheinen« mögen (Greven, Nachwort in SW 16, 421). Sie stellen sich zum einen der Verdunkelung der Zeit und einer eigenen künstlerischen Krise, wie sie sich bereits in der Berliner Zeit angekündigt hatte, entgegen, werden mitunter auch jäh durch Witz und Ironie durchbrochen oder geben sich in direkten Leser-Anreden mehr oder weniger traktat- oder phrasenhaft. »Denke, daß es ein Leben gibt, und daß es einen Tod gibt, denke, daß es Seligkeiten gibt, und daß es Gräber gibt. Sei nicht vergeßlich, sondern denke dran« (SW 16, 377), heißt es in einem im November 1914 in der *Neuen Zürcher Zeitung* erschienenen Text. Zudem widmen sich einige Texte, die gelegentlich wieder an die Form des von Walser im Frühwerk bevorzugten etüdenhaften Schüleraufsatzes erinnern, den kleinen Dingen, wie etwa *Asche, Nadel, Bleistift und Zündhölzchen* oder *Reisekorb, Taschenuhr, Wasser und Kieselstein*.

Vor dem Hintergrund der vergleichsweise spektakulären und zu immenser Größe anwachsenden Metropole Berlin mit ihren denkwürdigen und verwirrenden Szenerien scheint der Autor das Zurücktreten des Bedeutenden in der Provinz vorerst zu genießen, und auch seine Erzähler äußern häufiger eine kindliche Selbstzufriedenheit, wie etwa in *Die Stadt (II)*, widmen »den unbedeutendsten Dingen eine genaue Achtsamkeit« und bekennen, glücklich dabei zu sein (SW 16, 18). Die mehr oder weniger ausgeprägten Idyllisierungen werden mitunter selbst kom-

mentiert: »Wie Kleinstädte im allgemeinen sind? Einfach süß, um nicht zu sagen: himmlisch! Doch das klingt etwas phantastisch.« Und der Text endet mit der selbstreflexiven Bemerkung: »Was stell' ich mir hier Idyllisches vor!« (SW 16, 108, 111) Ein Spiel mit idyllischen Versatzstücken und Vorlagen wird nicht zuletzt in einer direkten Anspielung auf Jean Paul deutlich. So betont der Erzähler in *Schneeglöckchen* seine besondere Affinität zum *Leben des vergnügten Schulmeisterlein Maria Wutz*, »ein Buch oder Büchlein, das ich schon, ich weiß nicht, wie oft mit Genuß gelesen habe und wahrscheinlich immer wieder lesen werde« (SW 16, 393). Jens Tismar hebt hervor, dass bereits bei Jean Paul die Idyllen als gefährdete erscheinen und »die kleine Lebenskunst in den Gegensatz zu mächtigeren Instanzen« gerät« (vgl. Tismar 1973, 17 f.).

Die gelegentlich als weltabgewandt bezeichneten Träumereien, die Platituden und Allgemeinplätze nicht scheuen, gewinnen somit durch die inszenierten Glücksmomente und die für Walser auch sonst typische artifizielle Naivität (vgl. Matt 2007, 35–47) besonders vor dem Hintergrund der Katastrophe des Krieges eine auffällige, den zeitgenössischen Diskurs unterlaufende, irritierend widerständige Rolle. Die vermeintlichen Idyllen sind im gesamten Werk Walsers, und so auch in der Bieler Prosa, also nicht allein als pure Kompensation oder Weltflucht zu lesen, sie inszenieren »keine Versöhnung mit einer insgeheim ausgeblendeten Gegenwart, und sie reflektieren stets auch nicht bloß den Bruch, das Entzweite, sondern ebenso die wechselseitige Abhängigkeit beider Welten und Erfahrungsweisen« (vgl. Gößling 1991, 118). 1915 erscheint in *Zeit-Echo* das Prosastück *Phantasieren* mit Visionen eines friedlichen und freiheitlichen Zusammenlebens der Menschen in einer Welt, in der niemand herrscht »außer jedermann über sich selber. [...] Dort, dort ist es schön, dort möchte ich leben. [...] Unter Menschen, die keine Angst kennen, möchte ich leben. Ich sehe wohl ein, daß ich phantasiere.« (SW 16, 99) Weite Teile daraus wurden in das Prosastück *Der Arbeiter* aufgenommen, das 1918 in der Sammlung *Poetenleben* erschien. Der Veröffentlichung war ein Briefwechsel mit der Redaktion der Zeitschrift *Zeit-Echo* vorangegangen, der erhellende Passagen zum Zusammenhang von utopisch-harmonischen Motiven und Zeitgeschehen sowie deren Wechselwirkungen enthält. Darin bedankt sich Walser dafür, »das Bekenntnis eines Weltentrückten oder Phantasten« aufnehmen zu wollen, »ein kleines Stück, von dem ich vielleicht annehmen darf, daß es in einer Beziehung steht zu den gegenwärtigen Ereignissen« (Walser an *Zeit-Echo*, 22. 1. 1915, in BA IV; vgl. Greven, Nachwort in SW 16, 427).

Die Natur wird zwar immer wieder als Raum des Ruhenden, auch als Gegenwelt zur Kunst begriffen, die wiederum das zerrissene Ich zur Kunst zurückzuführen vermag: »Bei ihr wirst du kaum je wieder zerstückelt sein, vielmehr dich als ein Ganzes fühlen […]. Die Kunst hat dich irregemacht; entferne dich eine Zeitlang von ihr. Natur wird dich frischer wieder zu ihr zurückführen.« (SW 16, 403 f.) Diese Rückbesinnung erweist sich somit auch als Hoffnung auf eine erneute dichterische Produktion des Schreibenden, der sich aus einer resignierenden Befindlichkeit zu befreien versucht. Zugleich schildern Erzähler, etwa in *Nervös*, wie sie derzeit »ein wenig zermürbt, zerbrochen, zerdrückt, zerstampft, durchlöchert« (SW 16, 351) seien.

In diesem und anderen durch fatalistische, bedrohliche und selbstreflexive Tonlagen geprägten Prosastücken wie *Eine Weihnachtsgeschichte* oder *Reiseerlebnis* erweisen sich die formal-ästhetischen Verfahren ebenfalls häufig als ›nervös‹: es dominieren Stilmittel wie Wiederholungen und Parallelismen, sprachliche, auch mehrsprachige Stereotype, abrupte Assoziationen, Interjektionen, sowie eine »rhythmische Unruhe«, die Greven auch an den später für *Seeland* überarbeiten Vorfassungen hervorhebt (vgl. Greven, Nachwort in SW 7, 214). Darüber hinaus zeigt Walsers »Prosastückligeschäft« (Br 340) zunehmend das Spiel mit Textverkettungen sowie insgesamt eine Art »Technik des Seriellen« im einzelnen Text sowie innerhalb des Werks (vgl. Gees 2007, 94 f.), die bereits vorausdeutet auf die Berner Prosa, in der »das Prinzip der zufälligen Reihung von Impressionen und durch diese angeregten Betrachtungen noch weiterentwickelt wird […]: der Strom der Vorstellungen und Gedanken, der Wechsel der Stimmungen löst sich vollends von der zufälligen Szenerie« (Greven, Nachwort in SW 7, 215).

Mit dem Beginn des Krieges und im Laufe der folgenden Jahre lassen sich zunehmend stärker werdende Brüche innerhalb der vermeintlich idyllischen Tonlagen erkennen. Der Zusammenfall von sozialer und psychischer Bedrängnis sowie Kriegsängsten bei Walser ist nicht zu übersehen (vgl. Siegrist 1991, 61). Dazu kommen die konkreten Erfahrungen der Militärübungen, zu denen der Autor mehrfach über Monate eingezogen wird.

Motivisch werden in den Texten dieser Zeit Kriegsszenerien eingeflochten, wie etwa in *Der Feigling*, wo der träumende Erzähler sich während eines Straßenkampfes als »prächtige Kriegerfigur« imagi-

niert, die in Mutlosigkeit und Trauer verfällt, sich von den Kameraden absetzt und als Feigling fühlt (SW 16, 96). Formal-ästhetisch klingen deutlicher Unbestimmtheitsformeln und Ironie an. Lakonische selbstreflexive Kommentare, von Resignation und Sarkasmus durchzogene maskierte Dichterporträts sowie Kriegsmotive treten, gelegentlich neben idyllischen Bildwelten, stärker in den Vordergrund, so etwa in dem Text *Die Untergasse*, in dem einem Spaziergänger in der Kleinstadt ein »Krieger«, »ein an Krücken gehender, schlanker, sehr hübscher junger Mann« begegnet (SW 16, 28). 1914 und 1915 erscheinen in der *Neuen Zürcher Zeitung* und in *Schweizerland* die Prosastücke *Der Soldat*, *Etwas über den Soldaten*, *Beim Militär*, die den Krieg expliziter thematisieren (vgl. Keckeis 2014), wobei erneut durch gespielte Banalisierung mit einem unentschiedenen Nebeneinander von anti- und pro-militärischen Argumenten jongliert oder gar das Militär verniedlicht wird: »Beim Militär ist manches ohne Frage riesig nett und hübsch« (SW 16, 337). Durch extreme Wort-Wiederholungen etwa in *Der Soldat* (allein sechzehn Mal auf der ersten Seite ›gehorchen‹ und ›dienen‹) und durch auffällige lexikalische Reduktionen, die eine komisch-virtuose Rhythmisierung erzeugen, werden zeitgenössische Kriegsdiskurse und Kriegseuphorien auch einiger zeitgenössischer Autoren ad absurdum geführt (vgl. Gees 2007, 91 ff.) sowie der »offizielle[] Kanon politischer Beurteilungen als oberflächlich oder verfehlt« (Rippmann 2002, 67) denunziert.

Autorschaft und Eintritt ins ›Bleistiftgebiet‹

Die späten Bieler Texte sind somit auf ihre Art »minoritäre Kultur- und Zivilisationskritik, in der sich die Abstoßbewegungen gegen Geschäftsvernunft, Krieg und Kulturbetrieb richten« (Gees 2007, 95). Dies zeigt sich besonders in den facettenreichen Künstler-Porträts, die häufig (wie auch einige Briefe Walsers bestätigen) als maskierte Selbstbeschreibungen zu lesen sind. In ihnen bewegen sich Künstlerfiguren – in der schönen Natur oder in der zufriedenen ›Dachstubeneinsamkeit‹ lebend – in gesellschaftlicher Abgeschiedenheit oder geraten in zunehmende Existenz- und Schaffenskrisen. Dabei ist keine eindeutig lineare Entwicklung zu sehen, sondern die Gestimmtheiten schwanken in dieser Zeit auffällig stark, wobei sich Krisenmomente in der späteren Bieler Phase mehren. So nimmt in manchen Prosastücken die oftmals zum Ort der Geborgenheit und Harmonie stilisierte Kleinstadt- oder Dorfstraße (vgl. z. B. *Die Stadt [II]*) bedrohliche Züge an, wie etwa in dem Prosastück *Die Straße (I)* (erschienen im April 1919 in *Die Rheinlande*, im Mai 1919 mit kleinen Abweichungen in *Der Neue Merkur*), das in seinem Motiv der nervösen Befindlichkeit dem drei Jahre früher erschienenen *Nervös* ähnelt.

In dem Porträt *Ein Dichter (I)*, das Greven als »eine Art ›Selbstinterview‹ Walsers« deutet (Greven, Nachwort in SW 16, 428), heißt es: »Inzwischen hat er sein Wanderleben aufgegeben und sitzt nun schon ziemlich lang als regelrechter Schriftsteller im Verborgenen, derart, daß es aussieht, wie wenn er sich verkrochen hätte; er liebt aber die Welt nach wie vor, nur daß er sie jetzt mehr betrachtet als beschreitet.« (SW 16, 218) In *Der Philosoph* wird die Schreibkrise des Protagonisten, der Schriftsteller zu sein scheint, wiederum lakonischer gedeutet: »Er lebt und ist wie tot.« (SW 16, 116)

Das letzte Prosastück (im Oktober 1919 in *Die Rheinlande* erschienen) kann vielleicht als »paradigmatisch für ›das‹ Prosastück«, als »ein umherflatternder, verlorener Brief, eine endlose Geste des Endens« (Siegel 2001, 157 f.) und als explizites Fragen »nach dem Wert von Autorschaft« (Scheffler 2010, 471 f.) gelesen werden. Der Ich-Erzähler, der einen Rückzug in die Stille erwägt, blickt zurück auf sein eigenes Schreiben sowie auf die Problematik der rastlosen Prosastück-Produktion, auf serielle Saisonstücke, denen er Warencharakter zuschreibt, »die sich selten als nützlich erwiesen«, auf Redaktionen, die sich weigerten, Stücke anzunehmen. »Hundertmal rief ich aus: ›Nie mehr wieder schreibe und sende ich‹, schrieb und sandte aber jeweilen schon am selben oder folgenden Tag neue Ware, derart, daß ich meine Handlungsweise heute kaum noch begreife.« Andere Passagen zeichnen sich durch grotesk-komische Übertreibungen aus, in denen von Ministern die Rede ist, die sich vor Lachen schütteln beim Eingang der Prosastück-Ladungen: »Ich brachte ganze Güterzüge zum Versand«. Der Text endet mit dem Entschluss: »Ich glaube, das beste wird sein, wenn ich mich in eine Ecke setze und still bin.« (SW 16, 321–327)

Die Tendenz zum zunehmend Seriellen war Walser bewusst, sodass er eine ambivalente Haltung gegenüber seiner immensen Prosastück-Produktion entwickelte. Nicht zuletzt auch wegen seiner immer schwieriger werdenden finanziellen Situation war er auf sie angewiesen. Trotz seines Hangs zur kleinen Form, deren maschinelle Aspekte er allerdings fürchtet, artikuliert sich immer wieder Walsers Verlangen nach einer größeren Textform. Bereits im März 1914 deutet er in einem Brief an Wilhelm

Schäfer, dem Redakteur von *Die Rheinlande*, seine Beweggründe für eine Unterbrechung seiner Zeitschriftenlieferungen an:

> Ich breche damit aus politisch-beruflichen und wirtschaftlich-künstlerischen Gründen den Verkehr überhaupt mit den Zeitschriften für einige Zeit ab und schreibe wieder still, und ich möchte sagen, sittsam für die geheime Schublade. Auch muß es mein Drang sein, wieder zu etwas rundem Großem zu gelangen. Alle diese kleinen Stücke sind mir persönlich gut, wert und lieb; doch es soll nicht zur Maschinerie werden. Indessen möchte ich nicht, daß ich sie nicht geschrieben hätte. […] Ich meine, der Dichter muß von Zeit zu Zeit seinen Kopf ganz in die Dunkelheit, in das Misteriöse stecken. (Br, 74)

In anderen Texten werden Dichter in unbeheizten, kargen Schreibstuben porträtiert (SW 16, 354), was wiederum auf die prekäre finanzielle Situation des Autors bezogen werden kann, der in dieser Zeit erwog, eine Stelle anzutreten, »vom Schauplatz ab[zu]treten« und das Schreiben gar ganz aufzugeben, um »in der Masse [zu] verschwinden«, wie er es im Mai 1919 in einem Brief an den Rascher Verlag formuliert (Br 184). Da Walser den im gleichen Jahr abgeschlossenen Roman *Tobold* später vermutlich vernichtete, als es ihm nicht gelang, diesen bei einem Verlag unterzubringen (vgl. Greven, Nachwort in SW 16, 421), kann nur spekuliert werden, in welche formal-ästhetische Richtung dieser Text ging und ob der Autor sich mit diesem neuen Romanprojekt wieder längerfristig der größeren Form zuwenden und damit das schwieriger werdende »Prosastückligeschäft« unterbrechen oder zumindest einschränken wollte.

In mehreren Texten dieser Zeit finden sich zudem Andeutungen auf den aus einer Schreibkrise mit der Feder motivierten Übergang in das ›Bleistiftgebiet‹, »semantische Spuren […], die sich mit Blick auf die Zukunft von Robert Walsers Schreiben als deren Antizipation lesen lassen« und »kryptiert auf den Beginn der Mikrographie« weisen (Scheffler 2010, 12, 22). So fragt etwa eine Dichter-Figur in *Bleistiftnotiz*: »Wo soll ich diesen Artikel hintun? Ich will ihm den Titel ›Bleistiftnotiz‹ geben. Vielleicht nimmt und druckt ihn die ›Peruanische Abendpost‹ oder irgendein Flugblatt.« (SW 16, 400) In *Freiburg* wiederum betont der Erzähler in einer Selbstreflexion, dass er nun »statt mit scharfer Stahlfeder bloß mit Bleistift schreibe« (SW 16, 310).

Finden sich hier schon auf semantischer Ebene auffällige Verkleinerungsgesten, eine Tendenz zum Einfachen, Greiflichen, Bescheidenen und eine Welt aus Geringfügigkeiten, wie es in *Schreiben an ein Mädchen* (Juni 1919 in *Der Neue Merkur*) anklingt, so

wirken diese bereits wie metaphorische Vorboten einer Schreibweise und einer Sprachstruktur, die in der
folgenden Berner Zeit zu einem Abschreibesystem
und zur Mikrographie führen wird.

Ausgaben

GW 6, 111–386. – GW 7, 5–131. – GWS 8, 109–388. – GWS
9, 5–131. – PS 1, 249–490. – SW 16.

Literatur

Gees, Marion: »So, so? Verloren?« Zur Poetik des Ver-
schwindens in Robert Walsers Bieler Prosa. In: GROD-
DECK u. a., 83–95.
Gößling, Andreas: Ein lächelndes Spiel. Kommentar zu Ro-
bert Walsers »Geschwister Tanner«. Mit einem Anhang
unveröffentlichter Manuskriptvarianten des Romans.
Würzburg 1991.
Greven, Jochen: Nachwort des Herausgebers. In: SW 7,
209–215.
Greven, Jochen: Nachwort des Herausgebers. In: SW 16,
418–424.
Keckeis, Paul: Füsilier und Schriftsteller. Zu Robert Walsers
literarischer Militärsoziologie. In: Karl Wagner, Stephan
Baumgartner, Michael Gamper (Hg.): Der Held im
Schützengraben. Führer, Massen und Medientechnik im
Ersten Weltkrieg. Zürich 2014, 99–113.
Kießling-Sonntag, Jochem: Gestalten der Stille. Untersu-
chungen zur Prosa Robert Walsers. Bielefeld 1997.
Matt, Peter von: Wie weise ist Walsers Weisheit? In: GROD-
DECK u. a., 35–47.
Rippmann, Peter: Robert Walsers politisches Schreiben.
Bielefeld 2002.
Schafroth, Heinz: Seeland kann überall sein. Oder: Warum
es anderswo noch türkischer zugehen kann als in der
Türkei. Über Robert Walsers zweite Bieler Zeit (1913–
1920) und die (so genannte) Bieler Prosa. In: TEXT +
KRITIK 4, 83–94.
Scheffler, Kirsten: Mikropoetik. Robert Walsers Bieler
Prosa. Spuren in ein »Bleistiftgebiet« avant la lettre. Bie-
lefeld 2010.
Siegel, Elke: Aufträge aus dem Bleistiftgebiet. Zur Dichtung
Robert Walsers. Würzburg 2001.
Siegrist, Christoph: Vom Glück des Unglücks: Robert Wal-
sers Bieler und Berner Zeit. In: HINZ/HORST, 56–69.
Stiemer, Hendrik: Das Feuilleton als Publikations- und In-
terpretationskontext. Studien zu Robert Walser (1878–
1956). In: Zeitschrift für Germanistik N. F. 22, 3 (2012),
645–648.
Tismar, Jens: Gestörte Idyllen. Eine Studie zur Problematik
der idyllischen Wunschvorstellungen am Beispiel von
Jean Paul, Adalbert Stifter, Robert Walser und Thomas
Bernhard. München 1973.

Marion Gees

3.4.9 Lyrik der Bieler Zeit

Entstehung und Veröffentlichung

Am 19. 3. 1919 bot Walser der Zeitschrift *Pro Helvetia* das Gedicht *Frühling* an, das dort in die Ausgabe vom 25. 5. 1919 aufgenommen wurde (vgl. Br
179; SW 13, 57 f.). Diese Veröffentlichung steht am
Anfang von Walsers zweiter lyrischer Schaffensphase, die vermutlich bis Ende 1920 andauerte
und nach heutigem Kenntnisstand zu 17 verstreuten
Zeitungs- und Zeitschriftenpublikationen führte.
Dass Walser zu dieser Zeit die Lyrikproduktion wieder aufnahm, könnte von der Überarbeitung der frühen *Gedichte* (1909) angeregt worden sein, deren
zweite, veränderte Auflage Ende Januar 1919 im Verlag Bruno Cassirer erschien.

Es gibt keine Anzeichen dafür, dass der Autor
plante, bestimmte Bieler Gedichte in ein Buchprojekt
aufzunehmen. Nach Walsers Tod wurden *Mäuschen*
und *Der Sonntag* von Carl Seelig in den *Unbekannten
Gedichten* wiederabgedruckt (vgl. Walser 1958, 73–
76, 85–87), zehn weitere Texte erschienen 1971 im
Gesamtwerk (vgl. GW 11, 149–173; SW 13, 55–81).
Die übrigen fünf der bislang bekannten Gedichte
konnten erst später wiederentdeckt werden. Sie wurden von Bernhard Echte in dem Bändchen *Feuer* an
die Öffentlichkeit gebracht (vgl. FEUER, 97–107).

Form und Inhalt

Die Gedichte zeugen davon, dass Walser den Ton seiner frühen Erlebnislyrik in Biel bereits lange hinter
sich gelassen hatte. Sie weisen deutlich auf die saloppe Feuilletonlyrik des Spätwerks voraus (s. Kap.
3.5.7). Es handelt sich vornehmlich um ›Plauderge-
dichte‹ zu allgemeingesellschaftlichen Themen. Viele
Texte enthalten moralische Anspielungen, die sich
gegen das Revanchedenken und die Rationalitätsver-
herrlichung der Weltkriegszeit richten. Im Vergleich
zur späten Berner Lyrik weisen die Bieler Gedichte
eine regelmäßigere Gestaltung auf. Abgesehen von
einzelnen Verszeilen sind sie durchweg in reimlosen
alternierenden Vierhebern verfasst. Beim Umgang
mit diesen verhältnismäßig strengen Versformen
machte Walser ausgiebig von der Technik der Apostrophierung Gebrauch.

Rezeption und Forschung

Bei Kritikern und Forschern hat die Bieler Lyrik
kaum Beachtung gefunden. Erstmals wurde sie in

Robert Mächlers Nachwort zur ersten Werkausgabe erwähnt (vgl. Mächler, Nachwort in GW 11, 416 f.; Greven, Nachwort in SW 13, 272). Einige Jahre später äußerte sich Wolfgang Rothe kritisch zu dem »Dahinplaudern«, das in diesen Gedichten vorherrscht (vgl. Rothe 1979, 374 f.). Auch Werner Morlang hielt die Bieler Lyrik für ein Stück »Erbauungspoesie«, deren literarischer Wert sich in Grenzen hält (vgl. Morlang 1991, 119 f.). Jochen Greven vermutete dagegen, dass Walser mit diesem etwas biederen Ton durchaus den Nerv der damaligen Zeit getroffen hat (vgl. Greven 2008).

In breiter angelegten Walser-Studien wurde die Bieler Lyrik meist übergangen. Eine Ausnahme bildet ein Aufsatz, in dem das Gedicht *Chopin* zur Beschreibung von Walsers Musikverständnis herangezogen wurde (vgl. Borchmeyer 1999, 216–223). Schließlich nahm Anna Fattori die erste intensive Deutung eines Texts vor, welcher der Bieler Lyrik zugerechnet wurde (vgl. Fattori 2002). Formal ließe sich dieses szenische Bildgedicht mit dem Titel *Apollo und Diana von Lukas Cranach* allerdings zu den Bieler Versdramoletten zählen (vgl. SW 13, 76–79; SW 14, 143–189).

Ausgaben

Unbekannte Gedichte. Hg. v. Carl Seelig. St. Gallen: Tschudy-Verlag 1958, 73–76, 85–87. – Feuer, 97–107. – Die Gedichte. Zürich: Suhrkamp 1984, 59–85. – SW 13, 55–81.

Literatur

Borchmeyer, Dieter: »Wo Trauer schön ist und die Wehmut herrlich«. Robert Walsers Mozart. In: Borchmeyer, 209–330.
Fattori, Anna: Robert Walsers Bildgedicht *Apollo und Diana* und seine Beziehung zu Lucas Cranachs Gemälde. In: Noble, 99–120.
Greven, Jochen: Nachwort. In: SW 13, 268–279.
Greven, Jochen: Postface (Nachwort). In: Robert Walser: Poèmes (Gedichte). Choisis et traduits par Marion Graf. Carouge-Genève 2008, 133–144.
Mächler, Robert: Nachwort des Herausgebers. In: GW 11, 413–426.
Morlang, Werner: Gelegenheits- oder Verlegenheitslyrik? Anmerkungen zu den späten Gedichten Robert Walsers. In: Hinz/Horst, 115–133.
Rothe, Wolfgang: »Gedichtemacheleien«. Zur Lyrik Robert Walsers. In: Armin Arnold u. a. (Hg.): Analecta Helvetica et Germanica. Bonn 1979, 369–386.

Hendrik Stiemer

3.5 Berner Zeit (1921–1933)

3.5.1 *Theodor*-Roman (verfasst 1921)

Zu Beginn seiner Berner Zeit verfasste Robert Walser einen weiteren Roman, den er allerdings nicht veröffentlichen konnte; publiziert wurde 1923 unter dem Titel *Theodor. Aus einem kleinen Roman* lediglich ein Auszug in Max Rychners Zeitschrift *Wissen und Leben*. Das Manuskript ist bis heute verschollen.

Entstehung, Überlieferung, Inhalt

Im August/September 1921 berichtete Walser seiner Vertrauten Frieda Mermet – in französischer Sprache –, dass er »une nouvelle raconte, une espèce d'un petit roman« (eine neue Erzählung, eine Art kleinen Roman) schreibe (Br 213). Am 28. 11. 1921 sandte er das Manuskript des *Theodor*-Romans, wie aus einer Randnotiz des Empfängers hervorgeht, an den Schweizerischen Schriftstellerverein und bat um Belehnung des Werks (Br 215). Wenige Wochen später wurden ihm 1500 Franken als Vorschuss auf ein künftiges Verlagshonorar überwiesen (Br 216), im September 1922 folgten weitere 1000 Franken. Walser bat den Vereinspräsidenten Robert Faesi persönlich um Hilfe bei der Verlagssuche (Walser an Robert Faesi, zwischen 20. u. 23. 12. 1921, in BA IV). Dieser warnte, dass »die meisten Verlegertüren« aufgrund der schwierigen ökonomischen Situation »geschlossen« seien, nannte aber dennoch eine Reihe von Schweizer Verlagen, die in Frage kämen (Robert Faesi an Walser, 23. 12. 1921, in BA IV). Offenbar legte Walser den Roman auch dem Literaturkritiker Eduard Korrodi vor (Br 224).

Nachdem der Rhein-Verlag in Basel den Roman im Frühjahr 1922 abgelehnt hatte, ersuchte Walser wiederum den Schriftstellerverein, ihm einen Vertrag mit dem Grethlein-Verlag in Zürich zu vermitteln (Br 224; vgl. Echte 1998, 238–240). Trotz Bedenken, da der Roman nicht ins Verlagsprogramm passe, suchte der Verleger Konsul Curd Hauschild Walser Ende August 1922 persönlich in Bern auf. Offenbar öffnete dieser die Tür zuerst hemdsärmelig als Cäsar, Diener von Herrn Walser, um den wartenden Besucher dann im Jackett als Walser zu empfangen (vgl. Mächler, 158 f.). Für dieses Benehmen zeigte der Verleger wenig Verständnis, der Grethlein-Verlag lehnte den Roman ab (Br 228), und auch die Vermittlungsversuche des Schriftstellervereins scheiterten, v. a. weil man sich nicht über die Modalitäten für eine gleichzeitige Übernahme der Rechte an den drei Berliner Romanen einigen konnte (Br 229; Schriftstellerverein [Karl Naef] an Walser, 18. 6. 1923, in BA IV; Br 238). Später schickte Walser das Manuskript an den Autor Walter Jerven nach München (Walser an Schriftstellerverein, undatiert, in BA IV) und setzte die Verlagssuche fort, obschon er später selbst von einem »mangelhaften Roman« sprechen sollte (Br 318). Noch 1928 erkundigte sich der Schriftstellerverein, ob der Roman nun veröffentlicht worden sei und wann und wie Walser den geliehenen Betrag zurückzuerstatten gedenke (Br 341[a]). Auf seine erfolglosen Bemühungen bei der Verlagssuche der letzten Jahre verweisend antwortete Walser, der *Theodor*-Roman liege – wohl zugestellt im Zusammenhang mit der Sammlung *Die Rose* – »seit vier Jahren beim Verleger Rowohlt in Berlin, der seither keine Silbe mehr von sich hören läßt« (Br 342). Gegenüber Carl Seelig berichtete Walser später, er wisse nicht, wo das Manuskript hingekommen sei (SEELIG, 153). Es bleibt bis heute verschollen.

Im Januar 1922 wurde Walser von Faesi eingeladen, im literarischen Klub des Lesezirkels Hottingen aus seinem »neuen kleinen Roman« zu lesen (Walser an Robert Faesi, 30. 1. 1922, in BA IV; Br 219). Die dreiviertelstündige Lesung am 8. 3. 1922 im Zunfthaus zur Waag wurde offenbar mit »einige[m] recht sehr warme[m] Beifall« bedacht (Br 223; vgl. MÄCHLER 150–153). Damit rehabilitierte sich Walser gewissermaßen für den missratenen Auftritt beim Lesezirkel knapp eineinhalb Jahre zuvor, als ein Zeitungsredaktor für ihn lesen musste, während er im Publikum saß (vgl. Sorg 2007).

Angaben zum Inhalt des Romans finden sich – abgesehen vom veröffentlichten Auszug – vornehmlich in drei Quellen:

Zunächst in dem kurzen Gutachten, das die Autorin Lisa Wenger für den Schriftstellerverein verfasste. Der Roman sei »eigenartig«, aber für die Belehnung zu empfehlen. Wenger nennt drei Handlungsstränge: die Beziehung Theodors zu einer verheirateten Frau (und deren Gatten), die »Schilderung« eines Eremiten und das Liebesangebot eines jungen Mädchens gegenüber Theodor (zit. n. MÄCHLER, 160 f., vgl. ECHTE, 353).

In einer Besprechung der Lesung in der *Neuen Zürcher Zeitung* vom 20. 3. 1922 wird v. a. der Protagonist charakterisiert. Dieser zeichne sich durch einen souveränen Umgang mit seinem Umfeld aus, während sich seine Erlebnisse wiederum in einem reichen Gefühlsleben spiegelten. Walser habe seinem Helden, dem »flanierenden Herrn Theodor«, »alle

guten Gaben seiner ironischen und doch so herzlichen Kunst« mitgegeben (zit. n. Kommentar in SW 17, 512 f.)

Auf den *Theodor*-Roman kann schließlich eine längere Passage im *Tagebuch-Fragment* von 1926 bezogen werden (vgl. Walt 2015, 204–207). Inszeniert als »mitleidlose[] Kritik oder Besprechung«, prüft Walser den Wahrheitsgehalt der Handlung seines Romans und konstatiert »zahlreiche Fehler hinsichtlich der Wirklichkeit«. Die Kritik an der »Phantasiertheit« seines Romans mündet in ein ironisches Bekenntnis zu einer streng realistischen und autobiographischen Erzählweise (SW 18, 78–80). Zwar wird damit eine Erklärung für den Misserfolg des *Theodor*-Romans bei den Verlegern gegeben, aber es handelt sich hierbei nur um ein scheinbares Schuldeingeständnis Walsers, wird doch das Spiel mit Authentizitätsbeteuerungen im *Tagebuch-Fragment* selbst weitergeführt (vgl. Walt 2015, 207 f.)

Theodor-Fragment

Erhalten haben sich »einige Abschnitte«, die unter dem Titel *Theodor* und dem Untertitel *Aus einem kleinen Roman* sowie mit einer redaktionellen Vorbemerkung zu den beiden »Episoden« im Dezember 1923 in der Zeitschrift *Wissen und Leben* vorabgedruckt wurden (zit. n. Kommentar in SW 17, 514).

Das in zehn voneinander abgesetzte Abschnitte gegliederte *Theodor*-Fragment beginnt – an die Anfänge der beiden ersten Romane Walsers erinnernd – mit der Anstellung des Ich-Erzählers Theodor, eines jungen Schriftstellers, im Gemäldesalon des »genialen Geschäftsmann[s]« Reinhold (SW 17, 345). Die folgenden neun Abschnitte behandeln Theodors Liebesbeziehung mit Frau Steiner und seine Auseinandersetzung mit deren Ehemann, der seinem Nebenbuhler mehrmals »Hol' dich der Teufel!« wünscht (ebd., 361–368). Schließlich entzieht sich Theodor der »Vormundschaft« der anderen und beschließt, sich von nun an selbst zu »korrigieren« und »der Regisseur meiner selbst« zu sein (ebd., 368 f.)

Den autobiographischen Hintergrund des *Theodor*-Fragments bildeten vermutlich Erlebnisse der Berliner Zeit, insbesondere die Anstellung als Sekretär beim Direktor der Berliner Sezession, Paul Cassirer (der demnach das Vorbild für Herrn Reinhold abgeben würde; vgl. Kommentar in SW 17, 514). Das Motiv einer Dreiecksbeziehung zu einer verheirateten Frau und ihrem Gatten findet sich verschiedentlich in Walsers Werk, wobei die Bezeichnung des Ehemanns als »armer Teufel« im *Theodor*-Fragment an die Agappaia-Episode in *Geschwister Tanner* und *Simon. Eine Liebesgeschichte* erinnert (SW 17, 364; vgl. Jürgens 1973, 57–60). Der Text gibt sich selbst als Tagebuch zu erkennen und zeigt hinsichtlich der Organisation nach Tagebucheinträgen formale Ähnlichkeiten mit *Jakob von Gunten* (SW 17, 351; vgl. Jürgens 1973, 46 f.). Während die spielerische Behandlung des Verhältnisses von Wirklichkeit und Fiktion im *Tagebuch-Fragment* eine Fortsetzung findet, weist die digressive Erzählweise v. a. auf den *»Räuber«-Roman* voraus (vgl. Andres 1997, 135 f.).

Ihr spezifisches Gepräge erhält die Erzählung durch ihre selbstreflexive Anlage: Der Erzähler muss nämlich bei einem Verleger einen »Roman« abliefern und sieht sich daher gegenüber der verheirateten Frau gezwungen, das gewöhnliche Abbildungsverhältnis von Wirklichkeit und Fiktion umzukehren: »Der Verleger wird ungeduldig, ich ebenfalls, und darum erlauben Sie, daß ich öfters bei Ihnen vorspreche, damit sich zwischen uns ein Verhältnis bildet; ich brauche nämlich ein solches, Sie vielleicht nicht minder.« (SW 17, 351 f.) Indem das Liebesverhältnis inszeniert wird, um einen Roman schreiben zu können, »reflektiert der Text seine eigenen Konstitutionsbedingungen« (Hobus 2011, 347–349). Diese »Eigentümlichkeit« des Textes, dass er sich nur über einen dauernden spielerischen Bezug auf sich selbst realisiert, macht gemäß Dierk Rodewald die »konjunktivistische Dimension« des Fragments aus und zeigt sich auch beim Protagonisten: Als »metaphorische Gestalt und Gestaltung der Erzählfunktion« gibt sich Theodor immer wieder selbst als »Kunstfigur« zu erkennen (Rodewald 1970, 104–106). Laut Susanne Andres geht Walser noch einen Schritt weiter: Der Text reflektiert nicht seine Entstehung, sondern »substituiert sich selbst durch den Prozeß seiner eigenen Produktion«, der Schreibakt wird zum Roman und »Erzähltes und Erzählen sind identisch« (Andres 1997, 134–136; vgl. Jürgens 1973, 68 f.). In diesem Sinn radikalisiert der Schluss – so Martin Jürgens – die aus den früheren Romanen bekannten Aufbrüche, indem sich der Autor Theodor selbst aus seiner ›Geschichte‹ entlässt (vgl. Jürgens 1973, 68–71).

Ausgaben

Theodor. Aus einem kleinen Roman. In: Wissen und Leben, Jg. 17, Bd. 26, Heft 5 (15. 12. 1923), 269–288. – Theodor. In: GW 7, 307–331. – Theodor. In: GWS 9, 315–339. – Theodor. In: SW 17, 345–369.

Literatur

Andres, Susanne: Robert Walsers arabeskes Schreiben. Göttingen 1997.
Echte, Bernhard: »Wer mehrere Verleger hat, hat überhaupt keinen.« Untersuchungen zu Robert Walsers Verlagsbeziehungen. In: Rätus Luck (Hg.): Geehrter Herr – lieber Freund. Schweizer Autoren und ihre deutschen Verleger. Mit einer Umkehrung und drei Exkursionen. Basel, Frankfurt a. M. 1998, 201–244.
Hobus, Jens: Poetik der Umschreibung. Figurationen der Liebe im Werk Robert Walsers. Würzburg 2011.
Jürgens, Martin: Robert Walser. Die Krise der Darstellbarkeit. Untersuchungen zur Prosa. Kronberg Taunus 1973.
Rodewald, Dierk: Robert Walsers Prosa. Versuch einer Strukturanalyse. Bad Homburg, Berlin, Zürich 1970.
Sorg, Reto: »Doch stimmt bei all dem etwas nicht«. Robert Walser als Vorleser eigener Texte. In: GRODDECK u. a., 61–74.
Walt, Christian: Improvisation und Interpretation. Robert Walsers Mikrogramme lesen. Frankfurt a. M., Basel 2015.

Lucas Marco Gisi

3.5.2 *Die Rose* (1925)

Entstehung, Kontext, frühe Rezeption

Walsers Übersiedlung nach Bern im Januar 1921, mit der er zunächst seine freie Schriftstellerexistenz aufgab und vorübergehend zweiter Bibliothekar des Berner Staatsarchivs wurde, bewirkte eine Veränderung nicht nur seiner Lebensweise, sondern auch in seiner schriftstellerischen Selbstwahrnehmung. Carl Seelig erzählt er: »Ich begann nun unter dem Eindruck der wuchtigen, vitalen Stadt weniger hirtenbübelig, mehr männlich und auf das Internationale gestellt, zu schreiben als in Biel, wo ich mich eines zimperlichen Stiles bediente.« (SEELIG, 20) Die Orientierung auf »das Internationale« war vor allem eine Neuorientierung auf die Literaturorte Deutschland und Prag. Der Schriftsteller und Übersetzer Franz Hessel, den Walser schon 1907 in Berlin kennengelernt hatte, wandte sich 1923 als Lektor des Rowohlt Verlags an Walser. Hessel plante die Monatszeitschrift *Vers und Prosa* und lud Walser zur Mitarbeit ein (vgl. Echte 1998, 240–242). In der literarisch hochkarätigen Zeitschrift, die während des Jahres 1924 in insgesamt zwölf Heften erscheinen sollte, veröffentlichten u. a. Franz Blei, Robert Musil und Walter Benjamin. Von Walser erschienen in drei Nummern insgesamt elf Texte, die in der bei Rowohlt herausgegebenen Sammlung *Die Rose* das letzte Viertel des Buches umfassen (von *Die Urne* bis *Die Geliebte*). *Die Rose* enthält zum größten Teil Originalbeiträge; nur einige wenige Stücke wurden auch in verschiedenen Zeitungen gedruckt, so in *Leipziger Tageblatt und Handelszeitung*, in der *Frankfurter Zeitung* und im *Prager Tagblatt*.

Das Buch selbst wird im *Börsenblatt für den Deutschen Buchhandel* am 17. 1. 1925 angekündigt und erscheint Anfang Februar 1925. Das ebenso schlicht wie elegant gestaltete Buch ist in der Jean Paul-Fraktur gesetzt und hat kein Inhaltsverzeichnis. Es ist mit einer Umschlagzeichnung des Bruders Karl Walser versehen, welche sich offensichtlich auf die kurze, titelgebende Szene *Die Rose* (SW 8, 94 f.) bezieht.

Die Rose erhielt eine ganze Reihe von meist sehr kurzen Rezensionen, hervorzuheben sind die Besprechungen von Eduard Korrodi in der *Neuen Zürcher Zeitung* und von Walter Petry in der Zeitschrift *Individualität*. Korrodis lobende, zwischen den Zeilen aber ambivalent wirkende Rezension gipfelt in der Empfehlung: »weil er so originell lebt wie er dichtet, seien einige Leser aufs höflichste gebeten, es doch ja nicht zu versäumen, dieses Buch ›Die Rose‹ zu lesen. Sie werden wirklich eine Rose pflücken!« (Korrodi 1925; vgl. KWA III 3, 412–415). Anders Walter Petry; er charakterisiert *Die Rose* als »einhundertsechsundsiebenzigblättrige Entfaltung eines ganz eigentümlichen, schönfarbigen, gut duftenden Kunstwillens« und setzt zu einem bemerkenswerten Vergleich an: »Nur mit einem Werk der neueren Dichtung vergleichbar, dem *Kafkas*, ist es zugleich der Prosa dieses Mannes entschiedenes Gegenbild.« (Petry 1926, 125 f.) Schließlich versucht Petry, das Buch als ein Ganzes zu charakterisieren: »Die Welt dieses Buches hat hundert illusionäre Weiten, an die Blick und Empfinden sich dennoch niemals verliert, und das Grenzenlose, in das einzuströmen seine Seele sich wohl oft hüten muss, ist der dunkle Grund, von dem, in der Gestalt seines Werkes, der Dichter sich erhebt.« (ebd., 126) – Es gibt allerdings auch zeitgenössische Rezensionen, welche den Charakter des Buches nachgerade abenteuerlich verfehlen, indem sie das anscheinend traditionelle Walser-Klischee des ›Naturburschen‹ unbesehen auf *Die Rose* übertragen. So in einer Rezension von Max Mell, die vom Rowohlt Verlag sogar für eine Verlagsanzeige verwendet wurde: »Diese kleinen Prosastücke sind zu innerst Deutsch, dem Wanderburschenhaften, Vagantenmäßigen und dabei Gottselig-Unmündigen alter Zeiten auch in ihren weltstädtischen Manieren vollkommen nahe. Eine sanfte Unbeirrbarkeit verbindet diese Geschichten mit der Natur und ihrem ewig webenden und bewegten Wesen.« (Mell 1925) Trotz des noblen Publikationskontextes und trotz

meist wohlwollender Rezensionen wurde *Die Rose* ein buchhändlerischer Misserfolg. Vielleicht ein Zufall, aber doch bemerkenswert, ist der Umstand, dass zeitgleich mit den Vorarbeiten zu *Die Rose* die Überlieferung des Mikrogrammkonvoluts beginnt, dessen früheste Blätter sich aufs Jahr 1924 datieren lassen, unter denen sich aber kein einziger Entwurf zu einem Text von *Die Rose* findet. Mit dem Beginn der mikrographischen Aufzeichnungen enden jedenfalls – trotz mehrfacher Bemühung des Autors – Walsers Buchpublikationen: *Die Rose* sollte sein letztes Buch bleiben. Es markiert in mehrfacher Hinsicht den Beginn von Walsers Spätwerk.

Walser selbst scheint über die Publikation seines Buches anfänglich beglückt und schickt Widmungsexemplare an Blei, mit dem er seine über Jahre vernachlässigte Beziehung erneuert (Br 254), ferner an Max Brod, an Hugo von Hofmannsthal (Br 256) und an die Schauspielerin Gertrude Eysoldt (Faksimile bei Reuß 1997). Offensichtlich hat er auch an Thomas Mann ein Exemplar geschickt und ›referiert‹ dessen Antwort im Brief an Frieda Mermet: »[…] ich sei in dem Buch ›Die Rose‹ klug wie ein sehr, sehr feines, vornehmes, artiges und unartiges Kind, vielleicht demnach also gescheit und dumm, d. h. unbeklommen und beklommen durcheinander.« (Br 256) Seiner Freundin Mermet verkauft er ein Belegexemplar für stolze »Zwanzig Franken« (Br 252). An Therese Breitbach schreibt er ein paar Monate später:

> ›Die Rose‹ ist eines meiner feinsten Bücher, das nur ältere und sehr vornehme Frauen in die Hand nehmen sollten, weil es an diesem Buch sehr viel zu verstehen und zu verzeihen gibt. Es ist das ungezogenste, jugendlichste aller meiner Bücher, und ich finde bedenklich, daß Sie sich's angeschafft haben. Hoffentlich lesen Sie es mit der nötigen Nachdenklichkeit. (Br 267)

Otto Pick berichtet er im Januar 1926 ernüchtert: »Mein Büchlein ›Die Rose‹ scheint mit Acht und Bann belegt worden zu sein. Rowohlt behandelt mich als ächter Germane infolge des Mißerfolges dieses Buches mit jeder erdenklichen Unartigkeit.« (Br 279) Im Oktober 1926 antwortet er Breitbach, die ihm offenbar vom Vorschlag ihres Bruders geschrieben hatte, Walser solle doch sein nächstes Buch mit »Die Nelke« betiteln:

> Ich vermag hierin Ihren Herrn Bruder nicht zu begreifen. Man kann ein Büchlein mit ›Rose‹ betiteln, jede Minute, nie und nimmermehr jedoch mit ›Nelke‹, weil das ganz einfach ein dummer, lächerlicher Titel wäre. Wie schlecht, wie komisch würde es lauten, wenn ein Buch von mir auftauchte, das sich nennen würde: Die Nelke von Robert Walser. Einfach undenkbar! Nun hat ja jeder

bezüglich Klanglichkeit so sein besonderes, spezielles Persönlichkeitsgehör, das ist es eben. Meine Ohren, die entsetzlich zart, fein u. s. w. sind, verbieten mir auf das Entschiedenste, auch nur von Weitem an einen solchen Buchumschlag zu denken. (Br 305)

Inhalt. Hinweise zur Lektüre und Analyse

Die »Klanglichkeit« im Wort ›Rose‹, worauf Walser so entschieden verweist, öffnet einen ersten Zugang zum poetischen Kosmos dieser Textsammlung, die aus (mindestens) 38 Stücken besteht und ausschließlich in Prosa verfasst ist: Vom Klang her liegt ›Prosa‹ und ›Rose‹ nahe beieinander, auch der Autorname ›Robert Walser‹ enthält als Hypogramm (im Saussureschen Sinne) die Silben ›Ro-se‹. Während das Umschlagbild noch auf den kurzen Dialogtext am Ende des Buches verweist, ist es auffällig, dass im ›Inhalt‹ des Buches sonst kaum von einer ›Rose‹ die Rede ist. Nur im Text *Titus* findet sich das Wort ›Rose‹ in einem Vergleich: »Groß und blaß, wie eine von Romantik umhauchte Rose, saß, die Herzensgüte in den Augen, eine Kellnerin in ihrem Zimmer; sie machte mich durch zwei Worte, die sie mir gönnte, glücklich, obgleich ich noch nicht recht wußte, was Seligkeit bedeutet.« (SW 8, 47) Die ›Rose‹, die hier noch als Metapher für die ›Kellnerin‹ verwendet wird, wird am Ende des Buches in einem der *Gespräche*-Texte, betitelt *Die Rose*, zum Gegenstand, zum ›Geschenk‹ an die »Kellnerin«, allerdings nicht von »Arthur«, in dessen Name auch das Wort ›Autor‹ anklingt und dem die Kellnerin immerhin »ein wenig hold« ist, sondern von dem eher gleichgültigen Edgar (SW 8, 94 f.). Die kryptische Bemerkung Arthurs auf das Bedauern der Kellnerin, dass sie die Rose nicht von ihm erhalten habe: »Ich gab die meinige ab und bin davon abhängig«, sprengt die szenische Geschlossenheit und wendet den Text ins reflexiv Wortspielerische (ebd., 95). Das letzte Wort des Gesprächs ist »glücklich« und korrespondiert so wieder mit der »Kellnerin« in dem für sich stehenden Satz aus *Titus*. Dort sind es »zwei Worte«, durch welche sie das Erzähler-Ich »glücklich« machte (SW 8, 47).

Dass die ›Rose‹, Vergleich und Geschenk im Text, auch eine Metapher für das Buch selbst ist, hat Petry in seiner oben zitierten Rezension schon erkannt, wenn er die »einhundertsechsundsiebzigblättrige Entfaltung« des Buchs hervorhebt. Die ›Rose‹ als Struktur-Metapher des ganzen Textes erweist sich auch als sinnvoll, wenn man die verschiedenen Texte – die kein Inhaltsverzeichnis aufblättert – als Einheit begreift, als einen einzigen Text. Es ist überhaupt

schwierig, die Einzeltexte zu zählen: *Eine Ohrfeige und Sonstiges* ist in zwölf distinkte Einheiten unterteilt, die keine eigenen Überschriften haben; *Gespräche* ist ein Gruppentitel, dem wiederum fünf Dialoge mit eigenen Überschriften zugeordnet sind. Während die meisten anderen in Buchform veröffentlichten Textsammlungen Walsers ein mit »Inhalt« überschriebenes Inhaltsverzeichnis haben, hat *Die Rose* explizit keinen ›Inhalt‹. Der ›Inhalt‹ wird aber auf höherer Erzählebene thematisch, etwa in dem Abschnitt *Der Idiot von Dostojewski*, dessen erste Sätze, witzig genug, so lauten: »Mir läuft der Inhalt von Dostojewskis ›Idiot‹ nach. Schoßhündchen interessieren mich sehr.« (SW 8, 18) Der »Inhalt«, der dem Leser-Autor wie ein Hündchen nachläuft, ist nur eines von vielen Elementen, welche den Text in seiner Ganzheit bestimmen.

Ein wichtiges Element der Texteinheit ist das Wortspiel, das überraschende Übergänge schafft und häufig neue Dimensionen von Sinn öffnet. Wortspiele können simple Kalauer sein, die Walser nicht scheut, sondern instrumentalisiert wie z. B.: »Zwei Musiker spielten mir zuliebe Grieg, aber der Chef des Hauses erklärte mir den Krieg« (SW 8, 42) oder: »es sei total egal, wo ein Autor verlege, wenn er nur Eier lege« (SW 8, 80). Oder, subtiler, im Text *Der Affe*: »– und erblickte eines Tages auf dem Anhalter Bahn*hof* eine *Hof*dame« (SW 8, 37, Hervorhebung des Verfassers). Ein buchstäblich verstecktes Wortspiel findet sich in dem Eingangssatz desselben Textes: »[…] es sei eines Tages einem Affen eingefallen, ins Kaffeehaus zu laufen, um dort Zeit zu verhocken.« (SW 8, 34) Hier kann nun Folgendes beobachtet werden: »Das Wort ›Affe‹ verbirgt sich im Wort ›K-affe-ehaus‹, oder, wie es der Text ausdrückt, der Affe ›[] hock[t]‹ im ›Kaffeehaus‹. Im ›Kaffeehaus‹ entspringt buchstäblich die erzählte Geschichte.« (Muralt 2012, 19) Je genauer man auf die sprachlichen Verfahren achtet, desto mehr verflüchtigt sich die primäre Referenz des Textes, der ›Inhalt‹, oder anders gesagt: Der Inhalt erweist sich als Reflexion auf sprachliche Verfahrensweisen.

Ein weiteres Mittel sprachlicher Selbstbezogenheit ist der Einsatz von Reimen im fortlaufenden Text: »ein Leiser ist weiser als ein Lauter, dafür ist ein Lauter trauter als ein Leiser« (SW 8, 62) oder »Wies's verschwand, war ganz frappant; ich wurde hernach süffisant« (SW 8, 82). Der Effekt der gereimten Prosa besteht in einer radikalen Lockerung der Referenz. In der Formulierung: »Auf einem Stegli dachte ich an ein Hedeli, unter einem Tänneli an ein Änneli« (SW 8, 80), kommen mehrere Sprachverformungsmittel zusammen: der Reim, die Wortzerlegung (›T-änneli‹ ›Änneli‹) und der verfremdende Einsatz dialektaler Ausdrücke. Die Infantilisierung durch explizit schweizerdeutsche Diminutivformen wirkt an manchen Stellen fast aggressiv. Korrodi scheint das in seiner Rezension bemerkt zu haben, wenn er nach einer ausführlicheren Aufzählung von Mundartausdrücken bemerkt: »Walser zieht die Mundart wie ein Spieldöschen auf, das er herzig findet. Und die andern finden sie hier vielleicht wieder als Rückfall in die Einfalt.« (Korrodi 1925) Zu bedenken ist allerdings, dass die Verwendung von schweizerischen Dialektformen im Kontext des ›Internationalen‹ bzw. in Berlin als Verfremdung funktioniert; Wörter wie: »Höseler« (SW 8, 63), »Täsche«, »Glust« (SW 8, 74), »Knödli« (SW 8, 81), »Toggeln« (SW 8, 91) und viele andere wird der norddeutsche Leser oft nicht verstanden haben. In der sensiblen überschriftslosen Erzählung von einem durch ein »gewisses Wörtchen« beleidigten »Fräulein« erscheint schließlich das beleidigende Wort in einer eigenen Zeile und in Majuskeln (im Erstdruck noch durch Antiqua-Lettern abgehoben): »BEGRIFSCH?« (SW 8, 57 f.). Dies geschieht offenbar in der Absicht, dass es vom hochdeutschen Leser gerade nicht auf Anhieb ›begriffen‹ werden soll. Eine ähnliche Funktion der Störung des Leseflusses dürften auch die gelegentlichen Neologismen haben wie z. B. »[u]nbeantwortenswerte Frage« (SW 8, 82).

Aber nicht nur auf der Ebene einzelner Wörter, sondern auch im Zusammenhang der einzelnen Texte wird die experimentelle Dimension der Textsammlung kenntlich. Stücke, die einen kohärenten Erzählzusammenhang aufweisen, wie z. B. *Die Kellersche Novelle*, stehen Prosaskizzen gegenüber, die in jedem Satz thematisch neu ansetzen und einem sprunghaft ›assoziativen‹ Prinzip zu gehorchen scheinen, so der unmittelbar folgende kurze Text *Kurt*, der sich zwar auch noch auf die Problematik der literarischen Überfigur Keller bezieht, aber quasi im Telegramm-Stil vorgeht (vgl. Groddeck 2012). In der vergleichenden Lektüre der einzelnen, oft kontrastiven Prosaskizzen wird bald deutlich, dass es sich bei der Konstellation dieser Texte – später wird Walser den Begriff »Kombination« dafür finden (Br 263) – um Darstellungs- und Erzählexperimente handelt.

In *Eine Ohrfeige und Sonstiges* findet sich ein Textabschnitt, der durchaus als provozierende Tabuverletzung gelesen werden kann: Der Erzähler schildert den Vorgang der Kreuzigung Jesu so, dass die Behauptung: »Die Strafart des Kreuzigens streift ans Lächerliche« (SW 8, 53), durch die Art und Weise der Beschreibung evident wird. Der folgende Abschnitt spricht über Lenin, den der Ich-Erzähler mit Christus vergleicht – auch hier ist die provozierende Intention offensichtlich.

Ein Erzählexperiment, das sich direkt auf die Vorgabe der ›Novellen‹-Form bezieht, stellt gleichsam performativ das Misslingen einer Novelle dar: Der Erzähler in *Das seltsame Mädchen* geht von einem »Mädchen, das Männertracht trug« (SW 8, 72), aus; die Exposition erinnert nicht zufällig an Gottfried Kellersche Vorlagen, etwa im *Sinngedicht*. Die exzessive Selbstreflexion aufs Schreiben verunmöglicht bereits im zweiten und dritten Satz des Prosastücks das Gelingen der Novelle: »Ich fahre mit zitternder Hand am Prunkstück von Novelle fort. Schrieb je ein Schriftsteller so aufs Geratewohl?« (ebd.) Nach der ersten Szene stockt der Erzähler und bittet »den Leser um so viel Geduld, als nötig ist, mich zu sammeln« (ebd., 73). In der weiteren Schilderung gerät der Erzähler ins Moralisieren, unterbricht sich – »ich dichte hier verblüffend trocken!« (ebd.) – und im Folgenden entgleist die Geschichte vollends, sowohl was Handlung und Figuren betrifft als auch in Hinblick auf die Metaphorik. Bei der »Käserstochter«, welche mit der Würde eines Konfitürentopfes einherschritt und sich solche Ausdrücke mit marmeladenhafter Nachlässigkeit, im übrigen höflich verbitten würde«, koinzidieren dann das Misslingen der Beschreibungssprache und das der Handlungskonstruktion, indem die Figur selbst, die »Käserstochter«, sich die Art ihrer Beschreibung (»solche Ausdrücke«) verbietet. Die Überlegung des Erzählers, ob die »unglaublich edel sich bewegende Täsche« nicht »in einen Sinkievicz-Roman gepaßt« hätte, reflektiert mutwillig das Misslingen des Genres Novelle (ebd., 74). Der populäre polnische Schriftsteller Henryk Sienkiewicz, berühmt durch seinen historischen Roman *Quo vadis*, bereitet dem Novellen-Versuch Walsers durch seine Roman-Figur ein jähes Ende: Sie »dachte an nichts als Essig und Öl und zerschnitt damit dem Mädchen im Herrenkostüm das Herz.« (ebd.) Danach hat der Erzähler nur noch ein resignierendes Wortspiel übrig – »Meine Bemühungen haben mich ermüdet« – und eine Schlussadresse an die Leser: »Mag aus dieser Geschichte klug werden, wer Lust dazu hat« (ebd.).

Die einzelnen Stücke der Sammlung *Die Rose* weisen nicht nur eine Fülle von Erzähl- und Stilexperimenten auf, sondern auch eine irritierende Dichte an intertextuellen Bezügen, durchaus auch aufs eigene Werk. Die Bezugnahmen auf andere literarische Texte – teils kritisch (*Sacher-Masoch*), teils auch nur aufzählend (*Von einigen Dichtern und einer tugendhaften Frau*; vgl. Greven 2002) – entwerfen einen eigenen inflationären Literaturkanon, in dem auch die Trivialliteratur ihren Platz hat: »Manchmal lese ich ganz gewöhnliche Büchlein, wie man sie etwa im Kiosk kauft« (SW 8, 66). Gerade die Lektüre der trivialen Literatur macht den Autor der Sammlung produktiv, und er bekennt an einer Stelle in Hinblick auf die beiden davorstehenden Geschichten: »Beim Nachbarhausmädchen sowohl wie beim Knaben schöpfte ich aus kioskischen Quellen, das heißt Dreißigcentimesbändchen.« (SW 8, 64)

Ein anderes bedeutsames Element der Einheitlichkeit der so disparaten Texte in *Die Rose* ist das Spiel mit der Autor-Figur. Heißt es in dem vielzitierten Satz: »in einem Ichbuch sei womöglich das Ich bescheiden-figürlich, nicht autorlich« (SW 8, 81), so macht sich dieses verleugnete ›Autorliche‹ doch fast in jedem der Einzeltexte in *Die Rose* bemerkbar, nicht so sehr als autobiographisches Dokument als vielmehr in der kontinuierlichen Thematisierung der Autorschaft. In dem Prosastück *Erich* ist dieses Versteckspiel von Autor und Ich bereits im Titelwort enthalten, das sich in die Pronomen ›Er‹ und ›Ich‹ zerlegen lässt. Der Text selbst spielt mit der changierenden Identität des Autors und einer fingierten Figur: »Die Kellnerin tuschelte Erich eines Tages zu, ein Herr habe sich bei ihr nach ihm erkundigt. ›Und was sagten Sie ihm?‹ – ›Was konnt' ich ihm sagen, da mir weder Ihr werter Name noch Ihr Tun und Treiben bekannt sind.‹ – ›Ich kenne mich noch selber kaum‹, antwortete er […].« (SW 8, 45) – Der poetologisch dichte Text *Zückerchen* enthält einen kurzen Absatz, der besonders direkt auf Walsers schriftstellerisches Selbstverständnis deutet: »Ich wurde sowohl im In- wie im Ausland spärlich gelesen, doch gibt's Leute, die mich gerade darum schätzen. Fregoli entzückte sein Publikum mit Verwandlungskünsten.« (SW 8, 80) Greven hat schon darauf hingewiesen, dass der »exzentrische […] Verwandlungskünstler« Leopold Fregoli als eine beziehungsreiche »Anspielung« gelesen werden kann, da sich Walser selbst gerade in *Die Rose* als »eine Art Verwandlungskünstler« darstelle (Greven, Nachwort in SW 8, 115 f.).

Walsers Verwandlungskunst ist freilich eine sprachliche. Das Set seiner Einfälle scheint sich zu wiederholen, ist aber doch jedesmal neu. »Bei den Räubern lernte ich waschen, nähen, kochen und Chopin spielen, möchte aber bitten, diese Aussage nicht zu genau zu nehmen. Mir ist, als phantasier' ich hier gehörig, wofür mir Nachsicht vergönnt sei. Soll

der Dichter auf dem Instrument seiner Einfälle nicht ebenso behaglich spielen dürfen wie zum Beispiel ein Musiker auf dem Piano?« (SW 8, 46 f.) In diesem Vergleich artikuliert sich ein poetisches Verfahren, das in einem strikten Sinne als ›Improvisation‹ begriffen werden kann (vgl. Walt 2014). Diese Technik der Improvisation, die in *Die Rose* virtuos beherrscht wird, macht es den Interpreten schwer, die Gesamtheit der Texte auf eine Deutung festzulegen.

Forschung, Desiderate

Es scheint, dass der ursprüngliche Misserfolg von Walsers Prosasammlung *Die Rose* auch in der literaturwissenschaftlichen Rezeption weiter anhält, obwohl der Herausgeber Greven in seinen Nachworten schon entschieden auf die poetische Eigenart und die literarisch avancierte Technik hingewiesen hat. Er stellt zurecht fest, dass Walsers spielerische Texte »keineswegs ohne Parallelen in der modernen Literatur« seien (Greven, Nachwort in GW 3, 443). Allerdings spricht er auch den für den späten Walser lange Zeit wirksamen Pathologieverdacht aus, es sei in der »Disposition des Einzelgängers […] sein verfeinertes Sprachgefühl wie seine spielerische Freiheit begründet – und auch seine spätere Krankheit«; insgesamt hält er aber fest, »daß Robert Walser mit Gebilden, wie sie in ›Die Rose‹ versammelt sind, ein Avantgardist war« (Greven, Nachwort in SW 8, 110–112). Merkwürdig ist, dass bis heute, abgesehen von zwei kürzeren Aufsätzen (vgl. Blum 1990; Fattori 2005) das Buch *Die Rose* nie explizit thematisiert oder gar Gegenstand einer größeren Abhandlung oder Monographie geworden ist. Zwar finden sich in den thematischen Monographien zu Walsers Berner Zeit immer wieder Hinweise auf Texte aus *Die Rose*, doch genauere Textanalysen einzelner Prosastücke sind eher selten und in der Regel allgemeineren Fragestellungen untergeordnet; so wird etwa verschiedentlich die Beziehung Walsers zu Gottfried Keller anhand des Prosastücks *Die Kellersche Novelle* thematisiert (vgl. Pestalozzi 1987; Utz 2001; Groddeck 2012). Die seltsame Zurückhaltung der Forschung gegenüber dem Ensemble der Texte in *Die Rose* mag auch damit zusammenhängen, dass die Fülle der Prosastücke aus der Berner Zeit, welche aufgrund der Entzifferung des Mikrogramm-Konvoluts und dem damit verbundenen Fund des vieldiskutierten sogenannten »*Räuber*«-*Romans* noch bedeutend vergrößert wurde, das Interesse von den einzigen in Buchform publizierten Texten aus Walsers Berner Zeit abgezogen hat. Erst in jüngerer Forschung finden sich intensivere Analysen von einzelnen Texten, so zu: *Von einigen Dichtern und einer tugendhaften Frau* (vgl. Greven 2002) oder zu *Wladimir, Der Affe, Das Kind* und *Fridolin* (vgl. Muralt 2012). Noch immer jedoch steht eine fundierte, auf genauen Textanalysen basierte Gesamtwürdigung von Walsers letztem Buch aus.

Ausgaben

Die Rose. Berlin: Ernst Rowohlt 1925. – DiP 4, 121–231. – GW 3, 333–432. – GWS 3, 333–432. – Die Rose. o. O.: Suhrkamp 1978. – SW 8.

Literatur

Blum, Marie-Odile: Pièges et leurres de la société dans *La rose* de Robert Walser. In: Cahiers d'Etudes Germaniques 19, 4 (1990), 205–215.

Echte, Bernhard: »Wer mehrere Verleger hat, hat überhaupt keinen.« Untersuchungen zu Robert Walsers Verlagsbeziehungen. In: Rätus Luck (Hg.): Geehrter Herr – lieber Freund. Schweizer Autoren und ihre deutschen Verleger. Mit einer Umkehrung und drei Exkursionen. Basel, Frankfurt a. M. 1998, 201–244.

Fattori, Anna: *Die Rose,* ovvero: Della monelleria Walseriana. In: Rivista di Letteratura e Cultura Tedesca. Zeitschrift für deutsche Literatur- und Kulturwissenschaft 5 (2005), 73–81.

Greven, Jochen: Nachwort des Herausgebers. In: GW 3, 433–445.

Greven, Jochen: Nachwort des Herausgebers. In: SW 8, 107–112.

Greven, Jochen: Gelesenes als Klaviatur. Referat an der 6. Jahrestagung der Robert Walser-Gesellschaft in Basel, 15. Juni 2002. In: http://www.robertwalser.ch (9. 1. 2015).

Groddeck, Wolfram: Vom Walde. Robert Walsers im Spiegel von Texten Gottfried Kellers. In: AMREIN/GRODDECK/WAGNER, 71–82.

Korrodi, Eduard: Walser über Walser [Rez. zu *Die Rose*]. In: Neue Zürcher Zeitung, 28. 1. 1925.

Mell, Max: [Verlagsanzeige zu] Robert Walser/Die Rose. In: Das Buch des Jahres 1925. Frühjahrs-Ausgabe, 83.

Muralt, Marlise: »…die ein Mündchen hatte und einen rätselhaften Blick«. Vier Prosastücke aus Robert Walsers Buch *Die Rose.* Lizentiatsarbeit Universität Zürich 2012.

Pestalozzi, Karl: Robert Walsers Verhältnis zu Gottfried Keller. In: CHIARINI/ZIMMERMANN, 175–186.

Petry, Walther: Robert Walser / Die Rose. Ernst Rowohlt Verlag, Berlin 1925. In: Individualität 1, 3 (1926), 125 f.

Reuß, Roland: Ein bislang unpublizierter Widmungstext Robert Walsers aus dem Jahr 1925. In: Text. Kritische Beiträge 3 (1997), 43–49.

Utz, Peter: Ausklang und Anklang – Robert Walsers literarische Annäherungen an Gottfried Keller. In: Rede zum Herbstbott 2001. Siebzigster Jahresbericht. Zürich 2002, 3–29.

Walt, Christian: 1924 – Improvisation als poetisches Pro-duktionsprinzip bei Robert Walser. In: Sandro Zanetti (Hg.): Improvisation und Invention. Momente, Modelle, Medien. Zürich, Berlin 2014, 333–344.

Wolfram Groddeck

3.5.3 »*Räuber*«-*Roman* (verfasst 1925)

Entstehung und Überlieferung

Walsers »*Räuber*«-*Roman,* der zwischen Juli und August 1925 in Bern als mikrographischer Bleistiftentwurf geschrieben wurde, ist neben den drei Berliner Romanen Walsers umfangreichster Text und gilt als ein zentraler Text seines literarischen Werks, obwohl keine von Walser vorgenommene oder autorisierte Reinschrift überliefert ist. Jochen Greven transkribierte 1968 erstmals den von ihm so betitelten »*Räuber*«-*Roman* (vgl. Greven 1976, 133) aus dem Mikrogrammentwurf, der unter der Mitarbeit von Martin Jürgens schließlich in Band 12, 1 der Ausgabe im Kossodo Verlag (GW) 1972 veröffentlicht wurde und im Suhrkamp Verlag ab 1976 als Taschenbuch, mit dem Titel *Der Räuber* auf dem Umschlag, aufgelegt wurde (Walser 1976). 1986 erschien die neue, verbesserte Transkription von Bernhard Echte und Werner Morlang als dritter Band in der Ausgabe *Aus dem Bleistiftgebiet* (AdB 3; übernommen in SW 12). Zusätzlich wurde eine Faksimile-Ausgabe veröffentlicht, die die 24 Manuskriptseiten und ein Beiheft mit der Transkription enthält (Walser 1986).

Innerhalb des Mikrogramm-Konvoluts zeichnen sich diese 24 Manuskriptblätter durch die homogene Qualität des Kunstdruckpapiers aus, was eine relativ gute Lesbarkeit der Bleistiftschrift zur Folge hat. Obwohl die einzelnen Manuskriptblätter innerhalb des Bleistift-Konvoluts verstreut waren, ergab sich die Reihenfolge der 35 Abschnitte zwangsläufig, da die Textanschlüsse von Blatt zu Blatt übergreifen (vgl. Morlang, Editorischer Bericht in AdB 3, 242).

In diesem Manuskript manifestiert sich Walsers Versuch, nochmals einen Roman zu schreiben und diesen Prozess selbst zu thematisieren. Der Ich-Erzähler des Romans behauptet, dass ein »Aquarellbildchen, das ein jugendlicher, kaum dem Knabenalter entwachsener Maler ausführte, […] zu all diesen kulturellen Zeilen den Anlaß« gab (AdB 3, 148). Das Aquarellbild, das von seinem Bruder Karl Walser 1894 angefertigt wurde (vgl. Echte, Meier 1990, 43), zeigt ein Porträt Robert Walsers als Karl Moor in einem phantasierten Räuber-Kostüm (s. Abb. 10). Der konkrete Bezug zur bildlichen Vorlage wird im Roman zunächst vage gelassen, obwohl die Charakterisierung des äußeren Erscheinungsbilds des Räubers einer Ekphrasis gleichkommt. Hier wird das Verhältnis jedoch umkehrt; nicht die Abbildung entspricht dem Räuber, sondern dieser gleiche »dem Produkt eines Aquarellisten« (AdB 3, 20).

Weitere Bezugspunkte des Romans bilden verschiedene, in etwa zeitgleich geschriebene Prosastücke, die ähnliche Figuren, Motive und Handlungen aufweisen. Dazu lassen sich insbesondere die Texte *Edith und der Knabe*, *Ediths Anbeter*, *Ediths Freundin*, *Brief an Edith*, *Der Schurke Robert* und *Der Räuber* zählen. Über Edith »zirkulieren in den Salons auswärtiger Hauptstädte die elegantesten Geschichten«, behauptet dementsprechend der Erzähler des »Räuber«-Romans (AdB 3, 62).

Die Verbindung der für den Roman zentralen Thematik von Liebe und Schreiben mit Walsers damaliger Lebenssituation erhellt sein Brief an Therese Breitbach im Oktober 1925, in dem er ihr viele der Gedanken und Vorkommnisse schildert, die sich im »Räuber«-Roman ästhetisch verfremdet wiederfin-

Abb. 10: Karl Walser: Nach Natur (1894), Aquarell, 25 × 36,5 cm. RWA. Der jugendliche Robert Walser, verkleidet als Räuber.

den lassen (Br 269). Bernhard Echte hat versucht, diese naheliegenden biographischen Hintergründe des Textes aus der Zeit zwischen 1921 und 1925 offenzulegen (vgl. Echte, Nachwort in AdB 3, 202–209). Die »sensationelle Tatsache« (Schafroth 1978, 289), dass der »Räuber«-Roman entziffert werden konnte und schließlich auch publiziert wurde, fand bei der Kritik zunächst nur verhaltene Aufmerksamkeit, wohingegen später die Singularität von Walsers Mikrographie immer mehr Beachtung fand. Seit der Edition *Aus dem Bleistiftgebiet* hat sich Walser mit diesem Text als ein ›klassischer Autor‹ des Kanons der Moderne etabliert (vgl. Osterkamp 1991; Evans 1989).

Die Forschung zu Robert Walsers »Räuber«-Roman wurde maßgeblich durch die Herausgeber der jeweiligen Ausgaben geprägt, die in den Nachworten bzw. den Anmerkungen vielfältige Hinweise zum Verständnis dieses Textes geliefert und bereits früh auf die intertextuellen Beziehungen zur ›Räuberliteratur‹ und die intratextuellen Bezüge zu den etwa zeitgleich entstandenen Prosastücken Walsers hingewiesen haben. Zunächst standen immer wieder »autobiographische Momente« des Textes im Blickpunkt, doch sowohl Martin Jürgens als auch Bernhard Echte warnen vor einer uneingeschränkt biographischen Lektüre und davor, den Roman aufgrund der formalen Gestaltung gar als »Symptom eines fortschreitenden psychischen Verfalls« des Autors zu lesen (Jürgens 1976, 137). Stattdessen gehe es »um ein künstlerisches Selbstverständnis, das im Bewußtsein seiner Heteronomie und unter dem Druck der gesellschaftlich geforderten Norm seine eigene Fremdheit verteidigt« (ebd., 140). Dieser Konflikt zwischen einer von der vermeintlichen Norm abweichenden ästhetischen Existenz und dessen Legitimation durch den Roman bildeten die Basis für die weitere Forschung. Auch Urs Widmer und Heinz F. Schafroth beziehen Position gegen die Psychopathologisierung von Robert Walsers Schreiben anhand dieses Romans. So erkennt Schafroth im »Räuber«-Roman vielmehr Walsers Souveränität, weil dort komplexe »Erzählkonzeptionen und -strukturen gemeistert sind« (Schafroth 1978, 287), und auch Urs Widmer stellt in Walsers Schreibprozess eine »Souveränität wie kaum je zuvor« fest (Widmer 1978, 23). Ebenso verweigert Ernst Osterkamp eine Lesart, nach der der Roman allein Zeugnis einer Krise oder gar einer »psychische[n] Dekomposition« sei, vielmehr wäre gerade »die Verweigerung von Unmittelbarkeit« ein »Grundzug authentischer moderner Literatur« (Osterkamp 1991, 223).

Digressives Erzählen und Romanstruktur

Eine Inhaltsangabe des »*Räuber*«-*Romans* zu schreiben, ist insofern eine schwierige Aufgabe, als dieser Text durch seine digressive und assoziative Erzählweise weit davon entfernt ist, chronologisch voranzuschreiten. Zwar werden in einer Art Exposition die Hauptfiguren und die für diesen Roman zentralen Diskurse benannt: die Liebe zwischen Edith und dem Räuber, Ökonomie, Ästhetik und die soziale Ordnung. Doch gleichzeitig beginnt der Roman mit einer seiner charakteristischen Abschweifungen: »Edith liebt ihn. Hievon nachher mehr.« (AdB 3, 11) Fortwährend wechselt der Erzähler das Thema, verweist auf Zukünftiges und verspricht, zu bereits Angesprochenem »ziemlich gewiß zurückkehren« zu wollen (ebd., 14). Dann gibt er vor, er werde sich »kurz fassen« (ebd., 12), und schweift dabei immer wieder ab in Exkurse über verschiedene Begriffe, Beobachtungen und Erlebnisse. Er thematisiert das eigene Erzählen, obwohl er vorgibt, dass er »dem Fluß des Erzählens gehorchen« und »geordnet zu erzählen« anfangen will (ebd., 29 f.). Der Protagonist wird zunächst als »Nichtsnutz« und »Räuber« betitelt (ebd., 12), weil ihm scheinbar die soziale Anerkennung fehlt, die Ursachen für den konstatierten Antagonismus zwischen dem Räuber und der Gesellschaft bleiben jedoch vage. Aufgrund der Unterstützung durch einen »Onkel aus Batavia« konnte er »seine eigenartige Existenz« weiterführen, auf die nun der Erzähler wiederum sein »besonnenes Buch […], aus dem absolut nichts gelernt werden kann«, aufbaut (ebd., 14 f.). Damit betont der Erzähler seine ästhetische Autonomie, weil er sich gerade nicht dem ›Nützlichkeitsdenken‹, wie es von der Gesellschaft scheinbar eingefordert wird, unterwirft. Während der Räuber den aktiven, handelnden Part übernimmt, bleibt der Erzähler zunächst nur dessen passiver Beobachter, der, obwohl er (als homodiegetischer Erzähler) Teil der Handlung ist, z. T. über eine auktoriale Erzählperspektive verfügt, indem er z. B. vorausdeutet, dass der Räuber von einem Schuss getroffen werden wird (vgl. ebd., 86). Gleichwohl lässt er offen, ob der Räuber »mit heiler Haut aus dieser Geschichte herauskommen« wird (ebd., 98).

In der kombinatorischen und abschweifenden Erzählweise des Romans erkennt Peter Utz zu Recht eine labyrinthische Struktur, wobei Wiederholung, Widerspruch, narrative Reflexivität und Konjunktivität die Konstruktionsprinzipen bilden (vgl. Utz 1998, 408–423). Auch André Bucher sieht in der Struktur der Wiederholung einen spezifischen Aspekt der labyrinthischen Schreibweise und unterscheidet zwischen einer Wiederholung, die das Repräsentierte betrifft und immer nur fragmentarisch in den Blick kommt, und einer »Performanz der Darstellung selbst, deren Linearität und Kontinuität durch die Serie der Verweisformeln fortwährend unterbrochen wird« (Bucher 2002, 286). Insofern zeige der Roman im ›Zerfall traditioneller Erzähltechniken‹ den Widerspruch zwischen der modernen Welt und der Unmöglichkeit ihrer literarischen Darstellung auf. Auch Thomas Bolli konstatiert zwar ein diskontinuierliches Erzählen im »*Räuber*«-*Roman*, jedoch bringe gerade die reflektierende Rede im Erzählvorgang jene »Kohärenz« hervor, die thematisch zu fehlen scheine (vgl. Bolli, 1991, 61–72). Dem Text liege ein »teilweise humoristischer, parodistischer und arabesker Ton zugrunde«, der letztlich eine Reaktion auf die Sprachkrise des 20. Jh.s sei und neue Aussagemöglichkeiten erprobe (vgl. ebd., 109–111). Aufgrund der permanenten Selbstreflexivität empfiehlt Bernhard Echte, den Text als Auseinandersetzung mit der Frage nach dessen eigener Literarizität zu lesen: »als Roman und als Glosse auf den Roman« (Echte, Nachwort in AdB 3, 213).

Indem der Erzähler seinen Schreibprozess und seine Erzähl- und Schreibweise kommentiert und reflektiert, wird »der poetische Vorgang mit der poetischen Reflexion verbunden« (Bolli 1991, 105) und die Produktion des Romans avanciert zu dessen konstitutivem Thema. Analog zur Metapher des labyrinthischen Erzählens erkennt Susanne Andres die Arabeske als dominantes Strukturmerkmal, weil der Inhalt »gleichsam auf Null reduziert« und »das Schreiben selbst« zum Inhalt werde (Andres 1997, 145). D. h. in der Erzählung der Lebensgeschichte des Räubers findet simultan eine poetologische »Reflexion über den Roman« statt, indem der Räuber »handelnde wie behandelte Romangestalt ist« (Osterkamp 1991, 226). Diese Überblendung wird jedoch erst zum Ende der Lektüre aus der Retrospektive verständlich. Und obwohl der Räuber als der werdende »Romanheld« bezeichnet wird (AdB 3, 14), nimmt der Ich-Erzähler eine ebenso dominante Rolle innerhalb des Romans ein, weil er sein eigenes Leben und seine Erzählweise permanent in den Vordergrund stellt. Es sind diese zwei nicht zu trennenden Erzählstränge – das Leben des Räubers und der reflektierende Bericht des Erzählers – die gemeinsam die Handlung des Romans strukturieren.

Neben der Heterogenität der Erzählweise ist das »Wechselverhältnis von Erzähler und Räuber ein weiteres eigentümliches Charakteristikum des Romans« (Echte, Nachwort in AdB 3, 199). Ebenso wie der Räuber braucht der Erzähler »Geld und Beziehungen«, würde gerne heiraten und schreibt regelmäßig Briefe (AdB 3, 15, 17). Auch läuft der Erzähler Gefahr, sich beim Schreiben mit dem Räuber zu verwechseln, obwohl er »keine Gemeinschaft mit einem Räuber haben« will (ebd., 71). Diese Reflexionen entstehen dort, wo Walser »ich« und »er« beim Schreiben bereits verwechselt hat (vgl. Anmerkung in AdB 3, 229). Er tilgt diese Verwechslungen jedoch nicht immer, sondern korrigiert sie häufig explizit: »Wo sah ich das? Vielmehr, wo hat das der Räuber gesehen?« (AdB 3, 76) Bis zum Schluss des Romans beharrt der Erzähler auf seiner Differenz zum Räuber, die letztlich ›nur‹ eine finanzielle sei: »Ich bin ich, und er ist er. Ich habe Geld, und er hat keines. Darin besteht der große Unterschied.« (ebd., 149) Dennoch ähneln sich beide nicht nur in Beruf und Lebensweise, sondern stehen auch in direkter Beziehung zueinander, denn der Räuber befindet sich in der »Obhut« des Erzählers und erzählt ihm seine Erlebnisse (vgl. ebd., 62).

Diese Überschneidung von Räuber und Erzähler manifestiert sich in ihrer kollaborativen Autorschaft, denn der Räuber hilft dem Erzähler »wacker bei der Niederschrift dieses Buches« (ebd., 133). Deshalb konstatiert der Erzähler am Ende des Romans, dass das Talent des Räubers »in der Mitarbeiterschaft an hervorragenden Zeitungen und speziell seine Gehülfenleistungen bei vorliegender Handschrift« nun langsam gewürdigt würden (ebd., 150). Der Erzähler gleicht dem Räuber auch darin, dass er ein Buch schreiben muss, um soziale Anerkennung zu erlangen. Insofern erfüllt die labyrinthisch-digressive Schreibweise den Zweck, »Zeit auszufüllen«, damit der Erzähler »zu einem Buch von einigem Umfang« kommt, weil er »sonst noch tiefer verachtet« werde (ebd., 84). Die durchgehende Kommentierung und Reflexion der eigenen Erzählweise führt also dazu, dass sich der Roman durch den Prozess seiner eigenen Produktion substituiert und sich Erzählzeit und erzählte Zeit angleichen (vgl. Andres 1997, 144) und so schließlich der geforderte Roman unter den Augen des Lesers entsteht. Insofern ist der Roman ein Produktionsroman, der, indem er die Geschichte und das Konzept seiner eigenen Entstehung erzählt, strukturell seiner eigenen Grundlegung hinterherläuft und dessen Produktionsschluss mit dem Ende der gelesenen Geschichte zusammenfällt. Als Reflek-

torfigur des Erzählers manifestiert sich im Räuber die Problematik der Schriftstellerexistenz, mit der beide gleichermaßen zu kämpfen haben; denn Erzähler wie Räuber stehen aufgrund ihrer literarischen Produktionsmethoden in der Kritik (vgl. Osterkamp 1991, 227). Der Roman bringt diese Differenz zwischen literarisch-ästhetischer Autonomie des Schriftstellers und der gesellschaftlichen Erwartungshaltung an seine Produkte bei gleichzeitigem Plädoyer für die Anerkennung der ästhetischen Form und der sie bedingenden Produktionsmethoden zur Darstellung. Und gerade die Erzählweise des Romans scheint sich den bürgerlichen Ansprüchen zu widersetzen und durchkreuzt wiederholt die Erwartungshaltungen. Gleichzeitig offenbart sich in der Differenz zwischen Erzählinstanz und Räuber der zeitliche Abstand zwischen vorgängigem, unbewusstem Leben und nachträglichem, reflexiven Schreiben, wie sie Walser explizit in dem programmatischen Prosatext *Walser über Walser* auf den Punkt bringt.

Die ›Erweckung‹ des Räubers zu literarischer Produktivität

Zwei Voraussetzungen für die Entstehung des Romans wurden bereits benannt: Einerseits die Unterstützung des Onkels, die der Räuber erhalten hatte und die ihn finanziell unabhängig machte, andererseits das Bild, das dem Erzähler als Anregung für den Roman diente. Einen dritten Aspekt bildet jedoch die ›Erweckung‹ des Räubers, mit der metaphorisch die Rückgewinnung seiner Lebensfreude und der ästhetisch-literarischen Kreativität benannt wird. Der Räuber hatte arme Eltern und lebte einst in Berlin, doch zur Zeit der Niederschrift des Romans hält er sich – wie der Erzähler – seit längerer Zeit in Bern auf. Dort schien er jedoch in gewissem Sinne »tot« und »krank« gewesen zu sein (AdB 3, 49, 51), und erst durch vier verschiedene Initiationserlebnisse, die teilweise zusammenwirken, wird er wieder ›lebendig‹: 1. Durch die Liebe zu Wanda und Edith wird seine Imaginationstätigkeit aktiviert, und er erweist sich als »lebhaften Geistes« (ebd., 49). 2. Durch ein Gespräch mit der »Sexualautorität« beginnt der Räuber über die sexuellen Aspekte des Lebens zu reflektieren, denn: »Der Sexuelle oder Intellektuelle hatte ihn aufgeweckt. Der Räuber lag da gleichsam unschuldig wie in einem Bett und schlief.« (ebd., 145, 110) 3. Der Räuber hat auf einem Vortragsabend »über sein bisheriges Leben Bericht abgelegt«, was ihn »gewissermaßen aufgerüttelt hat, [so] daß dabei etwas Schlafendes in ihm lebendig gemacht worden ist« (ebd., 49). 4. Auch die sogenannten »Verfolgungen«, durch die ihm »das Gefühl der Unsicherheit, der Spaltung, der Uneinigkeit mit sich selbst« eingeflößt werden sollte, haben ihn letztlich belebt; denn er hat es trotzdem »ganz einfach verstanden, fröhlich zu bleiben« (ebd., 52, 46).

Diese ›Erweckung‹ und die Liebe zu Edith wird vom Räuber schließlich in seiner Rede, die er auf der Kanzel in einer Kirche hält, erklärt und verteidigt. Das dort vorgetragene Liebeskonzept diskreditiert das bürgerliche Liebes- und Ehemodell ebenso wie die geliebte Person und installiert stattdessen einen neuen Begriff von ›Liebe‹, der primär ein Modell der ästhetischen Produktivität bezeichnet. Liebe wird zu einem ästhetischen Phänomen, weil durch sie die Einbildungskraft aktiviert wird bzw. weil sie selbst nur das Ergebnis der Einbildungskraft ist. Liebe bezeichnet somit zunächst den narzisstischen Selbstgenuss, der aber durch die Transformation in Literatur – also durch einen Akt der Sublimierung – sozial akzeptabel wird (vgl. ebd., 136–144).

Während seiner Rede auf der Kanzel wird der Räuber von Edith angeschossen, die sich an ihm dafür rächt, dass sie zur Projektionsfläche seiner Imaginationen wurde. Indem er Geschichten über Edith geschrieben hat (vgl. ebd., 143), hat der Räuber seine Liebe instrumentalisiert, um literarisch produktiv und dadurch ökonomisch erfolgreich zu sein. In dieser Idealisierung seiner Geliebten und ihrer literarischen Verwertung besteht der »Betrug« des Räubers (ebd., 107). Weil die Idealisierung ein Akt des Räubers ist, wurde Edith dadurch zu seinem »Eigentum« (ebd., 118) – und wegen dieser vermeintlichen Aneignung wird er von der Gesellschaft verfolgt und angefeindet. Letztlich überlebt der Räuber den Schuss und ist nach einem kurzen Krankenhausaufenthalt »gesünder als je« (ebd., 148). Eine solche »Liebeskonzeption, die das geliebte Gegenüber gerade noch als Komplizin zum Eigentumserwerb von Liebe vorsieht und, die Unziemlichkeit der Rollenzuweisung bedenkend, der Frau das Recht zu potentiell tödlicher Rache in Form eines Schusses auf den heillosen Liebesprediger zugesteht, ist solipsistisch und dabei zugleich selbstironisch« (Binggeli 2002, 254).

Der Erzähler wünscht sich abschließend, »daß man den Räuber angenehm finde und daß man ihn von nun an kenne und grüße« (AdB 3, 150). Darin drückt sich der Wunsch nach sozialer Akzeptanz des Räubers aus. Gleiches wünscht sich der Erzähler, da er sich ebenfalls dem sozialen Druck ausgesetzt sieht, für sich selbst – denn auch von ihm wird ja literari-

sche Produktivität erwartet (vgl. ebd., 55). Im Krankenhaus wurde der Räuber von Frau von Hochberg und Edith besucht. Frau von Hochberg kommt als Repräsentantin der Gesellschaft, ebenso wie dem Arzt, die Rolle zu, das Verhalten des Räubers zu verstehen und zu legitimieren. Sie spricht den Räuber von jeder Schuld gegenüber Edith frei und sieht ihn als einen »guten und braven Schweizer«; sie stellt jedoch fest, dass Edith »das Opfer seiner Kunst« geworden sei (ebd., 146). Deshalb spricht sie auch Edith, trotz deren Rache am Räuber, von jeder Schuld frei. Der Erzähler hingegen kehrt die Anklage Ediths gegen den Räuber um und hält Edith für die »große, große Sünderin«, weil sie sich nicht liebevoll gegenüber dem Räuber verhielt (ebd., 67). Der Erzähler kritisiert an Edith, dass sie den Räuber verkannt habe, denn er sei »etwas viel Wertvolleres, viel Eigentümlicheres, Reicheres als nur das, was man unter einem ordentlichen oder unter einem braven Mann versteht« (ebd., 66). In diesem Missverständnis zwischen Edith und dem Räuber sieht Frau von Hochberg die Voraussetzung sowohl für die literarische Produktivität als auch für die Erfahrung von Glück: »Sind wir denn berufen, einander zu verstehen, sind wir nicht vielmehr auserlesen, uns zu verkennen, damit es nicht zu viel Glück gibt und das Glück noch geschätzt wird und damit sich die Verhältnisse zum Roman gestalten, der nicht möglich wäre, wenn wir uns kännten?« (ebd., 147) Somit kommt der Unverständlichkeit eine poetische Funktion zu (vgl. Hobus 2013 a), denn die vermeintlich scheiternde Liebe des Räubers, die als Akt der Sublimierung bereits von Anfang an so angelegt war, bringt den Roman hervor, der die Wirklichkeit kompensieren soll.

Der Räuber und sein Räubertum

Schon zu Beginn des Romans wird der Räuber von seinen Mitbürgern an seine »Pflicht als Mitglied der Gesellschaft« erinnert und als »Feind der Allgemeinheit« bezeichnet (AdB 3, 19). Dieser Grundkonflikt zwischen Räuber und Gesellschaft resultiert daraus, dass sich die Identität des Räubers nur »in Form von permanenter Norm-Abweichung« herausbildet (Andres 1997, 138) und seine Rolle als Außenseiter »durch die Urteile, die man über ihn fällt«, definiert ist (Jürgens 1987, 50). Teilweise bildet sich der Räuber die gesellschaftliche Kritik an seiner Person nur ein; zwar weiß er um die an ihn gestellten Forderungen, aber er begehrt gegen diese auf (vgl. AdB 3, 93). Aus dieser Differenz zwischen Introjektion der sozi-

alen Normen und deren gleichzeitiger Ablehnung
entsteht das Bewusstsein seiner sozialen Exterritorialität. Gleichwohl versucht er nach Ansicht des Erzählers, sich der »bürgerlichen Ordnung« anzu-
schmiegen und »gesellschaftlich aufwärts zu gelangen« (ebd., 28, 105). Dennoch wird der Räuber von
seiner sozialen Umwelt durchgehend als »Schuft«,
»Schurke«, »Idiot« oder »Lump« abgewertet (ebd.,
96, 134, 51, 109); die Begründungen für diese Benennungen bleiben jedoch vage und willkürlich, weil
sich seine Verfehlungen gerade nicht juristisch ahn-
den lassen. Vielmehr fehle seinem Verhalten und seiner Tätigkeit als Schriftsteller eine spezifische »Ab-
stempelung«, die ihn seiner Umwelt gegenüber
»kenntlicher« werden ließe (ebd., 81). Auf absurde
Weise wird ihm sogar vorgeworfen, er sei »doch
schon fast zu nett und lieb mit allen diesen Leuten«
(ebd., 80).

Auch das »Sündenregister« (ebd., 46) gibt keinen
Aufschluss darüber, weshalb der Räuber verfolgt
wird. Der Erzähler spekuliert, ob es die Kindlichkeit,
die vermeintliche homosexuelle Affinität, die Armut
und Herkunft oder die sozialen Kontakte des Räubers seien, die dazu geführt haben (vgl. ebd., 51, 26,
108–110). Letztlich bleiben es imaginierte Selbstvor-
würfe, die aus dem devianten Verhalten des Räubers
und seinen vermeintlich ausbleibenden Leistungen
herrühren. So kommt der Räuber zu dem Schluss,
dass er durch seine Existenz geradezu zum Verfolgt-
werden auffordere und gewinnt all diesen Vorgängen
schließlich Erfreuliches ab (vgl. ebd., 50). Der Humor und das Lachen gehören somit zu dessen ›räuberischen‹ Merkmalen (vgl. Starck-Adler 2002) –
dementsprechend spricht er häufig »mit einem Bewußtsein voll Lachlust« (AdB 3, 95). Es ist der Witz
des Räubers, der ihm zwar die literarische Produktivität garantiert, der ihn aber gleichzeitig zum sozialen Außenseiter abstempelt. Somit werden die Differenzen zu einem ›Räubertum‹, wie es exemplarisch
die literarische Figur Rinaldo Rinaldini verkörpert
(vgl. ebd., 20), offensichtlich. Mit der Bezeichnung
›Räuber‹ werde laut Echte denn auch einerseits eine
lange »Kette literarischer Werke heraufbeschworen
und dabei andererseits demonstriert, warum sie
nicht weitergeführt werden kann« (Echte, Nachwort
in AdB 3, 209).

Obwohl unter ›Rauben‹ eine illegitime Bereicherung oder Aneignung von Gütern zu verstehen ist
und ›Räuber‹ also eine Bezeichnung aus dem ökono-
misch-juristischen Diskursbereich wäre, findet die
räuberische Tätigkeit des Räubers zunächst auf erotischem Gebiet statt. Mit dem Ablecken des benutzten

Löffels seiner Zimmervermieterin habe er eine
»stattliche Leistung auf erotischem Gebiet« erbracht,
die mit dem erotischen Erlebnis in Fragonards Bild
Le baiser dérobé gleichgesetzt wird (AdB 3, 22). Außerdem raubt er »Neigungen« und »Landschaftsein-
drücke« und schließlich auch »Geschichten«, indem
er »sich aus den gelesenen Erzählungen ureigene zurecht machte« (ebd., 30, 37). Diese sogenannten
»Räubereien« sind ihm früher »glänzend honoriert«
worden, habe er doch mehr als dreihundert Aufsätze
geschrieben (ebd., 30). Walser überträgt also die Bedeutung des ›Raubens‹ in den literarisch-ästheti-
schen Bereich und bezeichnet damit intertextuelle
Produktionsverfahren ebenso wie eine ästhetische
Praxis, bei der subjektive Wahrnehmungen imaginativ überformt werden. Dadurch werden sie zum ›Eigentum‹ des perzipierenden Subjekts, das souverän
darüber verfügen kann – entsprechend avanciert der
Signifikant ›Rauben‹ zur Produktionsmetapher und
bezeichnet das Verfahren, durch das der Räuber sich
ästhetisch-kulturell bereichert. Insgesamt sind es
also vier Aspekte, die in der Bezeichnung ›Räuber‹
mitgedacht werden: 1. die ästhetische Praxis der
Weltaneignung; 2. die Transformation dieser Erfahrungen in Literatur; 3. die spezifisch literarische Praxis der intertextuellen Bezugnahme; 4. die vermeintlich widerrechtliche Aneignung und Generierung
von Eigentum durch diese Verfahren. All diese Aspekte diskreditieren den Schriftsteller als vermeintlich unproduktiven Außenseiter und legitimieren in
gewissem Sinne dessen Bezeichnung als ›Räuber‹.
›Räuber‹ ist er also nicht nur durch gesellschaftliche
Zuschreibungen, sondern auch im metaphorischen
Sinne nach seinem Selbstverständnis.

Rollenspiel und Masochismus

Die Schwierigkeiten bei der Etikettierung des Räubers verweist auf dessen verschiedene Rollen, insofern als sich der Räuber durch die »Transgression eng
definierter Geschlechterbilder [...] entscheidend
vom bürgerlichen stabilen Identitätsverständnis« ab-
hebe (Fellner 2003, 121). Die heterosexuelle Matrix
der Geschlechterordnung wird vom Räuber subvertiert, indem er sich, obwohl ihm »Ehemannstugen-
den« (AdB 3, 19) zugeschrieben werden, dem bürgerlichen Männlichkeitsideal und dem damit einherge-
henden Rollenverständnis verweigert. So wird erwähnt, dass der Räuber »stark zu Verliebtheiten«
neige, sich bereits in Berlin »mädchenhaft aufgeführt« habe und ein »räuberische[s] Dienstmädchen«
sei (ebd., 23 f., 26). Der Räuber übernimmt bewusst

einen weiblichen Habitus und akzeptiert die damit einhergehende gesellschaftliche Kritik seines devianten Verhaltens, das er als ästhetisches Spiel unter der Chiffre »Backfischeln« zusammenfasst (ebd., 109 f.). Mit diesem Verhalten reflektiert er die Differenz zwischen *sex* (Geschlechtskörper) und *gender* (Geschlechtsidentität) und verweist mit dieser humoristischen Strategie auf die Performanz der Geschlechterrollen. »Backfischeln« als mimetisches Verhalten ist somit Lustgewinn an der eigenen Inszenierung ebenso wie es ein Aufbegehren gegen die Geschlechterordnung und deren soziale Anforderungen ist.

Ein weiterer bedeutsamer Aspekt innerhalb dieses Rollenspiels manifestiert sich in der dem Räuber vorgeworfenen Kindlichkeit: »Dieses Kind! Wurde er wegen seiner Kindlichkeit verfolgt? Gönnte man sie ihm etwa nicht?« (ebd., 51) Die Kindlichkeit und der weibliche Habitus bilden die zwei Verhaltensweisen, mit denen der Räuber die gesellschaftlichen Erwartungen an eine männliche Identität unterläuft. So verhält sich der Räuber gegenüber seiner Vermieterin als Diener und auch bei Edith nimmt er die unterlegene Rolle ein, wohingegen er sich Wanda überlegen fühlt: »In Wahrheit hatte sich der Räuber Wanda gegenüber als Vater gefühlt und Edith gegenüber als Knabe.« (ebd., 133)

Der Räuber eignet sich verschiedene Rollen an (Bohemien, Diener, Masochist, Kind) und ist nach Villwock mit seiner zerfaserten Identität »repräsentativ für ein ›Ich‹ unter den Bedingungen des 20. Jahrhunderts« (Villwock 1993, 110). Auch Anton Fischer betont »das rollenabweichende Verhalten« des Räubers und unterteilt dessen rebellisches Liebesverhalten in ein dienendes, ein infantiles und ein provokatives Register (Fischer 1992, 22). Der rebellische Charakter des Räubers bestehe in der Flucht in ein solipsistisches Glück, wodurch die gesellschaftliche Ordnung gefährdet sei (ebd., 174). Für Karin Fellner manifestiert sich im Aufbegehren des Räubers gegen traditionelle Rollenvorstellungen der Wunsch nach Lebendigkeit und Beweglichkeit, der sich auch in den literarischen Verfahren widerspiegle (vgl. Fellner 2003).

Einen Einblick in die psychische Konstitution des Räubers gibt jedoch sein Arztbesuch, wo er in einer Art psychoanalytischer Gesprächssituation über seine Verhaltensweisen und (wie es an anderer Stelle heißt:) »Verstandesangespanntheiten« Auskunft gibt, da er »[o]berflächlich betrachtet« über eine »vollkommene Gesundheit« verfüge (AdB 3, 149, 113). Auch hier konstatiert der Räuber sein deviantes Verhalten: Es lebe »eine Art von Kind« in ihm, und er

habe sich zweitweise für »ein Mädchen« gehalten (ebd., 112 f.). Dazu kommt, dass er keine »geschlechtliche Qual oder Not« spüre, was das Durchhalten einer männlichen Rolle erschwere (ebd., 113). Stattdessen bereitet es ihm Freude, wenn er »in Gedanken irgendwen bediente« oder sich unterordnete (ebd.). Und obwohl der Räuber seine sexuelle Lustlosigkeit und Infantilität für akzeptabel hält, diagnostiziert er, dass seine Krankheit »in einem zu vielen Liebhaben« bestehe, weil er über einen »ganz entsetzlich großen Fonds an Liebeskraft« verfüge (ebd., 114). Sein »eigentümliche[s] Wesen« bestehe darin, dass er sich bisweilen zwanghaft eine »Mutter, eine Lehrerin, d. h. besser gesagt, eine Unnahbarkeitsperson, eine Art Göttin« suche (ebd.). Die entscheidende Passage dieser Selbstdiagnose kulminiert im Bekenntnis zur Vorliebe für masochistische Beziehungskonstellationen: »Um zu einem menschlichen Glück zu kommen, muß ich immer erst irgendeine Geschichte ausspinnen, […] wobei ich der unterliegende, gehorchende, opfernde, bewachte, bevormundete Teil bin.« (ebd., 114 f.) Doch der Räuber unterwirft sich nur imaginär und wertet dabei die Rolle des Unterworfenen dialektisch um, denn »im anscheinend Minderwertigen entsteht der Überlegene« (ebd., 115). Die Passivität des Räubers sei daher ein Mittel der Sabotage, weil es ihm dadurch erspart bliebe, »aktive Resistenz aufzubieten« (Obermann 1987, 111). Der Arzt erkennt beim Räuber keine pathologischen Ausprägungen und bestätigt ihn vielmehr darin, wie bisher weiterzuleben. In diesem Selbstgespräch und der Selbstdiagnose deutet sich bereits ein Liebesverhalten an, das offensichtlich narzisstisch und masochistisch geprägt ist und vom Räuber in seiner Rede auf der Kanzel abschließend erläutert und gerechtfertigt wird.

Autoerotik und Liebeskonzeption

Im Roman finden sich durchgehend Aussagen und Überlegungen zur Funktion und Bedeutung von Liebe und Ehe: verschiedene Liebeskonzepte werden analysiert und miteinander verknüpft. Der Räuber war zunächst in Wanda verliebt, bis er »eines Tages ohne jede Zeremonie zur anderen übergegangen« ist (AdB 3, 53). Diese ›Liebe‹ zu Edith zeichnet sich durch die Distanz zur Geliebten aus, denn nur so kann sie zur Projektionsfläche werden, die die Imaginationstätigkeit des Räubers aktiviert. Deshalb wollte der Räuber an Edith »vielleicht aus sich heraus gar nie herankommen« (ebd., 69). Ein solches Liebesverhalten hat somit einen narzisstischen und autoerotischen Charakter, der anhand der ›Liebesarithmetik‹ des Räubers deutlich wird:

> Es ist nicht gesagt, daß Frauen die Frauen besser verstehen, als wie der Mann sie kennt, der Mann kennt die Frauen auf romantische Art, die Frau faßt ihresgleichen realistischer auf, vielleicht kann man sagen, verstandeshafter, demnach also schulgemäß-einfach, so wie zwei mal zwei vier sind. Für den Mann ist die Frau wie das Ergebnis fünf nach Vollzug desselben Exempels, etwas Unlogisches, Überlogisches, etwas, dessen er, oft unausgesprochen erweise, zu höheren Zwecken bedarf. So etwas war Edith für den Räuber, und vielleicht liegt hier seine Verschuldung diesem Mädchen gegenüber. Vielleicht kann hier von einem Betrug in bürgerlichem Sinn gesprochen werden. (AdB 3, 107)

Diese Passage kann in ihrer poetologischen Bedeutung nicht hoch genug geschätzt werden, weil damit auf einer Metaebene auch das Verfahren der Produktion des vorliegenden Romans beschrieben wird: die Instrumentalisierung der Liebesbeziehung für die literarische Produktivität.

Trotzdem hegte auch der Räuber konkrete Heiratswünsche, nährte »Glückimwinkelideen« und »dachte an nichts als an den Weg, ein braver Gatte zu werden« (ebd., 93, 91). Als weiteres Liebeskonzept werden Versatzstücke der höfischen und romantischen Liebe zitiert, z. B. in der Beschreibung einer Opernaufführung, die unverkennbar auf Mozarts *Die Entführung aus dem Serail* verweist. In der Nacherzählung der Oper wird die ›Macht der Liebe‹ zwischen Konstanze und Belmonte als unüberwindbar beschrieben, gerade weil sie die normative Ordnung außer Kraft setzt (vgl. ebd. 110 f.). Hier wird Liebe zu einem absoluten Wert. All diese Wünsche stehen jedoch in Konflikt mit der gesellschaftlichen Realität der Ehe, die häufig durch Streit, Gewalt und Trennung gekennzeichnet ist und entsprechend scheitert (vgl. ebd., 91–93).

In seiner öffentlichen Rede in der Kirche – die sowohl den Charakter der Predigt als auch der Beichte hat – will der Räuber die Beweggründe für seine Handlungen offenlegen und »von der Liebe« reden (ebd., 137). Der Erzähler spricht von der »›Reinwaschung‹« des Räubers, obwohl dieser keine »Fehler zur Schau stellen möchte« (ebd., 139). Vielmehr fühlt sich der Räuber Edith, die seiner Rede zuhört, überlegen, da er in seinen Gedanken über sie verfügt und sich insofern an ihr ›bereichern‹ kann. Deshalb sei er »viel, viel reicher als sie«, denn »dem, der liebt, wird immer gegeben, wessen er zu seiner Seligkeit nötig hat« (ebd., 141). Insofern gibt es für den Räuber keine »unglückliche Liebe«, als durch die Bereicherung und Erweckung des Herzens »jede Liebe eine

glückliche ist« (ebd., 140). Mit dem Gefühl, »ihr Sieger zu sein« (ebd.), folgt der Räuber einem Liebeskonzept, das in der Tradition von Platons *Symposion* steht, da dort in der Rede des Phaidros der Liebende höher geschätzt wird als der Geliebte, eben weil der Liebende von Gott beseelt sei. Ebenso bildet die Liebe dort den »Ursprung für Dichtung« und ist zugleich auch »Raub« (vgl. Henzler 1992, 47).

Die Herrschaft des Räubers besteht also in der subjektiven Macht über Ediths Bild. Dabei ist die Frau »nur Mittel zum Zweck, sie ist die Inspirationsquelle, der Katalysator für einen Prozess, der sie, wenn er einmal in Gang gekommen ist, überflüssig macht« (Binggeli 2002, 254). Diese Imaginationstätigkeit und Beseelung des Liebenden wird vom Räuber mit einer Blinden-Allegorie erklärt: Die Blinden seien zu beneiden, weil »sie mit nichts als inneren Augen schauen können« und weil sie die Geliebten in ihrer Einbildung »[...] noch immer deutlich genug oder gar viel deutlicher sehen als Sehende. Liebe will ja blind sein, und vielleicht floh ich vor Edith, weil ich blind bleiben wollte.« (AdB 3, 142) Zum Schluss seiner Rede, bevor ihn dann der bereits mehrmals vom Erzähler angekündigte Schuss aus Ediths Revolver trifft, betont er nochmals, er habe sich eben nicht nur ideell, sondern auch finanziell an Edith bereichert, indem er »Geschichten über sie ersonnen« habe (ebd., 142 f.).

In der Kanzelrede, die »in der Philosophie vom unabhängigen Liebenden ihren Höhepunkt« (Fellner 2003, 118 f.) erfährt, zeigt sich der Kern des solipsistischen Liebesverlangens des Räubers – das Begehren verschiebt sich vom Liebesobjekt auf den Akt des Begehrens selbst. Diese Liebe ist somit intransitiv und autoerotisch, d. h. sie braucht keine Erwiderung und erfüllt sich vielmehr in der Lust am imaginären Überformen der Geliebten und im Aufrechterhalten dieses Prozesses. Somit werden über die Imaginationstätigkeit Lieben und Schreiben funktional miteinander gekoppelt und die Inszenierung des Begehrens verschiebt sich von der Ebene des Dargestellten auf die Ebene der Darstellung (vgl. Fellner 2003, 127). Um diese Verschiebung des Begehrens vom Liebesobjekt auf den Selbstgenuss des sprechenden Subjekts im *»Räuber«-Roman* zu akzentuieren, hat der Verfasser den von Sabine Kyora geprägten Begriff der »Auto(r)erotik« (Kyora 1994) übernommen und damit das Liebeskonzept des Räubers als ein zugleich poetisch-ästhetisches Konzept der Literaturproduktion herausgestellt (vgl. Hobus 2011). Erst durch die Instrumentalisierung seines Liebesgefühls gelangt der Räuber in den Besitz des Romans. Diese Liebes- und

Literaturkonzeption lässt sich in die Tradition der Romantik stellen, in der »die Virtualisierung des oder der Anderen bei gleichzeitiger narzisstischer Selbstpflege des Schreibenden« propagiert wurde (Kremer 2004, 108). In diesem Sinn ist im »Räuber«-Roman Liebe die »solipsistische Idealisierung des anderen«, Schreiben dessen »Einordnung und Verfügbarmachung in einer Geschichte« (Henzler 1992, 50).

Ulrich Binggeli hat nachdrücklich auf die »intertextuelle Verspiegelung« des »Räuber«-Romans hingewiesen und in Christian August Vulpius' Roman *Rinaldo Rinaldini* und Friedrich Schillers Drama *Die Räuber* die maßgeblichen Prätexte erkannt (Binggeli 2002, 231). Der Räuber sei eine Mischung aus beiden Prätext-Figuren, von »Rinaldini leiht er sich die donjuaneske Infrastruktur, von Karl Moor die donjuaneske Energie« (ebd., 247). Zwar benutzt Walser »typische Merkmale, Muster, Figuren und Figurenkonstellationen als Zeichen, verändert aber deren Signifikat« (ebd., 244). Diese Umwertung zeige sich insbesondere in der Liebeskonzeption, die Versatzstücke aus dem »intertextuellen Spannungsfeld von Trivial- und Hochliteratur« aufnehme (ebd., 253).

Im Gegensatz zu diesen Perspektiven auf den »Räuber«-Roman wurde in der Forschung verschiedentlich behauptet, dass sich die Liebe »nicht zum darstellbaren Ereignis, zur Liebesgeschichte formen lassen will« (Bürgi-Michaud 1996, 224) und dass der Räuber an der unerwiderten Liebe leide. Bucher erkennt in der Beschreibung der Liebesbeziehung zwischen dem Räuber und Edith nur »leere Signifikanten«, sodass die »Liebe über weite Strecken eine bloß behauptete [ist], auf welche die repetierten Signifikanten zwar verweisen, deren tatsächlichen Bestand sie aber zugleich verdecken« (Bucher 2002, 287). Eine solche Lektüre verkennt jedoch, dass der Signifikant ›Liebe‹ mit einer neuen Bedeutung gefüllt wird und der Roman vielmehr beschreibt, wie sich diese Modifizierung des Signifikanten ›Liebe‹ vollzieht und wodurch sie legitimiert wird. Der Verfasser liest den »Räuber«-Roman entsprechend als einen Metaroman über den Liebesdiskurs, der dabei gleichzeitig performativ einen neuen Liebesbegriff entwirft. Ein entscheidendes Merkmal des Romans ist die »Poetik der Umschreibung«, durch die diskursive Ordnungsmuster unterlaufen und die Zeichen umcodiert werden (vgl. Hobus 2011, 101–183). Durch eine solche Erzählweise, die die Bedeutung jeweils neu zu bestimmen versucht, sind die dargestellten Kommunikations- und Handlungskontexte permanent dem latenten Vorwurf der Unverständlichkeit ausgesetzt (vgl. Andres 1997, 154; Echte, Nachwort in AdB 3,

199). Der Verfasser zeigt hingegen, wie durch den intertextuellen Bezug zu Stendhals Begriff der *cristallisation* nicht nur Walsers Liebesbegriff sinnfällig wird, sondern wie sich darin gleichzeitig ein Strukturmuster der literarischen Produktion manifestiert (vgl. Hobus 2011, 154–159).

Das zentrale Merkmal des Romans ist die Kopplung von Lieben und Schreiben über die Imaginationstätigkeit. Walser entwirft eine Liebesvorstellung, die im Dienst der literarischen Produktion steht, das propagierte Liebeskonzept ist somit ein poetisches Konzept. Gleichzeitig wird der im Roman dargestellte Prozess der Sublimierung performativ eingelöst: Der Roman erweist sich als das kulturelle Ergebnis des im Text beschriebenen Begehrens und gibt zugleich über diesen Transformationsprozess Auskunft.

Ausgaben

GW 12/1, 71–248. – Der Räuber. Aus dem Nachlaß hg. v. Jochen Greven unter Mitarbeit v. Martin Jürgens. o. O.: Suhrkamp 1976. – GWS 6, 165–350. – RO 2, 151–313. – RE 4. – SW 12. – »Der Räuber«-Roman. Faksimile der vierundzwanzig Manuskriptseiten in Robert Walsers Mikrogramm-Schrift. Mit einem Beiheft, das den entzifferten Wortlaut des mikrographierten Manuskriptes enthält. Neu entziffert u. hg. v. Bernhard Echte u. Werner Morlang. Zürich, Frankfurt a. M. 1986. – Der Räuber. Frankfurt a. M.: Suhrkamp 1988. – AdB 3, 9–150. – Der »Räuber«-Roman. Frankfurt a. M.: Suhrkamp 2003. – Der Räuber. Mit einem Nachwort v. Michel Mettler. Frankfurt a. M.: Suhrkamp 2006.

Literatur

Andres, Susanne: Robert Walsers arabeskes Schreiben. Göttingen 1997.
Baur, Wolfgang: Sprache und Existenz. Studien zum Spätwerk Robert Walsers. Göppingen 1974.
Binggeli, J. Ulrich: Intertextualität und Lektüresemiotik: Der *Räuber*-Roman von Robert Walser. In: Zeitschrift für Semiotik 24, 2/3 (2002), 231–260.
Bolli, Thomas: Inszeniertes Erzählen – Überlegungen zu Robert Walsers »Räuber«-Roman. Bern 1991.
Bohren, Rudolf: Der untaugliche Christ. Eine Untersuchung über Robert Walsers Räuber-Roman. Neuried 1995.
Borchmeyer, Dieter: Dienst und Herrschaft. Ein Versuch über Robert Walser. Tübingen 1980.
Bucher, André: Repräsentation und Wiederholung in Robert Walsers »Räuber«-Roman. In: Klaus Müller Wille, Detlef Roth, Jörg Wiesel (Hg.): Wunsch – Maschine – Wiederholung. Freiburg im Breisgau 2002, 283–294.
Bürgi-Michaud, Thomas: Robert Walsers »mühseligkeitenüberschüttetes Kunststück«. Eine Strukturanalyse des »Räuber«-Romans. Bern 1996.

Colwell, Constance: Robert Walser, Der Räuber: A Study of the Narrative Structure. Diss. Cornell University 1977.

De Bruyker, Melissa: Das resonante Schweigen. Die Rhetorik der erzählten Welt in Kafkas *Der Verschollene*, Schnitzlers *Therese* und Walsers *Räuber*-Roman. Würzburg 2008.

Echte, Bernhard, Meier, Andreas (Hg.): Die Brüder Karl und Robert Walser. Maler und Dichter. Stäfa 1990.

Echte, Bernhard: Nachwort. In: AdB 3, 195–213.

Evans, Tamara S.: Der Dichter als Räuber: Robert Walser zwischen Modernismus und Avantgardismus. In: Walter Haug, Wilfried Barner (Hg.): Ethische contra ästhetische Legitimation von Literatur. Traditionalismus und Modernismus: Kontroversen um den Avantgardismus. Tübingen 1986, 235–239.

Evans, Tamara S.: Robert Walsers Moderne. Bern, Stuttgart 1989.

Fellner, Karin: Begehren und Aufbegehren. Das Geschlechterverhältnis bei Robert Walser. Marburg 2003.

Fischer, Anton: Rebellische Formen des Liebesverhaltens in Robert Walsers »Räuber«-Roman. Norderstedt 1992.

Fischer, Anton: Der Weg zum Anderen in Robert Walsers »Räuber«-Roman. Norderstedt 1995.

Fischer, Anton: Natur und Kultur in der Literatur nach Claude Lévi-Strauss 1: Robert Walser: »Der Räuber«-Roman. Leipzig, Norderstedt 2011.

Frederick, Samuel: Stealing the Story: Robert Walser's *Robber*-Novel. In: Alexis Grohmann, Caragh Wells (Hg.): Digressions in European Literature. From Cervantes to Sebald. New York 2011, 130–142.

Frederick, Samuel: Narratives Unsettled. Digression in Robert Walser, Thomas Bernhard, and Adalbert Stifter. Evanston, Illinois 2012.

Görling, Reinhold: »Diskreteste Schriftstellerei«. Die Geste der Mitteilbarkeit in Robert Walsers *Räuber*-Roman. In: Vittoria Borsò u. a. (Hg.): Schriftgedächtnis – Schriftkulturen. Stuttgart 2002, 381–393.

Gößling, Andreas: Abrechnung nach Noten. Eine poetologische und literarhistorische Studie zu Robert Walsers *Räuber*-Roman. Würzburg 1992.

Greven, Jochen: Editorische Notiz. In: Robert Walser: Der »Räuber«-Roman. Aus dem Nachlaß hg. v. Jochen Greven unter Mitarbeit v. Martin Jürgens. Frankfurt a. M. 1976, 131–135.

Greven, Jochen: Robert Walser – ein Außenseiter wird zum Klassiker. Abenteuer einer Wiederentdeckung. Konstanz 2003.

Grimm, Christa: Schwarze Idyllen im *Räuber*-Roman von Robert Walser. In: Peter Schnyder, Philippe Wellnitz (Hg.): La Suisse – une idylle? Die Schweiz – eine Idylle? Fs. für Peter André Bloch. Straßburg 2002, 177–187.

Hammerschmid, Michael (Hg.): Räuberische Poetik. Spuren zu Robert Walser. Eine Anthologie. Wien 2009.

Henzler, Harald: Literatur an der Grenze zum Spiel. Eine Untersuchung zu Robert Walser, Hugo Ball und Kurt Schwitters. Würzburg 1992.

Hobus, Jens: Poetik der Umschreibung. Figurationen der Liebe im Werk Robert Walsers. Würzburg 2011.

Hobus, Jens: »Sind wir denn berufen, einander zu verstehen […]?« Literarische Sprachkritik und Kommunikationsstrategien im Werk Robert Walsers. In: André Schnyder (Hg.): Kannitverstan. Bausteine zu einer nachbabylonischen Herme(neu)tik. München 2013 a, 353–373.

Hobus, Jens: Poetisches Geld. Die Literarisierung des Ökonomischen in Robert Walsers *Räuber*-Roman. In: Gregor Ackermann, Walter Delabar, Michael Grisko (Hg.): Erzählte Wirtschaftssachen. Ökonomie und Ökonomisierung in der Literatur und im Film der Weimarer Republik. Bielefeld 2013 b, 129–142.

Jürgens, Martin: Robert Walser. Die Krise der Darstellbarkeit. Untersuchungen zur Prosa. Kronberg/Taunus 1973.

Jürgens, Martin: Nachwort. In: Robert Walser: Der »Räuber«-Roman. Aus dem Nachlaß hg. v. Jochen Greven unter Mitarbeit v. Martin Jürgens. Frankfurt a. M. 1976, 137–140.

Jürgens, Martin: »…daß man ihn von nun an kenne und grüsse«. Zu Robert Walsers *Räuber*-Roman. In: CHIARINI/ZIMMERMANN, 47–54.

Kremer, Detlef: Literaturwissenschaft als Medientheorie. Münster 2004.

Kyora, Sabine: Eine andere Sprache der Liebe. Zur Einführung. In: Annette Keck, Dietmar Schmidt (Hg.): Auto(r)erotik. Gegenstandslose Liebe als literarisches Projekt. Berlin 1994, 13–19.

Mohr, Daniela: Das nomadische Subjekt. Ich-Entgrenzung in der Prosa Robert Walsers. Frankfurt a. M. u. a. 1994.

Morlang, Werner: Editorischer Bericht. In: AdB 3, 242–254.

Obermann, Roswita: »…ein besonnenes Buch…, aus dem absolut nichts gelernt werden kann«. Aspekte künstlerischer Selbstentfaltung im ›Tagebuch‹-Fragment und im ›Räuber‹-Roman von Robert Walser. Frankfurt a. M. u. a. 1987.

Osterkamp, Ernst: Commis, Poet, Räuber. Eigengesetzlichkeit und Selbstaufgabe bei Robert Walser. In: HINZ/HORST, 217–239.

Pender, Malcolm: A Writer's Relationship to Society: Robert Walser's »Räuber«-Roman. In: The Modern Language Review 78 (1983), 103–112.

Pender, Malcolm: Der »Räuber«-Roman: Ein »Sieg der Kunst« in der bürgerlichen Welt. In: FATTORI/SCHWERIN, 143–156.

Schafroth, Heinz F.: Wie ein richtiger Abgetaner. Über Robert Walsers *Räuber*-Roman. In: KERR 2, 286–307.

Schmidt-Hellerau, Cordelia: Der Grenzgänger. Zur Psycho-Logik im Werk Robert Walsers. Zürich 1986.

Starck-Adler, Astrid: Die Räuberfigur in Robert Walsers Roman *Der Räuber*. In: Peter Schnyder, Philippe Wellnitz (Hg.): La Suisse – une idylle? Die Schweiz – eine Idylle? Fs. für Peter André Bloch. Straßburg 2002, 201–215.

Strelis, Joachim: Die verschwiegene Dichtung. Reden, Schweigen, Verstummen im Werk Robert Walsers. Frankfurt a. M. u. a. 1991.

Utz, Peter: Tanz auf den Rändern. Robert Walsers »Jetztzeitstil«. Frankfurt a. M. 1998.

Villwock, Peter: Räuber Walser. Beschreibung eines Grundmodells. Würzburg 1993.

Widmer, Urs: Der Dichter als Krimineller. Robert Walsers im Nachlaß entdeckter Roman *Der Räuber*. In: KERR 2, 21–25.

Jens Hobus

3.5.4 »Felix«-Szenen (verfasst 1925)

Entstehung und Veröffentlichung

Die 24 Texte der sogenannten »Felix«-Szenen sind von Robert Walser auf elf Mikrogrammblätter verteilt notiert worden. Hauptthema bilden Kindheit und Jugend eines Knaben namens Felix. Dargestellt ist hauptsächlich sein Umgang mit Familienangehörigen und Freunden. Die Texte fasste ihr erster Herausgeber, Jochen Greven, der Hauptfigur sowie der Form entsprechend unter dem Titel »Felix«-Szenen zusammen. Allerdings bilden die Szenen in Walsers Mikrogramm-Manuskripten keine geschlossene Einheit. Wahrscheinlich 1925 entstanden, gehören sie zu den frühesten der erhaltenen Mikrogramme.

Wie viele andere Mikrogramme hat Walser die »Felix«-Szenen vermutlich nie abgeschrieben, jedenfalls ist uns keine Abschrift erhalten. Damit ist unklar, welche Ordnung der Autor für die inhaltlich zweifellos miteinander verflochtenen Texte vorsah. Zwei nachträgliche Anmerkungen zur Reihenfolge der Blätter bzw. der Szenen, jeweils am oberen Blattrand notiert, lassen vermuten, dass Walser eine bestimmte Abfolge der Texte in Erwägung zog.

Anders als das Gros der von Walser nicht abgeschriebenen Mikrogrammtexte, die erst zwischen 1985 und 2000 entziffert und im Rahmen der Edition *Aus dem Bleistiftgebiet* publiziert wurden, sind die »Felix«-Szenen und der »Räuber«-Roman bereits Mitte der 1960er Jahre von Jochen Greven als lesbar erkannt und in der Folge transkribiert worden. Die »Felix«-Szenen bildeten den Auftakt zum Abschlussband der zwölfbändigen Kossodo-Ausgabe (GW 12/1, 17–63). Titelgebung und Textreihenfolge sind in der 1986 publizierten Neuentzifferung nicht geändert worden (AdB 3, 151–191). Bernhard Echte und Werner Morlang sprechen von ca. 150 Stellen, die sie im »Räuber«-Roman und den »Felix«-Szenen zusammen neu transkribiert haben (vgl. Echte, Morlang, Editorische Vorbemerkung in AdB 3, 7).

Die »Felix«-Szenen sind bislang weder als Faksimile noch in einer diplomatischen Umschrift zugänglich (beides bietet Aebli 2015). Die damit einhergehende Schwierigkeit, sich die Überlieferungssituation auf den Mikrogrammen vor Augen zu führen, ist mit ein Grund, weshalb die bis heute rezipierte – jedoch philologisch-editorisch fragwürdige – Textgestalt der »Felix«-Szenen lange Zeit von der Forschung kaum in Frage gestellt worden ist. Darüber hinaus haben dramatische, musikalische sowie radiophone Umsetzungen der Mikrogrammtexte bei vielen Rezipienten die Vorstellung verfestigt, bei den »Felix«-Szenen handle es sich um einen in sich geschlossenen, autobiographischen Text Robert Walsers.

Die »Felix«-Szenen sind in einer für Walser literarisch sehr produktiven Zeit entstanden. Allerdings stand die Textproduktion Mitte der 1920er Jahre in hartem Gegensatz zur Wertschätzung seiner Arbeiten bei Buchverlegern. Im Februar 1925 erschien noch das schmale Bändchen *Die Rose* – die letzte von Robert Walser selbst bewerkstelligte Buchpublikation (Echte 1998, 242). Ein gutes halbes Jahr zuvor, Ende Juli 1924, war er, enttäuscht über die ausbleibende Unterstützung, aus dem Schweizerischen Schriftstellerverein ausgetreten. Nun zeichnete sich zudem ab, dass die Hauptquelle seiner laufenden Einnahmen, das ›Prosastückligeschäft‹, zu versiegen drohte. Honorarforderungen wurden von Redakteuren als überzogen zurückgewiesen (Br 247), bereits angebahnte Kontakte zu Verlagen kamen nicht zustande (Br 251). Um an Geld zu kommen, verkaufte Walser unerlaubterweise Belegexemplare der *Rose* (Br 252 ff.). Literarische Produktion, künstlerische Anerkennung und materielle Entschädigung drohten in prekärer Weise auseinanderzutreten.

Daneben gab es immer wieder biographische Lichtblicke. Nach kurz aufeinander folgenden Zimmerwechseln zwischen den Berner Altstadt-Adressen, zog Walser im April 1925 in den dritten Stock der Gerechtigkeitsgasse 29. Bis August des Jahres bewohnte er ein Zimmer, dessen Weitläufigkeit literarisch mehrfach festgehalten ist. Das vergleichsweise großzügige Logis beflügelte sein schriftstellerisches Schaffen (Morlang 2009, 14). An dieser Adresse entstanden die »Felix«-Szenen, eine Vielzahl von Prosastücken und Gedichten, nebst dem umfangreichen »Räuber«-Manuskript, das Walser zu großen Teilen hier schrieb. Indes sah Walser sich als verkannten Dichter (vgl. Br. 231, 233).

Mit dem Erscheinen des erwähnten Sammelbandes *Die Rose* endete nicht nur die berufliche Zusammenarbeit von Robert mit Karl Walser, der die Umschlagzeichnung beitrug, sondern auch ihre Beziehung. Nach einem mutmaßlichen Treffen am Jahreswechsel 1924/1925 kam es zum endgültigen Bruch in der Freundschaft der (zu Lebzeiten) ungleich erfolgreichen Brüder (Br 250; ECHTE, 373). Möglicherweise beförderte dieses nur wenige Monate vor der Niederschrift der »Felix«-Szenen stattfindende Zerwürfnis die autobiographische Prägung und die in den Szenen aufscheinende intensive Beschäftigung mit Erlebnissen aus Kindheit und Jugend.

Zum Manuskript

Die Mikrogramme der »*Felix*«-Szenen stammen aus einer Serie von 117, zirka 21,5 × 13 cm großen Kunstdruckblättern, die Walser halbiert hat, um ein handliches Format zu erhalten. Die Herkunft des Papiers ist unbekannt. Abweichend zu vielen der später verfassten Mikrogramme weisen diese eine vergleichsweise große Schrift auf.

Die zu den »*Felix*«-Szenen zählenden Texte sind auf den Blättern 177, 178, 179, 180, 181, 182, 246, 300, 485, 486 und 515 notiert. Die von Jochen Greven besorgte Nummerierung gibt allein die ursprüngliche Lage im Stapel der gefundenen Mikrogramme wieder – sie erlaubt keine Aussagen über die Reihenfolge der Niederschrift. Neben den »Felix«-Szenen enthalten einige Mikrogramme zudem Gedichte und Prosastücke sowie Szenen anderen Inhalts. In der Umschrift füllen die »*Felix*«-Szenen für sich genommen ca. 38 Druckseiten.

Die textgenetische Betrachtung zeigt, dass Walser die »Felix«-Texte nicht nacheinander niederschrieb, sondern dazwischen oder parallel eine Vielzahl von Prosastücken, anderen Szenen und Gedichten verfasste. Die Mikrogramme 177 – 178 – 179, 300 – 246 sowie 180 – 181 – 182 bilden Blattketten, die jeweils durch eine von einem Mikrogramm zum anderen übergreifende Szene zusammengehalten werden. Die Mikrogramme 485, 486 und 515 enthalten die restlichen »Felix«-Szenen. Die folgende Beschreibung des schreibtechnischen Beginns der Szenen erklärt die Verfänglichkeit jedes Herstellens einer bestimmten Textfolge, so notwendig letztere buchtechnisch auch sein mag.

Auf dem Mikrogramm 177 findet sich der Anfang des in den Leseausgaben als sechste »Felix«-Szene eingeordneten Textes, nämlich Felix' Unterhaltung mit seiner Tante. In dieser Szenenanweisung wird Felix am ausführlichsten beschrieben. Dieser Szenenauftakt gilt nebst weiteren Anhaltspunkten aus dem Kontext der Mikrogrammkette als Indiz, dass hier Walsers Beschäftigung mit der Figur des Felix einsetzte. Auf Blatt 178 endet die Szene 6, gefolgt von der Szene 7, in der Felix einen Mitschüler genau mustert. Dieser Szene schließt sich auf dem Mikrogramm die Szene 9 an, hier befindet sich Felix im »Chalet der Frau Zierlich«. Darauf folgt die Szene 20, in der sich Felix »In einem Hof« mit einer Eule unterhält, schließlich beginnt auf demselben Blatt 178 die Szene 23, sie zeigt Felix in einer Unterhaltung mit einer Dame namens Eleonore. Aus dieser exemplarischen Beschreibung der Szenenfolge auf den Mikro-

grammen wird deutlich, dass weder die Szenenfolge auf einem Blatt noch die vorhandenen Blattketten Niederschlag in der bislang publizierten Szenenabfolge gefunden haben. Nach welchen Überlegungen die Texte von den jeweiligen Herausgebern angeordnet worden sind, ist in den Anhängen der jeweiligen Ausgaben erklärt. Der Erstherausgeber Greven verfolgte das Ziel, eine sich sukzessive und in sich logisch entwickelnde Biographie der Hauptfigur Felix aus den Einzelszenen und Texten zu rekonstruieren, (vgl. Greven, Vorbemerkung in GW 12/1, 13). Diesem Entscheid – die Einzeltexte einem biographischen Faden entlang zu ordnen und damit leichter fasslich zu machen – verdankt ein Text, der so nicht (autorisiert) existiert, wahrscheinlich seine ›Karriere‹.

Forschung

Die Forschung ist sich bis heute uneins, ob die einzelnen Mikrogrammblätter als ausdrücklich oder implizit gestaltete Skripturalkunstwerke zu betrachten seien. Mit der Beantwortung dieser Frage verknüpft sind unterschiedliche Vorstellungen, was unter einem ›Text‹ oder weiter gefasst: unter einem ›Werk‹, zu verstehen sei. Manche Forscher (z. B. Greven 2008, 19 f.) gehen davon aus, dass die Mikrogramme bloße Entwürfe von Texten darstellen. Sie sehen in der Schrift eine Notationsart, die zwar speziell aussieht, doch vom Inhalt gänzlich getrennt zu betrachten sei. Andere betrachten die Mikrogramme nicht als bloße Textträger, sondern als »singuläres Text-Schrift-Kunstwerk« (Groddeck 2008, 69).

Ausgehend von letzterer Auffassung, man könnte sagen: einer ›mikrogrammaffinen‹ Herangehensweise, werden seit einigen Jahren der gegenseitige Einfluss von Texten, die benachbart auf einer Seite stehen, sowie der Zusammenhang zwischen Textgestalt und Inhalt untersucht. Solche Lektüren zeigen, dass es ›Themenblätter‹ gibt, bei denen sich scheinbar solitär stehende Gedichte, Prosatexte und Szenen auf ein gemeinsames Motiv beziehen. Im Fall der »*Felix*«-Szenen spielen beispielsweise auf dem Mikrogrammblatt 246 die Themen ›Leid‹ und ›Heilen‹ in der Szene 11 und in den zwei darauf folgenden Gedichten eine zentrale Rolle.

Außerdem interessieren auch visuelle Merkmale, wie etwa die Aufteilung der Textblöcke nach ästhetischen Gesichtspunkten sowie die graphische Gestaltung, die losgelöst oder in Kombination mit der wörtlichen Aussage eines Textes gedeutet werden können. Auch bei einzelnen »*Felix*«-Szenen ergänzen sich Inhalt und Form ihrer Notation: In der Szene »Gartenrestaurant zur Linde« (Mikrogrammblatt 180, 2. Text; vgl. AdB 3, 154) erhält Felix, nachdem er heimlich einen Rest Bier getrunken hat, zur Strafe Schläge. Der Text ist auf dem Mikrogramm zentriert notiert und nicht wie andere Szenen als Flattersatz bzw. Blocksatz. Eine einzelne Zeile kommentiert die Schläge: »[...] sie stellen sein Gleichgewicht her.« (ebd.) Die Kohärenz von Text und Schrift(-bild) als Korrespondenz von Inhalt (›Zurechtrücken‹) und Form (zentriertes Schriftbild) erzeugt nur im entsprechend gesetzten Text ästhetischen Genuss – außer jemand kann die Mikrogramm-Schrift unmittelbar entziffern.

Inhalt

Erst in Zukunft – zumal mit dem Erscheinen des entsprechenden Bandes der *Kritischen Robert Walser-Ausgabe* – wird sich zeigen, ob die »*Felix*«-Szenen weiterhin als scheinbar geschlossene Szenen-Folge gelesen werden oder ob sich eine Lektürepraxis etabliert, welche die Szenen als Teile eines Textkonglomerats auffasst und entsprechend nomadisierend verfährt (vgl. Gisi 2012, 67 f.). In den heute erhältlichen Ausgaben wird die Szenenfolge wie ein in Stein gemeißelter Text behandelt, während man es eigentlich eher mit einem mannigfaltig kombinierbaren Mosaik von Textteilen zu tun hat.

Jede Inhaltsangabe bestimmt die Möglichkeiten einer Interpretation, da sich diese zwangsläufig entlang einer bestimmten Textabfolge bewegen wird. Ein biographisch-zeitlich durchgewürfelter Text ruft ganz andere Assoziationen hervor als ein biographisch chronologisch verlaufender. Wenn hier dennoch eine inhaltliche Charakterisierung geboten wird, dann im Wissen darum, dass diese in Zukunft durch eine Manuskriptbeschreibung abzulösen ist, die nicht bloß die heutige Textgestalt der »*Felix*«-Szenen zum Inhalt hat, sondern auch Teile der sie umgebenden Texte auf den Mikrogrammen berücksichtigt.

Die »*Felix*«-Szenen berichten in Form innerer Monologe, Briefe und vor allem szenischer Darstellungen aus der Kindheit und Jugend eines die Umwelt und die eigenen Handlungen bewusst reflektierenden Knaben. Im Zentrum stehen dabei die Familienangehörigen im engeren Sinne, das heißt Mutter, Vater, Schwester und Brüder. Daneben unterhält Felix (zum Teil geistreiche, mitunter zähflüssige) Gespräche mit Mitschülern und weiteren Personen aus seinem Freundes- und Bekanntenkreis. Deutlich wird, dass Felix weder ein Musterschüler noch ein braves

und angepasstes Kind ist. Er ist frech (Szenen 2, 9, 17), streitlustig (Szenen 3, 4) und hochmütig (Szenen 6, 12, 21). Im Kleinen zeigt sich Felix indes auch bereit, Dritte zu schonen, etwa wenn er seine Schwester an einer Einladung teilhaben lässt, die eigentlich ausschließlich an ihn gerichtet war (Szene 4). Seine Abenteuerlust lässt Felix auf Bäume steigen und flammende Reden halten (Szene 10), eine Unvorsichtigkeit im Umgang mit einem Knallkörper fesselt ihn ans Bett (Szene 11) und die Sehnsucht, eine Schauspielausbildung anzutreten, lässt ihn einen Brief an den einst berühmten Bühnenmann Ernst Possart schreiben (Szene 22). Rundum harmonisch verläuft nur eine Szene: Felix im Gespräch mit »ein[em] Student[en] aus Bern« (Szene 15). Vater (Szenen 5, 6, 18, 21) und Mutter (Szenen 5, 6, 12, 16, 18, 19) wirken dagegen als Erzieher ohne Rückgrat und ohne Verständnis für die Bedürfnisse ihres Sohnes. Eine vertrackte Liebesbeziehung wird angedeutet (Szene 23) und eine Szene beschreibt eine Lebenskrise des Protagonisten sowie einen Mord, bei dem Felix' Rolle nicht eindeutig feststeht (Szene 24).

Deutung

Die Wiedergabe der »*Felix*«-Szenen als biographisch gestaffelter, durchnummerierter und scheinbar zusammenhängender szenischer Text wie in den bisherigen Ausgaben legt eine biographisierende Deutung nahe (vgl. Greven, Vorbemerkung in GW 12/1, 13 f.; Kommentar in AdB 3, 236 f.). Die Figur des Felix bildet in dieser Deutung ein Alter Ego Robert Walsers. Vater und Mutter werden auf dessen Eltern bezogen, und Flori steht für Walsers jüngste Schwester Fanny. Der Bruder, der in Szene 3 »schwer leidet« (AdB 3, 156), wäre in dieser Lesart sein ältester Bruder Adolf, der an Schwindsucht starb, als Robert Walser sechs Jahre alt war. Hermann, der zweitälteste Bruder, stünde demnach dem in den Szenen 13 und 18 auftretenden Arnold Modell. Ernst, der nach Hermann im selben Jahr geboren wurde, bildete die Vorlage für den Studenten, mit dem sich Felix so gut unterhalten kann (Szenen 15, 16). Von Walsers leiblichen Eltern ist bekannt, dass sie charakterlich Felix' Eltern ähnelten. Die seelische Verstimmung, die sich in Szene 24 abzeichnet, liest sich biographisierend als dunkle Ahnung der psychischen Probleme, unter denen Robert Walser zu leiden begann und die 1929 zu seiner Internierung in die Heil- und Pflegeanstalt Waldau führten.

Fast alle biographischen Bezüge sind bereits in Grevens Stellenkommentar zu finden (Kommentar in GW 12/1, 249 f.). Es ist jedoch zu bedenken, dass alle Biographien zu Walser selbst dazu neigen, Passagen aus *literarischen* Texten (mithin den »*Felix*«-*Szenen*) als *biographische Zeugnisse* zu verstehen. Mit anderen Worten, es besteht die Gefahr, dass man Zirkelschlüssen aufliegt.

Liegen der Analyse hingegen die Manuskripte zugrunde (vgl. etwa Gisi 2012; Aebli 2015), konzentriert sich diese auf einzelne Aussagen und Sätze und beachtet zudem die Topologie der Worte auf dem Mikrogrammblatt, so ergibt sich eine Vielzahl möglicher Auslegungen der »*Felix*«-*Szenen*. Gisi arbeitet die zyklische Struktur der Szenen heraus, er sieht sie als Variationen auf das Thema Verlust der Kindheit. Aebli macht die Beziehungen der Szenen zum jeweiligen Mikrogrammblatt-Kontext sichtbar und schlägt vor, die Szenen als thematisch zusammenhängende Glieder eines weiter gefassten Textverbundes, nämlich des »*Felix*«-Komplexes anzusehen. Die »*Felix*«-*Szenen* beziehen – wie viele Texte Walsers – ihre einzigartige Qualität weniger aus besonders spannenden Geschichten, deren Zusammenfassungen neugierig auf ihren Inhalt machen würden, sondern aus ihrer Eigenschaft als virtuos gestaltete sprachliche Spaziergänge. In der Szene »Gartenrestaurant zur Linde« (Szene 2) steht am Ende der Satz: »Seine Ungezogenheit hat ihn entzückt, und die Züchtigung hat ihn zurechtgerückt.« (AdB 3, 154) Als Blocksatz gesetzt und damit zufällig umbrochen (wie in AdB), bemerkt die Leserin bzw. der Leser möglicherweise den Reim von »zurechtgerückt« auf »entzückt«. Liest man den Satz – und mit ihm den vorangehenden Text – hingegen so, wie er auf dem Mikrogrammblatt steht, nämlich zeilenweise auf eine Mittelachse ausgerichtet, so ergibt sich aus der Kombination von Schriftbild (mittig gesetzt) und Inhalt (eine Person wird zurechtgerückt) eine skriptural-inhaltliche Korrespondenz – ein Zauber, den es für viele Stellen in den Mikrogrammen erst noch zu entdecken gilt.

Ausgaben

GW 12/1, 17–63. – SW 14, 191–239. – AdB 3, 151–191.

Literatur

Aebli, Adriano: Robert Walsers »*Felix*«-*Szenen*. Lektüren im Kontext der Mikrographie. Hamburg 2015.

Echte, Bernhard: »Wer mehrere Verleger hat, hat überhaupt keinen.« Untersuchungen zu Robert Walsers Verlagsbeziehungen. In: Rätus Luck (Hg.): Geehrter Herr – lieber Freund. Schweizer Autoren und ihre deutschen Verleger. Mit einer Umkehrung und drei Exkursionen. Basel, Frankfurt a. M. 1998, 201–244.

Echte, Bernhard, Morlang, Werner: Editorische Vorbemerkung. In: AdB 3, 5–8.

Gisi, Lucas Marco: Der autofiktionale Pakt. Zur (Re-)Konstruktion von Robert Walsers »*Felix*«-*Szenen*. In: Elio Pellin, Ulrich Weber (Hg.): »...all diese fingierten, notierten, in meinem Kopf ungefähr wieder zusammengesetzten Ichs«. Autobiographie und Autofiktion. Göttingen, Zürich 2012, 55–70.

Greven, Jochen: Vorbemerkung zu den »*Felix*«-*Szenen*. In: GW 12/1, 12–15.

Greven, Jochen: »Indem ich schreibe, tapeziere ich.« Zur Arbeitsweise Robert Walsers in seiner Berner Zeit. In: Fattori/Gigerl, 13–31.

Groddeck, Wolfram: Jenseits des Buchs. Zur Dynamik des Werkbegriffs bei Robert Walser. In: Text. Kritische Beiträge 12 (2008), 57–70.

Morlang, Werner: Robert Walser in Bern. Auf den Spuren eines Stadtnomaden. Mit einem Nachwort v. Reto Sorg. Bern ²2009.

Adriano Aebli

3.5.5 Tagebuch-Fragment (verfasst 1926)

Entstehung

Wie dieser Text Robert Walsers entstand, der in die Werkausgaben eingegangen ist und den die Forschung das *Tagebuch-Fragment* nennt, ist unklar. Robert Walser erwähnt ihn nicht in Briefen und hinterließ auch sonst keine Zeugnisse und keinen Hinweis auf sein Entstehen. Niedergeschrieben wurde er, wie die Forschung annimmt, wohl im Jahr 1926. Das *Tagebuch-Fragment* liegt in zwei Manuskripten vor und wurde von Walser niemals veröffentlicht. Zur Entstehungsgeschichte des *Tagebuch-Fragments* lässt sich Folgendes vermerken: Robert Walser schrieb den Text zunächst in seinem vielfach analysierten Mikrogramm-Verfahren nieder. Er verwendete als Trägermaterial für seine verkleinerte Bleistiftschrift halbierte Kalenderblätter eines *Tusculum*-Kalenders aus dem Jahr 1926, eine Papiersorte, auf der Walser eine ganze Reihe Mikrogramme notierte. Auf neun Kalenderblatthälften entwirft Walser die acht Abschnitte des *Tagebuch-Fragments*, nur auf zwei Mikrogrammen (Blatt 308 und 305) dabei unterbrochen von Prosastück- und Gedichtentwürfen, die teils separat veröffentlicht wurden (zur komplexen Entstehungsweise und zu den einzelnen Texten vgl. Wolfinger 2011, 61 ff.). Dass Walser selbst an eine Veröffentlichung des *Tagebuch-Fragments* gedacht haben dürfte, unterstreicht die Tatsache, dass er innerhalb seines zweistufigen Schreibverfahrens im Anschluss an den Bleistiftentwurf eine Tintenreinschrift anfertigte, in der er wenige Veränderungen vornahm. Seine Federabschrift umfasste schließlich 53 Seiten. Trotz dieser Vorarbeit hat sich Walser jedoch – soweit wir wissen – nie um eine Publikation bemüht. Veröffentlicht wurde das *Tagebuch-Fragment* daher erst 1967 innerhalb der von Jochen Greven verantworteten Ausgabe im Kossodo-Verlag, wo der Text zusammen mit einer Reihe von Prosastücken des Entstehungszeitraums abgedruckt wurde (Walser 1967). Das *Tagebuch-Fragment* fand schließlich auch bei den *Sämtlichen Werken* im Suhrkamp-Verlag Eingang in den Band *Zarte Zeilen* (SW 18), welcher »Prosa aus der Berner Zeit 1926« enthält. Ein Blick in die Entwurfs- und Federhandschrift zeigt überdies, dass Walser wie häufig seinem Text vorläufig keine Überschrift gab und im Reinschriftmanuskript eigens einen Freiraum reservierte, um nachträglich einen Titel zu notieren, was allerdings nicht geschah. An dieser Stelle vermerkte erst der Nachlassverwalter Carl Seelig einen Arbeitstitel »Tagebuch [über Frauen]«, offenbar in Übernahme der im Text selbst thematisierten Gattungsbezeichnung, wobei der Zusatz »über Frauen« auf inhaltliche Motive anzuspielen versucht. Seelig bezeichnete das *Tagebuch-Fragment* in einem Artikel zu Walsers 60. Geburtstag sogar einmal als Roman (Seelig 1978). Der noch heute in der Forschung gebräuchliche Titel *Das ›Tagebuch‹-Fragment von 1926*, kurz *Tagebuch-Fragment* (zum Titel vgl. Wolfinger 2011, 18 ff.), ist indes eine Schöpfung von Greven, der die ursprüngliche Fokussierung Seeligs auf die Gattung beibehielt und eine (vermutete) zeitliche Verortung hinzufügte. Mit der ergänzten Konkretisierung »-Fragment« führte Greven überdies die Vermutung ein, dass der Text eventuell nicht zu einem Abschluss fand und als Unternehmen einfach abgebrochen wurde, insofern also als fragmentarisch zu bezeichnen ist. In der Forschung ist unentschieden, ob der Text dem Leser vollendet entgegentrat und das Fragmentarische interpretatorisch ermittelt werden muss (Wolfinger 2011, 108 ff.) oder ob er von Walser tatsächlich unvollendet liegen gelassen wurde (Stiemer 2013, 120 ff.). Da das *Tagebuch-Fragment* gemäß der Reinschriftfassung Walsers erst 1967 im *Gesamtwerk* veröffentlicht wurde und das Mikrogramm erst seit 1996 in einer Bearbeitung von Bernhard Echte vollständig transkribiert vorliegt, konnte der Text zu Lebzeiten Walsers keine Beachtung finden. Auch in der Forschung beginnt er erst nach und nach verstärkt Aufmerksamkeit auf sich zu ziehen. Neben dem »*Räuber*«-*Roman* und den »*Felix*«-*Szenen* bildet das *Tagebuch-Fragment* den dritten umfangreicheren Text, der in den Mikrogrammen als Entwurf erhalten ist.

Das Spiel mit den Gattungen

Das *Tagebuch-Fragment* lässt sich in acht größere Abschnitte von ähnlicher Länge einteilen, deren Ton durchgehend derselbe ist, wobei wiederholt Motive angedeutet werden, auf die der Erzähler später noch einzugehen gedenkt; Versprechen, die auch meist eingelöst werden. Schon im Einleitungsabschnitt ist ganz zu Beginn von einem für die Inspiration der Walser-Texte typischen Spaziergang die Rede. Dabei wird zu dem Erzählprojekt selbst diese Bemerkung gemacht: »Auf dem Spaziergang überlegte ich mir ein wenig, mit was für Worten ich eine Arbeit zu beginnen haben würde, die ich hier niederzuschreiben anfange, und deren Niederschrift mich voraussichtlich etwa zwanzig Tage lang beschäftigen wird.« (SW 18, 59) Ohne dass man zuverlässig dem Text diese Schreibzeit von insgesamt zwanzig Tagen ablesen könnte, zeigt das immer wieder betonte tägliche Schreiben kürzerer Einheiten, die vermeintlich über Biographisches Auskunft geben und im Bekenntniston mit Ehrlichkeitsgestus verfasst sind, tatsächlich eine gewisse Nähe zur Gattung des Tagebuchs. Zugleich deutet sich bereits in der zitierten Passage eine grundsätzliche Neigung des Textes an, autoreflexiv und poetologisch zu werden und die eigene Verfasstheit, den eigenen Status als Text und den Schreibakt zu thematisieren. So ist die für einen fiktionalen Text ungewöhnlich deutliche Unterstreichung signifikant, dass der Ich-Erzähler (und fiktive Schreiber) »jedes ›Flunkern‹ sorgfältig […] vermeiden« (ebd., 59) möchte und den Text als »Journal« oder auch »Tagebuch« verstanden wissen will. Gerade diese Beteuerungen machen den Text als literarischen kenntlich, indem sie den seit Platon gegen die Dichtung erhobenen Vorwurf der Lüge antizipieren. Der Text inszeniert des Weiteren ein Spiel mit verschiedenen Gattungsbezeichnungen, wie sie der Walser-Leser bereits aus den Titeln einiger Prosastücke und von den Gattungsreflexionen des Autors kennt. So bescheinigt das Erzähler-Ich dem *Tagebuch-Fragment* auch den eventuellen Status einer »Liebesgeschichte« (ebd., 62) und betont, dass er eine »Geschichte« schreibe, »nicht einen Essay« (ebd., 65). Vollends verwirrend wird es, als darauf gepocht wird, dass man es mit einem »Wirklichkeitsbericht«, nicht mit einer Novelle zu tun habe (ebd., 69) und dass der Text »keinen Roman, vielmehr bloß [...] eine sich in angemessene Länge ziehende Kurzgeschichte« (ebd., 76) bilde. Es wird nicht möglich sein, dieses Verwirrspiel um die Gattungsbezeichnungen kohärent aufzulösen, wenngleich man eine ironische Abgrenzung vom zeitgenössischen Erzählstil der Neuen Sachlichkeit konstatieren kann (vgl. Stiemer 2013, 96).

Themen: Schreiben und Lesen

Eine differenzierte inhaltliche Darstellung des Textes ist schwer zu leisten, da der homodiegetische Erzähler eine Vielzahl von Themen anspricht und sie in einem Assoziationsstil entwickelt, den Walser in seinem Spätwerk zuhauf anwendet und u. a. im »Räuber«-Roman schon zur Perfektion getrieben hat. Robert Walsers Ich-Erzähler des Tagebuch-Fragments lebt seit einigen Jahren in der »Stadt« (der biographistische Leser wird bemüht sein, Walsers Berner Jahre in diesen Andeutungen wiederzuerkennen), begibt sich auf Spaziergänge, von denen er ebenso berichtet wie von seinen Reflexionen, seinen Begegnungen und von Erinnerungen an sein Schriftstellerleben. Die Verbindung von autofiktionalen und autobiographischen Elementen – das etwa im semantischen Spiel mit der Tatsache besteht, dass der Dichter ein »Journal« schreibe, während Walser seine kleinen Texte im Feuilleton der Zeitungen unterzubringen genötigt ist –, verleiht dem Text seine Doppelbödigkeit. Gewiss ist es verführerisch, den Text vor dem Hintergrund von Walsers Biographie zu lesen (vgl. zur biographischen Entschlüsselung und den poetologischen Bedenken gegen eine solche Lektüre Stiemer 2013 und Wolfinger 2011, 24 f.), dennoch zeigt sich bereits am Problem des Ich-Erzählers, wie seine Heldin zu benennen sei (das Problem ihrer »Benamsung«), wie die Grenze zwischen Realität und fiktionalem Spiel ironisch durchbrochen wird. Schließlich wird die Heldin, »die nichts dagegen einzuwenden haben wird, daß sie den Namen behält, der ihr verliehen wurde« (SW 18, 72 f.), Erna genannt. Bemerkenswert ist außerdem ein längerer Brief, den der Ich-Erzähler an Erna schreibt und der innerhalb des Tagebuchberichtes dem Leser vollständig präsentiert wird, und für den Erzähler im Moment der Niederschrift in seinem Journal als veröffentlicht gilt. Gegen eine ausschließlich biographische Lesart spricht zudem das dichte Netz intratextueller Verweise, welches das Tagebuch-Fragment ausbreitet, indem es etwa immer

wieder auf das Don-Juan-Motiv oder auf Erna rekurriert und das Versprechen gegeben wird, bald ausführlicher darauf zurückzukommen. (Dieses Verfahren wendet Walser in allerdings noch exzessiverer Weise in den Motivankündigungen des »Räuber«-Romans an.) Dazu kommen intertextuelle Bezüge: Verhandelt wird nebenbei sowohl der Diskurs über die Psychoanalyse wie etwa auch der bereits erwähnte Don-Juan-Intertext (gemeint ist Mozarts Oper Don Giovanni), wodurch eine ganze Stofftradition abgerufen wird, ebenso wie ein Gespräch über Goethe einen ganzen Literaturkosmos evoziert.

Das zentrale Thema des Tagebuch-Fragments, um das der Text kreist bzw. auf das er immer wieder zurückkommt, bleibt zuletzt der Reflex auf das Lesen und Schreiben. Der Text reflektiert nicht nur seine eigene Verfasstheit, sein eigenes schrittweises Niedergeschriebenwerden, sondern er eröffnet auch intertextuelle Ebenen innerhalb von Walsers eigenem Werk. Die selbstreferentielle Geste rückt ihn in die Nähe insbesondere derjenigen Prosastücke, in denen mit der Gattung des Tagebuchs gespielt wird, und des Tagebuchromans Jakob von Gunten. Der Ich-Erzähler des Tagebuch-Fragments erwähnt zudem an einer Stelle die Beschäftigung mit einem »Büchelchen«, »das die Geschichte vom Goldfabrikanten und seinem Gehilfen enthielt« (SW 18, 75). Damit wird sowohl das sehr schöne wie auch komplexe Prosastück Walsers Der Goldfabrikant und sein Gehilfe als Interpretament dem Tagebuch-Fragment zugrunde gelegt, als auch auf den ursprünglichen Text angespielt, aus dem Walser die Schreibidee entnommen hat, die wiederum dem Prosastück zugrunde liegt: ein Text aus Jakob Wassermanns Deutsche Charaktere und Begebenheiten, wie Christian Walt nachgewiesen hat (Walt 2009). Insofern wendet Walser im Tagebuch-Fragment ein intertextuelles Verfahren an, das er den Dichter-Ich-Erzähler selbst als »Herauszupfen, Hervorrufen von Schreibanläßlichkeiten aus einem fremden Erzeugnis« (SW 18, 76) beschreiben lässt. Dass es im Tagebuch-Fragment hauptsächlich um poetologische Überlegungen geht, zeigt sich beispielhaft auch in der Erwähnung eines nie gedruckten Manuskripts des Dichters, das sich nicht als Buch verwirklichen ließ, »weil es zahlreiche Fehler hinsichtlich der Wirklichkeit enthielt« (ebd., 78). Auch an dieser Stelle tritt Walsers ironisch gebrochene Haltung zutage, was die Voraussetzung von Literatur sei, nämlich, nicht zu lügen.

Forschung

Die wichtigsten Veröffentlichungen der letzten Jahre zum *Tagebuch-Fragment* widmen sich seinem Textualisierungsprozess (Kammer 2003), seiner Interpretation im Kontext des Trägermaterials (Wolfinger 2011) oder fokussieren die ›Selbsterfindung‹ Robert Walsers darin, dessen ›Autofiktion‹ (Sorg 2011). Jochen Greven versucht in einem Aufsatz, Walsers Schreibprozess des *Tagebuch-Fragments* im Oktober 1926 zu rekonstruieren (Greven 2008). Ein jüngerer Beitrag trägt zudem zur Erhellung des biographischen Hintergrundes bei (Stiemer 2013). Indem sich anhand des *Tagebuch-Fragments* zentrale Themen und Verfahren Walsers (Autofiktion, Intertextualität, Selbstreferentialität, Gattung) aufzeigen lassen, ist er zu einem Schlüsseltext für die Walser-Forschung geworden.

Ausgaben

Das »Tagebuch«-Fragment von 1926. In: GW 8, 61–113. – Das »Tagebuch«-Fragment von 1926. In: GWS 10, 61–113. – Das »Tagebuch«-Fragment von 1926. In: SW 18, 59–110. – »Tagebuch«-Fragment. Faksimile und Transkription des »Mikrogramm«-Entwurfs. Mit französischer Übersetzung. Hg. v. der Carl Seelig-Stiftung. Transkribiert u. ediert v. Bernhard Echte. Übersetzt v. Golnaz Houchidar. Zürich 1996.

Literatur

Greven, Jochen: »Indem ich schreibe, tapeziere ich.« Zur Arbeitsweise Robert Walsers in seiner Berner Zeit. In: FATTORI/GIGERL, 13–31.
Kammer, Stephan: Figurationen und Gesten des Schreibens. Zur Ästhetik der Produktion in Robert Walsers Prosa der Berner Zeit. Tübingen 2003.
Obermann, Roswita: »…ein besonnenes Buch…, aus dem absolut nichts gelernt werden kann.« Aspekte künstlerischer Selbstentfaltung im »Tagebuch«-Fragment und im »Räuber«-Roman von Robert Walser. Frankfurt a. M. u. a. 1987.
Schäublin, Peter: Über einige Beziehungen zwischen Robert Walsers »Räuber«-Roman und dem sogenannten »Tagebuch«-Fragment von 1926. In: Eoin Bourke, Rósín Ní Néill, Michael Shielda (Hg.): Schein und Widerschein. Fs. für T. J. Casey. Galway 1997, 294–315.
Seelig, Carl: Robert Walser. Zum 60. Geburtstag am 15. April. In: KERR 1, 188–193.
Sorg, Reto: Robert Walser. Tagebuch-Fragment. In: Helmut Gold u. a. (Hg.): @bsolut privat!? Vom Tagebuch zum Weblog. Heidelberg 2008, 80 f.
Sorg, Reto: Selbsterfindung als Wirklichkeitstheorie. Zu Robert Walsers nachgelassener ›Tagebuch-Erzählung‹ aus dem Jahr 1926. In: FATTORI/SCHWERIN, 111–129.
Stiemer, Hendrik: Wenn das Schreiben Hand in Hand mit dem Leben geht. Zu Robert Walsers »Tagebuch«-Fragment von 1926. In: Deutsche Vierteljahrsschrift für Literaturwissenschaft und Geistesgeschichte 87, 1 (2013), 93–122.
Walt, Christian: »O, Goldfabrikant samt deiner hilfreichen Hand, wie bedächtig las ich dich!« Kontext und Dekontextualisierung in Robert Walsers ›Bleistiftmethode‹. In: Deutsche Vierteljahrsschrift für Literaturwissenschaft und Geistesgeschichte 83, 2 (2009), 472–484.
Wittwer, Alexander: Das inszenierte Scheitern. Robert Walsers Tagebuch-Fragment von 1926. In: Dirk Winkelmann u. Alexander Wittwer (Hg.): Von der ars intelligendi zur ars applicandi.. Fs. für Willy Michel zum 60. Geburtstag. München 2002, 175–194.
Wolfinger, Kay: Ein abgebrochenes Journal. Interpretationen zu Robert Walsers *Tagebuchfragment*. Frankfurt a. M. u. a. 2011.

Kay Wolfinger

3.5.6 Prosa der Berner Zeit

Entstehung und Kontext

Nach zweieinhalb schriftstellerisch unfruchtbaren Jahren teilte Robert Walser am 22. 7. 1924 an Frieda Mermet mit, dass er seit anderthalb Monaten mehr als hundert Stücke »dichtete und skizzierte«, für deren »Ausfertigung und Insreineschreiben« er »eines lieben achtsamen Mädchens bedürfte« (Br 241). Tatsächlich kam es in den Jahren von 1924 bis 1926 bei Walser zu einem gewaltigen Kreativitätsschub; das Jahr 1926 war eines der produktivsten und erfolgreichsten in seinem Schriftstellerdasein. Die Schriftstellerei begann in dieser Zeit einen erstaunlichen Aufschwung zu nehmen, der möglicherweise durch die erneute Beziehung zum Rowohlt Verlag initiiert oder zumindest gestützt wurde. 1925 erschien dort Walsers letzter Prosaband *Die Rose*. Feuilletonredakteure renommierter Zeitungen und Zeitschriften in Prag, Berlin, Frankfurt, zeitweise auch in Zürich, veröffentlichten in den 1920er Jahren in großer Zahl seine Texte. »Ich würde jetzt draußen in einer reichsdeutschen Kleinstadt, gleichviel, wo sie liegt, eine ›Rolle‹ spielen können, denn meine Prosastücke sind in ganz Deutschland, Östreich, bis nach Ungarn hinein herumgekommen«, schreibt Walser am 12. 2. 1927 an Frieda Mermet, und er fügt lakonisch hinzu: »Meine kleinen Prosastücke beliebt mir mit kleinen Tänzerinnen zu vergleichen, die so lange tanzen, bis sie vollständig verbraucht sind und vor Müdigkeit hinsinken.« (Br 315)

In der zweiten Hälfte der 1920er Jahre dürfte kein Schweizer Autor in den deutschsprachigen Feuilletons und literarischen Zeitschriften so häufig vertreten gewesen sein wie Robert Walser. Zeitungen und Zeitschriften hatten in diesen Jahren ein rasantes Wachstum zu verzeichnen, von dem Walser durchaus profitieren konnte, sodass sich für ihn viele Möglichkeiten für journalistisch-literarische Arbeit jeglicher Art boten. Es ist sicherlich kein Zufall, dass diese Entwicklung und Walsers zunehmende Produktivität zusammenfielen. In diesem Jahrzehnt schrieb Walser einen großen Teil seines veröffentlichten Werks. Der Erzähler thematisiert wiederholt in seinen Prosastücken das journalistische Verfahren, so nennt er sich mit einiger Ironie einen »Journalisten«, doch er differenziert: »Wenn Sie wollen, dürfen Sie mich also für einen Journalisten halten, in gewisser Hinsicht aber ebensogut für einen Dichter, denn der Journalismus, den ich treibe, enthält eine vorwiegend dichterische Note.« (AdB 4, 63) Mit virtuosem Schwung schlüpft er in die Rolle des poetischen Journalisten, der jegliche Stoffe und Themen aufgreift. Walser war regelmäßig in bedeutenden Blättern wie dem *Berliner Tageblatt*, der *Frankfurter Zeitung* oder der *Prager Presse* vertreten. Im Januar 1928 fand es Eduard Korrodi, Literaturredakteur der *Neuen Zürcher Zeitung*, bezeichnend, dass der Schweizer ›Schnörkel‹, womit er Walser meinte, »in der Welt am meisten reüssiert« (zit. n. Echte, Nachwort in AdB 6, 570).

Walser gelang dabei das Kunststück, von seinen schriftstellerischen Anfängen bis zu seinem literarischen Verstummen fast kontinuierlich in seinem »Prosastückligeschäft« (Br 340) zu bleiben, ohne sich je vertraglich an eine bestimmte Zeitschrift zu binden (vgl. Utz 1996, 162 f.). Ende der 1920er Jahre ist in Walsers Briefen indes von einer »Krisis« (Br 319) die Rede, die in seine Schriftstellerei eingetreten sei. Eine ablehnende Mitteilung der Feuilletonredaktion des *Berliner Tageblatts* deprimierte Walser nachhaltig (vgl. Br 320). Es kamen Enttäuschungen durch Buchverlage, die seine Vorschläge ablehnten, hinzu. »Man ist irgendwie angesehen, gilt als tüchtig u. s. w. und mit einmal wird man fallen gelassen, wie der Ausdruck in Kunst und sonstigen Kreisen lautet« (Br 319), berichtete er am 30. 5. 1927 Therese Breitbach. Aber allen Rückschlägen zum Trotz fuhr er mit seiner Arbeit fort und rang immer wieder mit Ironie um den Erhalt seines Selbstbewusstseins: »Meine Schriftstellergeschäfte wickeln sich, wenn auch eher langsam als eilig, doch im Allgemeinen fortwährend zu meiner Zufriedenheit ab, was hauptsächlich daher rührt, daß ich mich mit verhältnismäßig kleinen Erfolgelchen begnüge« (Br 353), heißt es schließlich wieder in einem Brief an Frieda Mermet vom 13. 11. 1928.

Bei der Prosa aus der Berner Zeit handelt es sich um Texte aus den Jahren 1921–1933, d. h. um die in Bern entstandenen Texte und, allerdings sind dies nur relativ wenige, um die Texte aus der Zeit seines Aufenthalts in der Heilanstalt Waldau bei Bern. Auffallend ist, dass die Manuskripte aus dem Frühjahr/ Sommer 1925 von Walser teilweise fortlaufend nummeriert worden sind, was darauf hinweisen könnte, dass sie für weitere Buchveröffentlichungen vorgesehen waren (vgl. Greven, Nachwort in SW 17, 494). Zwischen 1925 und 1927 scheint Walser an zwei Buchprojekten gearbeitet zu haben. In dem im Januar 1925 in *Tage-Buch* erschienenen Prosastück *Aquarelle* schreibt Walser: »Der Aquarellist ist vielleicht auf dem Gebiet der Malerei ein Feuilletonist.« (SW 17, 189) Mit dieser Formulierung bezieht sich Walser auf sein eigenes Schreiben: Im gleichen Jahr reichte er gesammelte Feuilletons zur Buchpublikation unter dem Titel *Aquarell* erfolglos im Zürcher Verlag Orell-Füßli ein. Mit ›Aquarell‹ spielt Walser auf die Nähe zum nicht scharf umrissenen Kleinformat des Feuilletons an. 1927 versuchte er noch einmal vergeblich, einen Gedichtband beim Wiener Verlag Zsolnay zu publizieren.

Die Prosa aus der Berner Zeit umfasst alle ursprünglich in Zeitungen und Zeitschriften veröffentlichten Arbeiten, ferner eine Reihe von Texten aus nachgelassenen Manuskripten. In diesen Zeitraum gehört der Band *Die Rose*, Walsers letzte, 1925 erschienene eigene Buchveröffentlichung. Darüber hinaus existieren Hinweise auf verlorengegangene Entwürfe und Manuskripte, beispielsweise auf den im November 1921 abgeschlossenen Roman *Theodor*. In diesen Schaffenszeitraum gehören auch die von Bernhard Echte und Werner Morlang entzifferten und herausgegebenen Prosa-, Dramen- und Gedichtentwürfe *Aus dem Bleistiftgebiet*. Fast alle Texte, die in Bern entstanden, hat Walser in seiner »mikrographischen Werkstatt« (Morlang, Nachwort in AdB 4, 419) entworfen. Ein großer Teil der in winziger Bleistiftschrift konzipierten Texte wurde als Entwurf liegengelassen; einige dieser Entwürfe hat Walser später ins Reine geschrieben.

In dem unveröffentlichten Prosastück *Bleistiftskizze* aus dem Jahr 1926/1927 erhalten wir eine etwas revidierte Ausführung über Walsers »Bleistiftmethode«, wobei der Schreibprozess insgesamt ironisiert wird:

Falls ich nun noch von mir selbst etwas vorbringen darf, so berichte ich, wie mir einfiel, meine Prosa jeweilen zuerst mit Bleistift aufs Papier zu tragen, bevor ich sie mit der Feder so sauber wie möglich in die Bestimmtheit hineinschrieb. Ich fand nämlich eines Tages, daß es mich nervös mache, sogleich mit der Feder vorzugehen; und mich zu beschwichtigen, zog ich vor, mich der Bleistiftmethode zu bedienen, was freilich einen Umweg, eine erhöhte Mühe bedeutete. […] Mir schien unter anderem, ich vermöge mit dem Bleistift träumerischer, ruhiger, behaglicher, besinnlicher zu arbeiten, ich glaubte, die beschriebene Arbeitsweise wachse sich für mich zu einem eigentümlichen Glück aus […]. (SW 19, 121 f.)

Betrachtet man Walsers Praxis und Ausführungen dazu, so lässt sich Folgendes feststellen: Die Zweiteilung des Produktionsprozesses in Entwurf und Reinschrift ermöglichte ihm, sich während des ersten Schrittes im Bleistiftentwurf mit denjenigen Elementen der Selbstreflexion, die ihm zum dichterischen Hemmnis wurden, auseinanderzusetzen oder sie einfach zu unterlaufen. Im zweiten Schritt, der mit Feder und Tinte ausgeführten Reinschrift, konnte er dagegen alles, was ihm im Bleistiftentwurf als unbefriedigend erschien, einer Zensur unterwerfen. Auf diese Weise gelang es Walser, das Spontane, Spielerische und Tänzerische seiner Sprachkunst zu bewahren.

»Prosastückligeschäft«

»Mein Prosastückligeschäft geht zur Zeit recht schlecht«, teilt Robert Walser in einem Brief an Frieda Mermet vom 6. 1. 1928 mit, doch lasse er sich durch die »Baisse [s]einer Prosa-Aktien« (Br 340) nicht entmutigen. Unter dem Eindruck »der wuchtigen, vitalen Stadt« hatte er knapp sieben Jahre zuvor in Bern begonnen, »weniger hirtenbübelig, mehr männlich und auf das Internationale gestellt, zu schreiben als in Biel«, wo er sich nach eigener Aussage »eines zimperlichen Stiles« bediente. »[A]ngezogen vom Namen der schweizerischen Bundesstadt« liefen zunächst viele An- und Aufträge ausländischer Zeitungen für ihn ein und veranlassten ihn, »neue Motive und Einfälle zu suchen« (SEELIG, 20).

In dem vermutlich 1928/1929 entstandenen Prosastück *Meine Bemühungen* gibt Walser darüber Auskunft, dass er »seinerzeit vom Bücherverfassen aufs Prosastückschreiben« überging, weil ihn »weitläufige epische Zusammenhänge sozusagen zu irritieren begonnen hatten« (SW 20, 428 f.), und er teilt darin weiter mit, dass er inzwischen in Bern »einen gewissen Ruf als Kurzgeschichtenverfasser« (SW 20, 427) besitze. Später erklärte er gegenüber Carl Seelig, in Berlin sei er »darauf versessen« gewesen, »Ro-

mane zu schreiben«. Aber er habe eingesehen, dass er sich »auf eine Form kapriziert habe«, die für sein Talent »zu weitläufig war«: »So zog ich mich in das Schneckenhaus der Kurzgeschichte und des Feuilletons zurück.« (SEELIG, 77) Max Rychner, der Walser wohlgesinnte Redakteur der *Neuen Schweizer Rundschau*, hatte ihn einmal als einen »Shakespeare des Prosastückli's« (Br 266) bezeichnet.

Für Walser erweist sich das ›Prosastück‹ als ein verwandlungsfähiges, kunstreiches und bedeutungsreiches Medium, das ein Sammelbegriff für unterschiedliche Formen ist, die Walser in der Berner Zeit mitunter selbst nennt: Brief, Aufsatz, Studie, Novelle, Erzählung, Glosse, Anekdote, Geschichte, Artikel, Prosastück, Fragment, Skizze, Tagebuch, Bericht oder Essay, der in der Mitte der 1920er Jahre besonders ausgeprägt ist. Die Walser-Forschung hat exemplarisch gezeigt, dass sich die Vielseitigkeit der Formen insbesondere seiner Berner Texte aus sämtlichen Spielarten des Genres Feuilleton entwickelt hat. Der modern-feuilletonistische Stil, der sich im Verlauf der letzten Jahrzehnte etabliert hatte, entsprach durchaus Walsers Schreibweise: Geschrieben wurde alles »für die Katz«, »für den Tagesgebrauch«, d. h. zur Unterhaltung: »Die Katz ist eine Art Fabrik oder Industrieetablissement, für das die Schriftsteller täglich, ja vielleicht sogar stündlich treulich und emsig arbeiten oder abliefern.« (SW 20, 430) Walser schreibt für den kurzweiligen Bedarf des Feuilletons, für den Augenblick. Er wendet sich mit der impressionistischen Aufmerksamkeit eines Spaziergängers mit Vorliebe den abseitigen und unscheinbarsten Gegenständen zu. Dem Erzähler ist jeder Einfall recht und notierungswürdig: »In Bern kommt man nie in Verlegenheit wegen neuen Eindrücken, es ist eine Stadt voller qualitätreicher Vitalitäten« (Br 295), schrieb Walser am 29. 4. 1926 an Otto Pick.

Walsers Prosastücke sind, wie er selbst schreibt, »nichts anderes als Teile einer langen, handlungslosen, realistischen Geschichte«, »kleinere oder umfangreichere Romankapitel« (SW 20, 322), die keinen strukturellen Zusammenhang bilden. Die thematischen und motivischen Bezüge der Texte untereinander sind gerade in der Prosa der Berner Zeit so komplex und vielschichtig, dass sie sich jeglicher Kategorisierung entziehen. Darin gehen die Spiegelungen des realen Erlebens und die distanzierte Betrachtung, die essayistische und die erzählend-gestaltende Haltung ständig ineinander über, parodistische Momente werden eingefügt, sämtliche literarische Formen werden angedeutet und gleich wieder aufgelöst. Jene Charakteristika, die »bis heute den provokativen Reiz gerade in der Prosa der Berner Zeit ausmachen«, so etwa »das jongleurhafte Spiel mit trivialen und hohen Motiven, die Travestie der ›gebildeten‹ Kultur, die Rollenmaskeraden, kühnen Montagen und ›Spaziergänge im Inneren‹, die ornamentalen Wortballette«, sind »selbstbewusst und sicher gehandhabte poetische Ausdrucksformen«, die »innovative Attacken auf die literarische Konvention« (Greven, Nachwort in SW 17, 493) darstellen, wie es Jochen Greven formuliert hat. Ansatzweise bereits in der Bieler Zeit zu finden, aber in ihrer spezifischen Ausprägung und Häufigkeit für die Berner Zeit typisch seien »Berichterstattung über Alltägliches, kleine Kaleidoskope von Impressionssplittern, Erinnerungspartikeln, Reflexion und Selbstbetrachtung« (ebd., 494 f.). Die Betonung des Kleinen, Unscheinbaren, so Greven, könne nicht nur als ein ironischer Akt gegen die Literatur und Publizistik der »›großen‹ Ereignisse«, Charaktere und Gefühle gesehen, sondern auch als »eine positive Botschaft an den Leser« (ebd., 495) verstanden werden.

Walser nimmt die unscheinbarsten Begebenheiten zum Ausgangspunkt gefühlvoller und gedanklicher Assoziation, formt sie im Wechsel der Tonarten mal ernsthaft, mal scherzhaft-burlesk um und lässt seinen Stil dabei zwischen Ironie und parodistischem Witz, zwischen Plauderei und Essay oszillieren. In der Prosa der Berner Zeit lässt sich ein Radikalisierungsprozess feststellen: Nicht mehr das ›Was‹ der Thematik, sondern das ›Wie‹ des sprachlichen und gedanklichen Gestus gewinnt zunehmend an Bedeutung. Es finden sich Schreibtechniken, die sich erst im Verlauf dieser Zeit entwickelt haben.

Kombination als Stilprinzip

Nachdem Walser seine Stelle im Staatsarchiv nach wenigen Monaten wieder gekündigt hat, widmete er sich vermehrt seiner schriftstellerischen Arbeit. Wie er in dem im März 1926 in der *Prager Presse* erschienenen Prosastück *Wohnungswechsel* schreibt, begnügte er sich von nun an damit, »innerhalb der Grenzen [d]er Stadt zu nomadisieren« (SW 17, 80; vgl. Morlang 1995). Der ständige Zimmerwechsel diente Walser zugleich als Inspirationsquelle; so siedelte er häufig aus einem möblierten Zimmer ins nächstbeste andere, wodurch er sich »ganz einfach bloß ein bißchen belebte« (SW 18, 74). Die »Zimmeraufstöberei« gestaltete sich für ihn zuweilen »zu einer Spaziergänglichkeit und Gliederbelustigung im Freien ersten Ranges« (SW 18, 75). Seelig gegenüber stellte Walser später reflektierend fest: »Sehen Sie, je-

desmal, wenn ich in eine andere Stadt kam, vergaß ich meine Vergangenheit und stellte mich vollkommen auf das neue Milieu um. In Bern hatte ich schwer zu kämpfen, jahrelang.« (SEELIG, 74 f.) Es sind Eindrücke aus seiner Umgebung, die ihm hier als Motive dienten, ebenso seine Beziehungen zu Zimmervermieterinnen und Nachbarn: »In Bern war ich manchmal wie besessen. Ich jagte wie der Jäger hinter dem Wild den poetischen Motiven nach.« (ebd., 11)

Spaziergänge, Ausstellungs-, Theater-, Kino- und Opernbesuche sowie allerlei anderer Eindrücke aus öffentlichen Lokalitäten, zufällige Begegnungen, andererseits wieder Lektüre, persönliche Befindlichkeiten und Erinnerungen werden zur unerschöpflichen und notwendigen Inspirationsquelle. Walser hat in Bern seine unmittelbare Alltagsumgebung regelrecht ausgebeutet und greift alle möglichen Stoffe und Themen auf. Außerdem fließen in die Texte auch moralische, ästhetische und politische Reflexionen oder Assoziationen sowie metapoetische Erörterungen ein.

Walser spricht in dieser Werkphase von seiner »Kombinationslust« (SW 18, 48) und hält seine Schriftstellerei »für eine nicht uninteressante kunstgewerbliche Spielerei« (SW 19, 146). Wenn wir Walsers eigene Bezeichnung seiner literarischen Tätigkeit als »das Schreiben« beim Wort nehmen, so nimmt er in zahlreichen Texten selbst darauf Bezug. Der Verfasser sieht sich als einen »Glossenschmied« (SW 19, 287) oder in der Pflicht, einen Essay »großformatig zusammenschmieden und -leimen zu müssen« (SW 18, 296), wie er es in dem 1928/1929 entstandenen unveröffentlichten Prosastück *Eine Art Erzählung* formuliert:

> Ich weiß, daß ich eine Art handwerklicher Romancier bin. Ein Novellist bin ich ganz gewiß nicht. Bin ich gut aufgelegt, d. h. bei guter Laune, so schneidere, schustere, schmiede, hoble, klopfe, hämmere oder nagle ich Zeilen zusammen, deren Inhalt man sogleich versteht. Man kann mich, falls man Lust hiezu hat, einen schriftstellernden Drechsler nennen. Indem ich schreibe, tapeziere ich. (SW 20, 322)

Und so passt sich Walser letztendlich auch habituell der Arbeitsamkeit seiner Schriftstellergeschäfte an: Bevor er sich an die Niederschrift wagt, ziehe er sich zunächst einen »Prosastückkittel«, »eine Art Schriftstellerjacke« (AdB 1, 65), an.

Die Methode der ›Kombination‹ wird in den Prosastücken der Berner Zeit regelrecht zum Stilprinzip erhoben, weil sie sich hier radikaler realisiert als in den dramatischen Szenen. In dem im März 1926 in der *Neuen Schweizer Rundschau* erschienenen Prosastück *Die Ruine* spielt Walser auf seine eigene Textstruktur an: »Hier flechte ich wieder wie ein Korbflechter eine Novelle ein« (SW 17, 135). In einem Brief an Rychner von 1925 weist er darauf hin, dass *Die Ruine* »etwas wie eine Kombination« (Br 263) darstelle. Ein Blick auf den Bleistiftentwurf zeigt, dass *Die Ruine* von vornherein so komplex als »Kombination« bzw. »Komposition« verschiedener Elemente angelegt war (vgl. AdB 2, 495–499). Greven hat gezeigt, wie sehr die zunächst so heterogen erscheinenden Elemente dieser »Kombination« aufeinander bezogen und motivisch wie gedanklich miteinander verwoben sind. *Die Ruine* und andere größere Prosastücke Walsers gerade aus der Mitte der 1920er Jahre bilden »eine experimentelle Literaturgattung eigener Art, eine erzählerisch-essayistische Mischform mit mehreren darstellerischen Ebenen und starken selbstreferentiellen Anteilen« (Greven 2007, 186).

Die Mikrogramme sind in diesem Zusammenhang deshalb von Bedeutung, weil sich hier zusammen mit den Reinschriften der Prozess der Kombination und des Flechtprinzips rekonstruieren lässt. Walser ist mit seinen Entwürfen, lagen sie einmal in der Mikrogrammform vor, sehr unterschiedlich verfahren. Weniger als die Hälfte der in den Mikrogrammen überlieferten Textabschnitte wurde von ihm wieder aufgenommen, beim Übertragen in eine Reinschrift nur ein wenig oder auch stärker abgeändert und mit einem Titel versehen. Andere Entwürfe, die auch zu verschiedenen Zeiten entstanden sein können, hat er zu neuen Texten kombiniert, wobei ganze Textpassagen entfielen oder neu ergänzt wurden. Auffallend ist, dass Walser die Entwürfe aus den Jahren 1926/1927, die für die Reinschrift ausgewählt wurden, stärker bearbeitet hat als die früheren. Die meisten Texte sind im Entwurf voll ausgeformt, andere wiederum werden plötzlich abgebrochen und behalten ihren fragmentarischen Charakter. So setzt sich beispielsweise das im Juni 1926 in der *Prager Presse* erschienene Prosastück *Ich soll arbeiten* aus drei aus verschiedenen mikrographischen Entwurfstexten zusammen, die Walser zunächst als selbstständige Skizzen konzipiert und erst bei der Reinschrift zu einem einheitlichen Text zusammenfügte (vgl. AdB 2, 475–487).

Methode des Anlesens

Während in den früheren Jahren Lektüre als Thema und Motiv im Werk Robert Walsers nur eine marginale Rolle spielt, wird Lektüre in den Berner Jahren zu einem beliebten Thema. Die Literatur aller Gattungen und Ebenen ist in der Prosa der Berner Zeit präsent; sie reicht von deutscher, französischer, russischer bis zu skandinavischer, und von hoher bis zur Trivialliteratur (vgl. Graf 2008). Belletristische als auch nicht-belletristische Texte werden zum Material, das Walser sich anliest, verinnerlicht, maskiert. Gelesenes wird inhaltlich wiedergegeben und phantasievoll umspielt, kommentiert und bewertet. Dabei werden auch gesellschaftliche, historische wie auch politische Bezüge fast protokollarisch aufgenommen und verarbeitet. In der Walser-Forschung wurde die Modernität der späten Prosa von Walser wiederholt mit dem Begriff der »Poetik des Sekundären« umschrieben. Ueli Weber hat die als »Gestus des Sekundären« (Weber 1990, 93) umschriebene Form des ›literarischen Anlesens‹ untersucht. Er zeigt, wie Walser seine Lektüren in die eigene Arbeit integriert, und dass »›Sekundarität‹, Zitathaftigkeit, Existenz aus zweiter Hand […] auch ein Hauptcharakteristikum der dargestellten Welt« (ebd.) sind. Für Andrea Hübner stellen sich »die Sinnbildungskapazitäten traditioneller Erzählweisen in ihrer eingeschränkten und unreflektierten Gültigkeit« (Hübner 1995, 12) in Frage.

Aber nicht nur Lektüre eignete sich Walser in Bern mit der ›Methode des Anlesens‹ an. Der Begriff des literarischen »Anlesens« wird in der Walser-Forschung durch intermediale Bezugnahmen auf Kino-Varieté-, Radio- und andere massenmediale Bezüge erweitert. So bezeichnet sich Walser als »Filmausbeuter«, den die Technik im Kino faszinierte, »dieses graziöse Vorüberhuschen der Bedeutungen« (SW 19, 114). Ebenso werden »akustische Spuren« – »Redeweisen, Tonlagen, Sprachfetzen« – in den Texten hinterlassen, »[a]kustisch Aufgeschnapptes« (Utz 1998, 279) wird zum Angelesenen ergänzt. In einem Mikrogramm wird offenbart: »ich stütze mich allzeit gern auf Gehörtes und Vernommenes« (AdB 5, 81). Von der »Jetztzeit« inspiriert, dichtet und schriftstellert Walser in Bern »in der Journalistentonart« (AdB 3, 21), wo er sich »zu einer Art Journalist« (AdB 5, 76) ausgewachsen zu haben scheint. Bezeichnend für den Walser der Berner Zeit ist auch, dass er Figuren in Alltagszusammenhängen zur Verblüffung und Irritation ihrer Gesprächspartner, aber auch des Lesers, unvermittelt Literatur zitieren lässt und damit bizarre Rätsel aufgibt.

Grundsätzlich reflektiert Walser im Anschluss an einen ausgedehnten Lektürebericht das Verhältnis von Leben und Lesen in dem im Oktober 1933 in der *Prager Presse* erschienenen Prosastück *Der Herbst* einmal so:

Gelesenes und das, was man erlebt, hängen aufs eigentümlichste zusammen. Die Bildung läßt sich vom Leben nicht trennen, worin man doch immer wieder als ein Eigener lebt und steht. Um was wir uns bemüht haben, das zieht mit uns, wird zu einem Stück von uns, es läßt sich gewiß abschütteln, aber immer wieder ist es da, will in Betracht gezogen sein, fällt in die Waagschale. (SW 17, 444)

Auch im *Tagebuch-Fragment* von 1926, einem umfangreichen und poetologisch wichtigen Text, setzt sich Walser mit dem Realismusproblem auseinander. Zwar beteuert er darin fortlaufend, dass er eine Kurzgeschichte schreibt, die sich auf »absolutestem Eigenerleben« (SW 18, 76) stützen müsse, also auf bloße Realitätsschilderung, doch die Ironie ist unübersehbar. Die »anscheinende Unwirklichkeit« ist für ihn inhaltsreicher und wirklicher »als die sogenannte, vielgerühmte und -gepriesene, tatsächlich vorhandene Wirklichkeit« (SW 18, 102). Walser sieht sich auf das »Führen eines Erinnerungsdaseins« angewiesen und lässt sich von den »Gemäldeausstellungen oder Bildersammlungen seines allzeit lebhaft arbeitenden Gehirnes in einem fort bezaubern, d. h. aus der Wirklichkeit fortziehen« (SW 19, 85 f.). Als »ein Aufschnapper von Alltagseindrückeleien« (AdB 2, 479), als »Berichterstatter« (SW 18, 246) eilt er in Bern durch die Straßen und besucht Ausstellungen, um sich journalistisch daran zu erproben. So berichtet er über »Allerlei« (SW 3, 134), wie ein im Jahr 1911 in *Die Zukunft* erschienenes gleichnamiges Prosastück lautet; denn über »viele Bilder zusammenfassend zu reden« (SW 18, 247), sei für ihn eine Schwierigkeit (vgl. Bleckmann 1994). Walser nutzte, wie Almut Todorow deutlich gemacht hat, seine »Bild-Essays« »für die Herausbildung von eigenen, der visuellen Wahrnehmung verpflichteten Schreib- und Medienstrategien, mit denen er gerade in der Berner Schaffenszeit vermehrt experimentiert« (Todorow 2009, 195 f.). Der Blick des Betrachters fällt weder auf das Ganze der Ausstellung noch auf das Ganze des einzelnen Bildes, sondern immer auf das Einzelne, Partikulare. Die Wirklichkeit erscheint fragmentarisch, die Texte lassen sich »in zahlreiche einzelne Zerstückeltheiten einteilen oder zergliedern« (SW 20, 276). Sie entsprechen damit dem »Allerlei« der Zeitung, dessen Leitartikellesen »eine so zerstreuende, manchmal geradezu geistesabwesend machende Wirkung hat« (SW 18, 110). Jenes »Anlesen« entspricht der »zerstreuenden« Zeitungslektüre: Stoffe und Motive werden zergliedert, ohne dass ein Anspruch auf eine umfassende Auseinandersetzung mit der Vorlage oder der intertextuellen Beziehung erhoben wird.

In die »Praxis des Anlesens« werden mannigfache Anspielungen, Zitate anderer Autoren eingesetzt, sodass Collagen heterogener Sprachstücke entstehen. Das Angelesene wird für Walser zum Spielball, zum Experimentierfeld: »Weil die Geschichte eine angelesene ist, muß ich sie mit Witz zu würzen, mit Lachhaftigkeit zu verschönern suchen.« (AdB 1, 283) Voll Witz, Hintersinn und ironischer Distanz jongliert Walser mit klassisch-literarischen wie trivialliterarischen Vorlagen und Stoffen. Zeit, Raum und Gestaltung der Figuren werden aufgehoben und durchlässig gemacht für eine andere Wirklichkeit, in der Realität, Fiktion und Gedankenspiel ineinander übergehen. Dadurch entsteht eine Art »Meta-Literatur«. Von einer Schriftstellerin namens Meta wird mit recht durchsichtigem Selbstbezug typisch paradox hervorgehoben: »Meta las immer ziemlich viel, und wenn sich allerlei Gelesenes mit ihrer Dichtung verwoben hat, so dürfte dies natürlich eine tatsächlich hohe, d. h. starke Eigenart oder Eigentümlichkeit bilden« (AdB 4, 147). Gerade die »Wucht der räuberlichen Angelesenheit«, das produktive Nacherzählen, Variieren und Verarbeiten von fremden Texten ist Walsers spezifische Art der Intertextualität. Zuweilen stellt er Bezüge her, die so fein gesponnen sind, dass sie selbst für den kundigen Leser schwer zu erkennen sind. Der Begriff »Anlesen« ist bei Walser deshalb zutreffend, weil er sich »manchmal genau, manchmal ungenau und oberflächlich« (AdB 1, 102) Inhalte angelesen hat, das Gelesene aber in sein eigenes System integriert, wo es sich mit dem Erdichteten und Phantasierten verschmilzt. Walser zitiert so eigenwillig aus sämtlichen Büchern, Zeitungen, Zeitschriften, dass das Schreiben selbst zitathaft wird und sich dadurch eine neue Medienwirklichkeit konstituiert. In dem 1930 entstandenen und unveröffentlichten Prosastück *Ich blätterte in einer Zeitschrift* heißt es: »Man liest mitunter zerstreut, sammelt sich dann aber wieder.« (SW 20, 59 f.) Im *Tagebuch-Fragment* von 1926 teilt Walser mit, er habe es sich ein Jahr lang zur Gewohnheit gemacht, seine Bücher sehr eifrig zu lesen, »um unmittelbar darauf und zweitens aus dem Gelesenen eine eigene Erzählung, d. h. irgendwelches Possierliches, Witziges, Selbstisches, Vergnügtes, Tändelndes herauszuholen«. Dieses »Herauszupfen, Hervorzupfen von Schreibanläßlichkeiten aus einem fremden Erzeugnis«, wie er es zu seinem »lebhaftesten Leidwesen zeitweise betrieben habe«, habe »Aufsehen hervorgerufen« (SW 18, 75 f.).

Der Begriff des ›Anlesens‹ wird in der Forschungsliteratur als Oppositionsbegriff zum ›Selbsterlebten‹
im Sinne einer bekenntnishaften Selbstdarstellung
verstanden. Walser hat sich immer wieder mit Werken anderer Autoren auseinandergesetzt, er hat sie
sich regelrecht angelesen, wie er in dem 1928/1929
entstandenen und unveröffentlichten Prosastück *Einer, der immer irgend etwas las* schreibt: »Was ich las,
gestaltete sich mir zu einer Art Natur. Ich fing viel zu
lesen an, weil mich das Leben verneinte, die Lektüre
jedoch die Güte besaß, zu meinen Neigungen, meinem Charakter ja zu sagen.« (SW 20, 306) Bei vielen
Nacherzählungen in der Prosa aus der Berner Zeit
handelt es sich »eine Persiflage, die die wesentlichen Grundzüge der Trivialliteratur ironisiert und
parodiert« (Hübner 1995, 106). In der Kunst sei es
möglich, »stofflich Triviales durch lebhafte Gestaltung zur Kostbarkeit werden« (SW 19, 243), schreibt
Walser, denn die »Grenzen der guten und schlechten
Lektüre lassen sich […] nur sehr schwierig genau
ausmessen« (AdB 5, 322). Gleich zu Beginn seines im
August 1928 in der *Prager Presse* erschienenen Essays
Beitrag zur Beantwortung der Gutenbuchfrage konstatiert Walser: »Die gute Literatur ist ein Bäbi geworden«, um anschließend hinzuzufügen: »Die gute Literatur stieg mithin in eine Puppenhaftigkeit hinauf
oder hinab.« (SW 19, 270 f.) »Literatentum« war für
Walser gleichbedeutend mit einem »Mangel an
Kenntnis des Lebens« (SW 19, 203).

Das Angelesene dient Walser dazu, den Text in
Bewegung zu bringen, der perforiert ist von Unbe-
stimmtheitsstellen, Lücken, Parekbasen und Digressionen. Walser hält sich dabei an keine Regeln und
Methoden, sondern ist aufmerksam für Details und
Nebensächlichkeiten (vgl. BORCHMEYER). Die Originalität des Erzählens liegt nicht im Dargestellten,
dem Inhalt oder Sujet, sondern in der Art der Darstellung. Walter Benjamin bemerkt treffend: »Walsern ist das Wie der Arbeit so wenig Nebensache, daß
ihm alles, was er zu sagen hat, gegen die Bedeutung
des Schreibens völlig zurücktritt.« (Benjamin 1991,
325) Dadurch rückt der Vorgang des Schreibens in
den Mittelpunkt; das ›Wie‹ triumphiert über das
›Was‹ (vgl. Hübner 1995, Baßler 1994, Kammer
2003). Walsers Schreiben entsteht durch Lesen, das
Stellen des Un-Sinns exponiert, aus dem Sinn entstehen kann. Es handelt sich dabei um Unbestimmt-
heitsstellen, Spielräume der »Konjunktivität« (Rodewald 1970, 164). Die Methode des Anlesens und die
Kombination als Stilprinzip sind insofern komplementäre Strategien, die Walser insbesondere in der
Berner Prosa anwendet.

Diskontinuität des Erzählens

Während der Spaziergang in der Bieler Zeit noch von
Bewegung bestimmt war, gibt sich Walser in Bern oft
in irgendeinem Zimmer in Bücherinhalte oder in die
Betrachtung von Buchdeckeln in einem Schaufenster
vertieft, um »gedanklich-mühelose, langandauernde
Wanderungen« (SW 19, 328) auszuführen. In der
Prosa der Berner Zeit treten anstelle von Landschaftsbeschreibungen Formulierungen, die Annette
Fuchs als »groteske Wortlandschaften« (Fuchs 1993,
65) bezeichnet. Das ist paradigmatisch dafür, dass
die eigentlichen Referenten verschwinden und die
Sprache in den Vordergrund tritt. Viele Prosatexte
aus dieser Zeit bestehen aus einer Kette von Assoziationen, die scheinbar zufällig von Bild zu Bild oder
gar von Satz zu Satz hüpfen. Es sind die Signifikanten
selbst, die Walser zum Sprechen bringt. Der weitläufige Spaziergang tritt zugunsten der Phantasie zurück; Walser selbst spricht vom »Gedankenspazier-
gang« (SW 17, 441).

Nach einem *roten Faden*, so der Titel eines unveröffentlichten Prosastücks aus dem Jahr 1926/1927
(vgl. SW 19, 186–191), wird der Leser in der Prosa
der Berner Zeit vergeblich suchen. Jene autoreflexiven Metaphern, mit denen Walser die Struktur seiner
Texte thematisiert, tragen vielmehr zur Verwirrung
des Lesers bei. Als metatextliche Metaphern zer-
schneiden sie den roten Faden. Walsers unveröffentlichtes Prosastück *Minotauros* aus dem Jahr
1926/1927 hat die Interpreten mehrfach herausgefordert (vgl. Greven 1978; Utz 1998, 379–397). Walsers Spiel mit der Strukturmetapher des Labyrinths,
wie er es in *Minotauros* offen spielt, liegt auch anderen Texten der Berner Zeit verdeckt zugrunde:

> Im Gewirr, das vorliegende Sätze bilden, meine ich von
> fern den Minotauros zu hören, der mir weiter nichts als
> die zottige Schwierigkeit darzustellen scheint, aus dem
> Nationenproblem klug zu werden, das ich zugunsten
> des Nibelungenliedes fallenlasse, womit ich gleichsam
> ein mich belästigendes Etwas kaltstelle. […] Wenn ich,
> was mir hier aus Wissen und Unbewußtheit entstanden
> ist, für ein Labyrinth halten kann, so tritt ja nun der Le-
> ser gleichsam theseushaft daraus hervor. (SW 19, 192 f.)

Christoph Bungartz hat die Bewegung der Prosa aus
der Berner Zeit auf den Begriff des ›zurückweichen-
den Vorwärtsschreitens‹ (vgl. Bungartz 1988) gebracht. Das Labyrinth wird bei Walser zu einer
»Strukturmetapher, die auf das Nicht-Ankommen
abzielt« (Utz 1998, 421). Weitere Strukturmetaphern
bietet etwa ein Mikrogrammtext an, der Romane
erwähnt, die »nichts als langgezogene, damaszen-

erklingenähnliche lyrische Töne und nichts als eine arabeskische Ornamentik, demnach eine Art Spinnengewebe oder eine Teppichweberei zu sein schienen« (AdB 4, 136). Deren Dichter habe »romanähnliche Gedichte, kolossal zierliche Zusammengeschobenheit[en] von durchweg abenteuerlichem Charakter« (ebd.) verfasst. Hier nimmt Walser offensichtlich auf seine eigene Schreibweise Bezug, die ornamental, abschweifend, verschlungen ist. Immer wieder werden von Walser neue Details, neue Bilder, Motive eingebaut, die durch wieder andere Einflechtungen, Einschübe und Arabesken abgelöst werden (vgl. Siegrist 1991, Andres 1997).

»Mir ist alles, sogar das Kleinste, viel« (SW 11, 116), hatte schon Jakob von Gunten notiert. Die Bedeutungen gehen verloren, bevor der Text seinen Schluss erreicht hat. Die Mittel der Unterbrechungen, der Digression und der Kombination verleihen dieser Prosa jenen spontanen und oft skurrilen Charakter. Der »*Räuber*«-Roman beispielsweise beinhaltet eine Vielzahl von abrupten Abbrüchen und Prolepsen, in denen sich häufig ironische Wendungen finden. Walser hat hier ein weit gespanntes Netz von Andeutungen und Rätseln geknüpft, in das sich der Leser, sobald er sich auf diesen Text einlässt, hoffnungslos verstricken muss. Abschweifungen und Einschübe stellen die komplementäre Ergänzung zu dieser Technik des Unterbrechens und Aufschiebens dar.

Das 1926/1927 entstandene und unveröffentlichte Prosastück *Der heiße Brei* macht auf das Sich-Verlieren in der Ziel- und Orientierungslosigkeit des Schreibens aufmerksam:

> Besteht nicht Schriftstellern vielleicht vorwiegend darin, daß der Schreibende beständig um die Hauptsächlichkeit herumgeht oder -irrt, als sei es etwas Köstliches, um eine Art heißen Brei herumzugehen? – Man schiebt schreibend immer irgend etwas Wichtiges, etwas, was man unbedingt betont haben will, auf, spricht oder schreibt vorläufig in einem fort über etwas anderes, das durchaus nebensächlich ist. (SW 19, 91)

Schreiben bedeutet für Walser, immer wieder die Finalität des Textes zu suspendieren und den Prozess des Schreibens – auch über den Schlusspunkt einzelner Texte hinaus – fortzusetzen. Diese Bewegung führt weder in eine Richtung noch zu einem Ziel: »Das schönste Ziel sind Ziellosigkeiten.« (SW 18, 49) Diese »Ästhetik der Abweichung« (Baur 1974, 111) hat Susan Sontag als »lyrische Beweglichkeit« (Sontag 1993, 77) gedeutet. Jörg Kreienbrock bezeichnet Walsers Literatur als »eine der Umschreibung, nicht der Beschreibung« (Kreienbrock 2010, 18).

Walser ordnet seine Stoffe unerschöpflich zu immer neuen Konstellationen, während sich dieselben Themen und Motive wiederholen. Diese Diskontinuität des Erzählens beschreibt Benjamin als »eine ganz ungewöhnliche, schwer zu beschreibende Verwahrlosung« und spricht von einer scheinbar »völlig absichtslosen und dennoch anziehenden und bannenden Sprachverwilderung« (Benjamin 1991, 325). Walser schmücke sich mit »Sprachgirlanden« (ebd., 326), die ihn zu Fall bringen. Es hat den Anschein, als wenn sich der Sinn durch Wortfülle verflüchtigt. Eine Fülle von Motiven taucht auf und verschwindet wieder, weil kein Thema sie zu halten vermag. Aus der Aufhebung der gewohnten Logik, dem Verlust einer stabilen Struktur der Wirklichkeit lässt sich die zwischen *écriture automatique* und Manierismus hin- und herspringende Schreibweise, der Sinn zerstörende Charakter der Texte ableiten. Die zügellose Aneinanderreihung von immer neuen Sätzen oder die Komplizierung eines Satzes durch ein verwirrendes Nebensatzgeflecht wird nicht vom Inhaltlichen bestimmt, sondern entspricht dem Stilideal Walsers, das eine artistische Funktion besitzt. Walsers Sprachpraxis produziere die Bedeutungen nicht mehr, sondern löse sie auf, konstatiert Joachim Strelis (vgl. Strelis 1991, 17). Wenn Walser erzählt, dann ist es ohne Bedeutung. Daraus erklärt sich das Verschwinden jeglicher Bedeutung, daraus ist die Entwicklung seiner Arbeiten, das Wuchern der Sprache, das Ornamentale zu erklären. In einem Mikrogrammtext schreibt Walser:

> Ich denke nun feurig über die Schürzung nach. Jede Geschichte hat Ähnlichkeit mit einer zierlichen Schürze, die sich eng und kleidsam an eine Gestalt, nämlich an die Gegenständlichkeit anschmiegen will, mit anderen Worten, es muß nach Möglichkeit so erzählt werden, daß alle Worte in ihrer Gesamtheit eine Schürze sind, die lose und doch mit einer gewissen Knappheit am Leib, d. h. am Wie und Was, dem und dem, was berichtet werden soll, anliegt. (AdB 4, 97)

Die Prosastücke aus der Berner Zeit lassen sich unter dem Aspekt eines spezifischen Sprachprozesses betrachten, in dem Walser versucht, eine bestimmte Sprache zu erzeugen, die nicht in den erzählten Inhalten ihren Ursprung hat: »doch ich experimentierte auf sprachlichem Gebiet in der Hoffnung, in der Sprache sei irgendwelche unbekannte Lebendigkeit vorhanden, die es eine Freude sei zu wecken« (SW 20, 429 f.). Die überdefiniert beschreibende, zugleich fixierte Bedeutungen verweigernde sprachliche Verfahrensweise Walsers löst die gegenständlichen Konturen in Unschärfe auf. Sie wird immer ge-

nauer, immer detaillierter und wortreicher, gleichzeitig immer verwirrender und bedeutungsleerer,
»hinschweifend, flüchtig und doch auch schon zugleich so exakt wie möglich« (AdB 4, 328). Wolfgang
Baur beschreibt die zentrale Deutungskategorie der
»Unbestimmtheit« und hebt die Metasprachlichkeit
der Walserschen Texte in der späten Prosa hervor
(vgl. Baur 1974).

In einem Mikrogramm bezeichnet der Ich-Erzähler sein Thema als »ein Wirrwarr, ein Durcheinander, eine Verworrenheit« (AdB 4, 37 f.). Unter den
Bedingungen von Walsers mikrographischer Werkstatt spielt das keine Rolle, weil Walser sich vor keinen äußeren Bewertungsinstanzen zu verantworten
braucht: »Ich schreibe natürlich dieses Prosastück zu
meinem eigenen Plaisir, indem ich es keineswegs für
publikationsfähig halte.« (AdB 5, 60) Diese Dialektik
von ›Zwang‹ und ›Sich-Gehenlassen‹, wie sie Walser
in der Berner Zeit als ›Stil‹ definiert, bringt der Tanz
anschaulich zum Ausdruck. Walser möchte »mit
Worten [...] tanzen« (SW 20, 248). Seine Worte
möchte er mit Tänzerinnen verglichen wissen, »die
die Verlumpung und Verhudelung alles Ideellen zur
vielleicht etwas grotesken Darstellung bringen«
(AdB 1, 43). Der Tanz als Motiv und Metapher ist in
Walsers Werk häufig und in verschiedenen Erschei-
nungsformen anzutreffen. Walser greift den Tanz in
der Berner Zeit »als Figur der eigenen Textbewegung« (Utz 1998, 278) immer wieder auf. Sprache als
Tanz oder Musik zeigt den Versuch, den begriffli-
chen Inhalt der Sprache durch einen spielerischen
Umgang zu verdrängen. Mit der metaphorischen
Schwungkraft des Tanzes sucht sich das Schreiben
selbst in Gang zu setzen. »›Tanz‹ wird zur Metapher
einer Schreibenthemmung, die Walser sich selbst
und den anderen Dichtern empfiehlt« (Utz 1998,
462): »Prachtvoll, wie meine Dichterhand über's
Schreibpapier hinfliegt, als gliche [sie] einem begeisterten Tänzer.« (AdB 4, 199) In dieser »Federhalter-
bewegung« sind die Silben »vergnügte Spaziergänger«. (AdB 5, 272) Der Tanz wird so zu »eine[r] Erlösung aus einer Menge von Intelligentheiten« (AdB 5,
73). Wenn Walser mit Worten tanzt, so geschieht das
durch die häufige Verwendung von Paradoxa, Neologismen und Arabesken, »zufällige[n] Wörtchen«,
»Momentgeborene[n]« (SW 17, 236).

Ein weiteres Verfahren, mit dem er das Dargestellte in den Hintergrund rückt, bilden die Leseran-
reden, die Infragestellung des Erzählers, des Erzähl-
tons und selbst noch der Erzählerreflexion. In dem
1929 in der *Prager Presse* erschienenen Prosastück
Cézannegedanken teilt Walser mit: »Ich bin mir hier

unvollständiger Ausdrucksart bewußt, möchte aber
der Meinung sein, man verstehe mich trotzdem oder
vielleicht, um solcher Unausgearbeitetheit willen,
worin Lichteffekte schimmern, so gar noch besser,
tiefer, obwohl ich selbstverständlich prinzipiell
Flüchtigkeiten beanstande.« (SW 18, 255)

»Strapazen des Schriftstellertums«

Die Thematisierung des Schreibprozesses, des
Schreibens über das Schreiben und die Dominanz
der bloßen (physischen) Schreibbedingungen gegenüber den erzählerischen Gegenständen, jene »Stra-
pazen des Schriftstellertums« (SW 20, 276), sind
wohl die auffälligsten Merkmale der Walserschen
Modernität. Die Prosatexte der Berner Zeit sind
»Werkstattberichte«, ein »Dichten des Dichtens«,
eine »genaue Registrierung dessen, was während des
Schreibakts im Kopf des Erzählers vor sich geht«
(Strelis 1991, 33). Sie sind durchwirkt von Reflexionen und Anspielungen auf die prekäre Schriftstellerexistenz, auf die Schwierigkeiten des Dichtens und
vor allem auf die Anforderungen des Literaturbetriebs.

Gerade die mikrographischen Entwürfe erlauben
einen tieferen Einblick in die Bedingungen dieses
Schreibens, in die »Gerümpelhaftigkeit« von Walsers
Arbeit: »Eminent mutig, was ich da sage, nicht wahr?
Das Papier verträgt's gut, ob allerdings etwa nachher
der Leser oder gar der Durchschnittsleser, ist eine andere Frage.« (AdB 3, 123) Es scheint, als benutze
Walser eine Erzähltechnik, die man nach Heinrich
von Kleist als »allmähliche Verfertigung der Gedanken beim Schreiben« bezeichnen könnte. Indes
sie nicht immer Erfolg: So scheint er in den Mikrogrammen mitunter über das bloße Konstatieren von
solchen Sachverhalten nicht mehr hinauszukom-
men. Die Selbstreferentialität des Schreibprozesses
rückt bei Walser derart in den Vordergrund, das die
inhaltlichen Zusammenhänge immer kryptischer
werden: »alles was ich hier sagte, grenze, streife / an's
Rätselhafte« (AdB 4, 307). Die mikrographischen
Schriftzeichen sind keineswegs Zeugnisse einer
Selbsterniedrigung oder Selbstauslöschung, sondern
sie geben seismographisch Einblick in die feinsten
Erschütterungen von Walsers Existenz, wenn er sich
einhüllt »in eine schöne Stille oder in eine mit zahlreichen Geöffnetheiten versehene Verschlossenheit«
(AdB 5, 253). Durch diese blickt der Leser in ein
»Sprachmagazin und Wortlaboratorium« (AdB 1,
57), in dem er den Prozess des Schreibens bis in alle
Einzelheiten und auch mit all seinen Irrtümern, zu-

fällig sich ergebenden, vielleicht unfruchtbaren Seitenwegen und Abschweifungen, verfolgen kann: »Nun wieder diese kleine Prosa, diese Abweichungen und -zweigungen« (AdB 5, 45). Mit erstaunlicher Präzision registriert Walser noch Wahrnehmungen am Rande seines Bewusstseins. Seine Emotionen und Gedanken unterliegen einer besonderen Schärfe der Beobachtung und Formulierung: »Diese Geduld, dann wieder diese Gereiztheiten, das Zerrissene, das bald danach wieder übereinstimmt!« (AdB 5, 23) Der Prozess des Schreibens selbst aber ist die eigentliche, immer wieder thematisierte Handlung des Ichbuch-Autors.

Walsers Prosastücke können nach seiner Aussage als »ein mannigfaltig zerschnittenes oder zertrenntes Ich-Buch« (SW 20, 322) bezeichnet werden, als »ein vieldimensionales Labyrinth mit Hunderten von Eingängen und Hunderttausenden von möglichen Verknüpfungen, die zu immer neuen, überraschenden Perspektiven führen« (Greven, Nachwort in SW 20, 449), wie Greven bemerkt. Für Martin Jürgens erklärt sich aus der Perspektive des »Ichbuchs« der fragmentarische ausschnitthafte Charakter nahezu aller späten Prosastücke (vgl. Jürgens 1973, 138). Die sich im Spätwerk Walsers zum Extrem steigernde Selbstreflexion ästhetischer Subjektivität wird als widersprüchlicher Versuch der Selbstbehauptung des Individuums gegen gesellschaftliche Heteronomie interpretierbar.

Während Rudolf Hartung in dem Manierierten, Abrupten in Walsers Arbeiten ab 1924 den »Ausdruck einer geistigen Erkrankung (Schizophrenie?)« (Hartung 1982, 11) sieht, verfehle, so Morlang, diese Einschätzung das »aufregende Novum des Experiments« (Morlang, Nachwort in AdB 4, 413). Jürgens betrachtet die psychische Störung Walsers im Zusammenhang mit seiner gesellschaftlichen Rolle (vgl. Jürgens 1973, 191 f.). Seine gesellschaftliche Rolle habe Walser selbst, vor allem in seiner späten Schaffensperiode, in einem unmittelbaren Zusammenhang mit seinem Selbstverständnis als Schriftsteller und Künstler als ein Paradigma sozialer Entfremdung, sozialer Nicht-Identität begriffen. Die Prosa der Berner Zeit, die über weite Strecken hin Ausdruck dieses eindeutigen Selbstverständnisses sei, als bloßes Krankheitssyndrom zu werten, scheint Jürgens mehr als fragwürdig. Jürgens begreift das Nichtkommunikative der späten Texte Walsers als positive Ausdrucksform einer nicht zuletzt gesellschaftlichen Erfahrung (vgl. Jürgens 1978): »Es scheint mir, daß wir so literarisch geworden sind, weil wir so ambitiös wurden. Ein unmittelbar ehrlich erlebter Ton, eine originelle Ausdrucksweise erschreckt uns. Wir sind geneigt, alle originellen Gebärden für verrückt zu erklären.« (AdB 1, 225)

Diese Aussage trifft ganz besonders auf die nur als Bleistiftentwurf überlieferten Texte zu, in denen man nicht nur ein Symptom von Krise und Leiden sehen sollte, sondern auch das Moment von Rettung, Befreiung, stolzer Behauptung, den Gewinn an neuen Möglichkeiten. Für W. G. Sebald nimmt sich »das legendäre Bleistiftsystem Walsers« als »eine ingeniöse Form fortgesetzten Schreibens, Kassiber eines in die Illegalität Abgedrängten und Dokumente einer wahren inneren Emigration«, das »ein in der Geschichte der Literatur einmaliges Verteidigungs- und Befestigungswerk« sei, »in welchem die kleinsten und unschuldigsten Dinge gerettet werden sollten vor dem Untergang in der damals heraufziehenden großen Zeit« (Sebald 1998, 153 f.).

Jede Beschäftigung mit dem Spätwerk müsse von den »offenen oder verschlüsselten Selbstdeutungen« (Avery 1978, 150) ausgehen. Die Unvereinbarkeit von Leben und Dichten in der Prosa der Berner Zeit zeigt sich in der auffallenden Zunahme der Künstlerporträts in Bern, in denen sich persönliche Züge Walsers finden, die ihrerseits das Werk jeweils bedingen. Diese Form der Aneignung gehöre, so George C. Avery, zur »metaphorischen Verabsolutierung des Subjektiven im Spätwerk« (ebd., 152). In der späten Prosa Walsers sieht Greven Beobachtung und Selbstbeobachtung in »offenster, vielfältigster Weise demonstriert und thematisiert« (Greven 1994, 25), wobei man auch von einer Radikalisierung sprechen könne. In dem 1925 in der *Neuen Zürcher Zeitung* und der *Prager Presse* veröffentlichten Prosastück *Walser über Walser* spielt Walser darauf explizit an:

> Alles was Schriftsteller Walser »später« schrieb, mußte von demselben »vorher« endlich erlebt werden. [...] Ich wünsche also unbeachtet zu sein. Sollte man mich trotzdem beachten wollen, so werde ich meinerseits die Achthabenden nicht beachten. Die Niederschrift meiner bisherigen Bücher war keine erzwungene. Ich meine, daß Vielschreiben noch nicht ein reiches Schrifttum ausmacht. Möge man mir nicht mit den »früheren Büchern« kommen! Man überschätze sie nicht, und den lebenden Walser wolle man versuchen, zu nehmen, wie er sich gibt. (SW 17, 183 f.)

In einem Mikrogrammtext bezeichnet sich Walser als »Inhaber eines wundervollen reich[en] Innenlebens«, das er »nach Belieben zuschließen und öffnen« könne (AdB 4, 58). Einmal schreitet er »wie ein Riese oder wie ein Zwerg«, dann wieder »wie ein

Knabe oder wie ein Mann« (AdB 5, 321) auf dem
Felde seiner Erörterungen weiter. Immer wieder
greift er zu Verkleidungen, Spiegelungen, Maskeraden und phantasiert sich in neue erfundene Situationen hinein: »im Spiel / bedeute ich viel« (AdB 2, 389).
Walser erscheint immer wieder in verschiedener Gestalt als weitschweifiger, zwanghaft nachdenklicher,
exzentrischer Erzähler. Seiltänzerisch balanciert er
auf dem Grat zwischen Komik und Tragik, indem er
die Gegensätze zwischen Kunst und Leben auszugleichen versucht: »Wie unentwickelt seine Ausdrucksweise ist, die in einem welligen Geplauder besteht, das zugleich geräuschvoll und stumm ist, das
bloß schimmert und doch auch wieder redet« (SW
17, 430). Benjamin fällt die Geschwätzigkeit in dieser
Zeit an Walser auf; das Schluchzen sei »die Melodie
von Walsers Geschwätzigkeit«, es verrate, »woher
seine Lieben kommen« (Benjamin 1993, 134): »Aus
dem Wahnsinn nämlich und nirgendher sonst. Es
sind Figuren, die den Wahnsinn hinter sich haben
und darum von einer so zerreissenden, so ganz unmenschlichen, unbeirrbaren Oberflächlichkeit bleiben.« (ebd.)

Walsers modern-feuilletonistischer Stil, wie er
sich Mitte der 1920er Jahre etablierte, wurde durch
eine schriftstellerische Krise, die zugleich eine seelische war, beeinträchtigt. Nach 1925 begann der Erfolg zu versiegen. Im Frühjahr 1927 von der Feuilletonredaktion des *Berliner Tageblatts* aufgefordert,
»ein halbes Jahr nichts zu produzieren«, war Walser
»verzweifelt«:

> Ja, es stimmte, ich war total ausgeschrieben. Totgebrannt wie ein Ofen. Ich habe mich zwar angestrengt,
> trotz dieser Warnung weiterzuschreiben. Aber es waren
> läppische Dinge, die ich mir abquälte. Immer ist mir nur
> das geglückt, was ruhig aus mir selbst wachsen konnte
> und was irgendwie erlebt war. Damals habe ich ein paar
> stümperhafte Versuche unternommen, mir das Leben
> zu nehmen. (SEELIG, 24)

Von Verlagen abgelehnt, fühlte sich Walser als ein gescheiterter Schriftsteller, der fürchten musste, in den
Augen seiner bürgerlichen Umwelt auch noch als
Feuilletonist zu versagen: »Heute will man jeden, der
nur ein klein wenig sich selbst gehört, gleich auf die
schwarze Liste der Sonderlinge werfen« (Br 284).
»Momentan geht mir's etwas mies, d. h. so so, la, la,
indem in meiner Schriftstellerei etwas wie eine Krisis
eingetreten zu sein scheint, womit ich übrigens jeder
Zeit rechnete« (Br 319), teilte er am 30. 5. 1927 Therese Breitbach mit. Im Oktober 1927 schreibt er dem
Berner Schriftsteller Adolf Schaer-Ris:

Hätte ich Geld, wäre ich reich, so würde ich überzeugt
sein können, achtungsvoll behandelt zu werden. Da dies
aber nicht der Fall ist, ich zudem noch im anrüchigen
Junggesellenzustand lebe, über den man so gern moralisch herfällt, so fürchte ich, wie ein poverer Diabel angeschaut zu werden. Sie selbst wissen, wie sehr gerade
heute auf alles Äußere geschaut, wie lediglich danach
der Mensch beurteilt wird. (Br 330)

Im Winter 1928/1929 kam es zur verhängnisvollen
seelischen Krise. Walser litt unter Depressionen,
Schlaflosigkeit, Arbeitsstörungen und beunruhigte
durch sein befremdliches Verhalten seine Umgebung. Von seiner Schwester Lisa, die man nach Bern
gerufen hatte, gedrängt und von dem mit ihr konsultierten Psychiater eingewiesen, ließ er sich schließlich am 26. 1. 1929 widerstrebend in die etwas außerhalb von Bern liegende Anstalt Waldau aufnehmen.
Hier brach er für einige Monate den Kontakt zu den
Redaktionen offenbar ab: »hier schriftstellere ich
vorläufig nicht mehr« (Br 358), schrieb er am 11. 2.
1929 an seine Schwester und führte dies darauf zurück, dass er keine Angstzustände mehr habe. Im
Verlauf der nächsten Monate jedoch setzte, wenn
auch nun in beschränkterem Umfang und mit größeren Pausen, seine literarische Produktion wieder ein,
und von Neuem scheinen Mikrogramme deren erstes Medium gewesen zu sein. An Frieda Mermet
schreibt er am 23. 12. 1929: »Naturgemäß kommt
nun in den Anstaltsverhältnissen nicht mehr so viele
Prosa zustande wie vorher in der Stadt, die ich übrigens nur noch selten zu sehen bekomme.« (Br 364)

Auffällig ist die Kürze der Prosastücke aus dieser
Zeit. Dennoch stellen die Texte der Jahre 1929 bis
1933 eine konsequente Fortführung von Walsers früherem Werk dar, in denen sich die im Kern ungebrochene Persönlichkeit des Autors ausdrückt, ebenso
seine virtuose Sprachkunst, seine spontane und zugleich höchst konzentrierte und kontrollierte Kreativität, sein Witz. Die Schatten der »Geisteskrankheit«,
die gewisse Kritiker und Literaturwissenschaftler
früher auf Walsers später Produktion (d. h. aber auf
dem in Bern entstandenen Teil seines Werks insgesamt) liegen sahen, lässt sich wohl eher mit ihrer Verständnislosigkeit für die spezifische Modernität Walsers begründen.

Walser scheint die Reduktion seiner äußeren
Existenz in seiner Waldau-Zeit bewusst auf sich genommen zu haben, allerdings waren seine Stimmung und geistige Verfassung in diesen rund viereinhalb Jahren offenbar Schwankungen unterworfen. Im Dezember 1931 vermerkt er einmal, er habe
»etwa sechs Monate keine Silbe mehr geschrieben«

(Br 372). Jenem Brief an Frieda Mermet vom 23. 12. 1929 zufolge schrieb er in dieser Zeit in der Anstalt mehr Gedichte als Prosa. In den letzten Waldau-Jahren jedoch überwogen wieder die Prosastücke. Walser schrieb bald auch wieder neu entstandene Texte ins Reine und schickte sie immer wieder zur Veröffentlichung ein – noch bis kurz vor der gegen seinen Willen über ihn verfügten und mit körperlichem Zwang ausgeführten Verlegung in die Heil- und Pflegeanstalt Herisau im Appenzell am 19. 6. 1933 –, mit der sein schriftstellerisches Leben, soweit bekannt, endete.

Ausgaben

GW 7, 133–387. – GW 8, 9, 10. – GWS 9, 133–387. – GWS 10, 11. – GWS 12, 5–434. – PS 2. – SW 17, 18, 19, 20. – AdB 1. – AdB 4, 7–261. – AdB 5.

Literatur

Andres, Susanne: Robert Walsers arabeskes Schreiben. Göttingen 1997.
Avery, George C.: Künstler und Geliebte. Zum Problem der Interpretation von Robert Walsers Spätprosa. In: Kerr 2, 148–155.
Baßler, Moritz: Die Entdeckung der Textur. Unverständlichkeit in der Kurzprosa der emphatischen Moderne 1910–1916. Tübingen 1994.
Baur, Wolfgang: Sprache und Existenz. Studien zum Spätwerk Robert Walsers. Göppingen 1974.
Benjamin, Walter: Robert Walser [1929]. In: ders.: Gesammelte Schriften. Bd. II,1. Hg. v. Rolf Tiedemann u. Hermann Schweppenhäuser. Frankfurt a. M. 1991, 324–328.
Bleckmann, Ulf: »...ein Meinungslabyrinth, in welchem alle, alle herumirren...«. Intertextualität und Metasprache als Robert Walsers Beitrag zur Moderne. Frankfurt a. M. u. a. 1994.
Bleckmann, Ulf: Thematisierung und Realisierung der bildenden Kunst im Werk Robert Walsers. In: Thomas Eicher u. ders. (Hg.): Intermedialität. Vom Bild zum Text. Bielefeld 1994, 29–58.
Borchmeyer.
Bungartz, Christoph: Zurückweichend vorwärtsschreiten. Die Ironie in Robert Walsers Berner Prosa. Frankfurt a. M. u. a. 1988.
Fuchs, Annette: Dramaturgie des Narrentums. Das Komische in der Prosa Robert Walsers. München 1993.
Graf, Marion: Robert Walser als Anleser französischer sentimentaler Romane. In: Fattori/Gigerl, 201–211.
Greven, Jochen: »...den Blick anzublicken, ins Anschauen zu schauen«. Beobachtung und Selbstreferenz bei Robert Walser. In: Runa. Revista portuguesa de estudos germanísticos Nº 21 (1994), 7–29.
Greven, Jochen: Poetik der Abschweifungen. Zu Robert Walsers Prosastück ›Die Ruine‹. In: Groddeck u. a., 177–186.
Greven, Jochen: Figuren des Widerspruchs. Zeit- und Kulturkritik im Werk Robert Walsers. In: Kerr 2, 164–193.
Hartung, Rudolf: In einem anderen Jahr. Tagebuchnotizen 1968–1974. München, Wien 1982.
Hübner, Andrea: Ei', welcher Unsinn liegt im Sinn? Robert Walsers Umgang mit Märchen und Trivialliteratur. Tübingen 1995.
Jürgens, Martin: Robert Walser. Die Krise der Darstellbarkeit. Untersuchungen zur Prosa. Kronberg/Taunus 1973.
Jürgens, Martin: Die späte Prosa Robert Walsers – Ein Krankheitssyndrom? In: Text + Kritik 3, 33–41.
Kammer, Stephan: Figurationen und Gesten des Schreibens. Zur Ästhetik der Produktion in Robert Walsers Prosa der Berner Zeit. Tübingen 2003.
Kreienbrock, Jörg: Kleiner. Feiner. Leichter. Nuancierungen zum Werk Robert Walsers. Zürich 2010.
Morlang, Werner: »Ich begnüge mich, innerhalb der Grenzen unserer Stadt zu nomadisieren...«. Robert Walser in Bern. Bern, Stuttgart, Wien 1995.
Rodewald, Dierk: Robert Walsers Prosa. Versuch einer Strukturanalyse. Bad Homburg, Berlin, Zürich 1970.
Roser, Dieter: Fingierte Mündlichkeit und reine Schrift. Zur Sprachproblematik in Robert Walsers späten Texten. Würzburg 1994.
Sebald, W. G.: Logis in einem Landhaus. Über Gottfried Keller, Johann Peter Hebel, Robert Walser und andere. München, Wien 1998.
Siegrist, Christoph: Vom Glück des Unglücks. Robert Walsers Bieler und Berner Zeit. In: Hinz/Horst, 56–69.
Sontag, Susan: Walsers Stimme. In: Robert Walser. Dossier Literatur 3. Zürich, Bern ⁴1993, 76–78.
Strelis, Joachim: Die verschwiegene Dichtung. Reden, Schweigen, Verstummen im Werk Robert Walsers. Frankfurt a. M. u. a. 1991.
Todorow, Almut: Ekphrasis im Prager Feuilleton der Zwischenkriegszeit. Malerei-Texte von Robert Walser. In: Sibylle Schönborn (Hg.): Grenzdiskurse. Zeitungen deutschsprachiger Minderheiten und ihr Feuilleton in Mitteleuropa bis 1939. Essen 2009, 193–208.
Utz, Peter: Eine feuilletonistische Fallstudie: Robert Walser. In: Les Annuelles 7 (1996), 161–183.
Utz, Peter: Tanz auf den Rändern. Robert Walsers »Jetztzeitstil«. Frankfurt a. M. 1998.
Weber, Ueli: Doch diese zahlreichen Buechelchen da? Zur poetologischen Funktion der Trivialroman-Lektüre bei Robert Walser. Liz. Universität Bern 1990.

Kerstin Gräfin von Schwerin

3.5.7 Lyrik der Berner Zeit

Entstehung

Im September 1925 schrieb Walser an Therese Breitbach: »Von mir kann ich Ihnen die eigentümliche Mitteilung machen, daß ich aus Liebe zu einem Mädchen neuerdings begonnen habe, Verse zu machen« (Br 267). Zu diesem Zeitpunkt lag der Beginn von Walsers dritter und letzter lyrischer Schaffensphase schon mindestens ein Dreivierteljahr zurück. Bereits die frühesten erhaltenen Mikrogrammblätter, die von Bernhard Echte und Werner Morlang auf Ende 1924 datiert wurden, enthalten neben Prosa- und Dramentexten auch Gedichte, von denen freilich keine makrographischen Textstufen überliefert sind (vgl. AdB, 613–622). Darüber hinaus sind wohl etliche Mikrogrammblätter verloren gegangen, die noch früher beschrieben wurden (vgl. Morlang, Nachwort in AdB 2, 507). Man darf annehmen, dass sich auf diesen Blättern ebenfalls einige Gedichtentwürfe befanden.

Ein Brief an Therese Breitbach von Mitte Oktober 1925 lässt vermuten, dass es sich bei der erwähnten Gedichtmuse um eine Kellnerin handelte, die Walser in literarischen Texten dieser Zeit als Edith und Erna auftreten ließ, nachdem er sie wohl 1923 oder 1924 in einem Berner Café kennen gelernt hatte (vgl. Br 269; Echte, Nachwort in AdB 3, 202–209; Kommentar in SW 18, 341). Diese biographischen Rekonstruktionsversuche fallen indes in den Bereich der Spekulation. Mit Sicherheit lässt sich nur sagen, dass die Lyrikproduktion in Walsers Berner Zeit weit früher einsetzte, als es das Prosastück *Meine Bemühungen* (1928/1929) glauben machen könnte. Dort heißt es: »Ich schrieb, als ich zwanzig Jahre zählte, Verse, und im Alter von achtundvierzig Jahren fing ich mit einmal von neuem Gedichte zu schreiben an.« (SW 20, 427) Stimmig ist diese Aussage nur insofern, als in den späten 1920er Jahren ein lyrisches Werk entstand, demgegenüber die Lyrik der mittleren Schaffensphase mengenmäßig kaum erwähnenswert ist (s. Kap. 3.4.9).

Walser selbst wies mehrfach darauf hin, dass nach einer anfänglichen Schreibpause in der Anstalt Waldau im Jahr 1929 eine besonders fruchtbare lyrische Schaffensphase einsetzte, in der beinahe hundert neue Gedichte entstanden (vgl. Br 364–366, 368; SEELIG, 56). Tatsächlich fanden sich in den Nachlässen Walsers und Arne Laurins 79 Gedichtmanuskripte, die von Jochen Greven mit Vorbehalt auf 1929/1930 datiert wurden (vgl. Kommentar in SW 20, 471 f.; s. Kap. 5.1). Zu diesen Texten sind keine Mikrogrammentwürfe überliefert, woraus man schließen könnte, dass der Autor seine Gedichte in der Waldauer Zeit gleich ins Reine schrieb. Wahrscheinlicher ist es aber, dass die betreffenden Manuskriptgedichte im ›Bleistiftgebiet‹ entworfen wurden, ohne dass sich die betreffenden Mikrogrammblätter erhalten haben (vgl. Kommentar in AdB 6, 708).

Die intensive Lyrikproduktion ebbte indes schon 1930 wieder ab. Zumindest finden sich auf den Mik-

rogramm- und Manuskriptblättern, die auf 1930/1931 bis 1932/1933 datiert sind, nur wenige Gedichte (vgl. Tabelle in AdB 6, 748; Kommentar in SW 20, 473–475). Entsprechend heißt es in einem Brief an Frieda Mermet vom 10. 9. 1931: »Hie und da gelingt mir in meiner dichtenden und trachtenden Geringfügigkeit ein Gedichtelchen oder ein Prosastückli, und dann und wann sende ich irgend, was mir passend scheint, an meine ausländischen Kameraden.« (Br 371)

Überlieferung und Veröffentlichung

Einer dieser Kameraden, denen Walser Gedichte sandte, war Max Brod, der im Mai 1925 begann, von Zeit zu Zeit ein spätes Walser-Gedicht in die von ihm redigierte Unterhaltungsbeilage des *Prager Tagblatts* aufzunehmen. Bis April 1931 konnten dort immerhin 34 Einzelgedichte erscheinen. Otto Pick, der als Feuilletonredakteur der *Prager Presse* tätig war, gab zwischen September 1925 und November 1933 sogar 86 Gedichte aus der Berner Zeit in den Druck. Gegenüber Carl Seelig erwähnte Walser später, dass Pick praktisch alles publizierte, was Walser ihm zusandte, »auch Gedichte, die von anderen Zeitungen wie Bumerangs zurückflogen« (SEELIG, 11). Dabei dachte Walser wohl nicht zuletzt an die *Neue Zürcher Zeitung*, deren Feuilletonredakteur Eduard Korrodi grundsätzlich davon absah, Walsers späte Lyrik zu veröffentlichen (vgl. Br 318). Allerdings konnte der Autor weitere 19 Einzelgedichte in den Zeitschriften *Das Tage-Buch, Wissen und Leben, Neue Schweizer Rundschau, Die literarische Welt* und *Simplicissimus* platzieren. Bei elf der oben angeführten Gedichtpublikationen kam es außerdem zu Mehrfachdrucken in einer anderen Tageszeitung, Zeitschrift oder Gedichtanthologie (vgl. Groddeck, Reibnitz 2014).

Wie einer bibliographischen Angabe im Sammelband *Saat und Ernte* und einem verschollenen Brief an Franz Blei zu entnehmen ist, war im Rowohlt Verlag schon 1925 ein Walser-Band mit dem Titel *Neue Gedichte* in Vorbereitung (vgl. Sergel 1924, 593; Stiemer 2013, 192–196). Er kam jedoch nicht zustande. Es lässt sich nicht rekonstruieren, welche Einzelgedichte das Buch enthalten sollte und welche Umstände zum Scheitern des Projekts führten, denn der Briefwechsel zwischen Walser und Rowohlt wurde im Zweiten Weltkrieg vermutlich restlos zerstört. Darüber hinaus setzte sich Max Brod Ende 1927 bei seinem Verleger Paul Zsolnay für einen Walserschen Lyrikband ein. Zsolnay reagierte jedoch mit einer Absage, auch wenn ihm die eingesendeten Texte laut

Walser »immerhin literarischen Valeur zu haben schienen« (Br 336). So wurden die rund 140 Berner Gedichte, die der Autor bis 1933 publizieren konnte, ausschließlich in Zeitungen, Zeitschriften und Anthologien gedruckt.

Von den veröffentlichten Gedichten sind lediglich 44 Reinschriftmanuskripte überliefert. Darüber hinaus hinterließ der Autor knapp 100 Gedichtreinschriften, die er vor 1933 zu Publikationszwecken angefertigt hat, ohne dass sie zu seinen Lebzeiten an die Öffentlichkeit gelangten. Einige dieser Texte nahm Carl Seelig 1958 in die Sammlung *Unbekannte Gedichte* auf (vgl. Walser 1958). Der übrige Teil dieser Überlieferungsgruppe wurde 1971 von Jochen Greven und Robert Mächler in der Werkausgabe des Kossodo Verlags erstpubliziert (vgl. GW 11, 233–411; SW 13, 85–260).

Als Echte und Morlang in den 1980er Jahren begannen, Walsers Mikrogramme zu entziffern, fanden sie nur etwa zur Hälfte der bereits bekannten 240 Gedichte einen Mikrogrammentwurf. Diese Entwürfe wurden für die Ausgabe *Aus dem Bleistiftgebiet* nicht transkribiert. Ihre Entzifferung ist ein Arbeitsfeld des laufenden Projekts *Kritische Robert Walser-Ausgabe* (s. Kap. 5.2). Darüber hinaus stießen Echte und Morlang auf rund 330 Mikrogrammgedichte, zu denen keine makrographischen Textstufen erhalten sind. Mit wenigen Ausnahmen tragen diese Gedichte keine Überschriften, da Walser die Betitelung seiner späten Texte in der Regel erst beim Abschreiben vornahm. Es ist im Einzelfall kaum abzuschätzen, ob ein bestimmter Entwurf aus publizistischen Erwägungen nie ins Reine geschrieben wurde oder ob eine Reinschriftfassung existierte, die in Zeitungsredaktionen oder anderswo verloren ging. Jedenfalls gelangten die Texte dieser Überlieferungsgruppe dank der Entzifferungsarbeit Echtes und Morlangs erst in den Jahren 1985–2000 an die Öffentlichkeit (vgl. AdB 2, 297–399; AdB 4, 263–319; AdB 6, 379–508). Somit weist Walsers lyrisches Spätwerk mit insgesamt nahezu 570 erhaltenen Gedichten einen sechsmal größeren Umfang auf als die gesamte Lyrik des frühen und mittleren Werks.

Innerhalb des ›Bleistiftgebiets‹ ist die Lyrik meist zwischen Prosa- und Dramentexten eingestreut. Des Öfteren kam es sogar dazu, dass Walser ein mikrographisches Prosastück mit einem lyrischen Anhang beendete oder ein Gedicht mit einem Prosaanhang versah (vgl. z. B. AdB 1, 51–54; AdB 4, 270). Dass ein Mikrogrammgedicht bei der Abschrift zu einem kurzen Prosastück umfunktioniert wurde, ist dagegen eine Seltenheit (vgl. AdB 2, 504 f.). Davon abgesehen

liegen auch Mikrogrammblätter vor, die ausschließlich Lyrik enthalten.

Die Unwägbarkeiten der Entzifferung sind im Bereich der Lyrik größer als bei Bleistifttexten in Prosaform, wie sich an den Mikrogrammtranskriptionen eines Prosatexts und eines Gedichts abschätzen lässt, zu denen erst nach Abschluss der Bände *Aus dem Bleistiftgebiet* Druckfassungen entdeckt wurden (vgl. Kommentar in FEUER, 135; Groddeck, Thut, Walt 2012, 4–6). Auf diesen Umstand hatte Echte schon aufmerksam gemacht, als noch keine derartigen Funde abzusehen waren (vgl. Kommentar in AdB 4, 463 f.).

Zu zahlreichen Mikrogrammgedichten existieren abweichende Erst- und Zweitentwürfe. Vereinzelt stößt man im ›Bleistiftgebiet‹ auch auf lyrische Fragmente, die keinem abgeschlossenen Text zugeordnet werden konnten. Überhaupt weisen die meisten Mikrogrammgedichte im Gegensatz zu den Reinschriftmanuskripten etliche Überarbeitungsspuren auf. Auch nahm Walser häufig noch beträchtliche Änderungen vor, wenn er ein Bleistiftgedicht ins Reine schrieb. Bei manchen Gedichten ist der Wortlaut der mikro- und makrographischen Fassung dagegen praktisch identisch (vgl. Tabellen in AdB 2, 606–634; AdB 4, 499–531; AdB 6, 747–808).

Themen

Abgesehen von vier Einzeltexten, die man als zusammenhangsloses lyrisches Allerlei bezeichnen kann (vgl. AdB 2, 303; SW 13, 85 f., 196 f., 241 f.), weisen Walsers späte Gedichte deutliche thematische Fokussierungen auf, die allerdings häufig von eingestreuten Schreibreflexionen und anderen assoziativen Abschweifungen überlagert sind. Die thematischen Gruppen, in die sich die Spätlyrik einteilen lässt, enthalten jeweils Texte aller drei Überlieferungsarten. Eine der Gruppen umfasst biographische Erinnerungsstücke wie das Gedicht *Der Roman*, in dem Walser die Niederschrift der *Geschwister Tanner* Revue passieren lässt (vgl. SW 13, 207). Ferner trifft man auf eine ganze Reihe von Natur- und Jahreszeitengedichten, die verhältnismäßig häufig als Reinschrift- oder Druckfassung vorliegen. In Gedichten wie *Ein Glas Bier* und *[Schaufenster]* werden anderweitige alltägliche Impressionen zur Darstellung gebracht oder als Ausgangspunkt für subjektive Reflexionen genutzt (vgl. SW 13, 112; AdB 4, 295 f.).

V. a. im ›Bleistiftgebiet‹ finden sich darüber hinaus etliche Gedichte, in denen sich Walser mit seiner aktuellen persönlichen oder beruflichen Situation auseinandersetzt. Dass sich Berufliches und Persönliches in diesem Zusammenhang oft nicht trennen lassen, zeigt ein Mikrogrammgedicht, das mit den Worten *Die, die mich unterjochen woll'n* beginnt (vgl. AdB 2, 357–359). Daneben besteht ein großer Teil des lyrischen Spätwerks aus Glossen auf den zeitgenössischen Literatur- und Kulturbetrieb. Veranlasst von Todesfällen oder Gedenktagen entstanden zahlreiche Gedichte auf bekannte Schriftsteller, Künstler und andere Kulturschaffende. Diese Texte gelangten besonders häufig zur Veröffentlichung. Andere lyrische Glossen beziehen sich auf literarische, künstlerische, musikalische oder filmische Werke, die seinerzeit im Gespräch waren oder von Walser ins Gespräch gebracht wurden. Aber auch zu Fragen der Tagespolitik und der Volkskultur äußerte sich der Autor in poetischer Form (vgl. z. B. AdB 6, 400 f., SW 13, 93 f.).

Eine weitere Textgruppe besteht aus humorvollen und ernsthaften Reflexionsgedichten zu verschiedenen Themen wie Reisen, Wohnen, Lesen oder das menschliche Leben im Allgemeinen (vgl. SW 13, 109 f., 125 f., 198 f., 260). Darüber hinaus liegen weit über 100 Gedichte vor, für deren Verständnis vermutlich kontextuelle Bezugspunkte relevant sind, die bisher nicht ermittelt wurden. So liegt bei Texten wie *Junger Johannes* und *Jesus, Unerklärlicher* der Verdacht nahe, es handle sich um Bildgedichte zu bestimmten Werken der Kunstgeschichte (vgl. SW 13, 132, 135). Andere schwer verständliche Gedichte könnten Glossen zu literarischen oder filmischen Vorlagen darstellen. In vielen Fällen fehlen allerdings auch solche Anhaltspunkte. Es bleibt der zukünftigen Forschung vorbehalten, diesen Teil des lyrischen Spätwerks in seinen intertextuellen und kontextuellen Bezügen zu erschließen.

Rezeption und Forschung

Einen zeitgenössischen Rezensenten haben die späten Gedichte infolge ihrer publizistischen Diaspora nicht finden können. Erst der Band *Unbekannte Gedichte*, der 1958 nach Walsers Tod von Carl Seelig herausgegeben wurde, veranlasste Max Brod und Robert Mächler jeweils zu einer kurzen Besprechung. Im Nachwort des Auswahlbandes hatte Seelig selbst kurioserweise bemerkt, dass er die Spätlyrik größtenteils für schwach, kindisch und anspruchslos hielt. Immerhin gab er aber zu bedenken, dass es nicht in Walsers Absicht gelegen habe, »apart zu schreiben und durch avantgardistische Haltung aufzufallen« (Seelig 1958, 103). Auch Brod nannte die

Unbekannten Gedichte stellenweise primitiv. Zum Teil erschienen sie ihm jedoch recht schwierig zu erfassen. Außerdem fragte er sich, ob das Linkische, das ihm beim Lesen ins Auge stach, von Walsers Naivität oder von raffinierter Absicht herrühre (vgl. Brod 1958). Wenig später berichtete Brod, dass ihm von Seiten des Chefredakteurs und der Leserschaft immer wieder Proteste entgegengeschlagen waren, wenn er in den 1920er Jahren ein Walser-Gedicht in der Unterhaltungsbeilage des *Prager Tagblatts* platziert hatte (vgl. Brod 1960, 390 f.).

Mächler hob hervor, dass die *Unbekannten Gedichte* aufgrund von Sprachmisshandlungen auf Wort-, Vers- und Satzebene in eigenwilliger Weise von den Konventionen der hohen Lyrik abwichen. Einerseits vermutete er, dass diese Eigenwilligkeit wenig Absichtliches an sich habe. Andererseits hielt er es für wahrscheinlich, dass der Autor mit seinen Konventionsbrüchen die Verskunst überhaupt lächerlich machen wollte (vgl. Mächler 1999, 159–163). Diese ambivalente Position vertrat Mächler auch in den editorischen und journalistischen Beiträgen, die er in den folgenden Jahrzehnten zur Spätlyrik publizierte. Wo er einzelne Gedichte besprach, verfolgte er den strikt biographischen Deutungsansatz, den er in seiner Studie zum *Leben Robert Walsers* etabliert hatte (vgl. ebd., 164–191; MÄCHLER, 164–166; Greven, Nachwort in SW 13, 274 f.).

Werner Morlang äußerte ab 1985 in mehreren editorischen und interpretierenden Beiträgen ähnliche Werturteile (vgl. Morlang, Nachwort in AdB 2, 521; Morlang, Nachwort in AdB 4, 429; Kommentar in AdB 4, 464; Morlang 1987 u. 1991). Die Konventionsverstöße, die Mächler angesprochen hatte, führte er zunächst darauf zurück, dass die Lyrik in Walsers Berner Zeit eine spontane, unbekümmerte Nebenbeschäftigung zum berufsmäßigen »Prosastückligeschäft« (Br 340) dargestellt habe. Dem lassen sich zwei Argumente entgegenhalten. Erstens weisen die meisten Mikrogrammgedichte Spuren von formalen und inhaltlichen Sofortkorrekturen auf, die besonders häufig beim Abschluss eines Texts vorgenommen wurden. Zweitens bemühte sich Walser jahrelang berufshalber mehr oder weniger erfolgreich darum, seine späten Gedichte an die Öffentlichkeit zu bringen.

Darüber hinaus zog Morlang in Betracht, dass Walser die Absicht verfolgte, die Geltungsansprüche der hohen Lyrik mit vorsätzlicher Unbeholfenheit und Blödheit zu verspotten. Ein Bekenntnis zu ironischer gestalterischer Unbeholfenheit erkannte er im Walserschen Prosastück *Die schöne Nacht*, das sich de facto aber nicht auf Walsers lyrisches Schaffen, sondern auf einen Gedichtband Richard Dehmels bezieht (vgl. Stiemer 2013, 197–203). Dass der Autor in Bern bewusst intellektualitätsfern gedichtet habe, versuchte Morlang mithilfe eines Walser-Briefs an Max Rychner vom 18. 3. 1926 zu belegen. Dieses Argument wurde erstmals von Peter Hamm vorgebracht und seitdem mehrfach adaptiert (vgl. Hamm 1985; Gronau 2006, 153–168; Schwerin 2008, 139; Walt 2011, 167).

In dem betreffenden Brief forderte Walser, man solle sich beim Gedichteschreiben unwissender benehmen, als man tatsächlich ist. Die Kunst des Dichtens bestehe nämlich nicht darin, intelligente Worte zu sagen, sondern darin, einen schönen Gedichtkörper zum ›Hervorblühen‹ zu bringen (vgl. Br 285). Eine genaue Analyse dieser Bildsprache zeigt allerdings, dass sich Walser hier nicht für eine durch und durch intellektualitätsferne oder inhaltsleere Poesie aussprach, sondern für eine Ästhetik der Anspielung. In diesem Zusammenhang bildet der geforderte verbale Intellektualverzicht nicht mehr und nicht weniger als ein Oberflächenphänomen, das die Grundlage für das ›Hervorblühen‹ der alludierten Gedichtsemantik bilden soll (vgl. Stiemer 2013, 200–202).

Es heißt zwar des Öfteren, Walsers Spätlyrik habe bisher bei Kritikern und Forschern kaum Beachtung gefunden. Tatsächlich setzten sich seit den 1960er Jahren jedoch einige Interpreten mit einzelnen späten Walser-Gedichten auseinander oder versuchten sich sogar in kurzen Überblicksstudien (vgl. Baier 1966/2004; Dormagen 1975; Kudszus 1991 u. 1995; Roussel 2009, 273–391; Allemann 2009). In jüngster Zeit scheint die späte Lyrik sogar deutlich stärker beforscht zu werden als andere Werkbereiche.

Morlang etablierte schon früh einen fruchtbaren Ansatz zur Deutung des lyrischen ›Bleistiftgebiets‹, indem er textgenetische und semantische Bezüge zwischen den Gedichten untersuchte, die auf Mikrogrammblatt 265 notiert sind (vgl. Morlang 1987, 60–67). Dieses Lektüreverfahren wurde von der späteren Forschung auf andere Mikrogrammblätter angewendet und theoretisch und analytisch weiterentwickelt (vgl. Siegel 2001, 145–156; Groddeck 2006; Wolfinger 2011, 62–76; Stiemer 2013, 223–230). Andere Interpreten legten einen Schwerpunkt auf die Erforschung biographischer, intertextueller und intermedialer Anspielungen, denen in der Spätlyrik häufig eine hohe Deutungsrelevanz zukommt (vgl. Kammer 2002; Groddeck 2005; Fattori 2007; Gigerl 2008; Prusák 2012; Stiemer 2013, 203–239).

Die erste wissenschaftliche Monographie zu Walsers Spätlyrik wurde von Antje Neher vorgelegt. Neher untersuchte vornehmlich die Mikrogrammgedichte des Kunstdruck-Konvoluts, die 1924/1925 entstanden sind. Sie brachte Walsers Spätlyrik, in der sie das poetische Prinzip des Närrischen am Werk sah, mit einer Vielzahl literatur-, ideen- und religionsgeschichtlicher Strömungen in Verbindung. Dabei behandelte sie die untersuchten Gedichte nicht nur als philologische Analyseobjekte, sondern auch als Quellen der Inspiration und der Begeisterung, wie sie selbst am Schluss der Studie zu verstehen gab (vgl. Neher 2011).

Die Wertungsfrage wurde nicht nur von Walsers Herausgebern und Kritikern, sondern auch von der Forschung immer wieder aufgegriffen. Dass Walser in seiner Berner Zeit neben saloppen Plaudereien auch makellos durchgeformte, tiefsinnige Gedichte wie das bisher noch nicht enträtselte Sonett von den Krallen schrieb, wurde dabei fast ausnahmslos außer Acht gelassen (vgl. SW 13, 244; Greven 2008). Ein besonders scharfes Urteil fällte Wolfgang Rothe, der in Walsers Spätlyrik einen »Dilettantismus ohne jede Formkraft« am Werk sah (Rothe 1979, 378). Rothe mutmaßte, dass der späte Walser mit seinen gereimten Blödeleien die schizoide Gefährdung seines Ichs herunterspielte. Diese Deutung lässt sich heute kaum mehr halten, nachdem die Forschung aufgezeigt hat, unter welchen Umständen Walsers Schizophreniediagnose im Jahre 1929 zustande gekommen ist (s. Kap. 4.25).

Die jüngere Forschung tendiert zur Annahme, dass Walser absichtlich gegen die geltenden Konventionen verstoßen hat. Besonders konsequent wurde dieser Standpunkt von Wolfram Groddeck vertreten, der in Walsers Spätlyrik eine radikale, humorvolle Kritik an der poetischen Ideologie des Formvollendeten, Gültigen und kulturell Etablierten erkannte (vgl. Groddeck 1997, 39). Insofern ist für Groddeck und andere Interpreten die ungewohnte Form einzelner Gedichte darauf zurückzuführen, dass Walser Parodien auf bekannte Lyriker wie Friedrich Schiller, Rainer Maria Rilke und Hermann Hesse produzieren wollte (vgl. Fuchs 1993, 25–30; Groddeck 2005, 63–65; Kommentar in Walser 2009, 81).

Innerhalb der genannten Einzelinterpretationen erscheint dieses Argument durchaus angebracht. Man kann so allerdings nicht erklären, warum Walsers Spätwerk eine Unmenge von lyrischen Betrachtungen aufweist, die diesen Einzelgedichten in der Machart sehr ähnlich sind, ohne dass ein parodierter Prätext eine Rolle zu spielen scheint. Man könnte nun annehmen, Walser parodiere das gesamte System der hohen Dichtkunst. Gegen diese Annahme spricht jedoch ein Befund, der kürzlich von Christian Walt zur Diskussion gestellt wurde. Walt wies darauf hin, dass Walser in seinen späten Gedichten nicht nur Konventionsverstöße beging, sondern auch eine Übererfüllung der Gattungsnormen leistete (vgl. Walt 2011). Tatsächlich handelt es sich bei den poetischen Formen, die in der Berner Lyrik Verwendung finden, um außerordentlich konventionelle Aspekte lyrischen Sprechens. Selbst die Gedichte, die weder Endreime noch erkennbare metrische Strukturen aufweisen, sind aufgrund des Zeilenfalls eindeutig der Gattung Lyrik zuzuordnen.

Allerdings gebrauchte Walser diese poetischen Gestaltungsmittel in verwirrend unsystematischer Weise. Neben reimlosen Gedichten und solchen, die traditionelle Reimschemata aufweisen, trifft man auf etliche Texte, in denen Reime, Assonanzen und Waisen regellos aufeinanderfolgen. Immer wieder werden streng jambische Verse von sonstigen rhythmischen Formen abgelöst, die völlig amorph wirken. Die Kunstgriffe der syntaktischen Inversion und der apostrophierten Vokalauslassung setzte Walser zwar meist im herkömmlichen Sinne dazu ein, eine Glättung des Versmaßes zu erreichen. Daneben verwendete er diese Stilmittel aber auch in einer Weise, die für umgangssprachliche Formulierungen typisch ist, wodurch es eher zur Störung als zur Glättung des Sprachflusses kommt. Schließlich werden in vielen späten Walser-Gedichten die unterschiedlichsten Verslängen in abenteuerlicher Weise kombiniert.

So kann sich bei der Lektüre der Eindruck einstellen, dass hier jemand im Anschluss an die herkömmliche lyrische Tradition unvermittelt herausplaudert, was ihm gerade durch den Kopf geht. Allerdings war das Plaudern eine Sprechweise, die im Bereich der Feuilletonprosa, auf den sich Walser Anfang 1925 endgültig spezialisierte, hoch im Kurs stand. Dass Walser den feuilletonistischen Plauderstil in seiner Kurzprosa zu bedienen wusste, ist von der Forschung bereits festgestellt worden (vgl. Utz 1998, 309). Dass die Entstehung der ersten erhaltenen Berner Gedichte zeitlich mit Walsers Spezialisierung auf den Feuilletonbetrieb einhergeht, wurde dagegen genauso wenig ernst genommen wie der Umstand, dass die Spätlyrik fast ausschließlich im Feuilleton von Tages- und Wochenzeitungen erstpubliziert wurde (vgl. Stiemer 2013, 192–244).

Zumeist wurde auch übersehen, dass es sich bei den Themen, die in den späten Gedichten bearbeitet werden, ausnahmslos um typische Feuilletonthemen handelt. Die Allerlei-Gedichte, die Erinnerungsstücke, die Jahreszeitengedichte, die lyrischen Impressionen und Reflexionen und die Glossen zum laufenden Kulturbetrieb – all diese Texte sind thematisch auf den Publikationsort des Feuilletons zugeschnitten, wo Tagebuchartiges und Journalistisches in kunstvoller Weise verschmolzen werden durfte (vgl. Morlang, Nachwort in AdB 4, 421–429). Das Gleiche gilt für den lyrischen Plauderstil, den Walser in seiner Berner Zeit entwickelte, indem er bei seiner Arbeit im ›Bleistiftgebiet‹ viel Mühe darauf verwandte, seinen Gedichten einen Anschein von Spontaneität und Unbekümmertheit zu geben.

So erklären sich die saloppen Wechsel zwischen verschiedenen Rhythmen, Verslängen und Reimformen, die umgangssprachlichen Wendungen, der Hang zur Abschweifung und zur freien Assoziation, der hier und dort aufblitzende Humor und die ständige Betonung der Subjektivität des lyrischen Mitteilungsprozesses. Zwar ist festzustellen, dass die Schwerverständlichkeit, die aus dem Anspielungsreichtum vieler Berner Gedichte resultiert, den Ansprüchen des Feuilletonbetriebs wohl kaum entgegenkam. Dieser Befund trifft allerdings auch auf große Teile der Berner Prosa zu. Davon abgesehen stellt die Intensität und die Ausdauer, mit der Walser die Etablierung seines lyrischen Plauderstils verfolgte, innerhalb der Literaturgeschichte des Feuilletons vermutlich ein Unikum dar.

Der zukünftigen Forschung eröffnen sich v. a. zwei große Aufgabengebiete: Erstens gilt es, weitere intertextuelle und kontextuelle Verweise zu ermitteln, die einen wichtigen Beitrag zum Verständnis einzelner später Gedichte leisten können. Zweitens ist ein besonderes Augenmerk auf die Korrektur- und Änderungsarbeiten zu richten, die Walser beim Anfertigen und Abschreiben seiner Bleistiftentwürfe vornahm (s. Kap. 4.7). Da die Mikrogramme, zu denen makrographische Textstufen überliefert sind, für die Ausgabe *Aus dem Bleistiftgebiet* nicht entziffert wurden, konnten diese textgenetischen Aspekte bisher höchstens in Ansätzen für die Textdeutung fruchtbar gemacht werden. In systematischer Weise wird dies erst möglich sein, wenn im Rahmen der *Kritischen Robert Walser-Ausgabe* auch jene Teile des ›Bleistiftgebiets‹ transkribiert und ediert vorliegen, die von Echte und Morlang nicht berücksichtigt werden konnten.

Ausgaben

Unbekannte Gedichte. Hg. v. Carl Seelig. St. Gallen: Tschudy-Verlag 1958. – GW 11, 147–173, 233–411. – GWS 7, 147–173, 233–411. – Die Gedichte. Zürich: Suhrkamp 1984, 87–270. – SW 13, 83–267. – AdB 2, 297–399. – AdB 4, 263–319. – AdB 6, 379–508. – Der Schnee fällt nicht hinauf. Dreiunddreißig Gedichte. Ausgewählt u. kommentiert v. Urs Allemann. Frankfurt a. M., Leipzig: Insel Verlag 2009.

Literatur

Allemann, Urs: Einleitung. »...wirklich schwach, ja oft kindisch...« Der verkannte Gedichteldichter Robert Walser. In: Robert Walser: Der Schnee fällt nicht hinauf. Dreiunddreißig Gedichte. Ausgewählt u. kommentiert v. Urs Allemann. Frankfurt a. M., Leipzig 2009, 9–15.

Baier, Lothar: Robert Walsers Landschäftchen. Zur Lyrik Robert Walsers [1966]. In: Text + Kritik 4, 9–16

Brod, Max: Gedichte aus der Schuhschachtel. Wiederentdeckung eines Lyrikers. In: Die Zeit, 11. 12. 1958, 11.

Brod, Max: Streitbares Leben. Autobiographie. München 1960.

Dormagen, Christel: Zu den späten Gedichten Robert Walsers. In: Text + Kritik 2, 6–20.

Echte, Bernhard: Nachwort. In: AdB 3, 195–213.

Fattori, Anna: »Was ich hier schrieb, verdanke ich einem Brueghelbild, das im Gedächtnis mir blieb«. Robert Walsers Mikrogramm-Gedicht »Schimmernde Inselchen im Meer« und das »Ikarussturz«-Gemälde von Pieter Brueghel d. Ä. Vortrag an der Jahrestagung der Robert Walser-Gesellschaft in Stuttgart, 23. Juni 2007. In: http://www.robertwalser.ch (9. 1. 2015).

Fuchs, Anette: Dramaturgie des Narrentums. Das Komische in der Prosa Robert Walsers. München 1993.

Gigerl, Margit: »Bang vor solchen Pinsels Schwung« – Robert Walsers Lektüre der Bilder Van Goghs. In: Fattori/Gigerl, 117–128.

Greven, Jochen: Nachwort. In: SW 13, 268–279.

Greven, Jochen: Postface (Nachwort). In: Robert Walser: Poèmes (Gedichte). Choisis et traduits par Marion Graf. Genf 2008, 133–144.

Groddeck, Wolfram: »Weiß das Blatt, wie schön es ist?« Prosastück, Schriftbild und Poesie bei Robert Walser. In: Text. Kritische Beiträge 3 (1997), 23–41.

Groddeck, Wolfram: Liebesblick. Robert Walsers Sonett auf eine Venus von Tizian. In: Konstanze Fliedl (Hg.): Kunst im Text. Basel, Frankfurt a. M. 2005, 55–66.

Groddeck, Wolfram: Gedichte auf der Kippe. Zu Robert Walsers Mikrogrammblatt 62. In: Davide Giuriato, Stephan Kammer (Hg.): Bilder der Handschrift. Die graphische Dimension der Literatur. Basel, Frankfurt a. M. 2006, 239–268.

Groddeck, Wolfram, Reibnitz, Barbara von (Hg.): Elektronisches Findbuch der Kritischen Robert Walser-Ausgabe. Version 5. Basel 2014.

Gronau, Peter: »Ich schreibe hier dekorativ«. Essays zu Robert Walser. Würzburg 2006.

Hamm, Peter: Lob der Blödigkeit. Robert Walsers »Mikrogramme« sind endlich entziffert. In: Die Zeit, 4. 10. 1985, 72 f.

Kammer, Stephan: »sorgsam übersetzt«? Robert Walser als »Verdeutscher von Verlaine«. In: Bodo Plachta, Winfried Woesler (Hg.): Edition und Übersetzung. Zur wissenschaftlichen Dokumentation des interkulturellen Texttransfers. Tübingen 2002, 149–164.

Kudszus, Winfried G.: Acknowledgements: »An Georg Trakl,« by Robert Walser. In: Eric Williams (Hg.): The Dark Flutes of Fall. Critical Essays on Georg Trakl. Columbia 1991, 264–283.

Kudszus, Winfried G.: »Ob ich sagen soll, von wem es ist?« Versuch zu Robert Walser. In: Thomas W. Kniesche (Hg.): Körper/Kultur. Kalifornische Studien zur deutschen Moderne. Würzburg 1995, 193–216.

Mächler, Robert: Robert Walser der Unenträtselte. Aufsätze aus vier Jahrzehnten. Hg. v. Werner Morlang. Zürich 1999.

Morlang, Werner: »Eine Art Tagebuch«. Zur Kontextualität von Robert Walsers Mikrogramm-Gedichte. In: Chiarini/Zimmermann, 55–67.

Morlang, Werner: Gelegenheits- oder Verlegenheitslyrik? Anmerkungen zu den späten Gedichten Robert Walsers. In: Hinz/Horst, 115–133.

Morlang, Werner: Nachwort. In: AdB 2, 506–522.

Morlang, Werner: Nachwort. In: AdB 4, 412–430.

Neher, Antje: Herr und Diener in der Gestalt des Narren: Robert Walsers Spätlyrik. Frankfurt a. M. 2011.

Prusák, Mariana: Blicke im Text. Robert Walsers Gedicht »Renoir« im Kontext von Kunstrezeption und Wahrnehmungsdiskurs. Vortrag an der Jahrestagung der Robert Walser-Gesellschaft in Winterthur, 13. Oktober 2012. In: http://www.robertwalser.ch (9. 1. 2015).

Rothe, Wolfgang: »Gedichtemacheleien«. Zur Lyrik Robert Walsers. In: Armin Arnold u. a. (Hg.): Analecta Helvetica et Germanica. Bonn 1979, 369–386.

Roussel, Martin: Matrikel. Zur Haltung des Schreibens in Robert Walsers Mikrographie. Basel, Frankfurt a. M. 2009.

Schwerin, Gräfin Kerstin von: Im weitverzweigten Lebensgarten. Robert Walsers Gedicht Der verlorene Sohn und Rembrandts Bild Die Rückkehr des verlorenen Sohnes. In: Fattori/Gigerl, 129–141.

Seelig, Carl. Robert Walser als Lyriker. In: Robert Walser: Unbekannte Gedichte. Hg. v. Carl Seelig. St. Gallen 1958, 93–111.

Siegel, Elke: Aufträge aus dem Bleistiftgebiet. Zur Dichtung Robert Walsers. Würzburg 2001.

Sergel, Albert (Hg.): Saat und Ernte. Die deutsche Lyrik unserer Tage. In Selbstauswahlen der Dichter und Dichterinnen. Mit kurzen Eigenbiographien und Angabe ihrer Werke. Neue, vermehrte Ausgabe, 4.–10. Tausend. Berlin, Leipzig 1924 [rückdatiert von 1925].

Stiemer, Hendrik: Über scheinbar naive und dilettantische Dichtung. Text- und Kontextstudien zu Robert Walser. Würzburg 2013.

Thut, Angela, Walt, Christian, Groddeck, Wolfram: Schrift und Text in der Edition der Mikrogramme Robert Walsers. In: Text. Kritische Beiträge 13 (2012), 1–15.

Utz, Peter: Tanz auf den Rändern. Robert Walsers »Jetztzeitstil«. Frankfurt a. M. 1998.

Walt, Christian: »Den Lyrikern empfehl' ich dringend, / sich dem Zwang des Reims zu unterziehen…«. Zur Übererfüllung von Gattungsnormen in Robert Walsers späten Gedichten. In: FATTORI/SCHWERIN, 157–175.

Wolfinger, Kay: Ein abgebrochenes Journal. Interpretationen zu Robert Walsers *Tagebuchfragment*. Frankfurt a. M. 2011.

Hendrik Stiemer

3.5.8 Versstücke, Szenen und Dialoge der Berner Zeit

Unter den 526 Mikrogrammen, die in Robert Walsers Nachlass gefunden wurden, befinden sich die Entwürfe zu insgesamt 35 kurzen dramatischen Szenen. Zu seinen Lebzeiten veröffentlichte Walser des Öfteren solche kleinen Dialoge und Dramen und bereitete noch mehr für Publikationszwecke vor. Die Form des Dramas ist eine, die den Dichter durch seine ganze Karriere begleitete – von den frühen Märchendramoletten, die schon 1901 in der Zeitschrift *Die Insel* publiziert wurden, über die kleinen Dialoge, die in den 1910er und 1920er Jahren in den Feuilletonseiten und -beilagen der wichtigsten Zeitungen in Berlin, Prag und Zürich veröffentlicht wurden oder in dem 1925 erschienenen Band *Die Rose* enthalten sind, bis hin zu den faszinierenden dramatischen Szenen, die der Dichter während seiner Jahre in Bern mit dem Bleistift in winziger Kurrentschrift hinkritzelte und die erst in jüngeren Jahren durch die Entzifferungsarbeit Bernhard Echtes und Werner Morlangs zugänglich geworden sind. Angesichts der Tatsache, dass Walsers dramatische Szenen einen wesentlichen Bestandteil seiner literarischen Arbeit darstellen, ist es überraschend, dass seine Dramen viel weniger bekannt sind als seine Prosatexte.

Zur Gattungsproblematik

Ein Grund, warum Walsers dramatische Texte so oft von den Lesern und der Literaturwissenschaft vernachlässigt wurden (und immer noch werden), mag darin liegen, dass sich seine dramatischen Werke nur schwer einordnen lassen. Entscheidet sich ein Autor für die dramatische Form, so zielt seine Arbeit normalerweise auf eine Aufführung; es scheint deshalb logisch zu vermuten, dass Walser seine kleinen Dramen als kurze Theaterstücke betrachtete. Walser war bekanntlich ein begeisterter Theaterbesucher, wie durch die vielen Verweise auf bekannte Theaterstücke, Theateraufführungen und dramatische Figuren

in seinen Prosatexten offenbar wird (vgl. Schaak 2000). Doch sind die dramatischen Szenen im Großen und Ganzen zu kurz, um als eigenständige Theaterstücke zu gelten; die meisten sind kaum länger als ein paar Seiten, weshalb Bernhard Böschenstein sie »theatralische Miniaturen« (Böschenstein 1983) nennt und Dieter Borchmeyer von einem »Metatheater« spricht (Borchmeyer 1987). Möglich ist, dass Walser sie zu einem Zyklus kürzerer Dramen zusammenzustellen vorhatte. Wenn wir die Texte jedoch näher untersuchen, so stoßen wir bald auf Inkongruenzen, die die Möglichkeit einer theatralischen Aufführung schwierig zu machen oder sogar auszuschließen scheinen.

Borchmeyer weist z. B. auf Probleme des Tempos hin, wenn Rede und Aktion zusammentreffen (vgl. Borchmeyer 1987, 139 f.). In einem Drama aus den Mikrogrammen wird die schöne Irma von dem bösen Herrn Schafroth in einen Abgrund hinabgestoßen, was sie zur folgenden philosophischen Bemerkung veranlasst: »Unsicherheiten verwandeln sich in frohe Gewißheit, wo die Zuversicht ins Ungewisse hinuntertaumelt.« (AdB 2, 425) Die Schwierigkeit der Inszenierung wird besonders offensichtlich, wenn man in dem Mikrogrammtext liest, dass Irma diese Bemerkung »im Hinunterfallen« artikuliert (ebd.). Wie genau dies theatralisch zu realisieren wäre, bleibt fragwürdig.

Eine zweite Möglichkeit wäre, dass Walser die Texte mit Bezug auf ein anderes Medium verfasste, nämlich den Hörfunk. Das wachsende öffentliche Interesse an dem neuen Medium Radio und an kurzen Radiodramen in den 1920er Jahren kann Walser nicht entgangen sein. Der Hörfunk brachte mehr Einkommen und Ruhm, und deshalb überarbeiteten viele Schriftsteller – wie z. B. Gottfried Benn, Bertolt Brecht und Alfred Döblin – ihre Romane und Kurzgeschichten als Radiodramen (Klose 1974, 28). Mit dieser Darbietungsform ließen sich Probleme der visuellen Inszenierung überwinden. In einigen Texten würde allerdings der Übergang vom geschriebenen zum gesprochenen Text zu einem Verlust der subtileren Elemente des Dramas führen. Beispielsweise erhalten die Akteure in den Regieanweisungen von vielen der dramatischen Szenen bei jeder Aussage einen neuen Namen zugewiesen, je nachdem, was sie zuvor gesagt haben. Auf eben diese Art verhält es sich bei der Szene *Ein Stubenmädel/Der uns kontinuierlich Beschäftigende*: Das Stubenmädel wird anfänglich »Die Schürzenträgerin«, später »die Zimmernymphe« und schließlich »Die, die mir noch nicht genügend charakterisiert zu sein scheint« genannt

(AdB 4, 331 f.). Ihr Gesprächspartner verwandelt sich zuerst in einen »vermeintliche[n] Baron«, dann in den »Anbeter, der sich allem Anschein nach in sein eigenes Anbeten verliebt hat«, und taucht schließlich als »der bereits Vielfachgenannte« auf (ebd., 331 f.). Solche Feinheiten, die jedoch ein signifikanter Bestandteil des Dramas sind, würden in dem Übergang von Schrift zu Stimme verloren gehen – oder sie scheinen zumindest den Eingriff einer Erzählstimme zu benötigen.

Die Beliebtheit des Kabaretts in den 1920er Jahren macht dieses zu einem dritten möglichen Medium für Walsers kurze Dramen. Vielleicht könnte das Kabarett eine Art Zwischenstufe zwischen formalem Theater und rein auralem Hörspiel repräsentieren. Die offenbare Komik, Gestik und Satire, die viele dieser dramatischen Szenen prägen, schienen auch für eine Kabarettaufführung besonders geeignet zu sein.

In diesem Kontext verdient eine Bemerkung Walsers zu seinen frühen Märchen-Dramoletten nähere Betrachtung. Über die Schneewittchen- und Aschenbrödel-Dramolette schreibt Walser 1901:

> Sie sind ganz Poesie, und durchaus nur für künstlerisch genießende Erwachsene. [...] Sie sind auf den Stil und auf die Schönheit angelegt, und der Genuß des *Buches* ist daran die Hauptsache. Ob sie je aufgeführt werden könnten, etwa mit Musik, ist ganz und gar fraglich und erscheint vorläufig völlig nebensächlich. Sie sind auf Rede und Sprache gestimmt, auf Takt und rhythmischen Genuß. (Br 65)

Diese Aussage Walsers hat auch wesentliche Implikationen für seine späteren Dramen, denn sie macht deutlich, dass für ihn die Möglichkeit einer theatralischen Umsetzung keine Voraussetzung der dramatischen Form bildet.

Materialität und Selbstreflexivität

Walsers Aussage fordert uns auf, die dramatischen Szenen vor allem als geschriebene Dramen zu betrachten. Es wird auch bald deutlich, dass der Schreibprozess in den Dialogen selbst immer wieder thematisiert und reflektiert wird. Der Leser wird ständig darauf hingewiesen, dass dieses Drama gleichzeitig vom Autor geschrieben und auf dem Papier inszeniert wird. Die narrativen Beschreibungen der dramatischen Aktionen sowie die Bühnenanweisungen erzählen und kommentieren die Handlung, sodass sie selbst zu eigenständigen Erzähltexten werden. So leitet der Erzähler den vierten Akt eines Dramas mit folgendem Kommentar ein: »Beschleunigen wir das Tempo und drängen zum vierten Akt. Gott-

lob, daß es der vorletzte ist. Das gewaltige Schauspiel nähert sich seinem Ende« (AdB 2, 430). Ebenso bezeichnet der Autor eine handelnde Person im selben Drama als die »Straßenfegerin« und setzt dazu in Klammern »für die wir bald einen passenden Namen ausfindig machen müssen« (AdB 2, 428). In beiden Fällen verweisen die narrativen Interventionen des Autors auf die vorgebliche Unvollständigkeit und Ergänzungsbedürftigkeit seiner Szenen und bieten dem Leser eine Einsicht in den Prozess des Schreibens und laden zum Mitvollzug ein.

In einigen Dramen spielt der Autor des Textes sogar eine Rolle im Stück selbst, was den Schreibprozess noch expliziter artikuliert. So wird die Unterhaltung zwischen einer Herrin und ihren Dienern unterbrochen, wenn der Autor seine Rolle in der Entstehung des Stückes betont: »Der Autor dieses Dialogstückes: Er gehorcht in erster Hinsicht mir. Er weiß, daß es lediglich auf das ankommt, was in meinem Kopf steckt.« (AdB 4, 358) Alexandra Kleihues zieht eine Parallele zwischen diesem Bruch mit den Konventionen der Gattung und dem Brechtschen Verfremdungseffekt, indem der Autor »sich unter die fiktiven Figuren [mischt] und [...] damit die Fiktionalität der dargestellten Handlung aus[stellt]« (Kleihues 2007, 230 f.). Die Illusion der literarischen Welt wird gestört, indem der Autor den Leser daran erinnert, dass diese Szene von ihm entworfen ist und gesteuert wird.

In einem anderen Stück ist es eine der Figuren, die ihre eigene Fiktionalität betont und gleichzeitig den Schreibprozess thematisiert. So kommentiert die Figur »Irgendeiner der Herren«: »Wir machen den Autor für die Art und Weise verantwortlich, wie wir uns benommen haben. Er glaubt nicht, er hätte uns vorteilhafter in einer Erzählung präsentiert. Er ließ es vielleicht an Charakterisierungstiefe fehlen, meint aber befugt zu sein, zu wünschen, er habe eine kleine Unterhal[t]ung zustande gebracht.« (AdB 4, 370)

Durch die laufenden Verweise auf den Schreibenden und auf das Medium wird deutlich, dass sich der Dialog im Prozess des Schreibens im Kopf des Autors entwickelt. Gerade die Materialität der Texte, ihre schriftliche Form, ist auch ein inhärenter Aspekt der Gattung Drama, sodass man den Text nicht aus seinem unmittelbaren Kontext herauslösen kann, ohne dass in der Übertragung entscheidende Bedeutungsnuancen verloren gehen.

Inszeniertes Spiel mit hierarchischen Beziehungen

Die späteren dramatischen Szenen stellen eine Vielzahl von alltäglichen Situationen und menschlichen Interaktionen dar. Die Konstellationen, die die Basis für die Dialoge bilden, beruhen meistens auf Machtverhältnissen – Herr und Diener, Lord und Straßenfegerin, Vermieter und Mieter, usw. Die Machtstrukturen, die allen menschlichen Interaktionen zugrunde liegen, werden in Walsers kurzen dramatischen Szenen pointiert herausgestellt.

Walsers Anspielung auf hierarchische Beziehungen lässt sich in der dialogischen Szene *Grieder/Grunder* besonders gut zeigen. Das oberflächliche Gesprächsthema besteht in einer Verhandlung über ein Mansardenzimmer, das Grunder angeblich von Grieder mieten will. Die Verhandlung löst sich aber in eine Vielzahl von Nebensächlichkeiten auf; auf inhaltlicher Ebene scheint das Gespräch nirgendwohin zu führen, da Grieder weder an Grunder das Zimmer ernsthaft vergibt noch den Handel eindeutig ablehnt. Doch macht die Schlussbemerkung der schreibenden Instanz klar, dass Grieder und Grunder »sich beide aufrichtig über die Formen [freuen], die sie während ihres Gespräches gleichsam aufrichteten« (AdB 2, 405). Nicht um das Verhandlungsobjekt geht es hier, sondern um die Form des Gespräches, die Dynamik der Kommunikation – und genau darin liegt das Eigenartige an diesem Dialog (vgl. Heffernan 2007 a, 70 ff.).

Worum geht es denn in Robert Walsers dramatischen Szenen? Wie sind diese zu lesen? Und was haben sie anzubieten, was den Prosatexten und Gedichten nicht inhärent ist? Erstens geht es in den dialogischen Szenen um hierarchische Verhältnisse, die auf seltsame oder komische Weise umgewertet werden. Zumindest innerhalb des Rahmens des Mikrogrammblatts kann sich Walser eine literarische Welt zusammenphantasieren, in der die Hierarchien, die er in seiner Umgebung wahrnimmt, unterminiert und aufgelöst werden. In diesen kleinen Dramen verstoßen die Charaktere gegen die Normen der Kultur und machen sich lustig über die regulierte Gesellschaft und ihre Machtverhältnisse. Zweitens wird hier wie auch in Walsers Prosatexten die Macht der Sprache in Frage gestellt; in den dialogischen Szenen wird diese Infragestellung auf höchst lebendige Weise inszeniert. Statt die Sprache als Mittel zur Kommunikation zu benutzen, unterstreichen Walsers Dramen-Figuren, wie wenig Aussagekraft die Sprache hat. Drittens erfordert diese merkwürdige Schreibweise eine ganz andere Art Lektüre vom Leser. Die Interaktion im Text spiegelt die Wechselwirkung zwischen Leser und Text wider, indem der Leser in dieses Spiel zwischen Anziehung und Abstoßung hineingezogen wird. Er geht mit gewissen Erwartungen an den Text heran, findet aber bald heraus, dass diese Erwartungen nicht erfüllt werden. Bald erkennt er, dass er mitzuspielen hat, wenn er diesen Text lesen will. Auf diese Weise wird der Akt des Lesens, der Dialog zwischen Leser und Text, auf inhaltlicher und auf formaler Ebene im Text selbst inszeniert und dramatisiert.

Ausgaben

GW 11, 175–231. – GWS 7, 175–231 – SW 14, 133–189. – AdB 2, 401–472. – AdB 4, 321–370. – AdB 6, 509–535.

Literatur

Böschenstein, Bernhard: Theatralische Miniaturen. Zur frühen Prosa Robert Walsers. In: Benjamin Bennett, Anton Kaes, William J. Lillyman (Hg.): Probleme der Moderne. Studien zur deutschen Literatur von Nietzsche bis Brecht. Fs. für Walter Sokel. Tübingen 1983, 67–81.

Borchmeyer, Dieter: Robert Walsers Metatheater. Über die Dramolette und szenischen Prosastücke. In: CHIARINI/ ZIMMERMANN, 129–143.

Heffernan, Valerie: Provocation from the Periphery. Robert Walser Re-examined. Würzburg 2007 a.

Heffernan, Valerie: Walsers hybrides Subjekt. Zur dramatischen Szene *Die Chinesin/Der Chinese*. In: GRODDECK u. a. 2007 b, 237–242.

Kleihues, Alexandra: Robert Walsers dramatische Szenen der Berner Zeit im theaterhistorischen Kontext. In: GRODDECK u. a., 229–236.

Klose, Werner: Didaktik des Hörspiels. Stuttgart 1974.

Schaak, Martina: »Das Theater, ein Traum«. Robert Walsers Welt als gestaltete Bühne. Berlin 1999.

Valerie Heffernan

3.6 Korrespondenz

3.6.1 Korpus, Brieftypen, Deutungsaspekte

Überblick

In einer Rezension über Walsers Sammlung *Aufsätze* schrieb Max Brod 1913: »Noch niemals hat man sich so kunstreich gehen lassen. Nicht ›was er weise verschweigt‹, sondern was er unweise ausschwatzt, scheint hier den Meister des Stiles zu machen. Deshalb gelingen unserem Walser Briefe so vorzüglich« (zit. n. KERR 1, 84). Die Rede ist hier von fiktionalen Briefen, doch lässt sich Brods Charakterisierung auch auf Walsers Epistolographie beziehen.

Der fiktionale Brief als literarische Erzählform ist vorzüglich geeignet für Feuilletons; die klare Akzentuierung von Anfang und Schluss (Anrede und Gruß) macht den Brief zur ›strengeren‹ Variante des oft *in medias res* beginnenden und endenden Walserschen ›Prosastücks‹. Walser hat diese Form in ca. zwei Dutzend Feuilletontexten verwendet (vgl. u. a. SW 18, 111–156, sowie das Titelregister SW 20, 487 f.).

Während im nachfolgenden Kapitel (s. Kap. 3.6.2) Walsers Briefe an Frieda Mermet vertieft interpretiert werden, sollen hier zunächst ein systematischer und ein chronologischer Überblick über die verschiedenen Korrespondenzen und Brieftypen gegeben und zentrale Deutungsaspekte benannt werden.

Auszugehen ist dabei erstens von der Eigengesetzlichkeit des epistolographischen Schreibens (mediale Aspekte und Besonderheiten der ›Schreibszene‹). Zweitens definiert sich Walsers ganzes Schreiben emphatisch als ein ›projet existentiel‹. Zu Walsers fragmentarisiertem »Ich-Buch«, an dem er »weiter und weiter« schreibe (SW 20, 322), gehört auch das Briefschreiben (Autofiktionalität). Drittens besteht beim Briefschreiben eine besonders enge Beziehung zwischen Text und materiellem Artefakt (Objektcharakter; vgl. Kammer 2001).

Korpus, Überlieferung, Editionslage

Von Walser sind etwa 750 Briefdokumente überliefert. Der erste überlieferte Brief stammt vom 3. März 1897 (Walser ist 18-jährig). Es handelt sich um ein Schreiben, mit dem sich Walser beim ›Arbeiterführer‹ Robert Seidel um eine Anstellung bei der Zeitschrift *Die Arbeiterstimme* bewarb (Br Nachtrag 1). Im letzten datierten Brief (Walser ist 55-jährig) wen-

det sich Walser an seine schwerkranke Schwester Lisa, um ihr baldige Besserung zu wünschen und »für alles« zu danken (an Lisa Walser, 20. 9. 1943).

In der zeitlichen Verteilung der überlieferten Briefe Walsers liegen die Spitzenzahlen in der Phase von 1913 bis 1920 (durchschnittlich ca. 30 Briefe pro Jahr von Walser) und in den Jahren 1926 und 1927 (ca. 60 Briefe pro Jahr). Insbesondere in den Jahren 1917 bis 1919, als Walser nicht weniger als sechs Bücher vorbereiten und publizieren konnte, sind die Briefe an die Verlage Huber und Rascher so häufig, dass sich Walsers verlagspolitisches Agieren streckenweise fast Tag für Tag verfolgen lässt.

In der Verteilung nach Adressaten bilden die Briefe an die langjährige Freundin Frieda Mermet die *pièce de résistance* (183 Briefe). Einen weiteren großen Komplex bilden Walsers Briefe an Verlage; zu den bereits erwähnten Briefen an Rascher und Huber kommen aus den Jahren 1904 bis 1919 die Briefe an den Insel-Verlag hinzu (zusammen ca. 140 Briefe). Etwas weniger zahlreich sind Walsers Briefe an Feuilletonredaktionen (ca. 160 Briefe an etwa 25 verschiedene Redaktionen); unter diesen besitzen die Briefe an Otto Pick, Redakteur der *Prager Presse*, ein besonderes Gewicht.

Gegenbriefe sind nur ca. 160 überliefert. Da Walser keine an ihn gerichtete Briefe aufbewahrte, handelt es sich bei den wenigen heute dennoch bekannten Briefen, von wenigen Ausnahmen abgesehen, um Duplikate unterschiedlicher Art (Typoskript-Durchschläge oder im Pressverfahren hergestellte Kopien in Kopialbüchern), die hinsichtlich des Brieftextes und des Briefdatums natürlich weniger zuverlässig sind als ausgefertigte und nachweislich abgeschickte Originalbriefe. Durchschläge und Kopien finden sich in den Archivbeständen des Insel-, des Rascher- und des Huber-Verlags (zusammen ca. 110 Briefe an Walser). Auch Gegenbriefe aus Walsers Korrespondenz mit der Zeitschrift *Individualität* sind bekannt, in kleinerer Zahl auch aus der Korrespondenz mit dem *Neuen deutschen Merkur* (zusammen ca. 15 Briefe an Walser).

Die Lücken in der Briefüberlieferung betreffen also in erster Linie den Bereich der Gegenbriefe. Schwerwiegend ist das Fehlen der Briefe von Frieda Mermet. Auch Briefe von Zeitungs- und Zeitschriftenredaktionen in größerer Zahl zu kennen, wäre willkommen; sie könnten die Funktionsweise sowie den ästhetischen Erwartungshorizont des Feuilletonbetriebs erhellen. Dass Entwürfe oder Abschriften von Briefen Carl Seeligs an Walser, abgesehen von einer Ausnahme, fehlen, ist jedenfalls auffallend.

Möglicherweise wollte Seelig Walsers Bild prägen (als Herausgeber, als Photograph und – in den *Wanderungen mit Robert Walser* – als ›Interviewer‹), ohne selbst ›ins Bild zu treten‹. Unter den Korrespondenzen, bei denen sowohl die Briefe von als auch an Walser ganz oder weitgehend fehlen, wäre als erste diejenige mit seinem Bruder Karl zu nennen. Aber auch Walsers Korrespondenz mit Lisa und mit Fanny Walser dürfte in beiden Richtungen sehr viel ausgedehnter gewesen sein als heute bekannt. Walsers Verhältnis zu Cassirer liegt praktisch ganz im Dunkeln, aber auch jenes ebenso wichtige zum *Berliner Tageblatt*. Auch von der Korrespondenz mit dem Rowohlt bzw. Kurt Wolff Verlag existieren nur Rudimente.

Drittbriefe, die hohe Beachtung verdienen, nicht zuletzt, weil sie Lücken in den Primärkorrespondenzen zu überbrücken vermögen, sind diejenigen, die Karl Walser parallel zu Robert und zum Teil ›im Dreieck‹ mit diesem, mit den Verlagen Rascher und Huber führte. Ein Sonderstatus ist aber vor allem den Briefen Seeligs an Dritte einzuräumen, mit denen dieser Walsers Interessen gegenüber Verlagen oder auch gegenüber Literaturförderinstitutionen vertrat. Da Seelig als Vormund Walser als Rechtsperson vertrat, gehören diese Briefe in gewissem Sinn sogar zum Primärkorpus.

Das Verdienst der Briefedition von Jörg Schäfer und Robert Mächler, die 1975 als Teil des von Jochen Greven herausgegebenen *Gesamtwerks* und 1979 um Nachträge erweitert als Taschenbuch erschien (GW 12/2; Br), besteht darin, Walsers Briefwerk zu einem frühen Zeitpunkt mit 422 Briefen bereits relativ breit erschlossen zu haben und damit werkgeschichtliche Zusammenhänge im Hinblick auf die zweite Grevensche Ausgabe von 1985/1986 (SW) aufgearbeitet zu haben. Bedeutende Ergänzungen liegen mit den Editionen einzelner Briefbestände zum Kreis der *Individualität* (Lienhard 2003) und zur Huber-Korrespondenz (Salathé) vor. Die Briefausgabe im Rahmen der *Berner Ausgabe* der Werke und Briefe Walsers deckt das gegenüber der Edition von Schäfer und Mächler mehr als verdoppelte Korpus vollständig ab (BA IV, in Vorbereitung).

Brieftypen

Der *Dankesbrief* gehört zu den Elementarformen der Briefgattung und tritt bei Walser verbreitet auf. Neben »bestem«, »herzlichem«, »warmem«, »schönstem«, »verbindlichstem«, »aufrichtigstem«, »innigem« und »höflichem« Dank finden sich bei Walser leicht ironische Steigerungsformen (»herrli-

cher« Dank), aber auch parodistische Übertreibungen: »Es ist mir eine angenehme Pflicht, mich zu beeilen und herbeizustürzen, um […] herzlich zu danken« (Br 112).

Der *Bittbrief* ist das Gegenstück zum Dankesbrief. Walser reflektiert die Tatsache, dass seine Briefe vielfach »nichts weiteres« als »Bittschrift[en] oder Bettelbrief[e]« sind (Br 163). Die ausgeprägte ästhetische Gestaltung seiner Briefe ist wohl teilweise in den Schamgefühlen begründet, die damit verbunden sind.

Einen exemplarischen, an Emphase kaum zu überbietenden *Beschwerde-* oder *Mahnbrief* schrieb Walser an den Francke-Verlag (Walser an Francke-Verlag, 5. 3. 1917, in BA IV). Walser, seinem Honorar entgegensehend, beschwert sich über die tatsächliche oder vermeintliche Langsamkeit, mit welcher im Verlag an der Herstellung der *Kleinen Prosa* gearbeitet wird. Der Brief gipfelt in einer Interjektion, welche die ganze ›Tragik‹ eines brotlosen Schriftstellerberufs in kürzester Form zusammenfasst: »Wie stellen Sie sich die Existenz eines Dichters eigentlich vor?«

Im *Familienbrief* sind Auskunft und Erkundigung über das beiderseitige Wohlbefinden fast unverzichtbar: Wie geht's Dir? Mir? Den andern (Familienmitgliedern, Freunden usw.)? Walser hält sich in seinen Briefen an seine Schwestern konsequent an das ›Wie geht's-Schema‹. Es finden sich bei ihm Familienbriefe vom Typus des zärtlichen Trostbriefs (z. B. »Sieh, ich verstehe Deine Schmerzen sehr, sehr gut«; Br 19), aber auch vom Typus der strengen moralischen Ermahnung (»Lege nur allen Stolz ab«; Br 44). Dieser an die Erbauungsfunktion älterer Brieftraditionen erinnernde pastorale Ton, der auch in seiner Korrespondenz mit Frieda Mermet wiederkehrt, veranlasste Walser selbst einmal zur überraschten Feststellung, dass er »plötzlich wie ein Pfarrer rede« (Walser an Frieda Mermet, Winterende 1915, in BA IV [RWA. Signatur: RW MSB1–MER–17]).

Der *Bohème-Brief* ist zum einen geprägt durch einen kameradschaftlichen Ton, zum andern durch eine Neigung zur Provokation. Er soll wie hingeworfen wirken und darf Nonsens und Anzügliches enthalten, wie sich an einer Karte zeigt, die Walser seinem Bruder Karl 1900 nach Berlin sandte (»Wir sind Kundinen, Kerle, Schufte, Brüder, mit einem Wort: Maler und Dichter: oder was gibt es da«; Thut 2009, 11). Bemerkenswert ist, dass bohèmeartige Merkmale auch in Walsers Geschäftskorrespondenz mit Verlagen auftreten können (vgl. Br 190, 257).

Im *Konversationsbrief* wird die Absicht verfolgt, zu unterhalten und zu gefallen. Ähnlich wie in der gepflegten Salonkonversation taugen dazu Genreszenen, pointierte Erzählungen, Betrachtungen und Erinnerungen, die mit persönlichen Nachrichten, Neuigkeiten aus dem Umfeld und mit *faits divers* gemischt werden. Der Sprachschmuck (Neologismen, Provinzialismen, kühne Metaphern, Wortspiele usw.) und dosiert eingesetzte Mittel der Komik machen den Konversationsbrief ›angenehm‹ und ›interessant‹. Das Konversieren kommt Walser poetologisch sehr entgegen, da es schnelle Stil- und Themenwechsel erfordert (vgl. z. B. Br 237, 264).

Galante Briefe richtete Walser an Therese Breitbach, eine ferne Verehrerin im »Fräuleinchen«-Alter: »Mich durch Ihre sanfte, liebe, lammfromme Erlaubnis, Ihnen schreiben zu dürfen, gestärkt, geehrt, gehoben fühlend, will ich also denkbar zart […]« (Br 271; vgl. Br 305).

Walser verfasste viele *polemische Briefe*. Zanklust und Gezänk, berndeutsch: »Gnietigkeit« bzw. »Chitti«, beschäftigte ihn auch theoretisch (vgl. Br 235, 282, 243). Er versteht unter »Chitti« »etwas Arrangiertes, Bezwecktes«, das »vor ausgewähltem Publikum« stattfinden hat und das »voll Spaß sein kann« und über das »man im Stillen furchtbar […] lacht« (Br 243). Sein polemisches Briefschreiben geht vom satirischen Spott über Schriftstellerkollegen (vgl. Br 227) bis zur hemmungslosen Schimpftirade oder zur ressentimentgetränkten Hass-Suada (vgl. Br 210, 282).

Walser beherrscht also eine breite Palette von Briefgenres, die häufig in Kombinationen auftreten. Natürlich werden Genre-Formen von ihm auch aufgebrochen. Als Beispiel dafür lässt sich ein kurzer Brief anführen, der sich zunächst darauf zu beschränken scheint, das familiär-freundschaftliche ›Wie geht's-Schema‹ zu erfüllen, sich dann aber in einen hochexpressiven Sehnsuchtsgruß verwandelt (vgl. Br 310). Kaum vertreten sind unter seinen Briefen dagegen eigentliche *Liebesbriefe* und *Schriftstellerbriefe*. Ansätze zu letzterem finden sich am ehesten in seiner Korrespondenz mit Christian Morgenstern (vgl. Br 47–51).

Chronologischer Überblick

1904, Walser ist 26-jährig, werden seine Briefe allmählich metasprachlich und gattungsreflexiv. Seine Einführung in die handwerklichen Seiten des Schriftstellerberufs erfolgte, soweit sie überhaupt auf dem Briefweg vor sich ging, im Herbst 1906: Christian Morgenstern bringt ihm die professionelle Verwendung von Korrekturzeichen bei und empfiehlt

ihm, eine kritische Distanz zu seiner Textarbeit einzunehmen (vgl. Br 47). Ähnliche Ansätze von Lektoratsarbeit hatte Walser im August 1902 mit Richard Dehmel erlebt. Außerdem ist anzunehmen, dass auch Josef Viktor Widmann im Zusammenhang mit den Publikationen im *Bund* (1898/1902) didaktische Bestrebungen unternommen hatte. Der einzige überlieferte Brief an Widmann zeigt immerhin, dass Walser von Widmann mit Lesestoff versorgt wurde (Br 3). Den Briefwechsel mit Flora Ackeret (1904–1907) benutzte Walser als eine Art Schreiblabor. Der literarische Neuling, selber noch stark protegiert, konnte sich überdies gegenüber Ackeret, die sich ebenfalls literarisch betätigen wollte, in der Rolle des Mentors einüben, indem er – allerdings ohne Erfolg – Ackeret an Cassirer zu vermitteln versuchte (1906).

Im Februar 1908 empfing Walser einen ›Schicksalsbrief‹ von Anton Kippenberg, dem neuen Insel-Verlagsleiter, der sich von Walser trennen wollte. Kippenberg betrachtete Walsers Texte als »zu leichte Ware« für die Publikation in Buchform (Insel-Verlag an Walser, 1. 2. 1908, in BA IV). Die erste und bis dahin sehr vertrauensvoll geführte Korrespondenz mit einem Verlag ging für Walser mit einer Ur-Kränkung zu Ende.

1913, nach der Rückkehr des 35-jährigen Walser aus Berlin, ordnete sich seine Brieftopologie neu. Nur kurze Zeit konnte Walser – im Briefwechsel mit Max Brod – den Kontakt zur fernen urbanen Literaturwelt (Biel – Prag) halten. In der intensiven Korrespondenz mit Frieda Mermet baute er eine neue und lokale Achse auf (Biel – Bellelay). Im Frühling 1914 gab Walser brieflich bekannt, sich vom Feuilleton verabschieden und wieder in die »Roman-Abteilung« wechseln zu wollen (vgl. Br 87; Walser an *Vossische Zeitung*, um März 1914, in BA IV). Die Briefe dienten dabei vermutlich als Mittel der Selbstverpflichtung. Walser entwickelt in den Folgejahren seinen epistolographischen Konversationsstil weiter.

1916 bis 1919 liefen äußerst dichte Korrespondenzen mit den Verlagen Huber sowie Rascher und mit vielen andern Personen und Institutionen. In seinen Briefen an die Verlage gab sich Walser mit stilistischen Mitteln den Anschein der Souveränität, der jedoch immer wieder durch nervöse Ausfälle gestört wurde. Walser baute in seine Briefe, in denen er Verlagen Manuskripte anbot, eine Art von Selbstrezensionen ein, in denen er auf die unterhaltende Qualität der angebotenen Werke sowie auf seinen großen Arbeitsaufwand hinwies. In der ersten Jahreshälfte von 1917 und erneut ab März 1918 kam es zu dramatischen Auseinandersetzungen mit dem Huber-Verlag.

Entgegen dem äußeren Eindruck eines sehr destruktiven Konflikts scheint das Streiten ein *momentum* der gemeinsamen Konzeptentwicklungsarbeit gewesen zu sein. In Herbst und Winter 1917/1918 schrieb Walser eine ganze Reihe beachtenswerter ästhetischer, politischer und weltanschaulicher Bekenntnisbriefe. Viele Äußerungen tendieren zum apolitischen Eskapismus. Walser stand damals gleichzeitig in Korrespondenz mit Hermann Hesse, aber auch mit Robert Faesi, die beide repräsentative, aber höchst unterschiedliche politische Positionen vertraten. 1918 setzte Walsers Korrespondenz mit Institutionen der Literaturförderung ein.

1919 bis 1922, Walser ist Anfang 40, zeichnen sich zwei Tendenzen ab. Zuerst die Verdichtung einzelner Ereignisse zu einer Szenographie des Abgangs: der Wegzug aus Biel, das Scheitern der Suche nach einem Verlag für den *Theodor*-Roman, der vorläufige Abschied vom Schriftstellerberuf, die Abweisung durch Frieda Mermet. Dann aber findet ganz deutlich eine Neuorientierung Walsers, der eben erst in Bern angekommen war, in Richtung Zürich statt. Diese Stadt bot wichtige Publikationsmöglichkeiten, Fördergelder, ›Beziehungen‹, Freundschaften, Gelegenheit für interessante Theaterbesuche und Auftrittsmöglichkeiten; wichtige Figuren aus der Zürcher Literaturszene bemühten sich um Walser, Eduard Korrodi legte ihm den Umzug nahe (vgl. Br 220). In diesen Jahren verstärkte sich auch Walsers Hang zum polemischen Briefstil; vermehrt sah Walser sich selbst und seine Korrespondenzpartner als »Wildwestleute«, die sich »mit gespannten Revolvern« gegenüber stehen (Br 232).

1924 bis 1928, Walser wird 50-jährig, perfektionierte Walser seinen Konversationsstil, insbesondere in der Korrespondenz mit Frieda Mermet, und war zweifellos auch animiert durch den beginnenden Briefwechsel mit Therese Breitbach. Außerdem entwickelte er, als langweilten ihn die immer gleichen Standardfloskeln, mit denen er seine Manuskriptsendungen versah, eine Art Kurzvariante des Konversationsbriefes: Geistreiche, kurze Brief-Capriccios, die er an Max Rychner und in großer Zahl an Otto Pick versandte (vgl. z. B. Br 247).

In den Jahren, die Walser in den Heil- und Pflegeanstalten von Bern und Herisau verbrachte (1929–1956), verlor er allmählich das Interesse an einer literarisch ambitionierten Epistolographie und begnügte sich stattdessen schließlich weitgehend mit lakonisch-kurzen, fast schülerhaft wirkenden Briefchen: »Heute danke ich Ihnen für die mir freundlich geschenkten Orangen herzlich und wünsche Ihnen und Ihren Angehörigen mit meinen besten Grüßen alles Schöne, Liebe und Gute« (Br 382).

Deutungsaspekte

Robert Walser bezeichnete in einem Gedicht das Briefschreiben als ›rauschendes‹, ›plätscherndes‹, ›plauderndes‹ »Brünnlein« (SW 13, 225; vgl. Buzzo 1987, 122 f.) Das Gedicht reflektiert die Unmöglichkeit, dieses Rauschen zu stoppen. Walsers Briefe sind Teil eines Schreibkontinuums, »womit er sich und andre amüsierte« (SW 13, 225), ohne dass eine Trennung zwischen dem ›Prosastückligeschäft‹ der Werktage und der Sonntagsbeschäftigung des Briefschreibens möglich wäre. Die schreibtechnischen sowie die formalen, poetologischen und stilistischen Parallelen zwischen Feuilleton-Capriccios und Brief-Capriccios begünstigen Schreibbewegungen, die über die Ränder des Briefpapiers hinausführen (vgl. Utz 2015).

Es lässt sich nachweisen, dass Walser wiederholt denselben Stoff in einem Brief wie in einem Prosatext verarbeitet hat (ebenso wie das ›Umkreisen‹ bestimmter Figuren oder *settings* ja auch zwischen verschiedenen Prosatexten zu beobachten ist). Beispielsweise werden die disparaten Erzähl-Elemente ›Verfüttern von Keksen‹, ›Oscar Wildes Ächtung‹ und ›Wintersport mit Lehrerin‹ sowohl im Prosatext *Eine Ohrfeige und Sonstiges* (SW 8, 49 f.) als auch in einem Brief verwendet (vgl. Br 237). Im Sinne der ›bricolage‹, zu deren Voraussetzungen gehört, dass kein ›Narrativ‹ fest gefügt sein kann, produziert hier Walsers Schreibfluss flüchtige, vorübergehende und ineinander übergehende Textkonfigurationen.

Eine medial komplexe Konfiguration entsteht dann, wenn Walser seinen Briefen Druckbelege seiner Zeitungs- und Zeitschriftenpublikationen beilegt oder auf solche verweist. Nicht immer handelt es sich dabei um eine zufällige Auswahl von Mustern aus der aktuellen Produktion. In gewissen Fällen sind die erwähnten oder beiliegenden Texte vielmehr mit Kalkül ausgesucht. Sie fungieren als eine Art Brieferweiterung, welche z. B. das Platzieren galant verdeckter Botschaften erlaubt. In einem Brief an Therese Breitbach werden *Der Kuß (II)* und *Der Bubikopf* erwähnt (Br 305). Mit der Frage: »Besitzen Sie auch einen? [sc. Bubikopf]?«, macht der Briefautor der Briefleserin deutlich, dass sie diesen Text, in einem allerdings nicht genau bestimmten Sinn, auf sich zu beziehen habe. Sie kann folglich diesen Text wie überhaupt alle publizierten Texte Walsers nicht mehr wie eine ›normale‹ Leserin lesen.

Ein wichtiger Aspekt an Walsers Briefen ist ihre doppelte und ambivalente Adressiertheit, die sich auf bestimmte Weise schon am vorangehenden Beispiel zeigt. Ein literarischer Brief ist an einen bestimmten Adressaten und zugleich an die literarische Öffentlichkeit gerichtet. Die öffentliche Adressierung ergibt sich daraus, dass (insbesondere prominente) Schriftsteller nicht anders können, als Briefe im Bewusstsein zu schreiben, dass diese (posthum) publiziert werden (können). Walser behauptete beispielsweise, den 1927 erschienenen *Brief an ein Mitglied der Gesellschaft* »ursprünglich, d. h. auf dem Brouillon, an eine hiesige Dame gerichtet« zu haben (Br 322; vgl. Siegel, 60–65). Ihn interessierte auch, dass von ihm für die Publikation geschriebene fiktionale Briefe authentisch wirken konnten (vgl. Kuharenoka 2008). Ganz generell ist Walsers Adressierungsverhalten dadurch gekennzeichnet, dass die realen Adressaten sich gleichsam in einem fiktionalen Adressaten-Konstrukt auflösen (vgl. Matt 1987). Der reale Adressat wird, wenn er sich nicht mit dem Adressaten-Konstrukt identifizieren mag, dazu gezwungen, die Adressatenposition auf der primären Ebene der Briefkommunikation freizugeben, ohne aber von der Lektüre des Briefes dispensiert zu werden. Als Leser des Briefes ist er nun auf einer höheren Ebene gewissermaßen nur noch Publikum. Außerdem wäre danach zu fragen, inwiefern sich die Auflösung des realen Adressaten auf die Adressiertheit an sich auswirkt: Monologisiert Walser in seinen Briefen? Könnte man von einer ›Selbstadressierung‹ seines Briefschreibens sprechen? Legitimieren ließe sich eine solche Betrachtungsweise gattungsgeschichtlich etwa durch den Verweis auf die Nähe von Tagebuch- und Brieftradition im pietistischen und im empfindsamen Kontext (vgl. Nickisch 1991, 45).

Einen besonderen Stellenwert haben bei Walser Höflichkeitsformeln – und ihre Umkehrung: Frechheiten. Höflichkeit, wie sie von der Briefsteller-Literatur gefordert wird, könnte man definieren als ein Mittel, das dazu dient, die angemessene Distanz zum jeweiligen Briefpartner zu finden und zu wahren. Für das Erreichen des mit dem Brief verbundenen Handlungsziels ist das entscheidend. Ein Übermaß an Höflichkeit wirkt ironisch, ein Mangel dagegen frech. Beides ist zu vermeiden. Bei Walser sind Höflichkeitsformeln karnevaleske Extrem-Manifestationen der epistolographischen Autofiktionalität: »Mein unschätzbarer Herr. / Hoher Gönner, / eventuell auch / teurer Freund.« (Br 257) In dieser misstrauisch gebrochenen Klimax deutet sich an, wie instabil das Verfahren ist, durch das die angemessene

Distanz hergestellt werden soll. Walser zielt letztlich ab auf einen paradox erscheinenden Zustand der ›fernen Nähe‹ (zum Begriff vgl. GRODDECK u. a. 2007). In der Korrespondenz mit Therese Breitbach entwickelt sich daraus ein raffiniertes erotisches Spiel, ein Tändeln, das durch den Wechsel von Annäherung und Entfernung für eine anhaltende Spannung sorgt.

Walsers Briefe sind in hohem Maß, aber auf diskrete Weise skriptural. Der Autor demonstriert, wie sehr er die technische Seite des Briefschreibens beherrscht. Auffällig ist, dass sich weniger eine lineare Entwicklung des Schriftbildes als vielmehr das Nebeneinander wechselnder Schriftbilder feststellen lässt. In seinen Briefen an Flora Ackeret ist die Breite und kalligraphische Qualität der Schriftbilder am ausgeprägtesten. Gegen die klassische Briefsteller-Regel verschnörkelt Walser gelegentlich das Schriftbild (vgl. z. B. Br 244, 250, Abb. VI; s. Abb. 11). Einige Briefe sind gar als Bildbriefe gestaltet; sie entstanden durch Aufkleben kleiner Photographien oder ausgeschnittener Illustrationen. Walser scheint sich dabei an das Muster von Briefpapier, das in den Ecken oder am Rand mit Vignetten versehen ist, angelehnt zu haben (vgl. Br 191, 199, 202, 201). In einigen weiteren Briefen experimentiert Walser mit dem Quadratformat und/oder einem möglicherweise an Druckbildern inspirierten Block-Layout (vgl. Br 4, 17, 253; Walser an Flora Ackeret, März 1905, in BA IV). Die epistolographische ›Urszene‹, Briefformat und Textlänge so zur Übereinstimmung bringen zu sollen, dass der Brieftext das Papier gleichmäßig ausfüllt, wird von Walser variationsreich ikonographisch gespiegelt, besonders virtuos durch ein An-den-Rand-Herantasten in zielgenauer Textamplifikation (vgl. z. B. Br 271), oftmals aber auch durch ein intendiertes ›Überlaufen-Lassen‹ des Textes (vgl. z. B. Br 312).

Als Feuilletonist im doppelten Sinn eines Konsumenten und Produzenten war Walser in die immer schneller drehenden Kreisläufe des ›Literatur- und Pressebetriebs‹ eingebunden. Seine Ankoppelung an das System fand im Zirkulationsmedium des Briefes statt. In Briefumschlägen versandte er seine literarische Produktion, in Briefumschlägen kamen Druckbelege zurück. Diese wurden in den Briefkreislauf ›Bellelay‹ transferiert. In Bellelay wurden sie archiviert und konnten bei Bedarf abgerufen werden, um über die Schaltstelle von Walsers Schreibpult erneut in den Literaturbetrieb eingespeist zu werden. Im ›Bellelay‹-Kreislauf zirkulierten auch mit Lebensmitteln gefüllte Pakete und Dosen, die leer retourniert wurden. Indem Walser nach dem Verzehr einer aus

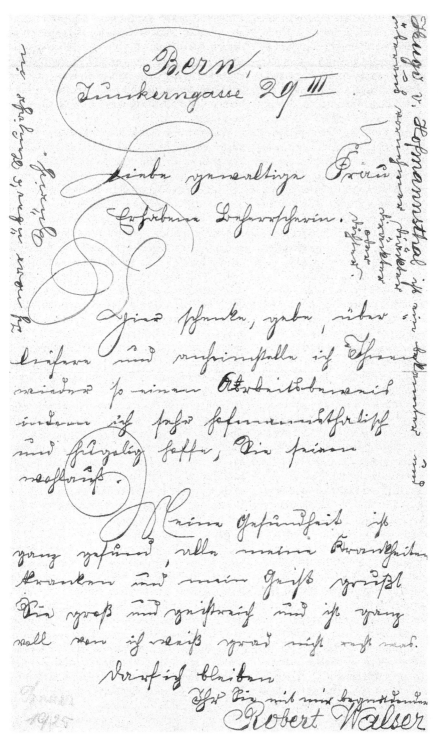

Abb. 11: Robert Walser: Brief an Frieda Mermet, Januar 1925. 13 × 21,6 cm. RWA.

Bellelay stammenden Tafel Schokolade das übriggebliebene Papier für einen Dankesbrief benutzte, bot er eine durch nichts zu übertreffende Selbstinterpretation. Er füllte das Papier pflichtbewusst von Rand zu Rand mit Texten und wünschte, alle Buchstaben sollten »lauter Fränkli und Fünflieber [sic!] sein« (Br 166). In einem sehr umfassenden Sinn wurden Walsers Korrespondenzen vom Gesetz der Zirkulation von Waren und Werten regiert.

Ausgaben

GW 12/2. – Br. – MITTEILUNGEN 3, 7–9, 15, 16, 18, 20, 21. – Lienhard, Ralf (Hg.): Der Kreis der »Individualität«. Willy Storrer im Briefwechsel mit Oskar Schlemmer, Hermann Hesse, Robert Walser und anderen. Bern, Stuttgart, Wien 2003. – SALATHÉ. – BA IV (in Vorb.).

Literatur

Buzzo Margari, Renata: Das dichterische Ich zwischen Briefen und Prosastücken. In: CHIARINI/ZIMMERMANN, 122–128.

Kammer, Stephan: Gestörte Kommunikation. Robert Walsers Briefschreibspiele. In: Werner M. Bauer, Johannes John, Wolfgang Wiesmüller (Hg.): »Ich an Dich«. Edition, Rezeption und Kommentierung von Briefen. Innsbruck 2001, 229–245.

Kuharenoka, Tatjana: »Immer, wenn ich Hunger habe, gelüstet es mich, einen Brief zu schreiben«: Robert Walser als Briefautor. In: Eve Pormeister, Hans Graubner (Hg.): Tradition und Moderne in der Literatur der Schweiz im 20. Jahrhundert. Beiträge zur Internationalen Konferenz zur deutschsprachigen Literatur der Schweiz, 26. bis 27. September 2007. Tartu 2008, 38–52.

Matt, Peter von: Wer hat Robert Walsers Briefe geschrieben? In: CHIARINI/ZIMMERMANN, 98–105.

Nickisch, Reinhard M. G.: Brief. Stuttgart 1991.

Umfang und zeitliche Verteilung wichtiger Briefwechsel

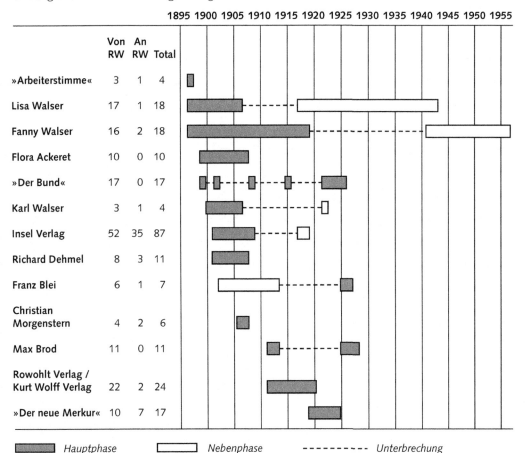

	Von RW	An RW	Total
»Arbeiterstimme«	3	1	4
Lisa Walser	17	1	18
Fanny Walser	16	2	18
Flora Ackeret	10	0	10
»Der Bund«	17	0	17
Karl Walser	3	1	4
Insel Verlag	52	35	87
Richard Dehmel	8	3	11
Franz Blei	6	1	7
Christian Morgenstern	4	2	6
Max Brod	11	0	11
Rowohlt Verlag / Kurt Wolff Verlag	22	2	24
»Der neue Merkur«	10	7	17

Hauptphase   Nebenphase   – – – – – – – – Unterbrechung

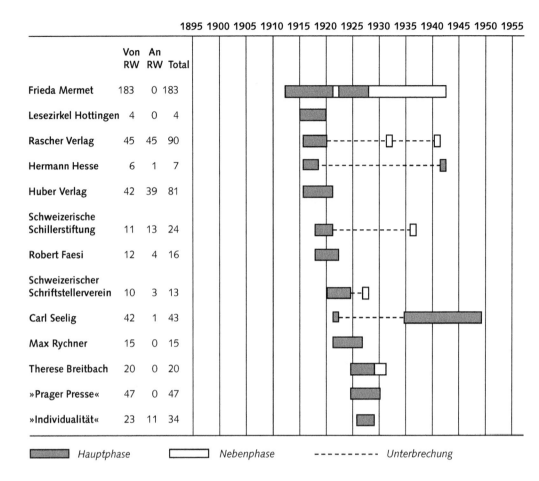

	Von RW	An RW	Total
Frieda Mermet	183	0	183
Lesezirkel Hottingen	4	0	4
Rascher Verlag	45	45	90
Hermann Hesse	6	1	7
Huber Verlag	42	39	81
Schweizerische Schillerstiftung	11	13	24
Robert Faesi	12	4	16
Schweizerischer Schriftstellerverein	10	3	13
Carl Seelig	42	1	43
Max Rychner	15	0	15
Therese Breitbach	20	0	20
»Prager Presse«	47	0	47
»Individualität«	23	11	34

■■■ *Hauptphase*   ☐ *Nebenphase*   - - - - - - - - - - *Unterbrechung*

Siegel, Elke: Aufträge aus dem Bleistiftgebiet. Zur Dichtung Robert Walsers. Würzburg 2001.

Stocker, Peter: Adressaten und Adressierungen in Robert Walsers Briefen und ihre editorische Behandlung in der Kommentierten Berner Ausgabe (KBA). In: Germanistik in der Schweiz 9 (2012), 57–78.

Thut, Angela: »Thun, am 22. September 1900.« Eine Neuerwerbung im Robert Walser-Archiv. In: MITTEILUNGEN 16, 7–11.

Utz, Peter: La fringale épistolaire de Robert Walser. In: Robert Walser: Lettres de 1897 à 1949. Lettres choisies et présentées par Marion Graf et Peter Utz. Traduit de l'allemand par Marion Graf. Carouge-Genève 2012, 5–18.

Utz, Peter: Ausgeplauderte Geheimnisse. Die Verwandtschaft von Brief und Feuilleton am Beispiel Robert Walsers. In: Isolde Schiffermüller, Chiara Conterno (Hg.): Briefkultur. Transformationen epistolaren Schreibens in der deutschen Literatur. Würzburg 2015, 181–199.

Vinardell Puig, Teresa: »in unaufrichtigster, dafür aber schimmerndster Hochachtung«. Überlegungen zu Robert Walsers Briefen an Verleger und Redakteure. In: Marisa Siguan, M. Loreto Vilar, Rosa Pérez Zancas (Hg.):

WortKulturen TonWelten. Fs. für Alfonsina Janés zum 70. Geburtstag. Marburg 2014, 101–114.

Peter Stocker

3.6.2 Briefe an Frieda Mermet

Im literarischen Kosmos Robert Walsers taucht eine stattliche Reihe von Texten auf, die als ›Briefe‹ gekennzeichnet sind. Den über das literarische Werk verstreuten Brief-Texten steht ein Korpus an Briefwechseln mit Verlegern und Feuilleton-Redakteuren und von solchen gegenüber, die als ›private‹ gelten: Briefe also, die nicht einen Autor als vielmehr einen Schreiber, die nicht einen Leser oder ein lesendes Publikum, vielmehr einen Empfänger kennen. Diese Unterscheidung, die mit der von ›öffentlich‹ und ›privat‹ korrespondiert, ist für die Geschichte des

Briefes bestimmend. Dabei zeigt sich einerseits – wie im 18. Jh. der Empfindsamkeit oder des Sturm und Drang – die Tendenz, die Geschriebenheit des privaten Briefes zu vergessen, um ihn als unmittelbaren Ausdruck des Selbst zu stilisieren; andererseits wird – wie in der Romantik – der Brief als reiner Text im Sinne eines literarischen Kunsterzeugnisses entworfen (vgl. Henke 2007). Verleiht die Eingespanntheit zwischen den Polen – literarisches Erzeugnis und privater Selbstausdruck – mit ihren Nuancierungen und Übergängen dem Brief einen ungewissen, seine Wanderungen zwischen den verschiedenen Genres mit motivierenden Status (Derrida 1980/1987, 79), so verliert bei Walser dieses Paradigma seine Gültigkeit: Es stellt sich angesichts der Walserschen Briefe die Frage, wo die Grenze zwischen dem Privaten und dem Öffentlichen, zwischen dem Autor und dem Schreiber, zwischen dem Selbst und seinen erschriebenen Entwürfen verläuft. Die Irritation, die von Walsers Briefen ausgeht, hat Peter von Matt zu der nur scheinbar unsinnigen Frage veranlasst: »Wer hat Robert Walsers Briefe geschrieben?« (vgl. Matt 1987) Diese Frage, die den Titel seines Aufsatzes bildet, wird auch und gerade im Blick auf die ›privaten‹ Briefe virulent, sofern an ihnen die traditionelle Vorstellung eines auffindbaren authentischen Selbst-Abbildes des sich hinter dem Autor verbergenden Schreibers zerfällt.

Unter den sogenannten ›privaten‹ Briefen kommt denen an Frieda Mermet ein besonderes Gewicht zu. Nicht nur erstreckt sich dieser Briefwechsel, der bestehenden Editionen zufolge (GW 12/2; Br), über fast dreißig Jahre, sondern erscheint auch als der kontinuierlichste und ›intimste‹ Briefwechsel und ist damit für die Frage nach der Instanz des Schreibers von besonderem Interesse. Von der Korrespondenz mit Mermet sind, wie auch in nahezu allen anderen Fällen, nur die Briefe Walsers erhalten. Während Walser anscheinend grundsätzlich alle Briefe nach der Lektüre weggeworfen hat, hat Mermet die an sie gerichteten über all die Jahre aufbewahrt: Von 1913 bis zu Walsers Eintritt in die bei Bern gelegene Heilanstalt Waldau 1929 gibt es einen regen Briefverkehr, der nach Walsers Wechsel in die Heilanstalt Herisau 1933 abnimmt und mit einem Brief vom 20. 4. 1942 sein Ende findet.

Walser hat Frieda Mermet 1913 als Freundin seiner Schwester Lisa kennengelernt. Während Lisa als Lehrerin die Kinder der Angestellten der im Schweizer Jura gelegenen Heilanstalt Bellelay unterrichtet hat, war die mit ihrem Sohn Louis dort lebende Mermet für das Wäscheressort zuständig (Mächler,

114 f., 130–133). Nachdem Walser 1913 Berlin verlassen hat, ist er in seine Geburtsstadt Biel zurückgekehrt, von wo aus er Lisa und Mermet wiederholt Besuche in Bellelay abgestattet hat. Im Unterschied etwa zu der Briefpartnerin Therese Breitbach, die er nie gesehen hatte, standen Mermet und Walser durch Besuche und kleinere Unternehmungen wie den gelegentlich erwähnten Spaziergängen in engerem Kontakt, der erst mit der Übersiedlung nach Bern 1921 seltener wurde.

Un-Sinn: Die Monotonie der Wiederholung

Bei der Lektüre des einseitig erhaltenen Briefwechsels stellt sich, ähnlich wie bei der Lektüre des Walserschen Werkes, der Eindruck einer gewissen Monotonie ein. Dieser Eindruck rührt nicht zuletzt daher, dass der Ablauf der Briefe mit den immer gleichen Fragen nach dem Befinden, auch häufig dem Befinden Louis', und den Danksagungen für übersendete Geschenke ritualisiert ist. Dieser Eindruck jedoch steht, wie stets angesichts der Walserschen Texte, nicht im Gegensatz zu einer rätselhaften Faszination. Peter Bichsel hat mit Bezug auf den Roman *Geschwister Tanner* für diesen Befund eine vorsichtige Deutung skizziert: »In den ›Geschwistern‹ geschieht wirklich fast nichts, nicht mehr als ein bisschen Leben, und es gibt in diesem Buch keine Geschichte, die den Leser vorantreiben würde, das Buch wird nur durch Sprache vorangetrieben.« (Bichsel 1984, 83) Die Wendung von der treibenden Kraft der Sprache gilt ebenso für die Briefe an Mermet: Die Ritualisierung und das ›Überhandnehmen‹ von Wörtern, die so gut wie nie in der Referenzfunktion auf eine Realie, eine Geschichte oder ein Ereignis des Schreibers aufgehen oder sich gar darin erschöpfen, hat den Effekt einer ›Einebnung‹, was wiederum einen hermeneutischen Zugang zum Text erschwert. Die in Gleich-Gültigkeit der Wörter auslaufende Fülle untergräbt ein Lesen, das Bedeutendes von Unbedeutendem, das Sinnvolles von Sinnlosem scheidet (Frey 1990, 216). Wenn Lesen als eine Selektionsmethode an Richtungskraft verliert, dann lassen sich die Wörter nicht mehr in ein bestimmtes System klar gegliederter Text-Topographien überführen. Damit aber steht zugleich die Annahme in Frage, »that a sign may function as a clear and unproblematical index of a repeatable meaning« (dass ein Zeichen als klarer und unproblematischer Verweis auf eine wiederholbare Bedeutung funktionieren kann; Jacobs 1978, 30). Der Überfluss an Material und Wörtern zeitigt eine Art Un-Sinn: Der Un-Sinn jedoch ist nicht die schlichte Negation als Nicht-Sinn, sondern tritt als Generator und Potenzierer von Sinn in Kraft. Danach konstruiert und rekonstruiert sich der Sinn als das, was dem gleichförmigen Feld der grauen Buchstaben – aus dem ›Bleistiftgebiet‹ – durch Positionierung und Konstellation der Wörter entspringt. Es sind die Lücken dazwischen oder, mit Walser zu sprechen, die »Unausgesprochenheiten«, aus denen sich die bedeutende Gestalt des Textes ergibt. In einem Brief an Max Rychner vom 18. 3. 1926 schreibt Walser: »Aus den Unausgesprochenheiten entwickelt sich das Gestaltliche.« (Br 285) Die Monotonie wird also nicht aufgehoben, sondern rätselhaft.

Diese rätselhafte Monotonie der Wiederholung des scheinbar Immergleichen zeichnet nicht nur die Literatur, sondern, wie schon angedeutet, auch die Mermet-Briefe Walsers aus. Dazu trägt, wie häufig bemerkt worden ist, zunächst einmal die sich quasi in jedem Brief wiederholende Danksagung für die von Mermet an Walser übersandten, mit Wurst, Käse, Wein, Butter, Tee sowie allerlei Süßigkeiten bestückten Päckchen (»Päckli«) bei. Danksagungen wie diese aus Biel vom 10. 7. 1918 sind Legion:

> Liebe Madame Mermet.
> Ich erhielt Ihre liebe Sendung von Thee und Käse nebst stark mit Butterschicht zurechtgestrichenem Butterbrot, das herrlich schmeckte. Ebenso war der Käse sehr gut, ich habe ihn mit aller Lust zu Gemüt geführt, d. h. in den Mund gesteckt. Alle diese Sachen, liebe Frau Mermet, haben an mir einen dankbaren und verständnisvollen Esser und Genießer gefunden. (Br 157)

Nach dem überlieferten Textbestand, in dem, wie gesagt, die Briefe Mermets fehlen, hat Walser den Briefwechsel in ein »jahrzehntelanges Fütterungsritual« verwandelt: »Er verlangt Atzung aus ihren Händen wie ein junger Vogel aus dem Schnabel der Alten, will Atzung in Brocken, in Bitzen, in Mocken, in Stücken« (Matt 1987, 101). Im Zusammenhang mit dieser erotisch unterfütterten Fütterung, fällt immer wieder das in verschiedenen Variationen wie »Stückli« oder »Stücke« auftauchende Wort »Stück«, also jenes Wort, das auch für die literarische Produktion als ›Prosa-Stücke‹ bestimmend ist. »Schriftsteller«, so heißt es am 12. 4. 1919 in raffinierter, ihrerseits erotisch aufgeladener Überblendung von ›Stück‹ als Nahrungsquantum und Prosaarbeit, »[…] stecken gern Stücke von weißmehligen Wecken in den Mund. Im Uebrigen bin ich fleißig gewesen und habe ein weiteres Stück Arbeit hinter mir, nämlich die Zusammenstellung von dreißig Prosastücken, die ein sehr nettes Buch darstellen. […] Viel Neuigkeiten kann ich nicht auftischen […].« (Br 181)

Wenn Walser zur Charakterisierung der sprachlichen Mitteilung eine gewisse Vorliebe für das Verb ›auftischen‹ zeigt, so scheint Mermet in einem ihrer Briefe auf die Mehrdeutigkeit des Signifikanten ›Stück‹ und die dadurch erzeugte sexuelle Komponente angespielt zu haben. Walser reagiert darauf, wenn er am 17. 4. 1918 schreibt: »Ich danke Ihnen auch für Ihren letzten lieben Brief, wo Sie am Schlusse die nette lustige Anspielung machten, daß Sie in bezug auf Bonbons und Pralinés ein Gegenstückli wüssten, was mich veranlasst hat, ziemlich eifrig und lang herumzustudieren, wie Sie's wohl verstanden haben möchten. Vielleicht sagen Sie es mir gelegentlich mündlich, ich würde Sie sehr darum bitten.« (Br 150) Walser versteht nur zu gut, sonst bestünde kein Grund vorzugeben, nicht zu verstehen. Aber hier wird nicht einfach Nicht-Verstehen vorgetäuscht, sondern es zeichnet sich ab, dass mit dem Verstehen, auch und gerade mit dem ›Verstehen‹ von Sexualität, ein inszeniertes Nicht-Verstehen einhergeht, welches durch das Geschriebene nicht aufgehoben oder aufgeklärt werden kann. Deswegen wird das nette und lustige Wortspiel der Überblendung von Ess- und Schreibstück auf ein weiteres Stück, auf ein Stück Sexualität, in Walsers Antwort-Schreiben nicht fortgesetzt, sondern unterbrochen: Durch diesen Abbruch aber wird, wie sich nachträglich zeigt, die sexuelle Bedeutung des Wortspiels erst recht freigesetzt.

Nach Silvia Henke hat das erotische Fütterungsritual im Modus einer monoton anmutenden Wiederholung auch eine poetologische Dimension. In einem an seine Schwester Lisa adressierten Brief vom 30. 7. 1897, der in Jörg Schäfers Briefedition (Br) gleichsam wie ein Herold vorangeht, zeichnet sich etwas wie ein Briefkonzept ab. Der Brief erscheint als ein Schriftstück, das, indem es auf einen als Hunger gefassten Mangel reagiert, diesen nicht stillt, sondern immer neu erzeugt. Im Bild des Hungers wird der Brief zu einer das Begehren weckenden und in einer Rhythmik der Wiederholung aufrecht haltenden Schreib-Maschine:

> Ich habe Hunger! Und immer, wenn ich Hunger habe, gelüstet es mich, einen Brief zu schreiben! An irgend jemand! Das ist doch begreiflich! Mit gefülltem Magen denke ich nie an mich, nie an jemand anders! Mit gefülltem Magen bin ich also glücklicher! Denn das ist doch kein Glück, sich nach etwas Fernem zu sehnen! Nun bin ich an dem Punkt, worüber ich in diesem grünen Brief mit Dir reden möchte, sehr gern, wenn ich nur könnte. [kein Ausrufezeichen] Aber ich versuche es: Also was die Sehnsucht betrifft, so ist sie erstens etwas Ueberflüssiges, zweitens etwas Begreifliches und drit-

tens etwas Unbegreifliches! [...] Aber für heute ist genug! Ach, was soll ich zu Nacht essen? Schwierige Frage in solch traurigen Fressverhältnissen. Siehe, da nützt einem die Sehnsucht auch nichts. (Br 1)

Hier wird eine Bewegung aufgerufen. Sie verläuft vom Hunger zum Brief, vom Brief zur Sehnsucht, dann zurück zum Hunger und wieder zum Brief. Im Zuge dieser Schleife erweist sich der Hunger nicht nur als Bezeichnung eines körperlichen Bedürfnisses, sondern als ein Mangel als Grundantrieb des Briefe-Schreibens: Statt zur Sättigung führt er zum Gewahrwerden eines Mangels mit dem Namen Sehnsucht. Wenn Sehnsucht etwas Überflüssiges genannt wird, so ist darin zugleich auch der Überfluss, also das Gegenteil von Mangel, mitzuhören. Sind also in der Sehnsucht Mangel und Überfluss verschränkt, so setzt sich die Schleife von Hunger und Brief wieder und wieder in Gang (Henke 2007, 189–195). Von diesem unstillbaren Verlangen sprechen die Mermet-Briefe. Sie sprechen davon, indem sie unaufhörlich die wiederkehrenden Fütterungsrituale beschwören. Die Briefe verlegen sich aufs Maul-Stopfen sowie darauf, zerrissene Strümpfe geflickt, also heil zurückzubekommen, und setzen sich fort, ohne eine Geschichte etwa in Form einer Liebesgeschichte, ohne einen Fortschritt hervorzubringen. So kommen sich Walser und Mermet in den vielen Jahren ihres Briefwechsel-Lebens nicht ›näher‹. Es gibt keine »[...] wachsende Vertrautheit, die schließlich in eine dauerhafte Herzlichkeit mündete. Da tut sich einer nicht langsam auf und ist zuletzt mit seinem ganzen Wesen für den andern da.« (Matt 1987, 101) Aber da ist einer auch nicht das Gegenteil, da ist nicht einer, der kalt und hart und abweisend wäre. Es gibt kein Näherkommen, nicht weil es abwehrende Distanz, sondern weil es Verlangen gibt. Nicht zuletzt ist es die Verweigerung eines ›Du‹, das vor der Ausrichtung des Schrift-Verkehrs auf einen Entwicklungsroman schützt. Statt der Erzählung einer Liebesgeschichte entfaltet sich ein zartes Schreiben: ›Zart‹ ist ein Schreiben, das in die Monotonie der Wiederholung winzige Unterbrechungen, Variationen, Nuancierungen und Nuancen einträgt und somit – weit entfernt, eine Methode der Selbstauslöschung zu sein – zur Schärfung und Stärkung der Aufmerksamkeit führt (vgl. Kreienbrock 2010).

Masochismus: Die Bewegung der gleitenden Variation

Die Briefe Walsers an Mermet weisen, wie häufig bemerkt worden ist, masochistische, zuweilen sogar stark aufgetragene masochistische Züge auf. In dem Maße wie das Thema ›Masochismus‹ (s. Kap. 4.21) nicht auf die Briefe beschränkt ist, sondern zwischen den Briefen und den Prosa-Stücken hin und her wandert, ist es nicht als biographisches Bekenntnis in Briefform abzutun. Dies umso weniger, als die Wanderschaft zwischen Brief und Prosa von Walser selbst in literarischen Texten thematisiert wird. So, wenn er im Berner Prosastück *Das Knabenhafte*, das sich mit der Figur des Knabenhaften mit Bezug auf Leopold von Sacher-Masoch auseinandersetzt, einen Hinweis auf den Mermet-Briefwechsel einstreut: »Eine Frau, mit der ich mich brieflich unterhalte, liebt mich wie einen Knaben zu behandeln.« (SW 19, 207) Umgekehrt gibt es in den Briefen direkte Hinweise auf den Schriftsteller Sacher-Masoch, so etwa wenn die Abschiedsformel eines Briefes von Anfang Februar 1925 lautet: »Ich küsse Ihnen wie ein galizischer Landmann den Saum ihres entzückenden Unterhöschens und bitte Sie mich Sie herzlich grüßen zu lassen als Ihr Robert Walser.« (Br 252) In diesem Brief zeigt Walser der Freundin das Erscheinen seines Buches *Die Rose* an, in dem das Prosastück *Sacher-Masoch*, das den Titelhelden ausdrücklich als in Galizien geborenen vorstellt, enthalten ist.

Als eine manifeste masochistische Phantasie kann der Brief vom 7. 8. 1918 gelten. Walser schreibt:

> Liebe Mama; mit andern Worten
> Liebe Frau Mermet.
> Ich komme durch die zahlreichen lieben Päckli-Sendungen mehr und mehr in Ihre Gewalt oder unter Ihre lieben Pantöffelchen. Glauben Sie nicht auch? Würde es Ihnen Vergnügen machen, liebe Frau Mermet, mich mit Haut und Haar zu besitzen, ungefähr wie ein Herr einen Hund besitzt? [...] Wissen Sie, liebe Frau Mermet, was ich mir wünsche? Sie seien eine vornehme schöne Madame und dürfte dann Ihr Magd sein und eine Mädchenschürze umhaben und Sie bedienen, und wenn Sie nicht zufrieden wären, ich irgendwie Ihren Unmut hervorgerufen hätte, so würden Sie mir Kläpfe geben, nicht wahr, und ich würde über die Kläpfe hellauflachen. (Br 158)

Zwei Merkmale fallen ins Auge: Einerseits die Wiederholung des Wortes ›lieb‹/›liebe‹, das den Brief (und viele andere) durchzieht, andererseits die Variation der Anrede, die über ›Frau‹, ›Mama‹ und ›Madame‹ verläuft. Diese Variation ist nicht beliebig, vielmehr wiederholen sich darin Operationen des

Sacher-Masochschen Masochismus. Nach Gilles Deleuze sind sie in einer Annullierung des Vaters zu sehen, die sich in einem »Dreimütterphantasma«, in
einer »Übertragung aller Vaterfunktionen auf Frauenbilder« vollzieht (Deleuze 1967/1980, 212). In einem Brief vom 20. 8. 1925, also aus der Berner Zeit,
nimmt Walser seine »Vielmütterei« (Matt 1987, 103),
deren symbolischer Charakter schon darin deutlich
wird, dass sie eine biologische Unmöglichkeit ist,
wieder auf: »Gewiß, liebe Frau *Mermet*, schätze ich
eine Mama, wie z. B. Sie mir eine sind, sehr hoch ein
[…]. Aber da sind noch viele andere, oder sagen wir,
eine ganze stattliche Reihe von Mama's, und wollte
ich da einseitig sein, und immer nur an eine einzige
Mama denken, so nähmten mir das alle übrigen
übel.« (Br 264)

Führt man den Masochismus in der Lesart von
Deleuze als einen Deutungshorizont der Texte auf, so
stellen sich die Übergänge von einem Frauenbild
zum anderen als Moment einer gleitenden Variation
dar, die in dem Maße fortlaufen kann, als sie nicht am
väterlichen Gegenpart als gesetzlicher Instanz ausgerichtet ist. Wenn nun nach dem masochistischen
Phantasma die »orale Mutter« zugleich die »große
Nährerin« ist (Deleuze 1967/1980, 208), so kommt
man kaum umhin, an die immer wieder erbetenen
Sendungen von Fress-Päckchen an Walser zu denken. Aber vielleicht auch daran, dass Mermet nicht
nur wie eine Variation der großen Nährerin, sondern
auch, denkt man an die in steter Wiederholung vorgebrachte Bitte, die zerrissenen Kleidungsstücke,
vornehmlich Strümpfe, zu flicken, als große *Näherin*
erscheint (vgl. Eiden 2001). Solche Wortspiele liegen
sehr wohl in der Logik der Mermet-Briefe, die sich
immer wieder wortspielerisch in Gang und fortsetzen, wie etwa in jenem Brief aus der späten Berner
Zeit: »Jetzt zünde ich mir einen Cigarettenstumpf an.
Herr Stumpf aus Königsberg […] zeichnete zu meinem dummen, gänzlich überflüssigen Geburtstag
[…] ein Porträt über mich. […] Jener Herr Stumpf-
sinnig sah idiotisch aus […].« (Br 350, vgl. Br 374)

In die Bewegung der gleitenden Variation gerät
vor allem der Signifikant ›lieb‹, der als Adverb oder
als Adjektiv, das auch gelegentlich substantiviert
wird, durch die Texte gleitet. Aber wie geschieht das?
Als Adjektiv und Adverb schmiegt er sich an einen
anderen an, dem er gewissermaßen masochistisch
dient. Auf diese Weise, in der das masochistische
Phantasma in das Schreibverfahren einzieht, kommt
es zu einem Vorgang der Übertragung. Dieser Vorgang läuft Gefahr das, was in unserer Denktradition
streng gesondert ist – etwa Subjekt und Objekt, Ding

und Person, Belebtes und Unbelebtes –, in eins fallen
zu lassen. Zugleich wird er zum Ausgangspunkt des
Gestaltungsverfahrens der gleitenden Variation wie
im Brief vom »16. oder 17ten [12.1918] (ich weiß es
nicht recht)«:

> Liebe Frau Mermet.
> Für Ihren lieben kleinen Brief, der eigentlich kein Brief
> sondern nur eine Mitteilung ist, danke ich Ihnen, sowie
> für den Käse und Speck, die gewiß auch lieb sind, da Sie
> sie in ihre lieben Hände nahmen. Alles, was Sie berüh-
> ren, wird zu etwas Liebem. Alles, was Sie tragen, z. B.
> Ihre Kleider, ist auch lieb. Ich bin Ihnen einen Brief
> schuldig, worin das Wörtchen ›lieb‹ etwa hundertmal
> vorkommt, immer in anderer Art, damit es Ihnen nicht
> langweilig vorkäme. Aber ich denke, das kleine Wort
> werde Ihnen immer lieb sein. Da ist es schon wieder
> vorgekommen und wird vielleicht in unserem Brief-
> wechsel noch oft zur Aussprache gelangen. Was macht
> ihr nettes, liebes Stumpfnäschen? Hier benütze ich den
> Briefbogen, den Sie mir als zarten Wink sandten, daß
> ich bald wieder schreiben würde. […] Auch der Briefbo-
> gen ist lieb, weil er von Ihnen kommt und in Ihrer Nähe
> gewesen ist, in einer von Ihren Schubladen. (Br 170)

Ausgehend von der Figur der ›lieben Frau Mermet‹
wird ›lieb‹ auf alles übertragen, was mit dieser Figur
in Berührung oder in ihre Nähe kommt. ›Lieb‹ ist die
Adressatin, ›lieb‹ sind ihre Briefe, und schließlich die
Briefe des Schreibers, weil er sie auf einem ›lieben‹,
von der Adressatin geschickten Bogen verfasst. ›Lieb‹
also ist das wichtigste Wort. Genauer: Es wird einzig
aufgrund der ritualisierten Wiederholung zum wichtigsten Wort. Dieses wichtigste Wort aber ist und
bleibt semantisch leer, was die Wiederholbarkeit steigert. Damit entwirft sich der Brief als ein Schreib-Ver-
fahren, das keine inhaltlich bestimmte Botschaft im
Sinne einer Liebeserklärung o. ä. transportiert, sondern das Schreiben selbst als eine Spielart der ›Über-
tragungsliebe‹ ausstellt.

Die unaufhörliche Wiederkehr des Wortes ›Lieb‹
bestimmt auch die Darstellung des Körpers: Wie hier
das ›liebe Stumpfnäschen‹ werden im Korpus der
Korrespondenz immer wieder ›liebe Füße‹, der ›liebe
Mund‹, und ›liebe Hände‹ namhaft gemacht. Das
Verfahren der Zerstückelung führt schließlich zur
Phantasie des Aufessens wie sie sich der Rede von
den weichen Birnen anschließt: »Nachher aß ich in
einem Hüttchen reife weiche Birnen. Sind nicht auch
Sie, liebe Frau Mermet, eine solche weiche liebe
Frucht?« (ebd.) Von Matt hat die Zudringlichkeit der
Briefe auf die Körperstücke der Frau – »›Stücke‹ also
auch hier – als »Ausschläge einer wilden Intimität«
gedeutet (Matt 1987, 101), wozu Formulierungen
wie die folgende durchaus Anlass bieten: »Fleisch
schicken Sie mir keines, liebes Fraueli, denn ich mag

kaltes Fleisch nicht. Ich habe von allen Fleischsorten am liebsten ungekochtes Frauenfleisch, aber das ist allerdings nicht zum essen, sondern nur so so. Und so weiter.« (Br 185)

Jedoch lässt das Verfahren auch die Lesart zu, nach der es im Zeichen einer gewissen Zartheit steht: Die Wiederholung setzt das briefliche Stückwerk Stück für Stück miteinander in Berührung. In dem Maße, wie der Brief als Sprachgebilde niemals einen direkten Zugang zum Körper haben kann, wird die Berührung in das sprachliche Verfahren verlegt: »Wenn man sich schreibt, so ist es, als rühre man sich zart und sorgsam an.« (Br 86) Darüber hinaus ist der Signifikant ›lieb‹ eine anagrammatische Umstellung am Körper des Wortes ›Leib‹: Wenn der Briefwechsel, der dem Lieb-Leib zum Auftritt verhilft, in ›Biel‹, einer zweisprachigen Stadt begonnen wurde, so zeichnet sich auch die Korrespondenz zwischen Walser und Mermet durch eine spezifische ›Zweisprachigkeit‹ oder Doppelbödigkeit der Sprache aus. Das führt zu immer neuen Verzweigungen, die sich ihrerseits zu einem Wort-Geflecht verweben lassen. So lässt sich, wie Elke Siegel dargelegt hat, ›lieb‹ nicht nur zu ›Biel‹, sondern auch zu ›Beil‹ und zu ›Blei‹ umstellen, womit wiederum die Doppeltheit von Zerstückelung und liebender Berührung ins Spiel kommt. Wenn ›Beil‹ ein Instrument der Zerstückelung ist, verweist ›Blei‹ wiederum auf den Schreibkontext: Einmal auf den Schriftsteller und zeitweiligen Förderer Walsers Franz Blei und einmal auf das Blei als Material des Bleistifts, einem Schreibinstrument, mit dem Walser seine Prosastücke mutmaßlich seit der Bieler Zeit entworfen hat (Siegel 2001, 145).

In der unaufhörlichen Wiederkehr des Wortes ›lieb‹ in seinen zarten Nuancierungen spiegelt sich diese Korrespondenz in Brechungen, Verzweigungen und Berührungen trotz oder wegen ihrer sonderbaren Leere und Ritualisiertheit als eine Art Liebeskorrespondenz. Freilich nicht in dem Sinne, dass das Verhältnis von zwei dingfest zu machenden Subjekten als Voraussetzung der Kommunikation zur Darstellung käme. Vielmehr verfahren die sonderbar leeren und hoch ritualisierten Briefe Walsers so, dass der Schreiber als der erscheint, der sich und den anderen im Vorgang des Schreibaktes allererst entwirft. Der Brief überträgt also nicht ein Selbst, das sich offenbart oder maskiert oder sonst in irgendeine Rolle schlüpft, sondern er gibt zu lesen, dass dieses ephemere Selbst eine Wirkung der Übertragung als Brief ist (vgl. Kammer 2001, 230–232).

Unübersehbares Zeichen dieses Verfahrens ist der Umstand, dass Walser eine schier endlose Variation von Unterschriften unter seine Briefe setzt: Nicht nur unter die gleichsam offiziellen Briefe an Verleger und Redakteure, sondern eben auch unter die ›privaten‹ oder ›intimen‹ Briefe wie die an Mermet. Neben der konventionellen Unterschrift als ›Robert Walser‹ finden sich in vielen Abwandlungen etwa solche: »Unterdessen bin ich immerhin / der anderseits genügend Unterzeichnete. Unterjocht bin ich noch nicht, werde es aber womöglich einst sein; / aber das würde vielleicht gar kein Unglück sein, im Gegenteil, eher schön als bös und eher dienlich als schädlich.« (Br 168) Wenn die Briefe das Modell der Identifikation der Selbstdarstellung außer Kraft setzen, indem sie das Selbst als Effekt der Darstellung lesbar machen, dann geraten die mit der Geschichte des Briefes so eng verknüpfte Opposition von privat/intim und öffentlich ebenso wie die Unterscheidung zwischen der brieflichen und der Ich-Rede in den Prosa-Stücken ins Gleiten.

Literatur

Amann, Jürg: Liebe Frau Mermet. Eine Art Liebesbrief nach Briefen von Robert Walser. In: ders.: Pornographische Novelle. Köln 2005, 67–98.

Bichsel, Peter: Geschwister Tanner lesen. In: Robert Walser. Dossier Literatur 3. Zürich, Bern 1984, 79–88.

Deleuze, Gilles: Sacher-Masoch und der Masochismus (Présentation de Sacher-Masoch [1967]). In: Leopold von Sacher-Masoch: Venus im Pelz. Mit einer Studie über den Masochismus v. Gilles Deleuze. Frankfurt a. M., Leipzig 1980, 163–281.

Derrida, Jacques: Die Postkarte. Von Sokrates bis an Freud und jenseits (La carte postale de Socrate à Freud et au-delà). 2. Lieferung. Autorisierte Übers. v. Hans-Joachim Metzger. Berlin 1987 (franz. 1980).

Eiden, Patrick: Männlichkeitsvertreter. Figurationen von Männlichkeit in Robert Walsers Prosa der Berner Zeit. Magisterarbeit Universität Hamburg 2001.

Frederick, Samuel: Narratives Unsettled. Digression in Robert Walser, Thomas Bernhard, and Adalbert Stifter. Illinois 2012.

Frey, Hans-Jost: Der unendliche Text. Frankfurt a. M. 1990.

Gees, Marion: Schauspiel auf Papier. Gebärde und Maskierung in der Prosa Robert Walsers. Berlin 2001.

Henke, Silvia: Eigensinnige Briefe. Zwischen Literatur- und Medienwissenschaft. In: Ulrike Bergermann, Elisabeth Strowick (Hg.): Weiterlesen. Literatur und Wissen. Fs. für Marianne Schuller. Bielefeld 2007, 174–198.

Jacobs, Carol: The Dissimulating Harmony. The Image of Interpretation in Nietzsche, Rilke, Artaud and Benjamin. Baltimore, London 1978.

Kammer, Stephan: Gestörte Kommunikation. Robert Walsers Briefschreibspiele. In: Werner M. Bauer, Johannes John, Wolfgang Wiesmüller (Hg.): »Ich an Dich«. Edition, Rezeption und Kommentierung von Briefen. Innsbruck 2001, 229–245.

Kreienbrock, Jörg: Kleiner. Feiner. Leichter. Nuancierungen zum Werk Robert Walsers. Zürich 2010.

Matt, Peter von: »Wer hat Robert Walsers Briefe geschrieben?« In: CHIARINI/ZIMMERMANN, 98–105.

[Mermet, Frieda:] Frau Frieda Mermet erzählt. In: Neutralität 5,3 (1967), 15–19.

Schuller, Marianne: Zwischen Brief und Literatur. Zu Robert Walsers Korrespondenz mit Frieda Mermet. Vortrag an der Jahrestagung der Robert Walser-Gesellschaft in Solothurn, 10. Oktober 2009. In: http://www.robertwalser.ch (9. 1. 2015).

Siegel, Elke: Aufträge aus dem Bleistiftgebiet. Zur Dichtung Robert Walsers. Würzburg 2001.

Utz, Peter: Tanz auf den Rändern. Robert Walsers »Jetztzeitstil«. Frankfurt a. M. 1998.

Marianne Schuller

4 Themen

4.1 Ich, Maske, Autofiktion

Martin Walser bemerkte über seinen Namensvetter einmal, er habe »fast nur über sich geschrieben« (zit. n. KERR 1, 14). Dass dies einen biographischen Zugang zur Folge haben musste, schien lange Zeit ausgemacht und lässt sich bis in die Edition verfolgen: Ein bekanntes Mikrogramm aus dem Jahr 1926 wurde trotz der offensichtlichen Ironie des hochvertrackten Textes etwa gegenüber »absolutestem Eigenerleben« oder der Psychoanalyse schon seit Carl Seelig und Jochen Greven recht willkürlich als das *Tagebuch-Fragment* betitelt (SW 18, 76). Damit war eine Rezeptionsstrategie vorgegeben, die sich z. T. bis heute erhalten hat. Gewiss, wenige Autoren scheinen – ob in der bevorzugten ersten oder der dritten Person – die eigene Existenz derart ins Zentrum ihres Schreibens gestellt zu haben wie Robert Walser. Damit ist nicht nur die charakteristische autodiegetische Erzählsituation gemeint, sondern auch der Umstand, dass die Reflexion über eigenes Erleben, die eigene Schreibsituation oder auch nur den eigenen Schreibanlass andere klassische Bestandteile des Erzählens, namentlich die Handlung, stark in den Hintergrund drängen. Zur Nichtklassifizierbarkeit und Unverwechselbarkeit seiner Prosa hat dies nicht unwesentlich beigetragen, aber eben auch Anlass zur Frage nach dem Verhältnis von Fakt und Fiktion, autobiographischem Gehalt und literarischem Spiel mit dem Selbstentwurf gegeben: »Diese Texte sind ja nicht im gewöhnlichen Sinn autobiographische, sondern vom dichterischen Ausdruckswillen mitgeprägte. In ihnen bekundet sich vielfach Walsers Vergnügen an kleinen Mystifikationen und am Rollenspiel. Anderseits ist der Stoff seiner Prosa unzweifelhaft zum allergrößten Teil das eigene Erleben, mit Einschluß der reflektierenden Selbstschau.« (MÄCHLER, 10) Der in den letzten Jahren aufgekommene Begriff der Autofiktion scheint dafür eine Blaupause abzugeben, ist aber selber nicht unproblematisch. Die Rolle der Walserschen Ich-Figuren und die Bedeutung des damit zusammenhängenden Maskenmotivs sind aus dem Werk zu erschließen.

Walsers Pronomina

Die Wahl des Pronomens ›Ich‹ wird in der Literaturwissenschaft üblicherweise nicht mit der Referenz auf den empirischen Verfasser gleichgesetzt. Selbst bei der Lektüre von Autobiographien lässt sich der Verdacht von Rollenprosa nie ganz von der Hand weisen. Der *locus classicus* bei Walser dazu lautet: »in einem Ichbuch sei womöglich das Ich bescheiden-figürlich, nicht autorlich« (SW 8, 81). Das Wort »womöglich« lässt offen, ob der ›autorliche‹ Fall nicht dann und wann doch eintritt. Unklar bleibt, warum Walser den Leser überhaupt im Ungewissen lassen muss, anstatt für eindeutige Figürlichkeit zu sorgen wie etwa in Texten vom Typus *Helblings Geschichte*, deren Ich-Erzähler bei Walser andernorts auch als Protagonist in der dritten Person vorkommt. Schon in seinem Erstling wird der bewusste Einsatz von Pronomen zur Erzeugung eines schriftstellerischen Textes reflektiert. In *Aus der Phantasie* in *Fritz Kocher's Aufsätze* heißt es: »Wir haben's schon beschrieben, wenn auch ungenügend gesagt. Wir? Ei, spreche ich in der Mehrzahl? Das ist eine Schriftstellergewohnheit, und ich komme mir, wenn ich Aufsätze schreibe, immer wie ein Schriftsteller vor.« (SW 1, 28) Das ist Rollenprosa in der Rollenprosa: Schreiben heißt auch immer, das implizite Bild eines Schriftstellers zu entwerfen. Im 1925 sowohl in der *Prager Presse* wie der *Neuen Zürcher Zeitung* erschienen Text *Walser über Walser* wird ein rhythmischer Wechsel aus Identifizierung und Distanzierung, aus erster und dritter Person inszeniert. Der Text ist eine Reaktion auf Eduard Korrodis Rezension gleichen Titels, die ein halbes Jahr zuvor ebenfalls in der *Neuen Zürcher Zeitung* erschienen war und Walser bescheinigt hatte, »am liebsten über sich« zu schreiben (zit. n. KWA III 3, 412; vgl. Walt 2015, 122 f.). Er spielt »den Menschen« als Erlebnisinstanz gegen den »Schriftsteller Walser« als Konstruktion eines Publikums, aber auch als Symptom bloßer »Buchherausgabelust« aus (SW 17, 183). Als Mensch ist »Walser« der Meinung, es werde »zu viel geschriftstellert« (ebd.). Der »zurzeit schlafende Schriftsteller Walser« befreit scheinbar den nun befreit plaudernden Menschen Walser des vorliegenden Prosastücks (ebd.). Andererseits wird der gesamte Text durch den Satz eingeleitet: »Hier können Sie den Schriftsteller Walser sprechen hören.« (ebd., 182) Der Leser merkt zunehmend, wie sich sein Autor über die Dichotomie von authentischem Erleben und Schriftstellerei belustigt. Das »ich« beobachtet sich selbst als »Walser« in »seiner Natürlichkeit« und wünscht zugleich – ein durch die Publikation performativ konterkarierter Wunsch – »unbeachtet zu sein« (ebd., 184). Vor allem aber solle man versuchen, »den lebenden Walser […] zu nehmen, wie er sich gibt« (ebd.). Das Ich, soweit es auf Walser hinweist, entkommt der Rolle, die gewöhnlich mit dem schriftstellerischen Ich verbunden wird, durch die konstante Selbstreferentialität, die jede Konvention literarischer Texte unterläuft – als literarische Strategie. Das Sich-Geben lässt sich von der Existenz nicht trennen, und das ›figürliche‹ Ich, das ununterscheidbar den Menschen wie den Schriftsteller Walser bezeichnet, ist Konsequenz dieser Logik. Ihren berühmtesten Ausdruck hat sie in den späten 1920er Jahren in einem zu Lebzeiten unveröffentlichten Schlüsseltext mit dem programmatischen Titel *Eine Art Erzählung* gefunden. Der Erzähler betont hier das Handwerkliche des Schreibens: er »schneidere, schustere, schmiede, hoble, klopfe, hämmere oder nagle […] Zeilen zusammen« (SW 20, 322). Die auf diese Weise entstehenden »Prosastücke« seien lediglich »Teile einer langen, handlungslosen, realistischen Geschichte« (ebd.). Immerhin einer Geschichte, also einer fiktionalen Gattung. Und schließlich sogar: »Der Roman, woran ich weiter und weiter schreibe, bleibt immer derselbe und dürfte als ein mannigfaltig zerschnittenes oder zertrenntes Ich-Buch bezeichnet werden können«. (ebd., 323) Das ist eben kein Bekenntnis zum autobiographischen Schreiben, sondern im Gegenteil zum Ich-Erzähler, der ›realistisch‹ nur insofern verfährt, als er Erfahrenes handwerklich verarbeitet.

Typisch für Walser ist die Verwendung von Indefinitpronomen, wie beispielsweise in *Spazieren*: Die Figur Tobold, hier in der dritten Person beschrieben, hat einerseits viele Ähnlichkeiten mit dem empirischen Autor, andererseits wird sie eingeführt mit den Worten: »Es ging einer spazieren.« (SW 4, 76) Walsers Ich ist ebenso indefinit wie ›einer‹ oder ›jemand‹, weil ›Walser‹ nur dann literarisch relevant ist, wenn es nicht ausschließlich um den empirischen Autor gleichen Namens geht. In *Einiges aus meinen Jugendjahren*, schon im Titel eine Anspielung auf das autobiographische und memoirenhafte Schriftgut, das sich gerade in Verbindung mit der Person des Schriftstellers großer Beliebtheit erfreute, wird bezeichnenderweise weniger über die Jugendjahre berichtet als

über die grammatische Verpackung des Erzählens nachgedacht: »Die tit. Lehrerschaft auf meinem Erinnerungsblatt zweckdienlich mit Erwähnung verschonend, frage ich mich, ob ich mich in einen ›er‹ verwandeln soll oder nicht.« (SW 19, 9) Die Banalität der erzählbaren Ereignisse »da und dort« bzw. »dann oder wann« ist für Walser Stoff unter anderen – so wie sich Walsers Einnahme von Mahlzeiten nicht wesentlich von jener anderer Menschen unterscheidet (ebd.). So wie der Stoff im Schreibprozess verändert wird, darf sich auch das vom Ich-Erzähler entworfene Selbstbild wandeln: »Man kann meiner Meinung nach einem Schriftsteller nicht verbieten, zu tun oder zu sprechen, als sei er ein anderer.« (ebd.) Walser spricht konsequent von einem »aus mir entstandene[n] ›er‹« und sogar von einem »›er‹-produzierende[n] ›ich‹« (ebd.) und schließt damit die Authentizitätsemphase genauso aus wie die Vorstellung, der Autor selbst wäre nur beliebiges Sprachrohr verschiedener Diskurse, die sich seiner als bloßem Instrument bedienen. Vielmehr scheint es auf die Kunstfertigkeit anzukommen, mit der das Ich die Welt des Erlebten reflektiert und strukturiert, weil nur diese Kunstfertigkeit es ist, die uns letztlich zur Beschäftigung mit dieser Welt motiviert. Im sogenannten *Tagebuch-Fragment* beschreibt Walser die eigene Verfahrensweise ergänzend zum Handwerk in *Eine Art Erzählung* als das »Herauszupfen, Hervorrufen von Schreibanlässlichkeit aus einem fremden Erzeugnis« (SW 18, 76; vgl. Walt 2009). Dieses fremde Erzeugnis ist auch Walser selbst, in dem er sich durch die Autorfunktion figürlich von sich selbst entfremdet; das »Sampling« (Walt 2009, 482) bezieht immer die Person des Autors mit ein.

Rolle und Maske

Bei allen Vorbehalten gegenüber einer Periodisierung von Walsers Schreiben lässt sich eine grobe Entwicklung ausmachen zwischen der frühen Rollenprosa etwa ›Fritz Kochers‹ sowie späteren Ich-Erzählern wie dem ›Walser‹ des *Spaziergangs* – und schließlich der Radikalität insbesondere der Mikrogramme. Der erste Übergang lässt sich in die Begriffe von Rolle und Maske fassen. In der Rolle wird eine andere Identität angenommen und vorgegaukelt. Sie wird durch die Person des Schauspielers konkretisiert und individualisiert. Im Gegensatz dazu ist gleichgültig, wer oder was sich hinter einer Maske verbirgt. Masken machen aus der Verstellung kein Hehl, sondern weisen auf die Diskrepanz von Erscheinung und Wesen sogar in besonderer Weise hin. Sie typisieren, indem sie das Ich verbergen und jene individuellen Züge auslöschen, die durch die Rolle noch zum Ausdruck gebracht wurden. Walser war nicht zuletzt durch seinen Bruder mit der Vorliebe des zeitgenössischen Theaters für Maskenspiel und Pantomime in Berührung gekommen; außerdem ist der Einfluss Nietzsches plausibel (vgl. Benne 2007a; zur Maske vgl. ferner Antonowicz 1995; Liebrand 1999). Der Poet und Künstler ist der Mann mit der Maske – er ist selbst die Maske, und was dahinter liegt, ist uninteressant, unkünstlerisch. Walsers Verzicht auf eine eigene Biographie im klassischen, am bürgerlichen Bildungsroman geschulten Sinne ist dafür ebenso Indiz wie eine Vorliebe für Karneval und Maskenball, die schon Walter Benjamin aufgefallen war (Benjamin 1929/1991). Die Tragik aus Nietzsches erhabener Deutung der Maske wird in die komödienhafte, gegen den ›großen Stil‹ gerichtete Aufwertung des Unscheinbaren umgedeutet, etwa im Prosastück *Der Mann mit der eisernen Maske*: der berühmte Gefangene habe in Wahrheit nicht gelitten, sondern »genoß in einem fort die vergnügteste Gesellschaft, die er sich vorzustellen vermochte: seine eigene« (SW 19, 84). Maske und nicht Rolle ist auch der romantische Poet. Der genaue Walser-Leser Paul Nizon hat für die Einschränkung der autobiographischen Lesart durch übertriebene Betonung des Außenseitertums ein feines Gespür gehabt (vgl. Nizon 1976). Wenn Walser als ›Walser‹ in der ersten Person auftritt, spielt er weder sich selbst noch andere, sondern trägt die gleichnamige Maske. Der Commis oder der tagträumerische Wanderbursche werden zu Archetypen, die sich im mehr oder weniger kontingenten Stoff aus ›Walsers‹ Leben materialisieren. In radikalisierter Form verbinden die Mikrogramme das Definite mit dem Indefiniten, allgemeine Reflexionen über die Stellung des Autors mit einer schier endlosen Reihe eigener Beobachtungen, gleichsam als Goldberg-Variationen über das Eigene der Wahrnehmungsprozesse, die ein Ich voraussetzen, aber nicht mehr eigentlich zum Thema haben:

> Ob der und der Autor, der vielleicht ein Meister der Reiseberichterstattung ist, splendid wohnt oder nicht, kann mich heute kaum mehr interessieren, denn ich selbst wohne ja jetzt höchst interessant. Meine Wohnweise kann als höchst poetisch aufgefaßt werden. […] Ich fühle mich in meinem Heim unfaßbar wohl. Ich stelle mit Zufriedenheit fest, daß der Schriftsteller Soundso des Schriftstellers Anderswie Publikationen mit den seinigen vollständig verdunkelte. Wie solche Wahrnehmungen das Nervensystem angenehm beleben. (AdB 5, 329)

Forschung: Schreibszene, Autofiktion, Improvisation

Ist vor dem geschilderten Hintergrund (dessen Darstellung in weiten Teilen und zum Teil verbatim Benne 2007a folgt) die Frage nach dem Verhältnis von Faktualität und Fiktionalität überhaupt (noch) relevant? In der aktuellen Forschung gibt es hauptsächlich drei Ansätze zur Erklärung des Walserschen Ich und seiner literarischen Konsequenzen. Die ersten beiden, je am Begriff der Schreibszene bzw. der Autofiktion ausgerichtet, versuchen Walsers Positionen verallgemeinerbar zu machen; der dritte betont Walsers Einzigartigkeit.

In seiner zugleich textgenetisch wie diskursanalytisch geschulten Studie weist Stephan Kammer ältere Auffassungen zurück, wonach Walsers Ich lediglich grammatischer Lückenbüßer sei, das immer neue Funktionen annehme, weil dies als bloße Beschreibung des Problems nichts zur Klärung jener eigentümlichen Schwankungen »zwischen den Registern des ›Wirklichen‹ und des ›Fiktiven‹« (Kammer 2003, 52) beitrage, das auch für ihn noch zur unbeantworteten Grundfrage gehört. Mit dem Begriff der Schreibszene schaltet Kammer eine Zwischenebene ein, auf der empirischer Autor und seine Schreibumgebung sowie Sprache und Diskursuniversum eine komplexe Beziehung eingehen. Zur »Inszenierung« der Schreibszene gehört Walser – nun wieder als empirischer Autor – jedoch als »Regisseur« hinzu (ebd., 54 f.) – womit die Ausgangsfrage auf freilich theoretisch avancierte Weise in den Prozess des Schreibens selbst verschoben, aber auch nicht eigentlich beantwortet worden ist. In der Betonung, dass Walser »weniger Autor, Regisseur, Schauspieler in *einer Person* [ist], als daß er deren Überschneidungen, Verschiebungen und Heteronomien in *einer Geste* – dem Schreiben – zum Ausdruck bringt« (ebd., 55) geht es Kammer letztlich v. a. darum, die Irrelevanz einer biographisch-referentiellen Perspektive zu unterstreichen, die die Komplexität der Schreibszene ignoriert. Konsequenter wäre vielleicht die Schlussfolgerung gewesen, dass Walser überhaupt nicht ›über sich‹ schrieb, sondern als reflektierter Regisseur der eigenen Schreibszene von seiner Biographie (verstanden als Lebenszusammenhang, Psychogramm usw.) bewusst absah (vgl. Benne 2007a).

Aus der französischen Literatur und Literaturwissenschaft herkommend wird für die Beziehung von Walsers (pluralem) fiktionalen Ich und den Umständen seines eigenen Lebens, soweit sie zu eruieren sind, neuerdings v. a. der Begriff der Autofiktion bemüht. Das ist einerseits nachvollziehbar, weil schon die Wortbildung eine Beschreibung des spielerisch-künstlerischen Umgangs mit dem eigenen Selbst zu versprechen scheint. Andererseits ist es problematisch mit Hinsicht auf die Etymologie des Autofiktionsbegriffs sowie auf die erneute Bekräftigung eines, obgleich gemäßigten, biographischen Interesses von begrenztem Erkenntniswert. Bedenkenswert ist in diesem Zusammenhang immerhin, dass ein Autor wie Paul Nizon, der als erster deutschsprachiger Autor als »Autobiographie-Fiktionär« figurierte, sich gerade in dieser Hinsicht auf Walser und sein »Wettmachen fehlender Handlung« berufen hat (Nizon 1985, 133, 14; vgl. Benne 2007 b).

Autofiction bezeichnete ursprünglich nichts weniger als eine unverbindliche Vermischung von Autobiographie und Fiktion. Durch die Hereinnahme fiktionaler Elemente sollte die Autobiographie im Gegenteil wieder authentischer werden, wo sie in narrativen Konventionen erstarrt war. Durch den Verzicht auf konstruierte Plots und geschult am intimen Tagebuch, spontanen Reflexionen, Träumen ging es darum, ihren Wahrhaftigkeitsanspruch neu zu verteidigen, auch gegenüber den eigenen Erinnerungen des Autors selbst, der sich lieber auf die unbewusste Mitgestaltung der mitdichtenden Sprache verlassen sollte; die Einflüsse von Psychoanalyse und Nouveau Roman sind unverkennbar (vgl. Doubrovsky 1977/ 2001; zur Begriffsgenese vgl. Benne 2007 b). Die Autofiktion behauptet also keineswegs, dass Autobiographie notwendigerweise Fiktion sei, sondern zielt – als Genrebegriff – auf eine gesteigerte Form des Autobiographischen. Kritiker haben sich skeptisch über den Bedarf an einem derartigen Begriff geäußert (vgl. z. B. Genette 1991; Colonna 2004), aber er hat sich nach und nach als unverbindlicher Oberbegriff autobiographisch inspirierten Schreibens durchgesetzt. Peter Utz führte ihn in die Walser-Forschung ein (vgl. Utz 2006), wo er sich mittlerweile als Synonym zur ›Selbsterfindung‹ (vgl. Sorg 2011) sowie als Annahme eines autofiktionalen Paktes eingebürgert hat, dessen »komplexe Ausgestaltung des Spannungsfelds zwischen Autobiographie und Fiktion« (Gisi 2012, 57) den Leser weder auf die Faktizität noch die reine Fiktionalität des Textes festlegt. Freilich hatte schon Goethe seine Lebensschilderung als »halb poetische, halb historische Behandlung« deklariert (Goethe 1811–1814/1981, 10). Der »Faktuales und Fiktionales amalgamierende Akt der Selbstdarstellung« antizipiert deshalb nicht unbedingt gleich »postmoderne Positionen« (Sorg 2011, 129, 113 f.).

Angewandt auf Walser würde die ursprüngliche Semantik des Autofiktionsbegriffs implizieren, dass seine Sprachspielereien, seine Abweichung oder Übererfüllung literarischer Normen letztlich doch v. a. der Darstellung des eigenen Lebens dienten, dass also die Aufarbeitung der eigenen Biographie im Zentrum des Werks stände. Wenn die Autofiktion dagegen lediglich Walsers Spiel mit Gattungsgrenzen beschreibt, als die »fluktuierenden Ausdrucksformen des Ichs«, in denen »die moderne Destabilisierung des Subjekts ebenso wie ihr Gegenteil« erscheine, nämlich »sein souveränes, weil reflektiertes Verfügungsrecht über die Schreibsituation« (Utz 2011, 29), ist wiederum nicht einsichtig, warum die (nun prinzipiell unbeantwortbare) Frage, wie sich auf das Leben »des realen Walser« aus seinen Büchern »direkt zurückschließen« lasse (ebd., 27), überhaupt noch aufzuwerfen ist. Aus diesem Grund wird Walsers Selbstthematisierung neuerdings wieder stärker unter dem Aspekt der Improvisation gedeutet (vgl. Walt 2015), z. T. anknüpfend an ältere Arbeiten über die Bedeutung von Zitat und Spiel (etwa Rodewald 1971). Walsers Ich hat demnach v. a. die Funktion, Sätze als zusammengehörige zu identifizieren (vgl. ebd., 82). Es steuert deiktisch die Leseraufmerksamkeit, in dem es bestimmte Elemente als bedeutsam ausweist (so eine Grundthese von Walt 2015). Die Referentialität des (unzweifelhaft) biographischen Materials wäre dann genauso irrelevant wie die Ornamentierung einer vorgegebenen Melodie im Jazz. Auch in den endlosen Variationen über Ich-Motive in der Popmusik fragen wir nicht nach einem tatsächlichen autobiographischen Gehalt. Anhand des poetologisch zentralen Textes *Meine Bemühungen* betont Wolfram Groddeck in diesem Sinne, dass Walsers »literarisches Selbstbildnis […] die autobiographische Dimension weitgehend vergessen lässt und dafür eine kritisch-nüchterne Selbstbeobachtung des schriftstellerischen Hand-Werks zur Darstellung bringt« (Groddeck 2012, 46). Die am Studium der Veränderungen vom Mikrogrammblatt zur Reinschrift ausgerichtete Studie plädiert damit letztlich für einen philologisch-kommentierenden Nachvollzug von Walsers Improvisationskunst, der zwischen den Zeilen gleichsam Walsers Spaziergänge als textgenetisches Modell zugrunde legt und asketisch auf darüber hinaus führende Spekulationen verzichtet.

Ausblick: Autophantasie?

Die Annäherungen an Walsers Ich beweisen vor allem die Schwierigkeiten des Themas, aber auch die Unfruchtbarkeit eines ausschließlich biographischen Ansatzes, der zumindest in der Wissenschaft heute kaum noch anzutreffen ist. Die unterschiedlichen Ansätze, so die abschließende These, erfassen je einen wichtigen Aspekt, ohne doch das Gesamtphänomen auf den Begriff bringen zu können. Die Attraktivität des Autofiktionsbegriffs liegt wohl v. a. darin, dass er die Zuordnung von Walsers Texten zu einem literarischen Genre erlaubt (deshalb ist die Betonung eines autofiktionalen Paktes bei Gisi 2012 so wichtig, um Missverständnissen vorzubeugen). Auch die gestische Prozesshaftigkeit der Schreibszene stellt Walser in einen spezifischen Kontext künstlerischer Moderne. Damit überlappend erfasst der Begriff der Improvisation Walsers Eigenart und eröffnet Perspektiven zu einem musikalisch gestimmten Verständnis seiner Poetologie. Versuchsweise möchte ich am Ende all diese Positionen im Begriff der *Autophantasie* zusammenführen. Er vereint die Genrehaftigkeit mit dem musikalischen Begriff des Phantasierens, das Szenische der Schreibgeste mit dem phantasmagorisch-selbstbezüglichen Selbstentwurf. In der Autophantasie werden Biographeme paradigmatisiert, typisiert und ritualisiert als ein Fundus an Motiven, die immer wieder neu variierbar und mit anderen Elementen kombinierbar sind – und über die Walser denn auch immer wieder aufs Neue und in der vollen Bedeutung des Wortes ›phantasierte‹.

Literatur

Antonowicz, Kaja: Der Mann mit der eisernen Maske. Rollen und Masken in der Kurzprosa von Robert Walser. In: Colloquia Germanica 28, 1 (1995), 55–71.

Benjamin, Walter: Robert Walser [1929]. In: ders.: Gesammelte Schriften. Bd. II,1. Hg. v. Rolf Tiedemann u. Hermann Schweppenhäuser. Frankfurt a. M. 1991, 324–328.

Benne, Christian: Autofiktion und Maskerade. Robert Walsers Ästhetik des Biographieverzichts. In: Christian Benne, Thomas Gürber (Hg.): »...andernteils sich in fremden Gegenden umschauend« – Schweizerische und dänische Annäherungen an Robert Walser. Kopenhagen, München 2007 a, 32–53.

Benne, Christian: Was ist Autofiktion? Paul Nizons »erinnerte Gegenwart«. In: Christoph Parry, Edgar Platen (Hg.): Autobiographisches Schreiben in der deutschsprachigen Gegenwartsliteratur. Bd. 2: Grenzen der Fiktionalität und der Erinnerung. München 2007 b, 293–303.

Colonna, Vincent: Autofiction et autres mythomanies littéraires. Paris 2004.

Doubrovsky, Serge: Fils [1977]. Paris 2001.

Genette, Gérard: Fiction et Diction. Paris 1991.

Gisi, Lucas Marco: Der autofiktionale Pakt. Zur (Re-)Konstruktion von Robert Walsers »Felix«-Szenen. In: Elio Pellin, Ulrich Weber (Hg.): »...all diese fingierten, notierten, in meinem Kopf ungefähr wieder zusammengesetzten Ichs«. Autobiographie und Autofiktion. Göttingen, Zürich 2012, 55–70.

Goethe, Johann Wolfgang: Aus meinem Leben. Dichtung und Wahrheit [1811–1814]. In: ders.: Werke. Hamburger Ausgabe. Hg. v. Erich Trunz. Bd. 9. München 1981.

Groddeck, Wolfram: »Versuch, ein Selbstbildnis herzustellen«. Ein philologisch-poetologischer Kommentar zu Robert Walsers Prosastück *Meine Bemühungen. In: Elio Pellin, Ulrich Weber (Hg.): »...all diese fingierten, notierten, in meinem Kopf ungefähr wieder zusammengesetzten Ichs«. Autobiographie und Autofiktion. Göttingen, Zürich 2012, 29–53.

Kammer, Stephan: Figurationen und Gesten des Schreibens. Zur Ästhetik der Produktion in Robert Walsers Prosa der Berner Zeit. Tübingen 2003.

Liebrand, Claudia: Jakob von Guntens Maskeraden. Spielkonfigurationen in Robert Walsers Tagebuchroman. In: Colloquia Germanica 32, 4 (1999), 345–362.

Nizon, Paul: Robert Walsers Poetenleben. Dichtung und Wahrheit. Innenwelt und Außenwelt. In: Elio Fröhlich, Robert Mächler (Hg.): Robert Walser zum Gedenken. Aus Anlaß seines 20. Todestages am 25. Dezember 1976. Zürich, Frankfurt a. M. 1976, 67–89.

Nizon, Paul: Am Schreiben gehen. Frankfurter Vorlesungen. Frankfurt a. M. 1985.

Rodewald, Dierk: Sprechen als Doppelspiel. Überlegungen zu Robert Walsers Berner Prosa. In: Provokation und Idylle. Über Robert Walsers Prosa. Beiträge von Jochen Greven u. a. Stuttgart 1971, 71–92.

Sorg, Reto: Selbsterfindung als Wirklichkeitstheorie. Zu Robert Walsers nachgelassener ›Tagebuch-Erzählung‹ aus dem Jahr 1926. In: Fattori/Schwerin, 111–129.

Utz, Peter: Postface. Une vie en vingt-cinq mouvements. In: Robert Walser: Vie de poète. Traduit de l'allemand par Marion Graf. Carouge-Genève 2006, 155–167.

Utz, Peter: Erschriebenes Leben. Ist Robert Walsers Poetenleben eine ›Autofiktion‹? In: Fattori/Schwerin, 27–42.

Walt, Christian: »O, Goldfabrikant samt deiner hilfreichen Hand, wie bedächtig las ich dich!« Kontext und Dekontextualisierung in Robert Walsers ›Bleistiftmethode‹. In: Deutsche Vierteljahrsschrift für Literaturwissenschaft und Geistesgeschichte 83, 3 (2009), 472–484.

Walt, Christian: Improvisation und Interpretation. Robert Walsers Mikrogramme lesen. Frankfurt a. M., Basel 2015.

Christian Benne

4.2 Poetik

Stückwerk

Robert Walser hat eine unübersehbar große Zahl von kurzen Prosatexten geschrieben, die vornehmlich im Feuilleton unterschiedlicher Zeitungen und Zeitschriften publiziert worden sind. Nicht zuletzt haben die Forschungen von Peter Utz die grundlegende Bedeutung des Feuilletons als Publikationsort und als Bezeichnung eines Text-Genres für die Ausrichtung der literarischen Produktion Walsers herausgestellt (vgl. Utz 2000; s. Kap. 2.7). Dies betrifft die Frage des Umfanges des einzelnen Textes – er muss ›kurz‹ sein – sowie deren durch die verschiedenen Publikationsorte bedingte Verstreuung, die die Ausbildung eines auf Wiedererkennbarkeit des Verfassers abgestellten ›Tones‹ zur Folge hat. Darüber hinaus hat der Publikationsort Feuilleton Auswirkungen auf das mit ›der Literatur‹ als codiertem eigengesetzlichem Bereich verbundenen Konzept von Autorschaft: Das Feuilleton als flüchtiges, dem Tag und dem Alltag verschriebenes Genre rechnet weniger mit einem Autor als vielmehr mit einem Schreiber bzw. einem Verfasser, der zugleich Textlieferant ist (vgl. Reibnitz 2014). Dem gegenwärtigen Erkenntnisstand zufolge hat Walser allein in der Berner Zeit von 1921 bis 1933 ungefähr eintausend Texte verfasst, die er, mit unterschiedlichem Erfolg, an Zeitungen zu liefern sich bemüht hat. Diese Produktion hat er vornehmlich der Bezeichnung ›Prosastück‹ unterstellt, was dazu geführt hat, dass Walser vor allem als Verfasser von Prosastücken bekannt geworden ist.

Was aber macht das ›Stückhafte‹ am Prosastück aus? Zunächst einmal scheint zu gelten, dass die Bezeichnung ›Prosastück‹ wegen der großen, verschiedene Genres unter sich versammelnden Allgemeinheit favorisiert wird – sozusagen als Passepartout. Um der Generalisierung zu entkommen, reicht es auch nicht, die Frage des Umfangs ins Feld zu führen. Klar scheint, dass um als ›Stück‹ zu fungieren, der Text kurz bzw. nicht lang sein muss. Aber was heißt das? Ist es eine Frage der Messbarkeit? Wie es ›längere Texte‹ unter dem Signum ›Prosastück‹ gibt, so darf umgekehrt ein Text auch nicht *ganz* kurz sein, um als Stück etikettiert werden zu können. Im Gegenzug zu diesen den Texten eher äußerlich bleibenden Messlatten hat Michael Niehaus den Vorschlag gemacht, die Spezifik des Prosastücks aus der Spannung zum Werk-Begriff zu entwickeln. Danach wird durch die Zuschreibung ›Prosastück‹ dem Text ein Status verliehen, der ihm einen Platz und etwas Eigenes, von anderem Abgegrenztes, zuweist. Jedoch ist dieses ›Eigene‹ nicht von der Art eines ›Werkes‹, sofern damit ein Gebilde gemeint ist, »was als für sich selbst stehend aufgefasst wird«. Davon unterscheidet sich das Prosastück insofern, als es etwas ist, das »seinen Platz oder seinen Ort in einer Umgebung beansprucht« (Niehaus 2007, 174).

Nach dieser Bestimmung, die auch eine Unterscheidung zum Fragment als einem unvollendeten Werk impliziert, bringt das Stückhafte in seiner Verwiesenheit auf den Begriff ›Umgebung‹ ein Moment von Kontingenz ins Schreib-Spiel, das der Platzierung im Feuilleton entgegenkommt: Das Feuilleton ist, da es stets eine dem ›Stück‹ notwendige und zugleich kontingente Umgebung mitliefert, dem Walserschen Prosastück keineswegs äußerlich, sondern inhärent. Die im Entstehen begriffene *Kritische Ausgabe sämtlicher Drucke und Manuskripte* (KWA), die nicht mehr von ›Werk‹ spricht, bringt diesen für die Stückhaftigkeit der Prosastücke entscheidenden Zug zur Geltung, wenn sie die dem jeweiligen Text zugehörige Umgebung auf der Feuilletonseite rekonstruiert und schematisch darstellt: Nicht als Teil, nicht als Splitter oder Mosaik eines unterstellten Ganzen, sondern in seinem Anspruch auf eine Umgebung wird das Prosastück zu einer die literarische Produktion Walsers hervorbringenden und bestimmenden Figur des Kleinen.

Die die Kontingenz des Schreibanlasses bejahende Figur des Kleinen führt nicht nur zu einer seriellen, sich performativ endlos fortsetzenden »proliferation« (vgl. Frederick 2012) von Prosastücken, sondern bringt auch die textanalytischen Bemühungen in ihren verschiedenen Spielarten in Bedrängnis: In dem Maße wie sie sich der Unterstellung einer Grundstruktur, auf die hin das einzelne Stück interpretiert werden könnte, widersetzt, setzt sie auch die aufs Paradigmatische zielende Beweiskraft des Zitats tendenziell außer Kraft. Wenn nämlich im Zuge der unendlichen Wortmenge und der Überfülle an »Sprachgirlanden« (Benjamin 1929/1991, 326) für jedes ausgemachte Strukturmerkmal ein zitierbarer Beleg dem riesigen durch »Spuren, Falten, Einschnitte« (SW 18, 108) sich fortsetzenden Textgebiet entnommen werden kann, dann wird ironischerweise nicht zuletzt durch den Beweis das festgestellte Strukturmerkmal ins Gleiten gebracht. Es ist nicht zuletzt diese ironische Geste, welche, indem sie der Textanalyse einen metasprachlich gesicherten Halt entzieht, das Gleiten und Verschwimmen initiiert und fortsetzt. Damit ist eine Bewegung in Gang gebracht, die sich im wiederkehrenden Motiv der Kahnfahrt spiegelt: Im Gleiten des Bootes auf der Wasseroberfläche gibt es ein Verschwimmen von grundloser Tiefe und der Nähe des Wassers, das unfassbar und unerreichbar zugleich ist (vgl. Niehaus 1995, 302). »Sie glitten und gingen unter den übrigen Dahingleitenden und -gehenden wie ein Geträumtes in einem Geträumten.« (SW 19, 346) In diesem abgründigen Sinne sind nicht nur die Walserschen Figuren, sondern sind die Prosastücke selbst in ihrer »Geschwätzigkeit« von einer, wie es bei Walter Benjamin heißt, »unbeirrbaren Oberflächlichkeit«: »Denn das Schluchzen ist die Melodie von Walsers Geschwätzigkeit. [...] Es sind Figuren, die den Wahnsinn hinter sich haben und darum von einer so zerreißenden, so ganz unmenschlichen, unbeirrbaren Oberflächlichkeit bleiben.« (Benjamin 1929/1991, 327)

Mit der Beobachtung einer, »zumindest scheinbar, völlig absichtslosen und dennoch anziehenden und bannenden Sprachverwilderung« in Walsers Werken markiert Benjamin einen Gegenpol zu den »mehr oder weniger durchgebildeten, absichtsvollen Kunstwerken«, deren Stil an die Bearbeitung von Inhalten gebunden ist. Denn für Walser sei »das Wie der Arbeit so wenig Nebensache, daß ihm alles, was er zu sagen hat, gegen die Bedeutung des Schreibens völlig zurücktritt. Man möchte sagen, daß es beim Schreiben draufgeht« (ebd., 325).

Die Bedeutung des Schreibens, das jeden Inhalt gleichsam verzehrt, ist genauer zu bestimmen: Wenn das Inhaltliche bei Walser im Prozess des Schreibens draufgeht, dann nicht zuletzt deswegen, weil die schier unübersehbare in alle Winde zerstreute literarische Produktion ganz auf den Vorgang des Aussagens und nicht, wie beim ›Werk‹, auf die Seite des Ausgesagten als Inhalt fällt. Ist also die Unterscheidung von Kunst als Werk und der Literatur Walsers mit dem Vorgang des Aussagens verbunden, so schiebt sich notwendigerweise eine die Walsersche Literatur bestimmende Figur in den Vordergrund: die Figur des Schreibenden, die Figur des die Aussage machenden ›Ich‹. Walsers Prosatexte indizieren sich selbst als Sprechakte, wobei sogar das, was erzählt werden könnte, gesprochen wird (vgl. Niehaus 1995, 288). Dabei weiß das ›Ich‹, das hier spricht, dass es spricht, und es spricht davon: »Ich schreibe hier ein Prosastück, worin ich jeden Satz mit einem selbstbewußten Ich anfangen will.« (SW 19, 112)

›Ich‹ und »Ich-Buch«

Die Differenz von Kunst als Werk und Walsers Prosastücken, nicht zuletzt durch die Verlagerung vom Ausgesagten zum Subjekt der Aussage hervorgebracht, kommt in zahllosen Reflexionen auf das Text-Ich, insbesondere in der Prosa der Berner Zeit, zur Sprache. Wenn die endlose Proliferation dieser ›Ich‹-Reflexionen als Proliferation ebenso entscheidend wie nicht zitierbar ist, so macht die folgende Sequenz doch Züge der Selbstpositionierung Walsers lesbar. Das längere Zitat, das dem unveröffentlichten Prosastück *Meine Bemühungen* von 1928 entnommen ist, lautet:

> Vor ungefähr zwanzig Jahren verfaßte ich mit einer gewissen Behendigkeit drei Romane, die dies unter Umständen gar nicht sind, die vielmehr Bücher sein mögen, worin allerlei erzählt wird [...]. Ich ging seinerzeit vom Bücherverfassen aufs Prosastückschreiben über, weil mich weitläufige epische Zusammenhänge sozusagen zu irritieren begonnen hatten. Meine Hand entwickelte sich zu einer Art Dienstverweigerin. Um sie zu begütigen, mutete ich ihr gern nur noch geringere Tüchtigkeitsbeweisablegungen zu, und siehe, mit derartiger Rücksichtnahme gewann ich sie mir allmählich wieder. [...] Wie ich glaube, besaß ich einst einen bessern Namen; doch gewöhnte ich mich auch an einen weniger ausgezeichneten, indem ich wünschte, ich erklärte mich mit der Bezeichnung »Zeitungsschreiber« einverstanden. Nie beeinträchtigte mich die sentimentale Idee, man könnte mich für artistisch irregegangen halten. Die Frage: »Ist's nicht mehr Kunst, was du treibst?« schien mir mitunter sachte die Hand auf die Schulter zu legen. Ich durfte mir jedoch sagen, daß sich einer, der mit Bemühtbleiben weiterfährt, nicht von Forderungen behelligen zu lassen braucht, deren idealistische Last ihn beunlustigte. (SW 20, 428 f.)

Wenn Walser den Übergang vom Roman zum Prosastück als eine Art Drehpunkt seiner Literatur herausstellt, führt er die mit dem Roman als Gattung verbundene Forderung eines epischen, an Handlung ausgerichteten Zusammenhanges als Grund für seine Abwendung von dieser Form an. Zugleich aber zieht Walser in Zweifel, ob die Orientierung an einer handlungsgesteuerten Werkeinheit für seine Romane überhaupt Geltung hätte: Enthalten nicht schon die Romane die Tendenz zum Prosastück, indem sie sich weniger im Zeichen einer abgeschlossenen Werkeinheit als vielmehr, ›dies und jenes‹ erzählend, über Abweichungen und Digressionen fortsetzen (vgl. Frederick 2012)? Zugleich wird die Tendenz zum Prosastück mit dem Verweis auf das Handwerkliche des Schreibens verbunden. So heißt es in einer späten Erzählung: »Bin ich gut aufgelegt, d. h. bei guter Laune, so schneidere, schustere, schmiede, hoble, klopfe, hämmere oder nagle ich Zeilen zusammen [...]. Man kann mich, falls man Lust hiezu hat, einen schriftstellernden Drechsler nennen. Indem ich schreibe, tapeziere ich.« (SW 20, 322) Jenseits jeder Reflexion auf eine das Schreiben motivierende Innerlichkeit wird die dem Schreibvorgang vermeintliche Äußerlichkeit der Handschrift wie die der Hand ins Feld geführt: Wenn die Handschrift als materielle Spur des Schreibens (vgl. Giuriato, Kammer 2006) und die Hand als dessen Instrument und Medium gefasst werden, dann deutet sich in diesen scheinbar beiläufigen Bemerkungen an, dass der die Geschichte des Schreibens bestimmende ausschließende Gegensatz von Innerlichkeit und Äußerlichkeit für Walser seine theoretische Geltung verloren hat.

Diese auch theoretisch folgenreiche Erweiterung des Denkens, des Schreibens und der Schrift, die sich in den Prosastücken ereignet, hat jedoch, wie der oben zitierten Sequenz zu entnehmen, zumindest zu Walsers Publikationszeiten eine Kehrseite: Wenn die Prosa in der von Walser selbst gemachten Zuschreibung als Prosastück den Status des Werkes und damit die Zugehörigkeit zur ›Kunst‹ verliert, verblasst auch der ›bessere Name‹, nämlich der Name ›Autor‹. An die Stelle tritt die Bezeichnung ›Zeitungsschreiber‹ mit all ihren – bezogen auf die Kategorien Kunstwerk und Autor – depravierenden Konnotationen. So heißt es in dem ebenfalls unveröffentlichten Prosastück von 1928/1929 *Für die Katz*: »Ich schreibe das Prosastück, das mir hier entstehen zu wollen scheint, in stiller Mitternacht, und ich schreibe es für die Katz, will sagen, für den Tagesgebrauch. Die Katz ist eine Art Fabrik oder Industrieetablissement, für das die Schriftsteller täglich, ja vielleicht sogar stündlich treulich und emsig arbeiten oder abliefern.« (SW 20, 430) Dagegen ragen, wie es ironisch heißt, die »Meisterwerke der Kunst [...] hoch über das Summen, Brummen, Sausen, Brausen des Tages« hinaus, um schließlich im »Hafen fernliegender Nachwelt« zu landen. Daraus zieht der im Text als ›Ich‹ namhaft gemachte Schreiber den Schluss: »Ich nenne die Mitwelt Katz; für die Nachwelt erlaube ich mir nicht, eine familiäre Bezeichnung zu haben.« (ebd., 430 f.)

In der Selbstpositionierung als ›Zeitungsschreiber‹ und Verfasser von Prosastücken tritt deutlich eine Verschiebung des Konzepts von Literatur zutage: Aus dem Autor, der ein Werk hervorbringt, ist ein Lieferant von Texten für den Tagesgebrauch geworden, die, flüchtig und zerstreut, dem Vergessen anheim gegeben sind. Dass die Zerstreutheit, von der Walser spricht, sich keineswegs nur durch den empi-

rischen Publikationsort Zeitung erklärt, lässt sich an der inzwischen grundlegend veränderten Publikationssituation zeigen: Die Versammlung der Texte zu Werkausgaben (GW; GWS; SW), vor allem das große Projekt der KWA, nämlich macht lesbar, dass die Texte *in sich* zerstreut sind. Das Schreiben ›für die Katz‹ erweist sich damit als eine tiefgreifende Verabschiedung des Werkkonzeptes, deren Unheimlichkeit und Abgründigkeit nicht zuletzt aus der Walserschen Geste der Bejahung rührt. Dabei ist Bejahung nicht als Kritiklosigkeit, sondern im Sinne Friedrich Nietzsches als ein wachsames Aufnehmen und Auf-Sich-Nehmen der Wirklichkeit zu verstehen (vgl. Deleuze 1996, 197).

Dazu gehört auch die Konstitution des ›Ich‹, das sich in nahezu allen Prosa-Stücken als Verfasser indiziert und das die Prosastücke verbindet. Dieses als Verfasser indizierte ›Ich‹ ist das fiktive Aussagesubjekt, demgegenüber der Schreibende notwendig außerhalb des Textes bleibt. Als fiktives Aussagesubjekt ist das ›Ich‹ das, worauf die Worte des Textes zugerechnet werden und gleichzeitig das, was sich durch diese Worte allererst konstituiert. Das ›Ich‹ als Figur des Verfassers kann nur figurativ von sich sprechen oder anders: der Verfasser ist nicht mehr der Autor, der sich im Werk verwirklicht, vielmehr entzieht sich letzterer im einzelnen Prosastück (vgl. Niehaus 2007, 185). Insofern das Verfasser-›Ich‹ bei Walser sich stets als das markiert, das den Text aussagt, kann es im »Hervorrufen von Schreibanläßlichkeit«, auch und gerade »aus einem fremden Erzeugnis« (SW 18, 76), in Funktion treten. In dem Maße, wie es nie durch das gerechtfertigt ist, was innerhalb des Textes geschieht, und sich weder in den Rollen, die es annimmt, noch in dem, was es von sich sagt, erschöpft, (Niehaus 1995, 292), kann es alles zum Anlass eines Schreibens machen. Dieses Schreiben produziert das, was Walser als »Ich-Buch« bezeichnet. So heißt es in dem ebenfalls unveröffentlichten Prosastück *Eine Art Erzählung* von 1928/1929:

> Meine Prosastücke bilden meiner Meinung nach nichts anderes als Teile einer langen, handlungslosen, realistischen Geschichte. Für mich sind die Skizzen, die ich dann und wann hervorbringe, kleinere oder umfangreichere Romankapitel. Der Roman, woran ich weiter und weiter schreibe, bleibt immer derselbe und dürfte als ein mannigfaltig zerschnittenes oder zertrenntes Ich-Buch bezeichnet werden können. (SW 20, 322)

Weit davon entfernt ein schlichter, die Rätsel der Walserschen Prosa erläuternder oder gar lösender Kommentar zu sein, gibt diese häufig zitierte Sequenz selbst Rätsel auf. Das »Ich-Buch« wird zwar als

Summe der Prosastücke entworfen, aber es bildet kein Ganzes. Vielmehr setzt es sich durch *Schnitte* fort: Jedes Prosastück fügt einen Schnitt hinzu. In dem Maße wie es keinen Anfang, keine Mitte und kein Ende hat, subvertiert es nicht nur die Konzeption von ›Werk‹, sondern ebenso die im Zeichen von Einheit stehende Konzeption von ›Buch‹. Aus dem, was hier als ›Geschichte‹ und ›Roman‹ aufgerufen wird, ist nicht nur auf eine, vielleicht ironische Abgrenzung gegenüber den großen Erzählungen als Autobiographie und Roman zu schließen, vielmehr ist es die Koppelung von Weiterschreiben und Selbigkeit, die Fragen aufwirft. Das »Ich-Buch« zeichnet sich als das ab, das sowohl das ›Ich‹ als auch das ›Buch‹ erzeugt, sofern sich beides gegenseitig bedingt: Einerseits verleiht die formale Kategorie ›Ich‹ den Texten einen als ›Buch‹ etikettierten Zusammenhang und zugleich wird das ›Ich‹ durch das ›Buch‹ konstituiert. Es ist das ›Buch‹, das dem ›Ich‹ seine leere »Selbigkeit« zuführt, weil es sich als fiktives Aussagesubjekt in keinem einzelnen Werk »sättigt« (Niehaus 1995, 293).

Wie der damit ungestillt bleibende ›Hunger‹ das Weiter-und-Weiter-Schreiben notwendig macht, so wird auch eine Nuancierung der Rede von der Positionierung des Schreiber-Ichs notwendig: Es ist, wie sich jetzt herausstellt, nicht einfach außerhalb, sondern in der anwesenden Abwesenheit des ausgesagten Aussagesubjekts (Niehaus 2007, 182) auch innerhalb des Textes angesiedelt. Indem sich die Walserschen Prosastücke in einem übergänglichen Zwischenraum zwischen Innen und Außen bewegen, geraten sie nicht nur in eine zarte, kleine, leichte Schwebe (vgl. Kreienbrock 2010), sondern es wird darüber hinaus zugleich eine Beziehung zum ›wirklichen‹ Leben hergestellt. Die Art dieser Beziehung deutet sich in Walsers Rede vom »Lebensparallelismus« an (SW 20, 426), den er mehrfach für seine Schriften in Anschlag bringt: In dem Begriff ist jener Schwellenraum des ›Zwischen‹ bewahrt, der die angesprochenen Bereiche notwendig trennt und als getrennte verbindet.

Aufschub

Die Schwebe der Walserschen Prosa wird nicht zuletzt durch das der Struktur von Sprache immanente Verfahren des Aufschubs (vgl. Derrida 1967/1974) hervorgebracht. Das Verfahren des Aufschiebens prägt das versammelte Erzählwerk auch in der Weise, dass es immer wieder, in unzähligen Stücken, zum

Gegenstand des Erzählens gemacht wird. Wenn es das Wiederkehren des Aufschubs ist, welches die Prosa auszeichnet, dann stellt sich erneut der Verweis auf *einen* Text als ein dem Walserschen Erzählen gegenüber ebenso unangemessenes wie unvermeidliches Verfahren heraus. Unter diesem Vorbehalt kommt gleichwohl ein häufig zitiertes, ein, ironisch gesagt, gleichsam kanonisches Prosastück mit dem sprechenden Titel *Der heiße Brei* (1926/1927) in den Blick. Dort heißt es:

> Besteht nicht Schriftstellern vielleicht vorwiegend darin, daß der Schreibende beständig um die Hauptsächlichkeit herumgeht oder -irrt, als sei es etwas Köstliches, um eine Art heißen Brei herumzugehen? Man schiebt schreibend immer etwas Wichtiges, etwas, was man unbedingt betont haben will, auf, spricht oder schreibt vorläufig in einem fort über etwas anderes, das durchaus nebensächlich ist. (SW 19, 91)

Ist hier ausdrücklich von Aufschieben die Rede, so erscheint es nicht als eine dem Schreiben äußerliche Manier, sondern als das, was das Schreiben in Gang bringt und hält. Wenn der Aufschub in der Prosa Walsers als das erscheint, was der Sprache implizit ist, so wird er sich als ostentativ ausgestellte Digression darstellen. Im Unterschied zu einem Konzept, das Abweichung und Abwege in Bezug auf ein vorausgesetztes Schema entwirft, folgt die Digression bei Walser einer Bewegung, die sich, ohne eine Entwicklung zu indizieren, als Digression der Digression fortsetzt. Dabei ist die Digression bei Walser ein paradoxes Verfahren: Wenn nämlich die Digression anzeigt und performativ zur Darstellung bringt, dass in der der Verschiebungsstruktur unterstellten Aussage immer etwas verfehlt ist, so ist es genau dieses Verfehlen, welches die Vorstellung von etwas Köstlichem und Erwünschtem erzeugt. Im gleichen Zug wird das Ausgesagte zu etwas Nebensächlichem, das zu weiteren Digressionen veranlasst.

Die Digression als Performanz des Aufschubs bestimmt das Erzählen Walsers grundsätzlich und erst recht in der Berner Zeit. Wie in dem nur als Mikrogramm überkommenen sogenannten »*Räuber*«-Roman, der mit den beiden Sätzen: »Edith liebt ihn. Hievon nachher mehr«, beginnt (AdB 3, 11), nimmt das Erzählen als Aufschub des Erzählens im Modus der Digression seinen Ausgang. Dies gilt, neben unzähligen anderen Prosastücken, auch für die 1931 im *Berliner Tageblatt* erschienene kurze Erzählung *Einmal erzählte Einer* (Titel nach KWA III 1, 251–254), der Samuel Frederick in seinem Buch *Narratives Unsettled* eine größere Studie gewidmet hat (vgl. Frederick 2012, 28–36). Schon das im Titel intransitiv gebrauchte Verb ›erzählen‹ indiziert ein Erzählen, das nicht auf ›Handlung‹ im Sinne von ›Fabel‹ oder ›plot‹ als einer narratologisch grundlegenden Kategorie zielt. Wenn in der Poetik des Aristoteles ›Handlung‹ (Mythos) im Zeichen der Herstellung von Ganzheit und Einheit des erzählten Verlaufs verhandelt wird, dann muss sich das Erzählen durch einen Anfang, eine Mitte und ein Ende auszeichnen. Dieser narratologischen Grundforderung widerspricht Walsers Erzählen schon dadurch, dass es zwar mit jedem Stück neu einsetzt, dieses Einsetzen jedoch ebenso wie sein Ende als kontingent ausgewiesen werden: Als kontingent insofern, als aus dem Anfang keine stringente Handlung folgt, die in einem sich erfüllenden Ziel, dem Ende, zur Ruhe und zum Abschluss kommen könnte (siehe Kap. 4. 3.).

Diese in Walsers Prosa sich ereignende einschneidende Verschiebung wird wiederum innerhalb des jeweiligen Prosastückes reflektiert, das sich damit als sein eigener Metatext erweist (vgl. Niehaus 2007, 180). So beginnt etwa die in der Zeitschrift *Sport im Bild* 1929 publizierte Erzählung *Spaziergang im Park* mit der Reflexion darauf, wie denn ein »vielleicht« handlungsloses Erzählen beginnen könnte: »Kaum weiß ich, wie ich eine Geschichte anfangen soll, die vielleicht handlungslos verläuft.« (SW 20, 127) Anfangend mit der Reflexion des Verfasser-Ichs auf die Un-/Möglichkeit eines Erzählanfangs jenseits eines am *plot* orientierten Erzählens, macht es mit dem zweiten Satz einen neuen Versuch, indem es einen klassischen, den Märchenton anschlagenden Erzähleingang ins Spiel bringt: »Es war einmal ein Mädchen, das in einem Park spazierenging« (ebd., 127). In seiner Allgemeinheit scheint dieser Anfang insofern günstig, als er, wie die folgenden flüchtig aufgeblendeten Szenen vorführen, eine Fülle von Erzählmöglichkeiten zulässt. Und in der Tat: Der den Anfang eines Anfangs zitierende, also wiederholende Satz nimmt eine unvorhergesehene Wendung, indem das erwähnte Mädchen wie der erwähnte Park gleichsam individualisiert werden: »Es war einmal ein Mädchen, das in einem Park spazierenging, der so schön aussah, daß sie ihn mit ihrer Seele essen zu können meinte.« (ebd., 127 f.) Wenn diese Wendung jedoch nicht zu einer durch sie motivierten Handlung führt, kommt das »vielleicht« des ersten Satzes zur Geltung: Danach entwirft sich das Verfasser-Ich als eines, welches das Erzählen nicht allein aktiv beherrscht, vielmehr passivisch der Sprache und ihren Wendungen Folge leistet. »Die Worte«, so verzeichnet Walser in einem Mikrogramm, »die ich hier aussprechen will, haben einen eigenen Willen« (AdB 4,

196). Durch diese passivische Beimischung verschiebt sich auch die Frage nach dem Status des Einspruches gegenüber dem klassischen Erzählen bei Walser: In dem Maße wie der Einspruch nicht als selbstherrliche Geste des Ich erscheint, wird er als Reflexion auf die historischen Bedingungen von Schreiben in der Moderne lesbar.

Wenn also das Prosastück *Einmal erzählte Einer* schon im Titel auf ein Erzählen ohne Handlung als Fabel oder *plot* verweist, so nimmt es seinen Lauf als Aufschub des Erzählens im Modus der Digression (vgl. Frederick 2012, 28–36). Dabei macht auch hier der Anfang eine besondere Figur: »Ich wohnte eine Zeitlang, wie ich mich zu meiner Erheiterung erinnere, bei zwei Frauen, die ich übrigens erst später erwähnen will, indem ich meine Geschichte nicht mit etwas Erlesenem und Ausgezeichnetem beginnen möchte.« (SW 20, 81) Wenn das Prosastück mit einem Aufschub beginnt, so stellt sich ein Paradox ein: Um stattfinden zu können, wird das erwähnt, was erst später erwähnt werden soll. Diese Unterbrechung könnte noch als rhetorischer Trick durchgehen, indem sie die Erwartung auf etwas Erlesenes und Ausgezeichnetes, das später narrativ entfaltet würde, weckt. Wenn jedoch die folgenden Sätze den Aufschub eines Anfangs jeweils neu beginnen lassen, dann zerstreut sich nicht nur die zielgerichtete Erwartung, sondern ebenso die narrative Grundkategorie ›Anfang‹ als Ausgangspunkt einer Handlung.

Der zweite, ebenfalls einen Absatz einnehmende Satz bringt wiederum den Aufschub ins Spiel: »Zunächst tritt ein Hund auf, den ich zwar lieber einstweilen noch ein bißchen aufsparen will, ähnlich wie es kleine Kinder mit Schmackhaftigkeiten tun, die vor Eßlust nicht zu essen fähig sind.« (ebd.) Zwar wiederholt sich der Aufschub, indem auch dieser ›Anfang‹ abbricht, aber es geschieht in einer gegenüber dem ersten Satz nuancierten Weise: Während das Ich des ersten Satzes davon spricht, dass es den Abbruch herbeiführen will und dafür eine Begründung liefert, so heißt es jetzt, dass es den erwähnten Auftritt des Hundes lieber ein bisschen aufsparen wolle. Ist damit eine gewisse Unentschlossenheit des Erzähler-Ichs angesprochen, so ist es die keineswegs sparsame Reihung der Worte »zwar lieber einstweilen noch ein bißchen«, die den Aufschub rhetorisch bereits vollzieht (vgl. Frederick 2012, 30). Mit dem performativ erzeugten Aufschub entsteht Raum für eine vom Auftritt des Hundes wegführende Reflexion, die, in Form eines weitläufigen Vergleichs, der Lust am Aufschub als Modus des Erzählens gilt.

Was besagt der Vergleich? Die Kinder sparen das

Essen der Süßigkeiten auf, weil sie den Wunsch haben, sie zu verzehren. Bezogen auf den Aufschub als Modus des Erzählens heißt das: Der Aufschub erzeugt Lust, weil er das Begehren nach dem Objekt ausstellt und erhält. Der Vergleich aber überbietet noch diese sich abzeichnende Dialektik des Begehrens, wenn es heißt, dass es nicht ein Wollen ist, dass die Kinder vom Essen abhält; vielmehr sind diese aus Esslust *nicht fähig* zu essen. In dieser leichten Verschiebung erweist sich der Aufschub als Performanz eines Begehrens, das sich in seiner Objektlosigkeit als Begehren des Begehrens selbst erzeugt. In der späten, 1929 im *Berliner Tageblatt* erschienenen Erzählung *Auflauf* findet sich eine paradoxe Bemerkung, in der sich dieser dem Erzählverfahren Walsers inhärente Begehrens-Zug zu reflektieren scheint: »Sollte ich nicht den Beweis erbracht haben, daß der Hunger in gewisser Hinsicht vollständiger sättigt, als es das kompletteste Essen imstande ist?« (SW 20, 44) Es ist nicht zuletzt das Paradox einer Sättigung durch Hunger, welches das Signum einer Poesie des Kleinen ausmacht (s. Kap. 3.6.2 u. 4.24). Walser bejaht dieses Paradox so rückhaltlos, dass selbst der Mangel, den der Signifikant ›Hunger‹ mit sich führt, in einem Genießen aufgeht: Es ist ein Genießen, das sich in der unersättlichen Proliferation der Prosa als Stückwerk genießt.

Beim dritten Anlauf eines Anfangs, der wiederum einen Absatz bildet, macht der Ich-Erzähler in *Einmal erzählte Einer* kurzen Prozess: »Ein Lakai, doch nein, vorerst von was anderem, nämlich davon, dass ich mir ziemlich lange einbildete, ich sei seriös und ehrsam wie kaum irgendeiner.« (SW 20, 81) Ebenso wie die den Eindruck des Seriellen erzeugenden ersten beiden Sequenzen, macht das Abrupte des bereits nach zwei Worten erfolgenden Schnitts lesbar, dass sich die Frage des ›Anfangs‹ und folglich die der ›Mitte‹ und die des ›Endes‹ als Kriterien einer sich entwickelnden Handlung für das Prosastück erledigt haben: In dem Maße wie die Erzählung unvermittelt einsetzt und unvermittelt abgeschnitten wird, kann mit jedem Schnitt ein neues Stück hinzugefügt werden. Damit kommt eine digredierende, sich rhizomhaft ausbreitende Textur in Gang, die gleichermaßen innen wie außen wirksam ist: Sie konstituiert den Text als in sich zerstreuten wie sie die Summe der Texte im Zeichen der Zerstreuung zusammentreten lässt.

Tanzen

Nach einem als Absatz markierten Schnitt, wird im Prosastück *Einmal erzählte Einer* ein anders geartetes Sujet platziert: Gemsen, die von »Fels zu Fels« springen. Doch wie kommt dieses Sujet ins Spiel? »Gemsen, bringe ich nun unerwarteterweise vor, tanzten und hüpften von Fels zu Fels, eine Redeweise, die eklatant beweist, dass mich der Lebensstrom, auf dessen seidenweich fließendem Rücken mir's gefiel, in die Berge gebracht hatte, wo Hütten standen, die an Zierlichkeit mit Fenstervorhängen oder Schleiern wetteiferten.« (ebd., 82) Das Erzähl-Ich tut sich hervor, indem es sein eigenes Erzählen kommentiert. Wird damit erneut ein Metatext zum Prosastück eingeflochten, so bleibt unentscheidbar, ob der Kommentar dem unvorhergesehenen Auftauchen des Sujets oder dem Unvorhergesehenen der Redeweise, welche die Gemsen tanzen und hüpfen lässt, gilt. Steht die Schwebe im Kontrast zur Rede vom ›eklatanten Beweis‹, so ist damit ironisch auf den erzähltheoretisch zu fassenden Umstand verwiesen, dass das Erzähl-Ich (immer schon) an einem anderen als dem erzählten Schauplatz ist. Aber nicht genug damit: Sofort nimmt das Erzähl-Ich den Schauplatz, der sich durch die Redeweise eingestellt hat, zum Anlass einer neu einsetzenden Erzählung, die, indem sie wiederum abgebrochen wird, zu neuen Objekten aufbrechen kann, aber nicht muss. Die Rede vom Tanzen und Hüpfen erweist sich damit als eine, in der sich in der Tat unerwarteterweise die Redeweise des Prosastückes im Sinne einer *mise en abyme* selbst reflektiert. Spiegelt sich Walsers Schreiben häufig im Bild des Tanzes (vgl. Utz 1998), so wird vor allem das Spazieren zum Sujet vieler Erzählungen ebenso wie zum Emblem der Schreibweise. Auch in der Erzählung *Einmal erzählte Einer* wird diese Parallele zwischen Gegenstand und Verfahren der Darstellung thematisch: »Beim Erzählen geht es ähnlich zu wie in der Wirklichkeit. Man nimmt sich allerlei vor, denkt an bestimmte Personen und Gegenden, aber beim Wandern verändert sich's, Voreingenommenes verschwindet, das Ungesuchte findet sich ein, Unerwünschtes wird willkommen.« (SW 20, 83) Und wird man nicht in die Freude einstimmen, die das Erzähl-Ich im letzten von einer Ankunft sprechenden Satz bekundet: »Wie freue ich mich, mit meinem Prosastück bei etwas Bedeutsamem angelangt zu sein« (ebd.)?

Betritt man also den Textraum, dann beginnt diese »kleine Prosa«, vom Erzähl-Ich als »ärmliche kleine Dichtungen« beurteilt, rhizomhaft zu wuchern (AdB

5, 45). Nicht zuletzt sind es die »Abweichungen und -zweigungen« (ebd.), die das Einfallen unvorhergesehener und unvorhersehbarer Erzählgegenstände und deren mögliches Verschwinden bewirken, das im Zuge der sprachlichen Wendungen, Rhythmen und Tönungen bejaht und ausgekostet wird.

Wenn eine erzählte Figur in einem Prosastück einmal sagt:»›Das schönste Ziel sind Ziellosigkeiten‹« (SW 18, 49), so erschöpft sich der Satz nicht im Diktum von der Unerreichbarkeit des Zieles, das eben deswegen angestrebt wird. Vielmehr enthält der kurze, kleine, gleichsam ärmliche Satz eine Abweichung, die über die im Unerfüllbarkeitstopos aufscheinende Dialektik des Begehrens hinausführt. Dieses Hinausführen geschieht nicht durch eine inhaltlich ausgeführte Korrektur, sondern in der sprachlichen Operation. Wenn die Zusammenstellung von Singular ›Ziel‹ und Plural ›Ziellosigkeiten‹ im Satz eine grammatische Unebenheit erzeugt, so wird diese gleichsam gerechtfertigt, indem sie ein semantisches Potenzial entfaltet: Während die Wendung ›Ziellosigkeit‹ als Gegenpol von ›Ziel‹ auf das ›Ziel‹ bezogen bleibt, wird dieser Bezug durch das pluralisierte Abstraktum gleichsam pulverisiert: Nicht länger ist die Ziellosigkeit das Ziel, sondern die Ziellosigkeit (selbst) wird ziellos. Dabei erinnert die Pluralisierung an das, was durch sie aufgehoben wird: In diesem Fall an das Ziel und seinen Gegenpart, die Ziellosigkeit, die nicht einfach negiert, sondern in den pluralisierten Abstrakta eher dekonstruiert werden. Wie das Medium des Allgemeinen, die Sprache, nicht aufhören kann, sich unablässig auf das Besondere zu beziehen, so ruft die Pluralisierung von Abstrakta das der Wahrnehmung *per definitionem* entzogene Allgemeine auf, wie sie zugleich die Erinnerung an Einzelvorgänge und Dinge bewahrt (vgl. Niehaus 1995, 299 f.). In dieser Funktion, die Walser einmal unter dem Signum der »individuelle[n] Individualitätslosigkeit« (SW 17, 431) verzeichnet, bildet die exzessiv wiederkehrende Operation der pluralisierten Abstraktionen eine Schaltstelle des Erzählens, die auch die handelnden Subjekte einbeziehen kann: »Hie und da ermutigten ihn seine Ursprünglichkeiten, ein Glas Bier zu trinken.« (SW 20, 288)

Kleine Dinge

Wenn sich herausgestellt hat, dass die Prosa Walsers sich nicht zuletzt darüber als kleine Prosa hervorbringt, dass sie niemals im Ausgesagten als Handlung Halt findet und deswegen wucherndes Stückwerk wird, dem ein ebenso wuchernder Leseprozess entspricht, dann ist damit keineswegs die Frage nach den Erzähl-Dingen erledigt. Dabei ist es offenkundig, dass vor allem ›kleine‹ Dinge im Sinne des Alltäglichen, des Unscheinbaren und Randständigen auftauchen (vgl. Schuller, Schmidt 2003; s. Kap. 4.18). In einer neueren, dem Stillleben gewidmeten Studie werden diese Dinge als das »Übersehene« zusammengefasst, dem eine ›rhopographische‹ Darstellungsweise entspricht. Abgeleitet von *rhopos* als dem Trivialen ist damit die Darstellung von Dingen bezeichnet, »denen es an Wert fehlt«. Während mit »Megalografie« die »Darstellung der großen Dinge der Welt – Götterlegenden, Heldenschlachten, geschichtliche Krisen« – gemeint ist, widmet sich die Rhopographie »jener Welt, die das menschliche Bedürfnis, Größe zu schaffen, ignoriert« (Bryson 1990/2003, 66). Walsers kleine Prosa ist ›klein‹ auch deswegen, weil sie ganz im Zeichen des »Übersehenen« in der Form der kleinen Dinge des täglichen Lebens steht. Wenn Walser die trivialen Dinge weder ignoriert noch aber einer Aufwertung zuführt, so ist das weniger in einer vorausgesetzten Haltung zur Welt als vielmehr darin begründet, dass alles, das Trinken eines Bieres oder das Verzehren einer Wurst, zum Anlass des Sprechens werden kann. 1915, also in der Bieler Zeit, erscheint in der Zeitschrift *Die Ähre* ein Prosastück, das die kleinen Dinge, das Übersehene und Unerhebliche schon im Titel *Asche, Nadel, Bleistift und Zündhölzchen* führt. »Ich schrieb einmal eine Abhandlung über Asche, die mir nicht geringen Beifall eintrug und in welcher ich allerlei überaus Kurioses zutage förderte, unter anderem die Beobachtung, daß Asche keinerlei nennenswerte Widerstandskraft besitze.« (SW 16, 328) Als erstes beschreibt sich das Ich wiederum als schreibendes, das sich, wie die indirekte Rede in Form des ›besitze‹ anzeigt, selbst zitiert. Was aber hat, dem Zitat zufolge, das als Verfasser von Prosa eingeführte Ich geschrieben? Eine Ab-Handlung, also etwas, das von Handlung im Sinne von *plot* wegführt (vgl. Frederick 2012, 86 f.). Dieses Verfahren jedoch hat dazu geführt, über den scheinbar so uninteressanten Gegenstand etwas, wie es in doppelter Verneinung heißt, zu sagen, »was durchaus nicht uninteressant ist« (SW 16, 328). Nach der Abhandlung ist das Interessante der Asche in ihrer Widerstandslosigkeit zu sehen: »Wird Asche angeblasen, so ist nicht das Geringste an ihr, das sich weigert, augenblicklich auseinanderzufliegen.« (ebd., 328) Bleibt unentschieden, ob die Rede vom ›Geringsten‹, das als Wertung traditionell dem Kleinen verbunden ist, auf einen Gegenstand zielt oder als adverbielle Wendung fungiert, so ist in jedem Falle auf der rhetorischen Ebene etwas geschehen: Das Verfahren der Anthropomorphisierung ist zum Einsatz gekommen, und dieses rhetorische Mittel hat den Gegenstand in einen nicht uninteressanten verwandelt (vgl. Schuller 2007, 75 f.). Es hat dem toten Gegenstand Leben eingehaucht und ihn mit menschlichen Tugenden ausgestattet. »Asche ist die Demut, die Belanglosigkeit und die Wertlosigkeit selber, und was das Schönste ist: sie ist selbst durchdrungen von dem Glauben, daß sie zu nichts taugt. [...] Wo Asche ist, da ist eigentlich überhaupt nichts. Setze deinen Fuß auf Asche, und du wirst kaum spüren, daß du auf irgend etwas getreten bist.« (SW 16, 328) Die Verlebendigung jedoch hat nicht dazu geführt, aus dem kleinen einen großen Gegenstand zu machen, sondern umgekehrt: Das Belanglose, Wertlose, Geringe selbst ist es, das sich als etwas Schönes entdeckt. Das Schöne dieses Fast-Nichts an Gegenstand ist nicht zuletzt der Umstand, dass es zu nichts nutze ist, dass es keinen Zweck und kein Telos außer sich hat. Wird damit die Kategorie ›Wert‹ als das dekonstruiert, was sich einzig durch ein Bezugsgeschehen herstellt, dann entdeckt sich das Kleine gefasst als ästhetische Kategorie als das, was sich erzeugt, indem das Bezugsgeschehen ausgesetzt wird. »[I]ch glaube nicht, daß ich mich sehr stark irre, wenn ich der Überzeugung zu sein wage, daß man nur die Augen aufzutun und recht aufmerksam um sich herum zu schauen braucht, um Dinge zu sehen, die wert sind, daß man sie mit einiger Innigkeit und Sorgfalt betrachtet.« (ebd., 328 f.)

Während der kleine Text über die vier kleinen Dinge seinen Ausgang von der Reminiszenz an eine mit ›Beobachten‹, ›Sehen‹, ›Schauen‹ korrelierte ›Abhandlung‹ nimmt, läuft der erste Absatz auf eine ›Betrachtung‹ zu. Sofern diese mit ›Innigkeit‹ und ›Sorgfalt‹ verknüpft wird, kommt die im Signifikanten ›betrachten‹ mitschwingende Doppeltheit aus optischem und mental-reflexivem Vorgang sowie der Umstand zum Zuge, dass ›Betrachtung‹ auch ein Genre im Sinne eines literarisch-philosophischen Essays bezeichnet. Wenn sich das Prosastück zwischen den verschiedenen Bedeutungsdimensionen bewegt, dann sind die aufgerufenen Erzähl-Objekte in eine Schwebe versetzt, welche sie ihrem angestammten Referenzbezug und Verwendungszusammenhang entzieht und sie insofern in einer Nutzlosigkeit präsentiert.

Bei den zur Sprache gebrachten Objekten handelt es sich um kleine Gegenstände wie Nadel, Bleistift und Zündhölzchen. Walser hatte eine gewisse Vorliebe für die stichelnde Nadel, auf deren Spitze, einem anderen Walser-Bild zufolge, Kunst und Leben auf der Lauer gegenseitiger Beobachtung liegen (vgl. Br 51), und die in der Verbindung von Stich/Wunde und Vernähen/Verknüpfen dem Bereich des Gewebes, der Textur, zugeschlagen werden kann. Die Anthropomorphisierung ermöglicht nun den Entwurf eines kurzen Porträts, nach dem die Nadel in einen komischen Gegensatz zum Walserschen Kleinen tritt: Sie nimmt eine gewisse hoffärtige Eitelkeit an, weil und indem sie sich auf ihre Nützlichkeit und Werthaftigkeit beruft: »Da ist z. B. die Nadel, die bekanntlich ebenso spitz wie nützlich ist und die nicht duldet, daß man sie grob behandelt, weil sie, so winzig sie ist, doch ihres Wertes bewußt zu sein scheint.« (SW 16, 329)

Dem gegenüber erscheint der Bleistift, der als Schreibinstrument seinen bekannten Wert ganz und gar aus der Nützlichkeit gewinnt, in einem Licht von Walserscher Schönheit:

> Was den kleinen Bleistift betrifft, so ist dieser insofern beachtenswert, als man ja zur Genüge wissen muß, wie er gespitzt und gespitzt wird, bis es nichts mehr an ihm zu spitzen gibt, worauf man ihn, unbrauchbar wie er durch unbarmherzigen Gebrauch geworden ist, auf die Seite wirft, wobei es niemandem nur von Ferne einfällt, ihm für die vielfachen Dienstleistungen ein Wörtchen der Anerkennung und des Dankes zu sagen. (SW 16, 329)

Zunächst gerät der Bleiststiftstummel, also das, was vom instrumentellen Gebrauch übrig geblieben ist, in den Blick. Dann aber kommt die Betrachtung im Sinne einer reflexiven Dimension ins Spiel, in der sich das Erzähl-Objekt verwandelt: In dieser Reflexion wird das Objekt zum Emblem einer Poetik des Kleinen, welche nicht nur den messbar kleinen Dingen gilt, sondern auch dem Kleinen als dem als Rest dargestellten Übersehenen, das hervortritt, sofern die Dinge aus ihrem Verwendungszusammenhang herausgelöst werden. So losgelöst können sie, ohne die Bezugsinstanz des Großen zu restituieren, zum Anlass für weitere und immer weiter gehende Reflexionen und Erzählungen werden. Einmal tut sich eine Abzweigung zu Walsers eigener Schreibtechnik auf: zum ›Bleistiftverfahren‹ oder ›Bleistifteln‹ (s. Kap. 4.6 u. 4.8), oder auch eine zur Anspielung auf das brüderliche Duo Karl und Robert Walser, in der sich überdies die Konstellation Malerei/Zeichnung und Literatur figuriert (s. Kap. 2.4 u. 4.9). Die nicht zuletzt durch die Anthropomorphisierung ermöglichte Referenzierbarkeit setzt sich also nicht fest, sondern bringt ihrerseits eine digredierende schwebende Bewegung in Gang, in der jeder beliebige Gegenstand, einer so gut wie der andere, ergriffen und verwandelt werden kann: »Das sind nun schon drei, wie man sicher allgemein sagen wird, höchst sonderbare, merkwürdige und anteilerweckende Gegenstände, die sich, einer so gut wie der andere, womöglich einmal, d. h. bei passender Gelegenheit, zu speziellen Vorträgen eignen werden.« (ebd.)

Der folgende Gegenstand ist ein Zündhölzchen, das zum Anlass einer neuen Betrachtung über das Kleine wird:

> Was sagt der Leser erst zu Zünd- oder Streichhölzchen, das ein ebenso liebenswürdiges wie zierliches, niedliches und eigentümliches Persönchen ist, welches in der Streichholzschachtel neben zahlreichen Genossinnen geduldig, manierlich und artig liegt, wo es zu träumen oder zu schlafen scheint. Solange Zündhölzchen in der Schachtel ruht, unbenutzt und unangefochten, besitzt es ohne Frage noch keinen sonderlichen Wert. Es harrt da sozusagen der Dinge, die kommen sollen. (SW 16, 329)

Getragen von einem ausgeprägten Märchenton wird auch dadurch, dass der Gattungsname ›Zündholz‹ als Eigenname fungiert, eine Personifizierung erzeugt. Wie der Märchenton so ruft auch die im Diminutiv stehende Personifizierung die mit dem Kleinen verknüpften Bedeutungen des Niedlichen und Possierlichen auf. Vor allem aber kommt das Motiv des Unnützen und Wertlosen erneut ins Spiel, das aber, indem es mit einem zeitlichen Index versehen wird, eine Verschiebung erfährt: Solange das Zündhölzchen träumt oder schläft, hat es *noch* keinen Wert, doch wird es vielleicht in Zukunft einen annehmen. Wie aber sieht diese Zukunft aus?

> Eines Tages aber und so nimmt man es heraus, drückt es gegen die Reib- oder die Streichfläche, streicht mit seinem armen, guten lieben Köpfchen so lange an derselben, bis das Köpfchen Feuer gewinnt, und nun zündet und brennt Zündhölzchen. Dies ist das große Ereignis im Leben vom Zündhölzchen, das, wo es seinen Daseinszweck erfüllt und seinen Liebesdienst erweist, den Feuertod sterben muß.« (SW 16, 329 f.)

In dem Maße wie sich die Betrachtung selbst zu einem märchenhaften, poetischen, träumerischen Objekt wandelt, hält es eine Fülle von Deutungsmöglichkeiten bereit: Es scheint, dass das mit dem Diminutiv ›Zündhölzchen‹, also mit einem Neutrum versehene Persönchen als Kind figuriert ist, das dem sexuellen Erwachen entgegenträumt. Lassen sich die von der Figur der Gegensätzlichkeit bestimmten Symboliken des Feuers (vgl. Bachelard 1985) als Erhellen, Entflammen und Zerstören entfalten, so kommt zugleich eine poetologische Reflexion zum

Zuge: eine Reflexion auf jenes Verfahren, das sich in der Figur des Aufschubs als entscheidend für Walsers Prosastücke herausgestellt hat. Im Moment der Erfüllung, des Zieles, des Werkes und des Wertes nämlich ist zugleich das Ende aller ›Werte‹ herbeigeführt. Genauer: Um überhaupt die Möglichkeit einer Entfaltung, eines Zieles, einer Bedeutung und einer Erfüllung herzustellen, sind Prozesse des Abweichens und Abzweigens notwendig. Und sie sind lustvoll, sofern sie sich »außerhalb jeder vorstellbaren Finalität« bewegen (Barthes 1973/1974, 77): »Wo Zündhölzchen sich über seine Bestimmung freut, stirbt es auch schon, und wo es seine Bedeutung entfaltet, kommt es auch schon um. Seine Lebensfreude ist sein Tod und sein Erwachen auch schon sein Ende. Wo es liebt und dient, stürzt es auch schon entseelt zusammen.« (SW 16, 330)

Als Figurierung des Aufschubs erweist sich nun auch die Abfolge der Dinge innerhalb des Prosastückes als signifikant: Während Asche das ist, was vom aufflammenden, erhellenden und zerstörenden Feuer übrig bleibt, also am Ende auftauchen müsste, ist mit ihrer Erwähnung der Anfang gemacht. Die Poetik des Kleinen fordert die Wiederholung, um nicht zu sagen den ›Wiederholungszwang‹ (vgl. Freud 1909/1990) im Modus der Digression, die das Leben unter Einschluss des Todes im Aufschub hervorbringt. Und das ›Bleistiftgebiet‹ der Mikrogramme? Die Assoziation eines Aschefeldes, aus dem heraus den Buchstaben und den Prosa-Stücken, Stück für Stück, ein Leben eingehaucht wird, ist jedenfalls nicht von der Hand zu weisen.

Literatur

Bachelard, Gaston: Psychoanalyse des Feuers. München 1985.

Barthes, Roland: Die Lust am Text (Le Plaisir du Texte). Frankfurt a. M. 1974 (franz. 1973).

Benjamin, Walter: Robert Walser [1929]. In: ders.: Gesammelte Schriften. Bd. II,1. Hg. v. Rolf Tiedemann u. Hermann Schweppenhäuser. Frankfurt a. M. 1991, 324–328.

Borchmeyer,

Bryson, Norman: Stilleben. Das Übersehene in der Malerei (Looking at the Overlooked. Four Essays on Still Life Painting). München 2003 (engl. 1990).

Deleuze, Gilles: Nietzsche und die Philosophie (Nietzsche et la philosophie). München 1976 (franz. 1962).

Derrida, Jacques: Grammatologie (De la grammatologie). Frankfurt a. M. 1974 (franz. 1967).

Frederick, Samuel: Narratives Unsettled. Digression in Robert Walser, Thomas Bernhard, and Adalbert Stifter. Evanston, Illinois 2012.

Giuriato, Davide, Kammer, Stephan (Hg.): Bilder der Handschrift. Die graphische Dimension der Literatur. Basel, Frankfurt a. M. 2006.

Freud, Sigmund: Über Psychoanalyse [1909]. In: ders.: Gesammelte Werke. Bd. 8: Werke aus den Jahren 1909–1913. Hg. v. Anna Freud u. a. Frankfurt a. M. [8]1990, 1–60.

Groddeck, Wolfram: »und in der Tat, er schrieb so etwas wie einen Roman«. Zur Edition des Druckmanuskripts von Robert Walsers Romandebüt Geschwister Tanner. In: GRODDECK u. a., 141–158.

Jürgens, Martin: Robert Walser. Die Krise der Darstellbarkeit. Untersuchungen zur Prosa. Kronberg Taunus 1973.

Kreienbrock, Jörg: Kleiner. Feiner. Leichter. Nuancierungen zum Werk Robert Walsers. Zürich 2010.

Niehaus, Michael: »Ich, die Literatur, ich spreche…« Der Monolog der Literatur im 20. Jahrhundert. Würzburg 1995.

Niehaus, Michael: Das Prosastück als Idee und das Prosastückverfassen als Seinsweise: Robert Walser. In: Thomas Althaus, Wolfgang Bunzel, Dirk Göttsche (Hg.): Kleine Prosa. Theorie und Geschichte eines Textfeldes im Literatursystem der Moderne. Tübingen 2007, 173–186.

Reibnitz, Barbara von: Erstdrucke in Zeitungen. Zur editorischen Kontextdokumentation am Beispiel von Robert Walsers Feuilletons. In: Wolfgang Lukas, Rüdiger Nutt-Kofoth, Madleen Podewski (Hg.): Text – Material – Medium. Zur Relevanz editorischer Dokumentationen für die literaturwissenschaftliche Interpretation. Berlin, Boston 2014, S. 219–235.

Scheffler, Kirsten: Mikropoetik. Robert Walsers Bieler Prosa. Spuren in ein »Bleistiftgebiet« avant la lettre. Bielefeld 2010.

Schuller, Marianne, Schmidt, Gunnar: Mikrologien. Literarische und philosophische Figuren des Kleinen. Bielefeld 2003.

Schuller, Marianne: Robert Walsers Poetik des Winzigen. Ein Versuch. In: GRODDECK u. a., 75–82.

Siegel, Elke: Aufträge aus dem Bleistiftgebiet. Zur Dichtung Robert Walsers. Würzburg 2001.

Utz, Peter: Tanz auf den Rändern. Robert Walsers »Jetztzeitstil«. Frankfurt a. M. 1998.

Utz, Peter: »Sichgehenlassen« unter dem Strich. Beobachtungen am Freigehege des Feuilletons. In: Kai Kauffmann, Erhard Schütz (Hg.): Die lange Geschichte der Kleinen Form. Beiträge zur Feuilletonforschung. Berlin 2000, S. 142–162.

Marianne Schuller

4.3 Erzählen

Das Erzählen spielt bei Robert Walser eine herausragende Rolle. In auffallend vielen Texten aus allen Werkphasen wird das Erzählen als Form und Tätigkeit implizit und explizit reflektiert. Aus der systematischen Unterscheidung zwischen *story (histoire, fabula)* und *discourse (narration, sujet)* (vgl. Chatman 1978; Martinez, Scheffel 2007) leiten sich folgende, z. T. überschneidende Fragen ab: Die Frage nach dem *story*-Fundament (Was wird erzählt?), nach den Techniken der Vermittlung (Wie wird erzählt?) und – als Teil des *discourse* – nach dem Erzähler und Leser (Wer erzählt bzw. wer wird adressiert?). Bei den Romanen reicht das Spektrum der Erzählformen von der Fortführung des realistischen Romans in die Moderne (*Der Gehülfe*) über den parabolischen Roman (*Jakob von Gunten*) bis zur Auflösung des bürgerlichen Romans im »Räuber«-Manuskript. Im Folgenden wird den genannten Fragen exemplarisch anhand von Prosastücken aus den verschiedenen Werkphasen nachgegangen; Gattungsfragen (s. Kap. 4.4) werden dabei, da es in einem übergeordneten Sinn um die ›Erzählhaftigkeit‹ der Texte geht, nicht berücksichtigt.

Was wird erzählt?

Ein regelmäßig wiederkehrender Leseeindruck bei Walsers Texten besteht in der simplen Feststellung, dass sehr wenig geschieht. Symptomatisch schreibt dazu Oskar Loerke über *Poetenleben*: »Er [Walser] erfand gleichsam das Erzählen an sich, ohne Gegenstand.« (Loerke 1918/1978, 125) Und Walsers Fritz Kocher sagt: »Das ›Was‹ ist mir vollständig gleichgültig.« (SW 1, 24) Bezeichnenderweise tut er dies im Aufsatz zu einem *Freithema*, wo also der Inhalt und damit die Bestandteile der Erzählung nicht vorgegeben sind, was nicht heißt, dass es sich bei Walsers Texten bloß um ein ›Spiel leerer Signifikanten‹ (vgl. Hiebel 1991) handelt, dessen Inhalt irrelevant wäre.

In Walsers wahrscheinlich frühestem Prosastück *Der Greifensee* ist die minimale Handlung leicht zu rekonstruieren, trotz semantischer Überschreibungen und Verunsicherungen. Der Gang zum See wird zu einem Gang auf dem Papier. Diese Subvertierung bzw. Verschiebung der Handlung vollzieht sich durch eine Vermischung der Erzählebenen. Es ist nicht mehr klar zu unterscheiden, welches Ich nun spaziert und welches erzählt bzw. schreibt (vgl. Rodewald 1970; Thüring 2014). Eine ähnliche doppelt geführte Narration vollzieht sich in *Der Spaziergang* von 1917 bzw. 1919, wo das erzählende und das spazierende Ich übereinander gespiegelt werden (s. Kap. 3.4.3).

Auch im Text *Der Waldbrand* ist die Handlungsfolge – ein Waldbrand und der Schrecken der Betroffenen – einfach zusammenzufassen. Indem Beschreibungen neben handlungsintensive Szenen gestellt werden, wird die Beziehung zwischen Bild und Narration ins Zentrum gerückt. Das Dargestellte wird mehrmals als »Farbengemälde« (SW 2, 37) bezeichnet und ist gleichzeitig ein Geschehen, das zeitlich unterdeterminiert bleibt. Am Ende des Textes ist der Waldbrand tatsächlich auch gemalt worden (vgl. ebd., 38).

Sehr schwierig bis unmöglich wird die Rekonstruktion der *story* in den späteren Texten der Berner Zeit. In dieser Phase verwirft Walser Normen der Kohärenz z. T. radikal. Im 1929 publizierten Text *Spaziergang im Park* spricht der Ich-Erzähler das prekäre Verhältnis von Handlung und Erzählen explizit an: »Kaum weiß ich, wie ich eine Geschichte anfangen soll, die vielleicht handlungslos abläuft.« (SW 20, 127) Der Erzähler formuliert ein Dilemma, das zu einem eklatanten Problem für eine *story*-orientierte Definition von Narrativität wird. Um etwas erzählen zu können, braucht es in der Regel eine Handlung, die erzählt werden kann. Statt einer solchen durchgängigen Handlung referiert *Spaziergang im Park* Versatzstücke mehrerer potentieller Geschichten, die scheinbar keinen Zusammenhang zueinander haben. Der Erzähler ist selbst erstaunt, wie er »hier ins skizzenhafte Plaudern kam« (ebd., 128). Er erwähnt die Mutter und deren Stumm- und Krankheit, berichtet von einer Gesellschaft, die in den Park kommt, wobei es scheint, als sei entweder der Park das Wohnhaus des Mädchens oder als würde die Gesellschaft das Haus von Mutter und Mädchen betreten. Die *story*-Elemente lassen sich nicht mehr auseinanderhalten, auch die Ordnung des Raumes wird beweglich und unklar.

In *Die Ruine* von 1926 sind die in sich mehr oder weniger abgeschlossenen narrativen Teilstücke allein über die Instanz des Erzählers verknüpft. Ihm falle »wieder so eine Geschichte ein«, kündigt er an, »und wenn ich sie erzählen darf, lautet sie so: [...]« (SW 17, 129). Die einzelnen Teile zeigen in keiner Weise einen Anspruch, innerhalb eines mehr oder weniger kausalen Erklärungszusammenhanges zu stehen, was ein wichtiges Moment in Standarddefinitionen von Narrativität darstellen würde (vgl. Martinez,

Scheffel 2007, 110–119). Die Teile sind nicht durch die *story* selbst motiviert, sondern werden auf einer Metaebene – über selbstreflexive Beschreibungen – miteinander verknüpft: »Hier flechte ich wieder wie ein Korbflechter eine Novelle ein: [...]« (SW 17, 135). Was aber »eingeflochten« wird, sind keine Novellen im klassischen Sinn (vgl. Utz 2008), sondern Begebenheiten, die selbst bloß *prekär narrativ* sind. Walser beschrieb sein Prosastück in einem Brief an Max Rychner als »etwas wie eine Kombination« (Br 263). In der *Ruine* selbst ist auch die Rede von einer »Komposition« (SW 17, 135). Dies wiederum verweist auf eine andere Art der Verknüpfung von Ereignissen als einer chronologischen oder kausalen. Begriffe wie die von Roland Barthes herausgearbeiteten ›Kardinalfunktionen‹ und ›Katalysen‹ sind kaum anwendbar, da die Ereignisse nicht hierarchisch geordnet, sondern gleichbedeutend nebeneinander stehen.

Ereignisse und andere textuelle Elemente werden nicht auf der *story*-Ebene, sondern über motivische Analogien, Gegensätze, rhetorische Figuren und Floskeln verbunden. Martin Jürgens versteht die von Walser selbst häufig verwendeten Beschreibungen seiner Verfahren – »Mosaik, Teppich, Geflecht, Kombination« – dabei als Merkmale der Modernität und der Einbindung Walsers in den zeitgenössischen Diskurs der Moderne (Jürgens 1973, 130).

Wie wird erzählt?

Der *discourse*, die Vermittlungsebene, erschwert nicht nur die Rekonstruktion der *story*, oft subvertiert er sie auch. Ein zentraler Modus der Subvertierung besteht – neben dem bildhaften Erzählen, Gattungsdekonstruktionen u. a. – im Aufschieben, Abschweifen und digressiven Erzählen (s. Kap. 4.2); Techniken, die in Laurence Sternes *Tristram Shandy* und Jean Paul ihre literarischen Ahnen finden. Im erwähnten *Spaziergang im Park* schiebt schon der erste Satz – die Reflexion darüber, dass der Erzähler nicht weiß, wie die Geschichte zu beginnen sei – das eigentliche Erzählen auf. Der zweite Satz zitiert die klassische Formel der Märcheneröffnung: »Es war einmal ein Mädchen, das in einem Park spazierenging« (SW 20, 127). Was aber folgt, ist keine Beschreibung des Mädchens oder eines Spaziergangs, sondern wiederum ein Abschweifen in eine Metareflexion des Erzählers, die keinen direkten Zusammenhang zur *story* hat (vgl. Frederick 2012).

Die Ruine ist auch eine Ruine der Narration. Nur einzelne Überreste sind zu erkennen, die nicht über die Handlungsfolge, sondern »motivlich wie gedanklich miteinander verwoben sind« (Greven 2007, 186). Diese ›Poetik der Abschweifungen‹ (vgl. ebd.) hat (unsystematisch) System. Sie ermöglicht es, wie im Fall der *Ruine*, weit auseinanderliegende Erzählfragmente und Reflexionen miteinander zu verknüpfen. Dies macht – neben der Wortwahl und Syntax – das unverkennbare Walsersche »Plaudern«, wie er sein Erzählen selbst bezeichnet (z. B. in *Der Spaziergang*, SW 5, 36), oder, in Walter Benjamins Worten, seine »Geschwätzigkeit« (Benjamin 1929/1991, 327) aus.

Das Abschweifen lässt sich z. T. auch als ›Ausweichen‹ beschreiben, eine Reaktion auf die Erfordernis der *story*, den ›Knoten zu schürzen‹. So heißt es in *Der Spaziergang*, als der bedrohliche Riese Tomzack auftaucht und das Spaziergänger-Ich bedroht: »Ich wich ihm aus und murmelte für mich: ›Leb wohl […]‹« (SW 5, 29). Damit weicht einerseits die Ich-Figur einem potentiellen Gegner aus, andererseits entzieht sich der Ich-Erzähler dem Gattungsprogramm des Märchens und seinen Erfordernissen. Dieses für Walser typische Spiel mit Gattungen und Selbstbeschreibungen ist auch in narratologischer Hinsicht interessant. Es fußt auf bestimmten erzählerischen Strategien, die Leseerwartungen schüren, sie aber in der Regel nicht einlösen (s. Kap. 4.4).

Eine Folge der Vielschichtigkeit, die sich bei Walser durch die starke Präsenz des Erzählers ergibt, sind Metalepsen, d. h. ›Kurzschlüsse‹ zwischen den narrativen Ebenen. Dieses erzählerische Mittel findet sich in Walsers ganzem Werk auffallend oft. Im 1905 erschienenen Text *Seltsame Stadt* wird es besonders anschaulich: Nach der utopischen Schilderung einer Stadt, in der alle Menschen gut zueinander seien, beschimpft sich der Erzähler selbst als »dummer Kerl« (SW 2, 31) und schickt sich – paradoxerweise – weg: »Fahr ab, Bursche!« (ebd.) Der Bursche geht in den Park, der wie gemalt erscheint »und ging auf in dem Bild« (ebd., 32). Der Text endet mit dem Satz: »Dann kam der Regen und verwischte das Bild.« (ebd.) Das Erzähler-Ich verschwindet endgültig. Auch hier wird die Engführung von Bild und Narration deutlich, wie sie schon anhand von *Der Waldbrand* aufgezeigt wurde.

Erscheint in den früheren Texten Walsers die Metalepse häufig gegen Ende des Textes wie aufgepfropft, bildet sie in späteren Texten regelmäßig die Grundstruktur der Texte. So berichtet der Ich-Erzähler in *Die grüne Spinne*, wie er in einer »denkbar kostbar möblierten Wohnung« eine »grüne Spinne in's Logis setze, denn sie fällt mir [bzw. ihm] gerade in die sieben Sinne« (AdB 1, 217). Die Spinne wird für

eine begrenzte Zeit innerfiktionale Realität, indem sie einen Burschen in ihrer Gewalt hat, den sie drangsaliert und kleinhält. Schließlich tritt die Spinne auch in die Rahmenerzählung ein, indem der Erzähler eingesteht, dass auch er »vor ihr bebe« (ebd., 218), nur um sie gleich darauf wieder in die Schranken der Fiktion zu verweisen. Der Erzähler befindet nämlich mit einem Mal, dass diese »Geschichte nun plötzlich geendet sein« müsse, da er »Sehnsucht nach einem Glas Bier« (ebd.) habe. Mit dem Verhältnis von Fiktion und Realität ist ein weiterer narratologischer Problemkreis angesprochen, der insbesondere in der Frage nach der *Autofiktion* (vgl. Gisi 2012) fruchtbar gemacht werden kann.

Wer erzählt? Wer wird adressiert?

Walsers Erzähler sind in der Regel homodiegetisch, d. h. sie treten als Ich-Figuren in der erzählten Geschichte auf, die mehrere Erzählebenen aufweist. Auffallend häufig besteht die Rahmenerzählung, in der sich der Ich-Erzähler befindet, aus der Schreibszene der Erzählung (s. Kap. 4.6). In *Der Spaziergang* vermischen sich die extra- und die intradiegetische Ebene in für Walsers Prosa typischer Weise. Das erzählende Ich, mit dem der Text anhebt (»Ich teile mit, daß […]«, SW 5, 7) und das spazierende Ich, von dem erzählt wird, sind nicht immer trennscharf zu unterscheiden. Die Präsenz des Erzählers reicht, trotz der im Grunde handlungsarmen Rahmenerzählung, in die intradiegetische Ebene hinein. Die Überblendung von *story*- und *discourse*-Zeit im *Spaziergang* stellt dabei eine »absolute Innovation von Walsers Präsenstext gegenüber traditionellem Erzählen« (Avanessian, Hennig 2012, 56) dar.

Dem Erzähler auf der extradiegetischen Ebene, der Rahmenerzählung, steht der Leser auf derselben Ebene gegenüber, der regelmäßig explizit angesprochen wird. Im *Spaziergang* etwa wird der Leser – ähnlich wie die festgefügten Erzählformen – widersprüchlich bewertet. Einerseits wird er vom Erzähler umschmeichelt: »So zart und sanft wie ich hat vielleicht noch nie ein Autor beständig an den Leser gedacht.« (SW 5, 62) Andererseits wird er gleichzeitig im (versteckten) Vergleich als »unnütze[s] Zivilpublikum« (ebd., 55) verhöhnt. Es handelt sich um einen ambivalenten Kommunikationsakt zwischen Erzähler und Leser, in dem nicht der Inhalt der Mitteilung im Vordergrund steht, sondern deren Form, und der somit strukturell der aufgezeigten Subvertierung der *story* entspricht. Diese nicht auf das gegenseitige Verstehen ausgerichtete Kommunikation spiegelt sich auf der intradiegetischen Ebene, wo Begeisterung in plötzliche Verachtung, Lob in Kritik und Ernst in Spaß umschlagen kann. Im »Räuber«-Roman heißt es, dass aus diesem Buch »absolut nichts gelernt werden kann« (AdB 3, 15), womit explizit die paradoxe Struktur dieses Kommunikationsaktes benannt und die Mitteilung auf eine andere Ebene gehoben wird.

Weiterführende Fragen

Bis zu welchem Grad Walsers Texte als narrativ bezeichnet werden können, hängt von der Definition von Narrativität ab (eine Grundfrage der Narratologie, vgl. Ryan 2007). In einem streng strukturalistischen Sinn – etwa indem mit Roland Barthes zwischen »Gefasel« und Erzählen unterschieden wird (Barthes 1988, 103) – wären viele seiner Prosastücke nicht als erzählend zu bezeichnen. Dierk Rodewald (1970) und Jürgens (1973) betonen die Radikalität von Walsers Texten oder sehen gar einen Bruch mit der erzählenden Literatur überhaupt. Indes eröffnen gerade die rasante Weiterentwicklung der Narratologie und ihre Differenzierung in eine Vielzahl von *new narratologies* (vgl. Alber, Fludernik 2010) neue Perspektiven auf das Werk Walsers.

Fruchtbar scheint hier u. a. ein Zugang über die *unnatural narratology* zu sein, die Werke mit antirealistischen und antimimetischen Elementen ins Zentrum stellt und einen geschärften Blick für marginalisierte, ›unnatürliche‹ Erzählungen hat (vgl. Alber, Nielsen, Richardson 2013). In der Nähe der *unnatural narratology* positioniert sich Samuel Frederick (2012), der Walser gewinnbringend mit der narratologischen Theorie verbindet, indem er die für dessen Werke typische Digression als genuine Form des Erzählens begreift, anstatt sie – wie in der klassischen Narratologie – bloß in Abgrenzung zu konventionellen Erzählformen zu bestimmen.

Die Frage nach der Bedeutung des Autors ist bei Walser besonders virulent. Dieses Thema, das als Folge des Strukturalismus lange aus der Narratologie ausgeklammert wurde, findet im Kontext der gegenwärtigen Autobiographieforschung neue Beachtung (vgl. Nielsen 2010; Gisi 2012).

Auch eine Untersuchung von Walsers Werk aus der Perspektive einer auf die Rhetorik ausgerichteten Narratologie (vgl. Phelan 2007) wäre aufschlussreich, insbesondere vor dem Hintergrund der oben ausgeführten Verschiebung von Ebenen der Kommunikation.

Auffällig ist, dass Robert Walser narratologische Konzeptionen immer wieder herausfordert, indem er Ambivalenzen auf sämtlichen Textebenen produziert. Gerade das für Walser typische Spiel mit dem Erzählen ist für die narratologische Theoriebildung aufschlussreich, ebenso wie diese für die Walser-Forschung ein längst noch nicht ausgeschöpftes Potential darstellt.

Literatur

Alber, Jan, Fludernik, Monika (Hg.): Postclassical Narratology. Approaches and Analyses. Columbus 2010.

Alber, Jan, Nielsen, Henrik Skov, Richardson, Brian (Hg.): A Poetics of Unnatural Narrative. Columbus 2013.

Avanessian, Armen, Hennig, Anke: Präsens. Poetik eines Tempus. Zürich 2012.

Barthes, Roland: Einführung in die strukturale Analyse von Erzählungen. In: ders.: Das semiologische Abenteuer. Frankfurt a. M. 1988, 102–143.

Benjamin, Walter: Robert Walser [1929]. In: ders.: Gesammelte Schriften. Bd. II,1. Hg. v. Rolf Tiedemann u. Hermann Schweppenhäuser. Frankfurt a. M. 1991, 324–328.

Chatman, Seymour: Story and Discourse. Narrative Structure in Fiction and Film. Ithaca, London 1978.

Chatman, Seymour: Coming to Terms. The Rhetoric of Narrative in Fiction and Film. Ithaca, London 1990.

Frederick, Samuel: Narratives Unsettled. Digression in Robert Walser, Thomas Bernhard, and Adalbert Stifter. Evanston 2012.

Gisi, Lucas Marco: Der autofiktionale Pakt. Zur (Re-)Konstruktion von Robert Walsers »Felix«-Szenen. In: Elio Pellin, Ulrich Weber (Hg.): »…all diese fingierten, notierten, in meinem Kopf ungefähr wieder zusammengesetzten Ichs«. Autobiographie und Autofiktion. Göttingen, Zürich 2012, 55–70.

Greven, Jochen: Poetik der Abschweifungen. Zu Robert Walsers Prosastück *Die Ruine*. In: GRODDECK u. a., 177–186.

Hiebel, Hans H.: Robert Walsers *Jakob von Gunten*. Die Zerstörung der Signifikanz im modernen Roman. In: HINZ/HORST, 240–275.

Jürgens, Martin: Robert Walser. Die Krise der Darstellbarkeit. Kronberg/Ts. 1973.

Loerke, Oskar: Poetenleben [1918]. In: KERR 1, 125.

Martinez, Matias, Scheffel, Michael: Einführung in die Erzähltheorie. München [7]2007.

Nielsen, Henrik Skov: Natural Authors, Unnatural Narration. In: Jan Alber, Monika Fludernik (Hg.): Postclassical Narratology. Approaches and Analyses. Columbus 2010, 275–301.

Phelan, James: Rhetoric/ethics. In: David Herman (Hg.): The Cambridge Companion to Narrative. Cambridge u. a. 2007, 203–216.

Rodewald, Dierk: Robert Walsers Prosa. Versuch einer Strukturanalyse. Bad Homburg, Berlin, Zürich 1970.

Ryan, Marie-Laure: Towards a definition of narrative. In: David Herman (Hg.): The Cambridge Companion to Narrative. Cambridge u. a. 2007, 22–35.

Thüring, Hubert: Schwelle und Glück. Zur Poetik zweier früher Texte Robert Walsers: *Der Greifensee* (1899) und *Glück* (1900). In: Felix Christen u. a. (Hg.): Der Witz der Philologie. Rhetorik – Poetik – Edition. Frankfurt a. M., Basel 2014, 140–162.

Utz, Peter: Tanz auf den Rändern. Robert Walsers »Jetztzeitstil«. Frankfurt a. M. 1998.

Utz, Peter: Italianismen vom Kollegen Kartoffelstock. Robert Walsers Auseinandersetzung mit der Novellentradition. In: FATTORI/GIGERL, 33–48.

Lukas Gloor

4.4 Gattungen und Gattungspoetik

Abkehr von kanonisierten Formen

Robert Walsers Werk entzieht sich jeglicher Gattungsnorm. Dadurch entstehen lyrische Dramolette, Erzählungen wachsen zu Romanen zusammen, Gedichte verwandeln sich in Prosa und umgekehrt. So löst Walser spielerisch die Gattungsgrenzen auf und unterläuft damit auch die Erwartungen des Lesers. Daran wird eine grundsätzliche Umwertung des Gattungsbegriffs sichtbar, der im Werk Walsers, im Übergang zur literarischen Moderne, über seine eigenen Grenzen hinaustreibt.

Dass Walser nicht nur frei und spielerisch mit den Gattungen umgeht, sondern dass er sie in seinen Texten auf eine selbstironische und originelle Weise auch reflektiert, dafür liefern zahlreiche Zitate überzeugenden Beweis. Dabei erweist sich Walser immer wieder als Grenzgänger, wenn er beispielsweise in dem im Oktober 1928 in *Sport und Bild* veröffentlichten Prosastück *Schaufenster (II)* bemerkt: »Für mich ist jeder Essay etwas wie ein Roman, jedes Gedicht etwas wie ein theatralischer Monolog […].« (SW 19, 176)

Walser hat sich aller literarischen Gattungsformen – lyrisch, episch, dramatisch – bedient. Bereits seit Anbeginn seines Schreibens forderten die Gattungen und deren Tradition dabei seinen Widerspruch heraus. Die Abkehr von den kanonisierten literarischen Formen ist als Symptom für Walsers modernen, vom 19. Jh. sich emanzipierenden kritischen Literaturbegriff zu verstehen, der zentrale Aspekte der Literaturauffassung(en) der Gegenwart vorweggenommen hat. In der Forschungsliteratur wurde Walsers Modernität in Gattungsfragen aus verschiedenen Perspektiven beleuchtet. Die in dem Band »*Ich beendige dieses Gedicht lieber in Prosa«. Robert Walser als Grenzgänger der Gattungen* (vgl. FATTORI/SCHWERIN) versammelten Beiträge etwa zeigen das Spektrum der Eigentümlichkeit von Walsers Gattungskonzeption und -vermischung auf. Es wird ein Einblick gegeben, wie spielerisch-ironisch und subjektiv-subversiv sich Walsers Umgang mit ausgewählten literarischen Gattungen und Formen seiner Zeit vollzieht. Dabei werden sowohl Walsers textuelle Gattungsexzentrizität wie auch seine poetisch anmutenden, aber gattungstheoretisch gesättigten Beobachtungen untersucht. Walsers experimentelle Verfahrensweise steht im Zusammenhang mit der Erprobung intermedialer Schreibprozesse und mit den für das beginnende 20. Jh. typischen Denk- und Wahrnehmungsprozessen, die darüber hinaus unsere Zeit weitreichend geprägt haben.

Gattungsexzentrizität und kleine Form

In dem 1928/1929 entstandenen Prosastück *Meine Bemühungen* schreibt Walser, dass er für seine Verleger »eine Bedenklichkeitsverursachung« (SW 20, 427) geworden sei und er zieht darin folgende Bilanz:

> Vermutlich besitze ich heute einen gewissen Ruf als Kurzgeschichtenverfasser. Vielleicht genießt die kleine Erzählung verhältnismäßig nur kurzatmige literarische Geltung. […] Vor ungefähr zwanzig Jahren verfaßte ich mit einer gewissen Behendigkeit drei Romane, die dies unter Umständen gar nicht sind, die vielmehr Bücher sein mögen, worin allerlei erzählt wird […]. Ich ging seinerzeit vom Bücherverfassen aufs Prosastückschreiben über, weil mich weitläufige epische Zusammenhänge sozusagen zu irritieren begonnen hatten. […] Wenn ich gelegentlich spontan drauflos schriftstellerte, so sah das vielleicht für Erzernsthafte ein wenig komisch aus; doch ich experimentierte auf sprachlichem Gebiet in der Hoffnung, in der Sprache sei irgendwelche unbekannte Lebendigkeit vorhanden, die es eine Freude sei zu wecken (SW 20, 427–430).

Dieser vielzitierte Hinweis verdeutlicht, dass es Walser hauptsächlich um die schöpferische Freude an »unbekannte[r] Lebendigkeit« im Umgang mit Sprache geht. Dass dabei gewiss mehr im Spiel ist, erkennt man daran, wie Walser in seinem Text »divergierende Gattungsbezeichnungen mit einer zwischen Scherz und Ernst, augenzwinkerndem Einverständnis und unterschwelligem Protest oszillierenden Thematisierung der sozioökonomischen Abhängigkeiten und literaturmarktgesetzlichen Zwänge des ›Prosastückschreibens‹ verschränkt« (Dutt 2011, 206). Mit Blick auf Walser hat Peter Utz die »Spielfreude der Moderne« (Utz 2007, 59) genannt; Walter Benjamin hat von den ›Rätseln des Stils‹ im Zusammenhang mit einer, »zumindest scheinbar, völlig absichtslosen und dennoch anziehenden und bannenden Sprachverwilderung« (Benjamin 1929/1991, 325) gesprochen. Doch ist es nicht nur Walsers disziplinlos anmutender Stil, der so eigenartig wie auch einzigartig ist, sondern auch sein Umgang mit literarischen Gattungsmustern und -konventionen. Die ›Gesetze‹ der literarischen Formen werden ebenso außer Kraft gesetzt wie jene des Stils. Darin kündigt sich jener exzentrische Umgang mit Gattungsbe-

zeichnungen an, den die Prosa der Berner Jahre im Zeichen des von Walser gelegentlich programmatisch sogenannten »Seltsamkeitsstil« (AdB 1, 90) radikalisieren wird (s. Kap. 3.5.6).

Jochen Greven definiert das Prosastück, das von allen Prosaformen heute wohl am engsten mit Walsers Werk assoziiert ist, als eine »Nicht-Gattung«, als einen Sammelbegriff für zahlreiche Formen, die Walser gelegentlich selbst benennt, wenn auch in einem lockeren und mitunter ironischen Wortgebrauch: Aufsatz, Artikel, Studie, Essay, Glosse, Traktat, Tagebuch, Notiz, Plauderei, Skizze, Phantasie, Märchen, Anekdote, Erzählung, Geschichte, Novelle, Gedicht in Prosa, Impression, Parabel, Nacherzählung, Kommentar (Greven 1992, 21 f.; vgl. Greven, Nachwort in SW 15, 127). Für Greven ist das Walsersche Prosastück bestimmt »durch sein Kleinformat, durch die Abwesenheit von Gattungsnormen« (Greven 1992, 22). Die kleinen, gattungsmäßig kaum einzuordnenden Prosaformen sind für Walser eine Möglichkeit, dem Willkürlichen, Nebensächlichen und Verspielten einen angemessenen Rahmen zu geben. Daneben hat Walser auch Romane geschrieben, längere Erzählungen, zahlreiche Gedichte und einige Dramolette.

Die Art und Weise, wie Walser über die Frage der Gattungen schreibt, geschieht vorwiegend in reflexiver oder spielerischer Form: »Ich wollte über das arme Mädchen, das von nennenswerter Zartheit war, zuerst Verse machen. Ich dachte aber, die Verse könnten mich vielleicht anstrengen. Prosa ist zugleich so anstandsvoll und bequem.« (AdB 1, 127) In diesem Zusammenhang spricht Carsten Dutt von einer »*Gattungsexzentrizität*«, deren Geist »antiklassifikatorisch« und »antihierarchisch« sei: »kreative Subversion eines Literaturverständnisses, das Textsorten in eine starre Wertskala, in das Oben und Unten einer konventionellen Rangordnung presst« (Dutt 2008, 52). Walser habe vor allem an »sprachspielerischer Distanz zur Begrifflichkeit der Gattungsklassifikationen und Gattungshierarchisierungen gelegen« (ebd.).

So scheinen Versuche, die Vielfalt von Walsers Prosa nach Gattungen zu klassifizieren, von vornherein zum Scheitern verurteilt. Andererseits reize seine Prosa, wie Almut Todorow bemerkt, »mit ihrer dissoziierten und grotesken, zugleich aus Bildung und Belesenheit wie aus seismographisch empfindlicher Gegenwartsbeobachtung hervorsprudelnden Schreibweise dazu, sie in die Perspektive eines historisch zu verortenden Essayismus um 1900 zu rücken« (Todorow 2011, 70). In dem im April 1928 in der *Prager*

Presse erschienenen Prosastück *Die Glosse* bringt Walser die Glosse in die Nähe zum Essay:

> Nunmehr, indem ich den Finger an meine geistvolle Nase lege, bemächtigt sich meiner der Einfall innerhalb meines Gesamtgedankenlebens, ein Essay sei beispielsweise kaum irgend etwas anderes als eine erweiterte, vergrößerte, verfeinerte Glosse, und Glossist und Essayist seien so gut wie ein und derselbe heiße und kalte Sichbemühende, und man könne den Essay oder die Glosse auf alle erdenkliche Art und Weise behandeln, auf die Schreibweise komme es nicht so sehr an, vielmehr auf das Bestreben, irgend etwas Lesenswertes, Aufheiterndes segelschiffwimpelnd ins liebe Publikummeer hinauszusenden. (SW 19, 287 f.)

Der 1917 erschienene Band *Poetenleben* enthält Texte unterschiedlicher Gattungszugehörigkeit, die sich einer eindeutigen Zuordnung entziehen. Die Vermischung der Gattungen in *Poetenleben* ist in der Regel eine Vermischung von Faktualität und Fiktionalität. So könnte man *Poetenleben* »als eine Sammlung vor allem autobiografischer Prosa« bezeichnen (Lamping 2011, 18). Die Gattungsmischung in *Poetenleben* lasse sich auch als »eine Verweigerung literarischer Normerfüllung sehen, die sich einer Opposition gegen alle als Zwänge empfundenen Konventionen verdankt« (ebd., 22). In diesem Sinn hat Utz »Walsers scheinbar nonchalante[n] Umgang mit den Gattungsbegriffen« in seinen frühen Märchendramoletten gedeutet: »Gattungsnormen werden genauso außer Kraft gesetzt wie Herrschaftsnormen« (Utz 1998, 46). Für Lamping lässt sich die Gattungsmischung in *Poetenleben* auch als »Symptom einer Krise« deuten: Da die Texte der Sammlung vom Feuilleton nicht weniger entfernt als vom Roman seien, ließe sich der Band betrachten als »das Zeugnis einer tiefgehenden literarischen Krise: der Krise des Roman- wie Feuilletonautors Walser in seiner zunehmenden Erfolglosigkeit« (Lamping 2011, 23 f.).

Der Rückzug auf die kleine Form kann somit auch vor dem Hintergrund der Veränderung der literarischen Gattung zu Beginn des 20. Jh.s interpretiert werden. In seinem Aufsatz über die *Krise des Romans* (1931) schreibt Robert Musil: »Das Neue erzählt uns die Zeitung.« (Musil 1978, 1411 f.) Das Feuilleton zeichnet sich dadurch aus, dass seine Texte über alles und nichts schreiben. In dem im November 1927 im *Berliner Tageblatt* erschienenen Prosastück *Die leichte Hochachtung* teilt Walser mit:

> Ich schreibe hier ein Prosastück, worin ich jeden Satz mit einem selbstbewußten Ich anfangen will. [...] Ich bilde mir ein, ich hätte vielleicht Anlaß, mir bezüglich des Gedeihens des Buchgeschäftes insofern einen Vor-

wurf zu machen, als ich durch eifriges Schreiben in die täglich erscheinenden Blätter, von denen man sagt, sie bedeuteten die Welt, dazu beitrage, daß das Interesse von der gehefteten und gebundenen Literatur abgelenkt und auf die gleichsam einzeln umherfliegende hindirigiert wird. [–] Ich behellige aber anderseits die Herren Bücherherausgeber oder Verleger in keiner Weise mit Anfragen, ob sie geneigt seien, spesenverursachende Editionen zu riskieren, indem ich Inhaber eines Nachrichtenetablissements bin, das mich mein Auskommen finden läßt. (SW 19, 112)

Wenige Monate zuvor berichtet Walser gegenüber Therese Breitbach am 30. 5. 1927 von einer Krise:

> Momentan geht mir's etwas mies, d. h. so so, la la, indem in meiner Schriftstellerei etwas wie eine Krisis eingetreten zu sein scheint, womit ich übrigens jeder Zeit rechnete. Man ist irgendwie angesehen, gilt als tüchtig u. s. w. und mit einmal wird man fallen gelassen, wie der Ausdruck in Kunst und sonstigen Kreisen lautet. [...] In gewisser Hinsicht herrscht, was beispielsweise den Verkehr mit Verlegern betrifft, eine geradezu epidemische, krankhafte, krankheitähnliche Unzuverläßigkeit. [...] Es werden Manuscripte kurzerhand abgelehnt, weil Farben, Blumensträuße, u. s. w. drin vorkommen. (Br 319)

Die Gattungsmischung in *Poetenleben* lässt sich für Lamping schließlich auch »als Ausdruck einer modernen Poetik« (Lamping 2011, 24) deuten. In diesem Sinn betont Utz, die kurze Prosa werde bei Walser »zum Laboratorium der literarischen Moderne, welche Gattungen [...] höchstens noch als Leseanweisungen und als intertextuelle Netzwerke aufruft, sie aber nicht mehr als abstrakte Normen und eigene Großerzählungen respektiert« (Utz 2008, 48). Die Modernität der kurzen Prosa Walsers hat verschiedene Aspekte. Sie steht »im Zeichen einer Abweichung von Gattungsnormen, die ein wesentlicher Faktor literarischer Erneuerung in der Moderne ist« (Lamping 2011, 24 f.).

Gattungsmischung und Mikrographie

Gattungsmischungen, formal wie inhaltlich, lassen sich auch in den Mikrogrammen feststellen. Auf einem Mikrogrammblatt sind sämtliche literarische Gattungen versammelt: Kurzprosa, Gedichte und dramatische Szenen, ohne dass sich Walser jedoch eng an deren Normen und Grenzen gehalten hat. Beispielsweise ist der umfangreiche Mikrogrammentwurf der *»Felix«-Szenen* von Prosastücken, Gedichten und dialogischen Szenen umrahmt. Das Beieinander der verschiedenen Gattungen ist der sichtbare Verweis ihrer Verbundenheit, ihrer einheitlichen Diktion, die sich über die gattungsspezifischen sprachlichen Konventionen hinwegsetzt, wie Werner Morlang gezeigt hat (vgl. Morlang, Nachwort in AdB 2, 513 f.). So beginnt ein Mikrogrammtext mit der Ankündigung: »O, ich schreibe hier einen Prosaaufsatz, der den Charakter eines Briefes hat und der wieder einem Gedicht ähnlich sein wird, wenn er ausfällt, wie ich wünsche, daß es der Fall wäre.« (AdB 4, 56) In dem im Januar 1935 in der *Prager Presse* veröffentlichten Prosastück *Was sie für einen Erfolg hat* scheint Walser auf diese Gepflogenheit anzuspielen: »Mein bißchen Gedichtemachen, das natürlich für mich überaus wertvoll ist, weil ich mit ihm gleichsam Minuten oder halbe Stunden ausfüllen kann, die sonst leer, unausgefüllt, unbenützt vergehen, verwehen würden, pflege ich allemal mit Prosazeilen zu umrahmen oder abzulösen« (SW 19, 71 f.).

Im Gegensatz zur Prosa lässt sich das Verhältnis von Walsers lyrischen und szenischen Texten zu bestimmten Gattungsreferenzen eindeutiger beschreiben. So gibt es für die Lyrik ein verbindlich formales Gattungskriterium, wie Christian Walt bemerkt, nämlich den Zeilenfall: »Wie prosaisch ein Gedicht auch formuliert sein mag, seine äußere Form ist *per se* ein starkes Gattungssignal.« (Walt 2011, 159) In Walsers Lyrik sei das Spannungsverhältnis zwischen den reflexiven gattungstheoretischen Selbstaussagen der Texte und ihrer tatsächlichen Form deutlicher erkennbar.

Morlang bemerkt, dass die späte Lyrik für Walser »die mikrographische Gattung par excellence« sei (Morlang 1987, 57; vgl. Morlang 1991). Das mikrographische Verfahren biete Walser hinsichtlich der minimalen räumlichen Ausdehnung eine außergewöhnliche Vielfalt an graphischen Darstellungsmöglichkeiten. Dabei erscheinen Lyrik und Prosa auffallend eng miteinander verbunden. So hat Walser einzelne Verszeilen oder ganze Gedichte in seine Prosastücke bzw. in Bleistift skizzierten Prosatexte eingeflochten oder ließ diese in ein Gedicht ausmünden. Auch die Mündungsgedichte, die keineswegs organisch aus dem Prosatext hervorgewachsen seien, wirken sogar dort, »wo sie vorstehende Themen wieder aufgreifen und rekapitulieren [...] gewaltsam aufgepfropft« (Morlang 1987, 57).

Unter den Prosastücken und Mikrogrammen finden sich zahlreiche Prosatext-Entwürfe, die mit einem Gedicht oder ein Gedicht mit einem Prosatext-Entwurf beendet werden, sowie Texte, die insgesamt zwischen Prosa, Gedicht und dramatischer Szene oszillieren: »Ich beendige dieses Gedicht lieber in Prosa. Manchem Empfindsamen mag dies gewalt-

sam vorkommen, was es aber nicht sein kann, da ich mich erinnere, daß es bei anerkannt vorzüglichen Dichtern [...] ebenfalls hin und wieder vorkommt.« (AdB 4, 270) So schreibt Walser in dem im Dezember 1924 in *Wissen und Leben* erschienenen Prosastück *Ophelia*: »Herrje, ich gerate ins Reimen. Ich rede in Versen und schreibe doch nichts als gediegene, wohldurchdachte Prosa.« (SW 17, 285)

Die Mikrogrammtexte entstehen zunächst ohne Titel oder ohne Hinweis auf eine Gattung. Erst in der Reinschrift werden die Texte mit einem Titel versehen und ändern die Gattung (vgl. Locher 2011, 46 ff.). In diesem Zusammenhang ist ein recht aufschlussreiches Beispiel für die Austauschbarkeit der Gattungen das am 27. 10. 1925 in der *Prager Presse* erschienene Prosastück *Das Bäumchen*, das anfangs in Versform entworfen wurde (vgl. Buzzo Margari 2008). Dieser Vergleich demonstriert, wie die beiden Gattungen in Walsers Produktion eng, bis in den Satzbau hinein, zusammengehören. Es finden sich aber auch Texte, deren strukturelle Anlage es ihnen erlaubt, von der einen Gattung in die andere zu kippen (vgl. Groddeck 2006).

Die kurze Prosa Robert Walsers steht im Zeichen einer »Konvergenz von Dichtung und Leben, welche die zeitgenössischen Autoren des Futurismus und Expressionismus lautstark« (Utz 2007, 23) verkünden. Schließlich steht sie auch »im Zeichen einer Abkehr von der traditionellen Werk-Idee, die ein wesentliches Merkmal der Klassischen Moderne ist« (Lamping 2011, 25).

Literatur

Benjamin, Walter: Robert Walser [1929]. In: ders.: Gesammelte Schriften. Bd. II,1. Hg. v. Rolf Tiedemann u. Hermann Schweppenhäuser. Frankfurt a. M. 1991, 324–328.

Buzzo Margari, Renata: Der ›Buchkünstler‹ und sein Adressat. In: FATTORI/GIGERL, 81–88.

Dutt, Carsten: Walsers Skizzen. Gattungsexzentrizität und metaliterarische Reflexion. In: FATTORI/SCHWERIN, 199–211.

Dutt, Carsten: Was nicht in den Rahmen passt. Anmerkungen zu Robert Walsers Gattungsreflexion. In: FATTORI/GIGERL, 49–62.

FATTORI/SCHWERIN.

Greven, Jochen: Nachwort des Herausgebers. In: SW 15, 127–138.

Greven, Jochen: Die Geburt des Prosastücks aus dem Geist des Theaters. In: ders.: Robert Walser. Figur am Rande, in wechselndem Licht. Frankfurt a. M. 1992, 21–34.

Groddeck, Wolfram: Gedichte auf der Kippe. Zu Robert Walsers Mikrogrammblatt 62. In: Davide Giuriato, Stephan Kammer (Hg.): Bilder der Handschrift. Die graphische Dimension der Literatur. Frankfurt a. M., Basel 2006, 239–268.

Lamping, Dieter: Die Rätsel der kleinen Form. Gattungsmischung in Robert Walsers *Poetenleben*. In: FATTORI/ SCHWERIN, 11–26.

Locher, Elmar: Die Gattungsfrage zwischen ›gewaltausübender‹ und ›gesetzgebender‹ Hand oder die Kategorie des ›Übergangs‹ bei Robert Walser. In: FATTORI/SCHWERIN, 43–65.

Morlang, Werner: »Eine Art Tagebuch«. Zur Kontextualität von Robert Walsers *Mikrogramm*-Gedichten. In: CHIARINI/ZIMMERMANN, 55–67.

Morlang, Werner: Gelegenheits- oder Verlegenheitslyrik? Anmerkungen zu den späten Gedichten Robert Walsers. In: HINZ/HORST, 115–133.

Musil, Robert: Die Krisis des Romans. In: ders.: Gesammelte Werke in neun Bänden. Bd. 8. Hg. v. Adolf Frisé. Reinbek bei Hamburg 1978, 1411–1412.

Todorow, Almut: Intermediale Grenzgänge. Die Essayistik Robert Walsers. In: FATTORI/SCHWERIN, 67–85.

Utz, Peter: Italianismen vom Kollegen Kartoffelstock. Robert Walser und die Novellentradition. In: FATTORI/GIGERL, 33–48.

Utz, Peter: Robert Walser. Stück ohne Titel. In: GRODDECK u. a., 49–60.

Utz, Peter: Tanz auf den Rändern. Robert Walsers »Jetztzeitstil«. Frankfurt a. M. 1998.

Walt, Christian: »Den Lyrikern empfehl' ich dringend, / sich dem Zwang des Reims zu unterziehen…«. Zur Übererfüllung von Gattungsnormen in Robert Walsers späten Gedichten. In: FATTORI/SCHWERIN, 157–176.

Kerstin Gräfin von Schwerin

4.5 Inszenierungen der Sprache

»Ausgesuchte Worte«

Wer über Walsers Werk spricht, spricht über dessen Sprache. Sie lässt die Leser aufhorchen. Schon die allerersten Rezensenten machen auf sie aufmerksam. Hermann Hesse stellt 1909 fest, dass Walser »bei aller frechen Sorglosigkeit mit der Sprache doch respektvoll umgeht wie mit einem […] Freund« (Hesse 1909/1978, 57). Bekannter noch Walter Benjamins Diktum von der »zumindest scheinbar, völlig absichtslosen und dennoch anziehenden und bannenden Sprachverwilderung« (Benjamin 1929/1991, 325). Die Formulierung verrät eine Faszination und eine Verlegenheit, die bis heute anhält: An Walsers Werk ist gerade die Sprache, die es so unverwechselbar macht, am Schwierigsten zu greifen. Zwar glaubt jeder Leser, den ›Walser-Ton‹ zu kennen, doch ihn als solchen zu objektivieren, fällt nicht leicht. Die Forschung hat dies bisher denn auch kaum geleistet. Es gibt weder ein Walser-Wörterbuch, das von »Abendlandschaft« (SW 7, 10) über »Monarchistenmansarde« (SW 19, 167) bis »Zungengelenkigkeit« (SW 8, 42) reichen müsste, noch eine Walser-Grammatik, welche die Attributkumulationen, die Kettensätze oder die Verwendung des Konjunktivs beschreiben würde. Auch die Stilmittel, die der gelernte Commis der Geschäftswelt entlehnt, ebenso wie die Sprachformen, die er sich aus der Literatur, aber auch aus dem derben Volkston und der Trivialliteratur anverwandelt, sind höchstens im Ansatz erforscht. Walsers ›verwilderte‹ Ausdrucksweise scheint sich bis heute einem direkten Zugriff zu entziehen.

Dieser ebenso vielfältige wie eigensinnige Umgang mit der Sprache ist auch deshalb nicht so leicht zu packen, weil er sich nur schwer auf seine Epoche beziehen lässt. Zwar teilt Walser mit den Autoren der Avantgarde das Interesse für das Medium selbst, in dessen Inszenierung sie neue Formen der Kreativität entwickeln, analog zur Inszenierung von Form und Farbe in der abstrakten Malerei. Dem liegt jedoch bei Walser keine explizite Sprachkrise zugrunde, wie sie besonders die Wiener Jahrhundertwende heraufbeschwört. Auch wenn Walsers Werk schließlich ins Verstummen mündet und wenn von der Rückseite seines flächendeckenden Redens immer wieder das Schweigen durchscheint, bewahrt sich Walser während seiner ganzen Schreibzeit eine einzigartige und ausdauernde sprachliche Experimentierfreude, begleitet von einer reflexiven Selbstthematisierung des

Mediums (vgl. Jürgens 1973; Greven 1994). In *Meine Bemühungen* bilanziert er dies um 1929 folgendermaßen: »Wenn ich gelegentlich spontan drauflos schriftstellerte, so sah das vielleicht für Erzernsthafte ein wenig komisch aus; doch ich experimentierte auf sprachlichem Gebiet in der Hoffnung, in der Sprache sei irgendwelche unbekannte Lebendigkeit vorhanden, die es eine Freude sei zu wecken.« (SW 20, 429 f.) Programmatisch wird hier die Sprache selbst als Medium potentieller Vitalität identifiziert, der Walser sein Schreibleben unterstellt. Alles kommt darauf an, diese »Bewegungsfreiheit« (SW 6, 65) der Sprache zu entbinden, »mit Worten zu tanzen« (SW 20, 248). Vor allem als ›drauflos schriftstellernder‹ Feuilletonist kann sich Walser sprachlich gehenlassen. Denn das Feuilleton bietet in der Zeit eine einzigartige Plattform sprachlich-stilistischer Experimente. Walser versteht sie wie kaum ein zweiter zu nutzen, unterfüttert durch sein mikrographisches Aufschreibsystem, das sich in der Berner Zeit zum verborgenen »Sprachmagazin und Wortlaboratorium« (AdB 1, 57) entwickelt.

Voraussetzung dieser Experimentierfreude ist das Zurücktreten des Inhalts zugunsten der Eigendynamik der Sprache. Dies zeichnet Walsers Schreiben von Anfang an aus. Fritz Kocher schreibt in seinem Aufsatz mit dem bezeichnenden Titel *Freithema*: »Ich schreibe über alles gleich gern. Mich reizt nicht das Suchen cincs bcstimmtcn Stoffes, sondern das Aussuchen feiner, schöner Worte.« (SW 1, 24) Walser scheint die ›Worte‹ wie aus einem Repertoire ›auszusuchen‹, das ihm nicht selbst gehört. Das macht seine dichterische Sprache grundsätzlich permeabel für alle fremden Literatur- aber auch Zeitdiskurse. In paradoxer Souveränität verzichtet er auf ein Verfügungsrecht des Autors über die Sprache, auf das sich traditionelle Autorschaftsmodelle begründen. Walser ist nicht der Beherrscher der Sprache, sondern entfesselt nur die ihr eigene Dynamik. Das Feuilleton *Schwäche kann eine Stärke sein* (1926) staunt in Umkehrung der traditionellen Vater- und Autorschaftsrollen: »Wie mir die Worte davonspringen! Mein Wörtchen sind Kinder, die mit mir spielen.« (SW 18, 306) Diese Kinder lässt Walser laufen, wenn er nicht gelegentlich selbst die kindliche Narrenfreiheit beansprucht. Die Sprachspiele, die er in Gang setzt, scheint er zusammen mit dem Leser, den er ständig an seine Seite nimmt, mehr zu beobachten als zu kontrollieren. Im Folgenden sollen einige ihrer ästhetischen und kulturellen Dimensionen herausgestellt werden.

Bühnenmund und Theaterprosa

Die offensichtlichste Form der Inszenierung von Sprache findet auf dem Theater statt. Es hat immer schon mit dem Handeln der Menschen auch deren sprachliche Interaktionsformen vorgestellt. Walser nimmt – wie weitere Autoren seiner Generation – in seinen eigenen theatralischen Versuchen die dramatische Handlungsdynamik jedoch so sehr zurück, dass die Sprache selbst als Medium gleichzeitig zum Hauptgegenstand der Bühne wird. Dies gilt für die frühen Dramolette ebenso wie für die Dialogszenen der Berner Zeit. Dabei kann auch das Schweigen und Verschweigen zum Thema der Rede werden. Im *Schneewittchen* etwa gibt der Prinz der Titelheldin vor, wie sie über einen unausgesprochenen »Kummer« hinweg reden solle: »Sei nicht trüb. / Sprich leicht, wenn dich ein Kummer drückt. / Leg' ihn wie einen Teppich aus, / auf dem wir munter spielen dann.« (SW 14, 82) Das ›leichte‹, ›muntere‹ Sprachspiel auf dem Untergrund eines zum Teppich geknüpften Kummergewebes – eine poetologische Chiffre nicht nur für dieses Märchendramolett. Seine Künstlichkeit wird einerseits akzentuiert durch eine Sprache, die in einem klassischen Bühnendeutsch unterschiedslos alle Figuren der Spielregel von vierhebigen Jambenversen unterwirft. Zudem halten die Figuren selbst das Bewusstsein wach, dass sie Theaterfiguren sind; das Theater ist insofern permanentes ›Metatheater‹ (vgl. Borchmeyer 1987) und die Bühne ein abgegrenztes, aber zum Zuschauer hin offenes »Wortlaboratorium«. In ihm haben auch die Dialoge einen monologischen Zug; die Figuren scheinen immer wieder an die Rampe zu treten. Dort muss sich der sprachliche Auftritt aus sich selbst heraus behaupten, gerichtet nur an den virtuellen Adressaten im dunklen Zuschauerraum, der in der Rede immer schon mitgedacht ist.

Dies ist auch ein Grundzug von Walsers Prosa. Auch sie kann als ein ›monologisches Spiel‹ (vgl. Ehbauer 1978) verstanden werden, das Walser bloß von der Bühne auf das Papier verlegt. Dafür sprechen die zahlreichen Prosastücke, in denen das Theatralische direkt Motiv wie auch Metapher des eigenen literarischen Anspruchs ist (vgl. Böschenstein 1983; Greven 1987; s. Kap. 4.12). Walser verfasst sie wie eine Antwort auf das Scheitern seiner eigenen Schauspielerambitionen und publiziert sie primär im Hauptorgan der Berliner Theaterwelt, der *Schaubühne*. Dabei wird einerseits die Bühne zur Metapher der Dichtung schlechthin, die Walser in ihr als performative Auftrittskunst begreift: »Die Bühne ist der offene, sinnliche Rachen der Dichtung« (SW 15, 37). Andererseits übersetzt Walser auch klassisches Bühnengeschehen in seine Prosa, löst es dabei aus dem Handlungskontext und macht es allein zum Sprachereignis; bekanntestes Beispiel aus der *Schaubühne* dafür ist sein *Tell in Prosa*. Diese wechselseitige Permeabilität von Theater und Prosa bedeutet nicht nur, dass Walsers Schreiben eigentlich immer einer imaginären Bühne gilt (vgl. Schaak 1999), wie Walser in einem Mikrogramm selbst betont: »meine Aufsätze oder prosaischen Äußerungen seien vielleicht etwas wie Personenauftritte in einer Art von Theater, das sich auf meiner gewiß nicht wichtigen Lebenslaufbahn selbst gründet« (AdB 4, 37). Das Theatergleichnis verweist auch auf die Rollenhaftigkeit dieser Prosaauftritte, mit denen Walser seine Identität immer neu entwirft (vgl. Kurzawa 1991). Diese Identitätsentwürfe verdanken sich allein der performativen Leistung von Walsers Sprache. Im Prosastück *Kleine Komödie* formuliert Walser dies tentativ so: »Vielleicht bin ich ein bisweilen dichtender Schauspieler oder ein Sänger ohne Stimme oder ein Redner, dem jedes Rednertoupet fehlt.« (SW 19, 292) Gemeinsam ist dem Schauspieler, Sänger und Redner, dass sie ihre Glaubwürdigkeit ganz der Überzeugungskraft der Sprache überantworten. Über den Erfolg entscheidet allein der angesprochene Leser. Darum ist seine virtuelle Präsenz für Walsers Texte prioritär. Sie verstärkt sich noch in den feuilletonistisch geprägten Berner Jahren, wenn sogar die ja noch allen fremden Blicken entzogenen Mikrogramme sich ständig an den Leser richten – auch das ›Bleistiftgebiet‹ ist eine Probebühne für den Feuilletonistenauftritt.

In diesen Auftritten wird die Sprache selbst ›Gebärde und Maskierung‹ (vgl. Gees 2001). Sie erscheint nicht mehr zwingend als direkter Ausdruck einer Wahrnehmung oder eines Gefühls, sondern wird selbst vorgezeigt. Sei es in ihrer Künstlichkeit wie in den Dramoletten oder der Lyrik, oder sei es als Resultat des ›Aussuchens‹ von Wörtern, wie es schon Walsers Alter Ego Fritz Kocher praktiziert. Insofern gilt für Walsers gesamtes Werk jene grundsätzliche »Zitathaftigkeit« der Sprache und des Sprechens, auf die bereits Dierk Rodewald aufmerksam gemacht hat (Rodewald 1971, 92). Doch gleichzeitig demonstrieren die opulenten Adjektivreihungen, die Nominalisierungen von Verben, die Abstraktionsformen oder die Nominalkomposita auch Walsers Kreativität und Souveränität im Umgang mit sprachlichen Normen. Sie zeugen von seiner »nicht anzufechtende[n] Sprachfreiheit« (AdB 4, 198). Diese bedeutet sowohl eine Freisetzung der Sprache wie auch eine letzte

Distanz zu ihr als Medium, gerade wenn er sich in und mit ihr gehenlässt.

So liefert sich Walser der Sprache zwar freudig und spielfreudig aus, doch markiert er sie, als gehöre sie ihm eben doch nicht ganz. Ein ›sozusagen‹ steht in vielen Sätzen Walsers, explizit oder implizit. Die Wörter, die er ›aussucht‹, sind als solche wie mit verborgenen Anführungszeichen markiert. Nicht selten werden diese Anführungszeichen auch sichtbar gesetzt, vor allem in der späteren Prosa. Das *Tagebuch-Fragment* von 1926, in dem sich die Anführungszeichen häufen (Roser 1994, 31), formuliert damit seine Zweifel an der Möglichkeit eines ›poetischen‹ Ausdrucks: »Ich habe die Empfindung, als habe man heute nicht ›eigentlich mehr‹, oder vielleicht besser gesagt, vorläufig ›noch nicht‹ das Recht, sich ›poetisch‹ zu betragen und auszudrücken.« (SW 18, 60) An eine eigenständige ›poetische‹ Sprache kann Walser nicht mehr glauben, auch mit Blick auf die Zeit und die Zeitungen, wie das *Tagebuch-Fragment* in der Folge ausführt. Gerade die zunehmende Permeabilität seiner Prosa zu jenen Zeitdiskursen, mit denen das Feuilleton Wand an Wand lebt, macht distanzierende Anführungszeichen nötig. So beispielsweise in dem 1928 in der *Prager Presse* publizierten *Exposé*, welches Formeln und Formulierungen des politischen »Welttheaters« zitiert: »In London ist ein Vertreter der Sowjetrepublik ›gekränkt‹ worden. [...] Frankreich ist ›nur ein offizieller‹ Freund Englands. [...] Die Staaten ›ächzen‹.« (SW 18, 160 f.) Diese Zeitsprache wird auf Walsers Feuilleton-Bühne zitierend demaskiert.

Dialogizität und Mehrstimmigkeit

Die theatralische Grunddisposition von Walsers Prosa ermöglicht trotz ihres zunächst ›monologischen‹ Charakters eine innere ›Dialogizität‹ und ›Mehrstimmigkeit‹, wie sie bereits zu Walsers Zeit Michail Bachtin beschrieben hat. Greifbar wird sie einerseits in den Romanen der Berliner Zeit, andererseits in der Berner Prosa. In den drei Berliner Romanen entfaltet sie Walser in unterschiedlichen Richtungen: In den *Geschwister Tanner* ergibt sie sich aus dem Zusammenspiel der einzelnen Erzählabschnitte, die in gelegentlich fast monologischen Auftritten die Erfahrungswelten der einzelnen Geschwister je für sich nebeneinanderstellen. In *Jakob von Gunten* unterstellt Walser die monologische Form einer Tagebuchfiktion. Mit *Der Gehülfe* jedoch, der sich inhaltlich noch am stärksten am ›realistischen‹ Roman des 19. Jh.s orientiert, erprobt Walser aus dem schwebenden Zusammenspiel von Erzählerstimme und Figurenperspektive neue Formen des Erzählens, die nicht nur mit dem ausführlichen Einsatz der ›erlebten Rede‹ ganz der Moderne zuzurechnen sind (vgl. Wagner 1980, 149 ff.; Wagner 2010, 291–294). Zudem öffnet der Roman zwischen einem stark mündlich akzentuierten Erzählen und der Schriftlichkeit jener Korrespondenzen, die der Gehülfe in fremdem Namen führt, den Spielraum einer freundlichen Ironie, in der sich die Entfremdung des Angestelltendaseins an der Sprache zeigen kann:

> Ach, es war heute das reine Tändeln mit der sonst so ernsthaften Feder. Das Wort »telephonische Unterredung« erschien ihm ebenso sonntäglich geputzt wie das Wetter und die Welt draußen. Die Redewendung »und gestatte ich mir« war blau wie der See zu Füßen der Villa Tobler, und das »hochachtungsvoll« am Schluß des Schreibens schien nach Kaffee, Sonne und Kirschenmarmelade zu duften. (SW 10, 90)

Solche Überblendungen unterschiedlicher Sprach- und Lebenswelten entsprechen einer inneren ›Mehrstimmigkeit‹ des Erzählens, die sich in Walsers Prosa zunehmend entfaltet, je mehr sich das Erzählen aus dem Diktat einer sprachlich allmächtigen, homogenisierenden Erzählerinstanz emanzipiert und sich auch reflexiv selbst gegenüber tritt. So wird etwa der *Spaziergang* durch das dialogische Hin und Her zwischen dem schreibenden und spazierenden Ich vorangetrieben. Zudem kommen in den opulenten Reden an weitere Figuren wie etwa den Steuereinnehmer auch deren Positionen direkt und indirekt zur Sprache, sodass sich die gesellschaftliche Position des spazierenden Schriftstellers aus einem Diskursnetz ermessen lässt, das der Text als in sich mehrstimmiges knüpft. Ähnlich ist auch jenes Doppelspiel des »*Räuber*«-*Romans* zu verstehen, welches das Erzähler-Ich und die Titelfigur aneinander bindet. In diese Erzählerstimmen mischen sich zudem die gesellschaftlichen Ansprüche, wie sie der Räuber als »Stimmen« wie von einem »Bauchredner« internalisiert (AdB 3, 30). So kann Walser zu Recht von sich behaupten: »Was ich für ein vieltöniger Mensch bin, ein wahres Orchester.« (AdB 1, 243)

Mündlichkeit in der Schrift

›Vieltönig‹ ist Walsers Schreiben im Wortsinn, insofern es häufig vorgibt, ein mündliches ›Sprechen‹ zu sein. Dieter Roser hat dies als erster herausgearbeitet und auf seinen historischen und mediengeschichtli-

chen Ort bezogen (vgl. Roser 1994). In jenem grundlegenden Funktionswandel der Literatur, die sich der Konkurrenz der neuen Speichermedien wie Grammophon oder Film ausgesetzt sieht, simuliert die Literatur in der Schrift eine neue, zweite Unmittelbarkeit von scheinbar ›real‹ präsenten Stimmen. So hebt sie sich paradox von der angeblich ›toten‹ Schrift ab, der sie sich doch allein verdankt. Walsers Werk nutzt diese innere Spannung zwischen Mündlichkeit und Schriftlichkeit sprachreflexiv; das ›sozusagen‹ in seinen Sätzen bezieht sich auf jenen Raum gesellschaftlichen Redens, an den sich entäußert, wer als Schriftsteller den Mund aufmacht. Dies gilt besonders für den Feuilletonisten, den immer schon das Vorurteil verfolgt, er rede bloß der Gesellschaft nach dem Mund, seine höchst flüchtigen Texte seien bloß zu Papier gebrachtes ›Geschwätz‹. Indem sich Walsers Feuilletons immer wieder selbst der ›Schwatzhaftigkeit‹ überführen, nimmt er dazu ironischen Abstand, und er lernt sich beim Reden zuhören. »Wenn ich reden will, leihe ich mir sogleich zwecks Zuhörerschaft das Ohr« (SW 17, 87), heißt es im Stück *Ländlicher Sonntag* (1927). Der Verfasser hat, anschließend an Roser, diese akustische Rückbezüglichkeit mit dem Suchbegriff der ›Ohralität‹ im Werk Walsers verfolgt (vgl. Utz 1998, 243–294). Sie ist kein Kurzschluss von Mund und Ohr, sondern sie umgreift immer die Diskurse der Außenwelt, in deren Tonlagen Walser singt, schreit und schluchzt, die er aber auch kritisch ausstellt als fremde Rede und ironisch bricht. So lenkt Walser die Aufmerksamkeit auf das Akustische, auf Stimmen, Sprachen und Klänge, aber auch auf das ›Zuhorchen‹ selbst (SW 9, 177), dank dem sich sein poetischer Sprachraum konstituiert. Dieser wird – wie eine sich ständig ausdehnende Sprechblase – nur durch die Oberflächenspannung der Worte zusammengehalten und schließt so auch das Schweigen und die Stille in sich ein, als innerer Grenzwert der Sprache.

Die Oberfläche der Sprache, auf der sich die Signifikanten fast beliebig verschieben lassen, ist eine ihres Klanges. Dies gilt nicht nur für die Lyrik, in der Walser den Sprachklang gelegentlich fast überdosiert einsetzt und ihn selbstironisch nach außen stülpt: »Der Wille zum Reim / legt zum eben Gesagten den Keim.« (AdB 4, 298) Auch in der Prosa der Berner Zeit signalisieren immer häufiger auftretende Binnenreime jene innere Sprachdynamik, die Walser als Klangdynamik entfesseln will. In *Ophelia* (1924), einem Text, in dem sich solche Binnenreime häufen, bis er am Schluss ganz in Verse überkippt, wird dies zum Gegenstand der Reflexion: »Herrje, ich gerate ins Reimen. Ich rede in Versen und schreibe doch nichts als gediegene, wohldurchdachte Prosa. Welches Wunder! Am Gestade plauderte einsilbig der wundrige Wellenplunder [...].« (SW 17, 285; vgl. Gees 1999) Das »Wunder«, das Walser hier inszeniert, verdankt sich allein der Eigendynamik einer in ihrer Klanglichkeit freigesetzten, ›mündlichen‹ Sprache, die sich gleich wieder als Realmetapher des ›plaudernden‹, »wundrige[n] Wellenplunder[s]« dem Leser alliterierend vor die Füße legt. Das ist das Gestade, zu dem Walser in seinen Sprachspaziergängen vorstößt, wo sich der feste Boden der Semantik zur Sprachmusik verflüssigt; ein anderer Grenzwert der Sprache als das Schweigen: die reine Wortmusik.

Musenküsse der Mundart

Seine innere sprachliche Spannung erhält das Werk Walsers wesentlich aus der Differenz der Standardsprache zur Mundart, die sich mit der Differenz von Mündlichkeit und Schriftlichkeit überlagert. Dies ist schon den ersten Rezensenten aufgefallen, so Max Brod, der in seinem *Kommentar zu Robert Walser* (1911) postuliert: »Über die Schweizer Provinzialismen bei Walser und ihre Schönheit denke man sich einen selbstverständlichen Absatz hier eingeschoben.« (Brod 1911/1987, 80) Dabei ist das Werk Walsers in dieser Zeit noch sehr wenig von sogenannten ›Helvetismen‹ geprägt. Erst in der Bieler und dann vor allem in der Berner Zeit nehmen diese markant zu, werden – parallel zum Französischen – zu einem eigenen Register von Walsers Sprache. Im Band *Die Rose*, den Walser 1925 noch im Berliner Rowohlt Verlag unterbringen kann, wuchern die mundartlichen Einschübe und Wortschöpfungen so sehr, dass Eduard Korrodi in der *Neuen Zürcher Zeitung* leicht verlegen einräumt: »[...] er hat es jetzt mit der Mundart und hie und da mit der rechten Tititattisprache. [...] Walser zieht die Mundart wie ein Spieldöschen auf, das er herzig findet.« (Korrodi 1925/1978, 118) Das ist eine Verharmlosung der Kühnheit, mit der Walser zunehmend Dialektales vor allem in seine Prosa einfließen lässt. Dies ist aber mit wenigen wichtigen Ausnahmen (vgl. Evans 1994; Stocker 2014) noch kaum genauer untersucht worden. Man könnte – in Anlehnung an grundsätzlichere Thesen zu den Funktionen des Dialekts in der Literatur aus der Schweiz (vgl. Utz, Sorg 2014) – folgende drei Funktionen von Walsers Mundartverwendung unterscheiden:

1. Authentifizierung und Verfremdung: Mundart und Mundartliteratur sind in der Schweiz der Epoche mit ›Authentizität‹, ›Nähe‹ und ›Identität‹ assoziiert. Walser scheint genau dies vermeiden zu wollen; das frühe Mundart-Theaterstück *Der Teich* könnte in dieser Richtung verstanden werden, weshalb Walser es nie publiziert und gegenüber Carl Seelig sogar behauptet, er habe absichtlich nie im Dialekt geschrieben, um sich nicht an die Masse anzubiedern (SEELIG, 26 f.). Dagegen können aber Dialektelemente in der Standardsprache auch anti-realistisch, verfremdend wirken. Dies kann Walser an Jeremias Gotthelf ablesen, dem Meister von multiplen Modulationen des literarischen Mundarteinsatzes. Wie Gotthelf lässt Walser den Dialekt gelegentlich überraschend in den Erzählerdiskurs einbrechen, statt ihn bloß naturalistisch der Figurenrede zuzuordnen. So wird der Leser des *Berliner Tageblatts* im Feuilleton *Der verlorene Sohn* 1928 mit dem Satz überrascht: »Aber potztausend, mein Glünggi wartet auf Abfertigung.« (SW 19, 106) Erst danach folgt eine ausführliche Erklärung des Begriffs, und Walser steigert sich in die Wortschöpfung des »Glünggihaftigkeitsgipfel[s]« (ebd., 107). Dies im Kontext einer Abhandlung über eine unheimliche Gestalt, in der Walser die »heimelige[] Unheimlichkeit« (ebd., 106) seiner Epoche erkennt, verbunden mit einem Seitenhieb auf den erfolgreichen Heimatschriftsteller Ernst Zahn. Wie als Rache an dieser Literatur verwandelt Walser anderswo den »Fötzel« und »Schnuderbub« eines Bleistiftentwurfs (AdB 4, 383) bei der Publikation für den *Simplicissimus* 1927 in einen »Heimatschriftsteller« und »Dialektdichter[]« (SW 19, 368 f.), der aber gerade zu keinem eigenen Dialektwort mehr kommt. Gegen alle falsche Heimatlichkeit der Mundart macht Walser sie zum Medium der Verfremdung des vermeintlich Eigenen, auch der eigenen Sprache.

2. Kulturtopographische Ortsbestimmung: Die Literatur der deutschsprachigen Schweiz steht immer im Spannungsfeld ihres Doppelbezugs auf die helvetische Realität und die sprachkulturellen Normen des deutschen Kulturraums. Im Feuilleton wird es noch überlagert durch die Spannung zwischen Regionalität und Metropole, von Peripherie und Zentrum. Dies gilt besonders für Walsers Schreiben in Bern (vgl. Böhler 1994). Es gelingt Walser, so der Schriftsteller Peter Bichsel, »aus dem vertrackten Verhältnis Schweizerdeutsch/Hochdeutsch so etwas wie eine schlaumeierliche Kunstsprache zu entwickeln« (Bichsel 1998, 72). Mit dem zunehmenden Einsatz von Dialektwörtern schon in *Die Rose* und dann in den Berliner und Prager Feuilletons markiert er diesen doppelten Ort seines Schreibens. Für

»Chitti«, »Glünggi«, »Klapf«, »Löl«, »Süchel«, »Gotsch«, »Täsche«, »Gnusch«, »Tschalpi«, »Bölimann«, »Gring«, »Stürmi«, »Guseln«, »Täubi«, »chären« gibt er mehr oder weniger ausgreifende Worterklärungen, manchmal auch nur in den Mikrogrammen, was zeigt, dass diese bereits für einen deutschen Leser gedacht sind. Diesem signalisiert Walser die kulturelle Differenz, die seinem Schreiben innewohnt. Daraus schöpft er eine eigene Kreativität: So leitet er das Bernische Kraftwort »Cheib« aus der »mohammedanischen Kaaba« ab (AdB 5, 51) und macht es zum Ausgangspunkt einer höchst eigenwilligen Interpretation der Begegnung von Orient und Okzident.

3. Provokation der Normen: Die Mundartausdrücke unterschreiten oft auch moralische Normen, bringen Vulgäres und Körperlich-Erotisches zur Sprache, sodass man sie als ›Karnevalisierung‹ der Sprache im Sinne Bachtins verstehen kann (vgl. Fuchs 1993; Evans 1994; Stocker 2014). Ein »harmloses Mündschi« wird in einem Mikrogramm sofort mit der Erklärung versehen: »Ein Mündschi bedeutet einen Kuß. Wenn Sie gestatten, so ist das so eine Sorte Mundart, nicht wahr, Sie gestatten es […].« (AdB 1, 220) So kokettiert Walser beim Leser mit dem Normverstoß, wenn er die Grenzen von Standardsprache und Mundart unterläuft. Diese aber werden in der Zeit, in der sich in der Schweiz eine eigenständige Mundartliteratur ihren Platz macht, von Autoritäten wie dem Berner Literaturpapst Otto von Greyerz festgeschrieben. Dieser polemisiert gegen jede »elende[] Mischsprache, die weder Mundart noch Schriftdeutsch ist«, und fordert, man solle »Modewörter fremden Ursprungs« zugunsten der »Bodenständigkeit« ersetzen, beispielsweise »Schreib- und Amtsstube« sagen statt dem französisch-helvetischen »Bureau« (Greyerz 1933, 229–231). Walser dagegen insistiert seit seinen allerersten Gedichten auf dem »Bureau«, und wenn er im standardsprachlichen Diskurs zur Mundart und zu immer wilderen Formen der Sprachmischung greift, dann auch, um die Sprachreinhalter aller Couleurs zu provozieren. Erst recht kann er sich in seinem ›Bleistiftgebiet‹ mundartlich gehenlassen; es wird zum Spielplatz seiner Aggressionen, im Hinterzimmer seines Feuilletongeschäfts, für das er dann doch wieder den standardsprachlichen Normen gerecht werden muss. An Max Rychner in Zürich schreibt er 1927 nach einer Absage des *Berliner Tageblatts*: »Ich mußte mich in den letzten Monaten für die ›Cheibe‹ da draußen so kontinuierlich gedrechselt ausdrücken und mich annahmemäßig geberden, daß Sie

mir vielleicht jetzt gütigst ein paar gröbere Worte nicht übel nehmen, die klingen, als säße man am Rindermarkt in einem zürcherischen Wirtshaus.« (Br 320)

Walsers ›Sprachverwilderung‹ ist also auch beim Einsatz der Mundart höchst bewußt und kontrolliert. Erst so wird sie zu einer Quelle neuer Kreativität: »Nie gab es einen so ausgesprochenen Blöterli. Was für eine seltsame Sprachblume dies nun schon wieder ist.« (AdB 4, 133) Im so fruchtbaren Treibhaus des ›Bleistiftgebiets‹ können die Stilblüten aufschießen, und die Mundart darf Walser dort als Muse küssen.

Französisches Zwitschern

Walsers Musen sprechen aber auch zunehmend französisch, vor allem in der Berner Prosa. Und auch dies hat sprachästhetische und kulturtopographische Implikationen:

1. Für den in Biel mit dem Französischen im Ohr aufgewachsenen Autor ist der fremde Klang immer sowohl eine Evokation der eigenen Herkunft wie auch ein Medium der Fremdstellung des Eigenen. Schon Simon Tanner stellt sich vor, mit den französischen Wörtern auch die eigenen besser, weil anders kennenzulernen: »Ich würde mir bei dem Klang des fremden Wortes das deutsche inniger denken und mir seinen Sinn weiter ausbreiten in Gedanken, so würde mir auch die eigene Sprache ein neuer, reicherer Laut voll ungekannter Bilder werden. Le jardin: der Garten.« (SW 9, 249) Doch für diese bereichernde Form der Hybridisierung hat man in Deutschland kaum ein Ohr: Besonders im *Gehülfen* werden eine ganze Reihe von Wörtern mit französischen Wurzeln für den Druck eingedeutscht (Tabellarische Übersicht in KWA IV 2, 411–417). Trotzdem kann ein Wiener Kritiker noch manche »sprachliche Ungeheuerlichkeit« des Romans »aus dem Ineinandergreifen von Deutsch und Französisch im Schweizerland« erklären (zit. n. KWA I 3, 292). Davon unbeeindruckt, schmuggelt Walser immer häufiger französische Wörter und Wendungen ein, als Zwischenruf des Fremden und kreative Verfremdung der Standardsprache. In *Die Ruine* (1926) heißt es: »Wenn wir an Paris denken, zwitschert's vor uns.« (SW 17, 128) Dieses französische Zwitschern lässt Walser in der Berner Zeit immer öfter erklingen. Es häufen sich Wörter wie »scharmant«, »arrivieren«, »honett«, »süperb«, »konvenieren«, »derangiert«,

»parlieren«, »couragiert«. Halb eingedeutscht, klingen sie im Berndeutschen wesentlich vertrauter als in der Standardsprache. So verwendet Walser z. B. mehrfach »Toupet« bzw. »Toupé« für ein arrogantes, dünkelhaftes Auftreten, und er begleitet es schon im Entwurf mit einer Erklärung für den potentiellen deutschen Leser (SW 18, 281; AdB 5, 53). Diesen bedient er jedoch gelegentlich auch in seinen Vorurteilen, etwa wenn er in der *Rose* (1925) mit den *Pariser Blättern* einen satirischen Akzent setzt gegen die Selbstgenügsamkeit der Pariser Kultur und den »Duft von Macht«, der den »Blätter[n] von Siegern« entströme (SW 8, 19).

2. Damit spielt Walser auf die kulturpolitische Implikation an, welche in der Epoche des Ersten Weltkrieges jedem französischen Wort in einem deutschen Text zukommt. Wenn sich bereits in der Bieler Zeit die französischen Einsprengsel mehren, dann ist dies nicht nur der erneuten Nähe zur Herkunft und der diesbezüglichen Toleranz der Schweizer Verleger geschuldet. Es manifestiert sich darin indirekt auch eine gewisse Neuausrichtung seines Schreibens. Bei der Überarbeitung von *Leben eines Dichters* etwa, das zuerst 1905 in Bruno Cassirers Zeitschrift *Kunst und Künstler* erschienen war, fügt Walser für die Sammlung *Kleine Prosa*, die 1917 in Bern bei Francke erscheint, einen kommentierenden Abschnitt hinzu: Ein »böse[r] eckige[r] Wegweiser«, der den Jungdichter barsch seines Weges weist, habe eben nie »in Paris« die »artigen Manieren« gelernt, und gleich greift der Erzähler neu auch selbst zu einem »Au revoir!« (SW 5, 134). Das ist im Weltkrieg, wo ein »Graben« auch die Deutsch- und Welschschweiz trennt, schon fast eine Parteinahme; an Hermann Hesse schreibt Walser im gleichen Jahr: »Ich lese jeden Tag ein wenig französisch, weil das eine so hübsche Sprache ist. Bin ich etwa deswegen ein Schurke?« (Br 139) Für dessen *Alemannenbuch* setzt er 1919 mit dem Beitrag *Freiburg* einen überdeutlichen Akzent auf die Zweisprachigkeit: »Alles dies führt ins Mittelalter, dessen Leistungen ich *incroyablement* hochachte. Es französelt hier ein bißchen; darf das aber füglich. Ich bin ja Schweizer und folglich sanft berechtigt, einige Brocken Französisch zu riskieren. […] Ich kann welsch und deutsch reden hören und finde beides ganz appetitlich.« (SW 16, 310) Und gegenüber Frieda Mermet, der Briefpartnerin mit französischsprachigem Hintergrund, bezeichnet er sich 1921 auf Französisch als »maître de la langue boche« (Br 213), etikettiert sich also paradox mit dem Begriff der französischen Kriegspolemik gegen die Deutschen. So wagt sich Walser bewusst in jenes sprach-

politische Minenfeld, in dem sich schon der nächste große Konflikt vorbereitet.

3. Während sich Walser gerade in der komplexen Gemengelage des Deutschen zwischen Mundart und Standardsprache und zwischen Mündlichkeit und Schriftlichkeit sein Brot verdient, will er sich das Französische ganz als reine Literatursprache erhalten. Deshalb setzt er sich ihm auch nur literarisch aus, in den zahlreichen Werken der französischen Literatur, die er in der Originalsprache liest: unter anderen Stendhal (vgl. Cadot 1987), Honoré de Balzac, Alexandre Dumas, Eugène Sue, Gustave Flaubert, Guy de Maupassant oder Marcel Proust, aber auch französische Trivialliteratur (vgl. Graf 2008). ›Paris‹ bleibt für ihn ein Traum-Ort, wie er ihn schon in den *Geschwistern Tanner* entwirft (SW 9, 218–227) und ihn sein Leben lang wachhält (vgl. Sauvat 1992; Utz 1998, 224 f.), ohne ihn durch eine reale Erfahrung zu kontaminieren. Seelig antwortet er auf die Frage, ob er je nach Paris gereist sei: »Nach Paris? Jamais! Wo Balzac, Flaubert, Maupassant und Stendhal so unnachahmlich gewirkt haben, hätte ich mich nie hingetraut. Nie, nie!« (SEELIG, 99) Desto leichter kann er sich als Autor nach Paris projizieren. Frieda Mermet gegenüber erwähnt er wie nebenbei, in der *Vossischen Zeitung* hätte gestanden, dass »Robert Walser, wenn er Franzose wäre, längst akademisiert worden wäre. Mag sein, daß der betreffende Artikelschreiber recht hatte. Immerhin ist es mir in meinem Deutschsprachtum auch ganz wohl, Deutschland ist eben einmal etwas ganz, ganz anderes als Frankreich.« (Br 260)

Aus dem Bewusstsein der Kulturdifferenz wird so das Französische zu einem literarischen Widerlager von Walsers Schreiben. Das unpublizierte *Bildnis einer Dame* aus der Waldau-Zeit könnte man als Allegorie von Walsers Schreibsituation verstehen: »Indem sie flott drauflosfranzöselte, hing sie mit unüberwindlicher Innigkeit an der Offenherzigkeit des Deutschtums, das sie ihr Wohnhaus nannte, dessen Reiz ihr über alles ging.« (SW 20, 266) Das Französische erlaubt es Walser, gewissermaßen immer wieder aus einer Fremde, in der er nie real war, in die deutsche Sprache zurückzukehren. Sie ist ihm ein »Wohnhaus«, an dem er vor allem die »Offenherzigkeit« und damit jene Toleranz schätzt, die ihm seine immer kühneren Sprachexperimente erlaubt.

Der sprachliche »Struwwelpeter« und seine Aktualität

Walser unterscheidet in einem Feuilleton *Von der Sprachgewandtheit und dem Mangel derselben*, 1926 in der *Literarischen Welt* publiziert, zweierlei Autoren: Solche, die wie die »reinen Struwwelpeter« ungewaschen und »gleichsam ungekämmt[]« auftreten, während den anderen die »wohlabgewogene Sprechweise […] wie Honig über die Zunge rinnt« (SW 17, 179 f.; vgl. Evans 1989, 132 f.). Zu diesen sprachlich-stilistisch »sozusagen frisierten« (ebd., 180) Autoren zählt Walser nicht. Seine ›Sprachverwilderung‹ lässt sich nicht in begriffliche Scheitel legen. »Kauderwelschen: Das ist so nett«, heißt es schon 1911 in *Allerlei* (SW 3, 138). Das begründet zu einem guten Teil auch seine Aktualität: Performative Theatralik, Mündlichkeit in der Schrift, Mehrstimmigkeit und Mehrsprachigkeit sind heute als kreatives Ferment der Literatur anerkannt. Heterogenität hat das Gebot der Homogenität abgelöst. Zu Walsers Zeit ist dies noch anders: Auch wenn die Avantgarde sich schon dadaistisch-sprachspielerisch austobt, erklärt z. B. ein Hugo von Hofmannsthal 1927 in der *Neuen Rundschau* das »Schrifttum« zum »geistigen Raum der Nation«, der für das Deutsche noch zu schaffen wäre. Eine ›reine‹ Sprache wie in Frankreich scheint ihm dazu die Voraussetzung, »die Schöpfung der Sprachnorm, in der die Nation zur wahren Einheit sich bindet« (Hofmannsthal 1927/1980, 33). Walser dagegen unterminiert dieses national-sprachliche Reinheitsgebot, indem er seine Texte mit dem Salz des Französischen und Pfeffer des Dialekts würzt. Und er gibt sich nicht als Staatschef der Sprache, sondern als ihr kreativer Regisseur: In der *Neuen Rundschau* des gleichen Jahres führt er unter dem Titel *Drei Studien* einige weitere Kostproben seiner sprachlichen Inszenierungskünste vor, vom *Kabarettbild* bis zum imaginären Gespräch, in das er verschiedenste *Schillerfiguren* verwickelt (SW 17, 384–395). Die Sprache gibt ihm Raum für seine variantenreichen spielerischen Auftritte. Walser belastet sie nicht mit dem Anspruch, ein ›geistiger Raum‹, ein Ort von Identität zu werden. Eher ist sie ihm ein offenes ›Gebiet‹, wie das seiner Bleistiftentwürfe, das er in immer neuen literarischen Exkursionen durchstreift. Diese führen uns nicht nur in die Metropolen, sondern auch dorthin, wo Walser biographisch herkommt: an die Ränder der Sprache, und an ihre äußeren und inneren Grenzen.

Literatur

Benjamin, Walter: Robert Walser [1929]. In: ders.: Gesammelte Schriften. Bd. II,1. Hg. v. Rolf Tiedemann u. Hermann Schweppenhäuser. Frankfurt a. M. 1991, 324–328.

Bichsel, Peter: Bemerkungen zu einer Literatur, die Schweizer Literatur genannt wird. In: ders.: Die Totaldemokraten. Aufsätze über die Schweiz. Frankfurt a. M. 1998, 54–74.

Böhler, Michael: Dichten aus der Peripherie des Schreibens. Theoretische Prolegomena zur Frage nach Robert Walsers kulturpolitischem Ort im deutschsprachigen Raum. In: Peter Utz (Hg.): Wärmende Fremde. Robert Walser und seine Übersetzer im Gespräch. Akten des Kolloquiums an der Universität Lausanne, Februar 1994. Bern u. a. 1994, 31–45.

Böschenstein, Bernhard: Theatralische Miniaturen: Zur frühen Prosa Robert Walsers. In: Benjamin Bennett, Anton Kaes, William J. Lillyman (Hg.): Probleme der Moderne. Studien zur deutschen Literatur von Nietzsche bis Brecht. Fs. für Walter Sokel. Tübingen 1983, 67–81.

Borchmeyer, Dieter: Robert Walsers Metatheater. Über die Dramolette und szenischen Prosastücke. In: CHIARINI/ZIMMERMANN, 129–143.

Brod, Max: Kommentar zu Robert Walser [1911]. In: KERR 1, 78–83.

Cadot, Michel: Robert Walser liest Stendhal. In: CHIARINI/ZIMMERMANN, 199–209.

Ehbauer, Horst: Monologisches Spiel. Erklärungsversuche zu den narrativen Strukturen in der Kurzprosa Robert Walsers. Nürnberg 1978.

Evans, Tamara S.: Robert Walsers Moderne. Bern, Stuttgart 1989.

Evans, Tamara S.: Von der Doppelbödigkeit des Bodenständigen. Überlegungen zu Robert Walsers Umgang mit der Mundart. In: Peter Utz (Hg.): Wärmende Fremde. Robert Walser und seine Übersetzer im Gespräch. Akten des Kolloquiums an der Universität Lausanne, Februar 1994. Bern u. a. 1994, 47–60.

Fuchs, Annette: Dramaturgie des Narrentums. Das Komische in der Prosa Robert Walsers. München 1993.

Gees, Marion: »Um Ophelia wob etwas?« Weibliche Theatralität und Szenarien poetischer Entgrenzung. In: BORCHMEYER, 187–208.

Gees, Marion: Schauspiel auf Papier. Gebärde und Maskierung in der Prosa Robert Walsers. Berlin 2001.

Graf, Marion: Robert Walser als Anleser französischer sentimentaler Romane. In: FATTORI/GIGERL, 201–211.

Greven, Jochen: Die Geburt des Prosastücks aus dem Geist des Theaters. In: CHIARINI/ZIMMERMANN, 83–94.

Greven, Jochen: »Mit seiner deutschen Sprache jonglieren gelernt«: Robert Walser als Imitator, Parodist, Stilexzentriker. In: Peter Utz (Hg.): Wärmende Fremde. Robert Walser und seine Übersetzer im Gespräch. Akten des Kolloquiums an der Universität Lausanne, Februar 1994. Bern u. a. 1994, 19–30.

Greyerz, Otto von: Vom Wert und Wesen unserer Mundart. In: ders.: Sprache – Dichtung – Heimat. Studien, Aufsätze und Vorträge über Sprache und Schrifttum der deutschen Schweiz und der östlichen deutschen Alpenländer. Bern 1933, 226–247.

Hesse, Hermann: Robert Walser [1909]. In: KERR 1, 52–57.

Hofmannsthal, Hugo von: Das Schrifttum als geistiger Raum der Nation [1927]. In: ders.: Gesammelte Werke in zehn Einzelbänden. Bd. 10. Frankfurt a. M. 1980, 24–41.

Jürgens, Martin: Robert Walser. Die Krise der Darstellbarkeit. Untersuchungen zur Prosa. Kronberg/Taunus 1973.

Korrodi, Eduard: Walser über Walser. Die Rose [1925]. In: KERR 1, 117–120.

Kurzawa, Lothar: »Ich ging eine Weile als alte Frau«. Subjektivität und Maskerade bei Robert Walser. In: HINZ/HORST, 167–179.

Rodewald, Dierk: Sprechen als Doppelspiel. Überlegungen zu Robert Walsers Berner Prosa. In: Provokation und Idylle. Über Robert Walsers Prosa. Beiträge von Jochen Greven u. a. Stuttgart 1971, 71–92.

Roser, Dieter: Fingierte Mündlichkeit und reine Schrift. Zur Sprachproblematik in Robert Walsers späten Texten. Würzburg 1994.

Sauvat, Catherine: Robert Walser et Paris. In: Sud. Revue littéraire trimestrielle n° 97/98 (février 1992), 127–130.

Schaak, Martina: »Das Theater, ein Traum«. Robert Walsers Welt als gestaltete Bühne. Berlin 1999.

Stöcker, Peter: Provinzialwörter als Stilmittel bei Robert Walser. In: Simon Aeberhard, Caspar Battegay, Stefanie Leuenberger (Hg.): dialÄktik. Deutschschweizer Literatur zwischen Mundart und Hochsprache. Zürich 2014, 123–134.

Utz, Peter: Tanz auf den Rändern. Robert Walsers »Jetztzeitstil«. Frankfurt a. M. 1998.

Utz, Peter, Sorg, Reto: »Aber ich bin ein Schweizer, die deutsche Sprache ist mir fremd«. Perspektivierungen der helvetischen ›DialÄktik‹. In: Simon Aeberhard, Caspar Battegay, Stefanie Leuenberger (Hg.): dialÄktik. Deutschschweizer Literatur zwischen Mundart und Hochsprache. Zürich 2014, 235–242.

Wagner, Karl: Herr und Knecht. Robert Walsers Roman »Der Gehülfe«. Wien 1980.

Wagner, Karl: Kommentar. In: Robert Walser: Der Gehülfe. Roman. Mit einem Kommentar von Karl Wagner. Berlin 2010, 271–312.

Peter Utz

4.6 Schreibszenen (Schreiben, Materialität, Schriftbild)

Handschreiben und Schülerimagination

Die Vorstellungen des Schreibens bei Robert Walser verweisen auf handwerkliche Aspekte. Vom frühen wohl eher als Notbehelf angestrebten Arbeitsfeld als Commis bis zu den Entwurfstexten in Kleinstschrift (Mikrographie), vom kalligraphisch anmutenden Manuskript *Saite und Sehnsucht* bis zu zittrigen Tintenmanuskripten, die von motorischen Schreibschwierigkeiten zeugen, reichen die Befunde. Bereits Walsers Erstlingsbüchlein *Fritz Kocher's Aufsätze* (1904) verleiht der Schreibszene Walsers etwas Fragiles: In der Beziehung der Schwesterkunste Schreiben und Malen (Zeichnen) reflektiert Walser nicht nur die Beziehung zu seinem Bruder, dem Maler Karl Walser (s. Kap. 2.4, Kap. 4.9), sondern zugleich einen Lernprozess, der das Schreiben aus dekorativer, spielerischer Handführung ableitet. *Der Schulaufsatz*, so einer der ›Aufsätze‹, die Walser unter der Maske des Schülers Fritz Kocher veröffentlichte, gibt die Vorlage für Walsers Schreiben in ›kleinen Formen‹ ab. Handwerklichkeit (des Commis) und – gespielte – Naivität (des Schülers) eines Schreibens, das sich aus seiner eigenen ›Schule‹ heraus ›neu‹ erlernen lässt, prägen Walsers Schreibszenen (vgl. zur Naivität Stiemer 2013).

Genealogie der Schreibszene und überlieferte Manuskripte

»Weil er eine saubere, nette, flinke Handschrift schrieb und am Zeichnen von Buchstaben eine besondere Freude bekundete, so sagte ihm einmal der Schreiblehrer, er solle Büroangestellter zu werden trachten; das sei für ihn offenbar das beste.« (SW 16, 214) Diese Bemerkung aus *Der junge Dichter* (1918) wie auch vergleichbare Hinweise etwa in *Meine Bemühungen* (unveröffentlichtes Manuskript von 1928/1929), seine Lehrer hätten schon früh seine Handschrift gelobt (vgl. SW 20, 428; SW 1, 30), werden in der Regel als autobiographische Aussagen gelesen. Dass »er sich während dieser Zeit in verschiedenen Bureauarbeiten ausgebildet hat, daß er eine schöne Handschrift führt«, bescheinigt Walser ein Zeugnis der Berner Kantonalbank aus dem Januar 1895 (zit. n. ECHTE, 41). Wichtiger noch als das kalligraphische Moment ist ein ›Ordnungssinn‹, ein Blick für Blattaufteilung und Gleichmäßigkeit, der Walsers Arbeit als Commis ausmacht und der sich in einer Aufstellung für die Buchhaltung ebenso wie in der perfekten Raumaufteilung im Brief an Robert Seidel vom 3. 3. 1897 oder dem Manuskript des frühesten erhaltenen Gedichts *Zukunft!* erkennen lässt (vgl. Abb. in ECHTE, 59 u. 62 f.). Seine Tätigkeit in der zweiten Hälfte des Jahres 1903 (bis Januar 1904) im Technischen Bureau Carl Dublers in Wädenswil wird im Roman *Der Gehülfe* aufgegriffen (vgl. Br 201).

Das vom etwa zwanzigjährigen Walser selbst zusammengestellte Manuskript *Saite und Sehnsucht* (spätestens Winter 1898/1899; vgl. im Faksimile Walser 1979) gibt einen deutlichen Hinweis nicht nur auf Walsers Schreibfertigkeiten, sondern auch auf sein Interesse an der Herausgabe von Aufsatz- oder Gedichtsammlungen, am Charakter des ›Fertigen‹ und ›Abgeschlossenen‹ (überliefert ist nur Heft 3; Heft 1 und 2, so »darf man mutmaßen«, wurden an Josef Viktor Widmann und Franz Blei geschickt; sie gelten als verschollen; vgl. ECHTE, 84): »Buchbinder wäre hübsch« zu sein (SW 1, 29), heißt es in *Fritz Kocher's Aufsätzen*, und unter dem Titel *Der Buchdeckel* liefert er im Januar 1920 eine eindrückliche Skizze für die *Neue Zürcher Zeitung*. Man geht davon aus, dass die beiden überlieferten tintenschriftlichen Romanmanuskripte Walsers zu den *Geschwistern Tanner* und zu *Der Gehülfe* quasi-reinschriftlich, d. h. mit nur geringen Korrekturen ohne Vorlagen niedergeschrieben wurden (vgl. SEELIG, 96 f.; Echte 1994 sowie mit Einschränkungen Kammer 2003, 121 f.; Groddeck, Reibnitz, Editorisches Nachwort in KWA IV 1). Dies erstaunt auch insofern, als Walser – wie für *Fritz Kocher's Aufsätze* belegt ist – bei seiner Manuskriptgestaltung bereits Fragen der Anordnung für den Druck beschäftigt haben (vgl. Br 35).

Problemindikatoren des Schreibens scheinen ab ca. 1910 verdichtet aufgetreten zu sein. Rückblickend diagnostiziert Walser seiner Hand, sie sei eine »Art Dienstverweigerin« (SW 20, 429) geworden. Manuskripte aus dieser Zeit wirken vergleichsweise »verkrampft, verzittert und ohne jeden sicheren Rhythmus« (ECHTE, 266). Verschiedene Zeugnisse aus den 1920er Jahren lassen auf motorische Beeinträchtigungen beim Schreiben schließen, die Walser durch den Wechsel des Schreibgeräts beheben wollte. Max Rychner schreibt er am 20. 6. 1927, er habe »(es begann dies schon in Berlin) mit der Feder einen wahren Zusammenbruch meiner Hand erlebt[], eine Art Krampf, aus dessen Klammern ich mich auf dem Bleistiftweg mühsam, langsam befreite«. Nach einer

»Zeit der Zerrüttung«, die sich im »Auflösen« der Handschrift spiegelte, habe er »beim Abschreiben aus dem Bleistiftauftrag […] knabenhaft wieder – schreiben« gelernt (Br 322). Zu diesem Briefdokument mit der Schülermaske (das Schreiben »wieder« lernen) passt ein unveröffentlichtes Prosastück von 1926/1927, das den Titel *Bleistiftskizze* trägt (Faksimile und Umschrift in Walser 2008): Den Einfall, seine »Prosa jeweilen zuerst mit Bleistift aufs Papier zu tragen, bevor ich sie mit der Feder so sauber wie möglich in die Bestimmtheit hineinschrieb«, kennzeichnet er hier als »eine erhöhte Mühe« beim Schreiben, die jedoch nicht nur erlaube, »träumerischer, ruhiger, behaglicher, besinnlicher zu arbeiten«, sondern »sich für mich zu einem eigentümlichen Glück aus[wachse]« (SW 19, 121 f.). Diese Sätze lassen sich auf das Korpus von 526 mit Bleistift mikrographisch beschriebenen Zetteln beziehen, die im Nachlass Walsers gefunden wurden (s. Kap. 4.8).

Auch wenn der Wechsel von Tinte auf Bleistift, den Walser in beiden Hauptzeugnissen kommentiert, den Manuskriptcharakter prägt, fällt auf, dass das zweite Hauptmerkmal, »die später aufsehenerregende Kleinheit, die den geheimnisumwobenen Charakter der Mikrogramme ausmacht« (Siegel 2001, 43), nicht erwähnt wird. Man kann dies als »Rückzug ins Schneckenhaus der Mikrographie« im Kontext »einer streng eingehaltenen Geheimnispflicht« (Morlang 1994, 92 f.) deuten oder »im Umkehrschluss aus dem Fehlen einer Reflexion der Schriftgröße« folgern, dass das Schreiben *en miniature* »keinen allzu großen Widerstand« verursacht habe (Walt 2015, 14 f.). Ob die ›Mühe‹ des mikrographischen Abschreibsystems auf das verlangsamte Kleinstschreiben zurückzuführen ist (vgl. Echte 1994, 65 f.; Morlang 1984, 98 f.) oder im Gegenteil ein erleichtertes, womöglich beschleunigtes Schreiben ermöglichte (vgl. Greven 1992, 30; Borchmeyer 1987, 143), ist umstritten.

Schreibszenen

Die Bedeutung des Schreibprozesses für die Literatur der klassischen Moderne wird meistens im Zeichen einer Schreibkrise gedeutet, die auf eine Umstellung von ›Bedeutung‹ und ›Tiefe‹ auf eine ›Oberflächen‹- oder Signifikantenlogik beziehbar ist. Hugo von Hofmannsthals *Ein Brief* (der sogenannte ›Chandos‹-Brief von 1902) gilt mit seiner Wendung, dass »die abstrakten Worte […] wie modrige Pilze« im Mund zerfielen, als früher Indikator für diesen Umbruch

(Hofmannsthal 1902/1979, 465). Anhand von Franz Kafkas Manuskripten beispielsweise hat man gegenüber Hofmannsthals inszenatorischem Gestus der Krise eine solche Dynamisierung auf Befunde des Schreibprozesses übertragen und so »das Dynamische und das Statische, das Bedeutung Löschende und das Bedeutung Proliferierende zugleich und in seltsamer Überlagerung« (Neumann 1999, 418) analysiert. Bedeutung als Effekt von Text wird hier auf eine paradoxe Ausrichtung im Schreibprozess hin

durchsichtig. Solche Zusammenhänge lassen sich im Rückgriff auf einen Begriff Rüdiger Campes als Schreibszenen (vgl. Campe 1991) fassen, wie sie insbesondere das Basler (jetzt: Dortmunder) Forschungsprojekt *Zur Genealogie des Schreibens* aufarbeitet: Im Ensemble von Sprachlichkeit (sprachlichem Wissen), Instrumentalität (Schreibgerät) und Körperlichkeit (eingeübten Gesten) interessieren hier besonders die Brüche, die sich aus der Reflexion von Überlagerungen und Widerständen der einzel-

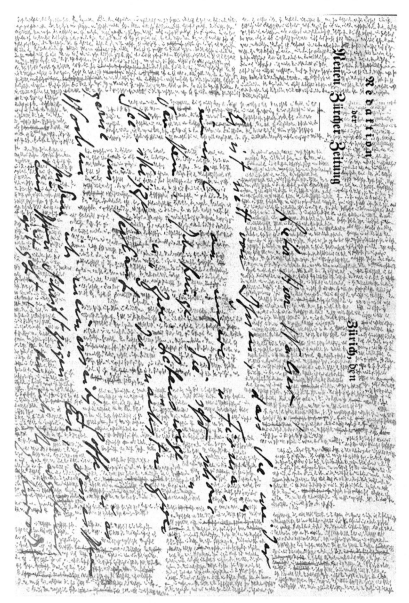

Abb. 12: Robert Walser: Mikrogramm 9 r, Juni–Juli 1932. Originalgröße. RWA.

nen Faktoren im jeweiligen Text bzw. Schriftbild ergeben (vgl. Stingelin 2004, 15).

Eine Schreibkrisen-Symptomatik lässt sich bei Walser auffälligerweise jedoch nicht – oder nur punktuell – feststellen, sondern vielmehr ein vordergründig bruchloses Gefüge, das Mittel und Zweck präzise aufeinander abstimmt (vgl. Morlang 1994, 93). Die Befunde ergeben sich hier eher aus der ostentativen Problemlosigkeit. Denn auch wenn der Rychner-Brief eine »Zerrüttung« feststellt, berichtet er zugleich von der passenden Lösungsstrategie, nämlich das Schreiben neu zu lernen. Aus der *Bleistiftskizze* ergibt sich zwar die »erhöhte Mühe« dieses neu ›erlernten‹ Schreibens, die jedoch ausdrücklich auf das zweigeteilte Textproduktionssystem zurückgeführt wird, d. h. die Mühe, zunächst einen Entwurf mikrographisch zu erschreiben, um diesen in einem zweiten Schritt »in die Bestimmtheit« abzuschreiben (s. Kap. 4.7). Zu fragen wäre also nach der Bedeutung eines ›unproblematischen‹ Schreibprozesses für Walser, der – zumindest in der Simulation seiner Schriftlichkeit – auf die Ausschließung einer Schreibkrise zielt.

Umso zentraler erscheint es, wenn Walser das Merkmal der Kleinheit aus den Überlegungen zu seiner »Bleistiftmethode« (SW 19, 122) ausschließt. Dabei spielen Verhaltensformen des Kleinen, Mikrologien und Diminutive eine große Rolle bei Walser. Hierzu gehören sowohl die Knabenwelt mit der Schulstube als auch die Dienerfiguren; in *Jakob von Gunten* heißt es programmatisch, dass »wir Knaben vom Institut Benjamenta […] alle etwas sehr Kleines und Untergeordnetes im späteren Leben sein« werden (SW 11, 7). Die Konsequenz aus dieser Perspektive – des Kleinen auf das Große – nutzt Walser, um dominierende Ordnungen, kulturelle Repräsentanz und formale Gesetzmäßigkeiten zu unterlaufen; der Schluss von Walsers Mikrologien auf die Praxis der Mikrographie liegt nah (vgl. Roussel 2009, 181–193). Auf dem Mikrogramm 9 r beispielsweise umrandet Walsers Kleinstschrift, das Blatt nahezu lückenlos bedeckend, die Schriftzüge des einflussreichen Feuilletonchefs der *Neuen Zürcher Zeitung*, Eduard Korrodi, der mit Tinte eine Grußkarte beschrieben hatte und ausgerechnet bemerkte, dass er aus Walsers »Schriftzügen« lese, dass es ihm »gut geht« (Br 374 a; s. Abb. 12). Handelt es sich hierbei um einen aggressiven Akt der Zersetzung des repräsentativen Schriftbilds von Korrodi (vgl. Groddeck 1998, 99) oder um eine behutsame Einverleibung, die in Textdetails auch schon mal ein »witzig-anschauliches Bild für das überfüllte Mikrogrammblatt« entstehen lassen, wie das eines Bahnhofs, in dem Texte wie Züge ein- und auslaufen (vgl. Groddeck 2008, 70; vgl. SW 20, 75)?

Für die mikrographisch codierte Lyrik – seit jeher umstritten im Feld zwischen »Gelegenheits- oder Verlegenheitslyrik«, wie sie Werner Morlang bezeichnet (vgl. Morlang 1991) – gilt Ähnliches, insofern sie »eine Destruktion […] des lyrisch ›Bedeutenden‹ seiner Epoche dar[stellt]«, die bis zur »Verulkung bestimmter kultureller Attitüden [reicht], auf die Walser stets idiosynkratisch reagiert hat« (Groddeck 2006, 241; vgl. Kammer 2002). Entscheidend für eine Einschätzung der mikrographischen Schreibszene ist die Bedeutung des Gestischen, die im Falle der Korrodi-Karte und vielen anderen ›vorbeschriebenen‹ Mikrogrammen die unterschiedlichen Texturen als zu unterscheidende Gesten und Haltungen zu lesen gibt (vgl. Kammer 2003; Roussel 2009). Der Gegensatz ist dabei kein absoluter und kulminiert nicht in einer ›Unlesbarkeitsgeste‹: Der Unterschied von Korrodis und Walsers Schrift besteht zunächst nicht darin, dass Korrodis Schriftzüge ›mehr‹ oder ›deutlicher‹ Schrift sind, sondern im Bedeutungsgefüge, das durch die Konstellation beider Schriften zueinander entsteht.

Schreiben

Wenn Walser in den *Sätzen* (April 1927) schreibt: »Schreiben scheint vom Zeichnen abzustammen« (SW 19, 232; ausführlicher in AdB 4, 410; vgl. Groddeck 2005, 182), so handelt es sich nicht um die tatsächliche Genealogie von Walsers Schreiben, sondern um die Hervorhebung des gestischen Moments, das jedem Schreiben eignet; Walser hebt das Nicht-Sprachliche am Schreiben hervor und schafft so eine Pseudo-Mythologie des bedeutungslosen, weil lediglich zeichnenden und von jeder Krisensymptomatik befreiten Schreibens (vgl. Roussel 2009, 9 f., 76–78, 89). Der bei Walser vielfach konstatierte ›Plauderton‹, das beiläufige, mäandrierende, wenig zielgerichtete Erzählen unterstützt eine solche Einschätzung: Der Prozess bzw. die Tätigkeit des Schreibens überlagert die Bedeutung der Zeichen (vgl. Roser 1994, 157–177; Siegel 2001, 103–125), ohne sie de facto jedoch verstellen zu können. Dass die »älteste Schrift Malerey und Zeichnung« war (Hamann 1784/1954, 286), wie eine romantische Mythologie der Schrift in einer Rückbindung von Vernunft und Sprache an sinnliche Formen postuliert, hatte Walser jedenfalls nicht im Sinn. Zuletzt passt hierzu auch die Anlage von Walsers mikrographischem Abschreibesystem. Während der Entwurfstext in Kleinstschrift, d. h. von Semantisierung vergleichsweise entlastet, notiert wird, kann die Reinschrift als Abschreiben im Sinne einer bloßen Kopistentätigkeit gedacht werden, die nur »in die Bestimmtheit« schreibt, was bereits zuvor geschöpft wurde – auch wenn die redaktionelle Selbstbearbeitung z. T. deutlich in den vorliegenden Textbestand eingreift.

Mitunter erweckt das Schriftbild auf Mikrogrammen (etwa auf Mikrogramm 263 r oder 513 r) den Eindruck einer miniaturisierten Feuilletonseite (zur Mimesis des feuilletonistischen Betriebs vgl. Utz 1998, 355–358; Utz 2000, 159); ohne dass sich daraus zwingende Schlussfolgerungen ableiten ließen, da ein mehrspaltiges Schriftbild fast immer durch die Versstruktur von Gedichten entsteht. Die an das Schreiben *Für die Katz*, also für das Tagesgeschäft, erinnernde Unterteilung in subjektiven Schöpfungsakt (Entwurf) und redaktionelle Bearbeitung (Reinschrift) folgt im Übrigen einer gängigen Überarbeitungspraxis Walsers, wie ein Vergleich der beiden Fassungen des *Spaziergang*-Textes von 1917 (im Huber Verlag) und von 1920 in der bibliophilen *Seeland*-Ausgabe (im Rascher Verlag) zeigt (vgl. Thut, Walt 2011).

Materialität

Unter dem Schlagwort ›Materialität‹ der Zeichen sind seit den 1980er Jahren eine Reihe von Aspekten der Schrift behandelt worden, die allgemein als ›sekundär‹ galten, von Fragen der (kulturellen) Manifestation über die Körperlichkeit von Zeichen bis zu Fragen der Gestik und der Medialität (vgl. Gumbrecht, Pfeiffer 1988). In den Literaturwissenschaften spielen hierbei zumeist visuelle Aspekte (der Raumaufteilung auf dem Papier) und Fragen der Einschreibung (des Instruments) eine Rolle (vgl. Giuriato, Kammer 2006), die gegenüber einer allgemeinen Semiologie auf ein eher kulturanthropologisches Paradigma verweisen (vgl. Greber, Ehlich, Müller 2002) und editionsphilologischen Fragestellungen zuarbeiten. Im Falle Walsers hat sich die Forschung primär auf die Mikrogramme konzentriert; die frühen Romanmanuskripte sind durch die Faksimilierung und Kommentierung im Rahmen der *Kritischen Robert Walser-Ausgabe* zugänglich gemacht worden (KWA IV 1 u. IV 2). Ob der erhöhte Lektüreaufwand durch die materialen Effekte der Verkleinerung eher als – allerdings kontrovers beurteiltes (vgl. Echte 1997, 14)

– ästhetisches Faszinationsmoment wahrgenommen wird oder ob die ›mikroskopische‹ Schriftlichkeit eine Neubestimmung des Verhältnisses von Schrift und Text (und Schreiben) erfordert (vgl. Kammer 2006), ist umstritten; eine Faksimilierung »hat nichts mit einer Fetischisierung des Materials zu tun, sondern ist Bedingung der Möglichkeit, die Interferenzen zwischen Schrift und Text überhaupt erst in den Blick zu bekommen« (Thut, Walt, Groddeck 2012, 14). Grob lassen sich die Mikrogramme in drei, vom Material her unterschiedene Gruppen aufteilen: Aus den Jahren 1924/1925 stammen 117 oktavformatige Kunstdruckblätter, von denen 35 den sogenannten *»Räuber«-Roman* und die *»Felix«-Szenen* enthalten; aus den Jahren 1926/1927 stammen 156 mittig halbierte Blätter eines *Tusculum*-Kalenders von 1926, die aufgrund des schlechteren Papiers, der Verwendung eines weicheren Bleistifts und der »mitunter lässliche[n] Schreibdisziplin Walsers« (Editorische Vorbemerkung in AdB 4, 5) bei zunehmender Verkleinerung der Schriftzüge die materialbedingten Eigenheiten der Mikrographie verschärft aufweist. Die übrigen 253 Blätter, zwischen 1925 und 1932/1933 entstanden, ergeben ein heterogenes Korpus, von einer Visitenkarte bis zum Großoktavblatt. Nur selten weisen die Papiervorlagen unsaubere Ränder auf; Interferenzen ergeben sich mit einer teilweise gegebenen Vorbeschriftung etwa bei den Kalenderblättern oder Visitenkarten sowie den (wenigen) an Walser adressierten Briefen (vgl. neben der Korrodi-Karte z. B. Mikrogramm 107 u. 211, die von Walser separat beschrieben wurden, zusammengelegt aber einen maschinenschriftlichen Brief des Feuilletonchefs des *Berliner Tageblatts* zeigen); seltener finden sich genuin dekorative Elemente (z. B. die Schnörkel um den Namen auf der Visitenkarte Walter Kerns auf Mikrogramm 87 r).

Die Verschleifung der Buchstabenformen in der Verkleinerung spielt die Hauptrolle bei einer materialgebundenen Analyse – mit dem Spektrum von der Transkription bis zu einer Deutung der visuellen Bezüge in der Blatt- und Schriftanlage – der Mikrogramme. Hieraus folgt im Falle einer vergrößerten Wiedergabe eine Zunahme potentieller Störfaktoren: Der Blick auf die Gesamtkomposition eines Blattes geht verloren (deren Bedeutung etwa aus der Korrodi-Karte hervorgeht), und die vergrößerten Schriftformen sind nicht notwendigerweise besser lesbar, da eine Vergrößerung auch die mitunter gegebene Kryptisierung hervorhebt. Was für Handschriftlichkeit generell gilt, verschärft sich als Sachverhalt: Lesen bedeutet kein ›Aufsammeln‹ von Buchstaben, sondern die Erfassung semantischer Zusammen-hänge; korrekte Wahrnehmung, Intuition und Erfah-rung im Umgang mit einer jeweiligen Handschrift spielen ineinander (vgl. Echte, Editorischer Bericht in AdB 2, 583).

Insgesamt kann man für die Mikrogramme eine Zunahme der kontingenten Faktoren des Schreibens feststellen. Die technisch-skizzenhafte Komponente, die den Bleistift charakterisiert, wird gegenüber dem Füllfederhalter Korrodis wie gegenüber der Rein-schrift, dem Druck und auch der Schreibmaschine in Stellung gebracht (vgl. zu Walsers »Schreibmaschi-nenbedenklichkeit« [AdB 5, 50] Groddeck 2005; Roussel 2009, 263–271).

Schriftbild

Die *Kritische Robert Walser-Ausgabe* macht die Schriftbilder Walsers zugänglich. Die bisher umfäng-lichste Buchausgabe der Mikrogramme, *Aus dem Bleistiftgebiet*, enthält Transkriptionen derjenigen Texte, die nicht als Reinschrift in SW verfügbar waren (von den ca. 1300 überlieferten Mikrogrammen exis-tieren knapp 600 Abschriften); einige wenige Schwarz-Weiß-Faksimiles geben in AdB einen flüch-tigen Eindruck. Eine aufwendige Suhrkamp-Ausgabe enthält die 24 Mikrogrammblätter des sogenannten »Räuber«-Romans in guter Schwarz-Weiß-Faksimi-lierung (vgl. Walser 1986). Gute Farbabbildungen bietet eine Auswahlausgabe mit allerdings insgesamt nur 68 Abbildungen (vgl. Walser 2011). Die aufwen-digste Transkription liegt vom *Tagebuch-Fragment* vor (vgl. Walser 1996).

Je nach Anlage variiert die Raumaufteilung eines Mikrogrammblattes, das des Öfteren mehrere Text-blöcke enthält und teilweise auch freien Raum ein-schließt; mitunter schließt ein Text passend am unte-ren Blattrand. Unbeschriebener Raum entsteht durch Freilassen am Ende des Blattes oder zwischen einzelnen Textblöcken auf einem Blatt; das ausge-franste Schriftbild des linksbündigen Schreibens spielt in der Verkleinerung nur bei Versifizierung eine Rolle – wobei die ungleichen und umgebroche-nen Zeilen dem Gedicht-Charakter von Walsers ›Prosagedichten‹ maßgeblich zuarbeiten. Der »völlig homogen wirkende[] *Grauwert*« (Echte 1994, 64), der die von Schrift bedeckte Fläche und das ›Hinter-grundfeld‹ des Papiers erst bei näherem Blick unter-scheiden lässt, bestimmt die Mikrographie als eine Schrift, die »auch als Bild Schrift, *Schriftbild*« (Rous-sel 2009, 37), anzeigt (vgl. zu den Bild-Figurationen

in der abendländischen Tradition der Mikrographie ebd., 445–456).

Die Kategorie Schriftbildlichkeit erschließt Schrift als Hybrid aus Sprache und Bild (vgl. Krämer 2003) und lenkt den Blick auf Aspekte, die in Umschriften verlorengehen: z. B. der ästhetische Bezug zwischen einzelnen Textblöcken. Zu einer solchen Reflexion der Schreibszene und des Schriftbildes gehört auch die bei Walser durchgängig präsente Metaphorik des Flüsterns, die den ästhetischen Gesamteindruck – ei-nes homogenen Grauwerts – als sprachliche Schwelle zwischen Noch-Sprechen und Nur-Rauschen kom-mentiert. Wie Walsers Kleinstschrift keineswegs aus kalligraphischen Schnörkeln besteht und sich also von Schrift-Inszenierungen etwa bei Cy Twombly oder in der ›skripturalen Malerei‹ Pawel Richtrs un-terscheidet, reflektiert sich die sprachliche Funktion der mikrographischen Schreibszene im ›Klangbild‹ flüsternder Blätter als prinzipiell jederzeit verständli-che Sprache (vgl. Roussel 2009, 413–424). Nicht die Lesbarkeit ist grundsätzlich in Frage gestellt, sondern die Lektüre wird mühsam. Während die ›Unbe-stimmtheit‹ – als Gegenbegriff zur ›Bestimmtheit‹ der Reinschrift – die Bedeutung des Schriftbildes im Ganzen ausdrückt, erscheinen Walsers Reinschriften wie auch jede Transkription aus den Mikrogrammen als spezifizierende Wiederholungen. Neben der Fülle an Einzelbezügen, anhand derer sich ein Mikro-gramm im Kontext der Anlage eines Blatts erschlie-ßen und kommentieren lässt, ist hier das Schriftbild als Ganzes von Bedeutung: Walsers Imagination ei-ner ›gezeichneten‹ Schrift arbeitet diesem illusionä-ren Holismus zu, während die Mikrogramme für den ›redaktionellen‹, ›editorischen‹ Blick eines ›Kopis-ten‹ bzw. ›Commis‹ als Text erkennbar und bearbeit-bar bleiben. Dass hierbei »das unbestimmbar *Weiße*« des der Schrift zugrunde liegenden Papiers »als das transzendental Poetische« gedacht werden kann, rückt Walsers Literatur in die konzeptuelle Nähe von Stéphane Mallarmés *Mystère dans les Lettres* und führt zu Walsers im *Prosastück* kommentierten und im Gedichtentwurf vorgeführten ›Poesie des Schnei-ens‹, d. h. der poetischen Funktion »als tragende[m] Vergleichsgrund […] der Form von Blatt und Schneeflocke« (Groddeck 1997, 26–28). Letztlich be-stätigen auch graphologische Befunde die Bedeutung der schriftbildlichen Bezüge für Walsers »Winzig-schrift«, insofern als der Schreibfluss insgesamt »gar flüssig« wirkt und »die Übersicht des Bewegungsge-schehens erzwingt, indem er jedes im einzelnen mar-ode Partikelchen dem Ganzen des Wortes, Satzes und Raums gerade noch unterzuordnen vermag«

(Walther 1991, 17; vgl. einschränkend zur Bedeutung graphologischer Deutungen Kammer 2005; Roussel 2009, 425–443).

Literatur

Borchmeyer, Dieter: Robert Walsers Metatheater. Über die Dramolette und szenischen Prosastücke. In: CHIARINI/ZIMMERMANN, 129–143.

Campe, Rüdiger: Die Schreibszene. Schreiben. In: Hans Ulrich Gumbrecht, K. Ludwig Pfeiffer: Paradoxien, Dissonanzen, Zusammenbrüche. Situationen offener Epistemologie. Frankfurt a. M. 1991, 759–772.

Echte, Bernhard: Editorischer Bericht. In AdB 2, 574–588.

Echte, Bernhard: Nie eine Zeile verbessert? Beobachtungen an Robert Walsers Manuskripten. In: Peter Utz (Hg.): Wärmende Fremde. Robert Walser und seine Übersetzer im Gespräch. Akten des Kolloquiums an der Universität Lausanne, Februar 1994. Bern u. a. 1994, 61–70.

Echte, Bernhard: »Ich verdanke dem Bleistiftsystem wahre Qualen [...]«. Bemerkungen zur Edition von Robert Walsers »Mikrogrammen«. In: Text. Kritische Beiträge 3 (1997), 1–21.

Evans, Tamara S.: »A Paul Klee in Prose«: Design, Space, and Time in the Work of Robert Walser. In: The German Quaterly 57,1 (1984), 27–41.

Giuriato, Davide, Kammer, Stephan (Hg.): Bilder der Handschrift. Die graphische Dimension der Literatur. Basel, Frankfurt a. M. 2006.

Greber, Erika, Ehlich, Konrad, Müller, Jan-Dirk (Hg.): Materialität und Medialität von Schrift. Bielefeld 2002.

Greven, Jochen: Die Geburt des Prosastücks aus dem Geist des Theaters. In: ders.: Robert Walser. Figur am Rande, in wechselndem Licht. Frankfurt a. M. 1992, 21–34.

Groddeck, Wolfram: »Weiß das Blatt, wie schön es ist?« Prosastück, Schriftbild und Poesie bei Robert Walser. In: Text. Kritische Beiträge 3 (1997), 23–41.

Groddeck, Wolfram: Schreib-Zeit. Reflexionen über Robert Walsers ›Mikrogramme‹. In: Leo Jenni, Piero Onori (Hg.): Zeit für Zeit. Natürliche Rhythmen und kulturelle Zeitordnung. Liestal 1998, 89–100.

Groddeck, Wolfram: Robert Walsers »Schreibmaschinenbedenklichkeit«. In: Davide Giuriato, Martin Stingelin, Sandro Zanetti (Hg.): »Schreibkugel ist ein Ding gleich mir: von Eisen«. Schreibszenen im Zeitalter der Typoskripte. München 2005, 169–182.

Groddeck, Wolfram: Gedichte auf der Kippe. Zu Robert Walsers Mikrogrammblatt 62. In: Davide Giuriato, Stephan Kammer (Hg.): Bilder der Handschrift. Die graphische Dimension der Literatur. Basel, Frankfurt a. M. 2006, 239–268.

Groddeck, Wolfram: Jenseits des Buchs. Zur Dynamik des Werkbegriffs bei Robert Walser. In: Text. Kritische Beiträge 12 (2008), 57–70.

Groddeck, Wolfram, Reibnitz, Barbara von: Editorisches Nachwort. In: KWA IV 1, 369–382.

Gumbrecht, Hans Ulrich, Pfeiffer, K. Ludwig (Hg.): Materialität der Kommunikation. Frankfurt a. M. 1988.

Hamann, Johann Georg: Metakritik über den Purismum der Vernunft [1784]. In: ders.: Sämtliche Werke. Bd. 3. Hg. v. Josef Nadler. Wien 1951, 281–289.

Hofmannsthal, Hugo von: Ein Brief [1902]. In: ders.: Gesammelte Werke in zehn Einzelbänden. Bd. 7. Hg. v. Bernd Schoeller. Frankfurt a. M. 1979, 461–472.

Kammer, Stephan: »sorgsam übersetzt«? Robert Walser als »Verdeutscher von Verlaine«. In: Bodo Plachta, Winfried Woesler (Hg.): Edition und Übersetzung. Zur wissenschaftlichen Dokumentation des interkulturellen Texttransfers. Tübingen 2002, 149–164.

Kammer, Stephan: Figurationen und Gesten des Schreibens. Zur Ästhetik der Produktion in Robert Walsers Prosa der Berner Zeit. Tübingen 2003.

Kammer, Stephan: Graphologie, Schreibmaschine und die Ambivalenz der Hand. Paradigmen des Schreibens um 1900. In: Davide Giuriato, Martin Stingelin, Sandro Zanetti (Hg.): »Schreibkugel ist ein Ding gleich mir: von Eisen«. Schreibszenen im Zeitalter der Typoskripte. München 2005, 133–152.

Kammer, Stephan: Reflexionen der Hand. Zur Poetologie der Differenz zwischen Schreiben und Schrift. In: Davide Giuriato, Stephan Kammer (Hg.): Bilder der Handschrift. Die graphische Dimension der Literatur. Basel, Frankfurt a. M. 2006, 231–161.

Krämer, Sybille: ›Schriftbildlichkeit‹ oder: Über eine (fast) vergessene Dimension der Schrift. In: dies., Horst Bredekamp (Hg.): Bild, Schrift, Zahl. München 2003, 157–176.

Morlang, Werner: Das eigentümliche Glück der Bleistiftmethode. Anmerkungen zu Robert Walsers Mikrographie. In: Robert Walser. Dossier Literatur 3. Zürich, Bern 1984, 95–105.

Morlang, Werner: Gelegenheits- oder Verlegenheitslyrik? Anmerkungen zu den späten Gedichten Robert Walsers. In: HINZ/HORST, 115–133.

Morlang, Werner: Melusines Hinterlassenschaft. Zur Demystifikation und Remystifikation von Robert Walsers Mikrographie. In: Runa. Revista portuguesa de estudos germanísticos Nº 21 (1994), 81–100.

Neumann, Gerhard: Schreiben und Edieren. In: Heinrich Bosse, Ursula Renner (Hg.): Literaturwissenschaft. Einführung in ein Sprachspiel. Freiburg i. Br. 1999, 401–426.

Roser, Dieter: Fingierte Mündlichkeit und reine Schrift. Zur Sprachproblematik in Robert Walsers späten Texten. Würzburg 1994.

Roussel, Martin: Matrikel. Zur Haltung des Schreibens in Robert Walsers Mikrographie. Basel, Frankfurt a. M. 2009.

Schwerin, Kerstin Gräfin von: Minima Aesthetica. Die Kunst des Verschwindens. Robert Walsers Entwürfe *Aus dem Bleistiftgebiet*. Frankfurt a. M. u. a. 2001.

Siegel, Elke: Aufträge aus dem Bleistiftgebiet. Zur Dichtung Robert Walsers. Würzburg 2001.

Stiemer, Hendrik: Über scheinbar naive und dilettantische Dichtung. Text- und Kontextstudien zu Robert Walser. Würzburg 2013.

Stingelin, Martin: ›Schreiben‹. Einleitung. In: ders. (Hg.): »Mir ekelt vor diesem tintenklecksenden Säkulum«. Schreibszenen im Zeitalter der Manuskripte. München 2004, 7–21.

Thut, Angela, Walt, Christian: »Das muß besser gesagt sein«. Techniken der Überarbeitung in Robert Walsers

Mikrographie. In: Lucas Marco Gisi, Hubert Thüring, Irmgard M. Wirtz (Hg.): Schreiben und Streichen. Zu einem Moment produktiver Negativität. Göttingen, Zürich 2011, 247–263.

Thut, Angela, Walt, Christian, Groddeck, Wolfram: Schrift und Text in der Edition der Mikrogramme Robert Walsers. In: Text. Kritische Beiträge 13 (2012), 1–15.

Utz, Peter: Tanz auf den Rändern. Robert Walsers »Jetztzeitstil«. Frankfurt a. M. 1998.

Utz, Peter: »Sichgehenlassen« unter dem Strich. Beobachtungen am Freigehege des Feuilletons. In: Kai Kauffmann, Erhard Schütz (Hg.): Die lange Geschichte der Kleinen Form. Beiträge zur Feuilletonforschung. Berlin 2000, 142–162.

Walser, Robert: Saite und Sehnsucht. Faksimile-Ausgabe. Im Auftrag der Carl-Seelig-Stiftung hg. u. m. einem Nachwort versehen v. Elio Fröhlich. Zürich 1979.

Walser, Robert: »Der Räuber«-Roman. Faksimile der vierundzwanzig Manuskriptseiten in Robert Walsers Mikrogramm-Schrift. Mit einem Beiheft, das den entzifferten Wortlaut des mikrographierten Manuskriptes enthält. Neu entziffert u. hg. v. Bernhard Echte u. Werner Morlang. Zürich, Frankfurt a. M. 1986.

Walser, Robert: »Tagebuch«-Fragment. Faksimile und Transkription des »Mikrogramm«-Entwurfs. Mit französischer Übersetzung. Hg. v. der Carl Seelig-Stiftung. Transkribiert u. ediert v. Bernhard Echte. Übersetzt v. Golnaz Houchidar. Zürich 1996.

Walser, Robert: Bleistiftskizze. Faksimile des Mikrogrammblattes 39 mit Umschrift. Faksimile der Reinschrift mit Umschrift. Mit einem Nachwort von Wolfram Groddeck. Hg. v. der Robert Walser-Gesellschaft. Zürich 2008.

Walser, Robert: Mikrogramme. Mit 68 Abbildungen. Nach der Transkription v. Bernhard Echte u. Werner Morlang. Berlin 2011.

Walt, Christian: Improvisation und Interpretation. Robert Walsers Mikrogramme lesen. Frankfurt a. M., Basel 2015.

Walther, Hermann: Robert Walsers Handschrift und Winzigschrift. 28 Jahre Anstalt und nicht schizophren. In: Einspruch 5,29 (1991), 9–28.

Martin Roussel

4.7 Schreibprozesse: Abschreiben, Überarbeiten

Zweistufige Schreibszene

Robert Walser hat während seiner ganzen Schaffenszeit die zur Veröffentlichung bestimmten Texte mit Feder und Tinte niedergeschrieben. Während bei den früheren Manuskripten die initiale Niederschrift die definitive Druckvorlage darstellte, ist für die Zeit ab ca. 1918 anzunehmen, dass den Reinschriften Bleistiftentwürfe vorangingen (Greven 2004, 129–130). Mit dem Konvolut der Mikrogramme sind solche Entwürfe aus den Jahren 1924 bis 1933 überliefert (s. Kap. 4.8 mit Abb.). Auf diese breite Materialbasis stützen sich die folgenden Überlegungen zur zweistufigen Schreibszene hauptsächlich.

Von Walser selbst gibt es nur sehr spärliche Aussagen zur Organisation seines Schreibens (s. Kap. 4.6). Am ausführlichsten äußert er sich in einem Brief an Max Rychner vom 20. 6. 1927, in dem er dem Redakteur der *Neuen Schweizer Rundschau* anlässlich der Rücksendung von Korrekturen des Prosastücks *Brief an ein Mitglied der Gesellschaft* darlegt, dass der Text gegenüber dem »Brouillon« umgearbeitet wurde und dass »die vier oder fünf letzten Zeilen ausnahmsweise nicht aus dem Bleistiftgebiet stammen« (Br 322). Walser bezeichnet seine zweistufige Schreibszene darin als »Bleistiftsystem, das mit einem folgerichtigen, büreauhaften Abschreibesystem verquickt ist« (ebd.). Diese im schriftstellerischen Metier vielfach zu beobachtende Aufteilung des Schreibprozesses in einen ›Entwurf‹ und eine ›Reinschrift‹ ist in Walsers Fall aus mehreren Gründen erläuternswert.

Vor allem weisen die mikrographischen Erstnotate nur geringe Spuren der Unfertigkeit auf. Sie entsprechen nicht der landläufigen Vorstellung von Entwurfshandschriften, die durch Streichungen, Umarbeitungen, Kommentare, Vorläufigkeit oder Bruchstückhaftigkeit geprägt sind. Die mikrographischen Notate sind im Gegenteil größtenteils ausgestaltet. So gut wie alle Streichungen lassen sich als Sofortkorrekturen klassifizieren, die unmittelbar während der ersten Niederschrift entstanden. Für die meisten Bleistiftnotate gilt daher, dass sie als eigenständige poetische Texte angesehen und gelesen werden können (vgl. Thut, Walt 2011, 253). Mit Ausnahme einiger Gedichte erfüllen sie die Minimalbedingungen von Texthaftigkeit: Die Linearität der zugrunde liegenden Zeichen- und Buchstabenfolgen ist gegeben, die Texte verfügen über einen bestimmten Anfang, eine bestimmte Mitte und ein bestimmtes Ende, und alle Elemente eines poetischen Textes stehen an ihrer Stelle (vgl. Reuß 1999, 14 f.).

Das Verhältnis von Entwurf und Abschrift

Vieles spricht für die Annahme, dass Walser in der mikrographischen Erstniederschrift seine ursprüngliche »Strategie der Textualisierung«, nämlich »die weitgehende Verbindlichkeit der ersten Niederschrift«, beibehielt (vgl. Kammer 2003, 115). Das Verhältnis der Abschriften zu diesen ersten Niederschriften lässt sich nicht verallgemeinern. Es kann aber davon ausgegangen werden, dass es sich in den meisten Fällen um eine Wechselbeziehung zwischen zwei für sich selbst stehenden Texten bzw. ›Textzuständen‹ handelt.

Erschwert wird eine genauere Analyse der Überarbeitungsmodalitäten durch die Tatsache, dass bisher nur diejenigen Mikrogrammnotate entziffert und ediert vorliegen, von denen *keine* Abschrift oder Veröffentlichung bekannt ist. Nur wenige mikrographische Notate mit stark abweichenden Reinschriften oder Publikationen liegen in der Ausgabe *Aus dem Bleistiftgebiet* transkribiert und kommentiert vor (vgl. AdB 2, 475–505; AdB 4, 373–411; AdB 6, 539–567). Einige Transkriptionen von abgeschriebenen Mikrogrammtexten wurden zudem im Rahmen von Einzelausgaben oder in Forschungsarbeiten publiziert (vgl. Walser 2008; Walser 1996; Groddeck 1997, 33 f.; Siegel 1999, 161–165). Diejenigen Mikrogrammtexte, die Walser weiterbearbeitet hat, werden erst durch die im Entstehen begriffene *Kritische Robert Walser-Ausgabe* (KWA) vollständig zugänglich gemacht. Dabei handelt es sich um über 500 Texte. Dieser Editionslage ist es auch geschuldet, dass sich die Forschung bisher nur selten konkret und auf einzelne Texte bezogen mit der Überarbeitung innerhalb der mikrographischen Schreibszene auseinandergesetzt hat (Groddeck 2012; Groddeck, Nachwort in Walser 2008; Groddeck 1997, 33–41; Kammer 1999; Siegel 1999, 94–98; Walt 2009).

Auf der Basis der bisherigen editorischen Arbeit an den Mikrogrammen im Rahmen der KWA lassen sich stark vereinfachend drei verschiedene ›Abweichungsgrade‹ zwischen Erstnotat mit Bleistift und Abschrift mit Tinte konstatieren: Viele mikrographische Notate schrieb Walser annähernd wortwörtlich ins Reine. Dies ist bei grob geschätzt mehr als einem

Drittel der abgeschriebenen oder publizierten Mikrogrammtexte zu beobachten. Der Unterschied zwischen den beiden Niederschriften liegt hier vor allem in der Textstrukturierung, d. h. in der Interpunktion und dem Setzen von Absätzen. Nur gelegentlich wurde der Text auf der syntagmatischen oder paradigmatischen Ebene verändert. Dieser Typ der Überarbeitung kommt der im Rychner-Brief verwendeten Bezeichnung als »büreauhafte[s] Abschreibesystem« sicherlich am nächsten. Bereits ediertes Anschauungsmaterial für solche Abschriften liegt noch nicht vor. Als Beispiele können die Prosastücke *Aquarelle* (SW 17, 189–191; Mikrogramm 266 r/IV) oder *Der Eingeschüchterte* (SW 17, 275 f.; Mikrogramm 255 r/II) genannt werden, deren Reinschrift bzw. Publikation sich vom Mikrogrammnotat nur in Details dieser Art unterscheidet.

In anderen Fällen weicht die überarbeitende Abschrift so stark vom mikrographisch notierten Text ab, dass in Frage steht, ob das Mikrogrammnotat und die Reinschrift noch als derselbe ›Text‹ bezeichnet werden können. Dabei ist es in der Regel so, dass Walser von den vier Änderungskategorien der antiken Rhetorik die Hinzufügung weniger oft nutzt als die Umstellung, die Ersetzung und die Weglassung. Die meisten Abschriften kürzen die mikrographischen Texte. Häufig fällt dabei der Schluss des mikrographischen Notats weg. Das Prosastück *Ottilie Wildermuth* (SW 19, 36 f.; AdB 4, 397–401) ist ein Beispiel sowohl für eine starke inhaltliche Straffung als auch für das Weglassen des Schlusses. Auch das Prosastück *Mondscheingeschichte* (SW 19, 390–394; AdB 4, 401–406) ist in der Reinschrift verknappt, eingehend umgestaltet und aus seiner Rahmenhandlung herausgelöst worden (vgl. Kammer 1999). Recht selten werden im zweiten Arbeitsschritt Motive eingeführt oder längere Passagen ergänzt. Die wohl auch deshalb im Brief an Rychner eigens erwähnte Hinzufügung eines Schlussmotivs für den *Brief an ein Mitglied der Gesellschaft* ist einer dieser Fälle. Es kommt allerdings verschiedentlich vor, dass Walser im »Abschreibesystem« aus verschiedenen Mikrogrammnotaten neue Texten zusammenfügt. Als Beispiele hierfür können die Texte *Ich soll arbeiten* (SW 17, 75–80), entstanden aus den Mikrogrammtexten 487 r/III, 488 r/I, 138 r/I und 332 r/I (vgl. AdB 2, 475–487) oder *Die Ruine* (SW 18, 126–142) genannt werden, in dessen veröffentlichter Version das ursprünglich wohl als selbständiges Prosastück gedachte Mikrogrammnotat 508 r/I in den Text von 509 r/I einmontiert wurde und dort eine Episode ersetzt (vgl. AdB 2, 495–499). Am Text *Die Ruine*, den Walser in einem

Begleitbrief wiederum an Rychner als »etwas wie eine Kombination« (Br 263) ausweist, lässt sich zeigen, dass dieses Verfahren nicht nur beim Abschreiben Anwendung findet, sondern mit den poetischen Techniken der initialen mikrographischen Niederschrift strukturverwandt ist. Der Text wird im Text selbst als »Komposition« bezeichnet (SW 17, 135). Jochen Greven hat in einer eingehenden Lektüre des Prosastücks die Umstellungen, Ersetzungen und Weglassungen während der zweiten Arbeitsphase beschrieben, konstatiert aber, dass sich der Text, was die Konzeption und Komposition betrifft, nicht grundlegend von der Mikrogrammversion unterscheidet (vgl. Greven 2007, 178).

Als dritte Überarbeitungstendenz lässt sich beobachten, dass Walser zuweilen die mikrographischen Texte nicht durch Hinzufügung oder Weglassung verändert, sondern bestehendes Textmaterial stilistisch so umarbeitet, dass die überarbeiteten Texte trotz der zahlreichen Änderungen nicht unbedingt als ›neue Texte‹ wahrgenommen werden.

Es versteht sich, dass diese drei Tendenzen der Umarbeitung fließend ineinander übergehen. Äußerlich unterscheiden sich die verschiedenen Herangehensweisen der Abschrift nicht. Auch in den Fällen einer starken Überarbeitung in der Reinschrift finden sich in den Bleistiftentwürfen keine materiellen Spuren der Textgenese wie Streichungen, Kommentare oder Überschreibungen. Das stützt die Annahme, dass wohl auch die Reinschriften in jeweils einem Zug angefertigt wurden. Die Texte werden dabei weniger ›überarbeitet‹ als vielmehr – wie Walser es in einem Brief an den Rascher Verlag vom 21. 10. 1916 formuliert – »ganz neu aus dem Kopf *frisch abgefasst*« (Br 117). Das spontane Moment der Direktreinschrift wird in gewisser Weise auch in der Abschrift aufrechterhalten, da die Zweitniederschrift nicht auf eine korrigierte und ausformulierte Entwurfsfassung zurückgreift, sondern sich nur an der Erstversion orientiert und diese dann gegebenenfalls direkt umschreibt.

Generelle und generalisierende Qualifizierungen im Sinne einer teleologischen Bewegung – wie etwa, dass die Texte im zweiten Arbeitsschritt ›fertiger‹, ›besser‹, ›klarer‹ oder ›unklarer‹, ›radikaler‹ oder ›geschliffener‹, einfacher zu publizieren usw. würden – sind problematisch. Die Abschrift stellt vor allem einen medialen Transformationsprozess dar. Dabei geht es jedoch weniger um die Grenze zwischen Schrift und Text – denn einerseits sind die mikrographischen Notate nicht ohne die Kategorie ›Text‹ lesbar (vgl. Thut, Walt, Groddeck 2012), andererseits

sind auch die Reinschrift-Handschriften immer noch ›Schrift‹ –, sondern vielmehr um eine Verschiebung der kontextuellen Rahmenbedingungen.

Kontextuelles Schreiben

Dass Walsers Texte geprägt sind von einer Poetik des kontextuellen Schreibens, ist ein breiter Konsens der Walser-Forschung. In ihnen werden häufig intertextuelle oder intermediale Bezüge, Zeitdiskurse oder Gattungsfragen verhandelt (s. Kap. 4.10, 4.13, 4.4). Zu dieser weitgefächerten Bezüglichkeit kann auch das Verweisen auf benachbarte eigene Texte oder die Textträger selbst gezählt werden. Die Notationsform der mikrographischen Schrift entspricht dieser kontextuellen Komponente der Schreibszene auch materialiter, indem sie es ermöglicht, Texte in einem topographischen Schreibraum in Beziehung zueinander zu setzen. Das mikrographische Schreiben beginnt zudem – vor allem ab 1926 – praktisch nie auf einem ›weißen Blatt‹. Mit Ausnahme des gestrichenen Papiers, das Walser Ende 1924 bis 1925 hauptsächlich benutzte, sind fast alle Textträger in unterschiedlicher und jeweils spezifischer Weise semantisch besetzt: Die meisten von Walser verwendeten Blätter stammen aus der Sphäre des Schreibens. Walser beschrieb Lohnavise des *Berliner Tageblatts*, Korrespondenz oder Kalenderblätter mit Zitaten antiker Dichter. Auch Blätter, auf denen kein semantisches Material sichtbar ist, wie unbedruckte Teile von Korrekturfahnen, Zeitschriftenränder oder Streifbandumschläge, mit denen Walser vermutlich Belegexemplare von Zeitungsbeiträgen aus Prag zugesandt erhielt, können als Bestandteil dieses assoziativen Bezugsgeflechts betrachtet werden. Wolfram Groddeck veranschaulicht diese multiple Bezüglichkeit im mikrographischen Schreibraum anhand des Textes *Meine Bemühungen*. Dieser »Versuch, ein Selbstbildnis herzustellen« (SW 20, 427), steht auf dem Mikrogrammblatt 455, das Walser sich zusammen mit zwei weiteren Blättern aus einer Zeitschriftenseite mit der Abbildung eines Porträts von Edzard I., Graf von Ostfriesland, zurechtgeschnitten hat (s. Abb. 13). Das Prosastück reinszeniert also sozusagen die auf dem Blatt schon vorhandene Bildnishaftigkeit. Ausgehend vom ursprünglichen Zusammenhang der drei Textträger können die darauf notierten Texte zudem als miteinander korrespondierende gelesen werden (vgl. Groddeck 2012, 31–34). Einen ähnlichen Bezug zwischen dem Mikrogrammtext und dem semantisch konnotierten Textträger stellt

Stephan Kammer für das Prosastück *Mondscheinge-schichte* fest. Auf der Rückseite dieses Tusculum-Ka-lenderblattes (Mikrogramm 289) findet sich die Hälfte einer Karikatur von Honoré Daumier, dessen »Ironisierungseffekt durch den Kontrast zwischen der Erzählsituation und dem Erzählten« auch im Prosastück wiederzufinden ist (Kammer 1999, 91). Als Beispiel für das Korrespondieren von verschie-denen mikrographischen Texten auf einem Textträ-ger kann das Mikrogrammblatt 119 genannt werden, auf dem der Text *Prosastück* und sechs Gedichte no-tiert sind. Mit einer Ausnahme ist in allen Texten von

Schnee und Schneeflocken die Rede (vgl. Groddeck 1997, 33). Das *Prosastück* reflektiert in seiner Rein-schrift, indem es von »seiner so ungemein anmuti-gen Umgrenztheit« (SW 19, 183) spricht, seine mik-rographische Text-Umgebung, aus der es durch den Prozess der Abschrift herausgelöst wurde (vgl. Grod-deck 1997, 37).

Das Herauslösen der Texte aus einem topo-graphisch-kontextuellen Bedeutungszusammenhang, d. h. aus der dichten Bezüglichkeit der Texte unterei-nander und ihrer quasi ›materialen‹ Interaktion mit den Textträgern, die nicht nur als intentionale zu be-

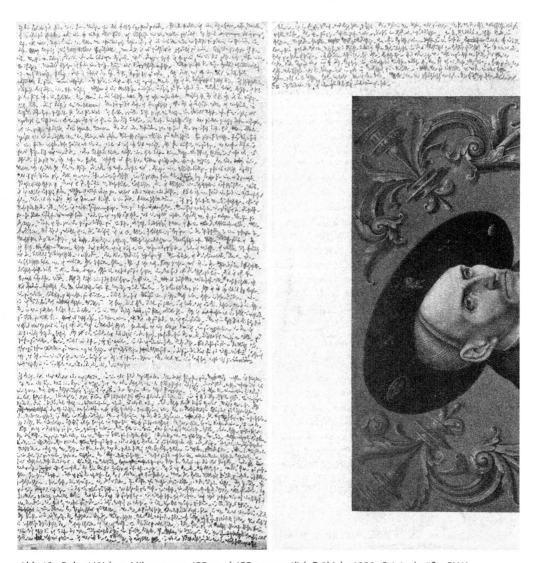

Abb. 13: Robert Walser: Mikrogramm 455 r und 455 v, vermutlich Frühjahr 1928. Originalgröße. RWA.

greifen ist, sondern auch Momente von Kontingenz beinhaltet, führt dazu, dass die Reinschriften von einer gleichzeitigen Anwesenheit und Abwesenheit gewisser semantischer Komponenten geprägt sind. Insofern werden durch das Abschreiben auch diejenigen Texte umgestaltet, deren Reinschrift nur geringfügig vom Mikrogrammtext abweicht. Auch an den inhaltlich überarbeitenden Abschriften lässt sich oft eine Bearbeitung der kontextuellen Bezüglichkeit feststellen. Dabei sind sowohl dekontextualisierende wie auch (re- oder neu-)kontextualisierende Bewegungen zu beobachten. Als Beispiel für eine ›kontextverschleiernde‹ Abschrift kann das Prosastück *Ottilie Wildermuth* (SW 19, 36–37; AdB 4, 397–401) genannt werden, wo die Reinschrift völlig unkenntlich macht, dass der Text zu einem großen Teil aus Bezugnahmen auf Artikel in der Berner Tageszeitung *Der Bund* besteht, was im Erstnotat des Textes offen ausgesprochen und geradezu inszeniert wird (vgl. Walt 2015, 101–139). Im Text *Der Goldfabrikant und sein Gehilfe* (SW 17, 336–339; Mikrogramm 482 r/XIII u. 183 r/I) wird im Mikrogrammnotat ein Bezugstext – Max Brods Roman *Leben mit einer Göttin* – mit vollem Titel genannt, in der Reinschrift jedoch vollständig verschwiegen (vgl. Walt 2009). Die Abschriften verfahren aber nicht nur dekontextualisierend. Als Neukontextualisierung kann z. B. das Setzen einer paratextuellen Rahmung durch einen Titel angesehen werden, zumal die meisten mikrographischen Entwürfe ohne Titel notiert sind. In einigen Fällen ermöglicht erst die Titelsetzung im Akt der Reinschrift den Nachvollzug von Bezugnahmen, die im mikrographischen Text nicht erkennbar waren. So macht erst der Titel *Sonett auf eine Venus von Tizian* (SW 13, 161; Mikrogramm 482 r/II) die Beziehung des Gedichts zu Tizians *Venus von Urbino* ›lesbar‹ (vgl. Walt 2015, 150–158).

Nicht außer Acht gelassen werden darf, dass die Abschrift der mikrographischen Texte mit Blick auf die Publikation erfolgt. Das Herauslösen aus der topographisch-kontextuellen Rahmung des Mikrogrammblatts ist auch Teil eines Transfers in eine neue, ähnlich strukturierte mediale Kontextualität: diejenige von Zeitungen oder Zeitschriften. Auch hier stehen die Texte in einer vielschichtig bedeutenden Umgebung, wobei auch diese Bezüge in produktionsästhetischer Hinsicht zu einem nicht zu vernachlässigenden Teil kontingent sind. In beiden Schreibbewegungen – dem ›Hineinschreiben‹ in den mikrographischen Schriftraum und dem ›Herausschreiben‹ aus diesem, das wiederum ein erneutes ›Hineinschreiben‹ in einen durch ein Nebeneinander

unterschiedlichster Inhalte geprägten Publikationsraum darstellt – scheint es weniger um eine Kontrolle der Kontexte zu gehen als vielmehr um eine experimentelle Umschichtung, Veränderung oder Modulation derselben sowie um die dadurch entstehende transitorische Sinnbewegung.

Damit führt das mikrographische »Abschreibesystem« mit einigen Modifikationen nahtlos fort, was Walser im Rahmen seiner Textsammlungen ab 1913 praktiziert hat: Die Neukontextualisierung von bereits in Zeitschriften und Zeitungen erschienenen Texten. Für die frühen Sammelpublikationen *Aufsätze* (1913), *Geschichten* (1914) und *Kleine Dichtungen* (1915) hat Walser nur geringfügige Textänderungen vorgenommen. Allein aus der Neukonstellierung ergibt sich hier eine Sinnverschiebung. Spätestens mit den Bieler Buchpublikationen *Kleine Prosa* (1917), *Poetenleben* (1917) und *Seeland* (1920) weisen einige Texte Abweichungen von den jeweiligen Erstdrucken auf, die sowohl vom Überarbeitungsgrad als auch von der Art der Veränderungen her mit den Unterschieden zwischen Mikrogrammnotaten und ihren Reinschriften vergleichbar sind. Auch diese Umarbeitungen schon veröffentlichter Texte für die Buchpublikationen sind aufgrund der Tatsache, dass mehrheitlich nur die Textfassungen letzter Hand ediert sind, bis zum jetzigen Zeitpunkt in der Forschung kaum thematisiert worden.

Der Unterschied zwischen der zweistufigen mikrographischen Schreibszene und diesen früheren Überarbeitungen liegt einerseits darin, dass die kontextuelle Rahmung der mikrographischen Erstnotate aufgrund der materialen Ausgestaltung der Schreibszene – d. h. aufgrund der Kleinheit der Schrift, der Möglichkeit topographischer Nachbarschaft von Texten und der Verwendung semantisch besetzter Textträger – dichter und vielschichtiger, aber damit auch flüchtiger ist. Andererseits unterscheidet sich der Publikationsort Feuilleton, dessen Kontextualität zwar äußerst präsent, aber zugleich nur sehr bedingt zu kontrollieren ist, von der stabilen Rahmung und dem Arrangement einer Textsammlung (vgl. Reibnitz 2012, 581 f.).

Zusammenfassend lässt sich Robert Walsers Abschreibebewegung verstehen als sowohl ›mediale‹ wie auch inhaltlich-poetische Modulation von auf verschiedenen Ebenen inszenierten Rahmungen (vgl. Locher 2001). Sie betrifft sowohl referentielle und diegetische Details wie auch Gattungszuschreibungen und spielt mit der Rolle des Kontexts für die Semiose. Die in vielen Abschriften zu beobachtende ›Hermetisierung‹ der topographisch-kontextuellen

Bezüglichkeit, die die mikrographischen Notate prägt, lässt sich verstehen als Öffnung der Texte durch eine Potenzierung der kontextuellen Rahmung. Das »Abschreibesystem« der mikrographischen Schreibszene überführt die Texte zwar in eine skripturale Bestimmtheit, wirkt dabei aber semantisch dynamisierend und diffundierend. Als Technik der Modulation von kontextuellen Rahmungen ist es weit mehr als eine bloß kopierende Reinschrift.

Literatur

Greven, Jochen: Robert Walsers Schaffen in seiner quantitativen zeitlichen Entwicklung und in der Materialität seiner Überlieferung. In: Text. Kritische Beiträge 9 (2004), 129–140.

Greven, Jochen: Poetik der Abschweifungen. Zu Robert Walsers Prosastück ›Die Ruine‹. In: GRODDECK u. a., 177–186.

Groddeck, Wolfram: »Weiß das Blatt, wie schön es ist?« Prosastück, Schriftbild und Poesie bei Robert Walser. In: Text. Kritische Beiträge 3 (1997), 23–41.

Groddeck, Wolfram: »Versuch, ein Selbstbildnis herzustellen«. Ein philologisch-poetologischer Kommentar zu Robert Walsers Prosastück *Meine Bemühungen*. In: Elio Pellin, Ulrich Weber (Hg.): »…all diese fingierten, notierten, in meinem Kopf ungefähr wieder zusammengesetzten Ichs«. Autobiographie und Autofiktion. Göttingen, Zürich 2012, 29–53.

Kammer, Stephan: (Ab)Schreiben. Zur Genese von ›Autorschaft‹ in Robert Walsers »Mondscheingeschichte«. In: Text. Kritische Beiträge 5 (1999), 83–103.

Kammer, Stephan: Figurationen und Gesten des Schreibens. Zur Ästhetik der Produktion in Robert Walsers Prosa der Berner Zeit. Tübingen 2003.

Locher, Elmar: Der Vorhang, die Lippe des Munds springt auf. Rahmungen bei Robert Walser. In: ders. (Hg.): Die kleinen Formen in der Moderne. Innsbruck u. a. 2001, 167–196.

Reibnitz, Barbara von: Feuilletons für Zürich, Berlin, Frankfurt und Prag. Zum druckortbezogenen Editionskonzept der Kritischen Robert Walser-Ausgabe. In: Zeitschrift für Germanistik N. F. 22,3 (2012), 581–598.

Reuß, Roland: Schicksal der Handschrift, Schicksal der Druckschrift. Notizen zur ›Textgenese‹. In: Text. Kritische Beiträge 5 (1999), 1–25.

Siegel, Elke: Aufträge aus dem Bleistiftgebiet. Zur Dichtung Robert Walsers. Würzburg 2001.

Thut, Angela, Walt, Christian: »Das muß besser gesagt sein«. Techniken der Überarbeitung in Robert Walsers Mikrographie. In: Lucas Marco Gisi, Hubert Thüring, Irmgard M. Wirtz (Hg.): Schreiben und Streichen. Zu einem Moment produktiver Negativität. Göttingen, Zürich 2011, 247–263.

Thut, Angela, Walt, Christian, Groddeck, Wolfram: Schrift und Text in der Edition der Mikrogramme Robert Walsers. In: Text. Kritische Beiträge 13 (2012), 1–15.

Walser, Robert: Bleistiftskizze. Faksimile des Mikrogrammblattes 39 mit Umschrift. Faksimile der Reinschrift mit Umschrift. Mit einem Nachwort von Wolfram Groddeck. Hg. v. der Robert Walser-Gesellschaft. Zürich 2008.

Walser, Robert: »Tagebuch«-Fragment. Faksimile und Transkription des »Mikrogramm«-Entwurfs. Mit französischer Übersetzung. Hg. v. der Carl Seelig-Stiftung. Transkribiert u. ediert v. Bernhard Echte. Übersetzt v. Golnaz Houchidar. Zürich 1996.

Walt, Christian: »O, Goldfabrikant samt deiner hilfreichen Hand, wie bedächig las ich dich!« Kontext und Dekontextualisierung in Robert Walsers ›Bleistiftmethode‹. In: Deutsche Vierteljahrsschrift für Literaturwissenschaft und Geistesgeschichte 83,3 (2009), 472–484.

Walt, Christian: Improvisation und Interpretation. Robert Walsers Mikrogramme lesen. Frankfurt a. M., Basel 2015.

Christian Walt

4.8 Das Phänomen Mikrographie

Robert Walsers Bleistiftaufzeichnungen, wie sie in den sogenannten ›Mikrogramm‹-Blättern dokumentiert sind, gehören zweifelsohne zu den bemerkenswertesten literarischen Phänomenen der Moderne. Seit einem guten halben Jahrhundert öffentlich wahrnehmbar, haben sie – nach einer anfänglichen Verzögerung – auf archivalische, editorische und analytische Erschließung deshalb nicht lange warten müssen. Trotzdem ist dieser Nachlassfund ohne die Rätsel, offenen Fragen und Legenden, die ihn seit seinem Auftauchen begleiten, nicht angemessen zu beschreiben. Denn die Wahl des Schreibgeräts bzw. Schreibmaterials und die radikale Verkleinerung der Aufzeichnungen bedingen zwar die spektakuläre *Phänomenalität* dieses Nachlassteils, sie allein begründen aber das spezifische *Phänomen* von Walsers Mikrographie nicht hinreichend: Konzeptuelle Schriftverkleinerungsstrategien etwa, die mit dem Terminus der ›Mikrographie‹ benannt werden können, sind keine Walsersche Exklusivität, sondern lassen sich z. B. bei Walter Benjamin (vgl. Giuriato 2006) oder in Annotationspraktiken des frühneuzeitlichen ›prekären Wissens‹ (z. B. bei Johann Christoph Wolf; vgl. Mulsow 2012, 367–398) ebenfalls beobachten; ihr jeweiliges Voraussetzungsgefüge, ihre Anschlussbedingungen sind aber so unterschiedlich, dass solche Strategien auf ihre je eigene Systematik hin befragt werden müssen und sich kaum auf sinnvolle Weise unter einem quasi-materialen Gattungsbegriff subsumieren lassen. Zum Phänomen von Walsers Mikrographie gehören außerdem nicht nur die produktionstechnischen und -ästhetischen Umstände ihrer Entstehung und Verwendung, sondern auch die Geschicke ihrer Rezeption. Auf die Dokumentation des Mikrogramm-Nachlasses folgen deshalb in diesem Artikel eine Skizze der mit ihm verbundenen Faszinationsgeschichte sowie ein Überblick zur Produktionslogik von Walsers »Bleistiftsystem« (Br 322).

Dokumentation

Der Terminus ›Mikrogramme‹ hat sich für ein Konvolut von 526 nachgelassenen Blättern eingebürgert, die Carl Seelig der Legende nach von Walsers Schwester Lisa in einem »Schuhkarton« (Echte 1997, 3) übergeben worden sind und die heute zu den Beständen des Robert Walser-Archivs gehören (vgl.

Walt 2015, 8–10; s. Kap. 5.1). Die Bezeichnung trifft nur ein, wenngleich sicherlich das auffälligste Merkmal dieser Hinterlassenschaft: die radikal verkleinerten Schriftzüge, die mit einer Zeilenhöhe von ca. 3 bis 1.5 Millimeter die Grenze dessen zum Mindesten ansteuern, was funktional ein Schriftsystem ausmacht. Dem Prinzip der Distinktheit und Diskretion des einzelnen Zeichens jedenfalls, der ›Buchstäblichkeit‹ also, die gemeinhin als Elementaranforderung für das Notationssystem Schrift postuliert wird (vgl. Goodman 1968/1973), entsprechen die Mikrogramm-Aufzeichnungen nicht – das ist bereits Jochen Greven aufgefallen, gilt streng genommen aber auch für weit weniger auffällige Formate von Handschriftlichkeit. Auch wenn Walser gelegentlich, wenngleich stets in brieflichen oder literarischen Inszenierungen über die Produktionsumstände ›seiner‹ Schriftstellerei Auskunft gegeben hat, findet man dort keine konkreten Hinweise auf diese Reduktion der Schriftgröße.

Ebenso verschwiegen wird ein weiterer Befund dieses Nachlassteils, nämlich die verwendeten Beschreibstoffe. Unter den 526 Blättern finden sich zwei größere Teilkonvolute, die man allein schon aufgrund ihrer Papiersorten zu Gruppen bündeln kann: die 117 sogenannten Kunstdruckblätter von 1924/1925, die zudem (mit) den frühesten überlieferten Bestand an Mikrogrammen bilden, sowie die 156 Blätter, die Walser in den Jahren 1926/1927 aus den längs halbierten Seiten des *Tusculum-Kalenders* auf das Jahr 1926 angefertigt hat. Für die andere Hälfte der Mikrogrammblätter, in der Beschreibstoffe und Datierung nicht konvergieren, hat Walser Papiere unterschiedlichster Provenienz und Größe genutzt. Die Bandbreite reicht vom Telegramm, das mit einem Format von 18 × 23 cm das größte der verwendeten Blätter darstellt, bis zum Zettelchen von den Ausmaßen ungefähr eines Zigarettenpapiers. Trotz der Heterogenität der Materialien kann man festhalten, »daß der überwiegende Teil der Papiere unmittelbar mit Walsers schriftstellerischem Metier zusammenhängen« (Echte, Editorischer Bericht in AdB 6, 701): Honorarquittungen, Drucksachen- und Streifbandumschläge, Druckbelege, die Ränder von Korrekturfahnen, Karten und Umschläge aus der Redaktionskorrespondenz etc. werden umgehend wieder in den schriftstellerischen Produktionsprozess eingegliedert, was die Vermutung der »inspirationsfördernden Eigenschaften der Schreibmaterialien« (Morlang, Nachwort in AdB 2, 512) durchaus plausibel macht. Bemerkenswert ist außerdem, dass alle erhaltenen größeren Aufzeichnungszusammenhänge aus den Berner Jahren auch in den beiden größeren Blattkonvoluten anzutreffen sind: der sogenannte »Räuber«-Roman und die sogenannten »Felix«-Szenen finden sich auf Kunstdruckblättern, das sogenannte Tagebuch-Fragment auf Tusculum-Kalenderblatthälften.

Die Facetten von Walsers Mikrographie, die im Unterschied zu den eben skizzierten Eigenschaften in literarischen und/oder brieflichen Inszenierungen kommuniziert worden sind, beziehen sich einerseits auf das Schreibgerät und andererseits auf die Produktionslogik, in die diese eingebunden ist. »Sie sollen erfahren, mein Herr, daß ich vor ungefähr zehn Jahren anfing, alles was ich produziere, zuerst scheu und andächtig mit Bleistift hinzuskizzieren«, schreibt Walser am 20. 6. 1927 in einem vielzitierten und -interpretierten Brief an Max Rychner, den Redakteur der Neuen Schweizer Rundschau (Br 322). Dieses »Bleistiftsystem« sei an ein »büreauhafte[s] Abschreibesystem« gekoppelt, wodurch »der Prozeß der Schriftstellerei naturgemäß eine beinahe in's Kolossale gehende, schleppende Langsamkeit erfuhr« und Walser demzufolge »im Geduldhaben ein Künstler geworden« sei (ebd.). Diese Zweistufigkeit von Walsers Produktionsverfahren – wie es sich exemplarisch an der Bleistiftskizze nachvollziehen lässt (s. Abb 14 sowie Kap. 4.6 u. 4.7; vgl. Groddeck 2008) – ist, auch in ihrem systematischen Charakter, philologisch plausibilisierbar: Zu fast allen zwischen 1926 und dem Eintritt in die Waldau publizierten Prosastücken findet man Erstaufzeichnungen in den Mikrogrammen. Sie allein wäre, als Differenzierung von ›Entwurf‹ und ›Reinschrift‹, an sich nichts Außergewöhnliches, sähe man erstens von der spezifischen Beschaffenheit der Erstaufzeichnungen und zweitens vom Umstand ab, dass Walser offensichtlich mindestens bis zum Ende seines Aufenthalts in Berlin eine solche Doppelung nicht benutzt hat.

Man hat sich gefragt, wie sich diese Umstellung in Walsers schriftstellerischer Produktion datieren lässt. Im Brief an Rychner datiert Walser selbst diese, wie eben zitiert, auf eine Zeitspanne von »ungefähr zehn Jahren«, was also in seinen Aufenthalt in Biel zurückreichte. Dazu passten Äußerungen in der Korrespondenz mit dem Rascher-Verlag wohl über den verschollenen Roman Tobold sowie ein Brief an den Hermann Meister-Verlag vom 8. 5. 1919: Walser berichtet am 12. 12. 1918 von einem Roman, den er »entworfen« habe und »der, wie ich voraussetze, Ende Januar 1919 niedergeschrieben sein wird« (Br 169), eine Zeitplanung, die sich allerdings als etwas zu optimistisch erweisen sollte. Erst am 10. 3. 1919

meldet Walser, er werde »[i]m Lauf dieser Woche [...] den Roman fertig haben« (Br 177) und schickt drei Wochen später die »129 Manuscriptseiten« an Rascher (Br 180). Einen guten Monat später bietet er dem Hermann Meister-Verlag »ein Bruchstück aus einem Roman«, ebenfalls verschollen, für die Zeitschrift Saturn an und fügt bei: »Das Stück ist aus dem Bleistiftentwurf und konnte nicht in die Reinschrift aufgenommen werden aus technischen Gründen.« (Br 183) Die ersten erhaltenen Aufzeichnungen des Mikrogramm-Konvoluts datieren allerdings sechs Jahre später, sodass Versuche einer solchen Vorverlegung des »Bleistiftsystem[s]« letztlich spekulativ bleiben (vgl. dazu die vorsichtigen Anmerkungen von Morlang, Nachwort in AdB 2, 506 f.; weniger zurückhaltend Scheffler 2010). Gesichert sind Existenz und Relevanz dieses Produktionssystems für das letzte Jahrzehnt von Walsers schriftstellerischer Tätigkeit: von 1924 bis zu deren Ende aufgrund der Zwangsüberweisung in die psychiatrische Heil- und Pflegeanstalt Herisau. Dabei scheint das Konvolut seine schriftstellerische Produktion zwischen Herbst 1925 und Ende 1928 nahezu vollständig zu decken, während für die Anfangsphase aus den Jahren 1924 und 1925 sowie für die Zeit des Aufenthalts in der Heil- und Pflegeanstalt Waldau Überlieferungsverluste wahrscheinlich sind (vgl. Echte, Editorischer Bericht in AdB 2, 574–576; Echte, Editorischer Bericht in AdB 6, 708 f.).

Im Mikrogramm-Konvolut überliefert sind einerseits die drei größeren Aufzeichnungszusammenhänge, die jeweils von ihren Herausgebern mit den heute gebräuchlichen Titeln versehen worden sind: der »Räuber«-Roman (1925), die »Felix«-Szenen (1925) sowie das Tagebuch-Fragment (1926). Andererseits versammelt es die Bleistiftaufzeichnungen zu in diesem Jahrzehnt publizierten bzw. als Tintenabschrift vorliegenden Prosastücken und Gedichten sowie eine den Publikationen quantitativ ungefähr entsprechende Anzahl von nur in der Bleistiftversion vorliegenden Aufzeichnungen (Prosa, Lyrik, dramatische Szenen). Letztere sind erstmals in den von Bernhard Echte und Werner Morlang entzifferten und herausgegebenen sechs Bänden Aus dem Bleistiftgebiet publiziert worden (AdB 1–2, 4–6), wobei das für eine – allerdings außerordentlich solide kommentierte und dokumentierte – Leseausgabe zwangsläufige editorische Manko darin besteht, dass die konzeptuelle Konzentration auf bisher unveröffentlichte Walser-Texte bis auf wenige Ausnahmen keine Einsicht in die Produktionslogik der Mikrogramme erlaubt. Deren Erschließung ist denn auch bisher nur

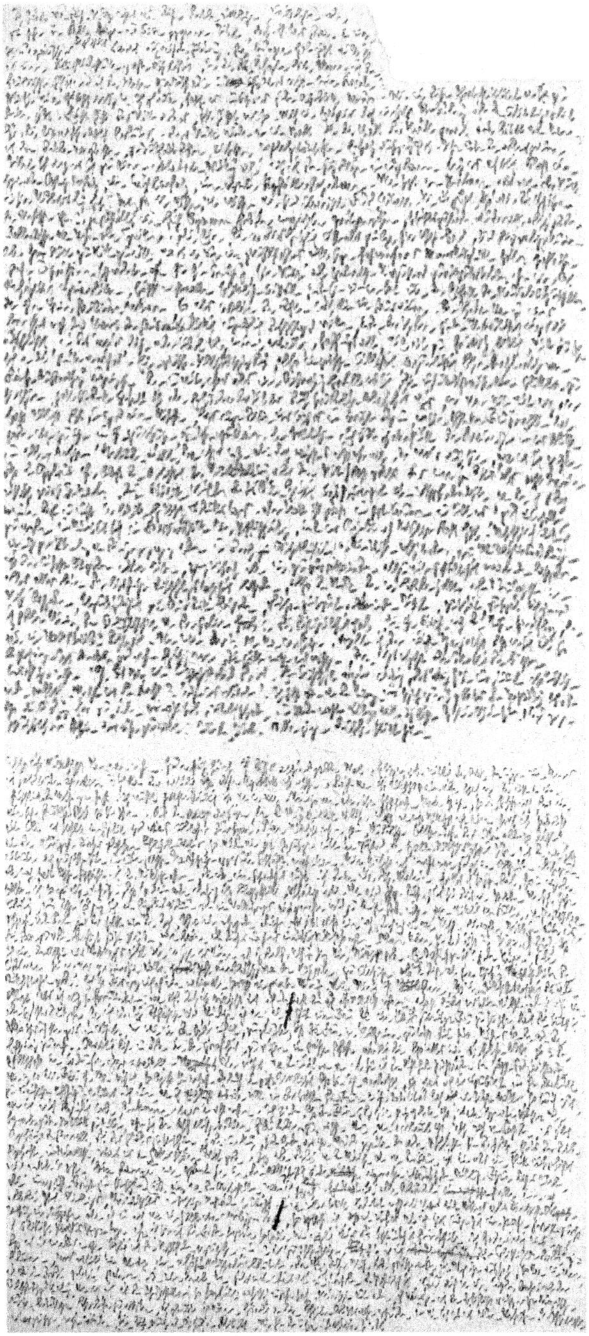

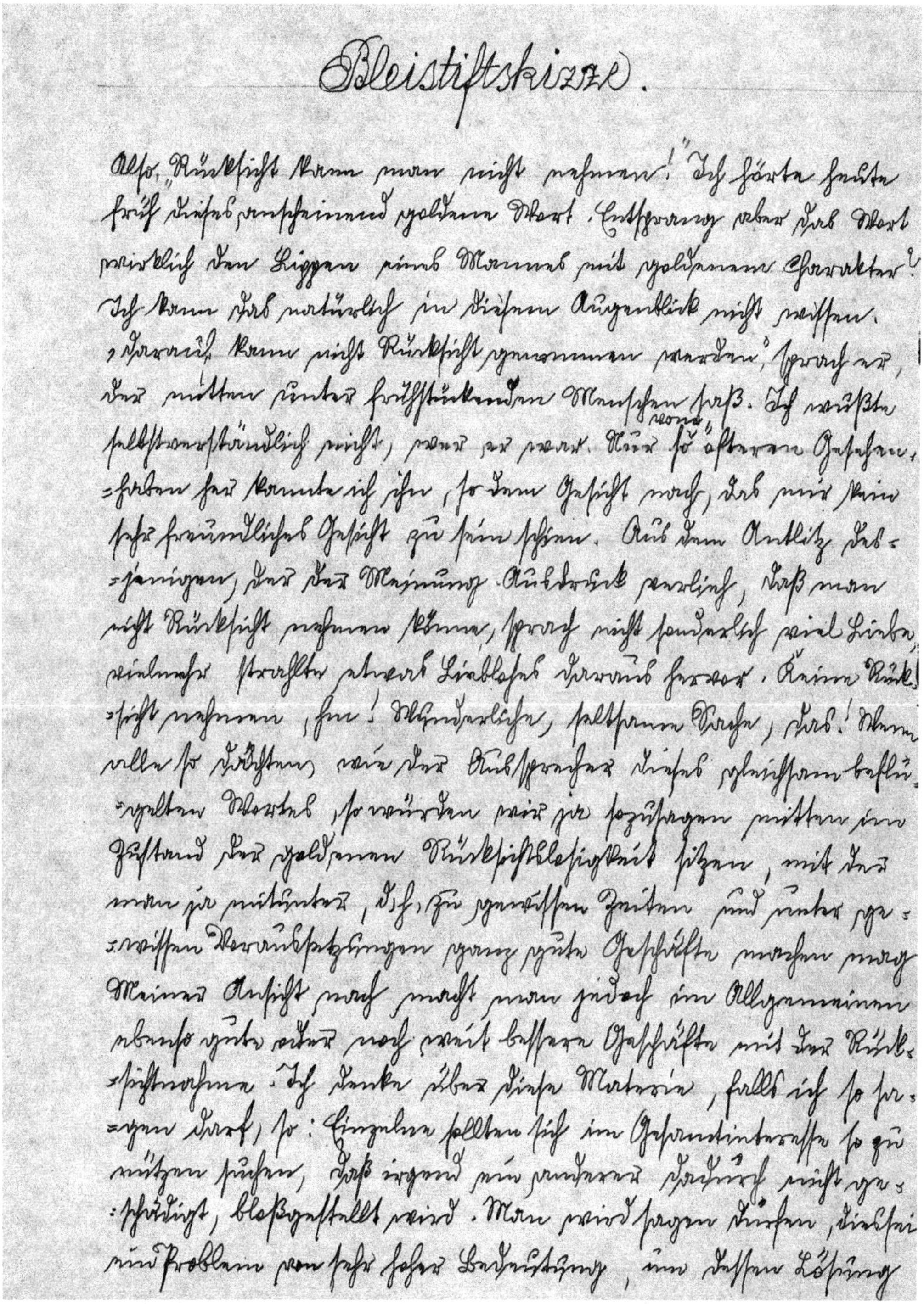

Bleistiftskizze.

Also, „Rücksicht kann man nicht nehmen!" Ich hörte heute früh dieses anscheinend goldene Wort. Entsprang aber das Wort wirklich den Lippen eines Mannes mit goldenem Charakter? Ich kann das natürlich in diesem Augenblick nicht wissen. „Darauf kann nicht Rücksicht genommen werden", sprach er, der mitten unter frühstückenden Menschen saß. Ich wußte selbstverständlich nicht, wer er war. Nur so vom öfteren Gesehenhaben her kannte ich ihn, so dem Gesicht nach, das mir kein sehr freundliches Gesicht zu sein schien. Aus dem Antlitz desjenigen, der der Meinung Ausdruck verlieh, daß man nicht Rücksicht nehmen könne, sprach nicht sonderlich viel Liebe, vielmehr strahlte etwas Liebloses daraus hervor. Keine Rücksicht nehmen, hm! Wunderliche, seltsame Sache, das! Wenn alle so dächten wie der Aussprecher dieses gleichsam beflügelten Wortes, so würden wir so zusagen mitten im Zustand der goldenen Rücksichtslosigkeit sitzen, mit der man ja mitunter, d.h. zu gewissen Zeiten und unter gewissen Voraussetzungen ganz gute Geschäfte machen mag. Meiner Ansicht nach macht man jedoch im Allgemeinen ebenso gute oder noch weit bessere Geschäfte mit der Rücksichtnahme. Ich denke über diese Materie, falls ich so sagen darf, so: Einzelne sollten sich im Gesamtinteresse so zu nützen suchen, daß irgend ein anderer dadurch nicht geschädigt, bloßgestellt wird. Man wird sagen dürfen, dies sei ein Problem von sehr hoher Bedeutung, um dessen Lösung

Abb. 14, 1 und 2: Robert Walser: *Bleistiftskizze*. Mikrogramm 39 r (Entwurf), vermutlich November–Dezember 1926, Originalgröße (links, S. 276), und erste Seite des Manuskripts (Reinschrift), vermutlich 1927, 17,5 × 24,6 cm. RWA.

in exemplarischen Untersuchungen erfolgt (z. B. Groddeck 1997; Groddeck 2008; Kammer 1999; Kammer 2003); die Basis für systematischere Analysen wird erst die Bereitstellung der gesamten überlieferten Aufzeichnungen im Rahmen der *Kritische Robert Walser-Ausgabe* bieten können (s. Kap. 5.2).

Das Phänomen Mikrographie – eine Faszinationsgeschichte

Ein knappes Jahr nach Walsers Tod trat zum ersten Mal ein Stück von Walsers Mikrographie an die Öffentlichkeit. Die dem Gedenken an Walser und den Bildhauer Karl Geiser gewidmete Oktober-Nummer 1957 der Schweizer Kulturzeitschrift *Du* versammelte auf einem knappen Dutzend Seiten (vor allem unpublizierte) Texte, Photographien und Erinnerungen, die den seit einem Vierteljahrhundert verstummten Schriftsteller einem größeren Publikumskreis nahe bringen wollten: »Fundgruben für entdeckungsfreudige Liebhaber einer liebenswürdigen, hochsensiblen Kunst« versprach die Redaktion den Lesern in einem kleingedruckten Hinweis auf die ersten Bände der von Carl Seelig herausgegebenen Werkausgabe (Du, 51). Seelig war schon seit Mitte der 1930er Jahre damit beschäftigt, den ihm von Walsers Schwester Lisa anvertrauten Bestand an Manuskripten und Feuilleton-Druckbelegen zugänglich zu machen und verfügte nach Walsers Tod »noch über einen Fundus von mehreren Hundert Walser-Texten […], die niemals in Buchform erschienen waren« (Echte 1997, 5). Eine der großformatigen Seiten im Abbildungsteil blieb einem rätselhaften Phänomen vorbehalten: Zu sehen waren darauf die Reproduktion eines Manuskriptblatts in »Originalgröße«, ein vergrößerter Bildausschnitt sowie Seeligs Erläuterung mit diesem Befund:

> Die selbsterfundene, nicht entzifferbare Geheimschrift, die der Dichter in den 1920er Jahren und später zu Beginn seiner Gemütskrankheit anwandte, muß wohl als scheue Flucht vor den Augen der Oeffentlichkeit und als kalligraphisch bezauberndes Tarnungsmittel, um seine Gedanken vor ihr zu verbergen, gedeutet werden. In späteren Jahren wurde diese Geheimschrift wieder zugunsten der Normalschrift aufgegeben, ohne daß Robert Walser in ihr künstlerisch Neues hervorgebracht hätte. (Du, 46)

Die eigentümliche Inszenierung dieser öffentlich gemachten Geheimschrift hatte nicht lange Bestand. Seelig selbst lieferte mit der Vergrößerung, »wie bewußt oder unbewußt auch immer« (Echte 1997, 4),

den ›Schlüssel‹ zur Entzifferung der angeblichen Geheimschrift mit. Jochen Greven überraschte und widerlegte ihn denn auch umgehend mit einer Entzifferung des abgebildeten, vergrößerten Seitenausschnitts. Er wies darauf hin, dass es sich um eine verkleinerte, aber sonst übliche deutsche Kurrentschrift handelte und zeigte sich sehr an weiteren Einblicken in diese Nachlassbestände interessiert – die ihm Seelig allerdings nicht gestattete; als eigentliches Vermächtnis hätten allein die von ihm im selben Jahr publizierten *Wanderungen mit Robert Walser* Geltung (vgl. Greven 2003, 23–35).

Erst nach Seeligs Tod (1962) konnte sich Greven deshalb einen ersten Überblick über den kompletten Materialbestand verschaffen: Walsers verkleinerte Bleistiftschrift und ihre Träger erhielten den Namen, der sich durchsetzen sollte, erste Entzifferungen gingen in die von Greven und Jörg Schäfer edierte, 1966–1975 bei Kossodo erschienene Ausgabe von Walsers *Gesamtwerk* (GW) ein, insbesondere Grevens nach eigenen Angaben 1968 angefertigte, 1972 von Martin Jürgens überarbeitete und im Rahmen der Gesamtausgabe des Kossodo-Verlags erstmals veröffentlichte Transkription des »*Räuber*«-Romans. Damit war Seeligs paradoxe und in jeder Hinsicht ambivalente Behauptung einer individuellen Geheimschrift definitiv haltlos geworden. Bei dem in *Du* abgedruckten Beispiel (dem Mikrogramm 300) handelte es sich um eines der 1924/1925 beschriebenen Kunstdruckblätter, auf denen Walser die beiden größeren Konvolute des »*Räuber*«-Romans und der »*Felix*«-Szenen notiert hatte. Und so galt nicht nur für den kleinen vergrößerten Ausschnitt aus diesen letzteren, der Greven als erster Anhaltspunkt zur Entzifferung gedient hatte, sondern auch für die Mikrogramme generell der Befund, dass sich »der Inhalt dieser Blätter zweifelsfrei als Konzepte zu literarischen Arbeiten Walsers aus den Jahren 1924 bis 1933 erkennen« ließ (Greven 1972/1977, 131). Zumindest in einem Punkt aber überschnitt sich Seeligs Paradigma mit den Einsichten aus dem ersten größer angelegten Entzifferungsunternehmen weiterhin: Auch Greven schien, obgleich mit anderer Akzentsetzung, der Tendenz einer ›Flucht vor den Augen der Oeffentlichkeit‹ beizupflichten. So schloss er »[e]ine vollständige Gewinnung der in den ›Mikrogrammen‹ enthaltenen Texte« nicht allein wegen der erschwerten Lesbarkeit aus. Er glaubte in ihnen außerdem eine »kritisch begründete Selbstzensur« zu entdecken, mit der Walser »gewisse Konzepte verwarf«. Zwar war es nicht mehr länger eine tendenziell pathologisch konnotierte ›Scheu‹, sondern die Rationalität einer schriftstellerischen »Entscheidung«, für die Walsers Schriftverkleinerung ein gleichsam materiales Residuum bieten konnte. Aber in der Konsequenz einer intendierten ›Nicht-Öffentlichkeit‹ traf sich dieses Erklärungsmodell mit Seeligs Geheimschrift-Paradigma durchaus. Walsers Entscheidung, Teile des in den Mikrogrammen Aufgezeichneten zu verwerfen, sei »in vielen Fällen so einleuchtend, daß man sie respektieren und von einer Veröffentlichung, selbst wenn sie möglich wäre, absehen sollte«, hielt Greven fest (ebd., 133) – indes ohne die Kriterien, ja selbst konkrete Indizien für solche Entscheidungsakte zu nennen.

In Grevens Ausführungen konnte man einerseits bereits einige technische Einsichten zur Phänomenalität der Mikrogramme finden, die sich im Zuge der systematischeren editorischen Aufarbeitungen in den 1980er Jahren bestätigen sollten. Die Schwierigkeiten der Entzifferung seien nicht allein der »Winzigkeit« der Schriftzüge geschuldet, sondern einer ›Nicht-Buchstäblichkeit‹ der Bleistiftspuren. »Eine buchstabengetreue Wiedergabe der Vorlage im Druck ist unmöglich, da [...] die einzelnen Schriftzeichen in den Konzepten häufig gar nicht nachweisbar sind, die Worte nur aus häufig mehrdeutigen, zu Silbenkürzeln verfließenden Zügen bestehen.« Dies führe dazu, dass sich das Geschäft der »Entzifferung« in einem »ständige[n] Übergang von tatsächlichem Lesen zu einfühlendem Erraten« bewege, bei dem sich letzteres »teils auf das Schriftbild, teils auf den grammatisch-syntaktischen und teils auf den Sinnzusammenhang stützt« (ebd., 134 f.). Dass ›Nicht-Entzifferbarkeit‹ in diesem strikten Sinne dennoch nicht ›Unlesbarkeit‹ bedeutet, kann man durchaus als auch epistemologische Gegenprobe auf die Geheimschrift-Hypothese verstehen: eine Geheimschrift ›errät‹ man nicht, allenfalls (im Glücksfall) deren Schlüssel. Auch editionspragmatisch hatte Greven eine nachhaltige Entscheidung angesichts der »an vielen Stellen mehrdeutig[en]« (ebd., 131) Schriftzüge getroffen, indem er die serifenlose Type als Indiz unsicherer Entzifferung vorschlug und damit auf typographische Weise ein Rezeptionsbewusstsein für das gleichsam systematisch Provisorische der Transkriptionen erzeugen wollte: »Der Leser muß sich [...] bewußt bleiben, daß dieser Text vor allem in kleineren Details noch über das Kenntlichgemachte hinaus Unsicherheiten enthält und daß gelegentliche Fehldeutungen nicht ausgeschlossen sind« (ebd., 135).

Zwischen 1985 und 2000 erschienen die sechs Bände *Aus dem Bleistiftgebiet*, mit denen die Entziffe-

rer und Herausgeber Bernhard Echte und Werner Morlang das Mikrogramm-Konvolut erstmals in systematischer Weise editorisch erschlossen haben und die dem Faszinationspotential von Walsers Mikrographie in der literarischen Öffentlichkeit ebenso wie in der akademischen Literaturwissenschaft seinen festen Platz verschafften. Die Ausgabe war – wobei die folgenden kritischen Bemerkungen die Großleistung der Entzifferung und Dokumentation des Mikrogramm-Konvoluts keinesfalls schmälern wollen – von Anfang an als (auch textkritisch) kommentierte Studienausgabe angelegt, die sich fast ausschließlich auf die »unbekannten Entwürfe« (Editorische Vorbemerkung in AdB 1, 6) konzentrierte und sich somit als Komplettierung von Grevens 20-bändiger Werkausgabe verstehen ließ. Echte und Morlang entschlossen sich, die Mikrogramm-Ausgabe grob nach einem Schriftträger(gruppen)prinzip zu organisieren, das – wie oben skizziert – zumindest in Teilen mit einer chronologischen Sortierung konvergiert. In den ersten drei Bänden wurden die Aufzeichnungen aus dem Kunstdruckblätter-Konvolut von 1924/1925 ediert, im vierten Band diejenigen der Kalenderblatt-Hälften aus den Jahren 1926/1927, in den beiden letzten Bänden schließlich die auf heterogenen Beschreibstoffen zu findenden Aufzeichnungen aus den Jahren 1925–1933. In den Bänden 1 bis 2 und 4 bis 6 wählten die Herausgeber zudem eine gattungsorientierte Binnensortierung nach Prosa, Gedichten und dramatischen Szenen (Band 3 blieb den größeren Aufzeichnungskonvoluten des »*Räuber*«-Romans und der »*Felix*«-Szenen vorbehalten). Während Prosaaufzeichnungen und dramatische Szenen, wie in den Bänden der Werkausgabe üblich, nach vagen thematischen Gruppen sortiert wurden, wurden die Gedichte in chronologischer Abfolge geordnet – soweit sich eine solche denn aus dem Überlieferten erschließen ließ. Die dadurch zwangsläufig entstehende Unübersichtlichkeit der einzelnen Blattzusammenhänge wurde durch Siglierung und die den Bänden 2, 3, 4 und 6 beigegebenen Übersichtstabellen kompensiert, in denen Echte und Morlang überdies die Verweise auf die in AdB 1–6 nicht aufgenommenen ›Bleistiftentwürfe‹ zu publizierten und/oder im Tintenmanuskript vorliegenden Texte gaben.

Die Herausgeberparatexte der Bände *Aus dem Bleistiftgebiet* und zahlreiche begleitende Aufsätze von Echte und Morlang plädierten, was in der Faszinationsgeschichte der Mikrogramme nicht von geringerer Wichtigkeit sein dürfte als die editorische Nachlasserschließung, nach Grevens ersten Hinweisen nachdrücklich dafür, Walsers »Bleistiftsystem« als das ernst zu nehmen, was diese Bezeichnung im Brief an Rychner schon beansprucht hatte: als ein schriftstellerisches Produktionssystem nämlich, das nicht wie noch bei Seelig unter Pathologieverdacht steht, sondern eine eigene Rationalität aufweist, ja vielleicht sogar krisenbeendende und -vermeidende Produktionsmöglichkeiten schafft. Alles spreche dafür, so Echte, dass man die »kopfschüttelnde Skepsis über die psychische Verfassung dessen, der so schrieb oder schreiben mußte«, aufzugeben habe – wenn schon, dann biete Walsers ›Bleistiftmethode‹ und die ihr zugrunde liegende Diätetik des Schreibens »ein[en] Weg der Gesundung« (Echte 1997, 14).

Damit wurde ein Argumentationsstandard gesetzt, der die (literaturwissenschaftlichen) Auseinandersetzungen in der ›Walser-Renaissance‹ seit den späten 1980er Jahren weitgehend bestimmte. Außerdem kam die Veröffentlichung der ersten Mikrogramm-Bände scheinbar zu einem methodisch passenden Zeitpunkt: Friedrich Kittlers *Aufschreibesysteme* (vgl. Kittler 1985) und der einflussreiche Sammelband, der aus dem Dubrovniker Kolloquium zur *Materialität der Kommunikation* hervorgegangen war (vgl. Gumbrecht, Pfeiffer 1988), schufen auch jenseits von philologisch-editorischen Argumentationszusammenhängen ein Interesse für die technischen und theoretischen Belange von Schrift/Schriftlichkeit, durch das Walsers Mikrogramm-Nachlass durchaus auf nicht nur (werk-)biographische, sondern auch methodisch begründete Aufmerksamkeit hoffen durfte. Allerdings blieben gerade die konkreten schriftmedialen Facetten der Mikrographie – und dazu trug die lesetextorientierte Präsentation sicherlich das Wesentliche bei – oft trotz geäußerten theoretischen Interesses eher die Nebensache. Schrifttheoretische Grundeinsichten (um nicht zu sagen: Gemeinplätze) vornehmlich dekonstruktivistischer Provenienz traten in eine eher assoziative Beziehung zu den nun aus Walsers Bleistiftaufzeichnungen edierten Texten, als dass sie die Eigenlogik und Eigenständigkeit des »Bleistiftsystem[s]« zu ergründen geholfen hätten (vgl. exemplarisch Rossum 1986; aktuell noch, zumindest in Teilen, Roussel 2009). Man hat neuerdings wohl nicht ganz zu Unrecht von einer »methodische[n] Feedbackschleife« gesprochen, die aus solchen Spielarten der Theorieapplikation entstanden sei (Walt 2015, 60). Oft genug dient das Phänomen von Walsers Mikrographie dabei bloß als Metaphernspender; am folgenreichsten vielleicht da, wo sie »als signifikantes Beispiel einer ›Literatur des Verschwindens‹« geltend gemacht wird, »die sich selbst unkenntlich zu machen versucht im tendenziellen Vollzug der graphischen Selbstauslöschung« (Treichel 1995, 9; vgl. Strelis 1991). Auch Mythologisierungen, die sich aus Seeligs Geheimschrift-Phantasma speisen, sind dessen Unhaltbarkeit zum Trotz nicht aus der Diskussion verschwunden; ja mehr noch: man hat die Unhaltbarkeit selbst zum Anlass genommen, um dieses Paradigma in Anschlag zu bringen, und die Mikrographie als »doppeltes Trugbild« bezeichnen wollen: »sie *erscheint* als Kryptographie, als eine Geheimschrift, die sie nicht *ist*« (Scheffler 2010, 13). Allein schon angesichts der editorischen Leistungen seit den 1980er Jahren scheint es einigermaßen verwunderlich, dass man die Phänomenalität von Walsers Mikrogrammen als »kryptisch, unantastbar, nicht auszudeuten« bezeichnen kann (ebd., 406).

Die seit 2008 erscheinende, von Wolfram Groddeck und Barbara von Reibnitz editorisch verantwortete, konsequent dem Textträgerprinzip verpflichtete *Kritische Robert Walser-Ausgabe* will den Mikrogrammen eine eigene, nach Editionsplan auf zwölf Bände angelegte Abteilung vorbehalten. Diese Absicht trägt dem spezifischen, differenten Status des Mikrogramm-Konvoluts ebenso Rechnung wie den eigenen editionstechnischen Erfordernissen. Die Mikrogramme sollen blattweise und mit jeweils einer »kongruenten«, an der Blattkonstellation ausgerichteten, »und einer textorientierten Umschrift« ediert werden (Walt 2015, 36 f.). Dieser Doppelung entspricht die Absicht, die Mikrogrammblätter in der gedruckten Ausgabe in Originalgröße zu faksimilieren und skalierbare Scans in digitaler Version zur Verfügung zu stellen. Erstmals werden damit sämtliche Mikrogramm-Aufzeichnungen in Faksimile und Transkription vorliegen, wobei die »graphische Dimension des Konvoluts« mit der textuellen Dimension strukturell gleichberechtigt sein wird (vgl. Walser, Editionsprospekt der KWA, 10; Thut, Walt, Groddeck 2012).

Das »Bleistiftsystem«: die Produktionslogik der Berner Zeit

Greven hat im Nachwort zu dem von ihm erstmals veröffentlichten »*Räuber*-Roman Walsers »Bleistiftsystem« mit den folgenden Bemerkungen und Ausdeutungen präsentiert:

Über seine spätere, aber sich vermutlich schon auf die Bieler Zeit zurückdatierende Arbeitsweise, in der auf den Bleistiftentwurf die meist nur noch etwas ausfeilende Abschrift folgte, äußerte Walser sich selbst in dem Prosastück »Bleistiftskizze« und einem Brief an Max Rychner [...], ferner noch in »Meine Bemühungen« [...]. Der Zusammenhang mit einer ihm selbst bewußten psychischen Problematik ist vor allem in dem Brief klar ausgedrückt, und hier dürfte auch die erste Erklärung für die ungewöhnliche Kleinheit der Schrift liegen: gerade mit ihr gelang es ihm, die Bedrohung durch eine sich bis ins Körperliche auswirkende Schreibhemmung zu »unterlaufen«. Zugleich war die winzige Schrift, zumal in ihrer flüchtigen, die Zeichen nur andeutenden Form, eine Art persönlicher Stenographie, die es Walser erlaubt haben dürfte, seine Gedanken und Einfälle etwa in Sprechgeschwindigkeit zu notieren und damit nochmals gegen jene Hemmung, gegen erstickende Zweifel und Selbstkritik zu schützen. Vermutlich war die absolute Spontaneität immer die Bedingung seines Schaffens gewesen – etwa seit der Krise am Ende der Berliner Jahre (1912) konnte er sie jedoch nur mehr so bewahren, daß er den schöpferischen Akt, das Entwerfen in fliegender Eile, von der geduldigen Fleißarbeit des sauberen Kopierens und Verbesserns trennte und so auch sich selbst eine Doppelrolle zuwies. Schließlich liegt es nahe, die kleine Schrift als einen ins Manierierte gesteigerten Selbstausdruck im Sinne des »Minimalismus« Walsers, seines oft formulierten sozialen und moralischen Ideals des »Kleinseins« zu verstehen, zu dem auch noch das ökonomische Argument asketischer Sparsamkeit gestellt werden kann. (Greven 1972/1977, 132)

Vieles an Grevens Skizze zu Walsers Produktionsverfahren der Berner Zeit ist seither in Frage gestellt worden. Das betrifft zunächst die Problematik des Notationstempos: Während Greven an der Beschleunigungsthese festgehalten hat (vgl. Greven 2008), haben Morlang und Echte die gegenteilige Auffassung vertreten, dass mit der Schriftverkleinerung auch eine Verlangsamung der Schreibbewegung verbunden sei (vgl. Echte 1994; Echte 1997). Gegen die ›Stenographie‹-These eines »Entwerfen[s] in fliegender Eile«, wie sie Greven vorgetragen habe, spreche nicht nur die Selbstbeschreibung des Verfahrens im Brief an Rychner, sondern auch die Wahl eines harten Bleistifts (insbesondere bei den Kunstdruckblättern aus den Jahren 1924/1925) und das »graphologische[] Gesetz, wonach der Verdichtungsgrad einer Schrift bei wachsender Schreibgeschwindigkeit abnimmt« (Echte 1997, 15). In der Tat legen schreibphysiologische Forschungen des ausgehenden 19. Jh.s nahe, dieses Argument, neu sortiert und vorsichtiger interpretiert, wenigstens als den entscheidenden Einwand gegen Grevens Annahme zu sehen. Denn die Steigerung des Schreibtempos bewirkt, wie Alfred Binet und Jules Courtier 1893 gezeigt haben, tatsäch-

lich, dass die Laufweite der Schriftzüge zunimmt. Schreibgeschwindigkeit und Schriftgröße sind aber, wie die beiden Experimentalpsychologen festhalten, relativ proportional. Sie sprechen diesbezüglich von einer unbewussten und unreflektierten Angleichung, »comme si on voulait égaliser les temps pour des figures graphiques de grandeur différente« (als ob man die für graphische Figuren verschiedener Größe benötigten Zeiten ausgleichen wollte; Binet, Courtier 1893, 665). Absolut gesehen, scheint dadurch die Geschwindigkeit der Schreibbewegung weitgehend unabhängig von der beispielsweise in Wörtern messbaren Schreibleistung zu sein. Dem entspräche Walts These, dass »Walsers Kleinstkurrentschrift [...] weder bewusst verlangsamt noch beschleunigt« sei (Walt 2015, 51). Nun haben Binet und Courtier ihrer experimentellen Beobachtung natürlich keine Radikalphänomene wie Walsers Mikrographie zugrunde gelegt. Bedenkt man die Resultate weiterer Effekte, die ihre Messungen ausgemacht haben – etwa die Abnahme der Schreibgeschwindigkeit bei gesteigerter Notationskomplexität, bei Richtungsänderungen, am Anfang und Ende von Linien sowie an Scheitelpunkten von Kurven –, wird die These einer verlangsamten Schreibbewegung bei der extremen Schriftverkleinerung der Mikrogramme plausibel (Binet, Courtier 1893; vgl. Kammer 2009, 52–54).

Viel wichtiger allerdings als die Frage nach dem konkreten Schreibtempo ist ohnehin die von Morlang und Echte ebenfalls wiederholt geäußerte Einsicht, dass die verkleinerte Schrift eine bestimmte Schreib›haltung‹ provoziere. »Zur Herstellung eines mikrographischen Schriftkunstwerks bedarf es einer angespannten Gelassenheit oder gelassenen Angespanntheit«, hält Echte fest (Echte 1994, 65). Morlang macht eine Schreibhaltung »gelöster Disziplin« aus, die angesichts des Verkleinerungsgrads der Schrift notwendig würde (Morlang 1994b, 73). Es spricht einiges dafür, dass Walsers Mikrographie diese – in seinen poetologischen Äußerungen beinahe allgegenwärtige – »Dialektik von Spiel und Zwang« (Kammer 2003, 118) in eine Schreibpraxis übersetzt wissen will. Dementsprechend wäre auch die verbreitete Auffassung neu zu bedenken, Walsers »Bleistiftsystem« sei im Großen und Ganzen als *Ausdruck* einer (zum Mindesten) Schreibkrise aufzufassen; eine Auffassung, für die man ebenfalls bereits im Brief an Rychner einige Indizien zu finden scheint: »Ich darf Sie versichern«, teilt Walser mit,

daß ich (es begann dies schon in Berlin) mit der Feder einen wahren Zusammenbruch meiner Hand erlebte, eine Art Krampf, aus dessen Klammern ich mich auf dem Bleistiftweg mühsam, langsam befreite. Eine Ohnmacht, ein Krampf, eine Dumpfheit sind immer etwas körperliches und zugleich seelisches. Es gab also für mich eine Zeit der Zerrüttung, die sich gleichsam in der Handschrift, im Auflösen derselben, abspiegelte und beim Abschreiben aus dem Bleistiftauftrag lernte ich knabenhaft wieder – schreiben. (Br 322; vgl. Siegel 2001, 42–68)

Allerdings spricht viel für die Annahme, dass man es bei dem überlieferten Mikrogramm-Konvolut bereits und uneingeschränkt mit dem *Resultat* einer erfolgreichen Krisenbewältigung zu tun hat. Noch bevor er im Brief den »Zusammenbruch« als nachgetragenen Auslöser der »Bleistifterei« benennt, erklärt Walser dem Adressaten deren »Bedeutung«, die sich aus der wiedergewonnenen »Schriftstellerlust« erklärt:

> Für den Schreiber dieser Zeilen gab es nämlich einen Zeitpunkt, wo er die Feder schrecklich, fürchterlich haßte, wo er ihrer müde war, wie ich es Ihnen kaum zu schildern imstand bin, wo er ganz dumm wurde, so wie er sich ihrer nur ein bißchen zu bedienen begann, und um sich von diesem Schreibfederüberdruß zu befreien, fing er an, zu bleistifteln, zu zeichnelen, zu gfätterlen. Für mich ließ es sich mit Hülfe des Bleistiftes wieder besser spielen, dichten; es schien mir, die Schriftstellerlust lebe dadurch von neuem auf.« (Br 322)

Als spielerische Selbstdisziplinierung, die den Widerstand der Hand überlistet, wäre die Mikrographie eine Diätctik des Schreibens – verlässlicher noch als die Selbstzeugnisse mag die verblüffende Produktivität der Jahre 1924 bis 1926 dafür stehen, dass das aus Walsers »Bleistiftsystem« Überlieferte kein Krankheitssymptom, sondern den Beleg einer Krisenüberwindung darstellt. Man kann dabei einen gerne übersehenen Nebeneffekt der Mikrographie ins Spiel bringen: Walser ist, worauf der legendäre Schuhkarton als Überlieferungsbehältnis schon hinweist, in dieser Phase seiner freien Schriftstellerexistenz jederzeit in der Lage, »auf die gesamten Ressourcen seiner schriftstellerischen Produktion zuzugreifen und über sie zu verfügen« (Kammer 2003, 113). Angesichts seiner häufigen Domizilwechsel in Bern und bei den oft beschränkten Platzverhältnissen seiner Unterkünfte bietet die quantitative Minimierung seiner Aufzeichnungen den qualitativen Vorteil maximaler Übersicht und Verfügbarkeit.

Gerade auch in den scheinbaren Überschusseffekten zu einer konsequenten Zweiphasigkeit des Schreibens lässt sich Walsers mikrographisches Produktionssystem so als Ausweis einer »pure[n] Professionalität« wahrnehmen (Morlang 1994a, 84). Es erweist sich als souveränes Verfahren, mit dem sich Walser gleichzeitig eine subversive Widerständigkeit bewahrt gegen die Zumutungen, die ihm die »Tretmühle« des »Artikelschreiben[s]« (AdB 4, 36) abverlangt. Es stellt darüber hinaus elementare Bedingungen, Gewissheiten und Konzepte des Systems Literatur zur Debatte – Spiel und Zwang, Aufzeichnung und Schrift, Entwurfsstatus und Text, die Bedeutsamkeit von Schreibgerät und -material: Aus diesen systembedingten Interferenzen spinnt das Phänomen Mikrographie einen Faszinationszusammenhang, der über die werkbiographische Bedeutung hinaus Beachtung verdient hat.

Literatur

Binet, Alfred, Courtier, Jules: Sur la vitesse des mouvements graphiques. In: Revue philosophique 18 (1893), 664–671.

Du 17,10 (Oktober 1957): Karl Geiser (1898–1957) und Robert Walser (1878–1956) zum Gedenken.

Echte, Bernhard: Nie eine Zeile verbessert? Beobachtungen an Robert Walsers Manuskripten. In: Peter Utz (Hg.): Wärmende Fremde. Robert Walser und seine Übersetzer im Gespräch. Akten des Kolloquiums an der Universität Lausanne, Februar 1994. Bern u. a. 1994, 61–70.

Echte, Bernhard: »Ich verdanke dem Bleistiftsystem wahre Qualen […]«. Bemerkungen zur Edition von Robert Walsers »Mikrogrammen«. In: Text. Kritische Beiträge 3 (1997), 1–21.

Echte, Bernhard: Editorischer Bericht. In: AdB 2, 574–588.

Echte, Bernhard: Editorischer Bericht. In: AdB 6, 701–711.

Gisi, Lucas Marco, Sorg, Reto, Stocker, Peter: Nachwort. In: Robert Walser: Mikrogramme. Mit 68 Abbildungen. Nach der Transkription v. Bernhard Echte u. Werner Morlang. Berlin 2011, 203–213.

Giuriato, Davide: Mikrographien. Zu einer Poetologie des Schreibens in Walter Benjamins Kindheitserinnerungen (1932–1939). München 2006.

Goodman, Nelson: Sprachen der Kunst. Ein Ansatz zu einer Symboltheorie (Languages of Art. An Approach to a Theory of Symbols). Frankfurt a. M. 1973 (engl. 1968).

Greven, Jochen: Editorische Notiz [1972]. In: Robert Walser: Der »Räuber«-Roman. Aus dem Nachlaß hg. v. Jochen Greven unter Mitarbeit v. Martin Jürgens. Frankfurt a. M. ²1977, 131–135.

Greven, Jochen: Robert Walser – ein Außenseiter wird zum Klassiker. Abenteuer einer Wiederentdeckung. Konstanz 2003.

Greven, Jochen: »Indem ich schreibe, tapeziere ich.« Zur Arbeitsweise Robert Walsers in seiner Berner Zeit. In: FATTORI/GIGERL, 13–31.

Groddeck, Wolfram: »Weiß das Blatt, wie schön es ist?« Prosastück, Schriftbild und Poesie bei Robert Walser. In: Text. Kritische Beiträge 3 (1997), 23–41.

Groddeck, Wolfram: Nachwort. In: Robert Walser: Bleistiftskizze. Faksimile des Mikrogrammblattes 39 mit Umschrift. Faksimile der Reinschrift mit Umschrift. Jahresgabe der Robert Walser-Gesellschaft. Zürich 2008.

Gumbrecht, Hans Ulrich, Pfeiffer, K. Ludwig (Hg.): Materialität der Kommunikation. Frankfurt a. M. 1988.

Kammer, Stephan: (Ab)Schreiben. Zur Genese von ›Autorschaft‹ in Robert Walsers »Mondscheingeschichte«. In: Text. Kritische Beiträge 5 (1999), 83–103.

Kammer, Stephan: Figurationen und Gesten des Schreibens. Zur Ästhetik der Produktion in Robert Walsers Prosa der Berner Zeit. Tübingen 2003.

Kammer, Stephan: Symptome der Individualität. Das Wissen vom Schreiben (1880–1910). In: Barbara Wittmann (Hg.): Spuren erzeugen. Zeichnen und Schreiben als Verfahren der Selbstaufzeichnung. Zürich, Berlin 2009, 39–68.

Kittler, Friedrich A.: Aufschreibesysteme 1800/1900. München 1985.

Morlang, Werner: Melusines Hinterlassenschaft. Zur Demystifikation und Remystifikation von Robert Walsers Mikrographie. In: Runa. Revista portuguesa de estudos germanísticos Nᵒ 21 (1994 a), 81–100.

Morlang, Werner: Trascrittore – Traditore? Zur Kennzeichnung einer zwielichtigen Tätigkeit. In: Peter Utz (Hg.): Wärmende Fremde. Robert Walser und seine Übersetzer im Gespräch. Akten des Kolloquiums an der Universität Lausanne, Februar 1994. Bern u. a. 1994 b, 71–80.

Morlang, Werner: Nachwort. In: AdB 2, 506–522.

Mulsow, Martin: Prekäres Wissen. Eine andere Ideengeschichte der Frühen Neuzeit. Berlin 2012.

Rossum, Walter van: Schreiben als Schrift. Überlegungen zu Robert Walsers Mikrogrammen 1924/25. In: Merkur 40,3 (1986), 235–240.

Roussel, Martin: Matrikel. Zur Haltung des Schreibens in Robert Walsers Mikrographie. Frankfurt a. M., Basel 2009.

Scheffler, Kirsten: Mikropoetik. Robert Walsers Bieler Prosa. Spuren in ein »Bleistiftgebiet« avant la lettre. Bielefeld 2010.

Siegel, Elke: Aufträge aus dem Bleistiftgebiet. Zur Dichtung Robert Walsers. Würzburg 2001.

Strelis Joachim: Die verschwiegene Dichtung. Reden, Schweigen, Verstummen im Werk Robert Walsers. Frankfurt a. M. u. a. 1991.

Thut, Angela, Walt, Christian, Groddeck, Wolfram: Schrift und Text in der Edition der Mikrogramme Robert Walsers. In: Text. Kritische Beiträge 13 (2012), 1–15.

Treichel, Hans-Ulrich: Auslöschungsverfahren. Exemplarische Untersuchungen zur Literatur und Poetik der Moderne. München 1995.

Walser, Robert: Kritische Robert Walser-Ausgabe. Editionsprospekt. Frankfurt a. M., Basel 2008.

Walt, Christian: Improvisation und Interpretation. Robert Walsers Mikrogramme lesen. Frankfurt a. M., Basel 2015.

Stephan Kammer

4.9 Text und Bild

Robert Walsers Affinität zur bildenden Kunst verrät sich in mannigfaltiger Weise. An zahllosen Stellen seines Werks ist von Künstlern und von Kunstwerken die Rede. In den autopoetischen Reflexionen wird das Schreiben oft mit dem Malen oder dem Zeichnen in Verbindung gebracht. Die Art, wie in Walsers Texten Landschaften und Personen beschrieben werden, lässt gelegentlich vermuten, Bilder hätten als Vorlage gedient. Eindeutig einen graphischen Gestaltungswillen dokumentieren schließlich die Schriftstücke von Walsers Hand, aber auch die Aufmerksamkeit, die der Autor buchgestalterischen Fragen schenkte.

Äußere Umstände haben die Affinität zum Nachbarmedium begünstigt: ein Bruder, der Maler Karl Walser, der mit Robert Walser bis in die Mitte der 1910er Jahre eng verbunden war, sowie eine Epoche, die, wie kaum eine andere, der Annäherung der Künste offen stand.

Den Manifestationen der Wechselbeziehung von bildender Kunst und Literatur im Werk Walsers wurde ab den 1990er Jahren im Gefolge des *iconic turn* viel Aufmerksamkeit geschenkt (Bleckmann 1994, 29). Eine reich illustrierte Publikation, die die Zusammenarbeit von Karl und Robert Walser dokumentiert (Echte, Meier 1990), stellte dazu das Anschauungsmaterial bereit. Es folgten in jüngeren Jahren die Text- und Bild-Anthologie *Vor Bildern* (Walser 2006) sowie der Forschungsband *Bildersprache. Klangfiguren* (Fattori/Gigerl 2011).

Literatur und bildende Kunst

Die autopoetischen Einwürfe, in denen sich Walsers Texte unablässig selber kommentieren, ironisieren oder mystifizieren, bedienen sich gerne des Vergleichs mit dem Nachbarmedium. Gelegentlich wird die Differenz, häufiger aber die Verwandtschaft von Literatur und bildender Kunst betont. Diese Verweise auf die Nachbarkunst unterstreichen den hohen Stellenwert, den in Walsers poetologischem Denken der Akt des Schreibens einnimmt: »Schreiben, Schriftstellern scheint mir vom Zeichnen abzustammen« (AdB 4, 410; vgl. SW 19, 232). Ein konsistentes Konzept über das Verhältnis zwischen den Künsten lässt sich aus den Bemerkungen indessen nicht herauslesen, obwohl es darin Konstanten gibt wie etwa die Charakterisierung der Malerei als ›kaltes‹ Medium. Zur Verunklärung trägt bei, dass häufig Gemeinplätze aufgeboten werden, wie sie eine jahrhundertealte Debatte über das Verhältnis zwischen den Künsten hervorgebracht hatte. Ob sie ernst genommen werden können oder bloß als überholte Klischees denunziert werden sollen, ist meist schwer zu entscheiden. Ganz generell kann festgehalten werden, dass in Walsers Verlautbarungen über bildende Kunst gängige Diskurse ebenso zur Debatte stehen wie die Werke selber.

Das Verhältnis zwischen Literatur und bildender Kunst wird in Walsers Texten nicht nur in Reflexionen, sondern auch mittels der Konfrontation von Maler- und Dichterfiguren verhandelt. Beide Verfahren kommen bereits in der 1902 im *Sonntagsblatt des Bund* erstveröffentlichten Erzählung *Ein Maler* zur Anwendung, die später in die erste, für Walsers Schaffen bereits so repräsentative Buchveröffentlichung, *Fritz Kochers Aufsätze*, einging. Bei dem Rollentext handelt es sich um die schriftlichen Aufzeichnungen eines Malers – »Das Schreiben ist […] für die Malerhand eine amüsante Abwechslung« (SW 1, 67) –, der sich wiederholt über das Verhältnis von Schreiben und Malen äußert. So unterbricht er eine poetische Schilderung einer nebligen Waldlandschaft mit einer Aussage, die sich durch die Wortwahl selber dementiert: »Aber ein Dichter kann das nie sagen, das kann nur ein Maler sagen.« (ebd.) Laufend verletzt der schreibende Maler so die Maxime, mit der er sich selber zur Raison ruft: »Jede Kunst soll und muß ihre Grenzen haben, damit nicht die eine die andere verschlingt.« (ebd.) Das Zusammentreffen der Medien ist in *Ein Maler* bestimmend für die Schreibszene, wird unablässig thematisiert und erscheint schließlich auch in personifizierter Form, wenn im Haus der Gräfin, wo der Maler sich aufhält, ein »Dichter« auftaucht (vgl. Müller 2009, 330–368).

In Walsers Texten erscheinen auch später immer wieder Figuren, die lediglich mit der Berufsbezeichnung »Künstler«, »Maler«, »Dichter« oder »Poet« benannt sind. Möglich, dass die Zeitschrift *Kunst und Künstler* durch ihren Titel dazu anregte. Walser publizierte hier u. a. *Berlin und der Künstler*, *Über den Charakter des Künstlers*, *Der Künstler* oder *Maler, Poet und Dame*. Doch der Erwartung, es würden mediale Grundsatzfragen verhandelt, wenn Figuren bloß mit ihrer Berufsbezeichnung benannt werden, steht die Einsicht entgegen, dass diese Benennungen auch Tarnkappen sein können für die Brüder Robert und, mehr noch, Karl Walser. Das zeigt sich etwa an *Maler, Poet und Dame*, wo von einem Schriftsteller erzählt wird, der sich den Avancen ei-

ner Frau ausgesetzt sieht, die eigentlich auf seinen engen Freund, den Maler, gemünzt sind, – eine ähnliche Konstellation also, wie sie, mit biographischen Hintergründen, auch Kaspar, Simon und Klara in *Geschwister Tanner* verbindet. Die Erfolge des Bruders – in der Kunst, aber auch bei den Frauen – bargen für Robert Walser offensichtlich ein gewisses Kränkungspotential.

»Vor Bildern«

Robert Walser schrieb eine Reihe von Prosastücken und Gedichten, die Künstlern oder Kunstwerken gewidmet sind. Eine repräsentative Auswahl davon führte Bernhard Echte in einem Band mit farbigen Reproduktionen der besprochenen Bilder zusammen (vgl. Walser 2006). Was von diesen Texten zu Walsers Lebzeiten in Zeitungen und Zeitschriften veröffentlicht wurde, hatte meist ohne Abbildungen auszukommen. Es war Sache der Texte, ob und wie sie ihren Lesern zu einer Vorstellung der Werke verhelfen wollten. Eine Ausnahme bildete die reich, gelegentlich sogar farbig bebilderte Zeitschrift *Kunst und Künstler*, die eine erste Einladung an Walser darstellte, Texte dieser Art zu verfassen. Die Zeitschrift erschien im Verlag von Bruno Cassirer, der zusammen mit seinem Cousin Paul Cassirer der Berliner Sezession und den Brüdern Walser nahestand und ein Exponent der epochenspezifischen Symbiose zwischen den Künsten war. In den 1920er Jahren belieferte Walser insbesondere die *Prager Presse* mit Texten über bildende Kunst (vgl. Todorow 2009). Die Forschung hat sich bisher nur am Rand mit der Frage der Auswahl der behandelten Künstler beschäftigt, dafür aber umso intensiver mit den literarischen Beschreibungs- und Evokationsverfahren.

Welche Künstler und welche Werke Walsers Aufmerksamkeit auf sich zogen, scheint stärker von Kontexten und Anlässen bestimmt gewesen zu sein als von eigenständig verfolgten Interessen (Evans 1996b u. 2008). In seiner Berliner Zeit ließ Walser sich in die Kämpfe einspannen, die – vereinfacht betrachtet – die Verfechter einer modernen, internationalen gegen diejenigen einer traditionellen, nationalen Kunst führten. Die Geister schieden sich besonders an Vincent van Gogh und Paul Cézanne. Walser schrieb bereits in Berlin bewundernde Texte über van Gogh (*Zu der Arlesierin von Van Gogh* und *Das Van Gogh-Bild*; vgl. dazu Harman 1996, Gigerl 2008). Über Cézanne hingegen, über den sich schon zu dessen Lebzeiten europaweit eine Diskussion unter den

Literaten entsponnen hatte, veröffentlichte Walser erst nach seiner Rückkehr in die Schweiz einen Prosatext (*Cézannegedanken*; vgl. dazu Schwerin 2007). Biel und Bern und die zurückgezogene Lebensweise, die Walser hier führte, ließen die Konfrontationen namentlich mit neuester Kunst seltener werden. Walser nahm gelegentlich ein Kunstereignis, z. B. eine Ausstellung (*Belgische Kunstausstellung*) oder die Einweihung eines Denkmals (*Hodlers Buchenwald*), zum Anlass für einen Text. Er beschäftigte sich jetzt meist mit Klassikern oder griff auf Maler zurück, die zum Cassirer-›Kanon‹ (vgl. Evans 1996 b, 27) gehört hatten, zum Teil jetzt aber in der Öffentlichkeit anders wahrgenommen wurden. Für van Gogh brauchte niemand mehr eine Lanze zu brechen, sodass auch einige Abfälligkeiten (*Van Gogh*; vgl. dazu Gigerl 2008) riskiert werden durften. Wer Rang und Namen hatte, war vor der Ironie Walsers nicht sicher, der gerne und nicht immer frei von Ressentiments gegen die Vorlieben des aktuellen Kunstbetriebs stichelte. Umgekehrt erinnerte er in einem Prosastück an den von den Buchkünstlern der *Insel* verehrten, vorderhand aber gänzlich aus der Mode gekommenen Aubrey Beardsley (*Beardsley*). Für das wegen seiner Modernität in Bern sehr umstrittene Oskar Bider-Denkmal des von Bruno Cassirer einst geförderten Bildhauers Hermann Haller wollte er sich nicht einsetzen und machte sich stattdessen für ein Gemälde Ferdinand Hodlers stark, das jedoch für den in der Schweiz sehr gefeierten Maler wiederum eher untypisch ist (*Hodlers Buchenwald*; vgl. dazu Müller 2013 u. Evans 1996 b, 30; Todorow 2009, 201 f.). Möglich, dass sich Robert Walser auch aus seiner Aversion gegen die stete Bereitschaft seines Bruders, neuesten Trends zu folgen (vgl. Fattori 2008, 94 f.), in einem eher konservativen Kunstgeschmack gefiel. Dass er von zeitgenössischen Künstlern Notiz genommen hätte, die sich einer vergleichbaren ästhetischen Avanciertheit verschrieben wie er selber, ist nicht bekannt. Es waren die Kritik, insbesondere die angelsächsische (u. a. Christopher Middleton, Susan Sontag), und die Literaturwissenschaft, die indes schon erstaunlich früh und mit immer neuer Insistenz eine Verwandtschaft mit Paul Klee postulierten (Evans 1989, 81–115). Was Walser und Klee, aber auch noch andere Künstler der Zeit u. a. verband, waren die Anleihen, die sie bei der Kreativität von Kindern zu nehmen wussten (Morlang 1996, 21). Die Entscheidung des Suhrkamp Verlags, die Umschläge der Walser-Werkausgabe seit den 1990er Jahren mit Abbildungen von Gemälden Félix Vallottons zu versehen, suggeriert mit einiger Evidenz eine Nähe zu einem anderen zeitgenössischen Maler. Walser und Vallotton erlebten im letzten Drittel des 20. Jh.s parallel ihre Renaissance.

Walsers Repertoire an literarischen Verarbeitungsverfahren von bildender Kunst ist sehr vielfältig. Zwischen der eingehenden ästhetischen Gesamtwürdigung eines Kunstwerks und der Übernahme eines isolierten Elementes etwa für eine Landschaftsschilderung, bei der die Quelle oft gar nicht genannt und als Kunstwerk nicht in Betracht gezogen wird, gibt es eine reich abgestufte Skala. Aber selbst die eingehenderen Schilderungen vermitteln nicht den Eindruck, dass sich ein Betrachter geduldig beschreibend ›vor Bildern‹ installiert habe. Hinweise, dass eine Reproduktion (»*Apollo und Diana*«, *Das Ankeralbum*), gar eine nur in Schwarz-Weiß (*Sonett auf eine Venus von Tizian*; vgl. dazu Groddeck 2005), oder bloß eine Erinnerung an ein Bild evoziert werde (*Renoir*; vgl. dazu Prusák 2012), unterlaufen die Unmittelbarkeitsbehauptung, mit denen literarische Bildbeschreibungen sonst gerne auftrumpfen. Mittelbarkeit schafft auch die allgegenwärtige Ironie, die oft schwer zu fassen ist. Das zeigt sich an den Texten über den populären, aber beim Kunstestablishment der Zeit nicht besonders gut angeschriebenen Albert Anker. In *Das Ankeralbum* lässt Walser einen Enthusiasten einem Kreis von Zuhörerinnen eine Reproduktionsfolge von Gemälden dieses Malers erläutern (vgl. SW 18, 240–245). Wird mit diesem Erzählarrangement die Freude an Ankers Kunst und einer dieser unterstellten affirmativen Einstellung zur Welt ironisiert oder wird vielmehr für etwas Unmodernes eine Lanze gebrochen? Die gleiche Frage wirft auch das vor den Schweizer Anker-Verehrern in der fernen *Prager Presse* versteckte Gedicht *Der Berner Maler Albert Anker* auf, das mit den Versen endet: »und im Volk hat er gesiegt, / da er bezüglich seiner Treue / weit eher glänzt als mancher Neue« (SW 13, 144). Auf ein einzelnes, nicht identifiziertes Gemälde Ankers ist das ebenfalls in der *Prager Presse* publizierte Gedicht *Der bezauberte Gentleman* bezogen (SW 13, 158).

Walser verfährt in vielen seiner Bildevokationen außerordentlich selektiv. Das mag mnemotechnische Gründe haben, verrät aber oft System. Wenn in *Belgische Kunstausstellung* von einem großen »Christusbeweinungsbild« der Name des Malers, Rogier van der Weyden, verschwiegen und lediglich ein winziges Bäumchen am Rande der Horizontlinie liebevoll beschrieben wird (vgl. SW 18, 250), passt das genau in einen Ausstellungsbericht, der der »repräsentative[n] Kunst« (ebd., 246), die es zu kommentieren gälte, in zahllosen Abschweifungen aus dem Weg geht (vgl. Utz 1998, 333–337). Peter Utz erschien dieses Detail so signifikant für Walsers Schreiben, dass er davon den Titel seiner wegweisenden Studie *Tanz auf den Rändern* ableitete (ebd., 9 f.). Karl Walser könnte mit seinem Aquarell *Kahnfahrt*, in dessen oberer rechten Ecke sich eine winzige Figur versteckt, die Aufmerksamkeit seines Bruders für Bildränder geschult haben (s. Kap. 4.10).

Dass Bilder beim Transfer ins Medium der Literatur nicht einfach reproduziert, sondern neu erschaffen werden, hebt Walser immer wieder durch ostentative Willkürakte der Beschreibung hervor. So unterstellt er den Gemälden gerne das Vermögen, über ihre optische Sphäre hinaus akustische Eindrücke zu evozieren (vgl. Utz 1998, 270–75), womit die mimetische Qualität der Kunstwerke unterstrichen wird. Diese wird im Prosastück *Aquarelle* als ein Qualitätskriterium hochgehalten, auch wenn dies zu Walsers eigener poetischen Praxis in einem Spannungsverhältnis steht: »Wenn mir ein Maler den Glauben an sein Gemaltes beibringt, malt er gut. Seine Blumensträuße besitzen das Blumensträußliche, seine Häuser das Häusliche, die Dächer, die Balkone, die Stangen usw. sind, wie sie sein sollen, sie führen ihre eigene Existenz, man glaubt ihnen.« (SW 17, 190) Konventioneller als solche Zuschreibungen sind in Bildbeschreibungen die Verfahren, Gemälde als die Momentaufnahmen zwischen einem daraus abgeleiteten Vor- und Nachher zu erfassen und so in ein erzählbares Geschehen zu überführen (z. B. *Der verlorene Sohn*; vgl. dazu Schwerin 2008), oder die Innensicht einer Person zu geben, die ein gemaltes Porträt in Außensicht darstellt (z. B. *Das Van Gogh-Bild*).

Das Werk keines anderen bildenden Künstlers wurde von Walser so intensiv literarisch bearbeitet wie das seines Bruders. Das beginnt 1905 mit *Leben eines Dichters. Wandverzierungen von Karl Walser*, der ›Vertextung‹ eines Freskenzyklus des Bruders, mit der sich Robert für dessen Illustrationen zu *Fritz Kocher's Aufsätze* revanchierte. Es handelt sich dabei um Walsers erste Veröffentlichung in der Zeitschrift *Kunst und Künstler* und um die einzige überhaupt, in welcher der Name des Bruders genannt wird. Der Prosatext *Leben eines Malers*, der zuerst 1916 erschien und später gegen den Wunsch Karl Walsers in die Sammlung *Seeland* aufgenommen wurde, enthält nach einer biographischen Einleitung eine Reihe sehr ausführlicher und detailgenauer Bildbeschreibungen (vgl. Müller 1996, 389–393; Fattori 2008). Walser konnte sich dafür zum Teil an Reproduktionen halten, die in *Kunst und Künstler* abgedruckt

worden waren, namentlich in einem Aufsatz, in dem Karl Walser vom Chefredakteur Karl Scheffler geradezu gefeiert wurde (vgl. Scheffler 1914). Das wichtigste Bild des Bruders blieb aber für Robert Walser das Aquarell *Nach Natur* (1894), das ihn selber als Jüngling im Räuberkostüm darstellt (s. Abb. in Kap. 3.5.3). Der ganze »*Räuber*«-*Roman* will laut seines eigenen »Resümees« sich ihm verdanken: »Das ganze kommt mir übrigens vor wie eine große, große Glosse, lächerlich und abgründig. Ein Aquarellbildchen, das ein jugendlicher, kaum dem Knabenalter entwachsener Maler ausführte, gab uns zu all diesen kulturellen Zeilen den Anlaß.« (AdB 3, 148)

Illustrationen

Für elf der fünfzehn Bücher Robert Walsers, die dieser zu Lebzeiten veröffentlichte, gestaltete Karl Walser den Einband und stattete fünf davon zudem auch im Innern mit Illustrationen aus (vgl. Echte, Meier 1990, 89–132). Er prägte so die Gestalt, in der die Texte seines Bruders in den selbständigen Buchpublikationen in die Öffentlichkeit traten. Seine Bereitschaft, Illustrationen beizusteuern, scheint die Publikation des Erstlings, *Fritz Kocher's Aufsätze* (1904), im Insel-Verlag erst möglich gemacht zu haben (vgl. Echte 1998, 205–210; KWA I 1, 113–127). Karl Walser, der selber erst am Anfang seiner Karriere als Buchgestalter stand (zu seinem Illustrationswerk vgl. Badorrek-Hoguth 1983), erledigte die Illustration der fiktiven Schüleraufsätze nicht als Routinearbeit, sondern erarbeitete ein auf die Textvorlage inhaltlich und stilistisch genau abgestimmtes Illustrationskonzept. Alle Bilder sind gleich groß, starr gerahmt und mit einer Zierschrift untertitelt, was zur fast seriellen Struktur des Buches passt, dessen Abschnitte alle die gleiche Länge haben. Die Beflissenheit der Zeichnungen, aber auch der gezeichneten Schönschrift von Titel und Bildlegenden bildet ein graphisches Äquivalent zur raffiniert imitierten Schülersprache der Aufsätze. Unter dem Eindruck der Texte verleiht Karl Walser der konventionellen Eleganz der Jugendstilgraphik einen leicht ungelenken und damit ganz eigenen Zug (vgl. Meier 1990, 137). Wie die Aufsätze verbinden auch die Illustrationen mit verblüffender Treffsicherheit gespielte Naivität und Könnerschaft. In den Illustrationen zur Erzählung *Ein Maler* bringt Karl Walser den Maler und den Dichter als in viel zu großen Anzügen steckende Jünglinge ins Bild (s. Abb. 15).

Dem kongenialen ersten steht das letzte der illustrierten Bücher gegenüber, *Seeland*, das – auch we-

Abb. 15, 1 und 2: Karl Walser: *Die Gräfin*; *Der Dichter*. Illustrationen zu *Ein Maler* in Robert Walsers *Fritz Kocher's Aufsätze* (1904). Jeweils 7,5 × 11,5 cm.

gen der seine Entstehung begleitenden Briefe Robert Walsers an den Rascher Verlag – als ein Dokument der Entfremdung zwischen den Brüdern interpretiert werden kann (ebd., 145–147; Siegel 2001, 110–115; Fattori 2008, 91–95; s. Kap. 2.4). Zwischen *Fritz Kocher's Aufsätzen* und *Seeland* liegen die Illustrationsfolgen zu *Gedichte* (1909 bei Cassirer), sowie zu den zwei Prosa-Sammlungen *Aufsätze* und *Geschichten* (1913 und 1914, beide bei Kurt Wolff). Ihnen ist ein im Vergleich zu den *Fritz Kocher*-Illustrationen skizzenhafterer Zeichenstil eigen. Mit einer gewissen Beiläufigkeit und Tendenz zur Miniatur huldigt er einer ähnlichen Ästhetik des Sich-Kleinmachens wie die Texte der beiden Bieler Prosa-Sammlungen. Die *Seeland*-Radierungen unterscheiden sich demgegenüber nicht nur durch ihr größeres Format, sondern auch durch die scheinbare Abwesenheit der Ironie. Den gewichtigsten Part spielen die Illustrationen in *Gedichte*, wo die in den bibliophilen Band eingedruckten Originalradierungen sich mit den dazugehörigen Gedichten zu emblemhaften Einheiten von größter Einprägsamkeit verbinden. Dies ist umso er-

staunlicher, als die Gedichte – man denke an einen Text wie *Beiseit* – die Erfindungskraft des Illustrators noch vor ganz andere Aufgaben stellen als die Erzähltexte (s. Abb. 16). In und auf Publikationen zu Robert Walser häufig nachgedruckt, wurden Karl Walsers Illustrationen der Gedichte zu beliebten ikonischen Platzhaltern für Robert Walsers Werk.

Dass literarische Werke in Begleitung von so bedeutenden Illustrationen an die Öffentlichkeit traten, wie das bei *Fritz Kocher's Aufsätzen* oder bei den *Gedichten* der Fall war, dürfte in der Geschichte der deutschen Literatur eine Ausnahme darstellen. Dem trägt der Entscheid der *Kritischen Walser-Ausgabe*, Walsers Erstling komplett zu faksimilieren, Rechnung. Den nicht unbegründeten Argwohn, dass der Buchschmuck die Texte in den Schatten stellen könnte, lässt Robert Walser im Prosastück *Der Buchdeckel* laut werden.

Als Illustrator betätigte sich Robert Walser selber, wenn er Briefe mit ausgeschnittenen und eingeklebten Bildern versah (z. B. an Frieda Mermet, 13. 12. 1919; vgl. dazu Siegel 2001, 115 f.). Alle Manuskripte

Abb. 16: Karl Walser: Illustration
zu *Beiseit* in Robert Walsers
Gedichte (1909). 9 × 6,5 cm.

Robert Walsers zeugen von einem feinen Gespür für Linienführung und für graphische Proportionen. Insbesondere die Mikrogrammblätter können als höchst kunstvolle Graphiken betrachtet werden, die nicht nur die stupend regelmäßigen Zeilen und die Textblöcke in ausgewogene Konstellationen rücken, sondern auch die auf den wiederverwerteten Papieren vorgefundenen Schrift- und Graphikelemente einbeziehen (vgl. u. a. Morlang 1996; Groddeck 1997, 35–37; Siegel 2001, 115–122). Dass sie so an der Kunstform der Collage zu partizipieren scheinen, ist ein weiteres Indiz für Walsers uneingestandene Affinität zur künstlerischen Avantgarde (s. Kap. 5.7).

Literatur

Badorrek-Hoguth, Claire: Der Buchkünstler Karl Walser. Eine Bibliographie. Bad Kissingen 1983.

Bleckmann, Ulf: Thematisierung und Realisierung der bildenden Kunst im Werk Robert Walsers. In: Thomas Eicher, Ulf Bleckmann (Hg.): Intermedialität. Vom Bild zum Text. Bielefeld 1994, 29–58.

Echte, Bernhard, Meier, Andreas (Hg.): Die Brüder Karl und Robert Walser. Maler und Dichter. Stäfa 1990.

Echte, Bernhard: »Wer mehrere Verleger hat, hat überhaupt keinen.« Untersuchungen zu Robert Walsers Verlagsbeziehungen. In: Rätus Luck (Hg.): Geehrter Herr – lieber Freund. Schweizer Autoren und ihre deutschen Verleger. Mit einer Umkehrung und drei Exkursionen. Basel, Frankfurt a. M. 1998, 201–244.

Echte, Bernhard: Nachwort. In: Robert Walser: Vor Bildern. Geschichten und Gedichte. Hg. u. mit einem Nachwort versehen v. Bernhard Echte. Frankfurt a. M. 2006, 103–113.

Evans, Tamara S.: Robert Walsers Moderne. Bern, Stuttgart 1989.

Evans, Tamara S. (Hg.): Robert Walser and the Visual Arts. New York 1996 a.

Evans, Tamara S.: Robert Walser. Writing Painting. In: dies.: (Hg.): Robert Walser and the Visual Arts. New York 1996 b, 23–35.

Evans, Tamara S.: »Ein Künstler ist hier gezwungen aufzuhorchen«. Zu Robert Walsers Kunstrezeption in der Berliner Zeit. In: FATTORI/GIGERL, 107–116.

Fattori, Anna: Karl und Robert Walser. Bild(er) und Text in *Leben eines Malers*. In: FATTORI/GIGERL, 89–105.

Gigerl, Margit: »Bang vor solchen Pinsels Schwung«. Robert Walsers Lektüre der Bilder Van Goghs. In: FATTORI/GIGERL, 117–128.

Groddeck, Wolfram: »Weiß das Blatt, wie schön es ist?« Prosastück, Schriftbild und Poesie bei Robert Walser. In: Text. Kritische Beiträge 3 (1997), 23–41.

Groddeck, Wolfram: Liebesblick. Robert Walsers ›Sonett auf eine Venus von Tizian‹. In: Konstanze Fliedl (Hg.): Kunst im Text. Frankfurt a. M., Basel 2005, 55–67.

Groddeck, Wolfram: Robert Walser. In: Konstanze Fliedl, Marina Rauchenbacher, Joanna Wolf (Hg.): Handbuch der Kunstzitate. Bd. 2. Berlin 2011, 785–788.

Harman, Mark: Robert Walser and Vincent van Gogh. In: Tamara S. Evans (Hg.): Robert Walser and the Visual Arts. New York 1996, 36–52.

Meier, Andreas: »Man fühlte deutlich, daß sie aus derselben Familie kamen.« Illustrationen zu den Texten. In: Bernhard Echte, ders. (Hg.): Die Brüder Karl und Robert Walser. Maler und Dichter. Stäfa 1990, 134–149.

Morlang, Werner: »Small Is Beautiful«. The Aesthetic Implications of Walser's Pencil Method. In: Tamara S. Evans (Hg.): Robert Walser and the Visual Arts. New York 1996, 11–22.

Müller, Dominik: Künstlerbrüder – Schwesterkünste. Robert und Karl Walser. In: Ulrich Stadler (Hg.): Zwiesprache. Beiträge zur Theorie und Geschichte des Übersetzens. Stuttgart, Weimar 1996, 382–395.

Müller, Dominik: Vom Malen erzählen. Von Wilhelm Heinses »Ardinghello« bis Carl Hauptmanns »Einhart der Lächler«. Göttingen 2009.

Müller, Dominik: »In Prag gab es doch Aufregenderes zu lesen als Walsereien«. Zur Publikation von Robert Walsers Feuilletontext *Hodlers Buchenwald* in der *Prager Presse*. In: Musil-Forum 32 (2011/2012), 162–179.

Prusák, Mariana: Blicke im Text. Robert Walsers Gedicht »Renoir« im Kontext von Kunstrezeption und Wahrnehmungsdiskurs. Vortrag an der Jahrestagung der Robert Walser-Gesellschaft in Winterthur, 13. Oktober 2012. In: http://www.robertwalser.ch (9. 1. 2015).

Scheffler, Karl: Karl Walser. In: Kunst und Künstler 12 (1914), 355–372.

Schwerin, Kerstin Gräfin von: »Ich bin mir hier unvollständiger Ausdrucksart bewusst«. Walsers ›Cézannegedanken‹. Vortrag an der Jahrestagung der Robert Walser-Gesellschaft in Stuttgart, 23. Juni 2007. In: http://www.robertwalser.ch (9. 1. 2015).

Schwerin, Kerstin Gräfin von: Im weitverzweigten Lebensgarten. Robert Walsers Gedicht *Der verlorene Sohn* und Rembrandts Bild *Die Rückkehr des verlorenen Sohnes*. In: FATTORI/GIGERL.

Siegel, Elke: Aufträge aus dem Bleistiftgebiet. Zur Dichtung Robert Walsers. Würzburg 2001.

Todorow, Almut: Ekphrasis im Prager Feuilleton der Zwischenkriegszeit. Malerei-Texte von Robert Walser. In: Sibylle Schönborn (Hg.): Grenzdiskurse. Zeitungen deutschsprachiger Minderheiten und ihr Feuilleton in Mitteleuropa bis 1939. Essen 2009, 193–208.

Utz, Peter: Tanz auf den Rändern. Robert Walsers »Jetztzeitstil«. Frankfurt a. M. 1998.

Walser, Robert: Vor Bildern. Geschichten und Gedichte. Hg. u. mit einem Nachwort versehen v. Bernhard Echte. Frankfurt a. M. 2006.

Dominik Müller

4.10 Intermedialität (Malerei, Musik, Theater, Tanz, Rundfunk, Photographie, Kino)

Wechselseitige Erhellung der Künste

In Robert Walsers Schreiben verbindet sich die Einsicht in die Welt konstituierende Macht der Sprache mit einem Bewusstsein für die gewandelte Funktion »der Literatur unter den medialen Bedingungen der Moderne« (FATTORI/GIGERL, 8). Während Walsers Frühwerk Malerei, Musik und Theater emphatisch und ausführlich thematisiert und dabei an synästhetische Traditionen anknüpfen kann, enthält das spätere Werk auch manifeste und verdeckte Referenzen zu modernen Medien wie Tanz, Rundfunk, Photographie und Kino. Zu einem Thema wurde Walsers Intermedialität erstmals bei Ulf Bleckmann (1994a; 1994b). Almut Todorow behandelte die ›intermedialen Grenzgänge‹ in Walsers später Prosa, die das »mediale[] Dispositiv« der Zeitung – die zerstückelte »Visualität ihrer Schriftzeichen, Typographien, graphischen Formatierungen, Bilder und Photographien« (Todorow 2005, 227) – literarisch produktiv macht. Unterschiedliche ›Spielformen der Intermedialität bei Robert Walser‹ beleuchtet der Sammelband *Bildersprache. Klangfiguren* (FATTORI/GIGERL), der zeigt, dass Walsers Œuvre die ›Hybridisierung‹ des literarischen Diskurses (vgl. Rajewsky 2002) mitmacht und sich nebst Werken etwa von Alfred Döblin (vgl. Honold 2009), Carl Einstein (vgl. Kleinschmidt 2009) oder Friedrich Dürrenmatt (vgl. Weber 2014) für intermediale Fragestellungen besonders eignet.

Dass Walsers Schreiben die technische Reproduzierbarkeit und die zunehmende Medialisierung der Künste auf vielfältige Weise reflektiert, äußert sich in meta-medialen Praktiken wie ›sekundärer Oralität‹ (vgl. Ong 1982/1987; Utz 1999), ›fingierter Mündlichkeit‹ (vgl. Roser 1994; Sorg 2007), der Figur des ›Vor Augen Stellens‹ (vgl. Todorow 2005) und durch die Art, wie er mit Photographien seiner Person umgeht (vgl. Sorg 2013a) und bildkünstlerische bzw. filmische Zoom-, Schnitt- und Montagetechniken adaptiert (vgl. Deuber 2007; Tofi 2008).

Die »naive Annahme, unterschiedliche Kunstgattungen seien wechselseitig transkribierbar, ohne hierdurch ihre Sinnstruktur grundlegend zu verändern« (Schmidt, Valk 2009, 1), teilte Walser nie. Geprägt durch den älteren Bruder Karl, der sich als Maler, Illustrator, Buchgestalter und Bühnenbildner selbst diverser Medien bediente, hat Walser die ›Wechselseitige Erhellung der Künste‹ (vgl. Walzel 1917) früh als eine Realität erfahren und sich insbesondere das Verhältnis von Dichtung und Malerei als Thema zu eigen gemacht. Unbeirrt vom zeitgenössischen ›Hang zum Gesamtkunstwerk‹ (vgl. Szeemann 1983, 19), hielt Walser am Eigenwert der literarischen Ausdrucksweise fest. Obwohl der Literatur durch die Bilder, deren inflationäre Zunahme die Wahrnehmung beeinflusste und deren intensive Präsenz Walser als »Wunder« (SW 1, 86) erlebte, im modernen Medienverbund starke Konkurrenz erwuchs, pflegte er einen entschieden »literaturzentrierten‹ Intermedialitätszugang« (Todorow 2005, 235).

Walser hat Literatur nie als etwas Autonomes verstanden. Jedes Schreiben erscheint ihm nicht nur an die Person des Schriftstellers gebunden, sondern auch an bestimmte Kontexte, Umstände und Rahmenbedingungen (vgl. Sorg 2014). Im Grunde betrachtet Walser die Art der medialen Vermittlung eines Werks als einen Bestandteil seiner Form. Er unterscheidet zwischen Originalgemälde und Reproduktion und zwischen Musik, die live im Konzertsaal oder als »etwas Entferntes« (SW 19, 37) im Radio erklingt. Was in der Zeitung steht, verändert sich, wenn es in Buchform erscheint, und ein Roman wirkt anlässlich einer Lesung anders als im stillen Kämmerlein. Als Feuilletonist war Walser selbst ein Kenner des Betriebs, stand jedoch den »plakätischen Zeiten« (SW 8, 59; vgl. Sorg 2013 b), in denen emsig »für die Katz« (SW 20, 430) produziert wurde und die mit einer inflationären Vermehrung der ›Medien der Autorschaft‹ (vgl. Gisi, Meyer, Sorg 2013) einhergingen, zunehmend skeptisch gegenüber.

Malerei

Welche Bedeutung der Malerei in Walsers Werk zukommt, dokumentiert die Publikation *Die Brüder Karl und Robert Walser* (Echte, Meier 1990), Walsers maßgebliche Texte zu Gemälden und Malern versammelt die Anthologie *Vor Bildern* (2006) und einen Überblick über die Forschung bietet Tamara S. Evans (1996 a). Für Todorow ist die »literarische Mimesis des visuellen Wirklichkeitsbezugs« bei Walser so zentral, dass sie von einer »Poetik der Visualisierung« spricht (Todorow 2005, 237, 233).

Um die Funktion der bildenden Kunst in Walsers Werk näher zu bestimmen, teilte Ulf Bleckmann die einschlägigen Texte in drei Kategorien: Erstens Texte

zu Bildzyklen wie *Leben eines Dichters* (1905), *Ein ABC zu Bildern von Max Liebermann* (1909), *Das Ankeralbum* (1926) oder *Ein Bilderbuch* (1930/1931), zweitens Texte zu Einzelbildern wie *Das Van Gogh-Bild* (1918), *Hodlers Buchenwald* (1925) oder *Delacroix* (1930), und drittens Texte, die sich »auf das semiotische System der Malerei« (Bleckmann 1994 b, 48) beziehen und in denen Walser Analogien und Differenzen, aber auch die Konkurrenz zwischen der literarischen und der malerischen Ausdrucksweise behandelt – wie *Ein Maler* (1902), *Brief eines Malers an einen Dichter* (1915), *Leben eines Malers* (1916) oder *Cézannegedanken* (1929).

Generell gilt für die Texte der beiden ersten Kategorien, dass Walser »das erzählerische Verfahren dem beschreibenden vorzieht« (ebd., 35). Er unterläuft somit die Konventionen der am Bildinhalt orientierten Ekphrasis und entwirft unorthodox freie Texte, die sich von der gängigen Kunstkritik stark unterscheiden (vgl. Evans 2008, 116), oft nach folgendem Muster: Die in der Ich-Perspektive gehaltene Erzählung geht von einem subjektiven Erlebnis aus, schmückt dessen Umstände narrativ aus, schildert sodann knapp ausgewählte Aspekte eines bestimmten Bildes, das mit dem Erlebnis in Zusammenhang steht, und kehrt am Ende zum Erlebnisbericht zurück. Solch autofiktional angelegte Erzählungen thematisieren weniger das Bild als solches, als vielmehr das, was dem Erzähler anlässlich des Bildes einfällt.

Die Texte der dritten Kategorie enthalten poetologische Schlüsselstellen, welche um die wechselseitige Beleuchtung von Dichtung und Malerei kreisen. Obwohl die unterschiedlichen Darstellungsformen durchaus in Konkurrenz gesetzt werden – was »in den langen und dicken Büchern steht […], ist selten mehr, als eine Wiederholung dessen, was wir uns Tag für Tag, Stunde für Stunde selber erzählen. Bilder dagegen sind Überraschungen, des Nachdenkens und sich Ergötzens wert«, oder, »Farben und Linien erzählen auf süßere Weise« als Worte –, werden sie nicht gegeneinander ausgespielt (SW 1, 85 f.). Auch dient die intermediale Wechselwirkung weniger der Relativierung der jeweiligen Disziplin als vielmehr ihrer Profilierung: »Jede Kunst soll und muß ihre Grenzen haben, damit nicht die eine die andere verschlingt.« (SW 1, 67) Daran ändert sich auch nichts, als Walser seine Texte in den 1920er Jahren mikrographisch notiert und dabei verstärkt die bildliche Dimension von Schreibbewegung und Schriftbild reflektiert: »Schreiben scheint vom Zeichnen abzustammen.« (SW 19, 232)

Besondere Bedeutung erlangen in Walsers Werk die zahlreichen ›Dichterporträts‹ (vgl. Keutel 1989, 44–51, 205–208; Evans 1999; s. Kap. 4.16) etwa über Blei, Brentano, Büchner, Dickens, Hauff, Hölderlin, Jean Paul, Kleist, Lenau, Lenz, Sacher-Masoch, Schiller und Wedekind, die als »intermediale Inszenierung« (Todorow 2005, 238) die Tradition der Porträtmalerei und den Nichtdarstellbarkeits-Topos verbinden: »Nicht um eine inhaltliche Ekphrasis, eine Beschreibung eines ›Portraits‹, geht es, sondern um eine medienbewußte Ekphrasis, die als ›mise en abyme‹ dem Text eingeschrieben das eigene und das fremde Medium reflektiert, indem es die Unmöglichkeit des ›Portraitierens‹, sei es schreibend, sei es malend, aufdeckt.« (ebd., 239)

Über die Thematisierung der Malerei – sein ›Writing Painting‹ (Evans 1996 b, 23) – entwickelt Walser ein poetologisches Selbstverständnis, das die romantischen Grundlagen der Literatur revidiert, indem es den konstruktivistischen Effekt der ästhetischen Repräsentation miteinbezieht (vgl. Sorg 2014). Die an der sichtbaren Wirklichkeit orientierte Kunst ist gehalten, »treueste Natur zu geben« (SW 1, 71), und zugleich »neben dem Sichtbaren auch das Unsichtbare zu sehen« (SW 7, 20). Dies gelingt, wenn der Maler »[s]eine Sinne malen« lässt und den rein akademischen »Kunstverstand« überwindet (SW 1, 72). Seine Aufgabe sei es, seinem »Gedächtnis eine zweite Natur […] auferstehen zu lassen« (ebd.). Der künstlerische Prozess vermittelt also zwischen der äußeren Natur und der Subjektivität des Künstlers. Walser geht davon aus, dass »unsere Einbildungen […] genau so wirklich [sind], wie es unsere sonstigen Wirklichkeiten sind«, was impliziert, dass »anscheinende Unwirklichkeit für [ihn] inhaltreicher, d. h. wirklicher sei als die sogenannte, vielgerühmte und -gepriesene, tatsächlich vorhandene Wirklichkeit« (SW 18, 107, 102). Da die Kunst an die Wahrnehmung und das Gedächtnis gebunden ist, ist sie nur als Prozess denkbar, als permanente Verschiebung und Umschreibung. Sie bildet nicht einfach ab, sondern konstruiert Wirklichkeit.

Ein Spezialfall ist der 1925 in mikrographischer Form notierte und 1972 aus dem Nachlass publizierte »Räuber«-Roman. Der ganze Text steht im Banne eines »Aquarellbildchens«, das einen romantisch ausstaffierten Räuber darstellt und dem Erzähler »zu all diesen kulturellen Zeilen den Anlaß« gab (AdB 3, 148). Der Roman überlagert die Erzählung eines Schriftstellers, der im Begriff ist, einen Roman zu schreiben, mit Reflexionen über ›den Räuber‹, der im Bild präsent ist und darüber hinaus als Chiffre des rebellisch-romantischen Schriftsteller-Wesens des Erzählers dient. Da Karl Walser 1894 von seinem Bruder tatsächlich ein Aquarell gemalt hatte, das den jungen, theaterbegeisterten Robert als Karl Moor verkleidet darstellt (vgl. ECHTE, 39; s. Abb. in Kap. 3.5.3), bildet das intermedial literarisierte Aquarell den autofiktionalen Kern des Romans (vgl. Sorg 2013 a, 122).

Musik

Walser begeisterte sich für Musik, ging in Konzerte und besuchte konzertante Aufführungen. Spuren hinterlassen hat die Faszination für die Tonkunst in frühen Texten wie *Klavier* (1901), *Laute* (1901) oder *Musik* (1902), in denen die dämonische Dimension der Musik betont wird, und dann wieder ab der Bieler Zeit, als bestimmte Interpreten, Konzerte oder Werke thematisiert werden wie in *Paganini* (1912), *Kammermusik* (1915), *Über eine Opernaufführung* (1926), *Ich wohnte einem Konzert bei* (1926) oder *Worte über Mozarts »Zauberflöte«* (1927/1928). Aus Walsers Feder existieren gegen fünfzig Texte, die ihren Bezug zur Musik bereits im Titel anzeigen (vgl. Brotbeck, Sorg 2015).

Zu Walsers Lebzeiten hat man in seinem Werk weniger die thematische Präsenz der Musik beachtet, sondern vielmehr die besondere Musikalität des Stils betont und darin ebenso »ungezwungene Musik« (Max Brod) wie »feine Kammermusik« (Hermann Hesse) vernommen (zit. n. KERR 1, 79, 58). Als Hesse 1936 die Neuausgabe von Walsers Roman *Der Gehülfe* rezensiert, lobt er dessen einzigartige sprachliche Virtuosität – der Autor scheint ihm »ein reiner Musikant« (zit. n. ebd., 60). Der intermediale Topos der ›musikalischen Prosa‹ (Danuser 1975) fand später Eingang in die Walser-Forschung und wurde unterschiedlich perspektiviert.

Während die Musik in Walsers Werk für Bernhard Echte ein »Randthema« ist, das als »Katalysator einer Sinnenseligkeit« diene (Echte 2002, 49 f.), geht Valerie Heffernan davon aus, dass »die Musik ein Grundelement von Walsers Prosa« sei (Heffernan 2008, 225). Sie »wird zum einen zum Gegenstand der Prosa, zum anderen dringt sie in die Struktur der Texte selbst ein« (ebd.; vgl. Borchmeyer 2004; Hamm 2007). Um die klangliche Dimension von Walsers Literarizität zu erfassen, dient Heffernan auch die von Michail Bachtin geprägte Metapher der ›Vielstimmigkeit‹: »In den polyphonen Sätzen des Walser-Textes werden oft komplexe, unstimmige, scheinbar disparate Töne sinnreich zusammen zum Singen gebracht.« (Heffernan 2008, 225) Zu Walsers Musikverständnis gehört, dass er die an und für sich »wunderbare Musik« (SW 3, 51) mit den Ritualen der bürgerlichen Musikkultur – von Hauskonzerten über förmliche Veranstaltungen bis zum Starkult – ironisch kontrastiert.

Dem Stellenwert der Musik entsprechend, erlangt bei Walser der Hörsinn besonderes Gewicht. Dabei ist das Hören nicht allein die natürliche Ergänzung der anderen Sinne, sondern erlangt eine eigenständige Qualität. Wenn das Text-Ich als »der begabteste Horcher« (SW 17, 141) auftritt, kommt jene spezifische ›Ohralität‹ ins Spiel, die in Walsers Schreiben der ›fingierten Mündlichkeit‹ korrespondiert (vgl. Utz 1995; Utz 1998, 243–294; Todorow 2005, 237; Brotbeck, Sorg 2015). Es ist ein Charakteristikum von Walsers Modernität, dass sie die materiellen und körperlichen Umstände des Schreibens und Lesens nicht nur reflektiert, sondern auch als spezifische Qualitäten erkennt und einsetzt. Dabei ist das ausgeprägte Bewusstsein für die synästhetischen und intermedialen Wechselwirkungen bei der Produktion und Rezeption literarischer Texte von den zeittypischen Widersprüchen geprägt. Es speist sich einerseits aus den Effekten des technologischen Fortschritts, der inter- und transmediale Phänomene befördert (Multimedialität, synästhetisches Erleben, Hang zum Gesamtkunstwerk, Feuilletonisierung der Literatur, Aufkommen des Photoporträts von Schriftstellern, Konjunktur öffentlicher Lesungen, auch im Rundfunk), andererseits aus dem kulturkritisch geprägten Wunsch, dem toten und stummen Buchstaben der Schrift das Lebendige und Klingende der Rede entgegenzusetzen (vgl. Sorg 2007, 62 f.).

Aufgrund der hohen Affinität zum Musikalischen überrascht es, dass Walsers Werk nicht früher zum Gegenstand kompositorischer Bemühungen geworden ist. Nach zögerlichen Anfängen in den 1970er Jahren setzte dann allerdings eine Beschäftigung ein, die ähnlich intensiv ausfiel wie im Fall Friedrich Hölderlins (s. Kap. 5.8).

Theater

»Walsers Theaterleidenschaft« (Siegrist 1992, 351) geht auf seine Jugend in Biel zurück, als er sich für Friedrich Schiller begeisterte und davon träumte, Schauspieler und Dramatiker zu werden. Als Schriftsteller hat Walser die theatralische Lust am gesprochenen Wort bewahrt und kultiviert. Es ist Teil seines ironischen Arsenals, dass die unmittelbare Präsenz der Rede formvollendet künstlich im Schreiben zum Ausdruck kommt. Bei aller Bewunderung für das Theater hat Walser nie direkt für die Bühne geschrieben. Stattdessen verlieh er seiner Prosa einen theatralischen Grundgestus, und die performative Präsenz des Schreibens wurde zu einem seiner Markenzeichen. Die Affinität von Walsers Prosa zum Performativen und zum Rollenspiel provozierte die »gewagte These« von der »Geburt des Prosastücks aus dem Geist des Theaters« (Greven 1987, 93, 83). Walsers zahlreiche Theateraufsätze wie *Die Talentprobe, Lüge auf die Bühne* oder *Was braucht es zu einem Kleist-Darsteller?* (alle 1907) und seine erzählenden Texte, die das Theater zum Thema haben wie etwa *Katzentheater* (1907) oder *Theaterbrand* (1908), aber auch seine dramatischen Texte – Dramolette, Dialoge, dramatische Szenen, im Grunde Lesetexte, die als »eine Art Metatheater« (Borchmeyer 1987, 129) und »diskretes Theaterlabor« (Gees 2002) funktionieren – spiegeln die prägende Faszination für die kulturelle Praktik des Schauspiels (s. Kap. 4.12).

In den Prosatexten, die das Theater unmittelbar zum Thema haben, interessiert sich Walser stets für die theatralische Gesamtsituation: *Mehlmann. Ein Märchen* (1904), ein Text, der mit der Tradition der Commedia dell'arte spielt, fokussiert die Interaktion von Bühnengeschehen und Publikumsreaktion (vgl. Leucht 2007). *Das Theater, ein Traum (I)* (1907) schreibt dem Theater die Kunst zu, die ›Traumlogik‹ zum Vorschein zu bringen, *die* poetologische Leit- und Richtgröße jener Zeit: »Sind nicht auch die Dichtungen Träume, und ist denn die offene Bühne etwas anderes als ihr großgeöffneter, wie im Schlaf sprechender Mund?« (SW 15, 8) Dabei erscheint das intermediale Wechselspiel im klassischen Sinn als affektives Spektakel mit kathartischem Effekt: »Das ist das Traumhafte, das wahre Unwahre, das Ergreifende und zu guter Letzt das Schöne.« (ebd., 10 f.; vgl. Schaak 1999) In *Theaterbrand* (1908) schließlich ist das Theater der Ort, an dem aus einer zeitkritischen Betrachtung jäh eine in all ihren Schrecknissen ›theatralisch ausgemalte‹, grotesk anmutende Apokalypse erwächst, die im Nachhinein einem Menetekel der Katastrophe des Weltkriegs gleicht. Was Walser interessiert, ist das Momentum der Verbindung, das nur ›live‹ besteht und eine Aufführung zu einem ›Ereignis‹ macht (vgl. Fischer-Lichte 2004, 284 ff.): von Zeit und Raum, von Sprache und Körper, von Bild und Klang, von Traum und Wirklichkeit, von Schauspieler und Figur, von Publikum und Bühngeschehen. Walsers Texte über das Theater reflektieren diese ›Performance‹ – die Intermedialität erschließt sich in der Meta-Medialität.

Tanz

Geprägt vom Paradigmenwechsel vom klassischen Ballett zu modernen freien Formen, ist der Tanz um 1900 ein »ästhetisches Leitmedium« (Utz 1998, 425), in dem sich Antike, Exotismus, Ekstase, Transgression, Körperkult und Kunstwille paradigmatisch verbinden (vgl. Brandstetter 2008). Das zeigt nicht nur sein Einfluss auf die anderen Künste, sondern auch die Tatsache, dass man die Herausforderung, die in seiner ›Nichtbeschreibbarkeit‹ (vgl. Gumpert 1994; Huschka 2002, 19) liegt, annimmt, und seine Geschichte zu schreiben beginnt. Das Spektrum reicht von der populären Darstellung eines Oskar Bie, die von Karl Walser illustriert wurde, über die 1926 in der Büchergilde Gutenberg verlegte *Geschichte des Tanzes* von John Schikowski bis hin zu den unorthodoxen Studien eines Aby Warburg.

Die Tanzbegeisterung der Zeit hat auch bei Walser Spuren hinterlassen: »In der frühen und mittleren Prosa ist Tanz vor allem ein inhaltliches Motiv. Die späten Texte Walsers nehmen zum Motiv zwar Distanz, bewahren seine utopische Qualität aber auf als Metapher ihrer Struktur.« (Utz 1984, 405) Im Unterschied etwa zu Hugo von Hofmannsthal, der den Ausdruckstanz emphatisch begrüßte (vgl. Rutsch 1998), war Walsers Wahrnehmung der modernen Tanzformen, die sich in Texten wie *An eine angehende Tänzerin* (1907), *Über das Russische Ballet* (1908) oder »Der Tanzsaal« (1915) äußert, ambivalent. Im Prosastück *Der Tänzer* (1914), das die zeitgenössische Tanz-Topik einführt, tritt der Tänzer mal als »Wunderkind« und »Engel«, mal als »artiges, sprungfertiges, wohlerzogenes Hündchen« auf; bald erscheint der Tanz »wie ein Märchen aus unschuldigen, alten Zeiten, wo die Menschen, mit Kraft und Gesundheit ausgestattet, Kinder waren, die [...] spielten«, bald unterliegt der Tänzer einem Zwang, »als solle und als müsse er unaufhörlich weitertanzen« (SW 4, 100 f.).

Auch im Rückblick erscheint Walsers persönliche Faszination für diese Form der »Bewegungskultur« (AdB 5, 308) ironisch gebrochen. Als 1927 Isidora Duncan verunglückt, ist ihm der Tod der »ehemals berühmte[n] Tänzerin« (ebd., 307) Anlass für launige Bemerkungen. Und als 1928 mit Loïe Fuller eine weitere Berühmtheit stirbt, dichtet er: »sie, die uns mit ihrem Tanz, / feuerflirr'nden Firlefanz / einst entzückte, liegt nun still; / herrlich schillerte ihr Drill; / ja, ich darf es dir gestehen, / auch ich habe sie gesehen / auf den schlanken Beinen stehen, / deren Zierlichkeit den Rehen / sie geborgt zu haben schien« (SW 13, 166).

Wenn Walser in den 1920er Jahren über Tanz schreibt, ist der Ich-Erzähler der ruhende Zuschauer, der sich »[s]elber zu tanzen untersagt« (AdB 5, 71). Wobei ihn das »sich bewegende Vergnügen« (ebd.) animiert, seinerseits »mit Worten zu tanzen« (SW 20, 248). Dem Erzähler kommen die Tanzenden als die Glücklichen vor, die in ihrer »Körperlichkeit« aufgehen, was »vielleicht eine Erlösung aus einer Menge von Intelligentheiten« bedeute (AdB 5, 73). Der Tanz erscheint bei Walser als ›Pathosformel‹ der Moderne (Brandstetter 1995, 43), als impulsgebendes Vorbild, um das eigene Schreiben in Bewegung zu setzen. Man kann in der Textbewegung von Walsers sprunghafter Spätprosa ›Tanz-Figuren‹ (Müller Farguell 1995) erkennen, der eigentliche Tanz findet jedoch hinter den Kulissen am Schreibtisch statt (vgl. Utz 1998, 461–473). Walser notierte seine Texte ab 1924 in einer winzigen Variante der deutschen Kurrentschrift. Die auf engstem Raum vonstattengehende Schreibbewegung führt zur Unterbrechung des durchgehenden Strichs. Aufgrund der Mikrographie schwindet die morphologische Signifikanz der Schrift, der Schriftcharakter allgemein. Die aneinandergereihten Buchstaben erscheinen als Spur autonomer Mikrobewegungen. Die selbstauferlegte Restriktion, für die Walser sich ausschließlich des Bleistifts bedient, bewirkt paradoxerweise den Eindruck eines tänzerisch entgrenzten, ekstatischen Schriftbildes.

Walsers Formulierung, dass die »Dichterhand über's Schreibpapier hinfliegt, als gliche [sie] einem begeisterten Tänzer« (AdB 4, 199), legt nahe, dass der bildsprachlichen Überhöhung der Schreibbewegung ein reales physisches Drehmoment zugrunde liegt. Mit der exzentrischen Schreibtechnik begegnete Walser nach eigenen Angaben einer Schreibkrise, die er als »wahren Zusammenbruch [s]einer Hand erlebt« hatte, als »eine Art Krampf, aus dessen Klammern« er sich »mühsam, langsam befreite« (Br 322). Das geheime »Bleistiftgebiet« (Br 301) eröffnete ihm neuen Spielraum, die in den Fingerspitzen konzentrierte minimale Bewegung und die damit verbundene Idee, schreibend zu tanzen oder tänzerisch zu schreiben, wirkten befreiend und inspirierend.

Rundfunk

Zur Arbeitstagung der Sektion Dichtung der Preußischen Akademie der Künste zum Thema ›Dichtung und Rundfunk‹ von 1929 waren nebst ranghohen Rundfunk-Funktionären auch Schriftsteller wie Alfred Döblin, Arnolt Bronnen, Ernst Glaeser, Hermann Kasack, Arnold Zweig und Ina Seidel geladen. Von der Emphase, mit der die involvierten Autoren die ästhetischen und gesellschaftspolitischen Möglichkeiten des neuen Mediums besprachen (vgl. Dichtung und Rundfunk 1930; Hay 1975), war Walser weit entfernt. 1928 hatte die Zeitschrift *Der deutsche Rundfunk* ausgewählte Schriftsteller zum Thema ›Als ich zum ersten Mal Rundfunk hörte‹ konsultiert. Die gleiche Frage behandelnd, hat der nicht zu den Angefragten gehörende Walser – zum einzigen Mal – über das neue Medium geschrieben. 1928 publiziert, handelt das Prosastück *Radio* davon, dass sich der Ich-Erzähler »zum erstenmal eines Radiohörers« bediente, als er »in einer Art Krankenzimmer« weilte (SW 19, 37, 39). Nebst der bunten Mischung des Gesendeten und dem »Internationalitätsgefühl«, das sich beim Zuhören einstellt, faszinierte ihn die neuartige Kommunikationssituation: »Man hört etwas Entferntes, und die, die dies Hörbare hervorbringen, sprechen gleichsam zu allen, d. h. sie sind in vollkommener Unkenntnis über die Zahl und Besonderheit der Zuhörer.« (ebd., 37–39) Nach der Feststellung, dass »[e]ine Gesellschaft von Radiohörern […] naturgemäß« weniger Gespräche führe, dünkt ihn der »Genuß eines aus zauberischer Distanz […] herübertanzenden Klavierspiels« herrlich (ebd., 38). Bei aller Ironie fällt die Bilanz freundlich aus: »Es wäre unhöflich, den Siegeszug des technischen Erfindungsgeistes nicht schlankweg zuzugeben.« (ebd.; vgl. Bleckmann 1994 a, 243 f.)

Obwohl Walser registrierte, dass vermehrt literarische Texte »durch den Radio gesprochen« (Br 308) wurden – ab 1925 gelegentlich auch welche von ihm (vgl. Sorg 2007, 71–73) –, hat er in der Folge weder über noch für den Rundfunk geschrieben. Trotz seiner Affinität zur Mündlichkeit hielt er zu dem akustischen Medium, das Autoren wie Bertolt Brecht, Döblin oder Walter Benjamin literarisch produktiv werden ließ, Distanz. Er zögerte auch nicht, 1926, anlässlich eines Walser-Abends auf Radio Zürich, gegenüber dem zuständigen Redakteur das »Ausbeutungssystem« (MÄCHLER, 169 f.) zu beklagen, da man seine Texte verwendet hatte, ohne ihn zu honorieren.

Zu einer ganz besonderen Walser-Emission war es

1929 gekommen. Für die im Frankfurter Sender auf den 20. August angekündigte Lesung Walsers aus eigenen Werken musste umdisponiert werden, da der Schriftsteller aufgrund des Aufenthalts in der Heil- und Pflegeanstalt Waldau, der seit Januar 1929 andauerte, nicht verfügbar war. Aus einer Besprechung der Sendung in der *Frankfurter Zeitung* geht hervor, dass Walser von Benjamin vertreten wurde, der an Stelle des Autors eine Auswahl Walser-Texte las (vgl. Ackermann 2007; Sorg 2007, 72 f.). Benjamins Aufsatz *Robert Walser* (1929), der den Topos von »Walsers Geschwätzigkeit« prägte (Benjamin 1929/1991, 327), entstand unmittelbar im Umfeld der Sendung, die auch in der *Schweizerischen Radio-Zeitung* angekündigt war. Ob Walser in den »Anstaltsverhältnissen« (Br 364) von ihr Notiz nehmen konnte, ist nicht bekannt. Aus jener Zeit ist von ihm zum Thema lediglich die Bemerkung überliefert, »[g]egenwärtig« spiele das »Radio eine gewisse Rolle bezüglich der Literatur« (Br 365).

Walser hat die Distanz zum Vortrag eigener Texte, die in seiner Zurückhaltung gegenüber dem Rundfunk ebenso zum Ausdruck kommt wie in seiner Scheu vor der Autorenlesung (vgl. Sorg 2007), literarisch reflektiert. Die Aporie, das gesprochene Wort literarisch nur als »lautlose[s] Geplauder« (SW 20, 164) ausdrücken zu können, spitzt er ironisch zu. Das Prosastück *Walser über Walser* von 1925 beginnt mit dem Satz: »Hier können Sie den Schriftsteller Robert Walser sprechen hören« (SW 17, 182). Wenn Walsers Schreiben nicht unmittelbar lebendige Rede sein kann, so repräsentiert die ›sekundäre Oralität‹ (Ong 1982/1987) doch deren Aura. Benjamin hatte erkannt, dass die Reproduktion das Reproduzierte nicht nur banalisiert, sondern auch »aktualisiert« (Benjamin 1935/1991, 438). Genau das tut Walser, wenn er sich im Zeitalter der ›Lautsprecher‹, wo die Rede beliebig reproduzierbar wird, den Paradoxien ihrer literarischen Repräsentation verschreibt. Rückblickend hat Walser die »Hoffnung, in der Sprache sei irgendwelche unbekannte Lebendigkeit vorhanden, die es eine Freude sei zu wecken«, zur Triebfeder all seiner »Bemühungen« erklärt (SW 20, 429 f., 427).

Photographie

In seinem Werk kommt die Photographie kaum vor, für Walsers öffentliches »Gesicht« (AdB 1, 241) und für sein Selbstverständnis als Autor jedoch spielt sie eine nicht zu vernachlässigende Rolle. Die Bedeutung, die sie erlangt, zeichnet sich in den Romanen ab. Während sie in *Geschwister Tanner* (1907) und *Der Gehülfe* (1908) beiläufig erscheint – in beiden Romanen betrachtet der Held eine Photographie seiner Mutter (SW 9, 124; SW 10, 42) und ist mit der Angestellten eines Photographen bekannt (SW 9, 294; SW 10, 133, 136) –, ist es in *Jakob von Gunten* (1909) der Protagonist selbst, der durch das Objektiv erfasst wird. Jakobs »wahrheitsgetreue[r] Lebenslauf« (SW 11, 23) ist erst in dem Moment komplett, da er um eine eigens angefertigte Photographie ergänzt wird (vgl. ebd., 25, 48, 60). Die zwischen Objektivierung und Subjektivierung oszillierende Repräsentation des eigenen Ich im Zuge der ›Identitätsbildung‹ beschäftigte auch Walser selbst, der im Rückblick sein ganzes Werk als romanhaftes »Ich-Buch« (SW 20, 322) bezeichnet hat.

Die gut zwanzig von Robert Walser existierenden Photographien – von einigen Aufnahmen gibt es Varianten – stellen in den bildmonographischen Publikationen das Pièce de Résistance dar (Fröhlich, Hamm 1980; Amann 1995; Echte). An den wenigen Aufnahmen, die die ›Ikonen‹ der Wirkungsgeschichte bilden (vgl. Sebald 1998, 134 f.), wird die Bedeutung der Autorenphotos, welche »die Aufgabe der Werkrepräsentanz« übernehmen (Genazino 1994, 32), exemplarisch ersichtlich (vgl. Stiegler 2007; Bickenbach 2010). Mit Verweis auf E. Y. Meyers Erzählung *Eine entfernte Ähnlichkeit*, die von der suggestiven Wirkung der Photographien von Robert Walser als Patient handelt (vgl. Meyer 1975, 17 f., 23), verwies Walter Keutel auf die Funktion der Photographien des toten Dichters für die Formierung der ›Walser-Legende‹ (vgl. Keutel 1989, 165–169; Keutel 1990, 158).

Es geht in diesem Fall jedoch um mehr als um eine generelle Interaktion von Image und Werk des Autors in der Rezeption (s. Kap. 5.3). Walser verfolgte bei der Verbreitung der Photoporträts seiner Person eine eigentliche ›Bildpolitik‹, und die lediglich drei Aufnahmen, die von ihm zu seiner Zeit als aktiver Schriftsteller kursierten, korrespondieren unmittelbar mit dem Werk (vgl. Sorg 2013 a, 107). Die von Max Brod diagnostizierte Vorliebe Walsers, sich in der literarischen Selbstdarstellung »als Knaben, als halberkennenden Reifenden zu verkleiden« (zit. n. Kerr 1, 80; vgl. Fröhlich, Hamm 1980, 13), ging mit dem Umstand einher, dass Walser von seiner Person dreißig Jahre lang strikt nur Jünglingsbilder in die Öffentlichkeit gelangen ließ. Erst als es mit zunehmendem Alter immer schwerer wurde, das utopische Potential, das er im Sehnsuchtsbild des romantischen Jünglings literarisch pflegte, mit der eignen Lebenswirklichkeit zu vermitteln, gab er dem Drängen eines Redaktors nach und ließ anlässlich seines fünfzigsten Geburtstags im April 1928 erstmals eine Aufnahme erscheinen, die seinem wirklichen Alter entsprach (vgl. Echte, 403; Sorg 2013 a, 120 ff.).

Kein Jahr nach der Publikation dieser Photographie in der Zeitschrift *Individualität* begann Walsers schrittweiser Rückzug aus dem Literaturbetrieb. Ab Januar 1929 lebte er in der Berner Heil- und Pflegeanstalt Waldau, ab Juni 1933 in der Klinik in Herisau, wo er das Schreiben vollständig aufgab. Walsers einziger Text, der das Thema der Photographie direkt aufgreift, entstand 1930/1931. Das 1972 aus dem Nachlass publizierte Prosastück *Eine Art Bild* versucht, mit sprachlichen Mitteln »eine Art Bildnis zu zeichnen« (SW 20, 275). Eine Photographie (s)einer Person im »Alter von zirka fünfzehn Jahren« betrachtend, das ihm »gelegentlich zu Gesicht kam«, zieht das erzählende Ich eine ernüchternde Bilanz: Der Jüngling auf dem Photo, von dem distanziert in der Er-Form die Rede ist, habe »zarte Hände, träumerische Augen« besessen (ebd., 274). Obwohl er sich »gläubig« und »nachhaltig« um ein »Emporkommen« bemüht habe, sei »ihm der Eintritt ins Haus des dauernden Glückes verwehrt« geblieben (ebd., 275).

Die Konstellation, welche diese Schreibsituation markiert, ist charakteristisch für Walsers Umgang mit der Photographie. Photographisches Abbild und literarisches ›Bildnis‹ der eigenen Person ergeben ein Spannungsverhältnis, das auch als mediale Konkurrenz wirkt. Die Photographie, die von fremder Hand stammt, dient dem Ich als Referenzpunkt für eine literarische Beschreibung, die der eigenen Feder entspringt. Walser hat nicht nur in autofiktionaler Weise die eigene Autorschaft ergründet, sondern auch eine Vielzahl Porträts anderer Dichter geschrieben (vgl. Keutel 1989, 44–51, 205–208; Evans 1999). Das Verhältnis, das Walser zur Photographie unterhält, ist ambivalent. Er bringt gezielt Photographien seiner Person in Umlauf, die nicht seiner realen Präsenz entsprechen, und bearbeitet parallel dazu sein literarisches ›Selbstbildnis‹ ständig neu. Die photographische Fixierung dient dabei weniger der dokumentarischen oder ästhetischen Repräsentation als vielmehr der literarischen Reflexion. Die Ansicht, dass »sehr viele Menschen« von ihm »ein Bild bekommen haben, das vielleicht nicht das richtige Bild ist« (AdB 1, 121), motiviert Walsers erzählendes Alter Ego, sein Selbstbild als ›Selbstbildnis‹ laufend zu umschreiben und umzuschreiben.

Kino

»Dieser Kinobesucher beginnt zu schreiben, als die Bilder laufen lernen« (Deuber 2007, 254). Dass Walser zu den Schriftstellern gehörte, die rege die Kinematograph-Theater frequentierten, ließ sein Schreiben nicht unberührt: »[M]it dem seinerzeit noch jungen Medium des Films hat Robert Walser sich von seinem Frühwerk an auseinandergesetzt, allerdings weniger intensiv als mit der bildenden Kunst.« (Bleckmann 1994 a, 239) Walser hatte diese populäre Form der Vergnügung spätestens 1905 in Berlin für sich entdeckt und dürfte in seiner Berner Zeit in den Winterhalbjahren »mindestens einmal pro Woche ins Kino gegangen sein« (Echte 1994, 160). Von wenigen Ausnahmen abgesehen, fielen die von ihm gesehenen Filme in den Bereich der Unterhaltung und Zerstreuung; die frühen ›Kintopps‹ waren Varietés vergleichbar, mit Kellnern und Livemusik (vgl. SW 3, 54 f.). Was den Schriftsteller Walser irritierte, war die Tatsache, dass in der Kinowelt die Urheberschaft eine untergeordnete Rolle spielte: »Doch wer fragt bei Kinostücken nach Autoren?« (SW 16, 173; vgl. Altenloh 1914/2012)

Anders als etwa Arthur Schnitzler, der die Verfilmung seiner Texte begleitete (vgl. Wolf 2006, 40 ff.), oder Walter Hasenclever, Else Lasker-Schüler, Albert Ehrenstein, Max Brod und Franz Blei, die mit ›Kinostücken‹ zu dem von Kurt Pinthus herausgegebenen *Kinobuch* (1913/1914) beitrugen (vgl. Wolf 2006, 25–32), hat Walser nie Szenarien für den Film verfasst, auch nicht in spielerischer Manier. In frühen Texten wie *Der Schuß* (undatiert), *Kino* (1912), *Könnemann* (1915) oder *Das Kind (II)* (1916), in denen Figuren, Motive oder Handlungen aus Filmen zitiert, paraphrasiert oder kommentiert werden, dienen Filme als Schreibanlass und Stoff – eine Praxis, die Walser später in Prosastücken wie *Über einen Film* (1925), *Gräfin Maritza* (1926) oder *Burschen* (1928) noch vertiefen sollte. Wenn er weiterhin als »Filmausbeuter« (SW 18, 314) agiert und das Kino »als direkten oder indirekten Stofflieferant[en]« (Echte 1994, 159) benutzt, so orientiert er sich nun verstärkt an filmischen Verfahren, indem er den Kamerablick, die variable Perspektive, den direkten Schnitt und die unvermittelte Überblendung literarisch adaptiert (vgl. ebd., 161).

Für Walo Deuber hatten schon Walsers frühe Texte »Einstellungsfolgen« (Deuber 2007, 256) aneinandergereiht. Der späte Walser entwickelt ihm zufolge eine eigentliche ›filmische Handschrift‹ (vgl. Paech 1997, 122 ff.). Subjekt wie Objekt erscheinen

als lebendige, bewegliche Wesen, der Bleistift, der sie beschreibt, wird zur »›stylo-caméra‹« (Deuber 2007, 260). Den narrativen und stilistischen Einfluss des Kinos auf sein Schreiben hatte Walser selbst in Analogie zu hergebrachten Medien erfasst: »[D]ann berührt mich die Technik im Kino als etwas ungemein Einnehmendes, und dann die Schnelligkeit, dieses graziöse Vorüberhuschen der Bedeutungen, als sitze man abends beim Lampenlicht in einer Herberge oder in einem Kloster oder in einer Villa oder in einem Einfamilienhaus am Tische und blättere in einem Bilderbuch, das voll unaussprechlichen Lebens ist.« (SW 19, 114) Welchen Eindruck die bewegten Bilder auf Walser machten, bezeugen die in die Texte eingestreuten einschlägigen Komposita. Vom »Kinokleinod« (SW 20, 338), »Kinomann« (ebd., 344) und »Kinomädchen« (SW 18, 33) ist da ebenso die Rede wie von »Kinokönigin« (SW 19, 79), »Kinokerl« (SW 20, 343), »Kinokarriere« (ebd.), »Kinofigurantin« (ebd.), »Kinopfarrer« (SW 19, 303) oder einem »Kinokind« (SW 16, 172).

Walsers wachsende Affinität zur »Pest der Jetztzeit« (Feuer, 49), wie er das Kino ironisch nannte, ging einher mit einer Distanzierung vom Theater, das für Walser »seinen großartigen Nimbus verloren« hatte (Echte 1994, 154), da es aufgrund der naturalistischen Tendenz kein »Lügentheater« (SW 15, 35) mehr sein wollte. Dass der Großteil der gezeigten Filme Rührstücke waren, schien Walser nicht zu stören, ganz im Gegenteil. Er entpuppt sich als Liebhaber der Trash-Kultur *avant la lettre* und hat sich nie wirklich für die ›Literarisierung des Films‹ (vgl. Paech 1997, 85; Wolf 2006, 20) interessiert. Die sentimentalen Strickmuster, plakativen Stories und klischierten Figuren haben Walser offensichtlich fasziniert. In den 1920er Jahren verfasste er laufend Texte, die Elemente aus Schundromanen, Trivialromanheftchen (vgl. Graf 2008) und Unterhaltungsfilmen enthielten. Er griff auf, was ihn billig ansprang, um daraus eigene Texte zu machen, wodurch diese mehr und mehr intertextuell und intermedial hybridisiert wurden. Bald kaschierte er die Quellen, bald legte er sie offen: »und nun ist es Pflicht für den Autor, daß er eingesteht, er verdanke diese Geschichte einem Kinoeindruck« (AdB 1, 275), heißt es am Ende eines Mikrogramms von 1925. Wie bei den literarischen Prätexten, die Walser oft verdeckt zitiert, ist es auch bei den Filmen nicht in jedem Fall möglich, die Referenz zu eruieren (vgl. Echte 1994, 160; Tofi 2008, 214).

Intermediale Rezeption

Walsers Sensibilität und sein ausgeprägtes Interesse für interagierende Aspekte und Formen der Wahrnehmung und der Darstellung, insbesondere die Affinität zum Audio-Visuellen, prägen sein Schaffen grundlegend. Die Anschaulichkeit und Konsequenz, mit der er sowohl natürliche als auch virtuelle Reize ästhetisch reflektiert, erklärt wiederum, weshalb sich überdurchschnittlich viele bildende Künstler für sein Werk, aber auch für ihn als Figur interessieren (vgl. Schuppli, Schmutz, Sorg 2014; Schütte 2014; Sorg 2014; s. Kap. 5.7). Ab den 1960er und 1970er Jahren haben zudem Filmschaffende und Komponisten begonnen, sich mit Walsers Werken zu beschäftigen (s. Kap. 5.6 u. 5.8).

Im Umfeld von Walsers 100. Geburtstag, der 1978 mit einer Vielzahl von Anlässen und Publikationen begangen wurde, ist Walsers Werk neu entdeckt und in aktuelle künstlerische Zusammenhänge hineingestellt worden. Was Walser antizipiert und präfiguriert hatte, war eine Unorthodoxie des Standpunkts und des Sehens und eine Einsicht in die konstruktivistisch mediale Dimension moderner Wirklichkeit. Dass Walser dem Outsider und randständigen Beobachter eine radikal subjektive und ironisch subversive Perspektive zugestand, ohne dabei den Anspruch einer allgemeinen Sicht der Dinge preiszugeben, faszinierte nachhaltig. Die damals einsetzende trans- und intermediale Rezeption ist bis heute ungebrochen und hat sich zunehmend internationalisiert.

Literatur

Ackermann, Gregor: Walter Benjamin liest Robert Walser. In: Mitteilungen 14, 7–10.

Altenloh, Emilie: Zur Soziologie des Kino. Die Kino-Unternehmung und die sozialen Schichten ihrer Besucher [1914]. Hg. v. Andrea Haller u. a. Frankfurt a. M. 2012.

Amann, Jürg: Robert Walser. Eine literarische Biographie in Texten und Bildern. Zürich, Hamburg 1995.

Benjamin, Walter: Robert Walser [1929]. In: ders.: Gesammelte Schriften. Bd. II,1. Hg. v. Rolf Tiedemann u. Hermann Schweppenhäuser. Frankfurt a. M. 1991, 324–328.

Benjamin, Walter: Das Kunstwerk im Zeitalter seiner technischen Reproduzierbarkeit [1935]. In: ders.: Gesammelte Schriften. Bd. I,2. Hg. v. Rolf Tiedemann u. Hermann Schweppenhäuser. Frankfurt a. M. 1991, 431–470.

Bickenbach, Matthias: Das Autorenfoto in der Medienrevolution. Anachronie einer Norm. München 2010.

Bie, Oskar: Der Tanz [1906]. Buchausstattung von Karl Walser. Berlin ²1919.

Bleckmann, Ulf: »…ein Meinungslabyrinth, in welchem alle, alle herumirren…«. Intertextualität und Metasprache als Robert Walsers Beitrag zur Moderne. Frankfurt a. M. 1994 a.

Bleckmann, Ulf: Thematisierung und Realisierung der bildenden Kunst im Werk Robert Walsers. In: Thomas Eicher, Ulf Bleckmann (Hg.): Intermedialität. Vom Bild zum Text. Bielefeld 1994 b, 29–58.

Borchmeyer, Dieter: Robert Walsers Metatheater. Über die Dramolette und szenischen Prosastücke. In: Chiarini/Zimmermann, 129–143.

Borchmeyer, Dieter: »Ich bin ganz Ohr«. Musik in Robert Walsers Prosa. In: Text + Kritik 4, 155–160.

Brandstetter, Gabriele: Tanz-Lektüren. Körperbilder und Raumfiguren der Avantgarde. Frankfurt a. M. 1995.

Brandstetter, Gabriele: Tanz. In: Sabine Haupt, Stefan Bodo Würffel (Hg.): Handbuch Fin de Siècle. Stuttgart 2008, 583–600.

Brotbeck, Roman, Sorg, Reto: Nachwort. In: Robert Walser: »Das Beste, was ich über Musik zu sagen weiß«. Hg. v. dens. unter Mitarbeit v. Gelgia Caviezel. Berlin 2015, 175–189.

Danuser, Hermann: Musikalische Prosa. Regensburg 1975.

Dichtung und Rundfunk. Reden und Gegenreden. Berlin 1930.

Deuber, Walo: ›Hoffnung auf eine unbekannte Lebendigkeit der Sprache‹. Die Handkamera des Robert Walser. In: Groddeck u. a., 253–264.

Echte, Bernhard, Meier, Andreas (Hg.): Die Brüder Karl und Robert Walser. Maler und Dichter. Stäfa 1990.

Echte, Bernhard: Dieses graziöse Vorüberhuschen der Bedeutungen. Robert Walser und das Kino. In: Cinema 40 (1994), 153–162.

Echte, Bernhard: »Das Schwinden ist ihr Leben«. Robert Walser und die Töne. In: Ulrich Mosch (Hg.): »Entre Denges et Denezy…«. Dokumente zur Schweizer Musikgeschichte 1900–2000. Mainz 2000, 347–352.

Echte, Bernhard: Klang, Evidenz und Geheimnis. Eine kleine Anregung, Robert Walser zu lesen. In: Beziehungszauber. Musik und Literatur. Vorträge und Gespräche der Hörer-Akademie der 57. Sommerlichen Musiktage Hitzacker. Lüchow 2002, 42–56.

Evans, Tamara S. (Hg.): Robert Walser and the Visual Arts. New York 1996 a.

Evans, Tamara S.: Robert Walser. Writing Painting. In: dies. (Hg.): Robert Walser and the Visual Arts. New York 1996 b, 23–35.

Evans, Tamara S.: »Im übrigen ist er ein wenig krank«: Zum Problem der Selbstreferentialität in Robert Walsers Dichterporträts. In: Borchmeyer, 102–115.

Evans, Tamara S.: »Ein Künstler ist hier gezwungen aufzuhorchen«: Zu Robert Walsers Kunstrezeption in der Berliner Zeit. In: Fattori/Gigerl, 107–116.

Fattori/Gigerl.

Fischer-Lichte, Erika: Ästhetik des Performativen. Frankfurt a. M. 2004.

Fröhlich, Elio, Hamm, Peter (Hg.): Robert Walser. Leben und Werk in Daten und Bildern. Frankfurt a. M. 1980.

Gees, Marion: »Wie es scheint, experimentiert er…«. Robert Walsers diskretes Theaterlabor. In: Noble, 207–227.

Genazino, Wilhelm: Das Bild des Autors ist der Roman des Lesers. Münster 1994.

Gisi, Lucas Marco: Der autofiktionale Pakt. Zur (Re-)Kon-

struktion von Robert Walsers »*Felix*«-Szenen. In: Elio
Pellin, Ulrich Weber (Hg.): »...all diese fingierten, notierten, in meinem Kopf ungefähr wieder zusammengesetzten Ichs«. Autobiographie und Autofiktion. Göttingen, Zürich 2012, 55–70.

Gisi, Lucas Marco, Meyer, Urs, Sorg, Reto (Hg.): Medien der
Autorschaft. Formen literarischer (Selbst-)Inszenierung
von Brief und Tagebuch bis Fotografie und Interview.
München 2013.

Graf, Marion: Robert Walser als Anleser französischer sentimentaler Romane. In: Fattori/Gigerl, 201–211.

Greven, Jochen: Die Geburt des Prosastücks aus dem Geist
des Theaters. In: Chiarini/Zimmermann, 83–94.

Gumpert, Gregor: Die Rede vom Tanz. Körperästhetik in
der Literatur der Jahrhundertwende. München 1994.

Hamm, Peter: »Ich bin nichts als ein Horchender«. Robert
Walser und die Musik. In: ders.: Die Kunst des Unmöglichen oder Jedes Ding hat (mindestens) drei Seiten. Aufsätze zur Literatur. München 2007, 9–15.

Hay, Gerhard (Hg.): Literatur und Rundfunk 1923–1933.
Hildesheim 1975.

Heffernan, Valerie: »Nicht wahr, es klingt so schön«. Zur
Musik des Walser-Textes. In: Fattori/Gigerl, 219–
225.

Honold, Alexander: Der singende Text. Klanglichkeit als literarische Performanzqualität. In: Wolf Gerhard
Schmidt, Thorsten Valk (Hg.): Literatur intermedial. Paradigmenbildung zwischen 1918 und 1968. Berlin, New
York 2009, 187–207.

Huschka, Sabine: Moderner Tanz. Konzepte, Stile, Utopien.
Reinbek bei Hamburg 2002.

Keutel, Walter: Röbu, Robertchen, das Walser. Zweiter Tod
und literarische Wiedergeburt von Robert Walser. Tübingen 1989.

Keutel, Walter: In Pursuit of Invisible Tracks: Photographs
of a Dead Author. In: New German Critique 50 (1990),
157–172.

Kleinschmidt, Erich: Bildpoetik als Textpoetik. Intermediale Beschreibungsdispositive bei Carl Einstein. In: Wolf
Gerhard Schmidt, Thorsten Valk (Hg.): Literatur intermedial. Paradigmenbildung zwischen 1918 und 1968.
Berlin, New York 2009, 209–221.

Leucht, Robert: »Die Komik ist ein begrenztes Gebiet«. Robert Walsers früher Theatertext *Mehlmann. Ein Märchen*.
In: Groddeck u. a., 223–228.

Meyer, E. Y.: Eine entfernte Ähnlichkeit. Erzählungen.
Frankfurt a. M. 1975.

Meyer, Urs, Simanowski, Roberto, Zeller, Christoph (Hg.):
Transmedialität. Zur Ästhetik paraliterarischer Verfahren. Göttingen 2006.

Müller Farguell, Roger W.: Tanz-Figuren. Zur metaphorischen Konstitution von Bewegung in Texten. Schiller,
Kleist, Heine, Nietzsche. München 1995.

Ong, Walter Jackson: Oralität und Literalität. Die Technolo-
gisierung des Wortes [1982]. Aus dem Amerikan. v.
Wolfgang Schömel. Opladen 1987.

Paech, Joachim: Literatur und Film. Stuttgart, Weimar
²1997.

Pinthus, Kurt (Hg.): Das Kinobuch. Kinostücke von Ber-
mann, Hasenclever, Langer [...]. Dokumentarische Neuausgabe des ›Kinobuchs‹ von 1913/14. Zürich 1963.

Rajewsky, Irina O.: Intermedialität. Tübingen, Basel 2002.

Roser, Dieter: Fingierte Mündlichkeit und reine Schrift.
Zur Sprachproblematik in Robert Walsers späten Texten.
Würzburg 1994.

Rutsch, Bettina: Leiblichkeit der Sprache, Sprachlichkeit
des Leibes. Wort, Gebärde, Tanz bei Hugo von Hofmannsthal. Frankfurt a. M., Bern 1998.

Schaak, Martina: »Das Theater, ein Traum«. Robert Walsers
Welt als gestaltete Bühne. Berlin 1999.

Schikowski, John: Geschichte des Tanzes. Berlin 1926.

Schmidt, Wolf Gerhard, Valk, Thorsten (Hg.): Literatur intermedial. Paradigmenbildung zwischen 1918 und 1968.
Berlin, New York 2009.

Schuppli, Madeleine, Schmutz, Thomas, Sorg, Reto (Hg.):
Ohne Achtsamkeit beachte ich alles. Robert Walser und
die bildende Kunst. Sulgen 2014.

Schütte, Thomas: Watercolors. For Robert Walser and Donald Young 2011–2012. Paris 2014.

Sebald, W. G.: Le promeneur solitaire. Zur Erinnerung an
Robert Walser. In: ders.: Logis in einem Landhaus. Über
Gottfried Keller, Johann Peter Hebel, Robert Walser und
andere. München, Wien 1998, 127–168.

Siegrist, Christoph: Robert Walsers Theaterleidenschaft. In:
Schweizer Theaterjahrbuch 53–54 (1992/1993), 351–
355.

Sorg, Reto: »Doch stimmt bei all dem etwas nicht«. Robert
Walser als Vorleser eigener Texte. In: Groddeck u. a.,
61–74.

Sorg, Reto: Pose und Phantom. Robert Walser und seine
Autorenporträts. In: Lucas Marco Gisi, Urs Meyer, Reto
Sorg (Hg.): Medien der Autorschaft. Formen literari-
scher (Selbst-)Inszenierung von Brief und Tagebuch bis
Fotografie und Interview. München 2013a, 107–130.

Sorg, Reto: »Wir leben in plakätischen Zeiten.« Robert Walser und der Literaturbetrieb seiner Zeit. In: Philipp Theisohn, Christine Weder (Hg.): Literaturbetrieb. Zur Poetik einer Produktionsgemeinschaft. München 2013b,
167–185.

Sorg, Reto: »Irgendwo müssen Bilder eben plaziert werden.« Robert Walser und die bildende Kunst. In: Madeleine Schuppli, Thomas Schmutz, Reto Sorg (Hg.):
Ohne Achtsamkeit beachte ich alles. Robert Walser und
die bildende Kunst. Sulgen 2014, 31–38.

Stiegler, Bernd: »Doppelt belichtet. Schriftsteller und ihre
Photographien«. In: Jahrbuch der Deutschen Schillergesellschaft 51 (2007), 587–610.

Szeemann, Harald (Hg.): Der Hang zum Gesamtkunstwerk.
Europäische Utopien seit 1800. Aarau, Frankfurt a. M.
1983.

Todorow, Almut: Intermediale Grenzgänge: Robert Walsers
Kleist-Essays. In: Wolfgang Braungart, Kai Kauffmann
(Hg.): Essayismus um 1900. Heidelberg 2005, 223–246.

Todorow, Almut: Intermediale Grenzgänge. Die Essayistik
Robert Walsers. In: Fattori/Schwerin, 67–85.

Tofi, Leonardo: Von der Leinwand zur ›kinematographier-
ten‹ Literatur: Robert Walser und ein Film über Maria
Walewska. In: Fattori/Gigerl, 213–218.

Utz, Peter: Der Schwerkraft spotten. Spuren von Motiv und
Metapher des Tanzes im Werk Robert Walsers. In: Jahrbuch der deutschen Schillergesellschaft 28 (1984), 384–
406.

Utz, Peter: Tanz auf den Rändern. Robert Walsers »Jetzt-zeitstil«. Frankfurt a. M. 1998.

Utz, Peter: »Wenn ich reden will, so leihe ich mir sogleich zwecks Zuhörerschaft das Ohr«. Walsers Ohralität. In: BORCHMEYER, 231–251.

Walser, Robert: Vor Bildern. Geschichten und Gedichte. Hg. u. mit einem Nachwort versehen v. Bernhard Echte. Frankfurt a. M., Leipzig 2006.

Walzel, Oskar: Wechselseitige Erhellung der Künste. Ein Beitrag zur Würdigung kunstgeschichtlicher Begriffe. Berlin 1917.

Weber, Ulrich u. a. (Hg.): Dramaturgie der Phantasie. Dürrenmatt intertextuell und intermedial. Göttingen 2014.

Wolf, Claudia: Arthur Schnitzler und der Film. Bedeutung. Wahrnehmung. Beziehung. Umsetzung. Erfahrung. Karlsruhe 2006.

Reto Sorg

4.11 Performanz

Die Begriffe ›Performanz‹ und ›Performativität‹ haben seit den frühen 1990er Jahren in der Kulturtheorie Konjunktur. Ausgehend von der Sprechakttheorie John L. Austins gehören sie zum Vokabular von Ansätzen, die das Paradigma von Kultur als Text mit Paradigmen von Kultur als Vollzug, Handlung und Emergenz ergänzen. Dabei ist festzustellen, dass es zu einer produktiven Vermischung des theatralen Bezugsfeldes von ›Performanz‹ (englisch *performance*, Aufführung) mit dem konstruktivistischen Bezugsfeld einer sich fortlaufend konstituierenden Wirklichkeit, aber auch eines intervenierenden Handelns, das den Begriff ›Performativität‹ bestimmt, gekommen ist. Maßgeblich für diese begriffliche Entwicklung sind Judith Butlers gendertheoretische Beiträge. Butlers Denken beruft sich auf die von Austin abweichende Einsicht, dass sich performative Handlungen nicht auf vermeintlich vorab Gegebenes beziehen und dieses aktualisieren, sondern es zuallererst im performativen Vollzug hervorbringen und in zitierender Wiederholung verfestigen. Butlers philosophisch und psychoanalytisch fundierte Betonung von Macht- und Autoritätsstrukturen, die das Paradigma kultureller ›Performativität‹ bestimmen, von identitätsformierenden Prozessen, die immer schon zu unterschiedlichen Graden verfehlte sind, aber auch ihre Einbindung von Subversions- und Reflexionsstrategien, die sich wiederum selbst performativ gestalten, bildet eine bedenkenswerte theoretische Grundlage im Hinblick auf Robert Walsers Poetik. Von einigen Ausnahmen abgesehen sucht man jedoch fast vergeblich nach Forschungsbeiträgen, die explizit auf den Stellenwert von performativen Strukturen eingingen. Trotz divergierender Terminologien beschäftigen sich allerdings diverse Studien mit Aspekten, die unter dem Überbegriff der ›Performanz‹ zusammengefasst werden können. Im Folgenden sollen drei Schlüsselkriterien performativer Strukturen herausgegriffen und mit Kernthemen der Walserschen Poetik abgeglichen werden: die *identitätskonstituierende* Funktion performativer Äußerungen hält einen Interpretationsrahmen für Walsers ›Autofiktionen‹ bereit; ihre komplex gesteigerte *(Selbst)referentialität* trifft auf Walsers schriftstellerische Tätigkeit als Vollzugsgeschehen und Schreibakt zu; die zum Verständnis der hier zur Diskussion stehenden Äußerungen wesentliche Einbettung performativen Handelns in *Machtstruk-*

turen schließlich eröffnet hilfreiche Perspektiven auf Walsers Verhandlungen von Herrschaft und Dienst.

Performative Strukturen bei Robert Walser

Walsers ›Autofiktionen‹ können insofern als performative Akte begriffen werden, als sie eine nur scheinbar vorgängig gegebene Identität zum Ausdruck bringen, diese aber vielmehr in der Beschreibung allererst erzeugen (vgl. Utz 2011, 36). Wenn Walser in *Eine Art Erzählung* von einem »Roman« spricht, an dem er »weiter und weiter schreibe«, und der »als ein mannigfaltig zerschnittenes oder zertrenntes Ich-Buch bezeichnet werden« könne (SW 20, 322), wird deutlich, dass seine Ich-Schreibexperimente sich auf ein kontinuierlich hervorzubringendes Subjekt beziehen. Die jüngere Forschungsdiskussion versucht dieser Sachlage durch avancierte Konturierungen einer »spezifisch modernen nicht-subjektiven Schreibpraxis« (Kammer 2003, 53) gerecht zu werden. Ansätze, die von einem performativ entstehenden Text-Subjekt ausgehen (vgl. Mohr 1994), werden tendenziell einem Poststrukturalismus zugeschrieben, der sich einem »zentralisierende[n] Signifikat« generell verweigert (Kammer 2003, 51). Dass die Philosophie der ›Performanz‹ zwar ein ›Unbehagen‹ an essentialistischen Identitäten registriert, Identitätssetzungen dennoch durchaus ›Gewicht‹ (vgl. Butler 1991 u. 1995) zuspricht, scheint jedoch ihre Relevanz für fein austarierte Überlegungen zu bestätigen, die in Walsers »Setzung eines Ich im Schreiben« mehr sehen »als die Spielmarke einer sprachlichen Struktur«, gleichzeitig aber auch etwas anderes als die »Repräsentation eines Subjekts« (Kammer 2003, 57). Solcherart zwischen artifizieller Poetik und Leben-Schreiben oszillierende Ich-Inszenierungen sind in Walsers Werk ubiquitär. Besonders prägnant werden sie verhandelt in Texten wie *Walser über Walser*, in der Sammlung *Poetenleben*, im *Tagebuch-Fragment* von 1926 und den über die Dichterporträts vermittelten Selbstbeobachtungen.

Die selbstreflexive Dimension ist ein ähnliches »Stilmerkmal« (Groddeck 2009, 97) des Autors. Treffender als in der ersten Zeile des Textes *Die leichte Hochachtung*: »Ich schreibe hier ein Prosastück« (SW 19, 112), ließe sich dieses Charakteristikum kaum ausdrücken. Der erklärte Schreibentschluss wird zum Anlass der Entstehung von Texten, deren Inhalt immer auch die eigene Genese mitdokumentiert. Die poetologische Dimension dieser Texte besteht in einer die Walsersche Ich-Genese ergänzenden performativen Figur: sie beschreiben, was sie vollziehen, und vollziehen, was sie beschreiben. Aus dem Blickwinkel einer performativen Ästhetik sind es gerade die Mikrogramme, die verdeutlichen, dass sich zumindest einer der Zwecke des Schreibens in der Tatsache erfüllt, dass es Spur des eigenen Vollzugs ist. Hier wären Walsers fortwährend leicht variierte Wiederholungen einzuordnen, aber auch seine den Schreibakt verlängernden Abschweifungen, und ebenso die »Wonne« (SW 17, 222), die der Schreibende offensichtlich beim Ausüben seiner Poetik erfährt. So findet sich die Bezeichnung ›performativ‹ in der Forschungsdiskussion auch im Sinne des scheinbar in einem Zug ins Reine »niedergeschriebenen« Textes (Groddeck 2009, 98), eine Annahme, die durch die Entdeckung der im Konvolut der Mikrogramme enthaltenen Entwürfe zum Teil differenziert werden konnte.

Auch Walsers vielbeachtete Umkehrungen hierarchischer Verhältnisse lassen sich schließlich als performative Strategien charakterisieren, in denen Untergebene sich in subversiver Mimikry eben diejenigen Machtdiskurse aneignen, die sie selbst unterdrücken, oder Herrschaftsgefälle bezeichnende kulturelle Gepflogenheiten in übersteigerter Form zur Ausführung bringen. Hier sind es ebenfalls die sich auf poststrukturalistische Theoriebildung berufenden Studien, die sich ausdrücklicher mit ›Performanz‹ in Sprache und Darstellung befassen (vgl. Hinz 1985). Gilles Deleuzes und Félix Guattaris im Hinblick auf Kafka beobachtete Aushöhlung eines sich im Sozialen manifestierenden absoluten Gesetzes erweist ihre Produktivität auch für die Walser-Lektüre (vgl. Deleuze, Guattari 1976). Vornehmlich die zahllosen Szenen des servilen ›Spiels‹ im doppelten Sinne von naiver und theatraler Aktivität, mit denen Walser Hierarchien aus den Angeln hebt, werden mit Deleuze und Guattari als hyperbolische und somit sich selbst relativierende Formen der Unterwerfung in Manierismen der Kindlich- und Höflichkeit lesbar (vgl. Ruprecht 2009). In den vier Romanen stellen solche Szenen geradezu eine Grundfigur des narrativen Geschehens dar.

Literatur

Bal, Mieke: Travelling Concepts in the Humanities. A Rough Guide. Toronto 2002.
Butler, Judith: Das Unbehagen der Geschlechter. Frankfurt a. M. 1991.

Butler, Judith: Körper von Gewicht. Die diskursiven Grenzen des Geschlechts. Berlin 1995.

Carlson, Marvin: Performance. A Critical Introduction. London, New York 1996.

Deleuze, Gilles, Guattari, Félix: Kafka. Für eine kleine Literatur. Frankfurt a. M. 1976.

Fischer-Lichte, Erika: Ästhetik des Performativen. Frankfurt a. M. 2004.

Groddeck, Wolfram: »Ich schreibe hier...« Textgenese im Text. Zu Robert Walsers Prosastück *Die leichte Hochachtung*. In: Hubert Thüring, Corinna Jäger-Trees, Michael Schläfli (Hg.): Anfangen zu schreiben. Ein kardinales Moment von Textgenese und Schreibprozeß im literarischen Archiv des 20. Jahrhunderts. München 2009, 97–108.

Hinz, Klaus-Michael: Robert Walsers Souveränität. In: Akzente 32, 5 (1985), 460–479.

Kammer, Stephan: Figurationen und Gesten des Schreibens. Zur Ästhetik der Produktion in Robert Walsers Prosa der Berner Zeit. Tübingen 2003.

Krämer, Sybille, Stahlhut, Marco: Das »Performative« als Thema der Sprach- und Kulturphilosophie. In: Paragrana 10, 1 (2001), 35–64.

Mohr, Daniela: Das nomadische Subjekt. Ich-Entgrenzung in der Prosa Robert Walsers. Frankfurt a. M. u. a. 1994.

Ruprecht, Lucia: Pleasure and Affinity in W. G. Sebald and Robert Walser. In: German Life and Letters 62, 3 (2009), 311–326.

Utz, Peter: Erschriebenes Leben. Ist Robert Walsers *Poetenleben* eine »Autofiktion«? In: FATTORI/SCHWERIN, 27–42.

Lucia Ruprecht

4.12 Theater und Theatralität

»Robert Walser und das Theater: das ist die Geschichte einer lebenslangen und sehr eigentümlichen Faszination, die vielfach auf sein Schreiben gewirkt hat.« (Greven, Nachwort in SW 14, 243) Sie geht zurück auf Eindrücke des Autors als jugendlicher Zuschauer von Gastspielen in seiner Heimatstadt Biel und auf seinen frühen Wunsch, Schauspieler zu werden, der allerdings nach einem Vorsprechen in Stuttgart enttäuscht wurde, angeblich vor dem Schauspieler Josef Kainz, viel wahrscheinlicher aber vor der Stuttgarter Schauspielerin Eleonore Benzinger-Wahlmann (vgl. Greven 2007, 4). Dass ihm mangelnde Begabung für die Bühne bescheinigt worden war, verarbeitete er literarisch u. a. in *Die Talentprobe* (1907). Der Affinität Walsers zum Schauspielerischen und seiner Theatersehnsucht, die sich fortan in seiner Dichtung niederschlagen sollte, tat diese Absage allerdings keinen Abbruch. Seiner Schwester Lisa schreibt er 1895, mit dem Schauspielerberuf sei es nichts, »doch, so Gott will, werde ich ein großer Dichter werden« (verschollener Brief, zit. n. Zinniker 1947, 12; vgl. MÄCHLER, 41).

Eine besondere Verwandlungsfähigkeit sowie die auffällige Neigung zum Rollenspiel und zu literarischen Maskeraden zeigen schon seine frühen Texte. Die ›theatralischen Miniaturen‹ mit ihren burlesken Selbstmaskierungen zeugen von einem Gestus der Theatralität (vgl. Böschenstein 1983) und einer Rollenprosa, die Formen des Grotesken und des Karnevalesken hervorbringt (vgl. Fuchs 1993). Die Beschwörung von theatralischen Gebärden, Gesten, Mienenspiel und Hand durchzieht das gesamte Œuvre (Gees 2001).

Theatralität als Motiv und Schreibgebärde

Bereits in *Fritz Kocher's Aufsätze* lässt sich eine »schauspielerische Anverwandlung fremden Bewußtseins (oder die Maskierung des eigenen)« (vgl. Greven, Nachwort in SW 1, 120) feststellen. Das gleichzeitige Infragestellen und Changieren dieser Maskierungen durch das Spiel mit Ernst und Ironie im persiflierenden Stil eines Schüleraufsatzes wirkt vor dem Hintergrund eines naturalistisch ausgerichteten oder Pathos geladenen Kulturbetriebs bis heute überaus kühn und originell. Durch seinen Bruder Karl, der sich als Bühnenbildner u. a. bei Max Reinhardt einen Namen gemacht hatte, verkehrt Walser von 1907 bis etwa 1912 in Theater- und Schauspielerkreisen, deren Habitus in unterschiedlichen Formen in seine Prosa eingeht.

In *Das Theater, ein Traum (I)* von 1907 werden die Genregrenzen zwischen Essay, Kritik und Prosastück verwischt, wird das Theater als Raum der Imagination und des Traums, die Bühne als ein »im Schlaf sprechender Mund« wie auch die Dichtung generell als dem Traum ähnlich wahrgenommen (SW 15, 8). Walsers frühe Texte inszenieren »den Literatur-Traum der Selbstverwandlung des schreibenden Subjekts, das sich selbst seine möglichen Rollen und Szenarien erfindet und dem die Welt zur Bühne seiner papiernen Taten gerät« (Pornschlegel 2003, 255). Hier erklingt zudem eine artistisch-theatrale Gegenstimme zum Naturalismus auf dem Theater, dem in *Lüge auf die Bühne* noch drastischer, »goldene, ideale Lügen in großer unnatürlich-schöner Form« entgegengesetzt werden, damit sich das Publikum daran berausche (SW 15, 35).

Walser schöpft aus dem unendlichen Fundus des damaligen Schauspielertheaters wie z. B. in *Die Schauspielerin (I)*, *Die Schauspielerin (II)*, *Frau und Schauspieler*, *Moissi in Biel*. Fragen nach dem Verhältnis von Talent und Dilettantismus, Naturhaftigkeit und Verstellung durchziehen viele dieser Texte mehr oder weniger kritisch-ironisch wie etwa in *Was ist Bühnentalent?*, *Beantwortung einer Anfrage* oder *Lüge auf die Bühne*. Sie spielen neben aller zum Ausdruck gebrachten Euphorie für das Theater mit theaterkritischen Instrumentarien, mitunter den Duktus des Theaterkritikers persiflierend, und erscheinen in renommierten Zeitschriften wie *Die Schaubühne*. Häufig sind es nur kleine Gesten oder Posen aus Stücken, die der Autor besucht oder über die er nur in der Theaterkritik gelesen hat, bruchstückhaft aufgreift, mit anderen Kontexten vermischt und in ein virtuoses Prosatheater verwandelt. Dieses widersetzt sich häufig den gängigen zeitgenössischen Diskursen durch die ganz eigene naiv-ironische Tonlage bzw. spiegelt dadurch eine »dialektische Nähe Walsers zu seiner Zeit« (Utz 1998, 10).

Diese Prosaimprovisationen verhalten sich auch gegenüber Gattungsnormen unkonventionell, indem sie in ihren unendlichen Verwandlungen und Variationen eine kleine Form sowie eine Serialität von Texten hervorbringen, bei der die imaginierte Bühne und das Theater sich als besonders geeignetes Terrain für ein immer wieder neu aufgenommenes jonglierendes Spiel mit Stoffen und Formen erweisen. In den mittleren und späteren Texten mischen

sich die Wahrnehmungen des offiziellen Theaterbetriebs des beginnenden 20. Jh.s, die teilweise grotesken Verwandlungen sowie das Pathos des Schauspielertheaters, zunehmend mit parodistisch-kritischen Tönen. Jahrzehnte später, so hält es Carl Seelig nach einem Spaziergang mit dem Autor im Jahr 1953 fest, äußert sich Walser mehr als skeptisch über die Schauspielerei. Die Kunst des Schauspielers werde heute überhaupt überschätzt. Entscheidend sei doch, »was der Dichter sagt und wie er es sagt. Dieser ganze Tanz um Max Reinhardt und Konsorten hat etwas Indezentes, Narzißtisches« (SEELIG, 148).

Zum theatralischen Repertoire, dessen Gebärdensprache Walser affirmativ oder auch mehr oder weniger ironisch in seinen Texten inszeniert, gehören neben dem Theater auch der Tanz, die Oper, die Pantomime, das Varieté, das Kino bis hin zu Büro und Straße. Walsers *theatrum mundi* macht Schaufenster zu imaginierten Bühnen und lässt Auslagen als Akteure und Marionetten auftreten. Nicht zuletzt wird auch der Schreibtisch als Bühne inszeniert, auf der die Gebärden der Hand mehr oder weniger euphorisch tänzeln, kritzeln oder in Krisenzeiten blockiert erscheinen und die Aporien des modernen virtuos-dilettierenden oder melancholischen Künstlers vorführen. Theatralität wird zur Figur einer oszillierenden Schreibgebärde, die die Motive schließlich überwiegend als Motor für unentwegt wechselnde Bewegungen einsetzt (vgl. Gees 2001, 175); es entstehen mehr oder weniger flüchtige Reflexionsfiguren des eigenen Schreibens, die sich aber nicht zu festen Programmen verfestigen. Wie für den Tanz ist auch für die Motivkreise des Theaters und des Schauspiels zu beobachten, dass sie in der frühen und mittleren Prosa vor allem als inhaltliches Motiv auftreten. Die späten Texte Walsers »nehmen zum Motiv zwar Distanz, bewahren seine utopische Qualität aber auf als Metapher ihrer Struktur« (Utz 1994, 405). »Ich habe die Absicht, mit Worten zu tanzen«, heißt es in dem späteren Prosatext *Frauenporträt* (SW 20, 248).

Bühnenvorgänge *en miniature*

Eigene frühe dramatische Versuche in Form von Versdramoletten und szenischen Miniaturen, die zuerst in der Zeitschrift *Die Insel* und schließlich 1919 in dem Band *Komödie* im Berliner Verlag Bruno Cassirer erschienen (s. Kap. 3.2.3), bezeichnete der Autor selbst als »teatralisch phantasiehafte Spiele, teils in Prosa, teils in Versen« (Br 154), darunter das Dramolett *Schneewittchen* (1901), das Walter Benjamin

»eines der tiefsinnigsten Gebilde der neueren Dichtung« nannte, das allein schon verständlich mache, warum dieser »scheinbar verspielteste aller Dichter ein Lieblingsautor des unerbittlichen Franz Kafka« gewesen sei (Benjamin 1929/1991, 327).

Bei der Frage der Bühnentauglichkeit der dramatischen Szenen und Dramolette spricht die Kritik eher von Kurz-Lesedramen, Stegreifspielen oder Prosaszenen, die nicht zur Bühne tendieren und kaum den Erwartungen eines damaligen Theaterpublikums gerecht wurden bzw. gerecht werden wollten. Jochen Greven verweist auf Walsers »Vorliebe für die dialogische Ausprägung von Gedanken und Gefühlen, die gleichwohl nicht zum Dramatischen, sondern eher noch zum Lyrischen tendierte« (Greven, Nachwort in SW 17, 497). Nicht die Aufführung auf einer wirklichen Bühne, sondern eine gedankenvolle Imagination sei es, worauf die Texte abzielten. Dieter Borchmeyer, der Walser als einen »Theatromanen« bezeichnet, in dessen Werk die Bühne »eine kaum zu überschätzende Rolle« spiele, erkennt in den späten dramatischen Szenen ein Metatheater, »das seinerseits nicht zum Theater zurückstrebt, sondern die reale Bühne transzendiert« (Borchmeyer 1987, 134 f.). Die Stücke Walsers trieben das Spiel des Theaters mit sich selbst auf die Spitze, was u. a. die teilweise bizarren und parodistischen Bühnenanweisungen zeigen. Auch Walsers frühe unveröffentlichte Pantomime *Der Schuß* blieb, wie Hartmut Vollmer betont, »ein singuläres dichterisches Experiment, das die Grenzen der Bühnendarstellung aufsuchte und schließlich überschritt«, obwohl ansonsten pantomimische Elemente die Prosa insgesamt stark bereicherten (vgl. Vollmer 2011, 257). Werner Morlang vergleicht die Szenen, denen Walser eigenwillig und mit »merklichem Behagen« nachgehe, in ihrer Wirkung mit dem heutigen radiophonen Hörspiel (Morlang, Nachwort in AdB 4, 430).

Bei aller Skepsis gegenüber der Aufführbarkeit der Dramolette und Szenen ist jedoch zu betonen, dass Walser sehr an der Erneuerung der dramatischen Form gelegen war. Im Umkreis der *Insel* schrieb er eindeutig im Umfeld des lyrischen Dramas des Fin de siècle, auch wenn er die Figuren radikaler ins Monologisch-Selbstreflexive trieb, und noch bis in die Berner Zeit laborierte er mit kleinformatigen Szenen (s. Kap. 3.5.8). Der Autor bewegte sich also trotz seiner eigenständigen Tonlage im Kontext seiner Zeit und ist nicht nur als notorischer Außenseiter zu lesen (vgl. Utz 1998, 39 ff.; Gees 2001, 58 ff.).

Seit den 1990er Jahren des 20. Jh.s ist ein deutliches Interesse von Regisseuren und Dramaturgen an den Dramoletten und szenischen Prosastücken zu beobachten (s. Kap. 5.5). Herausforderung sind eben jene Aspekte, die zum Verdikt der Bühnenuntauglichkeit geführt haben, u. a. die ironische Selbstbezüglichkeit, das Aus-der-Rolle-Fallen, das monologische (gelegentlich an Beckettsche Sequenzen erinnernde) Sprechen, die Travestien herkömmlicher Regieanweisungen, die kaum je zur Präzisierung des Gesagten dienen, sondern sich gelegentlich zu eigenen Sprachflächen verselbständigen. Walsers private Probebühne, die aus einer verschobenen Passion eines Schauspielers auf Papier hervorgeht, evoziert somit ein imaginäres theatrales Experimentierfeld, das auch für die reale Bühne bis heute innovative Formen anzuregen vermag.

Literatur

Benjamin, Walter: Robert Walser [1929]. In: ders.: Gesammelte Schriften. Bd. II,1. Hg. v. Rolf Tiedemann u. Hermann Schweppenhäuser. Frankfurt a. M. 1991, 324–328.

Böschenstein, Bernhard: Theatralische Miniaturen. Zur frühen Prosa Robert Walsers. In: Benjamin Bennett, Anton Kaes, William J. Lillyman (Hg.): Probleme der Moderne. Studien zur deutschen Literatur von Nietzsche bis Brecht. Fs. für Walter Sokel. Tübingen 1983, 67–81.

Borchmeyer, Dieter: Robert Walsers Metatheater. Über die Dramolette und szenischen Prosastücke. In: CHIARINI/ZIMMERMANN, 129–143.

Fuchs, Annette: Dramaturgie des Narrentums. Das Komische in der Prosa Robert Walsers. München 1993.

Gees, Marion: Schauspiel auf Papier. Gebärde und Maskierung in der Prosa Robert Walsers. Berlin 2001.

Greven, Jochen: Nachwort. In: SW 14, 243–253.

Greven, Jochen: Die Geburt des Prosastücks aus dem Geist des Theaters. In: CHIARINI/ZIMMERMANN, 83–94.

Greven, Jochen: »Er fährt nach dem Schwabenland«. Karl und Robert Walser in Stuttgart. Marbach am Neckar 1996.

Greven, Jochen: »Er fährt nach dem Schwabenland.« – Robert Walsers Jahr in Stuttgart. Vortrag an der Jahrestagung der Robert Walser-Gesellschaft in Stuttgart, 23. Juni 2007. In: http://robertwalser.ch (9. 1. 2015).

Kurzawa, Lothar: »Ich ging eine Weile als alte Frau«. Subjektivität und Maskerade bei Robert Walser. In: HINZ/HORST, 167–179.

Pornschlegel, Clemens: Der Autor und sein Double. Zur literarischen Maskerade in *Fritz Kochers Aufsätzen* von Robert Walser. In: Ethel Matala de Mazza, ders. (Hg.): Inszenierte Welt. Theatralität als Argument literarischer Texte. Freiburg 2003, 253–270.

Schaak, Martina: »Das Theater, ein Traum«. Robert Walsers Welt als gestaltete Bühne. Berlin 1999.

Utz, Peter: Der Schwerkraft spotten. Spuren von Motiv und Metapher des Tanzes im Werk Robert Walsers. In: Jahrbuch der deutschen Schillergesellschaft 28 (1984), 384–406.

Utz, Peter: Tanz auf den Rändern. Robert Walsers »Jetzt-zeitstil«. Frankfurt a. M. 1998.
Vollmer, Hartmut: Die literarische Pantomime. Studien zu einer Literaturgattung der Moderne. Bielefeld 2011.
Zinniker, Otto: Robert Walser der Poet. Zürich 1947.

Marion Gees

4.13 Intertextualität (Märchen, Trivialliteratur)

Walsers Erzähler sind »schriftstellernde[] Drechsler«, für die Bücher das Material liefern: »Indem ich schreibe, tapeziere ich«, heißt es im späten Prosastück *Eine Art Erzählung* (SW 20, 322). Im *Tagebuch-Fragment* wird diese Schreibtechnik – wenngleich nicht mit dem Stolz des Handwerkers, so doch mit dem Skrupel des vorgeblich auf Originalität bedachten Dichters, der sich mit fremden Federn schmückt – ins Bild gesetzt: Die »Sache mit dem Herauszupfen, Hervorrufen von Schreibanläßlichkeit aus einem fremden Erzeugnis, wie ich sie zu meinem lebhaftesten Leidwesen zeitweise betrieben habe, hat, wie ich vermuten darf, Aufsehen hervorgerufen« (SW 18, 76). Sein Verfahren wurde in Untersuchungen der 1990er Jahre zum Topos der Forschung: Das »Spektrum intertextueller Verspiegelungen« (Borchmeyer 1999, 9) bildet das Rahmenthema eines Sammelbands, später wird dezidiert von einer »Poetik des Sekundären« gesprochen (Graf 2008, 201). Diese Studien nehmen somit Walsers scheinbar willkürliche Verarbeitung von kanonisierten Texten der Hoch-, Trivial- und Populärliteratur für ein Kriterium literarischer Modernität, die von der Forschung (vgl. Bleckmann 1994) im Bild des »Meinungslabyrinths« (AdB 1, 252) gefasst und mit einer generellen Unabschließbarkeit seiner Dichtung identifiziert wurde.

Poetik des Sekundären

Das Verfahren der transformierenden Übernahme fremder Texte kann für die früheren Werkphasen ebenso nachgewiesen werden wie für das Berner Spätwerk (vgl. z. B. die 1901 erschienenen Märchen-Dramolette *Aschenbrödel*, *Schneewittchen* [1899/1900], auch das *Dornröschen*-Dramolett [1920] und die zahlreichen Spaziergangstexte). In der späteren Prosa – insbesondere ab 1923 (vgl. zu dieser Datierung Graf 2008, 201) – wurden jedoch Prätexte aus der Trivialliteratur verstärkt integriert (vgl. Horst 1999, 72) und als Lektüre thematisiert, unter ihnen die der *Gartenlaube*, der Romane Eugène Marlitts und Hedwig Courths-Mahlers, die ab 1904 mit Zeitschriften-Fortsetzungsromanen zur produktivsten Erfolgsautorin der Zeit avancierte. Die Lektüre von Groschenromanen sowie von französischen sentimentalen Romanen wird in vielen der Prosastücke benannt: »Hie und da lese ich kleine Romane, die man für dreißig Centimes kaufen kann.« (SW 20, 314) Grund für die Zunahme dieser Trivial-Lektüren als Anlass und Motiv des Schreibens ist, dass vor Erscheinen des letzten publizierten Buchs *Die Rose* (1925) die »Medienwirklichkeit« (Greven 1999, 53) in den Texten Walsers deutliche Spuren hinterließ, nicht zuletzt vor dem Hintergrund des im zeitgenössischen Kulturbetrieb umstrittenen Rangs eines ›Dichters‹.

Gleichwohl wäre es problematisch, aus dieser Entwicklung des Lektüreverhaltens schließen zu wollen, Walsers Arbeitsweise in der Berner Zeit markiere im Werkprozess eine grundlegende Zäsur. Vielmehr hat der Autor rückblickend seine Arbeit als die an einer fortgesetzten Roman-Erzählung, einem »mannigfaltig zerschnittene[n] oder zertrennte[n] Ich-Buch« (SW 20, 322) beschrieben, somit die Lektüren unterschiedlichster Herkunft im Kontext einer fingierten Biographie verorten wollen. Kaum anders als bei Jean Paul ist für Walser jedoch »in einem Ichbuch […] womöglich das Ich bescheiden-figürlich, nicht autorlich« (SW 8, 81). Die Frage der Autofiktion, des »Versteckspiel[s] hinter einer ganzen Reihe von Ich-Masken« (vgl. Gisi 2012, 57 f.) ist mit diesem ›Zitier‹-Verfahren aufs Engste verbunden (s. Kap. 4.1). Die neuere Editionsphilologie zeigt zudem, dass Walsers Schreibtechniken – z. B. seine Abschriften der Mikrogrammtexte oder Unterbrechungen im Schreibprozess (ebd., 64 ff.) – mit der Tilgung autobiographischer Spuren des je ›sprechenden‹ Ichs zusammenhängen: »In vorliegendem Versuch, ein Selbstbildnis herzustellen, vermeide ich jedes Persönlichwerden grundsätzlich.« (SW 20, 427)

Im »*Räuber*«-*Roman* wird die Aneignung fremder Stoffe als ein Prozess der Enteignung vorgestellt: »Und der Räuber beraubte dann Geschichten, indem er immer solche kleinen Volksbüchlein las und sich aus den gelesenen Erzählungen ureigene zurechtmachte, wobei er lachte.« (AdB 3, 37) In diesem Roman zeigt sich unverhohlen eine ähnlich despektierliche Schiller-Lektüre, wie sie im Prosastück *Eine Art Erzählung* formuliert wird: »Man wird gemerkt haben, daß mich Schillers ›Räuber‹ ernsthaft werden ließen und lachen machten, die ich mir kürzlich wieder einmal zu Gemüt führte, die eine Dichtung quasi aus einem Gusse sind.« (SW 20, 325) Zugleich kann man auch hier von einer Struktur-Affinität zur digressiven Verfahrensweise Jean Pauls ausgehen, wenn der Erzähler im »*Räuber*«-*Roman* bereits im ersten Satz die Handlung aufschiebt (»Edith liebt ihn. Hievon nachher mehr«; AdB 3, 11) und später in An-

spielung auf Jean Pauls Anti-Bildungsroman *Titan* von Menschen spricht, »die im Zögern wahre Titanen« (ebd., 104) seien. Nicht nur wird im »*Räuber*«-*Roman* das »Warenhaus der Literatur« (Horst 1999, 80) geplündert, sondern dieser seriell inszenierte Raubzug wird selbst auch reflektiert und erzählend ausgestellt.

Die Leser und Interpreten Walsers sehen sich mit einem dichten Geflecht von Anspielungen auf Texte (und Bilder) konfrontiert, die oft kaum identifizierbar und dabei doch nicht beliebig sind (vielmehr werden sie gezielt Struktur prägend eingesetzt). Die Figuren der äußerst verknappten Nacherzählung sowohl hoher als auch trivialer Literatur auf wenigen Seiten reflektieren beständig ihren sekundären Charakter und verweisen ihrerseits selbst auf ein intertextuelles Spiel. Sie bringen somit keine individuellen ›Charaktere‹ zur Darstellung (Hübner 1999, 182), sondern das Personal bleibt oft auffällig namenlos. Hübner geht davon aus, dass in den frühen Texten – so im *Schneewittchen*-Dramolett – noch die Unmöglichkeit, Sinn zu konzipieren, innerhalb eines »relativ geschlossenen Textganzen« vorgeführt werde. In der Berner Prosa hingegen sei diese »sinnverweigernde Geste immer stärker auf die Strukturbildung« verlagert. Indem die Erzählungen ihre Intertextualität selbst diskutieren, sich autoreflexiv gebärden, verschieben sie den »Akzent von der diskursiven auf die textuelle Ebene« (ebd., 185).

Triviale Muster und Arbeit am Prätext

Walsers Aneignung trivialer Muster nutzt die Gattungsmerkmale unterschiedlichster Varianten der Unterhaltungsliteratur, die noch Mitte des 19. Jh.s als ›literarisches Sumpfgeflecht‹ galt. Stereotypie, das Serielle in der Darstellung von Handlungen, illusionsstiftendes, oft lineares Erzählen, die Rückkehr am Schluss des Romans zur Ordnung, ›zündende‹ Titel, eine festgelegte Geschlechtertypologie und paternalistische Moral sind die Merkmale von Trivialliteratur, die ihrerseits ja bereits Zitatcharakter besitzt: Orientiert an der sogenannt hohen Literatur, wiederholt sie in epigonaler Weise Muster und literarische Techniken (Hübner 1999, 180). Walser imitiert dieses Schablonenhafte der Handlung, treibt es auf die Spitze und entzieht der evozierten oder angestrebten Ordnung mit wenigen sprachlichen Mitteln (z. B. dem Diminutiv) das Fundament: So endet das Prosastück *Zwei Weihnachtsaufsätzchen* (1927) mit Worten, die die Botschaft der Heiligen Nacht auf ein gutbürgerliches ›Vollglück in der Beschränkung‹ (Jean Paul) reduziert: »Die männliche Nachkommenschaft schaute mit einer etwas doch schon beinahe pyramidalen Seriosität in die lieblich-glitzernde Weihnachtsbäumlichkeit hinein« (SW 19, 444). Ein *Gartenlauben-Aufsatz* benennt seinen Gegenstand bereits im Titel, andere Texte wie *Der Knirps, Das Haar, Schriftsteller und Haushälterin* entlehnen das triviale Muster Courths-Mahlers, ohne dies ausdrücklich zu benennen (vgl. Lemmel 1999, 97). Das 1912 erschienene Porträt *Kotzebue* arbeitet dagegen mit Mitteln der Darstellung, deren kalauernder Ton die Sprache des Trivialautors drastisch überbietet: Dieser habe der Nachwelt seine »in Kalbsleder gebundenen, gekotzten und gebutzten Werke hinterlassen« (SW 3, 104). Die These, dass es für Walsers Adaptionen letztlich nicht ins Gewicht falle, ob ein Text kitschig oder bedeutend sei, weil ihn nur interessiere, welche Rolle er »im Bewußtsein der Öffentlichkeit« spiele (Lemmel 1999, 101), wäre in einer komparatistischen Studie zu belegen. Zweifellos aber geht es Walser nicht um »Kitsch-Vernichtung«, um die Stigmatisierung von trivialen Mustern, sondern vielmehr um eine »Kitsch-Verdichtung« (Dutt 2011, 204), die sich als stilprägend erweist.

Das Verfahren Walsers vermischt zudem auf subtile Weise Entlehnungen aus trivialer Literatur mit Assoziationen, die dem Bildungsreservoir zeitgenössischer Leser als Zitatenschatz, als ›geflügeltes Wort‹ zur Verfügung standen. Exemplarisch kann dies an der äußerst verknappten Nacherzählung französischer Romane von 1928 aus der Reihe der *Petits Livres* in Walsers Prosatext *Über zwei kleine Romane* gezeigt werden, die auf ein bis zwei Seiten zusammenschnurren: Georges Simenons *Le Semeur de Larmes* und Maurice Pertuis *Le Pardon dans un baiser* (vgl. zum Folgenden Graf 2008, 204 ff.). Die Namen der Figuren werden fortgelassen und zugleich moralische Grundmuster des Trivialromans durch Verschiebung umgewertet: Während bei Simenon die Geschichte eines räuberischen Don Juans, der die Tatsache, ein früherer Liebhaber der Mutter seiner Verlobten gewesen zu sein, erpresserisch ausnutzt, in das moralische Arrangement trivialer Konfliktlösung eingepasst wird, demontiert Walser das biedere Muster radikal. Die Darstellung der Katastrophe mehrfach gebrochener Herzen stellt sich in der Kurzfassung des Prosastücks als gesamtfamiliärer Lustgewinn dar, als erfreulicher Mehrwert einer häuslichen Harmonie, deren Unterhaltungs- und Erinnerungsrepertoire bereichert wurde. In der zweiten Nacherzählung bestiehlt ein armer junger Musiker seine

(schöne) Gastgeberin, die ihm leidenschaftlich verzeiht: »Eine halbe Stunde später lagen sich die Beiden in den Armen und bissen sich Küsse in die Lippen« (SW 20, 317; vgl. Graf 2008, 207). Deutlich wird an dieser Szene nicht nur, dass Walser den Titel der französischen Roman-Vorlage in ein komisches Happy End führt, sondern es wäre wohl auch zu untersuchen, inwiefern dieses triviale Muster selbst wiederum durch die sich einstellende Assoziation von Heinrich von Kleists *Penthesilea* perforiert wird, die bekanntlich den tödlichen Geschlechterkampf beim Wort nimmt (»*Küsse, Bisse, / Das reimt sich, und wer recht von Herzen liebt, / Kann schon das Eine für das Andre greifen*«; Kleist 1808/1987, 254). Dass Kleists Drama in Walsers Bearbeitung eingegangen ist, liegt nicht zuletzt deshalb nahe, weil das Thema des Raubs sowohl in beiden Roman-Vorlagen eine handlungstragende Funktion besitzt als auch mit Kleists Adaption des antiken Stoffs ›bedient‹ wird (die das ›Rosenfest‹ der Amazonen exponiert). Wie dicht diese verschiedenen Lektüre-Ebenen bei Walser miteinander verwoben sind, zeigt z. B. auch der 1929/1930 entstandene Prosatext *Das Adoptivkind*, das auf der Vorlage des Romans *Quand l'amour veut* von Jean de La Hire beruht (vgl. Graf 2008, 209). Der Erzähler versucht nicht nur, sich für seine Lektüre zu rechtfertigen, sondern reflektiert diese ausdrücklich auch als eine Form des »›illegitimen‹ Anlesens« (ebd., 210). Es ist ein Desiderat der Forschung, die nachgewiesenen Quellen Walsers nicht nur systematisch auf mögliche Prätexte, sondern jeweils auch auf weitere Verbindungen zur kanonisierten Dichtung hin zu untersuchen. Umgekehrt beruhen Texte wie z. B. das an Joseph von Eichendorffs *Marmorbild* orientierte Prosastück *Marie* von 1916 oder *Die Ruine* von 1926 auf ähnlichen Mehrfachkodierungen (vgl. Eickenrodt 2012).

Märchenadaptionen

Walter Benjamins Würdigung von Walsers *Schneewittchen*-Dramolett als einem der »der tiefsinnigsten Gebilde der neueren Dichtung« hat nicht nur die frühe Märchen-Rezeption Walsers in ein neues Licht gestellt, sondern zugleich die Rätselhaftigkeit seiner Bearbeitungen der Grimmschen Vorlage betont. Die These, dass Walsers Figuren, die von einer so »unbeirrbaren Oberflächlichkeit« seien, den Wahnsinn hinter sich hätten, hat dem frühen Dramolett einen zentralen Stellenwert in Walsers Werk zugewiesen (Benjamin 1929/1991, 327). Den Märchen, die es durchziehen, ist somit das Signum des Trivialen und der scheinbar naiven Anlehnung an das Volksmärchen genommen. Benjamin rückt die Arbeit am Märchen ins Zentrum der Texte, deren scheinbare Banalisierungen als Epilog der Katastrophe interpretiert werden. Walsers Schreiben wird nun auch im literarhistorischen Kontext lesbar, es ist aufs Engste an Reflexionen über die Sprache (und das Schweigen) gebunden, nimmt somit Themen der Zeit, etwa Hugo von Hofmannsthals oder Maurice Maeterlincks, auf. Insbesondere der Einfluss Stéphane Mallarmés auf Walser ist kaum zu übersehen, wenn man dessen *Hérodiade*-Dichtung, die für die dramatische Konzeption des *Fin de Siècle* wegweisend wurde, als Modell des ›imaginären Theaters‹ (Peter Szondi) versteht. Walsers virtuoses Spiel, seine Rückgriffe auf die frühromantischen Märchenlustspiele Ludwig Tiecks und Clemens Brentanos sowie die damit verbundenen Spiel-im-Spiel-Konstruktionen sind ebenso gesehen worden (vgl. Fattori 2011) wie die Kleist-Spuren – v. a. des *Käthchens von Heilbronn* – in der dramatischen Struktur (vgl. Eickenrodt 1997, 211 f.). Die ambivalente »Desperadostimmung«, in der jeder Satz die Aufgabe habe, den vorigen vergessen zu machen (Benjamin 1929/1991, 326), äußert sich im *Schneewittchen*-Dramolett als eine Ostentation des Scheins, als Rede, die sich stets selbst dementieren muss. Walser schlägt aus dem Märchenstoff den Funken der Koketterie, die Georg Simmel 1911 in den »Bezirk der *geistigen* Halbverhülltheit« verwiesen hatte: in das »Pendeln zwischen dem Ja und dem Nein der Aufrichtigkeit«, sodass das Subjekt aus der Realität heraustrete in eine »schwebende, schwankende Kategorie« (Simmel 1996, 261 f.). Seine Märchenbearbeitungen beruhen gewissermaßen auf ›Nach-Reden‹, die die Handlungsprämissen in Frage stellen, diskutieren bzw. in Sprache auflösen: Der früheren in *Poetenleben* 1917 aufgenommenen Bearbeitung von *Dornröschen* folgt 1920 eine Dramenfassung, in der diese nach dem Erwachen mit dem Äußeren des ihr zugedachten Prinzen keineswegs zufrieden ist: »Ei, solchen Menschen mag ich nicht, / such' er sein Schätzchen sich wo anders.« (SW 14, 168)

Adaptionen von Märchenstoffen ziehen sich durch das Gesamtwerk Walsers, einige der Texte tragen die Gattungsbezeichnung ›Märchen‹ bereits im Titel und personifizieren gar das Theater selbst: z. B. in *Mehlmann. Ein Märchen* (1904), das mit der Zeile beginnt: »Es war einmal eine kleine, schwarzverhangene Bühne« (SW 2, 27; zu ihnen gehören auch die frühen Texte *Zwei kleine Märchen* (1907). Nach dem 1910 er-

schienenen Prosastück *Märchen (I)* taucht die Gattungsbezeichnung erst im Bleistiftentwurf 1927 wieder auf: *Was ich schreibe, wird vielleicht ein Märchen sein* (vgl. Bleckmann 1996, 25). Die Frage, inwiefern diese überwiegend dramatisierenden Märchenbearbeitungen im literarhistorischen Kontext zu verorten sind, wird neuerdings in der Forschung deutlicher formuliert. Auch ist zu beachten, dass Walser seine Stoffe nicht nur aus dem Volksmärchen, sondern auch aus dem Kunstmärchen – z. B. Wilhelm Hauffs – bezogen hat (ebd., 44). Das 1904 entstandene Märchen *Der Mann mit dem Kürbiskopf* erzählt von einem dummstolzen Mann mit einem hohlen Kürbis auf den Schultern, der zwei »Kerzenstümpchen« als Augen hatte, die ihm beim Spazierengehen vom Wind ausgeblasen werden (SW 3, 143). Sein Wunsch zu sterben geht gleichwohl nur quälend langsam in Erfüllung: Maikäfer, Vogel und Kind verwerten mit ausgeprägtem Sinn für Ökonomie noch den letzten Rest seines Kürbisses, auch über den schließlich doch eintretenden Tod hinaus. Ähnliche ›finale Bilder‹ finden sich auch 1917 im Märchen *Das Ende der Welt*, das den apokalyptischen Diskurs im zeitgenössischen Feuilleton aufnimmt (vgl. Utz 1998, 159 ff.). Die These, dass der frühere Text den Charakter eines »vitalistischen Verwandlungsmärchens« (Bleckmann 1996, 31) zeige, war entsprechend zu revidieren (vgl. Fattori 2011, 186).

Intertextualität – Prämissen der Walser-Forschung

Diese Befunde verbieten es, Walsers Texte aus der Perspektive traditioneller Einflussforschung betrachten zu wollen. Zwar herrscht in dieser Frage unter den Interpreten Konsens. Hingegen sind die unterschiedlichen Konzeptionen von Intertextualität ein auffälliges Merkmal der Walser-Forschung. Die Bandbreite des Begriffs reicht von deskriptiven Strukturanalysen (vgl. Rodewald 1970), poststrukturalistischen Analysemodellen, wie sie zuerst in der Rede von einer »Zerstörung der Signifikanz« (Hiebel 1991) geltend gemacht wurden, über die Orientierung an der Karnevalistik im Sinne Bachtins (vgl. Fuchs 1993), Anlehnungen an neuere Intertextualitätskonzepte (vgl. Bleckmann 1994), Arbeiten zum Verhältnis von Mündlichkeit und Schriftlichkeit (vgl. Roser 1994) bis hin zu einem eher pragmatischen Verständnis, das mit Intertextualität die »Beziehung von Texten aufeinander und untereinander« (vgl. Lemmel 1999, 99) meint, also ganz explizit ohne die theoretischen Implikationen des von Julia Kristeva eingeführten Begriffs auskommt. Der Versuch, den für Walsers Spätwerk universal in Anspruch genommenen Terminus der Intertextualität zu konturieren (vgl. Horst 1999; Kammer 2003), hat zur Orientierung und zugleich auch zur Entlastung von semiologischen Denkvorgaben beigetragen. Ausgehend von Kristevas erweitertem Textbegriff, der auch kulturelle Sinnsysteme als Textkorpus auffasst bzw. diese simultaneisiert, gibt Horst zu bedenken, dass hier – anders als in poststrukturalistischen Denkmodellen – immerhin eine »dispersive Version der Subjektidee« (Horst 1999, 70) eingeführt worden sei. In *La révolution du language poétique* (1974) hatte die Verfasserin – mit Bezug auf den französischen Symbolismus – von einer ›ethischen Funktion‹ des Textes gesprochen, die sich über den ›Prozess des Subjekts‹ ausspreche und sich nur realisieren könne, indem er Wahrheiten ›pulverisiere‹ und dem Lachen zuführe. Wenngleich es nahezuliegen scheint, diese Denkfigur auf Walsers Schreibweise zu übertragen, so kann die mit diesem Weg verbundene Gefahr doch nicht ganz ausgeblendet werden: Sie läge in dem Versuch, die ins »Ästhetische transformierte soziale Bestimmtheit« (ebd., 72) zu übergehen. Die Forschung hat darauf hingewiesen, dass im *Aschenbrödel*-Dramolett »parodistische[] Neueinkleidungen« (Utz 1998, 47) des Märchens zu beobachten seien, in denen weibliche Aufstiegsträume – wie sie in der *Gartenlaube* suggeriert wurden – deutlich zu erkennen sind. Es bedarf der Freilegung zeitkritischer Grundstrukturen der ›Textoberflächen‹, um das ›ernste Spiel‹ in Walsers Prosaarbeiten wahrnehmen zu können. Dass dieses sowohl auf der Kenntnis zeitgenössischer Massenprodukte als auch der von Prätexten aus Literatur und Philosophie (z. B. Cervantes, Montaigne, Diderot, Nietzsche, Bakunin bis zu Hugo Ball) beruhte, zeigen neuere Detailstudien, die Walsers intertextuelles bzw. intermediales Verfahren in der Tradition eines (humoristischen) Essayismus verorten (vgl. Todorow 2011; Eickenrodt 2012).

Literatur

Benjamin, Walter: Robert Walser [1929]. In: ders.: Gesammelte Schriften. Bd. II,1. Hg. v. Rolf Tiedemann u. Hermann Schweppenhäuser. Frankfurt a. M. 1991, 324–328.

Bleckmann, Ulf: »...ein Meinungslabyrinth, in welchem alle, alle herumirren...«. Intertextualität und Metasprache als Robert Walsers Beitrag zur Moderne. Frankfurt a. M. 1994.

Bleckmann, Ulf: »Das Märchen will's.« Robert Walsers produktive Märchenrezeption. In: Thomas Eicher (Hg.): Märchen und Moderne. Fallbeispiele einer intertextuellen Relation. Münster 1996, 21–47.

Borchmeyer, Dieter: Vorwort. In: BORCHMEYER, 7–10.

Dutt, Karsten: Walsers *Skizzen* – Gattungsexzentrizität und metaliterarische Reflexion. In: FATTORI/SCHWERIN, 199–211.

Eickenrodt, Sabine: »Ja und doch nein«. Vergessen und Dementieren in Robert Walsers *Schneewittchen*-Dramolett. In: Irmela von der Lühe, Anita Runge (Hg.): Wechsel der Orte. Studien zum Wandel des literarischen Geschichtsbewußtseins. Fs. für Anke Bennholdt-Thomsen. Göttingen 1997, 205–217.

Eickenrodt, Sabine: Maßloses Stilgefühl. Zur Ethik des Essays in Robert Walsers Prosaskizzen der Berner Zeit. In: Zeitschrift für Germanistik N. F. 22, 3 (2012), 558–580.

Fattori, Anna: »Dieses Ungeheuer liebte mich, [...] du aber, Befreier, liebst mich nicht«. Robert Walser und das Märchen. In: FATTORI/SCHWERIN, 177–198.

Fuchs, Annette: Dramaturgie des Narrentums. Das Komische in der Prosa Robert Walsers. München 1993.

Gisi, Lucas Marco: Der autofiktionale Pakt. Zur (Re-)Konstruktion von Robert Walsers »*Felix*«-*Szenen*. In: Elio Pellin, Ulrich Weber (Hg.): »... all diese fingierten, notierten, in meinem Kopf ungefähr wieder zusammengesetzten Ichs«. Autobiographie und Autofiktion. Göttingen, Zürich 2012, 55–70.

Graf, Marion: Robert Walser als Anleser französischer sentimentaler Romane. In: FATTORI/GIGERL, 201–211.

Greven, Jochen: »Einer, der immer irgend etwas las«. Thematisierte Lektüre im Werk Robert Walsers. In: BORCHMEYER, 37–65.

Hiebel, Hans. H.: Robert Walsers *Jakob von Gunten*. Die Zerstörung der Signifikanz im modernen Roman. In: HINZ/HORST, 240–275.

Horst, Thomas: Probleme der Intertextualität im Werk Robert Walsers. In: BORCHMEYER, 66–82.

Hübner, Andrea: »Das Märchen ja sagt ...« – Märchen und Trivialliteratur im Werk von Robert Walser. In: BORCHMEYER, 167–186.

Kammer, Stephan: Figurationen und Gesten des Schreibens. Zur Ästhetik der Produktion in Robert Walsers Prosa der Berner Zeit. Tübingen 2003.

Kleist, Heinrich von: Penthesilea [1808]. In: ders.: Sämtliche Werke und Briefe in vier Bänden. Bd. 2: Dramen. 1808–1811. Hg. v. Ilse-Marie Barth u. Hinrich C. Seeba. Frankfurt a. M. 1987.

Lemmel, Monika: Robert Walsers Poetik der Intertextualität. In: BORCHMEYER, 83–101.

Roser, Dieter: Fingierte Mündlichkeit und reine Schrift. Zur Sprachproblematik in Robert Walsers späten Texten. Würzburg 1994.

Rodewald, Dierk: Robert Walsers Prosa. Versuch einer Strukturanalyse. Bad Homburg, Berlin, Zürich 1970.

Simmel, Georg: Die Koketterie. In: ders.: Gesamtausgabe. Bd. 14. Hauptprobleme der Philosophie. Philosophische Kultur. Hg. v. Rüdiger Kramme u. Otthein Rammstedt. Frankfurt a. M. 1996, 256–277.

Todorow, Almut: Intermediale Grenzgänge: Die Essayistik Robert Walsers. In: FATTORI/SCHWERIN, 67–85.

Utz, Peter: Tanz auf den Rändern. Robert Walsers »Jetztzeitstil«. Frankfurt a. M. 1998.

Walt, Christian: »O, Goldfabrikant samt deiner hilfreichen
Hand, wie bedächtig las ich dich!« Kontext und Dekontextualisierung in Robert Walsers ›Bleistiftmethode‹. In:
Deutsche Vierteljahrsschrift für Literaturwissenschaft
und Geistesgeschichte 83, 3 (2009), 472–484.

Sabine Eickenrodt

4.14 Natur

»Über die Natur zu schreiben« (SW 1, 22), lautet eines der Aufsatzthemen, an dem sich der Progymna-
siast Fritz Kocher 1904 in Robert Walsers erstem
Buch (*Fritz Kocher's Aufsätze*) versucht. Was »für einen Schüler der zweiten A-Klasse« (ebd.) erklärter-
maßen schwer ist, dem widmen Walsers Texte auf die
unterschiedlichste Weise ihre besondere Aufmerksamkeit. Im Spannungsfeld von Gattungskonventionen und -erwartungen orientieren sich Walsers Naturbeschreibungen dabei einerseits an den anachronistischen Vorgaben sentimentalischer Naturbeschreibung oder an der nüchternen Erfassung von
Natur in der Prosa des Realismus, andererseits aber
auch am zeitgenössischen »Jargon der Fremdenfüh-
rer und Reiseprospekte« (Jürgens 1991, 99). Sie rufen
etablierte Dichotomien auf, von Stadt-Land, von wissenschaftlicher und ästhetischer Naturauffassung,
gemalter und ›erschriebener‹ Landschaft, und stellen
dabei stets die Künstlichkeit der eigenen Darstel-
lungstechnik in den Mittelpunkt. Zentral für Walsers
Naturbeschreibungen ist die Figur des einsamen
Spaziergängers oder Wanderers, die gewissermaßen
als Relaisstation zur ästhetischen Vermittlung von
Natur funktioniert. Natur ist Gegenstand der Empfindung und der Erkenntnis. Walsers Texte suchen
zwar selten den Dialog mit szientifischen Naturbildern, teilen aber auch nicht das zeitgenössische Interesse am Lebensbegriff, der Lebensphilosophie oder
an einer neuen Metaphysik der Natur, wie sie um
1900 in Mode kommt.

Der Versuch, Natur begrifflich zu bestimmen,
kann dem Dilemma nicht entkommen, das jeder Ansatz zu ihrer Bestimmung selbst immer schon ein
kulturelles Artefakt darstellt (vgl. Böhme 2002, 433–
434; Rheinberger 1995, 84–85). Walsers Texte leug-
nen diesen Umstand nicht. Wenn von Natur gesprochen wird, dann aber meist im Sinne einer äußeren
Natur, die nicht von Menschen gemacht ist und nicht
von ihnen beherrscht wird. Diese äußere oder ›ganze‹
Natur wird bei Walser häufig ausdrücklich zum Gegenstand von Texten gemacht, so etwa in den frühen
Prosastücken *Der Greifensee, Natur, Wald, Das Ge-
birge (I), Kleist in Thun, Das Büebli, Landschaft (I),
Kleine Wanderung, Der Berg,* den ersten Romanen
(*Geschwister Tanner, Der Gehülfe*), in einigen der
längeren Prosatexte der Bieler Zeit (*Der Spaziergang,
Naturstudie, Leben eines Malers*), wiederholt in Walsers Lyrik und in verschiedenen späteren kurzen Stücken und Miniaturen (*Der Jüngling in den Alpen, Im*

Wald, Regen, Die Natur, Mutter Natur, Der Wald).
Klassische Topoi der Landschaftsdarstellung und andere Diskursversatzstücke der Naturbeobachtung werden ausgestellt und mit gesteigertem Pathos in ihrer Künstlichkeit vorgeführt. So lässt etwa das frühe Prosastück *Der Greifensee*, Walsers erste Prosa-Publikation überhaupt, die Naturbeschreibung gleich selbst als Figur zu Wort kommen:»Lassen wir sie doch in ihrer althergebrachten Überschwenglichkeit selber sprechen« (SW 2, 33). Die Gattung geht hier nicht aus der Beschreibung hervor, stattdessen lässt Walser die Gattung der Naturbeschreibung als Figur im Text mit dem Ich-Erzähler umherstreifen, ja die äußere Natur, die Seelandschaft erst durch den schöpferischen Sprechakt dieser Figur in Erscheinung treten (vgl. ebd.). Die Naturbeschreibung spricht:»Es ist eine weiße, weite Stille [...]; es ist See und umschließender Wald; es ist Himmel [...]; es ist Wasser [...].« (ebd.) Diese ausgestellte Künstlichkeit – »das Spiel mit den Erzählmitteln strukturiert den Text nicht, es *ist* der Text« (Baßler 1994, 118) – kann gerade für Walsers frühe Prosa als charakteristisch gelten. Dem vielfach diagnostizierten Verfall und schließlich nach Georg Wilhelm Friedrich Hegel dem Ausschluss der Naturästhetik in der Moderne (vgl. Jauss 1982; Böhme 2002, 492–493) und der gleichzeitigen Biologisierung des Naturbegriffs (vgl. Riedel 1996; Groh 1991; Collingwood 1945/2005, 163 f.) begegnen Walsers Texte auf ganz eigene Weise. Die Gattungsnormen oder das Spiel mit den traditionellen Gattungsbezeichnungen und -erwartungen der Naturbeschreibung werden zum Sprungbrett für eine Naturästhetik, die vor allem ein gattungspolitisches Ziel verfolgt, das Peter Utz in einem breiteren Zusammenhang beschrieben hat:»Gattungsnormen [...] werden als Herrschaftsnormen bestimmt und subvertiert« (Utz 1998, 46).

Natur im literarischen Diskurs um 1900

Mit der Biologisierung des Naturbegriffs im 19. Jh. geht in der Literatur der Jahrhundertwende eine Profanierung des Naturbildes (vgl. Riedel 1996, XIII–XIV und 151–207) und ein verstärktes Interesse an Sexualität und am Organischen des Menschen einher. Es bilden sich neoromantische Strömungen heraus, deren Anliegen eine neue ›Lebensmystik‹ ist. In Walsers Lebenszeit fallen zudem grundlegende historische Veränderungen der Landschaftswahrnehmung und -darstellung, von den Stadtlandschaften der Jahrhundertwende bis zu den Kriegslandschaf-

ten des Ersten Weltkriegs und den Maschinenlandschaften des Futurismus. Gleichzeitig wird die sentimentalische Naturlandschaft aber auch zum nostalgischen Objekt und »Vehikel insbesondere der Moderne- und Technikkritik« (Lobsien 2001, 659). Der emphatische Naturbegriff der Zeit um 1800 hat um 1900 seine zentrale Bedeutung für die Literatur eingebüßt (vgl. Riedel 1991, XII; Zimmermann 1982, 144 f.). Die Lesbarkeit der Natur, wie sie in der Romantik (Blumenberg 1981, 233 f.) und in abgewandter Form im Realismus von entscheidender Bedeutung ist, hat in der Regel nur noch Zitatcharakter. Naturbilder werden in ihrer Konstruiertheit und ihrer Kontingenz erfasst und auf die Zeichenhaftigkeit ihrer Effekte hin gelesen.

Walsers Naturbeschreibungen bilden hier keine Ausnahme, dennoch birgt Natur als Gegen- oder Fluchtraum in den Texten stets eine besondere schöpferische und politische Potentialität. Die Möglichkeit eines modernen *locus desertus* liegt wie ein Versprechen in vielen der Naturszenen der Bieler und Berner Zeit. Die meisten dieser Texte behalten sich jedoch eine gewisse Indifferenz oder Ambivalenz vor. Dem Ich-Erzähler im *Spaziergang* erscheinen etwa die Hüte in einem Damenhutladen »ebenso anziehend und anheimelnd wie die Natur selber« (SW 5, 26). Das stimmungshaft Subjektive romantischer Naturdarstellung wird meist nur gebrochen dargestellt und changiert immer zwischen ausgestellter Pose und sentimentalischer Subjektivität. Wiederholt stellen sich Walsers Texte der Naturbeschreibung als einer Aufgabe in der Auseinandersetzung mit Gattungskonventionen und literarischen Vorbildern. Die Reaktionen der Texte sind von uneindeutiger Vielfalt, verweisen stets auf verschiedene Formen der Naturbetrachtung oder -beschreibung und spielen mit unterschiedlichen Diskursen, mal begleitet von einem zur Schau getragenen Desinteresse an Originalität oder Genauigkeit in der Beschreibung, mal mit fast grenzenlosem Pathos, »mit den unmöglichsten Zärtlichkeitsbekundungen« (Kronauer 2007, 16) und sentimental verklärtem Blick, kühnen Metaphern und Anthropomorphisierungen in der Manier Jean Pauls: Natur erscheint bald als ornamentale ›physis‹ (»Natur ist gut zum Drumherumliegen«, SW 3, 125), als reproduzierbare Dekoration oder Attrappe (*Gebirgshallen, Maskerade*), dann wieder als allumfassendes Ganzes, das sogar die künstliche Welt des Theaters miteinschließt (»Vielleicht ist aber alles Natur« SW 9, 50), als Quelle von Dichtung und bildender Kunst (»holde Dichterin Natur«, SW 4, 104; vgl. SW 5, 51), als Flucht- und Rückzugsraum, als Gegenwelt zur menschlichen Sozietät (wie in *Geschwister Tanner, Der Gehülfe, Der Spaziergang* und anderen Texten), oder auch märchenhaft verklärt als personifizierte Gestalt (der Riese Tomzack im *Spaziergang*, die Waldfrau in *Der Wald, Der Mann mit dem Kürbiskopf* in der gleichnamigen Geschichte für Kinder).

Natur ist kein unschuldiges Wort in Walsers Texten, auch wenn es häufig so daherkommt. Diese literarische Aufgabenstellung, das Projekt über oder von der Natur zu schreiben, bleibt mit *Fritz Kocher's Aufsätzen* ironisch an die Schwierigkeit gebunden, dass es sich anders als bei Menschen, bei der Natur doch um einen Gegenstand handle, der »verschwommen, so fein, so ungreifbar, so unendlich« sei (SW 1, 22). Verschwommenheit, Intentionslosigkeit und Unbestimmbarkeit der Natur erzwingen in Walsers Texten wortreiche Ausflüchte, produzieren Stauungen auf der Ebene des Erzählens, aber bereiten andererseits auch gerade in den Romanen und Erzählungen den Grund für eine fast mystische ›henosis‹, das Einswerden mit der Natur nach romantischen oder sentimentalischen Vorbildern. Durchgehend lassen sich hierbei vor allem zwei Elemente beobachten: Das Spazierengehen als idealisierter Modus der Naturbetrachtung und -darstellung sowie die politische Funktionalisierung von einsamen Landschaften.

Der Spaziergänger als idealer Naturbetrachter

In *Der Spaziergang* (1917/1920) entwirft Walser eine Typologie des idealen Naturbetrachters als Spaziergänger, der hier in der äußersten Reduktion seiner Bedürfnisse und seiner absoluten Interesselosigkeit selbst zum Teil des Angeschauten wird. »Schauen ist dann eine umgekehrte, vertauschte Rolle« (SW 1, 95), heißt es schon in *Fritz Kocher's Aufsätzen*. »Mitleid[], Mitempfinden[] und [...] Begeisterung«, »Hineinfinden in die Dinge« (SW 7, 127), die »eifrige Liebe zu allen Erscheinungen« (SW 5, 52), so heißen die Tugenden, dieser der christlichen Andacht oder asketischen Einkehr nicht unverwandten Form der Betrachtung bei Walser. Der Anschein von Gedanken- und Tatenlosigkeit, den der Spaziergänger dabei gibt, täusche aber, heißt es weiter im Text, »streifen« seine Beobachtungen doch »mitunter [...] an exakte Wissenschaft« (ebd.). Die programmatische Aufforderung »sich in die tiefste und kleinste Alltäglichkeit herunterzusenken« (ebd.) erinnert an Adalbert Stifters Vorrede zu den *Bunten Steinen* (1853) und an

eine Poetik des Kleinen und Gewöhnlichen, die Natur als zyklisch und ›sanften Gesetzen‹ folgend entwirft (vgl. Begemann 2002, 111).

Robert Walser aber entwickelt Naturbeschreibung gerade nicht in Analogie zur Naturforschung. Spazierengehen wird vielmehr zu einem textgenerierenden Vorgang, »zu Hause« drohen Walsers Spaziergänger zu verdorren, im Spazierengehen aber erschließt sich ihnen die Welt und in der Bewegung des Spazierens und im Gang durch die Gattungen entstehen Walsers Texte (vgl. Albes 1999, 231; Locher 2001). Der Gang in den Naturraum versorgt das dichtende Text-Ich mit Material, Natur ist der Ort der Inspiration und der Selbsterhaltung:

> Bedenken Sie, wie der Dichter verarmen und kläglich scheitern müßte, wenn nicht die mütterliche, väterliche, kindliche Natur ihn immer wieder von neuem mit dem Quell des Guten und Schönen bekannt machen würde. [...] Ohne Spazieren und damit verbundene Naturanschauung, ohne diese ebenso liebliche wie lehrreiche, ebenso erfrischende wie beständig mahnende Erkundigung fühle ich mich wie verloren und bin es in der Tat. (SW 7, 126)

Im Spazierengehen üben Walsers Figuren eine bestimmte Form der Aufmerksamkeit ein. Sie legen imaginäre Begegnungslisten an, keine botanisch oder zoologisch genauen Listen von Naturgegenständen, sondern Listen von ›objets trouvés‹ im Stil von ABC-Büchern, wobei die Naturbeschreibung zur Schreibszene wird:

> Höchst aufmerksam und liebevoll muß der, der spaziert, jedes kleinste lebendige Ding, sei es ein Kind, ein Hund, eine Mücke, ein Schmetterling, ein Spatz, ein Wurm, eine Blume, ein Mann, ein Haus, ein Baum, eine Hecke, eine Schnecke, eine Maus, eine Wolke, ein Berg, ein Blatt oder auch nur ein ärmliches, weggeworfenes Fetzchen Schreibpapier, auf das vielleicht ein liebes, gutes Schulkind seine ersten, ungefügen Buchstaben hingeschrieben hat, studieren und betrachten. (ebd.)

Natur als Rückzugsraum und Ort der Widerständigkeit

Wenn mit dem Ende des 18. Jh.s die ›freie Natur‹ als Rückzugs- und Erholungsraum (Böhme 1988, 42; Warnke 1992, 90–105) für ein frühes bürgerliches Publikum entdeckt wird, dann entwickelt sich zeitgleich dazu eine bürgerliche Gehkultur (Meyer 2013, 17 ff.), die diesen neuen Raum für Spaziergänger erschließt. Jean-Jacques Rousseaus *Rêveries du promeneur solitaire* (1782) stehen am Beginn einer literarischen Tradition von einsamen Wanderungen durch die Natur. Die klassische Bukolik und Idyllenpoesie wird hier transformiert, wobei Grundmerkmale wie »Naturschönheit, Sujetlosigkeit, Geborgenheit, Konfliktfreiheit, einfache Lebensformen, Muße für kreativ-lustvolle Betätigung« erhalten bleiben (Warning 2009, 43). Als Phantasma ist die Rousseausche Utopie eines Lebens im Einklang mit der Natur bis in die frühe Moderne hinein präsent. Heinrich von Kleists Pläne, sich in der Schweiz niederzulassen und seinen Traum von einer ›Rückkehr zur Natur‹ nach dem Vorbild von Rousseaus *Émile* zu verwirklichen, werden bei Walser jedoch als literarisches Gedankenspiel entlarvt, wenn es gleich zu Beginn der Novelle *Kleist in Thun* lapidar heißt: »Er hat Bauer werden wollen, als er in die Schweiz gekommen ist. Nette Idee das. In Potsdam läßt sich so etwas leicht denken. Überhaupt denken die Dichter sich so leicht ein Ding aus. Oft sitzt er am Fenster.« (SW 2, 70–71) Schreiben kann Walsers Kleist dann auch nur nachts, wenn es dunkel ist und er die ihn umgebende Natur gar nicht sieht.

Um 1900 wird selbst der alpine Raum für den Tourismus erschlossen, sodass – wie Georg Simmel bemerkt – »die Bequemlichkeit der Heer- und Herdenstraße« dazu beiträgt, dass der »Faust'sche Wunsch: ›Stünd' ich, Natur, vor dir, ein Mann allein!‹ […] immer seltener erfüllt, und deshalb immer seltener gesagt« werden kann (Simmel 1895/1992, 91). Die Erschließung der mitteleuropäischen Natur für den frühen Massentourismus schlägt sich auch in der literarischen Auseinandersetzung mit den Alpen nieder (Ott 2013), die bis zu diesem Zeitpunkt als letzte europäische Landschaft, das Erlebnis des Naturerhabenen versprechen. So mag es vielleicht auch nicht überraschen, dass die Alpen in Walsers Texten (Utz 1998, 40 f.; Ott 2012) höchstens als Dekoration am Horizont oder in Miniaturform auftauchen. Simon Tanner ist eben »kein zeittypischer Bergheld« (Utz 1998, 103). Die Alpenwelt der Heimatliteratur, das helvetische Kollektivsymbol der Alpenlandschaft, taucht bei Walser nur als Kopie in einem Berliner Varieté auf (*Gebirgshallen*), in Bildbeschreibungen (*Leben eines Malers*) oder an den Horizont versetzt (Utz 1998, 119–128). Von Idyllen und romantischen Schauplätzen ist bei Walser oft dezidiert im Irrealis die Rede: »Hier wäre für eine romantische Geschichte ein schöner, passender Schauplatz gewesen« (SW 10, 98). Oft konterkarieren die Texte romantisierende Beschreibungen mit den Lebenswelten der Figuren oder dem Aufruf von Gattungswissen der Leser, im Spiel mit der Erwartung, über Aus-

lassung, Übertreibung. In Walsers *Naturstudie* fällt sich der Erzähler selbst ins Wort, wenn das Erzählte zu romanhaft zu werden droht (vgl. SW 7, 73). Die Idylle kann bei Walser als Ort des Widerstands dennoch bestehen, selbst wenn das Gattungswissen der Leser in den Texten stets explizit auf die Inkongruenz hinweist.

Am Deutlichsten lässt sich dies an der ausgeprägten Stadt-Land Dichotomie beobachten, die viele von Walsers Texten belebt, deren Figuren den Raum der Stadt verlassen oder oft geradezu fliehen. Weder resakralisieren diese Texte eine profanierte Natur noch erzeugen sie das Bild einer rein artifiziellen Natur. Für die Texte behält Natur als politischer Raum stets Relevanz. Ob Simon Tanner oder Joseph Marti, Walsers Romanhelden suchen Zuflucht in Naturräumen, wohingegen etwa *Der Affe* (vgl. SW 8, 34), einer von Walsers wenigen tierischen Helden, ausgerechnet ins menschliche Kaffeehaus geht. Die Natur-Kulturgrenze ist in Walsers Texten eine Grenze zwischen menschlicher Sozietät und unbewohnten Zwischenräumen, die durchwandert, gemalt, beschrieben, studiert werden und in denen, wie zu Beginn der *Geschwister Tanner*, gestorben wird. Diese Landschaften und Szenerien bilden die Gegenwelten zu den Büros, Kontoren, Buchhandlungen und Schreibstuben in Walsers Texten. Sie werden, wie etwa im *Spaziergang*, als Gegenwelten zu den oft als Rahmung fungierenden Schreibszenen entworfen, als Speicher oder Ressourcen des Imaginären und der schriftstellerischen Arbeit. Sie stehen also einerseits im Gegensatz zu einer künstlichen oder künstlerischen Welt, der Welt des Theaters und der Welt im Buch, werden aber in ihrer Künstlichkeit auch als Produkte des literarischen oder malerischen Imaginären bestimmt. Während etwa bei Gottfried Keller und Stifter Landschaftsmalerei und literarische Landschaft in ein Konkurrenzverhältnis treten, das häufig zur Selbstlegitimierung des literarischen Ansatzes dient, suchen Walsers Texte den Ausgleich. Gemalten Landschaften wird bei Walser sogar häufig ein besonderer Verismus zugesprochen, der den Betrachtern körperliche Reaktion abverlangt (*Hodlers Buchenwald*): »Man steckt unwillkürlich die Hände in die Tasche, wenn man es [Hodlers Bild] anschaut, das eine so wundervolle Winterwiedergabe ist.« (SW 17, 189)

In Friedrich Schillers *Der Spaziergang* (1795/1800) steht die Stadt als Ort menschlicher Tätigkeit für die Freiheit des Menschen gegenüber der Natur (vgl. Ritter 1976, 153–157), bei Walser ist es gerade die Untätigkeit in der unbewohnten Natur, die den Ich-Erzähler in einen Zustand der Freiheit versetzt. Im Studium der Natur, das bei Walser im Spazierengehen seine praktische Realisierung findet, wird nicht selten ein ungebrochen ›Naturschönes‹ propagiert, um es jedoch gleichzeitig wieder als rein literarisches oder künstlerisches Darstellungsphänomen aufzulösen. Walsers Naturbeschreibungen behaupten ihren idyllischen Charakter und ihre Widerständigkeit oft gerade dennoch gegen die eigenen Versuche der ironischen Brechung (Tismar 1974, 75).

Forschung

Schon zeitgenössische Kritiker, wie etwa Robert Musil, haben auf die seltsame ›Doppelheit‹ oder Künstlichkeit der Naturdarstellung in Walsers Texten hingewiesen:

> Eine Wiese ist bei ihm bald ein wirklicher Gegenstand, bald jedoch nur etwas auf dem Papier. Wenn er schwärmt oder sich entrüstet, läßt er nie aus dem Bewußtsein, daß er es schreibend tut [...]. Er heißt plötzlich seine Figuren schweigen und die Geschichte redet, als wäre sie eine Person (Musil 1914/1978, 1467–1468).

Walter Benjamin sah gerade in Walsers hypertropher Prosa naturhafte Urwüchsigkeit am Werk, »Sprachverwilderung« (Benjamin 1929/1991, 325). An weiteren Beispielen ließe sich diese Tendenz aufzeigen, Walsers Texten eine Natürlichkeit oder Naturwüchsigkeit zuzuschreiben, um entweder deren Stil zu bestimmen oder aber ihren Autor zu beschreiben. Schließlich kokettiert schon Walser selbst wiederholt mit der Rolle des weltfremden »Hirtenknaben« (Br, 327), die er »mit Inbrunst [...] gibt«, die aber zuletzt, wie Brigitte Kronauer in ihrem Walser-Vortrag festhält, auch nur »zur Hälfte« gespielt sei, wäre es doch »ganz und gar unmöglich«, »die Werke dieses Autors ohne deren Hauptwirkstoff Natur zu denken« (Kronauer 2007, 15).

Der einzige Versuch eines systematischen Überblicks von Walsers Naturdarstellung stellt die Dissertation von Gérard Krebs (Krebs 1991) dar, die einen besonderen Schwerpunkt auf die strukturellen, musikalischen und chromatischen Eigenheiten von Walsers Naturprosa legt und Bezüge zum Impressionismus und Jugendstil herstellt. Zum Konzept der Idylle und den Naturbildern der Spaziergänger in Walsers Werken liegen hingegen eine Reihe von Arbeiten vor, die sich etwa ideologiekritisch mit Walsers Naturbegriff beschäftigen. So widmen sich Jens Tismar und Hermann Kinder dem Verhältnis von Walsers Naturdarstellungen zur Idylle. Kinder folgt dabei Tismar in seiner Lektüre von *Kleist in Thun*,

wenn er betont, dass Walser, indem er die Fluchtbewegung in den idyllischen Raum der Natur fehlschlagen lasse, »*ex negativo* das Landschaftserleben« verteidige (Kinder, 2004, 97).

Claudia Albes hat gezeigt wie sich Walser in den Naturbetrachtungen in eine romantische Tradition einschreibt (Albes 1999, 250 f.) und teilweise fast wörtlich an Schiller, Jean Paul, Joseph von Eichendorff oder auch Stifter anschließt.

Wie sich Walsers Landschaftsbeschreibungen zur populären Heimatliteratur und zu nationalistischen Diskursen der Zeit verhalten, hat Utz in seiner großen Walser-Studie *Tanz auf den Rändern* anhand der Lektüre von Texten Walsers hervorgehoben, die das literarische Sujet der Alpen spielerisch aufnehmen und dabei »literarische Erosionsformen des Alpenmassivs« entwickeln (Utz 1998, 90). In seiner Habilitationsschrift, *Poetiken der Höhe. Der alpine Diskurs und die deutschsprachige Literatur der Moderne*, veranschaulicht Michael Ott an Utz anschließend, inwiefern Walsers Alpentexte nicht nur »ironische Parodien und Brechungen eines helvetischen Alpendiskurses sind, sondern zugleich spielerische Imitationen, die diesen Diskurs auch poetisch produktiv machen« (Ott 2012, 194–199).

Jüngere Arbeiten haben sich vermehrt den intermedialen Bezügen zwischen Walsers ekphrastischen Strategien und synästhetischen Naturbeschreibungen und seiner Auseinandersetzung mit bildender Kunst (u. a. Cézanne und Van Gogh) gewidmet (vgl. FATTORI/GIGERL), insbesondere auch im Hinblick auf die Arbeiten Karl Walsers und dessen Illustrationen zu Robert Walsers Büchern. Vor allem Walsers explizite Verwahrung gegen Illustrationen für die Publikation des Bandes *Seeland* ist in diesem Kontext gelesen worden (Scheffler 2010, 286–294).

Literatur

Albes, Claudia: Der Spaziergang als Erzählmodell. Studien zu Jean-Jacques Rousseau, Adalbert Stifter, Robert Walser und Thomas Bernhard. Tübingen, Basel 1999.

Baßler, Moritz: Die Entdeckung der Textur. Unverständlichkeit in der Kurzprosa der emphatischen Moderne 1910–1916. Tübingen 1994.

Begemann, Christian: Metaphysik und Empirie. Konkurrierende Naturkonzepte im Werk Adalbert Stifters. In: Lutz Danneberg, Friedrich Vollhardt (Hg.): Wissen in Literatur im 19. Jahrhundert. Tübingen 2002, 92–126.

Benjamin, Walter: Robert Walser [1929]. In: ders.: Gesammelte Schriften. Bd. II,1. Hg. v. Rolf Tiedemann u. Hermann Schweppenhäuser. Frankfurt a. M. 1991, 324–328.

Blumenberg, Hans: Die Lesbarkeit der Welt. Frankfurt a. M. 1981.

Böhme, Hartmut: Natur und Subjekt. Frankfurt a. M. 1988.

Böhme, Hartmut: Natürlich/Natur. In: Karlheinz Barck u. a. (Hg.): Ästhetische Grundbegriffe. Historisches Wörterbuch in sieben Bänden. Bd. 4: Medien–Populär. Stuttgart, Weimar 2002, 432–497.

Collingwood, Robin G.: Die Idee der Natur. Aus dem Englischen von Martin Suhr mit einem Nachwort von Axel Honneth. Frankfurt a. M. 2005.

FATTORI/GIGERL.

Groh, Ruth, Groh, Dieter: Weltbild und Naturaneignung. Zur Kulturgeschichte der Natur. Frankfurt a. M. 1991.

Jauß, Hans Robert: Aisthesis und Naturerfahrung. In: Jörg Zimmermann (Hg.): Das Naturbild des Menschen. München 1982, 155–182.

Jürgens, Martin: Fern jeder Gattung, nah bei Thun. Über das mimetische Vermögen der Sprache Robert Walsers am Beispiel von »Kleist in Thun«. In: HINZ/HORST, 87–100.

Kinder, Hermann: Flucht in die Landschaft. Zu Robert Walsers »Kleist in Thun«. In: TEXT + KRITIK 4, 95–105.

Koschorke, Albrecht: Die Geschichte des Horizonts. Grenze und Grenzüberschreitung in literarischen Landschaftsbildern. Frankfurt a. M. 1990.

Krebs, Gérard: Die Natur im Werk Robert Walsers. Eine Untersuchung mit Vergleichen zur Literatur und Kunst der Jahrhundertwende und der Romantik. Helsinki 1991.

Kronauer, Brigitte, »Wie hat es das Naturschauspiel mir angetan«. In: GRODDECK u. a., 15–24.

Mayer, Andreas: Wissenschaft vom Gehen. Die Erforschung der Bewegung im 19. Jahrhundert. Frankfurt a. M. 2013.

Lobsien, Eckhard: Landschaft. In: Karlheinz Barck u. a. (Hg.): Ästhetische Grundbegriffe. Historisches Wörterbuch in sieben Bänden. Hg. von Bd. 3: Harmonie–Material. Stuttgart, Weimar 2001, 617–665.

Locher, Elmar: Ausgestellte Haltungen. Robert Walsers Der Spaziergang. In: Isolde Schiffermüller (Hg.): Geste und Gebärde. Beiträge zu Text und Kultur der Klassischen Moderne. Innsbruck u. a. 2001, 207–231.

Musil, Robert: Die »Geschichten« von Robert Walser [1914]. In: ders.: Gesammelte Werke in neun Bänden. Bd. 9: Kritik. Hg. v. Adolf Frisé. Reinbek bei Hamburg 1978, 1467–1468.

Ott, Michael: Im »Allerheiligsten der Natur«. Zur Veränderung von Alpenbildern in der Kultur um 1900. In: Adam Paulsen und Anna Sandberg (Hg.): Natur und Moderne um 1900. Räume – Repräsentationen – Medien. Bielefeld 2013, 31–49.

Ott, Michael: Poetiken der Höhe. Der alpine Diskurs und die deutschsprachige Literatur der Moderne. Habilitationsschrift Universität München 2012.

Rheinberger, Hans-Jörg: Natur, NATUR. In: Norbert Haas, Rainer Nägele, ders. (Hg.): Was wäre Natur? Eggingen 1995, 85–98.

Riedel, Wolfgang: »Homo Natura«: Literarische Anthropologie um 1900. Berlin, New York 1996.

Ritter, Joachim: Landschaft. In: ders.: Subjektivität. Sechs Aufsätze. Frankfurt a. M. 1974, 141–163.

Scheffler, Kirsten: Mikropoetik. Robert Walsers Bieler

Prosa. Spuren in ein »Bleistiftgebiet« avant la lettre. Bielefeld 2010.

Simmel, Georg: Alpenreisen [1895]. In: ders.: Aufsätze und Abhandlungen 1894 bis 1900. Hg. v. Heinz-Jürgen Dahme u. David P. Frisby. Frankfurt a. M. 1992, 91–95.

Tismar, Jens: Gestörte Idyllen. Eine Studie zur Problematik der idyllischen Wunschvorstellungen am Beispiel von Jean Paul, Adalbert Stifter, Robert Walser und Thomas Bernhard. München 1973.

Utz, Peter: Tanz auf den Rändern. Robert Walsers »Jetztzeitstil«. Frankfurt a. M. 1998.

Warning, Rainer: Heterotopien als Räume ästhetischer Erfahrung. Paderborn, München 2009.

Warnke, Martin: Politische Landschaft. Zur Kunstgeschichte der Natur. München, Wien 1992.

Zimmermann, Jörg: Zur Geschichte des ästhetischen Naturbegriffs. In: ders. (Hg.): Das Naturbild des Menschen. München 1982, 118–154.

Sebastian Haselbeck

4.15 Großstadt

In der hochgradig selbstreflexiven Literatur der Moderne ist die Großstadt ein zentraler Topos, mit dem die Schriftsteller zu Beginn des 20. Jh.s auf die massive Urbanisierung Europas reagieren, mit dem sie aber auch die Entstehungsbedingungen ihres eigenen Schreibens thematisieren. Die »*Steigerung des Nervenlebens*« (Simmel 1903/1995, 116), die Georg Simmel in seinen wahrnehmungsästhetischen Betrachtungen als Konsequenz der städtischen Erfahrung konstatiert, spiegelt sich in den Themen und der Struktur der modernen Literatur. Der Flaneur, den Walter Benjamin zu einer Figur von epochaler und kulturdiagnostischer Bedeutung erhebt, wird zum Inbegriff der Urbanität.

Die Großstadt als Schlüsselthema der Moderne taucht auch im Werk Robert Walsers immer wieder auf, entwickelt aber ihre stärkste Präsenz in den Texten der Berliner Zeit des Autors (1905–1913). Walsers Großstadttexte dieser Periode sind jedoch nicht allein als spezifische Berlin-Texte, sondern – vor dem Hintergrund von Berlin als ›Hauptstadt der Moderne‹ – als Auseinandersetzungen mit dem Metropolenleben schlechthin zu betrachten. Die für Walsers Darstellungsverfahren charakteristische Spannung von Wahrnehmung und Erfahrung auf der einen und der Reflexion dieser Wahrnehmungs- und Erfahrungsweisen auf der anderen Seite tritt in der literarischen ›Erschließung‹ der Großstadt in den Berliner Schriften besonders deutlich hervor, denen insofern eine für sein gesamtes literarisches Œuvre konstitutive Bedeutung zukommt. Diese poetologische Bedeutung des Großstadtmotivs bei Walser überschneidet sich an manchen Punkten mit dem gleichfalls poetologischen Motiv des Spaziergangs. In den Großstadttexten lassen sich somit die Hauptmerkmale seines Schreibens identifizieren, zugleich profilieren Walsers Verfahren der Textualisierung der Großstadterfahrung seine Stellung innerhalb der modernen Literatur.

Während die Großstadt im Frühwerk gelegentlich und dann meist als Gegenpol der heimatlichen Provinz hervortritt, so wird diese Differenz in der Berliner Zeit problematisiert. Den späteren Erfahrungen mit dem städtischen Leben, vornehmlich denjenigen, die Walser in Bern sammelt (1921–1928), kommt im literarischen Werk nicht mehr dieselbe ausgeprägte Bedeutung zu.

In den Texten der Berliner Zeit korrespondiert die Auseinandersetzung mit dem Großstadtleben zeitlich mit Walsers ersten Erfolgen als Schriftsteller in der Metropole. Für die Behandlung der urbanen Lebensbedingungen wählt er vorwiegend die kleine Form. Das »Großstadtweltleben« (SW 11, 42) bildet zwar auch im Roman *Jakob von Gunten* verschiedentlich den Bezugspunkt, insbesondere hat sich aber das Feuilleton als die ideale Form erwiesen, um die Großstadterfahrung auf inhaltlicher und formaler Ebene literarisch darzustellen. Eine solche Spiegelung von Großstadterfahrung und Textaufbau ist z. B. im kurzen Text *Auf der Elektrischen* realisiert, in dem der bei der Straßenbahnfahrt spürbare Großstadtrhythmus syntaktisch mit dem fast vollständigen Verschwinden des Ich-Erzählers in der Masse bzw. dessen Zurücktreten hinter das unpersönliche ›Man‹ korrespondiert (vgl. FEUER, 42). Die Wechselwirkung von subjektiver Wahrnehmung und literarischer Beschreibung des großstädtischen Erfahrungsraums kulminiert in *Guten Tag, Riesin!* in der Simultaneität von Gedankengang und Textbewegung: »Das ist das Wunder der Stadt, […] daß das Betrachten ein flüchtiges, das Urteil ein schnelles und das Vergessen ein selbstverständliches ist. Vorüber.« (SW 3, 65)

Walsers Texte der Berliner Jahre, die die Großstadterfahrung – den »angenehm-unangenehmen Überfall aufs Behagen« (SW 15, 50) – explizit zum Sujet erheben, gruppieren sich im Wesentlichen um zwei Motivkreise. Auf der einen Seite partizipiert Walser über das Feuilleton an der Berliner Literaturszene und seine Kombination von urbanem Tempo und individuellem Sinneseindruck zeigt Affinitäten zu den literarischen Avantgarden. Repräsentativ dafür sind die grellen Kontraste, mit denen Walser in dem Prosastück *Friedrichstraße* diese Hauptverkehrsachse Berlins beschreibt: »hier herrschen und gebieten bis zum offenen Unanstand, durch den sich kein vernünftiger Mensch verletzen läßt, Gegensätze, die unbeschreiblich sind« (SW 3, 77). Auf der anderen Seite fokussieren mehrere Prosastücke die Bedeutung der Großstadt für die künstlerische Arbeit und kontrastieren diese Bedingungen mit der Herkunft des Künstlers aus der Provinz: Dieser bewegt sich eingespannt zwischen der Erinnerung an die Melancholie der Provinz und der Gefahr der Vereinsamung in der Metropole. Ein entschiedenes Bekenntnis zum Anteil der Großstadt an der Kunstproduktion findet sich beispielsweise in *Berlin und der Künstler*: »Ein Künstler ist hier gezwungen aufzuhorchen. Anderswo darf er, die Ohren verstopft, in die Ignoranz versinken. Hier darf er das nicht.« (SW 15, 49 f.)

Forschung

Walsers Beziehung zur Großstadt wurde lange vorwiegend unter biographischen Gesichtspunkten beleuchtet und ist dabei innerhalb der das Gesamtwerk umfassenden Interpretationen unterbelichtet geblieben. Zu einem eigenständigen Thema wurde sie – zum Teil im Gefolge des *spatial turns* in den Kulturwissenschaften seit den 1990er Jahren – etwa durch die Verortung von Walsers urbanitätsbezogenen Texten in dem Nervositätsdiskurs der Zeit (vgl. Utz 1998, 53–89). Die den Berliner Jahren des Autors gewidmeten, literaturtopographischen Darstellungen von Anne Gabrisch und Jochen Greven behandeln den der Großstadterfahrung inhärenten Gegensatz zwischen dem Status als Weltstadt und einem Leben in der Anonymität (vgl. Gabrisch 1991, Greven 2006). Diese Dialektik schlägt sich nieder in Walsers zwischen Teilnahme und Beobachtung oszillierendem Darstellungsverfahren, wobei nach Stephan Kammer in der »paradoxen Selbstbeobachtung des Schreibens als vielgestaltiger kultursemiotischer Tätigkeit« Ansätze zu einer »Literatur als Ethnographie« erkennbar werden (Kammer 2004, 128). In diesem Sinn nehmen neuere Studien über die Großstadtliteratur bei Walser die Figur des Flaneurs in den Blick, dessen Perspektive das gleiche Paradox von Teilnahme und Beobachtung kennzeichnet. Sie weisen darauf hin, dass Walsers Bearbeitung dieses für die Moderne paradigmatischen Motivs als Vorwegnahme von Benjamins späterer Konzeption nicht hinlänglich erfasst ist; vielmehr wurde seine literarische Bearbeitung der Flanerie als eigenständige Akzentuierung innerhalb der Konstellation der Klassischen Moderne gelesen und etwa ihre sozialkritische Tendenz hervorgehoben (vgl. Pleister 1990). Zugleich wurde sie auf die an Charles Baudelaires Prägung des *fugitif* als Hauptmerkmal der *modernité* erinnernde Poetik der flüchtigen Erscheinungen bezogen (vgl. Neumeyer 1999, 192–210).

Auf die Verfahren der Textualisierung des Großstadt-Motivs und Walsers spezifische Verarbeitung der Großstadterfahrung v. a. in der kleinen Form und der feuilletonistischen Produktion wurde von der Forschung erst in jüngster Zeit ein Licht geworfen. So betont etwa Peter Utz die »symbiotische Nähe des Textes zur Dynamik der Großstadt« in Walsers Berliner Zeitungs- und Zeitschriftenbeiträgen und Prosastücken (Utz 2001, 138). In dieser Perspektive ist die textstrukturierende Funktion der alltäglichen urbanen Erfahrungen genauer untersucht worden, indem die Vermischung des Heterogenen in Walsers

Großstadtdichtung als literarisches Pendant zu der von Simmel diagnostizierten wahrnehmungspsychologischen Strategie der Blasiertheit herausgestellt (vgl. Loop 2007) oder das literarisch produktive Spiel zwischen Abstraktion und Einfühlung sowie die simulierte Distanz einer auktorialen Perspektive vom Beobachtungsgegenstand betont wurde (vgl. Beretta 2008). Erst kürzlich ist das Thema der Kleinstadt als Forschungsansatz hinzugekommen: Bei dem von Utz festgestellten Aufscheinen der Heimat als Kontrapunkt zur Großstadt im Berliner Werk ansetzend (vgl. Utz 1998, 103 ff.), geht Christian Benne den Kleinstadttexten vor allem der Bieler Zeit (1913–1921) als »bewusste[n] Gegenstücke[n] zu Walsers Großstadtfeuilletons« (Benne 2012, 160) nach. Diese verstreuten Prosastücke stellen insofern einen neuen Texttypus dar, der zu einer modernen Theorie der Kleinstadt beitragen kann. Als »Bindeglied zwischen Walsers Großstadt- und Kleinstadttexten« erkennt Benne »die Fortbewegung des Spazierengehens, das den großstädtischen Flaneurhabitus in die Provinz überführt« (Benne 2012, 156 f.).

Literatur

Benjamin, Walter: Über einige Motive bei Baudelaire [1939]. In: ders.: Gesammelte Schriften I. 2. Hg. v. Rolf Tiedemann u. Hermann Schweppenhäuser. Frankfurt a. M. 1991, 605–653.

Benne, Christian: Theorie der Kleinstadt. Versuch über, mit und für Keller und Walser. In: Amrein/Groddeck/Wagner, 147–168.

Beretta, Stefano: Zur Textualisierung der Großstadt in Robert Walsers Prosa der Berliner Zeit. In: Fattori/Gierl, 169–176.

Campe, Rüdiger: Robert Walsers Institutionenroman *Jakob von Gunten*. In: Rudolf Behrens, Jörn Steigerwald (Hg.): Die Macht und das Imaginäre. Eine kulturelle Verwandtschaft in der Literatur zwischen Früher Neuzeit und Moderne. Würzburg 2005, 235–250.

Echte, Bernhard: Karl und Robert Walser. Eine biographische Reportage. In: ders., Andreas Meier (Hg.): Die Brüder Karl und Robert Walser. Maler und Dichter. Stäfa 1990, 150–203.

Eickenrodt, Sabine: Die humoristische Signatur des Takts. Kulturphilosophische Aspekte eines poetischen Verfahrens: Robert Walsers Berliner Sittengemälde. In: Dagmar Košťálová, Erhard Schütz (Hg.): Metropole sein! Bratislava, Wien, Berlin. Urbanitätsfantasien der Zwischenkriegszeit 1918–1938. Frankfurt a. M. u. a. 2012, 175–194.

Gabrisch, Anne: Robert Walser in Berlin. In: Hinz/Horst, 30–55.

Greven, Jochen: Nachwort. In: Robert Walser: Berlin gibt immer den Ton an. Hg. v. Jochen Greven. Frankfurt a. M., Leipzig 2006, 161–173.

Kammer, Stephan: Walsers Ethnografien. In: TEXT + KRITIK 4, 120–129.

Loop, Jan: »Gott ist das Gegenteil von Rodin.« Walsers *Markt* und das Phänomen der Vermischung. In: GRODDECK u. a., 195–202.

Matt, Beatrice von: In den Armen der Riesin. Robert Walser und Berlin. Vortrag an der Jahrestagung der Robert Walser-Gesellschaft in Berlin, 23. Oktober 1999. In: http://www.robertwalser.ch (9. 1. 2015).

Morlang, Werner: Robert Walser in Bern. Auf den Spuren eines Stadtnomaden. Mit einem Nachwort von Reto Sorg. Bern ²2009.

Neumeyer, Harald: Der Flaneur. Konzeptionen der Moderne. Würzburg 1999.

Pleister, Michael: Das Bild der Großstadt in den Dichtungen Robert Walsers, Rainer Maria Rilkes, Stefan Georges und Hugo von Hofmannsthals [1982], Hamburg ²1990.

Simmel, Georg: Die Großstädte und das Geistesleben [1903]. In: ders.: Gesamtausgabe. Bd. 7. Aufsätze und Abhandlungen 1901–1908. Bd. I. Hg. v. Rüdiger Kramme, Angela u. Otthein Rammstedt. Frankfurt a. M. 1995, 116–131.

Utz, Peter: Tanz auf den Rändern. Robert Walsers »Jetztzeitstil«. Frankfurt a. M. 1998.

Utz, Peter: Zu kurz gekommene Kleinigkeiten. Robert Walser und der Beitrag des Feuilletons zur literarischen Moderne. In: Elmar Locher (Hg.): Die kleinen Formen in der Moderne. Innsbruck u. a. 2001, 133–165.

Stefano Beretta

4.16 Dichterporträts

Bis ins Berner Spätwerk hinein gehören Essays, kurze Miniaturen und Prosastücke über Schriftsteller zu den von Walser am häufigsten gewählten literarischen Formen. Obgleich sie überwiegend anlässlich eines Jubiläums oder Gedenktags geschrieben wurden, etwa als *Beitrag zur Conrad Ferdinand Meyer-Feier* (1925), weisen sie eine poetische und poetologische Qualität auf, die die Reduktion dieser Texte auf Gelegenheitsarbeiten verbietet. Eine erste Bestandsaufnahme (vgl. Keutel 1989) verzeichnete insgesamt 39 Schriftsteller in 76 Prosatexten, eine Zahl, die angesichts der oft verschlüsselten, in der Überschrift nicht sofort erkennbaren, Dichternamen eher zu niedrig angesetzt ist (zur Identifizierung Sophie Mereaus in *Die Romanschriftstellerin* vgl. Nörtemann, Scholvin 2001). Bernhard Echte hat Walsers verstreut publizierte Porträts, die 1947 erstmals von Carl Seelig unter dem Titel *Dichterbildnisse* in nummerierter Auflage versammelt wurden, in einer ›poetischen Literaturgeschichte‹ neu herausgegeben (Walser 2002). Zu den wichtigsten Namen gehören Brentano, Büchner, Dostojewski, Goethe, Hölderlin, Keller, Kleist, Lenz, Lenau, Guy de Maupassant, Schiller – und ein Porträt *Walser über Walser* (1927/1928). Dass diese Dichter nicht Vorbilder, sondern allenfalls Modelle sind, hat Walser selbst deutlich zu machen versucht (vgl. Nörtemann 2008, 453; davon abweichend Helbich 2013). Von einer ›Identifikation‹ des Autors mit den von ihm Porträtierten zu reden, wäre angesichts des hochartifiziellen Verfahrens der Fiktionalisierung ohnehin nicht angebracht (vgl. Lemmel 2000, 352). Der Porträtist zeichnet sich in seine ›erdichteten Dichter‹ (Greven 1992) ein, spielt mit Annäherungen an die von ihm Porträtierten und lässt den Erzähler jeweils zugleich deutlich auf Distanz gehen (vgl. Utz, 2005, 3 f.).

Original und Abbild – Fragen der Mimesis

In den Jahren um 1910 ist die Gattung des literarischen Porträts keine Seltenheit: Insbesondere Walsers frühe Porträt-Texte sind im Kontext kunstphilosophischer Auseinandersetzungen mit Entwürfen eines autonomen – symmetrisch geschlossenen – Kunstwerks und Individualitätskonzepten der literarischen Moderne zu lesen. Zur Debatte steht der Anspruch, eine Dichterpersönlichkeit in ihrer Ein-

maligkeit und zugleich kodifizierten Autorität darzustellen. Walsers Porträtskizzen folgen nicht den
Topoi der *eloquentia corporis* und sind vielmehr als
implizite Kritik an organologisch fundierten Entwürfen einer ästhetischen Ordnung und Bedeutung
des Gesichts (etwa in Georg Simmels *Die ästhetische
Bedeutung des Gesichts* [1901]) zu lesen. Sie setzen
die Kenntnis lebensphilosophisch argumentierender, aus Montaignes Vorgaben entwickelter Auffassungen des Porträts (etwa in Georg Lukács' *Über
Wesen und Form des Essays* [1910]) voraus und können als Gegenentwürfe zu den Porträt- und Widmungsgedichten Stefan Georges gelesen werden,
dessen poetische ›Standbilder‹ (*Der Teppich des Lebens* [1900]) und photographisch fixierte Erhabenheitsposen das literarische Porträtierungsverfahren
der Zeit prägten. Walsers Poetik stellt sich nicht unter das Gesetz der Mimesis im Sinne eines Ähnlichkeitsverhältnisses zwischen Original und Abbild.
Vielmehr unterläuft sie tradierte rhetorische und literarische Formen der (Porträt-)Gattung wie Prosopopoiia, Grabinschrift, Widmungsgedicht, Rollengedicht, Gemäldegedicht, historische Porträtkunst,
Biographie oder Charakteristik. Die hermeneutische Reflexion des Porträtierenden geht bei ihm permanent in den ›malerischen‹ Akt des Porträtierens
ein. Als allegorisches Verfahren lässt dieses dem Leser keine Aussicht auf eine lebendige Vergegenwärtigung bzw. imaginäre Präsenz der porträtierten Gestalten. Diese werden in Walsers Dichterporträts
vielmehr im allmählichen Prozess einer fingierten
Erinnerung und narrativen Inszenierung verfertigt.
Sie gewinnen ihren Antrieb aus Frakturen und Relikten eines imaginierten ›Poetenlebens‹, aus verbürgten und fiktiven schriftlichen Zeugnissen einer
Schriftsteller-Vita, die nicht selten von Nebensachen
und Marginalien her entworfen wird. Auf diese
Weise wird die Subjektivität des porträtierenden
Verfahrens auf die Spitze getrieben. Sie beruht maßgeblich auf der Erzählmontage von authentischen
Brief- und Werkzitaten der porträtierten Autoren,
von Lebenszeugnissen, die in Walsers Erzählverfahren adaptiert, parodiert und banalisiert werden.

Traditionen der Porträtmalerei und des literarischen Porträts

Josef Viktor Widmann verglich Walser 1909 mit einem Maler, dessen Werke er als »Vordergrundselbstporträts«, als sogenannte »Kopfstücke« (zit. n. Eickenrodt 2004, 123), qualifizierte. Angesichts der en

gen Zusammenarbeit des Dichters mit seinem
Künstler-Bruder Karl Walser lag ein Vergleich der
Poesie mit der Malerei nahe (s. Kap. 2.4). Walsers
weit über die Berliner Jahre hinausreichende Affinität zur bildenden Kunst ist inzwischen ein Topos der
Forschung. Die auf das 18. Jh. zurückgehende Tradition der Porträtmalerei und Physiognomik ist in vielen Reminiszenzen und Anspielungen seiner Dichterporträts präsent, wie im Folgenden kurz angedeutet werden soll.

Johann Georg Sulzer hatte in seinem *Portrait*-Artikel in der *Allgemeinen Theorie der schönen Künste*
(1771–1774) den Porträtmaler in den Rang eines Psychologen erhoben und war davon ausgegangen, dass
ein ›vollkommenes Porträt‹ einen persönlichen Charakter kenntlich zu machen habe. Dem Porträtmaler
wurde in den 1770er Jahren die psychologische Fähigkeit der Menschenkenntnis zugesprochen und zugleich die Aufgabe übertragen, die Individualität eines Menschen unter Abzug aller durch den Zufall erzeugten Störfälle, d. h. in ihrer Idealität zu erkennen.
Diese Verpflichtung auf ›Schönheit‹ schloss in der
Nachfolge von William Hogarths kunsttheoretischer
Schrift *The Analysis of Beauty* (1753) programmatisch
alles aus, was das Gesicht eines Menschen – etwa
durch ein unmotiviertes Lachen (*Democrit ridens*) –
verzerren und dessen Charakter unbeabsichtigt verfälschen könnte. Die Kluft schließlich, die Gotthold
Ephraim Lessing von Hogarths Befürchtungen vor
störenden Wirkungen auf den Maler trennt, ist tief:
Ihm geht es im *Laokoon* (1766) um die Einsicht, dass
mit einer Instabilität der Imaginationskraft des Bildbetrachters grundsätzlich gerechnet werden muss. Er
überträgt also die Unsicherheitsfaktoren vom Porträtierten auf den Akt des Porträtierens selbst.

Die von Lessing proklamierte Trennung der
Künste wurde im hermeneutischen Kontext der
Frühromantik, in Friedrich Schlegels Porträt-Essays
von 1797, *Georg Forster. Fragment einer Charakteristik* und *Über Lessing*, revidiert. Schlegel nennt die
Schriften des ›Klassikers‹ Forster ›geschriebene Gespräche‹, er stellt die Möglichkeit eines unveränderlichen und Vorbild gebenden Charakters zur Disposition und überführt diesen in einen unabschließbaren
Akt der Auslegung. Der literarische Porträtist hat
sich für Schlegel auch dort auf Fiktionen gefasst zu
machen, wo er das Leben des von ihm zu charakterisierenden Autors so anzutreffen vermeint, ›wie es
wirklich gewesen ist‹. Andererseits muss er dieses
Leben fingieren, um sich ein Bild von der Person des
Porträtierten machen zu können. Walser knüpft gerade an diese romantische Wende in der literarischen

Porträtkunst an. Nicht wenige seiner Dichterporträts widmen sich der Generation der Romantiker bzw. gegenklassischen Autoren wie etwas das Prosastück *Jean Paul* (1925): »Zeitweise lebte er in Hof, und so viel mir bewußt ist, auch in Koburg, und er muß ein unglaublich guter Charakter gewesen sein, ich glaube das steif und fest.« (SW 17, 157) Bei Schlegel wird schließlich die Qualität der Schriftlichkeit von Poesie (als einer Zeitkunst) an ihrer Oralität gemessen, auch diese Besonderheit fließt in das Porträtierungsverfahren Walsers ein.

Fingierte Situationsporträts

Die Porträtskizze *Kleist in Thun* (1907) ist als Situationsporträt zu kennzeichnen (vgl. Eickenrodt 2004, 127), in dem eine topographische – auf eine persönliche Krise des Dichters bezogene – Angabe die narrative Darstellung bestimmt. Im Kontext der Porträtlyrik ist dieses Verfahren um die Jahrhundertwende keineswegs selten. Walser reagiert vielmehr auf eine zeitgenössische literarische Mode, die auch bei Rainer Maria Rilke (*An Heinrich von Kleists wintereinsamem Waldgrab in Wannsee* [1898]) oder bei George (*Winkel. Grab der Guenderode* [1907]) wahrgenommen werden kann. Nicht zuletzt wird diese Darstellungsweise von Georg Büchners *Lenz* vorgegeben, der in der Forschung als Prätext mehrerer Walser-Porträts identifiziert wurde. Eine intensive Büchner-Lektüre des Autors, der 1912 und 1927 dem »geniale[n] Dramatiker« (SW 18, 213) eigene Porträts widmete (*Büchners Flucht*; *Ein Dramatiker*), kann als sicher gelten (vgl. Nörtemann 2008).

Der je verbürgte Ort der persönlichen Krise eines Dichters (oder seines Sterbens) bestimmt maßgeblich die poetische Bildstruktur eines Situationsporträts, die Darstellungsweise wird tendenziell verräumlicht, insofern das Bild des Porträtierten aus der poetischen Evokation einer situativen Landschaft entsteht. Die Traditionen eines solchen Darstellungsverfahrens gehen auf die Poetik von Grabinschriften des 17. und 18. Jh.s zurück und werden bei Walser nicht selten parodistisch genutzt.

Es ist davon auszugehen, dass die intertextuellen Bezüge in seinen Porträts weit dichter geknüpft sind, als dies auf den ersten Blick erkennbar ist: Den Lesern des Prosastücks *Kleist in Thun* wird nicht nur ein Kleist-Porträt vorgestellt, das Widmann zugleich als Selbst-Porträt des Autors lesen wollte, sondern auch ein über Büchners Rezeption vermitteltes Lenz-Porträt, das wiederum auf dem Bericht des

Pfarrers Oberlin beruht. Die Lektüre der Porträts erweist sich aufgrund dieser Mehrfachkodierungen als schwierig: Das Kleist-Porträt arbeitet nicht nur mit Kleist-, Büchner- und Lenz-Bezügen, sondern unterschwellig auch mit Reminiszenzen an Rilkes *Rodin*-Studie (vgl. Eickenrodt 2004, 141). Als Lyriker arbeitet Walser ostentativ mit Mitteln der Trivialisierung und Parodie. Dies zeigt sich noch in seinem Nekrolog-Gedicht *Rilke †*, das 1927 in der *Prager Presse* erschien, und mit den Zeilen endet: »Schön ist nach getaner Pflicht, / Kämpfer um das Gedicht, / solches ungestörtes Ruhn, / entblößt von des Lebens Wanderschuhn. / An deinem Grabe / ich gern dies kleine Wort gesprochen habe.« (SW 13, 182)

Dem Situationsporträt Walsers kommt für die moderne Poetik dieser literarischen Form eine wichtige Bedeutung zu, die sich noch in den Walser-Adaptionen und den topographisch orientierten Dichter-Porträts bei Johannes Bobrowski, W. G. Sebald und auch bei Elfriede Jelinek zeigt. Walsers Porträtskizze *Kleist in Thun* erzeugt eine äußerste Beweglichkeit der Sprache, die sich der Elemente einer Inszenierung bedient und durch fingierte Rede dramatisiert wird. Zugleich erweckt sie den Eindruck einer Statik, die mit den Mitteln der bildenden Kunst zu arbeiten scheint. Für den hermeneutischen Status des Porträtierungsverfahrens hat dies grundsätzliche Konsequenzen: Der Gestus des darstellenden Verstehens und der Anspruch auf eine zuverlässige Charakterisierung der psychischen, sozialen und werkgeschichtlichen Begleitumstände des ›präsentierten‹ Dichters entziehen sich ostentativ selbst das Fundament. Im Verlauf der Erzählung wird die dichterische Individualität an den narrativen Gestus eines Genrebilds delegiert, verschwindet also sprichwörtlich im Allgemeinen und Alltäglichen (vgl. Eickenrodt 2004).

Walsers Kleist-Porträts

In den Jahren 1907 bis 1936 entstanden neun der bisher bekannten Porträtskizzen zu Kleist, der zwar nicht zu den von Walser am häufigsten porträtierten Dichter – wie etwa Schiller – gehört, aber doch für seine Arbeit von zentraler Bedeutung ist. Unter diesen Texten (*Porträtskizze* [1907]; *Was braucht es zu einem Kleist-Darsteller?* [1907]; *Auf Knien!* [1908]; *Kleist in Paris* [1922]; *Kleist* [1927]; *Heinrich von Kleist* [1928/1929]; *Kleist-Essay* [1936]; *Weiteres zu Kleist* [1936]) ist das Prosastück *Kleist in Thun* (1907) bisher von der Forschung am intensivsten zur Kenntnis genommen worden. Es gehört zu den Provokationen Walsers, dass er seine Lektüren ›nivelliert‹, ob diese sich nun auf Kleists oder auf Goethes Texte beziehen, und dass die porträtierende Erzählerstimme sich fremde Texte unterschiedlichster Art anverwandeln kann (vgl. Kießling-Sonntag 1999; Lemmel 2000; Helbich 2013). Die Datierung der Textgruppen am Leitfaden der Biographie legte es nahe, Kleist als »Medium der Selbstreflexion Walsers« (vgl. Huber 1999, 157) zu betrachten. Nach dem Fund eines weiteren Situationsporträts aus dem Jahre 1922 – *Kleist in Paris* – (vgl. Utz 1998, 219), wurde demgegenüber der politische Walser stärker in den Vordergrund gerückt. Dieser wiederentdeckte Text kann als Pendant zum Porträt *Kleist in Thun* gelten. Angesichts dessen, dass ein preußischer ›Kleist in Berlin‹ nicht existiert, erlaubt dieser Fund auch einen neuen Blick auf Walsers Kleist-Porträts: Sie werden als kritische Beiträge zur nationalistischen Vereinnahmung des Dichters gelesen. Kleists ›Fremdheit‹ wird von Peter Utz als Formel begriffen, mit der Walser den Dichter gegenüber Heroisierungen sowohl im Wilhelminismus als auch in Zeiten der »geistigen Wiederbewaffnung Deutschlands« nach der Niederlage von 1918 neu entworfen habe (ebd., 217). Mit diesem Lektürevorschlag werden Walsers Kleist-Porträts als politische Beiträge zum Tagesgeschehen lesbar, und das überproportionale Interesse Walsers an Kleist geht über einen Jubiläums-Journalismus weit hinaus, nimmt diesen vielmehr selbst ins Visier. Utz weist die jeweiligen historischen Realien nach, auf die Walsers Kleist-Porträts reagieren: Er macht sie als kritische Gegenentwürfe kenntlich, die der Stilisierung Kleists zum Denkmal widerstehen. Konkrete Bezüge zu einer derartigen Kleist-Konjunktur bzw. deren Subversion zeigen sich z. B. in der *Porträtskizze* als Reaktion auf die nationalistische Adaption von Kleists Drama *Prinz Friedrich von Homburg* in der Rede Kaiser Wilhelms II. am 5. 2. 1907 nach einer Reichstagswahl, bei der die Sozialdemokratie eine Niederlage erlitt (vgl. ebd., 204). Sie nehmen schließlich Bezug auf den Jubiläumsbetrieb, etwa auf die pompösen Feiern zu Kleists 100. Todestag 1911 (ebd., 207). Dieser kritische Zug ist Teil der Texte und noch in Walsers *Kleist-Essay* zu belegen, der als Beitrag zum Kleist-Jubiläum 1927, dem 150. Geburtstag des Dichters, geschrieben wurde (ebd., 227). Mit einer derartigen Dechiffrierung der Dichter-Porträts wird einerseits die Vorstellung eines an Politik nicht interessierten Walser verabschiedet, andererseits aber auch ausdrücklich eine Reduktion der Porträts auf ihre satirische Funktion vermieden. Walsers Kleist erscheint

vielmehr als eine »irisierende Mehrfachfigur«, in der sich die zeitgenössische Rezeption des Dichters und dessen Werk und Biographie überlagern (ebd., 194 f.). Sein Bildnis und sein narratives ›Gesicht‹ werden fragmentarisiert und in topographische Einzelteile zerlegt (vgl. Eickenrodt 2004, 142). Dass Walser zu Kleist schweigt, »solange die Waffen des Ersten Weltkrieges – auch in Kleists Namen – sprechen« (Utz 1998, 217), sollte also nicht vorschnell als Desinteresse gedeutet werden. Dieses Schweigen legt vielmehr nahe, die Gründe für das Fehlen von Porträts auch anderer Autoren zu erforschen, wenn diese nachweislich zu den von Walser favorisierten Dichtern gehören wie etwa Jean Paul. Dass Walser diesen – abgesehen von der *Jean Paul*-Skizze 1925 – nirgendwo porträtiert, sondern dessen Sätze in seinen Texten verborgen und ›verstreut‹ hat, ist nicht zuletzt der großen Nähe zu dessen Werk geschuldet, die die Mittel der narrativen Distanzierung letztlich radikalisiert. Der feierlichen Kommunion mit der Gestalt des Dichters in Stefan Georges *Jean Paul*-Gedicht (›In dir nur sind wir ganz‹) setzt Walsers Porträtkunst das poetische Verfahren der ›Entstaltung‹ (Walter Benjamin) entgegen.

Literatur

Echte, Bernhard: Der hellgelbe Engländeranzug. Robert Walsers Beziehung zu Jean Paul. In: Jahrbuch der Jean-Paul-Gesellschaft 48/49 (2013/2014), 137–148.

Eickenrodt, Sabine: Kopfstücke. Zur Geschichte und Poetik des literarischen Porträts am Beispiel von Robert Walsers ›Kleist in Thun‹. In: Kleist-Jahrbuch 2004, 123–144.

Greven, Jochen: Erdichtete Dichter. Ansichten zur Poetik Robert Walsers. In: ders.: Robert Walser. Figur am Rande, in wechselndem Licht. Frankfurt a. M. 1992, 35–63.

Helbich, Sibylle: »Beeinflussungen sind begreiflich und daher erlaubt«. Robert Walsers Ringen um den Segen Goethes. In: Oliver Ruf (Hg.): Goethe und die Schweiz. Hannover 2013, 335–349.

Huber, Peter: »Dem Dichterunstern gänzlich verfallen«. Robert Walsers Kleist. In: Borchmeyer, 140–166.

Kießling-Sonntag, Jochem: »Mannigfaltige Meinungen durchkreuzten ihn wohltuend«. Goethe-Ansichten Robert Walsers. In: Borchmeyer, 116–139.

Keutel, Walter: Röbu, Robertchen, das Walser. Zweiter Tod und literarische Wiedergeburt von Robert Walser. Tübingen 1989.

Lemmel, Monika: Zu Robert Walsers Umgang mit Goethe: Autobiographische Spiegelung? In: Bernhard Beutler, Anke Bosse (Hg.): Spuren, Signaturen, Spiegelungen. Zur Goethe-Rezeption in Europa. Köln, Weimar, Wien 2000, 343–365.

Nörtemann, Regina, Scholvin, Nikolaus: Literat und Romanschriftstellerin. Robert Walser als biographischer

Porträtist. In: Irmela von der Lühe, Anita Runge (Hg.): Quer*elles*. Jahrbuch für Frauenforschung. Bd. 6: Biographisches Erzählen. Weimar 2001, 31–42.

Nörtemann, Regina: Robert Walser und Georg Büchner. Ein Beitrag zur Rezeption und Transformation von literarischen Vorbildern. In: Jahrbuch der Deutschen Schillergesellschaft 52 (2008), 438–458.

Utz, Peter: Tanz auf den Rändern. Robert Walsers »Jetztzeitstil«. Frankfurt a. M. 1998.

Utz, Peter: Kleist in Thun. »Ähnlich«, aber ohne »Original«. Vortrag an der Jahrestagung der Robert Walser-Gesellschaft in Thun, 18. Juni 2005. In: http://www.robertwalser.ch (9. 1. 2015).

Walser, Robert: Dichteten diese Dichter richtig? Eine poetische Literaturgeschichte. Hg. v. Bernhard Echte. Frankfurt a. M., Leipzig 2002.

Sabine Eickenrodt

4.17 Tiere

Tiergeschichten, Tierrhetorik und poetologische Tiere

In Robert Walsers Werk finden sich verteilt über alle Schaffensphasen und in allen von ihm verwendeten Gattungen (Prosastücke, Gedichte, dramatische Szenen) Texte über Tiere. Aber erst wenn die ›verstreuten‹ Tiergeschichten nebeneinander betrachtet werden, tritt die Bedeutung zutage, die Tieren – als Gegenstand, literarische Figur oder Übertragungsfigur – bei Walser zukommt (vgl. Walser 2014). Walser selbst hatte 1919 dem Hermann Meister Verlag in Heidelberg für ein »Miniatur-Buch« mit dem Titel *Liebe kleine Schwalbe* »Tierchenhaftes« angeboten, das als Gegenstück zur einer geplanten Sammlung *Der Blumenstrauß* (»Pflanzliches«) publiziert werden sollte (Br 190). Die beiden Buchpublikationen kamen zwar nicht zustande, aber das Prosastück *Liebe kleine Schwalbe* war im selben Jahr in der *Neuen Zürcher Zeitung* erschienen und in die Anthologie *Der Tierkreis* aufgenommen worden, die Texte von den alten Ägyptern bis in die expressionistische Gegenwart versammelte. Das zeigt, dass Walser sich bewusst war, dass sein Werk auch eine Art Bestiarium einschloss. Mit dem Verhältnis von Tier und Mensch partizipierte er dabei an einem Thema, das in der Zeit Konjunktur hatte, und schrieb sich damit in literarische und tierdiskursive Traditionen ein. In seinen Tiertexten lassen sich drei Kategorien unterscheiden: 1. Tiergeschichten, in denen reale und phantastische Tiere auftreten, 2. eine Tierrhetorik, in der Eigenschaften von Tieren auf Menschen oder von Menschen auf Tiere übertragen werden, sowie 3. eine Tierpoetologie, in der Tiere als Reflexionsfiguren des Schreibens erscheinen (vgl. Gisi, Sorg 2014, 150–154).

Mit den redenden Tieren wie in den Dialogen *Storch und Stachelschwein* oder *Katze und Maus* werden Traditionen der in der Neuzeit wiederbelebten und in der Kinder- und Jugendliteratur weiterlebenden antiken Tierfabel aufgegriffen, in denen die Eigenheiten der Menschen anhand von Tieren mit menschlichen Zügen vorgeführt werden. Walsers Tierporträts wie *Die Eule* oder *Pferd und Bär* hingegen schreiben eher die ebenfalls von antiken Vorbildern geprägten und im Mittelalter verbreiteten Bestiarien mit realistischen bis phantastischen Beschreibungen von Tieren fort, die Merkwürdigkeiten der Natur vorstellen. Die diesen beiden Traditionen inhärente Verbindung von vergnüglicher Darstellung und Belehrung ist bei Walser jedoch meist ironisch gebrochen.

Oft stehen in seinen Tiertexten, die in namhaften Zeitungen wie der *Neuen Zürcher Zeitung*, dem *Berliner Tageblatt* oder der *Prager Presse* erschienen, Begegnungen mit ›realen Tieren‹ im Zentrum, etwa mit Löwen beim Zoobesuch oder mit Hunden beim Spazieren. Diese Begegnungen setzen eine Selbstreflexion des Menschen und seines Verhältnisses zum Tier in Gang. Auffallend ist, dass Walsers Interesse vornehmlich gezähmten Tieren, insbesondere den Haustieren, gilt. Zwar kann Walser auch hier auf Vorbilder wie Marie von Ebner-Eschenbachs Erzählung *Krambambuli* von 1883 zurückgreifen, aber in seiner spezifischen Behandlung von Phänomenen der Zähmung artikulieren sich zentrale Themen seines Werks wie die Pflicht(über)erfüllung oder die Diener-Idee als Formen der Subversion.

Das gezähmte Tier erscheint als Figur, in der die menschliche Kultur reflektiert wird. Gleichsam prototypisch ist die Konstellation der Bändigung eines Raubtiers, die in mehreren Texten durchgespielt wird (etwa in *Ein Schauspieler [I]*, *Der Knabe [I]*, *Aufsatz über Löwenbändigung*, *Der Löwe und die Christin*, *Daniel in der Löwengrube*) und bei der die (vorübergehende) Umkehrung physischer Kräfteverhältnisse das Faszinosum bildet. Die ›fabelhaften‹ Beziehungen zwischen Tieren ebenso wie die ›realen‹ Beziehungen zwischen Mensch und Tier, die beide meist agonal sind, werden in den Blick genommen, um Macht- und Herrschaftsverhältnisse zu analysieren. Dabei kommt dem Tier oftmals eine Art Spiegelfunktion zu, wie dies im Prosastück *Herrin und Schoßhündchen* besonders deutlich hervortritt. Eine »elegante Herrin« wird gegenüber ihrem Schoßhündchen von »buntschillernder Massregelungslust« geplagt (KWA III 1, 220; vgl. SW 19, 381). Ihre Wut entzündet sich gerade am ›natürlichen‹ Verhalten des Tieres, gegen das Züchtigungsdrohungen wirkungslos bleiben. Die Erfahrung, gegenüber dem Eigensinn des Tieres nichts ausrichten zu können, führt zunächst zur masochistischen Degradierung des Schoßhündchens zum Objekt (vgl. Jakob 2014, 13–15), erweist sich aber dann – einem Blick in einen »porträtzurückstrahlenden Spiegel« (SW 19, 383) gleich – als Akt der Selbsterkenntnis: Der Mensch erkennt sich in dem, was er dem Tier antut. In Walsers Texten steht das Tier nicht für die Natur im Gegensatz zur Kultur, es ist nicht Gegen-, sondern Spiegelbild des Menschen.

Beim Ausloten der Ferne und Nähe zwischen Mensch und Tier lässt sich Walser nicht von einer evolutionistischen Perspektive leiten, wie sie etwa Franz Kafkas *Ein Bericht für eine Akademie* grundiert. Walser zielt weder auf eine Animalisierung des Menschen noch auf eine Anthropomorphisierung des Tiers, vielmehr wird in seinen Texten die Grenze zwischen Mensch und Tier gleichsam aufgehoben.

In zwei späteren Mikrogrammtexten finden sich auch Ansätze zu einer kulturhistorischen und -kritischen Behandlung der Tier-Mensch-Beziehung, die gewisse Berührungspunkte mit der Lebensreform- und der entstehenden Tierrechtsbewegung zeigen. In *Bei den nach wie vor verhältnismäßig Unentwickelten war's* entwirft Walser eine urzeitliche ›Hegung‹ der Gewalt zwischen den Menschen durch die latente Gefahr, die von wilden Tieren ausgeht, also einen animalischen Ursprung von Humanität, dem die Genealogie der Gewalt zur Seite gestellt werden kann, die in *Vorkommen kann, daß z. B. Pferde über Gebühr in Arbeitsanspruch genommen werden* entwickelt wird und Nutztierhaltung, Kolonialismus und Krieg in Analogie zueinander setzt.

Walsers Tierrhetorik spielt oft mit dem Nebeneinander von übertragener und eigentlicher Verwendung von Tiernamen. Dem Bankangestellten Helbling rät im gleichnamigen Prosastück jeweils morgens ein Tier, im Bett zu bleiben. Diese Begründungen für sein unpünktliches Erscheinen am Arbeitsplatz will sein Vorgesetzter nicht gelten lassen und entlässt den Faulenzer. Am Schluss können die redenden Fabeltiere lediglich als rein sprachliche Geschöpfe vom Traum in die Arbeitswirklichkeit hinübergerettet werden – nach seiner Entlassung kräht »kein Hahn« mehr nach Helbling (SW 5, 166). In der Geschichte *Der Affe* lässt der Erzähler einen Affen auftreten, der sich so »manierlich« aufführt wie ein Mensch. Während die »Summe von Affigkeit« sich zu offenbaren versucht, findet sein weibliches Gegenüber, er sei »gar kein richt'ger Affe«, und so bleibt letztlich offen, wer wen zum Affen macht (SW 8, 34–38).

Tiere spielen bei Walser auch als poetologische Reflexionsfiguren, in denen sich die Darstellungsverfahren des Textes und das Selbstverständnis des Autors spiegeln, eine wichtige Rolle. Es ist insbesondere die Katze, die rückblickend als Muse des Schriftstellers erscheint und unter deren Schutz Walsers erster Roman *Geschwister Tanner* entstanden sei (SW 4, 128): »Der Katze leises Raunen / trieb mich zum Dichten an«, heißt es noch in einem Gedicht von 1930 (SW 13, 207). Damit ruft er den aus Gedichten Charles Baudelaires, Paul Verlaines oder

Rainer Maria Rilkes vertrauten Topos von der magnetischen Wirkung des Katzenblicks auf und rekurriert zugleich auf reale Begebenheiten, nämlich sein Zusammenleben mit Muschi, der schwarzen Katze seines Bruders Karl, in Berlin 1905 bis 1908. Gut zwanzig Jahre später wird das Schreiben »für die Katz«, d. h. für den »Tagesgebrauch«, zur Chiffre für Walsers Existenz als Feuilletonist (SW 20, 430–432). Die Katze erscheint hier durchaus nicht nur resignativ, sondern auch als »umfassende, hochmoderne Metapher für die Kulturindustrie« (Utz 1998, 367 f.). Die Katze als poetologisches Tier opfert Walser jedoch bereits 1927 in *Katze und Schlange* letzterer. Dieser radikale Akt lässt sich als Versuch lesen, in der »glühendkalte[n] prächtige[n] Zusammengerolltheit« der Schlange (SW 19, 156) eine neue poetische Souveränität zu finden (vgl. Gisi 2015). Darin schlummert aber auch das Risiko der drohenden Erfolglosigkeit, die Walser rückblickend gegenüber Carl Seelig tatsächlich als »bitterböse, gefährliche Schlange« bezeichnen wird (SEELIG, 64).

Forschung

Innerhalb der kulturwissenschaftlich ausgerichteten *Human-Animal Studies* finden literarische Darstellungen von Tieren bzw. der Tier-Mensch-Beziehung wachsende Beachtung (vgl. Borgards 2012). Gegenüber den kanonischen Tiertexten Kafkas, E. T. A. Hoffmanns, Herman Melvilles u. a. fanden Walsers Tiergeschichten bisher wenig Beachtung. Eine systematische Untersuchung hinsichtlich ihrer Relevanz im Werk, zu ihrer Stellung innerhalb der literarischen Traditionen und tiertheoretischen Diskurse und mit Bezug auf aktuelle Fragestellungen steht noch aus.

Den im Zoo auftretenden abessynischen Löwen in *Ein Schauspieler (I)* interpretiert Bernhard Böschenstein als »inkarniertes Oxymoron« für eine zwischen »Selbstentblößung« und »Selbstmaskierung« oszillierende »Schriftstellerrolle«, die für Walsers frühe Prosa kennzeichnend sei (Böschenstein 1983, 79–81). Erstmals eingehend hat Marion Gees Walsers Tierfiguren – auch im Vergleich mit denjenigen Kafkas – analysiert. Diese Figuren, denen oft Züge des Künstlers oder Schriftstellers eignen, zeigten in ihren Auftritten und Verwandlungen eine Theatralität, eine Fähigkeit zur Verstellung und Nachahmung, mit der Normen subversiv unterlaufen würden und die Tier-Mensch-Grenze aufgehoben erscheine (Gees 2001, 109–126). Ihr Verhalten lässt sich darüber hin-

aus poetologisch deuten, etwa das ›Nachäffen‹ des Affen als »imitatorische[r] Schreibvorgang« (ebd., 117–122). In der häufigen Begegnung mit wilden Tieren lässt sich nach Peter Utz die für die Novelle charakteristische »Dialektik von Zivilisation und Verwilderung« ablesen. Diese Dialektik werde bei Walser vor allem sprachlich realisiert, was sich auch darin äußere, dass bei ihm vor allem domestizierte Tiere auftreten (Utz 2008, 36 f., 48). In jüngster Zeit sind auch einzelne Tiertexte Walsers eingehender untersucht worden: Während Hans-Joachim Jakob die sado-masochistische Beziehung von *Herrin und Schoßhündchen* als Dokument innerhalb einer kulturwissenschaftlich ausgerichteten Untersuchung zur Genese der Hundehaltung anhand literarischer Texte analysiert (vgl. Jakob 2014, 13–15), hat Ulrich Stadler am Beispiel von *Das Kätzchen (II)* die poetologische Dimension der ›Schnurrigkeit‹ dieses lieblichen Tiers und der digressiven Skizze selbst herausgearbeitet (vgl. Stadler 2010).

Ansätze von Giorgio Agamben, Donna Haraway und Jacques Derrida aufgreifend, hat der Verfasser versucht, Walsers Tiertexte als literarische Antwort auf die Frage zu analysieren, wie das Tier den Menschen bzw. dessen Kultur ›macht‹ (vgl. Gisi 2015). Können Tiere in Kunst und Literatur gemeinhin die Funktion eines Mediums menschlicher Selbstbestimmung übernehmen, indem das Eigene im Anderen erkannt wird (vgl. Neumann 1996), so besteht dieser Spiegelungseffekt bei Walser gerade darin, dass der Mensch nicht seine (animalische) Natur, sondern sich selbst als ein gewordenes Kulturprodukt begreift. Darauf lässt sich auch Walsers Faszination für das gezähmte Tiere zurückführen, denn in der Domestikation wird nachvollziehbar, wie menschliche Kultur vom Tier hervorgebracht worden ist. In diese Sichtweise fügt sich schließlich auch Walsers Poetologie ein, wenn er dem Schreiben (als Kulturtechnik) einen tierischen Ursprung zuspricht.

Die Erforschung von Walsers Tieren steht noch am Anfang, verspricht aber sowohl einen Beitrag zu einer interdisziplinären Kulturgeschichte des Tier-Mensch-Verhältnisses als auch Aufschlüsse für die Walser-Forschung selbst zu liefern. Mit ihrer doppelten Perspektive auf den Konstruktionscharakter einer Tier-Mensch-Grenze erkunden die *Cultural Animal Studies*, wie der Mensch das Tier zu dem gemacht hat, was es (für ihn) ist, aber auch, wie das Tier den Menschen zu dem gemacht hat, was er ist. Gerade für Forschungen mit dieser Ausrichtung versprechen Walsers Tiergeschichten neue Einsichten: Seine einer nicht-evolutionistischen und nicht-es-

senzialistischen Sicht geschuldete Auflösung der
Grenzen zwischen Tier und Mensch, Natur und Kultur, eröffnet eine neue Perspektive auf unser ›nächstes Gegenüber‹.

Literatur

Borgards, Roland: Tiere in der Literatur – Eine methodische Standortbestimmung. In: Herwig Grimm, Carola
Otterstedt (Hg.): Das Tier an sich. Disziplinenübergrei-
fende Perspektiven für neue Wege im wissenschaftsba-
sierten Tierschutz. Göttingen 2012, 87–118.
Böschenstein, Bernhard: Theatralische Miniaturen. Zur
frühen Prosa Robert Walsers. In: Benjamin Bennett, An-
ton Kaes, William J. Lilyman (Hg.): Probleme der Mo-
derne. Studien zur deutschen Literatur von Nietzsche bis
Brecht. Fs. für Walter Sokel. Tübingen 1983, 67–81.
Gees, Marion: Schauspiel auf Papier. Gebärde und Maskie-
rung in der Prosa Robert Walsers. Berlin 2001, 109–126.
Gisi, Lucas Marco, Sorg, Reto: Ein Spatz schreibt für die
Katz. Robert Walsers merkwürdige Tiergeschichten. In:
Robert Walser: Der kleine Tierpark. Hg. u. mit einem
Nachwort versehen v. dens. Berlin 2014, 147–157.
Gisi, Lucas Marco: Robert Walsers Tiere. In: Aurélie Choné,
Catherine Repussard (Hg.): Von Menschen und Tieren:
Wissen, Repräsentationen, Interaktionen. Strasbourg
2015, 149–169.
Jakob, Hans-Joachim: Tiere im Text. Hundedarstellungen
in der deutschsprachigen Literatur des frühen 20. Jahr-
hunderts im Spannungsfeld von ›Human-Animal Stu-
dies‹ und Erzählforschung. In: Textpraxis 8, 1 (2014).
URL: http://www.uni-muenster.de/textpraxis/hans-joa-
chim-jakob-tiere-im-text (9. 1. 2015).
Neumann, Gerhard: Der Blick des Anderen. Zum Motiv des
Hundes und des Affen in der Literatur. In: Jahrbuch der
Deutschen Schillergesellschaft 40 (1996), 87–122.
Stadler, Ulrich: Über zweierlei Arten des Umgangs mit Zu-
kunftslosigkeit. Robert Walsers und Franz Kafkas Prosa-
stücke »Das Kätzchen« und »Eine Kreuzung«. In:
KONDRIČ HORVAT, 41–62.
Utz, Peter: Italianismen vom Kollegen Kartoffelstock. Ro-
bert Walsers Auseinandersetzung mit der Novellentradi-
tion. In: FATTORI/GIGERL, 33–48.
Utz, Peter: Tanz auf den Rändern. Robert Walsers »Jetzt-
zeitstil«. Frankfurt am Main 1998.
Walser, Robert: Der kleine Tierpark. Hg. u. mit einem
Nachwort versehen v. Lucas Marco Gisi u. Reto Sorg.
Berlin 2014.

Lucas Marco Gisi

4.18 Dinge

In den Jahren, in denen Robert Walser schrieb
(1899–1933), kursierte die Rede vom Ding durch
Kunst, Philosophie und Literatur: Der Alltagsgegen-
stand wurde ausstellungsfähig; eine neue Warenäs-
thetik und die Idee der Materialgerechtheit wurden
auf den Weg gebracht und stießen die Neue Sachlichkeit an; Husserls Phänomenologie rief ›zu den Sachen‹ und wurde von Heideggers Zeug-Analyse beantwortet; Rilke etablierte das Dinggedicht. In der literarischen Moderne war das Ding v. a. durch eine
nicht einzuholende Fremdheit gekennzeichnet,
durch die ›Tücke des Objekts‹ (Vischer). Walser war
in diesen Diskursen nicht einmal eine Randfigur.
Obschon Walsers intensiver Einsatz von »Gegenständlichkeiten« (SW 5, 50) mitunter ins Begriffliche
drängt, zu »Ausstattungsgegenstand« (SW 19, 103),
»Versorgungsgegenstand« (SW 16, 330) oder »Lu-
xus- oder Notwendigkeitsgegenstand« (SW 20, 71),
und obschon *Der Spaziergang* vom Dichter gegenüber »allen Erscheinungen und Dingen« (SW 5, 52)
der sichtbaren Wirklichkeit ein gleiches Maß an Aufmerksamkeit einfordert, findet eine programmatische Auseinandersetzung mit dem Ding nur ansatzweise statt. Als Seelig im späten Gespräch betont, es
dürften nicht »die Dinge von den Menschen Besitz
nehmen« (SEELIG, 118), zeigt Walser, der als Sohn
eines Galanteriewarenhändlers ›dinggesättigt‹, »sozusagen in der ›Branche‹ aufwuchs« (SW 18, 195),
kein Interesse an diesem Thema. Walser selbst hatte
zeitlebens wenig materiellen Besitz und hinterließ,
abgesehen von einer Uhr und getragenen Kleidern,
kein Eigentum. Die legendären Schuhschachteln, die
seine Mikrogramme enthielten, der Bleistift als
Schreibwerkzeug und die Photographien des Wanderers mit Anzug, Hut und Regenschirm festigten
das Bild vom besitzlosen Poeten und verstellten auch
damit lange den Blick für die Dingfülle seiner Texte.
Neben dem konventionellen Einsatz zur Attribuie-
rung literarischer Figuren und Räume sind die Dinge
bei Walser, zumeist anthropomorphisiert, in zwei
prinzipiell verschiedenen Modi dargestellt. Auf der
einen Seite stehen die »Sachtexte« (Greven 1985,
424), in denen die Gegenstände selbst in den Fokus
rücken: Betrachtungen, die einzelne Objekte isolie-
ren oder die eine Klasse von Objekten, z. B. *Essen* (I)
oder *Mäntel*, durch die Aufzählung ihrer Erschei-
nungsformen umreißen. Die Sachtexte, zumeist
Kurzprosa von 1913–1917 und das Gedicht *Puppe*
von 1919, verfasste Walser zum größten Teil in Biel.

Seine Briefe dieser Zeit, vielfach Dank für die »Päcklis« (Br 206) von Frieda Mermet, für ihre »Fürsorge in Sockensachen« (Br 316) und für die »Eßsachen« (Br 195), sind ausgesprochen dinghaltig und gleichen in der detaillierten Schilderung von Kost und Kleidung teilweise den Sachtexten. Konzentriert entstanden Sachtexte sowie die Gedichte *Das Porzellanfigürchen* und *Sonntagvormittägliche Fahnen* dann noch einmal im äußerst produktiven Berner Jahr 1925. Konstellationen einiger Sachtexte, in denen heterogene Gegenstände so vermischt werden, dass sie in einem Gesamtbild der Dinge aufgehen, lassen sich vereinzelt auch in Romanen, Erzählungen, Gedichten und Dramoletten ausmachen. Auf der anderen Seite steht eine Vielzahl von Passagen im Gesamtwerk, in denen nicht die Dinge an sich im Fokus sind, sondern die Interaktion zwischen ihnen und den Figuren. Gattungsübergreifend sind Walsers Texte hier zum größten Teil mit den Gegenstandsklassen Speise, Kleidung und Mobiliar bestückt. Das Wechselverhältnis zwischen den Figuren und diesen Dingen des täglichen Gebrauchs spiegelt in seiner Ambivalenz die Dynamik der Schaffensperioden: Die Tendenz geht von kognitiver Skepsis gegenüber der empirischen Wirklichkeit und einer Rivalität von Figur und Ding in der frühen Schaffensphase hin zu einer kommunikativen Koexistenz im Spätwerk.

Die Dinge selbst

Betrachtende Sachtexte der Bieler Zeit wie *Asche, Nadel, Bleistift und Zündhölzchen* oder *Reisekorb, Taschenuhr, Wasser und Kieselstein* oder *Lampe, Papier und Handschuhe* widmen sich mit Vorliebe jenem Gebrauchsgegenstand, der »seinen Daseinszweck erfüllt« (SW 16, 330), indem er sich völlig verbrauchen lässt: Zündholz und Bleistift erfahren daher mehr Wertschätzung als z. B. Nadel und Taschenuhr, die sich im gebrauchten Zustand vom ungebrauchten nicht unterscheiden. Mit der *Rede an einen Knopf* und dem Pendant, der *Rede an einen Ofen*, sind Mitgefühl für den dienstfertigen Gegenstand und Aggression gegenüber dem nicht nach Gebrauch verlangenden »Klotz« (SW 6, 107) gezielt gegeneinander gestellt. *Der Spiegel* wird ob derselben Indifferenz verachtet. Wo Gegenstände nicht in angemessenem Gebrauch sind, geben sie ein desolates, bisweilen beunruhigendes Bild ab wie etwa »ein alter, rostiger Nagel, woran ein Regenschirm hing« (SW 6, 105), herumliegende *Handschuhe* oder offen stehende Türen (SW 5, 97 f.). Die Sachen der Bieler Texte, die auf

einen ihrem Wesen entsprechenden Gebrauch warten, reflektieren damit ein Lebensthema Walsers: Als Schriftsteller stellt er sich noch im Berner *Tagebuch-Fragment* von 1926 als »das denkbar unnützeste, unbrauchbarste Möbel« (SW 18, 102, vgl. Br 197) vor, und seine Helden teilen bereits in den Berliner Romanen die maßgebliche Eigenschaft, wie Simon Tanner stets »nicht am Platze« (SW 9, 154) zu sein. Tanners Bedürfnis, sich zu verschenken und weggeworfen zu werden (SW 9, 76 f.) sowie *Jakob von Guntens* von der Dienerschule sanktioniertes Streben, »eine reizende, kugelrunde Null« (SW 11, 8) zu werden, bekunden dieselbe Erwartung von Indienstnahme wie die Sachtexte. In diesem Zusammenhang ist es signifikant, dass Walsers Protagonisten als einzigen Besitz oft »Fetzen, Schnüre [...] und sonstiges gebräuchliches nützliches Gerümpel« (SW 16, 331) mit sich führen, das wie sie einer noch unklaren Verwendung harrt. Im Aufheben belangloser Dinge »vom Fußboden alles Fallengelassenhabens« (AdB 3, 81) z. B. durch den *Räuber* wird die Würdigung des vermeintlich Nutzlosen, wie sie die Sachtexte einfordern, gestisch ausagiert. – Vermischungen, die nicht Einzeldinge erfassen, sondern utopische Visionen entwerfen, die die Gegenstände temporär aus jeder Zweckbindung lösen und in »eine Art Genrebild« (SW 19, 176) überführen, sind nicht allein in den Sachtexten, sondern verstreut im gesamten Werk auszumachen. Vermischungen werden fast ausnahmslos vorgefunden. Sie stellen sich ein auf dem *Markt*, im *Schaufenster (II)* oder beim *Schneien* und bei Regen (SW 20, 80). Wo jeder Gegenstand in einer ganzheitlichen Komposition, in der noch das Untaugliche »eine Sehenswürdigkeit« (SW 20, 23) ist, ein Daseinsrecht hat, ist eingelöst, wonach sich die Dinge wie auch Walsers Helden sehnen. Vorbild für ein derart umfassendes Miteinander sind, wie in der *Naturstudie*, der Wald und – ihm nachgebildet – der *Blumenstrauß*.

Interaktionen von Figur und Ding

Die zweite, quantitativ überwiegende Form des Dingeinsatzes, die sich gleichmäßig durch fast alle Texte Walsers zieht, dort aber im Gegensatz zur ersten oftmals als Teil der Textstrategie eher beiläufig Bedeutung erzeugt, ist von der Interaktion zwischen Gegenstand und Figur geprägt: Das schmale Pult passt den Angestellten brachial seiner Form ein; *Das möblierte Zimmer* voll »Plunder« (SW 13, 126) raubt die Luft zum Atmen (SW 18, 71); Sitz- und Ruhemöbel wie das Bett, in dem *Der junge Handlungsreisende* beinahe erstickt und der Stuhl, auf dem ein Dichter festklebt (SW 2, 12), mutieren zur Falle. Kleidungsstücke, die sich »gierig an den Leib« schmiegen wie das Kostüm *Aschenbrödels* (SW 14, 51), die Pagenuniform (SW 2, 19), der Überzieher des Wanderers (SW 7, 33) oder, mit tödlicher Konsequenz, die Rüstungen in der *Schlacht bei Sempach* rücken eine Bedrohung durch die Dinge noch direkter an die Figuren; am eindringlichsten erfolgt ihre Festsetzung durch Speise, phantastisch übersteigert beim Mittagessen mit Frau Aebi (SW 5, 36 ff.). Figurenstrategien zur Abwehr der andrängenden Objekte reichen vom Entschluss, den »glühenden Ofen« durch »Schaffensenergie« zu ersetzen (SW 16, 355), über die Verteidigung eines »verrückten Anzug[s]« (SW 6, 26) gegen das modische Kleidergeschenk bis hin zum Nahrungsverzicht: Mit naiver Strenge schwört *Fritz Kocher* lukullischen Genüssen ab (SW 1, 10), ebenso wie der neunzehnjährige Walser durch Hunger zum Schreiben motiviert wird (Br 1). Rigoros wird v. a. in Texten der Berliner Jahre die Unabhängigkeit des Geistes von physischen Bedürfnissen behauptet und die Welt als Spielzeug angesehen. Unter diesen Vorzeichen verkehren sich im Machtkampf zwischen Gegenständen und Figuren auch ihre Rollen: Die Figuren wollen die materielle Welt kraft ihrer Imagination erobern. Zur Reise bedürfen sie nur einer Landkarte und der *Illusion*. Walser gestaltet diese kognitive Inbesitznahme nicht nur metaphorisch, sondern anhand der Gegenstände ganz plastisch: Mit dem Appell »Wand, ich habe dich im Kopf« (SW 2, 10) beginnt ein Dichter, die gesamte Erscheinungswelt gefangen zu nehmen; realiter tastet sich »[e]iner, der seinen Augen nicht traute« (SW 5, 147), an Tür, Brief und Rotweinglas heran, bis er – nach Beschnüffeln und Befragen ihrer Existenz versichert – den Ausruf *So! Dich hab ich* tut. Der Triumph des Geistes schlägt jedoch schnell um in Solipsismus: Aus dem Kopf bekommt der Poet die Welt nicht mehr heraus (SW 2, 11). Kaum sind die Phänomene erfasst, muss ihre sinnliche Beglaubigung von vorn beginnen. Diese oft redundante und zu *Gar nichts* kommende Annäherung an die Dinge illustriert auch *Die Wurst*. In *Cézannegedanken* ist dieser Prozess auf den Begriff der »Umfassung« (SW 18, 252) gebracht. – Während das agonale Wechselverhältnis der Figuren und Gegenstände v. a. das Frühwerk bestimmt, mehren sich in den Texten aus Biel und Bern Instanzen der Aussöhnung: Sitz- und Ruhemöbel sind als »Ausruh- und Erholungsmöglichkeit« (AdB 1, 43) rehabilitiert; der Protest gegen konforme Kleidung hat seine Vehe-

menz eingebüßt und wird in *Aus meiner Jugend* dieser Lebensphase zugeordnet. Zwar wird selbst in *Auflauf* zur Askese aufgerufen (vgl. SW 20, 44), doch weicht der Antagonismus von Dichtkunst und Esslust nicht selten sogar der selbstverständlichen Benutzung derselben Werkzeuge: »[M]it nach Käse duftenden Fingern« beginnt ein Erzähler an »hervorragend feinen Zeilen herumzuarbeiten« (AdB 1, 218). Die Interaktion zwischen Figuren und Gegenständen stellt sich dort, wo keine physische Überwältigung inszeniert wird, vielfach über den Blick her. Die Wechselwahrnehmung, die auch den Betrachter zum Objekt machen kann, ereignet sich im gesamten Werk oft in gedankenverlorener Naturbetrachtung (SW 1, 95) und in Augenblicken der Bewusstseinsminderung (SW 20, 26). Die Grenzen zu den Dingen verschwimmen, es kommt zur Annäherung an die »angewachsenen Gegenstände« (AdB 4, 101) wie zur umgekehrten Ansprache. Besonders die Lampe ist den Figuren eine »liebe, schöne, sanfte Seele« (AdB 5, 151); Grabsteine (SW 17, 129), Denkmäler und Wegweiser (SW 16, 72) wie Stiefel (SW 16, 295) und Vorhänge (SW 18, 192) erzählen ihnen Geschichten; Gläser und Besteck sind beim *Diner* Teil der Gesellschaft. Die wechselseitige Beobachtung wird v. a. im Spätwerk dadurch potenziert, dass die Figuren ihr Empfinden auf die Gegenstände projizieren bzw. ihr Handeln an ihnen gespiegelt wahrnehmen und bewerten: ein Lehnsessel freut sich über die Last einer stattlichen Dame (AdB 3, 159), ein Mantel stimmt dem Aufbruch seines Trägers zu (SW 19, 104 f.), Gerichte erwarten, gegessen zu werden (SW 17, 67) und dem »hochnoblen Hut« (SW 17, 7) passt der Träger sein Verhalten an. Die Deutungshoheit ist dann auf Seiten der Gegenstände gelegt (SW 20, 180 f.) wie bei der Rollenverteilung in *Porzellan*: Die »*Personen dieses Stückes*« (SW 17, 382) sind zwei Figuren aus Glas, die ihrem »*Betrachter*« (ebd., 383) am Schluss seine Identität als »*Porzellanfigurenenthusiast*« (ebd.) offenbaren.

Dinge als Attribute

Seltener anthropomorphisiert als in den Sachtexten und Interaktionen setzt Walser Dinge auch in realistischer Tradition ein: zur Charakterisierung einer Figur, einer Figurenkonstellation oder einer Romanwelt im Ganzen. Von »Gebrauchsartikeln« (SW 16, 359) wie Regenschirm oder Revolver, aber auch von den zahlreichen Hüten und Schuhen droht kaum eine symbiotische Vereinnahmung, wie sie die »Hutgeschichte« (SW 10, 143) lediglich persifliert. Insbesondere Hut und Schuh eignet eine signifikante Formenvielfalt, die sie mit Eigenwert auch im getragenen Zustand bewahren: Einen »weichen, verdrückten, formvollendeten, freilich ein wenig wunderlichen« (SW 7, 14) Hut trägt der Künstler; den Bürger und Gelehrten kennzeichnen, oft in Kombination mit dem »unbeugsamen [...] Spazierstock« (SW 5, 8), die »steifen Hügelhüte« (SW 3, 86); besonders variantenreich ist der Damenhut (SW 5, 25 f.). Geschlechterrollen sind noch markanter über Schuhe codiert: zierliche »Damenschühli« sind Fetisch (SW 20, 105), intakte »Marschier- und Spazierschuhe« (SW 7, 177 f.) sind Ausrüstung der männlichen Protagonisten. Auf einzigartige Weise durch Gegenstände charakterisiert ist Karl Tobler. Wie keine andere Figur Walsers plädiert der Erfinder von Kuriositäten in *Der Gehülfe* für die Dingwerdung von Ideen (SW 10, 174 f.). – Figurenkonstellationen werden vielfach mithilfe von Essgeschirr und -werkzeugen reflektiert. Die Kinder in *Der Teich* etwa nutzen »Mässer«, »Gable« und »Löffeli« (SW 14, 130), um ihr gemeinsames Abenteuer nachzustellen. Mit Objekten der Esskultur werden oft auch hierarchische Verhältnisse zur Schau gestellt wie im Fall der lustvollen Demütigung Silvis (SW 10, 94 ff.), der »Scherbenangelegenheit« (SW 9, 205) und der »Löffeliliebkosung« (AdB 3, 22). Für den *Mann aus dem Jura*, der seine Manieren auf der Wanderschaft eingebüßt hat, fungieren Essdinge als erster Prüfstein sozialkonformen Verhaltens. – Zur Illustration nicht bloß einer Figur oder einer Konstellation, sondern der gesamten fiktionalen Anlage sind die Dinge in *Jakob von Gunten* eingesetzt, wo die mysteriös mit Zauberei konnotierten Lehrmittel, Lisas Stab und das Buch der Dienerschule, die Abgrenzung des Instituts Benjamenta vom Rest der Welt stabilisieren. In den sogenannten inneren Gemächern erwartet Jakob weitere »wunderbare Dinge« (SW 11, 20).

Forschung

Zu Walsers Dingen liegen nur wenige, voneinander weitgehend unabhängige Einzelbetrachtungen vor: zum Pult (Groves 2010), zum Regenschirm (Stanitzek 2007) und zur Kleidung bei Begegnungen zwischen Mann und Frau (Reinacher 1988). Wo Gegenstände in Walsers Texten im Allgemeinen bedacht sind, wird an ihnen auch immer Poetologisches diskutiert: eine *Poetik des Winzigen* (Schuller 2007), eine *kulinarische Poetologie* (Denneler 1999) oder als

Textprinzip das *Phänomen der Vermischung* (Loop 2007). Zuletzt wurden *Lebendige Dinge* bei Walser mit Blick auf die literarische Moderne untersucht (Kimmich 2009).

Literatur

Denneler, Iris: »Erzähle ich eine Geschichte, so denke ich ans Essen«. Zur kulinarischen Poetologie Robert Walsers. In: Wirkendes Wort 49, 1 (1999), 46–62.

Greven, Jochen: Nachwort des Herausgebers. In: SW 16, 418–424.

Groves, Jason: Unbecoming furniture. Robert Walser's Ergonomics. In: Zeitschrift für deutsche Philologie 129, 4 (2010), 593–607.

Kimmich, Dorothee: Lebendige Dinge bei Walter Benjamin und Robert Walser. In: Dogilmunhak. Koreanische Zeitschrift für Germanistik 110 (2009), 9–29.

Loop, Jan: »Gott ist das Gegenteil von Rodin«. Walsers *Markt* und das Phänomen der Vermischung. In: GRODDECK u. a., 195–202.

Maas, Julia: Dinge, Sachen, Gegenstände. Spuren der materiellen Kultur im Werk Robert Walsers. Diss. Universität Freiburg 2015.

Reinacher, Pia: Die Sprache der Kleider im literarischen Text. Untersuchungen zu Gottfried Keller und Robert Walser. Bern u. a. 1988.

Schuller, Marianne: Robert Walsers Poetik des Winzigen. Ein Versuch. In: GRODDECK u. a., 75–81.

Stanitzek, Georg: Regenschirmforschung. Robert Walsers Bildungskritik im Zusammenhang der moralistischen Tradition. In: Zeitschrift für deutsche Philologie 126, 4 (2007), 574–600.

Julia Maas

4.19 Büro (Der ewige Angestellte)

Ausgiebig verhandeln Walsers Texte die Kontore, Dienstzimmer und Sekretariate, in denen er als ausgebildeter Bankkaufmann lange Zeit Anstellung suchte. Eines seiner ersten überlieferten Werke überhaupt ist das Gedicht *Im Bureau*; die Angestelltenromane *Geschwister Tanner* und *Der Gehülfe* verbinden Konfliktstrukturen und Motivik eng mit Abläufen der Verwaltung; zahlreiche dramatische Szenen, Prosastücke und Essays werfen einen ethnographischen und zugleich satirischen Blick auf die Angestellten und ihre Lebensumgebung. In seinen Bürotexten etabliert sich die Thematik subalterner, abhängiger und unbedeutender Existenz in Walsers Werk. Ab den 1920er Jahren wird es dabei seltener explizit zum Gegenstand, bleibt aber auf metaphorischer Ebene in der Thematisierung des literarischen Produktionsprozesses relevant: Sei es in der Charakterisierung der Textverwertungskette Feuilleton, »für das die Schriftsteller täglich, ja vielleicht sogar stündlich treulich und emsig arbeiten oder abliefern« (SW 20, 430). Sei es in Überlegungen zum Spagat zwischen bürgerlicher Existenz und künstlerischer Integrität des Schriftstellers (SW 20, 407 f.). Sei es schließlich in Auskünften über die eigene Schreibpraxis zwischen Tageseinteilung und Handarbeit im »Bleistiftsystem« der Mikrogramme, dem für die Veröffentlichung ein »folgerichtige[s], bürohafte[s] Abschreibesystem« (Br 322) der Reinschrift nachfolgt.

Eine neue Regierungstechnik

Zuvor aber entfaltet sich in Walsers Romanen und kleiner Prosa ein Panorama der Räume, Abläufe und Bewohner des Büros: Banken, Rechtsanwaltskanzleien und Versicherungsgesellschaften finden sich portraitiert und selbst das Institut Benjamenta in *Jakob von Gunten* wird in seinem Niedergang vom Kontor des Institutsvorstehers aus gesteuert. Auf diese Weise entfalten Walsers Texte eine Epoche des Aufstiegs der Bürokratie zur bestimmenden Organisationsform von Recht, Wirtschaft, Staat und Bildung. Sie führen Buch über die einschneidende Ablösung von Disziplinar- durch Kontrollmilieus, wie sie zeitgleich in Franz Kafkas Erzählungen erkennbar wird (vgl. Deleuze 1993, 257).

Entgrenzte Kontrolle

Walsers Augenmerk gilt allerdings weniger den großformatigen epistemologischen Konsequenzen des Bürozeitalters, häufiger rücken bei ihm seine konkreten Abläufe, kleinen Ereignisse und leicht zu übersehenden Akteure in Blick. Und hier zeigen seine Texte mitunter selbst nicht wenig buchhalterische Detailversessenheit. Im Kleinen entfalten sie das ganze Drama des Angestelltenwesens: *Germer* (SW 3, 114–120), *Das Büebli* (SW 3, 121–126) und *Der arme Mann* (SW 16, 81–84) beschreiben eine Verschaltung von Körper, dinglicher Anordnung und disziplinarischen Blickregimes genau so wie eine innere Deformation des Berufsschreibers durch Abhängigkeit, Karrieredenken und Minderwertigkeitsgefühl. *Der Commis* (SW 1, 49–65) zeigt überdies satirisch jenen Zwang zum Mittelmaß auf, der den Angestellten aus ihrer Beschäftigungsform und sozialen Zwitterstellung erwächst: Zwischen Schematisierungsdruck und Einpassungsempfinden bleibt ihnen ähnlich wie ihren Cousins aus der Angestelltenliteratur Melvilles und Gogols letztlich nur die Eigenschaftslosigkeit als einzig herausragende Eigenschaft übrig.

Es mag hier also jene bürokratische Kolonisation von Gesellschaft und Seele Kontur gewinnen, die auch von Zeitgenossen Walsers konstatiert wird. Seine Texte aber schreiben diesem Vorgang einige unvermutete Effekte zu, durch die seine Verwaltungsstillleben unverwechselbar erscheinen. So weisen sie kaum jemals das Büro als jenes martialische Gebilde aus, das in Max Webers notorischer Rede vom »stählernen Gehäuse« evoziert wird. Mit dem Walser eigenen Sinn für chiastische Verzahnungen und paradoxe Hierarchien entdeckt er vielmehr gerade im Moment höchster Machtentfaltung im und durch das Büro die Relativierung seiner Zwänge. Das bezieht sich weniger auf eine ohnehin nur verschwindend geringe Tendenz zur offenen Widerständigkeit von Stehkragenproleten. Eher noch sind hier genuin bürokratische Taktiken des Verschiebens, Verschleppens und des passiven Widerstands wie in den Texten *Helbling* (SW 5, 162–166) und *Ein Vormittag* (SW 2, 114–121) zu nennen. Zu allererst werden aber die Kommunikationsformen und Rituale des Büros selbst als Auslöser einer beständigen Machtoszillation inszeniert. Das scheinbar eindeutige, weisungsbefugte Verhältnis von Prinzipal und Commis etwa erweist sich als äußerst fragil, so wird es in dem späten Text *Herren und Angestellte* (SW 19, 195–199) noch einmal systematisch formuliert. Es beruht auf

Interdependenz und ist zahlreichen Verschiebungen und Verzerrungen ausgesetzt, sodass hier die Machtverteilung immer weiter fluktuiert und eine endgültige Entscheidung über Herrschaft und Knechtschaft ausbleibt. In vollständiger Umklammerung durch Schreibdisziplin und Verwaltungsroutine erkennen Walsers Figuren also ein Potential zur Recodierung von Machtbeziehungen. Seine Romane, besonders *Der Gehülfe*, binden den Fortlauf ihrer Narration an die Aufdeckung und Entfaltung dieser verborgenen Dimension des Büros. Und nicht ganz von ungefähr verbindet sich wohl deshalb immer wieder das literarische Projekt Walsers selbst mit der Administration: So etwa, wenn die Ödnis des Arbeitsalltags in *Geschwister Tanner* zum Entstehungsherd literarischer Einfälle wird. Ebenso, wenn die Routinen in *Der junge Dichter* (SW 16, 213–216) und *Poetenleben* (SW 6, 120–130) das Verfassen von literarischen Texten prozessualisieren und dabei eine genuin moderne Schreibweise jenseits von Autorintention und Geniekult hervorbringen. So schreibt sich das Büro bei Walser in die Literatur seiner Bewohner ein und lässt sie zu Schriftführern des Aufstiegs der Verwaltung zur Regierungstechnik des 20. Jh.s werden.

Forschung

Zumeist rückt in der Forschung zu Bürokonstellationen bei Walser seine Inszenierung des Verhältnisses von Be- und Entgrenzung in den Fokus. So kulminiere etwa in den Angestelltenerzählungen ein Widerspruch von gesellschaftlichem Erwartungsdruck und individuellem Freiheitsempfinden, aus dem literarische Naturvisionen und Phantastereien als defensive Rückzugsstrategien von Außenseitern hervorgehen (vgl. Grenz 1974). Einige Beachtung erfährt mit Verweis auf die Bedeutung der Herr-Knecht-Thematik für Walser auch das Verhältnis von Angestellten und Arbeitgebern in seinen Büros: Der Angestelltenroman ist bei ihm demnach als dialektische Figuration angelegt, in der das Verhältnis von Welt und Selbst in modernen Arbeitsverhältnissen moderiert wird (vgl. Wagner 1980). 2011 wurden Walsers Bürotexte erstmals in einer Anthologie versammelt und in einem Nachwort kontextualisiert (vgl. Sorg, Gisi 2011). Zugleich wurden in der jüngeren Forschungsliteratur neue Aspekte seiner Angestellten hervorgehoben, in denen zumeist die Unbestimmtheit und Offenheit seiner Büros erkennbar wird. Demnach sind seine Sekretäre Spiegel der diskursiven Unkenntlichkeit eines Berufsstandes, welcher – wie Siegfried Kracauer bereits 1930 in *Die Angestellten* festhielt – in den gesellschaftlichen Beobachtungssystemen wie in seinen Selbstbeschreibungen gesichts- und geschichtslos bleibt (vgl. Matala de Mazza 2003, 143 f.). Dies lässt sich über die soziologische Dimension des Themas hinaus mit Giorgio Agambens Engführung von Simon Tanner und Melvilles Bartleby als Emergenz einer gattungslosen Gattung verstehen, in der sich Leben und Form durch Schreiben als Potentialität aufeinander beziehen (vgl. Agamben 1998, 47 ff.). Die konstitutive Indeterminiertheit von Schreibszenen ist es schließlich auch, welche in Untersuchungen zum Verhältnis von bürokratischem Schreiben und digressiver Poetik bei Walser hervorgehoben wird: So scheint das Phantasieren beim inhaltsleeren Schreiben eine grundständige Eigenschaft von Büro und Dichterkammer und das Bürodispositiv auf diese Weise konstitutiv für Walsers Schreibprozess (vgl. Groddeck 2004; von Reibnitz 2009). In dieser Verschränkung mit dem bürokratischen Schriftwesen ihrer Zeit erlauben Walsers Schreibszenen eine medienarchäologische Untersuchung bestimmender bürokratischer Techniken des frühen 20. Jh.s (vgl. Roloff 2015).

Literatur

Agamben, Giorgio: Bartleby oder die Kontingenz gefolgt von Die absolute Immanenz. Berlin 1998.

Borchmeyer, Dieter: Dienst und Herrschaft. Ein Versuch über Robert Walser. Tübingen 1980.

Deleuze, Gilles: Postskriptum über die Kontrollgesellschaften. In: ders.: Unterhandlungen 1972–1990. Frankfurt a. M. 1993, 254–262.

Grenz, Dagmar: Die Romane Robert Walsers. Weltbezug und Wirklichkeitsdarstellung. München 1974.

Groddeck, Wolfram: Robert Walser und das Fantasieren. Zur Niederschrift der »Geschwister Tanner«. In: TEXT + KRITIK 4, 55–68.

Reibnitz, Barbara von: Komma überschreibt Punkt. Anfangen und Nicht-Aufhören(können) in Robert Walsers Romanerstling *Geschwister Tanner*. In: Hubert Thüring, Corinna Jäger-Trees, Michael Schläfli (Hg.): Anfangen zu schreiben. Ein kardinales Moment von Textgenese und Schreibprozeß im literarischen Archiv des 20. Jahrhunderts. München 2009, 129–146.

Matala de Mazza, Ethel: Angestelltenverhältnisse. Sekretäre und ihre Literatur. In: Bernhard Siegert, Joseph Vogl (Hg.): Europa. Kultur der Sekretäre. Zürich, Berlin 2003, 127–146.

Roloff, Simon: Der Stellenlose. Robert Walsers Archäologie des Sozialstaats. München 2015 (im Druck).

Sorg, Reto, Gisi, Lucas Marco: »Er gehorcht gern und widersetzt sich leicht.« Zur Figur des Angestellten bei Robert Walser. In: Robert Walser: Im Bureau. Aus dem Leben der Angestellten. Ausgewählt u. mit einem Nachw. versehen v. dens. Berlin 2011, 129–142.

Stüssel, Kerstin: In Vertretung. Literarische Mitschriften von Bürokratie zwischen früher Neuzeit und Gegenwart. Tübingen 2004.

Wagner, Karl: Herr und Knecht. Robert Walsers Roman »Der Gehülfe«. Wien 1980.

Simon Roloff

4.20 Frauenbilder

Erotik wirkt am Schaffen des Einzelgängers Robert Walser entscheidend mit. Er macht sie zu einem Hauptthema mit Variationen, überdies zum »Kunstfeld«, wie er gerne sagt, zur Bühne also, auf der sich Texte als Rollenspiele exquisit vorführen lassen (SW 2, 45). Der Erzähler behält dabei die Regie in Händen – ob in Prosastücken oder Romanen, als Er oder Ich getarnt, als Simon Tanner, Joseph Marti, Jakob von Gunten oder Räuber. Sie alle sind die Spielleiter, welche zumeist Weiblichkeiten, seltener einen »jungen Gott von Knaben« (SW 9, 117) oder einen herrscherlichen Freund zu ihren Spielfiguren erküren. Der inszenatorisch artistische Gestus hindert den Autor freilich nicht daran, eine Fülle autobiographischen Materials unterzumischen.

Begehrte oder brüskierte Frauengestalten gehören zum bekanntesten Walser-Personal. Sie tragen Namen wie Klara, Wanda, Edith, Marie, Lisa Benjamenta oder Frau Aebi. Sie unterscheiden sich, sehen sich aber unverhofft auch wieder ähnlich, oder eine verwandelt sich in eine ganz andere, von ihrer Seelenanlage her gar in ihr Gegenteil. Tamara S. Evans spricht von »Hybridität« (Evans 2009, 6), Peter Utz von »Identität der Differenz«, wobei er auf das Aschenbrödel im gleichnamigen Dramolett schaut (Utz 1998, 48). Was man von diesen changierenden Modellen des Weiblichen zu gewärtigen hat, weiß man nie genau. Ganz geheuer sind sie einem nicht.

Immerhin lässt sich eine Kollektion von Frauenbildern präsentieren, die, so oder anders abschattiert, wiederkehren: Als schöne Dame, allein im eleganten Haus, lernt der »junge, knabenhafte« Simon in *Geschwister Tanner* Klara Agappaia kennen. Da er bei ihr unangemeldet vorspricht und ein Zimmer mieten will, prüft sie ihn aufmerksam. Sie habe das Recht dazu, meint Simon, der sich eben noch wie ein Bettler gefühlt hat, worauf er seine üppige Rhetorik einsetzt, um ihr nahezulegen, das ihm vorgeführte Zimmer mit den mädchenhaften Vorhängen sei zu fein für einen stellenlosen Grobian wie ihn. Auch möchte er weiterhin über Vornehmheit spotten und verzichte daher. Die Infragestellung ihrer weiblichen Macht samt bürgerlicher Umgebung bewirkt den Umschlag: Klara macht sich klein und den Bittsteller groß. Sie drängt ihm das Zimmer auf, denn sie fühle sich einsam und sei überhaupt eine arme Frau, die von nichts eine Ahnung habe. Er hinterlasse bei Frauen »gern unerfüllt gebliebene Wünsche«, so schraube man seinen Wert in die Höhe, meint Simon (SW 9, 251). Frau

Weiß, eine weitere Zimmervermieterin, möchte mit ihm reden, er aber bricht kalt ab.

Derartige Momente von Herrschaft und Unterwerfung bestimmen die Walserschen Geschlechterbeziehungen und rücken diese so ins Zwielicht. Exemplarisch ist auch das flackernde Verhältnis des ›Gehülfen‹ Marti zur Gattin seines Arbeitgebers in der Villa Abendstern, dem Schauplatz von Walsers zweitem Roman. Einmal hat sie, dann wieder er die Oberhand in einer von beiden Seiten schnippisch verdeckten Attraktion. Freilich hält sie am angemaßten Part der Dame fest, anders als Klara, die immer neue Rollen zugewiesen bekommt. Stets solche aber, die auch im übrigen Werk als »Konstrukte der Walserschen Idee des Weiblichen« (Evans 2009, 1) auffallen: Die der unglücklich Verliebten, der Verführten und Sitzengelassenen, der gesellschaftlich Absteigenden. Klara als der prächtig gekleideten ›Fürstin‹ der Armen in der Vorstadt fällt dann aber die bourgeoise Rückkehr leicht, ermöglicht durch Artur, einen reichen, ihr ›hilflos‹ ergebenen Mann. Als sozial Engagierte verlieren Walser-Frauen meist an erotischer Ausstrahlung, geben jedoch zuverlässige Freundinnen ab, die der Held alle paar Jahre aufsucht – wie Marti die vormalige Sozialistin Klara im *Gehülfen*.

Anders die Mütterliche: Der Held begehrt sie. Sie füttert ihn, er kann bei ihr unterkriechen. Sie tritt häufig auf, nicht nur im Werk, auch im Leben – wie die Briefe Walsers an Frieda Mermet, die Lingère von Bellelay, zeigen (s. Kap. 3.6.2). Der Räuber liebe, heißt es, »wer ihm eine gute Rösti zubereite« (AdB 3, 17). Die Ambivalenz auch dieses Typus verkörpert Frau Aebi im *Spaziergang*. »[W]ie ein Aal« ins Schlupfloch für »bedauerliche Heruntergekommene« schlüpft der Spaziergänger in ihr Haus, um zu »dinieren« (SW 5, 36 f.). Die Gastgeberin verwandelt sich nun unversehens in ein Ungeheuer. Sie verweigert jedes Gespräch und zwingt ihn immer weiter zu essen: »Gehorchen Sie und essen Sie! [...] Was schadet es, wenn Sie dabei zugrunde gehen?« (ebd., 39) Als der Entsetzte fliehen will, tarnt sie den Auftritt als Scherz. Walser liebt es, Frauenbilder seiner Traumästhetik anzupassen, sie entweder zu verkleinern oder zu Übergröße aufzublähen.

Das geschieht auch im *Tanner*-Roman: Die mänadische Direktorin des »Kurhaus[es] für das Volk« verköstigt den hereingeschneiten Simon, worauf sie ihm eine Ansprache hält über das Wesen der Frauen, dieses »Gemengsel von Zartheitsbedürfnis und Lust an der rohen Gefahr«, das nichts Ersprießlicheres wüsste, als sich den Männern zu unterwerfen (SW 9, 309, 319, 316). Dass man sich gegenseitig mit Mono-

logen förmlich überzieht, ist ein Kennzeichen all dieser Beziehungen. Das Einander-Zudecken mit Worten gleicht einem Liebesakt. Die Vorsteherin verlangt einen Lebensbericht, den Simon wortreich abliefert. Unter Küssen will sie ihn lehren, was ihm fehle: »in ein Ohr hineinflüstern und Zärtlichkeiten erwidern«. Dann zerrt sie ihn hinaus »in die Winternacht. In den brausenden Wald.« (ebd., 332)

Der Winterwald entspricht der Wüste, in die Jakob von Gunten am Ende von Walsers drittem Roman aufbricht. Auch er hat eine rätselhafte Vorsteherin kennengelernt, das strenge, lockende, blasskranke Fräulein Benjamenta, der er mit masochistischem Vergnügen zu Füssen stürzt.

Sie präfiguriert die Frauen mit Domina-Einschlag, wie sie sich der Räuber, der »Löl [...] mit Mansarde«, herbeiphantasiert (AdB 3, 76). Das Manuskript dieses letzten, von Walser nicht veröffentlichten Romans strotzt von Sexualträumen, die bald da, bald dort entbrennen. Vor einem Knaben etwa mit »kurzen Höschen«, dessen Dienstmädchen er sein will. Oder er leckt den Kaffeelöffel seiner verwitweten Vermieterin ab, den diese in den Mund gesteckt hat, worauf er auf einen Berg ›hüpft‹, »nichts als Löffeli im Kopf« (ebd., 22). Später macht er ihr ein »Löffeligeständnis«, was sie zu einer indignierten »Königinnen«-Haltung veranlasst (ebd., 35). Die vergötterte Wanda, die »Polenfürstin« (SW 3, 56), erweist sich ebenfalls als zu ›brav‹ und zu ›dumm‹: »›Sie ist nicht bös genug, und darum bin ich nicht lieb mit ihr‹«, sagt der Räuber (AdB 3, 55). Das eigentliche Ziel seiner Wünsche, die Kellnerin Edith, die »einer Gerte an herrlicher Schlankheit gleicht«, kann er immerhin bitten: »›Fräulein, wollen Sie mir mit meiner Gerte eins auf die Hand geben?‹« (ebd., 14) Mit demselben Stab ›berührt‹ er darauf einen Studenten. Um seine Edith herum pflege er »Nebenschönheiten«, so der Räuber, »nebensächliche Sachen zu leisem Lachen«, damit er nicht sentimental werde (ebd., 69). Edith, die ihn wohl liebt, wird einen Schuss – ein Akt der Intimität? – auf ihn abgeben, den er überlebt. Das ganze Manuskript ist durchzogen von fahrig skizzierten Geschlechterbeziehungen, anhand derer auch immer wieder das Walsersche ›Kunstfeld‹, Schreiben und Komponieren, reflektiert wird. Und zwar gleich schon im ersten Satz: »Edith liebt ihn. Hievon nachher mehr.« (ebd., 11) Das Schreiben hat im Übrigen dem Leben voraus, dass es »männlich und weiblich zugleich« (SW 20, 183) sei. Gleichwohl glaubt man gerade hier auch andere, bekenntnishafte Töne zu vernehmen: Wenn der Erzähler etwa, an Edith gewendet, vom Räuber behauptet:

»Er hat dich geliebt und liebt dich noch heute, wie dich kein Zweiter wieder wird lieben können oder je geliebt hat.« (AdB 3, 63) Seine Krankheit bestehe in einem »zu vielen Liebhaben«, so der Räuber zu seinem Arzt (ebd., 114).

Wir begegnen auch Frauen, die außer der Norm lieben. Im szenischen Entwurf *Die Jungfrau, Der Befreier* trauert eine »Arme, Nackte« um ihren warmherzigen Drachen (»Dieses Ungeheuer liebte mich«; AdB 2, 457). Sie verachtet den selbstverliebten Befreier, der bloß vor ihr prunken wolle.

Wie, wenn Walsers Liebesideal so hoch stünde, dass es vom regelkonformen Leben nur verraten werden kann? Von einer immerhin spricht das ganze Werk unverzerrt – selbst der »*Räuber*«-Roman: von der ›Lehrerin‹, der Schwester Lisa. Sobald bei Walser ein wirkliches Paar zusammenkommt, nimmt es sich geschwisterlich aus. Als Hedwig ist Lisa die heimliche Protagonistin der *Geschwister Tanner*. Simon und sie teilen eine Zeitlang die Wohnung. Symmetrie bestimmt ihr Verhältnis. Auffälligstes Zeichen dafür ist der durchgehaltene, der ebenso innig mokante wie schonungslose Dialog – während sonst monologisiert wird. Die Geschwister trennen sich und bleiben doch eins: Beide suchen die Freiheit im Unbehausten.

Literatur

Caduff, Marc: Die Lust des Lesers. Frauenfiguren in Robert Walsers »Geschwister Tanner«. Vortrag an der Jahrestagung der Robert Walser-Gesellschaft in Solothurn, 10. Oktober 2009. In: http://www.robertwalser.ch (9. 1. 2015).

Evans, Tamara S.: »Ich finde es schön, dass sie unglücklich ist«: Erfahrung mit Robert Walsers wunderlichen Frauenbildern. Vortrag an der Jahrestagung der Robert Walser-Gesellschaft in Solothurn, 10. Oktober 2009. In: http://www.robertwalser.ch (9. 1. 2015).

Fellner, Karin: Begehren und Aufbegehren. Das Geschlechterverhältnis bei Robert Walser. Marburg 2003.

Heffernan, Valerie: Provocation from the Periphery: Robert Walser Re-examined. Würzburg 2007.

Utz, Peter: Tanz auf den Rändern. Robert Walsers »Jetztzeitstil«. Frankfurt a. M. 1998.

Matt, Beatrice von: In den Armen der Riesin – Robert Walser und Berlin. Vortrag an der Jahrestagung der Robert Walser-Gesellschaft in Berlin, 23. Oktober 1999. In: http://www.robertwalser.ch (9. 1. 2015).

Matt, Beatrice von: Die Frauen scheiternder Männer bei Gottfried Keller und Robert Walser. In: AMREIN/GRODDECK/WAGNER, 95–108.

Schweiger, Susanne: Die ästhetische Verwertung des Frauenkörpers. Robert Walsers Mikrogramme. Wien 1996.

Beatrice von Matt

4.21 Masochismus

Artikulationen des masochistischen Begehrens durchziehen Walsers Werk von Anfang an. Nicht immer ist der Bezug unmittelbar zu fassen, häufig erscheint die masochistische Inszenierung sozial verbrämt, sodass sich das Masochistische im Lob des Dienens, in der Dialektik von Herrschaft und Knechtschaft oder in erotischen Tändeleien mit Kellnerinnen oder ›Saaltöchtern‹ verbirgt. Explizite Thematisierungen und Inszenierungen der masochistischen Erotik sind jedoch keineswegs selten in Walsers Texten, sie werden aber in der Forschung oft stillschweigend übergangen.

Von Richard von Krafft-Ebing 1886 erstmals beschrieben, wurde der Masochismus als komplementäre Perversion zum Sadismus definiert und nach Leopold von Sacher-Masoch, dem Verfasser der *Venus im Pelz* (1870) benannt. Sigmund Freud übernahm 1905 die Terminologie Krafft-Ebings und beschrieb den Masochismus als durch »Umbildung aus dem Sadismus« (Hobus 2011, 186) entstandene Perversion, eine Auffassung, an der er auch später im Prinzip festhielt. Freuds Beschreibung des »feminine[n] Masochismus« beim Mann zählt die Inhalte der masochistischen Phantasien auf: den Wunsch, geschlagen, erniedrigt, zum Gehorsam gezwungen zu werden usw. – aber auch den Wunsch, wie ein »abhängiges Kind behandelt« zu werden, »besonders aber wie ein schlimmes Kind« (Freud 1924/1976, 374). Freuds differenzierte Beschreibung des Masochismus, des ›femininen‹, des ›erogenen‹ und des ›moralischen‹ erfasst viele Elemente, die sich auch in Walsers »sachermasochelig« (SW 19, 123) orientierten Texten finden, aber es kommt eine wesentliche Dimension dazu: die der ästhetischen Freiheit in der Literatur. Im Brief vom 16. 4. 1926 an Otto Pick, den Redakteur der *Prager Presse*, äußert Walser den Gedanken,

daß aus der Sexualität eine Kunst gemacht werden kann, daß man beispielsweise sogenannte Sadisten in ganz kurzer Zeit masochisieren und in Masochisten die erforderliche Summe Sadismus wecken kann. [...] Ich bin übrigens beim Nachdenken zum Ergebnis gekommen, daß in allen Überragenden, Herrschenden eine Neigung sich bekundet, nachzugeben, zu dienen; daß hinwiederum im Gehorchenden, Dienenden ganz natürliche Anwandlungen des Herrschens, Regierens entstehen, denn die Sexualität dreht sich erdgleich, kugelgleich, und die beiden Hauptrichtungen oder Hauptbestandteile des sexuellen Lebens sind wie am Globus die beiden Pole. Nach mir neigt also jeder Nachgiebige oder Masochist zum Sadismus oder zur Lust an der Freiheit, und der Sadist oder Befehlende zu dem, was ihm gleichsam fehlt, was ungewöhnlich, außerordentlich für ihn ist, zum Masochismus, d. h. zu Anlehnungen. (Br 291)

Man erkennt in diesen Reflexionen die große Thematik Walsers von der Dialektik der Unterwerfung, die mit Freuds Theorie von der Konvergenz von Sadismus und Masochismus zu harmonisieren scheint, zugleich aber deutlich darüber hinausweist. Es ist ein Dichter, der darüber nachdenkt, wie man Sadisten »masochisieren« kann und umgekehrt. Walser entwirft ein spielerisches – ›kugelgleiches‹ – Weltbild, in welchem sich das »Herz« als Zentrum behauptet:

> Das Herz z. B. ist an sich ein Masochist, und eine wirkliche, wahre, d. h. herzliche Liebe ist immer ›leider‹ nur eine masochistische, wenn gleich eine sehr feine. Wer auf sein Herz hört, unterliegt ganz naturgemäß, aber es ist dann jedenfalls eine sehr schöne Art des Unterliegens. Wahrscheinlich dürfte dieses Unterliegen das Schönste des Lebens überhaupt sein (ebd.).

Das masochistische Textmodell

Etwa zur gleichen Zeit wie der Brief an Pick ist das Prosastück *Freundinnen* entstanden, das am 28. 9. 1926 in der *Prager Presse* gedruckt wurde. Der Erzähler, von zwei jungen Herren durchs Fenster beobachtet, schreibt über zwei Freundinnen, die dabei sind, »sich zu ›trainieren‹«, weil sie Lust haben, eine »Rolle zu spielen«. Die dominante Alice, deren Füße »in sehr eleganten Schuhen« stecken, benutzt die unterlegene Helene als »eine Art Schemel«, scheint aber selber »mißvergnügt« zu sein, »während sich in Helenens Hingegebenheit selbstvergessene Sinnlichkeit« zeigt. Einiges deutet darauf hin, dass Walsers Prosastück hier irgend ein SM-Magazin als Vorlage hat, etwa der Ausdruck »trainieren« und ›Rollenspiel‹ sowie der Hinweis auf den Fetisch der »sehr eleganten Schuhe« an den Füßen der dominanten Alice; der Umstand, dass der Erzähler »direkt in die Augen Alicens« schaut, die ihn jedoch selber nicht »erblickte«, deutet an, dass Walser eine Abbildung beschreibt (SW 18, 45–47). Es ist bemerkenswert, dass Walser in diesem Text die masochistische Szene zwischen zwei Frauen erzählt und nicht selbst in eine der Rollen schlüpft bzw. diejenige des Beobachters wählt – so als wollte er das masochistische Modell geradezu voyeuristisch objektiv erfassen. Die Reflexion auf die Szene zeigt die Differenz zur Freudschen Auffassung: Das Glück der Perversion ist bei der Unterlegenen, die Beherrschende leistet Verzicht. Hierin

zeigt sich eine Auffassung von Masochismus, welche erst Jahrzehnte später von Gilles Deleuze theoretisch artikuliert wurde (Deleuze 1967/1980) und deren weitgehende Übereinstimmung mit Walsers Poetik des Dienens von der Forschung auch schon verschiedentlich bemerkt wurde. Nach Deleuze ist der Masochismus eine eigene Welt, in der es keinen ›wirklichen‹ Sadismus gibt, Sadismus gibt es hier nur als »humoristische Erzeugung« (ebd., 193). Der dominierende Widerpart in der masochistischen Szene ist jemand, der auf den »eigenen subjektiven Masochismus verzichtet hat« (ebd., 196).

Die Selbstanalyse des Räubers

Es war wohl, neben den ›Mermet-Briefen‹ (vgl. Hobus 2011, 198 f), vor allem die Entdeckung des »Räuber«-Romans, wodurch die Forschung auf die spezifisch gelagerte masochistische ›Veranlagung‹ Walsers – allerdings nach den differenzierten Bestimmungen, die Deleuze erarbeitet hat – aufmerksam wurde: »bis in Details ist der Räuber als Masochist beschreibbar« (Villwock 1993, 97). Die psychoanalytisch erstaunlich informiert wirkende Selbstdeutung des Räubers, insbesondere in dem grandiosen Abschnitt, der einen Arztbesuch beschreibt, gibt sehr deutliche Hinweise auf das masochistische Grundmodell des Textes: »Um zu einem menschlichen Glück zu kommen, muß ich immer erst irgendeine Geschichte ausspinnen, worin die oder die Person mit mir zu tun bekommt, wobei ich der unterliegende, gehorchende, opfernde, bewachte, bevormundete Teil bin.« (AdB 3, 114 f.) In dieser Selbstanalyse ist ein entscheidender Punkt zunächst, dass der Räuber »immer erst irgendeine Geschichte ausspinnen« muss, um sein »Glück« zu erreichen; dies verweist auf die Dimension des Literarischen, auf die Narration, die nach Deleuze einen der Grundzüge der masochistischen Szene darstellt. Ein anderer Aspekt der masochistischen Inszenierung ist der scheinbare Widerspruch im Akt der Unterwerfung, wie ihn der Räuber schildert:

> Viele Leute glauben, es sei demnach also furchtbar leicht, mich in Behandlung, gleichsam in Dressur zu nehmen, aber diese Leute irren sich alle sehr. Denn sobald jemand Miene macht, mir gegenüber sich zum Meisterlein zu erheben, fängt etwas in mir an zu lachen, zu spotten, und dann ist es natürlich mit dem Respekt vorbei, und im anscheinend Minderwertigen entsteht der Überlegene [...]. (ebd., 115)

Damit ist gesagt, dass derjenige, der den Charakter der Inszenierung, das Literarische am Akt der Unterwerfung missversteht und mit der ›Realität‹ verwechselt, unversehens zum Verlierer und zum Objekt des überlegenen Spottes wird. Dem entspricht die Theorie von Deleuze: »Der Masochist ist frech aus Unterwürfigkeit, aufsässig aus Unterwerfung; kurz er ist der Humorist« (Deleuze 1967/1980, 239). Viele der humoristischen Effekte in Walsers Texten und besonders im »*Räuber*«-*Roman* resultieren aus der so verstandenen masochistischen Grundtendenz.

Der masochistische Humor

In einem Prosastück, das am 21. 9. 1928 im *Berliner Tageblatt* gedruckt wurde, liegt das masochistische Textmodell einer Geschichte zugrunde, die zunächst aufgrund ihrer skurrilen Komik humoristisch wirkt: *Herrin und Schoßhündchen*. »Eine elegante Herrin« wird von dem Wunsch ›belästigt‹, ihr »Schoßhündchen« zu ›bestrafen‹ und ihm »eine gehörige Portion Prügel zu verabfolgen« (SW 19, 381). Die »schöne, weil prächtig gebaute Herrin« kann sich von dem »Begriff Züchtigung« nicht trennen und phantasiert noch des Nachts von ihrer »Massregelungslust« (KWA III 1, 220; vgl. SW 19, 381). Sie liebt ihr Hündchen und sie verabscheut es zugleich. Sie sucht jedoch keinen »Arzt« auf – was ihr vielleicht ein »Dutzendmensch« empfehlen würde – sondern beginnt, einen »tagebuchartigen Roman« zu schreiben, der einem »intelligent dreinschauenden Kind« ähnelt. Das Schoßhündchen ›entrüstet‹ seine Herrin mit seiner »Harmlosigkeit«, sodass diese ihm die »Peitsche« zeigt und droht, »›daß es für sein ganzes ferneres Leben bloß noch aus einem einzigen, unaufhörlichen, innerlichen Winseln‹« bestehen solle (SW 19, 382). Dieser »Prosasatz« belegt in seiner ›sadistischen‹ Maßlosigkeit die ›Strenge‹ der »Herrin«. Sie droht dem Hündchen immer wieder und begründet das mit der Feststellung: »›Deine Komik stört mich‹« (ebd., 383). Erst im allerletzten Satz des Textes kommt der »beschlossene Peitschenhieb zur Ausführung« (ebd., 384). Damit realisiert die Geschichte, was Deleuze so definiert: »Die Erfahrung des Wartens und der Spannung eignet dem Masochismus wesentlich. […] Der Masochist wartet auf die Lust wie auf etwas wesentlich Verzögertes, Aufgeschobenes« (Deleuze 1967/1980, 222 f.). Die Geschichte hat jedoch einen gleichsam doppelten Boden, sobald man auf die zweideutige Wortwahl achtet und jene Elemente der Erzählung in die Analyse einbezieht, die scheinbar gar keine Funktion haben. So wird die »Herrin« nachts mit einem »Konzert« beehrt, dass

die Vorstellung in ihr erwecken soll, sie sei eine »entzückende Figur« »in einer Oper« (SW 19, 381) – also selber Gegenstand einer Inszenierung. Sie schreibt ferner einen »tagebuchartigen Roman« – etwa in der Art wie *Jakob von Gunten. Ein Tagebuch* – und formuliert einen »Prosasatz«, der sie selbst stilistisch definiert und als Schriftstellerin ausweist (ebd., 382 f.). Dann liest man von einem »Herrn in korrektem Hut«, der der »Schoßhündchenbesitzerin […] Gesellschaft leistete« und der angeblich nur eine ›Dekorationswirkung‹ haben soll – aber gerade in diesem Satz wird die »Herrin« ausnahmsweise nicht als ›Herrin‹, sondern als »Schoßhündchenbesitzerin« bezeichnet. Die ebenfalls nebenbei gemachte Erwähnung, »die Herrin habe in ihre Abneigungen gegenüber ihrem Hündchen wie in einen porträtzurückstrahlenden Spiegel geblickt«, deckt plötzlich die Instabilität der Rollen auf (ebd., 383): Die ›züchtigende Herrin‹ erkennt sich selbst in ihrem »Schoßhündchen« wie in einem »Spiegel« wieder und durchlebt eine masochistische Erfahrung in einer Phantasie, welche der »Herr in korrektem Hut« ausgelöst haben könnte: Sie ließe sich also – so gelesen – im »Schoßhündchen«, das eine offensichtliche Verschiebung, ein bloßes Substitut, darstellt, selber ›züchtigen‹. Dass auch die »prächtig gebaute Herrin«, welche deutlich die Züge einer Domina hat, noch eine Verschiebung, ein Substitut, sein könnte, ließe sich aus den Andeutungen zu ihrer Schriftstellertätigkeit folgern. Das masochistische Modell ist textproduzierend und lockert zugleich die Referenzen: Im Prozess einer genaueren Lektüre beginnen die Signifikate zu rotieren.

Sacher-Masoch

In der »Herrin« mit der »Peitsche« lässt sich leicht eine Anspielung auf Sacher-Masochs berühmte Novelle *Venus im Pelz* erkennen. Walser erinnert in dem Prosastück *Tramfahrt*, erschienen in der *Neuen Zürcher Zeitung* am 30. 10. 1921, seine anscheinend frühe Lektüre des Buches: »Eine Dame im Pelz steigt ein wie die Sacher Masochsche ›Venus‹, die ich mit nicht geringem Entzücken einst in einem Stübchen las, von wo aus ich Sterne und Frauen andichtete, was mich eine herrliche Beschäftigung dünkte.« (SW 17, 25) In *Die Rose* ist *Sacher-Masoch* ein eigenes Prosastück gewidmet, in dem neben der *Venus im Pelz* noch weitere Erzählungen Sacher-Masochs angesprochen werden. In der kritisch distanzierten Beurteilung der »ehemals vielgelesenen Bücher« kommt der ›Rezensent‹ zu einem auf den ersten Blick vernichtenden Urteil: »Sein Schicksal will, daß ihn seine eigene Schreibweise verspottet.« (SW 8, 68) Der Erzähler bemerkt nicht ohne Koketterie: »Vielleicht sollt' ich ihn lieber nie gelesen haben, bekenne mich aber gern zur Tatsache. Mit etwas gutem Willen befreit man sich mit Erfolg von unliebsamen Bekanntschaften. Löst nicht im Leben ein Einfluß den andern glücklich ab?« (ebd., 69) Die andeutenden Nacherzählungen der Sacher-Masochschen Werke überraschen durch den sarkastisch-ironischen Ton, so das Aperçu zur »Dame, der er unterlag«: »Sie sehnte sich übrigens aus dem Schloß weg, wo sie Aufgaben zu übernehmen begonnen hatte, wie zum Beispiel ihre Zofen zu ohrfeigen. Ihr edles Wesen litt unter solchem Milieu.« (ebd.) Das in der Genre-Parodie einer Rezension verfasste Prosastück aus *Die Rose* könnte so verstanden werden, dass der Autor den Einfluss Sacher-Masochs abwehrt, es lässt sich aber auch so lesen, dass es sich schlicht um eine absichtsvolle Leserirreführung handelt. Jedenfalls kommt Walser in dem Prosastück *Das Knabenhafte*, das am 16. 7. 1929 im *Berliner Tageblatt* publiziert wurde, nochmals auf die »womöglich etwas unkorrekt verfaßten Romane[] von Sacher-Masoch« zu sprechen und betont jetzt ausdrücklich seine »Sacher-Masoch-Anerkennung« (SW 19, 206 f.). Dabei kommt auch wieder jene Szene zur Sprache, die in *Die Rose* noch Gegenstand des Spotts war: »In künstlerischer Hinsicht war er nicht ohne Raffinement. Beispielsweise stellte er verhältnismäßig glücklich dar, wie in irgendwelchem Milieu eine Gebieterin ihrem Ankleidemädchen aus weiter keinem sonstigen Grund als infolge lieblicher Launenhaftigkeit ein geringfügiges Ohrfeigelein verabfolgt.« (ebd., 206)

In einem mikrographischen Entwurf, *Grausame Bräuche, Sitten, Gewohnheiten usw.*, der in kompakter Weise über alle erdenklichen Grausamkeiten der Weltgeschichte – vom ›Nasenabschneiden‹ über das ›Rädern‹ bis zum ›Totpeitschen‹ – räsoniert, kommt am Ende die Rede wiederum auf Sacher-Masoch: »Beim bekannten Grausamkeitsautor Sacher-Masoch finden sich bloß noch von Schloßfrauen ihren sie anhimmelnden Kammerzofen zuteil werden lassende sanfte, zarte, intelligente Ohrfeigen.« (AdB 4, 181)

Die verhältnismäßig ausführlichen und wiederholten Bezugnahmen auf den Autor lassen sich in einen erhellenden Bezug zu dem masochistischen Textmodell Walsers bringen. Denn wie Deleuze in seiner theoretischen Neuformulierung der masochistischen Perversion von einer *literarischen* und

nicht mehr nur pathologisch-medizinischen Lektüre der *Venus im Pelz* ausgeht und im Masochismus Elemente des Poetischen herausstellt (Warten, Spannung, Narration, Komik, Humor und Subversion), ist auch Walsers Erfahrung des Masochistischen literarisch fundiert und ausformuliert. Sacher-Masochs Figuren durchgeistern Walsers Texte, und es ist kein Zufall, dass die Nebenbuhlerin Ediths im »*Räuber*«-Roman den Namen »Wanda« trägt wie die »Venus im Pelz« in Sacher-Masochs Novelle und dass sie nach ausgiebiger Verehrung – in Umkehrung zur literarischen Vorlage – schließlich doch bestraft wird: »Wanda wurde bestraft, weil sie in der Stadt aufgefallen war und der Räuber keine Verse auf ihre Schönheit mehr dichten wollte.« (AdB 3, 125)

Forschung

Obwohl die »eigentümlich masochistische Konstellation« (Deleuze 1967/1980, 223) sich in Walsers Texten deutlich artikuliert, reagierte die Walser-Forschung lange Zeit zurückhaltend darauf. Erst in der Analyse des mikrographischen »*Räuber*«-Textes wurde auch dieser Aspekt thematisiert. Peter Villwock widmet ihm ein kurzes Kapitel ›Der Masochist‹ (Villwock 1993, 94–99), das – im Rückgriff auf die Theorien von Freud und Deleuze – die Komplexität des Themas erstmals in den Blick rückt. Susanne Schweiger stellt in ihrer Studie zu den Mikrogrammen fest, dass die »masochistischen Szenarien, die ein Hauptthema der Walser-Texte darstellen, allerdings von der Rezeption bisher kaum beachtet wurden« (Schweiger 1996, 116). Sie erkennt in den Texten Walsers eine Struktur, die in Begriffen wie ›Aufschub‹, ›Erwartung‹ oder ›Spannungsbogen‹ beschrieben werden kann und die dem masochistischen Szenario gleicht – bis hin zum Verhältnis von Leser/ Leserin und Text. David Pister untersucht Text und Funktion des »Lebenslaufs« in *Jakob von Gunten* unter dem Gesichtspunkt des ›masochistischen Vertrags‹ und kommt zum Schluss, dass dieser Vertrag die komplementären Pole in Machtverhältnissen außer Kraft setzt (»[t]he masochistic contract suspends the complementary positions of dominant and subordinate«; Pister 2011, 125). – Walsers Berliner Romane sind allerdings insgesamt voller psychologisch auffälliger Symptome, die aber bisher noch nicht theoretisch kohärent in Bezug auf das deutlich zugrundeliegende masochistische Modell analysiert wurden. In *Jakob von Gunten. Ein Tagebuch* z. B. betrifft die komplexe »masochistische Konstellation« nicht nur das Verhältnis von Jakob zu »Herrn Benjamenta« – »Sehne ich mich denn eigentlich danach, von diesem Herrn Benjamenta gezüchtigt zu werden? Leben in mir frivole Instinkte?« (SW 11, 44) –, sondern auch das zu »Fräulein Benjamenta« und zur eigenen Mutter. Im Traum hatte Jakob »Mama, die Liebe und Ferne, ins Gesicht geschlagen. [...] Bei den Ehrfurcht einflößenden Haaren hatte ich die Heilige gerissen und sie zu Boden geworfen.« (ebd., 34)

Die Studie von Jens Hobus zu Walsers ›Poetik der Umschreibung‹ enthält einen ausführlichen ›Exkurs zum Masochismus‹ (Hobus 2011, 185–201). Hobus entwickelt auf der Basis einer gründlichen Diskussion der Deleuzeschen Theorie die These, dass Walser einen eigenen, »ästhetischen Masochismus« entwickelt habe, der sich – nach den drei Freudschen Typen des ›femininen‹, des ›erogenen‹ und des ›moralischen Masochismus‹ – als ein vierter Typus verstehen ließe (ebd., 193). Solch ein ›ästhetischer Masochismus‹ kann aber auch strukturell als poetisch subversiver Akt begriffen werden, sei es in der ›freiwilligen Unterwerfung‹ unter den ›Reimzwang‹, sei es in der pedantischen Übererfüllung und gleichzeitigen Aufhebung von Gattungsnormen. Christian Walt sieht genau darin eine »Erklärung des oft nur schwer beschreibbaren Humors von Walsers Texten« und stellt fest, dass mit den im ganzen Werk Walsers auffindbaren »masochistischen Verhaltensweisen voll unterwürfigen Spotts«, wie sie von Deleuze beschrieben werden, »auch Walsers repetitive Erfüllung von Gattungsnormen lesbar [wird] als subversiver Akt zum Erlangen von Souveränität« (Walt 2011, 166).

Literatur

Deleuze, Gilles: Sacher-Masoch und der Masochismus (Présentation de Sacher-Masoch [1967]). In: Leopold von Sacher-Masoch: Venus im Pelz. Mit einer Studie über den Masochismus v. Gilles Deleuze. Frankfurt a. M., Leipzig 1980, 163–281.

Freud, Sigmund: Drei Abhandlungen zur Sexualtheorie [1905]. In: ders.: Gesammelte Werke, Bd. 5: Werke aus den Jahren 1904–1905. Hg. v. Anna Freud u. a. Frankfurt a. M. [5]1972, 27–145.

Freud, Sigmund: Das ökonomische Problem des Masochismus [1924]. In: ders.: Gesammelte Werke, Bd. 13: Jenseits des Lustprinzips. Hg. v. Anna Freud. Frankfurt a. M. [8]1976, 369–383.

Hobus, Jens: Poetik der Umschreibung. Figurationen der Liebe im Werk Robert Walsers. Würzburg 2011.

Pister, David: *Pacta sunt servanda*. The Ethics of Contract in Robert Walser's *Jakob von Gunten*. In: figurationen. gender – literatur – kultur 12, 1 (2011) [Frauke Berndt (Hg.): Masochismus/Masochism], 113–126.

Schweiger, Susanne: Die ästhetische Verwertung des Frauenkörpers. Robert Walsers Mikrogramme. Wien 1996.

Villwock, Peter: Räuber Walser: Beschreibung eines Grundmodells. Würzburg 1993.

Walt, Christian: »Den Lyrikern empfehl' ich dringend, / sich dem Zwang des Reims zu unterziehen...«. Zur Übererfüllung von Gattungsnormen in Robert Walsers späten Gedichten. In: FATTORI/SCHWERIN, 157–175.

Wolfram Groddeck

4.22 Kindheit, Naivität, Dilettantismus

Infantile Figuren und Sujets der Kinderwelt ziehen sich durch Robert Walsers gesamtes Werk. Von den frühen Dramoletten (*Aschenbrödel*; *Schneewittchen*; *Dornröschen*) und der ersten Buchpublikation *Fritz Kochers Aufsätze*, über die Zeit der Berliner Romane (*Jakob von Gunten*; *Geschwister Tanner*), der kleinen Prosa aus der Bieler Periode (u. a. *Das Kind [I]*; *Das Kind [II]*) bis hin zu den Texten der Berner Zeit (u. a. *Das Kind [III]*; *»Räuber«-Roman*; *»Felix«-Szenen*; *Die Kindheit*; *Das Glückskind*) ist dieser Sachverhalt konzeptuell zu differenzieren. Einerseits zeigt Walser ein ausgeprägtes Interesse an ›Kindheit‹ im Sinne einer Altersphase, die seit dem späten 18. Jh. die Zeit der menschlichen Entwicklung von der Geburt bis zum Einsetzen der Pubertät umfasst und dem Lebensalter des Erwachsenen entgegensteht (Ariès 1960/2007, 84 ff.). So lassen sich die Akteure den einzelnen Stufen der Kindheit zuordnen: der Säugling (1. Lebensjahr), das Kleinkind (2.–6. Lebensjahr) und das Schulkind (7.–14. Lebensjahr). Andererseits sind viele von Walsers literarischen Hauptfiguren durch eine ›Kindlichkeit‹ gekennzeichnet, die als wiederkehrender Wesenszug die Grenzen der biologischen Entwicklungsphasen überschreitet. ›Das erwachsene Kind‹ repräsentiert den Typus jener sozial inkompatiblen Protagonisten, deren anstößige Infantilität in zweierlei Hinsicht spezifiziert werden kann. Zum einen legen sie ein Verhalten an den Tag, das die Rezeption seit den Anfängen unter dem Begriff der ›Naivität‹ diskutiert (s. Kap. 4.23). Zum anderen äußert sich Kindlichkeit in einem poetologischen Phänomen, mit dem sich der Autor bei den Zeitgenossen mitunter den Vorwurf des ›Dilettantismus‹ eingehandelt hat. Im einen wie im anderen Fall gilt es jedoch zu berücksichtigen, dass die mutmaßliche Naivität von Walsers Figuren und Erzählern keinen kreatürlichen Naturzustand des Menschen nach rousseauistischer Tradition spiegelt, sondern den Effekt einer wohl kalkulierten Strategie darstellt und inszenatorisch-ironischen Charakter besitzt. In Anlehnung an Friedrich Schiller ist davon auszugehen, dass der Schein des Einfältigen auch bei Walser einen genuin reflexiven Gestus verbirgt, das Naive somit »eine *Kindlichkeit* [meint], *wo sie nicht mehr erwartet wird* [und die] eben deswegen der wirklichen Kindheit in strengster Bedeutung nicht zugeschrieben werden« kann (Schiller 1795/1796/1992, 713).

Das Interesse an Kindheit im Kontext der Zeit

Die Zeit um 1900 ist von einem diskursübergreifenden Projekt geprägt, das einen qualitativ neuen Zugang zum Wesen der Kindheit sucht. Erstmals in der Geschichte der modernen Kindheitskonzeptionen, die sich mit der Formierung des bürgerlichen Subjekts im 18. Jh. herausbilden, wird das Kind losgelöst von Fragen der Erziehung unter die Lupe genommen. In unterschiedlichen Disziplinen geht man daran, eine den Erwachsenen kaum zugängliche Daseinsform *sui generis* zu erforschen. Schon Jean-Jacques Rousseau hat in der Gründungsakte der modernen Pädagogik eine vollständige Unkenntnis über das unzivilisierte Naturwesen zum Ausdruck gebracht: »Man kennt die Kindheit nicht […]. Die Kindheit hat eine eigene Art zu sehen, zu denken und zu fühlen, und nichts ist unvernünftiger, als ihr unsere Art unterschieben zu wollen« (Rousseau 1762/1998, 5 u. 69). Um 1900 wird dieser Sachverhalt über den engeren Rahmen der Pädagogik hinaus zum Anlass genommen, das fremde Wesen mit wissenschaftlichen Mitteln zu erkunden. Experimentalpsychologen wie James Baldwin, James Sully, Jean Piaget u. a. werten die Kinderzeichnung als einen Bereich vor der sprachlichen Artikulation auf, um aus dem kindlichen Gekritzel einen diagnostischen Mehrwert über psychische und neurologische Dysfunktionen zu gewinnen (vgl. Wittmann 2007). Die Psychoanalyse Sigmund Freuds installiert ›ein ganzes Regiment von Beobachtern‹ und erschließt sich dadurch revolutionäre Einsichten in das bis dato ungeahnte Triebleben der Kinder (vgl. Freud 1909/1999, 244). Im Verbund mit der entstehenden Kinder- und Entwicklungspsychologie, die sich zum Ziel setzen, »die Geheimschrift der Seele des Kindes zu erkennen und zu entziffern« (Preyer 1882/1895, ix), kommt es auch im erziehungswissenschaftlichen Kontext zur Etablierung neuer Positionen. Die Reformpädagogik richtet ihre Kritik auf die humanistische Bildungstheorie und -praxis und möchte eine veränderte Auffassung von der Individualität des Kindes vermitteln. Das 1899 in Schweden erschienene Buch der Frauenrechtlerin und Pädagogin Ellen Key *Das Jahrhundert des Kindes*, das einen Meilenstein der reformerischen Programmatik darstellt, antwortet auf die Bildungskrise des ausgehenden 19. Jh.s mit der Forderung, weniger die Kinder denn die Erzieher neu anzuweisen: »Selbst wie das Kind zu werden, ist die erste Voraussetzung, um Kinder zu erziehen.« (Key 1899/1905, 112) Dieses Postulat ist indes an eine fundamentale Ungewissheit gebunden, hängen die optimistischen Hoffnungen auf das neue Jahrhundert doch von einer genaueren Antwort auf die noch ungelöste Frage ab, was das Spezifische der kindlichen Perspektive sei. Wie Key einräumt, muss die »wirkliche Natur der Kinder« erst noch erforscht werden (ebd., 202 f.).

Mit den Augen eines Kindes

Der literarische Diskurs schließt an dieses um die Jahrhundertwende diskursbestimmende Projekt unmittelbar an. In seiner enthusiastischen Rezension zum Werk der schwedischen Autorin formuliert Rainer Maria Rilke 1902 folgendes Vorhaben: »Man müßte beginnen, vom Kinde auszugehen, nicht vom Standpunkte des Erwachsenen, der so wenig vom Kinde weiß.« (Rilke 1965, 591) Mit der formalen Anlage seiner ersten Prosaveröffentlichung versucht auch Walser, der Ellen Key dem Prosastück *Artikel* (1927) zufolge in seiner Berliner Zeit persönlich kennen gelernt hat (vgl. SW 19, 127 ff.), eine genuin kindliche Perspektive einzunehmen. *Fritz Kocher's Aufsätze* (1904) versammelt eine Reihe von Texten eines fiktiven, früh verstorbenen Schuljungen, der sich über topische Gegenstände wie die Natur, den Menschen, die Freundschaft, die Schule oder den Schulaufsatz äußert. Mit der mehrfach zur Schau gestellten Einfältigkeit des Kindes zeigt Walser jedoch an, dass es ihm nicht darum zu tun ist, die Sicht eines Progymnasiasten realistisch wiederzugeben, sondern dass das Werk als literarische sowie hochgradig reflektierte Inszenierung von Naivität zu lesen ist. So erfüllen die Texte mitnichten den romantisch inspirierten Traum der Reformpädagogen, wonach sich das Kind durch eine ebenso natürliche wie geniale Kreativität und Spontaneität auszeichnet. Vielmehr demontiert Walsers Held in ironischer Manier die Vorstellung eines ursprünglichen Schöpfertums, indem er jene Institution reflektiert, die von der Reformbewegung zum privilegierten Ort für Phantasie und Individualität erkoren worden ist, nämlich den freien Aufsatz. Zum *Freithema* schreibt der Knabe:

> Diesmal, sagte der Lehrer, dürft ihr schreiben, was euch gerade einfällt. Ehrlich gestanden, mir will nichts einfallen. Ich liebe diese Art von Freiheit nicht. Ich bin gern an einen vorgeschriebenen Stoff gebunden. [...] Ich schreibe über alles gleich gern. Mich reizt nicht das Suchen eines bestimmten Stoffes, sondern das Aussuchen feiner, schöner Worte. [...] Was weiß ich, ich schreibe, weil ich es hübsch finde, so die Zeilen mit zierlichen

Buchstaben auszufüllen. Das »Was« ist mir vollständig gleichgültig. (SW 1, 24)

Mit dem zeitgenössischen Erziehungsdiskurs wird in diesen Worten zweierlei angestellt. Zum einen hintertreibt Walser die Idee von der selbsttätigen Natur des Kindes und lässt das damit verknüpfte reformpädagogische Programm in die Leere laufen. Entsprechend zeichnen sich Walsers Kinder dadurch aus, dass sie weder kreativ noch genial und zudem von jeder Entwicklungsvorschrift befreit sind (vgl. *Jakob von Gunten*; *Das Kind wuchs, aber es wußte das nicht*; *Das Glückskind*). Zum anderen wird ein Aspekt von Kindheit gezeigt, der sich dem erzieherischen Zugriff hartnäckig entzieht, verharrt das infantile Schreiben doch an der Oberfläche der Sprache, ohne die Schrift in die Tiefe der Bedeutungen zu durchdringen. Im gleichen Maße verschließen sich Walsers Kinder den Erwachsenen und behaupten gerade durch diese befremdliche Unverfügbarkeit poetische Eigenständigkeit (vgl. *[Der Schlingel]*; *Da das Kind lieb, naiv ist, spielt man gern mit ihm*).

Das erwachsene Kind

Walsers Konzeption von Kindheit ist frei von romantischen Idealisierungen. Wo die literarische Tradition die Vorstellung des ebenso unschuldigen wie genialen Engelkindes überliefert und einen paradiesischen Ursprung des Menschen adressiert, beharrt Walser auf der wesenhaften Unbestimmbarkeit des Infantilen: Das Kind ist »absolut nur es selbst, sonst scheinbar nichts anderes« (AdB 5, 231). Jeder Versuch, seinen rätselhaften Kern zu enthüllen, wird abgewiesen. Dieses Merkmal dient als *tertium comparationis*, das ›Kindheit‹ und ›Kindlichkeit‹ verbindet und das Walser bisweilen zu einer spielerischen Entdifferenzierung der Begriffe veranlasst. Jakob von Gunten hält z. B. fest: »Ich war eigentlich nie Kind, und deshalb, glaube ich zuversichtlich, wird an mir immer etwas Kindheitliches haften bleiben. Ich bin nur so gewachsen, älter geworden, aber das Wesen blieb.« (SW 11, 144) Die paradoxe Figur des ›erwachsenen Kindes‹, die viele von Walsers Protagonisten prägt, zeichnet sich nicht nur dadurch aus, dass sie kraft ihrer scheinbaren Naivität und Unreife den Normen der Erwachsenenwelt widersteht und dadurch eine »subversive Sprengkraft« birgt (Utz 2004, 110). Die Kindlichkeit verdichtet sich auch und gerade darin, dass sie sich jeder Bestimmbarkeit entzieht und dadurch ein soziales Ärgernis darstellt.

Diesen Umstand bringt ein Prosastück auf den Punkt, das 1925 in der Sammlung *Die Rose* unter dem Titel *Das Kind* erschienen ist. Die Hauptfigur wird als ein »Kind« von »nun schon vierzig Jahre[n]« eingeführt (SW 8, 75), das sowohl sich selbst als auch den anderen unerklärlich bleibt: »Ich bin einer, der nicht genau weiß, was er eigentlich ist. [...] Niemand ist berechtigt, sich mir gegenüber so zu benehmen, als kennte er mich.« (ebd., 77 f.) Gemäß dieser Resistenz vor dem Zugriff der Erwachsenen artikuliert Walser mehrfach die Absicht, eine infantile Haltung zu bewahren, die sich über gesellschaftliche Normen hinweg setzt. Zum einen heben seine Figuren immer wieder mit Entschiedenheit den Vorzug des Kindlichen hervor: »Blödigkeit hat etwas Faszinierendes« (ebd., 77), oder: »Wußte er, daß in gewissem Sinn [...] unbefangene Naturen sich vor befangenen, gedanken- und gedänkleinvollbehangenen Kulturellen auszeichnen?« (AdB 4, 41) Zum anderen hat Walser seine literarische Produktion generell ins Zeichen des Naiven gesetzt, wenn er etwa im Brief an Max Rychner vom 20. 6. 1927 mit Bezug auf die Mikrogramme festhält, durch die Kleinstschrift »knabenhaft wieder – schreiben« gelernt zu haben (Br 322). Im einen wie im anderen Fall gilt es hervorzuheben, dass es sich um eine bewusst gewählte Pose handelt, die auf das ästhetische Ideal einer nur schwer zu erreichenden »künstliche[n] Simplizität« abzielt (Utz 2004, 116): »Sich dümmer, unwissender zu benehmen, als man ist, ist eben eine Kunst, ein Raffinement, das und die wenigen gelingt« (Br 285).

Forschung

Die literaturwissenschaftliche Forschung hat sich auf die Aspekte von Kindheit, Naivität und Dilettantismus in Walsers Werk mit unterschiedlichen Vorzeichen eingelassen. Nach biographistischer Art und mit Blick auf Walsers Schizophrenie-Diagnose erklärt Christopher Middleton den Typus des erwachsenen Kindes durch die Figur des *puer aeternus* aus der Jungschen Psychoanalyse (vgl. Middleton 1985). Klaus-Michael Hinz fokussiert die infantilen Protagonisten in psychosozialer Hinsicht, indem er deren subversives Potential hervorhebt, das zu den gesellschaftlichen Apparaten und Institutionen quer steht. Während Hinz diesen Zug auf den Genie-Gedanken des Sturm und Drang zurückführt und die unverrechenbare Kreativität von Walsers Kindern als ein souveränes Moment emphatisch herausstellt (Hinz 1991, 311), verortet Peter Utz die Figur des erwach-

senen Kindes in der literarhistorischen Überlieferung. Weit davon entfernt, den *puer aeternus* zu pathologisieren oder zu idealisieren, wird Walsers Rezeption der Schriften Fjodor Dostojewskis geltend gemacht (vgl. auch Hammer 1989), insbesondere des *Idioten*, der mit dem Fürsten Myschkin das moderne Vorbild einer »kreative[n] Kindlichkeit« liefert (Utz 2004, 117). Den Inszenierungscharakter von ›Naivität‹ und ›Dilettantismus‹ in Walsers Werk hat zuletzt Hendrik Stiemer herausgearbeitet (vgl. Stiemer 2013).

Poetologische Lektüren stehen vor dem Hintergrund einer seit dem späten 18. Jh. topisch gewordenen Verbindung von Dichter und Kind. Werner Morlang erklärt sich das Rätsel der Mikrogramme mit Walsers ab 1924 neu erwachter Jugendlichkeit, die von »kindlicher Ursprünglichkeit« sowie von »schelmischen Tarnungsabsichten« zeuge (Morlang 1994, 91 f.). Ansätze zu einer solchen »mimetischen Angleichung an ein Kinderspiel« (ebd., 92) finden sich auch bei Harald Henzler (vgl. Henzler 1992) und bei Andrea Hübner (vgl. Hübner 1995). Demgegenüber geht der Verfasser davon aus, dass ›kindliches Schreiben‹ bei Walser ein Konzept von Infantilität voraussetzt, das als sprachkritische Reflexionsfigur – im Einklang mit vergleichbaren Positionen bei Rilke, Franz Kafka oder Walter Benjamin – mit der genieästhetischen Tradition bricht und die gleitende Schwelle zur kulturellen Ordnung verhandelt (vgl. Giuriato 2007; Giuriato 2010). Eine wiederum andere Perspektive nimmt Stephan Kammer ein, wenn er das metaphorische Verhältnis von Zeugen und Dichten bzw. von Kind und Kunstprodukt bei Walser beleuchtet (vgl. Kammer 2007).

Literatur

Ariès, Philippe: Geschichte der Kindheit (L'enfant et la vie familiale sous l'ancien régime) [1975]. München [16]2007 (frz. 1960).

Freud, Sigmund: Analyse der Phobie eines fünfjährigen Knaben [1909]. In: ders.: Gesammelte Werke. Bd. 7: Werke aus den Jahren 1906–1909. Hg. v. Anna Freud u. a. Frankfurt a. M. 1999, 241–377.

Giuriato, Davide: Robert Walsers Kinder. In: GRODDECK u. a., 125–132.

Giuriato, Davide: Tintenbuben. Kindheit und Literatur um 1900 (Rainer Maria Rilke, Robert Walser, Walter Benjamin). In: Poetica 42 (2010), 325–351.

Hammer, Gerd: Momente des Kindlichen im Werk Robert Walsers. Frankfurt a. M., Griedel 1989.

Henzler, Harald: Literatur an der Grenze zum Spiel. Eine Untersuchung zu Robert Walser, Hugo Ball und Kurt Schwitters. Würzburg 1992.

Hinz, Klaus-Michael: Wo die bösen Kinder wohnen. Robert Walsers Melancholie. Mit einer Fußnote zu Kafkas Spielsachen. In: HINZ/HORST, 310–322.

Hübner, Andrea: Ei', welcher Unsinn liegt im Sinn? Robert Walsers Umgang mit Märchen und Trivialliteratur. Tübingen 1995.

Kammer, Stephan: ›Lib/e/ri‹. Walsers poetologisch souveräne Kinder. In: GRODDECK u. a., 133–139.

Key, Ellen: Das Jahrhundert des Kindes (Barnets århundrade) [1902]. Berlin 1905 (schwed. 1899).

Middleton, Christopher: A Parenthesis to the Discussion of Robert Walser's Schizophrenia. In: Mark Harman (Hg.): Robert Walser Rediscovered. Stories, Fairy-Tale Plays, and Critical Responses. Hanover, London 1985, 190–194.

Morlang, Werner: Melusines Hinterlassenschaft. Zur Demystifikation und Remystifikation von Robert Walsers Mikrographie. In: Runa. Revista portuguesa de estudos germanísticos Nº 21 (1994), 81–100.

Preyer, William T.: Die Seele des Kindes. Beobachtungen über die geistige Entwicklung des Menschen in den ersten Lebensjahren [1882]. Leipzig 1895.

Rilke, Rainer Maria: Das Jahrhundert des Kindes/[Ellen Key]. In: ders.: Sämtliche Werke. Hg. vom Rilke-Archiv in Verbindung mit Ruth Sieber-Rilke besorgt durch Ernst Zinn. Bd. 5: Worpswede, Rodin, Aufsätze. Frankfurt a. M. 1965, 584–592.

Rousseau, Jean-Jacques: Emil oder Über die Erziehung (Émile ou De l'éducation). Paderborn u. a. ¹³1998 (frz. 1762).

Schiller, Friedrich: Über naive und sentimentale Dichtung [1795/1796]. In: ders.: Werke und Briefe in zwölf Bänden. Bd. 8: Theoretische Schriften. Hg. v. Rolf-Peter Janz. Frankfurt a. M. 1992, 706–810.

Stiemer, Hendrik: Über scheinbar naive und dilettantische Dichtung: Text- und Kontextstudien zu Robert Walser. Würzburg 2013.

Utz, Peter: Die Kalligrafie des »Idioten«. In: TEXT + KRITIK 4, 106–119.

Vollmer, Hartmut: Die erschriebene Kindheit. Erzähllust, Sprachzauber und Rollenspiel im Werk Robert Walsers. In: Euphorion 93 (1999), 75–97.

Wittmann, Barbara: Zeichnen, im Dunkeln. Psychophysiologie einer Kulturtechnik um 1900. In: Werner Busch, Oliver Jehle, Carolin Meister (Hg.): Randgänge der Zeichnung. München 2007, 165–186.

Davide Giuriato

4.23 Wissen, Nicht-Wissen, Dummheit

Walsers Werk ist auf verschiedenen Ebenen von einem prekären Verhältnis zum Wissen und einer Affinität zur Unwissenheit, Ignoranz und Naivität gekennzeichnet.

Erstens sind die Figuren selbst mit einem defizitären Bildungswissen ausgestattet. Dieser Mangel, der den Vorwurf der Blödigkeit und Dummheit nach sich zieht, wird von äußeren Instanzen (z. B. Arbeitgebern und Geschwistern) beanstandet, von den Protagonisten selbst jedoch programmatisch affirmiert. Jakob von Gunten schwärmt für die Unwissenheit, Dummheit und Unbeholfenheit seines Schulkameraden Peter (SW 11, 41 f.), Simon Tanner verkündet vor seiner Arbeitgeberin freimütig seinen Unwillen, im Leben etwas zu lernen, und der Räuber in Walsers gleichnamigem letzten Roman drückt seine Bewunderung für eine Bekannte aus, die sich dem »Kampf gegen die Bildung und gegen das Wissen« (AdB 3, 78) verschrieben hat. Dass dem Räuber selbst ein Primarlehrer zur Beaufsichtigung zugeteilt wird, signalisiert, dass es auch ihm am Wissen jener elementaren Dinge entbehrt, in denen ihm jeder Grundschüler voraus ist. Ihr explizit artikulierter Wille zum Nicht-Wissen weist die vermeintliche Naivität der Walserschen Figuren als eine gebrochene bzw. uneigentliche aus und fordert zugleich jenen Vorwurf der Ignoranz heraus, der Nicht-Wissen als eine *moralische* Verfehlung bestimmt.

Zweitens wird Nicht-Wissen insbesondere in den Romanen zum Effekt einer personalen Erzählperspektive, die das Nicht-Wissen der Figurenrede potenziert, anstatt sie durch eine allwissende Beobachterhaltung ins Licht zu setzen. Der rezeptionsästhetische Effekt der Verunklärung von Handlung, Figuren und Motivationen, der an die Schreibweise Kafkas erinnert, erreicht seinen Höhepunkt in der komplexen Erzählkonstellation des *»Räuber«*-Romans, in dem Erzähler und Hauptfigur einer permanenten Verwechslung preisgegeben sind. Die Unwissenheit des als erwachsenes Kind beschriebenen Protagonisten wird gespiegelt durch einen unzuverlässigen Erzähler, der wesentliche Informationen, Hintergründe und Erklärungen unterschlägt und damit das Konzept einer biographischen Erzählung außer Kraft setzt.

Drittens ist Walsers Werk aus einer poetologischen Perspektive von einem scheinbaren Nicht-Wissen des Autors gezeichnet, das sich in der inhaltlichen Latenz und diskursiven Unschärfe seiner Texte manifestiert. Walsers kindlich-belehrende ›Weisheiten‹, die Tendenz seines Schreibens zu aphoristischen Gemeinplätzen, Binsenwahrheiten und Plattitüden konterkarieren den Anspruch eines bürgerlichen Kunstverständnisses, das die Literatur in den Dienst der Wahrheit gestellt hat, und installieren stattdessen eine Poetik artifizieller Naivität (vgl. Matt 2007).

Grenzen des Wissens und Der Wille zum Nicht-Wissen

»Wirksamkeiten unverfügbaren Wissens«, die »Virulenz ungewussten oder unbewussten Wissens« und der »Einschluss von Nicht-Wissen im Wissen« bilden Problemstellungen, die seit der Moderne auf ein zunehmendes Interesse in den Humanwissenschaften, der Philosophie und Literatur stoßen (Vogl 2011, 53). Mit Robert Musil, Franz Kafka oder Hermann Broch lassen sich exemplarisch Autoren anführen, deren Werke zu Beginn des 20. Jh.s die prekären Grenzen eines klassischen, am cartesianischen Vernunftbegriff geschulten Wissensbegriff reflektieren und die dabei – ungleich Robert Walser – eine nachweisliche und exzessive intellektuelle Auseinandersetzung mit den modernen Wissenskulturen und ihrer Aporien bezeugen. Obwohl die Figurationen des Nicht-Wissens bei Walser weder an explizite epistemologische Problemstellungen gekoppelt sind wie bei Musil noch eine Analytik der Macht im Sinne Kafkas aufrufen, lassen sie sich als Effekt und Einsatz eines historisch verortbaren Diskurses betrachten. Sie verweisen in mehrerlei Hinsicht auf einen problematisch gewordenen Wissensbegriff, dessen Legitimation und Autorität zur Disposition gestellt wird.

Es unterscheidet Walser von seinen literarischen Zeitgenossen, dass die Abwesenheit bzw. Unverfügbarkeit eines stabilen Wissens nicht als krisenhaft verhandelt wird, sondern sich im Gegenteil mit einer emphatischen Apologie des Nicht-Wissens verbindet. So heißt es symptomatisch über die Bekannte des Räubers: »[S]ie aber begehrte lange, lange nicht alles zu wissen« (AdB 3, 78). Indem auch dem Nichtwissen eine Beziehung zur Begehrensstruktur des Menschen unterstellt wird, wird zugleich die Existenz eines natürlichen Wissensdrangs und damit eine anthropologische Grundannahme des aufklärerischen Vernunftpostulats in Frage gestellt. Folgerichtig legt bereits das Kind, das der rousseauistischen Idealen verpflichteten Pädagogik um 1900 als Inbegriff spontaner Wissbegier galt, bei Walser eine

außergewöhnliche Ignoranz zu Tage, etwa wenn der Schüler Fritz Kocher in einem seiner Aufsätze verkündet: »Ich wünsche nicht alles zu wissen. Ich besitze überhaupt, so sehr ich mir intelligent vorkomme, wenig Wissensdrang. Ich glaube deshalb, weil ich von Natur das Gegenteil von neugierig bin.« (SW 1, 43)

Wenn Walsers Figuren die intrinsische, natürliche Notwendigkeit des Wissens verleugnen, folgen sie einer fundamentalen Kritik Nietzsches, der den Grund und Wert des Wahrheitstriebs als diesem äußerlich beschrieben hat (Nietzsche 1886/1968, 9). Insbesondere in der bürgerlichen Gesellschaft wird Wissen zum Instrument eines Bildungsideals, das die Entwicklung des mündigen Subjekts an den ökonomischen, sozialen und beruflichen Aufstieg, die Karriere, koppelt. Als Repräsentant eines solchen Bildungswissens tritt in *Geschwister Tanner* Simons Bruder Klaus auf, der mit allen Insignien des Philisters ausgestattet ist (vgl. Stanitzek 2007). Klaus präsentiert sein Wissen als akkumulierten Besitz, der seine Selbsternennung zum Mentor Simons legitimiert, und forciert die traditionelle Allianz von Wissen und Vernunft, indem er die vermeintliche Unwissenheit Simons als defizitären, unzurechnungsfähigen Status der Jugend ausstellt. Ihm stellt er das verantwortungs- und selbstbewusste bürgerliche Subjekt entgegen, das sich qua Individualisierung eine Stellung in der Welt erarbeitet hat und »der Welt etwas bedeuten« kann (SW 9, 14). Simons Unfähigkeit, sich »eine Wissenschaft anzueignen« (ebd., 186), richtet sich damit gegen das hinter dem Wissensimperativ stehende Konzept einer beruflichen Professionalisierung im Zeichen gesellschaftlicher Reputation und setzt stattdessen das autodidaktisch erworbene Halb- und Nicht-Wissen des Dilettanten (vgl. Kreienbrock 2010): »Wie süß ist gerade die Kleinheit, das Anfängerische! [...] O, die ganze Trägheit liegt nur im Trotz des Mehrwissen-Wollens und des vermeintlichen Besser-Wissens. Wenn man nur recht weiß, wie wenig man weiß, kann es noch gut kommen.« (SW 9, 248 f.)

Taktiken des Nicht-Wissens

Die topische Verknüpfung von Wissen und Macht weist die vermeintliche Unwissenheit und Naivität der Walserschen Protagonisten vorschnell als Zeichen der Ohnmacht aus und übersieht, dass Nicht-Wissen auch als machttechnisches Kalkül eingesetzt werden kann. Einerseits hat bereits Musil darauf hingewiesen, dass die (Selbst-)Entlarvung der Dummheit soziale Hierarchien und Grausamkeit produziert (Musil 1937/1978, 1274) – die demonstrative Verachtung und Überlegenheit seiner Schwester, da Simon »wenig den Eindruck der Klugheit« (SW 9, 176) macht, zeugt hiervon. Andererseits beschreibt Musil unter dem Schlagwort der »Dummlistigkeit« (Musil 1937/1978, 1273) jene Dummheit zweiter Ordnung, die auf Verstellung basiert und insbesondere in agonal strukturierten Verhältnissen dem Schwächeren durchaus zum Vorteil gereichen kann (vgl. Geisenhanslüke 2008). Als eine solch taktisch motivierte Simulation des Nicht-Wissens, deren Nutzen bereits die Verhaltens- und Klugheitslehre Baltasar Graciáns diskutiert hat, weist Simon sein eigenes Verhalten nicht nur einmal aus. »Ich bin [...] doch nicht so dumm ehrlich, wie ich vielleicht aussehe« (SW 9, 7), stellt er sich seinem Arbeitgeber vor und bekennt, sich als Schüler aus Opportunismus regelmäßig unwissend gestellt zu haben: »[E]s war immer beschämend für mich, als Muster dazustehen, und ich bemühte mich oft förmlich, schlechte Resultate zu erzielen. [...] Es war in unserer Klasse Mode geworden, die Streber zu verachten, deshalb kam es öfters vor, daß sich intelligente und kluge Schüler aus Vorsicht einfach dumm stellten.« (ebd., 118)

In der ausgestellten Blödigkeit der Walserschen Figuren manifestiert sich eine Ökonomie der Zurückhaltung, die in zweifacher Hinsicht einen subversiven Effekt birgt: Indem sie durch die Maskierung der eigenen Fähigkeiten und Kenntnisse die sozialen Hierarchien absichtsvoll erzeugen, die im Gegenzug ihre vermeintliche Dummheit bestätigen und konsolidieren, entlarven Walsers Protagonisten jene Mechanismen, die der Unterscheidung von Wissen und Nicht-Wissen, von Klugheit und Dummheit zugrunde liegen. Zugleich lautet die privatpolitische Devise des sozialen Maskenspiels Souveränitätsgewinn: Die scheinbaren Selbstenthüllungen von Simons Dummheit können in diesem Sinne als Einsatz regulativer Verbergungsstrategien verstanden werden, die Unsicherheit und Unberechenbarkeit über Aussagen, Intentionen und Standpunkte streuen und damit seine eigene Person dem Wissen der Mitmenschen entziehen (vgl. Geulen 1999, 816 f.; vgl. Hinz 1985, 467 f.). Eine solch dialektische Selbstverschleierung erweist sich nicht zuletzt auch als poetologisches Verfahren Walsers, der im 1924 publizierten Prosastück *Tagebuchblatt (II)* verkündete: »Daß mich einige für geistig arm halten, kommt zweifellos nur daher, weil ich geistreich bin, ich wenigstens glaube es« (SW 8, 87).

Körperwissen. Übung und Nachahmung

Die Koordinaten des modernen Subjektbegriffs geraten schließlich da ins Wanken, wo Ignoranz kein Symptom einer individuell gewählten Verweigerungshaltung ist, sondern zu einem institutionell vorgeschriebenen Bildungsprogramm wird, wie es etwa in Walsers drittem Roman *Jakob von Guten* der Fall ist. Bildungs- und Wissensauftrag stehen hier in einer radikalen Opposition zueinander, die auf einen grundsätzlich problematisch gewordenen Wissensbegriff verweist. »Uns Zöglinge will man bilden und formen, wie ich merke, nicht mit Wissenschaften vollpfropfen. [...] Man gibt uns deutlich zu verstehen, daß in einer ganz einfachen, gleichsam dummen Übung mehr Segen und mehr wahrhaftige Kenntnisse enthalten sind, als im Erlernen von vielerlei Begriffen und Bedeutungen.« (SW 11, 63) In der Unterrichtspraxis des Instituts Benjamenta wird der Trias von Wissen, Geist und Lernen ein Bildungsideal gegenübergestellt, das sich durch psychophysische Übung, Wiederholung und Nachahmung vollzieht und zugleich der Vorbereitung für das Leben, die Arbeit als Diener, dient. Memorieren, Tanzen, Theaterspiel und Turnen zielen auf die Inkorporierung von Wissen und adressieren ein vorbürgerliches Bildungsideal, das Bildung in einem wortwörtlichen Sinne als körperlich-habituelle Formung versteht: »Man erzieht uns, indem man uns zwingt, die Beschaffenheit unserer eignen Seele und unseres eigenen Körpers genau kennen zu lernen.« (ebd.; vgl. Lemmel 1990, 189 ff.) Damit wird auch eine Aufwertung des Leibes beschrieben, die, ausgehend von Nietzsches Ideal der Körpererziehung, im Zentrum der reformpädagogischen und lebensreformerischen Bewegungen um 1900 stand und deren Resonanzen sich in der Faszination für den Tanz, die körperliche Ertüchtigung und geschmeidige Beweglichkeit auch in Walsers Werk beobachten lassen (vgl. Utz 1998, 424–497).

Forschung

Die ausgestellte Naivität der Figuren Walsers und ihre Ablehnung von Wissen und Bildung wird häufig als ein poetologisches Programm gelesen. Sie scheint einer Selbstverortung des Autors Walsers zu entsprechen, der das quantitative, schulmäßige Wissen nicht sehr geschätzt hat (vgl. Mächler, 36) und dessen Verhältnis zu den politischen, sozialen, wissenschaftlichen und philosophischen Diskursen seiner

Zeit von Zurückhaltung geprägt ist. Diese Deutung kann durch die Tatsache plausibilisiert werden, dass Walser selbst eine nur geringe Schulausbildung genossen hat und über Qualität und Umfang seiner privaten Lektüren wenig bekannt ist – mit Ausnahme jener exzessiven Zeitungs- und Zeitschriftenlektüren, die wiederum als Beleg einer dilettantischen Halbbildung veranschlagt werden.

Die These Walter Benjamins, der zufolge bei Walser der Inhalt des Schreibens gänzlich hinter der ästhetischen Form zurücktrete (vgl. Benjamin 1929/1991), wird bis heute als Losung einer Poetik gedeutet, die auf ästhetische Vollkommenheit zielt und das klassische Autonomiepostulat, gleichwohl um den Preis inhaltlicher Beliebigkeit, auf die Spitze treibt (vgl. Matt 2007, 44). Alternativ ließe sich angesichts der in der gegenwärtigen Forschung virulenten Frage nach dem Wissen der Literatur mit Walser die Frage nach dem poetologischen und diskursiven Ort des Nicht-Wissens stellen (ohne Bezug zu Walser vgl. Gamper 2012; Geisenhanslüke 2008 u. 2011).

Einen wesentlichen Beitrag dazu, Walsers Werk einer stärkeren inhaltlichen Belastung auszusetzen, leistet die kanonische Monographie von Peter Utz (vgl. Utz 1998), der in der vergangenen Zeit vermehrt Arbeiten wissenshistorischen Zuschnitts folgten (vgl. Giuriato 2010; Gisi 2012). Die Frage nach der Stellung von Wissen und Nicht-Wissen wird vor allem dort mitverhandelt, wo die für Walser zentralen Aspekte von Dilettantismus, Naivität und Kindlichkeit einer breiteren, diskurs- und medienhistorisch informierten Kontextualisierung zugeführt werden (vgl. Gees 2001; Giuriato 2007; Porombka 2007; Kreienbrock 2010; Stiemer 2013). Dabei kann an eine Forschungstradition angeschlossen werden, die sich insbesondere in Bezug auf *Jakob von Gunten* jeher mit bildungstheoretischen Problemstellungen und einem pädagogischen Wissen auseinandergesetzt hat (vgl. Lemmel 1990; Geulen 1999; Kolk 2000; Stanitzek 2007; Whittaker 2013). Zuletzt wurde die populäre, wenngleich verkürzte Diagnose von Walsers Poetik als Negation der klassischen Bildungsnarration durch alternative Lesarten erweitert, die sich mit der Rolle der modernen Institution auseinandersetzen (vgl. Campe 2005; Roloff 2015).

Literatur

Benjamin, Walter: Robert Walser [1929]. In: ders.: Gesammelte Schriften. Bd. II,1. Hg. v. Rolf Tiedemann u. Hermann Schweppenhäuser. Frankfurt a. M. 1991, 324–328.

Campe, Rüdiger: Robert Walsers Institutionenroman *Jakob von Gunten*. In: Rudolf Behrens, Jörn Steigerwald (Hg.): Die Macht und das Imaginäre. Eine kulturelle Verwandtschaft in der Literatur zwischen Früher Neuzeit und Moderne. Würzburg 2005, 235–250.

Gamper, Michael: Einleitung. In: ders., Michael Bies (Hg.): Literatur und Nicht-Wissen. Historische Konstellationen 1730–1930. Zürich 2012, 9–21.

Gees, Marion: Schauspiel auf Papier. Gebärde und Maskierung in der Prosa Robert Walsers. Berlin 2001.

Geisenhanslüke, Achim: Schöndummheit. Über Ignoranz. In: ders., Hans Rott (Hg.): Ignoranz. Nichtwissen, Vergessen und Missverstehen in Prozessen kultureller Transformationen. Bielefeld 2008, 15–33.

Geisenhanslüke, Achim: Dummheit und Witz. Poetologie des Nichtwissens. München 2011.

Geulen, Eva: Autorität und Kontingenz der Tradition bei Robert Walser. In: Jürgen Fohrmann, Ingrid Kasten, Eva Neuland (Hg.): Autorität der/in Sprache, Literatur, Neuen Medien. Vorträge des Bonner Germanistentages 1997, Bd. 2. Bielefeld 1999, 805–818.

Gisi, Lucas Marco: Das Schweigen des Schriftstellers. Robert Walser und das Macht-Wissen der Psychiatrie. In: Martina Wernli (Hg.): Wissen und Nicht-Wissen in der Klinik. Dynamiken der Psychiatrie um 1900. Bielefeld 2012, 231–259.

Giuriato, Davide: Robert Walsers Kinder. In: GRODDECK u. a., 125–132.

Giuriato, Davide: Tintenbuben. Kindheit und Literatur um 1900 (Rainer Maria Rilke, Robert Walser, Walter Benjamin). In: Poetica 42, 3/4 (2010), 325–351.

Hinz, Klaus-Michael: Robert Walsers Souveränität. In: Akzente 32, 5 (1985), 460–479.

Kolk, Rainer: Literatur, Wissenschaft, Erziehung. Austauschbeziehungen in Hermann Hesses *Unterm Rad* und Robert Walsers *Jakob von Gunten*. In: Martin Huber, Gerhard Lauer (Hg.): Nach der Sozialgeschichte. Konzepte für eine Literaturwissenschaft zwischen Historischer Anthropologie, Kulturgeschichte und Medientheorie. Tübingen 2000, 233–250.

Kreienbrock, Jörg: Kleiner, Feiner, Leichter. Nuancierungen zum Werk Robert Walsers. Zürich 2010.

Lemmel, Monika: Die Auseinandersetzung mit dem neuzeitlichen Bildungsbegriff in Goethes »Wilhem Meisters Lehrjahre« und Robert Walsers »Jakob von Gunten«. In: Vierteljahrsschrift für wissenschaftliche Pädagogik 66, 2 (1990), 182–198.

Matt, Peter von: Wie weise ist Walsers Weisheit? In: GRODDECK u. a., 35–47.

Musil, Robert: Über die Dummheit. Vortrag auf Einladung des österreichischen Werkbunds gehalten in Wien am 11. und wiederholt am 17. März 1937. In: ders.: Gesammelte Werke. Bd. 2: Prosa und Stücke. Kleine Prosa, Aphorismen. Autobiographisches. Essays und Reden, Kritik. Hg. v. Adolf Frisé. Reinbek bei Hamburg 1978, 1270–1291.

Nietzsche, Friedrich: Jenseits von Gut und Böse [1886]. In: ders.: Werke. Kritische Gesamtausgabe. Abt. 6, Bd. 2. Hg. v. Giorgio Colli, Mazzino Montinari. Berlin 1968.

Porombka, Stefan: Das Sentimentalische unter den Bedingungen des Naiven. Modelle der Naivität im Kulturjournalismus. In: Stefan Krankenhagen, Hans-Otto Hügel

(Hg.): Figuren des Dazwischen. Naivität als Strategie in Kunst, Pop und Populärkultur. Kopenhagen, München 2010, 231–248.

Roloff, Simon: Der Stellenlose. Robert Walsers Archäologie des Sozialstaats. München 2015 (im Druck).

Stanitzek, Georg: Regenschirmforschung. Walser und die Bildungskritik im Zusammenhang der moralistischen Tradition. In: Zeitschrift für deutsche Philologie 126, 4 (2007), 574–600.

Stiemer, Hendrik: Das Feuilleton als Publikations- und Interpretationskontext. Studien zu Robert Walser (1878–1956) In: Zeitschrift für Germanistik N. F. 22, 3 (2012), 645–648.

Stiemer, Hendrik: Über scheinbar naive und dilettantische Dichtung. Text- und Kontextstudien zu Robert Walser. Würzburg 2013.

Utz, Peter: Tanz auf den Rändern. Robert Walsers »Jetztzeitstil«. Frankfurt a. M. 1998.

Vogl, Joseph: Poetologie des Wissens. In: Harun Maye, Leander Scholz (Hg.): Einführung in die Kulturwissenschaft. München 2011, 49–71.

Whittaker, Gwendolyn: Überbürdung – Subversion – Ermächtigung. Die Schule und die literarische Moderne 1880 – 1918. Göttingen 2013.

Mareike Schildmann

4.24 Lebensphilosophie im Zeichen des Glücks

Walser hat keine genuin philosophischen Texte im Sinn von systematisch ausgerichteten Analysen und Synthesen von zentralen Problemen und Begriffen des Lebens und Denkens verfasst. Doch sein Werk ist gespickt mit philosophischen Aperçus und durchzogen von unauffälligen Gedankengängen, die über die einzelnen Texte hinausgreifen und diese miteinander verbinden. Das Philosophische entspringt unmittelbar den Empfindungen, Bewegungen und Handlungen des Erzählers und der Figuren in ihrem Alltagsleben. Was als *praktische und offene Lebensphilosophie* Walsers gelten kann, lässt sich am *Leitfaden des Glücks* herausarbeiten. Das Glück gehört seinerseits nicht zu den auffälligen Topoi des Walserschen Werks und ist doch ein Thema, das sich bei der Lektüre merklich konturiert und ein sich wandelndes Netzwerk von mehr oder weniger dichten und ausgedehnten Momenten bildet. Die Häufigkeit des Wortes ›Glück‹, die als Glücksmomente wahrnehmbaren Liebes- oder Naturerlebnisse und die Unbeschwertheit der Protagonisten gehören zu den Merkmalen, die diesen Eindruck nähren. Die Protagonisten wurden bereits von der zeitgenössischen Rezeption in die Tradition der Glücksuchenden von Parzival bis zum Taugenichts eingereiht (vgl. Groddeck, Reibnitz, Nachwort in KWA I 2, 321–332). Tatsächlich bewegt sich das Werk bereits mit den ersten Texten im Spannungsfeld zwischen traditionellem *Eudämonismus*, der auf das Ideal der Glückseligkeit ausgerichtet ist, und der *Dialektik des Begehrens*, welche die moderne Individualität und Subjektivität antreibt. Schon der junge Walser performiert, thematisiert und reflektiert diese Dialektik, indem er sie zugleich zu unterlaufen und zu überbieten beginnt. Es sind dabei drei Tendenzen zu beobachten, die sich in ihrer Dominanz zeitlich ablösen, aber einander stets überlagern und nie ganz verschwinden: zum einen die Entfaltung des Wechselspiels von *Übertretung und Unterwerfung* als lustökonomisch produktive Poetik, zum anderen die Erzeugung von *Homöostasen*, in Form von *Schwebezuständen* oder -*bewegungen*, und drittens die *Aufhebung* oder *Auflösung* der Glücksdialektik im *unbestimmten Empfinden* mittels Paradoxierung und Enigmatisierung. In allen drei Tendenzen erscheint das Glück als *Schwellenphänomen*, das unmittelbar mit der poetischen Produktion und entsprechenden Praktiken wie *Spazieren* oder *Schreiben* verbunden ist. Diese wiederum können als

Praktiken der Selbstrettung und, im Hinblick auf die Auflösung des Glücks, als Erlösung von der Erlösung begriffen werden.

Lyrische Initiation

Der Eintritt Robert Walsers in die Literatur geschieht buchstäblich im Zeichen des Glücks. Nach drei Veröffentlichungen von Gedichtgruppen und eines ersten Prosatextes in Zeitungen und Zeitschriften erscheint im Januar 1900 in der avancierten neuen Zeitschrift *Die Insel* ein einzelnes Gedicht mit dem Titel *Glück* (Walser 1900, unter dem Titel *Welt* in SW 13, 11). Das Gedicht konstelliert zwei ästhetisch-existenzielle Welterfahrungsweisen zueinander: einerseits eine subjektlose, apersonale Entfaltung, Vervielfältigung, Steigerung und Wiederauflösung von Welten in einer Selbstbewegung, der das lyrische Ich lediglich supponiert ist; andererseits die subjektbestimmte Erfahrung der *einen* stabilen Welt, der Welt als Welt, d. h. der Realität, die das zuvor offenbar bedrohte Ich nun angstfrei erkunden kann. Man kann die beiden Welterfahrungsweisen als zwei verschiedene Glückserfahrungen zu fassen versuchen: momenthaft, körperlich, genusshaft, berauschend, auflösend die eine, entsprechend dauerhaft bzw. wiederholbar, geistig, nüchtern die andere. Die beiden Welterfahrungsweisen sind also sowohl miteinander verbunden als auch voneinander getrennt. Sie bestehen nebeneinander als Möglichkeiten, ohne dass sie – auch im Raumgefüge des Gedichts – gleichzeitig erlebt werden können, aber als Möglichkeit der Erfahrung im jeweils anderen mit-leben. Wenn das eine jeweils im anderen potentiell enthalten ist, aber aktuell fehlt, so vollzieht sich das im Titel ›versprochene‹ Glück im Passieren der Schwelle zwischen den beiden Welten, der ästhetischen bzw. poetischen und der alltäglichen Welt. Das bedeutet auch, dass es vom Gedicht selbst performativ vollzogen wird (vgl. Kellenberger 1981, 54–57; Gronau 2014; Thüring 2014, 151–162).

Philosophische Tradition

Walsers literarische Glückserfahrung durchquert sowohl die Tradition des *Eudämonismus* als auch die modernen Konzeptionen des *Pursuit of Happiness*, der *Wahrscheinlichkeitsrechnung* und der *Ökonomie der Lust*, um deren Grenzen zu sprengen und deren ›Logik‹ außer Kraft zu setzen. Der Eudämonismus unterscheidet das durch tugendhaftes Verhalten er-

strebte oder redliche Arbeit *verdiente* und deshalb dauerhafte Glück bzw. *die Glückseligkeit (felicitas* oder *beatitudo)* und das *Glück des Zufalls und des Augenblicks (fortuna)* (vgl. Thomä, Henning, Mitscherlich-Schönherr 2011) und korreliert die beiden Formen miteinander: Individuum und Gemeinschaft sollen die seit Platon als höchstes Gut geltende Glückseligkeit durch Tugend erlangen und sich mit Klugheit gegen die Kontingenz von Krankheiten, Katastrophen und Tod wappnen oder den günstigen Zufall nutzen. Der ältere *Epikureismus* lehrt ein maßvoll hedonistisches Verhalten zur Vermeidung von Unlustfolgen, während der jüngere *Stoizismus* die Lust als solche zu mindern sucht, weil ihre Befriedigung zwangsläufig mit einer Steigerung des Begehrens und der Unlustgefühle verbunden ist. Die Erlösungsreligionen folgen vordergründig eher stoizistischen Prinzipien, um das schlechte und böse Begehren zu bannen, können aber, wie im Christentum, insgeheim das (Gottes-)Begehren durch Kopplung von Erotik und Spiritualität steigern.

Einen tieferen Bruch mit dem Eudämonismus vollzieht erst die Aufklärung: Zum einen wird Glückseligkeit im *Pursuit of Happiness* der amerikanischen Verfassung von 1776 zum politischen Programm des modernen Bürgers erhoben. Zum anderen entwickeln die modernen Staaten eine allgemeine *Vorsorge*, d. h. eine biopolitisch-ökonomische Planung und Lenkung auf statistischer Basis (vgl. Ewald 1993). Diese politischen Praktiken stehen in unmittelbarer Wechselwirkung mit der von Kant ausformulierten Einsicht, dass die Glückseligkeit der individuellen Anlage und der Arbeit an sich selbst einerseits und das Glück des Zufalls andererseits nicht in einer (transzendenten) Vorsehung verbunden sind. Zwar führen Wahrscheinlichkeitsrechnung und Statistik im Verlauf des 19. Jh.s empirische Korrelationen zwischen Ereignissen und Verhalten ein (vor allem unter dem Negativbegriff des Risikos). Doch gerade die Empirie offenbart, dass sich Glückseligkeit nicht in einer rationalen Theorie begründen lässt, wie Kant darlegt; sie sei kein »Ideal der Vernunft, sondern der *Einbildungskraft*« (Kant 1785/1998, BA 48; Hervorhebung des Verfassers). Die Tugend bleibt für Kant das vernunftgemäße Ideal des Handelns und der gute Wille dazu das höchste Prinzip. Dies führt aber nicht zwingend zur subjektiven Glückseligkeit, die ein Gut für sich ist und um ihrer selbst willen angestrebt werden kann.

Auf die theoretisch unendlichen Möglichkeiten der Verhaltensweisen und Handlungen antwortet die moderne Glückserfahrung auf drei Ebenen: Erstens werden die Künste als Medien der Einbildungskraft zum Probe- und Reflexionsraum des prekär gewordenen Zusammenhangs zwischen Zufallsglück und Glückseligkeit erhoben. Zweitens wird die Schwächung des metaphysischen Fundaments durch religiösen oder quasi-religiösen Glauben überhöht, vor allem durch den historistischen Fortschrittsglauben oder durch (messianische) Endzeit- und Rettungserwartungen. Drittens spannt sich das individuelle wie kollektive Subjekt in eine biopolitisch fundierte Lustökonomie ein, die der Steigerung der Produktivität verpflichtet ist. Diese drei Momente, welche die Faustsche Wette für das 19. Jh. programmatisch formuliert, greift Walser gegenwartsbezogen auf, gibt ihnen je eigene Wendungen und verbindet sie neu miteinander.

Kleine Theorie und Schwellenpraxis

Das *Glück*-Gedicht verbindet die drei Momente im Passieren einer Schwelle, die als Schwelle zwischen Kunst und Alltag interpretiert werden kann. Die Verzeitlichung in ein Vorher und Nachher (SW 13, 11, V. 10) legt es nahe, es auch als Gedicht der poetischen Initiation, als Schwellengedicht, zu lesen. Dies lässt sich biographisch durch Walsers frühe Briefe stützen, die selbst von poetischer Selbstinszenierung geprägt sind. Walsers Brief an seine Schwester Lisa Walser vom 30. 7. 1897 entwirft dabei eine kleine Glückstheorie: Immer wenn er Hunger habe, gelüste es ihn, einen Brief zu schreiben. Mit »gefülltem Magen« denke er nur an sich selbst und fühle sich »also glücklicher«. Denn es sei eigentlich »kein Glück, sich nach etwas Fernem zu sehnen«. Die »Sehnsucht«, so doziert er mit witzigen Volten, sei »erstens etwas Ueberflüssiges, zweites [sic] etwas Begreifliches«, wie die »Krankheit« oder die »Sünde«, »und drittens etwas Unbegreifliches«, »weil so viele Menschen ohne sie […] nicht leben können […], ja sogar darin eine Art Süssigkeit fühlen«. Das sei krankhaft und das Christentum als »Religion der Sehnsucht« schon deshalb »so unnatürlich, so menschenunwürdig«. Man tue besser daran, die Sehnsucht abzuschütteln, als »100 sehr gut gereimte aber sehnsüchtige Lieder« zu schreiben wie »Uhland und dergleichen« (Br 1). Diesseits des Humorigen diagnostiziert der neunzehnjährige Walser die christliche wie die materialistische Kopplung physischer und psychischer Bedürfnisse bzw. Begehren an eine Glückswertung und die dadurch etablierte Lust/Schmerz-Dialektik. Die unüberhörbare Ironie rührt daher, dass Walser sich selbst als zutiefst von dieser Sehnsucht affiziert erkennt und dass eine affektlose Poesie keine Poesie mehr wäre. Dass »unser Sehnen nach Glück als solches offenbar viel schöner, immer viel zarter, bedeutsamer und darum im Grunde wahrscheinlich auch viel begehrenswerter sei als das Glück selber« (*Marie* [1916]; SW 6, 74 f.), ist ein über Jahre immer wieder, bis ins Gegenteil variierter Grundgedanke.

Doch vor allem die frühen Texte Walsers sind stark geprägt von einer Dialektik der Sehnsucht und von romantischen Glücksuchern: Im Gedicht *Im Bureau* (entstanden vermutlich 1897/1898, erstveröffentlicht 1907) erzeugt der »Mangel« der Absonderung und Unterdrückung als Commis bzw. Bürogehilfe die Sehnsucht nach dem »blühenden Glück«, dessen Ferne das Ich wenigstens »bescheiden« macht (SW 13, 7). Zehn Monate nach der epistolaren ›Glückstheorie‹ kündigt Walser selbst in einem Brief an Lisa Walser vom 5. 5. 1898 das Erscheinen seiner Gedichte in einer Weise an, die zwischen Stolz und selbstschützender Bescheidenheit schwankt (Br 2). Im mehrfachen Maskenspiel von *Fritz Kocher's Aufsätzen* spricht der Bruder in einem »Brief meines Bruders an mich« die Erwartung aus, dass er vielleicht mit seinen Gedichten »Glück« mache und dann nicht »davonzubrennen« brauche (*Als Ersatz eines Aufsatzes* [1902/1904]; SW 1, 38–40). In der Prosa bekräftigt und erweitert sich die Walsersche Glückserfahrung zu einem performativen *Schwellenphänomen* in vielfachem Sinn und Vollzug: Übergänge zwischen Alltag und Poesie, Überschreitung von Grenzen und Unterwerfung unter Normen in der Dynamik der Sehnsuchts- bzw. Lust-Ökonomie, Öffnung und Offenhalten von Zwischenräumen, Erzeugung von *Schwebezuständen* und *Homöostasen*. Diese Bewegungen und Zustände bespielen die Prosa-Glückserfahrung von den frühsten Texten an in vielen Variationen und Kombinationen. Ihre poetisch-narrative Artikulation ist meistens mit einer mehr oder weniger direkt thematisierten *poetischen Erfahrung* oder einer anderen *ästhetischen Erfahrung*, die auf die poetische verweist, verknüpft.

Ökonomie der Lust im Spiel der Norm

Die lustökonomische *Dialektik von Überschreitung und Unterwerfung* entfaltet sich am prägnantesten mit *Fritz Kocher's Aufsätzen*: In zwanzig Aufsätzen mit konventionellen Titeln führt der Schüler Fritz als Ich-Schreiber die stilistischen Normen des Deutschaufsatzes und mit diesen ein ganzes Netz von sozialen und moralischen Normen vor. Indem er die Normen implizit oder explizit gelehrig setzt, keck überschreitet und dann wieder reumütig bestätigt, erwirtschaftet er sich einen mehrfachen, durchaus auch erkenntnisträchtigen Lustgewinn. Der eröffnende Aufsatz *Der Mensch* exponiert den Umgang mit Normen als Grundproblem menschlichen Glücksverhaltens: »Wenn wir alle wären, wie wir sein sollten, nämlich, wie es Gott uns gebietet zu sein, so wären wir unendlich glücklich.« (SW 1, 8) Der Verlautbarung des eudämonistischen Grundsatzes geht die Definition voraus, dass der Mensch in seinem »höchsten edelsten Zustand« ein »Dichter« sei. Leider müssten »wir uns mit unnützen Leidenschaften« wie dem Trinken abgeben, die »unserm Glück ein Ende machen«. An das Bekenntnis, selbst einmal Bier getrunken zu haben, schließt sich dasjenige, »heimlich« für die »Kunst« zu schwärmen. Damit bricht sich ein überheblich kritisches und schwärmerisches Schreiben für die Ideale der moralischen Freiheit und Herzensliebe Bahn. Fritz Kocher gesteht den stilistischen Exzess ein, für den er »eine Fünf« (d. h. die schlechteste Zensur) verdiene; es sei aber »dennoch« sein »bester« je geschriebener Aufsatz, erklärt er trotzig mit einem wiederum überschwänglichen Lob des poetisch-schöpferischen Herzens. Schließlich krebst er zurück und beteuert kleinlaut, sich nie zu betrinken, sich nicht auf das Essen zu freuen, zu beten und noch mehr zu arbeiten (ebd., 8–10; vgl. Pestalozzi 1986; Ehrich-Haefeli 1995; Thüring 2015).

Die als gottgegebene Norm aufgestellte Glückserfahrung des maßvollen Menschen wird durch die poetische Schwärmerei überschritten; dabei vollzieht das Schreiben im stilistisch-argumentativen Exzess den eigentlich versagten sinnlichen Genuss. Die finale Wiederunterwerfung unter das Moralgesetz wirkt aufgrund der Wechsel und Spannungen ironisch und ambivalent. Schon die Ironie kann als Quelle der Lust durch kritische Überheblichkeit verstanden werden, aber auch die Unterwerfung bietet im dialektischen Modus einen nicht minderen Lustgewinn, der die disziplinierende Wirkung des Verzichts untergräbt. Diese zeitgleich in der Psychoanalyse Sigmund Freuds auf die sexuelle Triebnatur konzentrierte Dialektik von *Sadismus und Masochismus* artikulieren schon die frühen Texte, namentlich *Fritz Kocher's Aufsätze*, in poetisch produktiver Weise und auch hier schon mit unverkennbarer erotisch-sexueller Färbung (vgl. Caduff 2009). Exemplarisch für die ganze Aufsatzsammlung und viele andere Texte legt der Aufsatz *Der Mensch* die ›Doppelmoral‹ des in der brieflichen Glückstheorie angeprangerten jüdisch-christlichen Eudämonismus offen: Die ›asketischen Ideale‹ (Nietzsche) führen nicht zu einer Minderung des Begehrens, sondern steigern es, indem sie den sinnlichen Genuss untersagen und seine Befriedigung auf nicht-sinnliche (sublimierte) und im Diesseits unerreichbare Ziele lenken. Walsers einschlägige Texte subvertieren den asketischen Eudämonismus mittels der Doppelstrategie von Übertretung und Unterwerfung, die der Text performativ als Produktion von Lust und Erkenntnis vollzieht. Dabei funktioniert diese Dialektik weniger als Steigerung der Lust zu einem Höhepunkt der Erfüllung denn als Integrierung und Intensivierung verschiedener, auch gegenstrebender Vektoren der Lust in einem Moment der Schwebe.

Momente, Zustände, Prozesse, Praktiken

Walsers Protagonisten erleben eminente Momente des Glücks, die auch als solche bezeichnet werden. Sie sind aber, in Abgrenzung von Zuständen des Glücks mit dem teleologischen Grenzwert der (ewigen) Glückseligkeit, eher als kontingente Momente der gesteigerten Lust zu betrachten. Dies gilt ebenso für explizit ›glückselige‹ Momente und solche von ausgedehnter oder unbestimmter Dauer. Diese Qualität des Glücks wird situativ, deskriptiv oder reflexiv relativiert, bis sie ins Gegenteil kippt und ins Unbestimmte übergeht. So ist das Genie im gleichnamigen Text von 1902 »zum erstenmal in seinem wildzerrissenen Leben vollkommen glücklich«, denn, so der Erzähler, »auch Genies haben oft die feine, übrigens sehr menschliche Eigenschaft, glücklich zu sein« (SW 2, 23).

Solche lustvollen Momente (wie auch die eben angeführten) sind mit *amourösen* oder *erotischen* Begegnungen und Situationen verbunden oder bestehen wesentlich darin. Wo sie, wie etwa im *Eisenbahn-Abenteuer* (1914; SW 4, 93 f.), über die augenblickshafte Bezauberung hinausgehen, nehmen sie die Dynamik von Verehrung und Verachtung, Unterwerfung und Beherrschung an, so schon in der frühen *Liebesgeschichte* von *Simon* (1904; SW 2, 15–22) bis zur romantisch überhöhten und also ironisierten Wald-Liebeszene von *Marie*: »Ein Glück, wie ich es nie vorher und nie mehr nachher wieder empfunden habe, hauchte mich von allen Seiten her an.« (1916; SW 6, 69) Die Walsersche Liebe bleibt auf das momenthafte oder episodische Abenteuer des Protagonisten beschränkt. Dauerhafte Beziehungen kommen zwischen Nebenfiguren als Gegenstand von längeren Texten vor wie die Ehen der Paare Agappaia in *Geschwister Tanner* (1907) und Tobler in *Der Gehülfe* (1908) und sind tendenziell unglücklich.

Zu den typischen Momenten und Praktiken des Glücks gehören die Wanderungen bzw. Spaziergänge. Dem Ich-Erzähler-Wanderer »schmeichelte sich« im betonten Gehen (»Ich ging so, und indem ich ging«) »ein zartes unbestimmtes Glücksgefühl in [s]ein Herz hinein« (*Das Veilchen* [1914]; SW 4, 97). Glückserzeugend ist dabei weniger das Naturerlebnis, sondern vielmehr das Gehen, das Unterwegssein, die Unabhängigkeit, wobei Zustand und Moment ineinander übergehen. In dem Maß, wie Spazieren und Schreiben in einen thematischen, performativen und reflektierten Zusammenhang treten, erscheinen sie auch als Praktiken des Glücks. Im *Spaziergang* geraten Schreiben und Spazieren in eine dialektische Spannung: Der Aufbruch in einer »Gemütsverfassung, die mich tief beglückte«, in die helle »morgendliche Welt«, erlöst den Ich-Erzähler, der »soeben noch düster über ein leeres Blatt hingebrütet hatte« (*Der Spaziergang* [1917]; SW 5, 7). Einerseits bekundet der »Verfasser«, »daß er ebensogern spaziert als schreibt; letzteres vielleicht um eine Nuance weniger gern als ersteres« (ebd., 22). Andererseits steht das Spazieren im Dienst des Schreibens, denn ohne letzteres müsste der »Dichter verarmen und kläglich scheitern« (ebd., 51). Indem sich Schreiben und Spazieren zur Welt, zum Selbst und wechselseitig zueinander als Praktiken der *Erlösung* oder *Rettung* verhalten, scheinen sie sich der asketischen Übung anzunähern, die traditionellerweise der – vom jungen Walser kritisierten – Regulierung der Lust im stoischen und christlichen Sinn der Aufschiebung oder Sublimierung dient. Die Walsersche *Indeterminierung* der Bedeutung und Handlung tendiert aber gleichzeitig zur Intensivierung, welche die dialektische Lustökonomie von Verzicht und Steigerung außer Kraft setzt. Dies führt schon der erste Prosatext *Der Greifensee* (1899) vor, der sich als prosaisches Pendant zum *Glück*-Gedicht verstehen lässt. Das wandernde und erzählende Ich dekonstruiert die narrative Topik bis zur Erstarrung von Natur, Ich und Sprache. Am toten Punkt setzt ein rhetorischer Prozess der »Ent-Schöpfung« ein (vgl. Agamben 1993/1998, 72–75), der die Erzählung und das Ich zu neuem Leben erweckt.

Deutlich glückssemantisiert sind solche Prozesse der Reduktion, Regression, Defiguration, und Destitution bei den Protagonisten der längeren Texte des frühen Werks, bei Simon Tanner, dem Bürolisten

Helbling, dem Gehülfen Joseph Marti und dem Dienerschüler Jakob von Gunten. Die zunächst tendenziell unglücklichen Figuren entledigen sich je auf ihre Weise der sozialen, beruflichen, familiären und gar existenziellen Pflichten, Bindungen, Formen, mitunter bis auf das nackte Leben. Sie wenden die Unglückstendenz in eine Art Glück, kehren die Wertung um oder neutralisieren die Unterscheidung. Helbling phantasiert das Verschwinden seiner Existenz (*Helblings Geschichte* [1913]; SW 4, 72), Jakob von Gunten schult sich darin, eine »kugelrunde Null« zu werden (*Jakob von Gunten* [1909]; SW 11, 8), und Simon Tanner vermag das Unglück als Glück zu feiern: »Es lebe das Unglück!« (*Geschwister Tanner*; SW 9, 240) Gegenüber diesem eher passiven, sich entziehenden Verhalten finden sich wenige Figuren, die Helden im emphatischen Sinn sind, d. h. Eroberer oder Retter. Solche agieren in Katastrophen bzw. Unglücksfällen wie Bränden – allerdings weisen solche Texte wie *Feuersbrunst* (1902) oder *Theaterbrand* (1908) dann Überzeichnungen auf, die das Heldentum ironisieren.

Die explizite und implizite Dialektisierung, Parallelisierung, Verwicklung und Verschmelzung von Handlung und poetischer Praktik (Schreiben, Erzählen, Dichten) dehnt sich auch auf andere ästhetische Praktiken des Malens, Tanzens oder Musizierens bzw. Musikhörens aus, wobei insbesondere der Tanz seinerseits zu einem figuralen und allegorischen Topos glückhaften Dichtens wird (vgl. Utz 1998). In *Geschwister Tanner* führt die Tänzerin bzw. die Aufführung ihres Tanzes jene ästhetische Unbestimmtheit vor, in der die elementaren Oppositionen von Schwere und Schwebe, Bewegung und Ruhe, Schreiten und Sprung, Körper und Energie, Sinnlichkeit und Unschuld, Phantasie und Technik, Kunst und Natur ineinander aufgehoben werden: »Das Mädchen lächelte, wenn es tanzte, es mußte glücklich dabei sein. Ihre Kunstlosigkeit wurde als höchste Kunst empfunden. [...] Die Empfindungen aller Zuschauer tanzten mit Lust und mit Schmerzen mit.« (SW 9, 48 f.) Eine buchstäbliche Defiguration im Sinn des Selbstvergessens und des Schwebens markiert der Tanz in *Heblings Geschichte*: »Wenn ich tanze, vergesse ich, daß ich Helbling bin, denn ich bin dann nichts mehr als nur noch ein glückliches Schweben.« (SW 4, 67) Im selbstvergessen(d)en Schweben findet jene Dialektik des Glücks, die sie sich seit den ersten Texten und bis zur Prosa der 1920er Jahre vielfältig fortentwickelt, thematische und begriffliche Anschauung, eine globale Begriffsmetapher, und zugleich ihre performative Aufhebung.

Erlösung vom Glück

In den Variationen der konventionellen Zuspitzung der Dialektik zur Paradoxie, dass ohne Unglück kein Glück zu haben sei, kann man bereits Ansätze zu jener Auflösung erkennen, die sich in den Texten der Berner Zeit vollzieht. Die Texte variieren die Verschiebung des Glücksempfindens auf ein unbestimmtes Sehnen, das der frühe Brief zweideutig verurteilt, vielfach, so etwa auch mit dem Wertherschen Anspruch in dem *Brief eines Malers an einen Dichter* (1915), das Kunstwerk möge schon »mit der Liebe, die wir fühlen, mit der Freude, mit dem zufriedenen, bezaubernden Gedanken, mit dem Sehnen, dem heißen gutherzigen Wunsch oder mit dem bloßen reinen, glücklichen Schauen getan« sein (SW 6, 15). Die Verschiebung geht einher mit der Relativierung der semantischen und dann auch emotionalen Opposition: »[I]ch könnte sagen, daß ich unglücklich sei. Doch ich liebe die Worte Glück und Unglück nicht; sie sagen nicht das Rechte.« (*Der fremde Geselle* [1912]; SW 3, 145) Die Musik ist das Medium des Sehnens schlechthin und entspricht der Ambivalenz des Glücks bzw. Empfindens: Die Musik affiziert Sinne und Seele unmittelbar und in einem Übermaß, weil ihr Klingen nicht wie die Sprache relativ fixe semantische Codes bietet (vgl. Echte 2000; Borchmeyer 2004). Der Lust generierende Prozess der *Indeterminierung*, den der Text narrativ und rhetorisch vollzieht, wird von der Musik gleichsam überschwemmt.

In Richtung einer Maßnahme gegen den starken, aber sofort verpuffenden Genuss mit anschließendem Leeregefühl und die zur Verflachung tendierende Lust/Unlust-Dialektik ist auch das »Bleistiftsystem« zu betrachten, das Walser laut eigener Aussage seit 1917 betreibt: Es erschwert und verlangsamt das anscheinend allzu geläufig und lustlos gewordene Schreiben, so lässt sich aus dem bekannten Bekenntnisbrief an Max Rychner vom 20.6.1927 schließen. Die »Bleistifterei«, der er »wahre Qualen« »verdanke«, bildet die poetische Praktik der Überwindung oder Auflösung der Lust/Unlust-Dialektik und der Skalierung und Qualifizierung des Glücks zugunsten einer Intensivierung des Empfindens (Br 322). Gerade darin erweist sie sich auch als Praktik der Selbstrettung in einem Prozess der Erneuerung, Verjüngung, gar der Wiedergeburt.

Auch thematisch, narrativ und poetisch-rhetorisch vollziehen die Texte der Berner Zeit eine stärkere Indeterminierung des Glücks mit *Paradoxierung* und *Enigmatisierung*: »Unangenehmerweise fiel mir kürzlich ein gesunder prachtvoller Zahn aus, was aber zum Glück kein großes Unglück ist«, so vermeldet der Text *Neueste Nachricht* (1921; SW 17, 7). Die Verschränkung von Glück und Unglück führt jedoch nicht zu stoischer Indifferenz oder zur modernen Impassibilität (als Existenz- und Erzählweise), sondern wirkt als Intensivierung des Empfindens, die auch die Unterscheidung von kontingentem Augenblicksglück und erstrebter Glückseligkeit, Freiheit und Verpflichtung aufhebt. So münden die Erfahrungen von und Erwägungen über Erich im gleichnamigen Text der Sammlung *Die Rose* (1925) in die Konklusion: »Von der Freude hält ein Freudiger nicht viel; ein Glücklicher darf viel Glück verschmähen, weil er überzeugt ist, daß es ihm überall begegnet.« (SW 8, 46) Und *Parzival schreibt an seine Freundin* (in derselben Sammlung): »Und dann ist etwas in mir, das sich über des Glücks Nichtachtung beglückt fühlt.« (SW 8, 72) In der *Skizze (III)* (1928/1929) verwischen sich die dialektischen Voraussetzungen des Glücks zunehmend in mehr oder weniger offen deutbaren Rätselspuren: »Sein Glück spielte mit ihm, und hauptsächlich deswegen war er glücklich.« (SW 20, 111) Mitunter werden Aussagen durch Figurenrede und Ironie in einem Maß relativiert, dass eine Entscheidung darüber, ob etwas als Glück zu betrachten ist, unmöglich wird: »Belanglos sein ist unter Umständen ein Glück!« (*Der Spießer* [1928/1929], SW 20, 399)

Die Auflösung der Glücksfrage – nicht des Wortes ›Glück‹, das als Erinnerungsspur der metaphysischen und existenziellen Bedeutung erhalten bleibt – vollzieht sich im Horizont der *Erlösung*, die dem Eudämonismus seit Platon eingeschrieben ist. Walsers Texte arbeiten von Beginn an, aber mit zunehmender Insistenz auf eine Auflösung der Dialektik von Augenblicksglück und finaler Glückseligkeit hin, die ihrerseits den Motor der Erlösung bildet und deren Grundlosigkeit überspielt. Walsers Figuren, zwischen Wachen und Traum wandelnd, ursprungs- und bestimmungslos, entziehen sich der (vermeintlichen) Entscheidung über ihr Heil, der in metaphysischer Perspektive die Menschen unterworfen sind, und affirmieren damit den *Limbus*, in dem die Metaphysik den Raum der Indetermination verortet hat, als ihren Lebensraum und den Lebensraum der Moderne (vgl. Loyen 2004). Die Auflösung der Glücksfrage bedeutet die Auflösung des Erlösungs- oder Heilshorizonts selbst, mithin die *Erlösung von der Erlösung*, deren gesteigerte Erwartung im zeitgenössischen Messianismus die dominante Gegentendenz bildet. Dem Walserschen Personal bleiben die *Prak-*

tiken des Selbst (wie das Schreiben und das Spazieren), die sich als Grenzwert nur auf sich selbst, auf ihre *Singularität* und singuläre *Performanz*, beziehen und Glück und Unglück, Qual und Genuss in einem sind. Spazieren und Schreiben sind Praktiken der *Selbstrettung* im ziellosen Prozess des unerfüllbaren, sich fortlaufend erneuernden Selbstgefühls. Dieses nährt sich nicht, wie die zeitgenössische Lebensphilosophie, aus dem Pathos des substanziellen Lebens, das (als quasigöttliche Referenz) sich selbst setzt und über jede Form hinauswächst, sondern aus einer »Lebens-Form« (Agamben 1993/2001), in der Leben und Form in jedem Moment ineinander aufgehen.

Literatur

Agamben, Giorgio: Bartleby oder die Kontingenz (Bartleby o della contingenza [1993]) gefolgt von Die absolute Immanenz (L'immanenza assoluta [1996]). Aus dem Italienischen v. Maria Zinfert u. Andreas Hiepko. Berlin 1998.

Agamben, Giorgio: Lebens-Form (Forma-di-vita [1993]). In: ders.: Mittel ohne Zweck. Noten zur Politik. Aus dem Italienischen v. Sabine Schulz. Freiburg i. Br., Berlin 2001 (ital. 1996), 13–20.

Borchmeyer, Dieter: »Ich bin ganz Ohr«. Musik in Robert Walsers Prosa. In: TEXT + KRITIK 4, 155–160.

Caduff, Marc: Die Lust des Lesers. Frauenfiguren in Robert Walsers »Geschwister Tanner«. Vortrag an der Jahrestagung der Robert Walser-Gesellschaft in Solothurn, 10. Oktober 2009. In: http://www.robertwalser.ch (9. 1. 2015).

Echte, Bernhard: »Das Schwinden ist ihr Leben« – Robert Walser und die Töne. In: Ulrich Mosch (Hg.): »Entre Denges et Denezy…«. Dokumente zur Schweizer Musikgeschichte 1900–2000. Mainz u. a. 2000, 347–352.

Ehrich-Haefeli, Verena: »Gaukler sein wäre schön.« Fritz Kochers Aufsätze – ein Modell subversiver Anpassung bei Robert Walser. In: Wolfram Malte Fues, Wolfram Mauser (Hg.): »Verbergendes Enthüllen«. Zu Theorie und Kunst dichterischen Verkleidens. Fs. für Martin Stern. Würzburg 1995, 329–344.

Ewald, François: Der Vorsorgestaat (L'Etat providence). Aus dem Französischen v. Wolfram Bayer u. Hermann Kocyba, mit einem Essay v. Ulrich Beck. Frankfurt a. M. 1993 (frz. 1986).

Greven, Jochen: Nachwort. In: SW 13, 268–279.

Groddeck, Wolfram, Reibnitz, Barbara von: Editorisches Nachwort. In: KWA I 2, 309–332.

Gronau, Peter: Im Garten der Stile – Robert Walser in München und der Jugendstil. Vortrag an der Jahrestagung der Robert Walser-Gesellschaft in München, 26. Juni 2004. In: http://www.robertwalser.ch (9. 1. 2015).

Kant, Immanuel: Grundlegung zur Metaphysik der Sitten [1785]. In: ders.: Werke in sechs Bänden. Bd. 4. Hg. v. Wilhelm Weischedel. Darmstadt 1998, 7–102.

Kellenberger, Irma: Der Jugendstil und Robert Walser. Studien zur Wechselbeziehung von Kunstgewerbe und Literatur. Bern 1981.

Loyen, Ulrich van: »Alles Vergnügen beruht auf dem Ausfindigmachen von etwas in einem fort Verlorengegangenem«. Robert Walser und die okzidentale Erlösung. In: TEXT + KRITIK 4, 192–206.

Pestalozzi, Karl: Selbstgefühl dank Repression beim frühen Robert Walser. In: Karol Sauerland (Hg.): Autorität und Sinnlichkeit. Studien zur Literatur- und Geistesgeschichte zwischen Nietzsche und Freud. Frankfurt a. M. 1986, 107–127.

Thomä, Dieter, Henning, Christoph, Mitscherlich-Schönherr, Olivia (Hg.): Glück. Ein interdisziplinäres Handbuch. Stuttgart, Weimar 2011.

Thüring, Hubert: Schwelle und Glück. Zur Poetik zweier früher Texte Robert Walsers: »Der Greifensee« (1899) und »Glück« (1900). In: Felix Christen u. a. (Hg.): Der Witz der Philologie. Rhetorik – Poetik – Edition. Fs. für Wolfram Groddeck zum 65. Geburtstag. Frankfurt a. M., Basel 2014, 140–162.

Thüring, Hubert: Der Commis, der Räuber und ihre Geschwister. Robert Walsers erkenntnispoetische Figuren erkunden die Normalität. In: Cristina Fossaluzza, Paolo Panizzo (Hg.): Literatur des Ausnahmezustands (1914–1945). Würzburg 2015, 45–67.

Utz, Peter: Tanz auf den Rändern. Robert Walsers »Jetztzeitstil«. Frankfurt a. M. 1998.

Walser, Robert: Glück. In: Die Insel 1/2, 4 (Januar 1900), 67.

Hubert Thüring

4.25 Psychiatrie

Rezeptionsgeschichtlich bildet die Psychiatrie in Robert Walsers Leben und Werk das phantomatische Zentrum, das ebenso augenfällig ist wie unzugänglich bleibt. Obwohl es sich um die biographisch bestdokumentierte Lebensphase handelt, sind zu keinem Thema mehr Spekulationen formuliert worden. Während auf der einen Seite kaum überschätzt werden kann, wie sehr die Psychiatrie Walsers Leben geprägt hat – schließlich verbrachte er einen Drittel davon in psychiatrischen Kliniken –, verlangt auf der anderen Seite die auffallend seltene Thematisierung des Komplexes Psychiatrie in seinen Schriften nach Erklärungen. So offensichtlich die Spuren sind, die Walsers Erfahrungen mit der Institution Psychiatrie in seinem Leben hinterlassen haben, so vertrackt ist die Frage nach der Präsenz psychiatrischer Diskurse bezüglich seines Werks und seines Schreibens. Diese Gegensätze setzen sich insofern in der Wirkungsgeschichte fort, als die Thematik immer wieder behandelt wird und gleichzeitig die Akzeptanz, die die vorgelegten Forschungsarbeiten finden, in keinem Gebiet der Walser-Forschung kürzer währt. Die Behandlung dieser Dimension erweist sich somit als komplex und voraussetzungsreich; in der hier gebotenen Kürze beschränkt sie sich daher auf zwei wesentliche Aspekte: die Bestimmung von Walsers Krankheit und die Spuren des Themenkomplexes Psychiatrie im literarischen Werk.

Diagnosen

Die Psychiatrie prägt als Institution Walsers Biographie: Von 1929 an lebte er vier Jahre in der Heil- und Pflegeanstalt Waldau bei Bern und anschließend dreiundzwanzig Jahre bis zu seinem Tod 1956 in der Heil- und Pflegeanstalt Herisau. Nachdem seine Schwester Lisa Walser von den beiden Zimmervermieterinnen, die Anzeichen einer psychischen Störung bei Walser festgestellt hatten, alarmiert worden war, suchte sie mit ihrem Bruder am 24. 1. 1929 den Psychiater Walter Morgenthaler auf. Dieser empfahl einen Aufenthalt in der geschlossenen Anstalt. Walser ging mit seiner Schwester in die Waldau und willigte trotz verschiedener Bedenken letztlich in eine Stationierung ein (vgl. Seelig, 24). In der Krankenakte ist als definitive Diagnose »Schizophrenie« vermerkt. In den ersten Einträgen ist von Konzentrationsschwierigkeiten, Schlaflosigkeit, Angstzustän-

den, akustischen Halluzinationen und Suizidgedanken die Rede, und es wird anhand der Schicksale der Brüder Ernst und Hermann (s. Kap. 1.4) eine hereditäre Vorbelastung suggeriert (vgl. Echte, 413). Als Auslöser der Krise nannte Walser selbst später gegenüber Carl Seelig Überarbeitung (»ich war total ausgeschrieben«) und eine Ablehnung weiterer Einsendungen durch die Redaktion des Berliner Tageblatts, worauf er mit »stümperhafte[n]« Suizidversuchen reagiert habe (Seelig, 24). Aus den Krankenakten geht hervor, dass Walser Krankheitseinsicht hatte und auch über die Diagnose der (als unheilbar geltenden) Schizophrenie im Bild war, wenn er an Therese Breitbach schreibt: »Meine Krankheit ist eine Kopfkrankheit, die schwer zu definieren ist. Sie soll unheilbar sein, aber sie hindert mich nicht, zu denken, an was ich Lust habe oder zu rechnen oder zu schreiben oder höflich mit den Leuten zu sein oder die Dinge, wie z. B. ein gutes Essen u. s. w. zu konstatieren.« (Br 365) Aufschlussreich ist, dass Walser damit nicht nur eine Beeinträchtigung seiner Arbeit durch die psychische Krankheit negiert, sondern auch die Aussage einleitet, seine literarische Arbeit wieder aufgenommen zu haben (vgl. ebd.). Diese Tätigkeit hatte er lediglich wenige Monate unterbrochen und dann seine Publikationstätigkeit ebenfalls fortgesetzt. Der 1933 auf Wilhelm von Speyr folgende neue Direktor der Waldau, Jakob Klaesi, bemühte sich, die Überbelegung der Anstalt durch eine Fokussierung auf die Heilung der Kranken und die Entlassung ›leichter‹ Fälle abzubauen. Gegenüber der Aussicht, die Anstalt zu verlassen, verhielt sich Walser offenbar teils zustimmend, teils ablehnend (vgl. Wernli 2014, 283–301, 319–326).

Am 19. Juni 1933 wurde er gegen seinen Willen in die Pflege- und Heilanstalt Herisau überführt. Für die Klinik sprach neben der Tatsache, dass Walsers Heimatgemeinde (die im Fall, dass er verarmt wäre, für ihn hätte aufkommen müssen) im Kanton Appenzell Außerrhoden lag, der Rat des Direktors der psychiatrischen Klinik Bellelay an Lisa Walser, ihr Bruder werde in Herisau am ehesten ›in Ruhe gelassen‹ (vgl. Gisi 2012, 241 f.). Die Diagnose wurde gegenüber dem Aktenformular der Waldau differenziert; auf dem Umschlag der Herisauer Akte ist als vorläufige Diagnose »Hebephrenie«, als definitive Diagnose »chron[ische]. Katatonie« vermerkt (vgl. Wernli 2014, 323 f.). Nach heutigem Wissensstand gab Walser in Herisau das Schreiben auf. Ab 1936 besuchte ihn der Schriftsteller und Publizist Carl Seelig und unternahm regelmäßig Wanderungen mit ihm. Walser wurde, abgesehen von etwas körperlicher Be-

schäftigungstherapie, keinen therapeutischen Maß-
nahmen unterzogen, so dass man von einer »psychiatrische[n] Nicht-Behandlung Robert Walsers« gesprochen hat (Gigerl 2005, 18–23; vgl. Knüsel 2005).

Vor allem zwei Fragen, die oft miteinander verknüpft wurden, haben die Forschung im ›Fall Walsers‹ beschäftigt: die Richtigkeit der Diagnose bzw.
Behandlung sowie die Gründe für Walsers Aufgabe
des Schreibens.

Die Schizophrenie-Diagnose, die offenbar sehr
schnell gestellt wurde, ist immer wieder überprüft
worden, wobei sie von medizinisch-psychiatrischer
Seite meist bestätigt und von literaturwissenschaftlicher Seite seit Mitte der 1970er Jahre meist bezweifelt
wurde. Hatte man in der Literaturwissenschaft bis
dahin v. a. den »Zerfall« der Sprache in Walsers späten Texten nachgewiesen (Günther 1968, 490–492) –
wofür alle Merkmale, die die Modernität von Walsers
Berner Prosa ausmachen, genannt wurden (Selbstbezüglichkeit, Digression, Sprachspiel, Neologismen
etc.) –, so schlug die Rezeption danach gemäß Jochen
Greven in eine »Verklärung« des Verstummens um
(Greven 2003, 123–130).

Die Psychiater Ulrike Anderssen-Reuster und
Thomas Reuster betrachten Walsers literarisches
Werk vor dem Hintergrund seiner schizophrenen
Erkrankung und kommen zum Schluss, dass er seit
Mitte der 1920er Jahre »manifest krank« gewesen sei
(Anderssen-Reuster, Reuster 1998, 70). Verschie-
dentlich wurde auch die mikrographisch kleine
Schrift der Bleistiftentwürfe als (für Schizophrene typisches) Krankheitssymptom interpretiert. Ein
Quartett von Gießener Psychiatern trifft anhand der
Krankenakte die Diagnose einer katatonen Schizophrenie nach der internationalen Klassifikation psychischer Störungen ICD-10 und eine sprachträ-
ge-manierierte Katatonie nach der differenzierten
Psychopathologie (vgl. Partl, Pfuhlmann, Jabs, Stöber 2011). Die Neuropsychologin Viktoria Lyons
und der Kinder- und Jugendpsychiater Michael Fitzgerald kommen hingegen zum Schluss, dass nebst
den psychotischen Krisen, von denen diejenige im
Jahr 1929 zur Internierung führte, bei Walser das As-
perger-Syndrom – oftmals unter dem Begriff ›Autis-
mus‹ subsumiert – und eine schizoide Persönlich-
keitsstörung nach DSM-IV vorlag, während sie die
Schizophrenie-Diagnose insgesamt als »very doubt-
ful« beurteilen (Lyons, Fitzgerald 2004, 141).

Gegen die ältere literaturwissenschaftliche Forschung, die in Walsers Werk der 1920er Jahre vor allem Anzeichen des (späteren) psychischen Verfalls
des Autors zu erkennen glaubte, argumentiert der
Germanist Martin Jürgens anhand der Krankenakte,
dass die Diagnose in medizinischer Hinsicht zweifel-
haft und Walsers Internierung eher eine »Reaktion
auf Symptome seines sozial abweichenden Verhaltens« waren (Jürgens 1973/2006, 47). Einer umfassenden Kritik hat Bernhard Echte Walsers Psychia-
trisierung unterzogen und dabei v. a. das Stim-
men-Hören als psychopathologisches Symptom in
Frage gestellt (vgl. Echte 1981 147–154; Echte 1993;
Echte 2003, 92 f.; Echte 2013, 100–103). Die Internierung sei »aus rein praktischen Erwägungen« erfolgt,
v. a. da Lisa Walser finanziell nicht für ihren Bruder
aufkommen konnte und »niederschwellige Hilfsan-
gebote« fehlten; Walser habe schließlich gegenüber
der Institution Psychiatrie kapituliert (Echte 2003,
91–93). Obzwar wie Echte ebenfalls auf Hölderlins
Fall rekurrierend, kommt Ulrich Horstmann zur entgegengesetzten Einschätzung, dass Walsers Rückzug
hinter die Anstaltsmauern freiwillig und gewollt erfolgte (vgl. Horstmann 2009, 51–58). Noch weiter gehen Catherine Sauvat und Elias Canetti, die Walsers
Internierung als Rollenspiel (vgl. Sauvat 1989/1993,
285–306) bzw. Rückzug ins »Kloster der Moderne«
mystifizieren (Canetti 1993, 299).

Wurde bisher v. a. nach der Richtigkeit der Diagnose gefragt, so müsste der Begriff der ›Schizophrenie‹ vermehrt auch historisch und diskursanalytisch
betrachtet werden (vgl. Bernet 2013), um herauszu-
arbeiten, wie die Psychiatrie – mit Michel Foucault
gesprochen – ›Krankheit‹ als ein Macht-Wissen produziert (vgl. Gisi 2012).

Das Aufgeben des Schreibens begründet Walser
gegenüber Seelig damit, dass die Freiheit die Bedingung für literarische Produktivität sei; außerdem
seien durch die Nazis seine Veröffentlichungsmöglichkeiten weggefallen (SEELIG, 12, 24, 76). Ein dritter Grund wäre darin zu sehen, dass Walser infolge
der Überführung nach Herisau seine Manuskripte
zurücklassen musste – darunter auch die Mikrogramme, in denen er seine Texte entwarf – und dadurch seine ›Arbeitsgrundlage‹ verloren hat. Es gibt
schließlich viertens noch eine weitere Erklärungs-
möglichkeit: Der Herisauer Klinikdirektor Otto Hinrichsen war nicht nur selbst Schriftsteller und Walser
aus seiner Zeit in Zürich und als sein erster Rezensent bekannt, sondern wissenschaftlich auf die Erforschung des Versiegens künstlerischer Produktivität
durch psychische Krankheiten spezialisiert. Unter
diesen Umständen musste Walser den eigens für ihn
eingerichteten Schreibraum weniger als einen Freiraum denn als einen Observationsraum wahrgenommen haben, in dem er zum Beobachtungsobjekt

geworden wäre. In dieser Perspektive provozierte Walser mit seinem Schweigen in Hinrichsens Experimentalsystem ein Nicht-Ergebnis als Ergebnis (vgl. Gisi 2012, 241–259).

Walsers literarisches Verstummen hat die unterschiedlichsten Deutungen erfahren: als Folge der Krankheit oder der Internierung, als Subversion der Logik der Institution Psychiatrie oder als Konsequenz aus der Logik des Werks, als Katastrophe oder als Heilung. Das Verhältnis von Freiwilligkeit und Zwang, von individuellem Schicksal und Macht der Institution, von Mechanismen der Exklusion und Inklusion im Spannungsfeld von Subjekt und Gesellschaft, wird weiter zu untersuchen sein.

›Genie und Wahnsinn‹

Die Versuche, psychische Krankheit und literarisches Schreiben in ein Verhältnis zueinander zu setzen, sind im Fall Walsers bisher unbefriedigend geblieben, da sie solche Beziehungen weniger belegen als voraussetzen und selbst von den Topoi um Genie und Wahnsinn bestimmt sind. Werden stattdessen die expliziten Bezüge auf den psychiatrischen Diskurs in Walsers Schriften fokussiert, so finden sich lediglich einige wenige einschlägige Textpassagen, die daher an sich oder aber als Ausdruck einer Tabuisierung noch bedeutsamer erscheinen. Diese Dialektik von Präsenz und Absenz klingt auch nach in Walter Benjamins These, dass Walsers »Figuren [...] den Wahnsinn hinter sich haben«, also »geheilt« seien (vgl. Benjamin 1929/1991, 327).

In Walsers erstem Roman *Geschwister Tanner* erfährt Simon Tanner zufällig aus dem Gespräch zweier junger Männer vom Schicksal seines verrückt gewordenen Bruders Emil, das weitgehend mit dem des seit 1898 in der Heil- und Pflegeanstalt Waldau internierten Ernst Walser übereinstimmt. Gegen die Annahme einer »grausige[n] Vererbung« besteht Simon Tanner darauf, dass es sich schlicht um ein »Unglück« handle, dessen Ursache einfach »im Charakter, in einem Stäubchen der Seele«, liege (SW 9, 237–240). Ähnlich »krank« ist der Bankangestellte Germer im gleichnamigen Prosastück von 1910 und kann als »defekte Maschine« den Anforderungen eines rationalisierten Arbeitsalltags nicht genügen (SW 3, 114–120; vgl. Echte 2013, 89–91). Walsers Prosastück *Hölderlin* (1915) wurde verschiedentlich als verkapptes Selbstporträt gelesen, obwohl es im Kontext eher eine Warnung vor den Abwegen vom ›richtigen‹ Poetenleben darstellt (vgl.

Echte 2003, 89 f.). Als Beleg dafür, dass Walser in Friedrich Hölderlins Wahnsinn eine Art Antizipation seines eigenen Schicksals erkannte, wird oft die später gegenüber Seelig gemachte Aussage angeführt, Hölderlin sei die letzten Jahre seines Lebens »gar nicht so unglücklich« gewesen, konnte er doch »[i]n einem bescheidenen Winkel dahinträumen [...], ohne beständig Ansprüche erfüllen zu müssen« (SEELIG, 47).

Es gibt verschiedene Indizien dafür, dass sich Walser in der Berner Zeit mit der Psychoanalyse beschäftigt hat (vgl. Kammer 2002): 1921 berichtet er von einem Vortrag »über den Wert der Psychiatrie für die menschliche Gesellschaft« (SW 17, 7), im *Tagebuch-Fragment* von 1926 ist die Rede von einer nächtlichen Unterhaltung mit einem »jungen Intellektuellen, einem Studierenden, über den Sinn und den Wert der ›Psychoanalyse‹« (SW 18, 60), und in einem Mikrogrammtext desselben Jahres führt der Erzähler mit einer Frau ein ironisches Gespräch über dasselbe Thema (AdB 4, 145). An anderer Stelle werden die maskenhaften Gesichter von Adligen als Ausdruck eines internalisierten Zwangs interpretiert, wobei die Maske der »psychoanalytische Ausdruck [sei] für die Tatsache, daß uns Gezwungenheiten zur zweiten Natur werden« (SW 19, 425). In *Der Erzähler* berichtet dieser rückblickend, beim Schreiben »gleichsam psychoanalytisch« vorgegangen zu sein (SW 20, 283). Eine Art psychoanalytisches Gespräch, in dem der Protagonist mit einem Doktor über seine Sexualität spricht, findet sich im »*Räuber*«-Roman, der selbst mehrere psychopathologische Lesarten als Ausdruck oder Zeugnis einer Krise Walsers provozierte (AdB 3, 112–115; vgl. Hobus 2011, 138–150; s. Kap. 3.5.3). Schließlich ist auch die singuläre Kastrationsgeschichte *Vor Wut über ihre Wut war sie grün* ohne die psychoanalytische Theorie als Kontext undenkbar.

Gegenüber dieser Suche nach Spuren der Psychopathologie und Psychoanalyse in den literarischen Texten lässt sich – gleichsam eine entgegengesetzte Perspektive einnehmend – auch fragen, welchen Einfluss die psychiatrische Klinik als Schreibort auf Walsers Texte hatte. Martina Wernlis systematische Untersuchung der in der Waldau entstandenen Texte hat ergeben, dass Walser sein Leben in der Klinik nicht zum Gegenstand seines Schreibens macht. Vielmehr finden sich lediglich Andeutungen und Spuren, »Irrlichter«, die gleich wieder verschwinden, so dass das Auffallende ist, dass die Waldau in diese Texte gerade »nicht substanziell eingegangen« ist (Wernli 2014, 301–318).

Walsers Fall ist bis heute im Diskursfeld von Genie und Wahnsinn verhandelt worden. Dass er bereits von seinen Ärzten in diesem Kontext verortet wurde, lässt sich daraus ablesen, dass er von drei Psychiatern befragt wurde, die sich wissenschaftlich mit dem Verhältnis von künstlerischer Kreativität und Psychopathologie beschäftigten: Morgenthaler, Hinrichsen und Theodor Spoerri. Noch wenig beachtet wurde, dass dieser zeitgenössische Diskurs in Walsers Werk selbst reflektiert wird, etwa in einem Mikrogrammtext von 1928. In *Die Straßen besaßen das Aussehen von schöngeschriebenen Adressen* wird in expressiven Farben von verwirrenden Erlebnissen, deren Wirklichkeit aber gleich in Frage gestellt wird, erzählt. Mitten in einer dramatischen Steigerung der Narration bricht der Erzähler seinen »Versuch, sich genial aufzuführen«, ab, wechselt in die Dialektsprache und konstatiert: »Es isch nämlich cheibe schwär, verrückt z'dichte« (Es ist nämlich verdammt schwer, verrückt zu dichten; AdB 5, 61). Dieser Wechsel ist höchst signifikant: Es handelt sich nicht nur um die sonst für Walser typische Selbstreflexivität, sondern um einen Kommentar bzw. Meta-Text zum eigenen Text in einer buchstäblich anderen Sprache; zumal Walser nie in Dialekt zu publizieren gedachte (s. Kap. 4.5). Der Text performiert eine Art Selbstexperiment bzw. -beobachtung des Schreibprozesses. Doch gerade der Behauptung, Genialität zu simulieren, ist das Misslingen des Versuchs, verrückt zu schreiben, inhärent, da Letzteres die Ausschaltung eines rationalen Kontrollmechanismus bedingen würde, der das Verhältnis zwischen Text und Autor ständig mitreflektiert. Diese Kontrolle verunmöglicht eine ›écriture automatique‹, und das Experiment, Verrücktheit zu simulieren, wird vom Text selbst, der sich in zwei Stimmen teilt – diejenige des Erzählers und diejenige des kommentierenden Schreibers – zum Scheitern gebracht. Das Beispiel führt vor Augen, wie radikal Walser die Frage nach dem Verhältnis von Genialität und Verrücktheit in seinen Schreibprozess integriert und wie simpel sich demgegenüber gewisse spätere Versuche von Literaturwissenschaftlern und Psychiatern ausnehmen, in seinen Texten Ver-rücktes zu diagnostizieren.

Literatur

Anderssen-Reuster, Ulrike, Reuster, Thomas: Robert Walser – Atmen in den unteren Regionen. In: Fundamenta Psychiatrica 12 (1998), 66–71.

Benjamin, Walter: Robert Walser [1929]. In: ders.: Gesammelte Schriften. Bd. II,1. Hg. v. Rolf Tiedemann u. Hermann Schweppenhäuser. Frankfurt a. M. 1991, 324–328.

Bernet, Brigitta: Schizophrenie. Entstehung und Entwicklung eines psychiatrischen Krankheitsbilds um 1900. Zürich 2013.

Canetti, Elias: Aufzeichnungen 1942–1985. Die Provinz des Menschen. Das Geheimherz der Uhr. München, Wien 1993.

Cartelle cliniche di Robert Walser. In: Marka 30 (1993), 19–28.

Echte, Bernhard: Robert Walser und das Problem der Schizophrenie. Untersuchung zum Verhältnis von Literaturwissenschaft und Psychiatrie. Staatsexamensarbeit Universität Tübingen 1981.

Echte, Bernhard: »Was kann man sein, wenn man nicht gesund ist? – Das ist übrigens noch eine Frage!« In: Robert Walser. Dossier Literatur 3. Zürich, Bern ⁴1993, 106–117.

Echte, Bernhard: »Hölderlin'sche Schicksalsfortsetzungen«. In: Recht & Psychiatrie 21,2 (2003), 85–97.

Echte, Bernhard: Der Mensch – eine Maschine? Robert Walsers Blick auf die Psychiatrie. In: Matthias Bormuth, Frank Schneider (Hg.): Psychiatrische Anthropologie. Zur Aktualität Hans Heimanns. Stuttgart 2013, 88–104.

»Er war anders wie die andern«. Ein Gespräch zwischen Catherine Sauvat und Josef Wehrle. In: MITTEILUNGEN 2, 6–9.

Gigerl, Margit: »Lassen Sie ihn weiter hindämmern…« – oder weshalb Robert Walser nicht geheilt wurde. In: Appenzellische Jahrbücher 133 (2005), 10–23.

Gisi, Lucas Marco: Das Schweigen des Schriftstellers. Robert Walser und das Macht-Wissen der Psychiatrie. In: Martina Wernli (Hg.): Wissen und Nicht-Wissen in der Klinik. Dynamiken der Psychiatrie um 1900. Bielefeld 2012, 231–259.

Gisi, Lucas Marco: Schreiben und Schweigen. Eine Robert-Walser-Konferenz in Berkeley. In: MITTEILUNGEN 21, 29–32.

Greven, Jochen: Robert Walser – ein Außenseiter wird zum Klassiker. Abenteuer einer Wiederentdeckung. Konstanz 2003.

Günther, Werner: Dichter der neueren Schweiz II. Bern, München 1968.

Hobus, Jens: Poetik der Umschreibung. Figurationen der Liebe im Werk Robert Walsers. Würzburg 2011.

Horstmann, Ulrich: Die Aufgabe der Literatur oder Wie Schriftsteller lernten, das Verstummen zu überleben. Frankfurt a. M. 2009.

Jürgens, Martin: Die späte Prosa Robert Walsers – ein Krankheitssymptom? [1973] In: ders.: Seine Kunst zu zögern. Elf Versuche zu Robert Walser. Münster 2006, 37–52.

Kamm, Armin: Die Erkrankung des Schriftstellers Robert Walser aus heutiger Sicht. Diss. med. Universität Bern 1986.

Kammer, Stephan: »Walser liest Freud«? oder: Was sich zwischen Texten ereignet. Vortrag an der Jahrestagung der Robert Walser-Gesellschaft in Basel, 15. Juni 2002. In: http://www.robertwalser.ch (9. 1. 2015).

Knüsel, Livia: »Herr Walser hilft stets fleissig in der Hausindustrie. Falzt zusammen mit Herrn Solenthaler Papiersäcke.« – Robert Walser in der Arbeitstherapie. In: Appenzellische Jahrbücher 133 (2005), 24–37.

Lyons, Viktoria, Fitzgerald, Michael: The case of Robert Walser (1878–1956). In: Irish Journal of Psychological Medicine 21,4 (2004), 138–142.

Müller, Christian: Der Künstler und das Psychiatrische Krankenhaus. In: Nervenarzt 51 (1980), 531–533.

Neue Funde [Dokumente zu Walsers Zeit in Herisau]. In: Mitteilungen 7, 3–14.

Partl, Stephan, Pfuhlmann, Bruno, Jabs, Burkhard, Stöber, Gerald: »Meine Krankheit ist eine Kopfkrankheit, die schwer zu definieren ist«. Robert Walser (1878–1956) in seiner psychischen Erkrankung. In: Nervenarzt 82,1 (2011), 67–78.

Sauvat, Catherine: Vergessene Weiten. Biographie zu Robert Walser (Robert Walser). Aus dem Französischen v. Helmut Kossodo. Köln, Saignelégier 1993 (franz. 1989).

Wernli, Martina: Schreiben am Rand. Die »Bernische kantonale Irrenanstalt Waldau« und ihre Narrative (1895–1936). Bielefeld 2014.

Witschi, Peter (Hg.). Robert Walser. Herisauer Jahre 1933–1956. Herisau 2001.

Lucas Marco Gisi

4.26 Ambivalenz

Bei der Lektüre vieler Texte von Robert Walser liegt das Attribut ›ambivalent‹ nahe. Diese Erfahrung, die sich auf inhaltliche wie auf formale Eigenheiten der Texte beziehen kann, findet sich von Walser selbst in Neologismen wie »Wehmutwonne« und »Schwermutzauber« (SW 5, 55) gefasst, aber auch in den späteren Charakterisierungen seines Werks durch die Benjaminsche »Ferne Nähe« (vgl. GRODDECK u. a.) oder den bildhaften »Tanz auf den Rändern« im »Jetztzeitstil« (vgl. Utz 1998) ausgedrückt.

Indes bezeichnet ›Ambivalenz‹ mehr als Unbestimmtheit und Zweideutigkeit. Das zeigt sich schon in den begriffsgeschichtlichen Anfängen, als Eugen Bleuler den Begriff mit seinem Essay in die psychiatrische Praxis einführte und zugleich dessen interdisziplinäre Relevanz erahnte, sogar hinsichtlich von dem, was er »Dichtkunst« nannte (vgl. Bleuler 1914). Aus wissenssoziologischer Sicht ergibt sich als Quintessenz der mannigfaltigen Diskursgeschichte unter Einbezug der performativen Aspekte sinngemäß: Der Begriff der ›Ambivalenz‹ lässt sich fruchtbar anwenden, wenn es darum geht, Erfahrungen des Vaszillierens zwischen Gegensätzen und fundamentalen Differenzen des Erlebens, Erfahrens und Handelns zu beschreiben und zu bedenken. Menschen können sich in diesem Sinn als ›homines ambivalentes‹ erleben (vgl. Lüscher 2011). Das Vaszillieren umfasst Bewegungen des Hin und Her, des Vor und Zurück, des Zögerns und Zauderns. Es thematisiert ›erstreckte Gegenwärtigkeit‹ im Zusammenspiel von objektiver und psycho-sozialer Zeitlichkeit. Erkenntnistheoretisch drückt sich dies in Figuren des ›Sowohl-als-Auch‹ sowie des ›Weder-Noch‹ und in einem Denken aus, das die ›Logik des ausgeschlossenen Dritten‹ zu vermeiden oder gar zu überwinden versucht. Mit dem Ambivalenz-Begriff lassen sich formal und inhaltlich ›dichte Beschreibungen‹ solcher Phänomene erarbeiten.

In sozialwissenschaftlicher Perspektive bietet sich die These an, dass sich die Erfahrung von Ambivalenzen sowie die Konstitution und Rekonstitution von Facetten personaler und kollektiver Identitäten wechselseitig bedingen können (vgl. Lüscher, Fischer 2014; Fischer, Lüscher 2014). Wesentlich sind dabei die Mittel der Sprache und der Schrift. Die Analyse der Texte von Robert Walser unter dem Gesichtspunkt der Ambivalenz vermag daher zum Verständnis seiner Werke und seiner Persönlichkeit ebenso wie zu einer kulturwissenschaftlichen Ausdifferenzierung und Anwendung des Konzepts beitragen. Ambivalenz kann hierbei sowohl als produktions- als auch rezeptionsästhetisches Phänomen in den Blick genommen werden.

Ambivalenzträchtig erscheinen viele narrative Situationen, prägnant jene zwischen Konfession und Parodie oszillierende ›Predigt‹ im »Räuber«-Roman (AdB 3, 136–144) oder die beliebte zwischen Wahrnehmung und Urteil schwebende Erzählweise des Spaziergängers. Dabei werden in Walsers literarischen Darstellungsverfahren Zusammenhänge zwischen Ambivalenz und Ironie erkennbar. Durch die implizite Gegenwärtigkeit des Gegenteils erzeugt Walser auch formal, auf der Ebene der Gattung, ein Spannungsfeld, etwa wenn das *Tagebuch-Fragment* sowohl ein Tagebuch als auch keines ist oder wenn sich *Jakob von Gunten* als ein Bildungsroman der Um- oder Unbildung lesen lässt, insofern als die normativen Implikationen von Bildung dekonstruiert werden.

Ein Bezug zwischen Ambivalenz und der Suche nach Identität wird auf eigenwillig verhaltene Weise etwa in dem *Beitrag zur Psychologie des Talents* hergestellt, wenn letzterem zugeschrieben wird, es müsse »flüßig sein, nicht staubig, glatt, nicht holprig […]. Es muß kalt sein, doch es muß Wärme immer ahnen lassen […]; wenn es anmaßend ist, ist es nicht es selber mehr« (SW 15, 22). Der Vergleich dieser ›Differenzen‹ impliziert logisch und inhaltlich Gemeinsamkeit und verweist auf metatheoretische Ambivalenzpotentiale. Diese charakterisieren die ›Identität‹ oder Spezifik von Walsers Schaffen, das verschiedentlich als ein Spiel mit Autofiktionen interpretiert worden ist (s. Kap. 4.1).

In literaturwissenschaftlichen Analysen findet sich der Ambivalenz-Begriff zur Kennzeichnung von Walsers Figurenkonstellationen ebenso wie seiner Sprache. Ruth Huber interpretiert die Schurken-Rolle des Jägers im Dramolett *Schneewittchen* als »Spiel im Spiel« und als »ein *Spiegel*, der den Personen ihr dunkles Antlitz zurückwirft, ihre Ambivalenz bloßlegt« (Huber 1988, 116). Für Daniela Mohr konstituiert »wesentlich das ambivalente Verhältnis von Ich-Erzähler und ›Räuber‹-Figur« den erzählerischen Spielraum des »Räuber«-Romans (Mohr 1994, 94). Peter Stocker wiederum sieht in Walsers Gebrauch von Provinzialwörtern, also im Sprachgebrauch, Anzeichen für Ambivalenzen (vgl. Stocker 2014). Die mit Ambivalenz einhergehende Dimension von Erfahrung kann man auch orten, wo Walser zum *writer's writer* wird, etwa für Paul Nizon, der konstatiert: »Walsers Sprachstil pendelt zwischen Poesiemachen und Negation der Poesie.« (Nizon 1976, 77)

Diese Einsichten lassen den Schluss zu, Texte und Briefe Walsers seien Ausdruck einer letztlich subjektiven ›Sensibilität für Ambivalenzen‹. Daraus ließen sich neue Lesarten für dessen »zerschnittenes oder zertrenntes Ich-Buch« (SW 20, 322) entwickeln, analog zur Feststellung, die der Musikwissenschaftler Franck Ferraty mit Blick auf Francis Poulenc formuliert hat: »À chaque *ego* correspond son dosage spécifique d'ambivalence.« (Jedem Ich entspricht ein ihm eigenes Maß an Ambivalenz; Ferraty 2009, 267)

Das Konzept ermöglicht überdies ein behutsames Erkunden der Verflechtungen zwischen Werk und Biographie Walsers. Darüber hinaus könnten auch analoge Sensibilitäten bei anderen Schreibenden, bildenden Künstlern und Musikschaffenden (denn Walser ist auch ein *composer's writer*; s. Kap. 5.8), die sich auf ihn beziehen, in Betracht gezogen werden. Zugleich lassen sich so mit dem ›Akt des Lesens‹ einhergehende Identifizierungen und das sich in der Generationenfolge erneuernde Interesse der Leserschaft sowie der Literaturwissenschaften erhellen. Dieser rezeptionsästhetische Zugang wiederum ermöglicht einen Brückenschlag zu den Sozialwissenschaften. Der Schluss liegt nahe, dass in Zeiten, in denen sich ökonomische, politische, soziale und kulturelle Fundamentalismen lautstark zu Worte melden, die Aktualität von Robert Walser und die Analyse seines Werks einen starken Grund in der individuellen und gesellschaftlichen Bedeutung einer ›Sensibilität für Ambivalenzen‹ finden.

Literatur

Bleuler, Eugen: Die Ambivalenz. In: Universität Zürich (Hg.): Festgabe zur Einweihung der Neubauten. 18. April 1914. Zürich 1914, 95–106.

Ferraty, Franck: La musique pour piano de Francis Poulenc ou le temps de l'ambivalence. Paris 2009.

Fischer, Hans Rudi, Lüscher, Kurt: Ambivalenzen ergründen. Philosophische und anthropologische Ursprünge eines Begriffs. In: Familiendynamik 39, 2 (2014), 122–133.

Huber, Ruth: Zur Ambivalenz in Robert Walsers Dramolett »Schneewittchen«. In: Runa. Revista portuguesa de estudos germanísticos Nº 9/10 (1988), 109–127.

Lüscher, Kurt: Ambivalenz weiterschreiben. Eine wissenssoziologisch-pragmatische Perspektive. In: Forum der Psychoanalyse 27, 4 (2011), 373–393.

Lüscher, Kurt, Fischer, Hans Rudi: Ambivalenzen bedenken und nutzen. In: Familiendynamik 39, 2 (2014), 84–95.

Mohr, Daniela: Das nomadische Subjekt. Ich-Entgrenzung in der Prosa Robert Walsers. Frankfurt a. M. u. a. 1994.

Nizon, Paul: Robert Walsers Poetenleben. Dichtung und Wahrheit. Innenwelt und Außenwelt. In: Elio Fröhlich, Robert Mächler (Hg.): Robert Walser zum Gedenken. Aus Anlaß seines 20. Todestages am 25. Dezember 1976. Zürich, Frankfurt a. M. 1976, 67–89.

Stocker, Peter: Provinzialwörter als Stilmittel bei Robert Walser. In: Simon Aeberhard, Caspar Battegay, Stefanie Leuenberger (Hg.): dialÄktik. Deutschschweizer Literatur zwischen Mundart und Hochsprache. Zürich 2014, 123–134.

Utz, Peter: Tanz auf den Rändern. Robert Walsers »Jetztzeitstil«. Frankfurt a. M. 1998.

Kurt Lüscher

5 Wirkung

5.1 Nachlass, Archiv

Robert Walser hatte ein ambivalentes Verhältnis zur Sammlung und Aufbewahrung von Zeugnissen seiner literarischen Arbeit. Durch seine Internierung wurde die Überlieferung seines Nachlasses erschwert. Dessen Aufbewahrung, Erschließung und Erforschung im Robert Walser-Archiv – seit 1973 in Zürich und seit 2009 in Bern – ist selbst mit einer wechselhaften Geschichte verbunden.

Archiv zu Lebzeiten

Walser hat Vorarbeiten zu seinen Werken nicht systematisch abgelegt, die meisten der an ihn gerichteten Briefe offenbar nicht aufbewahrt und auch keine Bibliothek hinterlassen. Gleichzeitig hielt er seine Texte durchaus für »nachweltfähig« (SW 18, 91) und mit Aufbewahrungsfragen war er aufgrund seiner kurzen Tätigkeit im Berner Staatsarchiv 1921 nicht ganz unvertraut. Eine (unvollständige) Sammlung von Druckbelegen der Zeitungs- und Zeitschriftenpublikationen, die bis in die Bieler Zeit zurückreicht, hatte Walser selbst angelegt. Aus einer Bitte vom 24. 6. 1927 an den Redaktor der *Individualität*, Willy Storrer, um einen Korrekturdruck – nicht zum »Gebrauch«, sondern zum »Aufbewahren« – geht hervor, welchen Wert Walser einer vollständigen Sammlung, durch die sein Werk zusammengehalten würde, zumaß: »Ich lege nämlich alles, was ich schreibe, nach Möglichkeit in einem Packet an, das, wohlverschnürt, einem Wertpapiersack oder -pack gleicht.« (Robert Walsers Briefe 2003, 13) In den 1920er Jahren, als seine Texte fast nur noch in Zeitungen und Zeitschriften erschienen, begann Walser daneben aber auch eine Art externes Archiv einzurichten, dessen ordentliche Führung er streng durchzusetzen versuchte. Als seine erste Archivarin amtete Frieda Mermet (vgl. Utz 2013, 3 f.), der er Druckbelege seiner Veröffentlichungen nach Bellelay schickte, allerdings nicht nur zur Lektüre, sondern mit der Bitte, »das alles sorgsam aufzubewahren, um es mir zur Verfügung zu halten« (Br 278, 299). Tatsächlich forderte er sie 1926 mit folgender Begründung zurück:

»Diese Sachen gehören Ihnen nicht, mir im Grund auch nicht, obschon ich der Autor davon bin, sondern Sie gehören dem gebildeten Teil der deutschsprechenden Menschheit.« (Br 299) Mit der ihm eigenen Ironie unterstreicht Walser so die Wichtigkeit der Archivs für das kulturelle Gedächtnis.

Indem er in *Für die Katz* das Tagesgeschäft des Feuilletonisten als Durchgangsort zum Nachruhm reflektiert, weist Walser auf einen weiteren Aufbewahrungsort für Literatur; denn auch den Zeitungen und Zeitschriften kommt die Funktion eines dezentralen Archivs zu, im Fall Walsers sogar in einem doppelten Sinn: vornehmlich für gedruckte Texte, aber in einzelnen Fällen auch für nichtgedruckte Manuskripte wie v. a. im Fall der Prager Manuskripte. So versichert sich Walser 1926 bei Otto Pick, dem Redaktor der *Prager Presse*, dass dieser auch diejenigen eingesandten Texte, die nicht gedruckt würden, aufbewahre (vgl. Br 291).

Vorarbeiten zu Walsers Texten sind einzig in Form des umfangreichen Konvoluts der Mikrogramme der Jahre 1924 bis 1933 überliefert, die für Walser auch die Funktion eines ›Arbeitsspeichers‹ gehabt haben dürften.

Nachlass

Bei seinem Tod hinterlässt Walser lediglich Kleider, eine Barschaft von 17 Franken, ein paar Briefschaften, drei Bücher – die von Carl Seelig herausgegebenen und geschenkten Ausgaben von *Der Gehülfe* und Max Ulrich Schoops *Aus dem Leben eines schweizerischen Erfinders* (in zwei Exemplaren) – sowie ein Vermögen von mehr als 10000 Franken. Sein literarischer Nachlass gelangt nur über Umwege – mutmaßlich in zwei legendär gewordenen Schuhschachteln – zu Seelig, der ihn als erster zu (ver)sammeln versucht.

Eine Reihe von Manuskripten, Briefen und Druckbelegen, die Walser wohl 1933 bei seiner Überführung von der Waldau in die Heil- und Pflegeanstalt Herisau zurückgelassen hatte, kamen in die Obhut seiner Schwester Lisa Walser. Manuskripte und Druckbelege aus ihrem sowie aus dem Besitz von Frieda Mermet schickte die Schwester 1937 an Seelig

für die Sammlung *Große kleine Welt* (Lisa Walser an
Carl Seelig, 9. 3. 1937 u. Carl Seelig an Lisa Walser,
13. 3. 1937, RWA; vgl. Greven 2003, 69 f.).

Dieser ›Nachlass zu Lebzeiten‹ wurde posthum
durch einen eigentlichen Nachlass erweitert, als
mehr als ein halbes Jahr nach Walsers Tod eine Kli-
nikschwester in einer »alten Schuhschachtel« Manuskripte und Druckbelege fand, die Walser offenbar in
der Heil- und Pflegeanstalt Herisau aufbewahrt hatte
und die nun vom Sekundärarzt der Anstalt, Hans
Steiner, Seelig zugestellt wurden (Hans Steiner an
Carl Seelig, 11. 8. 1957, RWA).

Walsers Nachlass gelangte somit nicht an die
rechtmäßigen Erben, seine Geschwister Oscar Walser und Fanny Hegi-Walser, sondern an seinen Vormund und literarischen Nachlassverwalter Seelig.
Dieser hatte in einer »Letztwilligen Verfügung« vom
10. 12. 1958 bestimmt: »Alle Handschriften von *Robert Walser* sollen auf dessen Wunsch verbrannt werden […]«; diese Verfügung wurde nach Seeligs Unfalltod 1962 von dessen Testamentsvollstrecker Elio
Fröhlich jedoch nicht umgesetzt (RWA; vgl. Greven
2003, 31; Gisi 2013, 140–146). Fröhlich errichtete
1966 eine Carl Seelig-Stiftung, deren Zweck in der
Förderung von Kunst und Wissenschaft bestehen
sollte. 1967 trat Fanny Hegi-Walser ihre Rechte an
dem Nachlass ihres Bruders an die Carl Seelig-Stiftung ab; die Stiftung verpflichtete sich ihrerseits, ein
Robert Walser-Archiv zu errichten und dort alle Dokumente von und über Robert Walser der Forschung
zugänglich zu machen. Im selben Jahr vermachte
Fanny Hegi-Walser in einer letztwilligen Verfügung
alle Robert Walser betreffenden Gegenstände ihres
eigenen Nachlasses der Seelig-Stiftung zuhanden eines einzurichtenden Robert Walser-Archivs.

Im Nachlass der Schwester fanden sich Briefe,
Manuskripte, signierte Erstausgaben, Lebensdokumente der Familie und Photos (vgl. Stefani 1993,
118). Bei der Inventaraufnahme fand Fröhlich in einer Wäschekommode eine gestickte Hülle mit frühen Briefen Walsers sowie in einem gelben Kuvert
das Manuskript von *Der Teich* – das Hegi-Walser
Seelig bereits 1954 zugänglich gemacht hatte (Fanny
Walser an Carl Seelig, 15. 6. 1954 u. 7. 7. 1954, RWA)
– sowie die Gedichtsammlung *Saite und Sehnsucht*
(vgl. Fröhlich 1979).

Im November 1963 und v. a. am 22. 2. 1964 konnte
Jochen Greven den – zunächst von Seelig mit Hilfe
von Jo Mihaly sowie später von Robert Mächler geordneten und z. T. erschlossenen – Walser-Bestand
aus dem Nachlass Carl Seeligs einsehen, der in Um-
schlägen geordnet und »in ein oder zwei Koffern ver-

sorgt« war (Greven 2003, 47 f., 66 f.). Jochen und
Jeannette Greven erstellten 1964 erste Listen dieser
Sammlung aus 224 Prosamanuskripten, 73 Gedicht-
manuskripten, 526 Mikrogrammen und rund 450
Erstdruckbelegen (vgl. Gigerl 2008, 150; Gigerl,
Reibnitz 2007, 163). Die Mikrogramme, die bis dahin »als buntes Pack in einem Umschlag gesteckt hatten«, nummerierte Greven 1967 in der vorgefundenen Reihenfolge mit roten Ziffern auf der Rückseite
durch (vgl. Greven 2003, 148).

Robert Walser-Archiv

Auf Initiative von Fröhlich wurde 1973 das Robert
Walser-Archiv gegründet und damit der Auflage von
Fanny Hegi-Walser entsprochen, die im Jahr zuvor
verstorben war. Das Archiv war bis 2009 im ›Roten
Schloss‹ an der Beethovenstraße 7 in Zürich untergebracht. Während das Walser-Archiv bereits 1974 von
Greven Kopien der im Rahmen seiner Forschungs-
und Editionstätigkeit gesammelten Materialien erhielt, eskalierte der Streit um die Entzifferung der
Mikrogramme zwischen Fröhlich und Greven, wobei sich die aufgestaute Frustration des letzteren
1978 in dem Pamphlet *Robert Walsers Sachwalter.
Ein indiskreter Erfahrungsbericht* entlud (vgl. Greven
1978). Das an 50 Personen des literarischen Lebens
verschickte Pamphlet, in dem die Behinderung der
Editionsarbeit und des Zugangs zum Nachlass beklagt wurde, löste ebenso wie die Kündigung der Anstellung der ersten Archivarin Katharina Kerr in derselben Zeit viele Reaktionen in den Medien und Proteste in der Kulturszene aus. Daraus ging 1979 eine
Stiftungsaufsichtsbeschwerde hervor, in der eine
sachgemäße Verwahrung des Nachlasses und dessen Zugänglichkeit für die Öffentlichkeit gefordert
wurde und die von einer Reihe prominenter Schriftsteller, Wissenschaftlern und Kulturschaffender unterzeichnet worden war; die Klage wurde aber abgelehnt. Der Fall wurde in Form einer Verwaltungsge-
richtsbeschwerde 1980 ans Bundesgericht weiterge-
zogen und 1982 mit einer Vergleichsvereinbarung
abgeschlossen (vgl. Greven 2003, 200–206).

In den ersten Jahren standen die Erschließung
und Präsentation der Bestände im Zentrum der Aktivitäten des Archivs, wovon u. a. die von Kerr erstellten Inventare, Forschungsberichte, Bibliographien
und Materialienbände (vgl. KERR 1 bis 3) zeugen.
Mit der Entzifferung der Mikrogramme trat 1980 neben das archivalische ›Kerngeschäft‹ ein Editions-
projekt, das während rund zwei Jahrzehnten die Ar-

beit im Archiv und dessen Außenwirkung prägte – indem es berühmte Besucher wie Elias Canetti anzog (vgl. Morlang 2005), aber 1995 auch durch in die Öffentlichkeit getragene Meinungsverschiedenheiten (vgl. Greven 2003, 242–245). Geleitet wurde das Archiv von Katharina Kerr (1973–1978), Guido Stefani (1979–1987), Werner Morlang (1987–1995), Bernhard Echte (1995–2007), Margit Gigerl (2007–2009) und Lucas Marco Gisi (2009–). Das Robert Walser-Archiv wurde 2009 nach Bern überführt und ist heute Teil des Robert Walser-Zentrums (seit 2009 geleitet von Reto Sorg). Die Manuskripte sind aus konservatorischen und Sicherheitsgründen im Schweizerischen Literaturarchiv SLA der Schweizerischen Nationalbibliothek deponiert. Zum Zweck der Förderung der Erforschung und Verbreitung des Werks von Robert Walser wurde 1996 zudem die Robert Walser-Gesellschaft gegründet, die große Ankäufe von Manuskripten tätigen konnte und mittlerweile über 400 Mitglieder umfasst.

Nebst der ständigen Erweiterung, Erschließung und Erforschung der Sammlung und deren Vermittlung an Forschende bilden der Aufbau eines digitalen Archivs und die Zusammenarbeit mit der *Kritischen Robert Walser-Ausgabe* wichtige Formen der Wissensspeicherung für die Zukunft.

Die Bestände des Archivs haben immer wieder bedeutende Erweiterungen erfahren: Die 178 Briefe und 4 Karten an Frieda Mermet kamen 1976 (Vertrag: 1975) zur Verwahrung ins Robert Walser-Archiv und wurden 1994 gekauft. Die umfangreiche Sammlung des Antiquars Jörg Schäfer konnte 1999 von der Robert Walser-Gesellschaft erworben und im Robert Walser-Archiv hinterlegt werden. Sie umfasst die Manuskripte der Romane *Geschwister Tanner* und *Der Gehülfe*, die über den Nachlass von Enno Quehl, dem Prokuristen des Bruno Cassirer Verlags, überliefert worden waren und 1961 von Schäfer antiquarisch erworben werden konnten. Die Sammlung der Korrespondenz Walsers wurde 2008 um das Klaus Granitza-Konvolut und 2012 durch die Therese Breitbach-Briefe erweitert. Darüber hinaus konnten in den letzten Jahren die Walser-Sammlungen von Greven, Anne Gabrisch und Christoph Siegrist übernommen werden.

Die Sammlung des Robert Walser-Archivs umfasst heute 526 Mikrogramme, die Manuskripte der Romane *Der Gehülfe* und *Geschwister Tanner* sowie das Manuskript der Sammlung *Seeland*, über 300 Manuskripte von Prosastücken, Gedichten und dramatischen Texten, Kopien der Manuskripte und Briefe aus dem Nachlass des ehemaligen Chefredak-

tors der *Prager Presse* Arne Laurin (heute Literaturarchiv des Museums des nationalen Schrifttums [Památník národního písemnictví – PNP], Prag, vgl. Greven 2003, 87), rund 300 Briefe und Karten, darunter die Mermet- und Breitbach-Briefe, fast 100 Erstausgaben, z. T. mit Signatur und Widmung, eine Sammlung von Photos und Lebensdokumenten sowie Teile der Nachlässe der Geschwister Walsers, eine Sammlung von Erstdruckbelegen der unselbständigen Publikationen Walsers; den (Teil-)Nachlass von Carl Seelig, der dessen Arbeiten zu Walser beinhaltet; eine umfassende Sammlung zur Walser-Rezeption, die Zeitungsartikel, Ton- und Filmdokumente sowie Dokumentationen zu Ausstellungen, künstlerischen Arbeiten, Theaterinszenierungen, musikalischen Werken, Hörspielen, Filmen, Internetbeiträgen etc. umfasst; dazu kommt eine Bibliothek mit Werkausgaben und Übersetzungen sowie Forschungsliteratur und unveröffentlichten Qualifikationsarbeiten.

Literatur

Fröhlich, Elio: Nachwort. In: Robert Walser: Saite und Sehnsucht. Faksimile-Ausgabe. Im Auftrag der Carl-Seelig-Stiftung hg. u. m. einem Nachwort versehen v. Elio Fröhlich. Zürich 1979, 111–116.

Gigerl, Margit, Reibnitz, Barbara von: Sammeln und lesbar machen. Von der Bewahrung des Zerstreuten in Archiv und Edition. In: GRODDECK u. a., 159–169.

Gigerl, Margit: »Im Hafen fern liegender Nachwelt«. Robert Walser und sein Archiv. In: Librarium 51, 2 (2008), 148–158.

Gisi, Lucas Marco: Im Namen des Autors. Carl Seelig als Herausgeber und Biograf von Robert Walser. In: ders., Urs Meyer, Reto Sorg (Hg.): Medien der Autorschaft. Formen literarischer (Selbst-)Inszenierung von Brief und Tagebuch bis Fotografie und Interview. München 2013, 139–151.

Greven, Jochen: Robert Walser-Forschungen. Bericht über die Edition des Gesamtwerks und die Bearbeitung des Nachlasses, mit Hinweisen auf Walser-Studien der letzten Jahre. In: Euphorion 64 (1970), 97–114.

Greven, Jochen: Robert Walsers Sachwalter. Ein indiskreter Erfahrungsbericht. Unveröffentlichtes Manuskript. September 1978. 38 S.

Greven, Jochen: Robert Walser – ein Außenseiter wird zum Klassiker. Abenteuer einer Wiederentdeckung. Konstanz 2003.

[Kerr, Katharina]: Notizen. Der Nachlaß Robert Walsers, die Carl-Seelig-Stiftung und das Robert Walser-Archiv. In: TEXT + KRITIK 3, 84 f.

Morlang, Werner: Les archives Robert Walser de la Fondation Carl Seelig à Zurich. In: Sud. Revue littéraire trimestrielle n° 97/98 (février 1992), 179–181.

Morlang, Werner: Canettis Besuch im Robert Walser-Archiv. In: ders. (Hg.): Canetti in Zürich. Erinnerungen und Gespräche. München, Wien 2005, 102–113.

Robert Walsers Briefe an Willy Storrer und die Redaktion der »Individualität«. In: Mitteilungen 9, 3–21.

Stefani, Guido: Das Robert-Walser-Archiv der Carl-Seelig-Stiftung. In: Robert Walser. Dossier Literatur 3. Zürich, Bern ⁴1993, 118 f.

Utz, Peter: Ausgeplauderte Geheimnisse. Das Feuilleton als ›Brief für alle‹. Vortrag an der Jahrestagung der Robert Walser-Gesellschaft in Berlin, 19. Oktober 2013. In: http://www.robertwalser.ch (9. 1. 2015).

Nachlass, Archive

Robert Walser-Archiv des Robert Walser-Zentrums, Marktgasse 45, 3011 Bern, Schweiz. URL: http://www.robertwalser.ch

Schweizerisches Literaturarchiv SLA der Schweizerischen Nationalbibliothek, Hallwylstrasse 15, 3003 Bern, Schweiz. URL: http://www.nb.admin.ch/sammlungen/literaturarchiv/index.html

Standorte weiterer Manuskripte von Robert Walser

Deutsches Literaturarchiv Marbach
Heinrich-Heine-Institut Düsseldorf
Kantonsbibliothek St. Gallen, Vadianische Sammlung
Neues Museum Biel
Památník národního písemnictví PNP (Literaturarchiv des Museums des nationalen Schrifttums, Prag; ›Strahov-Archiv‹)
Schweizerisches Literaturarchiv SLA der Schweizerischen Nationalbibliothek, Bern
Staats- und Universitätsbibliothek Hamburg Carl von Ossietzky
Staatsarchiv des Kantons Zürich
Stadtarchiv Zürich
Stadtbibliothek München, Monacensia Literaturarchiv
Universitätsbibliothek Basel
Winterthurer Bibliotheken, Studienbibliothek
Yale University, New Haven, Kurt Wolff Archive
Zentralbibliothek Zürich
Weitere Manuskripte in Privatbesitz.

Standorte weiterer Briefe von und an Robert Walser

Biblioteca Nacional de Portugal, Lissabon
Burgerbibliothek Bern
Christian Morgenstern-Archiv, Berlin
Deutsches Literaturarchiv Marbach
ETH Bibliothek, Zürich
Freies Deutsches Hochstift, Frankfurt a. M.
Goethe-Schiller-Archiv, Weimar
Heinrich-Heine-Institut, Düsseldorf
Historisches Archiv der Stadt Köln
Kantonsbibliothek St. Gallen, Vadianische Sammlung
Landesbibliothek Oldenburg
Leo Baeck Institute, New York
Museum Herisau
Neues Museum Biel
Österreichische Nationalbibliothek, Wien
Památník národního písemnictví PNP (Literaturarchiv des Museums des nationalen Schrifttums, Prag; ›Strahov-Archiv‹)
Schweizerisches Bundesarchiv, Bern
Schweizerisches Literaturarchiv SLA der Schweizerischen Nationalbibliothek, Bern
Staatliche Museen zu Berlin, Zentralarchiv
Staats- und Universitätsbibliothek Hamburg Carl von Ossietzky
Staatsarchiv des Kantons Bern
Staatsarchiv des Kantons Thurgau, Frauenfeld
Staatsarchiv des Kantons Zürich
Stadtarchiv Zürich
Stadtbibliothek Biel
Stadtbibliothek München, Monacensia Literaturarchiv
Stanford University Libraries
Universitätsbibliothek Basel
Universitätsbibliothek Erlangen-Nürnberg
Van Gogh-Museum, Amsterdam
Winterthurer Bibliotheken, Stadtbibliothek
Yale University Library, New Haven, Kurt Wolff Archive
Zentralbibliothek Zürich
Weitere Briefe in Privatbesitz.

Lucas Marco Gisi

5.2 Edition

Neuauflagen zu Lebzeiten und erste Ausgaben aus dem Nachlass

In dem Prosastück *Die leichte Hochachtung*, publiziert am 12. 11. 1927 im *Berliner Tageblatt*, stellt Walser fest:»Ich behellige aber anderseits die Herren Bücherherausgeber oder Verleger in keiner Weise mit Anfragen, ob sie geneigt seien, spesenverursachende Editionen zu riskieren, indem ich Inhaber eines Nachrichtenetablissements bin, das mich mein Auskommen finden läßt.« (SW 19, 112) Der Autor konstatiert damit seine Situation als Feuilletonist, der keine Bücher mehr publiziert. Sein Werk ist seit 1925, nach der mehr oder weniger erfolglosen Publikation seines letzten Buches *Die Rose*, in Zeitschriften und Zeitungen verstreut. Walser selbst begann, die Druckbelege zu sammeln, wohl in der Hoffnung, sie für eine spätere Buchpublikation aufzuheben. Nach der Verlegung in die Heil- und Pflegeanstalt Herisau 1933 stellte er seine schriftstellerische Tätigkeit ein und bekundete anscheinend nur noch wenig Interesse an der Herausgabe seiner Schriften.

Der Zürcher Mäzen und Schriftsteller Carl Seelig, der 1936 den immer mehr in Vergessenheit geratenen Schriftsteller in der Klinik in Herisau erstmals aufsuchte, kümmerte sich auch um die Publikation seiner Werke (s. Kap. 2.5). Nicht nur Neuauflagen der Romane *Der Gehülfe* (1936) und *Jakob von Gunten* (1950) wurden von Seelig in die Wege geleitet, sondern auch Sammelausgaben bekannter oder noch unbekannter Texte des Dichters wie *Große kleine Welt. Eine Auswahl* (1937) und *Stille Freuden* (1944). In der fünfbändigen Werkausgabe *Dichtungen in Prosa* (DiP; 1953–1961) wurde eine Auswahl von Walsers Werk durch die Herausgeberschaft Seeligs neu und zum Teil auch erstmals zugänglich gemacht. Seeligs Herausgebertätigkeit kommt das Verdienst zu, während Walsers Klinik-Jahren und in den ersten Jahren nach seinem Tod sein Werk vor dem Vergessen bewahrt zu haben.

Die Editionen Seeligs wirken zwar ohne philologischen Anspruch, doch liegt ihnen eine bewusste Werkvorstellung zugrunde, die Lucas Marco Gisi als eine spezifische »Werkpolitik« beschrieben hat, die in ihrer Konsequenz nur das von Walser publizierte Werk gelten lassen und die »Auflösung des Werks in ein ›unkontrollierbares‹ Spätwerk verhindern [sollte], indem letzterem allenfalls eine dokumentarische Funktion zugestanden wurde oder dieses – im

schlimmsten Fall – einfach abgetrennt würde« (Gisi 2013, 145). So ließe sich auch der ungeheuerliche Satz in Seeligs letztwilliger Verfügung verstehen: »Alle Handschriften von *Robert Walser* sollen auf dessen Wunsch verbrannt werden« (zit. n. ebd., 140). Zum Glück hat sich Seeligs Testamentsvollstrecker Elio Fröhlich nicht an diesen letzten Willen von Walsers erstem Herausgeber gehalten.

Das Gesamtwerk (GW), *Sämtliche Werke* (SW), *Aus dem Bleistiftgebiet* (AdB)

Es war der Kölner Germanist Jochen Greven, der in den 1950er Jahren bei dem Kafka-Forscher Wilhelm Emrich die erste deutschsprachige Dissertation über Robert Walser vorbereitete und in der Folge den Entschluss fasste, Walsers Werk systematisch zu edieren. In den Jahren 1966–1975 legte er die zwölfbändige Edition des *Gesamtwerks* (GW) in dem kleinen Genfer Kossodo-Verlag vor, die noch durch die *Briefe*-Edition, herausgegeben von Jörg Schäfer unter Mitarbeit von Robert Mächler, als 13. Band ergänzt wurde. Während der Band mit den Gedichten in Zusammenarbeit mit Mächler erstellt wurde, zeichnete für die ersten Veröffentlichungen aus dem Konvolut der Mikrogramme (den »Räuber«-Roman, die »Felix«-Szenen und einzelne Gedichte) neben Greven auch Martin Jürgens verantwortlich. 1978 übernahm der Suhrkamp Verlag unter Siegfried Unseld die zwölfbändige Ausgabe des *Gesamtwerks* (GWS) in einer Taschenbuch-Edition und leitete so anlässlich seines 100. Geburtstags die anhaltende Wiederentdeckung von Walsers Werk ein (vgl. Unseld 1978; Stocker 2015). Im selben Jahr konnte in der damaligen DDR eine von Anne Gabrisch herausgegebene Edition *Prosastücke* (PS) erscheinen, die 1984 durch zwei weitere Bände (RO) ergänzt wurde – jeweils in einer Auflage von 10000 Exemplaren (vgl. Greven 2003, 209–214).

Anfänglich stieß der Anspruch auf vollständige Präsentation des ›Gesamtwerks‹ zwar noch auf entschiedene Gegenstimmen, so u. a. in einem Artikel der *Neuen Zürcher Zeitung* vom 26. 11. 1967, der befand, dass »aus dem Wunsch nach Vollständigkeit zuviel Gleichgültiges aufgenommen« worden sei (zit. n. ebd., 145). Doch in den späten 1970er Jahren erwies sich, dass Grevens epochale Editionsleistung, verbunden mit dem publizistischen Engagement des Suhrkamp Verlags, Walsers Werk literaturhistorisch durchgesetzt hatte. 1985/1986 legte Greven eine erweiterte Neubearbeitung seiner Edition vor, die nun als 20-bändige Taschenbuchausgabe unter dem Gesamttitel *Sämtliche Werke in Einzelausgaben* (SW) erschien.

Grevens große Editionsleistung der *Sämtlichen Werke* machte Walsers Werk nicht nur mehr oder weniger vollständig zugänglich, sondern ordnete die komplexe Überlieferung soweit als möglich auch chronologisch. Allerdings wird die chronologische Erschließung durch die Einteilung der Bände nach Gattungen überlagert. So folgt auf die ersten sieben Bände, welche die von Walser selbst publizierten Sammlungen von 1904 (*Fritz Kocher's Aufsätze*) bis 1925 (*Die Rose*) enthalten, eine Gruppe mit den drei Berliner Romanen und dem sogenannten »Räuber«-Roman (SW 9–12). Band 13 (*Gedichte*) versammelt Walsers eigene Gedichtausgaben mit verstreut publizierten Gedichten und solchen aus dem Nachlass. Ebenso verfährt Band 14 (*Komödie*), der die Dramolette Walsers vereinigt. Die Bände 14–20 versammeln Walsers umfangreiches Werk der verstreut publizierten oder auch unpublizierten Prosastücke aus der Berliner Zeit bis in die letzten Berner Jahre. Hier suchte Greven – ohne Unterscheidung von publizierten und nachgelassenen Texten – die weit über tausend Einzeltexte nicht nur chronologisch zu ordnen, sondern auch inhaltlich zu gruppieren, sodass sich die Anordnung an einer Kombination von thematischen und chronologischen Kriterien orientiert. Ein Grund für diese Entscheidung lag sicher in der problematischen Datierung der vielen Einzeltexte. Sind bereits die Erscheinungsdaten der von Walser selbst publizierten Feuilletons in Hinblick auf die Entstehungszeit der Texte nicht immer aussagekräftig, da Walsers Texte oft länger in den Redaktionen der Zeitungen liegengeblieben sind, so ist die Datierung der unpublizierten Manuskripte oft noch weniger verbindlich auszumachen (vgl. Greven 2003, 116–118).

Das Problematische eines solchen Vorgehens war Greven selbst bewusst, doch ging es ihm um einen inneren Zusammenhang in Walsers Werk, der auch von dem Dichter selbst in einer berühmt gewordenen Feststellung ausgesprochen wurde: »Für mich sind die Skizzen, die ich dann und wann hervorbringe, kleinere oder umfangreichere Romankapitel. Der Roman, woran ich weiter und weiter schreibe, bleibt immer derselbe und dürfte als ein mannigfaltig zerschnittenes oder zertrenntes Ich-Buch bezeichnet werden können.« (SW 20, 322) Greven publizierte 1994 unter dem Titel *Robert Walser: Der Roman, woran ich weiter und weiter schreibe. Ich-Buch*

der Berner Jahre rund 150 Prosastücke als Buch. Das von ihm als solches bezeichnete »editorische Experiment« (Walser 1994, Schutzumschlag) blieb ohne große Resonanz, es zeigt aber *ex negativo*, wie empfindlich sich Walsers zerstreut publiziertes Prosastück-Werk gegen herausgeberische Redaktionen erweist. 1985 erschienen die beiden ersten Bände der sechsbändigen Edition von Walsers mikrographischem Nachlass unter der – Walsers Brief vom 20. 6. 1927 an Max Rychner entlehnten (vgl. Br 322) – Bezeichnung *Aus dem Bleistiftgebiet* (AdB). Die Carl Seelig-Stiftung, die auch das Robert Walser-Archiv und damit die Rechte am Werk Walsers besaß, beauftragte nicht den Herausgeber Greven, sondern zwei jüngere Wissenschaftler, Werner Morlang und Bernhard Echte, mit der Entzifferung und Herausgabe des aus 526 Blättern bestehenden Konvoluts (vgl. Greven 2003, 147–157, 207 f.). Die anfangs kaum als lösbar erscheinende Aufgabe einer vollständigen Entzifferung all derjenigen Mikrogramme, die Walser nicht selbst abgeschrieben hatte, wurde im Jahr 2000 mit dem sechsten Band der AdB abgeschlossen und ist zurecht als ein bedeutendes philologisches Ereignis gefeiert worden. Diese große Leistung hatte sich allerdings auch auf gründliche Vorarbeiten Grevens stützen können.

Kritik an den bisherigen Walser-Editionen

Zusammen mit dem 2003 erschienenen Ergänzungsband *Feuer*, der eine Reihe neuaufgefundener Texte Walsers enthielt (FEUER), lagen nun Werk und Nachlass ›vollständig‹ vor.

Die Vollständigkeit des neu publizierten Werkes ist allerdings relativ. Die Grevensche Ausgabe von 1985/1986 enthält in der Regel nur die jeweils letzte Version von Walsers Texten. Parallel-Fassungen, Vorstufen und Varianten werden nur in Ausnahmefällen mitgeteilt. Die Texte Walsers wurden ferner der (damaligen) Dudennorm angepasst und gelegentlich auch leicht redigiert (vgl. Greven 1998).

Die Edition der Mikrogramme in AdB wiederum enthält nur etwa 60 % der im Konvolut niedergeschriebenen Aufzeichnungen, da die Ausgabe darauf angelegt war, nur die ›unbekannten Texte‹ Walsers zu entziffern und zu publizieren. Jene Entwürfe, die Walser schon selbst abgeschrieben hatte und die als reinschriftliches Manuskript oder als Druck überliefert sind, blieben, abgesehen von einzelnen Beispielen, darin unberücksichtigt.

Diese Editionssituation wurde mit der Zeit als ungenügend erkannt – vor allem von den beteiligten Editoren selbst. Schon im »Anhang« des sechsten Bandes von AdB stellen die Herausgeber in Bezug auf die nicht veröffentlichten Mikrogrammtexte explizit fest:»Grundsätzlich wäre es wünschenswert, auch diese Entwürfe gesamthaft zu edieren, was im Rahmen der vorliegenden Ausgabe allerdings nicht möglich war – handelt es sich doch um rund 2000 Seiten Text.« (AdB 6, 539) Diese massive Einschränkung ist auch der Grund, warum Walsers mikrographische Aufzeichnungen nicht im ursprünglichen handschriftlichen Zusammenhang, sondern lose thematisch, nach dem Vorbild der Grevenschen Edition, angeordnet sind.

Nicht nur Greven, sondern auch die Editoren der Mikrogramm-Ausgabe begleiteten ihre Arbeit mit einer Reihe erklärender Aufsätze (vgl. u. a. Morlang 1994; Echte 1997) und legten 1986 eine Faksimile-Edition der 24 Blätter des Räuber-Mikrogramms vor, in der Absicht, »eine möglichst authentische Wiedergabe des Textes« zu realisieren (Echte, Morlang 1986, 5). Editionsphilologisch avancierter ist die Faksimile-Edition des sogenannten *Tagebuch-Fragments* von 1996 durch Echte (Walser 1996; vgl. dazu die ausführliche Rezension von Reuß 1997).

Diese faksimilegestützten Einzeleditionen von mikrographischen Aufzeichnungen Walsers zeigen einerseits, dass die Schriftbildlichkeit der Mikrogramme (die in AdB nur in wenigen Faksimile-Beigaben erahnbar ist) zunehmend als wesentlicher Bestandteil von Walsers Werk gesehen wurde. Andererseits wird dadurch das prinzipiellere editorische Problem des Mikrogramm-Konvoluts verdeckt, dem durch die verschiedenen Editionen immer mehr der Charakter eines eigenen Werks zukommt. Im Grunde handelt es sich bei dem Konvolut der Mikrogramme zunächst nur um eine Ansammlung von Entwürfen, die zu einem großen Teil von Walser weiterverwendet wurden. Die vom Autor nicht abgeschriebenen mikrographischen Aufzeichnungen könnten durchaus als nicht mehr verwendete, d. h. aufgegebene Entwürfe begriffen werden. Dass gerade dieser Teil der Mikrogramme, gegliedert nach Gattungen, als eine Art eigenes Werk in sechs Bänden herausgegeben wurde, stellt – nüchtern betrachtet – ein editionsphilologisches Kuriosum dar.

Kritische Robert Walser-Ausgabe (KWA)

2004 konnte eine im strengen Sinne wissenschaftliche Neuedition Walsers in Angriff genommen werden, eine Edition ›sämtlicher Drucke und Manuskripte‹: die *Kritische Robert Walser-Ausgabe* (KWA) (vgl. Groddeck 2005 u. 2008). Die KWA wird als Projekt des Schweizerischen Nationalfonds seit 2007 unter der Leitung von Wolfram Groddeck und Barbara von Reibnitz an den Universitäten Zürich und Basel erarbeitet. Ein Grundgedanke für die Realisierung der KWA ist einerseits die vollständige Aufarbeitung aller Text-Dokumente Walsers sowie der editorische Einbezug der Schrift Walsers in Form einer integralen Faksimilierung aller handschriftlichen Dokumente. Andererseits wird die gesamte Überlieferung in ihren primären Kontext gestellt.

Die KWA ist in acht Abteilungen gegliedert, wobei die ersten sechs Abteilungen das Werk enthalten, die siebte Abteilung die Briefe und die achte Wirkungsdokumente.

Die erste Abteilung enthält die 15 selbständig erschienenen Publikationen Walsers von *Fritz Kocher's Aufsätze* (1904) bis zu *Die Rose* (1925). Diese Abteilung enthält damit die am besten autorisierten Texte, da Walser stets akribisch Korrektur gelesen hat. Die ›Editorischen Nachworte‹ rekonstruieren, so weit es der derzeitige Kenntnisstand der Walser-Forschung ermöglicht, die Entstehungsgeschichte, die Überlieferung und die zeitgenössische Rezeption von Walsers Büchern.

Die zweite Abteilung enthält die Veröffentlichungen Walsers in Zeitschriften. Hierbei ist die KWA primär am Prinzip des Druckortes orientiert. Innerhalb der einzelnen Druckort-Editionen werden Walsers Texte dann chronologisch nach Erscheinungsdatum angeordnet. In den ›Editorischen Nachworten‹ werden die Beziehungen Walsers zu den Redakteuren der verschiedenen Zeitschriften aufgearbeitet und gegebenenfalls Rezeptionsdokumente wiedergegeben.

In gleicher Weise verfährt auch die dritte Abteilung, welche Walsers Veröffentlichungen in Zeitungen enthält. Denjenigen Zeitungen, in denen Walser viele Texte publiziert hat, sind einzelne Bände gewidmet, so der *Neuen Zürcher Zeitung*, dem *Berliner Tageblatt* oder der *Prager Presse* und dem *Prager Tagblatt*. Zeitungen, in denen Walser weniger veröffentlicht hat, werden zu einem Sammelband zusammengefasst (*Basler Nachrichten, Frankfurter Zeitung* usw.). Die zahlreichen Zweitdrucke, die vor allem seit Mitte der 1920er Jahre in größeren und kleineren europäischen Zeitungen erschienen sind, werden bibliographisch dokumentiert und in ihrer Varianz erfasst. Die editionsmethodische Überlegung, Walsers verstreute Publikationen nach dem Prinzip der Druckorte zu edieren, korrespondiert einerseits mit der strikten editorischen Orientierung am Textträgerprinzip, andererseits reflektiert sie auch einen werk- und rezeptionsästhetischen Aspekt. Wenn Walser in der konservativen Zeitschrift *Die Rheinlande* publiziert, schreibt er für ein anderes Publikum als wenn er in *Die Weltbühne* veröffentlicht; noch einmal anders stellen sich seine Publikationen z. B. in der anthroposophischen Zeitschrift *Individualität* dar. Ebenso sind Walsers Beiträge in den beiden Prager Zeitungen anders orientiert als im *Berliner Tageblatt* oder in der *Neuen Zürcher Zeitung*. Die verschiedenen Druckorte stellen auch verschiedene Kontexte dar, in denen sich Walsers literarisches Schreiben bewegt. In ihnen kontextualisieren sich Walsers Publikationen auch im Detail, sei es durch die Konstellation mit anderen Schriftstellern und Schriftstellerinnen, die in derselben Zeitschriftennummer publiziert haben, sei es durch die Rekonstruktion der Tagesnachrichten im Layout der jeweiligen Zeitungen (vgl. Reibnitz 2012 u. 2014).

Während die ersten drei Abteilungen der KWA das zu Lebzeiten gedruckte Werk Walsers enthalten, wird in den folgenden drei Abteilungen der umfangreiche handschriftliche Nachlass dokumentiert. In der vierten Abteilung werden die drei einzig erhaltenen Werkmanuskripte Walsers – die im Falle der Roman-Manuskripte *Geschwister Tanner* und *Der Gehülfe* zugleich Entwurfsniederschrift und Druckvorlage und im Fall des *Seeland*-Manuskripts ein höchst komplexes Druckmanuskript mit zahlreichen Varianten darstellen – vollständig faksimiliert. Die drei Druckmanuskripte sind mit den drei jeweiligen Erstdruck-Editionen in der ersten Abteilung durch Querverweise und Vergleichsvarianten verbunden und erlauben so auch eine textgenetische Lektüre (vgl. Groddeck 2007).

Die fünfte Abteilung umfasst die vollständige Faksimilierung sämtlicher Manuskripte zu kleineren Formen. Bei den Manuskripten handelt es sich zum größeren Teil um unpublizierte Manuskripte, aber auch um Druckvorlagen (insbesondere für die *Prager Presse*). Die Manuskripte werden – wie in der vierten Abteilung – durch Umschriften erschlossen, welche die Texte unemendiert wiedergeben, d. h. ohne herausgeberische ›Verbesserung‹, mit allen Verschreibungen und Korrekturen des Autors.

Die sechste Abteilung breitet in ca. 12–14 Bänden das gesamte Konvolut der Mikrogramme aus, das aus 526, zum Teil auch *verso* beschriebenen Blättern besteht. Von den ca. 1300 stets mit Bleistift notierten Aufzeichnungen hat Walser etwa 580 Texte ins Reine geschrieben. Die Separation dieses einzigartigen und was die Quantität der Aufzeichnungen betrifft sehr umfangreichen Konvoluts in einer eigenen Abteilung begründet sich aus der besonderen Form der Bleistiftniederschriften, die auf den einzelnen Blättern oft komplexe Konstellationen bilden. In einer neu entwickelten Transkriptionsform, der ›kongruenten Umschrift‹ wird der Schriftverlauf der Typen so modifiziert, dass die Zeilen der Umschrift mit denen von Walsers Handschrift kongruent sind. Die ›kongruente Umschrift‹, die manchmal sehr klein ist, aber immer lesbar bleibt, wird mit den Faksimiles der Handschriften in Originalgröße konfrontiert, sodass der ursprüngliche Entstehungskontext intuitiv einsehbar wird (vgl. Thut, Walt, Groddeck 2012). In einem zweiten, nicht mehr primär an der Schriftbildlichkeit, sondern an der Textualität der Mikrogramme orientierten Editionsteil werden die Aufzeichnungen als ›Texte‹ ediert und philologisch annotiert (wann sind sie entstanden? welche Notate wurden ins Reine geschrieben? welche sind publiziert worden? vgl. Walt 2015). Durch die angedeutete Editionsmethode werden die Mikrogramme einerseits aufs Engste mit den übrigen Teilen der Werkedition verknüpft (Zeitschriften, Zeitungen, Manuskripte) und unter einer textgenetischen Perspektive lesbar, andererseits zeigen sie sich auch als eine eigene ›Werkstatt‹, als ein ›verborgenes Werk‹ Walsers (vgl. Groddeck 2008).

Die KWA erscheint als Buchedition in ca. 50 Bänden. Sie wird von einer elektronischen Komponente begleitet, der KWAe, die jedem Band – vorderhand noch – als DVD beigegeben ist. Die in früheren Bänden edierten Texte sowie das gesamte handschriftliche und typographische Material (Erstdrucke und Zweitdrucke) ist auf der jeweils neuesten DVD zugänglich und elektronisch durchsuchbar (vgl. Sprünglin 2008).

Auf der DVD ist ferner ein jeweils aktualisiertes Werk- und Titelregister, das *Elektronische Findbuch*, in Form einer umfangreichen PDF-Datei beigegeben, das sämtliche bekannten Handschriften und Drucke Walsers alphabetisch verzeichnet sowie ihren seitengenauen Stellennachweis in den wichtigsten früheren Editionen enthält.

Berner Ausgabe (BA)

Im Auftrag der Robert Walser-Stiftung sind regelmäßig populäre Einzelausgaben und thematische Anthologien herausgegeben worden, die das Interesse eines breiteren Publikums am Autor Walser wachhalten sollten. Die in Vorbereitung begriffene *Berner Ausgabe* der ›Werke und Briefe‹ (BA) versteht sich als kommentierte ›Studienausgabe‹ und soll Werk und Nachlass Walsers einem interessierten Lesepublikum zugänglich machen. Sie wird, wo es schon möglich ist, auf der Texterarbeitung der KWA basieren und soll in werkbezogenen Nachworten und Stellenkommentaren das Werk Walsers inhaltlich erschließen. Das ambitionierteste und wichtigste Teilprojekt innerhalb der BA, das derzeit erarbeitet wird, ist eine neue dreibändige, kommentierte Briefausgabe, herausgegeben von Peter Stocker und Bernhard Echte (BA IV). Sie wird eine beträchtliche Reihe neu aufgefundener Briefe von und an Walser enthalten und die längst vergriffene *Briefe*-Edition von Jörg Schäfer (Br) ersetzen.

Literatur

Echte, Bernhard, Morlang, Werner: Editorische Vorbemerkung. In: Robert Walser: »Der Räuber«-Roman. Faksimile der vierundzwanzig Manuskriptseiten in Robert Walsers Mikrogramm-Schrift. Mit einem Beiheft, das den entzifferten Wortlaut des mikrographierten Manuskriptes enthält. Neu entziffert u. hg. v. Bernhard Echte u. Werner Morlang. Zürich, Frankfurt a. M. 1986, 5 f.

Echte, Bernhard: Nie eine Zeile verbessert? Beobachtungen an Robert Walsers Manuskripten. In: Peter Utz (Hg.): Wärmende Fremde. Robert Walser und seine Übersetzer im Gespräch. Akten des Kolloquiums an der Universität Lausanne, Februar 1994. Bern u. a. 1994, 61–70.

Echte, Bernhard: »Ich verdanke dem Bleistiftsystem wahre Qualen […]«. Bemerkungen zur Edition von Robert Walsers »Mikrogrammen«. In: Text. Kritische Beiträge 3 (1997), 1–21.

Gisi, Lucas Marco: Im Namen des Autors. Carl Seelig als Herausgeber und Biograf von Robert Walser. In: ders., Urs Meyer, Reto Sorg (Hg.): Medien der Autorschaft. Formen literarischer (Selbst-)Inszenierung von Brief und Tagebuch bis Fotografie und Interview. München 2013, 139–151.

Greven, Jochen: »Weniger eine Edition als eine Redaktion«? Replik auf eine Fußnote. In: Text. Kritische Beiträge 4 (1998), 175–183.

Greven, Jochen: Robert Walser – ein Außenseiter wird zum Klassiker. Abenteuer einer Wiederentdeckung. Konstanz 2003.

Groddeck, Wolfram: Zum Projekt der neuen, kritischen Robert Walser-Ausgabe. In: Text. Kritische Beiträge (2005), 107–115 (auch in: Mitteilungen 12, 10–16).

Groddeck, Wolfram: »und in der Tat, er schrieb so etwas wie einen Roman«. Zur Edition des Druckmanuskripts von Robert Walsers Romandebüt *Geschwister Tanner*. In: Groddeck u. a., 141–157.

Groddeck, Wolfram: Jenseits des Buchs. Zur Dynamik des Werkbegriffs bei Robert Walser. In: Text. Kritische Beiträge 12 (2008), 57–70.

Groddeck, Wolfram: Überlegungen zum Editionsmodell der *Mikrogramme* in der *Kritischen Robert Walser-Ausgabe*. In: Michael Stolz, Yen-Chun Chen (Hg.): Internationalität und Interdisziplinarität der Editionswissenschaft. Berlin, Boston 2014, 111–122.

Morlang, Werner: Melusines Hinterlassenschaft. Zur Demystifikation und Remystifikation von Robert Walsers Mikrographie. In: Runa. Revista portuguesa de estudos germanísticos Nº 21 (1994), 81–100.

Reibnitz, Barbara von: Feuilletons für Zürich, Berlin, Frankfurt und Prag. Zum druckortbezogenen Editionskonzept der Kritischen Robert Walser-Ausgabe. In: Zeitschrift für Germanistik N. F. 22, 3 (2012), 581–598.

Reibnitz, Barbara von: Erstdrucke in Zeitungen. Zur editorischen Kontextdokumentation am Beispiel von Robert Walsers Feuilletons. In: Wolfgang Lukas, Rüdiger Nutt-Kofoth, Madleen Podewski (Hg.): Text – Material – Medium. Zur Relevanz editorischer Dokumentationen für die literaturwissenschaftliche Interpretation. Berlin, Boston 2014, 219–235.

Reuß, Roland: Neuerlich im Bleistiftgebiet. Zur Faksimile-Edition des »Tagebuch«-Fragments von Robert Walser. In: Text. Kritische Beiträge 3 (1997), 153–161.

Sprünglin, Matthias: Zu Theorie und Praxis der elektronischen Edition in der Kritischen Robert Walser-Ausgabe. In: Text. Kritische Beiträge 12 (2008), 31–38.

Stocker, Peter: Robert Walser, Siegfried Unseld und die Verlage Insel und Suhrkamp. In: Irmgard M. Wirtz, Ulrich Weber, Magnus Wieland (Hg.): Literatur – Verlag – Archiv. Göttingen, Zürich 2015, 75–94.

Thut, Angela, Walt, Christian, Groddeck, Wolfram: Schrift und Text in der Edition der Mikrogramme Robert Walsers. In: Text. Kritische Beiträge 13 (2012), 1–15.

Unseld, Siegfried: Robert Walser und seine Verleger. In: ders.: Der Autor und sein Verleger. Vorlesungen in Mainz und Austin. Frankfurt a. M. 1978, 241–341.

Walser, Robert: Der Roman, woran ich weiter und weiter schreibe. Ich-Buch der Berner Jahre. Zusammengestellt v. Jochen Greven. Frankfurt a. M. 1994.

Walser, Robert: »Tagebuch«-Fragment. Faksimile und Transkription des »Mikrogramm«-Entwurfs. Mit französischer Übersetzung. Hg. v. der Carl Seelig-Stiftung. Transkribiert u. ediert v. Bernhard Echte. Übersetzt v. Golnaz Houchidar. Zürich 1996.

Walt, Christian: Improvisation und Interpretation. Robert Walsers Mikrogramme lesen. Frankfurt a. M., Basel 2015.

Wolfram Groddeck

5.3 Photographie

Bestand

Es sind insgesamt kaum mehr als 40 Photographien überliefert, die Robert Walser zeigen. Von diesen stammen etwa zwei Drittel von Carl Seelig (s. Kap. 2.5) und entfallen zudem auf einige wenige Serien, zu denen jeweils mehrere Aufnahmen gehören. Zwei der Bilder sind Kinderaufnahmen aus Photoateliers, drei wurden von Walter Kern am 3. April 1928 im Auftrag der Zeitschrift *Individualität* angefertigt, und weitere vier stammen vom Untersuchungsrichter Kurt Giezendanner als Dokumentation der Fundstelle des tot aufgefundenen Schriftstellers. Weite Teile seines Lebens sind ohne jede photographische Spur. Auch die Menschen, mit denen er verwandt oder bekannt war, haben keine solchen in ihrem Besitz hinterlassen. Für einen Schriftsteller, der immerhin zu Lebzeiten eine ganze Reihe von Büchern veröffentlichte, handelt es sich um einen bemerkenswert knappen Bestand an Photographien. Anders als seine medienscheuen Schriftstellerkollegen wie Thomas Pynchon, J. D. Salinger oder B. Traven gehört Robert Walser allerdings keineswegs zu den anerkanntermaßen ikonophoben Autoren. Die wenigen vorhandenen Aufnahmen wurden von ihm und den Verlegern von Zeitschriften und Büchern durchaus strategisch als Paratexte eingesetzt (vgl. Sorg 2013).

Texte und Bilder

Bei Walser ist eine komplexe Konstellation von Texten und Bildern festzustellen. Photographien des Schriftstellers Robert Walser sind in vielfacher Hinsicht Autorbilder. Das lässt sich bereits zu Lebzeiten konstatieren, wird aber vor allem bei den verschiedenen späteren Deutungs- und Darstellungsversuchen ersichtlich. Auch die Edition der *Bleistiftgebiet*-Texte evoziert ein Schriftstellerbild, das sich nicht zuletzt über das Schriftbild definiert. Um dieses zu inszenieren und zu illustrieren, werden die überlieferten Photographien gezielt eingesetzt. Sie dienen dazu, höchst unterschiedliche Autorbilder zu visualisieren und vor Augen zu führen. Photographische *Bilder von Robert Walser als Autor* sind immer auch *Autorbilder* und das zumeist in doppelter Perspektivierung: Sie setzen auf der einen Seite ein Bild in Szene, das der Autor von sich macht oder zu erwecken sucht; auf der anderen Seite spiegeln sie Vorstellun-

gen und Einstellungen hinsichtlich der Funktion des Autors insgesamt wider. Bei Walser sind Photographien durchweg Vexierbilder. Modelle von Autorschaft werden durchgespielt, bild-dialogische Konstellationen werden imaginiert und Texte und Bilder werden miteinander verwoben (zum Thema vgl. Bickenbach 2010; Stiegler 2007). Das gilt sowohl für die zeitgenössische Produktion und Rezeption wie auch für spätere Arbeiten über Walser, die in anderer Weise auf den Bestand an Bildern zurückgreifen, um diese neu zu perspektivieren und mit anderen Aufnahmen zu korrelieren.

Photographien in Texten

In Walsers Werk finden sich einige intradiegetische Bezugnahmen auf die Photographie. Insgesamt sind es gut zwei Dutzend Texte, in denen die Photographie als Medium erwähnt wird. Zumeist sind diese motivischen Belege von randständiger Bedeutung. Mitunter eröffnen aber die im Text erwähnten Bilder ein eigentümliches Spiel mit den überlieferten extradiegetischen Photographien des Autors. Es scheint, als würde Walser in seinen Texten mit den Lichtbildern bewusst spielen und einen Raum der Ambivalenz zwischen Fiktion und Realität eröffnen, denn mitunter tauchen die realexistierenden Bilder, von deren Entstehung er gelegentlich in Briefen berichtet, auch als erzählte Bilder in den Texten auf. Das gilt vor allem für die in *Jakob von Gunten* erwähnten Photographien (vgl. SW 11, 23, 25, 48, 60), aber auch für die Zeichnung, die Roberts Bruder Karl von ihm als Räuber angefertigt hat und die dann im »*Räuber*«-Roman (vgl. AdB 3, 20) und in dem Prosastück *Wenzel* (vgl. SW 2, 84) beschrieben wird (s. Abb. in Kap. 3.5.3). Beide Bilder – das Photoportrait und die Zeichnung – sind Jugendbilder Walsers, von denen das erste auch als offizielles Autorenportrait Walsers Verwendung gefunden hat – und das über viele Jahre hinweg. Noch 1919 wird der Öffentlichkeit ein Bild Walsers aus dem Jahr 1905 (s. Abb. 3, Kap. 1.2) präsentiert, und selbst 1925 findet dieses Bild erneut in *Die literarische Welt* Verwendung (vgl. Sorg 2013, 113–116). Der Autor altert, nicht aber sein öffentliches Bild, das, wie er im November 1925 an Therese Breitbach schreibt, »ein Bild von mir [zeigt], das hergestellt ist nach einer Photographie, die ich einst in Berlin im Warenhaus Wertheim machen ließ, als ich auf dem Sprunge war, gräflicher Diener zu werden« (Br 271). Die Photographie setzt so um, was der Text in anderer Weise durchspielt: den Wunsch, nicht erwachsen zu werden, sich die kindliche Offenheit zu bewahren und ewig jugendlich im Reich der Schrift zu existieren. Diese eigentümliche Interferenz führt letztlich dazu, auch die Texte als »Selbstbildnis« (SW 20, 427), so Walsers eigener Vorschlag, zu betrachten, als autofiktionale Texte, die »in Wahrheit jedoch mehr oder weniger Selbstporträts sind« (Hamm 1980, 11). Selbst eine vermeintlich nüchtern-funktionale Aufnahme wie jene aus dem Photoatelier erweist sich so als Ausdruck eines Autorphantasmas, das die Texte in anderer Weise ausbuchstabieren und dann auch zum Leitbild der Forschung wird. Lichtbilder und Textbilder werden ebenso konsequent miteinander verschränkt wie solche des Erzählers und des Autors. Die Photographie dient dazu, eine Ambivalenz herzustellen zwischen einem durch sie gestifteten autobiographischen Pakt und einer konsequenten Fiktionalisierung des Lebens, das in Möglichkeitsoptionen verwandelt wird. Die Photographie hat Anteil an der Autofiktionalität, für die Walser ein berühmtes Beispiel darstellt (s. Kap. 4.1).

Abb. 17: Karl Walser: *Bildnis seines Bruders*. In: *Kunst und Künstler* 12, 7 (April 1914). Gemälde basierend auf einer Photographie von 1899 (s. Abb. 2, S. 8).

Doppelportrait: Robert und Karl Walser

Walsers Bücher waren mitunter mit Illustrationen seines Bruders Karl versehen, der auch eine Portraitphotographie Roberts in eine Zeichnung verwandelt hat. Eine Aufnahme aus den späten 1890er Jahren liefert die Vorlage für eine Zeichnung, die Karl Scheffler 1914 in einem Aufsatz über den Maler abdruckt (vgl. Scheffler 1914, 360; s. Abb. 17 u. Abb. 2, Kap. 1.2). In Robert Walsers literarischem Portrait *Leben eines Malers* wiederum, erschienen 1916 in *Die neue Rundschau*, findet sich eine Bildbeschreibung von Karl Walsers Bild, das einen »auf moosgeschmücktem Felsblock sitzende[n] Dichter in Phantasiekleidung« zeige (SW 7, 29). Dass Walser aus sich selbst einen anonymen »Dichter« macht, der von einem anonymen »Maler« portraitiert wurde, ist bemerkenswert, handelt es sich doch um eine besondere Form der Recodierung und Aneignung. Walser beschreibt den Dichter als ein einsam über der Welt thronendes Wesen, das wie Dürers *Melencholia* in versunkener Kontemplation begriffen ist: »Rings herum liegt grüner Wald. Auf säuberlichem Wege geht ein Liebespaar sachte in die abwärts führende, allmähliche Entfernung.« (ebd.) Karl verwandelt seinen Bruder in einen neuromantischen Dichter, der einsam auf einem Felsen thront – und Robert scheint dieses ›Fremdbild‹ selbst literarisch zu autorisieren.

Dieselbe Photographie, die Karl Walser als Vorlage seiner Zeichnung diente, kann man in einer weiteren Aufnahme, die Fanny Walser mit Freunden zeigt, neben einer Photographie von Karl an der Wand ihrer Wohnung entdecken (vgl. Fröhlich, Hamm 1980, 128). Robert hatte sie an zumindest einige seiner Geschwister geschickt. Und vermutlich 1906 sendet Robert seinem Bruder eine weitere Photographie, die ihn mit dem Hund von Karls späterer Frau Hedwig Czarnetzki zeigt (vgl. ebd., 119). Die Bilder, die im Kreis der Familie zirkulieren, sind jedoch mehr als nur Familienbilder, die ihren Platz im Album oder gerahmt an der Wand finden. Sie berühren eben auch Selbstbilder von Robert Walser als Künstler, die in dem Moment, wenn sie im privaten wie im öffentlichen Raum zirkulieren, aus diesen einfachen Portraits komplexe Vexierbilder machen. Selbst die Familienbilder sind nun in eigentümlicher Weise mit Bildern der Autorschaft verknüpft.

Photographische Autorbilder

Betrachtet man die werkbiographischen Darstellungen, die Robert Walser gewidmet sind, so ist die erste Strategie, mit dem Problem der begrenzten Anzahl verfügbarer Photographien umzugehen, einfach auf andere zeitgenössische Aufnahmen von Personen und Orten zurückzugreifen. Elio Fröhlich und Peter Hamm sowie Bernhard Echte in ihren Bildbiographien und Diana Schilling in ihrer Rororo-Monographie folgen dabei einer chronologischen Ordnung, die das Leben in einzelne Kapitel unterteilt, denen dann Orte (Berlin, Biel, Waldau, Herisau), Tätigkeiten (»Der dichtende Commis«, »Der Künstler unter Künstlern« etc.) oder Charakterisierungen (»Der Erzähler«, »Der Dichter«, »Der Bleistiftler« etc.) zugewiesen werden können (vgl. Fröhlich, Hamm 1980; Schilling 2007; ECHTE). Auch andere Schriftsteller bevölkern hier in Texten und Bildern Walsers *Leben und Werk*, wenn ein biographischer Bezug nachweisbar ist.

Jürg Amann hat bei seiner *Literarischen Biographie in Texten und Bildern* eine etwas andere Strategie gewählt, indem er sämtliche Kapitel unter eine gemeinsame Überschrift stellt, die dann etwas merkwürdig insistierend zwölfmal wiederholt wird: »Auf der Suche nach einem verlorenen Sohn« (vgl. Amann 1995). Zwischen Marcel Proust, dem Neuen Testament und André Gide wird ein Leitmotiv gesetzt, das dann durchdekliniert und mit zahlreichen Zitaten aus dem Werk orchestriert wird. Dabei wechseln sich Kapitel mit Essays aus der Feder von Amann und solche, die ausschließlich aus Bildern und Zitaten bestehen, ab.

Bei allen vier Darstellungen dienen die überlieferten Autorphotos einer historischen Skandierung des Lebens- und Schreibwegs. Am sparsamsten geht Diana Schilling mit dem Photographien um und verzichtet auch auf die Bilder des toten Schriftstellers, da diese nicht so bedeutsam, wie man es ihnen nachsagte, sondern eher von allegorischer Bedeutung seien, geht es doch um einen Spaziergang ohne Rückkehr (Schilling 2007, 145). Ihr Buch endet daher mit dem Kapitel »Der Schriftsteller«, in dem sich einzig die Todesanzeige und eine Unterschrift Walsers als Abbildungen finden. Letztere steht am Schluss des Buchs und verknüpft den Spaziergang mit dem einsamen Weg des Schriftstellers ins ›Bleistiftgebiet‹. Damit folgt sie einer Deutung, die bereits durch Carl Seelig in seinem Buch über Robert Walser vorgegeben wurde. Dort folgen die abschließenden Seiten des Buchs den Photographien des toten Schriftstellers und deuten dessen Tod als letzten Spaziergang (vgl. SEELIG, 171–173).

Der Tod des Autors

Damit ist das Thema vorgegeben, das andere Publikationen variierend aufnehmen werden. W. G. Sebald hat in seinem Aufsatz *Le promeneur solitaire. Zur Erinnerung an Robert Walser* die fortan dominanten und sukzessive kanonisierten Wahlverwandtschaften in Text und Bild ausgelotet und vorgestellt (vgl. Sebald 1998). Sebalds Aufsatz über Walser ist natürlich auch einer über Sebald im Sinne einer Zusammenstellung eines Albums von poetologischen Geschwistern, die das eigene Werk begleiten und ergänzen. Sebald kombiniert dabei eine Reihe von neun Portraitaufnahmen Walsers (also immerhin fast ein Viertel der verfügbaren Bilder) mit drei Schnappschüssen von seinem eigenen Großvater. Konstruiert wird eine literarische Wahlverwandtschaft. Im Verlauf des Textes werden Walser und Sebald noch Franz Kafka, Walter Benjamin, Friedrich Hölderlin, Heinrich von Kleist sowie Nikolai Gogol, Vladimir Nabokov und Jean-Jacques Rousseau zur Seite gestellt. Dabei hat er erwartbare Wahlverwandtschaften ausbuchstabiert, die sich auch andernorts finden. Doppelportraits von Walser und Kleist und Walser und Hölderlin, die sich häufig finden (vgl. exemplarisch Fröhlich, Hamm 1980, 288 f.), sind visuelle Abbreviaturen von postulierten literarischen Familienähnlichkeiten. Robert Walsers Photographien werden so zu bildlichen Vexierbildern, die Modelle von Autorschaft durchspielen. Sie sind Bilder des Autors im doppelten Sinn.

Literatur

Amann, Jürg: Robert Walser. Eine literarische Biographie in Texten und Bildern. Zürich, Hamburg 1995.

Bickenbach, Matthias: Das Autorenfoto der Medienevolution. Anachronie einer Norm. München 2010.

Fröhlich, Elio, Hamm, Peter (Hg.): Robert Walser. Leben und Werk in Daten und Bildern. Frankfurt a. M. 1980.

Hamm, Peter: Robert Walsers Weg in die Stille. In: Elio Fröhlich, ders. (Hg.): Robert Walser. Leben und Werk in Daten und Bildern. Frankfurt a. M. 1980, 9–20.

Keutel, Walter: In Pursuit of Invisible Tracks: Photographs of a Dead Author. In: New German Critique 50 (1990), 157–172.

Scheffler, Karl: Karl Walser. In: Kunst und Künstler 12 (1914), 355–372.

Schilling, Diana: Robert Walser. Reinbek bei Hamburg 2007.

Sebald, W. G.: Le promeneur solitaire. Zur Erinnerung an Robert Walser. In: ders.: Logis in einem Landhaus. Über Gottfried Keller, Johann Peter Hebel, Robert Walser und andere. München, Wien 1998, 127–168.

Sorg, Reto: Pose und Phantom. Robert Walser und seine

Autorenporträts. In: Lucas Marco Gisi, Urs Meyer, ders. (Hg.): Medien der Autorschaft. Formen literarischer (Selbst-)Inszenierung von Brief und Tagebuch bis Fotografie und Interview. München 2013, 107–130.

Stiegler, Bernd: Doppelt belichtet. Schriftsteller und ihre Photographien. In: Jahrbuch der Deutschen Schillergesellschaft 51 (2007), 587–610.

Bernd Stiegler

5.4 Deutschsprachige Literatur

Leser – und zumal Schriftsteller als die emphatischeren Leser – erkennen literarische Abhängigkeiten auch da, wo sie nachweislich nicht vorhanden sind. In einem Mikrogramm aus den Jahren 1926/1927 untersucht Walser eine angebliche Anleihe Stendhals bei Puschkin (AdB 4, 235–237). Stendhal habe sich, so schreibt Robert Walser, in *Le Rouge et le Noir* von Puschkins Novelle *Der Mohr Peters des Großen* anregen lassen und seiner eigenen Figur »auf den seltsamen Wegen des unwillkürlichen Beeinflußtwordenseins eine gewisse Ähnlichkeit« mit Puschkins Mohren verliehen (ebd., 236). Nun ist Puschkins Novelle zwar bereits 1827 entstanden, doch erst 1837 ist sie auch veröffentlicht worden, während Stendhals Roman sechs Jahre zuvor schon erschienen ist. So mag vielleicht von einer Verwandtschaft, im konkreten Fall gewiss jedoch nicht von unmittelbarer oder auch nur »unwillkürlicher« Beeinflussung die Rede sein. Eine offene Frage bleibt, ob Walser wissentlich eine falsche Genealogie erfand oder ob er tatsächlich einem Irrtum unterlag. Jedoch wissen wir, dass Walser sehr wohl seinerseits Stendhal nicht nur gelesen, sondern auch gemocht hatte. So sehr jedenfalls, dass er Simon Tanner in dem Roman *Geschwister Tanner* in Hedwigs Schulzimmer einen Roman von Stendhal zur Hand nehmen und angelegentlich darin lesen lässt. In besagtem Mikrogramm über literarische Verwandtschaften wiederum schreitet Walser vom Besonderen zum Allgemeinen voran und hält fest: »Autoren lesen eben einander mitunter äußerst lebhaft, wobei sich Übertragungen […] märchenhafter Art ergeben können.« (ebd., 237) Und nun kommt Walser, mitten in Zusammenhängen, da von Stendhal die Rede ist, auch noch auf sein Buch *Geschwister Tanner* zu reden und erwähnt nicht etwa den Autor von *Le Rouge et le Noir*, sondern bezichtigt sich gewissermaßen des Selbstplagiats: »Ich z. B. ahmte mich anläßlich der Niederschrift meiner ›Geschwister Tanner‹ selber insofern nach, als ich ›Simon, eine Liebesgeschichte‹, die eine flüchtige Phantasie ist, als Vorbild vorkommen ließ.« (ebd.) Und noch einmal ein paar Zeilen weiter im gleichen Mikrogramm folgt eine Pointe, in der sich die Hommage an Stendhal hinter einer ihrerseits kaum mehr erkennbaren Selbstironie versteckt: Er gestatte sich zu erklären, so heißt es nun, er »sei der Ansicht, was man schätzt, werfe irgendwelchen Ertrag ab« (ebd.). Mit dem »Ertrag«, von dem hier etwas umständlich die Rede ist, wird nun wohl nicht die Nachahmung seiner selbst gemeint sein. Denn geschätzt hat Walser ebenso sehr wie sich selbst und seine »flüchtige Phantasie« Stendhals *Le Rouge et le Noir*, von dem er in diesem Mikrogramm fälschlicherweise und vielleicht mit Absicht fälschlicherweise behauptet, es sei an einem bestimmten Punkt von Puschkin angeregt worden, während vielmehr Walser seinerseits sich von Stendhal inspirieren ließ.

Ein genealogisches Vorspiel

Daran erkennt man, dass literarische Genealogien eine vertrackte Sache sind. Sie sind es umso mehr, wenn die literarische Rezeption Walsers und seiner Werke durch die ihm nachfolgenden Schriftsteller-Generationen untersucht werden soll. Denn der bloße Augenschein verführt hier manchen Exegeten, lediglich das Evidente und Naheliegende zu beobachten und daraus voreilige Schlüsse zu ziehen. Nicht jeder Verfasser von kurzer Prosa hat sich bei Walser anregen lassen; literarische Spaziergänger sind nicht zwingend Wiedergänger Walsers und seiner dem Leben und der Welt abhanden gekommenen Figuren; und nicht immer, wenn ein Autor seine Protagonisten in den Schnee gehen lässt – was allerdings in den vergangenen Jahren mit auffälliger Regelmäßigkeit geschehen ist, von Adolf Muschg über Martin Walser, Paul Nizon, Markus Werner, Peter Stamm oder Klaus Merz bis zu Zoë Jenny –, soll man darin gleich eine Walser-Nachkommenschaft oder eine Verbeugung vor Sebastian aus *Geschwister Tanner* erkennen. Denn auch Johann Peter Hebel hatte schon kurze Prosa geschrieben, Spaziergänger wanderten bereits durch Fontanes Werke, und schon Wenzel Strapinski in Kellers *Kleider machen Leute* wäre beinahe schlafend im Schnee zu Tode gekommen, hätte Nettchen ihn nicht gerade rechtzeitig noch gefunden. Motivparallelen in der zeitgenössischen Literatur mögen darum im Einzelnen tatsächlich auf eine Anregung durch Walsers Werke zurückgehen oder eine Reverenz an dessen Schaffen darstellen. Gleichwohl bleibt ihr heuristischer Erkenntniswert beschränkt, sofern sie denn nicht vollends einem willkürlichen Spiel poetischer Intertextualität entspringen.

Eine geradezu kongeniale Sonderstellung in diesem Komplex der literarischen Walser-Nachfolge nimmt der Schriftsteller W. G. Sebald ein, der mit dem Prosatext *Dr. K.s Badereise nach Riva* (Sebald 2001) eine kleine Hommage an Franz Kafka geschaffen, damit jedoch gleichzeitig exemplarisch das weite und vielfach geschichtete Feld der poetischen Genea-

logie in einem erzählerischen Text vermessen hatte. Sebald folgt darin mit den Mitteln des fiktionalisierten dokumentarischen Erzählens den Spuren einer Italienreise Kafkas, die diesen zuletzt zur Kur nach Riva am Gardasee geführt hatte. Hier nun lässt er den unruhigen Dr. K. eine Ruderpartie auf dem See zwischen den schroffen Felswänden unternehmen und schmuggelt bei dieser Gelegenheit einen Satz in seinen Text, den er in seiner ersten Hälfte sinngemäß, in der zweiten Hälfte jedoch wortwörtlich bei Walser entlehnt hat: »Die Felswände erheben sich aus dem Wasser in das schöne Herbstlicht, so halb und halb grün, als wäre die ganze Gegend ein Album und die Berge wären von einem feinsinnigen Dilettanten der Besitzerin des Albums aufs leere Blatt hingezeichnet worden, zur Erinnerung.« (Sebald 2001, 172 f.) Seltsam genug, dass Sebald hier, indem er seine Landschaft mit »eine[r] gewisse[n] Ähnlichkeit« ausstattet, seinerseits genau das tut, was Walser von Stendhal in dem zitierten Mikrogramm behauptet hatte. Die wörtliche Anlehnung wird zum Signal einer literarischen Verwandtschaft, die auf Wegen wirkt, die nicht allein und zuerst von den Kenntnissen gespurt wurden, sondern die sich, wie es in Walsers Mikrogramm heißt, in »märchenhafter Art ergeben können« (AdB 4, 237; vgl. dazu auch Morlang 2007).

Indessen ist die ›märchenhafte Art‹ nun nicht der interessantere Teil von Sebalds Anleihe, denn diese hat durchaus kalkulierte und also außerhalb jeder poetischen Kontingenz stehende Implikationen. »Das ist, glaub' ich«, so soll Sebald auf eine entsprechende Nachfrage geantwortet haben, »ein Satz von Robert Walser, ›Kleist in Thun‹.« (Sebald 2001, 297) Was Sebald andeutet – als sei ihm lediglich eine vage Erinnerung geblieben –, gründet auf einer sinnfälligen Folgerichtigkeit, die daran zweifeln lässt, die Anleihe sei ohne bestimmte Absicht und gleichsam beiläufig erfolgt. Denn in der Tat entstammt Sebalds Wendung fast wörtlich Walsers Prosatext *Kleist in Thun*. Damit stellt sich Sebald mit seinem Kafka-Text in eine direkte Genealogie mit Walser und dessen Kleist-Phantasie. Was Walser gelungen sei mit seiner biographischen Miniatur über Kleists Aufenthalt am Thunersee, über dessen existenzielle Nöte und literarische Anfänge, das schwebe bis in die Motivparallelen ihm, Sebald, vor mit seinem Prosastück über Kafka am Gardasee. So ließe sich sinngemäß die implizite Intentionalität dieser Anlehnung ausformulieren. Als Quintessenz wäre dies banal und nicht der Rede wert; die Implikationen dieser Stelle reichen jedoch weiter und greifen in grössere Zusammenhänge aus. Denn mit der Anleihe bei Walsers Text, der ganz beiläufig die literarischen Anfänge Kleists umreißt, berührt Sebald wiederum seinerseits, indem sein Text Kafka in den Mittelpunkt rückt, Walsers Anfänge als Schriftsteller. Und da Sebald sich selber mit seinem Kafka-Text in die Genealogie Walsers stellt, zieht er, ohne dies ausdrücklich darzulegen, auch naheliegende verwandtschaftliche Linien zwischen allen vier Dichtern, zwischen Kleist, Kafka, Walser und ihm, Sebald selbst. Damit eröffnet Sebald ein Diskursfeld, das nun freilich den eng gezogenen Kreis seiner Erzählung weit übersteigt und mitten in die früheste Rezeption von Walsers Werk weist. Und er bringt in seinem Text, der schon ganz zu Beginn und also bedeutungsvoll exponiert von literarischen Vorlieben (Franz Grillparzer) und Abneigungen (Albert Ehrenstein) handelt, mit Walser und Kafka – ohne sie namentlich zu nennen, denn auch Kafka bleibt als »Dr. K.« In einem dem Grundton der Erzählung entsprechenden schreckensstarren Inkognito – zwei Dichter miteinander in Beziehung, denen bereits nach ihren allerersten Veröffentlichungen stilistische Ähnlichkeiten, wenn nicht gar geistesverwandtschaftliche Verbindungen nachgesagt wurden.

Das Erstaunlichste an dieser frühen Walser- bzw. Kafka-Rezeption ist wohl nicht die Tatsache, dass hier Übereinstimmungen festgestellt worden sind, aber dass solche Ähnlichkeiten schon mit den ersten in die Öffentlichkeit gekommenen Texten von Kafka zur Diskussion standen. Im Frühjahr 1908 veröffentlichte Franz Blei in der Zeitschrift *Hyperion* acht Prosastücke von Kafka, worauf er Alfred Walter Heymel, der als *Insel*-Herausgeber mit den Texten Robert Walsers vertraut war, auf eine entsprechende Anfrage zur Auskunft gab: »Kafka ist nicht Walser sondern wirklich ein junger Mann in Prag, der so heißt.« (zit. n. Pestalozzi 1978, 94) Mochte die frappierende Nähe den mit Walser vertrauten Zeitgenossen ohnehin ins Auge springen, so half Kafkas Verlag allen anderen mit einer Anzeige im *Börsenblatt* vom 18. 11. 1912 auf die Sprünge: Zu dessen Erstling *Betrachtung* hieß es darin: »Die Art der formal feingeschliffenen, inhaltlich tief empfundenen und durchdachten Betrachtungen, die dieser Band vereinigt, stellt Kafka vielleicht neben Robert Walser, von dem ihn doch wiederum in der dichterischen Umgestaltung seelischer Erlebnisse tiefe Wesensunterschiede trennen.« (Zit. n. Born 1979, 16) Es erstaunt darum nicht, wenn Kurt Tucholsky am 27. 1. 1913 im *Prager Tagblatt* in seiner Besprechung von Kafkas Erstling eine Nähe zu Robert Walser konstatierte (ebd., 19). Darauf replizierte Max Brod in der Zeitschrift *März* am 15. 2. 1913 mit einem entschiedenen *ceterum censeo*: »Ich

wüßte keinen modernen oder alten Autor, mit dem Franz Kafka Erkleckliches gemein hätte. An Altenberg oder Robert Walser erinnert nichts als die Größenproportion der Stücke, das Zeilenquantum, nichts anderes.« (ebd., 25) Im Übrigen hat Karl Pestalozzi in seinem 1966 erstmals erschienenen Aufsatz einen minutiösen Vergleich zwischen ausgewählten Prosastücken Kafkas und Walsers vorgenommen, der ihn zu der Schlussfolgerung brachte, »daß im Verhältnis Kafkas zum Werk Robert Walsers das Trennende überwiegt« (Pestalozzi 1978, 113).

Das Beispiel Kafkas lässt die Schwierigkeiten erahnen, die jeden Versuch begleiten, jenseits des Trivialen und Offenkundigen den Spuren der literarischen Rezeption Robert Walsers in den Werken des zeitgenössischen Literaturschaffens nachzuforschen. Das Feld kann weder erschöpfend noch überhaupt systematisch erschlossen werden. Inhaltlich gesteuerte oder motivgeschichtlich orientierte Vergleiche geraten leicht ins Banale; stilistische Parallelen zwischen heutigen Autorinnen und Autoren einerseits und Walsers Werken andererseits müsste es zuhauf geben, glaubt man den mannigfaltigen Zuschreibungen der Literaturkritik. Allein, solche Ähnlichkeiten sind leichter pauschal behauptet, als im Einzelnen und stichhaltig belegt. Wiederum liegt auf der Hand, dass wenige Autoren vergleichbar kraftvoll wie Walser die nachfolgenden Autoren-Generationen geprägt haben, ohne je dem eigenen Schreiben eine solche Wirkungsmacht zugeschrieben oder auch nur zugetraut zu haben. Auch in dieser Hinsicht steht Walser im 20. Jh. singulär neben Kafka oder etwa Virginia Woolf. Nichts verdeutlicht diese durchaus im Verborgenen gebahnten Traumpfade der literarischen Nachfolge schöner und anschaulicher als vielleicht die zahlreichen Anekdoten, die man sich von den Walser-Verehrern unter den Autorinnen und Autoren erzählt. So berichtete einmal Urs Widmer, dass er in den 1970er Jahren eine Rundfunksendung über Walser gemacht habe, zu der Peter Bichsel die Texte von Walser gelesen habe. Als die beiden Schriftsteller das Studio verließen, soll sich der Tontechniker von Bichsel mit den Worten verabschiedet haben: »Auf Wiedersehen, Herr Walser!« Nie mehr, so Widmer, habe er Bichsel »so glücklich gesehen« (Widmer 1998, 12). Und Peter Rüedi berichtete 1975 in der *Weltwoche* von seinem Besuch bei der Schriftstellerin Gertrud Leutenegger, die damals gerade ihren Erstling *Vorabend* veröffentlicht hatte: »Sieht man sich in ihrer Wohnung nach einem Exemplar ihres ›Vorabends‹ um, sucht man vergebens – bis sie, halb verschämt, halb kokett, eins hervorzieht. Es stand zwischen Robert Walsers ›Geschwister Tanner‹ und Musils ›Mann ohne Eigenschaften‹ – mit dem Rücken gegen die Wand.« (Rüedi 1975) Auch so dokumentieren sich literarische Wahlverwandtschaften. Von einer sonderbaren Begebenheit wusste der Verleger Siegfried Unseld zu berichten, als er 1978 seine Autoren nach Zürich lud für eine Feier zu Walsers 100. Geburtstag. Eingeladen war auch Thomas Bernhard, der sein Kommen zugesichert hatte: »Ich nehme Ihre Einladung nach Zürich gern an, Robert Walser liebe ich, seit ich ihn kenne und das ist drei Jahrzehnte lang.« (Bernhard, Unseld 2009, 530) Bernhard indessen traf in Zürich nicht ein. Unseld versuchte, ihn noch zu kontaktieren, so notierte er es in seinem Reisebericht, und »die Stadt wollte ihm einen Hubschrauber zur Verfügung stellen« (ebd., 537, Anm.). Ungeachtet solcher Anstrengungen liess sich Bernhard nicht mehr zur Reise nach Zürich bewegen.

Jenseits des Anekdotischen wiederum bezeugen die vielfachen essayistischen Beiträge von Autorinnen und Autoren über Walser ein Interesse, das entgegen einer weit verbreiteten Auffassung nie erlahmt war, sich vielmehr seit Walsers Anfängen und bis in die jüngste Zeit gehalten und die erstaunlichsten und fruchtbarsten Auseinandersetzungen hervorgebracht hat. Das begann mit Walter Benjamins berühmtem Aufsatz von 1929, es setzte sich fort mit Hermann Hesses kontinuierlicher literaturkritischer Auseinandersetzung mit Walser, nahm später neue Wendungen bei Martin Walser oder bei Elias Canetti, der in seinen ursprünglich unter dem Titel *Die Provinz des Menschen* veröffentlichten Aufzeichnungen schon 1967 die denkwürdige Formel vom »verdeckteste[n] aller Dichter« geprägt hatte (Canetti 1993, 299). Und in einer Aufzeichnung von 1975 setzte auch Canetti Walser ins Verhältnis mit Kafka: »Er ist extremer als Kafka, der ohne ihn nie entstanden wäre, den er mit erschaffen hat.« (ebd., 397)

Im Folgenden wird der Versuch unternommen, dieses selbst im deutschsprachigen Raum nicht mehr vollends überschaubare Feld einzugrenzen und in vier Bereiche (Diskursive Auseinandersetzung; Poetische Metamorphosen; Performative Identifikation; Ästhetische Rezeption) aufzuteilen, an denen exemplarisch die unterschiedlichen Muster der Rezeption und Aneignung dokumentiert und untersucht werden sollen.

Diskursive Auseinandersetzung

Benjamin und Canetti haben als Stichwort- und Ideengeber der späteren analytischen und poetologischen Auseinandersetzung mit Walser vorgespurt. Manches, was danach von Autorinnen und Autoren – die lange die dezidiertesten und leidenschaftlichsten Exegeten seines Werks waren und es eigentlich bis heute sind – über Walser geschrieben wurde, bewegte und bewegt sich in diesen Bahnen. Wir können es in den beiden Komplexen des Pathologischen und des Spielerischen fassen. Über die »Verwahrlosung« und die »Sprachverwilderung« schrieb Benjamin in seinem Essay und meinte damit, dass in Walsers Werk »das Wie der Arbeit so wenig Nebensache [ist], daß ihm alles, was er zu sagen hat, gegen die Bedeutung des Schreibens völlig zurücktritt« (Benjamin 1929/1991, 325). Gleichzeitig aber erkannte Benjamin auch das Paradox, dass hier unter dem Schein der vollkommenen Absichtslosigkeit die höchste Absicht sich verborgen hält und im Spiel der Verwilderung ein Höchstmaß an gestalterischer Durchdringung wirkt. In diese gleiche Richtung zielte Canetti mit seinem Diktum vom »verdeckteste[n] aller Dichter«. Walser halte die Motive seines Erzählens hinter der verspielten Oberfläche einer anarchischen und gleichwohl poetisch kontrollierten Textentfaltung zurück. Aber Benjamin wie Canetti (dieser jedoch mit größerer Zurückhaltung) erkannten auch die Gefährdungen dieses Schreibens. Man könne ihn nicht lesen, so Canetti, »ohne sich für alles zu schämen, was einem im äußeren Leben wichtig war und so ist er ein eigener Heiliger, nicht einer nach überlebten und entleerten Vorschriften« (Canetti 1993, 299). Benjamin war in dieser Hinsicht deutlicher geworden. Was Canetti zum Heiligen stilisierte und geradezu metaphysisch nobilitierte, siedelte Benjamin in den Provinzen des Wahnsinns an, denn von da her kämen Walsers Figuren: »Es sind Figuren, die den Wahnsinn hinter sich haben und darum von einer so zerreißenden, so ganz unmenschlichen, unbeirrbaren Oberflächlichkeit bleiben. Will man das Beglückende und Unheimliche, das an ihnen ist, mit einem Worte nennen, so darf man sagen: *sie sind alle geheilt.*« (Benjamin 1929/1991, 327) Das Pathologische hatte seinerseits auch Canetti festgehalten: »Seine Erfahrung mit dem ›Kampf ums Dasein‹ führt ihn in die einzige Sphäre, wo dieser nicht mehr besteht, ins Irrenhaus, das Kloster der Moderne.« (Canetti 1993, 299)

Zu den Autoren, die sich anhaltend und teilweise auch schon sehr früh in Aufsätzen mit Walser befasst haben, zählen Martin Walser, Urs Widmer und W. G. Sebald. Gemeinsam ist ihnen, dass sie – gewiss ein wenig in Benjamins Nachfolge – neben dem Spielerischen auch das Pathologische stark in den Vordergrund gerückt haben. Bei Martin Walser kommt im Übrigen hinzu, dass er – vielleicht auch angeregt von Canetti – eine religiös-metaphysische Komponente mit ins Spiel gebracht hat. Keinem habe er sich »mehr und kühner« als Jesus genähert, »den er einfach seinen Liebling nennt« (Walser 1983, 147). (Und vielleicht muss man an dieser Stelle auch daran erinnern, dass Martin Walser in seinem Roman *Muttersohn* seinerseits eine Jesus-Figur einen seltsamen Kreuzestod im Schnee finden lässt. [Walser 2011, 499]) Außerdem rückt Martin Walser seinen Namensvetter gleichsam anamnestisch in eine genealogische Ahnengalerie. Jean Paul und Dostojewski, Kafka und Robert Walser seien »alle gleich radikal […] in der Selbstverneinung« (Walser 2012, 10). Bereits in einem sehr frühen (1963 erstmals veröffentlichten) Aufsatz hatte Martin Walser eine Nähe zu Hölderlin und Kafka festgestellt und schon da, weniger explizit zwar, aber ebenso deziiert, das Pathologische hervorgehoben. Gleichwohl gelangen ihm hier, gerade in den Annotationen zu Robert Walsers Prosastücken über Kleist, Brentano oder Lenz, sehr genaue und aufschlussreiche Beobachtungen. »Nur in Verwandlungen« habe er sein eigenes Gesicht kennenlernen können und daher die »besonders verwandten Lebensläufe« als Rollen benützt: »Scheu wie er war, hätte er, was er über Lenau und Brentano oder Kleist sagt, nie über sich selber zu sagen gewagt.« (M. Walser 1965, 152) Ganz ähnlich formulierte es später übrigens auch Paul Nizon: »Bei Walser dienen die vielen Rollen, dient die Ironie, dient die ganze vertrackte Versteckspielerei nur dazu, chiffrierte Depeschen nach außen zu schmuggeln« (Nizon 1985, 20).

Rollenspiel, zweckbefreites Erzählen und die Sphäre des Wahnsinns: Das sind auch die Koordinaten, innerhalb deren Urs Widmer Walsers Werk und Leben nachzeichnet. Walsers Roman *Der Räuber* sei wahrscheinlich, so Widmer, »das einzige Buch der Literaturgeschichte, das mit keinem einzigen Leser rechnet«. Es sei ein Buch »im Nichts, in einem eisigen All ohne Menschen«, schreibt Widmer mit der ihm eigenen Hyperbolik. (Widmer 1998, 11) In einem sehr viel früheren Aufsatz aus den 1970er Jahren hebt Widmer ganz ähnlich wie Martin Walser das Spiel mit Rollen hervor, mit denen Robert Walser sein eigenes Ich, von dem er doch ohne Unterlass und ganz ausschließlich schreibe, travestierte: »Seine

Arbeiten sind, wenn man sie aneinanderreiht, eine Art innere Autobiographie mit verstellter Stimme. Seine Rollen erlauben ihm erst, überhaupt etwas zu sagen, er kann nur ›ich‹ sagen, wenn dieses Ich als Kind, als Schüler, als Angestellter, als Spaziergänger etc. verkleidet ist.« (Widmer 1973, 153) Dem Wahnsinn jedoch, so Widmers nicht unoriginelle These, blicke Walser nicht etwa kühn und unerschrocken entgegen. Wie Benjamin (dieser allerdings eher im temporalen Sinn) lokalisiert Widmer den Wahn in Walsers Rücken: »[E]r wendet dem Gebiet des Wahnsinns, das unmittelbar hinter ihm beginnt, beständig den Rücken zu. […] Sein Blick ist auf die Normalität gerichtet, die er am fernen Horizont gerade noch zu erkennen glaubt.« (ebd., 158) Am Ende seines bemerkenswerten Aufsatzes kommt Widmer zu einer interessanten Beobachtung über das bei Walser paradoxe Verhältnis zwischen Schreiben und Wahnsinn: »*Ein Irrtum der behandelnden Ärzte war es bestimmt, daß sie ihn wieder zum Schreiben bringen wollten in der Hoffnung, es mache ihn gesund.* Robert Walser *hörte damit auf*, um endlich gesund zu werden.« (ebd., 164 f.)

Was Martin Walser und Widmer in ihren Beiträgen als Diskursfeld vielleicht noch etwas disparat und in den Motiven auch unzusammenhängend eröffnen, das erfährt in Sebalds Essay über Robert Walser eine bis dahin wohl unerreichte heuristische Synthese. Auch Sebald erweist sich als ein emphatischer und empathischer Leser Walsers, der selbst in dessen Photographien noch die physiognomischen Spuren liest, an denen sich »die lautlose Katastrophe erahnen« lasse, die sich hier abgespielt habe (Sebald 1998, 133 f.). Wiederum stößt der »*Räuber*«-*Roman* auf Sebalds besonderes Interesse, in dem er – mit Widmer und noch einmal etwas schärfer formuliert – »die restlose Unterwerfung des Schriftstellers unter die Sprache« erkennt sowie schließlich »die Vollendung der von den deutschen Romantikern immer nur erahnten, aber von keinem von ihnen, außer vielleicht von Hoffmann, in der poetischen Praxis realisierten Ironie« (ebd., 143). Ähnlich wie Widmer kehrt auch Sebald das Verhältnis von Schreiben und Wahnsinn auf den Kopf. In einer kühnen, vielleicht tollkühnen und von durchaus heroischen Projektionen gestifteten Umkehrung begreift er wenn nicht den Wahnsinn selbst, so doch die Bedrohung durch ihn als den Ermöglichungsgrund von Walsers Luzidität. Es müsse ihm, so Sebald, gerade »beim Schreiben des Räuberromans mehrmals aufgegangen [sein], wie gerade die Gefahr der Umnachtung ihn bisweilen zu einer Schärfe der Beobachtung und der Formulierung befähigte, die bei völliger Gesundheit ausgeschlossen ist« (ebd., 159).

So originell diese Gedankengänge sein mögen, sie bewegen sich in ihren Grundzügen in bekannten Bahnen. Walter Keutel hat in seiner wegweisenden Studie über die »literarische Wiedergeburt von Robert Walser« minutiös nachgewiesen, wie dieses triangulierte Rezeptionsmuster in einem Zirkel der Immanenz verläuft: Man unterstellte Walsers Aufsätzen über Hölderlin, Kleist, Büchner, Lenz oder Brentano, sie seien versteckte Selbstporträts, und deutete wiederum Walsers angeblich gefährdete Existenz und prekäres Schaffen vor dem Hintergrund solcher Folien und vermeintlicher Genealogien (Keutel 1989). Es war Brigitte Kronauer, die in einem Vortrag an dem Zürcher Symposium zu Robert Walsers fünfzigstem Todestag 2006 aus den herkömmlichen Referenzpunkten Hölderlin, Kleist oder Kafka (die schon Canetti auf der Zunge lagen) ausbrach und Walser in neue, durchaus überraschende Konstellationen rückte: Sie machte plausible Querbezüge zu Nietzsche und Gottfried Benn namhaft und konturierte Walsers Werk und Denkart gerade in diesem kontrastiven Vergleich mit neuer und auch erfrischender Schärfe. Das »unaufhörliche Nebeneinander des Gegensätzlichen in Welt und Ich« als das »Generalsymptom der Moderne« habe Walser zwanzig Jahre vor Benn bereits literarisch sichtbar gemacht (Kronauer 2007, 20). Seine Literatur »war im anspruchsvollsten Sinne zeitgenössisch, und das heißt nicht weniger als avantgardistisch, was wiederum meistens bedeutet, dass das Publikum erst mit großer Verzögerung – Zeitgenosse wird« (ebd., 21). Dass sich Kronauer in ihrem Gedankengang auch mit frühen Beobachtungen von Martin Walser traf, muss nicht wirklich überraschen. So hatte Martin Walser darauf hingewiesen, dass sich Robert Walser mit einer Fluchtbewegung einem »nicht mehr anfechtbare[n] Bild von sich selber« zu entziehen versucht hat, die ihn in die Natur und in die vollkommene Unnatur, ins Theater nämlich, geführt habe (M. Walser 1965, 152). Kronauer gelangte in ihrer Analyse zu einer ähnlichen Beobachtung, wobei sie nun neben Walsers Anhänglichkeit an die Natur ebenso das Kindliche betonte, was ihn zugleich mit Nietzsche und Benn verband wie von ihnen trennte:

> Sie, die Kindlichkeit ist es, die ihm neben der Natur zeitlebens als unsere robuste und legitime Zuflucht gilt. Kein Entweder-Oder! Bis hin zu seinen letzten Arbeiten hat er die Kälte einer sezierenden Betrachtungsweise mit emphatischer Innigkeit und liebender Andacht blitzschnell und tänzerisch, ja tänzelnd abgewechselt. Das

eine schließt, entgegen einer allzu schlichten Logik, das andere eben nicht aus. (Kronauer 2007, 24)

Poetische Metamorphosen

Die Komplexität einer nicht reduktionistischen Wahrnehmung von Walsers Poetik und Welthaltung, wie sie Kronauer andeutet und einfordert, vermögen wohl lediglich poetische Metamorphosen zu leisten, indem Walser, seine Texte und seine Sprache gleichsam wieder in Literatur verwandelt werden. Das stellt freilich einen literarischen Hochseilakt dar. »Dieser Robert Walser ist einer von denen, die, wenn sie ›ich‹ gesagt haben, nicht sich gemeint haben. Er sagt zwar ununterbrochen ich, aber er ist es nicht.« (Jelinek 1998, 39) In ihrem Theaterstück *er nicht als er* spricht Elfriede Jelinek in mehrfacher Hinsicht mit Robert Walser. Sie bedient sich seiner Texte und collagiert sie zu einem eigenen Stück. Sie spricht Walser an. Und sie spricht durch ihn, also mit seiner Stimme. In Zungen reden: So könnte man darum nennen, was neben Jelinek z. B. auch die Schriftsteller Jürg Amann oder Gerlind Reinshagen auf je eigene Weise unternommen haben. Sie lassen Robert Walser auftreten und reden, sei es, indem sie ihm seine eigenen Worte in den Mund legen (Jelinek, Amann), sei es, dass sie ihn zur literarischen Figur gestalten und einen erfundenen Text sprechen lassen (Jelinek, Reinshagen). Beide Verfahren beziehen ihre poetische Legitimation aus Walsers eigenen ästhetischen Prämissen. So wie er das Rollen- und Maskenspiel, das Sprechen mit verstellter Stimme oder die »Selbstverneinungsorgien« (Walser 2012, 10) im exzessiven Spiel mit dem getarnten und zerstückelten Ich als eine Vorschule des Verstummens eingeübt hatte, so praktizieren Jelinek, Amann und Reinshagen in ihren Arbeiten eine Form des Rollenspiels, ein Sprechen mit fremder Stimme und angeeigneten Texten, das, wenn es gelingt, ein Zungenreden geradezu im biblischen Sinne wird. Das gilt auf je besondere Weise für das Stück von Jelinek, die darin ein Walser-Pastiche entwirft, sowie für Jürg Amanns Zitatcollage *Liebe Frau Mermet* (Amann 2005). Hat der Schriftsteller Amann in seinem gesamten literarischen Werk die vielfältigsten (und nicht immer originellsten) Bezüge zu Walser geschaffen, so gestaltet er hier einen Text aus lauter dem Briefwechsel Walsers mit Frieda Mermet entnommenen Zitaten und schöpft paradoxerweise gerade aus dem Fremdmaterial etwas vollkommen authentisch Eigenes. Was auf den ersten Blick ebenso unsinnig wie unsinnlich erscheint, entwickelt sich zu einer enorm suggestiven, klangvollen Komposition, die nun wiederum einiges mit Walsers eigener Poetik gemein hat. Die vollkommen aus allen Zusammenhängen gerissenen Brieffragmente – als stellten sie das »mannigfaltig zerschnittene[] oder zertrennte[] Ich-Buch« dar, von dem Walser selbst gesprochen hatte (SW 20, 322) – ergeben in ihrer Gesamtheit ihrerseits wiederum so etwas wie einen in sich geschlossenen Brief, mit endlos vielen liebevollen Anreden, mit sinn- wie endlos aneinandergereihten Mitteilungen und schließlich mit einem nicht enden wollenden Schwall an Grussbotschaften. Hier hat sich die Sprache vollends jeder Sinnhaftigkeit entäußert. Amann vollzieht damit an Walsers Briefen – seinen vielleicht einzigen Schriftstücken, die mit einem Leser gerechnet haben – jene Sinnentleerung ins reine Sprachspiel, die schon Benjamin aufgefallen war und die Widmer im »*Räuber*«-*Roman* auf die Spitze getrieben fand.

Das ›Walsern‹ als ein gleichsam bewusstloses und unwillkürliches Zungenreden ist ein in der literarischen Walser-Aneignung wiederkehrender Topos. Man findet die Wendung bei Matthias Zschokke, doch auch bei Paul Nizon. Jelinek hat dieses Verfahren der dichterischen Metamorphose und Anverwandlung – sie nennt es »Mundraub« – in einem Aufsatz reflektiert: »Dieser Dichter ist so geartet, daß er der Beraubung durch andre, ängstliche Leute wie mich, standhält, während er standhaft einen andren Räuber beschreibt, der wenigstens ab und zu aufbegehrt. Der Beschreiber des Räubers hat nicht einmal das Aufbegehren nötig. Er gibt alles und doch wieder nicht.« (Jelinek 2009, 96) Sowohl Jelineks Stück wie auch Amanns Zitatcollage bringen das Paradox zur Anschauung, wie der »Beschreiber des Räubers« alles hergibt und gleichwohl nichts preisgibt. Hier wie dort entsteht so etwas wie die Parodie eines Walser-Textes. Die Distanz zu einem authentischen Text halten beide – Amann gewiss deutlicher, Jelinek subtiler – gegenwärtig. In dieser offenkundigen und also keineswegs verschleierten Differenz verliert sich, was man die geraubte Authentizität nennen könnte. Im Reflex der angeeigneten und entfremdeten Texte springt als ästhetischer Mehrwert und Erkenntniswert ein genaueres Verständnis von Walsers Dichtungsart hervor: Sinnferne bei Amann, die performative Selbstverschleierung des Ich bei Jelinek. Im Übrigen legt Jelinek ihrer Walser-Figur einen Satz in den Mund, der nun allerdings geradewegs aus den Mikrogrammen entlehnt sein könnte: »[L]eider muß ich Ihnen mitteilen, daß jeder Lautsprecher, der die

Abfahrtszeiten ansagt, mehr über mich und meine Ziele weiß als ich selbst.« (Jelinek 1998, 21)

Ganz anders wiederum verhält es sich bei dem Dramolett oder Dialogstück im Roman *Göttergeschichte* von Gerlind Reinshagen, in dem sie Robert Walser in ein Gespräch mit Virginia Woolf »über die Krankheit zum Leben« verwickelt (Reinshagen 2000, 133–143). Reinshagen spricht mit Woolfs und Walsers Stimmen. Sie imaginiert sich die beiden in einem Gespräch über Krankheit und über Dichtung, in dessen Verlauf die beiden auch auf die eigenen Werke zu sprechen kommen. Sie halten sich und ihre Bücher, das lässt sich dem Dialog entnehmen, für gesundheitsschädigend, gar gefährlich: »Sollte man uns nicht hinter Gitter bringen? In Isolationshaft halten, so lange, bis sich mit der Zeit das Gehirn entschärft. Oder … bis sie – die Freunde – uns vergessen?« (ebd., 141) Auf Virginia Woolfs Frage antwortet Walser resignativ: »Sie sind längst infiziert. Schon entzündet wie wir. Das heißt, wenn sie richtig … bis zum Grund des Buches lesen.« (ebd.) Man kann gewiss dieser Passage einen parodistischen Hintersinn unterstellen und das Gespräch der beiden Dichter auch als ein leises Gespött auf die Nachwelt deuten. Mit den »Infizierten« und »Entzündeten« sind darum vielleicht nicht zuletzt jene gemeint, die Walser und Woolf in ihrem exegetischen Furor (»wenn sie richtig … bis zum Grund des Buches lesen«) mitunter bis zur pathetischen Identifikation nacheifern.

Performative Identifikation

Denn auch solche Phänomene und solche überschiessende Verehrung hat die Walser-Rezeption gezeitigt. Da diese Form der performativen Aneignung nicht nur sporadisch, sondern regelmässig auftritt, soll sie hier an Beispielen erläutert werden. Der Schriftsteller Franz Böni hat in seinem Buch *Sagen aus dem Schächental* seinen Gedenkartikel zu Robert Walsers 100. Geburtstag wiedergegeben. Darin imaginiert sich der Erzähler zunächst die Ermordung Walsers – es geschieht, während er mit ihm gemütlich am Telefon plaudert –, danach begibt er sich nach Herisau und führt dort Walsers Leben weiter. Er macht Spaziergänge, legt sich seine zusammengefaltete Jacke nach Walsers Art über den angewinkelten Arm, Kinder schauen ihm nach, wie sie, so denkt er, jahrelang Walser nachgeschaut haben, und bald schon gehört er zum Dorfbild. »Abends saß ich in meiner Kammer und schrieb auf Papierblätter, die ich irgendwo zusammensuchte. Kein Zweifel, ich hatte Robert Walsers Platz eingenommen und mußte sein Werk weiterführen.« (Böni 1982, 101 f.) Man muss das nicht wortwörtlich lesen und darf gewiss auch die Selbstironie und den sarkastischen Unterton mithören. Und dennoch fehlt dieser Form der ironisch reflektierten Anverwandlung die radikale Souveränität, aber auch die poetische Konsequenz, mit der Reinshagen die komplexen Fragen der literarischen Nachfolge in ein paar einfachen Sätzen glasklar bis zur unheimlichen Unerbittlichkeit auffächert.

Wie ein roter Faden zieht sich die Beschäftigung mit Walser durch das Werk von Paul Nizon. Es begann 1970 in dem Buch *Diskurs in der Enge*, wo Robert Walser einer der Kronzeugen von Nizons polemischer These von der Schweiz als dem kunstfeindlichen Land war (Nizon 1970, 111 f.), setzte sich fort in dem Aufsatz *Robert Walsers Poetenleben* von 1976. Nizons Journale dokumentieren diese während Jahrzehnten geführte konstante Auseinandersetzung mit Walser als einem Spiegel der eigenen Vita und der eigenen Poetik. Auch Nizon kennt das Pathos von Böni, hier aber ist es garantiert ironiefrei. Seltsamerweise kleidet Nizon viele seiner Aussagen zu Walser in Termini familiärer Verwandtschaft, die ein geradezu intimes Verhältnis zum Dichter herstellen. Das früheste überlieferte Zeugnis – ein Brief an Karl Markus Michel von April 1963 – weist hier bereits die Richtung:»Mit Robert Walser fühle ich mich tatsächlich in einzelnem sehr verwandt.« (Nizon 2002, 22) In seinen Frankfurter Poetikvorlesungen wählt Nizon ein drastisches Bild, das er später noch gelegentlich wiederholen sollte, so treffend muss es ihm erschienen sein:»Robert Walser gehört zu meiner literarischen Muttermilch, ich las ihn schon als Schüler.« (Nizon 1985, 11) Später stellt Nizon bei seiner wiederholten Beschäftigung mit Walser fest, dass dieser sich am Ort und im Jahr aus der Welt zurückzieht, da Nizon ins Leben tritt, in Bern, im Jahr 1929. Lakonisch notiert er dazu im Journal:»Stafettenübergabe – ein altes Bild von mir.« (Nizon 1995, 100) Im Jahrzehnt darauf ist von Walser (und van Gogh) als von seinen »künstlerischen Paten« die Rede (Nizon 2012, 76).

Viele Autorinnen und Autoren, zumal in der Schweiz, haben sich – bald etwas distanzierter, bald mit Emphase – zu Walser bekannt als einem Lehrmeister und Ahnherrn. Doch vermutlich bei keinem anderen Schriftsteller hat die Verehrung gleichzeitig so viel Ambivalenz hervorgerufen wie bei Paul Nizon. Aus manchen seiner Äußerungen könnte man leicht auf Verachtung (Nizon 2004, 108, 110 f.) schließen, andere deuten auf große Anerkennung, ja

Dankbarkeit (Nizon 2012, 18) hin, da und dort bringt er ihm eine Form der Abwehr entgegen, die sich vielleicht nur durch allzu große – eben verwandtschaftlich gestiftete – Nähe erklären ließe. (Nizon 1985, 20, 25). Walser bietet für solche performativen Identifikationen dankbare Projektionsflächen. So bezeugt etwa Daniel de Roulet, ein französischsprachiger Schweizer Schriftsteller, in seinem Roman *Double* mit einem kleinen Kassiber seine Walser-Verehrung. Der Protagonist, ein mutmaßlicher Terrorist oder immerhin Terror-Sympathisant, hat als *nom de guerre* und Pseudonym Leo gewählt. Auf die Frage, wie er dazu komme, sagt er, er habe es in Walsers *Gehülfen* gefunden. Leo heiße dort »der Hund einer gutbürgerlichen Familie am Ufer des Zürichsees«, wo der Gehülfe eine Anstellung erhalten habe (de Roulet 1998, 108). So wohlfeil und folgenlos ist die Vereinnahmung also auch zu haben. Der heimliche (und allzu oft als solcher verkannte) Bürgerschreck Walser wird gleichsam zur Folklore im Milieu der Anarchisten.

Ästhetische Rezeption

Natürlich konnte es nicht ausbleiben, dass die emphatische und gelegentlich auch etwas pathetisch heroische Wiederentdeckung Robert Walsers seit den 1970er Jahren stil- und traditionsbildend wirkte. Ob und wie Autorinnen und Autoren zumal in der Schweiz sich von Walsers Prosa beeinflussen oder prägen ließen, kann im Einzelfall empirisch oder mit stilkritischen Methoden kaum schlüssig erwiesen werden. Gleichwohl besteht ein Konsens darüber, dass mithin Walsers Kurzprosa seit Ludwig Hohl und fortgesetzt bei literarisch so unterschiedlichen Temperamenten wie Adelheid Duvanel, Peter Bichsel, Klaus Merz oder Matthias Zschokke (es ließen sich noch manche andere nennen) nachhallt und nachwirkt (vgl. Zeller 2014). So schwierig im Konkreten eine Anlehnung namhaft zu machen ist, so wenig lässt sich hier das Epigonentum trennscharf von einer authentischen, eigenständigen Fortschreibung dieser Tradition auseinanderhalten. Ein verbreitetes Unbehagen angesichts vieler Texte, die sich allzu leichtfertig bei Walser poetische Nobilitierung und Würde borgen, ohne einem solchen Widerlager ein eigenes Gewicht entgegenhalten zu können, äußert sich da und dort in sarkastischen Sottisen mit ganz unterschiedlich travestiertem Spott.

Mit zu den frühesten Stimmen in diesem kleinen Chor der kritischen Rezeption zählt Gertrud Leutenegger, die sich in ihrem Erstling *Vorabend* bereits 1975, also mitten in der einsetzenden Walser-Renaissance, über die Formen der Idolatrie mokierte. »Du gehörst doch nicht zu jenen, die vor den überkommenen Bildern kranker Genialitäten bedauern, daß es keine Schwindsucht mehr gibt.« (Leutenegger 1975, 54) So spricht die Erzählerin zu ihrem imaginären Gegenüber und fügt dann, ist es Sarkasmus, ist es Empörung?, hinzu: »Leicht, so traurig leicht liest es sich, wenn einer, war es nicht Simon Tanner, einen anderen sah wie er hinging und in einer gelben Sommerjacke in den Winter lief und durch den Schnee und durch die Wälder und sich einfach hinlegte und sich unter dem Rauhreif in den Tod schlief. Diese Selbstmorde, Ce. Wir müssen von ihnen fortgehen. Wir sind doch nicht diese Neunzehntesjahrhundertsüchtigen« (ebd.). Mit unheimlicher Präzision reflektiert diese Passage (und dies in einem Debütroman, der seinerseits fiebrig das Kommende erwartet, in dem bangend und hoffend das Bevorstehende in der Imagination vorweggenommen wird) einen überkommenen Erzählstandpunkt. Dezidiert kritisiert die Erzählerin das Epigonentum und fordert zum »Fortgehen« auf, hin zu einem Erzählen, das, eingedenk der keineswegs vernachlässigten, vielmehr als unverrückbares Fundament gewürdigten Tradition, nach eigenständigen Formen und Inhalten verlangt.

Bereits um einiges boshafter liest sich eine Szene in Jörg Steiners Erzählung *Der Schlüssel*. Darin ist die Rede von Walser-Verehrern, die an einem Filmprojekt zu Robert Walser arbeiten, gerade in Biel vor einem Glas Wein sitzen und sich überlegen, »ob sich, trotz aller Bedenken, das Filmprojekt nicht doch verwirklichen ließe« (Steiner 1985, 53–59). Man entscheidet sich, das Blaue Kreuz aufzusuchen, obwohl es Sonntag ist und die Herren wissen, dass an Sonntagen das Hotel geschlossen ist. Dort angekommen, stellen sie fest, dass es nicht nur wegen des Ruhetags geschlossen ist, sondern ohnehin und auf unbestimmte Zeit, da es umgebaut werde. Gleichwohl lassen sich die Filmer nicht verdrießen, einer gar »rüttelt wie ein Verzweifelter an der Haupteingangstür« (ebd., 54), die sich auch tatsächlich öffnen lässt, sodass man dann gleich im Entrée steht und dort auf eine Concierge trifft. Diese besitzt zwar die Schlüssel zu allen Zimmern, nicht jedoch zu jenem, das Walser angeblich seinerzeit bewohnt haben soll. Er sei abhandengekommen. Sie könne lediglich das Nebenzimmer zeigen und die Herren durch die Dachluke an eine Stelle führen, »die genau über Herrn Walsers Zimmer liegt« (ebd., 55). Drei elementare Gedanken hat Steiner in dieser köstlichen Miniatur untergebracht: Er zeigt uns erstens ein kleines Sittenbild naiver literarischer Verehrung, er formuliert zweitens eine Erfahrung, die noch jeder macht, der sich mit Walsers Werk beschäftigt: der Schlüssel dazu ist uns längst und dauerhaft abhandengekommen. Und Steiner fügt drittens und schließlich sein eigenes *ceterum censeo* in Sachen Walser hinzu: Im Nebenzimmer Walsers kommen wir ihm näher als dort, wo er angeblich (und was hieße dies in seinem Fall:) zu Hause war.

Für Umwege und Distanz plädiert auch Jürg Laederach, der in einem gemeinsam mit dem Amerikaner William H. Gass verfassten Doppelporträt eine der schönsten und knappsten Charakterisierungen von Walsers Poetik formuliert hat: »Mit ausschließlich hellen Farben eine dunkle Stelle erzeugen: Walsers Kunst. Mozarts schwebendes trauerkippgefährdetes Dur. Das kann so kein anderer. Wir sprechen von Technik, er versteht davon nichts, kann aber mehr als sie.« (Gass, Laederach 1997, 21) Anders als Leutenegger und Steiner und doch in ähnlichem Sinne mahnt Laederach zur Zurückhaltung bei der Anverwandlung von Walsers Prosa, die sich doch jedem bequemen und unmittelbaren Zugriff entzieht und gerade damit, in dieser Unerreichbarkeit eines wie bei Steiner verschlossenen Hotelzimmers, nicht etwa zur Ikone überhöht, sondern erst kenntlich wird: »Wieso lassen wir den exhibitionistischen Maulwurf mit der Millimeterschrift in seinem durchaus repräsentativen Welttheater, einem Loch groß wie eine Nüster, nicht in Ruhe? Man kann ihn in der Größe-Kleinheit nicht fassen, man kann ihn im Tempo langsam-schnell nicht fassen, man kann ihn in der Stimmungslage gemütlich-unheimlich nicht fassen.« (ebd., 32)

Ein genealogisches Nachspiel

In seinen Gesprächen mit Werner Morlang hat Gerhard Meier davon erzählt, dass er gelegentlich in Bern an die Luisenstraße 14 gegangen sei und dort, vor dem Haus, habe er dann jeweils gesagt: »Da hast du zuletzt gewohnt.« Er habe den Satz, so hat es Meier berichtet, »zu mir oder zu ihm« gesagt. (Meier, Morlang 2007, 132) Als wäre also der Satz »Da hast du zuletzt gewohnt« ebenso zutreffend gewesen, wenn er ihn zu sich selbst gesprochen wie wenn er ihn im imaginären Gespräch mit Walser gesagt hätte. Unter allen Autorinnen und Autoren, in deren Werken Walser Spuren hinterlassen hat, ist Gerhard

Meier gewiss ein Wahlverwandter *sui generis*. Wenn er Walsers letzte Berner Adresse aufgesucht hat, dann gewiss nicht in der Erwartung, dort auf dessen Aura zu stossen, wie es die Filmer in Steiners Erzählung erhofften. Er wusste, er würde dort nur auf sich selber treffen, und jeder Satz, den er sagen würde, wäre darum zu einem imaginären Gegenüber so gut wie zu sich selber gesprochen. Der Abstand zu dieser imaginären Gegenwart ist an der Luisenstraße 14 aufgehoben und zugleich ins Unendliche vergrössert. Nicht anders verhält es sich, wenn Meiers literarische Figuren Robert Walsers Werke zur Hand nehmen. Kein anderer Schriftsteller hat Walser kompromissloser in sein Werk aufgenommen. Nicht, indem er ihm nacheiferte, vielmehr komponierte er seine eigenen Texte um Walsers Werke herum, er trat mit ihnen in einen Dialog, wie er in seinen Romanen mit allem in Dialog trat, was ihm in Kunst und Musik, in Literatur und im Leben irgend von Bedeutung war.

Zu Beginn des dritten Teils seiner Amrainer Tetralogie, in dem Roman *Die Ballade vom Schneien*, findet sich eine Verneigung vor Walsers Werk: Baur, Meiers Alter Ego in dem Roman, erzählt von der Lektüre von Walsers Prosastück *Winter*, das ihn »erschüttert« habe (Meier 2008, 291). Er berichtet dann, welche weiteren Texte und Romane er von Walser gelesen habe, dass *Der Gehülfe* indes seinem Leben zu nahe sei, dass er im Kreis der *Geschwister Tanner* »nicht genehm« gewesen sei (ebd., 291 f.). Über *Jakob von Gunten* erreicht er sodann Tolstoi, Stifter und schließlich Virginia Woolf, um dann abermals bei Walsers Prosastück *Winter* anzukommen, das er nun in einer schwindelerregenden selbstreferentiellen Wendung, die jede Differenz zum Verschwinden bringt und zugleich ins Unfassbare steigert, als dessen *Ballade vom Schneien* bezeichnet. Diskret und dezidiert zugleich und darum unvergleichlich hat Gerhard Meier seine literarische Herkunft hier wiederum in Literatur verwandelt.

Vergleichbar ist die Stelle nur mit Sebalds Kafka-Text, der dort die kunstvollste genealogische Matrix gezeichnet hat. Darin hat Sebald für sich selber eine gewichtige Stelle vorgesehen. Auch Gerhard Meier zeichnet genealogische Konstellationen. Aber gleichzeitig problematisiert er seine Nähe zu Walser. Und im Unterschied zu Sebald wiederum setzt er sich nicht neben Walser. Er zeigt ihn vielmehr unter seinesgleichen, als Teil einer literarischen Tradition, die wiederum den geistigen Horizont von Gerhard Meiers Figuren bzw. seiner selbst vergegenwärtigt. Meier hat dazu ein Bild geschaffen, das ohnegleichen ist in der Literatur. Auf dem Nachttisch an seinem

Sterbebett hat Baur – noch immer im Roman *Die Ballade vom Schneien* – seinen kleinen weltliterarischen Kanon als Lebens- und Sterbebegleiter aufgestellt. Diese Tetralogie der literarischen Herkunft beginnt mit der Bibel, darauf liegt Walsers *Jakob von Gunten*, wiederum darauf Claude Simons *Das Gras*, zuoberst schließlich Prousts *Im Schatten junger Mädchenblüte*. Wer so durchs Leben geht, braucht den Tod nicht zu fürchten. Kein anderer Autor, keine andere Autorin hat so unerschrocken das Tableau der literarischen Ahnen gezeichnet. Ohne es auszusprechen, hat sich Gerhard Meier in ihre Reihe gestellt.

Literatur

Amann, Jürg: Liebe Frau Mermet. Eine Art Liebesbrief nach Briefen von Robert Walser. In: ders.: Pornographische Novelle. Köln 2005, 67–98.

Benjamin, Walter: Robert Walser [1929]. In: ders.: Gesammelte Schriften. Bd. II,1. Hg. v. Rolf Tiedemann u. Hermann Schweppenhäuser. Frankfurt a. M. 1991, 324–328.

Bernhard, Thomas, Unseld, Siegfried: Der Briefwechsel. Hg. v. Raimund Fellinger, Martin Huber, Julia Ketterer. Frankfurt a. M. 2009.

Böni, Franz: Robert Walser. Zum 100. Geburtstag von Robert Walser. In: ders.: Sagen aus dem Schächental. Stücke, Gedichte, Aufsätze, Erzählungen. Zürich 1982, 100–102.

Born, Jürgen (Hg.): Franz Kafka. Kritik und Rezeption zu seinen Lebzeiten. 1912–1924. Frankfurt a. M. 1979.

Canetti, Elias: Aufzeichnungen 1942–1985. Die Provinz des Menschen. Das Geheimherz der Uhr. München 1993.

Gass, William H., Laederach, Jürg: Über Robert Walser. Zwei Essays. Salzburg, Wien 1997.

Jelinek, Elfriede: er nicht als er (zu, mit Robert Walser). Ein Stück. Frankfurt a. M. 1998.

Jelinek, Elfriede: Was sich gehört ist ungehörig. In: Michael Hammerschmid (Hg.): Räuberische Poetik. Spuren zu Robert Walser. Wien 2009, 95–99.

Kerr.

Keutel, Walter: Röbu, Robertchen, das Walser. Zweiter Tod und literarische Wiedergeburt von Robert Walser. Tübingen 1989.

Kronauer, Brigitte: »Wie hat es das Naturschauspiel mir angetan«. In: Groddeck u. a., 15–24.

Leutenegger, Gertrud: Vorabend. Roman. Frankfurt a. M., Zürich 1975.

Meier, Gerhard: Baur und Bindschädler. Amrainer Tetralogie. Bern 2008.

Meier, Gerhard, Morlang, Werner: Das dunkle Fest des Lebens. Amrainer Gespräche. 4., erw. Aufl. Bern 2007.

Morlang, Werner: Zwei Einzige und ihr Eigentum. Robert Walser und Gerhard Meier. In: Groddeck u. a., 243–252.

Neue Zürcher Zeitung. Sonderdruck Solothurner Literaturtage, 27./28. 5. 2006.

Nizon, Paul: Am Schreiben gehen. Frankfurter Vorlesungen. Frankfurt a. M. 1985.

Nizon, Paul: Das Drehbuch der Liebe. Journal 1973–1979. Hg. v. Wend Kässens. Frankfurt a. M. 2004.

Nizon, Paul: Die Erstausgaben der Gefühle. Journal 1961–1972. Hg. v. Wend Kässens. Frankfurt a. M. 2002.

Nizon, Paul: Die Innenseite des Mantels. Journal. Frankfurt a. M. 1995.

Nizon, Paul: Diskurs in der Enge. Aufsätze zur Schweizer Kunst. Bern 1970.

Nizon, Paul: Urkundenfälschung. Journal 2000–2010. Hg. v. Wend Kässens. Berlin 2012.

Pestalozzi, Karl: Nachprüfung einer Vorliebe. Franz Kafkas Beziehung zum Werk Robert Walsers. In: KERR 2, 94–114.

Reinshagen, Gerlind: Göttergeschichte. Frankfurt a. M. 2000.

Roulet, Daniel de: Double. Ein Bericht. Zürich 1998 (frz. 1998).

Rüedi, Peter: Die Schweizer Autorin Gertrud Leutenegger und ihr Erstling »Vorabend«. In: Die Weltwoche, 30. 4. 1975, Nr. 17, 27.

Sebald, W. G.: Dr. K.s Badereise nach Riva. In: ders.: Schwindel. Gefühle. Prosa [1990]. Frankfurt a. M. 2001, 155–183.

Sebald, W. G.: Le promeneur solitaire. Zur Erinnerung an Robert Walser. In: ders.: Logis in einem Landhaus. Über Gottfried Keller, Johann Peter Hebel, Robert Walser und andere. München 1998, 127–168.

Steiner, Jörg: Olduvai. Geschichten. Frankfurt a. M. 1985.

Walser, Martin: Alleinstehender Dichter. Über Robert Walser. In: ders.: Erfahrungen und Leseerfahrungen. Frankfurt a. M. 1965, 148–154.

Walser, Martin: Der Unerbittlichkeitsstil. Zum 100. Geburtstag von Robert Walser. In: ders.: Liebeserklärungen. Frankfurt a. M. 1983, 121–154.

Walser, Martin: Muttersohn. Roman. Reinbek bei Hamburg 2011.

Walser, Martin: Über Rechtfertigung, eine Versuchung. Reinbek bei Hamburg 2012.

Widmer, Urs: Über Robert Walser. In: Robert Walser: Der Spaziergang. Ausgewählte Geschichten. Hg. v. Daniel Keel. Zürich 1973, 145–166.

Widmer, Urs: Fragmentarisches Alphabet zur Schweizer Literatur. In: Heinz Ludwig Arnold (Hg.): Literatur in der Schweiz (Text + Kritik, Sonderband). München 1998, 7–12.

Zeller, Rosmarie: Robert Walser und die Schweizer Literatur. In: Germanistik in der Schweiz 11 (2014), 71–80.

Roman Bucheli

5.5 Theater

»Sie sind auf den Stil und auf die Schönheit angelegt, und der Genuß des *Buches* ist daran die Hauptsache. Ob sie je aufgeführt werden könnten, etwa mit Musik, ist ganz und gar fraglich und erscheint vorläufig völlig nebensächlich. Sie sind auf die Rede und Sprache gestimmt, auf Takt und rythmischen [sic] Genuß« (Br 65), so urteilt Robert Walser 1912 über seine frühen Verskomödien. ›Vorläufig völlig nebensächlich‹ – mit seinen Vorbehalten sollte er über ein halbes Jahrhundert recht behalten. Zu Walsers Lebzeiten und bis über eine Dekade nach seinem Tod wurde keiner seiner Texte vom Theater aufgenommen.

Die zentrale Rolle des Theaters in Walsers Texten ist ein beliebter Forschungstopos – in mehreren Dutzend Texten setzte sich Walser auf ganz unterschiedliche Art mit dem Theatermilieu und der dramatischen bzw. dialogischen Literatur auseinander. Dass Walser aber neben Romanen und seiner berühmten Kurzprosa Dramatisches, Szenisches geschrieben hat, wurde lange vernachlässigt. Die Lehrmeinung zu seinen Dramoletten und dialogischen Szenen ist denn auch, es handele sich um Lesetexte. Die Theaterpraxis hat, nachdem sie Walser einmal für sich entdeckt hatte, diesen Befund weitgehend ignoriert.

Später Beginn der Walser-Aufführungen

Bis zur (nur gegenwärtigen?) Etablierung Walsers als Bühnenautor war es ein langer Weg. Die Reihenfolge, in welcher Walsers Texte von der Bühne aufgenommen wurden, spiegelt zwei Entwicklungen wider. Einerseits Walsers Editionsgeschichte: Sie wurden allesamt erst aufgeführt, als sie in leicht zugänglichen Werkausgaben verfügbar waren, und es dauerte noch bis in die 1990er Jahre, bis Bühnenproduktionen mit Walser kein Kuriosum mehr waren. Andererseits lässt sich an Walser exemplarisch nachvollziehen, wie die Theaterpraxis des deutschsprachigen Raums sich in der zweiten Hälfte des 20. Jh.s immer weniger über Dramatik definierte.

Aschenbrödel, am 13. 10. 1967 von der Zürcher Werkbühne uraufgeführt, ist die früheste belegte Aufführung eines Walser-Textes – beinahe siebzig Jahre nach seiner Entstehung. Walsers Entdeckung für die Bühne ist – da Carl Seeligs teilweise mit verstümmelten Texten arbeitende Werkausgabe kein Publikum fand – wesentlich mit Jochen Grevens Gesamtausgabe verknüpft, die 1966 bis 1972 im Kossodo-Verlag erschien. Der unüberschätzbare Einfluss, den Grevens Kossodo-Ausgabe auf die Wiederentdeckung hatte, wird anhand der ersten Aufführungen diverser Texte deutlich: Seit 1966 waren die ersten Bände verfügbar, 1967 folgte die Uraufführung (im Folgenden UA) von *Aschenbrödel* – die Dramolette lagen in der Gesamtausgabe dann ab 1972 vollständig vor: im gleichen Jahr waren im Zürcher Theater Neumarkt neben *Aschenbrödel* erstmals auch *Schneewittchen* und *Dornröschen* zu sehen. Die Zahl der Bühnenproduktionen von Texten Walsers stieg seither beinahe exponentiell. Mit langsamem Start: So sind von 1967 bis 1987 weniger Produktionen belegt als allein für die Theatersaison 2000/2001. Die folgende Übersicht beruht auf den Materialien des Robert Walser-Archivs sowie der Schweizerischen Theatersammlung. Sicher wurde dort nicht jede Produktion erfasst, die Carl-Seelig-Stiftung achtete aber penibel auf das Verwalten der Aufführungsrechte – bei gegen 200 belegten Produktionen (exklusive Wiederaufnahmen) zwischen 1967 und 2011 kann man deutliche Tendenzen ausmachen.

Aufführungstradition der Dramolette und Szenen

Schneewittchen ist mit über 35 belegten Produktionen im deutsch- und französischsprachigen Raum der am weitaus häufigsten inszenierte Text Walsers (vgl. Zihlmann 2014, 96–100). *Aschenbrödel* wurde weniger häufig (rund ein Dutzend Mal), aber regelmäßig in die Spielpläne aufgenommen, *Dornröschen* ist dagegen nur vereinzelt belegt. Die generische Einheit der Märchendramolette führte zur Praxis, sie oft kombiniert aufzuführen, wobei die Kombination *Schneewittchen/Aschenbrödel* überwiegt. Dies hat (neben der viel späteren Entstehung von *Dornröschen*) v. a. mit der Länge der Texte zu tun: Nur *Schneewittchen* ist nach Theatermaßstäben ›abendfüllend‹, *Dornröschen* ist so kurz, dass es oft in Collagen von Szenenfolgen eingegliedert wird. Die Anzahl Aufführungen der Märchendramolette stieg jedes Jahr bis etwa 2004, gefolgt von einer leichten Abnahme zugunsten von Bühnenbearbeitungen der Romane und der kleinen Prosa. Walsers erste Dramolette, *Die Knaben* und *Dichter*, deren Gruppierung mit *Aschenbrödel* und *Schneewittchen* im Sammelband *Komödie* (1919) auch in den Werkausgaben beibehalten wurde, entwickelten, ebenso wie die späteren Versstücke *Das Liebespaar*, *Der Taugenichts* und *Das Christkind*, nur geringe Bedeutung für die Bühne.

Obwohl die Szenensammlung der Werkausgabe *Kleines Theater des Lebens* schon seit 1972 verfügbar war, werden Zusammenstellungen der zahlreichen dialogischen Szenen erst seit der Verfügbarkeit der *Dramatischen Szenen* der Mikrogramme (1985) regelmäßig aufgeführt, erstmals 1987 mit Werner Schulz' *Kleines Theater des Lebens. Vergnügliches und Bedenkliches mit Szenen und Texten von Robert Walser* (Werkstattbühne Würzburg). Dies deutet auf den zweiten Popularitätsschub hin, den die Edition des *Bleistiftgebiets* nach sich zog.

Obwohl die »*Felix*«-Szenen schon in diversen Produktionen als Teile einer Textcollage vorkamen (etwa in Felix Praders *Familienszenen*), ist festzuhalten, dass ihre erste eigenständige UA auf französisch stattfand: 1989 von Claude Thébert und Anne-Marie Delbart im Théâtre du Grütli (Genf) mit einer eigens dafür angefertigten Übersetzung von Gilbert Musy. Auf deutsch wurden die »*Felix*«-Szenen erst 1991 von Werner Gerber inszeniert (Mansarde des Stadttheaters Bern).

Der Teich, wahrscheinlich kurz nach den frühen Dramoletten um 1902 entstanden, ist nicht nur Walsers einziger erhaltener Mundart-Text, das Stück wurde für die Bühne zunächst auf hochdeutsch übersetzt uraufgeführt (Felix Praders *Familienszenen* 1979, Schaubühne am Halleschen Ufer, Berlin). Der ganze Text kam erstmals 2002 wiederum auf französisch (*Les Garçons et L'Étang* von Martine Paschoud, Théâtre du Loup, Genf) zur Aufführung. Die eigenständige Mundart-UA erfolgte erst 2004 (Theatergruppe NKSA unter der Leitung Beat Knaus', Wettingen).

Aufführungstradition Prosa

Peter Siefert adaptierte *Jakob von Gunten* als wahrscheinlich (!) Erster 1986 am Staatstheater Kassel, der Roman avancierte jedoch erst Mitte der 1990er Jahre nicht nur zum meistaufgeführten Prosa-, sondern zum meistgespielten Walser-Text nach *Schneewittchen*. Während auch der »*Räuber*«-Roman seit Praders *Familienszenen* 1979 mit einzelnen Passagen wegen seiner digressiven Faktur noch häufiger als die anderen Romane in diversen Collagen vertreten war, fand die eigenständige UA von Kerstin Jacobssen 1989 im Landestheater Tübingen statt. Er wird seitdem nicht häufig, aber regelmäßig inszeniert. Walsers andere Romane werden seltener adaptiert. Die *Geschwister Tanner* wurden 1990 von Joël Jouanneau auf französisch uraufgeführt (*Les Enfants Tanner*,

Théâtre de la Bastille, Paris), deutsch erstmals 1994 von Paul Weibel (Junges Theater Göttingen). *Der Gehülfe* ist der am spätesten adaptierte Roman (1997 von Deborah Epstein und Marcus Mislin, Theater im Depot, Stuttgart) und kommt seitdem regelmäßig zur Aufführung.

Der Spaziergang fand zunächst 1991 in der Collage *La promenade d'un ravissant zéro tout rond* von Xavier Marchand (Théâtre du Grütli, Genf) den Weg auf die Bühne, die deutschsprachige UA *Der Spaziergänger* von Wilfried Happel folgte 2000 (Theater am Ufer, Berlin). Neben *Jakob von Gunten* ist dies der am häufigsten für eigenständige Produktionen adaptierte Prosatext. Es frappiert, dass nicht nur mehrere Texte Walsers im französischsprachigen Raum uraufgeführt, sondern teilweise häufiger adaptiert wurden als im deutschsprachigen Raum, insbesondere *Der Teich* und *Der Spaziergang*.

Die Theatralisierung Walsers beruhte lange Zeit nicht ausschließlich, aber hauptsächlich auf dramatisch und dialogisch angelegten Texten. Die Befunde zeigen, dass ab Mitte der 1990er Jahre Prosa-Adaptationen überwiegen. Dass *Jakob von Gunten* und *Der Spaziergang* zu den meistadaptierten Prosawerken gehören, erklärt sich wohl u. a. durch ihre monologische, mündliche Anlage, sowie einer neuen, weniger auf das Drama fixierten Theaterpraxis. In letzter Zeit wurde die Textcollage zum dominanten Bühnenformat: Eine seit 1990 wachsende Anzahl von Walser-Produktionen kombiniert z. B. Romanausschnitte, szenische Texte, Gedichte, Briefe und Kurzprosa, seit 2000 stellt diese Form etwa die Hälfte der Bearbeitungen dar. Vorreiter dieser Form sind die erwähnten *Familienszenen* von Felix Prader, wie auch Fred Tanners Collage *Ein tödlicher Traum* (beide 1979).

Musiktheater und die ›Figur Walser‹

Typische Entwicklungen sind Collagierung, Monologisierung oder aber polyphones Darbieten ursprünglich monologischer bzw. epischer Texte. Es entsteht auch früh eine eindeutige Tendenz zur Musikalisierung. Zahlreiche Produktionen verwenden Komponisten wie Frédéric Chopin, Claude Debussy und besonders – da zeitnah an Walser und ebenfalls mit kleinen Formen arbeitend – Erik Satie. Besonders Ruedi Häusermann inszeniert seine Produktionen als u. a. an Satie geschulte Theaterabende auf der Grenze zwischen Sprech-, Musik- und Performancetheater, etwa *Weshalb Forellen in Rapperswil essen,* *wenn wir im Appenzellerland Speck haben können* (UA 1994), *Keinakter – Unterricht in der Kunst, die Fröhlichkeit nicht einzubüßen* (UA 2004) und *Robert Walser* (UA 2014). Hervorzuheben sind die Opern *Schneewittchen* von Heinz Holliger (UA 1998, Neuinszenierung 2014), *Aschenbrödel* von Martin Derungs (UA 1997, Libretto mit Gian Gianotti), *Jakob von Gunten* von Benjamin Schweitzer (UA 2000) und *Gunten* von Helmut Oehring (UA 2008, Libretto von Stefanie Wördemann).

Eine weitere Besonderheit ist die Vorliebe, Walser mittels seiner Texte selbst als Figur auf die Bühne zu bringen. Dies tun nicht nur explizit (und unter Beihilfe Walserscher Texte) Elfriede Jelineks *er nicht als er* (UA 1998) und Gert Hofmanns *Der Austritt des Dichters Robert Walser aus dem literarischen Verein* (UA 1980). Neben diesen Erfolgsstücken bedienen sich besonders ab dem Jahr 2000 eine Reihe Produktionen in Textcollagen des Walser-Topos bzw. Wunsches, dass Figur und Autor bei Walser so weit nicht auseinanderliegen mögen.

›Postdramatischer‹ Walser?

Der Umstand, dass Walser zwischen 1902 und 1919 so gut wie keine dramatischen oder szenischen Texte veröffentlichte, hat die Wahrnehmung seiner frühen Dramolette zusätzlich geschwächt. Wie Peter Utz zeigte, lassen sich Walsers frühe Dramolette gut in die literaturgeschichtliche Linie des symbolistischen, jedenfalls anti-naturalistischen Dramas des *fin-de-siècle* einordnen (vgl. Utz 1998, 37 ff.). Seine Stücke erschienen in der *Insel* neben symbolistischen Programmschriften Maeterlincks (*drame statique*) und lyrischen Dramen Hofmannsthals.

Dass Walsers Texte heute vermehrt gespielt werden und besonders unter den veränderten Bedingungen der postdramatischen Theaterpraxis auf Resonanz stießen, hat verschiedene Gründe. Es gab bei der Wiederentdeckung Walsers keine Aufführungstradition seiner Texte, auf die man hätte zurückgreifen können. Der Reiz der Neuentdeckung modifiziert die zunächst extrem scheinende Zeitgebundenheit der Dramolette – zum Vergleich: Maeterlincks damals sensationell erfolgreiche Texte werden heute kaum noch aufgeführt. Des Weiteren bestehen ästhetische Zusammenhänge zwischen der Theateravantgarde des frühen 20. Jh.s und der postdramatischen Theaterpraxis: »Das Theater der Symbolisten markiert einen Schritt auf dem Weg zum postdramatischen Theater aufgrund seiner undramatischen Statik und der Tendenz zu monologischen Formen« (Lehmann 1999, 95). Nicht zuletzt kommt der Collagenform die äußerliche Kürze und ›Verstreutheit‹ der Szenen sowie der Kurzprosa Walsers bei gleichzeitiger innerer Homogenität der Motive und des Tons sehr entgegen.

Forschung

Da das Theater ein so zentrales Motiv im Schaffen Walsers darstellt, gibt es zahlreiche wichtige Beiträge, die sich mit den Dramoletten und Szenen(-Folgen) auseinandersetzen. Die Frage der theatralen Umsetzung spielt dabei eine äußerst untergeordnete Rolle. Wenn dazu Überlegungen angestellt werden, dann, um zu zeigen, dass es sich bei den szenischen Texten nicht um zu Unrecht ignorierte Bühnentexte sondern um genuine ›Lesedramen‹ handele (in diesem Sinne etwa Borchmeyer 1987, 135; Gees 2001, 61; weiter differenzierend Kleihues 2007, 236). Greven merkt exemplarisch an, dass die frühen Dramolette »wohl nicht so sehr als Dialoge zwischen selbständigen Individuen denn als solche zwischen den personifizierten Möglichkeiten von Walsers geistiger Gesamtanlage zu verstehen sind« (Greven, Nachwort in SW 14, 249). Ein polyphoner, monologischer Diskurs anstelle eines konflikthaften Dialogs also: Für das postdramatische Theater wie die Aufführungspraxis zeigt (vgl. Kunz 2007; Zihlmann 2014) – ein leichtes Adaptationsangebot, auch wenn Greven dies nicht mitgedacht haben kann.

Walser hat szenisch geschrieben, aber nicht unbedingt ›theatral‹ oder gar ›dramatisch‹. Dass Walsers »szenisch konzipierte[] Prosastücke – trotz der immer wieder unternommenen Theaterexperimente mit ihnen – die Bühne nie wirklich erobern konnten«, erklärt Dieter Borchmeyer mit der »Tatsache, daß sie ihren eigenen theatralen Charakter in einem Maße reflektieren, daß sie sich eben dadurch – und zwar bewußt – der Bühne entziehen« (Borchmeyer 1987, 135). Während diese Einschätzung von 1987 die nur langsam einsetzende Theaterrezeption von Walsers *szenisch* angelegten Texten zum damaligen Zeitpunkt erklärt, so hat sich die Theaterpraxis insgesamt, und die Aufführungspraxis um Walser insbesondere, seither gründlich gewandelt. In einem zentralen Beitrag argumentiert Alexandra Kleihues, dass »Walsers ›Unspielbarkeit‹ [...] typisch für seine Zeit« sei, »aber nur im Bezugsrahmen einer bestimmten Theaterpraxis [gelte]. Dass Walser in der deutschen Theatergeschichtsschreibung keinen Platz gefunden

hat, liegt daran, dass seine Stücke nicht aufgeführt wurden« (Kleihues 2007, 230). Inzwischen wird Walser oft aufgeführt. Unspielbar – gemessen woran also? Robert Walsers Theaterrezeption erlaubt wegen ihrer in ausgeprägtem Maß erst ab den späten 1980ern stattfindenden Verbreitung auf der Bühne eine exemplarische Studie über das veränderte Theaterverständnis des ausgehenden 20. Jh.s. In dieser Hinsicht erweist sich Walser als sozusagen ›zum richtigen Zeitpunkt Verspäteter‹. Angesichts der veränderten Theaterpraxis und der Tatsache, dass Walsers späte Bühnenkarriere als exemplarisch in diese Entwicklung eingebetteter Fall gelesen werden kann, ist eine Neueinschätzung der Walserschen Theatralität und eine Prüfung der hier skizzierten Thesen notwendig. Genuin theaterwissenschaftliche Untersuchungen zu Walser sind ein dringendes Forschungsdesiderat.

Literatur

Borchmeyer, Dieter: Robert Walsers Metatheater. Über die Dramolette und szenischen Prosastücke. In: Chiarini/Zimmermann, 129–143.

ebs. [Brock-Sulzer, Elisabeth]: Robert Walser als Dramatiker [zur Dramolett-Aufführung im Zürcher Theater am Neumarkt]. In: Die Tat (Zürich), 22. 1. 1973.

Franck, Hans: Dramen und Komödien. In: Das literarische Echo 25, 19/20 (1921), Sp. 1170–1174.

Gees, Marion: Schauspiel auf Papier: Gebärde und Maskierung in der Prosa Robert Walsers. Berlin 2001.

Gees, Marion: »Wie es scheint, experimentiert er...«: Robert Walsers diskretes Theaterlabor. In: Noble, 207–227.

Greven, Jochen: Die Geburt des Prosastücks aus dem Geist des Theaters. In: Chiarini/Zimmermann, 83–94.

Greven, Jochen: Nachwort. In: SW 14, 243–253.

Günther, Werner: Robert Walsers Märchenkomödien. In: Neue Zürcher Zeitung, 22. 11. 1964.

Hübner, Andrea: Ei', welcher Unsinn liegt im Sinn? Robert Walsers Umgang mit Märchen und Trivialliteratur. Tübingen 1995.

Kleihues, Alexandra: Robert Walsers dramatische Szenen der Berner Zeit im theaterhistorischen Kontext. In: Groddeck u. a., 229–236.

Kunz, Myriam: »Lehre mich die Lüge wieder finden«. Robert Walser auf der Bühne. Inszenierungen 1966–2007. Lizentiatsarbeit Universität Zürich 2007.

Lehmann, Hans-Thies: Postdramatisches Theater. Frankfurt a. M. 1999.

Seybold, Dietrich: Robert Walser. In: Andreas Kotte (Hg.): Theaterlexikon der Schweiz. 3 Bde. Zürich 2005, Band 3, 2044 f.

Utz, Peter: Tanz auf den Rändern. Robert Walsers »Jetztzeitstil«. Frankfurt a. M. 1998.

Zihlmann, Franziska: »Sag', bist du krank?« Die Entdeckung von Robert Walsers *Schneewittchen*-Dramolett für die Bühne. Masterarbeit Universität Bern 2014.

Tobias Lambrecht

5.6 Film

Robert Walser wurde mehrfach verfilmt. Obwohl die Stoffe des Autors sich erwartungsgemäß bisher nie dem kommerziellen Kino angeboten haben, konnten doch engagierte und anspruchsvolle filmische Arbeiten entstehen, die sich Walsers Welt auf je eigene Art annähern. Ohne dass ganz auf historisierende Elemente verzichtet würde, geht es bei keiner dieser Arbeiten in erster Linie um rekonstruierende Werktreue. Vielmehr handelt es sich um Analogien, die Stilmerkmale literarischer Narration in den visuell-dynamischen Raum des Films übersetzen. Walsers Signatur kommt in diesen Transformationsprozessen neben derjenigen der Filmautoren in unterschiedlicher Gewichtung zum Tragen. Im Folgenden seien die wesentlichsten Verfilmungen kurz vorgestellt: Peter Lilienthals *Jakob von Gunten* (1971), Thomas Koerfers *Der Gehülfe* (1976) und Stephen und Timothy Quays *Institute Benjamenta* (1995); Percy Adlons Dokudrama *Der Vormund und sein Dichter* (1978); und schließlich das ›Sehbuch‹ *Er, der Hut, sitzt auf ihm, dem Kopf. Robert Walser-Geschichten* von Walo Deuber (2006).

Romanverfilmungen

Sowohl Lilienthals *Jakob von Gunten* als auch Koerfers *Gehülfe* stellen politisierte Lesarten Walsers dar, die im Kontext des sozialkritischen Filmschaffens der 1970er Jahre verstehbar werden. Auch in ihrer aufmerksamen, von der Melancholie des Stillen und unzureichend Beleuchteten geprägten Filmästhetik sind sie einander nicht unähnlich. Besonders bei Lilienthal ist ein vornehmlich in den Institutsszenen nahezu durchgehendes, im vorangeschickten Motto kommentiertes, politisch konnotiertes *Chiaroscuro* programmatisch: sein Film beginnt mit Jonathan Swifts *Anweisung für Dienstboten* »Thut alles im Finstern, eurem Herrn das Licht zu ersparen«. Die folgende Einstellung, sekundenlang auf einem Gruppenbild der Zöglinge verharrend, nimmt die Statik der bis zum Stillstand verlangsamten Zeiterfahrung in der Dienerschule vorweg. Die hier über das photographische Medium vermittelte retrospektive Sicht auf den immer schon verlorenen Lebensabschnitt, die immer schon vergangene Zeit manifestiert sich auch in Koerfers tableauartigem *Auszug aus dem schweizerischen täglichen Leben in 60 Bildern*, zu »Musik aus der Zeit um 1900«, wie es im von Gram-

mophonklängen unterlegten Vorspann heißt. Auf- und Abblende mit Kreisblende erinnern an den frühen Film. Während Walser seinen Joseph Marti als Einzelnen die neue Stelle beim Ingenieur Tobler antreten lässt, um ihn dann zusammen mit einem anderen Vereinzelten, seinem Vorgänger Wirsich, wieder abtreten zu lassen, zeigt Koerfer Marti zu Beginn und zum Schluss seines Films innerhalb einer Gemeinschaft der Stellenlosen (vgl. Schneider 1981, 282). Das Ideal einer brüderlichen »Menschheit« (SW 10, 135), das von Walsers Erzähler schnell wieder aufgegeben wird, bewahrt der Film zumindest als inszenatorisches Element. Josephs und Klaras jugendliche Begeisterung für den »Sozialismus« (SW 10, 134) wird fahnenschwenkend ausagiert, Klara bleibt insgesamt stärker als politische Persönlichkeit konturiert. Auch Lilienthal durchsetzt seine Verfilmung mit Bildern von Brandstiftung, bewaffnetem Aufstand, und historischen Aufnahmen des Erdbebens von San Francisco im Jahr 1906, allesamt dazu angetan, den Untergang einer dekadenten bürgerlichen Gesellschaft heraufzubeschwören. Nostalgischer Ästhetizismus in Sepia-Tönen und politische Botschaft halten sich hier jedoch filmästhetisch die Waage. Beide Regisseure setzen auf klare Datierungen des Geschehens: Jakob unterschreibt am 19. April 1907 seinen Vertrag mit dem Dienerinstitut, Josephs Aufenthalt in der Villa Tobler beginnt am 24. 7. 1903 und endet am 1. 1. 1904 und ist somit Walsers eigener Anstellung bei Carl Dubler in Wädenswil angeglichen. Solche Historisierungen werden in Folge in stilisierten Traumsequenzen und anachronistischer Mise-en-Scène durchbrochen. So bestückt Lilienthal seine Jahrhundertwendewelt mit napoleonischen Uniformen, die von Jakobs Soldaten-Phantasie (vgl. SW 11, 135 f.) inspiriert zu sein scheinen.

Die Quay Brüder wiederum situieren ihr *Institute Benjamenta* vollständig in einer in vagem Verfall begriffenen traumhaften Raumzeitlichkeit, die nicht nur die Stimmung von Walsers Text nachempfindet, sondern auch dem verfremdenden Blick der seit den 1970er Jahren in Großbritannien lebenden amerikanischen Filmemacher auf ihr »fossilised phantom Europe« (versteinertes Phantom Europa; Romney 1995, 12) zuzuschreiben ist. Der dem Roman entnommene Untertitel *This Dream People Call Human Life* (vgl. SW 11, 112) wird zum Prinzip ihrer unverkennbar idiosynkratischen Phantasien, die sich durch eine hohe filmische Komplexität auszeichnen. Zu *Institute Benjamenta* gibt es daher eine mittlerweile beachtliche Forschungsdiskussion. Sie adressiert zum einen die Herkunft der Regisseure aus dem

Animationsfilm, die in ihrer nicht unwalserischen Aufmerksamkeit Dingen gegenüber deutlich wird. Vermeintlich Lebloses wie Dekor, Architektur, Requisiten agiert auf der gleichen Ebene wie Tiere und Menschen (Buchan 1998). Zum anderen werden narratologische Dimensionen (Horstkotte 2009), choreographische (Ruprecht 2010) und haptische sowie olfaktorische (Marks 2005) Elemente der Verfilmung angesprochen. In Hinsicht auf Fragen der medialen Übertragung von Literatur zu Film erweist sich die avancierte Kinematographie der Quays als überaus ergiebig. Die Brüder arbeiten unter anderem mit Miniatursets, in denen die Kamera auf Fußhöhe operiert. Wenn Laura Marks dazu anmerkt, dass diese Kameraarbeit ein Raumgefühl kreiere »in which the most interesting events do not occur in human scale« (in dem die interessantesten Begebenheiten sich nicht nach einem menschlichen Maßstab ereignen; ebd., 129), drängt sich der Gedanke an Walsers Welt der Mikrogramme geradezu auf.

Dokudrama und Sehbuch

Auch Adlons für den bayerischen Rundfunk entstandenes Portrait *Der Vormund und sein Dichter* bestätigt diese Angemessenheit des Kleinformatigen. In dreizehn aus Carl Seeligs *Wanderungen mit Robert Walser* herausdestillierten Begegnungen charakterisiert Adlon das Verhältnis zwischen Autor und Nachlassverwalter als eines zwischen zwei Männern, »die sich nichts zu sagen haben« (Adlon 2013, 31). Walser, so Adlon, »wollte laufen und möglichst oft essen. Seelig wollte der alleinige Robert-Walser-Vertraute, Experte und Verwalter werden« (ebd.). Adlons konzentrierter dokumentarischer Gestus wechselt ab zwischen Szenen in der nüchternen Herisauer Anstalt und Gängen durch die schneebedeckte, von schwarzen Zäunen durchzogene und so eine typographische Qualität annehmende umliegende Hügellandschaft. Um trotz der Nähe zum Gegenstand die Illusion realistischer Darstellung zu brechen, treten die großartig ausgewählten Darsteller Rolf Illig (Walser) und Horst Raspe (Seelig) hin und wieder aus ihren Rollen und sprechen die Zuschauer direkt an. Auch Deuber vermeidet allzu großen Realismus. Seine szenischen Annäherungen an sieben ›Liebesgeschichten‹ übersetzen Walsers selbstreflexiven Duktus in aneinandergereihte Kurzfilme von markanter Theatralität. Die Stimme von Bruno Ganz begleitet pantomimisch agierende Charaktere, die durchgehend von denselben zwei Schauspielern ver-

körpert werden. Kreisblenden und Knattern der Filmapparatur lassen keinen Zweifel darüber, dass es hier um eine filmische Inszenierung geht, die sich ihrer selbst bewusst ist. Den eigenen »Blick anzublicken« (SW 20, 116), so formuliert Deuber es mit Walser, war eine der gewählten Richtlinien für die Produktion des ›Sehbuchs‹; und auch die Überzeugung, nicht die filmische Freiheit, sondern den literarischen Text an die erste Stelle zu setzen (vgl. Deuber 2009, 1 f.).

Filmographie

Jakob von Gunten. Regie: Peter Lilienthal. BRD: ZDF 1971.

Der Gehülfe. Regie: Thomas Koerfer. CH: Thomas Koerfer Film AG 1975.

Robert Walser. Regie: Hans Helmut Klaus Schoenherr. CH: Nemo, Schoenherr 1978.

Der Vormund und sein Dichter. Regie: Percy Adlon. BRD: BR, Pelemele Film 1978.

Ich stehe immer noch vor der Tür des Lebens. Robert Walser und die schöne Kunst des Unterliegens. Regie: Peter Hamm. BRD, CH: SWF, WDR, DRS 1986.

Zwischen Gebäuden. Regie: Thomas Schultz. D: Deutsche Film- und Fernsehakademie Berlin GmbH 1989.

The Comb. Regie: Stephen Quay, Timothy Quay. GB, F: Koninck Studios, Channel Four, La Sept 1990.

Simon Tanner. Regie: Joël Jouanneau. F: INA Films, La Sept, TSR, Unite de Programmes Fictions Pierre Chevalier 1992.

Institute Benjamenta or This Dream People Call Human Life. Regie: Stephen Quay, Timothy Quay. D, J, GB: Channel Four Television Corporation, Koninck Studios 1995.

Monteiro, João César: *branca de neve*. P: Madragoa Filmes, RTP, Insituto do Cinema, ICAM 2000.

Er, der Hut, sitzt auf ihm, dem Kopf. Robert Walser Geschichten. Regie: Walo Deuber. CH: Doc Productions 2006.

All this can happen. Regie: Siobhan Davies, David Hinton. GB: Siobhan Davies Dance 2013.

Literatur

Adlon, Percy: Der Regenschirm. Zur Entstehungsgeschichte des Films. In: Filmheft zu *Der Vormund und sein Dichter*. Berlin 2013, 28–40.

Buchan, Suzanne H.: The Quay Brothers: Choreographed Chiaroscuro, Enigmatic and Sublime. In: Film Quarterly 51, 3 (1998), 2–15.

Deuber, Walo: ›Hoffnung auf eine unbekannte Lebendigkeit der Sprache‹. Die Handkamera des Robert Walser. In: GRODDECK u. a., 253–264.

Deuber, Walo: Visualizing the Obvious in Robert Walser's Prose. Responding to the provocation of the handheld Camera of Robert Walser. Vortrag zur Vorstellung des Sehbuchs am Schweizer Konsulat in Boston, 27. Februar 2009. In: http://www.walo-deuber.ch/en/new (10. 2. 2015).

Horstkotte, Silke: Seeing or Speaking: Visual Narratology and Focalization, Literature to Film. In: Sandra Heinen, Roy Sommer (Hg.): Narratology in the Age of Cross-Disciplinary Narrative Research. Berlin 2009, 170–191.

Marks, Laura U.: Institute Benjamenta: An Olfactory View. In: Chris Gehman, Steve Reinke (Hg.): The Sharpest Point: Animation at the End of Cinema. Toronto 2005, 126–137.

Romney, Jonathan: Life's a Dream. In: Sight and Sound 5, 8 (August 1995), 12–15.

Ruprecht, Lucia: Virtuoso Servitude and (De)Mobilization in Robert Walser, W. G. Sebald and the Brothers Quay. In: The German Quarterly 83, 1 (2010), 58–76.

Schneider, Irmela: Der verwandelte Text. Wege zu einer Theorie der Literaturverfilmung. Tübingen 1981.

Lucia Ruprecht

5.7 Gegenwartskunst

Robert Walsers Werk ist in der Gegenwartskunst angekommen. Das zeigt jüngst eine Reihe von Ereignissen: die Thematisierung Walsers im spanischen Pavillon an der Biennale von Venedig 2011 (vgl. García 2011); die Ausstellung *Der Spaziergang* in der Berliner Galerie Zink 2012 (vgl. Galerie Zink 2012); das *Festival Robert Walser* in Newcastle mit Beteiligung von Künstlern wie Billy Childish oder Roman Signer (vgl. Newcastle Institute 2012); ebenfalls 2012 die Ausstellungsreihe *A Little Ramble – In the Spirit of Robert Walser* in der Donald Young Gallery in Chicago (vgl. Burgin 2012); eine Ausstellung im New Yorker Drawing Center 2013 (vgl. Gilman 2013); eine Thomas Schütte-Werkschau in der Fondation Beyeler Basel 2013/2014, wo u. a. die Figur *Walser's wife* gezeigt wurde (vgl. Vischer 2013, 144–146, 177); im Sommer 2014, die Ausstellung *Ohne Achtsamkeit beachte ich alles. Robert Walser und die bildende Kunst* im Aargauer Kunsthaus, die ausdrücklich den Fokus auf Walsers Rezeption in der Gegenwartskunst richtete, u. a. im Werk von Thomas Hirschhorn, Klaus Lutz oder Rosemarie Trockel (vgl. Tobler 2014); schließlich im Herbst 2014 die von Caterina Benvegnù kuratierte Ausstellung im Spazio Thetis, Venedig, die unter dem Titel *Ha visto i colori divini del lago di Costanza?* Werke mit Walser-Bezug von mehr als dreißig Kunstschaffenden versammelte (vgl. Benvegnù 2014).

Über die Gründe für das Interesse an Walser lässt sich nur spekulieren. Eine rein äußerliche Ursache mag sein, dass sich die Rezeption von Walsers Werk gerade auch im englischen Sprachraum in den letzten Jahren stark verbreitete. Ein zweiter Grund liegt in Walsers Person und Biographie; beide zeichnen sich durch das Prekäre aus. Walser, mit dem sich »Künstler, Intellektuelle, Liebhaber, Eigenbrötler, Angepasste, Freaks« gleichermaßen identifizierten, repräsentiere, so Reto Sorg, »ein zentrales Paradox der Moderne: den zu Lebzeiten erfolgreich erfolglosen Künstler« (Sorg 2012 a). Sorg verweist auf Thomas Schüttes Walser-Skulptur *Memorial for the Unknown Artist* (2011; s. Abb. 18), die dieser selbst als eine ›gebrochene Heroisierung‹ versteht (vgl. Vischer 2013, 146). Viele der Texte Walsers sind zudem ironisch gebrochene, fiktiv-autobiographische Dokumente, die sich als ›Ego-Dokumente‹ in die Selbstreflexion künstlerischer Tätigkeit einschreiben lassen (vgl. Bühler 2008; Sorg 2012 a).

Wenn es sich nicht um illustrative Kunstwerke

Abb. 18: Thomas Schütte: *Memorial for the Unknown Artist*, 2011. Bronze, patiniert, und Stahl.

handelt – und darum geht es hier explizit nicht –, dann ist es kaum möglich, Textstellen zu benennen, die die Auseinandersetzung mit Walser ausgelöst hätten. Immerhin gibt es Passagen, die eine aktuelle künstlerische Haltung widerspiegeln: Er »experimentierte auf sprachlichem Gebiet in der Hoffnung, in der Sprache sei irgendwelche unbekannte Lebendigkeit vorhanden,« erklärt Walser z. B. im Prosastück *Meine Bemühungen*, und weist damit den Anwurf zurück, dass er »gelegentlich spontan drauflos schriftstellerte« (SW 20, 429 f.). Weiter ist auffallend, dass ein Satz aus *Kleine Wanderung* mindestens zwei Mal Leitmotiv ist: »Man braucht nicht viel Besonderes zu sehen. Man sieht so schon viel.« (SW 4, 142; vgl. Burgin 2012; Macdonald, Lucas 2012) Anzunehmen ist, dass diese Sätze in jenem Sinn ein künstlerisches Agens sind, wie es Stephan Berg für den Zeichnungszyklus *Celia* (2004–2006) von Marcel van Eeden festmacht: Walsers Erzählung *Der Spaziergang* sei »dem Credo van Eedens« darin verwandt, dass auch sie »im Kern eine Reflexion über die völlige Gleichwertigkeit von wichtigen und unwichtigen Dingen ist« (Berg 2006, 29).

Der Schweizer Künstler Markus Raetz war wohl der erste, der in sein Werk Walser-Bezüge einfließen ließ. Raetz setzt sich seit den 1950er Jahren mit Wal-

ser auseinander. Einerseits greift Raetz wie viele andere Künstler auf die photographische Präsenz Walsers zurück, andererseits setzt er die Wahrnehmungs- und Perspektivenwechsel ebenso um wie das Prekäre und Flüchtige. So etwa im kurzen, metamorphotischen Animationsfilm *eben* aus dem Jahr 1971 (vgl. Raetz 2005). Sieben Jahre später folgt eine Art Porträt: Raetz streichelt einer Wellkartonfläche das Dreiviertelprofil Walsers ein. »Je nach der Bewegung des Betrachters oder dem Lichteinfall von rechts oder von links«, beschreibt Harald Szeemann, »wird der Dargestellte als Positiv oder als Negativ, als Dunkel im Hell oder als Hell im Dunkel wahrgenommen« – zeichenhaft für »das Zwielichtige der Walserschen Prosa« (Szeemann 1991, 222). In Biel, einer eigentlichen Walser-Stadt, schuf Raetz dann 1989/1990 das zweiteilige, wiederum raffiniert mit wechselnden Perspektiven und der Wahrnehmung spielende Denkmal *Hommage à R. W.* Teil davon ist ein sprechendes Zitat aus dem späten Text *Der Bahnhof (II)*: »Allerlei Bekannte und Unbekannte gehen an dir vorüber. Ich selbst bin bald bekannt, bald fremd.« (SW 20, 75 f.)

Eine kurze Typologie dokumentiert im Folgenden möglichst viele Aspekte und künstlerische Positionen – ohne Anspruch auf Vollständigkeit.

1. Biographische Ikonographie. Die bekannten Walser-Photographien sind hier der Ausgangspunkt. Auf den toten Walser im Schnee rekurrieren der Photograph Ueli Alder mit einer nachgestellten Szene (vgl. Alder 2008–2010) und der Musiker Billy Childish mit expressiven Gemälden, die zudem auch auf den von Carl Seelig photographierten einsamen Spaziergänger Walser zurückgreifen (vgl. Childish 2010). Rosemarie Trockel überträgt die bedrückende Atmosphäre der Bilder mit dem toten Walser in der Serie *The Weight of the Snow* in eine abstrakte, von Weiß und Schwarz bestimmte Bildsprache (vgl. Burgin 2012, 56, 58 f.).

Tacita Dean rekonstruiert Walsers Leben in Berlin, indem sie dessen Stück *Berlin und der Künstler* aufnimmt, dieses aber indirekt illustriert: Auf Berliner Flohmärkten suchte sie nach zeitgenössischen Ansichtskarten und fand dabei zufällig ein Konvolut mit Zeichnungen von Martin Stekker (vgl. ebd., 72, 75–90). Stekker, ein Künstler aus dem Umfeld von Max Liebermann, verkehrte wahrscheinlich in der Berliner Secession, für die Walser zeitweilig als Sekretär arbeitete (vgl. Fröhlich, Hamm 1980, 109). In einem Interview betont Dean, wie wichtig ihr der Walsersche Ausdruck der »Faulpelzerei« (SW 15, 50) als Ausdruck einer künstlerisch wachen Passivität sei (vgl. Larios, Dean 2013).

Ebenfalls indirekt zitieren Fischli/Weiss die Biographie, wenn sie in ihrer Figurengruppe *Shoe Jug Forest* (2007) aus ungebranntem Ton einen abgenutzten Schuh, einen Krug und ein Stück Wald modellieren (vgl. Burgin 2012, 12, 15, 18).

2. Mimesis des Spaziergangs und des Spaziergängers. Nachvollzug des ›Schrittwechselns‹, so könnte die Art umschrieben werden, wie Künstler Walsers Weltsicht aufnehmen. Das bedeutet auch immer ›Blickwechsel‹. So kombiniert Euan Macdonald in seiner Serie *We already see so much* – jenen o. g. Satz aus *Kleine Wanderung* aufgreifend – Postkarten aus der Zeit Walsers mit kleinen, sehr fragilen Zeichnungen. Die Postkarten zeigen Ansichten aus der Schweiz, unter anderem Biel; die Zeichnungen sind flüchtige Naturansichten (vgl. Macdonald, Lucas 2012). Das Ephemere und Indirekte evoziert Mark Wallinger mit der photographischen Serie *Shadow Walker*, die nur die Schatten eines Gehenden zeigt (vgl. Burgin 2012, 64, 67 f.).

3. Kulturhistorische Verortung. Walser erscheint in einem kulturhistorischen Kontext. So bei Dexter Dalwood, der 2012 das Ölgemälde *Robert Walser* schuf. Der Vordergrund ist eindeutig der Textur von Cézanne nachempfunden, zitiert so Walsers *Cézannegedanken* und evoziert mit der Landschaft den Spaziergang (vgl. Henkes 2013). Das Gemälde ist Teil einer Reihe von indirekten Porträts, die Dalwood auf Heinrich von Kleist, Ezra Pound, Arthur Rimbaud, Billy the Kid, Jimi Hendrix, William S. Burroughs oder Herman Melville bezieht.

Thomas Hirschhorn widmete 1998 den ersten seiner Kioske Robert Walser. Als temporäre Kunst-und-Bau-Installation schuf der Künstler im Foyer der Universität Zürich-Irchel mit den für ihn typischen Materialien – Karton, Klebeband, Fotokopien – einen Raum im Raum, der Walser in Photographien und Schriften präsent zu machen versuchte (vgl. Keller 1998). Es folgten bis 2004 Kioske für Ingeborg Bachmann, Meret Oppenheim, Fernand Léger, Emmanuel Bove, Otto Freundlich, Liubov Popova und Emil Nolde. Die Kontextualisierung zeigt eindrücklich, wie Hirschhorn Walser einschätzt. So sagte er in einem Interview mit dem Schweizer Fernsehen, die »radikale Haltung« dieser Menschen habe ihm »den Mut gegeben, meine Arbeit zu machen« (SRF 1999).

4. Strukturelle Verwandtschaft/Indirekter Walser-Bezug. Wie schon bei Raetz gezeigt, taucht Walsers Kosmos in einer strukturellen Annäherung auf, die das Indirekte, Wandelbare, Unscheinbare aufnimmt. Fischli/Weiss fokussieren auf das Neben-sächliche, Unbedeutende und auf das leise Ironische. So kann die plastische Werkgruppe *Plötzlich diese Übersicht* (1981), obwohl nicht explizit auf Walser bezogen, durchaus im Walserschen Geist verstanden werden: Historisches und Alltägliches, Banales und Bedeutendes sind gleichwertig nebeneinander gestellt. Der ungebrannte Ton, aus dem die rund 200 kleinen Skulpturen bestehen, verleiht dem Werk den Charakter des Vergänglichen, Zerbrechlichen. Und klar ist: In der Fülle der Figuren lässt sich weder eine Hierarchie erkennen, geschweige denn eine Übersicht gewinnen (vgl. Fischli, Weiss 2008). Ähnliches gilt für die Installation *Fragen Projektion*, 1200 Kleinbilddias mit 1200 handgeschriebenen Fragen, die das Künstlerduo 2003 erstmals an der Biennale von Venedig zeigte. Es sind kaum zu beantwortende, existenzielle und zugleich ironische Fragen: »Findet mich das Glück?« Oder: »Geht alles viel zu ~~schnell wenig~~ langsam?« (Fischli, Weiss 2003, Nr. 372) Diese Frage scheint sich auf Walsers *Sätze* zu beziehen, wo steht: »Ich bin überzeugt, daß wir viel zu wenig langsam sind.« (SW 19, 232)

Der schweizerisch-amerikanische Photograph Robert Frank beschäftigt sich ebenfalls seit langem mit dem Werk von Walser. Aus diesem Grund widmete ihm das Robert Walser-Zentrum Bern 2012 eine kleine Ausstellung. Wiederum bezieht sich Frank nicht illustrativ-direkt auf Walser. Die *Ferne Nähe*, so der Titel der Ausstellung, bezeichnet über das Verhältnis der Künstler hinaus das leitende ästhetische Prinzip von beiden. Das für Walsers Texte charakteristische Paradox sei gemäß Frank »auch für den Fotografen der springende Punkt«: »Um etwas darzustellen, müsse man eine bestimmte Distanz einnehmen, dazu sei – nebst dem Fotografen – die Kamera da, die Fernes und Nahes überblende.« (Sorg 2012 b, 54)

Literatur

Alder, Ueli: If you get far enough away, you will be on your way back home (2008–2010). In: http://www.alderego.ch/S2_Ego_Dipl_12_Ueli_Alder_eng.html (9. 1. 2015).

Benvegnù, Caterina (Hg.): Ha visto i colori divini del lago di Costanza? 26 settembre–24 ottobre 2014. Spazio Thetis – Venice. Catalogo. Treviso 2014.

Berg, Stephan: Das Phantom des Zeichners. In: ders. (Hg.): Marcel van Eeden. Celia. Katalog zur Ausstellung im Kunstverein Hannover 1. 7.–20. 8. 2006. Ostfildern 2006, 19–31.

Bühler, Kathleen u. a. (Hg.): Ego Documents. Das Autobiographische in der Gegenwartskunst. Katalog zur Ausstellung im Kunstmuseum Bern 14. 11. 2008–15. 2. 2009. Heidelberg 2008.

Burgin, Christine u. a. (Hg.): A Little Ramble. In the Spirit of Robert Walser. Inspired by a series of exhibitions at the Donald Young Gallery. New York 2012.

Childish, Billy: I am their damaged megaphone. Berlin 2010.

Fischli, Peter, Weiss, David: Findet mich das Glück? Köln 2003.

Fischli, Peter, Weiss, David: Plötzlich diese Übersicht. Köln ⁴2008.

Fröhlich, Elio, Hamm, Peter: Robert Walser. Leben und Werk in Daten und Bildern. Frankfurt a. M. 1980.

[Galerie Zink:] Robert Walser. Der Spaziergang. Natalie Czech, Marcel van Eeden, Jana Gunstheimer, Euan Macdonald. Ausstellung der Galerie Zink, Berlin 24. 11. 2012–12. 1. 2013. In: http://www.galeriezink.de/exhibitions/exhibitions-detail/location/berlin/exhibition/robert_walser_der_spaziergang (9. 1. 2015).

García, Dora: L'Inadeguato. Hg. v. Andrea Viliani, Trient 2010 / Berlin 2011.

Gilman, Claire (Hg.): Dickinson/Walser. Pencil Sketches. New York 2013.

Henkes, Alice: Dexter Dalwood. Imaginierte Zeitgeschichte. Zur Ausstellung im Centre PasquArt Biel 21.4.–16. 6. 2013. In: Kunstbulletin 6/2013. URL: http://www.kunstbulletin.ch/router.cfm?a= 130522100844AJJ-3 (9. 1. 2015).

Keller, Eva: Kunstkiosk und Klanggeländer. In: Unimagazin. Die Zeitschrift der Universität Zürich 2/1998. URL: http://www.kommunikation.uzh.ch/static/unimagazin/archiv/2-98/kunstkiosk.html (9. 1. 2015).

Larios, Pablo, Dean, Tacita: Walser in Berlin. Wahlverwandtschaften. In: Frieze d/e 9 (2013). URL: http://frieze-magazin.de/archiv/kolumnen/walser-in-berlin/?lang=de (9. 1. 2015).

Macdonald, Euan, Lucas, Henri (Hg.): We already see so much. Zürich 2012.

[Newcastle Institute:] Festival Robert Walser. Eine Veranstaltung vom Institute Robert Walser in Newcastle upon Tyne 19.–23. 3. 2012. In: http://www.instituterobertwalser.com (9. 1. 2015).

Raetz, Markus: Eben 1971/2005. Buch und DVD. Mit einem Text von Max Wechsler, hg. von Gianni und Flurina Paravicini-Tönz. Luzern 2005.

Schütte, Thomas: Watercolors for Robert Walser and Donald Young. Paris 2014.

Sorg, Reto: »Robert Walser ist sprachlich-stilistisch einzigartig«. Interview vom 30. 10. 2012 a mit Reto Sorg für den Blog www.rubikon.ch, Kopie RWA.

Sorg, Reto: Robert Frank und Robert Walser. Skizze einer Begegnung. In: Robert Walser Zentrum (Hg.): Robert Frank. Ferne Nähe. Hommage für Robert Walser. Katalog zur Ausstellung 30. 3. 2012–31. 5. 2013. Bern 2012 b, 53–60.

SRF (Schweizer Radio und Fernsehen): Thomas Hirschhorns Künstler-Kioske (SRF Wissen vom 16. 4. 1999). In: http://www.srf.ch/player/tv/srf-wissen/video/thomas-hirschhorns-kuenstler-kioske?id= 2e2e02ef-7205–4c39–93ed-efc9b1f9f40 b (9. 1. 2015).

Szeemann, Harald: Markus Raetz. In: ders. (Hg.): Visionäre Schweiz. Katalog Kunsthaus Zürich. Aarau, Frankfurt a. M., Salzburg 1991.

Tobler, Konrad: Das Ungesicherte sehen. Robert Walser in der Gegenwartskunst. In: Schuppli, Madeleine u. a. (Hg.): Ohne Achtsamkeit beachte ich alles. Robert Walser und die bildende Kunst. Katalog zur Ausstellung im Aargauer Kunsthaus 10.5.–27. 7. 2014. Sulgen 2014, 17–22.

Vischer, Theodora (Hg.): Thomas Schütte. Figur. Riehen/Basel, Köln 2013.

Konrad Tobler

5.8 Musik

Es ist erstaunlich, dass zu Lebzeiten Robert Walsers nach bisherigem Wissen nur zwei Komponisten seine Texte vertont haben: 1912 schrieb der Berliner Musiker und Musikwissenschaftler James Simon (1880–1944) das Lied *Gebet* in einem in seiner Kargheit und Einfachheit an Erik Satie erinnernden Stil. 1937 komponierte der Bieler Wilhelm Arbenz (1899–1969) drei Lieder nach Robert Walser, die im selben Jahr am Schweizerischen Tonkünstlerfest in Lugano uraufgeführt wurden.

Das Fehlen weiterer Vertonungen stellt musikgeschichtlich eine verpasste Chance dar; denn eigentlich interessierten sich die Komponisten aus Robert Walsers Generation, z. B. Alban Berg, Paul Hindemith, Alma Mahler, Othmar Schoeck, Arnold Schönberg und Anton Webern nachdrücklich für die literarischen Neuerungen ihrer Zeit, und gerade in der Auseinandersetzung mit zeitgenössischer Lyrik schufen sie bahnbrechende Werke. In solcher Zeitgenossenschaft hätten sehr wohl Komponisten mit dem ›Sprachkomponisten‹ Walser die musikalische Moderne nachhaltig prägen können. Denn oft folgen Walsers Gedanken musikalischen Prinzipien, ein Klang scheint wichtiger als das Inhaltliche des Textes; und oft könnte mit dem Repertoire der musikalischen Analyse Walsers Sprache adäquat beschrieben werden: Abspaltungen, Variationstechniken, Motiventwicklungen, Diminutionen und Augmentationen, Trugschlüsse, Ornamentierungen, Klangfarbenmelodien, Motivumkehrungen und Spiegelungen.

Heute, über hundert Jahre nach der ersten Walser-Vertonung, zählt Robert Walser zu den meistvertonten Autoren des 20. Jhs. Diese Entwicklung ist vergleichbar mit der Vertonungsgeschichte von Friedrich Hölderlin, und so dürfte es kein Zufall sein, dass jene Komponisten, die sich kompositorisch am intensivsten mit Walser beschäftigten – Johannes Harneit (*1963 D), Heinz Holliger (*1939 CH) und Urs Peter Schneider (*1939 CH) – alle auch Hölderlins Texte mehrfach vertonten.

Bis heute konnte der Verfasser im Rahmen eines laufenden Forschungsprojekts über hundert Kompositionen von mehr als siebzig Komponistinnen und Komponisten nachweisen, die entweder Texte von Robert Walser vertonten oder sich auf Walser kompositorisch beziehen.

Biographische Identifikationen

Man würde vermuten, dass es vor allem die sprachlichen Innovationen und Walsers quasi ›komponierender‹ Umgang mit der Sprache waren, die seine Texte für Komponisten interessant machten. Dem war aber nicht so. Aufgrund der *Wanderungen mit Robert Walser* (1957) von Carl Seelig, eines Buches, das den fast vergessenen Schriftsteller anfangs der 1960er Jahre wieder ins allgemeine Bewusstsein rief, stand Walsers Biographie im Vordergrund, und hier vor allem die Herisauer Zeit, in der er literarisch nicht mehr tätig war.

So wirkt denn das erste große musikalische Werk, das sich mit Robert Walser beschäftigt, Wladimir Vogels (1896–1984) monumentales Oratorium *Flucht* für 4 Sprech- und 4 Gesangsstimmen, Sprechchor und Orchester, komponiert 1963/1964 nach Texten von Christian Morgenstern und Robert Walser, heute wie ein kreatives Missverständnis. Etwas naiv identifiziert sich der in Russland aufgewachsene Vogel mit dem Außenseiter Walser. Dessen ›Flucht‹ aus Berlin 1913 in die Schweizer Provinz und später in die Heilanstalt parallelisiert Vogel in seiner Komposition mit der eigenen Flucht – er war Halbjude und Kommunist – 1933 vor den Nazis aus Berlin in die Südschweiz. Die fragilen Texte von Robert Walser werden raunend, flüsternd und manchmal auch rhythmisch hämmernd im Sprechchor vorgetragen und zu Illustrationen von Walsers Lebensgeschichte gemacht.

Eine viel differenziertere biographische Identifikation mit Robert Walser hat der Schweizer Oboist, Dirigent und Komponist Heinz Holliger im Liederzyklus *Beiseit* (1989) für Kontratenor, Klarinette, Akkordeon und Kontrabass gewagt. Bei elf der zwölf Lieder versucht Holliger, den späten Schreibprozess von Walser gleichsam experimentell nachzustellen. Nach langen Bergwanderungen im Engadin komponierte er jeweils die Singstimme in einem Guss, in sehr kurzer Zeit, gleichsam der wilde Mikrogramm-Entwurf. Erst in einem zweiten nachgelagerten Schritt hat Holliger dann die Instrumentalausarbeitung vorgenommen und damit in übertragenem Sinne Walsers ins Reine Schreiben der Mikrogramme imitiert.

Bei der Oper *Schneewittchen*, die er 1997/1998 im Auftrag des Opernhauses Zürich komponierte, baute Holliger dieses identifizierende Verfahren noch aus, indem er sein eigenes Leben ähnlich experimentell in die Komposition einbrachte, wie Walser das in seinen Texten mit seinem Leben tat. Und sowohl das letzte Lied von *Beiseit*, bei dem der Kontratenor auf einem Atem immer längere Phrasen halten muss und in immer engeren Intervallen singt, als auch der helle Klang und das *d* (Todeston) in der dreigestrichenen Lage von *Schneewittchen* verweisen auf Walsers Herisauer Zeit und seinen Tod im Schnee.

Aufschwung nach 1996

Der Erfolg von *Beiseit*, die Berühmtheit sowohl des Komponisten als auch des Uraufführungssängers, David James vom Hilliard Ensemble, haben sehr viel zur Verbreitung von Walsers Werk bei Komponisten beigetragen. Außerdem gab Holliger 1996 am damaligen Konservatorium Biel einen Kompositions- und Interpretationskurs, der weit ausstrahlte und zu dessen Teilnahmebedingung gehörte, dass die Komponistinnen und Komponisten Walser vertonten. Dies hat zusätzlich das Interesse auf Walser als ›Sprachkomponisten‹ gelenkt. Unter den damaligen Teilnehmenden befanden sich unter anderem Xavier Dayer (*1972 CH), Rico Gubler (*1972 CH), Edu Haubensak (*1954 CH) und Annette Schmucki (*1968 CH).

In den 1990er Jahren entwickelte sich aber ganz generell ein größeres Interesse an Robert Walser, was sich unschwer an den zahlreichen Übersetzungen in verschiedenste Sprachen ablesen lässt.

Jedenfalls sind von den über hundert Kompositionen, die bisher zu Walser entstanden sind, nur knapp dreißig Werke vor 1996 komponiert worden, und von diesen stammt ein Großteil von Urs Peter Schneider, einem Komponisten, der sich seit 1955 kontinuierlich mit Walser beschäftigt und bis heute sechzehn, meist längere zyklische Werke zu Walser geschrieben hat. In diesen Werken hat der experimentierfreudige und an immer neuen Fragestellungen und Verfahrensweisen interessierte Komponist gleichsam die gesamte Spanne des Komponierens zu Walser ausgeschöpft: vom einfachen Lied über das Chorwerk, die abstrakte Instrumentalkomposition und das instrumentale Theater zur Performance. In den vier Büchern (*Liederbuch, Chorbuch, Zeremonienbuch, Orchesterbuch*, 1955–1982) fasste er die vielfältigen Arbeiten zu Walser als Summa zusammen. Den vier Büchern folgten aber bis heute zahlreiche weitere Kompositionen zu Walser mit immer neuen und durchwegs radikal experimentellen Ansätzen.

Lieder und merkwürdige Duette

Die von den Komponisten vertonten Texte Walsers stammen zum großen Teil nicht aus dem Prosa-Hauptwerk, sondern es sind einerseits die Dramolette und dramatischen Szenen, andererseits die Gedichte, vor allem aus seiner 1909 publizierten Gedichtsammlung. Deren Brechungen romantischer Topoi und chiastische Verdrehungen, ihre lieblichen Enttäuschungen und enttäuschte Lieblichkeit, verbunden mit einer überraschend metrischen und oft schiefen Reimstruktur faszinieren die Komponisten des 20. Jhs. Zwar dominiert bei diesen Gedichtvertonungen die Gattung des Klavierliedes, aber viele Komponisten suchten nach neuartigen Duetten, so als müsste für diese Sprache ein originellerer oder überraschenderer Partner gefunden werden als das Klavier, über das sich Walser ja oft genug lustig gemacht hatte. Schon 1988 vertonte Kurt Schwertsig (*1935 A) *Das Leben* für Mezzosopran und keltisches Naturhorn; Jean-Jacques Dünki (*1948 CH) wählte 1989 das Heckelphon (eine Baritonoboe) als Partnerinstrument für die *3 Szenen* für Bariton. Und in den 1990er Jahren nahmen Annette Schmucki ein Akkordeon, Edu Haubensak eine Violine und Christoph Neidhöfer (*1967 CH) ein Violoncello, um die Sopranstimme zu begleiten. Es werden auffällig symbolträchtige Instrumente gewählt, z. B. Streichinstrumente mit anthropomorphen Formen, das Akkordeon, das in Walsers Texten als ›Handharfe‹ eine wichtige Rolle spielt, oder seltene Instrumente wie Heckelphon und keltisches Naturhorn. All diesen merkwürdigen Duetten ist eines gemeinsam: die klangliche Ähnlichkeit von Singstimme und Begleitinstrument, d. h. das Instrument erscheint als Alter Ego der Singstimme. Noch einen Schritt weiter in dieser ›schizophrenen‹ Richtung ist 1996 Rico Gubler gegangen, der ein Solostück als Duett konzipierte: Bei *Streif(f)Lichter einer Morgenstunde* muss der Violinist den Text sprechen und auf diese Weise ein Duett mit sich selbst spielen.

Oper, Melodram und *Théâtre musical*

Die musikdramatische Auseinandersetzung mit Robert Walser begann 1978 mit Gerhard Lampersberg (1928–2002 A) und seiner Vertonung von *Dornröschen*. Lampersberg begründete in Zusammenhang mit Robert Walser die Tradition der experimentellen Musiktheaterform, bei der Singen und Sprechen vermischt und das traditionelle Orchester vermieden werden. Lampersberg reduziert das Orchester auf zwölf Soloinstrumente, realisiert aber, dass Walsers Sprache mit Gesang allein schwer beizukommen ist. Deshalb sind melodramatische Einschübe, d. h. Stellen, bei denen über der Musik gesprochen wird, als Bruchstellen im *Dornröschen* sehr wichtig. Auch Martin Derungs (*1943 CH) wählte für die Umsetzung von *Aschenbrödel* (1996) eine Mischung aus Sängern (darunter wie bei Holligers *Beiseit* auch einen Altus) und Schauspielern, die von acht Soloinstrumenten (darunter Blockflöte, Gitarre und Horn) begleitet werden. Mischa Käser (*1957 CH) kombinierte 1996 in *Nettchen* Sänger und Schauspieler mit den Oberwalliser Spillit, einem Schweizer Volksmusikensemble.

Beinahe konventionell wirkt daneben die Oper *Jakob von Gunten* (1996–1998) von Benjamin Schweitzer (*1973 D). Zwar ist der Rückgriff auf einen Roman von Robert Walser neu, aber Schweitzer vereinfacht dessen Komplexität auf ein dreiaktiges Drama und macht aus den Figuren veritable Opernrollen.

Im 21. Jh. findet die Auseinandersetzung mit Robert Walser zunehmend mit den Mitteln des *Théâtre musical* statt. Unter *Théâtre musical* oder instrumentalem Theater versteht man ein komponiertes, oft multimediales Total-Theater, das möglichst unter Vermeidung der traditionellen Opernformen (Guckkastenbühne, große Stimmen, Sinfonieorchester etc.) experimentelle Ausdrucksformen kreiert. Nachdem schon Käser mit *Nettchen* in Richtung des *Théâtre musical* arbeitete und z. B. die Instrumentalisten ins Bühnenspiel miteinbezog, markierten vor allem *Räuber* (2005) für Sopran, Klavier, Tänzerin und Zuspielband des Deutschen Johannes Harneit sowie *Zeugen* (2007) von Georges Aperghis (*1945 GR/F) den Durchbruch zum multimedialen *Théâtre musical*. In ihren extremen Positionen stecken sie gleichsam ab, was *Théâtre musical* heute bedeuten kann: Bei Harneits *Räuber* nach Walsers nachgelassenem Roman dominiert die Verweigerung des Theaters im Theater; der Pianist spielt und spricht mit dem Rücken zum Publikum und über Videozuspielband wird kulturelles ›Raubgut‹ vorgeführt, dabei immer mit Verrätselungen spielend. *Zeugen* ist demgegenüber ein fulminant-sinnliches Theater: Aperghis gestaltet ein Puppentheater, das mit Mini-Scheinwerfern wie ein großes Theaterhaus eingerichtet ist. Nachgebauten Kasperlepuppen von Paul Klee legt Aperghis Texte aus Walsers Mikrogrammen in den Mund. Diese werden abwechslungsweise von einem im Kasperletheater agierenden und sichtbaren Puppenspieler gesprochen oder

von einer hochvirtuosen Sopranistin gesungen, die selbst wie eine der Puppen wirkt. Begleitet wird das Spiel von einem Ensemble aus Klarinette, Saxophon, Klavier, Akkordeon und Cymbal.

Seither hat sich die musikalische Auseinandersetzung mit Robert Walser internationalisiert und gegenüber jenen experimentellen Formen geöffnet, die Schneider schon in den 1960er und 1970er Jahren an Walsers Werk herangetragen hatte. Helmut Oehrings (*1961 D) *Gunten* (2009) ist nach Schweitzers Oper eine weitere musiktheatralische Auseinandersetzung mit Walsers berühmtem Roman *Jakob von Gunten*, diesmal allerdings mit den experimentellen Mitteln des *Théâtre musical*: Die Zöglinge bilden das Orchester und der Text von Walser wird mit disparater Musik und Zitaten von Gustav Mahler und von Schweizer Volksliedern konfrontiert. 2012 sind zwei weitere wichtige Werke im Grenzbereich des *Théâtre musical* entstanden. Michel Roth (*1976 CH) setzt sich ebenfalls mit Walsers »Räuber«-*Roman* auseinander. Er imitiert die zentripetalen Formen des Romans in einem teilweise aleatorischen Kompositionskonzept: Bei jeder Aufführung ändert sich das Werk, weil die Musiker ausschließlich auf gewisse Wort-Signale reagieren. Darüber hinaus hält ein freiimprovisierender Musiker als ›Räuber‹ das Spiel unberechenbar.

Die Komponistin Ezko Kikouchi (*1968 J/CH) gestaltete 2012 Walsers einzigen schweizerdeutschen Text, den Einakter *Der Teich*, als schweizerdeutsch-französisches Monodram für Sopran und das Pierrot Lunaire-Ensemble. Dazu collagierte sie Texte von Walsers Zeitgenossen: der japanischen Lyrikerin Yosano Akiko (1878–1942), des japanischen Surrealisten Shuzo Takiguchi (1903–1979), des französischen Lyrikers Paul Eluard (1895–1952) und des deutschfranzösischen Bildhauers und Schriftstellers Jean Arp (1886–1966).

Kikouchis *Der Teich* kann für einen vorläufigen Endpunkt einer Vertonungsgeschichte stehen, die vor über 100 Jahren mit Robert Walser begann: 1912 die Vertonung eines der kürzesten Gedichte von Walser durch James Simon, 2012 das weitverzweigte Netzwerk, das den Bieler Dialekt, Französisch, Schriftdeutsch und Japanisch verbindet und Robert Walser auch in der Musik zum Weltautor macht.

Diskographie

Holliger, Heinz: Beiseit/Alb-Chehr. Mitwirkende: David James, Kontratenor, Elmar Schmid, Klarinette, Teodoro Anzellotti, Akkordeon, Johannes Nied, Kontrabass, Walliser Spillit, Leitung: Heinz Holliger. ECM New Serie 1540, München 1995.

Holliger, Heinz: Schneewittchen. Mitwirkende: Juliane Banse, Sopran, Cornelia Kallisch, Alt, Steve Davislim, Tenor, Oliver Widmer, Bariton, Werner Gröschel, Bass, Orchester der Oper Zürich, Leitung: Heinz Holliger. ECM New Series 1715, München 2000.

Grammont Portrait: Sélection 5. CH-Uraufführungen aus dem Jahr 2011 (u. a. mit Walser-Vertonungen von Michel Roth und Christian Henking), Kuratierung und Kommentierung: Roman Brotbeck. Grammont Portrait Doppel-CD CTS-M 137, Zürich 2012.

Grammont Portrait: Urs Peter Schneider: Babel 1961–1967, 1100 Studien (1955–1967), Die vier Bücher 2: Chorbuch (1966–1977), Die vier Bücher 4: Orchesterbuch. Mitwirkende: Ensemble Neue Horizonte Bern, Berner Kammerorchester. Grammont Portrait – Musiques Suisses CD 34–2, Zürich 1991.

Musiques Suisses: Robert Walser in der Schweizer Musik. Urs Peter Schneider, Beiseit I und II, Robert Walser Trilogie I; Jürg Frey, Lachen und Lächeln; Annette Schmucki, Am Fenster; Edu Haubensak, Sechs Walserminiaturen; Christoph Neidhöfer, Vier Lieder nach Robert Walser; Daniel Glaus, Sechs Lieder nach frühen Gedichten; Aleksander Gabrys, Da ich ein Knabe war. Mitwirkende: Erika Radermacher, Sopran, Urs Peter Schneider, Klavier, Chiharu Sato, Sopran, Andrzei Godek, Klarinette, Wojciech Kamionka, Horn, Renata Michatek, Violine, Barbara Typik, Violoncello, Beata Urbanek, Violoncello, Janina Werner, Klavier, Janusz Pater, Akkordeon. Musiques Suisses CD 6231, Zürich 2005.

Literatur

Brotbeck, Roman: Scardanelli et l'/d'après Scardanelli. Heinz Holligers Dichterkreise. In: Annette Landau (Hg.): Heinz Holliger. Komponist. Oboist. Dirigent. Bern 1996, 140–190.

Brotbeck, Roman: Scardanelli et l'/d'après Scardanelli: Les cercles poétiques de Heinz Holliger. In: Heinz Holliger: Textes, entretiens, écrits sur son œuvre. Nouvelle édition augmentée. Genève 2007, 193–246.

Brotbeck, Roman: Schneewittchen. In: Heinz Holliger: Textes, entretiens, écrits sur son œuvre. Nouvelle édition augmentée. Genève 2007, 247–258.

Zimmermann, Heidy (Hg.): Holligers Walser. Der Komponist und sein Dichter. Basel 2014.

Roman Brotbeck

5.9 Internationale Rezeption

5.9.1 Überblick

»Walser is firmly established as an author's author, loved by Kafka, Musil, Sebald, and Jelinek among others.« – Mit diesen Worten wurde im März 2003 für ein Symposium an der New York University geworben, in dessen Zentrum die Übersetzungen von Robert Walsers Texten in Amerika standen. Walsers Weltruhm und internationale Rezeption beginnt denn auch, sieht man von der deutschsprachigen Rezeption in Europa ab, im englischsprachigen Raum mit dem 1957 bei John Calder in London publizierten Band *The Walk and other Stories* in der Übersetzung von Christopher Middleton. Mit dieser Publikation rückte Walser in unmittelbare Nachbarschaft zum Nouveau Roman, Samuel Beckett und der englischen Avantgarde, die alle zum Verlagsprogramm von John Calder gehörten.

Inzwischen ist das Werk von Walser in über 30 Sprachen übersetzt worden und hat, mit Ausnahme von Afrika, wohl alle Kontinente erobert: Walser wurde in fast alle europäischen Sprachen und ins Chinesische, Japanische und Brasilianische übersetzt. Betrachtet man die Erscheinungsorte und -daten, wird deutlich, wie die internationale Rezeption von Walser in verschiedenen Kulturräumen eine vergleichbare Entwicklung durchlaufen hat: Auf Englisch (Christopher Middleton, 1957), auf Französisch (Marthe Robert, 1960), auf Italienisch (Ervino Pocar und Aloisio Rendi, 1961), auf Serbo-Kroatisch (Slavko Grbešić, 1963), auf Schwedisch (Reidar Ekner, 1966) und Dänisch (Inger und Hans Joachim Schultz, 1966) erscheinen die ersten Übersetzungen in den 1960er Jahren. Fast zeitgleich werden erste wissenschaftliche und journalistische Arbeiten über Walser veröffentlicht: So z. B. 1957 die Lesenotiz von Jean-François Angelloz, Germanist und Übersetzer von Rilke in Frankreich, im *Mercure de France*, 1960 der Zeitungsartikel vom Journalisten und zukünftigen Walser-Übersetzer Walter Weideli in der *Tribune de Genève* unter dem Titel *Vous connaissez Walser?* und 1968 die erste, 1959 verteidigte Doktorarbeit über Walser vom amerikanischen Germanisten George C. Avery *Inquiry and Testament. A Study of the Novels and Short Prose of Robert Walser*. In dieser ersten Rezeptionsphase werden insbesondere *Jakob von Gunten* und *Der Spaziergang*, aber auch vereinzelte Kurztexte in Zeitschriften übersetzt. Wie auch im deutschsprachigen Raum wird in diesen Jahren auf die schon zu seinen Lebzeiten einsetzende ›writer's writer-Tradition‹ und sein mythisiertes Schriftstellerleben verwiesen, um Walser einzuführen. In den 1970er Jahren erscheinen wenige Übersetzungen, sowohl in den Kulturen, die bereits einen oder zwei Titel von Walser aufzuführen haben, als auch in neuen Rezeptionsräumen wie Rumänien (Bucur Stanescu, 1972), Polen (Teresa Jetkiewicz, 1972) und den Niederlanden (Jeroen Brouwers, 1979). Nach der Übernahme der Lizenzrechte an Werken von Walser durch den Suhrkamp Verlag und insbesondere mit der Publikation der ersten Taschenbuchausgabe (GWS) aus Anlass des 100. Geburtstags 1978 erlebt auch die internationale Rezeption eine entscheidende Ausweitung. Spätestens ab Mitte der 1980er Jahre setzt eine zweite Rezeptionswelle ein, die Walser einerseits in den bereits aufgeschlossenen Rezeptionsräumen konsolidiert, als auch in neuen bekannt macht: Erste Übersetzungen auf der iberischen Halbinsel und in Osteuropa erscheinen und läuten die große, internationale Rezeption von Walser ein, die von der Faszination für das Fremde der Person, der Figuren und der Sprache getragen ist. Seit den 1990er Jahren sind die Romane *Geschwister Tanner*, *Der Gehülfe*, *Jakob von Gunten* – umrahmt von teilweise umfangreichen Vor- und Nachworten, die auf die ästhetischen Beziehungen von Walser zu anderen deutschsprachigen Autoren (Franz Kafka, Robert Musil und Elias Canetti) und Philosophen (Walter Benjamin und Giorgio Agamben) mit bereits etabliertem literarischen Prestige hinweisen – in fast allen europäischen Sprachen erhältlich. Walser etabliert sich in der literarischen Welt jedoch nicht allein durch die Übersetzungen seiner Werke, sondern auch durch seine produktive Rezeption in den literarischen Werken von Autoren wie W. G. Sebald, Elfriede Jelinek, J. M. Coetzee oder Enrique Vila-Matas und in anderen Kunstrichtungen wie Theater, Film, Musik und bildende Künste.

Obwohl diese vielfältige Rezeption Walsers auf eine bald hundertjährige Geschichte zurückblicken kann, sind es v. a. Forschungsarbeiten zu einzelnen nationalen Rezeptionsräumen und einzelnen Werken, die einen ersten Einblick in die Entwicklung von Walsers Wirkung in den jeweiligen Kulturräumen geben. Doch es fehlen noch immer Studien zu den Beziehungen zwischen den Rezeptionsräumen (wie z. B. zur Bedeutung der intensiven amerikanischen Übersetzungstätigkeit für die japanische Rezeption), Arbeiten zum Einfluss wissenschaftlicher Diskurse auf die Formen der übersetzerischen Rezeption von Walser (wie z. B. zur Entwicklung und Verarbeitung

des Poststrukturalismus in den verschiedenen Nationalliteraturen) und Forschungen zu den Verdiensten von einzelnen Übersetzer- und Verlegerfiguren. Die folgenden Artikel sind ein erster, wichtiger Schritt in Richtung einer noch zu schreibenden internationalen Rezeptionsgeschichte Walsers und geben (beschränkt auf den englischen, den französischen, den italienischen und den japanischen Sprachraum) einen Einblick in – wie dies die japanische Walser-Übersetzerin Megumi Wakabayashi formuliert – das »unerklärliche[] Glücksgefühl« angesichts eines »dunklen Abgrund[s]« (»Walserweltweit« 2013, 18), das die Leser von Walser verbindet.

Übersetzungen

Die umfassendste Sammlung von Robert Walser-Übersetzungen findet sich in der Bibliothek des RWZ. Diese Bestände können abgefragt werden über die ständig aktualisierte Datenbank *Bibliografie/Katalog des Robert Walser-Archivs im Robert Walser-Zentrum Bern*. URL: http://www.robertwalser.ch

Literatur

Angelloz, Joseph François: Lettres Germaniques. Robert Walser (1878–1956). In: Mercure de France Numéro 1132 (Décembre 1957), 684–686.
Avery, George C.: Inquiry and Testament. A Study of the Novels and Short Prose of Robert Walser. Philadelphia 1968.
Charvát, Radovan: »Walserweltweit 2013«. In: MITTEILUNGEN 21, 26–29.
Europe. Revue littéraire mensuelle 81, n° 889 (mai 2003): Robert Walser.
Utz, Peter (Hg.): Wärmende Fremde. Robert Walser und seine Übersetzer im Gespräch. Akten des Kolloquiums an der Universität Lausanne, Februar 1994. Bern u. a. 1994.
»Walserweltweit«. Robert Walser-Übersetzerinnen und -Übersetzer stellen sich vor. In: MITTEILUNGEN 20, 6–18.
Weber Henking, Irene: Differenzlektüren. Fremdes und Eigenes der deutschsprachigen Schweizer Literatur, gelesen im Vergleich von Original und Übersetzung. München 1999.
Weber Henking, Irene: Walser übersetzen. In: GRODDECK u. a., 277–301.
Weideli, Walter: Vous connaissez Walser? In Tribune de Genève, 23./24. 4. 1960.

Irene Weber Henking

5.9.2 USA, England

Robert Walser erfuhr 1955 von Carl Seelig, dass »ein junger englischer Dichter«, Christopher Middleton, seinen *Spaziergang* ins Englische übersetze. Auf diese Nachricht von der ersten und einzigen zu Lebzeiten entstandenen Übersetzung soll Walser »einsilbig« mit einem »›So, so!‹« reagiert haben (SEELIG, 162).

Obwohl die Übersetzungen meist positiv aufgenommen wurden, blieb Walser in den USA lange ein »Geheimtipp für Kenner« (Bernofsky 1994, 183). Mit Blick auf die Rezeptionsgeschichte in Großbritannien spricht Lorena Silos Ribas gar von einem »case of failed communication«, wenngleich Walser in den letzten Jahren bei einer kleinen, aber umso leidenschaftlicheren Leserschaft den »status of a cult writer« erlangt habe (Silos Ribas 2009, 177). War Großbritannien in den 1950er Jahren hinsichtlich der Übersetzung Walsers und der wissenschaftlichen Beschäftigung mit ihm seiner Zeit voraus gewesen, so wurde es in der Folge von den USA abgelöst. Der Widerhall der Übersetzungen und der »impact« auf akademische Zirkel ist im Vereinigten Königreich bis heute gering geblieben (ebd., 180–187). Breitere Beachtung fand Walser – was die Wahrnehmung der übersetzerischen und verlegerischen Bemühungen, aber auch die Präsenz im literarischen und künstlerischen Diskurs sowie die Berücksichtigung an Universitäten angeht – aber auch in den USA erst im 21. Jh.

Walsers Wirkung als *writer's writer* setzt sich in der Rezeption im englischen Sprachraum fort. Zum einen weckte die Bewunderung von Franz Kafka, Walter Benjamin und in den letzten Jahren besonders W. G. Sebald (vgl. Sebald 1998/2013, 117–154) bis heute immer wieder ein starkes Interesse an Walser. Zum anderen hat er auch im englischen Sprachraum prominente Fürsprecher gefunden: Insbesondere Susan Sontag, die Walser in ihrem 1982 erschienenen Essay literaturgeschichtlich als »missing link« zwischen Kleist und Kafka installierte (Sontag 1982, vii) und die werkbiographischen Essays von J. M. Coetzee (vgl. Coetzee 2000) sowie Benjamin Kunkel (vgl. Kunkel 2007) sind hier zu nennen. Die hohe Wertschätzung von Kulturschaffenden und das Lob der Kritik korrespondiert heute mit einem wachsenden Publikumsinteresse.

Drei Phasen der Rezeption

Die Walser-Rezeption im englischen Sprachraum erfolgte in Schüben, wobei sich grob drei Rezeptionswellen unterscheiden lassen.

Die erste Welle begann mit den Übersetzungen von Christopher Middleton, die 1955 entstanden. Der englische Dichter und Essayist arbeitete damals an der Universität Zürich als Lektor. Zuerst übertrug er wie erwähnt *Der Spaziergang*; es folgten weitere Geschichten, die er 1957 im Band *The Walk and Other Stories* beim Verlag John Calder in England drucken ließ. 1969 folgte Middletons Übersetzung von *Jakob von Guten*, die im Verlag der University of Texas, Austin, erschien, wo er inzwischen lehrte. Für eine lange Zeit blieben diese zwei Bände alles, was von Walser in englischer Sprache zu lesen war. Sie wurden hauptsächlich von Liebhabern der europäischen Moderne wahrgenommen. Walser fand erst neue Leser, als Middletons Übersetzung von *Dorfgeschichte* aus *The Walk and Other Stories* 1960 von Stephen Spender in seine Taschenbuchanthologie *Great German Short Stories* aufgenommen wurde, die große Beachtung fand (Spender 1960, 210–212).

Diese erste Welle der Walser-Rezeption im englischen Sprachraum deckte sich zeitlich mit der Wiederentdeckung Walsers im deutschen Sprachraum, vor allem in der Schweiz und in Deutschland. Die ersten beiden Doktorarbeiten über Walser sind 1959 verteidigt worden: Jochen Grevens *Existenz, Welt und reines Sein im Werk Robert Walsers* ebenso wie die Dissertation George C. Averys an der University of Pennsylvania mit dem Titel *Focus on Reality in the Novels of Robert Walser*, die 1968 in überarbeiteter Form gedruckt erschien (Avery 1968). H. M. Waidson widmete Walser ein Kapitel in seinem 1963 verlegten Standardwerk *German Men of Letters* (Waidson 1963), und es folgten bald darauf zwei weitere Dissertationen: diejenigen von Herbert L. Kaufman (vgl. Kaufman 1969) zu den Berliner Romanen und diejenige von Constance Colwell (vgl. Colwell 1977) zum »Räuber«-Roman. Als ein letztes Dokument aus dieser ersten Welle der englischsprachigen Walser-Rezeption ist die Walser gewidmete Erzählung von Guy Davenport *A Field of Snow on a Slope of the Rosenberg* zu nennen, die im Frühjahr 1977 mit Zeichnungen des Autors nach Photographien von Walser erschien (vgl. Davenport 1977).

Die zweite größere Rezeptionswelle im englischen Sprachraum setzte 1982 mit dem Erscheinen der *Selected Stories* ein. Diese Prosasammlung umfasst die Texte von *The Walk and Other Stories* sowie weitere Übersetzungen von Middleton. *Selected Stories* erschien mit einem Vorwort von Susan Sontag in einem der größten Verlagshäuser New Yorks, wodurch diesem Buch viel mehr Aufmerksamkeit zuteil wurde als allen früheren Übersetzungen. Die Modezeitschrift *Vogue* druckte 1982 in der Oktober-Nummer zwei Texte von Walser sowie den Essay von Sontag, und plötzlich interessierte sich ein breiteres Publikum für dessen Werk. Sowohl die *Selected Stories* als auch *Jakob von Guten* erschienen 1983 als großformatige Taschenbücher bei Vintage Books (New York). 1985 folgte die von Mark Harman herausgegebene Anthologie *Robert Walser Rediscovered*, die bisher noch nicht übersetzte Prosastücke, Gedichte, Dramolette und Briefe (in Übersetzungen von Harman, Middleton, Walter Arndt, Susan Bernofsky und Tom Whalen) sowie zeitgenössische und aktuelle Essays und Artikel zu Walser enthielt. Im Jahre 1990 erschien *Masquerade and Other Stories*, eine von Bernofsky übersetzte Prosaauswahl, teilweise in Zusammenarbeit mit Whalen, und mit einem Vorwort vom angesehenen Romancier und Gelehrten William H. Gass (1993 in England bei Quartet nachgedruckt). Ebenfalls 1990 erschien der erste kurze Film der in London wohnhaften amerikanischen Filmkünstler The Brothers Quay: *The Comb – From the Museums of Sleep: Fairytale Dramolet to Scenes and Texts by Robert Walser*. Die Quays kombinierten hier Elemente des Animations- und des Realfilms (*live action*). Aus der Auseinandersetzung mit Walser ging fünf Jahre später auch ihre erste abendfüllende Filmarbeit hervor: *Institute Benjamenta, or This Dream People Call Human Life*, mit Lisa Benjamenta aus *Jakob von Gunten* als Hauptfigur. Angeregt durch diesen Film verkauft der Verlag Serpent's Tail den Roman in Middletons Übersetzung seit 1995 unter dem Titel *Institute Benjamenta*. Im selben Verlag erschien 1992 (unter dem Titel *The Walk*) eine neue Ausgabe der *Selected Stories*. Ebenfalls 1992 gaben Bernofsky und Whalen eine Walser gewidmete Sondernummer der amerikanischen Zeitschrift *The Review of Contemporary Fiction* heraus, die eine Auswahl von Kurzprosa und Briefen sowie Beiträge von englisch- und deutschsprachigen Walser-Forschern umfasst.

Eine dritte Rezeptionswelle setzte im 21. Jh. mit einem enorm gesteigerten Interesse an Walsers Werk ein. Diese Entwicklung ist vor allem auf das nachhaltigere Engagement von Seiten der Verlagshäuser zurückzuführen, die nun versuchten, Walser als einen kanonischen Autor zu etablieren, dessen Werke greifbar sein sollten. Bis zu diesem Zeitpunkt basierten fast alle auf Englisch erhältlichen Bücher auf den beiden ursprünglichen Übersetzungen von Middleton aus den 1950er und 1960er Jahren. Jetzt erschienen neue Übersetzungen: Bei der University of Nebraska Press wurde 2000 Bernofskys Übersetzung des »Räuber«-Romans (*The Robber*) verlegt sowie

2005 unter dem Titel *Speaking To the Rose: Writings 1912–1932* eine neue Prosasammlung in Middletons Übersetzung. New Directions Publishing in New York, ein auf die Literatur der europäischen Moderne und deren Nachfolger spezialisierter Verlag, gab bei Bernofsky die zwei noch nicht übersetzten Romane Walsers in Auftrag. Beide Übersetzungen, *The Assistant* (*Der Gehülfe*, 2007; 2008 bei Penguin Classics in London nachverlegt) und *The Tanners* (*Geschwister Tanner*, 2009), fanden eine in der bisherigen Walser-Rezeption im englischen Sprachraum unbekannte Resonanz und wurden mit Rezensionen in den wichtigsten amerikanischen Zeitschriften bedacht. Der zur Zeitschrift gehörige Verlag New York Review Books Classics druckte die beiden älteren Middleton-Übersetzungen des *Jakob von Gunten* (seit 1999) und der *Selected Stories* (seit 2002) nach. Im selben Verlag erschienen 2012 die Prosasammlung *Berlin Stories*, übersetzt von Bernofsky, und unter dem Titel *Schoolboy's Diary and Other Stories* 2013 *Fritz Kocher's Aufsätze* mit weiteren Prosatexten in einer Übersetzung von Damion Searls.

In den letzten Jahren begann die New Yorker Galeristin Christine Burgin in Zusammenarbeit mit dem Verlag New Directions Walser-Bücher zu verlegen, die dank hochwertiger Druckverfahren auch die Wiedergabe von Faksimiles erlaubten. Eine von Bernofsky übersetzte Auswahl der *Microscripts* erschien 2010 und 2012 in einer um vier Texte erweiterten Ausgabe mit einer Bildserie der renommierten Künstlerin und Illustratorin Maira Kalman. Zudem realisierten die genannten Verlegerinnen eine von Bernofsky überarbeitete Version von Middletons *Spaziergang*-Übersetzung nach der Fassung von 1920 (aus *Seeland*) sowie eine Lyrikauswahl in einer neuen Übersetzung von Middleton (*Thirty Poems*, 2012).

Neue Walser-Übersetzungen erschienen auch bei kleineren Verlagen: Der Wisconsiner Kleinstverlag Obscure Publications druckte zwei kleine Sammlungen, *The Nimble and the Lazy* (2000) und *Nine Stories* (2003). Die Robert Walser Society of Western Massachusetts druckt gelegentlich kleine Walseriana, z. B. das Programmheft für ihr Very Second Annual Walser Xmas Gathering (Gar zweite jährliche Walser-Weihnachts-Zusammenkunft, 2007) mit Übersetzungen einiger Walser-Geschichten von Emily Toder und einer Auswahl aus *Fritz Kocher's Aufsätze* in einer Übersetzung von Nathaniel Otting. 2010 druckte das Brooklyner Verlagskollektiv Ugly Duckling Presse eine bibliophile Edition von Walsers Geschichte *Beantwortung einer Anfrage* (*Answer to an*

Inquiry) in einer Übersetzung von Paul North und mit Zeichnungen von Friese Undine. Black Lawrence Press schließlich verlegte 2012 *Oppressive Light*, eine von Daniele Pantano übersetzte Lyrikauswahl mit einer Einleitung von Carolyn Forché.

Leben und Werk Walsers behandeln auch einige englischsprachige Webseiten, u. a. die von Carl Seelig inspirierte Seite *Wandering with Robert Walser*, auf der Sam Jones Walser-Nachrichten aller Art versammelt, oder die Seite 50watts mit Informationen über ältere und neuere Walser-Übersetzungen in englischer Sprache.

Rezeption in der Kunst, Literatur und Wissenschaft

Lange bevor Walser bei einem breiteren Lesepublikum angekommen war, machte sich sein Einfluss auf englischsprachige Künstler bemerkbar. 1994 zeigte Joan Nelson *Fragments of Imaginary Landscapes* im Rahmen der Tagung zum Thema *Robert Walser and the Visual Arts* am Swiss Institute New York (vgl. Evans 1996). In ihren Bildern wählte Nelson aus Gemälden alter Meister winzige Ausschnitte im Briefmarkenformat aus, die sie liebevoll nachmalte (vgl. Swiss Institute of New York 1994). Die Künstlerin Helen Mirra entwarf ein »Register« für den »Räuber«-Roman, das 2008 in der Kunstzeitschrift *Cabinet* erschien (vgl. Mirra 2008). Der inzwischen verstorbene Chicagoer Galerist Donald Young organisierte 2011/2012 mit dem Titel *In the Spirit of Walser* eine Ausstellungsreihe und lud bedeutende Künstler – Fischli/Weiss, Moyra Davey, Thomas Schütte, Rosemarie Trockel, Mark Wallinger, Tacita Dean, Rodney Graham und Josiah McElheny – dazu ein, neue Arbeiten auszustellen, die sich mit dem Werk Walsers auseinandersetzten. Begleitend zur Ausstellung wurden ein Symposium veranstaltet und eine Publikation realisiert, in der die Kunstwerke zusammen mit von den Künstlern ausgewählten Walser-Texten (übersetzt von Bernofsky, Middleton und Whalen) sowie Auszügen aus Carl Seeligs *Wanderungen mit Robert Walser* (übersetzt von Laura Lindgren) abgebildet wurden (vgl. A Little Ramble 2012).

In Newcastle upon Tyne, England, fand im März 2012 ein Symposium zu Walsers Einfluss auf die zeitgenössische Kunst statt. In der dazu gehörigen Ausstellung *Apropos the Kissing of a Hand*, kuratiert von Paul Becker und Catrin Huber, waren Arbeiten von Holly Antrum, Becky Beasley, Billy Childish, Robert Ellis, Sophie Macpherson, Jeremy Millar, Arnaud

Moinet, Francesco Pedraglio, Roman Signer und Sylvia Vögel zu sehen. Ein von Walser inspiriertes Künstlerbuch, das Zeichnungen und historische Postkarten verbindet, hat der in Los Angeles wirkende Künstler Euan Macdonald publiziert (vgl. Macdonald, Lucas 2012).

Walser hat auch verschiedene bedeutende Schriftstellerinnen und Schriftsteller inspiriert. Nebst Sontag, Davenport, Coetzee und Kunkel sind hier insbesondere zu nennen: John Ashbery, Lydia Davis, Deborah Eisenberg, Jeffrey Eugenides, Jonathan Franzen (der Walsers Werk als Schüler Averys am Swarthmore College kennenlernte; vgl. Franzen 2008, 170, 177–190), Rivka Galchen, William H. Gass, Wayne Koestenbaum, Phillip Lopate und Lynne Sharon Schwartz. Insgesamt steht aber die Rezeption Walsers in der englischsprachigen Literatur einer umfassenden Erforschung noch offen.

Wurde Walser lange in Verbindung mit seinen prominenten Bewunderern – Kafka, Benjamin, Sontag, Sebald – rezipiert, so konnte sich mittlerweile, auch dank der zahlreichen Übersetzungen, ein konstantes akademisches Interesse etablieren. Nebst Averys früher Studie (vgl. Avery 1968) entfaltete insbesondere Middletons kanonisch gewordene Studie *The Picture of Nobody* eine große Wirkung, die Walser außerhalb aller literarischer Strömungen positioniert und die Originalität und Authentizität seiner Wirklichkeitsgestaltung und (anti-intellektualistischen) Weltsicht betont (vgl. Middleton 1958). Tom Whalen hat früh darauf hingewiesen, dass Walsers Texte als (stilistisches) Maskenspiel zu lesen sind, während Walser selbst hinter den Masken verschwindet (vgl. Whalen 1991).

Zwar entstehen nach wie vor viel weniger akademische Arbeiten in englischer als in deutscher Sprache, und viele der Forscher, die sich an englischsprachigen Universitäten mit Walser beschäftigen, haben einen europäischen Hintergrund. In den letzten Jahren sind jedoch verschiedene Dissertationen zu Walser in englischer Sprache erschienen: Valerie Heffernans Arbeit zu Walser aus der Perspektive postkolonialer Theorien (vgl. Heffernan 2007) und diejenige von Charles Monroe Vannette zur Hyperreflexivität (vgl. Vannette 2011) sowie mehrere vergleichende Studien u. a. von Alexandra Huster zum ›Sonderling‹ (vgl. Huster 2007), Paul Joseph Buchholz zum Monologischen (vgl. Buchholz 2010), Samuel Frederick zur Digression (vgl. Frederick 2012) und Erica Weitzman zum Humor (vgl. Weitzman 2014).

Walser ist auch immer wieder Gegenstand wissenschaftlicher Tagungen. So wurde 2003 im Deutschen Haus at New York University ein Symposium zum Thema *Robert Walser in America* durchgeführt. Im Rahmen der Jahrestagung der German Studies Association 2010 in Oakland wurde ein Panel zum Thema *Reading Robert Walser* organisiert, und 2013 fand an der University of California, Berkeley, ein Symposium mit dem Titel *Robert Walser. Intersections of Life and Literature, Art and Psychiatry* statt (vgl. Gisi 2014).

Die Tatsache, dass sich so viele Nachwuchswissenschaftler mit Walser beschäftigen, lässt hoffen, dass die Präsenz seiner Bücher auf den Lehrplänen englischsprachiger Universitäten ebenso wie deren Beliebtheit bei einem breiteren Lesepublikum weiter zunehmen werden.

Übersetzungen

The Walk and Other Stories (Der Spaziergang; Prosaauswahl). Übers. v. Christopher Middleton. London 1957. Erw. Neuausgabe 2013.

Jakob von Gunten (Jakob von Gunten). Übers. v. Christopher Middleton. Austin, London 1969.

Selected Stories (Prosaauswahl). Mit einem Vorwort v. Susan Sontag. Übers. v. Christopher Middleton u. a. New York 1982.

Robert Walser Rediscovered. Stories, Fairy-Tale Plays, and Critical Responses (Textauswahl von u. über Robert Walser). Übers. v. Walter Arndt, Mark Harman, Joseph McClinton, Tom Whalen, Susan Bernofsky. Hg. v. Mark Harman. Hanover, London 1985.

»Masquerade« and Other Stories (Prosaauswahl). Übers. v. Susan Bernofsky (z. T. mit Tom Whalen) mit einem Vorwort v. William H. Gass. Baltimore, London 1990.

The Robber (Der »Räuber«-Roman). Übers. v. Susan Bernofsky. Lincoln, London 2000.

The Nimble and the Lazy (Textauswahl). Übers. v. Tom Whalen, Annette Wiesner u. Susan Bernofsky. Black River Falls, Wis. 2000.

Nine Stories (Prosaauswahl). Übers. v. Christopher Middleton. Black River Falls, Wis. 2003.

Speaking To the Rose. Writings, 1912–1932 (Textauswahl). Übers. v. Christopher Middleton. Lincoln, London 2005.

The Assistent (Der Gehülfe). Übers. v. Susan Bernofsky. New York 2007.

The Tanners (Geschwister Tanner). Übers. v. Susan Bernofsky. New York 2009.

Microscripts (Mikrogrammauswahl). Übers. v. Susan Bernofsky. New York 2010. Erw. Neuausgabe mit Bilderessay v. Maria Kalman. New York 2012.

Answer to an Inquiry (Beantwortung einer Anfrage). Übers. v. Paul North, mit Zeichnungen v. Friese Undine. Brooklyn 2010.

Oppressive Light (Lyrikauswahl). Übers. v. Daniele Pantano. Pittsburgh 2012.

Berlin Stories (Berlin gibt immer den Ton an; Textauswahl). Übers. v. Susan Bernofsky. New York 2012.

Thirty Poems (Lyrikauswahl). Übers. v. Christopher Middleton. New York 2012.

The Walk (Der Spaziergang). Übers. v. Christopher Middleton mit Susan Bernofsky. New York 2012.

A Little Ramble: In the Spirit of Robert Walser. Inspired by a series of exhibitions at the Donald Young Gallery (Textauswahl). Übers. v. Susan Bernofsky, Christopher Middleton u. Tom Whalen. New York 2012.

A Schoolboy's Diary. And Other Stories (Fritz Kocher's Aufsätze; Prosaauswahl). Übers. v. Damion Searls. New York 2013.

Thomas Schütte: Watercolors for Robert Walser and Donald Young 2011–2012. With Poems by/Mit Gedichten von Robert Walser (Gedichtauswahl). Übers. v. Damion Searls. Paris 2014.

Fairy Tales. Three Dramolettes (Dramolette). Übers. v. Daniele Pantano u. James Reidel. New York 2015.

Looking at Pictures (Vor Bildern; Textauswahl). Übers. v. Susan Bernofsky. New York 2015.

Literatur

A Little Ramble: In the Spirit of Robert Walser. Inspired by a series of exhibitions at the Donald Young Gallery. Übers. v. Susan Bernofsky, Christopher Middleton u. Tom Whalen. New York 2012.

Avery, George C.: Inquiry and Testament. A Study of the Novels and Short Prose of Robert Walser. Philadelphia 1968.

Bernofsky, Susan: Die Rezeption Robert Walsers im englischen Sprachraum. In: Peter Utz (Hg.): Wärmende Fremde. Robert Walser und seine Übersetzer im Gespräch. Akten des Kolloquiums an der Universität Lausanne, Februar 1994. Bern u. a. 1994, 181–190.

Bernofsky, Susan: Unrelenting Tact: Elements of Style in Walser's Late Prose. In: Tamara S. Evans (Hg.): Robert Walser and the Visual Arts. New York 1996, 80–89.

Buchholz, Paul Joseph: Monologue Overgrown: Revising the World with Speech in Franz Kafka, Robert Walser and Thomas Bernhard. Diss. Cornell University 2010.

Cardinal, Agnes: The Figure of Paradox in the Work of Robert Walser. Stuttgart 1982.

Coetzee, J. M.: The Genius of Robert Walser. In: The New York Review of Books, 2. 11. 2000.

Colwell, Constance: Robert Walser, Der Räuber. A Study of the Narrative Structure. Diss. Cornell University 1977.

Davenport, Guy: A Field of Snow on a Slope of the Rosenberg. In: Georgia Review 31 (Spring, 1977), 5–41.

Evans, Tamara S. (Hg.): Robert Walser and the Visual Arts. New York 1996.

Franzen, Jonathan: Die Unruhezone. Eine Geschichte von mir (The Discomfort Zone. A Personal History). Hamburg 2008 (engl. 2006).

Frederick, Samuel: Narratives Unsettled. Digression in Robert Walser, Thomas Bernhard, and Adalbert Stifter. Evanston, Illinois 2012.

Galchen, Rivka: From the pencil zone. Robert Walser's masterworklets. In: Harper's Magazine, 5.2010, 73–78.

Gass H., William: Foreword. Robert Walser, an Introduction. In: Robert Walser: »Masquerade« and Other Stories. Baltimore, London 1990. ix–xix.

Gisi, Lucas Marco: Schreiben und Schweigen. Eine Robert-Walser-Konferenz in Berkeley. In: Mitteilungen 21, 29–32.

Harman, Mark (Hg.): Robert Walser Rediscovered. Stories, Fairy-Tale Plays, and Critical Responses. Hanover, London 1985.

Heffernan, Valerie: Provocation from the Periphery. Robert Walser Re-examined. Würzburg 2007.

Huster, Alexandra: Going One's Own Way. The Literary Construction of the Oddball in German Literature (Jean Paul, Franz Grillparzer, Robert Walser). Diss. New York University 2007.

Jelinek, Elfriede: Her Not All Her. On/with Robert Walser. (Er nicht als er). Übers. v. Damion Searls. London 2012 (dt. 1998).

Kaufman, Herbert L.: The Narrative Structure in Robert Walser's Geschwister Tanner, Der Gehülfe, Jakob von Gunten. Diss. New York University 1969.

Kunkel, Benjamin: Still Small Voice. The fiction of Robert Walser. In: The New Yorker, 6. 8. 2007.

Lopate, Phillip: »The Walk« as a Species of Walk Literature. In: The Review of Contemporary Fiction 12,1 (1992), 87–94.

Macdonald, Euan, Lucas, Henri: We already see so much. Zürich 2012.

Middleton Christopher J.: The Picture of Nobody. Some Remarks on Robert Walser with a Note on Walser and Kafka. In: Revue des Langues Vivantes 24 (1958), 404–428.

Mirra, Helen: Inventory/Index for Der Räuber. In: Cabinet 29 (2008), 7 ff. http://www.cabinetmagazine.org/issues/29/mirra.php (9. 1. 2015).

Parry, Idris: The Writer As Servant. In: Hand to Mouth and Other Essays. Manchester 1981. 19–36.

Schwartz, Lynne Sharon: A Sort of Hero. In: The Review of Contemporary Fiction 12,1 (1992), 44–49.

Sebald, W. G.: A Place in the Country (Logis in einem Landhaus). On Gottfried Keller, Johann Peter Hebel, Robert Walser and Others. Übers. v. Jo Catling. London 2013 (dt. 1998).

Silos Ribas, Lorena: The Burden of Thought: The Reception of Robert Walser in Britain. In: Angermion 2 (2009), 177–190.

Sontag, Susan: Walser's Voice. In: Robert Walser: Selected Stories. New York 1982, vii–ix.

Sorg, Reto: Walser goes West: »One morning a young, boyish man walked into a bookshop […].« In: Mitteilungen 18, 29 f.

»So, so!« – Robert Walsers englische Übersetzer im Gespräch. Übersetzergespräch mit Lucas Marco Gisi, Susan Bernofsky, Mark Harman, James Reidel, Daniele Pantano, Damion Searls und Tom Whalen. In: Mitteilungen 22, 8–14.

Spender, Stephen (Hg.): Great German Short Stories. New York 1960.

Swiss Institute of New York (Hg.): Fragments of Imaginary Landscapes. Joan Nelson and Robert Walser. New York 1994.

Vannette, Charles Monroe: »Wir pröbeln und schneidern mit Dingen, die in der Brust anderer Menschen gesund und geheimnisvoll und unangetastet ruhen…« Narrative

Observation and Hyperreflexivity in the Works of Robert Walser. Diss. Ohio State University 2011.

Waidson, H. M.: Robert Walser. In: Alex Natan (Hg.): German Men of Letters. London 1963, 175–196.

Weitzman, Erica: Irony's Antics. Walser, Kafka, Roth, and the German Comic Tradition. Evanston, Illinois 2014.

Whalen, Tom: The Masks of Robert Walser. In: Essays in Literature 18,2 (1991), 288–293.

Whalen, Tom: A Robert Walser Bibliography. In: The Review of Contemporary Fiction 12,1 (1992), 128–132.

Whalen, Tom: Robert Walser in English: A Bibliography. In: Tamara S. Evans (Hg.): Robert Walser and the Visual Arts. New York 1996, 136–140.

Film

Institute Benjamenta or This Dream People Call Human Life. Regie: Stephen Quay, Timothy Quay. D, J, GB: Channel Four Television Corporation, Koninck Studios 1995.

The Comb – From the Museums of Sleep. Regie: Stephen Quay, Timothy Quay. GB, F: Koninck Studios, Channel Four, La Sept 1990.

All This Can Happen. Regie: Siobhan Davies, David Hinton. GB: Siobhan Davies Dance 2012.

Links

Wandering with Robert Walser: http://goldenrulejones.com/walser/ (15. 1. 2015).

50watts: http://50watts.com/filter/robert-walser/Traces-of-Robert-Walser-1 (15. 1. 2015).

Susan Bernofsky/Lucas Marco Gisi

5.9.3 Frankreich

Leben und Werk in französischer Sprache

Robert Walsers Werk wurde dem französischsprachigen Publikum erst 1960 durch die Übersetzung von *Jakob von Gunten* zugänglich gemacht – vier Jahre nach dem Tod des Autors und fast dreißig Jahre nach dessen letzten eigenen Veröffentlichungen. Sowohl der Name des Verlags (Grasset) als auch derjenige der Übersetzerin, Marthe Robert, die bereits die Aufmerksamkeit der französischen Öffentlichkeit auf Franz Kafka und Heinrich von Kleist gelenkt hatte, versprachen dabei eine breite Wahrnehmung. Trotzdem blieb Walser eher unbekannt. Eine zweite Übersetzung ließ zehn Jahre auf sich warten. Die intensive Veröffentlichung von Walsers Texten auf Französisch begann erst 1985 mit der Übersetzung eines dritten Romans.

Im Vorwort der ersten Übersetzung skizziert Robert das Leben des in Frankreich noch weitgehend unbekannten Autors. In ihrer Lektüre vertritt sie die Hypothese einer frühen seelischen Störung Walsers, die sich im Laufe der Zeit zu einer regelrechten Krankheit entwickelt habe. Diese Deutung der mit der Psychoanalyse gründlich vertrauten Literaturwissenschaftlerin prägte die französische Rezeption Walsers nachhaltig. Einen großen Einfluss übte auch Roberts Vergleich von Walser mit anderen deutschsprachigen Autoren wie Kleist und insbesondere Kafka aus.

Die zweite Romanübersetzung, *L'homme à tout faire* (*Der Gehülfe*) von Walter Weideli, wurde in der Schweiz verlegt. Das Nachwort des Übersetzers wirft ein neues Licht auf Walser: Beginnend mit einem Einblick in die Übersetzungsschwierigkeiten ebnet es dem französischsprachigen Leser den Weg zur Walserschen Sprache. Erst danach folgt ein Lebenslauf des Autors, in dem Weideli auch auf die damals noch sehr geringe Rezeption Walsers im französischsprachigen Raum eingeht. Er befasst sich mit Walsers Stellung in der Schweizer Literatur ebenso wie mit der Verwandtschaft des Romans mit Werken von Georg Büchner, Clemens Brentano, Jean Paul oder auch Stendhal. Kafka wird zwar erwähnt, aber eher *en passant*. Die Parallele, die Weideli zwischen Walser und Friedrich Hölderlin zieht, oder die Erwähnung der positiven Kritiken von Hermann Hesse, Robert Musil und Max Brod helfen dem Leser, sich ein Bild von dem noch weitgehend unbekannten Autor zu machen.

Ab 1985 wurde Walser häufig übersetzt. Seine Werke erschienen zunächst vorwiegend bei Gallimard (Paris) und meist in Übersetzungen von Bernard Lortholary (*Le Commis*; *La Promenade*; *La Rose*) und Jean Launay (*Les Enfants Tanner*; *Le Brigand*; *Les Rédactions de Fritz Kocher*). Schon das Nachwort zu *Les Enfants Tanner* aktualisiert das Bild von Walser, relativiert seinen Misserfolg durch Zitate von Walter Benjamin, Franz Blei, Hesse, Christian Morgenstern oder Musil und stellt Roberts pathographische Deutung in Frage. Drei Prosasammlungen sowie vier Theaterstücke erschienen zur selben Zeit bei anderen Verlagen.

Unter diesen letzteren finden sich *Félix* und *L'étang* (übersetzt von Gilbert Musy), erschienen beim Verlag Zoé in der Schweiz (Carouge-Genève). Damit begann ab 1999 eine neue Übersetzungswelle. Viele Werke – von der Prosa über die dramatischen Szenen bis zu den Gedichten – wurden von Marion Graf übersetzt und erschienen oft begleitet von Vor- und Nachworten von Walser-Spezialisten (Bernhard Echte; Graf; Jochen Greven; Peter Utz). Diese engagierte Übersetzungstätigkeit führte dazu, dass Walser in Frankreich von immer breiteren Leserkreisen enthusiastisch rezipiert wurde. Vor allem die Auswahlausgabe der Mikrogramme (*Le territoire du crayon*, 2003), auf die ein Band mit Auszügen, Abbildungen und Erläuterungen der Miniaturschrift folgte (*L'écriture miniature*, 2004), sowie jüngst die Briefausgabe (*Lettres*, 2012) fanden eine große Resonanz in der Öffentlichkeit.

Im Laufe der Zeit hat sich also ein differenziertes Bild des Autors ausgebildet. Walsers Leben wurde selbst Gegenstand mehrerer Veröffentlichungen: Zunächst wurde 1987 eine französische Fassung des Pro-Helvetia-Bands zu Walser veröffentlicht (vgl. Robert Walser 1987/1984). Zwei Jahre später erschienen Carl Seeligs *Wanderungen mit Robert Walser* auf Französisch (vgl. Seelig 1989/1957). Im selben Jahr vermittelte Catherine Sauvats Monographie auf der Basis des damaligen Forschungsstands ein präzises Bild von Walsers Leben (vgl. Sauvat 1989). Schließlich legte Marie-Louise Audiberti 1996 eine essayistische Biographie vor (vgl. Audiberti 1996). In den Vor- und Nachworten zu den Übersetzungen wurde Walsers ›Krankheit‹ immer wieder relativiert und auch der Vergleich mit Kafka trat zugunsten einer präziseren Auseinandersetzung mit den jeweiligen Texten in den Hintergrund.

Produktive Auseinandersetzung in der Wissenschaft, Literatur, Kunst und Psychoanalyse

Die wissenschaftliche Auseinandersetzung mit Walser nahm ihren Ausgang in der französischen Germanistik. Die erste, 1985 veröffentlichte Dissertation befasst sich mit der literarischen Beziehung zwischen Kafka und Walser. Bei der wechselseitigen Wahrnehmung dieser Beziehung ansetzend geht Nicole Pelletier auf Kafkas Lektüre von Walser ein, vergleicht dann die Romane und die Prosastücke der beiden Autoren und schließt mit Betrachtungen über deren Darstellungsverfahren (vgl. Pelletier 1985). Damit wurde die von Robert eingeführte Verwandtschaft der beiden Autoren bekräftigt und präzisiert. Sechzehn Jahre später erschien die Übersetzung von Peter Utz' Studie *Tanz auf den Rändern*, wodurch die französischen Leser mit dem neuesten Stand der literaturwissenschaftlichen Forschung im deutschsprachigen Raum vertraut gemacht wurden (vgl. Utz 2001/1998). Mit Konrad Harrers an Niklas Luhmanns Systemtheorie orientierter Untersuchung zur

Souveränitäts-Frage bei Walser wurde 2008 eine zweite Dissertation auf Französisch publiziert (vgl. Harrer 2008). Im selben Jahr erschien auch ein kleiner Band mit je einem Essay von Pelletier und Michel Dentan über das Nichts und das Vorläufige bei Walser (vgl. Dentan, Pelletier 2008).

Als erstes Anzeichen für eine breitere Aufnahme von Walsers Werk bei der französischen Leserschaft lässt sich die stetig steigende Zahl der Veröffentlichungen in Zeitschriften, insbesondere in Walser gewidmeten und Übersetzungen weiterer Texte umfassenden Nummern, verstehen: Während die literarische Zeitschrift *SUD* 1992 vor allem Beiträge von Walser-Spezialisten veröffentlichte (vgl. Sud 1992), widmete die Zeitschrift *L'Atelier du Roman* Walser sieben Jahre später eine Ausgabe mit verschiedenen Beiträgen von Schriftstellern wie Michel Host, Nuno Júdice, Joël Roussiez, Eryck de Rubercy und Paul Nizon (vgl. L'Atelier du roman 1999). Mit der Ende der 1990er Jahre einsetzenden neuen Übersetzungswelle wurde auch die Presse-Rezeption lebendiger. Die Übersetzerin Graf gab 2003 eine Walser-Nummer der berühmten Zeitschrift *Europe* heraus, die Übersetzungen von Fernand Cambon, Graf und Golnaz Houchidar, Essays und literarische Texte zeitgenössischer Autoren wie Daniel de Roulet oder François Debluë versammelt (vgl. Europe 2003). Dass Walser von französischen Schriftstellern geschätzt wird, zeigen z. B. der 2010 von Pierre Senges im Centre Pompidou gehaltene Walser-Vortrag oder das von Philippe Delerm verfasste Vorwort zur Neuausgabe von *Vie de poète* von 2010. Die vierte Ausgabe der jungen literarischen Zeitschrift *La Barque* (2007) enthält Übersetzungen von Jean-Patrice Courtois (vgl. La Barque 2007), und 2010 erschien in der Zeitschrift für Geschichte, Politik und Soziologie *Agone* ein Dossier zu Walser (vgl. Agone 2010). Anlässlich der Übersetzung der Briefe veröffentlichte die literarische Zeitschrift *Le Matricule des Anges* 2012 eine umfangreiche Nummer mit einem Interview mit Utz und Zeugnissen von zeitgenössischen französischsprachigen Schriftstellern (u. a. Jean-Paul Chabrier, Bruno Krebs, Michèle Lesbre, Jean-Claude Schneider, Pascal Commère, Michel Surya; vgl. Le Matricule des Anges 2012).

Die schon in den Zeitschriften zu konstatierende Rezeption Walsers in der ›literarischen Welt‹ wurde ab 2010 durch die Entstehung belletristischer Walser-Werke zu einer Art produktivem Austausch zwischen zeitgenössischen französischen Autoren und dem verstorbenen deutschsprachigen Autor erweitert: Marie-Laure Béraud widmet Walser in ihren *Dialogues d'outre-ciel* ein Gespräch (vgl. Béraud 2010), Liliane Giraudon entwirft in *Les Pénétrables* ein Porträt von ihm (vgl. Giraudon 2012), Yvan Mécifs Essay *Entre présence et absence* skizziert literarisch Walsers Wesen (vgl. Mécif 2009) und Christian Dufourquets Roman *Un chapeau dans la neige* befasst sich ausdrücklich mit dessen Tod (vgl. Dufourquet 2010). Auch Künstler antworteten auf Walsers Werk: Jean Yves Cousseau drehte 1985 das an *Jakob von Gunten* oder *Der Gehülfe* erinnernde Video *Le Sablier*. Thierry Kuntzel schuf das Video *Quatre saisons: Hiver (La Mort de Robert Walser)* (1990) und die Installation *Retour dans la neige (Noël 1956)* (2000) und griff dabei plastisch das Thema des Todes im Schnee auf. Ein halb fiktives, halb dokumentarisches Kunstwerk zu Walser legte Mathieu Doll 2009 mit seinem Film *A. R. W. ou l'art de n'être rien* vor. Dass Walsers Texte in Frankreich auch auf der Bühne inszeniert wurden (u. a. von Claude Aufaure, Gaël Baron, Collectif quatre ailes, Joël Jouanneau, Diane Scott), zeugt ebenfalls von deren Aktualität. Aus dieser Begegnung gingen sogar neue Aufführungsformen hervor wie etwa im Fall von Yves Arcaix' Walser-Projekt in Nantes, das aus unangekündigten, geheimen Lesungen in Buchhandlungen oder Cafés sowie aus Leseabenden bestand, in deren Rahmen Kunstwerke von Sophie Jarrosson (*Désœuvrement n°1* und *Re-création*) und Marie-Pierre Groud (*Désencrages*) gezeigt bzw. hergestellt sowie Filme (von Doll und The Brothers Quay) gezeigt wurden.

Walsers Rezeption in Frankreich entwickelte sich, wie zusammenfassend festgehalten werden kann, von der allmählichen Anerkennung hin zur produktiven Auseinandersetzung und sogar bis zur Erfindung neuer künstlerischer Formen. Von dieser Entwicklung zeugt Walsers Behandlung durch die französische Psychoanalyse: Deren Interesse war durch die erste Übersetzerin Robert früh auf Walser gelenkt worden. Auch in den letzten Jahren wurde dessen Werk immer wieder in psychoanalytischen Kreisen debattiert. Das 2010 erschienene Buch von Philippe Lacadée *Robert Walser, le promeneur ironique* wurde im darauffolgenden Jahr mit dem *Prix Œdipe* ausgezeichnet. Der Lacansche Ansatz ermöglicht dem Verfasser eine besonders sensible Wahrnehmung der Walserschen Sprache, sodass auf der Grundlage einer sprachlichen Untersuchung ein Porträt des Autors entsteht (vgl. Lacadée 2010). Hier tritt der Unterschied zwischen den ersten Darstellungen Walsers in Frankreich – von den Vorworten zu den ersten Übersetzungen bis zu den klassischen

Biographien – deutlich zutage. Nicht von ungefähr schrieb der Schriftsteller und Literaturwissenschaftler Philippe Forest das Vorwort und steuerten zwei Walser-Kenner, der Übersetzer Sacha Zilberfarb und Charles Méla, die Nachworte zu dem Buch bei. Die verschiedenen Linien der französischen Walser-Rezeption finden zusammen.

Übersetzungen

L'Institut Benjamenta (Jakob von Gunten). Übers. v. Marthe Robert. Paris 1960.

L'homme à tout faire (Der Gehülfe). Übers. v. Walter Weideli. Lausanne 1970.

Le Commis (Der Gehülfe). Übers. v. Bernard Lortholary. Paris 1985.

Les Enfants Tanner (Geschwister Tanner). Übers. v. Jean Launay. Paris 1985.

Blanche-Neige (Schneewittchen). Übers. v. Claude Mouchard unter Mitarbeit v. Hans Hartje. Paris 1987.

La Promenade (Der Spaziergang). Übers. v. Bernard Lortholary. Paris 1987.

La Rose (Die Rose). Übers. v. Bernard Lortholary. Paris 1987.

Félix (»Felix«-Szenen). Übers. v. Gilbert Musy. Carouge-Genève 1989.

Cendrillon (Aschenbrödel). Übers. v. Roger Lewinter. Paris 1990.

Sur quelques-uns et sur lui-même (Textauswahl). Übers. v. Jean-Claude Schneider. Paris 1994.

Le Brigand (Der Räuber). Übers. v. Jean Launay. Paris 1994.

Rêveries et autres petites proses (Träumen; Prosaauswahl). Übers. v. Julien Hervier. Nantes 1996.

Rêveries et autres petites proses (Träumen; Prosaauswahl). Übers. v. Catherine Sauvat. Vevey 1998.

La Dame blanche et autres petites proses (Die weiße Dame und andere Prosastücke). Übers. v. Antonin Moeri. Plombières-lès-Dijon 1999.

L'Etang (Der Teich). Übers. v. Gilbert Musy. Carouge-Genève 1999.

Marie (Marie). Übers. v. Jean Launay. Monaco, Paris 1999.

Les Rédactions de Fritz Kocher (Fritz Kocher's Aufsätze). Übers. v. Jean Launay. Paris 1999.

Retour dans la neige, Petites proses I (Prosaauswahl). Übers. v. Golnaz Houchidar. Carouge-Genève 1999.

Cigogne et porc-épic. Scènes dialoguées I (Auswahl dramatischer Szenen). Übers. v. Marion Graf. Carouge-Genève 2000.

Nouvelles du jour. Proses brèves II (Prosaauswahl). Übers. v. Marion Graf. Carouge-Genève 2000.

Porcelaine. Scènes dialoguées II (Auswahl dramatischer Szenen). Übers. v. Marion Graf. Carouge-Genève 2000.

Le territoire du crayon. Microgrammes (Aus dem Bleistiftgebiet; Mikrogrammauswahl). Übers. v. Marion Graf. Carouge-Genève 2003.

L'écriture miniature (Mikrogrammauswahl). Übers. v. Marion Graf. Carouge-Genève 2004.

L'homme qui ne remarquait rien (Einer, der nichts merkte). Übers. v. Marion Graf. Genève 2004.

Petits textes poétiques (Kleine Dichtungen). Übers. v. Nicole Taubes. Paris 2005.

Seeland (Seeland). Übers. v. Marion Graf. Carouge-Genève 2005.

Cendrillon (Aschenbrödel). Übers. v. Anne Longuet Marx. Carouge-Genève 2006.

Histoires d'images (Bildergeschichten; Textauswahl). Übers. v. Marion Graf. Carouge-Genève 2006.

Vie de poète (Poetenleben). Übers. v. Marion Graf. Carouge-Genève 2006.

Poèmes (Gedichte). Übers. v. Marion Graf. Carouge-Genève 2008.

Morceaux de prose (Prosaauswahl). Übers. v. Marion Graf. Carouge-Genève 2008.

Au bureau. Poèmes de 1909 (Gedichte). Übers. v. Marion Graf. Carouge-Genève 2009.

Petite prose (Kleine Prosa). Übers. v. Marion Graf. Carouge-Genève 2009.

Vie de poète (Poetenleben). Übers. v. Marion Graf. Vorwort v. Philippe Delerm. Paris 2010.

Le brigand et autres histoires (Der Räuber und andere Geschichten). Übers. v. Marion Graf. Zürich 2013.

Vie de poète (Poetenleben; Hörbuch). Gelesen v. Gilles Tschudi. Carouge-Genève 2013.

Lettres de 1897 à 1949 (Briefauswahl). Übers. v. Marion Graf. Carouge-Genève 2012.

Literatur

Agone n° 43 (2010).

Audiberti, Marie-Louise: Le Vagabond immobile. Robert Walser. Paris 1996.

Béraud, Marie-Laure: Dialogues outre-ciel. Paris 2010.

Dentan, Michel, Pelletier, Nicole: Robert Walser: le rien et le provisoire. Carouge-Genève 2008.

Dufourquet, Christian: Un chapeau dans la neige. Paris 2010.

Europe. Revue littéraire mensuelle 81, n° 889 (mai 2003): Robert Walser.

Giraudon, Liliane: Les Pénétrables. Paris 2012.

Harrer, Konrad: Souveraineté et impuissance dans l'œuvre de Robert Walser. Bern 2008.

La Barque n° 4 (automne/hiver 2007).

Lacadée, Philippe: Robert Walser, le promeneur ironique. Nantes 2010.

L'Atelier du roman n° 19 (1999): Robert Walser, le grand maître de la simplicité. Hg. v. Michel Horst.

Le Matricule des Anges n° 138 (novembre-décembre 2012): Robert Walser, à l'air libre.

Mécif, Yvan: Entre présence et absence. Bédarieux 2009.

Pelletier, Nicole: Franz Kafka et Robert Walser. Étude d'une relation littéraire. Stuttgart 1985.

Robert Walser. Dossier Littérature 3. Zurich, Lausanne 1987 (dt. 1984).

Sauvat, Catherine: Robert Walser. Paris 1989.

Sauvat, Catherine: Traduction et réception de l'œuvre de Robert Walser en France. In: Peter Utz (Hg.): Wärmende Fremde. Robert Walser und seine Übersetzer im Gespräch. Akten des Kolloquiums an der Universität Lausanne, Februar 1994. Bern u. a. 1994, 177–180.

Seelig, Carl: Promenades avec Robert Walser (Wanderungen mit Robert Walser). Traduit de l'allemand par Bernard Kreiss. Paris 1989 (dt. 1957).

Senges, Pierre: Relire Robert Walser avec Pierre Senges. In: http://archives-sonores.bpi.fr (9. 1. 2015).

Sud. Revue littéraire trimestrielle n° 97/98 (février 1992): Robert Walser.

Utz, Peter: Legendengestalt und Spielfigur. Robert Walsers Wege nach Frankreich. In: MITTEILUNGEN 3, 3–7.

Utz, Peter: Robert Walser: danser dans les marges (Tanz auf den Rändern. Robert Walsers »Jetztzeitstil«). Traduit de l'allemand par Colette Kowalski. Carouge-Genève 2001 (dt. 1998).

Vacek, Alena: Réception romande de Robert Walser. In: Peter Utz (Hg.): Wärmende Fremde. Robert Walser und seine Übersetzer im Gespräch. Akten des Kolloquiums an der Universität Lausanne, Februar 1994. Bern u. a. 1994, 165–175.

Film/Video

Le Sablier. Regie: Jean Yves Cousseau. F 1985.

Quatre saisons: Hiver (La Mort de Robert Walser). Regie: Thierry Kuntzel. F 1990.

A. R. W. ou l'art de n'être rien. Regie: Mathieu Doll. F: Bianca Films 2009.

Mandana Covindassamy

5.9.4 Italien

Rezeptionsphasen

Man kann mit Anna Fattori drei Phasen der Walser-Rezeption in Italien unterscheiden (vgl. Fattori 2009). Die erste Phase, die, grob gesprochen, von 1961–1985 reicht, ist gekennzeichnet durch eine rege Übersetzungstätigkeit, durch die Italien bezüglich Walser-Übersetzungen und Walser-Rezeption eine Vorreiterrolle zukommt. In der zweiten Phase (1985–1994) erscheinen nur wenige Übersetzungen, dafür gibt es ein gesteigertes Interesse von Seiten der Forschung. In der dritten Phase (1994–2006) verlagert sich das vornehmlich fachspezifische Interesse an Walser, und dieser wird zunehmend zum Gegenstand eines interdisziplinären Diskurses, der verschiedenste Fachdisziplinen einschließt (Philosophie, Psychoanalyse, Psychiatrie, Anthropologie etc.). Walser wird nun selbst zur Autorität und zum Referenzautor der Moderne – das Klischee des weltabgewandten Mansardendichters scheint endgültig abgelegt. Diese Tendenz lässt sich bereits an der Walser gewidmeten Nummer der Zeitschrift *Marka. Rivista di confine* von 1989 ablesen, in der verschiedenen bis dahin unübersetzten Texten von Walser philosophische Essays von Giorgio Agamben, Ginevra Bompiani u. a. zur Seite gestellt werden (vgl. Marka 1989). Daran schließt die Publikation von Auszügen aus der unveröffentlichten Krankenakte 1993 in derselben Zeitschrift an (vgl. Cartelle cliniche 1993). In Bologna findet 2000 eine Tagung der Zeitschrift *Zibaldone* statt, durch die Walsers Texte erneut in einem größeren Rahmen fachübergreifender Fragestellungen diskutiert werden. Das Antiquariat Simon Tanner in Rom organisiert 2006 eine Veranstaltungsreihe, die sich vom 15. 12. 2006 bis zum 9. 2. 2007 erstreckt und Walser anlässlich der 50. Wiederkehr seines Todestages ins Zentrum der Aufmerksamkeit rückt. Eine Auswahl der Vorträge ist 2009 in der Zeitschrift *Homo sapiens* erschienen (vgl. Homo Sapiens 2009). In Rom wird 2007 eine zweite internationale Walser-Tagung zu Fragen der Intermedialität durchgeführt (vgl. FATTORI/GIGERL), nachdem die erste internationale Walser-Tagung überhaupt 1985 bereits in Rom stattgefunden hat. Einige der Themenstellungen dieser ersten Tagung, u. a. die Beiträge zu intertextuellen Bezügen zu Friedrich Hölderlin, Fjodor Dostojewski und Jean Paul, haben den weiteren Verlauf der kritischen Rezeption entscheidend mitbestimmt (vgl. CHIARINI/ZIMMERMANN). So wird Fattori, der für die Walser-Rezeption und die Walser-Forschung große Verdienste zukommen, die Jean Paul-Bezüge noch in ihre Einladung zur Lektüre der späten Mikrogramme aufnehmen (vgl. Fattori 2006). Dabei handelt es sich um einen der einzigen italienischen Beiträge zu den Aufzeichnungen *Aus dem Bleistiftgebiet*, die abgesehen vom »Räuber«-Roman – 2008 unter dem Titel *Il brigante* bei Adelphi erschienen – und einigen Gedichten bis heute unübersetzt geblieben sind. Walsers Lyrik ist in der italienischen Rezeption insgesamt unterrepräsentiert; *Schneewittchen* und *Aschenbrödel*, in den Übersetzungen Fattoris, haben bis heute keinen Verleger gefunden. Insgesamt erscheinen nach 2006 nur noch wenige neue Übersetzungen, vielmehr häufen sich im Zeitraum 2006 bis 2012 in auffälliger Weise die Neuauflagen. Wollte man den drei benannten Rezeptionsphasen eine vierte anschließen, so wäre diese also gekennzeichnet durch neue Auflagen bereits bestehender Übersetzungen.

Vor- und Nachworte

Die in der ersten Rezeptionsphase vorgelegten Über-setzungen zeichnen sich durch Vor- oder Nachworte aus, die die Rezeption Walsers in Italien ganz ent-scheidend beeinflusst haben. So kommt Aloisio Rendi, dem Übersetzer von *Una cena elegante*, er-schienen 1961 im Mailänder Verlag Lerici Editori, das Verdienst zu, erste Leseorientierungen gegeben zu haben (vgl. Rendi 1961). Im zweiten Teil seines Vorwortes lässt er sich auf eine vergleichende Lek-türe Walsers mit Franz Kafka ein und stellt u. a. Be-züge zwischen den Boten in Kafkas *Schloß*-Roman und den Gehülfen und Dienerfiguren Walsers her. Der Kafka-Bezug wird in der italienischen Wal-ser-Rezeption zu einer konstanten Größe.

Auch Roberto Calasso bezieht sich in seinem Nachwort zur Übersetzung von *Jakob von Gunten*, 1970 bei Adelphi erschienen, mit dem Titel *Il sonno del calligrafo* auf Kafkas Roman, genauer auf einen Ort der Macht, der sowohl das Schloß als auch das Institut Benjamenta bestimme (vgl. Calasso 1970). In beiden Fällen handle es sich um »Konkretionen der Macht«, die »als solche im Keim jedes Bild [enthal-ten], allerdings in einem noch undifferenzierten Zu-stand, zweideutig und älter als jene Unterteilung in Ambivalenzen, die für das Symbol konstitutiv ist« (Calasso 2005, 80 f.). Zwar sind die späteren litera-turwissenschaftlich orientierten vergleichenden Stu-dien zu Kafka und Walser spezifischer ausgerichtet und beziehen sich auf präziser eingegrenzte The-menstellungen; nichtsdestotrotz ist Calassos Nach-wort bis heute von der Walser-Forschung noch nicht zu Ende gedacht worden, und zwar aus mehreren Gründen: Zunächst müsste die konstatierte Leer-stelle der Macht bei Walser und Kafka genauer ge-fasst werden. Sodann wäre Calassos Bezug zwischen der aufgehobenen Zeit im Institut Benjamenta und der Legende vom Schlaf der Siebenschläfer nachzu-gehen, der eine eschatologische Dimension freilegt. Schließlich ließe sich auch der Begriff des ›Schrei-bers‹ weiterverfolgen, der am Ende des Nachworts auf Bartleby, der Hauptfigur in Herman Melvilles gleichnamiger Erzählung, bezogen wird und dessen ›Ich möchte lieber nicht‹ in Walsers gesamtem Werk nachhalle.

In der zweiten Auflage des Romans *L'assistente*, der Übersetzung von *Der Gehülfe*, von 1978 (der Roman erfuhr 1986 eine 3. und 1990 eine 4. Auflage, mittler-weile ist er nicht mehr lieferbar) findet sich ein Nach-wort von Claudio Magris mit dem Titel *Davanti alla porta della vita* (vgl. Magris 1961; Magris 1978/1979), das dann in einer erweiterten Fassung unter dem neuen Titel *Nelle regioni inferiori: Robert Walser* in die einflussreiche Arbeit *L'anello di Clarisse* aufge-nommen wird (vgl. Magris 1984/1987). Nach Magris ist Walsers Held Diener oder Vagabund. In beiden Fällen könne er als ein Abtrünniger oder als ein No-made begriffen werden, der durch Wälder und Städte oder die Zimmer eines rätselhaften Hauses irre. Wal-sers Dieneridee markiere den Endpunkt der Hegel-schen Dialektik von Herr und Knecht. Dessen Die-ner verzichteten auf jegliche Form von Selbstbe-wusstsein des Geistes und stünden am Scheideweg von Heiligkeit und Verworfenheit, vor der Entschei-dung zwischen Selbstaufgabe aus Liebe zu den ande-ren und Selbstaufgabe aus Liebe zur eigenen Selbstauslöschung. Er könne sich im Namen eines geheimnisvollen und tieferen Gesetzes des Lebens selbst aufopfern oder aber sich diesem Ruf des Geset-zes entziehen. In beiden Fällen negiert er sich selbst, löscht sich aus und dekretiert das eigene Verschwin-den (vgl. ebd., 169).

Die Walser-Rezeption in Italien prägte außerdem W. G. Sebalds Essay *Le promeneur solitaire. Zur Erin-nerung an Robert Walser* (*Il passeggiatore solitario. In ricordo di Robert Walser*) aus dem Band *Logis in ei-nem Landhaus* von 1998, der bereits 2006 übersetzt bei Adelphi vorlag (vgl. Sebald 2006/1998). Die Pub-likation der Übersetzung des gesamten Bandes, 2012 unter dem Titel *Soggiorno in una casa di campagna* ebenfalls bei Adelphi (vgl. Sebald 2012/1998), veran-lasste den Literaturkritiker Pietro Citati dazu, Walser als den ›fremdesten‹ Autor der okzidentalen Welt zu feiern (vgl. Citati 2012).

Philosophische Annäherungen

Ein besonderes Kennzeichen der Walser-Rezeption in Italien ist das philosophische Interesse, das sich früh auf Walser richtete. Damit geht allerdings die Schwierigkeit einher, dass die Begrifflichkeit, mit der Walsers Werk analysiert wird, auf den Kontext dieser philosophischen Arbeiten bezogen bleibt. Insgesamt sind diese Arbeiten aber von der Walser-Forschung bisher noch zu wenig beachtet worden. So wären etwa zumindest drei Fragestellungen aus Massimo Cacciaris Buch *Dallo Steinhof* (vgl. Cacciari 1980) nach wie vor diskussionswürdig: Er verortet Walser erstens innerhalb von epistemologischen Fragen, die Ludwig Wittgenstein im *Tractatus logico-philosophi-cus* im Kontext der Wiener Moderne aufgeworfen hat. Demnach begegnet Walsers Held auf seinen Wanderungen und Spaziergängen dem, ›was der Fall ist‹. Er enthält sich gegenüber dem Gegebenen jeglichen Urteils, weil es keine Instanz mehr gibt, von der aus sich ein solches Urteil sprechen ließe; sagbar sind nur mehr gleichwertige Sätze. Cacciari bezieht sich zweitens bei der Behandlung der Dieneridee auf den Begriff der Gabe. Walsers Held ist der bedingungslos sich Gebende. Das Leben ist dem Protagonisten Simon in *Geschwister Tanner* gegeben, um als Gabe weitergegeben zu werden; denn nur die Gabe ist ewig und überlebt den Gebenden. Tatsächlich scheint das Begriffsfeld Gabe-Gegengabe-Tausch geeignet, um das Ökonomische in Walsers Werk übergreifend in den Blick zu nehmen. Aus dem *Spaziergang* lasse sich drittens eine ›fröhliche Wissenschaft‹ ableiten, die aus der Einsicht hervorgehe, dass sich Gott aus der Welt zurückgezogen habe und dass es jenseits der ›guten und treuen Erde‹ nichts gebe, zu dem ja und amen gesagt werden könne. Cacciari stellt hier außerdem auf die lange Einlassung Klaras im fünften Kapitel von *Geschwister Tanner* ab, die er als ›heiliges Gespräch‹ wertet.

Nebst Cacciaris Überlegungen ist insbesondere die nicht nachlassende Beschäftigung Agambens mit Walser zu nennen, die mit dessen Interesse für Dostojewski und Hölderlin einhergeht. In seinem 1990 erschienenen Werk *La comunità che viene* (*Die kommende Gemeinschaft*) werden Walsers Helden mit den ungetauften Kindern des Limbus verglichen (vgl. Agamben 1990/2001 u. 2003). Ihre größte Strafe, die im »Entzug der Anschauung Gottes« besteht, verkehrt sich in einen »Zustand natürlicher Fröhlichkeit«. Als unrettbar Verlorene verweilen sie ohne Schmerz in ihrer »Gottverlassenheit« (Agamben 2003, 11–13). Freilich ist es nicht Gott, der sie verlassen hat, es sind sie selbst, die ihn immer schon vergessen haben. Wie Briefe, die ihren Adressaten nicht erreichen, sind diese Auferstandenen ohne Schicksal geblieben. Diese limbische Natur begründe, so Agamben, das Geheimnis der Walserschen Welt. Das ontotheologische Pathos, sei es in der Form des Unsagbaren, sei es in der Form des absolut Sagbaren, ist Walsers Schreiben immer fremd geblieben. In diesem halten sich somit keusche Unbestimmtheit und stereotyper Manierismus die Waage. Walsers Protagonisten haben, wie Kafkas Verurteilter in der Strafkolonie, die Welt der Schuld und des Rechts hinter sich gelassen – das Leben, das der *novissima dies* des Letzten Gerichts folgt, ist das menschliche Leben selbst. 1993 wird Agamben auf diese Briefe oder Lettern (›lettera‹ steht im Italienischen für beides) in seiner Arbeit *Bartleby o della contingenza* (*Bartleby oder die Kontingenz*) zurück-

kommen (vgl. Agamben 1993 u. 1993/1998). Innerhalb einer Konstellation von Schreibern, die vom Polarstern Akakij Akakijewitsch (in Nikolai Gogols *Der Mantel*) über Bouvard und Pécuchet (in Gustave Flauberts gleichnamigem Romanfragment) in der Mitte führt, bilde Simon Tanner, der nach Agamben ›Schreiber‹ als einzige Identität beanspruche, mit Fürst Myschkin (in Fjodor Dostojewskis Roman *Der Idiot*) das entgegengesetzte Ende. Philosophisch gelesen eröffnet diese Auffassung des Denkens als Schreibgestus bei Walser eine Perspektive auf die Kontingenz (im Sinne von Leibniz als das, was weder notwendig noch unmöglich ist) und auf die pure Potentialität, die sich wiederum als ein Schreibakt explizieren lässt (vgl. Agamben 1993/1998, 9 f., 51).

Übersetzungen

L'assistente (Der Gehülfe). Übers. v. Ervino Pocar. Torino 1961.

Una cena elegante (Dinerabend; Prosaauswahl). Übers. v. Aloisio Rendi. Milano 1961.

Jakob von Gunten. Un diario (Jakob von Gunten). Übers. v. Emilio Castellani. Milano 1970.

La passeggiata (Der Spaziergang). Übers. v. Emilio Castellani. Milano 1976.

I Fratelli Tanner (Geschwister Tanner). Übers. v. Vittoria Rovelli Ruberl. Milano 1977.

I temi di Fritz Kocher (Fritz Kocher's Aufsätze). Übers. v. Vittoria Rovelli Ruberl. Milano 1978.

Storie (Geschichten). Übers. v. Maria Gregorio. Milano 1982.

Vita di poeta (Poetenleben). Übers. v. Emilio Castellani. Milano 1985.

La Rosa (Die Rose). Übers. v. Anna Bianco. Milano 1992.

Poesie (Gedichte). Übers. v. Antonio Barbi. Ripatransone 1992.

Pezzi in prosa (Prosastücke). Übers. v. Gino Giometti. Macerata 1994.

Piccola prosa (Kleine Prosa). Übers. v. Antonio Barbi u. Raffaella Ferrari. Ripatransone 1994.

La fine del mondo e altri racconti (Das Ende der Welt; Prosaauswahl). Übers. v. Mattia Mantovani. Locarno 1996.

Diario del 1926 (Tagebuch-Fragment von 1926). Übers. v. Mattia Mantovani. Genova 2000.

Il mio monte (Mein Berg; Prosaauswahl). Übers. v. Maura Formica. Verbania 2000.

Poesie (Gedichte). Übers. v. Antonio Rossi. Bellinzona 2000.

Ritratti di scrittori (Dichterporträts; Prosaauswahl). Übers. v. Eugenio Bernardi. Milano 2004.

Una specie di uomini molto istruiti (Prosaauswahl). Übers. v. Mattia Mantovani. Locarno 2005.

Storie che danno da pensare (Bedenkliche Geschichten; Prosaauswahl). Übers. v. Eugenio Bernardi. Milano 2007.

Il brigante (Der Räuber). Übers. v. Margherita Belardetti. Milano 2008.

La rosa (Die Rose). Übers. v. Anna Bianco. Milano 1992.

Ritratti di pittori (Vor Bildern; Textauswahl). Übers. v. Domenico Pinto. Milano 2011.

Vita di poeta (Poetenleben). Übers. v. Emilio Castellani. Milano 1985.

Il brigante e altri racconti (Der Räuber; Prosaauswahl). Übers v. Gabriella de'Grandi. Zürich 2013.

Literatur

Agamben, Giorgio: Maniere del nulla. In: Robert Walser: Pezzi in prosa. Traduzione di Gino Giometti. Macerata 1994, 9–11.

Agamben, Giorgio: La comunità che viene. Torino 1990. Neuaufl. Torino 2001.

Agamben, Giorgio: Die kommende Gemeinschaft. Aus dem Italienischen v. Andreas Hiepko. Berlin 2003.

Agamben, Giorgio: Bartleby o della contingenza. In: Gilles Deleuze, ders.: Bartleby. La formula della creazione. Macerata 1993, 47–92.

Agamben, Giorgio: Bartleby oder die Kontingenz (Bartlehy o della contingenza [1993]) gefolgt von Die absolute Immanenz (L'immanenza assoluta [1996]). Aus dem Italienischen v. Maria Zinfert u. Andreas Hiepko. Berlin 1998.

Aman, Silvio: Robert Walser. Il culto dell'eterna giovinezza. Lugano, Milano 2010.

Beretta, Stefano: Una sorta di racconto. La scrittura poetica e l'itinerario dell'esperienza in Robert Walser. Pasian di Prato 2008.

Cacciari, Massimo: Dallo Steinhof. Prospettive viennesi del primo Novecento. Milano 1980.

Calasso, Roberto: Il sonno del calligrafo. In: Robert Walser: Jakob von Gunten. Un diario. Traduzione di Emilio Castellani. Milano 1970, 169–191.

Calasso, Roberto: Der Schlaf des Kalligraphen. In: ders.: Die neunundvierzig Stufen. Essays. Aus dem Italienischen v. Joachim Schulte. München, Wien 2005, 61–84.

Cartelle cliniche di Robert Walser. In: Marka 30 (1993), 19–28.

CHIARINI/ZIMMERMANN.

Citati, Pietro: Walser, l'arte di camminare è non abitare in nessun luogo. In: Corriere della sera, 19. 10. 2012.

Fattori, Anna: Die Rezeption Robert Walsers in Italien. In: Peter Utz (Hg.): Wärmende Fremde. Robert Walser und seine Übersetzer im Gespräch. Akten des Kolloquiums an der Universität Lausanne, Februar 1994. Bern u. a. 1994, 191–198.

Fattori, Anna: Invito alla lettura dei tardi microgrammi walseriani. In: Con Robert Walser, 7. 3. 2006. URL: http://www.zibaldoni.it/2006/03/07/microgrammiwalseriani/ (9. 1. 2015).

FATTORI/GIGERL.

Fattori, Anna: La fortuna di Robert Walser in Italia. In: Homo Sapiens. Rivista di filosofia, arte e letteratura. Nuova Serie 1,1 (giugno 2009), 28–58.

Homo Sapiens. Rivista di filosofia, arte e letteratura. Nuova Serie 1,1 (giugno 2009): Robert Walser.

Magris, Claudio: Davanti alla porta della vita. In: Robert Walser: L'assistente. Traduzione di Ervino Pocar. Torino 1961, 207–216.

Magris, Claudio: Vor der Türe des Lebens. Zum hundertsten Geburtstag Robert Walsers [1978]. In: KERR 3, 185–197.

Magris, Claudio: Nelle regioni inferiori: Robert Walser (In den unteren Regionen: Robert Walser). In: ders.: L'anello di Clarisse. Grande stile e nichilismo nella letteratura moderna (Der Ring der Clarisse. Großer Stil und Nihilismus in der modernen Literatur). Torino 1984 (dt. 1987), 165–177.

Marka 9,26 (1989): Robert Walser. Testi inediti e studi con un microgramma del 1926.

Martorelli, Gisela: La recezione di Robert Walser in Italia: 1958–1983. In: Cultura e scuola n° 95 (1985), 75–89.

Rendi, Aloisio: Prefazione. In: Robert Walser: Una cena elegante. Traduzione di Aloisio Rendi. Milano 1961, 7–43.

Roat, Francesco: La pienezza del vuoto. Tracce mistiche nei testi di Robert Walser. Pergine Valsugana 2012.

Sebald, W. G.: Il passeggiatore solitario. In ricordo di Robert Walser (Le promeneur solitaire. Zur Erinnerung an Robert Walser). Traduzione di Ada Vigliani. Milano 2006 (dt. 1998).

Sebald, W. G.: Soggiorno in una casa di campagna. Su Gottfried Keller, Johann Peter Hebel, Robert Walser e altri (Logis in einem Landhaus. Über Gottfried Keller, Johann Peter Hebel, Robert Walser und andere). Traduzione di Ada Vigliani. Milano 2012 (dt. 1998).

Tofi, Leonardo: Il racconto è nudo. Studi su Robert Walser. Napoli 1995.

Walser, Paul L.: Robert Walser erobert Italien. In: Tages-Anzeiger, 9. 12. 1977.

Elmar Locher

5.9.5 Spanien/Lateinamerika

Dank der Pionierleistung von Juan José del Solar als Übersetzer hat sich der spanische Sprachraum besonders empfänglich für Robert Walsers Werk gezeigt. Seit 1974 sind nicht weniger als alle Romane und ein beträchtlicher Teil seiner Prosastücke und Mikrogramme sowie einige Gedichte und das Dramolett *Schneewittchen* ins Spanische übersetzt worden, manche Texte sogar mehrmals wie *Jakob von Gunten* oder *Fritz Kocher's Aufsätze* (vgl. Vinardell 2007, 300 f.). Nach einem Rezeptionsbeginn, der eher durch offensichtliche Orientierungsschwierigkeiten auf Seiten der Kritiker gekennzeichnet war (vgl. Pérez 1994, 200), ist Walser zu einem Kultautor geworden. Dass sein Leben im Werk Enrique Vila-Matas' fiktionalisiert wurde (vgl. u. a. Vila-Matas 2000 u. 2005; Occhiuzzi 2006), hat in Spanien und Lateinamerika nicht unwesentlich zu Walsers zunehmend legendärer Ausstrahlung als eines willentlich Verschwindenden beigetragen (vgl. Vinardell 2007, 298). Autoren wie Juan José Saer (vgl. Saer 2002), Belén Gache (vgl. Gache 2006) oder Menchu Gutiérrez (vgl. Gutiérrez 2011) beschäftigten sich in essayistischen Texten ebenfalls mit Walser.

Die spanische und lateinamerikanische Literaturkritik und -wissenschaft betonte verschiedentlich Walsers Extraterritorialität (vgl. Guerra 2004). Aufgrund dieser sei er zwischen zwei literarischen Strömungen zu situieren, einer realitätsgebundenen und einer höchst subjektiven Auffassung vom Schreiben, in der die expressive Funktion der Literatur überwiege (vgl. Gelormini 2006).

Ein weiterer hervorgehobener Aspekt ist die sogenannt nomadische Qualität von Walsers Texten (vgl. Gache 2006, 80 f.; Guerra 2004). Zum einen machen die zahlreichen spazierenden oder wandernden Figuren dieses Merkmal sichtbar. Diese nähren den Mythos von Walser als Flaneur und werden dadurch selbst wiederum besonders beachtet. Zum anderen weist Walsers Hang zur Abschweifung selbst auf diesen ›Nomadismus‹ beim Schreiben hin (vgl. Gache 2006, 80 f.). Walsers Texte ließen sich demzufolge eher auf eine räumliche Kategorie als auf eine zeitliche beziehen, was sie mit nicht-linearen Schreibmodellen verbinde: Die Struktur des Erzählten oder Geschilderten braucht sich dabei nicht mehr nach einem Schema zu richten, das Anfang und Ende möglichst klar und folgerichtig verbindet, sondern darf sich auf verschiedenen Ebenen entfalten, ohne zu einem abgerundeten Schluss zu kommen (vgl. ebd., 77 f.). Diese offene Struktur hängt vor allem, aber nicht nur, mit der gattungsmäßigen Plastizität der kleinen Form zusammen, die meistens ihr Augenmerk auf synchronische Details und nicht so sehr auf den diachronischen Verlauf einer Handlung richtet. Der erwähnte Nomadismus von Walsers Texten wird auch auf dessen kalligraphische Vorgehensweise im sogenannten ›Bleistiftgebiet‹ bezogen: Diese wird als ›herumwandelnder‹ Schreibprozess umschrieben, da die Beschaffenheit zurechtgeschnittener Papiere Form und Umfang der Mikrogramme bestimmt und sich Walsers winzige Schriftzeichen über die unterschiedlichsten Textträger erstrecken (vgl. Gache 2006, 80; Saer 2002). Die Beweglichkeit als Ideal von Kreativität verbindet Walser auf mehreren Ebenen mit subtilen Formen der Gewalt oder der Bedrohung, die verschiedentlich als Momente des Innehaltens inszeniert werden (vgl. Vinardell 2012, 292 f.).

Walsers flanierende Erzähler neigen immer wieder dazu, sich selbst und ihre Aufgabe in Frage zu stellen (vgl. Cifre 2006, 36): Es wird ihnen langsam und schmerzvoll bewusst, dass ihr Umherwandeln sich in eine verzweifelte Suche nach Sujets verwandelt hat, die zur Rechtfertigung des Schreibens über

haupt wird. Einerseits geben sie vor, etwas erzählen zu wollen, andererseits hinterfragen sie laufend ebendiese Erzählung durch Unterbrechungen und andere rhetorische bzw. erzählerische Mittel. Dieser widersprüchliche Duktus zeigt eine gewisse Nähe zum geschichtlichen Kontext des Ersten Weltkriegs (vgl. ebd., 38).

Roberto Calasso folgend stellte Vila-Matas Walser in die Reihe jener Figuren, die wie Herman Melvilles Bartleby am liebsten jede Handlung unterlassen würden (vgl. Vila-Matas 2000; Occhiuzzi 2006). Der Wille, überhaupt nicht zu handeln oder höchstens bescheidenste Aufgaben zu übernehmen, wie es die Figur Jakob von Gunten vorhat, entspreche der Absicht, sich dem Drang nach sozialem Aufstieg und Erfolg zu entziehen, was man wiederum mit der »naturaleza díscola del deber« (widerspenstigen Natur der Pflicht) identifizieren könne (Coaguila 2008, 142, 150). Vielleicht ließe sich die Tatsache, dass Walsers Gestalten oft zu einem Benehmen neigen, das von Entfremdung und emotionaler Kälte zeugt (vgl. Pérez 1995, 145), als gezieltes Loslassen aller Bindungen interpretieren, sogar derjenigen, die einen an eine feste Identität binden (vgl. Carrera 2004). Diese Neigung könnte sich mitunter auch im Ton und in der Vorgehensweise derjenigen Erzählerfiguren Walsers widerspiegeln, die, selbst wenn sie wie im Fall von Künstlerporträts Begeisterung vorgeben, letztere nur in Form von Untertreibung oder Ironisierung des Gepriesenen zum Ausdruck bringen können (vgl. Vinardell 1999). Walsers wiederholte Versuche, den Augenblick schreibend festzuhalten, sind aber auch mit dessen Vorliebe für Ekstatisches erklärt worden (vgl. Pérez-Minik 1975); denn nur in der Schrift fixierte Augenblicke könnten der Intensität eigener Reminiszenzen gerecht werden (vgl. Guerra 2004).

Die Künstlerin Dora García hat 2011 u. a. ihre Überlegungen zu Walser unter den Stichworten des ›Inadäquaten‹ und ›Exzentrischen‹ versammelt. Durch die immer nur bloß annähernde Bewegung des ›Um-den-heißen-Brei-Herumredens‹ weise Walser in seinen Texten stets auf die Absenz der Mitte hin. Damit bekenne er sich zu einem erweiterten Begriff des Tangentialen und verweigere somit den Gehorsam gegenüber gesellschaftlichen Zwängen (vgl. García 2011, 24–33). Dass Walser im Unterschied etwa zu Samuel Beckett u. a. angeblich keine Bezüge zu wissenschaftlichen Diskursen seiner Zeit pflegte, dränge ihn innerhalb des Kanons in eine Randposition (vgl. Cifre 2011, 140). Dieser Annahme zum Trotz scheint Walsers Prestige im spanischsprechen den Raum jedoch eher zu wachsen: Davon zeugen die zahlreichen Übersetzungen seiner Texte und auch die Tatsache, dass jüngst zwei Regisseure, Toni Casares und Marc Caellas, *Jakob von Gunten* (*Aquí s'aprèn poca cosa*, Uraufführung 2009) bzw. *Der Spaziergang* (*El paseo de Robert Walser*, Uraufführung 2012) für die Bühne umarbeiteten. Dabei tritt nicht nur Walsers hellsichtige Vorwegnahme der Faszination für totalitäre Lösungen im 20. Jh. zutage (vgl. Molner 2010, 59), sondern er entpuppt sich auch als aufmerksamer und kritischer Beobachter unserer heutigen Gesellschaft (vgl. Caellas 2013, 47).

Übersetzungen

El ayudante (Der Gehülfe). Übers. v. Juan José del Solar. Madrid 1982.

Jakob von Gunten (Jakob von Gunten). Übers. v. Juan José del Solar. Madrid 1984.

Los hermanos Tanner (Geschwister Tanner). Übers. v. Juan José del Solar. Madrid 1985.

Vida de poeta (Poetenleben). Übers. v. Juan José del Solar. Madrid 1990.

El paseo (Der Spaziergang). Übers. v. Carlos Fortea. Madrid 1996.

Poemas. Blancanieves (Gedichte. Schneewittchen). Übers. v. Carlos Ortega. Barcelona 1997.

La rosa (Die Rose). Übers. v. Juan José del Solar. Madrid 1998.

Los cuadernos de Fritz Kocher. El oficinista. Un pintor. El bosque (Fritz Kocher's Aufsätze). Übers. v. Violeta Pérez u. Eduardo Gil Bera. Valencia 1998.

Els germans Tanner (Geschwister Tanner). Übers. v. Ramon Monton. Barcelona 1999.

Jakob von Gunten (Jakob von Gunten). Übers. v. Teresa Vinardell. Barcelona 1999.

Las composiciones de Fritz Kocher. El dependiente. Un pintor. El bosque (Fritz Kocher's Aufsätze). Übers. v. Helena Graciela Cisneros. Buenos Aires 1999.

El quadern de Fritz Kocher (Fritz Kocher's Aufsätze). Übers. v. Teresa Vinardell. Barcelona 2000.

Historias de amor (Liebesgeschichten; Prosaauswahl). Übers. v. Juan de Sola Llovet. Madrid 2003.

El bandido (Der Räuber). Übers. v. Juan de Sola Llovet. Madrid 2004.

Escrito a lápiz. Microgramas I (1924–1925) (Aus dem Bleistiftgebiet. Mikrogramme I). Übers. v. Juan de Sola Llovet u. María Condor. Madrid 2005.

L'home que no s'adonava de res (Einer, der nichts merkte). Übers. v. Núria Font. Barcelona 2005.

La habitación del poeta. Prosas y poemas inéditos (Feuer. Unbekannte Prosa und Gedichte.) Übers. v. Juan de Sola Llovet. Madrid 2005.

Jakob von Gunten: egunkari bat (Jakob von Gunten). Übers. v. Edorta Matauko. San Sebastián 2005.

Escrito a lápiz. Microgramas II (1926–1927) (Aus dem Bleistiftgebiet. Mikrogramme II). Übers. v. Rosa Pilar Blanco. Madrid 2006.

Escrito a lápiz. Microgramas III (1925–1932) (Aus dem Bleistiftgebiet. Mikrogramme III). Übers. v. Rosa Pilar Blanco. Madrid 2007.

Ante la pintura. Narraciones y poemas (Vor Bildern. Erzählungen und Gedichte). Übers. v. Rosa Pilar Blanco. Madrid 2009.

Historias (Geschichten). Übers. v. Juan José del Solar. Madrid 2010.

El ayudante (Der Gehülfe). Übers. v. Juan José del Solar. Barcelona 2012.

El bandido (Der Räuber). Übers. v. Juan de Sola Llovet. Barcelona 2012.

Los hermanos Tanner (Geschwister Tanner). Übers. v. Juan José del Solar. Barcelona 2012.

Sueños. Prosa de la época de Biel (1913–1920) (Träumen. Prosa aus der Bieler Zeit). Übers. v. Rosa Pilar Blanco. Madrid 2012.

Diario de 1926 (Das Tagebuch-Fragment von 1926). Übers. v. Juan de Sola. Segovia 2013.

Literatur

Caellas, Marc: El paseo de Robert Walser. Una obra de teatro de Marc Caellas. In: Quimera. Revista de literatura n° 351 (febrero 2013), 44–47.

Carrera, Pilar: El bandido y Robert Walser. In: Revista de Occidente n° 277 (junio 2004), 140–148.

Cifre Wibrow, Patricia: Robert Walser (1878–1956). Madrid 2006.

Cifre Wibrow, Patricia: Poéticas del fracaso y del sinsentido en Robert Walser y Samuel Beckett. Su distinta vinculación con las nuevas teorías científicas. In: Maria José Domínguez Vázquez u. a. (Hg.): La palabra en el texto. Fs. für Carlos Buján. Santiago de Compostela 2011, 135–142.

Coaguila, Jaime Francisco: ¿Cuál es la ley de Robert Walser? In: Estudios. Filosofía. Historia. Letras 4,87 (invierno 2008), 142–151. URL: http://www.biblioteca.itam.mx/estudios/60–89/87/JaimeFranciscoCoaguilaCualeslaley.pdf (9. 1. 2015).

Gache, Belén: Escrituras nómades. Del libro perdido al hipertexto. Gijón 2006.

García, Dora: Evitar el centro. El lenguaje en los márgenes. Lo inadecuado. In: Dora García, Caroline Núñez (Hg.): L'inadeguato. Lo inadecuado. The inadequate. Un libro de Dora García. Berlin 2011, 24–37. URL: http://theinadequate.net/wp-content/uploads/2011/05/ESPANOL-PDF.pdf (9. 1. 2015).

Gelormini, Nicolás: Ciudades de la imaginación. In: Radar Libros, 1. 5. 2006. URL: http://www.pagina12.com.ar/2001/suple/Libros/01–05/01–05–06/nota.htm (9. 1. 2015).

Guerra, Vanessa: Robert Walser o Los manotazos del instante. In: Letralia. Tierra de Letras 9,118 (22. 11. 2004). URL: http://letralia.com/118/articulo03.htm (9. 1. 2015).

Gutiérrez, Menchu: Decir la nieve. Madrid 2011.

Molner, Eduard: Robert Walser a escena. In: Serra d'Or n° 602 (febrero 2010), 57–59.

Occhiuzzi, Dorian: Enrique Vila-Matas y Robert Walser. In: Quimera. Revista de literatura n° 267 (febrero 2006), 40–46.

Pérez, Violeta: Robert Walser en Espagne. In: Peter Utz (Hg.): Wärmende Fremde. Robert Walser und seine Übersetzer im Gespräch. Akten des Kolloquiums an der Universität Lausanne, Februar 1994. Bern u. a. 1994, 199–203.

Pérez, Violeta: Robert Walser. Las recensiones como crítica y documento de la recepción literaria. In: Hieronymus Complutensis n° 1 (enero-junio 1995), 143–145. URL: http://cvc.cervantes.es/lengua/hieronymus/pdf/01/01_158.pdf (9. 1. 2015).

Pérez-Minik, Domingo: La novela extranjera en España. *Jakob von Gunten* de Robert Walser. In: Ínsula n° 338 (enero 1975), 7.

Saer, Juan José: Los microgramas de Robert Walser. In: El País, 7. 12. 2002.

Vila-Matas, Enrique: Bartleby y compañía. Barcelona 2000.

Vila-Matas, Enrique: Doctor Pasavento. Barcelona 2005.

Vinardell Puig, Teresa: Lesefrüchte. Zu Robert Walsers Schriftstellerporträts. In: Michael Pfeiffer (Hg.): Korrespondenzen. Motive und Autoren in der europäischen Moderne. Madrid 1999, 243–250.

Vinardell Puig, Teresa: Robert Walser im spanischen Sprachraum. In: Groddeck u. a., 296–301.

Vinardell Puig, Teresa: Die innehaltende Tänzerin. Überlegungen zu Texten Franz Bleis, Robert Walsers und Alfred Döblins. In: Dolors Sabaté Planes, Jaime Feijóo (Hg.): Apropos Avantgarde. Neue Einblicke nach einhundert Jahren. Berlin 2012, 289–306.

Teresa Vinardell Puig

5.9.6 Japan

Robert Walser ist auch in Japan kein unbekannter Autor mehr. Das Interesse an ihm wächst. Er wird als einer der wichtigsten deutschsprachigen Autoren des letzten Jahrhunderts anerkannt. Ein Beleg dafür ist die im Entstehen begriffene Werkausgabe in fünf Bänden. Ganz anders sah es vor 40 Jahren aus, als die Walser-Rezeption in Japan einsetzte.

Erstmals wurden 1970 in zwei Anthologien deutscher Erzählungen Texte von Walser aufgenommen, *Kleist in Thun*, *Ovation* und *Spaziergang (I)*. Dabei richtete sich das Interesse in Japan nicht auf Walser selbst. Die Textauswahl verdeutlicht, dass man hier den verschiedentlich beschworenen Vorgänger Franz Kafkas oder einen eigenwilligen Kleist-Leser sah. Er stellte damals auch in Japan wortwörtlich ein »missing link between Kleist and Kafka« dar, wie es Susan Sontag für den englischsprachigen Raum formulierte (Sontag 1982, vii). Entsprechend lange stand Walser im Schatten Kafkas, der auch hier intensiv rezipiert wurde. Bezeichnenderweise wurde 1979 die erste japanische Übersetzung von *Jakob von Gunten* zusammen mit Kafkas *Der Prozeß*, *Die Verwandlung* und *In der Strafkolonie* in einem Band der

88-bändigen ›Anthologie der Weltliteratur‹ aufgenommen. Im Nachwort wird Walser ausdrücklich als ›Franz Kafkas Lieblingsautor‹ vorgestellt und die geistige Verwandtschaft der beiden Autoren betont. Erwähnenswert ist dabei die Tatsache, dass bereits in der ersten Phase der Rezeption der Autor Walser auch als Spaziergänger auftrat. In einer Anthologie mit Schweizer Literatur von 1977 erschien der Schlüsseltext *Der Spaziergang* (erste Fassung), wodurch Walsers Poetik des Spaziergangs auch den japanischen Lesern zugänglich gemacht wurde.

Mit der Publikation *Robert Walsers kleine Welt* (1989) von Iiyoshi Mitsuo tritt die Walser-Rezeption Japans in die zweite Phase. Diese Ausgabe, und das war ein Novum, konzentrierte sich ausschließlich auf Walsers Prosastücke und versammelte u. a. die Texte *Brentano (I)*, *Hölderlin*, *Kleist in Thun*, *Lenau (I)*. Iiyoshi, ein renommierter Celan-Übersetzer, machte Walsers nuancenreiche Dichterporträts mit seiner liebevoll einfühlsamen Sprache im Japanischen authentisch genießbar. Andererseits vermittelt die Auswahl ein spezifisches Walser-Bild, nämlich das des psychisch kranken Dichters: Der Buchumschlag bildet den im Schnee liegenden toten Walser ab, und das Buch enthält eine Übersetzung von Jürg Amanns *Verirren oder das Plötzliche Schweigen des Robert Walser*. Walser wird hier als Autor präsentiert, der vor allem durch sein Außenseitertum den Leser zugleich befremdet und fasziniert.

In der überarbeiteten Neuausgabe seiner Walser-Übersetzung *Robert Walsers Gedichte und Prosa* (2003) hat Iiyoshi Amanns Text weggelassen, stattdessen weitere Prosastücke und Gedichte hinzugenommen und mit Bildern und Radierungen Karl Walsers illustriert. Im Nachwort gibt er auch Auskunft über die Beziehung der Brüder Walser. Zusammen mit der bildlichen Darstellung wird nun ein offeneres, differenzierteres Walser-Bild dargeboten. Insgesamt besteht die große Leistung von Iiyoshi darin, mit seinen beiden wegbereitenden Ausgaben Walser der breiteren Leserschaft in Japan zugänglich gemacht zu haben.

Ende der 1990er Jahre erschienen in Japan fast gleichzeitig und unabhängig voneinander zwei Übersetzungen des Dramoletts *Schneewittchen*: eine sinngemäße Prosaübersetzung durch den renommierten Germanisten Yoshio Kōshina und eine textnahe durch den Verfasser. Erstere hatte die Intention, das von Walter Benjamin hochgeschätzte Stück als psychologisches Drama inhaltlich vorzustellen. Letztere versucht sich Walsers nicht leicht zu fassender Diktion dadurch anzunähern, dass sie das Netzwerk der Schlüsselwörter im Ausgangstext beibehält und gleichzeitig mittels der eigenen Metrik des Japanischen einen bestimmten Rhythmus im Zieltext inszeniert. Ein alternativer Versuch also, Walsers Text behutsam in die entfernte japanische Sprachlandschaft zu ›verpflanzen‹.

Mit der Publikation der fünfbändigen Werkausgabe seit 2010, die Walsers drei Berliner Romane, den »Räuber«-Roman und wichtige Prosastücke aller Produktionsphasen enthält, ist der Grundstein für die weitere Rezeption gelegt worden. Die Übersetzungen sind aus der engen Zusammenarbeit der japanischen und deutschen Übersetzer Fuminari Niimoto, Megumi Wakabayashi und Franz Hintereder-Emde hervorgegangen und versuchen, den Lesern Walsers eigene charakteristische Schreibweise behutsam zu erschließen. Auch in anderer Hinsicht wurde der Rezeptionshorizont inzwischen enorm erweitert: Die Werke renommierter Walser-Liebhaber wie Sontag, W. G. Sebald und Giorgio Agamben wurden in den vergangenen zehn Jahren beinahe komplett ins Japanische übertragen, ebenso die Werke mit Walser-Bezug von Elfriede Jelinek und Enrique Vila-Matas. Daneben kamen auch Neuübersetzungen von Kafka und Benjamin auf den Markt. Das Interesse an Walser wird dadurch vielfältiger stimuliert, die japanischen Leser können nun Walser in einem breiten Netzwerk der Weltliteratur lesen. Weitere Reaktionen im literarischen und künstlerischen Umfeld sind allerdings erst nach dem Abschluss der Werkausgabe zu erwarten.

Die wissenschaftliche Auseinandersetzung mit Walser begann in Japan bereits Mitte der 1970er Jahre. Nachdem einer der Wegbereiter, Yoshihisa Matsumoto, bis in die 1990er Jahre in zahlreichen Aufsätzen verschiedene Walser-Themen wie die kleine Form oder die Dramolette behandelte (vgl. Matsumoto 1984 u. 1985), legte im Jahr 2000 Takao Yoshida seine Doktorarbeit zum Thema *Robert Walsers Literatur des Sekundären* vor, in der die nacherzählende Poetik Walsers mit dem barocken Begriff des *theatrum mundi* in Verbindung gebracht wird (vgl. Yoshida 2000). Im selben Jahr publizierte der Komparatist Franz Hintereder-Emde seine Dissertation *Ich-Problematik um 1900 in der japanischen und deutschsprachigen Moderne. Studien zu Natsume Sōseki und Robert Walser* (vgl. Hintereder-Emde 2000). Hier werden über kulturelle Grenzen hinweg zwei ebenso unterschiedliche wie kongeniale Autoren auf der Bühne der literarischen Moderne untersucht, wobei kulturthematische Aspekte die Schnittstellen der modernen Ich-Fiktionen bilden. Seit 2000 erschienen auch die minuziösen Analysen des Verfassers aus übersetzungsvergleichender Sicht zu Schlüsseltexten wie dem *Schneewittchen* und dem »Räuber«-Roman (vgl. Niimoto 1992 u. 1995). Sie eröffnen mit Blick auf die Probleme des Übersetzens aus einer nicht-europäischen Position heraus neue Perspektiven und Möglichkeiten von Walsers Literatur.

Übersetzungen

Sanpo (Der Spaziergang). In: suisu 20 seiki tanpenshū (Schweizer Erzählungen des 20. Jahrhunderts). Übers. v. Masaru Watanabe. Tokyo 1977, 35–98.

Yakobu fon gunten (Jakob von Gunten). Übers. v. Yoshiro Fujikawa. In: kafuka/varusa. shūeisha sekaibungaku zenshū (Kollektion der Weltliteratur. Bd. 74. Kafka/Walser). Tokyo 1979, 265–385.

Roberuto varuza no chiisana sekai (Robert Walsers kleine Welt). Übers. v. Mitsuo Iiyoshi. Tokyo 1989.

Shirayukihime (Schneewittchen). Übers. v. Fuminari Niimoto. In: Yoshiaki Shirasaki (Hg.): gendai suisu bungaku 1998 sanninshū (Drei Autoren der modernen Schweizer Literatur). Kyoto 1998, 3–89.

Shirayukihime (Schneewittchen). Übers. v. Yoshio Kōshina. In: bungakukūkan 4.4. (Literary Space 4.4.). Tokyo 1999, 60–95.

Roberuto varuza no shi to sanbun (Robert Walsers Gedichte und Prosa). Übers. v. Mitsuo Iiyoshi. Tokyo 2003.

Varuza sakuhinshū (Robert Walsers Werke). 5 Bde. Übers. v. Fuminari Niimoto, Megumi Wakabayashi u. Franz Hintereder-Emde. Nagano 2010–2015.

Literatur

Jelinek, Elfriede: sansakuchū no taiwa (roberuto varuza wo mezashi, roberuto varuza to tomoni) (er nicht als er [zu, mit Robert Walser]. Ein Stück). Übers. v. Eiichiro Hirata. In: DeLi 4 (2005), 14–26.

Hintereder-Emde, Franz: Ich-Problematik um 1900 in der japanischen und deutschsprachigen Moderne. Studien zu Natsume Sōseki und Robert Walser. München 2000.

»In guten japanischen Händen«. Übersetzergespräch: Franz Hintereder-Emde mit Megumi Wakabayashi und Fuminari Niimoto. In: MITTEILUNGEN 19, 5–11.

Matsumoto, Yoshihisa: Robert Walser und die Kleine Form. In: Kiyo 5 (1984), 67–77.

Matsumoto, Yoshihisa: Die Märchendramen Robert Walsers. In: Kiyo 6 (1985), 63–70.

Niimoto, Fuminari: Niju seiki no meruhen no basho: Rōberuto Waruzā no »Shirayukihime« shōron (Der Ort des Märchens im 20. Jahrhundert. Zu Robert Walsers »Schneewittchen«-Dramolett). In: Shi Gengo (Dichtung und Sprache) 40 (1992), 27–41.

Niimoto, Fuminari: Shōsetsu kara rakugosuru ironī II: Rōberuto Waruzā no »Tōzoku« ron (Das ironische Schreiben, das von der Gattung »Roman« abfällt II. Zu Robert Walsers »Räuber«-Roman). In: The Proceedings of the Department of Foreign Languages and Literatures.

College of Arts and Sciences. University of Tokyo 43,1 (1995), 76–123.

Niimoto, Fuminari: Inszenierung der Ich-Fiktion auf der Bühne der japanischsprachigen Robert-Walser-Ausgabe. In: Michel Mettler, Ladina Bezzola Lambert (Hg.): Ortlose Mitte. Das Ich als kulturelle Hervorbringung. Göttingen 2013, 212–222.

Sontag, Susan: Walser's Voice. In: Robert Walser: Selected Stories. Übers. v. Christopher Middleton u. a. New York 1982, vii–ix.

Vila-Matas, Enrique: batorubi to nakamatachi (Bartleby and Co.) Übers. v. Eiichi Kimura. Tokyo 2008.

Weber Henking, Irene: Walser übersetzen. Ein Gespräch mit Susan Bernofsky, Marion Graf, Fuminari Niimoto und Theresa Vinardell Puig. In: GRODDECK u. a., 277–301.

Yoshida, Takao: roberuto varuza no nijisei no bungaku (Robert Walsers Literatur des Sekundären). Diss. Universität Kyoto 2000. URL: http://repository.kulib.kyoto-u.ac.jp/dspace/handle/2433/156980 (9. 1. 2015).

Fuminari Niimoto

5.10 Literaturgeschichte

Der Literaturkritiker Eduard Korrodi beklagte 1924, dass die »jüngere[] Schweizerdichtung«, zu der er auch Robert Walser rechnete, noch kaum Eingang in die deutschen Literaturgeschichten gefunden habe; dies sei deshalb bedauerlich, weil Literaturgeschichten der »konventionelle Registrierapparat« seien, von dem Rezeption und Kanonisierung im gesamten deutschen Sprachraum ausgehen würden (vgl. Korrodi 1924, 42 f.). Indes wurde Walser in der zweibändigen *Geschichte der schweizerischen Literatur* bereits 1910 im Kapitel zur Gegenwartsliteratur positiv als »feinfühlende[r] Träumer« erwähnt (Jenny, Rossel 1910, Bd. 2, 308) und Adolf Bartels behandelt ihn 1921 innerhalb seiner Darstellung zu den »Jüngsten« der Gegenwartsliteratur als expressionistischen Erzähler (vgl. Bartels 1921, 207, 222, 231). Tatsächlich kann die (sich wandelnde) Behandlung in den Literaturgeschichten, die Gewichtungen ebenso wie die Zuordnungen, als Gradmesser für die Rezeption eines Autors dienen. Im Fall Walsers bildet die Tatsache, dass verschiedene literarische Strömungen in seinem Werk präsent sind, er aber an literarischen Bewegungen nicht direkt partizipiert, eine besondere Herausforderung für eine literarhistorische Verortung. Dazu kommt die bereits von Dieter Fringeli angezeigte Schwierigkeit, ob die Literatur deutschsprachiger Autoren aus der Schweiz gesondert oder aber innerhalb des Gesamtkomplexes der deutschsprachigen Literatur (vgl. Fringeli 1974, 9 f.), konkret: ob Walser in einem Kapitel zur ›Berliner Moderne‹ oder zu den ›Schweizer Erzählern des frühen 20. Jh.s‹ behandelt werden soll.

Der Wandel von Walsers literaturgeschichtlicher Stellung wird im Folgenden anhand ausgewählter Literaturgeschichten im engeren Sinn skizziert (wobei auf ebenfalls aussagekräftige Fälle der Nicht-Berücksichtigung nur summarisch eingegangen werden kann). Exemplarisch wird dabei deutlich gemacht, wie aus dem Übergangenen ein Außenseiter und aus dem Außenseiter ein Klassiker geworden ist.

Frühe Literaturgeschichten: Repräsentant einer Schweizer Moderne

In *Die literarische Schweiz* konstatierte Walser um 1930 selbst, dass mit Gottfried Keller, Conrad Ferdinand Meyer und Jeremias Gotthelf ein »Höhepunkt des Schöngeistigseins« erreicht worden sei, auf den eine »Art von Abstieg« habe folgen müssen (SW 20, 422 f.). Dieser Einschätzung gleichsam entgegengesetzt ist die Würdigung der Neuausrichtung der Schweizer Literatur des frühen 20. Jh.s in den 1920er Jahren etwa von Robert Faesi und Korrodi. Walser wird von diesen einer Generation zugerechnet, die sich von den Traditionen des 19. Jh.s sowie der Heimatliteratur befreit und mit der die Schweizer Literatur den Anschluss an die europäische Moderne gefunden habe. In der mit einer Auflösung des Epischen einher gehenden »Innerlichkeit«, in seiner kindlich-unschuldigen Abwendung von der modernen rationalisierten Welt sei Walser – so Faesi – ein »frommer Anarchist«, ein »sensualistischer Bohemien«, vergleichbar mit Peter Altenberg (Faesi 1922, 61 f.). Für Korrodi bildet das erste Jahrzehnt des neuen Jahrhunderts geradezu eine »epische Dekade« und insbesondere für die Zeit von 1905 bis 1912 – in der u. a. Walsers drei Berliner Romane erschienen – könne man von »sieben fruchtbaren Jahren« sprechen (Korrodi 1924, 42 f.). Diese »jungen Autoren von 1910« seien überregional ausgerichtet, und der Heimatkunst werde, wie der Schluss des *Jakob von Gunten* zeige, die »Wanderlust in Permanenz« entgegengehalten (ebd., 44, 49 f.). Eine Zuspitzung erfahren diese Urteile bei Jean Moser, für den Walser – »romantique attardé, expressionniste avant l'heure« (verspäteter Romantiker, Expressionist vor der Zeit) – einen literaturgeschichtlichen Wendepunkt markiert (Moser 1934, 73–77). In seinem Versuch, eine Geschichte der Deutschschweizer Literatur nach politischen, sprich: nationalistischen Gesichtspunkten zu schreiben, interpretiert Emil Ermatinger Anfang der 1930er Jahre das »neue Lebensgefühl« bzw. die »neue Dichtung«, die sich in der Schweiz verspätet im ersten Jahrzehnt des 20. Jh.s und vornehmlich in der Erzählprosa angekündigt habe, als eine Überwindung von Materialismus und Naturalismus hin zum ›Geistigen‹ (Ermatinger 1933, 727). Mit den Werken Walsers, Jakob Schaffners, Felix Moeschlins und Albert Steffens habe die Schweizer Literatur Anschluss an die »große geistige Bewegung der Zeit« gefunden und die epigonale Fixierung auf Gotthelf, Keller und Meyer überwunden, wobei gerade das zeitweilige Verlassen der Heimat einen klaren Blick auf diese eröffnet und damit ermöglicht habe, Erstarrtes zu überwinden, ohne den eigenen Ursprung zu verleugnen (ebd., 736). Die fehlende Beachtung Walsers Ende der 1920er Jahre steht für Walter Muschg allerdings stellvertretend für einen Bedeutungsverlust der Literatur, der mit einem Rückzug von »freiwillig Schweigenden« einhergehe (Muschg 1930, 176 f.).

Walser wird – so lässt sich dieser kursorische Blick auf die 1920er und 1930er Jahre zusammenfassen – von den Schweizer Literaturhistorikern seiner Zeit durchaus als Wegbereiter einer Moderne innerhalb der Geschichte der deutschsprachigen Literatur in der Schweiz anerkannt. Diese Sichtweise wird auch jenseits der Staatsgrenzen vertreten, die Beurteilung fällt allerdings sehr unterschiedlich aus: Während der Schriftsteller Klabund den »zarte[n] Idylliker Robert Walser, der nur mit Pastellstift schreibt«, 1929 in seiner eigenwilligen Literaturgeschichte unter die wenigen nennenswerten »jüngeren« Schweizer Autoren aufnimmt (Klabund 1929, 267), beurteilt der Literaturhistoriker Arthur Eloesser die »jungschweizerische Renaissance« und auch Walsers Potential eher kritisch (Eloesser 1931, 533).

Nachkriegszeit: Außenseiter der Moderne oder ›spätbürgerlicher‹ Autor

Die doppelte ›Wiederentdeckung‹ Walsers durch die Literaturwissenschaft und die Schweizer Schriftsteller seit den 1960er und 1970er Jahren hat auch in der Literaturgeschichte ihre Spuren hinterlassen: Walser rückt als Außenseiter zusehends ins Zentrum des Interesses. Zwar gilt Walser der Darstellung der *Dichter der neueren Schweiz* als »mehr als die meisten andern uneinreihbar« (Günther 1968, 454) und das Porträt innerhalb der mehrbändigen Sammlung *Deutsche Dichter* mündet in das Fazit, dass dessen »Ort in der Literaturgeschichte [...] noch längst nicht genau bestimmt« sei (Philippi 1989, 135); doch gerade diese Außenseiterposition scheint zunehmend seine literarhistorische Bedeutsamkeit zu begründen. Dabei trägt auch die immer wieder festgestellte Nähe zu Franz Kafka zur Aufwertung dieser Position bei (vgl. etwa Duwe 1962, Bd. 2, 15–20).

Konnte Werner Kohlschmidt in den 1960er Jahren noch von »den neueren Schweizer Dichtern« um die Jahrhundertwende sprechen, ohne Walser zu erwähnen (vgl. Kohlschmidt 1966, 783–785), so bahnt sich in den 1970er Jahren eine Neuausrichtung in der ›Schweizer Literaturgeschichtsschreibung‹ an: Fringelis Augenmerk etwa gilt gerade den nach 1933 verdrängten und »über Jahrzehnte hinweg mißachteten tragischen Unruhegeister[n]« wie Walser, Friedrich Glauser, Albin Zollinger, Otto Wirz, Hans Morgenthaler oder Ludwig Hohl, derer man sich auch nach 1945 nicht erinnert habe (vgl. Fringeli 1974, 10 f.). Die »Robert-Walser-Generation« präge eine marginalisierte Position des Autors und eine ›unschweize-

rische‹ Ausrichtung des Werks (ebd., 8 f.). Damit
greift Fringeli die aus den Schweizer Literaturgeschichten der Zwischenkriegszeit bekannte These
vom Traditionsbruch auf, schließt diesen Aufbruch
aber mit demjenigen der Autorinnen und Autoren
der Gegenwart kurz, sodass Walser nach seinem Tod
als der »fruchtbarste schweizerische Autor des 20.
Jahrhunderts« und »Vater der jungen deutschen
Kurzprosa« auferstehen kann (Fringeli 1975, 42 sowie 19 f., 39–44). Nach Elsbeth Pulver ist Walsers
›Absenz‹ in der Zwischenkriegszeit Ergebnis einer
generell verhinderten Rezeption der Moderne in der
Schweiz, während dessen »Präsenz« in der Gegenwartsliteratur (der 1960er und 1970er Jahre) Ausdruck einer schweizerischen Variante des internationalen Phänomens moderner Sprachskepsis sei (Pulver 1974, 178, 188 f, 192, 194). In dieser Perspektive
heben auch die von der Schweizer Kulturstiftung Pro
Helvetia in Auftrag gegebenen literaturgeschichtlichen Überblicke Walsers literarische und gesellschaftliche Marginalisierung hervor, die nach dem
Ersten Weltkrieg auf den »Aufbruch« der ›epischen
Dekade‹ (Korrodi) folgte und »typisch für das
Schicksal innovativer Autoren« sei (Käser 1995, 31–
34; vgl. Wenger 1988, 30, 33 f.).

Walser wird zum Außenseiter der Moderne, wobei die Randständigkeit des Autors (Misserfolg zu
Lebzeiten, Aufgabe des Schreibens, verzögerte Rezeption) mit der Schwierigkeit seiner literaturgeschichtlichen Verortung konvergiert. Für Bernhard
Rang geht dessen »Eigenwilligkeit« – wie er in einem
Exkurs über Robert Walser schreibt – so weit, dass
man keinen Autor nennen könne, »der ihn stilistisch
und geistig beeinflußt hätte« (Rang 1961, 108, 110).
Benno von Wiese hingegen begründet die Aufnahme
Walsers in die dritte Auflage der 1965 erstmals erschienenen Porträtsammlung *Deutsche Dichter der
Moderne* damit, dass dieser – wenngleich zu Lebzeiten wenig beachtet – »heute immer mehr als bedeu-
tender Vorläufer einer modernen experimentellen
Prosa« hervortrete (Wiese 1965/1975, 11). Nach
Martin Jürgens, dem Verfasser des entsprechenden
Porträts, lässt sich das Deviante an Walsers Werk ein-
fach positiv als Merkmal von Modernität fassen (Jürgens 1975, 270).

Wie Walsers Außenseitertum zum Problem literaturgeschichtlicher Einordnung wird, lässt sich exemplarisch anhand der mehrbändigen *Geschichte
der deutschen Literatur* des Klett-Verlags verdeutlichen. Hier wird Walser unter dem Stichwort »Das
Ungeheure im Kleinen« im Teil zu »Avantgarde und
Expressionismus«, Kapitel: »Erzählte Krisen – Krise

des Erzählens« mit Alfred Döblin in einem Unter-
kapitel zum Thema »Vorgriffe des modernen Bewußtseins im Rückgriff auf die Tradition« behandelt. Dieser verschachtelten Einordnung Walsers
unter die Avantgardisten widerspricht dann aber die
Charakterisierung im entsprechenden Kapitel, auch
wenn seine kritisch-ironische Darstellung der bürgerlichen Welt betont wird: Er sei »dem Stilgefühl
der Jahrhundertwende und des Impressionismus«
verbunden, doch sein »nicht selten preziöser Stil erinnert sogar an noch ältere Vorbilder wie Goethe,
Kleist und die Romantiker« (Bertl, Müller 1984,
147–149).

In den Literaturgeschichten für Mittelschulen
und Studienanfänger sowie den zahlreichen einbän-
digen Überblicken spiegelt sich bis heute die sich
wandelnde Walser-Rezeption in zwei Tendenzen:
zum einen in der Schwierigkeit einer Einordnung,
die oft mit dem Hinweis auf Walsers literaturge-
schichtliches Abseits-Stehen und die fehlende Rezeption seiner Werke ›gelöst‹ wird, zum anderen
doch auch in der Zunahme des Platzes, der Walser
mit steigender Auflagenzahl eingeräumt wird. Walser bleibt also ein Außenseiter, wird aber als solcher
zu einem Repräsentanten der Moderne. Stellvertretend sei die *Deutsche Literaturgeschichte* von Wolfgang Beutin u. a. genannt, wo Walser in den aktualisierten Auflagen bis in die 1990er Jahre gar nicht, in
der aktuellsten Auflage dann innerhalb des Teils zur
literarischen Moderne im Kapitel *Jenseits literatur-
historischer Kategorien und nationaler Grenzen* kurz
als »einer der produktivsten und bemerkenswertesten Autoren des sogenannten ›expressionistischen
Jahrzehnts‹« behandelt wird, auch wenn er literaturgeschichtlich nicht dem Expressionismus zugerechnet werde (Beutin 2013, 382).

Die Schwierigkeit, Walsers Außenseiterposition
literarhistorisch zu integrieren, wird besonders deutlich in den großangelegten, seit den 1980er Jahren erschienenen sozialgeschichtlich orientierten Literaturgeschichten, in denen Walser kaum vorkommt.
Während in Horst Albert Glasers *Sozialgeschichte* der
deutschen Literatur im Band zur Jahrhundertwende
lediglich im Kapitel zur *Expressionistischen Prosa* deren inhaltliche und formale Merkmale anhand von
Zitaten aus Walsers Werk vorgestellt werden (vgl.
Scheffer 1982, insbes. 305), wird er im Band zur Zeit
von 1918 bis 1945 nur in einer Aufzählung genannt.
In *Hansers Sozialgeschichte der deutschen Literatur*
wird Walser im Band zur Zeit von 1890 bis 1918 im
Kapitel *Novellistik und Kurzprosa des Fin de siècle* als
Beispiel selbstreflexiven Erzählens genannt (vgl.

Winko 2000, 346), im Band zur Zeit von 1918 bis 1933 nicht einmal erwähnt.

Für die Literaturgeschichtsschreibung der DDR bildete insbesondere Walsers uneindeutige politische Positionierung ein Problem. Seinem Werk eigne eine »kleinbürgerliche Weltsicht«, dennoch wird diesem attestiert, »volkszugewandt« zu sein und einen »antikapitalistischen Akzent« zu haben (Anonym 1968/1974, 421). In der *Geschichte der deutschen Literatur* des Autorenkollektivs um Hans Kaufmann wird Walser literaturgeschichtlich im Umkreis der Autoren der klassischen Moderne (Rilke, Hofmannsthal, Kafka, Döblin, Musil) verortet, die die Krise sozialer Beziehungen als Thema »modernistischer Prosa« verbinde (Kaufmann u. a. 1974, 140, 145). Hinsichtlich des Individualismus, der Naturschwärmerei und der Selbstreflexivität bleibe Walsers Werk aber eine »Reprise deutscher Romantik« (ebd.). Die gesellschaftlichen Widersprüche würden bei Walser zwar satirisch attackiert, aber es sei keine Perspektive zur Überwindung dieser Gegensätze erkennbar (vgl. ebd., 145 f.). Aus den Entwicklungen der Moderne in der Zwischenkriegszeit wird Walser geradezu ausgeklammert, da dieser nach dem Krieg an sein ausdrücklich romantischen Traditionen verpflichtetes »Vorkriegswerk« angeknüpft und sich außerdem durch »selbstgenügsame[] Absonderung« von den gesellschaftlichen Fragen der Zeit distanziert habe (Kaufmann u. a. 1973, 151 f.). Diese von einem marxistischen Geschichtsbild geprägte Sichtweise – nach der Walser als ›spätbürgerlicher‹ Autor die bürgerliche Ideologie zwar kritisch analysiere, dieser aber letztlich verhaftet bleibe, da er keine Lösung zu deren Überwindung entwerfe – wird auf die (diesen sozialistischen Einsichten bare) Rezeptionsgeschichte ausgeweitet mit den Bemerkungen, Walser sei »von einigen bürgerlichen Literaturhistorikern in reichlich übertriebener Weise als Wiederentdeckung gefeiert« und »einseitig« als Vorläufer Kafkas interpretiert worden (Kaufmann u. a. 1974, 145; Anonym 1968/1974, 421).

Aber auch der Durchbruch Walsers zum Klassiker der Moderne lässt sich an der noch in der DDR entstandenen, 1991 erschienenen und 2007 (erweitert) wiedergedruckten *Geschichte der deutschsprachigen Schweizer Literatur im 20. Jahrhundert* eines Autorenkollektivs um Klaus Pezold ablesen. Die »›Robert-Walser-Generation‹ [Fringeli]« habe die Einsicht in die Entfremdung des Individuums und die Entleerung des bürgerlichen Selbstverständnisses, kurz eine sozialkritische Position gegenüber der Gegenwart geeint (Pezold 1991, 15), wobei Walser »am

deutlichsten den Anschluss an die deutschsprachige und europäische Moderne« gewonnen habe (ebd., 37). Walser habe mit der Tradition des »Realismus« zwar nie gebrochen, diese aber um sozialkritische Momente bereichert, was ihn anschlussfähig an die Schweizer Literatur seit den 1960er Jahren gemacht habe (vgl. ebd., 67, 69–71).

Klassiker der Moderne

Als »perhaps Switzerland's single significant modernist« (möglicherweise einzigen Schweizer Modernist von Bedeutung) behandelt George C. Avery Walser in dem monumentalen *Dictionary of Literary Biography* (Avery 1988, 480) und präsentiert dessen gesamtes Schaffen als bestimmt durch den Kontrast zwischen Tradition und Innovation sowie einem Nebeneinander von ausgeprägter Subjektivität und einem »postmodernist disquiet with the idea of self« (postmodernistischen Unbehagen gegenüber der Idee des Ich; ebd., 480 f., 483). Walsers Modernität bestimmt Peter Utz Anfang der 1990er Jahre mittels einer entschiedenen Verschiebung des Fokus von den frühen Romanen hin zu den kleinen Formen insbesondere der Berner Zeit als dem eigentlichen Hauptwerk (vgl. Utz 1992; Utz 1994). Wesentliche Momente dieser Modernität bildeten das autofiktionale Versteckspiel des ›Ich‹ mit verschiedenen Masken, Walsers literarische Auseinandersetzung mit seiner ›Jetztzeit‹ und das avantgardistische Formexperiment und Sprachspiel des ›Bleistiftgebiets‹ (vgl. ebd.).

Diese Verschiebung hin zum späteren Werk und den Mikrogrammen spiegelt die Entwicklung in der Forschung, wird aber in den Literaturgeschichten nur partiell nachvollzogen. In der neuesten *Schweizer Literaturgeschichte* steht Walser im Kapitel zum liberalen Bundesstaat (1830–1848–1914) am Ende dieser Entwicklung der Moderne aus dem 19. Jh. für eine »›andere‹ Schweizer Literatur« des frühen 20. Jh.s (Müller 2007, 162 f.). Damit wird an die zeitgenössischen Diagnosen von Jenny/Rossel oder Korrodi angeschlossen; gleichzeitig bleiben die nach 1914 entstandenen Werke ausgeschlossen, wie der Verfasser Dominik Müller selbstkritisch anmerkt (Müller 2007, 162 f.). In dieser Perspektive kann die Großstadterfahrung als zentrales Moment für diesen Bruch mit der Tradition und den Anschluss an die Moderne herausgestellt werden (ebd., 163 f.).

Während sich die vor dem Ersten Weltkrieg entstandenen Werke, insbesondere die Berliner Romane, in die Traditionen einer europäischen Moderne einordnen lassen, erweist sich das spätere Werk, am augenfälligsten wohl im Fall des »Räuber«-Romans, als literaturgeschichtlich weniger anschlussfähig. Dazu kommt, dass paradoxerweise gerade durch die ›postmoderne‹ Vereinnahmung der Texte der Berner Zeit deren Anbindung an die Moderne etwas aus dem Blick geraten ist.

Wie der frühe Walser in den Status eines Klassikers der Moderne gehoben wurde, geht besonders deutlich aus zwei neueren Literaturgeschichten hervor. In doppelter Perspektive: nämlich in monothematischen Kapiteln und in Kapiteln zu übergeordneten Themen, wird Walser in Peter Sprengels *Geschichte der deutschsprachigen Literatur* als Repräsentant der Moderne herausgestellt. Während die Werke zu den verschiedenen literarischen Traditionen und Strömungen in Beziehung und das moderne Berliner dem modernekritischen Bieler Werk entgegengesetzt werden (vgl. Sprengel 2004, 209–223, 488 f.), werden kardinale Momente der Moderne wie die Großstadterfahrung, die Ausbildung einer »Ästhetik des Grauens« oder der Gegensatz von Stadt und Land am Beispiel von Texten Walsers illustriert (ebd., 724 f., 67, 210, 106 f.). Auch in Christa Karpenstein-Eßbachs *Literaturgeschichte des 20. Jahrhunderts* figuriert Walser nicht mehr bloß als Außenseiter, sondern als ein Repräsentant der Problemlagen der Moderne, etwa wenn es um das Verhältnis von Macht, Politik und Literatur Anfang des Jahrhunderts geht. Kafka und Walser werden als Vertreter einer ›kleinen Literatur‹, die mit den Mitteln der Ironie auf eine Deterritorialisierung von Macht zielt, der Partei ergreifenden Verortung von Macht in der Literatur eines Bertolt Brecht und Gottfried Benn entgegengestellt (vgl. Karpenstein-Eßbach 2013, 98–117).

Dass Walser aus der Moderne nicht mehr wegzudenken ist, äußert sich nicht zuletzt darin, dass er auch aus einer ›kurzen Geschichte der deutschen Literatur‹ nicht rausfällt, sondern vielmehr zu der von Heinz Schlaffer behaupteten kurzen Phase einer »deutschen Literatur von Weltrang« zu Beginn des Jahrhunderts (gegenüber dem Niedergang der deutschen Literatur in der zweiten Jahrhunderthälfte) gerechnet wird (vgl. Schlaffer 2002, 134, 151). Während Walser in neueren deutschsprachigen Literaturgeschichten zu einem prominenten Vertreter der Moderne geworden ist, muss er seinen Platz in der transatlantischen Literaturgeschichte der deutschen Literatur noch finden: Zwar werden seine Romane von Ingo Roland Stoehr als »masterpieces« innerhalb der Ausbildung modernistischer Erzählformen gefeiert

(Stoehr 2001, 42 f.), aber in der vielgelobten *New History of German Literature* sucht man Walser (noch) vergebens (vgl. Wellbery 2004/2007).

Literatur

[Anonym:] Walser, Robert. In: Günter Albrecht u. a. (Hg.): Lexikon deutschsprachiger Schriftsteller. Von den Anfängen bis zur Gegenwart [1968]. Bd. 4. Leipzig ²1974, 420 f.

Avery, George C.: Robert Walser. In: James Hardin (Hg.): German Fiction Writers, 1885–1913. Part 2: M–Z. Detroit, Michigan 1988, 480–492.

Bartels, Adolf: Die deutsche Dichtung der Gegenwart. Die Jüngsten. Leipzig 1921.

Bertl, Klaus D[ieter]., Müller, Ulrich: Vom Naturalismus zum Expressionismus. Literatur des Kaiserreichs. Stuttgart 1984.

Beutin, Wolfgang u. a.: Deutsche Literaturgeschichte. Von den Anfängen bis zur Gegenwart. 8., aktualisierte u. erw. Aufl. Stuttgart, Weimar 2013.

Duwe, Wilhelm: Deutsche Dichtung des 20. Jahrhunderts. Vom Naturalismus zum Surrealismus. 2 Bde. Zürich 1962.

Eloesser, Arthur: Die deutsche Literatur von der Romantik bis zur Gegenwart. Berlin: Cassirer 1931.

Faesi, Robert: Tradition und Gegenwart der deutsch-schweizerischen Literatur. In: ders.: Gestalten und Wandlungen schweizerischer Dichtung. Zehn Essays. Zürich 1922, 7–69.

Fringeli, Dieter: Dichter im Abseits. Schweizer Autoren von Glauser bis Hohl. Zürich, München 1974.

Fringeli, Dieter: Von Spitteler zu Muschg. Literatur der deutschen Schweiz seit 1900. Basel 1975.

Günther, Werner: Dichter der neueren Schweiz II. Bern, München 1968.

Jenny, Ernst, Rossel, Virgile: Geschichte der schweizerischen Literatur. 2 Bde. Bern, Lausanne 1910.

Jürgens, Martin: Robert Walser. In: Benno von Wiese (Hg.): Deutsche Dichter der Moderne. Ihr Leben und Werk. 3., überarbeitete u. vermehrte Aufl. Berlin 1975, 270–284.

Karpenstein-Eßbach, Christa: Deutsche Literaturgeschichte des 20. Jahrhunderts. München 2013.

Käser, Rudolf: Die Literatur der deutschsprachigen Schweiz. Zweiter Teil. In: Iso Camartin u. a.: Die vier Literaturen der Schweiz. Zürich 1995, 31–82.

Kaufmann, Hans u. a.: Geschichte der deutschen Literatur. 1917 bis 1945. Berlin 1973.

Kaufmann, Hans u. a.: Geschichte der deutschen Literatur. Vom Ausgang des 19. Jahrhunderts bis 1917. Berlin 1974.

Klabund: Literaturgeschichte. Die deutsche und die fremde Dichtung von den Anfängen bis zur Gegenwart. Hg. v. Ludwig Goldscheider. Wien 1929.

Kohlschmidt, Werner: Schweizerische Literatur. Vom Barock bis zur Gegenwart. In: ders., Wolfgang Mohr (Hg.): Reallexikon der deutschen Literaturgeschichte. Bd. 3. Berlin ²1966, 765–785.

Korrodi, Eduard: Schweizerdichtung der Gegenwart. Leipzig 1924.

Moser, Jean: Le roman contemporain en Suisse allemande.

De Carl Spitteler à Jakob Schaffner avec une bibliographie du roman de 1900 à 1933. Lausanne 1934.

Müller, Dominik: Der liberale Bundesstaat (1830–1848–1914). In: Peter Rusterholz, Andreas Solbach (Hg.): Schweizer Literaturgeschichte. Mit 195 Abbildungen. Stuttgart, Weimar 2007, 104–173.

Muschg, Walter: Zur Lage des Schrifttums in der deutschen Schweiz. In: Die Schweiz. Ein nationales Jahrbuch 1 (1930), 173–187.

Pezold, Klaus u. a.: Geschichte der deutschsprachigen Schweizer Literatur im 20. Jahrhundert. Berlin 1991 [erw. Aufl. unter dem Titel: Schweizer Literaturgeschichte. Die deutschsprachige Literatur im 20. Jahrhundert. Leipzig 2007].

Philippi, Klaus-Peter: Robert Walser. In: Gunter E. Grimm, Frank Rainer Max (Hg.): Deutsche Dichter. Leben und Werk deutschsprachiger Autoren. Bd. 7. Vom Beginn bis zur Mitte des 20. Jahrhunderts. Stuttgart 1989, 128–135.

Pulver, Elsbeth: Die deutschsprachige Literatur der Schweiz seit 1945. In: Manfred Gsteiger (Hg.): Die zeitgenössischen Literaturen der Schweiz. Zürich, München 1974, 141–406.

Rang, Bernhard: Exkurs über Robert Walser. In: Hermann Friedmann, Otto Mann (Hg.): Deutsche Literatur im 20. Jahrhundert [1954]. Bd. 1. 4., veränd. und erw. Aufl. Heidelberg 1961, 99–110.

Scheffer, Bernd: Expressionistische Prosa. In: Frank Trommler (Hg.): Jahrhundertwende: Vom Naturalismus zum Expressionismus 1880–1918. Reinbek bei Hamburg 1982 (Deutsche Literatur. Eine Sozialgeschichte; 8), 297–312.

Schlaffer, Heinz: Die kurze Geschichte der deutschen Literatur. München, Wien 2002.

Sprengel, Peter: Geschichte der deutschsprachigen Literatur 1900–1918. Von der Jahrhundertwende bis zum Ende des Ersten Weltkriegs. München 2004.

Stoehr, Ingo Roland: German Literature of the Twentieth Century. From Aestheticism to Postmodernism. Rochester, N. Y. 2001.

Utz, Peter: Robert Walser. In: Hartmut Steinecke (Hg.): Deutsche Dichter des 20. Jahrhunderts. Berlin 1994, 197–211.

Utz, Peter: Walser, Robert. In: Walther Killy (Hg.): Literaturlexikon. Autoren und Werke deutscher Sprache. Bd. 12. Gütersloh, München 1992, 120–123.

Wellbery, David E. (Hg.): Eine neue Geschichte der deutschen Literatur (A New History of German Literature). Berlin 2007 (engl. 2004).

Wenger, Bernhard: Die vier Literaturen der Schweiz. Zürich ⁴1988.

Wiese, Benno von: Vorwort zur dritten Auflage. In: ders. (Hg.): Deutsche Dichter der Moderne. Ihr Leben und Werk [1965]. 3., überarbeitete u. vermehrte Aufl. Berlin 1975, 11.

Winko, Simone: Novellistik und Kurzprosa des Fin de siècle. In: York-Gothart Mix (Hg.): Naturalismus. Fin de siècle. Expressionismus. 1890–1918. München, Wien 2000 (Hansers Sozialgeschichte der deutschen Literatur; 7), 339–349.

Lucas Marco Gisi

5.11 Forschungsgeschichte

Wer sich heute wissenschaftlich mit Robert Walsers Leben und Werk auseinandersetzt, verfügt über etliche Gesamtausgaben und über die im Entstehen begriffene *Kritische Robert Walser-Ausgabe* (KWA), über mehrere Biographien (vgl. MÄCHLER; Sauvat 1989/1993), über die fortlaufend geführte Bibliographie, die in den seit 1997 veröffentlichten *Mitteilungen der Robert Walser-Gesellschaft* erscheint (vgl. MITTEILUNGEN), schließlich über eine Forschungsstelle – bis Frühjahr 2008 Robert Walser-Archiv Zürich, seit Herbst 2008 Robert Walser-Zentrum Bern –, in der Primär- und Sekundärliteratur, Manuskripte (allen voran die Mikrogrammblätter) sowie Walseriana aller Art umfassend gesammelt sind. Es ist daher nicht verwunderlich, dass seit rund zwei Jahrzehnten Walser-Studien im deutschsprachigen Raum und in der Auslandsgermanistik florieren, und dass die Walser-Philologie auf ihre eigene Geschichtlichkeit zu reflektieren beginnt (vgl. Sorg 2009; Greven 2003).

Abgesehen von einleitenden Überblicken in Monographien ist die Forschungsgeschichte lediglich in zwei Forschungsberichten von Katharina Kerr (vgl. Kerr 1976/1978) und Thomas Horst (vgl. Horst 1991) dargestellt. Deren Fortschreibung in die Gegenwart bildet eine Lücke, die der folgende Überblick zu schließen versucht.

Die bisherige Forschung lässt sich anhand markanter Zäsuren in vier Phasen gliedern: Eine *erste Phase* bildet die Rezeption Walsers zu Lebzeiten, die mit Vergleichen zum Werk des Zeitgenossen Franz Kafka der späteren Forschung zwar eine Richtung wies, die aber darin auch ihre Verlegenheit um einen kritischen Umgang mit Walsers Texten verriet. Darauf folgt als *zweite Phase* eine Pionierzeit vom Todesjahr bis zum Jubiläumsjahr 1978, in der die ersten Werkausgaben (erst im Verlag Helmut Kossodo, dann im Suhrkamp Verlag) sowie eine erste Sammlung von Rezeptionszeugnissen (vgl. KERR 1 u. 2) erscheinen. Maßgeblich bewerkstelligt wurde diese Wiederentdeckung von Jochen Greven, der Walser mit seiner Dissertation 1960 in die Germanistik einführte, seine Werke edierte und die Entzifferung der Mikrogramme initiierte. Auf dieser Grundlage fächerte sich die Walser-Forschung in der *dritten Phase* der Folgejahre auf. Das Ende der 1970er Jahre noch homogene Walser-Bild vom Idyllen- und Mansardendichter wird – nicht zuletzt durch internationale Symposien – differenziert, indem u. a. Walsers Modernität und die vielfältigen Bezüge zu seiner ›Jetztzeit‹ (vgl. Utz 1998) in den Blick kommen. Mit der Publikation der Mikrogramm-Entwürfe verlagert sich der Fokus der Forschung zudem von den abgeschlossenen Berliner Romanen auf das nachgelassene ›Spätwerk‹. Als *vierte Phase* zeichnet sich seit dem Ende der 1990er Jahre bis in die Gegenwart eine Kanonisierung des Autors ab, mit der gleichzeitig eine Öffnung der Forschung für neue, teils sehr voraussetzungsreiche Methoden zur Analyse seiner Texte einhergeht. Angeregt insbesondere durch die entstehende KWA sind Fragen nach der Textgenese und den Schreibprozessen sowie nach der Beziehung von Walsers Texten zu ihren Publikationskontexten in den Vordergrund gerückt.

Zu Walsers Lebzeiten (1878–1956): »Eintöner wie die Grille« oder »sublimer Geist«?

Seit jeher gilt Walser als *a poet's poet*. Dass zu seinen Lebzeiten Kollegen und Kritiker ein Gespür für die scheinbar naive Qualität seiner Texte zeigten, die bei angesehenen Verlagshäusern wie Insel, Cassirer, Rowohlt und Wolff erschienen, ist eine Feststellung, die Dissertationen und wissenschaftliche Arbeiten aller Art stets aufgreifen. Von den unter ›R. W.‹ publizierten ersten lyrischen Versuchen Walsers schrieb Josef Viktor Widmann, dass er sich »ungemein angezogen« fühlte »durch wirklich neue Töne« (Widmann 1898/1978, 11); Christian Morgenstern war der Ansicht, dass *Geschwister Tanner* »eine der größten Versprechungen bedeutet, die je von jungen Dichtern gegeben worden sind« (Morgenstern 1906/1978, 39); Hermann Hesse betonte die »Originalität des Ausdrucks und Freimütigkeit des persönlichen Auftretens« (Hesse 1909/1978, 57) und auf Albin Zollinger übte *Der Gehülfe* einen »unbeschreibliche[n] Zauber« (Zollinger 1936/1978, 132) aus.

Die begeisterten Urteile solcher Persönlichkeiten mögen Walser wie vergebene Liebesmüh erschienen sein angesichts der Äußerungen zahlreicher Rezensenten, die keinen Hehl aus ihrer skeptischen, wenn nicht ablehnenden Haltung machten und deren ungünstige Bemerkungen negativ auf Walsers Selbsteinschätzung gewirkt haben dürften. Es seien hier exemplarisch Hans Johsts Charakterisierung von Walser als »ein[em] Eintöner wie die Grille« (Johst 1918/1978, 109) und Josef Hofmillers Rezension des *Gehülfen* erwähnt, der nach Ansicht des Kritikers »[w]ie mit der Lupe erzählt« sei: »eine Menge Gespräche und Selbstgespräche […]; ab und zu wie wenn es

aus dem Russischen oder Nordischen übersetzt wäre« (Hofmiller 1908/1978, 50). Wenn schon *Der Gehülfe* – »dem Anschein nach der sanfteste seiner Romane« (Magris 1979, 195), wie Claudio Magris feststellt – bei einigen Rezipienten auf Unverständnis stieß, so hinterließen komplexere Texte wie die Märchendramolette und die späte Sammlung *Die Rose* Ratlosigkeit oder provozierten gar Unmut. Die zeitgenössischen Rezensenten des 1919 bei Cassirer erschienenen Bandes *Komödie*, in dem u. a. das schillernde *Schneewittchen*-Dramolett enthalten war, wussten nur von der »Laune und Pikanterie der Empfindung« (Bieber 1921) und von der »großen Heiterkeit des Glaubens« sowie dem »Glauben[] an das Gute und an das Schöne, an das Echte und das Wahrhaftige« zu sprechen (Franck 1921). Der 1925 veröffentlichten, avantgardistischen Sammlung *Die Rose* wiederum wurde eine »ganz entzückende[] und ursprünglich naive[] Herzlichkeit« (Schaal 1926) attestiert, während andere Rezensenten betonten, dass Walser als Meister der kleinen Prosa – eine Bezeichnung, die man ihm generell bereits zu Lebzeiten gerne gönnte – noch immer weit hinter Peter Altenberg und Franz Kafka stehe (vgl. Fürst 1924/1925). Dass der Bieler Dichter oft mit dem Prager Autor verglichen wurde, hat nicht nur damit zu tun, dass Kafka sich ziemlich früh – wenngleich nur sehr knapp – zu Walser bzw. zu *Geschwister Tanner* und zu *Jakob von Gunten* äußerte, und auch nicht nur mit dem Umstand, dass Kafkas Freund und Biograph Max Brod, der bereits 1911 in seiner Drei-Schichten-Theorie Walsers Komplexität und Vielseitigkeit festzuhalten versuchte (vgl. Brod 1911/1978), als *trait d'union* zwischen den beiden Autoren fungierte. In der Rezeption lässt sich eine bilateral tautologische Tendenz nachweisen: Bildete Kafka die Folie, vor deren Hintergrund Walser bewertet wurde, so ist auch das Gegenteil festzustellen. »Es gibt nur noch einen, der diese singende Prosa schreiben kann: Robert Walser« (Tucholsky zit. n. Müller 2006, 16), urteilte Kurt Tucholsky in einem 1913 im *Prager Tagblatt* veröffentlichten Beitrag zu Kafka. Solche wertenden Vergleiche, die damals eher unreflektiert aufgrund einiger oberflächlicher stilistischer Ähnlichkeiten gezogen wurden, belegen an sich noch nicht eine Affinität zwischen den beiden Autoren; sie stehen eher für einen Mangel an etablierten literaturgeschichtlichen Kategorien und insofern für den Versuch dieser Kritiker, ihre Schwierigkeiten im Umgang mit den eigentümlichen, auf ihre Art künftige literarische Tendenzen vorwegnehmenden Erscheinungen wie Kafka und Walser zu kompensieren. Diese Affinität haben erst einige kürzlich erschienene

Beiträge, die auf der grundlegenden Studie von Karl Pestalozzi basieren (vgl. Pestalozzi 1966/1978), richtig erforscht (vgl. Kondrič Horvat). Rezeptionsgeschichtlich lassen sich aber erhebliche Differenzen nachweisen: Lenkten Kafkas Texte bereits zu seinen Lebzeiten das Interesse der Forschung auf sich und wurde er schon früh in Literaturgeschichten und Lexika erwähnt, so lässt sich bei keinem zeitgenössischen Literaturwissenschaftler eine kontinuierliche und intensive Auseinandersetzung mit Walsers Werken feststellen. Dass er während seines Aufenthalts in psychiatrischen Anstalten nicht in Vergessenheit geriet, verdankt er dem Zürcher Literaten und Mäzen Carl Seelig, der ihn ab 1937 in Herisau besuchte und darum bemüht war, ein breiteres Lesepublikum für Walsers Texte zu gewinnen. 1953 bis 1962 erschienen die von Seelig herausgegebenen fünf Bände der *Dichtungen in Prosa* (DiP) mag diese Ausgabe auch »eine neue Lesergeneration an das Werk heran[geführt haben]« (Kerr 1976/1978, 361), so war Walser doch noch weit davon entfernt, in der Schweiz als Autor kanonisiert, geschweige denn im Ausland eine anerkannte literarische Erscheinung zu sein. Lieblingsautoren des deutschsprachigen Publikums waren damals durch eine ›epische Dimension‹ sich auszeichnende Autoren wie Thomas Mann und Hesse; mit ihnen ist Walser nicht zimperlich umgegangen. Sind die positiven Äußerungen von Hesse über Walser und dessen ablehnendes Urteil über das Werk des Kollegen bekannt (»›Entweder du schreibst wie Hesse oder du bist und bleibst ein Versager.‹« [Seelig, 15], konstatiert Walser bezüglich der eigenen Erfolglosigkeit rückblickend), so wird seltener über die Beziehung des Bieler Dichters zu Thomas Mann berichtet. Sehr distanziert betrachtete Walser Manns »Hygiene des Erfolges« (ebd., 110), die in schroffem Gegensatz zu der eigenen Unstetigkeit und nomadisierenden Lebensweise stand; bewunderte er Manns frühe Novellen, so stammten seiner Ansicht nach die von ihm als »Schmerbauch« (ebd., 16) bezeichneten *Joseph*-Romane aus der Feder eines fleißigen Kontoristen und wirkten künstlich und trocken. Aufgrund der angeblichen Lektüre der *Rose* charakterisierte Mann seinerseits Walser in den 1920er Jahren als ein »kluge[s] Kind« (ebd., 23), was den Bieler Dichter tief verletzte; in den Gesprächen mit Seelig kommt sein Verdruss deutlich zum Vorschein. Der Lübecker Autor schrieb 1954 bezüglich Walser in einem Brief an Seelig, er habe »ein sehr deutliches Gefühl von der Bedeutung dieses sublimen Geistes und zarten Bildners für die deutsche Prosa« (Mann an Seelig, 20. 6. 1954; vgl. Fattori 2005, 151–152), wobei zu bezweifeln ist,

dass er in der Zwischenzeit weitere Texte Walsers gelesen hatte. Manns Urteil ist repräsentativ für jene Tendenz der frühen Walser-Forschung, die sich aus ungenügender Kenntnis und mangelndem Willen, sich mit der singulären Beschaffenheit der Walserschen Schreibweise auseinanderzusetzen, damit zufrieden gab, ein paar dem Anschein nach schmeichelhafte, in Wahrheit jedoch nichtssagende Beobachtungen zu versprachlichen, die im Grunde von einer aus Ratlosigkeit herrührenden wohlwollend-paternalistischen Haltung Zeugnis ablegten.

Die meisten Texte, die zu Walsers Lebzeiten über ihn erschienen, sind nur noch von historischem Interesse. Einzig von dem anspielungsreichen Essay Walter Benjamins (vgl. Benjamin 1929/1991) gingen wichtige Impulse für die spätere Forschung aus; es scheint auch heute noch unumgänglich, einen ebenso aussagekräftigen (wie interpretationsbedürftigen) Satz von Benjamin anzuführen, wenn man auf Einzelheiten von Walsers *prima facie* naiver, bei näherer Betrachtung jedoch subversiver Schreibweise eingeht. Angesichts der sprachästhetischen und philosophischen Tragweite ihrer formalen Eigenheiten ist es nicht verwunderlich, dass Walsers Texte nicht nur das Interesse von Benjamin, sondern früh auch von anderen Koryphäen auf philosophischem Gebiet auf sich zogen. Wie Reto Sorg kürzlich nachgewiesen hat (vgl. Sorg 2008), war Anfang der 1930er Jahre eine von Theodor W. Adorno betreute Doktorarbeit zur philosophischen Interpretation von Walsers Texten geplant, eine Dissertation, die leider nicht zustande kam. Darüber, was unter Anleitung des Frankfurter Sozialphilosophen aus der Arbeit geworden wäre, kann nur spekuliert werden.

Die Pionierzeit (1956–1978): Erschließung und Erhellung grundlegender Themen und Strukturen

Walsers Todesjahr, 1956, markierte den Anfang vom ›Abenteuer‹ seiner Neu- bzw. Wiederentdeckung, und zwar insbesondere dank der Bemühungen von Jochen Greven. Dem jungen Germanisten, der dabei war, ein Thema für seine Doktorarbeit zu finden, riet der Kafka-Forscher Wilhelm Emrich, der seinerzeit als Professor in Köln tätig war, sich mit dem in Deutschland unbekannten Robert Walser zu beschäftigen, da dieser – so die Begründung – »bei Kafka ein paar mal sehr positiv erwähnt« werde (Greven 2003, 12). Es ist insofern also Kafka zu verdanken, dass Greven, der als der eigentliche Begründer und Pionier der modernen Walser-Forschung anzusehen ist, dazu kam, sich mit dem Schweizer Autor zu befassen.

Sind die – zum großen Teil aus Rezensionen bestehenden – Rezeptionszeugnisse der ersten Phase unsystematisch, wenn nicht gar rhapsodisch angelegt, so ist die zweite Phase durch Versuche charakterisiert, Themen und Strukturen des Walserschen Œuvres zu beleuchten. Paradigmatisch dafür steht der Titel der ersten Doktorarbeit über den Bieler Dichter, Grevens *Existenz, Welt und reines Sein im Werk Robert Walsers. Versuch zur Bestimmung von Grundstrukturen* (vgl. Greven 1960/2009). Die Arbeit war aus einer existentialphilosophischen Perspektive geschrieben, die es erlaubte, den Facettenreichtum von Walsers Texten »auf einige gemeinsame Nenner zu beziehen und so ein einigermassen einheitliches […] Gesamtbild zu konstruieren« (Greven 2003, 21). Verzeichnet wurde die Dissertation im Referateorgan *Germanistik*, das in Ermangelung von Walser-Spezialisten ein Selbstreferat des Autors druckte (vgl. Greven 1962). Die von Greven selbst sachlich und umsichtig formulierten Zeilen, die die damals unumgängliche Selbstbezüglichkeit der Walser-Forschung vor Augen führen, bilden das früheste Dokument der Rezeption bzw. Kenntnisnahme von Sekundärliteratur zu Walser in einer germanistischen Fachzeitschrift. Da Greven Widersprüche und Gegensätze als Teil von Walsers Ironie betrachtete und demzufolge dem Versuch widerstand, sie aufzuheben, blieb, wie Reto Sorg zu Recht feststellt, »die Anschlussfähigkeit an die unterschiedlichsten ästhetischen und politischen Diskurse erhalten« (Sorg 2009, IX). Greven, der nach Seeligs Tod dessen Nachfolge als Herausgeber von Walsers Werken antrat, ist es als Erstem gelungen, die angebliche Geheimschrift Walsers, von der 1957 ein Blatt in der Zeitschrift *Du* gedruckt wurde, zu entziffern.

Zur gleichen Zeit wie Greven arbeitete der amerikanische Germanist George C. Avery an einer Walser-Dissertation (vgl. Avery 1968). Die 1959 fertig gestellte und 1968 veröffentlichte Arbeit enthält grundlegende Beobachtungen insbesondere zur Modernität Walsers (vor allem hinsichtlich des Gebrauchs von Darstellungstechniken der Innerlichkeit wie innerem Monolog und *stream of consciousness*) und zu seiner Stellung in der Literatur der ersten Hälfte des 20. Jh.s. Im Gegensatz zu vielen wissenschaftlichen Arbeiten, die Walser noch bis in die 1990er Jahre hinein als einen Solitär betrachteten, erscheint Averys sehr früher Versuch, den Schweizer aufgrund formaler und inhaltlicher Charakteristika

im Kontext der zeitgenössischen europäischen Literaturen zu verorten, sehr verdienstvoll.

Die nachfolgenden Dissertationen, die in dieser Pionierphase erschienen sind, behandeln die Berliner Romane (vgl. Dück 1968; Holderegger 1973; Grenz 1974; Keller 1975), die unter thematischen und motivgeschichtlichen sowie – dem Paradigma der 1960er und 1970er Jahre folgend – unter strukturellen und formalen Gesichtspunkten beleuchtet werden. Sie beschäftigten sich mit der Ironie als textprägendem Prinzip (vgl. Strebel 1971), seltener mit dem Spätwerk (vgl. Baur 1974), der Kurzprosa (vgl. Ehbauer 1978) und den frühen Gedichten (vgl. Binder 1976). Als richtungsweisend für spätere Studien erwiesen sich die Dissertation von Jürgens (vgl. Jürgens 1973), der die Spätprosa Walsers einer gründlichen Formanalyse unterzog und in einem bedeutenden Exkurs aufzeigte, dass sich »die psychopathologisch eingeschworene Interpretationsrichtung das gesellschaftliche Verdikt gegen das ästhetisch Abweichende zu eigen« macht (Horst 1991, 391), sowie die Monographie von Urs Herzog (vgl. Herzog 1974), dem es trotz einer streckenweise nicht leicht nachvollziehbaren Argumentation gelang, ausgehend von der aus dem *Schneewittchen*-Dramolett abgeleiteten Pathographie Walsers Texte – mithilfe der Antipsychiatrie und der negativen Ästhetik von Adorno – als Objektivierung gesellschaftlich bedingter Entfremdung zu interpretieren.

Diesen ersten großangelegten Darstellungen ist das Bemühen gemeinsam, auf eine bisweilen tentative Weise (aufschlussreich ist ein Titel wie »Experiment ohne Wahrheit«, vgl. Lüssi 1977) ein Instrumentarium von kritischen Ansätzen zur Erschließung von Walsers Werk bereitzustellen, wobei anzumerken ist, dass die von Avery und Greven gebrauchten existentialphilosophischen Kategorien in einigen Fällen kritiklos übernommen wurden.

Zahlreiche Impulse für die spätere Forschung gingen von den kürzeren, in den 1950er, 1960er und 1970er Jahren verfassten Essays und Artikeln aus, die in den von Kerr herausgegebenen, zum 100. Geburtstag des Autors erschienenen Suhrkamp-Bänden *Über Robert Walser* enthalten sind (vgl. Kerr 1 u. 2). Besonders hervorzuheben sind hier der Beitrag des ersten Walser-Übersetzers John Christopher Middleton, der sich eingehend mit Walsers Stil beschäftigte (vgl. Middleton 1957/1978); Hans H. Hiebels dekonstruktivistische Lesart, die in der jüngeren Forschung verschiedentlich wieder aufgegriffen wurde (vgl. Hiebel 1978); der mit dem Begriff der ›Auflösung der Totalität‹ arbeitende Essay von

Magris (vgl. Magris 1979); die Ausführungen von Martin Walser, dessen salopp formulierte methodenkritische Beobachtung: »Robert Walser schlägt einem von Mal zu Mal die Instrumente kaputt, mit denen man ihn erklären will« (M. Walser 1963/1978, 14), in einer Reihe von Dissertationen sehr vorsichtig quasi als Alibi für den unsicheren Status der Ergebnisse verwendet wird. Ungleich problembewusster reflektierten diese hermeneutischen Schwierigkeiten beim Umgang mit Walsers Texten einige längere wissenschaftliche Arbeiten dieser Jahre selbst (vgl. z.B. Naguib 1970; Rodewald 1970; Strebel 1971; Baur 1974), auch wenn eine kritisch-methodologisch gesicherte Basis für *close readings* von Walsers Texten noch fehlte.

Erscheint die erste Walser-Übersetzung überhaupt im englischsprachigen Raum (*The Walk and Other Stories*, vgl. Walser 1957), so galt Italien ab Anfang der 1960er Jahre als von dem Bieler Dichter »erobertes« Land (vgl. P. Walser 1977), in dem Walser-Texte in fast regelmäßigen Abständen veröffentlicht wurden. Bezeichnenderweise erschienen im dritten der von Kerr herausgegebenen Bände (vgl. KERR 3), der ausschließlich Artikel von nicht deutschsprachigen Spezialisten enthält, fünf Beiträge aus dem italienischen Sprachraum (verglichen mit je zwei aus dem englisch- und zwei aus dem französischsprachigen Gebiet). Der Übersetzungseifer nahm jedoch südlich der Alpen Mitte der 1980er Jahre deutlich ab, während man zur selben Zeit in anderen Ländern, z.B. in Frankreich, begann, Walser intensiv zu publizieren (s. Kap. 5.9.3). Noch in dieser Phase wurde Walser durch die Verfilmungen von *Jakob von Gunten* und *Der Gehülfe* sowie die Aufführungen der Dramolette – den ersten Versuchen, den Bieler Autor auf der Bühne zu inszenieren – dem breiteren Publikum näher gebracht.

Gegen Ende der 1970er Jahre kristallisierte sich aus den erwähnten und aus weiteren wissenschaftlichen Beiträgen ein relativ homogenes Walser-Bild heraus, zu dessen Hauptbestandteilen folgende Elemente zählen: Außenseitertum, Legende des Mansardendichters, Taugenichts- bzw. Spaziergangmotiv, Naivität, Dieneridee, Naturgebundenheit, Idylle bzw. gestörte Idylle, Primat der Sprache vor dem Mitgeteilten, abschweifende Tendenz, Plauderton, Abwertung versus Rehabilitierung der Spätprosa. Offen blieb dabei u.a. die Frage der literaturgeschichtlichen Situierung des Schweizer Autors.

Die mittlere Zeit (1978–2000): Auffächerung der Forschung

Durch die Publikation des Gesamtwerkes bei Suhrkamp sowie der von Kerr herausgegebenen Sammelbände, die entlegene Arbeiten zugänglich machten und aufschlussreiche Originalbeiträge enthielten, hat sich im Jahr von Walsers 100. Geburtstag die Textbasis bei der Primär- und Sekundärliteratur wesentlich verbessert, was einen beträchtlichen quantitativen und qualitativen Aufschwung sowie eine deutliche Differenzierung in der Palette der Walser-Studien mit sich gebracht hat.

Das erste Jahrzehnt dieser Phase ist als eine Übergangszeit zu betrachten, in der man sich bisher nur am Rande behandelten, z.T. aber längst fälligen Problemkreisen wie dem Thema des Spaziergangs (vgl. Stefani 1985), der Dialektik von Herr und Knecht (vgl. Wagner 1980; Rüsch 1983), den Märchenkomödien (vgl. Buzzo-Margari 1979; Huber 1988), der Personenkonstellation der Familie Walser (vgl. Matt 1979; Schmidt-Hellerau 1986), existenziell-religiösen Fragestellungen (vgl. Camenzind-Herzog 1981) und der Figur des Paradoxons (vgl. Cardinal 1982) widmete. Hingegen lenkte die allmähliche Veröffentlichung (1985–2000) der sechs Mikrogramm-Bände das Interesse der Forschung immer dezidierter auf das Spätwerk, wobei die Berliner Romane zwar nicht aus dem Fokus verschwanden, jedoch in den Hintergrund traten. Die sehr gewissenhaften und gleichzeitig essayistisch angelegten Nachworte von Bernhard Echte und Werner Morlang zu den Bänden *Aus dem Bleistiftgebiet* bilden eine Fundgrube von sachkundigen Informationen und Anregungen zur wissenschaftlichen Beschäftigung mit Walsers mikrographisch entworfenen Texten.

Zum ersten Mal rückte das ›Bleistiftgebiet‹, dessen erster Band soeben erschienen war, auf dem 1985 von Paolo Chiarini organisierten römischen Colloquium ins Zentrum des Interesses. Es war die erste internationale Walser-Tagung, die Spezialisten aus verschiedenen Ländern zusammenführte; sie markierte auch insofern einen Einschnitt, als die wissenschaftlichen Bemühungen vernachlässigten Fragestellungen und Gattungen bzw. Untergattungen – den Briefen, der Lyrik, den Märchenkomödien – galten. Der daraus resultierende, von Hans Dieter Zimmermann mitherausgegebene Tagungsband bietet richtungsweisende, z.T. bis heute unüberbotene Aufsätze über intertextuelle Beziehungen zu Autoren wie Keller, Jean Paul, Hölderlin, Dostojewskij (vgl. CHIARINI/ZIMMERMANN). Auf die römische Tagung folgten internationale Walser-Veranstaltungen, die im Laufe der Zeit immer häufiger wurden und die als Marksteine der Forschung anzusehen sind, denn sie eröffneten neue Perspektiven und gaben weiterwirkende Impulse: 1990 fand eine Tagung in Warschau statt, 1993 organisierte Gonçalo Vilas-Boas ein Symposium in Porto. Besondere Erwähnung verdient schließlich das von Tamara S. Evans 1994 in New York veranstaltete Symposium *Robert Walser and the Visual Arts* mit einem Thema, zu dem in den folgenden Jahren zahlreiche, auch durch den Tagungsband (vgl. Evans 1996) angeregte wissenschaftliche Beiträge entstanden sind.

Akademisch bestätigt wurde Walsers Internationalität durch das von Peter Utz initiierte und geleitete Lausanner Colloquium, das im Februar 1994 Übersetzer und Interpreten aus verschiedenen Ländern, u. a. aus den USA und Japan, zusammenführte und miteinander ins Gespräch brachte (vgl. Utz 1994). Diskutiert und in Kurzvorträgen kritisch kommentiert wurden in diesem Rahmen übersetzerische Schwierigkeiten sowie landesspezifische rezeptionsgeschichtliche und -analytische Phänomene. Außerdem wurde hier zum ersten Mal ein wesentlicher Aspekt von Walsers Sprachgebrauch, nämlich sein Umgang mit der Mundart, unter die Lupe genommen (vgl. Evans 1994). Die Transkriptionsarbeit rückte als eine Sonderart der Übersetzung ins Zentrum der Vorträge der Entzifferer Echte und Morlang, die bis dahin nicht untersuchte Teilaspekte von Walsers mikrographischer Schreibweise akribisch kommentierten.

Erst 1995 wurde dann von Dieter Borchmeyer, dem Verfasser einer maßgeblichen Walser-Arbeit (vgl. Borchmeyer 1980), und von Siegfried Unseld, der Walser zum Suhrkamp-Autor gemacht hatte, die erste Walser-Tagung im deutschsprachigen Raum organisiert – zweifellos ein Kuriosum (Greven machte zu Recht auf die »befremdliche Leerstelle« [Greven 2003, 234] aufmerksam), das von den Schwierigkeiten zeugte, Walser, den Schweizer Autor, als Forschungsgegenstand im deutschsprachigen akademischen Bereich zu etablieren. In dem Heidelberger Tagungsband (vgl. Borchmeyer) ist vor allem der Beitrag von Viktor Žmegač bemerkenswert, welcher den Bieler Dichter auf überzeugende Weise in der Konstellation der Literatur der Jahrhundertwende verortet (vgl. Žmegač 1999). Ergänzt wurden seine Beobachtungen in der Jahre später veröffentlichten Monographie von Stefano Beretta (vgl. Beretta 2008), der auch im Hinblick auf die Poetik der

Romantik, besonders auf Novalis, eine breite Palette von Bezügen nachwies.

Von 1978 bis in die späten 1980er Jahre fanden in der Stuttgarter Buchhandlung Wendelin Niedlich anfänglich erst in unregelmäßigen Abständen, dann jedes Jahr die von Klaus-Michael Hinz veranstalteten Walser-Tage statt: drei Abende mit Lesungen und einer kleinen Reihe von Vorträgen mit Diskussion. Eine Auswahl davon erschien in einem von Hinz und Horst herausgegebenen Suhrkamp-Band (vgl. Hinz/ Horst). Neben einem ausführlichen Forschungsbericht (vgl. Horst 1991), neben einigen anregenden Originalbeiträgen zur künstlerischen Imagination (vgl. Pender 1991), zu biographischen Aspekten (vgl. Gabrisch 1991), zum Thema *Geld und Beziehungen* (vgl. Wagner 1991) und allen voran einem wegweisenden Aufsatz zur Spätlyrik (vgl. Morlang 1991) enthält der Band freilich auch Artikel, die zum zweiten oder zum dritten Mal abgedruckt wurden.

Auch wenn Walser selbst sich keiner literarischen Strömung oder Gruppe seiner Zeit zugeordnet hat, gilt er heute als herausragender Vertreter der Moderne; zu dieser Einschätzung hat Evans wesentlich beigetragen. In ihrem Buch (vgl. Evans 1989) zeigte sie, wie vielfältig und disparat die Einflüsse sind, die die zeitgenössische Kunst auf Walsers Texte ausübte, und bezog letztere auf die von Uwe Japp (vgl. Japp 1987) herausgearbeiteten Grundmerkmale von Modernität. Damit hat sie den Weg zu einer neuen literaturgeschichtlichen Situierung von Walsers Werk gewiesen, die in der späteren Forschung weiter vertieft wurde.

Etliche Arbeiten dieser Phase versuchten, an dem herkömmlichen Bild des Autors zu rütteln, das sich Ende der 1970er Jahre gefestigt hatte. Zu dem oben umrissenen Bild gesellten sich nun neue Aspekte, die den Facettenreichtum und die Vielfalt des Walserschen Werkes sichtbar machten und die überraschende Belesenheit des Autors betonten: Wurde Walsers Stil lange Zeit als verwirrend und dunkel angesehen, so wendete sich Leonardo Tofi dem seiner Ansicht nach für Walser typischen Mechanismus der Bloßstellung der kompositorischen Verfahrensweise zu, der es dem Leser erlaube, einen Blick in die Werkstatt des Bieler Autors zu werfen (vgl. Tofi 1995). Annette Fuchs analysierte die subversive Dimension der Walserschen Komik, die zuvor stets zugunsten der trüb-melancholischen Komponente vernachlässigt wurde (vgl. Fuchs 1993). Pia Reinacher wiederum beleuchtete die erotischen Untertöne der Sprache der Kleidung (vgl. Reinacher 1988). Dass Walser besonders empfänglich für die bildende Kunst war, hatte die ältere Forschung bereits gezeigt. In aller Deutlichkeit veranschaulichte nun das von Echte und Andreas Meier herausgegebene reich bebilderte Buch, dass zahlreiche Texte von Gemälden und Zeichnungen seines Maler-Bruders Karl inspiriert waren (vgl. Echte, Meier 1990). Der Band umfasst u. a. kenntnisreiche Beiträge der beiden Herausgeber, die Walsers Einfühlungsvermögen in die Kunstwerke des Malers dokumentieren und bis dahin unbekannte biographische Aspekte kommentieren. Im Laufe der Zeit wurden in ähnlicher Weise ›alte‹ Themen wieder aufgegriffen und aus einer neuen Perspektive beleuchtet: Nachdem Stefani den Facettenreichtum des Spaziergangs aufgezeigt hatte, geriet nun in der Form des »stillstehende[n] Galoppieren[s]« (vgl. Kurscheidt 1987) die diesem Motiv zugrunde liegende Paradoxie in den Blick, oder man wendete sich der Sonderart des Spaziergangs des Schriftstellers zu (vgl. Niccolini 2000, 125–174); die Dramolette wurden auch auf ihre trivialliterarischen Intertexte hin erforscht (vgl. Hübner 1995); in einer kaum beachteten Studie, die trotz der in mancher Hinsicht gewagten These interessante intertextuelle Einzelbeobachtungen enthält, interpretierte Andreas Gößling den *Gehülfen* als eine Transformation von Jean Pauls *Hesperus* (vgl. Gößling 1992).

Eine Wende innerhalb der Forschung vollzog sich Ende der 1990er Jahre mit dem Buch von Utz, das von den »liebgewonnene[n] Legenden« (Utz 1998, 15) des in der Isoliertheit seiner Mansarde lebenden zeitfremden Dichters konsequent Abschied nahm. Mag Walser zwar tatsächlich einsam in einer Dachstube gelebt haben, so hatte dieses Zimmer – dies die durch das räumliche Bildfeld exponierte These von Utz – offene Fenster, die es dem Autor ermöglichten, die Impulse der ›Jetztzeit‹ zu registrieren. In ihren ursprünglichen Kontexten bzw. Veröffentlichungsorganen wahrgenommen, offenbaren Walsers Schriften einen zuvor kaum erahnten Zeitgehalt. In einer Reihe detaillierter Kontextualisierungen von Texten, die ›marginalen‹ Gattungen wie z. B. dem Dramolett oder dem Feuilleton angehören, wurde der Bieler Dichter durch eine interpretatorische Verfahrensweise, die mit den Begriffen von Zentrum und Rand operierte und die ihrerseits Affinitäten zu Walsers paradoxer Logik aufwies, von seiner Zeitenthobenheit befreit und mit den Diskursen seiner Zeit in Verbindung gebracht. Aus dieser Neuinterpretation ging eine umfangreiche Auseinandersetzung hervor, die konstitutiv für die jüngste Phase der Rezeption ist. Die Forschung verdankt Utz die schöne Neuprägung »Ohralität«, die für Walsers

Mündlichkeit und akustische Sensibilität steht: »In diesem offenen Ohr für die Zeit begründet sich sein ›Jetztzeitstil‹, seine ›geschwätzige‹ Nähe zu einer ›geschwätzigen‹ Zeit, aber auch seine Distanzierung von ihr […].« (ebd., 243)

Nachdem Seelig Walser dem Vergessen entrissen und Greven ihn in der Germanistik salonfähig gemacht hatte, trugen die hier erwähnten Tagungen, Monographien und Aufsätze erfolgreich dazu bei, Walser als Klassiker der Moderne zu etablieren. Zu dieser Entwicklung gehört auch die Schaffung einer literarischen Gesellschaft: Am 29. November 1996 wurde auf Anregung der von Echte vertretenen Carl-Seelig Stiftung die Robert Walser-Gesellschaft gegründet, die »die Förderung der Erforschung [...] und Verbreitung des Werks von Robert Walser« (Greven, in MITTEILUNGEN 1, 1) bezweckt. Dass es verblüffend, wenn nicht unangebracht erscheinen könnte, den einzelgängerischen Robert Walser, den randständigsten aller Autoren, ins Zentrum einer literarischen Vereinigung zu stellen, war den Gründungsmitgliedern der Gesellschaft bewusst. Das Publikationsorgan sind die seit 1997 erscheinenden *Mitteilungen*, die in erster Linie mit ihrer fortgesetzten Bibliographie der Primär- und Sekundärliteratur, aber auch mit Rubriken zu neuen Texten und Funden die wissenschaftliche Forschung angeregt und den nötigen Informationsaustausch wesentlich erleichtert haben.

Die Gegenwart (2000–2015): Wege zur Kanonisierung

Ein Blick auf die neueste Schweizer Literaturgeschichtsschreibung zeigt, dass sich die Walser-Rezeption, die durch die jahrzehntelange Konzentration auf das Biographische und dessen mögliche sprachliche Widerspiegelungen im Werk einer Pathologisierung des Autors Vorschub geleistet hatte, von der Fixierung auf die psychische Verfassung des Autors emanzipiert hat. Betonte Dominik Jost in seiner 1978 erschienenen Rezension der Monographie von Thomas Binder noch, dass Walsers Schreibweise »überdeutliche Spuren seiner Krankheit« (Jost 1978, 367) erkennen lasse, und hielt Wladimir Sedelnik es 1991 für angebracht, im Zusammenhang mit der Spätprosa die Bemerkung hinzuzufügen, dass diese sich »in nichts von der früher geschaffenen« unterscheide und in ihr »weder Geistesverwirrung noch Bewußtseinstrübung oder gar Schizophrenie zu spüren« sei (Sedelnik 1991, 71), so verzichtet Dominik

Müller in seinem Beitrag zu der von Peter Rusterholz und Andreas Solbach herausgegebenen Literaturgeschichte auf jedweden Kommentar zu Walsers ›Krankheit‹ bzw. Identitätszerfall, um vielmehr auf seine Rolle als Identifikationsfigur für etliche Vertreter der neueren Autorengenerationen (Peter Bichsel, Jürg Amann, Elfriede Jelinek u. a.) aufmerksam zu machen (vgl. D. Müller 2007, 167).

Im Jahr 2000 wurden die letzten zwei Bände von Walsers Mikrogramm-Ausgabe publiziert. Kerstin Gräfin von Schwerin ist die erste Monographie zu verdanken, die sich mit dem gesamten Korpus von Walsers ›Bleistiftgebiet‹-Blättern befasst. Unter dem Stichwort des Verschwindens, das die Autorin nicht existenziell-biographisch, sondern in seinem Vollzug in Schrift, Wahrnehmung und Sprache auffassen möchte (vgl. Schwerin 2001, 16), wird ein ganzes Spektrum von motivischen, thematischen und formalen Aspekten sichtbar gemacht und beleuchtet, welche in späteren Arbeiten anderer Wissenschaftler dann einzeln behandelt werden. Sehr verdienstvoll zur Erforschung der Mikrogrammtexte ist die im gleichen Jahr erschienene Monographie von Elke Siegel, welche die Irritation bzw. »die Aporie des Lesens« (Siegel 2001, 14) zum Ausgangspunkt für ihren detailfreudigen Versuch macht, hinter das Geheimnis von Walsers ›Bleistiftmethode‹ zu kommen.

Bedeutende Schritte auf dem Weg zur literarhistorischen Kanonisierung Walsers bilden die von Echte herausgegebene, monumentale Biographie (vgl. Echte), die durch zahlreiche Bild- und Textquellen sowie deren Verbindung der Forschung wesentliche Impulse liefert, und die vierte Auflage des Walser-Bands der Reihe *Text und Kritik* (vgl. Text + Kritik 4), die – auch wenn sie nicht ans Niveau früherer Aufsatzsammlungen heranreicht – größtenteils beachtliche Arbeiten versammelt. Demgegenüber trägt das dem Schweizer Autor gewidmete rororo-Bändchen von Diana Schilling aufgrund vieler Banalitäten, unpräziser Angaben und einer oft unangemessenen, saloppen Ausdrucksweise nicht dazu bei, Walser zu einem Klassiker der Moderne zu machen (vgl. Schilling 2007).

Die Loslösung von vorgegebenen Deutungsmustern kommt in der Monographie von Valerie Heffernan besonders zur Geltung (vgl. Heffernan 2007). Der Autorin gelingt es, mit dem Instrumentarium der *post colonial studies*, das sie auf Walsers Umgang mit der für die Autorität stehenden literarischen Norm anwendet, nachzuweisen, dass der Dichter durch bewusst eingesetzte Darstellungsverfahren wie Mimikry, Nachahmung, Parodie und Travestie –

eigentlich Elemente, die alle bereits von Greven erwähnt bzw. kommentiert wurden und die hier durch ihre Einbettung in einen anderen theoretisch-methodologischen Kontext an Brisanz gewinnen – seine marginale Position gegenüber dem Literaturbetrieb spielerisch-subversiv kundtut. Heffernans Dissertation markiert auch deswegen einen wichtigen Schritt innerhalb der Walser-Forschung, weil sie durch eine bisher auf Walsers Texte kaum angewandte Interpretationsmethode zeigt, dass der Dichter vor noch unlängst für ›unwalsersch‹ gehaltenen Themen wie z. B. »voyeuristic cruelty and sexual transgression« (ebd., 132) nicht zurückschreckte. Einen damit verwandten Problemkreis behandelt Jens Hobus in seinem umfangreichen Buch (vgl. Hobus 2011). Die dem Dekonstruktivismus verpflichtete Monographie zeigt, dass Darstellungsverfahren wie Wiederholung, Auslassung, Verschiebung, Ersetzung, Vagheit, Paradoxie usw. auf Strukturen des Begehrens verweisen und Teil einer ›Poetik der Umschreibung‹ sind, die als Walsers origineller Beitrag zur Darstellung der Liebe betrachtet werden kann.

In der Auslandsgermanistik werden Walser-Veranstaltungen immer häufiger. Neben der von Vesna Kondrič Horvat organisierten Tagung in Maribor, deren Vorträge durch zahlreiche Textvergleiche sowie historisch-biographische Bemerkungen die vielfältigen Bezüge zwischen Kafka und Walser vertiefend beleuchtet haben (vgl. Kondrič Horvat), ist das von Christian Benne geleitete Symposion in Kopenhagen zu erwähnen. Der daraus hervorgegangene Tagungsband (vgl. Benne, Gürber 2007) enthält u. a. Beiträge, in denen zum ersten Mal der nicht unproblematische Begriff der Autofiktion auf den Bieler Dichter angewendet wird, wie Benne in seinem ausführlichen Aufsatz darlegt (vgl. Benne 2007). Durch die eigentümliche Art, mit der sich Walser Erscheinungen seiner Zeit aneignet, indem er individuelle Rekonstruktion, akribische Dekonstruktion und spielerische Transgression verknüpft, nimmt er Paradigmen der gegenwärtigen Literaturwissenschaft wie Intertextualität, Intermedialität, Bild und Wort, Autorschaft, Schrift und Schriftlichkeit und vieles mehr vorweg. Eine verwandte Problematik stand im Mittelpunkt einer von Anna Fattori veranstalteten römischen Tagung (vgl. Fattori/Gigerl). Schließlich ist Lucas Marco Gisi, der sich in mehreren Beiträgen mit anthropologisch-kulturellen sowie medizinisch-literarischen Fragen der Walser-Debatte auseinandergesetzt hat (vgl. Gisi 2007, 2012), das neueste Walser-Symposion im nicht-deutschsprachigen Raum zu verdanken: eine längst fällige Annäherung an den literarisch-psychiatrischen Problemkreis (*Intersections of Life and Literature, Art and Psychiatry*, so der Titel der Konferenz), der im Anschluss an neuere psychiatriehistorische Arbeiten (vgl. Appenzellische Jahrbücher 2005) im Rahmen einer Tagung an der University of California, Berkeley, aus interdisziplinärer Sicht beleuchtet wurde (vgl. Gisi 2014).

Das für die jüngste Phase maßgebliche Walser-Symposium, eine gemeinsame Veranstaltung von vier eidgenössischen Universitäten, dem Walser-Archiv und der Walser-Gesellschaft, fand 2006 aus Anlass von Walsers 50. Todesjahr in Zürich statt. Die Vorträge betraten in vielen Fällen Neuland (vgl. GRODDECK u. a.): Sie entfalten eine breite Palette von Fragestellungen, methodischen Ansätzen, literaturgeschichtlichen Erwägungen, grundlegenden Erkenntnissen über Bezüge zu anderen Autoren bzw. Künstlern (Gotthelf, Keller, Kafka, Paul Klee) sowie zu anderen literarischen und medialen Kontexten (insbesondere Prag und Österreich). Vertieft wurde einer dieser Aspekte, nämlich der Bezug zu Keller, auf einer Tagung, die 2011 wiederum in Zürich stattfand (vgl. AMREIN/GRODDECK/WAGNER). Anhand vergleichender Lektüren wurden hier die oft provozierenden Annäherungsweisen an die jeweiligen literarisch-kulturellen Traditionen sowie Wege der kritisch-essayistischen Auseinandersetzung mit den zwei Autoren behandelt (z. B. in Benjamins Schriften, vgl. Amrein 2012). Erwähnt sei hier die vergleichende Lektüre der ›Schweizerromane‹ (vgl. Widmann 1908/1978) *Martin Salander* und *Der Gehülfe*, deren desillusionierende und desavouierende Tendenzen bezüglich der Romanform Karl Wagner mit Rekurs auf die englische Literaturtheorie darlegt (vgl. Wagner 2012). Umwandlungen und Umwertungen der literarischen Gattungen innerhalb von Walsers Œuvre standen in dem von Schwerin und Fattori 2011 herausgegebenen Sammelband erstmals systematisch zur Diskussion (vgl. FATTORI/SCHWERIN). Die theoretisch und stilistisch gleichermaßen relevante »Gattungsexzentrizität« (Dutt 2008, 52) des Bieler Dichters kommt in den Beiträgen dieses Bandes in ihren Schattierungen ebenso zum Vorschein wie in ihrer zentrale Positionen der Literatur der Gegenwart antizipierenden Qualität.

Seit 2004 erhält die wissenschaftliche Beschäftigung mit Walser eine neue Grundlage, denn in diesem Jahr erschienen die ersten Bände der von Wolfram Groddeck und Barbara von Reibnitz geleiteten KWA. Inspiriert durch diese ambitionierte Edition, die – sofern erhalten – für jeden Text u. a. das faksimilierte Manuskript und den Erstdruck wieder-

gibt, ist bereits eine ganze Reihe von Arbeiten zum Thema Schreiben-Schrift-Schriftlichkeit entstanden (vgl. Groddeck 2005; Walser, Editionsprospekt der KWA). Auf diesem Gebiet haben besonders Groddeck, von Reibnitz und Christian Walt wesentliche Beiträge verfasst, und auf der Grundlage der in der KWA dokumentierten und nachvollziehbar gemachten Schreibprozesse die sehr enge und für Walser stets produktive Beziehung zwischen Handschrift, Schreiben und motiv- und stilbezogenen Aspekten anschaulich dargelegt und für die Interpretation fruchtbar gemacht. Nebst der Dissertation von Walt (vgl. Walt 2015) sind in diesem Zusammenhang besonders erwähnenswert auch die zukunftweisende Monographie von Stephan Kammer (vgl. Kammer 2003) und der sehr verdienstvolle, von Davide Giuriato und Kammer herausgegebene Sammelband zur graphischen Dimension der Literatur (vgl. Giuriato, Kammer 2006). Werden in einigen Arbeiten Walsers Bleistifttexte durch die Linse des *iconic turn* betrachtet, so lässt sich vermuten, dass ihre Erforschung dazu beitragen wird, neue Perspektiven für die Erschließungsmethoden in der sich formierenden Bildlinguistik (vgl. Diekmannshenke, Klemm, Stöckl 2011) zu eröffnen.

Steht das Verhältnis von Text und Bild bzw. Literatur und Malerei weiterhin im Mittelpunkt einer Reihe von wissenschaftlichen Beiträgen, die Walsers Faszination für die Kunst seines Bruders sowie anderer Maler erforschen (vgl. Müller 2009), so gerät nun zudem die Dimension des (auch graphisch erweiterten) Walserschen Paratextes immer mehr in den Blick der Forschung. Ausgehend von Utz' Bemerkungen zur ›Titelei‹ (vgl. Utz 2007 b) untersucht Elmar Locher aus sprachphilosophischer Sicht die Verknüpfung Titel-Text-Signatur und ihre im Hinblick auf die Gattungszuweisung problematischen Übergänge (vgl. Locher 2008, 2011). Andere jüngere Beiträge (vgl. A. G. Müller 2007; Wolfinger 2012) gehen auf die Beziehung zwischen Illustrationen, Buchcover bzw. graphischer Buchgestaltung und Text ein – eine bemerkenswerte Leistung im Hinblick auf die Erforschung des vom Autor gesteuerten Leseverständnisses sowie auf eine Kontextualisierung von Walser-Büchern im ästhetischen Geschmack ihrer Epoche.

Für die Methodenkombination, die eine Reihe von kürzlich erschienenen Walser-Studien charakterisiert, sei hier exemplarisch auf Martin Roussels Dissertation hingewiesen (vgl. Roussel 2009); ausgehend von dekonstruktivistisch inspirierten mikrophilologischen Analysen, die dem semiotischen

Eigensinn von Walsers Aufschreibetechnik Rechnung tragen, werden hier kulturwissenschaftliche Problemkreise und ihr philosophischer Gehalt erforscht – ein Verfahren, das zwar neue Erkenntnisse zu Walsers Bleistifttexten liefert, das aber wegen der Proliferation der Verweisungen und der mit Absicht fragmentarischen Expositionsweise nicht einfach nachzuvollziehen ist. Eine ähnliche, eklektische Verfahrensweise weist die weit ausgreifende Monographie von Kirsten Scheffler auf, die anhand zahlreicher Verknüpfungen und Verweise, die einem eher assoziativen als logischen Gedankengang entspringen, darzulegen versucht, dass Walsers Bieler ›Mikropoetik‹ in vieler Hinsicht die ›Bleistiftmethode‹ antizipiere (vgl. Scheffler 2010).

Walsers Texte sind auch aus der Perspektive der kürzlich entstandenen *unnatural narratology* untersucht worden; das Anliegen der sich an diese erzähltheoretische Richtung anlehnenden Monographie von Samuel Frederick besteht darin, aufzuzeigen, dass aufgrund der subversiven Struktur der Walser-Texte Abschweifungen nicht (mehr) als eine Ablenkung von dem ›plot‹ angesehen werden können, sondern als Erzählpartien, die einen in ästhetischer und struktureller Hinsicht konstitutiven Beitrag zur Erschließung des Gehalts des Textes liefern (vgl. Frederick 2012). Hendrik Stiemer hat jüngst versucht, Walser erzähltheoretisch zu verorten, indem er dessen Werk im Kontext von Kategorien der ›Naivität‹ und des ›Dilettantismus‹ liest (vgl. Stiemer 2013).

Die Interpretationslust der jüngeren Walser-Forschung wird besonders in den Beiträgen manifest, die durch eine ausgeprägte Disproportion zwischen der Kürze des Primärtexts und dem Voraussetzungsreichtum von dessen philologischer Analyse gekennzeichnet sind (vgl. z. B. Neukom 2003; Fattori 2007; Wolfinger 2011). Dies zeugt zwar von intensiven wissenschaftlichen Bemühungen, aber eine solche Vorgehensweise ist nicht immer frei von der Gefahr überflüssiger Theoriebelastungen. Die frühe Ratlosigkeit gegenüber Walsers immer wieder verblüffenden Texten hat nun einem breiten Spektrum von oft sehr feinmaschigen Interpretationsverfahren Platz gemacht, obschon noch nicht abzusehen ist, in welchem Maße die neuen literaturwissenschaftlichen Paradigmata der Erschließung von Walsers Texten wirklich einen guten Dienst erweisen.

Es fehlt nicht an Versuchen, Walser zu einem dunkel-esoterischen Propheten der Moderne zu stilisieren, der bereits vor 1933 »die Katastrophe der europäischen Kultur […] erzählt« habe (Mayr 2008,

Klappentext), oder zu einem predigenden Moralisten (vgl. Roat 2012), zu einem Quasi-Mystiker (vgl. Neher 2012), zu einem Vorläufer der Philosophie von Adorno (vgl. Steinhoff 2008). Es spricht sicher für die Beliebtheit des Bieler Dichters, dass jeder seinen eigenen Walser haben möchte; dennoch führt dies sehr oft zu hermeneutisch problematischen, wenn nicht ganz abwegigen Vorgehensweisen, durch die Kategorien von außen an die Texte herangetragen werden, um vorab feststehende Thesen zu bestätigen.

Trotz der methodischen Vielfalt der kritischen Bemühungen, die inzwischen auch lange Zeit stiefmütterlich behandelten Gebieten wie z. B. der Spätlyrik gelten (vgl. Walt 2011; Neher 2011), lassen sich in der Auseinandersetzung mit Walser noch etliche Desiderata feststellen: Fassungsvergleiche, die voraussichtlich erst die entsprechenden Bände der KWA bieten werden; ökokritische Studien, für die sich einige Walser-Texte (z. B. *Seeland*) geradezu anbieten; die Beziehungen zur englischen Literatur und zur Romantradition (Pionierarbeit wurde von Avery 1968; Pender 2011; Wagner 2011 u. 2012 geleistet); ein kritischer Überblick über die gesamten Theatertexte; Mikroanalysen bzw. -interpretationen, die die Wechselbeziehung zwischen den sprachlichen Elementen der Texte und den graphischen Elementen der Paratexte miteinbeziehen; textfundierte Beobachtungen zur politischen Dimension des Walserschen Werkes (Grundlage dafür bilden Helms 1970/1991; Rippmann 2002).

In den letzten Jahren ließ sich eine aufschlussreiche Tendenz beobachten: Las man jahrzehntelang, was Autoren und Literaten *über Walser* geschrieben haben, so werden seit einiger Zeit die weitsichtigen Bemerkungen des Bieler Dichters *über seine Kollegen* beachtet und aufgewertet; so etwa in der Anthologie *Dichteten diese Dichter richtig?* – Walsers »literaturgeschichtliche[m] Privatkabinett« (Echte 2002, 373), wie Echte den Band in seinem Nachwort charakterisiert. Es ist zu vermuten, dass Walsers Beobachtungen in absehbarer Zeit in Klappentexten, Flyern, Buchanzeigen usw. als Qualitätssiegel für Werke von Autoren stehen werden, die der Literaturbetrieb fördern möchte, zu dem er zeitlebens ein zwiespältiges Verhältnis hatte. Mithin wird Walser entgegen seinen eigenen Erwartungen zu jenen Literaten gehören, die »den Ton angeben« (AdB 1, 26).

Auswahlbibliographie

Bibliographien

Bibliografie/Katalog des Robert Walser-Archivs im Robert Walser-Zentrum Bern. URL: http://www.robertwalser.ch
Bigler-Marschall, Ingrid: Robert Walser. In: Hubert Herkommer, Konrad Feilchenfeldt (Hg.): Deutsches Literaturlexikon. Biographisches und bibliographisches Handbuch. Bd. 27: Wagner–Walser. 3., völlig neu bearb. Aufl. München, Zürich 2007, Sp. 626–690.
Fortgesetzte Bibliografie. In: MITTEILUNGEN sowie URL: http://www.robertwalser.ch
Kerr, Katharina: Bibliographie zu Robert Walser 1898–1974. In: TEXT + KRITIK 2, 53–83.
Kerr, Katharina: Bibliographie zu Robert Walser 1897–1977. In: KERR 2, 381–482.
Robert Walser-Archiv: Verzeichnis der Zeitungsartikel von 1898 bis 1989. Unveröffentlicht.

Forschungsberichte

Horst, Thomas: Robert Walser. Ein Forschungsbericht. In: HINZ/HORST, 376–452.
Kerr, Katharina: Zur Aufnahme von Robert Walsers Werk seit 1956 [1976]. In: KERR 2, 360–377.

Zitierte Primärliteratur

Mann, Thomas: Brief vom 20. Juni 1954 an Carl Seelig. Thomas-Mann-Archiv, Zürich. Unveröffentlicht.
Walser, Robert: The Walk and Other Stories. Translated by Christopher Middleton. London 1957.
Walser, Robert: Dichteten diese Dichter richtig? Eine poetische Literaturgeschichte. Hg. v. Bernhard Echte. Frankfurt a. M. 2002.

Forschungsliteratur

Amrein, Ursula: Eine andere Geschichte der Moderne. Walter Benjamin liest Robert Walser und Gottfried Keller. In: AMREIN/GRODDECK/WAGNER, 47–70.
AMREIN/GRODDECK/WAGNER.
Appenzellische Jahrbücher 133 (2005) [Robert Walser (1878–1956) in der Heil- und Pflegeanstalt Herisau, 9–69].
TEXT + KRITIK 4.
Avery, George C.: Inquiry and Testament. A Study of the Novels and Short Prose of Robert Walser. Philadelphia 1968.
Baur, Wolfgang: Sprache und Existenz. Studien zum Spätwerk Robert Walsers. Göppingen 1974.
Benjamin, Walter: Robert Walser [1929]. In: ders.: Gesammelte Schriften. Bd. II,1. Hg. v. Rolf Tiedemann u. Hermann Schweppenhäuser. Frankfurt a. M. 1991, 324–328.
Benne, Christian, Gürber, Thomas (Hg.): »…andersteils sich in fremden Gegenden umschauen« – Schweizerische und dänische Annäherungen an Robert Walser. Kopenhagen, München 2007.

Benne, Christian: Autofiktion und Maskerade: Robert Walsers Ästhetik des Biographieverzichts. In: ders., Thomas Gürber (Hg.): »…andersteils sich in fremden Gegenden umschauend« – Schweizerische und dänische Annäherungen an Robert Walser. Kopenhagen, München 2007, 32–53.
Beretta, Stefano: Una sorta di racconto. La scrittura poetica e l'itinerario dell'esperienza in Robert Walser. Udine 2008.
Bieber, Hugo: Literarische Chronik [Rez. zu R. W.: Komödie]. In: Der Tag (Berlin), 5. 4. 1921.
Binder, Thomas: Zu Robert Walsers frühen Gedichten. Eine Konstellation von Einzelanalysen. Bonn 1976.
Borchmeyer, Dieter: Dienst und Herrschaft. Ein Versuch über Robert Walser. Tübingen 1980.
BORCHMEYER.
Brod, Max: Kommentar zu Robert Walser [1911]. In: KERR 1, 78–83.
Buzzo Màrgari, Renata: Il teatro-menzogna. I »Dramolets« di Robert Walser. In: AION. Studi tedeschi 22, 3 (1979), 123–138.
Camenzind-Herzog, Elisabeth: Robert Walser – »eine Art verlorener Sohn«. Bonn 1981.
Cardinal, Agnes: The Figure of Paradox in the Work of Robert Walser. Stuttgart 1982.
CHIARINI/ZIMMERMANN.
Diekmannshenke, Hajo, Klemm, Michael, Stöckl, Hartmut (Hg.): Bildlinguistik. Theorien – Methoden – Fallbeispiele. Berlin 2011.
Dück, Udo: Strukturuntersuchung von Robert Walsers Roman »Der Gehülfe«. Diss. Universität München 1968.
Dutt, Carsten: Was nicht in den Rahmen passt. Anmerkungen zu Robert Walsers Gattungsreflexion. In: FATTORI/GIGERL, 49–61.
Echte, Bernhard, Meier, Andreas (Hg.): Die Brüder Karl und Robert Walser. Maler und Dichter. Stäfa 1990.
Echte, Bernhard: Nachwort. In: Robert Walser: Dichteten diese Dichter richtig? Eine poetische Literaturgeschichte. Hg. v. Bernhard Echte. Frankfurt a. M., Leipzig 2002, 371–373.
ECHTE.
Ehbauer, Horst: Monologisches Spiel. Erklärungsversuche zu den narrativen Strukturen in der Kurzprosa Robert Walsers. Nürnberg 1978.
Evans, Tamara S.: Robert Walsers Moderne. Bern, Stuttgart 1989.
Evans, Tamara S.: Von der Doppelbödigkeit des Bodenständigen. Überlegungen zu Robert Walsers Umgang mit der Mundart. In: Peter Utz (Hg.): Wärmende Fremde. Robert Walser und seine Übersetzer im Gespräch. Akten des Kolloquiums an der Universität Lausanne, Februar 1994. Bern u. a. 1994, 47–60.
Evans, Tamara S. (Hg.): Robert Walser and the Visual Arts. New York 1996.
Fattori, Anna: Thomas Mann e Robert Walser. In: Chiara Sandrin, Riccardo Morello (Hg.): Thomas Mann: l'eco e la grazia. Alessandria 2005, 133–152.
Fattori, Anna: »Was ich hier schrieb, verdanke ich einem Brueghelbild, das im Gedächtnis mir blieb«. Robert Walsers Mikrogramm-Gedicht »Schimmernde Inselchen im Meer« und das »Ikarussturz«-Gemälde von Pieter

Brueghel d. Ä. Vortrag an der Jahrestagung der Robert Walser-Gesellschaft in Stuttgart, 23. Juni 2007. In: http//:www.robertwalser.ch (9. 1. 2015).

Fattori/Gigerl.

Fattori/Schwerin.

Franck, Hans: Dramen und Komödie [Rez. zu R.W: Komödie]. In: Das literarische Echo 25, 19/20 (Juli 1921), Sp. 1169–1174.

Frederick, Samuel: Narratives Unsettled. Digression in Robert Walser, Thomas Bernhard, and Adalbert Stifter. Evanston 2012.

Fuchs, Annette: Dramaturgie des Narrentums. Das Komische in der Prosa Robert Walsers. München 1993.

Fürst, Ludwig: Die Rose. Von Robert Walser. Berlin 1925, Ernst Rowohlt. In: Die Literatur. Monatsschrift für Literaturfreunde 27, 10 (1924/1925), 622.

Gabrisch, Anne: Robert Walser in Berlin. In: Hinz/Horst, 30–55.

Gees, Marion: Schauspiel auf Papier: Gebärde und Maskierung in der Prosa Robert Walsers. Berlin 2001.

Gisi, Lucas Marco: Geschichtsdenken bei Robert Walser am Beispiel von »Der Höhlenmensch«. In: Groddeck u. a., 187–193.

Gisi, Lucas Marco: Das Schweigen des Schriftstellers. Robert Walser und das Macht-Wissen der Psychiatrie. In: Martina Wernli (Hg.): Wissen und Nicht-Wissen in der Klinik. Dynamiken der Psychiatrie um 1900. Bielefeld 2012, 231–259.

Gisi, Lucas Marco: Schreiben und Schweigen. Eine Robert-Walser-Konferenz in Berkeley. In: Mitteilungen 21, 29–32.

Giuriato, Davide, Kammer, Stephan (Hg.): Bilder der Handschrift. Die graphische Dimension der Literatur. Basel, Frankfurt a. M. 2006.

Gößling, Andreas: Abendstern und Zauberstab. Studien und Intepretationen zu Robert Walsers Romanen »Der Gehülfe« und »Jakob von Gunten«. Würzburg 1992.

Grenz, Dagmar: Die Romane Robert Walsers. Weltbezug und Wirklichkeitsdarstellung. München 1974.

Greven, Jochen: Existenz, Welt und reines Sein im Werk Robert Walsers. Versuch zur Bestimmung von Grundstrukturen. Reprint der Originalausgabe von 1960. Mit einem Nachw. u. dem Publikationsverzeichnis des Verfassers hg. u. mit einer Einl. versehen v. Reto Sorg. München 2009.

G., J. [Greven, Jochen]: [Rezension bzw. Selbstreferat zu:] Jochen Greven: Existenz, Welt und reines Sein im Werk Robert Walsers. Versuch zur Bestimmung von Grundstrukturen. Diss. Universität Köln 1960. In: Germanistik 3 (1962), 162.

Greven, Jochen: Robert Walser-Forschungen. Bericht über die Edition des Gesamtwerks und die Bearbeitung des Nachlasses, mit Hinweisen auf Walser-Studien der letzten Jahre. In: Euphorion 64 (1970), 97–114.

Greven, Jochen: Auftakt. In: Mitteilungen 1, September 1997, 1.

Greven, Jochen: Robert Walser – ein Außenseiter wird zum Klassiker. Abenteuer einer Wiederentdeckung. Konstanz 2003.

Groddeck, Wolfram: »Weiß das Blatt, wie schön es ist?«

Prosastück, Schriftbild und Poesie bei Robert Walser. In: Text. Kritische Beiträge 3 (1997), 23–41.

Groddeck, Wolfram: Zum Projekt der neuen, kritischen Robert Walser-Ausgabe. In: Text. Kritische Beiträge 10 (2005), 105–114.

Groddeck u. a.

Harrer, Konrad: Souveraineté et impuissance dans l'œuvre de Robert Walser. Bern u. a. 2008.

Heffernan, Valerie: Provocation from the Periphery. Robert Walser Re-examined. Würzburg 2007.

Helms, Hans G.: Zur Prosa Robert Walsers [1970]. In: Hinz/Horst, 134–151.

Herzog, Urs: Robert Walsers Poetik. Literatur und soziale Entfremdung. Tübingen 1974.

Hesse, Hermann: Robert Walser [1909]. In: Kerr 1, 52–57.

Hiebel, Hans H.: Robert Walsers »Jakob von Gunten«. Die Zerstörung der Signifikanz im modernen Roman. In: Kerr 2, 308–345.

Hinz/Horst.

Hobus, Jens: Poetik der Umschreibung. Figurationen der Liebe im Werk Robert Walsers. Würzburg 2011.

Hofmiller, Josef: ›Der Gehülfe‹ [1908]. In Kerr 1, 50.

Holderegger, Hans: Robert Walser. Eine Persönlichkeitsanalyse anhand seiner drei Berliner Romane. Berlin 1973.

Huber, Ruth: Zur Ambivalenz in Robert Walsers Dramolett »Schneewittchen«. In Runa. Revista portuguesa de estudos germanísticos Nº 9/10 (1988), 109–127.

Hübner, Andreas: »Ei', welcher Unsinn liegt im Sinn?« Robert Walsers Umgang mit Märchen und Trivialliteratur. Tübingen 1995.

Japp, Uwe: Literatur und Modernität. Frankfurt a. M. 1987.

Johst, Hanns: Poetenleben [1918]. In: Kerr 1, 109 f.

Jost, Dominik: [Rez. zu:] Thomas Binder: Zu Robert Walsers frühen Gedichten. Eine Konstellation von Einzelanalysen. Bonn 1976. In: Colloquia Germanica 11 (1978), 367 f.

Jürgens, Martin: Robert Walser. Die Krise der Darstellbarkeit. Untersuchungen zur Prosa. Kronberg/Taunus 1973.

Kammer, Stephan: Figurationen und Gesten des Schreibens. Zur Ästhetik der Produktion in Robert Walsers Prosa der Berner Zeit. Tübingen 2003.

Keller, Martin Jakob: Robert Walsers Roman »Der Gehülfe«. Eine Interpretation. Diss. Universität Zürich 1975.

Kerr 1 bis 3.

Kondrič Horvat.

Kreienbrock, Jörg: Kleiner. Feiner. Leichter. Nuancierungen zum Werk Robert Walsers. Zürich 2010.

Kurscheidt, Georg: »Stillstehendes Galoppieren«. Der Spaziergang bei Robert Walser: Zur Paradoxie einer Bewegung und zum Motiv des »stehenden Sturmlaufs« bei Franz Kafka. In: Euphorion 81 (1987), 131–155.

Locher, Elmar: Titel, Namen, Eigennamen und die möglichen Welten der Texte bei Robert Walser. In: Fattori/Gigerl, 63–79.

Locher, Elmar: Die Gattungsfrage zwischen ›gewaltausübender‹ und ›gesetzgebender‹ Hand oder die Kategorie des ›Übergangs‹ bei Robert Walser. In: Fattori/Schwerin, 43–65.

Lüssi, Walter: Robert Walser. Experiment ohne Wahrheit. Berlin 1977.

MÄCHLER.

Magris, Claudio: Vor der Türe des Lebens. Zum hundertsten Geburtstag Robert Walsers. In: KERR 3, 185–197.

Matt, Peter von: Die Schwäche des Vaters und das Vergnügen des Sohnes. Über die Voraussetzungen der Fröhlichkeit bei Robert Walser. In: Neue Rundschau 90, 2 (1979), 197–213.

Mayr, Siegfried: Robert Walser und die Neue Zeit. Vorführungen in der Finsternis. Saarbrücken 2008.

Middleton, John Christopher: Notizen eines Walser-Übersetzers. In: KERR 2, 72–77.

Morgenstern, Christian: An Bruno Cassirer [1906]. In: KERR 1, 39–41.

Morlang, Werner: Gelegenheits- oder Verlegenheitslyrik? Anmerkungen zu den späten Gedichten Robert Walsers. In: HINZ/HORST, 115–133.

Müller, Andreas Georg: Mit Fritz Kocher in der Schule der Moderne. Studien zu Robert Walsers Frühwerk. Tübingen, Basel 2007.

Müller, Dominik: Der liberale Bundesstaat (1830–1848–1914). In: Peter Rusterholz, Andreas Solbach (Hg.): Schweizer Literaturgeschichte. Mit 195 Abbildungen. Stuttgart, Weimar 2007, 104–173.

Müller, Dominik: Vom Malen erzählen. Von Wilhelm Heinses »Ardinghello« bis Carl Hauptmanns »Einhart der Lächler«. Göttingen 2009.

Müller, Michael: So viele Meinungen! Ausdruck der Verzweiflung? Zur Kafka-Forschung. In: Heinz Ludwig Arnold (Hg.): Text und Kritik. Sonderband Franz Kafka. München ²2006, 8–41.

Naguib, Nagi: Robert Walser. Entwurf einer Bewußtseinsstruktur. Berlin 1970.

Neher, Antje: Herr und Diener in der Gestalt des Narren. Robert Walsers Spätlyrik. Frankfurt a. M. u. a. 2011.

Neher, Antje: Die poetischen Ikonenmalereien Robert Walsers. Frankfurt a. M. u. a. 2012.

Neukom, Marius: Robert Walsers Mikrogramm »Beiden klopfte das Herz«. Eine psychoanalytisch orientierte Erzähltextanalyse. Gießen 2003.

Niccolini, Elisabetta: Der Spaziergang des Schriftstellers. »Lenz« von Georg Büchner, »Der Spaziergang« von Robert Walser, »Gehen« von Thomas Bernhard. Stuttgart, Weimar 2000, 125–174.

Pender, Malcolm: Gesellschaft und künstlerische Imagination am Beispiel Robert Walsers. In: HINZ/HORST, 15–29.

Pender, Malcolm: Der »Räuber«-Roman: Ein »Sieg der Kunst« in der bürgerlichen Welt. In: FATTORI/SCHWERIN, 143–156.

Pestalozzi, Karl: Nachprüfung einer Vorliebe. Franz Kafkas Beziehung zum Werk Robert Walsers [1966; gekürzt]. In: KERR 2, 94–114.

Piniel, Gerhard: Robert Walsers »Geschwister Tanner«. Diss. Universität Zürich 1968.

Reinacher, Pia: Die Sprache der Kleider im literarischen Text. Untersuchungen zu Gottfried Keller und Robert Walser. Bern u. a. 1988.

Rippmann, Peter: Robert Walsers politisches Schreiben. Bielefeld 2002.

Roat, Francesco: La pienezza del vuoto. Tracce mistiche nei testi di Robert Walser. Pergine Valsugana (TN) 2012.

Rodewald, Dierk: Robert Walsers Prosa. Versuch einer Strukturanalyse. Bad Homburg, Berlin, Zürich 1970.

Roussel, Martin: Matrikel. Zur Haltung des Schreibens in Robert Walsers Mikrographie. Frankfurt a. M., Basel 2009.

Rüsch, Lukas: Ironie und Herrschaft. Untersuchungen zum Verhältnis von Herr und Knecht in Robert Walsers Roman »Der Gehülfe«. Königstein/Taunus. 1983.

Sauvat, Catherine: Vergessene Weiten. Biographie zu Robert Walser (Robert Walser). Aus dem Französischen v. Helmut Kossodo. Köln, Saignelégier 1993 (franz. 1989).

Schaak, Martina: »Das Theater, ein Traum«. Robert Walsers Welt als gestaltete Bühne. Berlin 1999.

Schaal, Erik: Walser, Robert: Die Rose. Berlin: Ernst Rowohlt 1925. In: Die schöne Literatur 27, 1 (Januar 1926), 19.

Scheffler, Kirsten: Mikropoetik. Robert Walsers Bieler Prosa. Spuren in ein »Bleistiftgebiet« avant la lettre. Bielefeld 2010.

Schilling, Diana: Robert Walser. Reinbek bei Hamburg 2007.

Schmidt-Hellerau, Cordelia: Der Grenzgänger. Zur Psycho-Logik im Werk Robert Walsers. Zürich 1986.

Schwerin, Kerstin Gräfin von: Minima Aesthetica. Die Kunst des Verschwindens. Robert Walsers mikrographische Entwürfe *Aus dem Bleistiftgebiet*. Frankfurt a. M. u. a. 2001.

Sedelnik, Wladimir: Die Literatur der zwanziger Jahre. In: Klaus Pezold u. a.: Geschichte der deutschsprachigen Schweizer Literatur im 20. Jahrhundert. Berlin 1991, 52–74.

SEELIG.

Siegel, Elke: Aufträge aus dem Bleistiftgebiet. Zur Dichtung Robert Walsers. Würzburg 2001.

Sorg, Reto: Anita Lothar, Theodor W. Adorno und Robert Walser. In: MITTEILUNGEN 15, 18.

Sorg, Reto: Die Existenz versprachlichen. Zur Einführung. In: Jochen Greven: Existenz, Welt und reines Sein im Werk Robert Walsers. Versuch zur Bestimmung von Grundstrukturen. Reprint der Originalausgabe von 1960. Mit einem Nachw. u. dem Publikationsverzeichnis des Verfassers hg. u. mit einer Einl. versehen v. Reto Sorg. München 2009, S. VII–XVI.

Stefani, Guido: Der Spaziergänger. Untersuchungen zu Robert Walser. Zürich, München 1985.

Steinhoff, Oliver: Die Verteidigung des Kugelrunden an der Null. Robert Walsers Erzählprosa im Spiegel der Systemkritik Theodor W. Adornos. Frankfurt a. M. u. a. 2008.

Stiemer, Hendrik: Über scheinbar naive und dilettantische Dichtung. Text- und Kontextstudien zu Robert Walser. Würzburg 2014.

Strebel, Karl Felix: Das Ironische in Robert Walsers Prosa. Eine typologische Untersuchung stilistischer und struktureller Aspekte und Tendenzen. Diss. Universität Zürich 1971.

Tofi, Leonardo: Il racconto è nudo! Studi su Robert Walser. Napoli 1995.

Utz, Peter (Hg.): Wärmende Fremde. Robert Walser und seine Übersetzer im Gespräch. Akten des Kolloquiums

an der Universität Lausanne, Februar 1994. Bern u. a.
1994.

Utz, Peter: Tanz auf den Rändern. Robert Walsers »Jetztzeitstil«. Frankfurt a. M. 1998.

Utz, Peter: Robert Walsers »Poetenleben«. In: Christian
Benne, Thomas Gürber (Hg.): »…anderteils sich in
fremden Gegenden umschauend« – Schweizerische und
dänische Annäherungen an Robert Walser. Kopenhagen,
München 2007 a, 11–31.

Utz, Peter: Robert Walser: Stück ohne Titel. In: GRODDECK
u. a. 2007 b, 49–60.

Wagner, Karl: Herr und Knecht. Robert Walsers Roman
»Der Gehülfe«. Wien 1980.

Wagner, Karl: Geld und Beziehungen. Walser – Musil –
Rathenau. In: HINZ/HORST, 323–342.

Wagner, Karl: »[D]ank meiner Schwäche und belehrt durch
mein Epigonentum«. Robert Walser und der Roman. In:
FATTORI/SCHWERIN, 131–142.

Wagner, Karl: Von Schweizerromanen. »Martin Salander«
und »Der Gehülfe«. In: AMREIN/GRODDECK/WAGNER,
35–46.

Walser, Martin: Alleinstehender Dichter. Über Robert Walser [1963]. In: KERR 2, 14–20.

Walser, Paul L.: Robert Walser erobert Italien. In: Tages-Anzeiger, 9. 12. 1977.

Walser, Robert: Kritische Robert Walser-Ausgabe. Editionsprospekt. Frankfurt a. M., Basel 2008.

Walt, Christian: »Den Lyrikern empfehl' ich dringend, /
sich dem Zwang des Reims zu unterziehen…«. Zur
Übererfüllung von Gattungsnormen in Robert Walsers
späten Gedichten. In: FATTORI/SCHWERIN, 157–152.

Walt, Christian: Improvisation und Interpretation. Robert
Walsers Mikrogramme lesen. Frankfurt a. M., Basel
2015.

Widmann, Joseph Viktor: Lyrische Erstlinge [1898]. In: :
KERR 1, 11 f.

Widmann, Joseph Viktor: Robert Walsers Schweizerroman.
Der Gehülfe [1908]. In: KERR 1, 25–29.

Wolfinger, Kay: Ein abgebrochenes Journal. Interpretationen zu Robert Walsers »Tagebuchfragment«. Frankfurt
a. M. u. a. 2011.

Wolfinger, Kay: Walser gecovert. Zu Robert Walsers Buchti-
telseiten und Illustrierungen. Vortrag an der Jahrestagung der Robert Walser-Gesellschaft in Winterthur,
13. Oktober 2012. In: http://www.robertwalser.ch (9. 1.
2015).

Zeller, Rosmarie: Die Robert Walser-Rezeption in den fünfziger Jahren des 20. Jahrhunderts. In: treibhaus. Jahrbuch
für die Literatur der fünfziger Jahre 7 (2011), 259–270.

Žmegač, Viktor: Robert Walsers Poetik in der literarischen
Konstellation der Jahrhundertwende. In: BORCHMEYER,
21–36.

Zollinger, Albin: Robert Walsers Roman Der Gehülfe
[1936]. In: KERR 1, 132–138.

Anna Fattori

6 Anhang

6.1 Siglen, Ausgaben, Hilfsmittel

Zitierweise, Literaturverweise

Robert Walsers Werke werden zitiert nach den abgeschlossen vorliegenden Ausgaben SW und AdB, unter Angabe von Bandnummer und Seitenzahl, sowie nach der Briefausgabe (Br), unter Angabe der Nummer des Briefes. Werke bzw. Texte von Walser, von denen lediglich der Titel genannt wird, sind in den Artikeln nicht nachgewiesen, können aber über das Werkregister erschlossen werden. Das umfassendste Werkverzeichnis inklusive Konkordanz der Ausgaben bietet das laufend fortgeführte *Elektronische Findbuch der Kritischen Robert Walser-Ausgabe*.

Auf eine umfassende Bibliographie am Schluss des Handbuchs wurde bewusst verzichtet. Zum einen, weil verbindliche Kriterien für eine (aufgrund der Umfangsbeschränkung zwingende) Auswahl fehlen; zum anderen, weil sich bibliographische Recherchen in den letzten Jahren vom Buch in andere Medien mit entsprechend erweiterten Suchfunktionen und der Möglichkeit laufender Aktualisierung wie Internetressourcen und Datenbanken verlagert haben. Eine *Auswahlbibliographie*, die bibliographische Hilfsmittel, Forschungsberichte sowie Forschungsliteratur in Auswahl umfasst, findet sich im Anschluss an den Artikel zu Forschungsgeschichte (s. Kap. 5.11). *Gezielte Hinweise* auf die verwendete, die einschlägige sowie auf ausgewählte weiterführende Literatur zu den einzelnen Werken und Themen finden sich jeweils am Schluss der entsprechenden Artikel. *Systematische Literaturrecherchen* zu Robert Walser ermöglicht die ständig aktualisierte Datenbank *Bibliografie/Katalog des Robert Walser-Archivs im Robert Walser-Zentrum Bern*. URL: http://www.robertwalser.ch

Archivmaterial

RWA
Robert Walser-Archiv des Robert Walser-Zentrums Bern [auf die Angabe der Signatur wird verzichtet].

Werkausgaben

DiP
Walser, Robert: Dichtungen in Prosa. 5 Bde. Hg. v. Carl Seelig. Genf, Darmstadt, Frankfurt a. M.: Holle u. Helmut Kossodo 1953–1961.

GW
Walser, Robert: Das Gesamtwerk. 12 Bde. [in 13 Teil-Bden.] Hg. v. Jochen Greven. Genf, Hamburg: Helmut Kossodo 1966–1975.

Br
Walser, Robert: Briefe. Hg. v. Jörg Schäfer unter Mitarb. v. Robert Mächler. Genf, Hamburg: Kossodo 1975 [= GW 12/2]. Um Nachträge erweitert als Taschenbuch: Frankfurt a. M.: Suhrkamp 1979.

GWS
Walser, Robert: Das Gesamtwerk. 12 Bde. Hg. v. Jochen Greven. Zürich, Frankfurt a. M.: Suhrkamp 1978.

PS
Walser, Robert: Prosastücke. 2 Bde. Hg., mit einem Nachwort u. Anmerkungen versehen v. Anne Gabrisch. Berlin: Volk und Welt 1978.

RO
Walser, Robert: Romane. 2 Bde. Hg., mit einem Nachwort u. Anmerkungen versehen v. Anne Gabrisch. Berlin: Volk und Welt 1984.

RE
Walser, Robert: Romane und Erzählungen. 6 Bde. [Zürich, Frankfurt a. M.:] Suhrkamp 1984.

SW
Walser, Robert: Sämtliche Werke in Einzelausgaben. 20 Bde. Hg. v. Jochen Greven. Zürich, Frankfurt a. M.: Suhrkamp 1985–1986.

AdB

Walser, Robert: Aus dem Bleistiftgebiet. 6 Bde. Hg. v. Bernhard Echte u. Werner Morlang. Frankfurt a. M.: Suhrkamp 1985–2000. Taschenbuch: Bd. 1 bis 3 Frankfurt a. M.: Suhrkamp 1990, 1992.

FEUER

Walser, Robert: Feuer. Unbekannte Prosa und Gedichte. Hg. v. Bernhard Echte. Frankfurt a. M.: Suhrkamp 2003.

KWA

Walser, Robert: Kritische Ausgabe sämtlicher Drucke und Manuskripte. Hg. v. Wolfram Groddeck u. Barbara von Reibnitz. Basel, Frankfurt a. M.: Stroemfeld, Schwabe 2008–.

BA IV

Walser, Robert: Briefe. Hg. v. Peter Stocker u. Bernhard Echte, unter Mitarbeit v. Peter Utz u. Thomas Binder. Frankfurt a. M.: Suhrkamp (Robert Walser: Werke und Briefe. Berner Ausgabe. Abteilung IV) [in Vorbereitung].

Werkverzeichnisse

Alphabetisches Gesamtverzeichnis der kleinen Prosa Robert Walsers. In: SW 20, 487–504.

Alphabetisches Verzeichnis der Gedichttitel. In: SW 13, 296–300.

Gesamtregister Bände 1–6. In: AdB 6, 809–826.

Groddeck, Wolfram, Reibnitz, Barbara von (Hg.): Elektronisches Findbuch der Kritischen Robert Walser-Ausgabe. Version 5. Basel 2014 [liegt den einzelnen Bänden der KWA auf DVD bei].

Biographien, Dokumentationen

SEELIG

Seelig, Carl: Wanderungen mit Robert Walser [1957]. Neu hg. im Auftrag der Carl-Seelig-Stiftung u. mit einem Nachw. versehen v. Elio Fröhlich. Frankfurt a. M. 2013.

MÄCHLER

Mächler, Robert: Das Leben Robert Walsers [1966]. Eine dokumentarische Biographie. Neu durchgesehene u. ergänzte Ausgabe. Frankfurt a. M. 1992.

Robert und Karl Walser. [Katalog zur] Ausstellung im Helmhaus Zürich 16. April bis 4. Juni 1978. Zürich 1978.

Fröhlich, Elio, Hamm, Peter (Hg.): Robert Walser. Leben und Werk in Daten und Bildern. Frankfurt a. M. 1980.

Sauvat, Catherine: Vergessene Weiten. Biographie zu Robert Walser (Robert Walser). Aus dem Französischen v. Helmut Kossodo. Köln, Saignelégier 1993 (franz. 1989).

Echte, Bernhard, Meier, Andreas (Hg.): Die Brüder Karl und Robert Walser. Maler und Dichter. Stäfa 1990.

Amann, Jürg: Robert Walser. Eine literarische Biographie in Texten und Bildern. Zürich, Hamburg 1995.

Morlang, Werner: »Ich begnüge mich, innerhalb der Grenzen unserer Stadt zu nomadisieren…«. Robert Walser in Bern. Bern, Stuttgart, Wien 1995. 2., erw. Aufl. unter dem Titel: Robert Walser in Bern. Auf den Spuren eines Stadtnomaden. Mit einem Nachwort v. Reto Sorg. Bern 2009.

Witschi, Peter (Hg.): Robert Walser. Herisauer Jahre 1933–1956. Herisau 2001.

Echte, Bernhard: Robert Walsers Kindheit und Jugend in Biel. Ein biographischer Essay. Wädenswil 2002.

Schilling, Diana: Robert Walser. Reinbek bei Hamburg 2007.

ECHTE

Echte, Bernhard (Hg.): Robert Walser. Sein Leben in Bildern und Texten. Frankfurt a. M. 2008.

Sorg, Reto, Gisi, Lucas Marco (Hg.): »Jedes Buch, das gedruckt wurde, ist doch für den Dichter ein Grab oder etwa nicht?« Robert Walsers Bücher zu Lebzeiten. Bern 2009.

Ortmanns, Gudrun: Das Berlin des Robert Walser. Berlin 2010.

SALATHÉ
Salathé, André: »Man muss nicht hinter alle Geheimnisse kommen wollen.« Robert und Karl Walsers Briefwechsel mit dem Verlag Huber Frauenfeld (1916–1922) samt einer Biographie von Verleger Walther Lohmeyer (1890–1951). Frauenfeld 2013.

Sammelbände

Fröhlich, Elio, Mächler, Robert (Hg.): Robert Walser zum Gedenken. Aus Anlaß seines 20. Todestages am 25. Dezember 1976. Zürich, Frankfurt a. M. 1976.

KERR 1 bis 3
Kerr, Katharina (Hg.): Über Robert Walser. 3 Bde. Frankfurt am Main 1978/1979.

Robert Walser. Dossier Literatur 3. Zürich, Bern 1984.

CHIARINI/ZIMMERMANN
Chiarini, Paolo, Zimmermann, Hans Dieter (Hg.): »Immer dicht vor dem Sturze…«. Zum Werk Robert Walsers. Frankfurt a. M. 1987.

HINZ/HORST
Hinz, Klaus-Michael, Horst, Thomas (Hg.): Robert Walser. Frankfurt a. M. 1991.

Utz, Peter (Hg.): Wärmende Fremde. Robert Walser und seine Übersetzer im Gespräch. Akten des Kolloquiums an der Universität Lausanne, Februar 1994. Bern u. a. 1994.

Evans, Tamara S. (Hg.): Robert Walser and the Visual Arts. New York 1996.

BORCHMEYER
Borchmeyer, Dieter (Hg.): Robert Walser und die moderne Poetik. Frankfurt a. M. 1999.

NOBLE
Noble, C. A. M. (Hg.): Gedankenspaziergänge mit Robert Walser. Bern u. a. 2002.

Benne, Christian, Gürber, Thomas (Hg.): »…anderteils sich in fremden Gegenden umschauend« – Schweizerische und dänische Annäherungen an Robert Walser. Kopenhagen, München 2007.

GRODDECK u. a.
Groddeck, Wolfram u. a. (Hg.): Robert Walsers ›Ferne Nähe‹. Neue Beiträge zur Forschung. München 2007.

FATTORI/GIGERL
Fattori, Anna, Gigerl, Margit (Hg.): Bildersprache, Klangfiguren. Spielformen der Intermedialität bei Robert Walser. München 2008.

KONDRIČ HORVAT
Kondrič Horvat, Vesna (Hg.): Franz Kafka und Robert Walser im Dialog. Berlin 2010.

FATTORI/SCHWERIN
Fattori, Anna, Schwerin, Kerstin Gräfin von (Hg.): »Ich beendige dieses Gedicht lieber in Prosa«. Robert Walser als Grenzgänger der Gattungen. Heidelberg 2011.

AMREIN/GRODDECK/WAGNER
Amrein, Ursula, Groddeck, Wolfram, Wagner, Karl (Hg.): Tradition als Provokation. Gottfried Keller und Robert Walser. Zürich 2012.

Zeitschriften, Themenhefte

Du 17, 10 (Oktober 1957): Karl Geiser (1898–1957) und Robert Walser (1878–1956) zum Gedenken.

TEXT + KRITIK 1
Arnold, Heinz Ludwig (Hg.): Robert Walser. text + kritik 12. Aachen [1966].

TEXT + KRITIK 2
Arnold, Heinz Ludwig (Hg.): Robert Walser. text + kritik 12/12 a. 2. Aufl. München 1975.

TEXT + KRITIK 3
Arnold, Heinz Ludwig (Hg.): Robert Walser. text + kritik 12/12 a. 3. Aufl. München 1978.

TEXT + KRITIK 4
Arnold, Heinz Ludwig (Hg.): Robert Walser. text + kritik 12/12 a. 4. Aufl.: Neufassung. München 2004.

Provokation und Idylle. Über Robert Walsers Prosa. Beiträge von Jochen Greven u. a. Stuttgart 1971 (Der Deutschunterricht; Beiheft 1 zu 23 [1971]).

Intervalles. Revue culturelle du Jura Bernois et de Bienne 19 (Octobre 1987): Robert Walser.

Marka 9, 26 (1989): Robert Walser. Testi inediti e studi con un microgramma del 1926.

Germanica. Numéro hors-série 1 (1990): Robert Walsers literarische Gratwanderung.

Sud. Revue littéraire trimestrielle n° 97/98 (février 1992): Robert Walser.

The Review of Contemporary Fiction 12, 1 (1992): Robert Walser.

Runa. Revista portuguesa de estudos germanísticos N° 21 (1994): Simpósio Robert Walser.

MITTEILUNGEN 1–
Mitteilungen der Robert Walser-Gesellschaft 1 (1997)–

L'Atelier du roman n° 19 (1999): Robert Walser, le grand maître de la simplicité.

Du 730 (Oktober 2002): Robert Walser. Aus dem Bleistiftgebiet.

Europe. Revue littéraire mensuelle 81, n° 889 (mai 2003): Robert Walser.

Homo Sapiens. Rivista di filosofia, arte e letteratura. Nuova Serie 1, 1 (giugno 2009): Robert Walser.

Archive, Institutionen

RWZ
Robert Walser-Zentrum Bern

RWA
Robert Walser-Archiv des Robert Walser-Zentrums Bern

RWG
Robert Walser-Gesellschaft

SLA
Schweizerisches Literaturarchiv SLA der Schweizerischen Nationalbibliothek Bern

6.2 Personenregister

Im Personenregister sind alle Personen erfasst, die im Lauftext des Handbuchs genannt werden. Nicht berücksichtigt sind Personennamen aus bibliographischen Verweisen in Klammern, in den Literaturverzeichnissen und im Anhang. Nicht aufgeführt sind Namen von Verlagen, Zeitschriften und anderen Institutionen des Literaturbetriebs. Fettdruck bezeichnet eigens einer Person gewidmete Artikel.

6.3 Werkregister

Im Werkregister sind alle Texte Walsers verzeichnet, die genannt, behandelt oder zitiert werden. Fettdruck steht für eigens einem Text gewidmete Artikel; Kursivierung für Zitate aus im Lauftext nicht namentlich genannten Texten. Die Werktitel sind innerhalb des Handbuchs und im Werkregister nach den Werkverzeichnissen in SW 20, 487–504, SW 13, 296–300, und AdB 6, 809–826, angegeben. Der Nachweis erfolgt jeweils anhand der abgeschlossenen Ausgaben SW, AdB und FEUER sowie der bereits erschienenen Bände der KWA. Die umfassendste Konkordanz der wichtigsten Werkausgaben bietet das laufend aktualisierte *Elektronische Findbuch der Kritischen Robert Walser-Ausgabe*.

Werktitel innerhalb von bibliographischen Angaben werden nicht berücksichtigt. Nicht aufgenommen wurden die Titel der späteren Auswahl- und Werkausgaben sowie von Theaterinszenierungen, Filmen und Übersetzungen, die sich nicht eindeutig einem Werk Walsers zuordnen lassen.

6.4 Autorinnen und Autoren

Aebli, Adriano: Dr. phil., Literaturwissenschaftler, Riehen
    (3.5.4 »*Felix*«-Szenen).
Baßler, Moritz: Professor für Neuere deutsche Literatur an
    der Universität Münster (2.10 Robert Walsers Moderne).
Benne, Christian: Professor für Europäische Literatur- und
    Geistesgeschichte an der Københavns Universitet (4.1
    Ich, Maske, Autofiktion).
Beretta, Stefano: Professore associato für deutsche Literatur
    an der Università degli Studi di Parma (4.15 Großstadt).
Bernofsky, Susan: Übersetzerin und Associate Professor für
    literarische Übersetzungen an der Columbia University
    School of the Arts (5.9.2 USA, England).
Brotbeck, Roman: Forscher und Musikwissenschaftler an
    der Hochschule der Künste Bern sowie freier Berater und
    Publizist, von 1999 bis 2010 Leiter des Fachbereichs Mu-
    sik der HKB (5.8 Musik).
Bucheli, Roman: Dr. phil., Literaturwissenschaftler, Redak-
    tor bei der *Neuen Zürcher Zeitung* (5.4 Deutschsprachige
    Literatur).
Caduff, Marc: Dr. phil., Seminaroberassistent am Deut-
    schen Seminar der Universität Zürich (3.3.4 *Aufsätze*;
    3.3.6 Prosa der Berliner Zeit).
Covindassamy, Mandana: Dr. phil., maître de conférences
    am Département Littérature et Langages der École nor-
    male supérieure Paris (5.9.3 Frankreich).
Echte, Bernhard: Literaturwissenschaftler, Publizist, Aus-
    stellungsmacher und Verleger, von 1995 bis 2006 Leiter
    des Robert Walser-Archivs in Zürich (1.3 Wohnadres-
    sen; 2.3 In Berlin; 3.2.1 *Der Teich*).
Eickenrodt, Sabine: PD Dr., DAAD-Langzeitdozentur für
    germanistische Medien- und Kommunikationswissen-
    schaft an der Philosophischen Fakultät der Comeni-
    us-Universität in Bratislava/Slowakei (4.13 Intertextuali-
    tät; 4.16 Dichterporträts).
Fattori, Anna: Professore associato für deutsche Literatur
    an der Università degli Studi di Roma Tor Vergata (2.4
    Zusammenarbeit mit Karl Walser; 5.11 Forschungsge-
    schichte).
Gees, Marion: Dr. phil., Literaturwissenschaftlerin, Chem-
    nitz (3.4.8 Prosa der Bieler Zeit; 4.12 Theater und Theat-
    ralität).
Gisi, Lucas Marco: Dr. phil., Leiter des Robert Walser-Ar-
    chivs Bern und Lehrbeauftragter am Deutschen Seminar
    der Universität Basel (Vorwort; Hinweise zur Benutzung;
    1.1 ›Leben und Werk‹; 1.3 Wohnadressen; 2.5 Carl Seelig:
    Herausgeber, Vormund, ›Sprachrohr‹; 3.1 Werkphasen;
    3.4.1 *Kleine Dichtungen*; 3.4.7 *Tobold*-Roman; 3.5.1 *Theo-*
    dor-Roman; 4.17. Tiere; 4.25 Psychiatrie; 5.1 Nachlass,
    Archiv; 5.9.2 USA, England; 5. 10. Literaturgeschichte).
Giuriato, Davide: Professor für Neuere deutsche Literatur-
    wissenschaft an der Universität Zürich (4.22 Kindheit,
    Naivität, Dilettantismus).
Gloor, Lukas: MA, Doktorand und wissenschaftlicher Mit-
    arbeiter am Deutschen Seminar der Universität Basel
    (4.3 Erzählen).
Groddeck, Wolfram: em. Professor für Neuere deutsche Li-
    teratur an der Universität Zürich und Leiter des Editi-

onsprojekts *Kritische Robert Walser-Ausgabe* (3.5.2 *Die Rose*; 4.21 Masochismus; 5.2 Edition).

Haselbeck, Sebastian: Mag. phil., Doktorand am Department of German der University of California, Berkeley (4.14 Natur).

Heffernan, Valerie: Dr. phil., Lecturer am Department of German der National University of Ireland Maynooth (3.5.8 Versstücke, Szenen und Dialoge der Berner Zeit).

Hobus, Jens: Dr. phil., Literaturwissenschaftler, Berlin (3.2.3 *Komödie*; 3.5.3 »*Räuber*«-*Roman*).

Ifkovits, Kurt: Dr. phil., Literaturwissenschaftler und Kurator am Theatermuseum, Wien (2.2 Der Kreis um *Die Insel*).

Kammer, Stephan: PD Dr., Vertretungsprofessor für Literatur des 20. und 21. Jahrhunderts an der Eberhard Karls Universität Tübingen (4.8 Das Phänomen Mikrographie).

Käser, Rudolf: Titularprofessor (PD) für neuere deutsche Literatur an der Universität Zürich; Professor für Literaturwissenschaft und Deutschdidaktik an der Pädagogischen Hochschule der Fachhochschule Nordwestschweiz (2.1 Joseph Viktor Widmann: Entdecker, Förderer, Rezensent).

Keckeis, Paul: Mag. phil., Doktorand und Assistent am Institut für Germanistik der Universität Salzburg (3.2.2 *Gedichte*; 3.2.5 Lyrik).

Kreienbrock, Jörg: Associate Professor am Department of German der Northwestern University in Evanston, IL (3.4.6 *Seeland*).

Lambrecht, Tobias: MA, Doktorand und Assistent im Studienbereich Germanistik der Universität Freiburg (CH) (5.5 Theater).

Locher, Elmar: Professore associato für Deutsche Literatur an der Università degli Studi di Verona (5.9.4 Italien).

Lüscher, Kurt: em. Professor für Soziologie an der Universität Konstanz (4.26 Ambivalenz).

Maas, Julia: Dr. phil., wissenschaftliche Mitarbeiterin der Universität Basel am Schweizerischen Literaturarchiv SLA (4.18 Dinge).

Malkmus, Bernhard: Associate Professor am Department of Germanic Languages and Literatures der Ohio State University (3.3.3 *Jakob von Gunten*).

Matt, Beatrice von: Dr. phil., Literaturwissenschaftlerin, Publizistin und Literaturkritikerin, Zürich (4.20 Frauenbilder).

Müller, Dominik: Maître d'enseignement et de recherche für Neuere deutsche Literatur an der Université de Genève (4.9 Text und Bild).

Niimoto, Fuminari: Professor für Germanistik am Tsuda College, Japan, und Übersetzer (5.9.6 Japan).

Reibnitz, Barbara von: Dr. phil., wissenschaftliche Mitarbeiterin und Leiterin des Editionsprojekts *Kritische Robert Walser-Ausgabe* am Deutschen Seminar der Universität Basel (3.4.2 *Prosastücke*; 3.4.4 *Kleine Prosa*).

Roloff, Simon: Juniorprofessor für Literaturwissenschaft und literarisches Schreiben an der Universität Hildesheim (4.19 Büro).

Roussel, Martin: Dr. phil., wissenschaftlicher Geschäftsführer des Internationalen Kollegs Morphomata der Universität zu Köln (4.6 Schreibszenen).

Ruprecht, Lucia: Dr. phil., College Teaching Officer am Department of German and Dutch der University of Cambridge (4.11 Performanz; 5.6 Film).

Rusterholz, Peter: em. Professor für Neuere deutsche Literatur an der Universität Bern (2.8 Lektüren – literarischer Horizont).

Schildmann, Mareike: MA, Doktorandin und Assistentin am Deutschen Seminar der Universität Zürich (4.23 Wissen, Nicht-Wissen, Dummheit).

Schuller, Marianne: em. Professorin für Literaturwissenschaft an der Universität Hamburg (3.6.2 Briefe an Frieda Mermet; 4.2 Poetik).

Schwerin, Kerstin Gräfin von: Dr. phil., Literaturwissenschaftlerin, Hamburg, Präsidentin der Robert Walser-Gesellschaft (3.5.6 Prosa der Berner Zeit; 4.4 Gattungen und Gattungspoetik).

Sorg, Reto: Leiter des Robert Walser-Zentrums, Lehrbeauftragter an der Université de Lausanne und Partner von SorgConsulting (3.2.1 Der Teich; 3.4.3 Der Spaziergang; 4.10 Intermedialität).

Sprünglin, Matthias: Lic. phil., Doktorand und wissenschaftlicher Mitarbeiter des Editionsprojekts *Kritische Robert Walser-Ausgabe* am Deutschen Seminar der Universität Basel (3.4.5 *Poetenleben*).

Stiegler, Bernd: Professor für Neuere Deutsche Literatur an der Universität Konstanz (5.3 Photographie).

Stiemer, Hendrik: Dr. phil., wissenschaftlicher Mitarbeiter innerhalb der Fachrichtung Germanistik der Universität des Saarlandes (3.2.4 *Fritz Kocher's Aufsätze*; 3.4.9 Lyrik der Bieler Zeit; 3.5.7 Lyrik der Berner Zeit).

Stocker, Peter: Dr. phil., Projektleiter Edition am Robert Walser-Zentrum Bern (2.6 Literaturbetrieb, Verlage, Zeitschriften und Zeitungen; 3.6.1 Korpus, Brieftypen, Deutungsaspekte).

Thüring, Hubert: Prof. Dr., Universitätsdozent für Neuere Deutsche Literaturwissenschaft an der Universität Basel (4.24 Lebensphilosophie im Zeichen des Glücks).

Tobler, Konrad: Gymnasiallehrer, Literaturwissenschaftler, Publizist, Kunst- und Architekturkritiker, Bern (5.7 Gegenwartskunst).

Utz, Peter: Professor für Neuere Deutsche Literatur an der Université de Lausanne (2.7 Feuilleton; 4.5 Inszenierungen der Sprache).

Vinardell Puig, Teresa: Professorin für Deutsche Philologie an der Universitat Pompeu Fabra Barcelona und Übersetzerin (5.9.5 Spanien).

Wagner, Karl: Professor für Neuere deutsche Literatur an der Universität Zürich (3.3.2 Der *Gehülfe*).

Walt, Christian: Dr. phil., wissenschaftlicher Mitarbeiter des Editionsprojekts *Kritische Robert Walser-Ausgabe* am Deutschen Seminar der Universität Zürich (4.7 Schreibprozesse: Abschreiben, Überarbeiten).

Weber Henking, Irene: Professeure associée und Leiterin des Centre de traduction littéraire an der Université de Lausanne (5.9.1 Überblick).

Weber, Ulrich: Dr. phil., Co-Leiter der Abteilung Forschung und Vermittlung im Schweizerischen Literaturarchiv SLA (3.3.1 *Geschwister Tanner*).

Wolfinger, Kay: Dr. phil, wissenschaftlicher Mitarbeiter am Deutschen Literaturarchiv Marbach (3.3.5 *Geschichten*; 3.5.5 *Tagebuch-Fragment*).

Zeller, Rosmarie: em. Professorin für Neuere Deutsche Literatur an der Universität Basel (2.9 ›Schweizer Literatur‹).

Zellweger, Katja: MA, wissenschaftliche Mitarbeiterin am Robert Walser-Zentrum Bern (1.4 Familie).

Zihlmann, Franziska: MA, wissenschaftliche Mitarbeiterin am Robert Walser-Zentrum Bern (1.2 Zeittafel; 1.3 Wohnadressen).

6.5 Bildnachweis

Abb. 1–4, 6, 9, 11–14: © Robert Walser-Stiftung Bern/Keystone.
Abb. 5: © Rätus Kern.
Abb. 7, 8, 10, 15–17: © NMB Neues Museum Biel/Eidgenössische Gottfried Keller-Stiftung/BAK.
Abb. 18: © Thomas Schütte.

Printed by Printforce, the Netherlands